国家と海洋の国際法

柳井俊二先生米寿記念

State, Ocean, and International Law
Essays in Honour of Judge Shunji Yanai's 88th Birthday, vol. 1

〈上巻〉

浅田正彦　植木俊哉　尾﨑久仁子　編

信山社

謹んで
柳井俊二先生に捧げます

一　同

― 〈上巻　執筆者一覧〉（掲載順） ―

岩沢 雄司（いわさわ　ゆうじ）　　国際司法裁判所裁判官

吉田　脩（よしだ　おさむ）　　筑波大学教授

中谷 和弘（なかたに　かずひろ）　　東海大学教授

櫻井 大三（さくらい　だいぞう）　　学習院女子大学教授

西　平等（にし　たいら）　　関西大学教授

西海 真樹（にしうみ　まき）　　中央大学教授

松井 芳郎（まつい　よしろう）　　名古屋大学名誉教授

森田 章夫（もりた　あきお）　　法政大学教授

青木 節子（あおき　せつこ）　　慶應義塾大学教授

目賀田周一郎（めがた　しゅういちろう）　　元中央大学教授、元メキシコ大使

大平 真嗣（おおだいら　まさつぐ）　　外務省アジア大洋州局中国・モンゴル
第1課長

雨野　統（あめの　のり）　　中央大学兼任講師

浅田 正彦（あさだ　まさひこ）　　同志社大学教授

村瀬 信也（むらせ　しんや）　　上智大学名誉教授

薬師寺公夫（やくしじ　きみお）　　立命館大学名誉教授

植木 俊哉（うえき　としや）　　東北大学理事・副学長，教授

山田 哲也（やまだ　てつや）　　南山大学教授

洪　恵子（こう　けいこ）　　南山大学教授

小寺 智史 （こでら さとし）	西南学院大学教授
須網 隆夫 （すあみ たかお）	早稲田大学教授
寺谷 広司 （てらや こうじ）	東京大学教授
坂元 茂樹 （さかもと しげき）	神戸大学名誉教授
吾郷 眞一 （あごう しんいち）	九州大学名誉教授
小坂田裕子 （おさかだ ゆうこ）	中央大学教授
北村 泰三 （きたむら やすぞう）	中央大学名誉教授
谷口 洋幸 （たにぐち ひろゆき）	青山学院大学教授
竹内 雅俊 （たけうち まさとし）	東洋学園大学准教授
小林 友彦 （こばやし ともひこ）	小樽商科大学教授
山形 英郎 （やまがた ひでお）	名古屋大学教授
森川 俊孝 （もりかわ としたか）	成城大学名誉教授
中島 啓 （なかじま けい）	東京大学准教授
堀之内秀久 （ほりのうち ひでひさ）	国際海洋法裁判所裁判官
三上 正裕 （みかみ まさひろ）	駐ベルギー大使（前北大西洋条約機構日本政府代表部大使）
真山 全 （まやま あきら）	大阪学院大学教授
御巫 智洋 （みかなぎ ともひろ）	国際連合日本政府代表部次席常駐代表（特命全権大使）・国際法協力担当大使

v

――――――――――― 〈下巻　執筆者一覧〉（掲載順）―――――――――――

尾﨑久仁子（おざき　くにこ）　　　中央大学特任教授

坂本まゆみ（さかもと　まゆみ）　　航空自衛隊航空支援集団法務官

高柴優貴子（たかしば　ゆきこ）　　西南学院大学教授

古谷 修一（ふるや　しゅういち）　　早稲田大学教授

大森 正仁（おおもり　まさひと）　　慶應義塾大学名誉教授

西村　　弓（にしむら　ゆみ）　　　東京大学教授

西本健太郎（にしもと　けんたろう）東北大学教授

下山 憲二（しもやま　けんじ）　　　海上保安大学校教授

竹内 明里（たけうち　あかり）　　　崇城大学准教授

加々美康彦（かがみ　やすひこ）　　中部大学教授

黒﨑 将広（くろさき　まさひろ）　　防衛大学校教授

竹内 真理（たけうち　まり）　　　　神戸大学教授

小山 佳枝（おやま　かえ）　　　　　中京大学教授

小島 千枝（こじま　ちえ）　　　　　中央大学教授

田中 清久（たなか　きよひさ）　　　愛知大学教授

石井由梨佳（いしい　ゆりか）　　　防衛大学校准教授

佐俣 紀仁（さまた　のりひと）　　　武蔵野大学准教授

下飼手一郎 (しもがいて　いちろう)　　外務省国際法局海洋法室首席事務官

都留　康子 (つる　やすこ)　　上智大学教授

青木　　隆 (あおき　たかし)　　清和大学教授

河野真理子 (かわの　まりこ)　　早稲田大学教授

玉田　　大 (たまだ　だい)　　京都大学教授

本田　悠介 (ほんだ　ゆうすけ)　　神戸大学准教授

石塚　智佐 (いしづか　ちさ)　　東洋大学准教授

三好　正弘 (みよし　まさひろ)　　愛知大学名誉教授

佐藤　義明 (さとう　よしあき)　　成蹊大学教授

新井　　京 (あらい　きょう)　　同志社大学教授

酒井　啓亘 (さかい　ひろのぶ)　　早稲田大学教授

岡松　暁子 (おかまつ　あきこ)　　法政大学教授

瀬田　　真 (せた　まこと)　　早稲田大学准教授

兼頭ゆみ子 (かねとう　ゆみこ)　　中央大学兼任講師

佐古田　彰 (さこた　あきら)　　西南学院大学教授

山田和花奈 (やまだ　わかな)　　ユネスコ日本政府代表部一等書記官

芹田健太郎 (せりた　けんたろう)　　神戸大学名誉教授

柳井 俊二 先生　　　　Photo JIA

は し が き

　本書は，2025 年 1 月 15 日に満 88 歳の誕生日を迎えられた柳井俊二先生の
米寿をお祝いする記念論文集である。

　柳井先生は，1961 年に東京大学法学部を卒業された後，外務省に入省され，
在フランス大使館，経済局欧州課，国連代表部，在インドネシア大使館でのご
勤務の後，条約局国際協定課長，条約局法規課長，条約局条約課長，在大韓民
国大使館参事官，アジア局参事官，条約局審議官，在サンフランシスコ総領事，
条約局長兼海洋法本部長，内閣府国際平和協力本部事務局長（初代），総合外
交政策局長（初代），外務審議官（政務），外務事務次官，在アメリカ合衆国大
使などを歴任され，2002 年 1 月に外務省を退職された。

　同年 4 月には中央大学法学部教授に就任され，2007 年 3 月の退職までのあ
いだ，学部・大学院での国際法の講義のほか，大学院での論文指導，さらには
学部・大学院の入試問題の作成などの学務まで担当された。こうしたフルス
ペックの教授としての扱いは，自らの意思で希望されたと聞く。その傍ら，早
稲田大学でも客員教授を務められ，外交のみならず教育の分野においても，そ
の能力を存分に発揮された。

　柳井先生は，学界との関係も大事にされた。1980 年に，学界から安藤仁介
先生，栗林忠男先生，芹田健太郎先生を始めとする有志 10 名ほど，外務省か
ら当時の柳井条約課長と鈴木勝也法規課長（故人）を中心に法規課の担当官を
含めて「国際法事例研究会」が結成され，日本の国際法上の実践を体系的に蒐
集・整理する作業が開始された。現在まで続くこの研究会の成果は，これまで
に 6 冊の書籍に結実しているが，研究会発足の契機となったのは，外務省の資
料へのアクセスを求める学界有志からの要望に快く応じて下さった柳井先生と
鈴木法規課長の英断なのである。

　国際法協会（ILA）日本支部との関係では，2009 年〜2012 年にその会長を，
2016 年以降現在まで，その代表理事を務められている。ILA との関係で特筆
すべきは，2020 年 11 月〜12 月に開催された ILA の世界大会（京都大会）であ
る。同大会は，50 年前の 1964 年に開かれた東京大会からちょうど半世紀を経
て 2014 年に開催の予定であったが，2011 年の東日本大震災の影響もあって延
期を余儀なくされた。改めて予定された 2020 年の会議も，同年春に始まった
コロナ禍の影響で，150 年の歴史をもつ ILA 世界大会で初めてとなるオンラ

xi

インでの開催となった。柳井先生のイニシアチブの下，2週間にわたる会議が成功裏に完了し，参加者から拍手喝采を浴びたのは記憶に新しい。

さらに柳井先生は，中央大学に在職されていた2005年10月に国際海洋法裁判所（ITLOS）の裁判官に就任された。日本人として2人目の裁判官であったが，2011年10月には，日本人として初めて，同裁判所の所長にも選出された。当時，国際司法裁判所の所長も小和田恆裁判官であり，世界の主要な国際裁判所の所長が二人とも日本人ということで，国際法の世界で鼻高々であったことが思い出される。2期に互るITLOSでのご活躍は，本論文集がとりわけ海洋法に関する多数の論考を擁し，特別な分野として別扱いされているところにも反映している。

柳井先生は，日本の重要政策の策定過程でも重要な役割を果たされた。2007年に当時の安倍晋三首相が設置した私的諮問機関「安全保障の法的基盤の再構築に関する懇談会」の座長として，日本の集団的自衛権行使に関する憲法解釈の見直しを検討された。第一次安倍内閣の退陣を挟んで，安倍首相の再登板により2013年に懇談会が再開され，2014年5月にはその報告書が提出された。この報告書が同年7月の「安全保障法制の整備について」と題する閣議決定の基礎となったことは良く知られている。こうした幅広い分野における柳井先生のご活躍に対して，2017年には「国家又ハ公共ニ対シ積年ノ功労アル者」に対する勲章である瑞宝章の最高位・瑞宝大綬章が授与されている。

このように柳井先生は，外交官，裁判官，研究者，教育者など，3足も4足もの草鞋を履いて来られたが，国際法を中心とした記念論文集ということもあり，先生の国際法に関するご研究について，その一端に触れておきたい。先生のご業績は，第2巻の巻末の業績一覧に収められているが，ここではその中の「条約締結の実際的要請と民主的統制」『国際法外交雑誌』第78巻4号（1979年）と題する論文に触れたい。これは，多様化と多量化する条約締結の能率の要請と，それへの民主的コントロールの要請をいかに合理的に調整するかという，極めて実践的かつ理論的にも重要な問題を，膨大な実行に照らして丹念に検討された論考で，外交官としての実務経験にも裏打ちされた説得力のあるご研究として，柳井国際法の真骨頂ともいうべきものである。外務省条約局の3つの課の課長をすべて経験されたというだけでなく，条約局長を足掛け3年も務められたことが，こうしたご研究の重厚さにつながっているといえよう。

最後に，柳井先生のお人柄に触れないわけにはいかない。先生は優しく，気さくで飾らないお人柄である。同僚のITLOS裁判官が日本に招聘された時に

は，日本各地の訪問にずっと同行して案内をされたと側聞した。また，教え子などから時差を無視して深夜にかかってきた相談の電話についても，笑いながら嬉しそうに語っておられたことも記憶している。こうしたお優しい先生のますますのご健勝とご多幸を心よりお祈りしたい。

2025 年 2 月

編　者　　浅田　正彦

植木　俊哉

尾﨑久仁子

目　次（上巻）

はしがき（*xi*）

第1部　国　際　法

━━━━━　Ⅰ　総論と歴史　━━━━━

1　国際法の履行確保方法 ……………………………〔岩沢雄司〕…7

Ⅰ　はじめに（7）
Ⅱ　法の特徴としての強制（7）
Ⅲ　国際法の履行を確保する様々な方
法（9）
Ⅳ　おわりに（28）

2　国際法における欠缺論の諸相──外交軸との接点と交錯

………………………………………………………〔吉田　脩〕…29

Ⅰ　はじめに（29）
Ⅱ　法の欠缺と国際法（30）
Ⅲ　核兵器の威嚇又は使用の合法性事
件（39）
Ⅳ　結びに代えて（46）

3　事務管理の国家間関係における適用可能性 ……………〔中谷和弘〕…49

Ⅰ　はじめに（49）
Ⅱ　比較法における事務管理：欧州参
照枠草案（DCFR）における事務管
理を中心に（51）
Ⅲ　国際金融法分野における事務管理
の適用可能性（54）
Ⅳ　海事法・海洋法分野における事務
管理の適用可能性（57）
Ⅴ　宇宙法分野における事務管理の適
用可能性（59）
Ⅵ　国家責任法分野における事務管理
の適用可能性（61）
Ⅶ　外交・領事関係法分野における事
務管理の適用可能性（62）
Ⅷ　緊急時における他国民保護・救出
に関する事務管理の適用可能性（63）
Ⅸ　省　察（64）

4　「チャゴス諸島海洋保護区事件」仲裁判決における
禁反言の適用 ………………………………………〔櫻井大三〕…71

Ⅰ　はじめに（71）
Ⅱ　事件の概要（72）
Ⅲ　ランカスター・ハウスの約束（LHU）
の拘束力の問題に対する仲裁裁判
所のアプローチ（75）
Ⅳ　禁反言の適用をめぐる仲裁裁判所
の判断（77）
Ⅴ　仲裁裁判所の判断の特徴（84）
Ⅵ　おわりに（89）

xv

目　次（上巻）

5　リヴァイアサンの意義と挫折
——カール・シュミットのホッブズ論 ················〔西　平等〕···*91*

　　Ⅰ　は じ め に（*91*）　　　　　　Ⅲ　リヴァイアサンの意義と挫折（*98*）
　　Ⅱ　ルネ・カピタンのホッブズ解釈（*92*）　　　Ⅳ　結びにかえて（*113*）

6　戦間期国際法学における連帯学派
——レオン・ブルジョワとジョルジュ・セルの国際法思想
　　·······················〔西海真樹〕···*115*

　　Ⅰ　は じ め に（*115*）　　　　　　Ⅲ　ジョルジュ・セルの国際法思想
　　Ⅱ　レオン・ブルジョワの国際法思想　　　　　　（*127*）
　　（*117*）　　　　　　　　　　　　Ⅳ　お わ り に（*138*）

7　国際法における「文明の基準」の回帰 ··········〔松井芳郎〕···*141*

　　Ⅰ　問 題 提 起（*141*）　　　　　　家承認制度の役割（*151*）
　　Ⅱ　近代世界システムにおける国際法　　　Ⅴ　現代国際法における「文明の基
　　（*142*）　　　　　　　　　　　　　準」の衰退と「回帰」（*158*）
　　Ⅲ　伝統的国際社会における欧州国際　　　Ⅵ　「文明の基準」の「回帰」？（*161*）
　　法の形成と拡大（*145*）　　　　　Ⅶ　グローバル化する世界における国
　　Ⅳ　外延の国の国際社会への受容：国　　　　際法の役割：結びに代えて（*164*）

━━━━━━━　Ⅱ　国家管轄権と承認　━━━━━━━

8　立法管轄権を規律する法規範
——「自由（liberté）」に基底する「基本的立場」の対立に着目して
　　·······················〔森田章夫〕···*169*

　　Ⅰ　は じ め に（*169*）　　　　　　質的争点（*181*）
　　Ⅱ　立法管轄権をめぐる「基本的立場」　　Ⅳ　「基本的見解」の対立がもたらす
　　の対立——「自由」とその基底状況　　　　「管轄権」の競合・抵触に対する
　　（*175*）　　　　　　　　　　　　　国際法上の評価（*188*）
　　Ⅲ　「基本的立場」の対立における実　　　Ⅴ　結　　び（*192*）

9　新たな軌道上の活動に対する管轄権問題の軽減可能性
——宇宙からの「打上げ」を題材として ··········〔青木節子〕···*195*

　　Ⅰ　問題の所在（*195*）　　　　　　Ⅲ　宇宙からの宇宙物体「打上げ」の
　　Ⅱ　宇宙物体に対する管轄権行使の現　　　　登録実行（*205*）
　　状（*197*）　　　　　　　　　　　Ⅳ　結　　論（*212*）

xvi

目　次（上巻）

10 国家承認制度と多数国間条約 ……………………〔目賀田周一郎〕…215

Ⅰ　は じ め に（*215*）
Ⅱ　未承認国への国際法の適用と残された問題（*216*）
Ⅲ　日本における著作権保護に関するベルヌ条約の北朝鮮への適用問題（*218*）
Ⅳ　多数国間条約におけるイスラエルとアラブ諸国の関係（*220*）
Ⅴ　多数国間条約へのパレスチナの加入の動き（*223*）
Ⅵ　国際紛争平和的処理条約へのパレスチナとコソボの加入問題（*225*）
Ⅶ　人種差別撤廃条約に基づくパレスチナの国家間通報手続（*227*）
Ⅷ　パレスチナ占領地における ICC 規程の適用問題（*231*）
Ⅸ　米国大使館エルサレム移転問題（*234*）
Ⅹ　論点の整理（*236*）
Ⅺ　お わ り に（*239*）

11 国家実行から見る政府承認の再考察 …………………〔大平真嗣〕…241

Ⅰ　は じ め に（*241*）
Ⅱ　政府承認と諸外国の国家実行（*243*）
Ⅲ　日本の国家実行と伝統的な政府承認（*247*）
Ⅳ　「政府承認の回避ないし廃止」と「伝統的な政府承認」に関する考察（*253*）
Ⅴ　お わ り に（*257*）

12 不承認主義に基づく認定の法的効果に関する一考察
── 不承認義務と国際法上の協力義務の関係を踏まえて
………………………………………………………〔雨野　統〕…259

Ⅰ　問題の所在（*259*）
Ⅱ　不承認主義の国際法上の位置づけ（*260*）
Ⅲ　国際判例における不承認義務の位置づけ（*264*）
Ⅳ　結　　語（*278*）

========= Ⅲ　国　際　立　法 =========

13 留保禁止条約に付された留保相当解釈宣言の法的効果
──「条約の留保に関する実行ガイド」を手がかりに ……〔浅田正彦〕…283

Ⅰ　は じ め に（*283*）
Ⅱ　トラテロルコ条約，追加議定書Ⅱおよび核兵器国による宣言（*284*）
Ⅲ　「条約の留保に関する実行ガイド」（実行ガイド）における留保と解釈宣言（*288*）
Ⅳ　留保禁止条約に付された留保の法的効果（*294*）
Ⅴ　トラテロルコ議定書に付された「条件としての解釈宣言」の法的効果（*299*）
Ⅵ　お わ り に（*306*）

14 国際法委員会の作業に関する批判的考察
──強行規範に関する結論草案を中心に ………………〔村瀬信也〕…309

Ⅰ　は じ め に（*309*）
Ⅱ　強行規範に関する結論草案（*311*）
Ⅲ　法の一般原則に関する結論草案（*320*）
Ⅳ　ロシアのウクライナ侵略と関連議題（*322*）
Ⅴ　結びに代えて（*325*）

xvii

目　次（上巻）

15　岐路に立つ国家責任条文
　　──総会第6委員会における最終形態をめぐる攻防 ……〔薬師寺公夫〕…327

　　Ⅰ　問題の所在──国家責任条文に何
　　　が起こっているのか（327）
　　Ⅱ　国家責任条文の最終形態をめぐる
　　　総会決議の到達点と問題解決の模
　　　索（335）

　　Ⅲ　国家責任条文の法的地位と国際裁
　　　判所等による援用の意味（366）
　　Ⅳ　むすびにかえて──問題解決に向
　　　けて（387）

━━━━━━　Ⅳ　国際組織と国際協力　━━━━━━

16　国際組織に関するILCの起草作業に関する一考察
　　──「国際組織が当事者である紛争の解決」に関する作業を
　　　素材として……………………………………………〔植木俊哉〕…395

　　Ⅰ　はじめに（395）
　　Ⅱ　「国際組織が当事者である紛争の
　　　解決」に関する起草作業の開始
　　　（397）
　　Ⅲ　起草する「法形式」に関する選
　　　択──「ガイドライン草案」（draft
　　　guideline）（401）

　　Ⅳ　「国際組織」の定義と要件をめぐ
　　　る再論（403）
　　Ⅴ　「国際組織が当事者である紛争」
　　　の解決手続をめぐる問題（408）
　　Ⅵ　おわりに──本議題に関するILC
　　　の作業の理論的意義（412）

17　国際行政連合・再考
　　──「協力の国際法」の起点として ……………………〔山田哲也〕…413

　　Ⅰ　はじめに（413）
　　Ⅱ　電信機の発明・実用化と国際化
　　　──国際郵便との対比（416）

　　Ⅲ　国際法の構造変化論と国際行政連
　　　合（420）
　　Ⅳ　むすびにかえて（424）

18　政治犯不引渡原則の再評価
　　──欧州逮捕状に基づくカタルーニャ分離独立派の身柄請求を
　　　手掛かりとして ………………………………………〔洪　　恵子〕…427

　　Ⅰ　はじめに（427）
　　Ⅱ　プッチダモンの引渡しに関する事
　　　件の概要（429）
　　Ⅲ　欧州逮捕状（制度）の概要と特徴

　　　（432）
　　Ⅳ　犯罪の政治性と欧州逮捕状制度
　　　（437）
　　Ⅴ　おわりに（444）

19　文化多様性条約における規範の多重性の意義
　　──条約採択から20年を迎えるにあたって ………………〔小寺智史〕…447

　　Ⅰ　はじめに（447）
　　Ⅱ　文化多様性条約における規範の多
　　　重性（449）
　　Ⅲ　特恵待遇の実施状況（454）

　　Ⅳ　フェア・カルチャーと特恵待遇
　　　（459）
　　Ⅴ　おわりに（462）

目　次（上巻）

20 ヨーロッパにおける裁判官の独立
　　── 裁判官対話によるヨーロッパ基準の生成 …………………〔須網隆夫〕…465
　　　Ⅰ　は じ め に（465）　　　　　　Ⅳ　裁判官対話による基準の形成──
　　　Ⅱ　欧州人権裁判所と「裁判官の独　　　　　「司法評議会の独立」と「裁判官の
　　　　　立」（466）　　　　　　　　　　　　独立」（476）
　　　Ⅲ　EU 司法裁判所と「裁判官の独　　Ⅴ　結語──国際裁判所裁判官の独立
　　　　　立」（470）　　　　　　　　　　　　への視点（484）

━━━━━ **Ⅴ　人　　権** ━━━━━

21 国連人権条約機関における国家報告制度の運用実務
　　── 自由権規約委員会を例に ………………………………〔寺谷広司〕…489
　　　Ⅰ　序　問題の所在（489）　　　　　成果物の法的性格（499）
　　　Ⅱ　審議手続サイクルの実際（492）　Ⅳ　結　　び（506）
　　　Ⅲ　制度運営の基盤──審査参加者と

22 中国人権外交の転換
　　── 人権分野における「相互に有益な協力」概念をめぐって
　　………………………………………………………………〔坂元茂樹〕…509
　　　Ⅰ　は じ め に（509）　　　　　　期審査の機能（515）
　　　Ⅱ　人権観念の対立は本当に存在する　Ⅳ　中国主導による「相互に有益な協
　　　　　のか（513）　　　　　　　　　　　力」の概念の展開（518）
　　　Ⅲ　国連人権理事会における普遍的定　Ⅴ　お わ り に（529）

23 「ビジネスと人権」と労働
　　── 人権法の中での労働権の主流化 ……………………………〔吾郷眞一〕…533
　　　Ⅰ　は じ め に（533）　　　　　　委員会と人権条約機構との対話開
　　　Ⅱ　「ビジネスと人権」の規範性（534）　始の意義（539）
　　　Ⅲ　UNGP の中での労働の地位（536）　Ⅵ　ILO と国連との協働による相乗効
　　　Ⅳ　労働権と人権（537）　　　　　　　果（541）
　　　Ⅴ　2022 年 ILO 条約勧告適用専門家　Ⅶ　お わ り に（542）

24 欧州人権条約第 3 条の違法性審査における人間の
　　尊厳概念の役割── 欧州人権裁判所 2015 年 9 月 28 日
　　大法廷判決 Bouyid 対ベルギー…………………………〔小坂田裕子〕…545
　　　Ⅰ　は じ め に（545）　　　　　　Ⅳ　Bouyid 事件大法廷判決の意義
　　　Ⅱ　事実概要と小法廷判決（546）　　　（554）
　　　Ⅲ　大法廷判決と共同反対意見（549）　Ⅴ　お わ り に（556）

xix

目　次（上巻）

25　庇護の外部化と国際人権・難民法 ……………………〔北村泰三〕…*559*

　　Ⅰ　は じ め に（*559*）　　　　　　く庇護の外部化（*575*）
　　Ⅱ　難民条約の場所的適用範囲（*561*）　Ⅳ　むすびに──庇護の外部化の位置
　　Ⅲ　安全な第三国（STC）概念に基づ　　づけ（*584*）

26　自由権規約委員会の同性婚勧告に関する一考察 …〔谷口洋幸〕…*587*

　　Ⅰ　は じ め に（*587*）　　　　　Ⅳ　同性婚勧告を取り巻く現状（*592*）
　　Ⅱ　自由権規約委員会の同性婚勧告　　Ⅴ　同性婚勧告の意義（*597*）
　　（*588*）　　　　　　　　　　　　Ⅵ　お わ り に（*601*）
　　Ⅲ　同性婚勧告に至る経緯（*589*）

──────────　**Ⅵ　紛　争　解　決**　──────────

27　国際法学の実務と理論における学際性
　　── 国際裁判を素材に……………………………………〔竹内雅俊〕…*605*

　　Ⅰ　は じ め に（*605*）　　　　　（*612*）
　　Ⅱ　国際法学の「学際的なアプロー　Ⅳ　実務における２種類の協働の方法
　　チ」の展開と批判（*608*）　　　　論（*617*）
　　Ⅲ　協働に関するいくつかのモデル　Ⅴ　結びに代えて（*619*）

28　同一紛争処理制度下で争点が共通する複数事案が
　　同時並行して進行する場合の法的課題 ……………〔小林友彦〕…*621*

　　Ⅰ　はじめに：問題意識（*621*）　　断の特徴（*623*）
　　Ⅱ　紛争の経緯（*622*）　　　　　Ⅳ　いくつかの論点の分析（*631*）
　　Ⅲ　安全保障例外に関する両パネル判　Ⅴ　結　　論（*634*）

29　国際司法裁判所における貨幣用金原則の再構成 …〔山形英郎〕…*637*

　　Ⅰ　は じ め に（*637*）　　　　　Ⅳ　「前提的紛争処理」の態様：「潜在
　　Ⅱ　貨幣用金原則の適用要件（*639*）　的問題」（*647*）
　　Ⅲ　「並行的」紛争処理と「前提的」　Ⅴ　お わ り に（*650*）
　　紛争処理（*642*）

30　投資条約における択一規定（fork in the road provision）
　　と条約仲裁廷の管轄権 ………………………………〔森川俊孝〕…*653*

　　Ⅰ　は じ め に（*653*）　　　　　Ⅲ　投資条約仲裁廷による択一規定の
　　Ⅱ　択一規定の内容と問題の所在　　解釈と課題（*657*）
　　（*655*）　　　　　　　　　　　　Ⅳ　お わ り に（*667*）

目 次 (上巻)

31 国際裁判におけるオンライン審理手続 ………………〔中島　啓〕…669

　　I　は じ め に (669)　　　　　　III　対面方式とオンライン方式の相違
　　II　コロナ禍におけるオンライン審　　　　　(675)
　　　　方式の整備と運用 (671)　　　　IV　お わ り に (681)

━━━━━━━━━ **VII　安 全 保 障** ━━━━━━━━━

32 国連平和協力法案──安全保障法制の原点 …………〔堀之内秀久〕…685

　　I　は じ め に (685)　　　　　　IV　中東貢献策 (688)
　　II　イラクのクウェート侵攻と国際社　　　V　国連平和協力法案 (690)
　　　　会の反応 (686)　　　　　　　VI　蹉跌からの出発 (694)
　　III　我が国内の議論 (687)　　　　VII　お わ り に (696)

33 集団的自衛権のジレンマ ──NATO とウクライナ戦争
　　………………………………………………………〔三上正裕〕…699

　　I　は じ め に (699)　　　　　　VI　ロシアによるウクライナ侵略 (716)
　　II　集団的自衛権の両面性 (701)　　VII　ウクライナ侵略に対する NATO
　　III　NATO の集団防衛の構造 (703)　　　の対応 (720)
　　IV　NATO の誕生と批判・反論 (707)　VIII　お わ り に (722)
　　V　非 5 条・危機管理活動の拡大 (714)

34 日本の新安全保障法制の抑制性による国際法抵触という
　　逆説的局面──集団的自衛権の行使形態論に触れつつ …〔真山　全〕…725

　　I　は じ め に (725)　　　　　　IV　旧来の国内法に伏在していた問題
　　II　自衛隊と外国軍の協同の評価問題　　　の顕在化 (737)
　　　　(727)　　　　　　　　　　　V　お わ り に (740)
　　III　新安全保障法制から生じる問題 (730)

35 パレスチナに関する ICJ 勧告的意見手続きにおける
　　日本の陳述 (報告) ……………………………………〔御巫智洋〕…743

　　I　は じ め に (743)　　　　　　III　2024 年 2 月 22 日の口頭陳述 (748)
　　II　2023 年 7 月提出の陳述書 (744)　IV　お わ り に (755)

xxi

国家と海洋の国際法

上巻

第1部
国際法

◀ 第1部 ▶

I　総論と歴史

1 国際法の履行確保方法

岩 沢 雄 司*

Ⅰ はじめに　　　　　　　　　Ⅲ 国際法の履行を確保する様々
Ⅱ 法の特徴としての強制　　　　　な方法
　　　　　　　　　　　　　　　Ⅳ おわりに

Ⅰ は じ め に

　本稿では，国際法が持つ様々な履行確保方法を考察する[1]。これらの方法を考察する前にまず，国際法は強制を欠くので法でないという，国際法に向けられた批判について検討する。

Ⅱ 法の特徴としての強制

　法学者の多くは，「強制」が，法を道徳や宗教などの他の社会規範から区別する特徴であると考える。この場合の強制は，集団構成員に法の遵守を強いる圧力を指す。国内法においては，公法には刑罰，私法には強制執行という強制がある。

　国際法はこの種の強制を持たないので法でないといわれることが少なくない。このような主張をした学者としてよく知られるのは，オースティンである。1832 年に出版された著書において，彼は次のように主張した。法は不遵守に

＊本稿は，2023 年 3 月に筆者が Harvard Law School において行った基調講演に基づく。同講演は，Harvard International Law Journal 65 巻 1 号（2024 年）1 頁に "Various Means of Enforcement in International Law" と題して公刊された。本稿において筆者が述べる意見は，筆者の所属機関のものではない。

(1)　国際法の履行確保につき，Math Noortmann, Enforcing International Law: From Self-Help to Self-Contained Regimes (2005); Mary Ellen O'Connell, The Power and Purpose of International Law: Insights from the Theory and Practice of Enforcement (2008); Lori Fisler Damrosch, Enforcing International Law through Non-Forcible Measures, 269 R.C.A.D.I. 9 (1997); 森肇志「国際法における法の実現手法」長谷部恭男ほか編『現代法の能動(2) 法の実現手法』（岩波書店，2014 年）267 頁も見よ。

国家と海洋の国際法（上巻）第1部 国際法／I 総論と歴史

対し強制が加えられる主権者の命令である。国際法は強制を欠くので，法と呼ぶのは不適当である。「実定国際道徳」と呼ぶ方が正確である[2]。これに対して，強制が法の概念要素であることを否定することによって，国際法の法的性質を肯定する人もある。例えばイエリネックは，「法概念の本質的なメルクマール」は，強制でなく「保障」であるという。彼によれば，保障は法を動機づける力であり，強制は保障の単なる下位概念にすぎない[3]。国より高位の権威はないから，国際法は強制を欠く。しかし国際法にも保障はある[4]。

　しかし法学者の多くは，強制が法の概念要素であることを肯定しつつ，国際法にも強制があるので，国際法も法と認められるとする。これが通説である。国際法には国内法と同じような強制はない。しかし，国内法と同じような強制を国際法に求めるのは，近代国家の国内法を法の唯一のあり方と想定することを意味し，適当とはいえない。国内法においても，原始的段階では自助によって法の履行が確保されていた。法学者は，国際法は国内法と同じような強制を持たないにもかかわらず法といえるかを議論してきた[5]。ケルゼンが，国際法には強制として戦争と復仇があるので法と認められる，と主張したことはよく知られている。彼は，戦争と復仇を原始的で分権的な法秩序の強制とみなした[6]。オースティンにとって法が主権者への服従を意味したのに対して，ケルゼンにとって法は規則への服従を意味した[7]。武力行使が禁止された現代から見ると，戦争や復仇を法の「強制」と捉え，それによって国際法の法的性質を肯定することには抵抗がある。しかし，武力行使が禁止されていなかった時代に，戦争や復仇が自助手段として一定の役割を果たす面があったことは否定できない。

---

(2)　John Austin, The Province of Jurisprudence Determined 5-7, 18, 132, 146-48, 208, 280 (1832).

(3)　Georg Jellinek, Allgemeine Staatslehre 326-28 (2d ed. 1905).

(4)　同 364-68 頁。

(5)　J. L. Brierly, Sanctions, 17 Transactions Grotius Soc'y 67 (1931); Josef L. Kunz, Sanctions in International Law, 54 Am. J. Int'l L. 324 (1960); Monique Chemillier-Gendreau, La notion de sanction en droit international, in Mélanges en l'honneur du professeur Gustav Peiser (Jean-Michel Galabert & Marcel-René Tercinet eds., 1995) など。

(6)　Hans Kelsen, The Essence of International Law, in The Relevance of International Law: Essays in Honor of Leo Gross 85, 87 (Karl W. Deutsch & Stanley Hoffmann eds., 1968). Hans Kelsen, Law and Peace in International Relations: The Oliver Wendell Holmes Lectures, 1940-41, at 29-55 (1948); Hans Kelsen, Principles of International Law 20-64 (1952) も見よ。

(7)　Charles Leben, Hans Kelsen and the Advancement of International Law, 9 Eur. J. Int'l L. 287, 289 (1998).

1 国際法の履行確保方法 〔岩沢雄司〕

国際法の重要な特徴は，自助が排除されていないことである。武力行使を伴わない復仇は，今日では対抗措置と呼ばれ，国際法の履行確保方法として容認されている。それに加えて国際法は，他の様々な履行確保方法を備えている。このように国際法には，国内法とは違った形の強制がある。したがって，強制が法の概念要素であることを認めても，国際法の法的性質を肯定することができる[8]。

Ⅲ　国際法の履行を確保する様々な方法

本節では，国際法が備える様々な履行確保方法を考察する。以下の7つの履行確保方法を順に見ていく。国際法の国内における実施及び適用，国連安全保障理事会による強制措置，自助，国家責任法，国際紛争処理，国際監督，国内裁判所及び国際刑事法廷による国際刑事法の執行である。

1　国内における実施及び適用

国際法の国内における実施及び適用は，国際法の実現にとって最も基本的かつ重要な方法である。国際法の「国内実施」とは，国の国際義務を履行するために，国内立法者が国際法の内容を法令で更に詳細に定めることを指す。国際法を国内で実現するのに必要な最初の措置である。以下では，国際法の「国内適用」，特に国際法の履行確保における国内裁判所の役割に焦点を当てる。

A　二重機能論

セルは，国際法における「二重機能論」を唱えた。それによれば，国家機関は二重の機能を果たす。国内法制度における国家の機関としての機能と，国際法の形成・実施・適用・執行に貢献する国際社会の機関としての機能である[9]。国益を優先しがちな国の行政機関・立法機関に比べて，司法機関（国内裁判所）は国際社会の機関として真に機能する可能性が高い[10]。国際法において国

---

(8)　国際法の法的性質につき一般には，横田喜三郎『国際法の法的性質』（岩波書店，1944年），Anthony D'Amato, Is International Law Really 'Law' ?, 79 Nw. U. L. Rev. 1293 (1984-85); Harold Hongju Koh, Why Do Nations Obey International Law?, 106 Yale L.J. 2599 (1996-97) 参照。

(9)　Georges Scelle, Le phénomène juridique du dédoublement fonctionnel, in Rechtsfragen der internationalen Organisation: Festschrift für H. Wehberg zu seinem 70. Geburtstag 324 (Walter Schätzel & Hans-Jürgen Schlochauer eds., 1956). Antonio Cassese, Remarks on Scelle's Theory of 'Role Splitting' (*dédoublement fonctionnel*) in International Law, 1 Eur. J. Int'l L. 210 (1990) も見よ。

(10)　国際法における国際裁判所の役割につき，Richard A. Falk, The Role of Domestic

内裁判所が重要な役割を果たすのは，国際法秩序の分権的性格に基づく。

B　国 内 適 用

　国が国際義務に反して外国人の権利を侵害したときは，外国人の本国が国際請求（外交的保護）を行うことができる。外交的保護の行使には，被害を受けた個人が国内救済を尽くしたことが要件とされる[11]。国内救済完了の原則は，国家機関が行った違法行為について国内法上の手段によって救済を与える機会を国に与え，それによって問題が国家間紛争に発展することを防止する。この原則は，国際法の国内適用の重要性をよく表す。

　国際法における国内裁判所の主な機能は，同国の政府の措置に国際法を適用し，措置が国際法に反しているときにそれを違法と認定することにある[12]。国際法は，国際法が国内法において法的効力を持つかの決定を国に委ねる。慣習国際法は，多くの国（日本を含む）で国内的効力を持つ。条約も，多くの国（日本を含む）で国内的効力を持つ[13]。しかし，相当の国において，条約は国内で法的効力を持たない[14]。国際法が国内的効力を持ち，直接適用可能であるなら，国内裁判所は国際法を適用し，反する行政行為を無効にすることができる。国際法が国内法秩序で認められる序列も，各国が決定する。条約が法律に優先する国は多い[15]。しかし，条約より後法である法律が条約に優先する国も少なくない[16]。

C　間 接 適 用

　国際法は，直接適用可能でなくても，国内法においてその他の効果を持ち得る。裁判所は国内法を国際法に適合するように解釈すべきという原則が，多く

　　Courts in the International Legal Order 177 (1964); The Role of Domestic Courts in Treaty Enforcement: A Comparative Study (David Sloss ed., 2009); André Nollkaemper et al. (eds.), The Engagement of Domestic Courts with International Law: Comparative Perspectives (2024) 参照。

(11)　国内救済完了の原則につき，A. A. Cançado Trindade, The Application of the Rule of Exhaustion of Local Remedies in International Law (1983); Chittharanjan Felix Amerasinghe, Local Remedies in International Law (2d ed. 2004) 参照。

(12)　Yuji Iwasawa, Domestic Application of International Law (2022) 参照。

(13)　オーストリア，ベルギー，フランス，ドイツ，イタリア，日本，ポルトガル，スイス，オランダ，米国など。

(14)　英国，英連邦諸国，スカンジナビア諸国など。

(15)　フランス，旧フランス植民地諸国，ギリシャ，スペイン，日本，中南米のいくつかの国，東欧のいくつかの国（ロシアを含む）など。

(16)　米国，ドイツ，韓国など。

の国で認められている。国際法適合解釈又は国際法の間接適用といわれる原則である[17]。この原則を憲法で明示する国もある[18]。法律が国際法を国内で実施するために制定されたものであるときは，その法律を国際法に適合するよう解釈すべきことは当然である。しかしこの原則は，国内法が当該国際法より前に制定されていた場合でも，適用されるべきである[19]。

人権条約は私人間の水平的関係に適用され得る。人権の第三者効力といわれる効果である。日本やドイツでは，この点に関し「間接効果説」が多くの支持を集めている[20]。例えば日本の裁判所は，民法における「不法行為」概念を解釈するに際し，人種差別撤廃条約を参照した[21]。

国際法適合解釈の原則は，相当に実効的で，国際法の国内における実現に大きく貢献し得る。国内裁判官は，国際法を直接適用することに必ずしも積極的でなくても，国内法の国際法適合解釈のために国際法を間接的に参照することにあまり躊躇しない可能性がある。参照される文書の国際法上の効力の違いによって，国内法の解釈基準としての権威は異なる。文書の国際法上の効力が強ければ強いほど，解釈基準としての権威は大きい。

D　対外適用

国内裁判所は，対外的に外国に対して国際法を執行することもできる。筆者はこれを国際法の「対外適用」と呼んできた[22]。対外適用はいくつかの異なった形をとり得る。第1に，国際法違反の被害者が国内裁判所で，外国国家やその職員を相手に損害賠償請求訴訟を提起することがある。国内裁判所は，外国国家やその職員が国際法に違反したと認定し，損害賠償を命じることができる。原告は，当該外国の国民であったり[23]，法廷地国の国民であった

---

(17)　Iwasawa, *supra* note 12, at 214-19 参照。

(18)　南アフリカ憲法 39 節 1 項，233 節。スペイン憲法 10 条 2 項。

(19)　Iwasawa, *supra* note 12, at 214-15.

(20)　同 216-17 頁。Jost Delbrück, Third-Party Effects of Fundamental Rights through Obligations under International Law?, 12 Law & Stat. 61（1975）.

(21)　京都地判 2023 年 10 月 7 日判時 2208 号 74 頁，大阪高判 2014 年 7 月 8 日判時 2232 号 34 頁など。

(22)　Yuji Iwasawa, International Law, Human Rights, and Japanese Law: The Impact of International Law on Japanese Law 92-94（1998）.

(23)　Filártiga v. Peña-Irala, 630 F.2d 876（2d Cir. 1980）, ILDC 681（US 1980）（外国人が自国政府職員を訴えた事件）; Siderman de Blake v. Republic of Argentina, 965 F.2d 699（9th Cir. 1992）, 103 I.L.R. 454, ILDC 2171（US 1992）（外国人が本国を訴えた事件）など。

り[24]，第三国の国民であったりする[25]。この種の国際人権訴訟は，Filártiga v. Peña-Irala 事件を嚆矢に[26]，1980 年代及び 90 年代にアメリカで数多く提起された[27]。しかしその後，アメリカ最高裁はこの種の訴訟に歯止めをかけた[28]。第 2 に，国内裁判所は，普遍主義に基づいて，外国で国際犯罪を行った外国人を訴追し処罰することができる[29]。第 3 に，国内裁判所は，犯罪人引渡や退去強制の際に，国際法を参照することができる。引渡しや退去強制によって対象者に回復し難い損害（生命に対する権利の侵害や拷問・残虐な取扱いなど）が生じる現実の危険があるときは，国際法に照らして，政府が引渡しや退去強制を行うのを差し止めることができる[30]。第 4 に，国内裁判所は，国際法に適合しない外国法の適用や外国判決の承認執行を拒否し得る。国内裁判所は，国際法が「公序」の一部を成すと捉え，外国法や外国判決が法廷地の公序に反するといった理由で，外国法の適用や外国判決の承認執行を拒否する[31]。

2 安全保障理事会の強制措置

国連安全保障理事会（安保理）がとる「強制措置」は，国際法の履行を確保する機能を持つことがある。国連憲章の下で安保理は，非軍事的措置又は軍事的措置を決定することができ，その決定は国連加盟国を拘束する[32]。憲章第 7 章は，「平和に対する脅威，平和の破壊及び侵略行為」に適用される（憲章 39 条）。憲章第 7 章の下で安保理がとる措置は，国際の平和と安全の維持に主要な責任を持つ国連の機関が，平和を回復するためにとる行政措置である（24 条）。しかし，平和を脅かす又は破壊する国の行為は，多くの場合，国際違法行為である[33]。したがって，安保理の強制措置は，国際違法行為に対する集団的措置

---

(24)　Saudi Arabia v. Nelson, 507 U.S. 349（1993），100 I.L.R. 544（米国人が外国を訴えた事件）など。

(25)　Von Dardel v. Union of Soviet Socialist Republics, 623 F. Supp. 246（D.D.C. 1985），77 I.L.R. 258（第三国国民が外国を訴えた事件）など。

(26)　Filártiga v. Peña-Irala, 630 F.2d 876（2d Cir. 1980）; 577 F. Supp. 860（E.D.N.Y. 1984）.

(27)　詳しくは，岩沢雄司「アメリカ裁判所における国際人権訴訟の展開(1)(2)」『国際法外交雑誌』87 巻 2 号（1988 年）以下参照。

(28)　Kiobel v. Royal Dutch Petrol. Co., 569 U.S. 108, 124（2013）など。

(29)　後掲注(104)-(105)の本文参照。

(30)　東京高判 1990 年 4 月 20 日高刑集 43 巻 1 号 27 頁（張振海事件）など参照。

(31)　Oppenheimer v. Cattermole,［1976］AC 249（HL），72 I.L.R. 446 など。

(32)　Erika de Wet, The Chapter VII Powers of the United Nations Security Council（2004）参照。

(33)　Stephan Wollbrink, A Violation of International Law as a Necessary Element of a

を意味し，平和だけでなく，合法性も回復する意味を持つ。こうして，国際法の履行確保方法としての機能を持つのである。

　国連憲章は，第7章に基づく対応を「措置」と呼び，「制裁」とは呼ばない。それにもかかわらず，国際法委員会は，憲章第7章の下で安保理がとる措置を「制裁」と捉える[34]。憲章第7章に基づく安保理の措置を国連の「制裁」と表現する研究者は多い[35]。そして国際法委員会は，「制裁」という語を，国際組織が設立文書（特に国連憲章第7章）の下で採択する決定に基づいて実施する制限措置に限って用いる[36]。

A　非軍事的措置

　冷戦の間，安保理は，拘束力を持つ決定によって非軍事的措置をとることは稀だった。1989年以前にとられた非軍事的措置は，南ローデシアと南アフリカに関する例があるのみである[37]。しかし1989年以降，安保理は，非軍事的措置に関する決定を数多く採択するようになった。イラク（1990年），ソマリア，リビア，ユーゴスラビア，リベリア（1992年），ハイチ，アンゴラ（1993年），スーダン（1996年），シエラレオネ（1997年）などである[38]。安保理が憲章41条の下でとる非軍事的措置は，「経済制裁」の形をとることが多い。輸出

"Threat to the Peace" under the UN Charter（2014）参照。

(34)　Int'l Law Comm'n, Rep. on the Work of Its Thirty-First Session, [1979] 2(2) Y.B. Int'l L. Comm'n 121, U.N. Doc. A/CN.4/SER.A/1979/Add.1（Part 2）. Int'l Law Comm'n, Commentaries to the Draft Articles on the Responsibility of States for Internationally Wrongful Acts, [2001] 2(2) Y.B. Int'l L. Comm'n art. 22, para. 3, U.N. Doc. A/CN.4/SER.A/2001/Add.1（Part 2）（以下「ILC コメンタリー」）.

(35)　United Nations Sanctions and International Law（Vera Gowlland-Debbas ed., 2001）; 吉村祥子『国連非軍事的制裁の法的問題』（国際書院，2003年），Research Handbook on UN Sanctions and International Law（Larissa van den Herik ed., 2017）; 吉村祥子『国連の金融制裁』（東信堂，2018年）など。

(36)　Int'l Law Comm'n, Rep. on the Work of Its Thirty-First Session, *supra* note 34, at 121.

(37)　安保理決議232号（1966年12月16日）2項（南ローデシア）。安保理決議23号（1968年5月29日）3-7項（南ローデシア）。安保理決議418号（1977年11月4日）2, 4項（南アフリカ）。

(38)　安保理決議661号（1990年8月6日）3-4, 6項（イラク）。安保理決議733号（1992年1月23日）5項（ソマリア）。安保理決議748号（1992年3月31日）4-6項（リビア）。安保理決議757号（1992年5月30日）4-9項（ユーゴスラビア）。安保理決議788号（1992年11月19日）8項（リベリア）。安保理決議841号（1993年6月16日）5-6, 8項（ハイチ）。安保理決議864号（1993年9月15日）19項（アンゴラ）。安保理決議1054号（1996年4月26日）3項（スーダン）。安保理決議1132号（1997年10月8日）5-6項（シエラレオネ）。

入禁止，武器禁輸，金融制裁，投資禁止，資産凍結などである。安保理の非軍事的措置は，他に，旅行禁止，文化交流の制限，航空機の乗入禁止，外交関係の断絶を含む[39]。

　包括的経済制裁は，対象国における無辜の一般市民の生活に深刻な悪影響を与える。そこで1990年代以降，安保理は，国の指導者やテロリストなど，特定の個人や団体を狙う制裁を行うようになった[40]。これを「スマート・サンクション」又は「狙い撃ち制裁」という[41]。安保理は，制裁委員会を設置し，制裁の実施を監督させることが多い。制裁委員会は，制裁（資産凍結や旅行制限など）の対象になる個人や団体の目録を作成する。制裁委員会が十分な根拠なしに個人を制裁の対象にした例があり，国際裁判所は，制裁を実施した国は当該個人の人権を侵害したと判断した[42]。

　非軍事的措置は，数が増えただけでなく，内容が拡大し多様化した。1993年と1994年に安保理は，決議によって旧ユーゴ国際刑事法廷とルワンダ国際刑事法廷を設置した[43]。憲章41条がこれらの法廷設置の法的根拠とされた[44]。安保理は憲章41条に基づいて，他にも様々な非軍事的措置をとってきた。国際審査委員会の設置[45]，国際刑事裁判所検察官への事案付託[46]，化学兵器・生

---

(39)　国連による非軍事的制裁につき，Jean Combacau, Le pouvoir de sanction de l'O. N.U.: Etude théorique de la coercion militaire (1974) 参照。経済制裁につき，Economic Sanctions in International Law (Laura Picchio Forlati & Linos-Alexandre Sicilianos eds., 2004); Economic Sanctions and International Law (Matthew Happold & Paul Eden eds., 2016); Economic Sanctions in International Law and Practice (Masahiko Asada ed., 2020) 参照。

(40)　安保理決議1173号（1998年6月12日）11-12項（アンゴラ），安保理決議1267号（1999年10月15日）4項（アフガニスタン）など。

(41)　本田美樹『国連による経済制裁と人道上の諸問題——「スマート・サンクション」の模索』（国際書院，2013年），Targeted Sanctions: The Impacts and Effectiveness of United Nations Action (Thomas J. Biersteker et al. eds., 2016) など参照。

(42)　欧州司法裁判所・C-402/05 & C-415/05, Kadi & Al Barakaat Int'l Found. v. Council & Comm'n, 2008 E.C.R. I-6351. 自由権規約委員会・Sayadi & Vinck v. Belg., 2 Rep. of the Hum. Rts. Comm. 241, U.N. Doc. A/64/40 (Vol. II) (2009). 欧州人権裁判所・Nada v. Switz., 2012-V Eur. Ct. H.R. 213.

(43)　安保理決議827号（1993年5月25日）2項（旧ユーゴ国際刑事法廷）。安保理決議955号（1994年11月8日）1項（ルワンダ国際刑事法廷）。

(44)　旧ユーゴ国際刑事法廷・Prosecutor v. Tadić, Case No. IT-94-1-AR72, Decision on Defence Motion for Interlocutory Appeal on Jurisdiction, 1995年10月2日，paras. 36, 40.

(45)　安保理決議1564号（2004年9月18日）12項（スーダン）。

(46)　安保理決議1593号（2005年3月31日）1項（スーダン）。

物兵器・弾道ミサイルの処分要求[47]などである。安保理は国連の行政機関だが，テロリズムに関し拘束力ある決議によって一般規範を定立するなど立法機能を果たすようにもなっている[48]。

B 軍事的措置

憲章 43 条ないし 47 条が定める特別協定が締結されていないために，安保理は，42 条の下で拘束力ある決定によって軍事的措置をとることはできない。そこで 1989 年以前には，軍事的措置は，1950 年の朝鮮戦争への対応として安保理が軍事的措置を「勧告」した例が 1 つあったにすぎない[49]。ところが，1990 年に安保理は，加盟国に対し軍事行動を許可する慣行を始めた。安保理は，クウェート政府に協力している加盟国に対して，国際の平和と安全を回復するために「必要な全ての手段」をとる権限を与えた[50]。「必要な全ての手段」には加盟国による軍事行動が含まれることが了解された。この時の許可の目的は，イラクによる違法な武力行使を止めさせることだった。その後，安保理が加盟国に対し軍事行動を許可した例は数多くあり，目的が多様化している。人道的救援[51]，平和構築[52]，集団殺害の防止[53]，公正な選挙の実施[54]，文民の保護[55]などである。

C 平和維持活動

平和維持活動は，安保理が軍事的措置をとることができないことを背景に案出された活動である。これまでに 70 以上の平和維持活動が展開されてきた。平和維持活動には紛争を解決する機能はなく，ましてや国際法の履行確保を目的としていない。しかし，国連の活動のうちで最も成功しているものの 1 つといってよい[56]。

---

(47) 安保理決議 687 号（1991 年 4 月 3 日）8 項（イラク）。
(48) 安保理決議 1373 号（2001 年 9 月 28 日）。安保理決議 1540 号（2004 年 4 月 28 日）。安保理決議 2178 号（2014 年 9 月 24 日）。
(49) 安保理決議 83 号（1950 年 6 月 27 日）。
(50) 安保理決議 678 号（1990 年 11 月 29 日）2 項（イラク）。
(51) 安保理決議 770 号（1992 年 8 月 13 日）2 項（ボスニア・ヘルツェゴビナ）など。
(52) 安保理決議 816 号（1993 年 3 月 31 日）4 項（ボスニア・ヘルツェゴビナ）など。
(53) 安保理決議 929 号（1994 年 6 月 22 日）3 項（ルワンダ）など。
(54) 安保理決議 940 号（1994 年 7 月 31 日）4 項（ハイチ）など。
(55) 安保理決議 1973 号（2011 年 3 月 17 日）4 項（リビア）など。
(56) 平和維持活動につき，The Oxford Handbook of United Nations Peacekeeping Operations（Joachim A. Koops et al. eds., 2015）参照。

3 自　　助

　国際法において国は，安保理の許可がなくても，他国の行為を止めさせるために非軍事的措置をとることができる。このような国の措置も「制裁」といわれることが少なくない[57]。しかし，このような措置は，国が自助の手段として一方的にとる措置なので，「制裁」と呼ぶことを避ける国際法学者が少なくない[58]。

　国連のほかに，地域的組織も制裁を発動する。安保理は，その権威の下における強制行動のために地域的組織を利用したり，地域的組織に対して強制行動を許可したりする[59]。そのような場合に地域的組織の構成国がとる措置は，安保理決議に従っているので，上で説明した国際組織による組織化された形の「制裁」に該当する[60]。アフリカの地域的組織は，国連の枠外で，当該組織加盟国に対して独自制裁をとることがある[61]。地域的組織の決定の下で組織加盟国がとるこのような措置も，上で説明した国際組織による「制裁」に当たる。措置が地域的組織の設立文書に従ってとられているからである。

　他方で，欧州連合（EU）は，国連の枠外で，EU 非加盟国に対して独自制裁をとることがある[62]。EU の決定を履行するために EU 加盟国が非加盟国に対

---

(57)　Research Handbook on Unilateral and Extraterritorial Sanctions (Charlotte Beaucillon ed., 2021); Unilateral Sanctions in International Law (Surya P. Subedi ed., 2021) など。

(58)　Paola Gaeta et al., Cassese's International Law 306-09 (3d ed. 2020); George M. Abi-Saab, De la sanction en droit international: Essai de clarification, in Theory of International Law at the Threshold of the XXIst Century: Essays in Honour of Krzysztof Skubiszewski 61, 66-70 (Jerzy Makarczyk ed., 1996); George Abi-Saab, The Concept of Sanction in International Law, in United Nations Sanctions and International Law 29, 32 (Vera Gowlland-Debbas ed., 2001)（狭い意味の制裁は「権限ある社会機関の決定を履行するためにとられる強制的措置」を指す); Alain Pellet & Alina Miron, Sanctions, in Max Planck Encyclopedia of Public International Law paras. 6-9 (Rüdiger Wolfrum et al. eds, 2d ed. 2012); Nigel D White, Countermeasures and Sanctions, in International Law 501, 517-20 (Malcolm D. Evans ed., 6th ed. 2024) など。

(59)　安保理決議 770 号（1992 年 8 月 13 日）2 項（ボスニア・ヘルツェゴビナ）（諸国に人道的救援物資の配付を容易にするために必要なあらゆる措置を「国内で又は地域的取極又は機関を通じて」とるように求める），安保理決議 1031 号（1995 年 12 月 15 日）15 項（ボスニア・ヘルツェゴビナ）（加盟国に「〔NATO〕を通じて又は〔NATO〕と協力して」デイトン平和協定の実施を実現し，その遵守を確保することを許可する）など。

(60)　前掲注(34)-(36)の本文参照。

(61)　Andrea Charron & Clara Portela, The Relationship between United Nations Sanctions and Regional Sanctions Regimes, in Targeted Sanctions, *supra* note 41, at 101, 105-09 参照。

(62)　Mikael Eriksson, Targeting Peace: Understanding UN and EU Targeted Sanctions

してとる措置は，安保理の許可なしに国がとる一方的制裁と法的に類似する。いずれの場合も国は，措置を安保理決議によって正当化することはできないからである。

A 返　　報

自助の１つの形態に「返報（retorsion）」がある[63]。国は他国の国際違法行為に対抗するために国際義務に反しない措置をとることがある。外交その他の関係の断絶や縮小，政府開発援助の撤回や縮小などである。対象国はその措置を非友好的な行為とみなすかもしれないが，「返報」は，措置国の国際義務に反しないことに特徴がある。国の一方的措置は，返報に該当する場合は，国際義務に反しないので国際法上の問題を生じない。

B 対 抗 措 置

国は他国の国際違法行為に対抗するために，国際義務に反する非軍事的措置に訴えることもある。しかし，その措置が「対抗措置」に当たるなら，違法性が阻却され，国際法上正当化される。対抗措置は，他国の国際違法行為に対抗して，その中止と事後救済（reparation）を求めてとる措置である。この種の自助が容認され，しばしば発動されているという点で，国際法は国内法と異なる。国連憲章の下では，「武力復仇」は禁止される[64]。復仇という語は軍事的措置を連想させるために，武力を伴わない非軍事的な自助を表すのに，復仇に代えて「対抗措置」という語を用いることが一般的になった。対抗措置は，国際法の履行確保の重要な方法である[65]。

国の非軍事的措置が対抗措置とみなされるためには，一定の要件を満たす必要がある。第１に，相手国が国際違法行為を行い，措置はその中止と事後救済を求めるものでなければならない。第２に，措置は被害に均衡しなければならない（均衡性）。均衡性を評価するには，措置と被害を量的及び質的に比較衡量する必要がある。質的評価とは，国際違法行為の重大性と規則が守ろうとし

(2011); Charlotte Beaucillon, Les mesures restrictives de l'Union européenne (2013); Charron & Portela, *supra* note 61, at 110-11 参照。

(63)　日本では retorsion は「報復」と訳されることが少なくないが，「返報」の方がよいと考える。岩沢雄司『国際法〔第２版〕』（有斐閣，2023 年）588 頁参照。

(64)　憲章２条４項。友好関係原則宣言（総会決議 2625 号，1970 年 10 月 24 日）第１原則 6 項。

(65)　Noortmann, supra note 1; Elena Katselli Proukaki, The Problem of Enforcement in International Law: Countermeasures, the Non-Injured State and the Idea of International Community (2010) など。

ている権利の重要性を考慮することである[66]。第3に，一定の手続的要件を満たさなければならない[67]。国は対抗措置をとる前に，相手国に対して国際義務の履行を要求し，対抗措置をとる決定を通告し，交渉を申し出なければならない。国際違法行為が中止されたら，又は紛争が拘束力ある決定を行う権限を有する裁判所に付託されたら，対抗措置は遅滞なく停止しなければならない。ただし，責任国が紛争解決手続を誠実に実施していることが前提とされる。第4に，対抗措置は，次の義務に影響を及ぼしてはならない。(i)武力による威嚇又は武力の行使を慎む義務，(ii)基本的人権の保護に関する義務，(iii)復仇を禁止する人道的性格の義務，(iv)一般国際法の強行規範に基づく義務。

　現在盛んに議論され関心を集めているのは，国際法上「第三国対抗措置」が認められるかという問題である。国は他国の国際違法行為によって被害を受けていないにもかかわらず，当該行為を止めさせるために対抗措置をとることができるかという問題である。国際法委員会は，2000年に国家責任条文の起草過程において，対世的義務又は当事国間対世義務の違反に対し，被害国以外の国は対抗措置に訴える権利があるという見解を暫定的に採用した[68]。しかし，諸国からの批判的なコメント[69]を考慮して，条文を最終的に修正した。条文54条は，この章は，対世的義務又は当事国間対世義務の違反に関して他国の責任を追及する権利を有する国が，責任国に対してとる「合法的な措置」を妨げるものではない，とのみ定める。国際法委員会によれば，本条は，問題の解決を将来の国際法の発展に委ねた「保留条項」である[70]。過去には，第三国が対抗措置に訴えることは多くなかった。しかし1970年代以降，違法な武力行使，甚だしい人権侵害，自決権の否定などの他国の重大な国際違法行為に対し

---

(66)　ILC コメンタリー・前掲注(34)135頁。

(67)　Yuji Iwasawa & Naoki Iwatsuki, Procedural Conditions, in The Law of State Responsibility 1149 (James R. Crawford et al. eds., 2010) 参照。

(68)　Draft Articles Provisionally Adopted by the Drafting Committee on Second Reading: State Responsibility, art. 54, [2000] 2(2) Y.B. Int'l L. Comm'n 65, 70, U.N. Doc. A/CN.4/SER.A/2000/Add.l (Part 2). See also Statement of Mr. Gaja, the Chairperson of the Drafting Committee, [2000] 1 Y.B. Int'l L. Comm'n 386, 399-400, U.N. Doc. A/CN.4/SER.A/2000; Third Report on State Responsibility by Mr. James Crawford, [2000] 2(1) Y.B. Int'l L. Comm'n 3, 101-06, U.N. Doc. A/CN.4/SER.A/2000/Add.l (Part 1).

(69)　State Responsibility: Comments and Observations Received from Governments, [2001] 2(1) Y.B. Int'l L. Comm'n 33, 90-94, U.N. Doc. A/CN.4/SER.A/2001/Add.l (Part 1).

(70)　ILC コメンタリー・前掲注(34)139頁。

て，第三国が対抗措置に訴えることがより多くなった。アルゼンチンのフォークランド諸島侵略に対抗して 1982 年に西側諸国がとった一般的禁輸，航空協定の運用停止などである[71]。

4　国家責任法

国家責任法は，国際違法行為の結果に関する第二次規則の体系である。19世紀以降，国家責任法は慣習国際法として発達してきた。国際法委員会は2001 年に，50 年近い作業の集大成として，国家責任条文を採択した。同条文はそれ自体としては法的拘束力を持たないが，多くの規定は慣習国際法を反映するとみなされている[72]。

国家責任法は，権利を侵害された国に救済を与えると同時に，国際違法行為の中止と事後救済を求めることによって，違法状態を解消し，合法性を回復する機能を持つ。国際違法行為を行った国は，行為が継続的なものであるときは，中止する義務がある（条文 30 条）。違法行為の中止は，かつては事後救済の一種（第二次規則）とみなされることが多かったが，国家責任条文は，国際義務（第一次規則）から直接に生じる効果と捉えた。国際違法行為によってもたらされた損害に対する事後救済には，原状回復，金銭賠償，満足がある。原状回復とは，違法行為が行われる前に存在した状態を回復することをいう（35 条）。違法行為の中止と原状回復は，合法性を回復する効果を持つ。こうして国家責任法は，国際法の履行確保方法としての機能を持つのである。

5　国際紛争処理

国が国際違法行為を行ったときは，他国が国家責任法に従ってその国の責任を追及する。この紛争が交渉によって解決されないときは，両国は交渉以外の紛争処理方法に訴えることができる。こうして国際紛争処理も，国際法の履行確保方法としての役割を果たす。

当事国間の交渉は，国際紛争処理の最も基本的な方法である。しかし，国際紛争を平和的に処理するために，第三者の関与を求めることも可能である。国際法において利用できる第三者による紛争処理方法には，非裁判手続（斡旋，

---

(71)　その他の例は，Christian J. Tams, Enforcing Obligations *Erga Omnes* in International Law 207-51（2005）; Martin Dawidowicz, Third-Party Countermeasures in International Law 111-238（2017）参照。

(72)　ジェノサイド条約の適用（ボスニア・ヘルツェゴビナ対セルビア・モンテネグロ），2007 年 2 月 26 日，2007 ICJ 43, 203, 207-09, 210-11, 217 など。

仲介，審査，調停）と裁判手続（仲裁，司法的解決）がある。国際社会が分権的なために，国際裁判は関係国の合意なしには行うことができない。国は相手国の同意なしに国際裁判を提起することはできない。なお，国連憲章33条が確認するように，国は紛争処理方法を選択する自由を持つ。

　国際組織も国際紛争の処理に関与する。しかし，国際組織による国際紛争処理は，それ自体が独立した紛争処理「方法」ではない。むしろ国際組織は，国際法上利用可能な紛争処理方法を適宜利用する。例えば，総会や理事会などの，国際組織の政治機関は，紛争当事国に対して政治的影響力を行使することによって国際紛争の解決に貢献する。このような形の紛争処理は，一種の「仲介」とみなすことができる。これに対して，委員会などの個人からなる独立機関は，中立性や専門性によって国際紛争の解決に貢献する。このような形の紛争処理は，一種の「調停」とみなすことができる[73]。

　紛争処理は裁判手続と非裁判手続に分けることができ，両者には根本的な違いがある。裁判手続（仲裁，司法的解決）は，法の適用によって紛争を解決することを志向する。これに対して非裁判手続（斡旋，仲介，審査，調停）は，適用基準を法に限定しない。加えて，裁判手続では，第三者の決定が紛争当事国を拘束する。これに対して非裁判手続では，第三者の意見（認定，報告，見解，提案など）は紛争当事国を拘束しない。第三者の意見を参考に当事国が相互に満足し得る解決に達することが期待されている。

　国際紛争処理について「単線構造的思考」がしばしば見られる[74]。紛争処理方法が交渉－斡旋－仲介－審査－調停－仲裁－司法的解決と単線的に捉えられ，リストの後の方法ほど望ましいものと考えられる。司法的解決が最後なので，全ての紛争について司法的解決すなわち国際裁判が最も望ましい紛争処理方法とされる。

　しかし，このような「単線構造的思考」は，国際紛争の処理に適切とはいえない。国際紛争を実効的に処理するには，紛争の性質に応じて異なった系列の紛争処理方法を選択する「複線構造的思考」が必要である。紛争当事国が法の適切な適用による解決を求める紛争には，国際裁判が最も適した紛争処理方法かもしれない。国際裁判所は，拘束力を持つ判決によって法律的紛争に国際法

---

(73)　自由権規約42条が定める「特別調停委員会」など。
(74)　「単線構造的思考」と「複線構造的思考」という語は，高野雄一が祖川武夫の業績に基づいて用いた。高野雄一「外交関係条約と司法的紛争解決条項」森川俊孝（編）『紛争の平和的解決と国際法──皆川洸先生還暦記念』（北樹出版，1981年）319，339-51頁。

を適用し，公正な解決をもたらし得る。国際司法裁判所（ICJ）が，この点で重要な役割を果たすことは疑いを入れない。

国際社会には立法機関がないので，国際法を社会の変化に合わせて変更することが容易でなく，法と現実の乖離が国内社会より発生しやすい。法と現実の乖離は紛争を生む。例えば，紛争当事国の一方が，既存の法に不満を抱き，法の変更を求めることがある。そのような紛争の処理方法として，国際裁判は最適とはいえない。紛争当事国が法の適用でなく，変更を求めているからである。このような紛争には，第三者が正義と衡平の観点から公正で衡平な解決を提案する「仲介」のような紛争処理方法がより有効である。こうして国際法においては，紛争処理の非裁判手続が国内法以上に大きな役割を果たす[75]。

6 国際監督

国際監督（国際コントロールともいわれる）は，英語では compliance control, international control, international supervision など様々な語で呼ばれる[76]。国際監督機関が国による国際義務の履行を監視し，遵守を促す仕組みである。国際法では，このような仕組みが発達していて，履行確保に極めて重要な役割を果たす。国際監督は，特に客観的義務の履行を確保するために発達した。客観的義務には相互主義が機能せず，被害国が発動しなければならない国際紛争処理によっては履行確保が図りにくいからである。

国際監督は，1919 年に国際労働法の分野で初めて導入された[77]。その後，人

---

(75) 祖川武夫は，国際紛争の平和的処理方法の体系を，紛争の静的解決の系列と動的解決の系列からなる複合的な体系と捉え，「静的紛争」には「静的解決方法」を，「動的紛争」には「動的解決方法」を用いることを主張した。祖川武夫『国際法Ⅳ』（法政大学通信教育部，1950 年）227-32 頁。Josef L. Kunz, The Law of Nations, Static and Dynamic, 27 Am. J. Int'l L. 630 (1933) も見よ。

(76) N. Kaasik, Le contrôle en droit international (1933); Antonio Cassese, Il Controllo internazionale: Contributo alla teoria delle funzioni di organizzazione dell'ordinamento internazionale (1971); Control over Compliance with International Law (W. E. Butler ed., 1991); Abram Chayes & Antonia Handler Chayes, The New Sovereignty: Compliance with International Regulatory Agreements (1995); 森田章夫『国際コントロールの理論と実行』（東京大学出版会，2000 年），Droit des organisations internationales 800-18 (Evelyne Lagrange & Jean-Marc Sorel eds., 2013); Gaeta et al., supra note 58, at 291-93; Rüdiger Wolfrum, Solidarity and Community Interests: Driving Forces for the Interpretation and Development of International Law 494-584 (2021); Pierre-Marie Dupuy & Yann Kerbrat, Droit international public 606-15 (16th ed. 2022) など参照。

(77) E. A. Landy, The Effectiveness of International Supervision: Thirty Years of I.L.O.

国家と海洋の国際法（上巻）第 1 部 国際法／I 総論と歴史

権，環境，経済，原子力平和利用，軍縮など，他の分野に拡大されていった[78]。監督機関は，個人の資格で行動する専門家によって構成されることも，国家代表によって構成されることもある。国際監督は，監督機関の性格によって，司法的監督と非司法的監督に大きく分けることができる。地域人権裁判所，世界貿易機関（WTO）の上級委員会やパネル，投資仲裁廷は，司法的監督を行う。これに対して，非司法的監督においては，監督結果が報告や勧告など，拘束力のない形で提示される。国際監督は，具体的には以下のような形で行われる。

A 報告審査

条約をどのように実施しているかについて報告することを，条約が国に義務づけることがある。1919 年に ILO 憲章は，加盟国が ILO 条約を実施するためにとった措置を毎年報告する仕組みを作った（22 条）。国連の主要人権条約は，ILO に範をとり報告制度を採用した[79]。国連人権理事会による普遍的定期審査[80]も報告制度の一種である。環境[81]，経済[82]，軍縮[83]などに関する条約も報告制度を採用した。監督機関は，国が提出した報告を審査した後，その審査に基づき，条約を十分に実施するよう促すために勧告を行う。

Experience (1966); Nicolas Valticos, Un système de contrôle international: la mise en œuvre des conventions internationales du travail, 123 R.C.A.D.I. 311 (1968); Nicolas Valticos, Once More about the ILO System of Supervision: In What Respect Is It Still a Model?, in Towards More Effective Supervision by International Organizations: Essays in Honour of Henry G. Schermers Vol.1 99 (Niels Blokker & Sam Muller eds., 1994) など参照。

(78) Making Treaties Work: Human Rights, Environment and Arms Control (Geir Ulfstein ed., 2007); Anne Weber, Les mécanismes de contrôle non contentieux du respect des droits de l'homme (2008); Nicolas Valticos, Des parallèles qui devraient se rejoindre: les méthodes de contrôle international concernant les conventions sur les droits de l'homme, in Recht zwischen Umbruch und Bewahrung: Völkerrecht, Europarecht, Staatsrecht: Festschrift für Rudolf Bernhardt 647 (Ulrich Beyerlin et al. eds., 1995) など参照。

(79) 社会権規約 16-17 条，自由権規約 40 条など。Ineke Boerefijn, The Reporting Procedure under the Covenant on Civil and Political Rights: Practice and Procedures of the Human Rights Committee 12-13 (1999); Bernhard Graefrath, Reporting and Complaint Systems in Universal Human Rights Treaties, in Human Rights in a Changing East/West Perspective 290 (Allan Rosas & Jan Helgesen eds., 1990) など参照。

(80) 人権理事会創設決議（総会決議 60/251 号，2006 年 4 月 3 日）5 (e)項。

(81) ワシントン野生動植物取引規制条約 8 条 6-7 項，オゾン層保護条約 5 条，気候変動枠組条約 12 条など。

(82) WTO 協定附属書三（貿易政策検討制度）など。

(83) 化学兵器禁止条約 3 条，7 条 5 項，対人地雷禁止条約 7 条など。

B　申立て

申立てには，国が提出するものと個人が提出するものとがある。監督機関は，申立てを検討し，被申立国が条約義務に反したかどうかについて認定を行う。違反を認定したときは，義務の遵守を求める。

国家申立は，国が他国を相手に申立てを行い，他国が条約義務を遵守していないと主張するもので，形式上は，二国間紛争処理の様相を呈する。しかし実質上は，国際監督の性格を持つ。条約が客観的義務を定め，監督機関は，申立てに理由があると認定すると，被申立国に義務の遵守を求めるからである。

国家申立は，司法手続と非司法手続とに分けることができる。司法手続では，国が他国を国際裁判所に訴える。欧州人権条約がそのような国家間手続を定める[84]。WTO 上級委員会やパネルの報告書は関係当事国を拘束するので，WTO紛争処理手続も司法的監督に分類することができる。WTO 紛争処理手続は，国際監督の性格を持つ。自由貿易体制の維持は WTO 加盟国の共通利益にかなう。したがって，WTO 加盟国が自国の利益が無効化又は侵害されたと主張し，WTO に申立てを行うとき，申立ては共通利益にかない，国際社会を代表する提訴の意義を持つ[85]。ICJ における争訟手続も，被害国以外の国が，対世的義務や当事国間対世義務の違反を理由として民衆訴訟の形で他国を訴える場合は，司法的監督の面を持つ[86]。

これに対して，国連人権条約が定める国家申立手続は，非司法手続に分類される。例えば，人種差別撤廃条約の下で，人種差別撤廃委員会や国家申立を審査するために設置される「特別調停委員会」は，拘束力のない勧告を含む報告を出せるにすぎない（13 条）。非司法手続には，その他，ILO における不服申立手続（憲章 26 条），米州人権条約の下の国家申立（45 条），一部の軍縮条約（生物兵器禁止条約 6 条など）の下の不服申立手続が含まれる。WTO 協定と欧

---

(84)　欧州人権条約33条。Isabella Risini, The Inter-State Application under the European Convention on Human Rights: Between Collective Enforcement of Human Rights and International Dispute Settlement（2018）参照。

(85)　岩沢雄司『WTO の紛争処理』（三省堂，1995 年）81-85 頁，岩沢雄司「WTO 紛争処理——国際法上の意義と特質」国際法学会（編）『紛争の解決』（三省堂，2001 年）215, 228-35 頁，Yuji Iwasawa, WTO Dispute Settlement as Judicial Supervision, 5 J. Int'l Econ. L. 287（2002）.

(86)　訴追又は引渡の義務（ベルギー対セネガル），2012 年 7 月 20 日，2012 ICJ 422, 449-50，ジェノサイド条約の適用（ガンビア対ミャンマー），2022 年 7 月 22 日，先決的抗弁，2022 I.C.J. 477, 515-18，拷問禁止条約の適用（加・蘭対シリア），2023 年 11 月 16 日，仮保全措置，2023 I.C.J. 587, 602-03，ガザにおけるジェノサイド条約の適用（南ア対イスラエル），2024 年 1 月 26 日，仮保全措置，2024 I.C.J., paras. 33-34 参照。

州人権条約の下での申立てを除き，一般に国は国家申立に積極的ではない[87]。

個人申立も，司法手続と非司法手続とに分けることができる。欧州人権裁判所への個人申立[88]や投資仲裁[89]は，司法手続といえる。これに対して，国連人権条約が定める個人通報手続は，非司法手続に当たる。人権条約機関（委員会）が出す見解や決定が法的拘束力を持たないからである[90]。人権条約機関は，個人通報を審査した結果，条約違反を認定すると，当該個人のための特定の救済措置を指示するだけでなく，条約違反の反復を防止するために国内法の改正等を勧告することが少なくない[91]。非司法手続には，その他，ILO における使用者・労働者団体による申立て（ILO 憲章 24 条，26 条），結社の自由に関する特別申立[92]，人権理事会における通報手続[93]，米州人権委員会への個人請願（米州人権条約 44 条），国際金融機関（世界銀行など）のインスペクション・パネルへの申立て[94]などがある。

個人申立は，地域人権裁判所や投資仲裁廷における司法手続だけでなく，非司法手続も含め，近年劇的に増加している[95]。

C 事実調査

事実調査は，国際監督機関が事実を調査し，報告を提出する手続である。国による要請又は国際組織の発意によって開始される。人権分野でしばしば利用される。国連人権理事会が設置する事実調査委員会が典型である[96]。事実調査

---

(87)　Risini, supra note 84; Petros C. Mavroidis, The WTO Dispute Settlement System: How, Why and Where?（2022）参照。

(88)　欧州人権条約 34 条。Linos-Alexandre Sicilianos & Maria-Andriani Kostopoulou, The Individual Application under the European Convention on Human Rights: Procedural Guide（2019）参照。

(89)　Borzu Sabahi et al., Investor-State arbitration（2d ed. 2019）参照。

(90)　自由権規約委員会・一般意見 33 号「市民的政治的国際規約選択議定書の下の締約国の義務」（2008 年 10 月 28 日採択）参照。

(91)　Tina Stavrinaki, Le régime des procédures de communications individuelles dans le système des traités des Nations Unies relatifs aux droits de l'homme 417-18（2016）参照。

(92)　Eric Gravel et al., The Committee on Freedom of Association: Its Impact over 50 Years（2001）参照。

(93)　人権理事会・国連人権理事会の制度構築（決議5/1 号，2007 年 6 月 18 日）85-109 項。

(94)　Ibrahim F. I. Shihata, The World Bank Inspection Panel: In Practice（2d ed. 2000）参照。

(95)　例えば，欧州人権裁判所には，2013 年に 65,000 件を超える個人申立が提出された。Council of Europe, The ECHR in Facts and Figures 2021（2022）, at 4 参照。

(96)　Commissions of Inquiry: Problems and Prospects（Christian Henderson ed., 2017）

は，人権理事会の特別手続[97]，国連人権条約の一部が定める調査制度などにおいても行われる。

ジュネーヴ条約第1追加議定書に従い，議定書締約国は，ジュネーヴ諸条約又は同議定書の他の締約国による著しい違反を「国際事実調査委員会」に申し立てることができる。7人で構成される部が調査を行う。委員会は，適当と認める勧告を付して，調査結果に関する部の報告を紛争当事国に提出する（議定書90条）[98]。この手続は，伝統的な紛争処理方法である「審査」が組織化されたものとみなすことができる。この手続は，他国による違反を主張する国の要請によって開始されるので，紛争処理の面を持つが，締約国の義務の履行確保を目的としているので，国際監督の性格を持つ。

D 査 察

査察は，国又は国際組織の代表が，対象国の行為，施設，状況が条約義務に合致しているかを現地を訪問して確認する手続である[99]。国家間の相互査察を定める条約の例に，南極条約（7条），宇宙条約（12条），海底非核化条約（3条），地域的及び二国間軍縮条約（欧州通常戦略条約，米ソ中距離核戦力全廃条約など）がある。国際組織が行う査察は，国際原子力機関（IAEA）の保障措置が典型例で，模範といえるものである（IAEA憲章3条A）。IAEAの保障措置は，核不拡散条約，非核地帯条約（トラテロルコ条約など），原子力平和利用二国間条約なども，検証手段として利用する。化学兵器禁止機関（OPCW）も査察を行う（化学兵器禁止条約4-5条）。化学兵器禁止条約は，通常の査察に加えて，申立査察手続を導入した。それによれば，締約国は他の締約国の施設の現地査察を要請することができる。査察はOPCWが行う[100]。この手続は，他国

参照。

(97)　The United Nations Special Procedures System（Aoife Nolan et al. eds., 2017）参照。

(98)　委員会は，欧州安全保障協力機構の要請に基づき，2017年4月23日に東部ウクライナで起きた事件に関して，初めて調査を行った。International Humanitarian Fact-Finding Commission, OSCE Special Monitoring Mission was not targeted, concludes Independent Forensic Investigation into tragic incident of 23 April 2017, https://www.ihffc.org/index.asp?Language=EN&mode=shownews&ID=831 ［https://perma.cc/FCZ8-75YS］参照。

(99)　L'inspection internationale: quinze études de la pratique des Etats et des organisations internationales 7（Georges Fischer & Daniel Vignes eds., 1976）; International Inspections（Anne-Laure Chaumette & Christian J. Tams eds., 2022）参照。

(100)　化学兵器禁止条約9条(8)-(25)。浅田正彦「化学兵器禁止条約と申立て査察（チャ

国家と海洋の国際法（上巻）第1部 国際法／I 総論と歴史

の条約不遵守を主張する国の要請によって開始されるので，国際紛争処理の面を持つが，他国による義務の履行確保が目的なので，国際監督の性格を持つ。

E 不遵守手続

多くの多国間環境協定が「不遵守手続」を定める[101]。オゾン層保護モントリオール議定書が初めて導入し（締約国会議決定IV/5，議定書附属書IV），他の環境協定の模範となった。諸協定が定める不遵守手続は，細部において異なるが，一般には次のようなものである。不遵守手続は，国の協定遵守に疑念があるときに，他の締約国，事務局，又は実施委員会が発動する。実施委員会は，国家代表によって構成されることが多いが（モントリオール議定書など），個人資格の委員によって構成されることもある（京都議定書など）。実施委員会は，関係国や事務局が提出した情報や見解を検討した後，適当と認める勧告を付して締約国会議に報告する。実施委員会が行う提案に基づいて，締約国会議が適当な措置をとる。

国際環境法上の義務の不遵守は，国の財政的・行政的・技術的能力の不足に起因することが多い。義務の「違反」でなく「不遵守」という語が用いられるのは，そのためである。この手続は，国の協定義務に違反する行為だけでなく，違反とはいえない行為（協定の目的に沿わない行為など）も対象とする。不遵守に対してとられる措置は，助言や援助といった，懲罰的というより支援的なものである。不遵守国が是正計画を提出し，実施委員会がその実施を監視する。モントリオール議定書の締約国会議は，とり得る措置の例示目録を採択した。(a)適当な支援（技術援助，技術移転，財政援助を含む），(b)警告，(c)議定書上の権利及び特権の停止（締約国会議決定IV/5，議定書附属書V）。締約国会議が権利及び特権の停止などの強制措置をとるのは稀である。対立的な紛争処理手続と異なり，不遵守手続は非対立的，相互扶助的な仕組みである。

不遵守国自らによる自己申立が認められるのが，この手続の特徴の1つである[102]。他の締約国も申し立てられるが，その場合も，対象国の不遵守によって被害を受けていることは要求されないことが多い。いい換えれば，不遵守手続は，被害国以外の国も発動することができる。こうしてこの手続は，多国間環

レンジ査察）——意義と限界」『国際問題』529号（2004年）31頁参照。

(101) Non-Compliance Procedures and Mechanisms and the Effectiveness of International Environmental Agreements (Tullio Treves et al. eds., 2009) 参照。

(102) モントリオール議定書締約国会議決定 IV/5，4項。本議定書の下で多くの自己申立の例がある。Treves et al., *supra* note 101, at 21.

境協定が定める当事国間対世義務の履行確保方法として特に適している。

F　国際監督と紛争処理

ここまで，様々な形の国際監督について説明してきた。本項では，国際監督と紛争処理とを峻別すべきことを強調する。国際監督は国家間手続の場合は国際紛争処理に似るが，両者は異なる。第1に目的が異なる。国際監督が社会の共通利益に基づく客観的義務の履行確保を目的とするのに対して，紛争処理は二国間の紛争解決を目的とする。第2に，国際監督は被害国によって発動されるとは限らない。第三国，個人，監督機関によっても発動され得る。多国間環境協定が定める不遵守手続は，不遵守国自らによっても発動され得る。これに対して紛争処理は，通常は，国際違法行為を行った他国の国家責任を追及する形で被害国が発動する。第3に，国際監督は一般に「事前」の手続であるのに対して，紛争処理は「事後」に行われる。国際監督が国際義務の違反を防止することを目指すのに対して，紛争処理は紛争の存在を要件とし，義務違反が発生した後に事後救済を求める手続である。

7　国際刑事法の執行

国内裁判所及び国際刑事法廷による越境犯罪や国際犯罪の処罰は，国際刑事法の執行に貢献する。このような処罰は抑止効果を持ち，越境犯罪や国際犯罪を予防するのに役立つ。

A　国内裁判所

犯罪の処罰は，原則として国内裁判所が行う。テロリズム，奴隷取引，麻薬取引といった越境犯罪については，いかなる締約国も処罰することができるように，条約が締約国に裁判権の設定を求める。条約はさらに，被疑者を引き渡すか訴追する（aut dedere aut judicare）義務も定める[103]。戦争犯罪，集団殺害犯罪，人道に対する罪には，普遍的管轄権が妥当する。犯罪地がどこであろうと，いかなる国も，これらの罪を犯した者を訴追し処罰することができる[104]。

---

(103)　航空機不法奪取防止ハーグ条約7条，民間航空不法行為防止モントリオール条約7条，拷問禁止条約7条など。Neil Boister, An Introduction to Transnational Criminal Law (2d ed. 2018); M. Cherif Bassiouni & Edward M. Wise, Aut dedere aut judicare: The Duty to Extradite or Prosecute in International Law (1995) 参照。

(104)　Universal Jurisdiction: National Courts and the Prosecution of Serious Crimes under International Law (Stephen Macedo ed., 2006); Luc Reydams, Universal Jurisdiction: International and Municipal Legal Perspectives (2003) 参照。

実際にこのような犯罪に普遍的管轄権を行使し，国内裁判所で処罰している国がある[105]。

B　国際刑事法廷

国際刑事裁判所（ICC）規程が1998年に採択され，ICCが2003年に設置されたのは，画期的である。ICCは，集団殺害犯罪，人道に対する犯罪，戦争犯罪，侵略犯罪について管轄権を有する。犯罪行為地国又は被疑者の国籍国が規程の締約国であるときに，管轄権を行使することができる（12条2項）。

これまでに，ICCに加え，多くの国際刑事法廷が設置されてきた。第2次世界大戦後，国際軍事裁判所がニュルンベルクと東京に設置された。1990年代には国連安保理が，旧ユーゴ国際刑事法廷とルワンダ国際刑事法廷を，決議によって設置した[106]。さらに2000年代以降，多くの混合刑事法廷が設置されてきた。東ティモール（2000年），コソボ（2000年），シエラレオネ（2002年），カンボジア（2003年），ボスニア・ヘルツェゴビナ（2003年），レバノン（2007年）などである。このうち，シエラレオネ特別裁判所とカンボジア特別法廷は，他の混合刑事法廷に比べ，構造や適用法において国際刑事法廷に近い。これらの国際刑事法廷や混合刑事法廷も，注目に値する[107]。

Ⅳ　お わ り に

国際法には様々な履行確保方法がある。ICJは国際法の履行確保に重要な役割を果たす。しかし国際裁判は，履行確保方法の1つにすぎず，しかも国際紛争の処理に最も適した方法とは限らない。国際法の遵守を強化するには，それぞれの履行確保方法を改善し，国が国際義務に合致して行動することを確保するために履行確保方法を適切に活用することが肝要である。

---

(105)　イスラエル最高裁，1962年5月29日，36 I.L.R. 277, 298-304（Adolf Eichmann）など。Reydams, note 104, at 81-219を見よ。

(106)　安保理決議827号（1993年5月25日）2項（旧ユーゴ国際刑事法廷）。安保理決議955号（11994年11月8日）1項（ルワンダ国際刑事法廷）。

(107)　ICCに関する文献は膨大である。その他の国際刑事法廷については，William A. Schabas, The UN International Criminal Tribunals: The Former Yugoslavia, Rwanda and Sierra Leone（2006）など参照。

2 国際法における欠缺論の諸相
——外交軸との接点と交錯

吉 田 脩

I　は じ め に	III　核兵器の威嚇又は使用の合法
II　法の欠缺と国際法	性事件
	IV　結びに代えて

I　は じ め に

　外交と国際法との間には密接な関係があるが,「国際法は外交のすべてではないし,外交も国際法のすべてではない」[1]。世界政府を打ち立てようとする何れの提案も史的には挫折する中[2],フラグメントな主権国家間の協力関係は日々の健全な外交努力によって維持され,国際的道徳を乗り越える試みの結果として,諸国の間で実定国際法から成る法秩序も徐々に形成されてきたが,今日においても,両者はなお一層複雑な相互関係にあり,また,絶えず互いに影響し合っていると言えよう[3]。

　我が国が国際共同社会及びアジア地域における「法の支配」の意義を繰り返し世界に対し訴えてきたように,外交という政治的な技巧が,いわゆる「国益」[4]概念のほか,多くの場合にそれを具体化する実定国際法にも基づくこと

---

(1)　柳井俊二「日本外交における国際法」国際法学会編『国際社会の法と政治』(三省堂, 2001 年) 156-206 頁。

(2)　Dominique Gaurier, *Histoire du droit international* (Presses universitaires de Rennes, 2005), pp. 435 et seq.; Sylvester John Hemleben, *Plans for World Peace through Six Centuries* (University of Chicago Press, 1943).

(3)　Ronald St. John Macdonald, "Foreign Policy, Influence of Legal Considerations upon", *Encyclopedia of Public International Law*, Vol. 10 (North-Holland, 1987), pp. 181-185.

(4)　Hans J. Morgenthau, *Politics among Nations* (7th ed., revised by Kenneth W. Thompson and W. David Clinton, McGraw-Hill Higher Education, 2006), pp. 5 et seq.; *idem, In Defense of the National Interest: A Critical Examination of American Foreign Policy* (University Press of America, 1982), pp. 144 et seq. ("national interest",

国家と海洋の国際法（上巻）第1部 国際法／I 総論と歴史

に鑑みると，国家間関係で国際法規によって「規律を受けていない」と考えられる事柄や論点が多ければ多いほど，外交上の自由な選択肢の幅は広がるものの，他方で，国際関係の不確実性が増幅し，その法的安定性の確保が困難となることは否めない。このような意味において，慣習国際法又は多数国間諸条約の解釈等であれ，主権国家の外交関係における国際法規則の有無——法の「欠缺」（lacuna; gap in law; lacune en droit; Rechtslücke/Lücke im Recht）の問題——に係る実務上の法的判断は，その方向性に対して，長期的にも短期的にも，常に一定の影響を持つことは言うまでもない[5]。

法の欠缺（部分的欠損）にかかる認定問題は，ケルゼン（Hans Kelsen, 1881-1963）の「純粋法学」（Reine Rechtslehre）に見られる法実証主義の方法論[6]等を除けば，法規の補充必要性に関する一種の価値判断や国家の文化的多様性をも前提とし得る行為でもあり[7]，機微に富む微妙な諸要素を包含している。

II　法の欠缺と国際法

伝統的な自然法や理性法（Vernunftrecht）の制度の下では実定法が「超実

---

superior to legal obligations); *idem*, "National Interest and Moral Principles in Foreign Policy", *American Scholar*, Vol. 18 (1949), pp. 207-212.

(5)　「法欠缺」概念の意義については，周知のとおり，「自然法論」と「法実証主義」とが対立しており，さらに，法による規制ないし規律から自由な「法なき空間」（der rechtsfreie Raum）の存在有無や，「法なき空間」と「正義」の関係，「法欠缺」と「法なき空間」との概念的な分離可能性，「法欠缺」と「法律欠缺」（Gesetzeslücke）との因果関係性等が問題となるが，本稿では主に国際法上の実務的論点に焦点を当てる。この点に関しては，Wilhelm Sauer, *Juristische Methodenlehre: Zugleich eine Einleitung in die Methodik der Geisteswissenschaften* (Ferdinand Enke, 1940), S. 280 et seq.; Karl Engisch, "Der Begriff der Rechtslücke: Eine analytische Studie zu Wilhelm Sauers Methodenlehre", *Festschrift für Wilhelm Sauer zu seinem 70. Geburtstag am 24. Juni 1949* (Walter de Gruyter, 1949), S. 85-102; *idem*, "Der Rechtsfreie Raum", *Zeitschrift für die gesamte Staatswissenschaft*, Bd. 108 (1952), S. 385-427; Ernst A. Kramer, *Juristische Methodenlehre* (5. Aufl. C.H. Beck, 2016), S. 199 et seq.; Viktor Bruns, "Völkerrecht als Rechtsordnung I", *Zeitschrift für ausländisches öffentliches Recht und Völkerrecht*, Bd. 1 (1929), S. 25 et seq.

(6)　Hans Kelsen, *Reine Rechtslehre* (2. Aufl. Franz Deuticke, 1960), S. 251 et seq. (ハンス・ケルゼン著，長尾龍一訳『純粋法学 第二版』（岩波書店，2014年）237頁以下); Hans Kelsen, *Principles of International Law* (Rinehart, 1952), pp. 304-307; *idem*, *Principles of International Law* (revised/edited by R. W. Tucker, Holt, Rinehart and Winston, 1966), pp. 438-440; Luc Wintgens et Jan-Frans Lindemans, "Kelsen et le problème des lacunes dans l'ordre juridique", *Revue interdisciplinaire d'études juridiques*, Vol. 16 (1986), pp. 105-121.

(7)　青井秀夫『法理学概説』（有斐閣，2007年）524頁以下。

30

定法」（überpositives Recht）によって補充ないし補完されたため，理論上，一般に「欠缺」の問題は存在しなかったとも言われ[8]，例えば，ラートブルフ（Gustav Radbruch, 1878-1949）のように，これを否定する論者も散見された[9]。

　しかし，今日においては，エールリヒ（Eugen Ehrlich, 1862-1922）らの「自由法論」（Freirechtslehre）[10]によらずとも，大陸法系であるか，あるいは英米法系であるかにかかわらず，対処すべき現実的な問題として，あるいは実務上の対応として，法にある種の「欠缺」が存在することは，一般に認められている[11]。また，関連するラテン語のいわゆる *non liquet* は，訴訟当事者間における適用法規の不存在等の「法の欠缺」状態により，裁判官がその司法機能に鑑みて[12]，「裁判不能」の宣告を行うことを指し示しており[13]，これは法の欠缺

---

(8)　Ulrich Fastenrath, *Lücken im Völkerrecht: Zu Rechtscharakter, Quellen, Systemzusammenhang, Methodenlehre und Funktionen des Völkerrechts*（Duncker & Humblot, 1994）, S. 220. ただし，法の欠缺は，スアレス（Francisco Suárez, 1548-1617）らによっても，古くから論じられてきた問題でもある。例えば，ホセ・ヨンパルト「罪刑法定主義──法哲学と実定法学の課題として」日本法哲学会編『法哲学と実定法学（法哲学年報 1976）』（1977 年）94-95 頁。

(9)　Gustav Radbruch, *Rechtsphilosophie*（5. Aufl. K.F. Koehler, 1956）, S. 305; Ilmar Tammelo, "On the Logical Openness of Legal Orders: A Modal Analysis of Law with Special Reference to the Logical Status of *Non Liquet* in International Law", *American Journal of Comparative Law*, Vol. 8（1959）, p. 192.

(10)　E. エールリッヒ著，河上倫逸＝M. フーブリヒト共訳『法社会学の基礎理論』（みすず書房，1984 年）403 頁以下，舟越耿一「自由法論に関する一考察」『長崎大学教育学部社会科学論叢』26 号（1977 年）21 頁以下。

(11)　Paul Foriers, "Les lacunes du droit", Ch. Perelman（dir.）, *Le problème des lacunes en droit*（Émile Bruylant 1968）, pp. 9-29; Robert Kolb, *Theory of International Law*（Hart Publishing, 2016）, pp. 221 et seq.; Silja Vöneky, "Analogy in International Law", Rüdiger Wolfrum（ed.）, *Max Planck Encyclopedia of Public International Law*, Vol. 1（Oxford University Press, 2012）, pp. 374-377. 社会全体に浸透する「非法」態様の意義につき，Jean Carbonnier, "L'hypothèse du non-droit", *Archives de philosophie du droit*, Vol. 8（1963）, pp. 55-74.

(12)　Julius Stone, *Legal Controls of International Conflict: A Treatise on the Dynamics of Disputes and War-Law*（2nd impression, rev. with supplement 1953-1958, Rinehart, 1959）, pp. 154 et seq.

(13)　*Dictionnaire de la terminologie du droit international*（Sirey, 1960）, p. 419; Jean Salmon（dir.）, *Dictionnaire de droit international public*（Bruylant/AUF, 2001）, pp. 747-748; *idem*, "Le problème des lacunes à la lumière de l'avis «Licéité de la menace ou de l'emploi d'armes nucléaires» rendu le 8 juillet 1996 par la Cour internationale de Justice", René-Jean Dupuy（dir.）, *Mélanges en l'honneur de Nicolas Valticos: Droit et justice*（A. Pedone, 1999）, p. 200; Alfredo Mordechai Rabello, "From Modern Law to Roman Law", *Annual Survey of International and Comparative Law*, Vol. 10（2004）, pp. 1-25; 杉原高嶺「国際裁判における *Non Liquet* の克服」『北大法学論集』第 29 巻（1978 年）133-191 頁。

を一つの要因とした手続上の帰結として捉えられる[14]。

　もとより，法域等による相違はあるものの，一口に言えば，国内法秩序における「欠缺」は，例えば，ドイツ法圏に属する論者らも指摘するように，一般的には，刑罰法規の方面で *nulla poena sine lege praevia* の原則——法律がなければ刑罰を科することができない——に照らして認められないということがない限り[15]，制定法が予定する範囲内での類推（Analogie）その他の解釈手法によっても適切に処理できる性質のものであるが[16]，他方，国際法システムにおける「類推」[17]概念は，対外主権が互いに激しく拮抗する国際共同社会の複雑な法構造を反映して，ともすれば，特定分野を除けば，より論争的な問題を惹起しやすい状況にあるとも言える[18]。「共存の国際法」（international law of co-existence）においては，法欠缺や法的空白（legal vacuum）の問題がより生

---

(14)　Robert Klob, "La règle résiduelle de liberté en droit international public ('Tout ce qui n'est pas interdit est permis'): aspects théoriques", *Revue belge de droit international*, Vol. 34 (2001), p. 103. ただし，"non liquet" と "legal gap" ないし "lacuna" とを，概念的に同じ用語として捉える論者もある。例えば，Martin Wählisch, *Peacemaking, Power-sharing and International Law: Imperfect Peace* (Hart Publishing, 2019), pp. 81-82.

(15)　Artikel 103 Absatz 2, Grundgesetz für die Bundesrepublik Deutschland vom 23. Mai 1949, *Bundesgesetzblatt 1949*, S. 1. Matthias Herdegen/Johannes Masing/Ralf Poscher/Klaus Ferdinand Gaerditz/Niklas Burkart (Hrsg.), *Handbuch des Verfassungsrechts: Darstellung in transnationaler Perspektive* (C.H. Beck, 2021), S. 288; Michael Sachs (Hrsg.), *Grundgesetz: Kommentar* (9. Aufl. C.H. Beck, 2021), S. 1881. 周知のとおり，類推許容説も有力に展開されている。例えば，萩原滋『罪刑法定主義と刑法解釈』（成文堂，1998年）121-125頁。もとより，独裁制のナチス法によれば，当時のエクストラ・リーガルな〈法実証主義〉の下，こうした近代刑法の諸原則も存在しないものとされ，また，欠缺補充のための「類推」が政治目的のための手段として論じられることもあった。Martin Löhnig, "Germany: The Reichsgericht 1933-1945", Derk Venema (ed.), *Supreme Courts under Nazi Occupation* (Amsterdam University Press, 2022), p. 66; カール・ラレンツ著／大西芳雄・伊藤満訳『現代ドイツ法哲學』（有斐閣，1942年）309-310頁。

(16)　広中俊雄『民法解釈方法に関する十二講』（有斐閣，1997年）25頁以下（「欠缺補充について」），青井・前掲注(7)530頁以下。

(17)　*Military and Paramilitary Activities in and against Nicaragua (Nicaragua v. United States of America), Judgment (Jurisdiction and Admissibility), ICJ Reports 1984*, 392, pp. 418-420, paras. 60-63. 本稿ではこの問題自体を扱い得ないが，周知のとおり，研究業績は多い。H. Lauterpacht, *Private Law Sources and Analogies of International Law* (Longmans, Green, 1927); Silja Vöneky, *Die Fortgeltung des Umweltvölkerrechts in internationalen bewaffneten Konflikten* (Springer, 2001), S. 340 et seq.

(18)　Andreas von Arnauld, *Völkerrecht* (5. Aufl. C.F. Müller, 2003), S. 121; Fastenrath, *supra* note 8, S. 136-139.

じやすいとも言われ[19]，また，例えば，比較的新しい領域である国際環境法[20]のほか，人権条約や[21]，世界貿易機関（WTO）の紛争解決制度を中心とした国際経済協定等[22]の個別分野においても，議論されている。

　国際法において欠缺の語は，特殊な事案において条約ないし慣習法といった既存法の枠組みでは解決策が見いだせない現象をほのめかしており[23]，国際裁判の実践によれば，例えば，ウィーン大学のラマシュ（Heinrich Lammasch, 1853-1920）らの学説に鑑みて[24]，「係争事実に対して適用可能な国際法規則が欠如しているときには，国際法の考え方の中に留まりつつも，衡平諸原則に従い裁定を行い，類推により適用し，またその進展を考慮して，欠缺（lacune）を補うべきである」[25]とも示唆されてきた。国家主権ないし「消極的規制」（negative Regelung）を規定する一般的法原則に基づく「行為自由」（Handlungsfreiheit）[26]が問題とされたロチュス号事件[27]はもとより，周知のとおり，後述する核兵器の威嚇・使用の合法性事件[28]においても，法欠缺の有無が問

---

(19)　中谷和弘・植木俊哉・河野真理子・森田章夫・山本良『国際法〔第4版〕』（有斐閣，2024年）78-79頁（森田章夫執筆）；von Arnauld, *supra* note 18, S. 121-122.

(20)　Report of the Secretary-General, "Gaps in International Environmental Law and Environment-Related Instruments: Towards a Global Pact for the Environment", UN Doc. A/73/419, 30 November 2018.

(21)　Dagmar Richter, "Lücken der EMRK und lückenloser Grundrechtsschutz", Oliver Dörr/Rainer Grote/Thilo Marauhn (Hrsg.), *EMRK/GG: Konkordanzkommentar zum europäischen und deutschen Grundrechtsschutz* (3. Aufl. Mohr Siebeck, 2006), Bd. I, S. 457-519.

(22)　Joost Pauwelyn, *Conflict of Norms in Public International Law* (Cambridge University Press, 2003), pp. 151-154; Joel P. Trachtman, "The Domain of WTO Dispute Resolution", *Harvard International Law Journal*, Vol. 40 (1999), pp. 338 et seq.

(23)　Lucien Siorat, *Le problème des lacunes en droit international* (R. Pichon et R. Durand-Auzias, 1958), pp. 125-126; Albert Bleckmann, *Völkerrecht* (Nomos, 2001), S. 90; *idem, Grundprobleme und Methoden des Völkerrechts* (Alber, 1982), S. 232 et seq.; Salmon, *supra* note 13 [*Dictionnaire*], p. 637.

(24)　Heinrich Lammasch, *Die Lehre von der Schiedsgerichtsbarkeit in ihrem ganzen Umfange, Handbuch des Völkerrechts*, Bd. 3 (W. Kohlhammer, 1914), S. 178-181.

(25)　*Responsabilité de l'Allemagne à raison des dommages causés dans les colonies portugaises du sud de l'Afrique (Sentence sur le principe de la responsabilité. Portugal contre Allemagne)*, 31 juillet 1928, *Recueil des sentences arbitrales*, Vol. II, 1011, p. 1016.

(26)　Albert Bleckmann, "Die Handlungsfreiheit der Staaten: System und Struktur der Völkerrechtsordnung", *Österreichische Zeitschrift für öffentliches Recht und Völkerrecht*, Bd. 29 (1978), S. 173-196; Fastenrath, *supra* note 8, S. 236 et seq.

(27)　*Affaire du «Lotus» (France/Turquie), arrêt nᵒ 9, CPJI*, 7 sept. 1927, série A, nᵒ 10, p. 4.

(28)　*Legality of the Threat or Use of Nuclear Weapons, Advisory Opinion, ICJ Reports*

題とされた。

　多くの論者が指摘するように，欠缺の語は曖昧かつ不明瞭であり，その意味も捉えにくいが[29]，解釈論構築の前提的条件として，それらを相互に関連し得る幾つかの概念（concept）や観念（notion）に分類ないし分解しようとする試みも進められてきた。そこで，以下でこの問題を簡略に確認しておきたい。

　フェルドロス（Alfred Verdross, 1890-1980）は国際法の欠缺に一貫して関心を持ち続けてきた論者の一人であるが[30]，彼によれば，欠缺においては，一般的に政治的な価値判断と関わる「法政策［政治］上の欠缺」（rechtspolitische Lücken）[31] や「規則上の欠缺」（Regellücken）[32] のほか，「適用上の欠缺」（Anwendungslücken），「真正な適用上の欠缺」（echte Anwendungslücken）ないし「技術上の欠缺」（technische Lücken）が区別される[33]。「適用上の欠缺」とは，ある事案において妥当する規範（geltende Normen）が見当たらず，裁判官がnon-liquet を宣明せざるを得ないという現象を指し，これは法秩序の基礎に起因し得るものだという[34]。かくして，「適用上の欠缺」は，当該法秩序における欠缺を構成するものではなく，法秩序自体の意思に応じて（nach dem Willen der Rechtsordnung）生じるものである[35]。このような意味では，「欠缺とは法システムが欠落する箇所（places）」[36]であって，それを埋め合わせる権限を持

　　1996, 226. 森川幸一「核兵器と国際法──核兵器使用の合法性に関する国際司法裁判所の判断」金沢工業大学国際学研究所編『核兵器と国際関係』171-203 頁，植木俊哉「核兵器使用に関する国際司法裁判所の勧告的意見」『法学教室』193 号（1996 年）97-105 頁。

(29)　Foriers, *supra* note 11, p. 13; Alfred Verdross, *Die Verfassung der Völkerrechtsgemeinschft* (Springer, 1926), S. 70; 明石欽司「国際法の完全性（三）」『法学研究』84 巻（2011 年）18-25 頁。クルークは，法欠缺に絶対的な概念はないと指摘している。Ulrich Klug, "Rechtslücke und Rechtsgeltung", Rolf Dietz/Heinz Hübner (Hrsg.), *Festschrift für Hans Carl Nipperdey: Zum 70. Geburtstag 21. Januar 1965*, Bd. 1 (C.H. Beck, 1965), S. 71-93.

(30)　Alfred Verdross, *Völkerrecht* (5. Aufl. Springer, 1964), S. 155; Alfred Verdross/Bruno Simma, *Universelles Völkerrecht* (3. Aufl. Duncker & Humblot, 1984), S. 139.

(31)　Verdross, *supra* note 29, S. 70; Verdross/Simma, *ibid.*, S. 139. ラウターパクトによれば，「ドイツの論者たちは，そのような［政治的及び道義的な意味での］欠缺を非現実的，法的・政治的な（*rechts-politisch*）欠缺につき口にする」という。Hersch Lauterpacht, "Some Observations on the Prohibition of '*non liquet*' and the Completeness of the Law", *idem*, *International Law: Collected Papers, 2. The Law of Peace: Part I* (ed. by E. Lauterpacht, Cambridge University Press, 1975), p. 221.

(32)　Verdross, *supra* note 29, S. 70-71.

(33)　*Ibid.*, S. 70-73.

(34)　*Ibid.*, S. 72.

(35)　*Ibid.*

(36)　Martti Koskenniemi, "Review Essay", *European Journal of International Law*, Vol.

つのは，第一義的には，主権国家ということになる[37]。オッペンハイム（Lassa Francis Lawrence Oppenheim, 1858-1919）も指摘するように，慣習国際法のみならず，「立法条約」についても，その制度自体（the whole treaty concerned）の存続を優先させ，意図的に「欠缺」（gaps）——すなわち，法的規則を欠くという承認された意味[38]——をそのまま残しておくという方法がしばしばとられてきたことは言うまでもない[39]。他方，「真正な適用上の欠缺」は，法がある紛争について関連する原則を含むものの，法秩序によって類推概念の適用や裁量に基づく裁定といった権限（Ermachtigung）が授権規範によって明示的に付与されていない限り，余りにも漠然としているために生じるとされ，法秩序における欠陥——「技術上の欠缺」（technische Fehler der Rechtsordnung）——を構成するという[40]。当然のことながら，「真正な欠缺」は，事実そのものではなく，法の論理的な欠陥（logischen Mangel）にこそ関わるものであるとされ[41]，フェルドロスにおいては，かような欠缺を補う上で重要な機能を果たすのは，一般性というよりは，「普遍妥当性」（Allgemeingültigkeit）を持つ「法の一般原則」ということになる[42]。このような理解の態様は，後のかかる研究に影響を与えたツィーテルマン（Ernst Zitelmann, 1852-1923）による先駆的な研究のみならず[43]，同時代のキシュ（Géza Kiss, 1882-1970）らにも見られるが[44]，法欠缺概念

　　5（1994），p. 147.

(37)　Mariano J. Aznar-Gómez, "The 1996 Nuclear Weapons Advisory Opinion and *Non Liquet* in International Law", *International and Comparative Law Quarterly*, Vol. 48 (1999), p. 15.

(38)　Lauterpacht, *supra* note 31, pp. 220-221.

(39)　L. Oppenheim, "The Science of International Law: Its Task and Method", *American Journal of International Law*, Vol. 2 (1908), pp. 349-350. なお，「条約上の欠缺」（treaty gap）は条約内部機関による実行によって補充され得るという見解も，散見される。Helen Keller and Leena Grover, "General Comments of the Human Rights Committee and Their Legitimacy", Helen Keller and Geir Ulfstein (eds.), *UN Human Rights Treaty Bodies: Law and Legitimacy* (Cambridge University Press, 2012), p. 132.

(40)　Verdross, *supra* note 29, S. 73; *idem, supra* note 30［*Völkerrecht*, 1964］, S. 155.

(41)　Dietrich Schindler, *Die Schiedsgerichtsbarkeit seit 1914* (W. Kohlhammer, 1938), S. 81.

(42)　Alfred Verdross, "Règles générales du droit international de la paix", *Recueil des cours*, vol. 30 (1929/V), pp. 301-303.

(43)　Ernst Zitelmann, *Lücken im Recht* (Duncker & Humblot, 1903), S. 9, S. 23 et seq. 我が国においても，ツィーテルマンの学説は早くから紹介されてきた。例えば，上杉愼吉「憲法ノ欠缺」『法學協會雜誌』第28巻（1910年）67-68頁。

(44)　Géza Kiss, "Equity and Law: Judicial Freedom of Decision", *Science of Legal Method: Select Essays* (trans. by Ernest Bruncken and Layton B. Register, Macmillan,

国家と海洋の国際法（上巻）第1部 国際法／Ⅰ 総論と歴史

の捉え方としては，国際法秩序の本来的な「完全性」を掲げるラウターパクト（Hersch Lauterpacht, 1897-1960）の立場[45]とも対立し得るものである。

これに対し，フェルドロスの師であるケルゼンによれば，「技術上の欠缺」が存在すると言われるのは，次のような場合であるという。「法律を適用することがいやしくも技術的に可能であるとするならば，立法者が必ず規定しておかなければならなかつたものを實際には規定していないという場合である。しかし，この技術的欠缺と名ずけられるものは，實は，元來の意味における欠缺（Lücke im ursprünglichen Sinne des Wortes）であるか，即ち，實定法と希望の法との差異であるか，そうでなければ，規範がわくの性格を有することから生じる不規定性（Unbestimmtheit, die sich aus dem Rahmencharakter der Norm ergibt）である」[46]。その上で，ケルゼンは，国家及び諸機関に対して国際法上の欠缺を補充するための権限を付与するという一般国際法規則の存在を掲げる「『国際法における欠缺』に関する伝統的学説」につき，警鐘を鳴らしている[47]。

国際法における欠缺の分類において法哲学分野[48]及び法学方法論[49]の研究成果を大幅に取り入れるという意味で際立っているのは，これまでも参照してきた，ハビリタチオン（大学教員資格）論文（Habilitationsschrift）としてルートヴィヒ・マクスィミーリアーン大学ミュンヒェンに提出されたファステンラート（Ulrich Fastenrath, 1949- ）の *Lücken im Völkerrecht*（1991）である[50]。ファステンラートによれば，欠缺は，(a)「法なき空間」（rechtsfreier Raum），

1921), pp. 162-163.

(45)　H. Lauterpacht, *The Function of Law in the International Community*（Clarendon Press, 1933), pp. 65-69; *idem, supra* note 17, pp. 67-69.

(46)　横田喜三郎訳『ケルゼン 純粋法學』（岩波書店，1935 年）160 頁（Hans Kelsen, *Reine Rechtslehre*（Franz Deuticke, 1934), S. 103）［意味を明確にするため原語を補った］。

(47)　Kelsen, *supra* note 6 [*Principles*, 1952], pp. 306-307; *idem,* "Théorie du droit international public", *Recueil des cours*, vol. 84（1953/III), p. 122.

(48)　例えば，田中茂樹「ドイツにおける法欠缺論の研究（一）」『高知大学学術研究報告』16 巻（1968 年）91-100 頁。

(49)　例えば，Claus-Wilhelm Canaris, *Die Feststellung von Lücken im Gesetz: Eine methodologische Studie über Voraussetzungen und Grenzen der richterlichen Rechtsfortbildung praeter legem*（2. Aufl. Duncker & Humblot, 1983).

(50)　Fastenrath, *supra* note 8. 同論文の審査（Gutachten）を担当した教授の一人は主査のジンマ（Bruno Simma）である。ファステンラートは，ガイガー（Rudolf Geiger, 1937- ）らと共に，ジンマ（フェルドロスとは実質的な師弟関係にある。）の下で教授資格を取得している。「附録（Anhang）：現代ドイツ公法学者系譜図」ドイツ憲法判例研究会編『ドイツの憲法判例〔第 2 版〕』（信山社，2003 年）593 頁。

2 国際法における欠缺論の諸相 〔吉田 脩〕

(b)「法律の欠缺」（Gesetzeslücken），(c)「法の欠缺」（Rechtslücken），(d)「技術上の欠缺」（Technische Lücken），(e)「明瞭な欠缺」（Deutlichkeitslücken），(f)「牴触による欠缺」（Kollisionslücken），(g)「実効性上の欠缺」（Effektivitätslücken），(h)「不真正欠缺」（unechte Lücken），(i)「分断による欠缺」（Spaltungslücken）に分類できるという[51]。ファステンラートは，例えば，通説に倣い，「法なき空間」の概念が法的効力（Rechtsgeltung）を持たないものと捉え，国際司法裁判所規程第 36 条における管轄権を巡る問題との関連性を指摘し[52]，また，「法律の欠缺」及び「法の欠缺」については，フェルドロスが言う「規則上の欠缺」や「真正な適用上の欠缺」にも触れている[53]。「技術上の欠缺」も，ファステンラートがその根拠とする学説に鑑みて，ケルゼンやフェルドロスの掲げる "technische Lücken" 概念の範疇に属するものと考えられよう。

この点で興味深いのは，*Le problème des lacunes en droit international* (1958) を著したシオラ（Lucien Siorat）の法欠缺に関するアプローチ[54]に対して，ファステンラートが批判を加えていることであろう。ファステンラートは，シオラが欠缺の概念に加えて，規則の「社会的な欠陥」(insuffisance sociale)[55]といった誤解を招くような言葉を持ち出すことで，「技術上の欠缺」のみならず，他の諸欠缺（「明瞭な欠缺」や「牴触による欠缺」）に関しても，これらが「意図しない欠缺」(*ungewollte* Rechtslücken) として曖昧に記述されることを危惧する[56]。シオラは欠缺との比較で「不明瞭さ」(obscurités) や「不存在」(carences) といった解釈論上の他の問題にも取り組んでいるのであるが[57]，これらの点に関する評価の言及は見られない[58]。

また，ファステンラートは，国際法における「一般的行為（行動）自由の原則」(Grundsatz der allgemeinen Handlungsfreiheit) を詳細に分析し，ロチュス号事件等に言及しながら，さらに，「消極的法原則としての行為自由」

---

(51)　Fastenrath, *supra* note 8, S. 213-234.

(52)　*Ibid.*, S. 214.

(53)　*Ibid.*, S. 218.

(54)　Lucien Siorat, *Le problème des lacunes en droit international* (R. Pichon et R. Durand-Auzias, 1958).

(55)　*Ibid.*, pp. 157 et seq.

(56)　Fastenrath, *supra* note 8, S. 223.

(57)　Siorat, *supra* note 54, p. 63 et seq.

(58)　シオラの欠缺論に関する批評は比較的多い。例えば，ストーンによる評価につき，Julius Stone, "Non Liquet and the Function of Law in the International Community", *British Year Book of International Law*, Vol. 35 (1959), pp. 140-144.

（Handlungsfreiheit als negatives Rechtsprinzip），「国家主権を根拠とする行為自由」（Handlungsfreiheit auf Grund der Staatensouveränität），「国際慣習法に基づく行為自由」（Handlungsfreiheit aufgrund Völkergewohnheitsrechts）及び「法の一般原則に基づく行為自由」（Handlungsfreiheit aufgrund eines allgemeinen Rechtsgrundsatzes）に分解を試みる[59]。

　例えば，宇宙条約第4条の文言「もっぱら平和目的のため（exclusively for peaceful purposes）」について自衛目的で非常に幅広い解釈論が許容される[60]とか，あるいは，宇宙空間における国家間の「武力紛争」では戦争法規（国際人道法）の適用がア・プリオリに認められる[61]という論者の見解などは，こうした「一般的行為自由の原則」からのアプローチでも，部分的にではあるが，説明することができよう[62]。このコンテクストにおいては，法欠缺の有無といった抽象的な解釈上の争点よりも，国家間の力（権力）関係やある種の「結果」ないし「事実」から導かれるところの消極的な一般命題こそが前提とされ[63]，より「事実」現象に引きつけた *lex specialis* 原則の考え方へと傾きやすい。同原則が，カント（Immanuel Kant, 1724-1804）の言うところの「許容法則」（*lex permissiva*）――禁止法則の独立性――と関係しているとすれば，その限りでは，「ひとが手に入れるのはたんに一般的な法則（大体において妥当する

---

(59) Fastenrath, *supra* note 8, S. 239-248.

(60) Michel Bourbonnière and Ricky J. Lee, "Legality of the Deployment of Conventional Weapons in Earth Orbit: Balancing Space Law and the Law of Armed Conflict", *European Journal of International Law*, Vol. 18 (2007), p. 880; Fabio van Loon, "Codifying *Jus in Bello Spatialis*: The Space Law of Tomorrow", *Strategic Studies Quarterly*, Vol. 15 (2021), p. 24.

(61) Duncan Blake, "The Law Applicable to Military Strategic Use of Outer Space", Hitoshi Nasu and Robert McLaughlin (eds.), *New Technologies and the Law of Armed Conflict* (Asser Press/Springer, 2014), pp. 129 et seq.; Frans G. von der Dunk, "Armed Conflicts in Outer Space: Which Law Applies?", *International Law Studies*, Vol. 97 (2021), pp. 195 et seq.

(62) なお，宇宙条約レジームの規範的な特質を論じるものとして，例えば，Marco G. Marcoff, *Traité de droit international public de l'espace* (Éditions universitaires Fribourg Suisse, 1973), pp. 361-362; Eckart Klein, *Statusverträge im Völkerrecht: Rechtsfragen territorialer Sonderregime* (Springer, 1980), S. 122-123; Vöneky, *supra* note 17, S. 381; Alexandre-Charles Kiss, "La notion de patrimoine commun de l'humanité", *Recueil des cours*, vol. 175 (1982/II), pp. 156 et seq.; LaToya Tate, "The Status of the Outer Space Treaty at International Law during "War" and "Those Measures Short of War", *Journal of Space Law*, Vol. 32 (2006), pp. 192-193; Richard A. Barnes, "Objective Regimes Revisited", *Asian Yearbook of International Law*, Vol. 9 (2000), pp. 109-110.

(63) Canaris, *supra* note 49, S. 49-50.

法則）であって，普遍的な法則（例外なく普遍的に妥当する法則）ではない」[64]とも言い得るのかもしれない[65]。

以下で見る核兵器の威嚇又は使用の脅威は，国際法規則における「一般性」と「普遍性」との衝突から生じる微妙なズレ，すなわち，ある種の「ギャップ」の有無の法的判断に係る複雑な諸問題を提起している。

Ⅲ　核兵器の威嚇又は使用の合法性事件

周知のとおり，核兵器は，一部の国家にとって，いわゆる現実主義ないしそれが依拠する抑止論及び勢力均衡[66]といった国際政治の諸原理を支える，最後の究極的な武力装置として位置づけられている。この大量破壊兵器といかに向き合うのかという問題は，世界で唯一の被爆国でもある我が国にとって，疑う余地もなく，最大の外交課題の1つとなってきた[67]。

国連憲章第11条第1項は，「総会は，国際の平和及び安全の維持についての協力に関する一般原則を，軍備縮小及び軍備規制を律する原則も含めて，審議し，並びにこのような原則について加盟国若しくは安全保障理事会又はこの両者に対して勧告をすることができる。」と規定しているものの，同文書は，原子兵器の台頭の意味を踏まえないまま，「原爆以前に起草された」[68]多数国間条約である。多くの国際法概説書がしばしば指摘するように，軍備縮小及び（又は）軍備管理については，一般的に受け入れられた国家の普遍的国際義務

---

(64)　カント著，宇都宮芳明訳『永遠平和のために』（岩波書店，1985年）25-26頁。

(65)　カントの「許容規範」の意義については，網谷壮介「カントと許容法則の挑戦」『法と哲学』1号（2015年）133-165頁。

(66)　Oliver Jütersonke, "Realist Approaches to International Law", Anne Orford and Florian Hoffmann (eds.), *The Oxford Handbook of the Theory of International Law* (Oxford University Press, 2016), pp. 327-324; Georg Schwarzenberger, *The Legality of Nuclear Weapons* (Stevens, 1958), pp. 47 et seq. 冷戦期の慣行につき，Anna Hood, "Nuclear Weapons Law and the Cold War and Post-Cold War Worlds: A Story of Co-production", Matthew Craven, Sundhya Pahuja and Gerry Simpson (eds.), *International Law and the Cold War* (Cambridge University Press, 2020), pp. 98-116.

(67)　"Letter dated 14 June 1995 from Minister at the Embassy of Japan, together with Written Statements of the Japanese Government, International Court of Justice", *Legality of the Threat or Use of Nuclear Weapons, Pleadings, Oral Arguments, Documents*, Vol. I (2020), pp. 56-60; "Oral Statements by the Japanese Government, represented by Mr. Takekazu Kawamura (Ambassador, Director General for Arms Control and Scientific Affairs, Ministry of Foreign Affairs)", International Court of Justice, *Legality of the Threat or Use of Nuclear Weapons, Pleadings, Oral Arguments, Documents*, Vol. II (2020), pp. 368-373.

(68)　藤田久一『軍縮の国際法』（日本評論社，1985年）22-26頁。

が確認できないとも言われ[69]，異なる見解も有力ではあるものの[70]，「軍縮に関する慣習国際法上の規則は存在しない」とも考えられ得ること[71]は，核兵器の規制を取り巻く今日の実定国際法規が直面している困難な状況[72]を浮き彫りにしている。

　紙幅の都合から簡略とはなるが，上で見たような国際法の欠缺論の観点から，この問題をどのように捉えるべきであるのか，国際司法裁判所（ICJ）の勧告的意見「核兵器の威嚇又は使用の合法性事件」[73]を手掛かりに，1つの試論として，検討してみたい。

　国連総会は，1994年12月15日に採択された決議49/75号において，国連憲章第96条第1項に基づき，ICJに対して，「核兵器の威嚇又は使用は，国際法において，いかなる事態においても認められるのか」という問題について，勧告的意見を要請した[74]。これに対しICJは，以下のとおり，その判断を示した。

　105 これらの理由により，

---

(69)　Manuel Brunner, "Abrüstung, Rüstungskontrolle, friedliche Streitbeilegung", Volker Epping/Wolff Heintschel von Heinegg (Hrsg.), *Völkerrecht* (7. Aufl. C.H. Beck, 2018), S. 1195.

(70)　The ILA Committee on Nuclear Weapons, Non-proliferation and Contemporary International Law, "Second Report: Legal Aspects of Nuclear Disarmament", ILA Washington Conference (2014), pp. 3-4 ("While an in-depth study of these issues will be important for any study into customary international law, it seems appropriate in the light of the aforementioned Declaration by President Bedjaoui, to consider the obligation to participate in nuclear disarmament as being at least part of an evolving customary rule. Without going into details of customary law development, the *erga omnes* character of the rule, which affects the international community as a whole and not only States party to the Treaty, is to be stressed in this context").

(71)　岩沢雄司『国際法〔第2版〕』（東京大学出版会，2023年）749頁。

(72)　その全体像の鳥瞰について，Masahiko Asada, "Nuclear Non-Proliferation and Disarmament under International Law", Robin Geiß and Nils Melzer (eds.), *The Oxford Handbook of the International Law of Global Security* (Oxford University Press, 2021), pp. 328-346.

(73)　*Legality of the Threat or Use of Nuclear Weapons, Advisory Opinion, supra* note 28. 藤田久一・浅田正彦「核兵器使用の合法性事件」薬師寺公夫・坂元茂樹・浅田正彦・酒井啓亘編『判例国際法〔第3版〕』（2019年）685-690頁。

(74)　UN Doc. A/RES/49/75. General and Complete Disarmament, K: Request for an Advisory Opinion from the International Court of Justice on the Legality of the Threat or Use of Nuclear Weapons (9 January 1995), "Is the threat or use of nuclear weapons in any circumstance permitted under international law?", pp. 15-16. 賛成78，反対43，棄権38（UN Doc. A/49/PV.90, p. 36）。

国際司法裁判所は,

(1) 13対1の票決により,

勧告的意見の要請に応えることを決定する；[75]

(2) 国際連合総会によって提出された問題に対し, 以下のとおり, 回答する：

A. 全員一致により,

慣習国際法において, また条約上の国際法においても, 核兵器の威嚇又は使用につき, 明示の承認は存在しない。

B. 11対3の票決により,

慣習国際法において, また条約上の国際法においても, 核兵器の威嚇又は使用そのものにつき, いかなる包括的及び普遍的な禁止は存在しない[76]。

C. 全員一致により,

国際連合憲章第2条第4項と相容れず, かつ, 同第51条の全ての諸要件を満たすことのない, 核兵器の手段による威嚇又は使用は, 違法である。

D. 全員一致により,

核兵器の威嚇又は使用は, 武力紛争において適用可能な国際法の全ての諸要件, とりわけ, 核兵器を明確に取り扱う諸条約及び諸約束（undertakings/engagements）における明示的義務のみならず, 国際人道法の諸原則及び諸規則についての諸要件と両立すべきことは, 当然でもあろう。

E. 7票対7票, 国際司法裁判所長の決定投票により,

上に述べた諸要件により, 核兵器の威嚇又は使用が武力紛争において適用可能な国際法の諸規則, 特に人道法の諸原則及び諸規則とは, 一般的に相容れないであろう；

しかしながら, 裁判所は, 国際法の現在の状況, 裁判所が知り得る事実の諸要素に鑑みれば, 国家の存続自体が危機にあり得る, 自衛の極限の状況において, 核兵器の威嚇又は使用が合法であるのか, 又は違法であるのか, 明確に結論づけることはできない[77]。

F. 全員一致により,

厳重で効果的な国際的管理における核軍縮その全ての側面に推し進める交渉を誠実に継続し, それを終わらせる義務というものが存在する。

---

(75) 賛成：ベジャウィ（裁判所長）, シュヴェーベル（次長）, ギヨーム, シャハブディーン, ウィーラマントリー, ランジェヴァ, ヘルツェグ, 史, フライシャワー, コロマ, ヴェレシェチン, フェッラーリ・ブラヴォ, ヒギンズ。反対：小田。

(76) 賛成：ベジャウィ（裁判所長）, シュヴェーベル（次長）, 小田, ギヨーム, ランジェヴァ, ヘルツェグ, 史, フライシャワー, ヴェレシェチン, フェッラーリ・ブラヴォ, ヒギンズ。反対：シャハブディーン, ウィーラマントリー, コロマ。

(77) 賛成：ベジャウィ（裁判所長）, ランジェヴァ, ヘルツェグ, 史, フライシャワー, ヴェレシェチン, フェッラーリ・ブラヴォ。反対：シュヴェーベル（次長）, 小田, ギヨーム, シャハブディーン, ウィーラマントリー, コロマ, ヒギンズ（傍点は筆者）。なお, ベジャウィ裁判所長が投じた "casting vote" の意味につき, Mohammed Bedjaoui, "Le Président de la Cour Internationale de Justice", Dupuy, *supra* note 13, p. 259.

上記の主文(2)Eを含め，本件でICJは裁判不能を明示的に宣言したわけではないものの，核兵器の威嚇又は使用につき，多数意見が「根本的な禁止」の有無に対する応答を差し控えたという意味において[78]，圧倒的多数の論者たちは，同裁判所が法の欠缺を認め，実質的にはかような判断を下したものと解してきた[79]。そして，「自衛の極限の状況において，核兵器の威嚇又は使用が合法であるのか，又は違法であるのか，明確に結論づけることはできない」とした点は，「裁判所が裁判不能を宣した稀な例」であるとも言われる[80]。例えば，ウェイユ（Prosper Weil, 1926-2018）は，国際法は，国内法と比較しても欠缺が多く，核兵器使用・威嚇の合法性事件では「裁判不能が裁判所の主たる回答であった」と評している[81]。また，多数意見が「ユス・アド・ベルム」（*jus ad bellum*）と「ユス・イン・ベロ」（*jus in bello*）とを混同し[82]，「未決定」（non-finding）ないし裁判不能という結論に達したという見方もある[83]。

ICJの判事の中にも，これと類似した立場をとる意見が散見される。ヒギンズ裁判官は，反対意見において，「法における不備」（deficiencies in the law）が裁判不能と同義であることを示唆しつつ[84]，「裁判所は，係る法及び諸事実

---

(78) Stephan Hobe, *Einführung in das Völkerrecht* (9. Aufl. A. Francke Verlag, 2008), S. 590; 村瀬信也『国際法論集』（信山社，2012年）327-328頁。

(79) Stephen C. Neff, "In Search of Clarity: *Non Liquet* and International Law", Kaiyan Homi Kaikobad and Michael Bohlander (eds.), *International Law and Power: Perspectives on Legal Order and Justice: Essays in Honour of Colin Warbrick* (Brill, 2009), p. 77; Kati Kulovesi, "Legality or Otherwise?: Nuclear Weapons and the Strategy of *Non Liquet*", *Finnish Yearbook of International Law*, Vol. 10 (2002), pp. 55-89.

(80) 岩沢・前掲注(71)733頁。

(81) Prosper Weil, "The Court Cannot Conclude Definitively … *Non Liquet* Revisited", *Écrits de droit international: théorie générale du droit international; droit des espaces; droit des investissements privés internationaux* (Presses Universitaires de France, 2000), pp. 141-150.

(82) この点については，真山全「核兵器使用・威嚇の合法性の判断──核兵器使用・威嚇の合法性事件（国連総会諮問）」小寺彰・森川幸一・西村弓編『国際法判例百選〔第2版〕』（有斐閣，2011年）230-231頁，藤田久一『核に立ち向かう国際法』（法律文化社，2011年）184-185頁。

(83) Timothy L.H. McCormack, "A *Non Liquet* on Nuclear Weapons: The ICJ avoids the Application of General Principles", *International Review of the Red Cross*, No. 316 (1997), pp. 76-91, 新井京「核兵器使用・威嚇の合法性の判断──核兵器使用・威嚇の合法性事件（国連総会諮問）」森川幸一・兼原敦子・酒井啓亘・西村弓編『国際法判例百選〔第3版〕』（有斐閣，2021年）231頁。

(84) Dissenting Opinion of Judge Higgins, *ICJ Reports 1996, supra* note 28, para. 37, p. 591. Jörg Kammerhofer, "Gaps, the Nuclear Weapons Advisory Opinion and the Structure of International Legal Argument between Theory and Practice",

の現状における不確実性に基づき，主要な争点について実質的に裁判不能を宣言した」[85]と述べた上，「抑止の続行，核の傘の下での防護，幾らかの地域において核兵器の使用を禁止する諸条約に核大国が付した留保及び宣言の暗黙の受諾，成し得る安全セキュリティの追求という，これら全てが，自衛のみならず，人道法にも確かに関わる重要な国際慣行を指し示しているのである」と指摘した[86]。さらに，ヴェレシェチン裁判官は，ICJ は「国家〔の見解〕が基本的に分かれた問題については，『演繹』から導かれる一般規則の権威及び実効性」にこそ関わるべきであるとし，本件において裁判所が欠缺を補充し，国際法システムの「完全性」を創造しようとすることは，司法による立法（judicial law-creation）をもたらすと捉え，前述のシオラの法欠缺に関するアプローチ[87]を支持した[88]。さらに，ランジェヴァ裁判官は，「核兵器につき直接的及び間接的な言及が見られないということで，たとえ間接的にではあっても，核兵器の威嚇又は使用の合法性を正当化できることにはならない」とし，本件における「法的空白」の存在を首肯したのである[89]。

　これらの判事たちは，特に国際法における欠缺論との関わりで言えば，ギヨーム裁判官のように[90]，ロチュス原則等を包含する「一般的行為自由の原則」[91]の解釈へと傾くというよりは，核兵器の威嚇又は使用の争点を，フェルドロスが指摘するところの「適用上の欠缺」——当該法秩序における欠缺を構成するものではなく，法秩序自体の意思に応じて生じるとされるもの——として，概ね捉えていることが外形的にも窺えよう。シュトルプ（Karl Strupp, 1886-1940）らの有力な国際法学者が指摘してきたように[92]，厳密な実証主義

British Yearbook of International Law, Vol. 80 (2009), p. 353.

(85) Dissenting Opinion of Judge Higgins, *ICJ Reports 1996, supra* note 28, p. 583, para. 1.

(86) *Ibid.*, p. 591, para. 33. この点については，審理手続の諸段階等で米国らの諸大国によって「核抑止政策による平和の確保」の政治的意義が強調されていたことも想起されよう。International Court of Justice, *Legality of the Threat or Use of Nuclear Weapons, Pleadings, Oral Arguments, Documents*, Vol. II (2020), pp. 833 et seq.

(87) Siorat, *supra* note 54.

(88) Declaration of Judge Vereshchetin, *ICJ Reports 1996, supra* note 28, pp. 279–281. Richard A. Falk, "Nuclear Weapons, International Law and the World Court: A Historic Encounter", *American Journal of International Law*, Vol. 91 (1997), p. 71.

(89) Opinion Individuelle de M. Ranjeva, *ICJ Reports 1996, supra* note 28, pp. 294–295.

(90) Opinion Individuelle de M. Guillaume, *ICJ Reports 1996, supra* note 28, pp. 290–292.

(91) Fastenrath, *supra* note 8, S. 239 et seq.

(92) Karl Strupp, "Les règles générales du droit de la paix", *Recueil des cours*, Vol. 47

国家と海洋の国際法（上巻）第1部 国際法／I 総論と歴史

（意思主義）の観点からは，例えば，人権保障や環境保護の論理を武力紛争法に当てはめる解釈論等[93]も含め，国際法では「類推」による欠缺補充（Lückenfüllung）[94]という手段は，慎重に抑制されなければならないのであろう。

　他方で，多数意見の主文(2)Eについては，裁判不能ないし法の欠缺という観点からは必ずしも理解できないという論者も少なくない[95]。例えば，デュピィ（Pierre-Marie Dupuy, 1946- ）は，「裁判所は，適用可能な法という点では，欠缺が存在しないという十分な証拠を提供されていたのであって，それどころか，余りにも多くの適用可能な法が存在し，それらの幾つかは相互に矛盾していたのである」と評した[96]。軍縮委員会におけるカナダの立場も，この見方と類似している[97]。ボーテ（Michael Bothe, 1938- ）も，本勧告的意見のアプローチの評価には裁判不能の観念が馴染まないと論じているが[98]，この点に関しては，かつて杉原高嶺教授が指摘したように，勧告的意見を与えることはICJに課せられてきた「国連機能」の一部であって，国家間の具体的な紛争解決を行う判決の「国際法機能」[99]とはやや文脈を異にするという点を改めて想起すべきであろう[100]。この意味で裁判所が「棄権」したとの評価[101]は，やや行き過

（1934/I）, p. 337, Fastenrath, *supra* note 8, S. 139.

(93)　Vöneky, *supra* note 17, S. 339 et seq.; *idem*, "Peacetime Environmental Law as a Basis of State Responsibility for Environmental Damage caused by War", Jay E. Austin and Carl E. Bruch (eds.), *The Environmental Consequences of War* (Cambridge University Press, 2000), pp. 190–225.

(94)　Vöneky, *supra* note 11, pp. 374–380.

(95)　Neff, *supra* note 79, pp. 76–81. 福井康人「新たな技術と国際法の適用可能性」『世界法年報』36号（2017年）166頁。

(96)　Pierre-Marie Dupuy, "Between the Individual and the State: International Law at a Crossroads?", Laurence Boisson de Chazournes and Philippe Sands (eds.), *International Law, the International Court of Justice and Nuclear Weapons* (Cambridge University Press, 1999), p. 459. この点については，ある事実に対して複数の法規範が適用可能となることで生じるという，「牴触による欠缺」（Kollisionslücken）〔Fastenrath, *supra* note 8, S. 227–229〕と解することもできるかもしれない。

(97)　"Is there a "Legal Gap for the Elimination and Prohibition of Nuclear Weapons" ?", *Working Paper submitted by Canada*, Disarmament Commission, A/CN.10/2016/WG.I/WP.6 (25 April 2016).

(98)　Michael Bothe, "Nuclear Weapons Advisory Opinions", Rüdiger Wolfrum (ed.), *Max Planck Encyclopedia of Public International Law*, Vol. 7 (Oxford University Press, 2012), p. 870.

(99)　杉原高嶺「国際司法裁判所における勧告的意見機能の発展(2)(完)」『北大法学論集』第22巻（1972年）810-812頁。

(100)　Hugh Thirlway, *The International Court of Justice* (Oxford University Press, 2016), pp. 123-124.

(101)　Gleider I Hernández, *The International Court of Justice and the Judicial Function*

ぎた見方のようにも思われる。

また，ベジャウィ所長は，いわゆる「残余消極原則」(residual negative principle) [102]の考え方を斥けるとともに，以下のように，事実としての国際法の不完全性を承認しつつも[103]，仮に「欠缺」というものが存在し得るとすれば，それは「核兵器の威嚇又は使用が合法であるのか，又は違法であるのかを判断」できないとき——ICJが「赤信号」又は「青信号」も示すことができずに，信号機の灯を落とした時——であることを暗示したのである[104]。

その上，時間及び文脈上の要素に加え，本裁判所の勧告的意見と常設国際司法裁判所の判決とでは，全てが異なっている。すなわち，提起された問題の性質，判決で焦点となっている問題点，支持される結論の基底にある哲学（philosophie）である。1927年に常設国際司法裁判所は，ずっと重要性の低い問題を検討する中で，国際法によって明示的に禁止されない行為はその事実のみによって許可されるという結論へと実際に達した。本勧告的意見において，裁判所は，それとは異なり，核兵器の威嚇又は使用が合法であるのか，又は違法であるのかという，結論には至っていない。法と事実に関する不確実性により，裁判所は，この問題につき，いかなる自由も推論してはいない。裁判所は，それ以上に，そこから推論されることが何であれ，そうした許可がいかなるゆえに存在し得るのかということを，暗示していない。常設国際司法裁判所は，国際法上，禁止を示す赤の信号灯を作動させる根拠を見い出さず，許可の青信号のみを作動させたが，本裁判所は，どちらの合図も作動させられるとは考えていないのである[105]。

もとより，国家主権の行使に伴う1つの事象として，ファステンラートが分類したような「一般的行為自由の原則」が国際関係で特定の場合には現象として確認されたとしても，これ自体の効果として，論理的かつ分析可能な規範原則が建設的に醸成されていたとまで言い切り得るのかどうかは，やはり議論の

(Oxford University Press, 2014), pp. 275-276.

(102) この原則については，明石・前掲注(29)12-14頁参照。

(103) Marc Perrin de Brichambaut, "Les avis consultatifs rendus par la CIJ le 8 juillet 1996 sur la licéité de l'utilisation des armes nucléaires par un Etat dans un conflit armé (OMS) et sur la licéité de la menace et de l'emploi d'armes nucléaires (AGNU)", *Annuaire français de droit international*, t. 42 (1996), p. 333.

(104) Kammerhofer, *supra* note 84, pp. 353-354.

(105) Declaration de M. Bedjaoui, *ICJ Reports 1996*, *supra* note 28, p. 271. この点につき，後にベジャウィは自身の見解を詳述している。Mohammed Bedjaoui, "Treu und Glauben, Völkerrecht und die Abschaffung der Atomwaffen", Mohammed Bedjaoui/Karima Bennoune/Dieter Deiseroth/Elizabeth J. Shafer, *Völkerrechtliche Pflicht zur nuklearen Abrüstung?* (Book on Demand GmbH, 2009), S. 38-40.

余地が残るであろう。

IV　結びに代えて

　仮に主権国家の間において，外交上の「欠缺」ないし不得手な「ギャップ」があるとすれば，時に一国の国益を損なうという場合もあり得るであろうし，また，柳井先生がご指摘されているように，「各国の国益とは別に，国際社会全体の利益，すなわち『国際公益』というものの存在が人々に次第に意識されるようになってきた」[106]ことから，国際社会における現在の我が国の地位に鑑みれば，安全保障上の課題[107]であれ，あるいは，地球温暖化防止のための「国際立法」(international legislation)[108]の問題であれ[109]，これを傍観することも許されない[110]。国際法においては，国内の制定法と同様に——とりわけ，国益同士が激しくぶつかり合う安全保障の分野等では——「欠缺」という法現象がしばしば生じ得るものの，上述のとおり，ベジャウィが述べたように，法の解釈とその営みの努力を諦めない限りにおいて，「欠缺」は存在していないのであって，加えて，法と事実とを切り分けるケルゼンの純粋法学がとる解釈論から見れば，たとえ「規範によって規制・規律を受けない行為」(non-normgoverned behaviour) がしばしば確認されるとしても，その行為自体が「補充されるべき欠缺」を生み出しているわけではなく，かような意味では，法秩序の本来的な静態性に鑑みて，「ある法それ自体がその諸欠缺を包摂するという意義で，我々は『欠缺』を語ることはできない」とも表現し得るのであろう[111]。

　国際法が不十分なときには外交の知恵や力で補充し，ダイナミックな外交の

---

(106)　柳井俊二「国境を越えた責務と日本」『国際問題』547 号（2005 年）11 頁。

(107)　柳井俊二「冷戦後のわが国の安全保障政策」『外交フォーラム』7 巻（1994 年 7 月）44-51 頁。

(108)　国際法における欠缺を補うための「国際立法」の必要性につき，L. F. E. Goldie, "Legal Pluralism and 'No-Law' Sectors", *Australian Law Journal*, Vol. 38 (1958), p. 226.

(109)　大髙準一郎「気候変動外交と国際秩序形成の動向」『国際法外交雑誌』122 巻（2023 年）88-113 頁。

(110)　柳井俊二「変容するアジアと日米関係——課題と展望」吉野孝（監修），蟻川靖浩・浦田秀次郎・谷内正太郎・柳井俊二編『変容するアジアと日米関係』（東洋経済新報社，2012 年）193-213 頁。

(111)　Kammerhofer, *supra* note 84, pp. 359-360; Hans Kelsen, *General Theory of Law and State* (Harvard University Press, 1946), pp. 146-149（尾吹善人『法と国家の一般理論』（木鐸社，1991 年）243-247 頁）。

アートにとって厳密に論理的な意思伝達ツール等[112]が欠かせない場合には，国際法の弾力的なルールで補強を行うといった機会が今後は更に増えるであろうことを想起すれば，協力ないし連帯の国際法[113]を実現する上で，柳井先生の偉大なるご業績から学ぶべきことは，やはり今日も余りにも多いように思われるのである[114]。

---

(112)　この点については，大沼保昭「国際社会における法と政治——国際法学の『実定法主義』と国際政治学の『現実主義』の呪縛を超えて」国際法学会編『国際社会の法と政治』（三省堂，2001 年）19-22 頁。

(113)　Rüdiger Wolfrum, *Solidarity and Community Interests: Driving Forces for the Interpretation and the Development of International Law* (Brill/Nijhoff, 2021); Katrin Frauenkron, *Das Solidaritätsprinzip im Umweltvölkerrecht* (Duncker & Humblot, 2008), S 53-124.

(114)　五百旗頭真・伊藤元重・薬師寺克行『外交激変 元外務省事務次官 柳井俊二』（朝日新聞社，2007 年）。

3 事務管理の国家間関係における適用可能性

中 谷 和 弘

I　は じ め に
II　比較法における事務管理：欧
　　州参照枠草案（DCFR）にお
　　ける事務管理を中心に
III　国際金融法分野における事務
　　管理の適用可能性
IV　海事法・海洋法分野における
　　事務管理の適用可能性
V　宇宙法分野における事務管理

　　の適用可能性
VI　国家責任法分野における事務
　　管理の適用可能性
VII　外交・領事関係法分野におけ
　　る事務管理の適用可能性
VIII　緊急時における他国民保護・
　　救出に関する事務管理の適用
　　可能性
IX　省　　　察

I　は じ め に

　事務管理（*negotiorum gestio*）は，法律上の義務のない者が自発的に本人の
ために事務を行うことであり，日本の民法では 697 条から 702 条まで規定され
ている。事務管理は不当利得及び不法行為とともに法定債権の発生事由である
が，国際法においては，不法行為は国家責任論として体系化され，不当利得は
法の一般原則として国際法上適用されうることがイラン米国請求権裁判所の裁
定[1]において指摘されているのに対して，事務管理はほとんど言及されること
がない。事務管理は 1903 年のベネズエラ優先請求権事件仲裁において当事国
が援用したものの，仲裁裁定においては採用されず，その後は国際裁判におい
て当事国によって援用されることも裁定において言及されることもほぼ皆無で
ある。それでは事務管理は国際法には無縁なのであろうか。管轄権を有する国

---

[1]　同裁判所による不当利得の適用につき，George H. Aldrich, *The Jurisprudence of the Iran-United States Claims Tribunal* (Clarendon Press, 1996), pp. 397-411 参照。同裁判所は，1983 年 3 月 30 日の Benjamin R. Isaiah v. Bank Mallet 裁定において，「不当利得のような回復法理はイランを含む多くの国の国内法において見出される」とし，「国際法においては，不当利得は国家責任の重要な要素である」と指摘している。*Iran-United States Claims Tribunal Reports*, vol.2, pp.235-237.

『国家と海洋の国際法　柳井俊二先生米寿記念（上巻）』〔信山社，2025 年 2 月〕　*49*

国家と海洋の国際法（上巻）第1部 国際法／Ⅰ 総論と歴史

家が必要な任務を果たさないために，当該国の国民，他国民，第三国又は国際社会に損害が生じている場合に，第三国が自発的に行動してその損害の拡大をおさえることは国際法上なし得ないのであろうか。その場合，第三国は当該国に対してかかった費用の償還を請求できないであろうか。

本稿では，このような問題意識の下に，事務管理の国家間関係における適用可能性について，国際法の各分野における具体例に沿って見て行くことにしたい。法の一般原則の総論的な検討は省略せざるを得ないが[2]，筆者としては，①主要法圏[3]（とりわけその私法）において共通に見られる法原則であれば国際法上の「文明国が認めた法の一般原則」（国際司法裁判所規程38条1項ｃ）として成立する可能性は十分にある，②たとえ主要法圏において共通には見られないとしても，明示的に否認していない場合には法の一般原則として成立する余地はありうる，③いずれにせよ，同項の解釈は比較法に基づくものでなければならないと考える[4]。また，事務管理についての比較法的な検討も最小限にとどめざるを得ないが，Ⅱにおいて若干の指摘をする。ⅢからⅧまでは，国際金融法，海事法・海洋法，宇宙法，国家責任法，外交・領事関係法，他国民保

---

(2) 　国連国際法委員会（ILC）における「法の一般原則」（General Principles of Law）の今後の検討が期待される。国際裁判所は，具体的な法の一般原則の要件と効果の確定に非常に慎重であり，例えば禁反言（estoppel）については国際司法裁判所は若干の判例では言及したものの，要件と効果を明確化するには至っていない（禁反言については，2015年の「チャゴス諸島海洋保護区」事件仲裁判決において4要件を示したのが最も詳細な判示であろう。拙著『もう一つの国際仲裁』（東信堂，2022年）35頁注16)。もっとも慎重なあまり「百年河清を俟つ」ことになってしまうと，激動する国際関係にはおよそ適切に対応できない不合理な又は衡平に反した結果が生じかねないことを国際法学徒は懸念しなければならないであろう。

(3) 　比較法における法圏（法家族）論につき，K. ツヴァイゲルト＝H. ケッツ（大木雅夫訳）『比較法原論：私法の領域における原論(上)(下)』（東京大学出版会，1974年）では，ロマン法圏，ドイツ法圏，英米法圏，北欧法圏，社会主義法圏，極東法圏，その他の法圏（極東法圏，イスラーム法，ヒンドゥー法）を挙げ，René David et Camille Jauffret-Spinosi, *Les grands systèmes de droit contemporains* (9e ed., Dalloz, 1988) では，ロマン・ゲルマン法圏，コモンロー法圏，社会主義法圏，ムスリム・ヒンドゥー・ユダヤ各法圏，極東法圏，ブラックアフリカ・マダガスカル法圏を挙げている。筆者としては，現代における3大法圏は，英米法圏，大陸法圏，イスラム法圏であり，他に諸法圏があると考えている。

(4) 　③は，David, *supra* note 3, p. 10 が強調している点である。なお，2023年に国連国際法委員会（ILC）が「法の一般原則」の第1読会において採択した結論4（国内法システムに由来する法の一般原則の同定）は，「国内法システムに由来する法の一般原則の存在と内容を決定するためには，(a)世界の多様な法システムに共通する原則の存在，及び，(b)その国際法システムへの移転を確認する必要がある」と規定する。*UN Doc.* A/78/10, pp.11, 16-17.

護・救出の各分野における具体例を通して，本主題について考察する。最後に
Ⅸにおいて若干の指摘をしたい。

　現行の国際法の認識に関しては，「事務管理を取り入れたと考えられる条約
規定はいくつか存在するものの，事務管理が法の一般原則として確立している
かどうかは不明確である」というのが安全な答えであろう。他方で，ⅢからⅧ
において見るように，事務管理概念が適用されないと不合理・不都合が生じる
事態が既に生じ，また今後生じうるため，不明確といって先送りすることは，
国際社会における法の支配や正義に悖る結果になってしまうことを危惧しなけ
ればならない。

Ⅱ　比較法における事務管理：欧州参照枠草案（DCFR）に
　　おける事務管理を中心に

　筆者には事務管理について比較法的な検討をする能力はないが，まず指摘す
べきことは次のことである。一般に事務管理は大陸法においては見られる反面，
コモンローにおいては見られないと指摘されるが，そのような理解は一面的で
あって，事務管理は南アフリカ法[5]においては見られ，英国法においてもサル
ベージ等において見られる[6]。また，イスラム法圏のうち，イラク民法には事
務管理が取り入れられ[7]，またカタール民法においても事務管理に相当する概
念が導入されている模様である[8]。

　そう指摘した上で，ここでは，欧州民法典スタディ・グループ（Study Group
on a European Civil Code）が提示した欧州参照枠草案（Draft Common Frame-

---

[5]　Leslie Rubin, *Unauthorized Administration (Negotiorum Gestio) in South Africa*
（Juta & Company, 1958）

[6]　Duncan Sheehan, *Negotiorum Gestio*: A Cibilian Concept in Common Law ?,
International and Comparative Law Quarterly, vol. 55（2016）, pp. 253-280.

[7]　Dan E. Stigall, Refugee and Legal Reform in Iraq: The Iraqi Civil Code,
International Standards for the Treatment of Displaced Persons, and the Art of
Attainable Solutions（2008）, available at https://www.fig.net/resources/
proceedings/2009/fig_wb_2009/papers/acc/acc_1_stigall.pdf

[8]　Muhammad Ammar Ghazal, The Varuing Nature of "Surplus" in Legal Systems
and Its Effect on the Scope and Nature of Surplus Lawsuit, Analytical Study of Qatari
and French Civil Law Compared to Islamic Jurisprudence, *Kuwait International Law
School Journal*, Issue 31（2020）, pp.439-470, available at https://journal.kilaw.edu.kw/
the-varying-nature-of-surplus-in-legal-systems-and-its-effect-on-the-scope-and-nature-
of-surplus-lawsuits-analytical-study-of-qatari-and-french-civil-law-compared-to-
islamic-jurispr/?lang=en（in Arabic with English summary）

work of Reference. DCFR）における事務管理について概観しておきたい。同草案では，事務管理は他者の事項への慈善的な介入（benevolent intervention in another's affairs）として，次のように規定されている[9]。

「1章 適用範囲 1:101条（他者に利益をもたらす介入）(1)本編は，ある者（介入者）が他者（本人）に利益をもたらすという優先した意図をもって行為し，且つ，(a)介入者が行為する合理的な理由を有する場合，又は，(b)本人が，介入者に不利な影響を与えるほど不当に遅延することなく，当該行為を承認する場合に適用する。(2)介入者が，(a)本人の願望を把握する合理的な機会を有したにもかかわらず，そうしなかった場合，又は，(b)介入が本人の願望に反することを知っていた又は知るべきであった場合には，介入者は行為する合理的な根拠を有しない。

1:102条（他者の義務を履行するための介入）介入者が他人の義務を履行するため行為し，その履行が優越する公共の利益の事項として緊急に必要とされ，介入者が履行を受ける者に利益をもたらすという優先した意図を持って行為する場合には，介入者が行為することでそれを履行する義務を負っている者が本編の適用を受ける本人である。

1:103条（適用除外）本編は，介入者が，(a)本人に対する契約上の又はその他の義務の下で行為する権限を有する場合，(b)本編以外の下で，本人の同意とは無関係に行為する権限を有する場合，又は，(c)第三者に対して行為する義務を負っている場合には，適用しない。

2章 介入者の義務 2:101条（介入の間の義務）(1)介入の間，介入者は，(a)合理的な注意を払って行為し，(b)1.102条における本人との関係の場合を除いて，介入者が本人の願望を知り又はそれと合致するよう合理的に推測して行為し，及び，(c)可能且つ合理的である限り，介入について本人に知らせ更なる行為についての本人の同意を求めなければならない。(2)介入は正当な理由なしに中止してはならない。

2.102条（介入後の義務）(1)介入後に介入者は本人に対して遅滞なく報告及

(9) Christian von Bar（ed.），*Principles of European Law : Benevolent Intervention in Another's Affairs*（Oxford University Press, 2006），pp. 3-5（英語），pp. 18-20（仏語）。訳は窪田充見・潮見佳男・中田邦博・松岡久和・山本敬三・吉永一行監訳『ヨーロッパ私法の原則・定義・モデル準則──共通参照枠草案（DCFR）』（法律文化社，2013年）247-249頁を参考にしつつ，英語草案に沿った筆者自身の訳を掲載する。なお，本草案とそれに対する反応につき，塩原真理子「事務管理における『他人のためにする意思』要件の意義(1)」『東海法学』56号（2019年）115-113頁参照。

び勘定を行い，介入の結果得られたすべてのものを引き渡さなければならない。(2)介入時に介入者が完全な法的能力を有していなかった場合には，引き渡しの義務は不当利得法（欧州法の原則：不当利得）において利用可能な抗弁に服する。

2.103条（義務違反によって引き起こされた損害の賠償）(1)介入者は，本編において規定された義務の違反によって引き起こされた損害が，介入者が創設し，増加させ，又は意図的に存続させた危険の結果生じた場合には，当該損害を本人に賠償する義務を負う。(2)介入者の責任は，とりわけ介入者が行為する理由に鑑み，軽減又は免除が公正且つ合理的出ある場合には，軽減又は免除される。(3)介入時に完全な法的能力を有していない介入者は，他者に引き起こされた損害から生じる契約外債務法（押収法の原則：賠償責任）の下でも賠償責任を負う場合のみ，賠償責任を負う。

3章　介入者の権利及び権限　3.101条（免責又は償還を受ける権利）介入者は，介入の目的のために合理的に負担した場合には，債務又は支出（金銭又は他の資産かを問わない）に関して免責され，また場合によっては償還を受ける権利を有する。

3.102条（報酬を受ける権利）(1)介入者は，介入が合理的であり介入者の専門職又は取引の過程において行われた場合には，報酬を受ける権利を有する。(2)支払われるべき報酬の額は，合理的である限り，同種の履行を得るために介入の時期と場所において通常支払われる額である。

3.103条（賠償を受ける権利）本人又は本人の財産若しくは利益を危険から保護するために行為する介入者は，(a)介入が人身障害又は財産損害の危険を創出し，又は顕著に増大させ，且つ，(b)当該危険が，予見可能である限り，本人への危険と合理的に均衡のとれたものであった場合には，行為の際に受けた人身障害又は財産損害から生じた損失につき本人に賠償を求める権利を有する。

3.104条（介入者の権利の制限又は排除）(1)介入者の権利は，介入者が行為の時点において免責，償還，報酬，賠償を要求することを望んでいなかった場合には，制限又は排除される。(2)これらの権利は，とりわけ，介入者が交通の危険の状況において本人を保護するため行為したか否か，本人の責任が過剰であるか否か，及び，介入者が他者から適当な補償を受けることが合理的に期待できたか否かを勘案して，公正且つ合理的とされる場合には制限又は排除される。

3.105条（本人を免責し又は本人に償還すべき第三者の義務）介入者が本人を損害から保護するために行為した場合，本人に対する損害の因果関係につき欧州法の原則：賠償責任の下で責任を負う者は，介入者に対する本人の責任につき，

国家と海洋の国際法（上巻）第1部 国際法／Ⅰ 総論と歴史

免責し，また場合によっては償還しなければならない。

3.106条（本人の名において行為する介入者の権限）(1)介入者は，本人に利益をもたらすことが合理的出ある場合には，本人の名において法的取引を締結し又は他の法律行為を履行することができる。(2)しかしながら，介入者による本人の名における一方的行為は，行為の名宛人である第三者が不当に遅延することなく当該行為を拒否する場合には，効力を有しない。」

本条文は事務管理についての欧州標準を示したものであり，事務管理概念を国家間関係に適用する場合に一定の参考になるものである。事務管理は，事務管理者（A国）が本人（B国）のために行う行為であることを前提とするが，現実には，B国のためであると同時に国際社会のために行う場合や，B国のためであると同時にA国自身のために行う場合も存在する。これらの場合は，本人（B国）のために行う行為の一部であるため，事務管理としての性質が否認されることはないと考えられる。他方，B国のためだとしつつ専らA国自身のために行う場合も存在するかもしれない。その場合には，事務管理を偽装した利己的行為であって，事務管理としての性質は否認すべきであろう。難しい問題は，本人が特定国として存在せず国際社会全体である場合，つまり国際社会全体の利益のために行う事務管理である。これについては，Ⅸでふれることにしたい。

Ⅲ 国際金融法分野における事務管理の適用可能性

国際裁判における事務管理の最初の援用がベネズエラ優先請求権事件（Venezuelan Preferential Case）[10]におけるいささか無理な援用であったことは，事務管理を国際法上位置づける上で不幸なことであった。「砲艦外交」によりベネズエラを封鎖した英国，ドイツ，イタリアがベネズエラの債務の返済につき優先待遇を有する旨を主張する中で，根拠の1つとして，中立国に対して事務管理者として行動したことを挙げ（事務管理という言葉を直接出したのはドイツ），これに対して中立国であるスペイン，オランダ，スウェーデン及びノルウェーが反論したのであった。ドイツの主張は，「たとえ中立国が，封鎖国によって確保された利得に対して等しく共有する権利を有すると主張したとしても，法の一般原則及び衡平に従って，封鎖国が中立国に対して事務管理者とし

---

(10) 同事件の仲裁裁定は1904年2月22日に下された。*Reports of International Arbitral Awards*, vol. IX, pp. 99-110. 同仲裁の記録は，*The Venezuelan Arbitration before the Hague Tribunal 1903*（Government Printing Office, 1905）参照。

て行動した以上，中立国は封鎖国が要した費用の一部を償還しなければならない」という趣旨のものであった[11]。これに対して，スペインは，「ドイツ，英国及びイタリアはすべての債権国のためにベネズエラに対して威圧的な行動をとったのではなく，イタリア自身が述べているように専ら自国への支払のみを求めて行動した」とし，さらに，「強制行動は，受益者が了知していないという事務管理の重要な要件を欠いている。スペインは他の中立国同様に封鎖国の要求を了知しており，ベネズエラに対して『封鎖による利得は不要だし無益だ』と伝えた」と反論した[12]。オランダ，スウェーデン及びノルウェーは，「封鎖国は中立国のために事務管理者として行動したとするが，封鎖国の干渉がなければ中立国はベネズエラとの問題を解決しなかったことを立証していない。事務管理者として行動する必要性は全くなかった。たとえ封鎖国が事務管理者として行動したとしても，封鎖国の行動は，中立国に利得をもたらすものではなく，中立国の利益を害するものでさえあった」と反論した[13]。これに対してドイツの弁護人の Buenz は 1903 年 11 月 5 日の口頭弁論において，中立国も封鎖国による行動の結果への参画を求めている以上，中立国は封鎖国による事務管理と封鎖国が負担した費用の一部の償還を承諾したとみなされる旨，述べた[14]。仲裁裁定においては，「ドイツ，英国及びイタリアは，ベネズエラに対する請求の支払につき，優先待遇を有する」旨，判示された（主文1）。事務管理に関しては全く言及がなされなかったが，理由づけの中で，「中立国は……当該行動［封鎖を指す：筆者注］によって創出された状況によりいくつかの点で利益を得たが，新たな権利は獲得しなかったことに鑑み」という表現が見られる[15]。本事案における封鎖国による事務管理の援用は，封鎖自体の国際法上の合法性が疑わしいこと，中立国に対して事務管理者として行動したとしても行動の時点ではその意図が中立国には全く伝わっていなかったこと，事後的とはいえ中立国が事務管理概念の適用に反対の意思を示したこと，封鎖国の利益のための行動であったことを封鎖国の一国であるイタリア自身が述べたことから，偽装された事務管理であっておよそ正当化できるものではなかった。

---

(11) *The Venezuelan Arbitration before the Hague Tribunal 1903, supra* 10, pp. 826, 1096.

(12) *The Venezuelan Arbitration before the Hague Tribunal 1903, supra* 10, pp.1096-1097.

(13) *The Venezuelan Arbitration before the Hague Tribunal 1903, supra* 10, p.1110.

(14) *The Venezuelan Arbitration before the Hague Tribunal 1903, supra* 10, p.1198.

(15) *Reports of International Arbitral Awards*, vol. IX, p. 110.

次に，Martha は，2008 年のアイスランドにおける金融危機の際の英国及び
オランダ対アイスランドの紛争（Icesave dispute と呼ばれる）を事務管理が適
用可能であった例として挙げる[16]。アイスランドは破綻した銀行の預金者保護
を打ち出したものの，国外にある支店の預金者が保護されるかどうかが不明で
あったため，英国とオランダは自国にあるアイスランドの銀行の支店の預金者
への支払を事務管理者として行い，その後，アイスランドにその返済を求めた。
三国間での交渉の結果，まとまった返済合意につき，アイスランド議会は
2009 年 12 月に法案を採択したものの，大統領は署名を拒否し，国民投票を求
めた。2010 年 3 月に実施された国民投票で法案は否決された。返済条件をア
イスランドに有利に変更した新たな合意についても，2011 年 4 月の国民投票
で否決された。その後，この問題は欧州自由貿易連合（EFTA）裁判所に付託
され，2013 年 1 月 28 日に同裁判所はアイスランドには支払義務がない旨を判
示した[17]。同判決においては，事務管理への言及は何らなされなかった。英国
とオランダの行動は，自国の預金者の保護が第一であったとしても，当該時期
に救済行動がなされなかったら，大規模な金融パニックが生じた可能性が高い
ことに鑑みると，事務管理者としての両国の行動を国際法上保護する意義は大
きかったといえる。

　直近では，変則的ではあるが，次のような実例がある。2022 年 2 月 11 日に
バイデン米国大統領は大統領令 14064 により，凍結しているアフガニスタン中
央銀行の資産の半分（35 億ドル）を将来のアフガニスタン人民のために使用す
る（残りの半分を 2001 年の同時多発テロの遺族への補償に充てる）とし，同年 9
月 14 日にはそのためのアフガン・ファンドを創設した[18]。米国によるこの行
為は，タリバンによるアフガニスタン人民の意思に反した金銭の使用を防止す
るものであって，アフガニスタン人民のための国際金融法分野での事務管理と
して把握することが可能であると解せられる。

　また，ロシアのウクライナ侵略への反応として，西側主要諸国はロシア中央
銀行の資産（約 3000 億ドル）を凍結しているが，これを没収してウクライナ支
援に充てることができるかについては西側諸国の一部において検討がなされて
きた。一般には第三国による没収は不当利得の問題を生じかねないこと，外国

---

(16)　Rutsel Silverstre J.Martha, *The Financial Obligation in International Law* (Oxford University Press, 2015), pp. 396-398.

(17)　Case E-16/11 (EFTA Surveillance Authority v. Iceland).

(18)　*American Journal of International Law*, vol.117 (2023), p. 144.

中央銀行の資産は強制執行から免除されること（国連国家免除条約 21 条 1 項 c）から，没収は困難である。他方，ウクライナは侵略の直接の被害国であるため，ロシア中央銀行の資産を没収しても不当利得の問題は生じない。この点を勘案して，ウクライナが「西側諸国にあるロシア中央銀行を資産所在地国の協力の下に没収できる」旨の国内法を制定し，西側諸国がこのウクライナ法の域外適用に国際礼譲として協力するという法律構成をとれば，国際法上の問題はクリアされると考えられる。つまり，ウクライナのために事務管理として凍結しているロシア中央銀行の資産をウクライナ側に渡すという法律構成をとれば，不当利得の問題も生じることなく，没収は可能になると解せられる[19]。

Ⅳ　海事法・海洋法分野における事務管理の適用可能性

　海事法分野では，事務管理はサルベージにおいて古くから取り入れられてきた[20]。1910 年の「海難ニ於ケル救援救助ニ付テノ規則ノ統一ニ關スル條約」（Convention for the Unification of Certain Rules with Respect to Assistance and Salvage at Sea，大正 3 年条約第 2 号，ブラッセル条約と呼ばれる）の 2 条において，「救援救助ノ行為カ有益ナル結果ヲ生シタルトキハ相當ノ報酬ヲ請求スル権利ヲ生ス」，「救助カ有益ナル結果ヲ生セサルトキハ何等ノ報酬ヲ請求スル権利ヲ生スルコトナシ」と規定した。いわゆる no cure, no pay 原則を明文化した規

---

(19)　以上につき，拙稿「ロシアに対する金融制裁と国際法」浅田正彦・玉田大編著『ウクライナ戦争をめぐる国際法と国際政治経済』（東信堂，2023 年）123 頁，より詳しくは，拙稿 Freezing, Confiscation and Management of the Assets of the Russian Central Bank and the Oligarchs: Legality and Possibility under International Law, in Masahiko Asada and Dai Tamada（eds.），*The War in Ukraine and International Law*（Springer, 2024），pp. 137-156 参照。2023 年 5 月の G7 広島サミットのウクライナに関する首脳声明 8 項では，没収の可能性にも言及していた。EU は没収は国際法上できないとの立場であり，2024 年 2 月 12 日に EU 理事会はロシア中央銀行の凍結資産の運用益をウクライナ支援に活用する方針を決定し，同年 5 月 21 日にはその詳細を決定した。他方，米国は，同年 4 月 24 日にロシア中央銀行の凍結資産の没収を可能にする「ウクライナ人のための経済的繁栄及び機会の再建法」を成立させた。同年 6 月のプーリアサミットにおいて G7 は，没収は行わず，基金を創設してウクライナ支援のために資金を拠出し，凍結資産からの運用益を返済に回す方針で合意した。

(20)　Bar（ed.），*supra* note 9, pp.88-89 では，国際法における事務管理の例として，サルベージと共同海損（general average）という海事法上の主題を挙げている。共同海損は，海事商慣行であるが，国際法上は海賊への身代金の支払の文脈において重要な概念となる。この点につき，拙稿「海賊に対する身代金の支払の法的評価」浅田正彦・桐山孝信・徳川信治・西村智朗・樋口一彦編『坂元茂樹・薬師寺公夫両先生古希記念論集 現代国際法の潮流 2』（東信堂，2020 年）252-257 頁。

定である(21)。その後，ロイズ救助契約標準書式（Lloyd's Standard Form of Salvage Agreement）の 1980 年版においては，環境損害が絡む場合には不成功無報酬の原則に例外が設けられ，これを受ける形で，1989 年の海難救助に関する国際条約（International Convention on Salvage）では，ブラッセル条約と同様の no cure, no pay 原則を規定した上で（12 条），船舶又は積荷が環境に損害を与える恐れのある船舶に関してサルベージを行った場合には，その費用につき特別の補償を受けることができる旨，規定した（14 条）。

　海洋法分野では，国連海洋法条約には事務管理に言及した規定はないが，例えば次のような場面において事務管理概念の適用が考えられ得る。第 1 に，ある国家による施設や海洋構築物の建設が国際法違反であるため撤去せよと国際判決において判示されたにもかかわらず，建設国が撤去を断固として拒否した場合に，勝訴国が撤去して除去費用を建設国に求めることができるのであれば，その法的根拠は事務管理である(22)。第 2 に，海賊に襲撃された船舶を救出した国が要した費用の償還を当該船舶の旗国及び船主に求めることができるのであれば，その法的根拠は事務管理である。第 3 に，感染症が船内で広がりつつある外国客船の入港を認めて必要な対応を行った場合，入港国が要した費用の償還を当該船舶の旗国及び船主に求めることができるのであれば，その法的根拠は事務管理である。もっとも，この第 3 点に関しては，特別ルールである世界保健機構（WHO）の国際保健規則（IHR 2005 年版）の 40 条においてカバーされるものについては，費用請求はできない(23)。筆者としては，これらの請求は

---

(21)　なお，1938 年には，航空機の遭難への及び海難における航空機による救援救助についての規則の統一に関する条約（Convention for the Unification of Certain Rules relative to Assistance and Salvage of Aircraft and by Aircraft at Sea）が採択され，no cure, no pay 原則が規定された（4 条）。

(22)　この点に関連して，拙著『世界の島をめぐる国際法と外交』（信山社，2023 年）55 頁。

(23)　40 条は，旅行者に対する保健上の措置の料金について，まず 1 項において，「一時滞在又は永住を希望する旅行者を除き，及び本条第 2 項の規定に従うことを条件として，参加国は，本規則に従い，公衆衛生のための次の事項に該当する措置については 料金を課してはならない。(a)被検者たる旅行者の健康状態を確認するため参加国が要求できる本規則に定めた医学的検査又は補助的検査。(b)到着した際に旅行者に施された予防接種その他の予防法で，公表された要求事項に ないもの，又は要求事項にはあるが実施の 10 日前以降にそれが公表された場合。(c)旅行者の適切な隔離又は検疫措置の要求事項。(d)適用された措置の内容及び日付が明記された，旅行者に対して発給される証明書。又は，(e)旅行者の携帯する手荷物に適用されるすべての保健上の措置」と規定し，次いで 2 項において，「主に旅行者のために為されるものを含め，本条第 1 項に掲げる事項以外の保健上の措置 については，参加国は料金を課することができる」と規定する（3

いずれも合理的なものであり，是認すべきであると考える。そうでないと，第1の請求については，「国際法違反の状態を放置すべきである」，第2の請求については，「海賊に襲撃された船舶の救助は経済面から控えるべきである」，第3の請求については，「感染者のいる外国客船の入港は経済面から控えるべきである」という，それぞれ誤ったメッセージを国際社会に与えることになってしまう。

V　宇宙法分野における事務管理の適用可能性

宇宙法分野では，次のような場面において事務管理概念の適用が有用であると考えられる。

第1に，1978年に発生したソ連の原子力衛星コスモス954のカナダへの落下事件[24]をめぐる事後処理について。カナダは自らソ連の衛星の破片を回収したが，その費用をソ連に請求する根拠が宇宙救助返還協定になく，同条約5条の欠陥が明らかとなった。同条では，①打ち上げ機関がデブリの回収・除去を行う（4項），②打ち上げ機関の要請に応じて，領域国が衛星破片を回収し，打ち上げ機関がその費用を負担する（2項，5項）という2つのオプションのみが規定されている。しかしながら，①は，国家安全保障上，およそ現実的なオプションではありえない（冷戦下においてソ連の国家機関がカナダ国内で活動することはカナダにとって大きな安全保障上の脅威になる）。他方，②については，本事案ではソ連側からの要請はなかったため，選択できなかった。同条は，「打ち上げ機関の要請の有無にかかわりなく，領域国が衛星破片を回収することができ，その費用は打ち上げ機関に請求できる」旨の規定とすべきであった。本事案においては，ソ連は国際法違反の責任は認めなかったものの，1981年4月2日の両国間の議定書[25]において，ソ連はカナダに300万カナダドルの支払をすることによって解決された。これはいわゆる「恩恵による支払」（*ex gratia* payment）であると考えられる。詳細は未公表のため，衛星破片の回収にカナダが要した費用が含まれたか否かは不明である。宇宙救助返還協定の修正は他の宇宙関係条約の修正同様に期待できず，5条はそのままであるが，①②のオプションに限定されることなく，事務管理概念を適用して，領域国の自

　　項以下は略）。

（24）　同事件については，以前考察したことがある。拙稿「宇宙ゴミと衛星破片の落下」石野耕也・磯崎博司・岩間徹・臼杵知史編『国際環境事件案内』（信山社，2001年）163-169頁。

（25）　*International Legal Materials*, vol. 20 (1981), p.689.

国家と海洋の国際法（上巻）第1部 国際法／Ⅰ 総論と歴史

主的判断で衛星破片を回収し，打ち上げ機関に費用を請求できるようにすべき
ことが肝要である。

　なお，破片回収についての米国によるカナダへの支援（カナダは受け入れた）
の費用については，「カナダは米国に支払をすべき義務はないため，カナダに
よるソ連への請求には含めることができない」というのがカナダ政府法律顧問
部局の見解であった。同部局のメモ（W.H.Montgomery によるものと思われる）
では，「他者にとって必要な任務又は業務を行うことによって自発的に経費を
負担する者は，費用を負担する法的権能がない場合には，費用を回収すること
ができない」とし，「この事務管理の概念は，ローマ法に由来し，国際法にお
いて受け入れられているが，本請求においては有用ではない。というのは，カ
ナダは継続して衛星破片の捜査，回収，除去，実験，後始末の作業を管理し続
けてきたからである」としている[26]。しかしながら，筆者としては，第1に，
米国は要した経費の請求をカナダに対して事務管理を根拠に行うことができる
と考える。その上で，第2に，カナダは米国が要した経費の求償のために，同
経費をソ連への請求の中に含めることができたと考える。

　第2に，制御不能となって宇宙空間を漂い，他の宇宙物体に衝突しかねない
スペース・デブリの除去の費用負担について[27]。まず，どの打ち上げ機関から
出たものか判別できるものについては，国際環境法の基本原則である汚染者負
担原則（PPP）の考え方を適用して，当該打ち上げ機関が回収すべき国際法上
の義務を負うことを宇宙活動国の間で確認すべきである。どの打ち上げ機関か
ら出たものか判別できないものについては，判別できるものから得られたデー
タ（全体の何パーセントが当該打ち上げ機関からのものか）を適用して費用負担さ
せるべきであり，主要な宇宙機関間での公平な費用負担という悪平等は避ける
べきである（そうでないとデブリの出ない宇宙物体の開発に熱心な宇宙機関がデブ
リを多量に出す宇宙機関のデブリ除去の尻拭いをするという不合理が生じてしまう）。
そう指摘した上で，自らが出したデブリの除去をしない打ち上げ機関と打ち上
げ国に対して，デブリを除去した国家が除去に要した費用を請求できる法的根

――――――――――

(26)　カナダ政府公文書 Cosmos 954-Legal Aspects（No. Dossier 66-7-COSMOS 954-
　　Legal, Tome 4, 情報公開請求により入手）のファイルの 243-244 枚目に事務管理に関す
　　るこの記述がある。

(27)　スペースデブリについては，堀口健夫「宇宙空間におけるスペースデブリによる損
　　害の未然防止と国際環境法」岩沢雄司・森川幸一・森肇志・西村弓編『国際法のダイナ
　　ミズム　小寺彰先生追悼論文集』（2019 年，有斐閣）457-483 頁，石井由梨佳「宇宙デ
　　ブリ除去に関する国際法上の評価」『空法』62 号（2022 年）31-50 頁参照。

60

拠は事務管理である。

Ⅵ 国家責任法分野における事務管理の適用可能性

国家責任分野において事務管理概念は次のような場面で現れている。

第1に，国家責任条文案を審議していた1974年5月16日の国連国際法委員会（ILC）の1258回会合において，Erias委員は当時の8条（現5条[28]に相当）につき次のように指摘した。「8条の目的は，国家の要請に基づいてであれ関係者がその履行の必要性を感じたためであれ，当該国のためになされたある種の行為を，当該国に帰属させることである。当該事案はローマ法の事務管理の性質を有するものである。当該任務は通常は国家によって履行させるべきであるが，国家が履行しなかったものである。それゆれ個人が正しいか否かはともかく緊急事態として履行したのである。」[29]

第2に，1990年8月に発生したイラクのクウェート侵攻においてイラクはペルシャ湾（アラビア湾）での環境損害を引き起こした。1991年4月3日の安保理決議687パラグラフ16では，「イラクは環境損害を含む損害に対して国際法上，責任を負う」旨が再確認された。湾岸戦争後に西側諸国はペルシャ湾に流出した原油の掃海作業等，環境損害に対処する行動をとった。これについて，国連補償委員会（UNCC）[30]はF4パネルにおいて環境損害が扱われ，「ペルシャ湾諸国等の近隣諸国が被った，油井の火災や海中への油の流出を含む環境損害及び天然資源の消耗に対する請求」と「それ以外の諸国（具体的には西側諸国）が負った，イラクのクウェート侵攻及びクウェート占領から生じた環境損害を減少させ及び防止するための経費の補償請求」に大別して請求を審査し，補償額を確定させた。事務管理に該当するのは後者の請求についてである。後者の経費は，イラクのクウェート侵攻から生じた原油の流出，油井の火災及び他の環境損害とその恐れに対処するための措置の経費が該当し，原油の流出と油井の火災の影響のモニタリング及び評価の経費も含まれる。具体的には，6カ国

---

(28) 5条は次のように規定する。「4条の下での国の機関ではないが，当該国の法令上統治権能の一部を行使する権限を付与された人又は団体の行為は，特定の事案において当該人又は団体がその資格で行動する場合には，国際法上当該国の行為とみなされる。」『国際所条約集2023』（有斐閣，2023年）109頁。

(29) *Year Book of the International Law Commission 1974*, vol. 1, p. 35.

(30) 国連補償委員会につき，拙稿「湾岸戦争の事後救済機関としての国連補償委員会」柳原正治編『国際社会の組織化と法（内田久司先生古稀記念）』（信山社，1996年）333-363頁。

（オーストラリア，カナダ，ドイツ，オランダ，英国，米国）から計19件の支払請求（請求額の合計は43,302,236米ドル）がなされ，審査の結果，2002年5月22日までに合計8,353,648米ドルの支払が勧告された[31]。

Ⅶ　外交・領事関係法分野における事務管理の適用可能性

外交・領事関係法分野において事務管理の適用可能性を検討する意義があると思われるのは，大使館や領事館において火災が生じた場合の接受国の対応に関してである。大使館については，外交関係ウィーン条約22条1項において「使節団の公館は不可侵とする。接受国の官吏は，使節団の長が同意した場合を除くほか，公館に立ち入ることができない」と規定しているため，火災の際でも大使の同意がなければ接受国は大使館に入って消火活動はできない（行えば不可侵権の侵害となってしまう）。これに対して領事館については，領事関係ウィーン条約31条2項但書において「火災その他迅速な保護措置を必要とする災害の場合には，領事機関の長の同意があったものとみなす」と規定している[32]ため，火災の際には領事機関の長の同意がなくても接受国は領事館に入って消火活動ができる。領事館におけるこの消火活動は，接受国（事務管理者）が派遣国（本人）のために行った事務管理である。大使館の火災の場合には，大使の要請に基づいて接受国が大使館に入り込んで消火活動を行う場合には，消火活動は接受国（事務管理者）が派遣国（本人）のために行った事務管理となる。さらに，大使の事前の同意なしに接受国が大使館内に立ち入って消火活動を行ってしまっても，大使が事後的にこれに同意すれば大使館の不可侵の侵害から生じる違法性は阻却されることになる。この場合の消火活動も事務管理

---

(31)　Report and Recommendation Made by the Panel of Commissioners concerning the Second Instalment of "F4" Claims, UN Doc. S/AC.26/ 2002/26, pp. 33-48. 請求の内訳は，オーストラリア2件計20,099米ドル，カナダ2件計1,252,329米ドル，ドイツ4件計28,717,109米ドル，オランダ1件1,974,055米ドル，英国1件2,219,315米ドル，米国9件計9,119,329米ドルであり，審査の結果の支払勧告額は，オーストラリア7,777米ドル，カナダ529,923米ドル，ドイツ2,038,256米ドル，オランダ0，英国1,891,857米ドル，米国3,885,835米ドルである。

(32)　両者の規定ぶりの相違が生じた理由につき，Luke T. Lee, *Consular Law and Practice* (Oxford University Press, 2nd ed., 1991), p. 393 では次の3点を指摘する。①大使館は派遣国の政治的主権を象徴し，事前の同意なしの立ち入りは主権を侵害することになる，②大使館は一般に領事館よりも政治的に機密の書類や物資を有しているため，侵入に対しより大きな保護策を要する，③大使館は通常一軒家であって火災があっても他の建物を危険にさらすことはないのに対して，領事館はしばしば市中のオフィスビルの一部であってその安全は一般民衆の正当な関心事である。

となる。もっとも費用負担に関しては，国際礼譲（international comity）によりこの種の費用は請求しないのが外交慣例になっていると思われる。なお，消火活動の際に生じた損害について接受国は賠償の責任を負わないことも外交慣例になっていると思われるが，こちらはⅨでふれる緊急事務管理としても説明が可能であろう。

Ⅷ 緊急時における他国民保護・救出に関する事務管理の適用可能性

緊急時における他国民保護・救出に関する事務管理の適用可能性に関しては，次の点が指摘できる。

第1に，1940年の論考においてSereniは，国際関係における事務管理行為はしばしば米国によってラテンアメリカにおける政治的混乱の期間（19世紀末から20世紀初頭）に行われたとし，米国は欧州や他の政府からの保護の要請を待たずに自国の外交・領事代表や海軍司令官に外国民の一時的保護をするよう命じたと指摘する[33]。

第2に，在外自国民の保護・救出のための行動に際して，人道上の配慮等から他国民も一緒に保護・救出することがある。緊急時であるため，他国民の本国の意向を尋ねる時間的余裕はないこともあり，その場合にはこの保護・救出のための行動は事務管理として位置づけられることになる。事務管理として認められれば，保護・救出国は他国民の本国に事後的に保護・救出のために要した費用の償還を求めることができる。

第3に，Thürerは，第2次国連ソマリア活動（UNOSOMⅡ）等を念頭において，PKO（特に平和維持軍）の活動について領域国の同意を得ることが「失敗国家」等の場合には無理であり，民事法における事務管理の概念又は緊急事態における援助に関する刑事法の条項のアナロジーによって正当化を図るしかない旨を指摘する[34]。

第4に，Tancrediは，テロリストのような非国家主体に対する武力行使に

---

(33)　Angelo Piero Sereni, Agency in International Law, *American Journal of International Law*, vol. 34（1940），p.655. Sereniが引用するEiwin M. Borchard, The Diplomatic Protection of citizens Abroad or The Law of International Claims（Banks Law Publishing，1922），p. 473では，そのような例としてハイチとメキシコにおける例を挙げ，また英国がトルコにおける米国の利益を保護したことも指摘している。

(34)　Daniel Thürer, The Failed State and International Law, *International Review of Red Cross*, vol. 81, No. 836（1999），p. 739.

国家と海洋の国際法（上巻）第1部 国際法／Ⅰ 総論と歴史

ついて，事務管理概念により説明する可能性について検討する[35]。Trancedi は，事務管理によってこれを説明することの主たる難点は，事務管理は他者のためになされなければならないのに対して，介入国は主に自国自身を守るために行動しているという点にある旨，指摘する[36]。Ⅲで指摘したようにベネズエラ封鎖国が事務管理を援用することは封鎖の意図ゆえに無理があるのと同様である。また，Ⅲ乃至Ⅵにおいて挙げた諸事例は事務管理以外での説明が用意ではないのに対して，この主題については自衛権による正当化が可能であるため，あえて事務管理で説明すべき必要性は乏しいと思われる。

Ⅸ 省　察

以下の6点について指摘しておきたい。

第1に，国際裁判における事務管理への実際の言及・適用について。国際裁判において事務管理の言及・適用が皆無という訳ではない。1923 年 12 月 10 日の英独混合仲裁裁判所の Alfred Wenner c. Dame J. Engelhardt 裁定[37]は，国内法に明示的に言及することなく事務管理を適用したものとして注目される。裁定では，第1次大戦勃発によりドイツ人 Engelhardt が英国人 Wenner の代理人として綿製品を販売するという本人・代理人の関係は解消となったが，その後は Engelhardt は事務管理者として権利及び責任を有するようになったと判示した。そして，Engelhardt の負う Wenner への債務がヴェルサイユ条約296 条の意味における債務に該当するとして，その支払を命じた。他方，1929年5月7日の英独混合仲裁裁判所の Iraq Petroleum Company Ltd v. Deutsche Bank und Disconto Gesellschaft 裁定[38]においては，確かに Alfred Wenner c. Dame J. Engelhardt 裁定は明示的に国内法の条項に言及することなく事務管理を適用したが，事務管理原則とその適用がドイツの国内法から区別された条約の条項から生じたものであるとは断言できないと指摘した。また，1929 年 4月8日の仏独混合仲裁裁判所の Cie des Chimins de fer du Nord c. German

---

(35)　Antonello Tancredi, Doctrinal Alternatives to Self-Defence against Non-State Actors, *Zeitschrift für ausländisches öffentliches Recht und Völkerrecht.*, vol.77（2017）, pp. 69-73.

(36)　Tancredi, *supra* note 35, p.70.

(37)　*Recueil des décisions des tribunaux arbitraux mixte institué par les traités de paix,* Tome Ⅲ, pp.760-762.

(38)　*Recueil des décisions des tribunaux arbitraux mixte institué par les traités de paix,* Tome Ⅸ, pp. 478-484.

State 裁定⁽³⁹⁾では，ベルギーにおいて鉄道事業を行っていたフランス企業がドイツによるベルギー占領によって鉄道が押収され事業ができなくなったことの損失補償をドイツに求めた事案について，陸戦ノ法規慣例ニ関スル条約・規則ではドイツに鉄道の商業利用をすべき義務を課しておらず，他方，ドイツはフランス企業から委任を受けていないため，本件はベルギー民法 1372 条の意味における事務管理に該当し，この事務管理の根拠に基づきドイツは鉄道の商業利用からの収益の不払について責任を負う旨，判示した。

　第 2 に，事務管理と代理の関係について。Sereni は，この点について次のように指摘する。「事務管理の法的要件は代理のそれと同じである。唯一の相違は，事務管理においては，本人の同意が代理人の行為の前ではなく後となることである。」⁽⁴⁰⁾ そして事務管理者の行為の追認については，正式に又は行動の過程において事務管理者が負った費用の償還のような終局的な行為によってなされうると指摘する⁽⁴¹⁾。

　第 3 に，国際法における事務管理の成立要件について。Sereni は，国際法における事務管理の成立要件として次の 4 要件を挙げる。[1]本人，事務管理者及び第三者が国際法上の主体であること，[2]事務管理者の行為は国際法の枠内で完結すべきであること，[3]事務管理者は本人の名においてまた本人の利益のために行動する意図を有していること，[4]本人が事務管理行為を追認すること，である⁽⁴²⁾。

　[1]については本人が特定国ではない場合に関して「第 4 に」でふれる。[2]については根拠を国際法上の事務管理に求められる場合と国内法上の事務管理に求められる場合の双方があることにつき「第 1 に」でふれた。[3]については，事務管理が本人に対して法的効果を生じることを事務管理者が意図していたことが必要である。それゆえ，一国又は複数国が，その行為を政治的に正当化するだけのために「文明国」「欧州協調」の名の下に行動すると宣言する場合（例．1814 年 2 月 5 日の Châtillon 会議での宣言）には，事務管理は生じない。[4] については，追認は特定の形式を要しない。例えば，事務管理者が負った費用の支払といった本人による行為によっても表明されうる。追認がなされる

---

(39)　*Recueil des décisions des tribunaux arbitraux mixte institué par les traités de paix*, Tome IX, pp. 67-76 ; *International Law Reports*, vol. 5, pp.498-500.

(40)　Sereni, *supra* note 33, p.655.

(41)　Sereni, *supra* note 33, p.655.

(42)　Angelo Piero Sereni, La représentation en droit international, *Recueil des Cours*, vol. 73（1948-III）, p.157.

国家と海洋の国際法（上巻）第 1 部 国際法／Ⅰ 総論と歴史

まで事務管理の行為の効果は停止され，追認により事務管理が完了した時点に遡及して効果を生じることとなる。ラテンアメリカにおける政治的混乱の際の米国による介入については，諸政府から米国への要請が追認を構成する。第 2 次大戦期には，いくつかの連合国が事務管理者としてイタリア，ルーマニア，フィンランド，ブルガリア，ハンガリーとの休戦協定を締結したり，自国の領土を占領された他の連合国のためにしばしば事務管理行為を行ったりした。現代の国家間関係における事務管理を考える上でも，Sereni が示した 4 要件は基本的にあてはまるものである。その上で指摘すべきことは，①[3]に関連して，専ら本人の利益のためだけではなく，国際社会全体の利益にもなると事務管理者が考えて行動し，また客観的に見て国際社会の利益になる場合においては，積極的に事務管理を容認すべきだということである。Ⅳで指摘したサルベージ，Ⅴで指摘した衛星破片・スペースデブリの除去，Ⅵで指摘した掃海活動などはこれに該当するものである。②[4]に関連して，追認には本人の明示的な同意は不要であり，黙示で十分であり，本人の沈黙は「抗議すべきであり，抗議が可能な場合には沈黙した者は黙認した者とみなす」（*Qui tacet consentire videtur si loqui debuisset ac potuisset*）の法理(43)により，黙認とみなすことができよう。③[3]及び[4]に関連して，本人が事務管理に明示的に反対している場合には，事務管理行為は違法になってしまうか，事務管理者が負った費用は一切本人に請求できないかという問題がある。事務管理の法理のみからはそのような結論に至ってしまうだろうが，別途，（同意以外の）違法性阻却事由（緊急避難，遭難，不可抗力，対抗措置，自衛）に該当して，事務管理行為が正当化される場合があり得ると考えられる。また費用負担の問題については，本人に不当利得が生じているとして不当利得の返還を請求することが可能な場合が存在すると考えられる。

　第 4 に，事務管理における本人と事務管理者の関係につき，本人が特定国ではなく国際社会全体であって，事務管理者が特定国のためにではなく専ら国際社会全体のために事務管理を行う場合もありうる。そのような場合には，国家間関係における事務管理に必要な変更を加えて（*mutatis mutandis*）適用することが合理的であると考えられる。このような場合の典型として考えられるの

---

(43)　国際司法裁判所「寺院事件」判決（1962 年）の中で援用されている。*ICJ Reports 1962*, p.23. なお，どの程度の期間，抗議がなかった場合に沈黙が黙認となるかの確立された基準はないが，「ドバイ・シャルジャ境界画定事件」仲裁判決では「7 年後の抗議では遅すぎる」旨，指摘しており（*International Law Reports*, vol. 91, p.649），1 つの基準を提示したものとして参考になる。

が，小惑星が地球に衝突することを防ぐために小惑星を破壊したり小惑星の軌道をずらしたりする惑星防衛（planetary defence，実質的な意味は地球防衛である）である。この究極ともいえる主題は荒唐無稽なものではない。1908 年にはシベリアにおいてツングースカ大爆発，2013 年にはロシア・チェリャビンスク州において隕石落下が発生している。米国航空宇宙局（NASA）は，2016 年に惑星防衛調整オフィスを立ち上げ，2022 年 9 月 26 日には小惑星ディモルフォスに無人探査機 DART を衝突させて軌道を変える実験に成功した。世界の宇宙機関の間では 2013 年に宇宙ミッション計画諮問グループ（Space Mission Planing Advisory Group［SMPAG]）が設立されてこの問題を検討しており，国連宇宙部（United Nations Office for Outer Space Affairs）が事務局をつとめている。国際法学においても検討が始まっている[44]。万一，小惑星の衝突が現実の危機となった場合には，まずは国際の平和と安全の維持に主要な責任を負う（国連憲章 24 条 1 項）安保理が対応すべき主題だが，ロシアのウクライナ侵略において安保理が機能麻痺している現状に鑑みると，まさに地球の危機においても国連安保理そして国際社会が一致結束して対処すること（特定の宇宙機関に惑星防衛のために必要な行動をとることを容認する安保理決議を採択することが現実的であろうが）は地政学的対立ゆえに期待できないかもしれない。そのような場合に有志国が惑星防衛のために行動する場合にどのような法的問題が生じるであろうか。小惑星を破壊したり小惑星の軌道をずらしたりするためには，莫大なエネルギーを要する。そのエネルギー源として最も有力視されているのが核エネルギーである（勿論，核の選択は他の手段による対応が首尾よくいかない場合に限られることはいうまでもない[45]）。核エネルギーのこのような利用が国際法上，可能であるのか，特に，宇宙条約 4 条 1 文において「条約の

---

(44) Irmgard Marboe（ed.），*Legal Aspects of Planetary Defence*（Brill, 2021）が代表的な検討の成果である。筆者自身も 2022 年 11 月 22 日に慶応義塾大学宇宙法研究センターにおいて開催された「先端的な宇宙活動に関する法的課題」研究会において，「Planetary Defence に関する国際法の観点からのコメント」と題する報告を行った（同報告は，https://space-law.keio.ac.jp/pdf/activity/activity_230307_07.pdf に掲載）。

(45) 奥村真一郎「スペースガード（プラネタリーディフェンス）──概要と日本の取り組み──」『學士會會報』963 号（2023 年）45 頁では次のように指摘する。「小惑星が実際に地球に衝突することが分かったら，回避の方法を考えます。小惑星の破壊は破片が増えた地球の広範囲に落下して被害が拡大するため，通常は実行しません。基本は軌道を変えて地球から逸らします。衝突までに数十年という時間的猶予がある場合，宇宙機を打ち上げて近くまで飛ばし，互いの引力によって少しずつ引っ張り，軌道を変えます。時間的猶予がない場合は，宇宙機を小惑星に衝突させます。核兵器による軌道変更は，最後の手段と考えるべきです。」

国家と海洋の国際法（上巻）第1部 国際法／Ⅰ 総論と歴史

当事国は，核兵器及び他の種類の大量破壊兵器を運ぶ物体を地球を回る軌道に乗せないこと，これらの兵器を天体に設置しないこと並びに他のいかなる方法によってもこれらの兵器を宇宙空間に配置しないことを約束する」と規定していること，及び，核兵器禁止条約1条1項において「(d)核兵器その他の核爆発装置を使用すること」を行わないと規定していることと整合するのかについて，国際社会のコンセンサスが確立されているとは言い難い。もっとも，国際司法裁判所の「核兵器使用の合法性」勧告的意見（1996年）の主文Eにおいて，「国家のまさに生存自体が危機に瀕する究極の自衛の状況において，核兵器の使用が合法か否かについて確定的に結論づけることはできない」旨を指摘した[46]が，惑星防衛のための核兵器の使用が必要となる状況は，「地球の生存自体が危機に瀕する状況」である以上，国際法上，禁止されていないと解釈することには一定の合理性があると考えることは可能であろう。また，たとえ，惑星防衛のための核兵器の使用が宇宙条約や核兵器禁止条約違反になるとしても，緊急避難として違法性が阻却される可能性はある。緊急避難は，「当該行為が，重大かつ差し迫った危険から根本的利益を守るために当該国にとって唯一の方法である」ことを要件とするが（国家責任条文25条1項），本状況は，「重大かつ差し迫った危険から根本的利益を守るために地球にとって唯一の方法である」ため，緊急避難による正当化はより容易だと考えることには合理性はあろう。

　事務管理との関係で問題となるのは，惑星防衛のための自主的行動の費用負担をどう考えるべきかというものである。この点に関しては，①専ら有志国のみが負担をし，惑星防衛の成否にかかわらず他の諸国は負担しない，②惑星防衛が成功した場合には，有志国は他の諸国に一定の費用請求ができる（サルベージにおける no cure, no pay 原則を適用する）の2つのオプションのうち，いずれが衡平に合致した合理的なものであるかは，将来の決定に委ねられる課題と言わざるを得ない[47]が，筆者としては，地球防衛のための勇気ある行動を評価しまた促進するという観点から，②が望ましいと考える。

　第5に，緊急事務管理について。緊急事務管理は，日本の民法698条では，「管理者は，本人の身体，名誉又は財産に対する急迫の危害を免れさせるために事務管理をしたときは，悪意又は重大な過失があるのでなければ，これに

---

(46)　*ICJ Reports 1996*, p.266
(47)　惑星防衛が首尾よく行かなかった場合には，地球に大規模な損害が生じ，費用負担の問題などは吹き飛んでしまうであろう。

よって生じた損害を賠償する責任を負わない」と規定する。1で見た欧州参照枠草案には緊急事務管理の規定はないが，1.101条のコメンタリーの中で，緊急状態ゆえ通常は法によって禁止される又は公序に反する行為を介入者がせざるを得ない場合があるとし，例えば，腐敗した外国で不当に拘束された旅行同伴者（本人）を釈放してもらうためにやむなく賄賂を支払って釈放がなされた場合には，賄賂の支払が本人と介入者の本国では禁止されていたとしても，介入者は本人に賄賂の費用の償還を請求できるとする[48]。国際法上の緊急事務管理に該当する典型例が，Ⅳでふれた海賊に襲撃された船舶の救出やⅧでふれた緊急時における他国民の保護・救出であり，これらの場合にはたとえ事務管理に伴って本人（救出を受ける者）に損害が生じても事務管理者は賠償を負わないと考えることが合理的であろう。もっとも現実には，事務管理の費用と当該損害が相殺される可能性はあろう。

　第6に，善きサマリア人の法（Good Samaritan law）について[49]。惑星防衛については，善きサマリア人の法の適用可能性も検討しておくことが一層重要である。善きサマリア人の法は，主に医療行為に関してその適用可能性が問題となり，救助行為を勧奨するために救助者は重過失のない限り救助の結果について責任を負わないとするルールであって，これにより勇気ある利他的行動を奨励するものである。善きサマリア人の法は緊急事務管理とオーバーラップする側面があると考えられる。惑星防衛に善きサマリア人の法を適用すると，核エネルギーの使用により小惑星を破壊したり小惑星の軌道をずらしたりする場合には，他の宇宙物体の損傷など付随的に発生しうる損害について補償義務から免除され得ることになる。この補償義務からの免除が得られないと，惑星防衛を行うことは，それが有志国による行動であれ，安保理決議に基づく行動であれ，大きな躊躇が生じてしまうことは否定できないため，地球と人類を守るというまさに国際公共目的のための惑星防衛に善きサマリア人の法を適用することは十分な合理性があると解せられる[50]。なお，2000年に主要宇宙機関間で採択された自然又は技術的災害の際における宇宙施設の協調的な利用を達成するための協力憲章（Charter on Cooperation to Achieve the Coordinated Use of

---

(48)　Bar (ed.), *supra* note 9, p.105.
(49)　善きサマリア人の法については，例えば，James M. Ratcliffe (ed.), *The Good Samaritan and the Law* (Doubleday & Company, 1966) 参照。
(50)　惑星防衛に善きサマリア人の法を適用して，免責を認めるべきだとする学説として，Von Der Dunk, The 2010 Report on Legal Aspects of NEO Threat Response and Related Institutional Issues, *in* Marboe (ed.), *supra* note 44, p. 129.

国家と海洋の国際法（上巻）第 1 部 国際法／Ⅰ 総論と歴史

Space Facilities in the Event of Natural or Technological Disasters, JAXA も参加している）[51] の 5.4 では，「本憲章から生じる業務の実行又は不実行から生じる損害については，いかなる訴訟もなされ得ない」旨を規定している点が，本主題を検討する上でも 1 つの参考となろう。

（2024 年 3 月 7 日脱稿）

［追記］本稿と同趣旨の報告を第 434 回東大国際法研究会（2024 年 3 月 30 日）において行った。脱稿後に刊行された拙稿 The Planetary Crisis : Applicability of *Negotiorum Gestio, Environmental Policy and Law*, vol.54（2024），pp.111-116 も本稿と同趣旨のもの（但し検討主題は国際環境法及び宇宙法に限定したもの）である。

---

(51)　https://www.refworld.org/docid/41de7e544.html

70

4 「チャゴス諸島海洋保護区事件」仲裁判決における禁反言の適用

櫻 井 大 三

Ⅰ は じ め に
Ⅱ 事件の概要
Ⅲ ランカスター・ハウスの約束（LHU）の拘束力の問題に対する仲裁裁判所のアプローチ
Ⅳ 禁反言の適用をめぐる仲裁裁判所の判断
Ⅴ 仲裁裁判所の判断の特徴
Ⅵ お わ り に

Ⅰ は じ め に

本稿は，2015年の「チャゴス諸島海洋保護区事件」仲裁判決（以下，チャゴス仲裁）[1]における禁反言の適用のあり方を検討し，それが国際法における既存の禁反言理論に照らしていかなる位置づけを築くものであるのかを考察しようとするものである[2]。

禁反言とは一般に，「何らかの行為によってある事実の存在を表示した者に対し，それを信じて自己の利害関係を変更した者を保護するため，表示した事実に反する主張を禁止する原則」[3]のことであり，そもそもはイギリスのコモ

---

(1) The Chagos Marine Protected Area Arbitration (Mauritius *v.* United Kingdom), PCA Case No.2011-03, Award of 18 March 2015, pp.1-217, reproduced in *Reports of International Arbitral Awards* (hereinafter referred to as '*R. I. A. A.*'), vol. XXXI, pp.359-583, entitled "Award in the Arbitration regarding the Chagos Marine Protected Area between Mauritius and the United Kingdom of Great Britain and Northern Ireland" (hereinafter referred to as '*Chagos Award*').

(2) 筆者はかつて，チャゴス仲裁における禁反言の法的効果に焦点を当てた検討を試みたことがある。櫻井大三「国際法における禁反言の概念」国際法外交雑誌116巻3号（2017年）18-25頁を参照。本稿は，かかる拙稿での議論に原則として立脚しつつ，その後の理論動向を踏まえながら，同仲裁における禁反言の適用について再検討を加えたものであることをお断りしておく。

(3) 田中英夫編『英米法辞典』（東京大学出版会，1991年）310頁（"estoppel"の項を参照）。また，チャゴス仲裁における禁反言の概念把握については，以下を参照。*Chagos Award*, para.435, *infra* notes（41）and（42）.

『国家と海洋の国際法　柳井俊二先生米寿記念（上巻）』〔信山社，2025年2月〕　71

ン・ローにおいて発展をみた法概念である[4]。このような禁反言は，国際裁判においてもしばしば議論の対象となることがあるところ，その大半が適用否認の事例であったことには注意を要する[5]。そのため，従前の裁判例から，この法理の法的効果の内容やその射程を推し量ることは必ずしも容易ではなく，国際法における禁反言の実像を解明する手がかりには限界があったといわなくてはならない。

　これに対して，チャゴス仲裁では，仲裁裁判所が禁反言に明示的に言及したうえでこれを正面から適用するに至ったことが注目される。しかもそこでは，禁反言の要件および効果に関する詳密な議論が展開されており，その法的推論は刮目に値するといえよう[6]。しからば，仲裁裁判所が構築した法的推論の内容を検討し，それが国際法における既存の禁反言理論に対していかほどの貢献をなしえたものであるのかを明らかにしておくことは，この法理の発展状況を知るうえで不可欠の作業になると思われるのである。

　以上の問題関心から，本論においては，まず本事案の概要を簡潔に振り返りつつ（Ⅱ），禁反言の適用対象となったイギリスの約束の拘束力の問題をめぐる仲裁裁判所のアプローチを概観する（Ⅲ）。そのうえで，仲裁裁判所によるイギリスの約束に対する禁反言の適用のあり方を検討する（Ⅳ）。そして最後に，チャゴス仲裁における禁反言の適用の特徴について若干の考察を加え，その意義と課題を明らかにする（Ⅴ）。

Ⅱ　事件の概要

　インド洋上に位置するチャゴス諸島は，かつてイギリスの植民地であったモーリシャスの一部であったが，1965 年以降はイギリス領インド洋地域（British Indian Ocean Territory: BIOT）としてイギリスにより統治されてきた[7]。

---

(4)　Müller, J-P. and Cottier, T., "Estoppel", in R. Wolfrum (ed.), *The Max Planck Encyclopedia of Public International Law* (online ed., OUP, September 2021), paras.1, 4-5. (hereinafter referred to as '*E. P. I. L.*')

(5)　たとえば，「ベンガル湾における海洋境界紛争事件」において，国際海洋法裁判所（ITLOS）は，バングラデシュがミャンマーに対して援用した禁反言の主張を容認しなかった。ITLOS, Dispute concerning Delimitation of the Maritime Boundary between Bangladesh and Myanmar in the Bay of Bengal (Bangladesh/Myanmar) List of cases: No. 16 (2012), Judgement, p.45, para.124.

(6)　チャゴス仲裁が禁反言の適用を検討した判決文の該当箇所は 6 頁に及んでおり，これは，禁反言が議論の対象となった他の先例と比較しても破格の扱いだといえる。*Chagos Award*, pp.542-548, paras.434-447.

(7)　*Ibid.*, para.1.

1965 年 11 月 8 日，イギリスはモーリシャスからチャゴス諸島を切り離す布告を発出し，この地域を BIOT に編入した[8]。モーリシャスはこの 2 年半後の 1968 年 3 月 12 日に正式に独立を達成した[9]。

イギリスが 2010 年 4 月 1 日にチャゴス諸島周辺海域に海洋保護区（Marine Protected Area: MPA）を設定したところ，モーリシャスはこれに異論を唱え[10]，同年 12 月 20 日に国連海洋法条約の紛争解決手続（条約第 287 条および条約付属書Ⅶ第 1 条）に従い設立された仲裁裁判所に訴えを提起した[11]。モーリシャスは本仲裁において，イギリスが海洋法条約上 MPA を設定する権利をもちえないこと等を主題として争ったのであるが[12]，関連する争点のひとつに，1965 年に締結されたチャゴス諸島の分離に関するイギリスとモーリシャス閣僚会議との協定（以下，1965 年協定）[13]，および，同協定の一部としてイギリスとの間で交わされたランカスター・ハウスの約束（Lancaster House Undertakings: LHU）の拘束力の問題が含まれていた。すなわち，チャゴス諸島をモーリシャスから分離するにあたり，イギリスはモーリシャスに対して，①補償を支払うこと，②漁業権は実施可能な限りモーリシャスに帰属すること，③国防目的に供する必要性がなくなった時点でチャゴス諸島はモーリシャスに返還されること，そして，④諸島および周辺海域で発掘されたすべての石油または鉱物資源の利益はモーリシャスのために保全されること，等を約束したのであった[14]。

モーリシャスは，1965 年協定がモーリシャス閣僚理事会に対する脅迫の下に締結されており，そこでのモーリシャス側の同意は有効ではなかったとする

---

(8) *Ibid.*, paras.2, 81. この編入手続は，モーリシャスの代表団がランカスター・ハウスの約束についての受諾を表明した 3 日後のことであった。

(9) *Ibid.*, para.68.

(10) これ以前の 1991 年に，イギリスが BIOT の周辺海域に 200 海里の漁業保存管理水域を宣言した際，モーリシャスはこれに対して直ちにチャゴス諸島に対する自らの主権を改めて主張していた。*Ibid.*, para.119.

(11) *Ibid.*, para.14.

(12) *Ibid.*, paras.5-9.

(13) 1965 年 9 月 23 日午後のランカスター・ハウス会議において，イギリス国務長官が同国による特定の行動を内閣に勧告するのと引き換えに，チャゴス諸島を切り離すことに原則的に同意するというモーリシャス閣僚会議の代表団との暫定的合意（provisional agreement）のこと。*Ibid.*, para.74.

(14) 仲裁裁判所は，1965 年 9 月 23 日のランカスター・ハウス会議の最終議事録のうち，とくにその第 22 項に挿入された(ⅰ)から(ⅷ)にわたる諸項目を全体としてランカスター・ハウスの約束と言及する。*Ibid.*, paras.74-79, esp., para.77.

国家と海洋の国際法（上巻）第 1 部 国際法／ I 総論と歴史

一方で[15]，LHU については，拘束力のある法的義務をイギリスに課すもので
あったと主張する[16]。すなわち，ランカスター・ハウス会議以後のイギリスの
実行は，モーリシャスの独立から MPA の宣言に至るまですべての約束の更新
と再確認を繰り返しており，この実行は当該約束に対するイギリスの理解を確
認するものであって，それ自体がイギリスを拘束する義務の独立した淵源と
なっているのである。かくしてモーリシャスによれば，イギリスは何度もこの
約束が拘束力を持つことを表明してきたため，現在ではこの訴訟においてそう
でないと主張することが禁じられる（the United Kingdom, ... is now estopped）
のである[17]。

　これに対してイギリスは，1965 年の了解事項（1965 understandings）はイギ
リスの海外領土とイギリス本国との間で締結された協定であり，イギリス海外
領土法（British Overseas Territories Law）上はもとより，国際法上も法的な拘
束力を有することはありえないと反論する。この種の海外領土は国際的には独
立した法主体性をもたないからである。かくしてそれは，せいぜいのところ政
治的了解（political understandings）なのであって，裁判所において執行可能な
法的拘束力をもつものではない[18]。また，LHU については，仮にその法的拘
束力が認められるとしても，イギリスは国連国際法委員会（ILC）が 2006 年に
採択した「法的義務を創造しうる国家の一方的宣言に適用される指導原則」に
従い，当該約束を取り消しうる権限を有するとして，これにも異論を唱えるの
である[19]。

---

(15)　*Ibid.*, para.393.

(16)　*Ibid.*, para.394.

(17)　モーリシャスはこの主張の根拠として，「アルゼンチン・チリ国境事件」仲裁裁定
　　を引用し，同裁定が国家によって提起された請求または主張と，それに関連する以前の
　　行動との間の矛盾は認められない（*allegans contraria non audiendus est*）」と述べたこ
　　とを確認する。Argentina-Chile Frontier Case, Award of 9 December 1966, *R. I. A. A.*
　　Vol. XVI, p.109, at p.164 (1969), as quote in *Chagos Award*, para.397.

(18)　イギリスによれば，当該協定は「非拘束的了解（nonbinding understandings）」な
　　いしは「政治的約束（political commitments）」とみなされることはあっても，決して
　　法的に拘束的であることを意図したものではなかったとされる。*Ibid.*, paras.402, 405.

(19)　イギリスは，ILC「指導原則」の第 10 原則を引用し，国際法が禁じているのは一方
　　的約束の恣意的な取消しだけであるとして，漁業権に関する拘束力ある一方的約束の
　　存在が認定されたと仮定してもこれを取り消すことができるのであり，本件では，取
　　消しは恣意的な手段には該当しないと主張した。Report of the International Law
　　Commission, Fifty-eighth session, (1 May-9 June and 3 July-11 August 2006), *G. A. O.
　　R.* Sixty-first session, Supplement No. 10, UN Doc. A/61/10 at p. 366, as quoted in
　　Chagos Award, para.406.

Ⅲ　ランカスター・ハウスの約束（LHU）の拘束力の問題に対する仲裁裁判所のアプローチ

　上記の争点に対して，チャゴス仲裁は，LHU がイギリスを法的に拘束すると判示した。この結論を導くにあたり，同仲裁は，LHU の性質および射程を明らかにするのに必要な限度で 1965 年協定の解釈を行うとの体裁をとりつつ，具体的には以下の 3 つの論点を検討している[20]。

　第 1 の論点は，モーリシャスおよびイギリスが 1965 年協定をどのようなものとして理解していたのかであり，これを検討することによって LHU の拘束力を占おうというのである。この点について仲裁裁判所は，LHU がチャゴス諸島の分離に対するモーリシャスの同意を得るための見返りの一部（the part of the *quid pro quo*）であったとみなす[21]。すなわち，ランカスター・ハウス会議に至るまでの両国の一連の折衝を全体としてみるならば，LHU はチャゴス諸島の分離に対するモーリシャスの同意を得るための不可欠の条件であった[22]。しかもこの約束は，独立したモーリシャスとイギリスの将来における関係を視野に入れたものであり，イギリス自身がその約束を義務という言葉で表現したものである。かくして LHU は，イギリスが政治的に可能な範囲でモーリシャスを支援するという自発的な意思の表明ではなく，拘束される意思に基づいて行われた申し出の言葉であるとみなされる[23]。

　第 2 の論点は，1965 年協定の法的地位およびその効力の射程に関連するものである[24]。まず 1965 年協定の法的地位について，チャゴス仲裁はこれをイギリスの憲法上の問題とみなし，イギリス政府と非自治地域との間の協定は国際法に準拠しないというイギリスの主張を受け入れる[25]。しかし，1968 年のモーリシャスの独立は，モーリシャスの閣僚との取り決めを国際的な平面に引き上げ，1965 年に交わされた約束（commitments）を国際的な合意（international

---

(20)　*Ibid.*, paras.419-420.

(21)　*Ibid.*, para.421.

(22)　チャゴス仲裁は，イギリスの約束がなければ，モーリシャスの代表団はチャゴス諸島の分離に同意しなかったものと確信するという。*Ibid.*, para.422.

(23)　*Ibid.*, para.423.

(24)　*Ibid.*, para.420.

(25)　仲裁裁判所によれば，1965 年協定は国内法に基づいて当事者を拘束する契約（contract）であり，モーリシャスが植民地であり続ける限り，両当事者は国際法の問題として同協定を尊重する旨の約束を表明することが法的に不可能であったとみなされるのである。*Ibid.*, para.424.

agreement）に変える効果をもたらすこととなった[26]。この約束は，チャゴス諸島の分離と引き換えに，イギリスがモーリシャスとの将来的な関係について交わされた一連の約束（a series of commitments）を含んでいる[27]。モーリシャスが独立し，イギリスがチャゴス諸島を保持したとき，両当事者は1965年協定を有効にするために必要な条件を満たしたのであり，同協定が適用されることを再確認した[28]。こうしてチャゴス仲裁は，モーリシャスの独立と同時に，1965年協定は両当事者間の国際法上の問題になったと結論づけるのである[29]。

　第3の論点は，モーリシャスが独立して以降もイギリスが折に触れてLHUを繰り返したことの法的意義はいかなるものであったかを問うものである[30]。チャゴス仲裁は，モーリシャス首相に宛てられた，LHUを一括更新する旨の1973年のイギリスの書簡において，1965年9月23日のランカスター・ハウス会議の記録で当時合意された文書に記載された約束（すなわち，LHU）については，なんらの変更を生じるものでないことをイギリス政府を代表して保証する旨の記載があったことを踏まえつつ，LHUを構成する個々の約束を順次検討する[31]。チャゴス仲裁はまず，イギリスが国防上の必要がなくなればチャゴス諸島をモーリシャスに返還するという約束が何度も明確な表現で更新されてきたことを確認する[32]。次に同仲裁は，チャゴス諸島またはその近辺で発見された鉱物や石油の利益に関する約束について，イギリスはこれらの利益がモーリシャス政府に帰属することを意味したものであったことを確認する[33]。最後に同仲裁は，その範囲をめぐって両当事者に意見の相違があった漁業権についても，イギリスがモーリシャスの漁業権を認め，この点に関するイギリスの義務を再確認していることに留意する[34]。

---

(26)　*Ibid.*, para.425.
(27)　仲裁裁判所によれば，1965年協定は，イギリスがモーリシャスに補償その他を提供するとの約束と引き換えに，独立間際の植民地の一部を別個の組織（BIOT）として再構成することを主題とするものであり，その点で法的合意の性質がより強いものだとみなされる。かくして仲裁裁判所は，同協定の交渉経緯および協定の文言に照らして，両当事者間には確固とした約束（firm commitment）が意図されていたとみなすのである。*Ibid.*, para.427.
(28)　*Ibid.*, para.425.
(29)　*Ibid.*, para.428.
(30)　*Ibid.*, paras.420, 429.
(31)　*Ibid.*, para.429.
(32)　*Ibid.*, para.430.
(33)　*Ibid.*, para.431.
(34)　*Ibid.*, para.432. ここで仲裁裁判所がとくに重視するのは，イギリスが数十年にわたりチャゴス諸島周辺海域での漁業規制に関連する約束に一貫して従ってきた態様，とり

Ⅳ 禁反言の適用をめぐる仲裁裁判所の判断

1 LHU の 1965 年協定からの分離

　以上のように，チャゴス仲裁が直面しているのは，1965 年協定の一環として交わされた LHU の拘束力の問題である。同協定は，イギリスがその植民地であるモーリシャスとの間で締結したものであったが，モーリシャスの独立と同時に国際法上の問題となった。そして LHU は，独立後数十年にわたって両当事者間の書簡を通じて再確認されることとなった[35]。ここでチャゴス仲裁は，LHU が法的拘束力をもつとするモーリシャスの主張の根拠を禁反言の観点から検討するのである[36]。

　ところで，1965 年協定がモーリシャスの独立と同時に国際的な合意になったとするのであれば，LHU の法的拘束力についても，それは 1965 年協定の法的効力から派生したもの（すなわち，法的合意の問題）とみなしえたように思われるところ，そのような構成がとられなかったのは，モーリシャスが 1965 年協定の有効性を否定に解していたことが影響しているものと解される。すなわちモーリシャスによれば，イギリスはモーリシャスの自決に関する義務に違反し，モーリシャスの独立とチャゴス諸島の分離とを強引に関連づけることによってモーリシャス閣僚理事会は脅迫された（under duress）のであり，いかなる同意と称されるものも，独立運動に対する植民地支配者の取り扱いに対して適用される基準に従う形で付与されたものではなかったとされる[37]。他方でモーリシャスは，有効な合意がなかったとしても，モーリシャスに対するイギリスの約束は，モーリシャスが独立国となった後の 40 年半にわたって歴代のイギリス政府によって繰り返され，明示的に更新されたものであり，拘束力のある法的義務を構成しているとも主張する[38]。

　チャゴス仲裁は，このようなモーリシャスの主張に一定の配慮が必要になると考え，LHU の拘束力を 1965 年合意の効力の問題とは切り離して検討する必

　　わけ，MPA が宣言されるまで長年にわたりモーリシャスの漁船が同海域で自由に入漁
　　できる免許を発行してきたことである。*Ibid.*, para.433.

(35)　*Ibid.*, para.434.

(36)　*Ibid.*, para.435. なお，モーリシャス自身は必ずしも正面から禁反言の適用を主張し
　　ていたわけではなく，その可能性を示唆するような表現を用いるにとどめていた。*Ibid.*,
　　para.397, *supra* note（17）. モーリシャスはむしろ，LHU の法的拘束力をより直接的にイ
　　ギリスの自己拘束の意思に求めようとした。*Ibid.*, para.397, *infra* note（62）.

(37)　*Ibid.*, para.393.

(38)　*Ibid.*, para.394.

要に迫られることとなった[39]。かくしてチャゴス仲裁は，イギリスが約束を繰り返し，モーリシャスがそれを信頼したことは，1965 年のモーリシャスの同意に瑕疵が認められた場合にランカスター・ハウスの約束がイギリスを拘束しえないものになるという懸念を解消するのに十分であるとみなすのである[40]。

2　禁反言の規範的根拠

　チャゴス仲裁は禁反言を適用するにあたり，その一連の法的推論の冒頭においてまず，この法理が法の一般原則であることを宣明する。但し，その法理としての妥当性については黙して語らず，「国際裁判例において，国家は熱くなったり冷めたりしてはならない――*allegans contraria non audiendus est* の原則を一定程度承認する場面が見いだされる」とするマックネアの学説を引証し，禁反言がこの原則に相当しうるものであることを示唆するのみである[41]。

　チャゴス仲裁によれば，この原則は，国家がその相互の関係において誠実に行動しなくてはならないとする一般的な要請に由来し，他国の表示を信頼して行動する国家の正当な期待を保護するために考案されたものであるとされ，その具体的な定式については，国際司法裁判所（ICJ）の「プレア・ビヘア寺院事件」（1962 年）におけるスペンダー裁判官の反対意見の中で示された禁反言の定義が参照される。すなわち，「（禁反言の）原則は，ある国が，明示的または黙示的に，他国に対して以前に行った明白で曖昧さのない表示に反する状況を裁判所において争うことができないように機能するものであり，この場合，当該他国は，そのような状況において前者の国の表示を信頼する地位にあり，実際にその表示を信頼した結果として不利益を被ったか，表示を行った国が自らのために一定の利益を獲得したことになる」というものである[42]。

　あわせてチャゴス仲裁は，同事件におけるアルファロ副所長およびフィッツモーリス裁判官の個別意見を参照し，国際法における禁反言が国内法で観念される禁反言とは様々な点で相違するものであることを指摘しつつ，この法理は

---

(39)　かかる指摘については，以下を参照。Allen, S., "The Operation of Estoppel in International Law and the Function of the Lancaster House Undertakings in the *Chagos Arbitration Award*", in Allen *et al.* (eds.), *Fifty Years of the British Indian Territory: Legal Perspectives* (Springer, 2018), p.24.

(40)　*Chagos Award*, para.428.

(41)　McNair, A.D., "The Legality of the Occupation of the Ruhr", *British Year Book of International Law*, vol.5 (1924), p.35, as quoted in *Chagos Award*, para.435.

(42)　Dissenting Opinion of Sir Percy Spender in Temple of Preah Vihear Case, *I.C.J. Reports 1962*, pp. 143-144, as quoted in *Chagos Award*, para.435.

国際的な訴訟手続において頻繁に適用されるようになったことでその適用範囲が明確化されたことを説いている[43]。かくしてチャゴス仲裁は，国際司法裁判所さらにはその前身である常設国際司法裁判所（PCIJ）の裁判例を克明に辿ることで，両司法機関の判例法理に現れた禁反言をこの法概念のプロトタイプと見据えつつその内実を明らかにしようと試みるのである。

3　先例を踏まえた禁反言の構成要素の明確化

　チャゴス仲裁はまず，PCIJ が「セルビア公債事件」（1929 年）において，「債務国が信頼する権利を有し且つ信頼した，債券保有者による明白で曖昧さのない表示」がなかったことを理由に禁反言の適用が認められなかったことを指摘した[44]。ここでは，禁反言の名宛国による「明白で曖昧さのない表示（clear and unequivocal representation）」がなされていることが禁反言の成立要件であることが看取される。

　チャゴス仲裁は次に，ICJ が「バルセロナ・トラクション事件」（1964 年）において，「被申立人が真の不利益を被った」という証拠がないとして，ICJ がスペイン側の禁反言の主張を棄却したことを指摘した[45]。ここでは，禁反言の援用国の側に「不利益（prejudice）」が生じていることが禁反言の成立要件であることが看取される。かかる不利益は，禁反言の援用国がその名宛国に対して置くところの信頼とあわせて不利益的信頼（detrimental reliance）の要件として規定さるものであり，これ以降の ICJ 判決において繰り返し言及されているものである[46]。

　チャゴス仲裁はまた，ICJ が「メイン湾境界画定事件」（1984 年）において，

---

(43)　Separate Opinion of Vice President Alfaro in Temple of Preah Vihear Case, *I.C.J. Reports 1962*, p.39; Separate Opinion of Sir Gerald Fitzmaurice in Temple of Preah Vihear Case, *I.C.J. Reports 1962*, p. 62, as quoted in *Chagos Award*, para.436.

(44)　Payment of Various Serbian Loans Issued in France, *P.C.I.J. Series A*, Nos. 20/21, p.39, as quoted in *Chagos Award*, para.436.

(45)　Barcelona Traction, Light and Power Company, Limited Case（Belgium *v.* Spain）Preliminary Objections, *I.C.J. Reports 1964*, p. 25, as quoted in *Chagos Award*, para.436.

(46)　*See* Military and Paramilitary Activities in and against Nicaragua（Nicaragua *v* United States of America）（Jurisdiction）*I.C.J. Reports 1984*, p.414; Land, Island and Maritime Frontier Dispute（El Salvador *v* Honduras）（Application by Nicaragua to Intervene）*I.C.J. Reports 1990*, p.118; Land and Maritime Boundary between Cameroon and Nigeria（Cameroon *v.* Nigeria）（Merits）*I.C.J. Reports 1998*, p.304; *see* also D.W. Bowett, "Estoppel before International Tribunals and Its Relation to Acquiescence", *British Year Book of International Law*, vol.33（1957）, p.176, as quoted in *Chagos Award*, para.436, fn.549.

国家と海洋の国際法（上巻）第1部 国際法／I 総論と歴史

表示が自国政府を関与させる権限を付与された官吏によって行われたものでなければならないとしたことを指摘する[47]。ここでは，禁反言の名宛国が行う表示が，権限ある当局によって行われることで国家自身に帰属するものであることが禁反言の成立要件であることが看取される。

チャゴス仲裁はさらに，ICJ が「北海大陸棚事件」（1969 年）において，以上のような禁反言の構成要素をいわば包括する形でその定式化を行っていることに着目する。すなわち，禁反言が適用されるための行動や宣言は明白かつ一貫したものであることに加え，相手方当事者がそのような行動を信頼することによって不利益的に立場を変更するか，何らかの不利益を被ることになったものでなくてはならないというのである[48]。かくして，ICJ が西ドイツの態度について禁反言の認定に至らなかったのは，デンマークおよびオランダによって主張された表示も信頼も，提示された事実に照らして疑いの余地を差し挟まぬほどに明白なものではなかったことを理由とするものであった[49]。

以上の検証から，チャゴス仲裁は，PCIJ および ICJ の判例法理において確立している禁反言の構成要素を以下のように整理する。すなわち，(a)禁反言の名宛国の側に明白且つ一貫した表示があること，(b)表示がそれを行う国家に帰属すること，(c)表示を信頼した国に不利益が生じるか，または表示国の側に利益が生じていること，(d)表示に対して置かれた信頼に正当性があること，である[50]。

4 本事案における禁反言の適用

チャゴス仲裁は，上記で明らかとなった禁反言の構成要素が本事案に適用されるかについての検討を行うのであるが，本件の事実関係に鑑み，(a)および(b)の要素は容易に満たされるとしたうえで，ここでの焦点は，(c)および(d)の要素が満たされているかどうかであるとする。すなわち，モーリシャスが実際にイ

---

(47) Delimitation of the Maritime Boundary in the Gulf of Maine Area (Canada *v* United States of America), *I.C.J. Reports 1984*, pp.307-308, as quoted in *Chagos Award*, para.436.

(48) North Sea Continental Shelf Case (Federal Republic of Germany/Denmark; Federal Republic of Germany/Netherlands), *I.C.J. Reports 1969*, p.26, para.30.

(49) *I.C.J. Reports 1969*, p.26, paras.31-32, as quoted in *Chagos Award*, para.437. チャゴス仲裁は，「北海大陸棚事件」判決パラ 31-32 を引用しているが，ここでは，デンマークおよびオランダが禁反言の要件（不利益的信頼）を立証しえなかったことを認定した同判決パラ 30 の引証が不可欠であると考える。前掲注(48)を参照。

(50) *Ibid.*, para.438.

ギリスの表示を信頼して不利益を被ったといえるのか，また，もしそうである
ならば，そのようなモーリシャスの信頼は正当なものであったといえるのかが
問題となるのである[51]。

① モーリシャスの不利益的信頼の要件充足についての検討

チャゴス仲裁によれば，表示を信頼したことによる機会損失（opportunities
foregone）の証拠は，不利益的信頼の最も明白な形態の一つを構成するとされ
る[52]。モーリシャスは，1968年の独立から少なくとも1980年まで，チャゴス
諸島が分離されたことの正当性について沈黙を維持しており，むしろこの間
モーリシャスは，他の問題についてはイギリスと生産的で友好的な関係を維持
してきたとされる。しかしそれは，モーリシャスがランカスター・ハウスで行
われた約束の完全なパッケージを信頼していたからにほかならない。もしこの
ような約束の完全なパッケージがなかったら，モーリシャスはより早く且つよ
り直接的にチャゴス諸島に対する領有権を主張したであろう。また，イギリス
との二国間関係の他の分野での協力についても，これを控えていたであろう。
そのことに疑いの余地はなかったものとチャゴス仲裁は考える。そして，この
ようなモーリシャスによる主権の主張や他の分野での協力の拒否が顕在化した
のは，2009年および2010年にイギリスがモーリシャスの権利に対する懸念を
顧みることなく，MPAの追求を優先しているように（少なくともモーリシャス
の側に）映ったことを契機とするものであった[53]。

こうしてチャゴス仲裁は，モーリシャスが具体的にも一般的にも，イギリス
が提供し再確認した約束のパッケージを信頼したものと結論づけた。さらにそ
の結果として，モーリシャスが独立後の最初の数年の間主権を主張する機会を
逸失し，チャゴス諸島を最終的に返還するとの約束を条約の形で正式に締結す
るというイギリスの申し出に応じえなかったことを，モーリシャスが被った不
利益だと認定したのであった。他方でモーリシャスは，イギリスの約束を信頼
したことによって，その他の問題に関する協力を通じてイギリスに利益を付与
することにもなったのであるが[54]，チャゴス仲裁によれば，表示国（イギリス）
の側に利益が付与されることもまた，不利益的信頼を認定するのに十分なもの
であるとみなされるのである[55]。

---

(51)　*Ibid.*, para.439.
(52)　*Ibid.*, para.440.
(53)　*Ibid.*, para.442.
(54)　*Ibid.*, para.443.
(55)　*Ibid.*, para.440.

LHU は，それが最初に交わされた 1965 年以降もイギリスによって繰り返され，その都度モーリシャス側の信頼も継続した。そして，このような約束の繰り返しとそれへの信頼は，モーリシャスがチャゴス諸島の主権を積極的に主張し始めた 1980 年代以降においても，また，1991 年にモーリシャス憲法にチャゴス諸島に対する主権の主張が明記された後も変わるものではなかった[56]。かくして LHU は，それが最初に交わされた時点における法的地位とは異なるものとなったのである[57]。チャゴス仲裁は，この点に関して「寺院事件」におけるフィッツモーリス裁判官の個別意見を改めて引証し，「禁反言が最も適しているのは，正式の合意の存在には疑義が生じるかもしれないが，両当事者のその後の行動の経過が一貫してそのような合意が存在するかのようであった状況である」ことを確認するのである[58]。

② モーリシャスの信頼の正当性についての検討

チャゴス仲裁は，LHU なかんずく本件で問題となっているイギリスによる 3 つの表示（チャゴス諸島の返還，鉱物・石油の利益の帰属，漁業権の承認）[59]すべてに対してモーリシャスが実際に信頼を置いたと結論づけた。そのうえで，モーリシャスがイギリスの表示に対して信頼を置く権利があった（Mauritius was entitled to so rely）かどうか，言い換えれば，そのような信頼が正当な（legitimate）ものであったかどうかについての検討が必要であると説く。というのも，表示を信頼した結果として明白な不利益がもたらされたとしても，すべての信頼が禁反言の根拠となるわけではないからである。たとえば，拘束力のないことが明らかとなっている協定に自らが不利になるような形で信頼を置いたとしても，禁反言によってそれが拘束力を獲得することになるわけではない。同様に，明白に取消可能とされる約束を信頼した場合であっても，そのような約束が禁反言によって取消不可能なものとなるわけではない。これらの場

---

(56) *Ibid.*, paras.428, 444.

(57) *Ibid.*, para.444. この点につきアレンは，モーリシャスが提起した主張（*ibid.*, para.397）を踏まえ，「LHU は 1965 年の協定とは別個に扱えるだけでなく，それに対するモーリシャスとイギリスのその後の慣行が，国際的な法的義務の独立した淵源の存在を裏付けていた」とする。LHU は，それが組み込まれた 1965 年協定の枠を超えてそれ以降も繰り返されてきてたという経緯があることから，その法的地位は 1965 年協定に収斂しえない射程を有するに至っており，チャゴス仲裁はその部分に禁反言が適用可能になると考えたものと解されるのである。Allen, *supra* note (39), p.248.

(58) Separate Opinion of Sir Gerald Fitzmaurice, *I.C.J. Reports 1962*, p.63, as quoted in *Chagos Award*, para.444.

(59) *Ibid.*, paras.430–432, *supra* notes (32), (33) and (34).

合における信頼は，正当なものだとはみなされないからである[60]。

ところで，チャゴス仲裁は，信頼の対象となるべき表示について，それが拘束力のある一方的宣言の形式をとるべきとは考ないとしている。表示が拘束力のある一方的宣言の形式をとるべきだとすることは，禁反言と拘束力のある一方的行為に関する法理との区別をなくすことになるからである。ILC が禁反言を一方的行為に関する研究の範囲から除外したのも，両者の法的起源が異なることを明確に認識していたからにほかならない[61]。ここでチャゴス仲裁が拘束力ある一方的行為の問題を取り上げるのは，本件訴訟において両国が ICJ の「核実験事件」判決（1974 年）を参照しつつ，一ないしそれ以上の拘束力のある一方的行為の存在をめぐり議論が交わされたからであった[62]。この議論に対して，チャゴス仲裁は先述のフィッツモーリス裁判官の個別意見を引きながら，本件で争点となっている LHU は禁反言の射程内に収まるものだと考える。仮に LHU が明白な拘束力のある約束であったとするならば禁反言は関連性をもたないこととなるが，その点が不明瞭であるがゆえに，LHU の拘束力は禁反言の射程内に収まるものとみなされるのである。かくして，その本来の意図が曖昧で不明瞭な（グレー・ゾーンの余地を残す）約束であっても，それに対して置かれた信頼の観点から，禁反言はそのような約束に対して国際法上の承認を正当化する（つまりは，法的拘束力を付与する）根拠を与えることになるのである[63]。

かくしてチャゴス仲裁は，本事案の事実関係に照らして，モーリシャスが独立後一貫してイギリスによる表示を信頼する権利があったとみなすのである。かかるイギリスの表示は，法的拘束力のある約束であることを示唆する用語で，

---

(60)　*Ibid.*, para.445.

(61)　「両者すなわち拘束力のある一方的約束と禁反言の区別は，義務の形成のあり方に認められる。すなわち，約束が法律行為であり，その形成者の意思の表示から生じる義務であるのに対して，禁反言の効果は当該の意思それ自体に由来するのではなく，約束形成者の意思の表示で第三者が誠実に依拠したものに由来するのである。」V. R. Cedeño, "Seventh Report on Unilateral Acts of States," UN Doc. A/CN.4/542 at para. 17 (22 April 2004), as quoted in *Chagos Award*, para.446.

(62)　Nuclear Tests Cases（Australia *v.* France), *I.C.J. Reports 1974*, p.253；（New Zealand *v.* France), *I.C.J. Reports 1974*, p.457, as quoted in *Chagos Award*, para.446. モーリシャスは「核実験事件」判決を根拠に，イギリスはその約束において法的に拘束される意思があったと主張した。*Ibid.*, para.397. これに対してイギリスは，LHU が拘束力のある一方的な約束に該当するか否かの立証責任はモーリシャスにあるとした。*Ibid.*, para.401.

(63)　Separate Opinion of Sir Gerald Fitzmaurice, *I.C.J. Reports 1962*, p.63, as quoted in *Chagos Award*, para.446.

国家と海洋の国際法（上巻）第 1 部 国際法／ I 総論と歴史

且つ，そのように明確に理解される用語で繰り返し行われてきたからである。
チャゴス仲裁はまた，モーリシャスがイギリスの約束を取り消し可能だと考え
るべき証拠も見当たらないと判断する。他国がその約束を信頼して行動してい
ることを知りながら，イギリスは将来の行動を繰り返し約束したのであるから，
モーリシャスおよび仲裁裁判所の双方には，イギリスがそのような約束を自由
に取り消すことができるとは考えていなかったと推定する権利がある。仮にイ
ギリスが自由にその約束を取り消すことができると仮定するならば，「悪意は
推定されないという十分に確立された法の原則」に反することになるであろ
う[64]。

③ 結 論

本事案における禁反言の適用について，チャゴス仲裁は以下のように結論づ
ける。すなわち，モーリシャスは 1968 年の独立後，ランカスター・ハウスの
約束を信頼する権利があり，そのうえで実際にこれを信頼したのであるから，
イギリスはこの約束に基づき，(a)国防目的のために必要とされなくなったチャ
ゴス諸島をモーリシャスに返還すること，(b)チャゴス諸島またはその近辺で発
見された鉱物または石油の利益をモーリシャス政府のために保全すること，お
よび，(c)チャゴス諸島における漁業権を実行可能な限りモーリシャス政府が引
き続き利用できるようにすることについての法的義務を負う。かくしてチャゴ
ス仲裁は，イギリスがこれらの約束の拘束力を否定することが禁じられる（the
United Kingdom is estopped from denying...）ものと判断する。1968 年以降にこ
れらの約束が繰り返し再確認されたことに鑑みて，これらの約束がイギリスを
拘束するものと考えられるからである[65]。

V 仲裁裁判所の判断の特徴

チャゴス仲裁の禁反言への向き合い方は，PCIJ および ICJ の裁判例におい
て積み重ねられた禁反言に関する判断を丹念にトレースする作業を通じて，こ
の概念の国際判例法理上の実像を浮かび上がらせるものであったと評しう
る[66]。そして，これを国際法における禁反言のプロトタイプとみなしつつも，

---

(64) Affaire du lac Lanoux (Spain/France), Award of 16 November 1957, *R. I. A. A.*,
　　Vol.XII, p.305, as quoted in *Chagos Award*, para.447.

(65) *Ibid.*, para.448.

(66) チャゴス仲裁のアプローチは，禁反言が認められるための要件についてバウエット
　　が古典的な表現で提示したものをほぼ反映したものとなっており，オーソドックスな定
　　式化に従ったものとみなしうる。Bowett, *supra* note (46), pp.188-194, as quoted in

84

先例がなお解明しきれていない論点については，チャゴス仲裁が独自の知見を付加することで禁反言の法理をより精緻なものとしている点が注目に値するであろう。その一方で，チャゴス仲裁においてもなお十分な解明が図られなかった論点もないわけではない。前者はチャゴス仲裁の意義と評しうるものであり（以下1〜3），後者は課題として受け止めるべきもの（以下4）である。

1 将来の行動に関する約束への適用

第1に，国内法における禁反言については，現存する事実に関する表示に適用される「表示による禁反言」と，将来の行動に関する約束に適用される「約束的禁反言」とを区別して捉えるのが一般的とされるところ[67]，チャゴス仲裁によれば，国際法における禁反言はこれら両者を区別することなく，将来の行動に関する約束についてもこれを禁反言の適用対象とするものであることが明らかとされた[68]。本事案で問題となったLHUはイギリスの将来の行動に関する約束であったが，国際法において禁反言の適用が問題となりうるケースは，このように表示国の将来の行動についての担保を要求するものが潜在的には少なくないように思われる[69]。禁反言は，この担保をいわば実効ならしめる法的工夫といいうるものであり，その性質上将来を志向するものである。ゆえに，将来の約束に関する表示を禁反言の射程から排除すべき必然的な理由は認めがたいものといわなくてはならない[70]。この点は，国内法（とりわけ，コモン・ロー）における禁反言とは事情を異にするところの，国際法上の禁反言の特徴の一端[71]を示したものだということができる。

Allen, *supra*, note（39），p.244, fn.62.

(67) Brown Ch., 'Comparative and Critical Assessment of Estoppel in International Law', *University of Miami Law Review*, vol.50（1996），pp.371, 382.

(68) *Chagos Award*, para.437. なおバウエットは，これとは対照的に，禁反言は事実に関する表示に対してのみ発動されうることを強調している。Bowett, *supra* note（46），pp.189-190. この立場は，国内法のアナロジーの影響を強く受けたものと解されるが，国際法における禁反言に関する初期の学説には比較的多く見受けられたものである。

(69) 最近の学説の中にも，禁反言の適用範囲が表示国の将来の行動に関する約束を包含するように拡大されるとする見通しをもつものも見受けられる。たとえば，クロフォードが禁反言の適用を事実関係に限定する規範的根拠はないと主張しているのは，その一例である。Crawford, J., *Brownlie's Principles of Public International Law*, 8th ed.（OUP, 2012），p.421.

(70) Allen, *supra* note（39），pp.244.

(71) O'Brien, K., "Representation in the Doctrine of Estoppel in International Law", *The Irish Yearbook of International Law*, vol.3（2008），p.79.

2 信頼要件の正当性基準の定立

第2にチャゴス仲裁は，禁反言の援用国がその名宛国に対して置くところの信頼についても，それが正当なものでなくてはならないことを明らかにした。そのような正当性の基準としては，信頼の対象となるべき表示が一見して明白に拘束力を欠くものではないこと（言い換えれば，拘束力の有無につきグレー・ゾーンの余地が残されていること），および，表示が取り消し可能なものであることが明示的にも黙示的にも留保されていないこと（表示の取り消し不可能性）の2点が挙げられている[72]。表示が以上のような属性を帯びたものであることが禁反言の援用国にとって合理的に認識可能だとみなされる場合，そのような表示に対して置かれる信頼が正当たりうるのであって，そのような信頼のみが不利益的信頼の要件を充足し法的保護に値するものとなる。

このような信頼要件の正当性基準は，表示を信頼したことの結果として不利益が生じたとしても，その信頼が上記のような意味での正当性を欠いている場合には禁反言による救済の対象とはならないという意味で[73]，禁反言の援用国に対していっそう厳格なハードルを課したものだとみなしうる。この点は，了解覚書（Memorandum of Understanding: MOU）に対する禁反言の適用可能性を検討したツィマーマンによって以下の様に説明される。すなわち，MOU は元来法的義務を回避する手段として締結されたものであり，禁反言についてもその適用は排除されるとの意図を含んだものと推定される[74]べきところ，そのような意図が不明確な場合には，禁反言を媒介させることで間接的な法的効果が生じることがありうることを説くものである。但し，この種の MOU に対して正当な信頼があったことの立証責任は，禁反言の援用国が負わなくてはならないとされる[75]。

---

(72) *Chagos Award*, para.445, *supra* note（60）.
(73) *Ibid.* このことは，コルブの言葉を借りれば，「法は，すべてを信頼し，すべての言葉を信じる者を保護しない」と言い換えられる。Kolb, R., *Good Faith in International Law*（Hart, 2017），p.104.
(74) 非拘束的合意（non-binding agreements）に対する禁反言の適用に慎重さを求めるゴーティエによれば，「拘束力のない協定を締結する場合，国家は法的義務を意識的に回避しているのであり，法的効果をいかなる代償を払っても付加しようとする理由はない」とされる。Gautier, Ph., "Non-binding Agreements", *E. P. I. L.*（May 2022），para.19.
(75) Zimmermann, A., "Possible indirect legal effects of non-legally binding instruments", *CADHI Expert Workshop 'Non-Legally Binding Agreements in International Law' March, 26th 2021 Strasbourg*, pp.20-21. このことから，もし国家がある MOU の拘束力を排除したいだけでなく，同様に，そこから派生するさらなる法的影響（禁反言）も排除したいのであれば，当該の MOU の中でそれが国際法上の法的影

もっともチャゴス仲裁は，このような信頼要件の正当性基準がいかなる考慮から導かれることになるのか，その実質的根拠については言及していない。この点は，カテカ裁判官およびヴォルフルム裁判官による共同補足意見において，「禁反言が信義誠実の原則に基づいていることを想起すると，仲裁裁判所がこの問題をさらに検討しなかったことは驚くべきことである」[76]とする批判が向けられている[77]。学説上も，信頼が正当たるべきことの根拠を信義誠実に求める立場は多く見受けられる[78]。たとえばオブライエンによれば，表示国に特定の結果の誘発意図がなかったことを禁反言の援用国が合理的に認識可能であった場合における信頼は，禁反言の形成には至らないとされる。これは，チャゴス仲裁が述べた信頼要件の正当性基準の最初のものと実質的には同一とみなしうる。オブライエンは，信義誠実が禁反言の法理にとって受け入れ可能で説得力のある根拠であることを首肯しており，彼が説く信頼基準（reliance criterion）もまた，信義誠実の考慮に依拠しているのである[79]。

3 約束に対する法的拘束力の付与

チャゴス仲裁において明らかとなった以上の知見は，いわば禁反言の構成要素についての既存の捉え方を精緻化したものとみなしうるが，それらは，従前の判例法理に対する補充の域を出るものではなかったと思われる。これに対して，同仲裁の最大の特徴は，禁反言の法的効果を（恐らくははじめて）明らかにした点に求められると思われる[80]。すなわち同仲裁は，イギリスの約束が禁反言の要件枠組みに照らして捕捉可能なものであるとする解釈論を突き詰めたうえで，禁反言の名のもとに約束に対して法的拘束力を付与したのであり，こ

響を生じさせるものではないという文言を明示的に使用することが求められるであろう。*Ibid.*, p.21.

(76)　Dissenting and Concurring Opinion Judge James Kateka and Judge Rudiger Wolfrum, *R. I. A. A.*, vol. XXXI, *supra* note（1），p.604, para.89.

(77)　この点では，ICJ の「メイン湾境界画定事件」判決がすでに，禁反言が（黙認とともに）「信義誠実および衡平の基本原則に由来する」ことを確認していたことも想起されるべきであろう。Delimitation of the Maritime Boundary in the Gulf of Maine Area, *I.C.J. Reports 1984*, p.305, para.130.

(78)　主要な学説については，Zimmermann, *supra* note（75），p.18, fn.95 に引用の文献を参照。

(79)　O'Brien, *supra* note（71），pp.74-75.

(80)　Guillaume Futhazar and Anne Peters, "Good Faith", in Jorge E. Vinuales (ed.), *The UN Friendly Relations Declaration at 50: An Assessment of the Fundamental Principles of International law*, (CUP, 2020), p.203; Müller and Cottier, *supra* note（4），para.6.

の法理にある種の規範創設的な側面がありうることを提示したことが注目されるのである[81]。その意味で，禁反言の法的効果を導いたチャゴス仲裁の推論には，従来の先例を超える意義が認められるのである[82]。

4　法の一般原則としての地位

チャゴス仲裁における禁反言をめぐる判断には課題がみられないわけではない。その最たるものは，同仲裁が禁反言を法の一般原則だと宣言した一節[83]をどのように読み解くのかという点である。チャゴス仲裁は，禁反言が法の一般原則であることの妥当性については沈黙を維持したままであり，この一節は，禁反言の法的性質を法の一般原則だと規定することについてなんら参考に資する所見を提示するものではなかったといわなくてはならない。たしかに，学説上は従来から，禁反言の性質を法の一般原則で読み解く立場は多数みられるのであって，チャゴス仲裁はいわばこれを裏付けた格好となっている。

その一方で，一方当事者によって繰り返された行動（表示）と，それに対する正当な信頼の継続の帰結として形成された禁反言の規範が，条約とも慣習国際法とも異なる独自の法形成プロセスを通じて導かれると解する余地があるとするならば[84]，このような規範形成のあり方は法の一般原則の本旨に鑑みてそれとは異質のものであるように思われる。むしろ，チャゴス仲裁が禁反言を法の一般原則だと宣明したことは，この法理を既存の法源論の枠組みに取り込みえない独自性をもつものとして位置づける上記のような法源論的視座にとっては，厄介な障壁となるであろう。チャゴス仲裁が禁反言と法の一般原則との関係ついてなんら深い検討を行っていないこととあわせて考えるならば，同仲裁のこの言明はいささか不用意ではなかったかと思われる。そのため，禁反言が国際裁判所の判例法理においてどの程度独立した義務の淵源をなしているのかという点をめぐっては，同仲裁はいまだ十分に評価されるには至っていないこ

---

(81)　禁反言の適用が本件の事実関係において十分に正当化されたものであることは明らかであり，この点でチャゴス仲裁は，このような国際法の実体的原則（substantive principle of international law）の緩やかな発展に重要な貢献をなしたとみなしうる。Allen, *supra* note（39），p.260.

(82)　櫻井・前掲注(2)24頁。

(83)　*Chagos Award*, para.435, *supra* note（41）.

(84)　若狭彰室は，「禁反言法理が，条約法とも慣習法とも異なる，独自の国際法形成過程＝法源である」とする法源論的理解を提示する。同「国際法における禁反言法理の正当化原理」『世界法年報』39号（2020年）138頁。

とが指摘されるのである[85]。

Ⅵ　おわりに

　本稿では，チャゴス仲裁が禁反言を適用するにあたり構築した法的推論を明らかにし，その特徴を既存の禁反言理論に照らして考察することを試みた。本論においてみたとおり，同仲裁は禁反言をめぐる従前の裁判例にはみられなかった新たな側面に光をあてることによって，国際法におけるこの法理をさらに精緻化し深化させたということができる。この意味で同仲裁は，「国際法における禁反言の分野における重要な発展を象徴するような事例」[86]であったと評することができるであろう。

　もっとも，そのような精緻化は，同時にこの法理の適用のハードルを引き上げるものとなっていることにも注意を要する。信頼要件における正当性基準は，要するに，表示を信頼したことについて禁反言の援用国の側に重大な過失や悪意があってはならないという意味での正当性を求めるものであり[87]，これは信頼要件を厳格化したものと捉えることができる。さらに，このような信頼要件の充足が認められたとしても，禁反言の適用を決するうえで最終的に立ちはだかるのは，正当な信頼が置かれたことの結果として生じることとなる不利益（ないし利益）の存在証明である。たとえばキュリックは，禁反言の適用に不可欠とされる不利益を証明することは，単に矛盾した行動そのものを証明することよりもはるかに困難であり，この要件を不可欠とみなす限り禁反言が成立をみることはほとんどないとまで述べている[88]。このように考えるならば，禁反言の適用を可能ならしめる要件事実がすべからく出揃うような紛争事案が今後果たして現実に存在することになるのかどうか，疑問の余地なしとはしないであろう。

　ICJ の方では，従来から禁反言の主張が成功することは稀であるといわれてきた[89]。チャゴス仲裁はそれ自体を例外として，禁反言が国際裁判において適

---

(85)　Allen, *supra* note（39），p.260.

(86)　Nelson, T. G., "The Chagos Arbitration: An Education in Estoppel"（November 14 2023）available at https://www.jdsupra.com/legalnews/the-chagos-arbitration-an-education-in-6068347/（visited on January 31 2025）.

(87)　Kolb, *supra* note（73），p.105.

(88)　Kulick, A., "Estoppel im Völkerrecht: Antworten auf drei dogmatische Fragen", *Archiv des Völkerrechts*, vol.52（4）（2014），S.533.

(89)　「ICJ において禁反言の用語がもっとも一貫して用いられているのは，禁反言が生じないと判断された事案である。」Holvic, N., "Silence is Consent: Acquiescence and

用されることが実際には非常に困難な法理であることを図らずも明らかにしたように思われる[90]。この点は，本仲裁が提示した最大の課題だといえるかもしれない。

Estoppel in International Law" (2018), p.14 available at https://www.diva-portal.org/smash/get/diva2:1199344/FULLTEXT01.pdf; *see* also Allen, *supra*, note (39), p.255.
(90) *Ibid.*

5 リヴァイアサンの意義と挫折
——カール・シュミットのホッブズ論

西 平 等

I はじめに　　　　　　　　　　Ⅲ リヴァイアサンの意義と挫折
Ⅱ ルネ・カピタンのホッブズ解　Ⅳ 結びにかえて
　釈

I はじめに

　カール・シュミットがそのホッブズに関する研究『トマス・ホッブズの国家論におけるリヴァイアサン：政治的シンボルの意義と挫折』[1]を公表したのは1938 年のことである。国民社会主義（ナチ）政権下で出版されたこの書籍には，思想史研究の枠組みの中とはいえ，かなり露骨に反ユダヤ主義的な議論が含まれており，その取扱いには注意が必要とされる。にもかかわらず，あえてここでこの著作について論じるのは，シュミットの国際法論の発展を理解するうえで，彼のホッブズ論を無視することができないからである。

　シュミットは，ホッブズ研究を著したのと同じ時期に，その国際法論に関する最重要文献を公表している。1938 年には，戦争概念を軸に近代国際法の解体を論じた『差別的戦争概念への転換』[2]が出版された。翌年には，シュミットは，解体した主権国家体制に代わるべき国際秩序としてのグロースラウム秩序を提唱している[3]。そして，のちの『大地のノモス』において展開される壮

---

(1) Carl Schmitt, *Der Leviathan in der Staatslehre des Thomas Hobbes: Sinn und Fehlschlag eines politischen Symbols*, 3.Auflage, Klett-Cotta, 2003.

(2) Carl Schmitt, "Die Wendung zum diskriminierenden Kriegsbegriff", Carl Schmitt, herausgegeben von Günter Maschke, *Staat, Großraum, Nomos: Arbeiten aus den Jahren 1916-1969*, Duncker & Humblot, 1995, pp.518-597.

(3) Carl Schmitt, "Völkerrechtliche Großraumordnung mit Interventionsverbot für raumfremde Mächte: Eine Beitrag zum Reichsbegriff im Völkerrecht", Carl Schmitt, herausgegeben von Günter Maschke, *Staat, Großraum, Nomos: Arbeiten aus den Jahren 1916-1969*, Duncker & Humblot, 1995, pp.269-371.

『国家と海洋の国際法　柳井俊二先生米寿記念（上巻）』〔信山社，2025 年 2 月〕

大な国際法史論の原型ともいえる『陸と海』[4]が出版されたのは，1942年のことである。

　同時期に行われた国際法研究とホッブズ研究には，内容的な関連がある。主権国家間の法として構成される近代国際法の危機とは，主権国家それ自体の危機を意味する。そして，シュミットにとって，絶対主義として形成された大陸ヨーロッパの主権国家とは，ホッブズの国家概念を体現したものにほかならない。つまり，近代国際法の意義と挫折は，リヴァイアサンの意義と挫折と一体である。また，シュミットは，大陸において成立した主権国家を，海洋帝国としてのイギリスと対照させており，これを基軸として「陸と海」という歴史把握を発展させてゆく。この陸と海の対抗を語る際に，シュミットは，海の巨獣リヴァイアサンと陸の巨獣ビヒモスの対決という旧約聖書に由来する（ユダヤ教神秘主義的な）神話的イメージを用いる[5]のだが，これは，もちろんホッブズの用いた政治的シンボルによって喚起されたものである。「戦争概念転換」から「大地のノモス」に至るまで，シュミットの国際法論は，そのホッブズ論と不可分といえる。

II　ルネ・カピタンのホッブズ解釈

　シュミットのホッブズ論は，1930年代のフランスで交わされた論争を下敷きにしている。この論争は，当時のヨーロッパで隆盛を迎えていた全体主義体制とホッブズの国家論との関連を主題としていた。人格の霊性を重んじるカトリックの哲学者ヴィアラトゥは，1935年に公刊された著作に[6]おいて，物質的な人間の自然本性に基づくホッブズの国家論を批判し，それが当時のドイツやイタリア，ロシア（ソヴィエト連邦）における全体主義の基礎となっているという議論を展開した[7]。それに対し，法学者であるルネ・カピタンが，ホッブズ国家論の合理主義・個人主義・自由主義的な特徴を指摘し，神話的な言説に依拠することで絶対的な共同性への献身を人々に求める全体主義との決定的

---

(4)　Carl Schmitt, *Land und Meer: Eine weltgeschichtliche Betrachtung*, 6.Auflage, Krett-Cotta, 2008.

(5)　*Ibid.*, pp.16-17.

(6)　Joseph Vialatoux, *La cité de Hobbes: Théorie de l'état totalitaire. Essai sur la conception naturaliste de la civilization*, Librairie Lecoffre/Chronique sociale de France, 1935.

(7)　Luc Foisneau, "Authoritarian state vs totalitarian state: Leviathan in an early twentieth-century French debate", *Rechtsphilosophische Hefte*, Vol.11 (2005), pp.78-84.

な相違を強調したのである[8]。シュミットのホッブズ論には，このカピタンの議論からの影響が見てとれるゆえに，まずはカピタンの論文の内容を簡単に説明しよう。

　カピタンは，ホッブズの国家論が絶対主義的な性格を持ち，ロックやモンテスキューの唱えたような自由主義的な権力制限の装置を含まない点においては「全体主義」的であることを認める[9]。

　まず，ホッブズにおいては，国家に対抗可能な個人の基本権が認められていない。

　　　ロックにとっては，社会契約は，個人の権利の部分的な国家への委譲を実現するものであり，したがって，個人は基本的自由を保持し続け，それを国家に対して対抗することができる。ロックとは異なり，ホッブズの教えによれば，社会契約は全面的な譲渡となり，国家に対する絶対的な服従を個人に課す[10]。

　このような基本権の否定は，ホッブズの国家構成から論理的に導かれるものといえる。ホッブズの自然状態においては，各人が自己の権利の内容を自ら判断し，その実現に必要な手段に各々が訴えることによって，万人の万人に対する戦争が生じた。そのような状態から脱するために，社会契約によって，各人の権利に関する判断権限を主権者に全面的に委ねたのであるから，国家状態においてはもはや主権者に対抗しうる権利は残されていない。自らの判断によって主権者に対抗しうるような権利がわずかでも個人に残されているとすれば，それは，ホッブズにとって，国家未生の自然状態（内戦）を呼び起こすものでしかない。言い換えれば，法や正義についてその良心に基づいて判断する権限を個人が放棄することが平和の条件である。ホッブズはその『法の原理』の中で次のように言う。「これほどまでに〔各人の〕良心が互いに異なっているところで，もし，自己の良心にしたがうというこの自由がすべての人に許されたとすれば，人々はたとえ一時間たりとも一緒に平和に暮らそうとはしないであろう」[11]。

　また，権力の分立やその相互抑制もホッブズの国家論とは無縁である。「ホッ

---

(8)　René Capitant, "Hobbes et l'Etat totalitaire: A propos d'un livre récent", *Archives de philosophie du droit et de sociologie juridique*, 1936, No.1-2, pp.46-75.

(9)　*Ibid.*, p.49.

(10)　*Ibid.*

(11)　Thomas Hobbes, edited by Ferdinand Tönnies, *The Elements of Law: Natural and Politic*, second edition, Frank Cass & Co. 1969, part 2, chapter 5, p.138; トマス・ホッブズ［高野清弘訳］『法の原理』（筑摩書房，2019 年）第 2 部 5 章 2 節，279 頁。

国家と海洋の国際法（上巻）第1部 国際法／I 総論と歴史

ブズの主権者はすべての権力を自らに集中している」[12]。いちいち引用することは避けるが，カピタンは，ホッブズの『法の原理』第2部1章16節や『市民論（De cive）』第6章の叙述に依りつつ，ホッブズが，主権者を，立法権・執行権・裁判権を握る単一の権力とみなしていることを示す。このような権力の集中は，自然状態の克服というホッブズの秩序構想の中核に関わると考えるべきだろう。各人が自ら有していると信じる権利を，他者の生命・身体を犠牲にしてでも実現するという自然状態・内戦状態を前提として考察を進めるホッブズには，独立の諸権力が穏やかな相互抑制によって安定的な均衡を保つとは考えられない。立法権力・司法権力・執行権力を分立させることで支配と服従を緩和することができるとすれば，それはこの3つの権力が相互に不一致をきたす場合でしかない。ところが，ホッブズにとって，「この不一致はまさに戦争である」。これはもちろん，「私的な剣が再びものをいう戦争」すなわち内戦を意味している[13]。

　国家の支配権力を制約し，個人の自由を保護するための基本権や権力分立という装置を否定するホッブズの絶対主義的国家思想は，極端に国家主義的な20世紀の全体主義思想と共鳴しているように見える。しかし，そうではないとカピタンは言う。第1に，ホッブズの国家論は，全体主義とは異なり，極めて個人主義的に構成されている。全体主義思想にとっては，民族や国家，階級などの集団が第1次的なものとして存在し，個人は，その集団への帰属や寄与によってその地位と価値を得る。

　　　国民社会主義の主要公理は，人民（peuple）のうちに，国民（nation）のうちに，民族（Volk）のうちに，真に有機的な現実を見出すことにある。孤立した個人というものは存在しない。そのようなものは，あらゆる生とあらゆる現実を奪い取られた抽象物でしかない。個人は，人種や人民という優越的かつ永続的現実と一体化する限りにおいてのみ，力と不死を獲得する[14]。

　それとは対照的に，ホッブズにおいて，国家とは，個人が，自己の生存という個別的な利益のために，社会契約を通じて作り出したものにほかならない。国家が作り出される前には，秩序を保ちうる社会集団は存在しない。すなわち，明白に，個人が集団に先行する現実とみなされている。

---

(12)　Capitant, *supra* n.8, p.51.
(13)　Hobbes, *supra* n.11, part 2, chapter 1, p.115; 邦訳第2部1章16節，232頁。
(14)　Capitant, *supra* n.8, p.52.

5 リヴァイアサンの意義と挫折 〔西　平等〕

　　国家は自然的な現実ではなく，法的な現実に過ぎないことをホッブズは力を
　込めて強調した。社会契約より前には，すなわち自然状態においては，人々の
　集まりは，「群衆（multitude）」でしかない。群衆は，何らの統一的性質を持た
　ず，それを構成する数だけの個人に解消される[15]。

　　国家の権力は自然的な力ではなく，主権者のためにその力を差し出すように
　諸個人を義務づける契約よりほかに，その源泉を持たない[16]。

　このような極めて個人主義的な秩序構想が，有機体としての集団を基礎とする
全体主義の国家論と明白に異なるというのは，カピタンの言う通りであろう。
　第2に，ホッブズの国家論はきわめて合理主義的に構成されている。誰もが
認める自明の命題から論理的に結論を導き出すという合理主義的な方法をホッ
ブズは自覚的に採用する。「世界に関する普遍的物理学の創始者であるところ
の，この自然主義哲学者ほど，合理主義的という形容に十全に値する著述家は，
おそらくほとんどいないだろう」[17]。とくにカピタンが強調するのは，ホッブ
ズが，個人の合理的な思考に国家を根拠づけている点である。各々が自らの判
断において自らが信じる善を実現しようとする自然状態においては，実は自ら
の安全が確保されないことを見抜く個々人の理性が，社会契約による自然状態
からの離脱をもたらし，国家を成立せしめる。すなわち，国家は，社会的動物
としての人間の自然的性質や本能ではなく，自らの安全の確保を冷静に判断し
うる人間の理性に根拠を持つ[18]。このような合理的な個人の思考に基礎づけら
れたホッブズの国家論とは対極的に，個人を集団に埋没させる全体主義的国家
論は，合理的な思考を離れ，非合理的な神話と信仰に依拠する。

　　……人が社会的存在であり，集団的有機体の細胞であるなら，人の真の性質は，
　必然的にその精神よりもむしろ身体に存することになる。なぜなら，血のつな
　がりを通じて個人をその人種に結びつけるのは，遺伝だからである。また，人
　のなかで，その人民の集団的な魂を作動させることができるのは，魂の衝動で
　あり，本能の持つあいまいな力であり，信仰や非合理なものの呼びかけなので
　ある[19]。

　このように，個人として存在する人間の理性的判断に根拠を持つホッブズの
国家論は，非合理的な衝動と神話によって作動させられる集団意識に基礎を持

---

(15)　*Ibid.*, p.53.
(16)　*Ibid.*, pp.53-54.
(17)　*Ibid.*, p.54.
(18)　*Ibid.*, pp.55-56.
(19)　*Ibid.*, p.54.

国家と海洋の国際法（上巻）第1部 国際法／Ⅰ 総論と歴史

つ全体主義的な国家論とは，相容れることのない思想と考えられる。

第3に，個人の利益の保護に根拠を持つホッブズの国家論は，自由主義的な諸制度を根拠づける。カピタンは，「主権的権力を行使する人々の諸義務」と題されたホッブズ『市民論』第13章を主に援用しつつ，そのことを論じている。ホッブズにおいて，主権者自身が定める国家法上の義務によって主権者が制約されることはないが，それでもなお自然法上の諸義務が主権者に課されている。その諸義務の根源として「人民の安寧こそが最高の法でなればならない」という命題をホッブズは挙げる（13章2節）。ここでいう「人民」とは，統一的に把握された集団ではなく，多数の個々人の集まりとしての「群衆」である（13章3節）。国家は諸個人の安寧のために設立されたのであるから，集団的存在としての国家の繁栄や安全ではなく，国家を構成する諸個人の繁栄と安全こそが国家運営上の根本原理となる[20]。また，防衛は主権者の重要な任務だが，復讐心や野心によって無用な戦争を引き起こすことは，人民の安全を危険にさらすゆえに，主権者の義務に反する[21]。さらに，主権者は，市民と国家の利益が要請するよりも多くの法律を作ってはならない。無用に人々の自由を制約することは，その利益に反する。法律とは，人々の行動を妨げるためではなく，ただ導くために考案されたのである（13章15節）[22]。加えて，ホッブズによれば，罪刑法定主義の要請も主権者に課されている。法に規定されない恣意的な処罰は，意味もなく過剰な恐怖に市民を陥れる。犯罪に対する処罰を定め，人々が犯罪による利益と処罰による不利益を衡量して犯罪を思いとどまるように仕向けるのが，刑罰の役割である（13章16節）[23]。

カピタンは，合理主義的・自由主義的ではあるが国家中心主義的なホッブズの政治思想を，現代の法実証主義と関連づける。いささか長くなるが，シュミットのホッブズ論との関係で重要な意味を持つので，カピタンの言葉をそのまま引用しよう。

　　［ホッブズの政治的絶対主義は］実際のところ，私たちが今日，法実証主義という名で呼んでいる教説に非常によく似ている。おそらく，事実として，法実証主義は，多かれ少なかれ自覚的な（しかし現実的な）つながりをもって，このイングランドの哲学者の思想から生じたのであろう。いずれにせよ，このよ

---

(20)　*Ibid.,* pp.57-58.
(21)　*Ibid.,* p.59. この点については，『市民論』第13章ではなく，『法の原理』第2部9章9節が援用されている。
(22)　*Ibid.,* pp.59-60.
(23)　*Ibid.,* p.60.

うな比較により，『リヴァイアサン』の真の影響力を理解することができるようになる。ホッブズの議論は，実際，実定法と自然法の根本的な分離に基づいている。彼にとって，自然法とは道徳にほかならず，ただ良心の法廷の前のみで義務を課すものにすぎない。自然法は，その解釈が各人に委ねられ，制裁を伴わないゆえに，社会における秩序を支配し，市民の安全を保障するためには無力である。したがって，市民は，自然法が自らにとって危険をもたらすかもしれない以上，自然法の規律に自らの振る舞いを適合させる義務を負うわけではない。集団的な強制力に支えられた主権者の命令だけが，実定法を構成する。それゆえ，国家はそのような命令権力として定義され，社会契約は主権者の任命として要約される。このような定義から，ホッブズの絶対主義が生じる。主権者は，あらゆる実定法の源泉なのだから，どうやって主権者が実定法によって縛られ得るだろうか[24]。

このカピタンの解釈によれば，ホッブズは，人々の内面的な良心に委ねられた道徳（自然法）の領域と，人々の外的な振る舞いを規制する実定法の領域を峻別し，後者を，強制力を具えた国家の命令権に全面的に委ねた。すなわち，道徳と良心の支配する私的な領域に踏み込むことなく，しかしながら，秩序維持の観点から外的な行為を規制するための法律を制定・運用する独占的な権能を持つ主権国家という，自由主義的に編成された近代国家の基本的構成が，その法律学的な基礎である法実証主義とともに，ホッブズにおいて立ち現れるというのである。

内的良心と国家の関わりという問題が先鋭に表れるのは，信仰の領域である。ホッブズは，国家への不服従を説くような信仰を禁止することや，教会を国家に従属させることを含む強力な干渉権力を主権者に認めている。このような内心に対する強い統制ともみえるホッブズの議論に関し，カピタンは，それが，信仰や教義そのものの「正しさ」ではなく，あくまでも外的な秩序と安全を維持するという観点から根拠づけられていることを強調する。

　　［ホッブズ］のいう国家は，現代の独裁と異なり，特定のイデオロギーにはまったく依拠せず，そのイデオロギーへの信仰を国民に課すことを任務としていない。それは，［第1次］大戦前のドイツの法律家の表現を借りるなら，なによりもポリツァイ（警察）国家であり，公的な秩序を持続させることを任務としている[25]。

信仰上の争いが国家秩序を破壊するような戦争状態を引き起こす現実的な可

---

(24)　*Ibid.*, pp.60-61.

(25)　*Ibid.*, p.63.

国家と海洋の国際法（上巻）第1部 国際法／I 総論と歴史

能性があり，人々が，現行政府に敵対的な宗教的権威に依拠して，ときに外部勢力の支援を得つつ，抵抗と反乱に訴えてきた歴史があるゆえに，内戦を抑止して人々の安全を確保することを至上命題とするホッブズの立場からは，主権者による強い宗教への統制が主張される。例えば，主権者は，平和の維持にとって不利だと判断される宗教上の教説を禁止してよい（『市民論』第6章11節）。また，個々人が各々の聖書解釈に基づいて主権者への服従の是非を判断することや，人々が聖書の解釈について国外の権威に依拠することは，いずれも平和の破壊を意味するゆえに，聖書を解釈し，信仰に関わる論争に決着を付ける権威は主権者に属しなければならない（同第17章27節）。すなわち，このような宗教への統制は，人々の安全を確保するために正義と法についての判断権限を独占する統一権力を樹立する，という社会契約の目的から論理的に導出されるのであって，なんらかの真理や信仰を人々に広めることを目的とはしていない[26]。

　　［ホッブズの思想は］宗教国家へと導くのではなく，公的な秩序の名の下での，国家による宗教の統制へと導くのである[27]。

　ホッブズの国家論が，実証主義的な法概念を根拠づけ，自由主義的に編成された近代国家の基礎となっていくというカピタンの理解を，シュミットは受け入れている。ところが，シュミットは，まさにこの点に，リヴァイアサンを内部から掘り崩す要素を見出すことで，ホッブズに近代国家秩序の根源を求めるカピタンの足元をすくう。

III　リヴァイアサンの意義と挫折

1　リヴァイアサンという神話

　前節でみたように，カピタンは，ホッブズの国家論の個人主義・合理主義・自由主義的な性格を際立たせ，神話的な観念に依拠する全体主義との相違を強調する。しかし，そのカピタンが，ただ1カ所だけ，ホッブズが導入した神話の意義について言及しているところがある。それは「リヴァイアサン」に関わる。ホッブズが政治論の中に導き入れたこの神話的な巨獣の名称は，人々をのみ込んで集団的目的のために従属させる有機的実体という全体主義の国家像に，このうえなく適合するという。

---

(26)　*Ibid.*, pp.63-68.
(27)　*Ibid.*, p.64.

5 リヴァイアサンの意義と挫折 〔西　平等〕

　　ホッブズは，この伝説的な怪物の名称と神話を政治的な言語の中に導入する
　ことによって，たしかに，この奇妙な教説［全体主義のこと］に貢献した。こ
　の名称は，ともかくも，この教説を表現するのにこのうえなく適切なイメージ
　を私たちにもたらす。しかし，実際のところ，ホッブズは，そのような現実性
　をリヴァイアサンに与えているわけでは決してない。リヴァイアサンとは，彼
　にとっては，（中略）「人が作った動物（animal artificiel）」でしかない[28]。

　ここでカピタンが指摘しているのは，「リヴァイアサン」という書物の表題
が呼び起こす神話的な力を持つ魔物のイメージと，その書物の合理主義的な叙
述との不整合である。シュミットは，カピタンが軽く言及したこの不整合を徹
底的に検討してゆくことを通じて，リヴァイアサンの挫折，すなわち近代主権
国家とその国際法の挫折という問題を分析する。

　ホッブズは，リヴァイアサンという非常に力強い政治的シンボルを国家論の
中に導入した。リヴァイアサンとは，地上において比類なき力を持つものとし
て旧約聖書が描き出す海の巨獣である（ヨブ記 40 章・41 章）。そのシンボルが
与えたインパクトは絶大であり，「単に頭で考えただけのあらゆる理論や構成
の枠組みをも吹き飛ばす」ほどだとシュミットは言う[29]。

　ホッブズが採用したリヴァイアサンというシンボルは，ヨーロッパの伝統に
おいてどのような神話的な意味を持っていたのか。この点について，詳しく紹
介する紙幅の余地はないが，中世キリスト教においてリヴァイアサンが神に
よって捕らえられる悪魔を表現していたこと[30]。ユダヤ教のカバラ神秘主義に
おいては，リヴァイアサンは，ビヒモスとともに，相争う異教徒の諸民族を意
味したこと[31]，リヴァイアサンの具体的形象としてしばしば用いられていた蛇
や竜が，ケルト人やゲルマン人，ローマの人々の下では，保護神のシンボルで
あったことなどをシュミットは挙げ，その神話的な意味の豊かさを強調する[32]。

　とはいえ，ホッブズ自身が，その著書の中で，リヴァイアサンにまつわるこ
れらの神話的イメージに明示的に言及しているわけではない。たしかにホッブ
ズは，その『リヴァイアサン』初版の口絵において，平和な都市を見下ろす，
多数の人々から構成された巨人という強烈な印象を残すイメージを採用してい

---

(28)　*Ibid.*, pp.52-53.
(29)　Schmitt, *supra* n.1, p.9.
(30)　*Ibid.*, pp.15-16.
(31)　*Ibid.*, pp.17-18.
(32)　*Ibid.*, pp.18-19.

る[33]。「地上に彼に比肩しうる権力なし」（ヨブ記 41 章 24 節）という聖句の下に立つこの巨人は，右手に剣を，左手に司教杖を持ち，それぞれの下には，世俗権力の用いる 5 つの支配・闘争手段（城塞，王冠，大砲，銃・槍・軍旗，戦場）と，それに対応して，宗教権力の用いる 5 つの支配・闘争手段（礼拝堂，司教冠，破門，区別・三段論法・両刀論法，公会議）が図像として示される[34]。すなわち，聖俗の権力を統一することで内戦を克服し，平和をもたらす巨人リヴァイアサンの姿を，ホッブズの著作は神話的な力を持って表現している。しかし，これは，巨人であって，海獣リヴァイアサンではない。

　ホッブズは，その著作の中で，リヴァイアサンをどのように表現しているのだろうか。シュミットによれば，『リヴァイアサン』において，この海獣の名に言及されている箇所はわずかに 3 つである（序説，17 章，28 章）。そのいずれも，彼の論理的な体系の中では付随的で，さして重要性を持たない議論のようにみえる。しかし，シュミットは，このわずかな記述から，ホッブズにおけるリヴァイアサンの神話的な姿を構成してみせる。すなわち，巨大な獣であると同時に巨大な人であり，かつ，可死的な神（Mortall God）とも，あるいは，人工的に作られた機械とも性格づけられるような，神話的存在である。半獣神は神話的存在として馴染み深いものだが，ホッブズのリヴァイアサンは，それにとどまらず，「神・人・獣・機械という神話的な全体性（Totaltät）」を有するという[35]。

　このリヴァイアサンが，「地上に彼に比肩しうる権力なし」というヨブ記の聖句と結び付けられる。それは，『リヴァイアサン』（1651 年出版）の書かれた状況においては，聖俗の権利や権威に依拠して内戦を引き起こす諸勢力を抑え込むだけの，全体的権力を一手に握る主権者を表現するイメージであり，また，それだけのものでしかない。

> 　17 世紀の政治状況において，すなわち，貴族諸身分と教会に対する絶対的国家権力の戦いにおいて，リヴァイアサンは，かかる［ホッブズ］自身の説明によれば，最高・不可分・最強の地上権力のイメージでしかなく，そのために，聖書が最強とみなす獣についての聖句が引用されたのである[36]。

---

(33)　この絵は，岩波文庫版にも採録されている（ホッブズ［水田洋訳］『リヴァイアサン 1』第 49 刷（岩波書店，2021 年）4 頁）。

(34)　Schmitt, *supra* n.1, pp.25-26.

(35)　*Ibid.*, pp.29-31.

(36)　*Ibid.*, p.32.

5 リヴァイアサンの意義と挫折 〔西 平等〕

たしかに，ホッブズは，神＝人＝獣＝機械としての神話的存在としてのリヴァイアサンを呼び起こしている。しかし，シュミットからすれば，リヴァイアサンが本来持つ豊饒な神話的イメージを十分に活かしてはいない。

2 『リヴァイアサン』における国家

シュミットによれば，『リヴァイアサン』においては三つの異なった「相互に調和していない」国家像が併存している。すなわち，①上に述べた神＝人＝獣＝機械としての神話的リヴァイアサン，②社会契約に基づく法的な構成物，③多数の人間を構成要素とする人工物＝機械としての国家である[37]。

ホッブズ国家論についての一般的な理解は，主権者を設定する社会契約による国家形成を中心とするものであろう。しかし，個人と個人の間の契約によって，本来個人が持っている権能を圧倒的に超える権力を持った主権者を創出する，という構成には無理があるとシュミットは言う。

> すべての人がすべての人と同意に至るというのだが，これは，単なる無政府的な社会契約であって，国家契約ではない。かかる社会契約をはるかにこえて生成するもの，すなわち，平和の唯一の保証者としての，国家を体現する主権的人格［die souverän-repräsentative Person］は，そのような同意によってではなく，それを契機として実現するのである。国家を体現する主権的人格は，［契約に］参加したすべての個別意思を合わせた力が生み出しうるよりも，けた外れに大きい。しかしながら，その生命の不安に震える諸個人の積み重なった不安が，新しい力であるリヴァイアサンを舞台に呼び出す。とはいえ，人々は，その新しい神を，自ら生み出したというより，呼び起こしたのである[38]。（下線は引用者による。）

各人が自己の信じる正義と権利を自らの力によって実現しようとする自然状態においては，各人の安全が確保されることはなく，その不安におびえる人々は，相互の合意によって，自らの正義を実現する権利を放棄する。その際，人々は，その権利放棄によって生じるはずの平和状態を保証する者，すなわち，法と正義に関する決定と実現を独占する超越的な存在を呼び起こす（契約それ自体によって作り出すのではない）。そこで呼び起こされるものこそが，神話的存在としてのリヴァイアサン，そして，統治する人工物＝機械という国家観念である。シュミットはとくに後者の重要性を強調する（「これが，私には彼の国

---

(37) *Ibid.*, pp.48-49.
(38) *Ibid.*, p.52.

101

国家と海洋の国際法（上巻）第1部 国際法／Ⅰ 総論と歴史

家構成の核心であるようにみえる」[39]）。

　『リヴァイアサン』序説を読めば，ホッブズ自身が，素材と制作者のいずれもが人間であるような機械仕掛けの人間，つまり人間が人間から作った「人工的人間」という国家観念を重視していることが分かる。シュミットは，これを，デカルトの人間機械論を国家論に移入したものとみなし，技術に重心を置く世界発展への「決定的な一歩」として性格づけている[40]。1937年の論文「ホッブズとデカルトにおけるメカニズムとしての国家」[41]では人間機械論の移入という観点からホッブズを論じており，そのことからも，シュミットのそもそもの関心がここにあることが分かる。他方，神話的国家観念との関係では，17世紀には，「機械」という概念は必ずしも芸術作品や（生命を持つ）有機体と区別されていたわけではなく，今日の「機械」とは異なった概念であったことをシュミットは指摘している。ホッブズにとって，「機械」は「神話」と両立しうる観念だったというのである[42]。いずれにせよ，この「機械としての国家」という観念が，18世紀以降の合理主義的な精神の下で，より技術を重視する方向へと発展し，自由主義的に編成された法治国家を生み出してゆくという物語をシュミットは描き出す。カピタンが指摘した合理主義者ホッブズの特徴は，この機械的国家観念の中に組み込まれる。

　ホッブズの国家構築論についてのシュミットの解釈の大枠は，それほど特異なものではない。ただ，おそらくカピタンの理解を採用して，それをポリツァイ概念と結び付けているのは印象的である。

　　　ホッブズの国家構築の出発点は自然状態における不安であり，目的と終着点は市民的な（zivil）国家状態における安全である。自然状態においては，誰もが誰をも殺すことができる。つまり「誰もがこのような最大のことをなしうる」。この脅迫の前にはすべての人が平等である。（中略）誰もが誰をも殺すことができるということを，誰もが知っている。したがって，誰もが，あらゆる他者に対して敵であり競争相手である。これが，よく知られた万人の万人に対する戦争を意味する。「市民的な」状態，つまり国家状態においては，すべての国家市民はその身体的存在に関して安全である。ここでは平穏と安全，秩序が支配する。これは，よく知られている通り，ポリツァイの定義である。近代国家と近代的

---

(39)　*Ibid.*, p.48.

(40)　*Ibid.*, p.59.

(41)　Carl Schmitt, "Der Staat als Mechanismus bei Hobbes und Decartes", Carl Schmitt, herausgegeben von Günter Maschke, *Staat, Großraum, Nomos: Arbeiten aus den Jahren 1916-1969*, Duncker & Humblot, 1995, pp.139-151.

(42)　Schmitt, *supra* n.1, p.62.

5 リヴァイアサンの意義と挫折 〔西　平等〕

なポリツァイは手を取り合って成立するのであって，このような安全を保障する国家にとって最も本質的な制度がポリツァイなのである[43]。

　このような国家構築において，決定的に重要なことは，国家秩序が人間の作ったものだということである。自然状態において存在の不安に怯える個人が，その恐怖の中で理性を働かせて社会契約を取り結び，安全を確保するために，国家権力への全面的な服従に同意する。その権力は，すでにある神の平和や神の正義の理念を地上において実施する権限を与えられたのではなく，自ら平和を作り出し，自ら正義について決定を下す。国家は，人間が作り出した全能の統治メカニズムである[44]。

　　国家権力は全能であるがゆえに，神のごとき特徴を持つ。しかし，その全能性は，神に由来するものとは全く異なる。それは人間の作品であり，人間が引き受けた「契約」を通じて，出現するのである[45]。

　こうして成立する人工的なメカニズム＝機械としての国家が中立性を持つということをシュミットは強調するのだが，その意味を理解するためには，彼の自然状態や国家に関する考え方を確認しておく必要がある。シュミットの理解によれば，ホッブズの国家論における自然状態とは，国家の意義を理論的に考察してみるための仮想的な状況設定ではなく，現実の恐怖としてホッブズ自身に体験された歴史的事実である。「このイングランド人は，その国家構築論上の『自然状態』を，すなわち内戦を，自らの経験から見知っていた」[46]。現実に生じた 17 世紀の内戦＝自然状態から離脱しうるような秩序を構成することがホッブズの課題であった。諸勢力がそれぞれの正義や信仰を掲げて泥沼の内戦に陥っている状態では，その正義と信仰の内容とは別のところに権力の根拠が求められるべきである。さもなければ，その権力もまた単なる内戦の一勢力になってしまう。したがって，権力の中立性が求められることとなる。

　　各当事者が他者を誹謗し，しかしながら誰も他者を説得できないような，むなしい神学的な争いが百年も続いたのち，ついに，人々が相互に合意できるような，すくなくとも和議が可能であり，すくなくとも平穏と安全，秩序を見出せるような中立的な領域が探求されたことは，極めて理解しやすい[47]。

---

(43)　*Ibid.*, p.47.
(44)　*Ibid.*, pp.50-51.
(45)　*Ibid.*, p.51.
(46)　Schmitt, *supra* n.41, p.139
(47)　Schmitt, *supra* n.1, p.64.

国家と海洋の国際法（上巻）第1部 国際法／Ⅰ 総論と歴史

　各勢力の信仰と正義の主張が錯綜する内戦を克服するためにホッブズが提示
したのは，当時の諸勢力が主張していた信仰や正義の観念とは関係を持たない，
〈人は生存を求める〉という哲学的命題の上に構築された国家論であった。その
の国家は，正義の実現とは別のところに，すなわち，保護と服従の交換という
原理に，その根拠を持つ。国家は人々の生存と安全を保証するゆえに，人々に
服従を要求する。このような国家の存在意義は，何らかの倫理性や宗教性を
担っているか否かではなく，現実に人々の安全を保持しうる実効的な統治メカ
ニズムとして機能しているか否かに依拠する。そして，実効的な統治メカニズ
ムとして機能している限り，いかなる正義主張を行う勢力に対しても，その支
配を貫徹する正当な根拠を持つ。

　　国家機械は，機能しているか，機能していないかのいずれかである。機能し
　ている場合には，それは私に身体の安全を確保してくれる。そのかわりに，そ
　れが作動するための法律に無条件に服従することを国家機械は要求する。[法律
　について]さらに検討することはすべて，安全の保障されない「前国家的な」
　状態へと導く。そこでは，つまるところ，人の生命についての安全が確保され
　ていない。なぜなら，権利と真理に訴えることは何らかの平和を作り出すので
　はなく，戦争をますます激化させ，悪性のものにするからである。もちろん，
　誰もが権利と真理が自分の側にあると主張する。しかし，自分が権利を持つ[正
　しい]という主張が平和へと導くのではなく，ただ，確実に機能している，法
　律に則った強制システムによる，抵抗不可能な決定だけが，争いを終わらせる
　ことができる(48)。

　中立的な統治メカニズムとしての国家においては，国家の法の意義は，なん
らかの正義の内実を担うことではなく，その統治メカニズムを現実に作動させ，
人々の行動を規制するところに求められる。

　　技術的に観念された中立性にとっては，国家の法律が，その内容において，
　いかなる実体的あるいは宗教的，法的な真理と正当性からも独立し，国家の決
　定による実定的な確定性にゆえに命令的な規範として妥当する，ということが
　決定的な意味を持つ(49)。

　すなわち，実効的な統治メカニズムを作動させることのできる国家の命令＝
国家制定法律と，その有権的な解釈だけが，真の法としての現実的な意味を持
つことになる。それゆえ，シュミットは，カピタンとともに，ホッブズを法実

────────────

(48)　*Ibid.*, p.69.
(49)　*Ibid.*, pp.67-68.

証主義（法律実証主義）の祖として位置づけるのである。

> 　実証主義的な法律国家とは（中略）歴史的な類型としては，ようやく19世紀になって形成される。しかし，人間によって創出され，技術的に完成された大いなる人工物（magnum artificium）としての国家の観念，あるいは，その「法」と「真理」を自分自身の中に，すなわちその任務遂行と機能の中に見出すような機械としての国家の観念は，まずホッブズによって把握され，明確な概念として体系的に構成された[50]。

　実効的な統治メカニズムを作動させる実定法の体系として法を把握するホッブズの思考が，自由主義的な国家秩序思想の母体となってゆくことを，シュミットは，これもまたカピタンと同様に，認めている。シュミットは，「19世紀にヨーロッパ大陸において支配的な地位を得る市民的な法治国家・立憲国家の精神的な祖」としてホッブズを位置づける[51]。この点について詳細は省略せざるを得ないが，ホッブズの罪刑法定主義にシュミットが注目していることだけを確認しておく。実効的な統治メカニズムにおける法律の意義は，人々の行動を現実に規制し，秩序と安全を維持することにある。もし法律があらかじめ存在する正義を実現するものであったとするなら，事後法は必ずしも非とされないだろう。本来的に不正・不法の行為を処罰するのであれば，その処罰が行為の後に規定されたとしても構わない。しかし，法律が純然たる国家の命令であれば，国家の命令が下される前に違法行為はない。正義に対して中立的な国家制定法の意義は，人々にあらかじめ罪と罰を予測可能な形で示してその行動を規制することに求められる。したがって，ホッブズにおいて，事後法が禁止され，罪刑法定主義が求められることになる[52]。

　シュミットは，ホッブズの個人主義的・合理主義的・自由主義的特徴の意義を認めている点で，カピタンの議論を引き継いでいる。しかし，両者の議論の印象は明らかに異なる。カピタンが，全体主義とは明確に区別されるべきホッブズの合理主義を称揚しているのに対し，シュミットは，その合理主義を，「機械としての国家」というネガティヴな響きを持つ概念に結びつけ，その偏向した発展として自由主義国家を把握する。カピタンとは対照的に，シュミッ

---

(50)　*Ibid.*, p.70. あるいは次のようにも言う。「ホッブズは（中略）『法律実証主義』という言葉が生まれるはるか前に，国家を心理的な強制の動機づけによって作動するメカニズムへと転換するとともに，法を実定的な制定法による命令へと転換し，それを首尾一貫したやり方で体系的に究極まで推し進めたのである」（*ibid.*, p.103）。

(51)　*Ibid.*, p.103.

(52)　*Ibid.*, pp.110-116.

国家と海洋の国際法（上巻）第 1 部 国際法／Ⅰ 総論と歴史

 トは，自由主義的に編成された主権国家の批判に照準を合わせて議論を展開している。

3 リヴァイアサンの挫折

　ホッブズの提示した国家論の限界はどこにあるか。それを，シュミットは，ホッブズの奇跡論の中に見出してゆく。まずシュミットは，ホッブズの奇跡論が強く政治的な意味を持っていたことを確認する。17 世紀の王にとっては，その手を置くことで病人を治癒するという奇跡を行うことは，その神聖性を示すための重要な任務であった[53]。また，ホッブズ自身も言及している通り[54]，聖餐におけるパンとワインが実際にキリストの肉と血となるのかどうかという論争が，ヨーロッパ世界において，長く思想的・政治的な対立の焦点となっていた。

　奇跡を論じる『リヴァイアサン』第 37 章の叙述は，きわめて合理主義的な懐疑に富んでいる。奇跡とは，自然的原因の分からない，まれにしか生じない出来事である。奇跡によって，神は，それを行う人が真に神の代行者であることを明白に示す。そうして，人々は正しい神の代行者を知り，正しい信仰に導かれるのである。他方で，このような神の業による真の奇跡とは別に，人々を欺く偽の奇跡も数知れず行われてきた。手品を使って超自然的な現象を演出することができる。幾人かで示し合わせて，不治の病の治癒が行われたかのように見せかけることも極めて容易である。人々は騙されやすく，偽の奇跡を簡単に信じてしまう，という[55]。

　シュミットは，このような叙述の中に不可知論を見出す。

　　　これほどに困難な奇跡信仰の問題に関して，ホッブズの態度は完全に不可知論的である。ある出来事が奇跡であるか否かは，誰も確実に知ることはできない，というところから彼は出発する[56]。

　真の奇跡と偽の奇跡とが確実に区別できないのなら，人々は何を信じればよいのか。この問いに対してホッブズはその決断主義をもって答える。それは主

---

(53)　*Ibid.*, pp.80-81.

(54)　Hobbes, edited by Richard Tuck, *Leviathan*, revised and student edition, Cambridge University Press, 1996, chapter 37, p.305; ホッブズ［水田洋訳］『リヴァイアサン 3』第 14 刷（岩波書店，2021 年）132 頁。

(55)　Hobbes, *ibid.*, chapter 37, pp.300-305; 邦訳 121-131 頁。

(56)　Schmitt, *supra* n.1, p.81.

権者が決定するというのである。第37章の最終段落には次のような記述がある。

　　［奇跡についての報告の真偽という］問題において，われわれは，各人が自己
　　の私的な理性または良心を判定者とすべきではなくて，公共の理性，つまり神
　　の至高の代理人の理性を，判定者とすべきであり，そして，もしわれわれがかれ
　　に，われわれの平和と防衛に必要なすべてのことをおこなうための主権を，
　　あたえてしまったならば，われわれはじっさいにかれを判定者としてしまった
　　のである[57]。

このようなホッブズの立場を，シュミットは次のように定式化している。

　　ここでは何ごとも真理ではなく，すべてが命令である。奇跡とは，主権的国
　　家権力が奇跡として信じるように命じたもののことをいう。そして（中略）逆に，
　　国家がそれを禁じたときには，奇跡は奇跡でなくなる。奇跡信仰に対する極め
　　て不可知論的な批判，および，詐欺やペテンに対する警告は，各主権者がその
　　国家について，何か奇跡であるのかを最終的に決定する，という結論で締めく
　　くられる[58]。

　人々は確実な真理には到達できないゆえに主権者が決定を下すという，不可
知論から決断主義へと至る論理によって，主権者の支配権力はその極致に達し
たかのようにみえる。聖俗の権力を併せ持つ主権者は，奇跡という，人々の信
心に最も深く関わる領域さえ，その支配の下に置くというのである。「しかし，
宗教と政治の統一を生み出す主権的力の最高点であるこの場所において，その
他の点ではかくも自己完結的であり抵抗不可能な統一体の中に，破れ目が示さ
れる」とシュミットは言う。「奇跡と信仰を論じるこの場所で，ホッブズは，
決定的な点について及び腰になる」と[59]。

　問題となるのは『リヴァイアサン』の次のような記述である。これは，奇跡
に関する主権者の決定を論じた先ほどの引用の直後に置かれている。

　　一私人はつねに，諸奇跡として提示されている諸行為について，それらを主
　　張したりよそおったりする人びとにどんな便益が，人びとの信仰によって帰属
　　しうるかを，かれがみるであろうところにおうじて，そしてそれによってそれ
　　らが奇跡であるかうそであるかを，かれが推測するであろうところにおうじて，
　　かれの心のなかで信じたり信じなかったりする自由をもつ（思考は自由である
　　から）。しかしながら，その信仰の告白ということになったときには，私的な理

---

(57)　Hobbes, *supra* n.54, p. 306; 邦訳 133 頁。
(58)　Schmitt, *supra* n.1, pp.82-83.
(59)　*Ibid.*, p.84.

国家と海洋の国際法（上巻）第 1 部 国際法／ I 総論と歴史

性は公共のそれに，つまり神の代理人に，従属しなければならない[60]。

すなわち，公において奇跡の真偽を決めるのは主権者だが，それでもなお，内心において密かにその奇跡を信じるか否かは個々人の自由であるという。これは，主権者の強大な支配権力に対して，控えめな留保として認められたささやかな内面の自由に関する記述である。しかし，シュミットはここに決定的な重要性を見出す。「すなわち，この箇所において，内的な信仰と外的な信仰告白との区別が，リヴァイアサンの政治システムの中に入り込んだ」というのである[61]。全能のリヴァイアサンは，信仰の問題についても支配を及ぼすが，それは外形的に表れた宗教的行為＝信仰告白（confession）に限られているのであって，個人がひっそりと内面に保つ信仰（faith）そのものには及ばない。外面を絶対的に支配する国家と内面についての留保が認められた個人という，この構図が持つ政治的意味をシュミットは強調する。

先に見たように，宗教の領域にも及ぶ国家の強力な統制権力が，外的な秩序を維持するという目的にのみ限定されている点に，カピタンは，自由主義的国家秩序の原型を見出した。ホッブズの国家は，秩序と安全を維持する目的で宗教活動を規制するのであって，特定の内的な信仰を伝え広めるためではない，とカピタンは言う。シュミットもこの理解には全く同意しているが，その評価は真逆となる。カピタンが積極的に評価したこの外面と内面の区別を，シュミットは「強力なリヴァイアサンを内側から破壊する死の萌芽（Todeskeim）」とみなす[62]。

たしかにホッブズ自身の議論においては，「公的な平和と主権的権力の権利が前景に立ち，個人の至高の自由は，単に後景にある最後の留保として残されていたに過ぎない」[63]。しかし，内面と外面がいったん区別されたときに，人間存在にとってどちらが本質的な領域だと考えられるだろうか。人間をなんらかの精神的な（あるいは霊的な）存在とみなすならば，内面の優位性を認めざるを得ないのではないか。

　　内面と外面の区別が承認された瞬間に，外的なものに対する内的なものの優位，したがって，公的なものに対する私的なものの優位は，その核心において，す

---

(60)　Hobbes, *supra* n.54, p.306; 邦訳 133-134 頁。
(61)　Schmitt, *supra* n.1, p.85.
(62)　*Ibid.*, p.86.
(63)　*Ibid.*, p.88.

108

でに決定された事項となる[64]。

したがって，自由主義者たちは，この区別に依拠して，ホッブズの国家論を逆立ちさせてゆく。たしかに国家は全能であり，あらゆる領域について法を定立し，運用する権限を独占している。しかし，それは公の秩序と安全を維持するという目的で行われる規制であり，したがって，外的ふるまいとして現れない個人の内面には及ばない。すなわち，個人は，内面という私的領域においては自由である。ところが，この私的領域における自由こそが，個人の生にとって最重要の意義を持つ。個人は，自らの私的領域において，それぞれの信仰と良心に基づいてそれぞれの価値を保持し，発展させて良い。この自由は，公的な秩序を脅かさない限りは認められる。すなわち，国家は，公的な秩序と安全の維持に必要な限度において，根源的な価値を持った個人の自由の領域に介入できるにすぎない。このような思考によって，私的領域における個人の自由こそが第一次的な意義を持った秩序となり，国家は，公的な秩序を維持するために限定的に介入する副次的な秩序となる。「いまや，［ホッブズの国家論とは］反対に，個人の思想の自由がフォルムを構築する原則となり，公的な平和と主権的国家権力の権利はともに，たんなる留保へと変わってしまう」[65]。

このような内面の自由を中心として私的領域を拡張する自由主義を支えた勢力として，シュミットはユダヤ系（ユダヤ教徒とは限らない）の思想家たちを挙げている。ホッブズの思想を受け入れつつ，その内面の自由を一般的な原理として拡張していったスピノザ[66]，内面と外面，倫理と法の区別に基づいて良心の自由を主張したモーゼス・メンデルスゾーン[67]，内容と形式を区別し，形式的な法治国家の概念を保守思想に導き入れたフリードリヒ・ユリウス・シュタール[68]が，自由主義的に構成された法治国家の確立者として，とくに名指される。信仰を理由とする迫害を受けてきたユダヤ教徒の出自を持つ知識人が，一般に，内面の自由を重視し，国家権力を特定の価値から解放することを目指す傾向があったという指摘そのものは間違っていないのかもしれない。しかし，シュミットの反自由主義的な論調からすれば，このような位置づけは，明白に，反ユダヤ主義的な意味を持つ。

---

(64)　*Ibid.*, p.94.
(65)　*Ibid.*, p.88.
(66)　*Ibid.*, pp.86-88.
(67)　*Ibid.*, pp.92-93.
(68)　*Ibid.*, pp.106-110.

国家と海洋の国際法（上巻）第 1 部 国際法／Ⅰ 総論と歴史

　なぜ，シュミットは主権国家の自由主義的な編成を批判するのだろうか。君主権力に対抗可能であった中間諸権力の存在を否定することで権力を集中してきた近代国家に対し，個人の自由を対抗させ，その尊重を義務づけることによって国家権力に制約を課す，という自由主義的な秩序編成は，言うまでもなく近代憲法の基本原理ともいえる。シュミット自身が，その『憲法論』において，市民的法治国家の基本原理として，「各人の自由の領域が前国家的な所与として前提とされ，その各人の自由が原則として無限定であるのに対して，この領域に対して国家が干渉する権限は原則として限定される」という卓越した定式を提示している[69]。このような秩序編成は，獰猛なリヴァイアサンを飼いならすために不可欠の仕組みではないのだろうか。

　自由主義的な秩序編成に対するシュミットの批判のキーワードは「間接的諸権力（indirekte Gewalten）」である。この用語は，ホッブズの『リヴァイアサン』にも見出される。そこでは，教皇は，直接的には世俗的権力を持たないが，間接的には最高の世俗的権力を持つ，という教説が，批判の対象として取り上げられている[70]。ホッブズがカトリック勢力を批判するために用いた「間接的権力」という概念を，シュミットは，より一般的に，国家（公的領域）の外部に基盤を持つ諸勢力による国家のコントロールを表現するものとして用いる。シュミットによれば，間接的権力の本質とは，本来ならば権力に伴うはずの責任を引き受けることなく実質的な支配を行い，政治的な危険を引き受けることなく，支配の利益のみを享受することである。

　　　間接的権力の本質に属するのは，それが，国家の命令と政治的な危険との，権力と責任との，保護と服従との明確な対応関係をあいまいにすること，そして，単に間接的でしかない（だからと言って強度が低いわけでもない）支配が生み出す無責任性のゆえに，政治的権力に伴うすべての利益を手中に収めるが，その危険を何も引き受けないことである[71]。

　シュミットの理解するところでは，ホッブズの国家論の目的は，このような間接的諸権力を排して，諸個人の保護に直接の責任を負う主権者に権力を集中することであった。

　　　ホッブズにとっての課題は，国家によって，封建的・身分的もしくは宗教的

---

(69)　Carl Schmitt, *Verfassungslehre*, 9. Auflage, Duncker & Humblot, 2003, p.126 [初版は 1928 年].
(70)　Hobbes, *supra* n.54, pp.394-396; 邦訳 315-318 頁。
(71)　Schmitt, *supra* n.1, p.117.

5 リヴァイアサンの意義と挫折 〔西　平等〕

な抵抗権によって生じる無政府状態と，そこから絶え間なく勃発する内戦を克
服し，中世的な多元主義，すなわち教会その他の「間接的」諸権力の支配要求
に対して，実効的な保護を与えることのできる一元的な権力と計算可能な形で
作動する合法性体系を対置することであった[72]。(強調は引用者)

　封建的諸身分や宗教勢力が，それぞれの正義と真理を掲げて君主に抵抗し，
統治への影響力を行使しようとした結果，内戦が生じ，諸個人の生存が危機に
陥った。言い換えれば，権力の多元性が，無責任な権利主張と支配要求を助長
し，諸個人の生存と安全に対して誰も責任を取らない混乱を生み出したのであ
る。それを克服するためには，正義と真理に関する決定を独占する一元的な権
力を打ち立て，すべての諸個人がそれに服従する代わりに，すべての諸個人の
生存について保護が確保されるようにするほかない。これが，シュミットの描
き出すホッブズ国家論の核心である。

　一元化された権力としての主権国家の下では，諸個人は，国家による決定を
媒介としてのみ，正義と真理にアクセスしうる。諸個人が，それぞれ，無媒介
的に (国家を介することなく) 正義と真理を確信し，それを無媒介的に実現し
ようとするならば，万人の万人に対する戦争が生じてしまう。リヴァイアサン
とは，正義と真理を独占的に媒介することによって，内戦を抑え込む存在であ
る。そのように理解するからこそ，シュミットは，ホッブズが留保された内心
の存在を承認したことを，リヴァイアサンを破壊する「死の萌芽」とみなした。
留保された内心において，諸個人は，正義と真理に，無媒介的に到達する。そ
れゆえに，留保された内心が，独占的な媒介者である国家を解体する拠点とな
りうる。自由主義者たちは，内心の自由を拠点に私的領域を拡張し，諸個人が
それぞれの価値を無媒介的に追求し，その実現を図る領域を押し広げてきた。
いまや単なる周縁的な留保ではなく，むしろ秩序の中核的な位置に収まった無
媒介の領域が，媒介者である国家を周縁化する。無媒介的に諸価値に直結する
諸勢力が，議会政党を介して統治に決定的な影響力を持つ。リヴァイアサンが
排除したはずの間接的諸権力が，より強力になって，リヴァイアサンの内部に
侵入する。国家は，正義を媒介する者ではなく，それぞれの無媒介的な正義を
取引する場に堕してしまう。

　　旧来の敵，すなわち教会や利益団体組織という「間接的」諸権力は，今世紀
　　[20世紀] には，政党や労働組合，社会団体として，ひとことで言えば「社会的

----

(72)　*Ibid.*, p.113.

諸権力」として，現代的な形態をとって再出現している。それら諸権力は，議会を介して法律制定および法律国家（法治国家）を簒奪し，リヴァイアサンを自分たちの馬車につなぐことができたと考えてきた。個人の自由権のカタログを大綱とする憲法システムが，かれらの仕事を楽にした。そこにおいて保障されている，いわゆる自由な私的領域が，国家から引き剝がされ，「自由な」，つまり監督を免れた不可視的な「社会」の諸権力に引き渡されたのである[73]。

間接的諸権力の台頭によってリヴァイアサンの物語は悲劇となる。私的領域において諸価値と無媒介的に結びつく諸勢力は，その価値の多様性と通約不可能性のゆえに，必然的に相互に対立せざるを得ない。しかし，それらの諸勢力が，一点においてのみ一致しうる。すなわち，一元的な権力を担う国家に対抗し，それを制御の下に置くことである。

　　　その他の点では非常に［相互に］敵対的な間接的諸権力のすべてが，突如として一致し，「巨大なクジラの捕獲」ために同盟を結ぶ[74]。

ここにおいて，海獣リヴァイアサンは，自由を愛する人々によって縛り付けられるべき国家権力のシンボルとされる。内戦を克服しうる一元的な国家権力を打ち立てるために呼び起されたリヴァイアサンというイメージは，いまや，多元的な間接的諸権力によって制御されるべき国家権力を表すものとなる。そして「リヴァイアサンというイメージが持つすべての神話的な力が，それが象徴するホッブズの国家に向けて，いまや逆襲してくる」[75]。

ホッブズ自身も，リヴァイアサンというシンボルを政治論に取り入れたものの，それが伴う神話的な力を，一元的な国家権力を基礎づけるものとして，十分に利用することができなかった。彼の『リヴァイアサン』は極めて論理的で合理的な書物であった。しかし，彼が導入したリヴァイアサンは，国家権力を制限しようとする諸勢力がその標的を名指すために用いるシンボルとなった。悪魔的な力を持つリヴァイアサンという神話的イメージは，国家権力を基礎づけるためではなく，むしろ，国家権力を制限し，解体することに貢献したのである。

　　　このイメージは，明確かつ確実な方法で，敵を具体化することはなかったが，結局のところは，逆に，不可分の政治的統一体という観念が，間接的諸権力に

---

(73)　*Ibid.,* pp.116–117.
(74)　*Ibid.* p.124.
(75)　*Ibid.* p.96.

よって内側から遂行された破壊工作に屈服することに貢献することとなった[76]。

ホッブズは，彼が打ち立てた国家論を攻撃するために敵が用いる格好のシンボルを提供してしまった。そして，その攻撃の拠点であるところの，国家の支配を免れた内心の自由もまた，彼自身が国家論に組み込んだものである。すなわち，ホッブズは，それと気づくことなく，自らの手で，自らを否定する運命を始動させたことになる。

Ⅳ　結びにかえて

以上のようなシュミットのホッブズ論が，彼の国際法論とどのように関係するのかについては，それを詳細に論じる紙幅の余裕はなく，別稿に譲るほかない。ここでは，その要点だけを記しておく。シュミット自身が明示的に述べているのは，戦争概念との関連である[77]。シュミットの理解によれば，ホッブズにおける国家の存在根拠は，なんらかの正義や法を実現していることではなく，内戦を克服して実効的な支配と平和を域内において確立していることにある。このような中立的な統治メカニズムとしての国家に対しては，法に基づく抵抗権が成立しえないのと同様に，法の執行のための戦争も不可能となる。「巨大な命令メカニズムとしてのリヴァイアサンという観点からみて，正義の国家あるいは不正義の国家について述べることは，つまるところ，正義の機械と不正義の機械とを『差別』しようとするに等しい」[78]。したがって，戦争とは，なんらかの普遍的な価値や秩序を実現するための手段ではなく，それぞれに実効的な秩序として存在する国家と国家が，争いに決着をつけるための手段とみなされる。このような近代的な戦争概念の崩壊が，シュミットにとっては，近代国際法の解体の最も重要な特徴と考えられる。

明示的には述べられていないが，シュミットは，ホッブズ研究を通じて，陸と海というグローバルな秩序把握に到達したとみてよいだろう。シュミットの『レヴィアタン』第7章では，ホッブズの国家論が実現したのは大陸国家であり，イギリスは大陸型の主権国家とは異なる秩序を形成していったことが指摘される。それに伴って，大陸の戦争法とイギリスの戦争法は異なった発展を遂げる。このような陸と海の対抗関係が，『大地のノモス』に至るシュミット国際法論の基軸となってゆく。

---

(76)　*Ibid.* p.130.
(77)　*Ibid.*, pp.72-75.
(78)　*Ibid.*, p.78.

国家と海洋の国際法（上巻）第1部 国際法／I 総論と歴史

　さらに，リヴァイアサンを破壊する「間接的諸権力」という概念も，シュミットの国際法論と密接にかかわる。現代帝国主義批判という文脈において，シュミットが問題としたのは，西欧ヘゲモニー国家による「間接的コントロール」であった。つまり，ヘゲモニー国家は，従属国に形式的な主権を認めつつも自由な干渉の権利を確保することにより，支配に伴う責任と危険を担うことなく，実質的なコントロールを及ぼしている，というのである。このような批判が，シュミットのグロースラウム秩序思想に結実していったことは別稿で明らかにした通りである[79]。シュミットにとって，近代自由主義国家の行き詰まりと，近代国際法の解体は，内的な連関を持った事象であった。

---

(79)　西平等「カール・シュミットのグロースラウム理論」『国際法外交雑誌』122巻2号
　　（2023年）1-29頁。

6 戦間期国際法学における連帯学派
—— レオン・ブルジョワとジョルジュ・セルの国際法思想

西 海 真 樹

Ⅰ　は じ め に　　　　　　　　Ⅲ　ジョルジュ・セルの国際法思想
Ⅱ　レオン・ブルジョワの国際法思想　Ⅳ　お わ り に

Ⅰ　は じ め に

　筆者は，2021 年〜2023 年の間，パリ国際大学都市（シテ）の日本館館長を務めた[1]。シテは，ティエールの城壁（7 月王政下の首相アドルフ・ティエールにより 1841 年〜1844 年に建設され，当時のパリ市を取り囲んだ全長 33 キロメートルに及ぶ城壁）撤去後の跡地を利用して，1925 年，パリ市南部（14 区）に創設された。シテは，どのような理念・構想にもとづいて，戦間期に創設されたのだろうか。そこにはどのような政治目的があったのだろうか。ここでは『文化遺産一般目録[2]』の 1 つとして 2017 年に発刊された『パリ国際大学都市[3]』の記述に依拠しながら，これらの問題を検証してみよう。

　1920 年初頭，ヨーロッパ多くの政治家や知識人は，創設されたばかりの国際連盟に期待し，国際連盟の集団的安全保障が平和を確保すると信じていた[4]。1000 万人の死者を生じさせた第 1 次世界大戦のトラウマは平和と和解への強

---

(1)　日本館館長としての筆者の経験，および，日本館創設に大きく貢献した薩摩治郎八と日本館に大作 2 点を寄贈した藤田嗣治との関係などについては，次を参照。西海真樹「パリ国際大学都市と日本館」『中央大学社会科学研究所年報』28 号（2024 年）。

(2)　『文化遺産一般目録』（Inventaire général du patrimoine culturel）は，作家で文化相を務めたアンドレ・マルローと美術史家アンドレ・シャステルにより 1964 年に創設され，2004 年に国から地方（Région）に移管された文化事業である。事業目的は，文化遺産を調査し，研究し，周知させることである。この目録は，史料をはじめとする文献に依拠すると同時に，現場の観察・分析・記述にもとづいて作成されている。

(3)　*La Cité internationale universitaire de Paris, de la cité-jardin à la cité-monde*, Inventaire général du patrimoine culturel, Région Île-de-France, Sous la direction de Julie Corteville, Lyon : Lieux-Dits, 2017.

(4)　以下の記述は，次に依拠している。*Ibid.*, pp. 23-25.

国家と海洋の国際法（上巻）第 1 部 国際法／Ⅰ 総論と歴史

い欲求を生じさせた。フランスでは青年層への行動が重視され，1923 年 1 月
には「国際連盟のためのフランス大学連合」（Groupement universitaire français
pour la Société des Nations, GUSDN）が創設された[5]。GUSDN の活動は大学生，
高校生，教員など「教育の共同体」に参加する広範な人々を対象としていた。
パリに支部をもつカーネギー国際平和基金も平和のための大学教育を重視し，
人々の友愛と相互理解の促進に取り組んでいた。このような平和主義的土壌の
なかで，シテ建設の計画が生まれた。主要な立案者は，パリ大学区長のポー
ル・アペル（Paul Appell）と文部大臣アンドレ・オノラ（André Honnorat）で
ある[6]。

　オノラは，外国人学生を結びつける場所をパリに建設することが，教育にも
とづく平和創造に貢献すると考えていた。「大学都市は，青年層に国際精神を
涵養させるに最も適した制度である。国際精神こそが，私たちが経験した恐怖
を人類が再び経験しないための真に効果的な手段である」「平和のための人間
関係の学校（une École des relations humaines pour la paix）は，世界の国々の
エリートたちが共に生き，互いに理解し，将来世代の平和を構築する礎にな
る」「シテは，世界中から 3000 人の学生を迎え入れる。彼ら・彼女らは，親し
く競い合い，心身の調和的な陶冶，学問の進歩，諸国の協調のために勉学に励
む」といったオノラの言葉は，世界中の青年が集い，切磋琢磨し，友愛を育む
ことで，はじめて真の平和が実現できるという彼の信念を，よく伝えている。

　1916 年，アンドレ・オノラは，レオン・ブルジョワと共に「旧軍人結核患
者支援協会」を設立し，結核撲滅活動に従事する。ポール・アペルも，1918
年にレオン・ブルジョアと共に「フランス国際連盟協会」を設立し，民衆活動
として国際連盟を支えた。オノラもアペルも，レオン・ブルジョワの連帯主義
の思想に共鳴していたのである。

　レオン・ブルジョワとジョルジュ・セルは，いずれも連帯主義・客観主義の
立場からあるべき国際法（制度）を提示しそれを実現することに，ブルジョワ

---

(5)　GUSDN の創設者は，パリ大学区長ポール・アペルの協力者だったジャーナリスト，
　　ロベール・ランジュである。

(6)　数学者ポール・アペルは 1920-25 年の間パリ大学区長を務めた。1918 年に彼はレオ
　　ン・ブルジョアと共に「フランス国際連盟協会」（Association française pour la SDN）
　　を設立している。元老院議員アンドレ・オノラは，1920-21 年の間文部大臣を，1925-
　　1948 年の間パリ国際大学都市総裁を，それぞれ務めた。オノラは文書保存運動，肺炎撲
　　滅運動などと並んで文化交流事業に熱心に取り組んだ。本論で述べたように，彼は文化
　　交流こそが世界の緊張を緩和し新たな紛争を回避する道であると信じていた。

は政治家として，セルは学者としてそれぞれ努めた。本稿では，2人の国際法思想を紹介し，評価する。

II　レオン・ブルジョワの国際法思想

レオン・ブルジョワは，19世紀末から20世紀にかけてフランス社会連帯主義の代表的存在として活躍し，ハーグ平和会議の開催や国際連盟の設立において主導的役割を果たした政治家，思想家である。彼は内務大臣，公教育大臣，司法大臣，首相，外務大臣，労働大臣を歴任後，1899年第1回ハーグ平和会議（1899年），第2回ハーグ平和会議（1907年）のフランス代表，1903年常設仲裁裁判所裁判官，1919年国際連盟組織委員会委員，1920年国際連盟総会初代議長，1920年常設国際司法裁判所設置準備委員会委員長などを務めた。主な著書として，以下のものがある。*Solidarité*（1896）; *Pour la société des nations*（1909）; *Le Pacte de 1919 et la Société des Nations*（1919）; *L'œuvre de la Société des Nations*（1923）; *Le traité de Paix de Versailles*（1919）.

ブルジョワの国際法思想は，社会連帯→国際連帯→国際平和という概念構想にもとづいている。以下では，ブルジョワの連帯論および国際制度論を紹介・考察する[7]。

1　連　帯　論

連帯主義は，19世紀末から20世紀にかけてフランス政治社会思想の一大潮流になった。連帯主義の確立と発展にとって決定的な意義をもったのが，ブルジョワが1896年に刊行した『連帯』である[8]。以下ではこの書物に沿って彼の連帯論の骨子を確認する。

（1）　**連帯の基本構造**

1）　個人主義と社会主義の結合

ブルジョワはまず，個人主義的経済学と社会主義との対立を綜合する基本概念として社会連帯という概念を設定する。次いで，この社会連帯を科学的方法と道徳理念によって基礎づける。ブルジョワによれば，19世紀の政治社会思想を特徴づけてきた個人主義的経済学派と社会主義的経済学派との対立を綜合

---

(7)　ここでの記述は，北川忠明の次の研究成果に全面的に依拠している。北川忠明「レオン・ブルジョワにおける連帯・共和国・国際連盟構想（一）～（三）」『法政論叢』60・61合併号（2014年），同62号（2015年），同63・64合併号（2015年）。

(8)　本稿では次の版を参照する。Léon Bourgeois, *Solidarité*, 12ᵉ édition, Librairie Armand Colin, 1931.

国家と海洋の国際法（上巻）第1部 国際法／I 総論と歴史

するものが社会的連帯である。自由主義の経済学は個人的所有の絶対性に依拠し，市場経済から生じる病理は慈善という純道徳的義務によって是正されると主張する。これにたいして社会主義は富の生産と分配への国家の介入を唱えるが，そこから「過剰な力の正当化」が生まれる。これら2つの立場の対立・矛盾を解決するためには，それぞれがもっている真理の一部を明らかにしつつ調和をもたらすような，社会概念の革新が必要である。それが「連帯」である。「連帯」の基本思想は「各個人と全ての他者との間に連帯が存在する」というものである。

　このような社会概念の革新としての連帯は，まず科学的方法によって基礎づけられなければならない。しかしそれだけではない。社会は特殊な領域でありそこで提起される問題は「道徳的必然性」にも関わっている。そのため知的次元の真理だけでなく道徳的時限の真理もまた明らかにされなければならない。このような訳で社会概念の革新が準備されるのは「科学的方法」と「道徳理念」を緊密に合致させることによってである[9]。

　2）　社会的連帯の基礎としての自然的連帯

　ブルジョワは，自然科学上の学説が社会科学上の学説に影響を与えてきたことを次のように述べる。自然科学における生存競争説は社会的競争の法則をもたらした。それによれば個人は生存競争により発展・完成し適者生存が種の質を決定する。社会進歩も同様であり，そこから自由放任が導かれる。そこにおける国家の役割は，社会的競争が暴力的にならないよう監視することだけである。しかし今日，自然科学における生存競争説に異を唱える連帯学説が登場した。有機体における連帯は「組織の複数の行動間の必然的関係」と規定され，生物の諸部門間の関係，諸生物間の関係および生物と環境との関係は，いずれも相互依存＝連帯の関係と捉えられる。遺伝，適応，淘汰などの「種の法則」はこの相互依存＝連帯の関係の新局面であり，人間もこの法則に従う。この相互依存は人間の物質的生活条件だけでなく知的道徳的現象や意思行為にも及ぶ。しかもこの絆は現時点で共存する諸部分を結びつけるだけでなく現在と過去および現在と将来も結びつける。人類は生者と死者により構成されすべては過去の遺産の上に築かれる[10]。

　進歩のためには生物の連帯法則と固体の自由な発展法則とが調整されなけれ

---

(9)　北川・前掲注(7)．（一）222 頁。Léon Bourgeois, *Solidarité, op. cit.* (note 8), pp. 3-16.

(10)　北川・前掲注(7)．（一）222-223 頁。Léon Bourgeois, *op. cit.* (note 8), pp. 17-23.

ばならない。この調整原理が「共通行動への諸個体の協力」である。人間社会において個体的諸力がそのまま放置されると社会的結合が生み出せない。規律された個体行動の結合だけが人間集団を確立し存続させる。重要なのは知性と意思を連帯行動において協力させることである。善悪の基本的区別と妥協不能な正義の概念が社会組織考察の公準になる。自然的連帯の科学的学説の上に，道徳的社会的連帯の実践的学説を築く必要がある[11]。

このようにブルジョワは自然的連帯に基づいて社会的連帯を説いている。しかし生物世界の相互依存＝連帯は，植物が草食動物の餌になり草食動物は肉食動物の餌になるというように，強者が弱者を食むという食物連鎖の関係によって成り立っている。そこには人間社会の道徳的基礎になるものは存在しない。つまり両者の間の連帯概念は同質のものとは言えず，連帯概念自体が曖昧さを含んでいる。自然的連帯と社会的連帯は，似ている部分もあれば異なる部分，対立する部分もあり，両者の関係はより複雑である[12]。

(2) 連帯と道徳・負債

ブルジョワは連帯に基づいていかなる道徳概念を提示しているのだろうか？ここでは彼の道徳概念とルソーの社会契約論にとって代わるものとしての負債論を紹介する。

1) 連帯と道徳・社会契約

ブルジョワは害悪の観念は人類の本質的属性であるとして「法律に対する尊敬によって法律に服する」必然性についてのカント的観念から出発する。とはいえ，道徳的観念は理性の発展と共に発展するものであり，人間理性が世界の自然法則の観察によって啓発されるに応じて，害悪の観念や道徳的義務のような知的機能の産物は修正される。公的であれ私的であれ，制度というものは道徳的観念の発展の外部への適用であるから，道徳観念の発展により変容する。現在の問題は，制度と道徳観念との不一致により社会的道徳的病態が生じていることである。この不一致が是正されなければならない[13]。

次いでブルジョワは，連帯と道徳（権利義務，正義）との関係について次のように論じる。人の権利義務は連帯関係の外にはない。個人に課される道徳法則は，社会生活の一般的条件の外には求められない。人間は形而上学的孤立の中で抽象的に考えられるのではなく，現実（環境，時代，種族，後代）との関係

---

(11) 北川・前掲注(7)，(一)223-224頁。Léon Bourgeois, *op. cit.* (note 8), pp. 23-32.
(12) 北川・前掲注(7)，(一)224頁。
(13) 北川・前掲注(7)，(一)225頁。Léon Bourgeois, *op. cit.* (note 8), pp. 33-35.

国家と海洋の国際法（上巻）第 1 部 国際法／Ⅰ 総論と歴史

において考えられなければならない。それゆえ正義の観念も部分と全体の相互作用の条件の中に求められるべきである[14]。

さらにブルジョワは自然的連帯と人間の権利義務との関係について次のように論じる[15]。自然的連帯の法則から，人間から切り離され人間と対立する権利主体としての国家の抽象的で先験的な概念が無効であることがわかる。国家は人間の創造物であって人間に優越する国家の権利は存在しない。したがって権利義務の問題は，人間対国家の関係ではなく人間相互の関係または人間対社会の関係において捉えられるべきである[16]。

以上のように，ブルジョワは自然的連帯と社会的・道徳的連帯を連続的に捉えているのであるが，この点で彼はルソーの社会契約論を批判する。ルソーは自然状態における自由を仮構し，今日の社会を原初の完成状態が堕落したものと捉え（「人間は自由なものとして生まれた。しかも至る所で鎖につながれている[17]」），社会契約が原初の自由を回復するという名目で国家の優越性を導いている。しかしブルジョワによれば現実は逆であって，出発点に生存競争があり，そこから人間は知性と道徳性のより高い社会集団の形成を通じて自発的連合に向かう。そこに社会的連帯が形成され，それは各人の身体的・知的・道徳的発展を確実なものにする。フランス共和主義思想の原点に位置づけられるルソーの社会契約論をこのように批判することがブルジョワの連帯論の基本モチーフである。ルソーにおいては，社会契約は堕落した社会との断絶による国家設立契約と位置づけられる。これにたいしてブルジョワにおいては，自然的連帯から社会的連帯への移行は断絶ではなく連続であり，それは個人の自由の発展を生み出すものである[18]。

2) 連帯と負債

上述のようにルソーを批判した上で，ブルジョワは「社会的負債（dette sociale）」の概念を導入する。社会的連帯が各人の能力の自由な発展を生み出すために，各人はこの連帯を支える義務を負いそれを果たさなければならない。自然状態における原初的自由を仮構するルソーとは異なり，ブルジョワにおいては社会の中で生きる人間，社会なしに生きることができない人間は社会に対する負債者である。そこに義務の基礎があり，自由への制約がある。全体にた

---

(14) 北川・前掲注(7)，（一）225 頁。Léon Bourgeois, op. cit. (note 8), pp. 36-39.
(15) これは後述するセルの法体系にも通じる重要な指摘である。本稿Ⅲ 1(1)を参照。
(16) 北川・前掲注(7)，（一）225-226 頁。Léon Bourgeois, op. cit. (note 8), pp. 39-41.
(17) 『社会契約論』冒頭の有名な文章。
(18) 北川・前掲注(7)，（一）226-227 頁。Léon Bourgeois, op. cit. (note 8), pp. 45-46.

いする個人の義務は任意のものではない。それは社会状態から各人が引き出す
利点や結合から各人が得るサービスの対価である。社会的義務への服従は利得
と引換えに負担を受け入れること，自らの負債を承認することである[19]。

　以上のように負債の概念を位置づけた上で，ブルジョワは第4章「社会にた
いする人間の負債：準社会契約」において負債と準社会契約の観念を説明する。
これら2つの観念はルソーの社会契約にとって代わるものとしてブルジョワが
構想したものである[20]。

　負債：我々各人は万人にたいする負債者である。それは自由の代償である。
この負債の性質と範囲については，まず先行世代と後続世代との絆を考慮する
必要がある。人間は先行世代が蓄えた膨大な遺産と資本を継承している。それ
らは我々の身体能力，労働用具，労働生産物，本能，言語，思想，知識などで
ある。それでは誰にたいして負債を返済するのか？　死者（かつての生者）がこ
れらの思想，力，効用の資本を残したのは今の生者たる我々のためである。そ
れゆえに我々はまず後続世代のために負債を支払わなければならない。次いで
我々は同胞とサービスを共有し同胞の労働から利益を享受する。同胞との結合
から利益を享受しているのであれば負担も分担しなければならない。こうして
我々は，後続世代への負債と同世代への負債という2つの負債を負っている。

　準社会契約：準社会契約とはこれら2つの負債の法的根拠である。それは遡
及的に合意された契約，当事者間の自由で平等な合意の推定である。ブルジョ
ワはここにフランス民法典第3編第4章の「約定なしに形成される義務」が規
定する「準契約」を援用する。ブルジョワは私人間の準契約を個人対社会の関
係に援用し，社会に生きる個人は皆負債を負うとした。ブルジョワの連帯主義
が法的連帯主義と言われる所以である。彼の社会連帯論，負債論，準社会契約
論は経済的自由主義と社会主義を綜合し，カント的個人主義とルソーの社会契
約論に連帯に基づく社会・道徳理論を提示したものだった[21]。

---

(19)　北川・前掲注(7)，（一）228頁。Léon Bourgeois, *op. cit.* (note 8), pp. 46-48.
(20)　北川・前掲注(7)，（一）228頁。Léon Bourgeois, *op. cit.* (note 8), pp. 53-72.
(21)　しかし「人は自由かつ権利において平等なものとして生まれ生存する」というフラ
　　ンス人権宣言をふまえれば，人間を生まれつき負債者と規定するのは妥当か，債権者は
　　誰か，各人が社会に負債を負うのかあるいは社会が各人に負債を負うのか，各人の負債
　　と債権はどのように決められるのか，などの疑問が生じる。実際，ブルジョワの連帯論
　　は，発表された当初から社会的負債，準社会契約，自然的連帯と社会的連帯の区分と関
　　係，正義の基礎などの問題をめぐり，さまざまな論争を引き起こしてきた。北川はこれ
　　らの論争を精緻に紹介・考察している。次を参照。北川・前掲注(7)，（一）231-270頁。

121

国家と海洋の国際法（上巻）第1部 国際法／Ⅰ 総論と歴史

2　国際制度論

　伝染病や市場経済関係は国境を越えて拡大していく以上，社会的連帯は一国だけでは完結しない。連帯を国際的に実現するためには諸国家間の平和が不可欠であり，平和を国際的に実現するためには国際的連帯が不可欠である[22]。したがって，上に検討した社会的連帯は国際的連帯へ，国際的連帯は国際平和へとつながっていく。以下では，国際連帯に基づく彼の国際制度論を，彼の国際裁判論および国際連盟論を通じて確認する。

(1)　国際裁判

　ブルジョワは第1回，第2回のハーグ平和会議（1899年，1907年）のフランス代表を務めた。このときの経験をふまえて，彼は1909年に『国際連盟のために』を発刊する[23]。ブルジョワは，仲裁や司法的解決が，平和を準備する第1の手段と考えていた。

1)　仲裁裁判

　第1回会議において，紛争解決のための条約案を作成することを任務とする第3委員会が設置され，ブルジョワはその委員長に就いた。同委員会は常設仲裁裁判所を設置することにし，当事国が仲裁に訴えるかどうかは任意とし，仲裁に訴えた場合，当事国は各国政府が指名した裁判官リストの中から裁判官を選択することになった。ブルジョワは，紛争当事国に応訴義務を課すことを考えていたため，同裁判所を設置する国際紛争平和的処理条約に義務的仲裁の語が含まれなかったことを大いに残念がっている[24]。またブルジョワは，国際紛争平和的処理条約前文に « société des nations civilisées »（文明国の連盟[25]）の語を挿入することを提案し，採用された[26]。同委員会における審議を経て，第1回会議は国際紛争平和的処理条約を採択した。この条約によって常設仲裁裁判所が設置された。同裁判所の設置は，第1回会議の最大の成果とみなされて

---

(22)　北川・前掲注(7)，(三)2頁。

(23)　Léon Bourgeois, *Pour la société des nations*, Eugène Fasquelle, 1909.

(24)　北川・前掲注(7)，(三)8頁；*The Proceedings of the Hague Peace Conference*, Oxford University Press, 1920, pp. 707, 769.

(25)　外務省公定訳はこれを「文明国団」と訳している。

(26)　北川・前掲注(7)，(三)9頁。この点についてビュイソンは，「国際連盟」という語はフランス起源のものであり，1899年の国際紛争平和的処理条約の前文に「文明国団」という文言が入ったのはフランス代表すなわちブルジョワの要求によるものだったと述べている（F. Buisson et als., *Vers la société des nations*, N. Girard & É. Brière, 1919)。日本語では「国際連盟」と「文明国団」とは全く別の語であるが，フランス語ではそれぞれ « la société des nations » « la société des nations civilisées» である。

122

いる[27]。

　ブルジョワは 1903 年に仲裁裁判所裁判官に指名され，いくつかの仲裁に携わった。1907 年の第 2 回会議において，仲裁手続の改善が企図され，ここでもブルジョワは仲裁委員会の委員長に就いた。彼は委員会の第 1 回会合で，常設仲裁裁判所の設立により「国際正義の観念」が現実領域に入ってきたと述べつつ改善課題に言及した。それらは対象範囲の拡大，応訴義務の導入，制裁の保障だった。ここでも応訴義務が焦点になった。ブルジョワ自身は，応訴義務を法的紛争と条約解釈に関わる紛争の全てに適用すること，ただし国家の独立や重要問題は対象外とすることを提案した[28]。このような提案の基礎にある考えを，彼は次のように表現している。平和会議に参集した諸国は，法の支配を拡大し，皆に等しく自然の発展を保障しようとしている。それは物質的，経済的，知的，道徳的な交換が増大し，そこから生まれる諸国家間の連帯が緊密になっていることに基づいている。そこには共通の利益が認められる中心があり，共通利益の相互保障が仲裁条約や国際司法によりなされるのである[29]。彼が求めた応訴義務は結局実現しなかったが，ここには国際連帯に基づく共通利益が存在しそれを確保するための手段として（国際連盟や司法的解決と並んで）応訴義務があるという考え方がよく表れている。

　2）　司法的解決

　ブルジョワは早第 1 回会議において早司法的解決に言及しているが，このときはそれに消極的である。フランス代表として彼は言う。世界の現状では常設裁判所を組織化することは困難である。その裁判官の公正さがいかに気高くとも，世界世論の目には国家の代表と映り，政府は裁判官が政治的影響に晒されていると見るから，完全に無私の司法であるかのようにこの裁判所に訴えることはないだろう。訴えの自由と裁判官選択の自由という 2 つの条件が満たされるならフランスは常設裁判所の設置に賛成する[30]。

　その後ブルジョワは第 2 回会議において積極論に転じる。彼は言う。仲裁を

---

(27)　もっとも，常設仲裁裁判所と言っても実際には締約国が指名する裁判官の名簿がハーグにある国際事務局に置かれるだけで，事件ごとに裁判付託に合意した紛争当事国がこの名簿から裁判官を選び，裁判が行われる。したがって，この裁判所は実は常設でも裁判所でもなく，自分で仲裁も行わない（松井芳郎『国際法から世界を見る〔第 3 版〕』東信堂，2011 年，209 頁）。

(28)　北川・前掲注(7)，（三）10 頁。

(29)　北川・前掲注(7)，（三）11 頁。

(30)　北川・前掲注(7)，（三）11-12 頁。

促進する方法として応訴義務の導入と裁判所の常設化の2つがある。これら2つを分離してはならない。政治的問題には裁判官選択の自由が必要だが，法的問題には正真正銘の裁判官により構成される正真正銘の裁判所がふさわしい。応訴義務についても政治的問題と法的問題を区別することが重要である。政治的問題では応訴義務を一般化することはできないが，法的問題では留保なき義務を導入することが全国家にとって可能である[31]。

　第2回会議では「真に常設的で真に司法的な裁判所」は議論だけに留まった。それは第1次世界大戦後の国際連盟において常設国際司法裁判所として実現することになる。

　連盟規約14条は，連盟理事会が常設国際司法裁判所の設置案を作成し，これを連盟国の採択に付すべきことを規定している[32]。連盟理事会は1920年常設国際司法裁判所設置準備委員会を設置し，ブルジョワはここでも委員長に就いた。同委員会は，同裁判所規程案を作成し連盟理事会に報告した。その後同規程案は連盟理事会での審議・採択，加盟国への送付と意見収集，再度の連盟理事会での審議・採択を経て，1920年12月に総会で審議・採択された。これを受けて1922年1月に同裁判所は活動を開始した。

　ブルジョワは設立準備委員会の開会の辞において，常設国際司法裁判所は法の主権（souveraineté du droit）を地上に確立する最高の制度（institution suprême）になるべきだと述べている[33]。設立準備委員会の規程案は裁判所の強制管轄権（応訴義務）を認めるものだった[34]。連盟理事会での規程案審議の中でブルジョワは強制管轄権の正当性を認めつつも，それは紛争解決手段の選択の自由を認める連盟規約12条，13条に抵触するとして規程案を修正し，理事会が将来この問題を検討し総会において規約改定が行われることへの希望を表明している。このようにブルジョワは規程の早期成立を優先させ，その結果成立した裁判所規程は，裁判所の強制管轄権を導入するには至らなかった[35]。

---

(31)　北川・前掲注(7)，（三）12頁。
(32)　連盟規約の審議において裁判所の管轄権や裁判官の構成について意見が収斂しなかったため，裁判所の設置は規約14条により先送りになった。本稿Ⅱ2(2)を参照。
(33)　北川・前掲注(7)，（三）49頁。
(34)　委員会規程案は，裁判所は当事国の特別の協定なしに判決を下す権限を持つ。当事国の合意は国際連盟により審議される一般的協定により認められるものだから，と述べている。北川・前掲注(7)，（三）51頁。
(35)　関野昭一『国際司法制度形成史論序説』（国際書院，2000年）206-213頁。因みに日本政府も応訴義務を裁判所に認めることは規約14条に違反する，との立場だった。（関野・同上 226-227頁）。

(2) 国際連盟

第1回ハーグ平和会議で採択された国際紛争平和的処理条約の前文に「文明国団の各員を結合する連帯責務を認識し」という文言を入れることをブルジョワは望み,それが成就したことは上に述べた[36]。「文明国団」と「国際連盟」は,フランス語表現ではいずれも « la société des nations » である。つまり,ブルジョワにあっては,国際紛争平和的処理条約による常設仲裁裁判所の設立の自然な延長線上に,諸国の連帯組織としての国際連盟の設立が構想されていたことがわかる[37]。実際,ブルジョワは第1次世界大戦中の1917年に「国際連盟組織に関する政府委員会」の委員長に命じられ,国際連盟規約のフランス案の起草に携わっていた。ブルジョワは,対独宥和的な態度はとらず,国際連盟,法による平和,国際軍という彼の構想はいずれもドイツ封じ込めという文脈に置かれていた。1916年の時点でブルジョワは,戦争終結から連盟創設までのプロセスについて,第1段階で対独講和条約を締結し,第2段階で講和条約を実施してドイツの軍事力を無力化し,第3段階で国際連盟を創設するという3段階論をとっていた[38]。

「国際連盟組織に関する政府委員会」は国際連盟案を作成し1918年にこれを公表した。その骨子は次のとおりである[39]。1) 国際連盟は2回のハーグ平和会議を通じて形成されるのだから講和条約とは別途に検討される。2) 国際連盟は諸国家の法的団体（association）であり司法的権力体である。国際的政治国家は目指さず,法の支配による平和を目指す。3) 国際連盟に政府代表から成る国際機構（理事会に相当）を設置し,国際機構は国際裁判所を設置する。国際機構の決定や国際裁判所の判決に違反する国に対して,各国は国際機構の要請に応じて経済力・軍事力を用いることを約束する。4) 軍事制裁のために国際軍が組織される。それは国際常備軍または多国籍軍の形をとる。国際機構は自らの決定と国際裁判所の判決を執行するため,国際軍の兵力を決定し割当を行う。5) 国際機構内に常設国際参謀本部を設置する。常設国際参謀本部には,国際機構の統制の下で,共通軍事力の組織と軍事作戦行動に関わる全てが付託される。6) 国際連盟に国際議会（総会に相当）を設置する。国際議会は加盟国政府により構成され年1回の総会を開催する。15カ国の常任委任国は総会を

---

(36) 本稿の注(25)(26)を参照。
(37) 北川・前掲注(7),（三）9-10頁。
(38) 北川・前掲注(7),（三）21-22頁。
(39) 北川・前掲注(7),（三）25-26頁。Léon Bourgeois, *Le Pacte de 1919 et la société des nations, op. cit.* (note 33), pp. 197-215.

準備し緊急総会を招集する。

　他方，米国は英国と連携しつつ国際連盟案を準備していた。ウィルソンは，14か条宣言に見てとれるように，戦後国際秩序を民族自決，領土保全，海洋自由，自由貿易，軍備縮小に基づいて構想していた。英米の国際連盟案としてはイギリスのフィリモア案，大統領補佐官ハウスが作成したハウス案，4次に渡るウィルソン案，ハースト・ミラー案などがある。フィリモア案は常設裁判所にも義務的仲裁にも触れていない。ハウス案は大国による連盟をめざすものであり裁判所の権限は限定的なものにとどまる。それでもウィルソンはハリスに裁判所に関する条項を削除するよう指示したとされる。ウィルソンとハリスにとって仲裁裁判により紛争を解決するというハーグ方式は重要なものではなかった。2人は加盟国が互いの領土保全を約束し，それが侵犯された場合には制裁を科すという強力な連盟を構想していた。このようなウィルソン・ハリス構想と，ハーグ方式の延長線上に応訴義務を制度化し違反国には国際軍が制裁を科すというブルジョワの構想とは根本的に異なっており，両者の間に確執が生じることは必然だった[40]。

　ウィルソンは，戦後国際秩序を構想する上で国際法や裁判所に重要な位置を与えなかった。彼はハーグ常設国際仲裁裁判所を，先例や形式に囚われる法律家的発想に立つものとして軽蔑していた。連盟規約の起草過程においてウィルソンは常設裁判所の設立には終始無関心であり，裁判所規程を連盟規約に取り込むことを極力排除しようとした[41]。

　国際連盟規約は，1919年に国際連盟組織委員会においてその草案の検討が開始され，15回の会合を経て起草された。そのなかでブルジョアとウィルソンは，会合の進め方，連盟の名称，連盟への加盟条件，軍備縮小，規約前文におけるハーグ平和会議への言及，常設軍事組織，仲裁の義務化および常設国際司法裁判所判決違反への制裁，連盟からの脱退要件などをめぐって，終始激しく対立した。最後に揉めたのがモンロー主義である。ブルジョワは，連盟内に米州諸国と欧州諸国という2つの国家集団が生まれてしまうと述べてモンロー主義の連盟規約への採用に反対したが，それは実らず，最終的にモンロー主義条項（規約10条）は承認された。また，上述したように[42]，常設国際司法裁判

---

(40)　北川・前掲注(7)，（三）28-29頁。篠原初枝『国際連盟』（中公新書，2010年）33頁。

(41)　北川・前掲注(7)，（三）28-29頁。三牧聖子『戦争違法化運動の時代』（名古屋大学出版会，2014年）99頁。

(42)　本稿Ⅱ2(1)2)を参照。

所の設置は先送りされた（規約 14 条）。ブルジョワの連盟構想は挫折すること
になった[43]。

Ⅲ　ジョルジュ・セルの国際法思想

　ジョルジュ・セル（1878-1961）はソフィア大学，ディジョン大学，リール大
学，ジュネーブ大学，パリ大学で国際法，憲法，国際私法を教えた。主著は次
のとおりである。*La morale des traités de paix*（1920）; *Le Pacte des Nations
et sa liaison avec les traités de paix*（1920）; *Le droit ouvrier : tableau de la
législation française actuelle*（1922）; *La Société des Nations, sa nécessité, son
but, ses origines, son organisation*（1924）; *Précis de droit des gens –
Principes et systématique* t. Ⅰ（1932）; *Précis de droit des gens – Principes et
systématique*, t. Ⅱ（1934）. セルの国際法思想は，広く国際法研究者の関心を引
き続けている[44]。その理由としてある国際法学者は，セルの法理論が論理的で
秩序だった統一体をなし，あらゆる法現象が扱われ，部分が全体に結びついて
いる点でユニークかつ魅力的なこと，および，彼の法思想が当時の国家主義的
な主権濫用に抗議する政治哲学に発していること，の2つを挙げている[45]。以
下では，セルの法体系と彼の代表的理論である「国家の二重機能」論を紹介・
考察する。

1　法　体　系

(1)　主　要　概　念[46]

　セルの法体系において重要なのは，主権者としての法，国家主権の否定，連
邦制，唯一の法主体としての個人，の4つの概念である。

1)　主権者としての法

　セルによれば法のみが主権者であり，法は社会的現実から生じる[47]。社会的

---

(43)　北川・前掲注(7)，（三）35-42 頁。
(44)　以下の記述は，次の論文に依拠している。西海真樹「『国家の二重機能』と現代国
　　際法──ジョルジュ・セルの法思想を素材にして」『世界法年報』20 号（2000 年）。
(45)　西海・同上 77-78 頁。Hubert THIERRY, "The Thought of Georges Scelle",
　　European Journal of International Law, vol.1, no.1/2, 1990, pp. 193-194.
(46)　西海・前掲注(44)79-83 頁。Hubert THIERRY, "The Thought of Georges Scelle",
　　op.cit.（note 45）, pp. 198-205.
(47)　Georges SCELLE, *Precis de droit des gens(I)*, Recueil Sirey, 1932, p. 13 ; Hubert
　　THIERRY, *op.cit.*（note 44）, p. 198.

国家と海洋の国際法（上巻）第1部 国際法／Ⅰ 総論と歴史

現実は「類似性による連帯」と「分業による連帯」を生じさせ[48]，これら2つ
の連帯間の均衡を維持するために一定の強制（contrainte）が必要となり，そ
こから客観法が生まれる。この客観法が実定法の実質的法源となる[49]。セルは
主権を「個人が自分の望むことの全てを行いその意思を他の全ての個人に強い
る権能」と捉える。客観法が社会とその構成員を規律するのだから法のみが主
権者である，というのが「主権者としての法」の第1の根拠である[50]。「主権
者としての法」は統一的法秩序からも説明される。統一的法秩序とは普遍的で
すべてを包摂する法である。それはいかなる制約にも服さずに国内法，憲法秩
序，国家間法秩序，超国家法秩序を規律する[51]。単一の全体的法秩序が多様な
法体系を包含し，個人は複数の法秩序に服すことになる。そこにおいて「普遍
社会の法が国内法を規律するように上位法は下位法を条件づける[52]」のだから，
国家主権が存在する余地はない，というのが「主権者としての法」の第2の根
拠である。

2）　国家主権の否定

　法のみが主権者であるとすれば，国家主権は当然のことながら否定されるこ
とになる。主権観念は，客観法の観念とも法主体の観念とも相いれない。法と
りわけ国際法を国家主権の観念に依拠して構築しようとするのはむだな試みで
ある。実際，主権は諸国政府の意思を法の支配から解放し，管轄権の観念や合
法性の観念を破壊するだけである[53]。管轄権（＝社会構成員としての個人に付与
された意思行為を行う権能）を配分しその境界を確定することが法の基本機能で
ある[54]。この管轄権があれば集団の利益を十分保護できるのだから，主権概念
は斥けられる。伝統的学説は管轄権を決定・配分する権能をもつ者を主権者と
みなしてきた。しかしこの考えもまた法の観念と全く相いれない。なぜなら管
轄権の決定とはそれ自体が社会機能であり，客観法に従ってのみ行われるもの

---

(48)　前者は身体的親近性，社会的出身，欲求や適性の類似性，言語共同体などに基づく
　　　連帯であり，後者は個人の適性に応じて任務を分担し活動を特化し生産性を増大するこ
　　　とで諸個人を互いに不可欠のものとする連帯である（*Precis(I), op.cit.* (note 47), pp. 2-3,
　　　5）。

(49)　*Ibid.*,

(50)　*Ibid.*, p. 13.

(51)　*Precis de droit des gens(II)*, Recueil Sirey, 1934, p. 6.

(52)　*Ibid.*

(53)　*Precis(I), op.cit.* (note 47), p. 14.

(54)　*Ibid.*, pp. 7-8.

だからである⁽⁵⁵⁾。セルは，意思的に行動する個人にのみ法主体性を認め，国家にたいしてはいかなる法人格，法主体性をも認めなかった。法人格が認められない国家は主権的存在ではない，というのがセルの思想の核心部分だった⁽⁵⁶⁾。

3) 連 邦 制

連邦制は一見したところ相矛盾する自立・自由と秩序・安全という二つの欲求を両立させる。社会間の連帯現象の絶え間ない拡大は，主権観念を排除した法的・制度的階層制としての連邦制を生じさせる⁽⁵⁷⁾。それは自立性，アイデンティティー，個性を維持しつつ平和と安全を保障する集合体に加わろうとする複数社会から成る，国家を超越する手段，法の主権と暴力の排除を確保する手段である⁽⁵⁸⁾。セルは米国，スイス，ソ連となどの連邦国家の憲法を詳細に論じ，他方で植民地を連邦制の視点から考察し，民族自決権にも言及している。自決権とは「現在ある国家法秩序に帰属している権利主体としての民族が，いかなる国家法秩序に属するかをみずから決定する可能性を付与されること」であり，既存の国家法秩序への帰属または分離を自ら決定する権利である⁽⁵⁹⁾。セルは連邦制を広い意味で用いている。国際連盟も連邦システムであり⁽⁶⁰⁾，法規範の階層制の観点からは国際社会も「規範の連邦制の一形態」とされる⁽⁶¹⁾。後述する「国家の二重機能」がとりわけ顕著に現れるのは，制度的に未熟なこの国際社会においてである。

4) 唯一の法主体としての個人

法主体とは管轄権を付与された個人のことである。セルは個人だけを法主体とし国家や法人を法主体として認めない。なぜならば個人だけが意思決定し，責任を負うことができるからである。他方，セルは個人的および集団的自由の理論は「人々の法」の基礎そのものであると述べる⁽⁶²⁾。この点でセルは人権擁護者である⁽⁶³⁾。共通の良心と経験により承認された自由には，生存権，反戦の

---

(55) *Ibid.,* p. 13.

(56) *Ibid.,* pp. 9-13.

(57) *Ibid.,* p. 188.

(58) Hubert THIERRY, *op.cit.*（note 44），p. 202.

(59) *Precis(II), op.cit.*（note 51），p. 259. ただしセルはこの分離権の意義について懐疑的である。「分離への欲求とは実は主権への欲求，際限のない恣意という亡霊への欲求である。安全が束縛のない自由の中にではなく共同管轄権の調和的な規制の中にあること気づくとき，人々は法が保障する自治におそらく満足するだろう」（*Ibid.,* p. 273）．

(60) *Precis(I)* の第 3 章第 4 節の題名は「連邦組織としての国際連盟」である。

(61) *Precis(I), op.cit.*（note 47），p. 190.

(62) *Precis(II), op.cit.*（note 51），p. 15.

(63) ただしセルは客観主義的見地を堅持し主観的権利を認めない。社会的現実と連帯が

闘い（国際的庇護と人道的干渉），身体の自由（反奴隷制の闘いを含む），国籍選択の自由，経済的自由（所有の自由を含む），宗教的自由，言語と教育の自由がある。セルは世界人権宣言を先取りしていたのである[64]。以上がセルの法体系のあらましである。セルの描く世界社会は，複数のさまざまなレベルの社会から構成されている。そこではサブシステムとしての多数の法秩序が相互に重なり，上位法秩序（国際法）に下位法秩序（国家法）が服している。世界社会の内部において国家は基本的な政治単位となっているものの，法人格も主権も有さない。世界社会の本質は唯一の法主体である個人間の交流である。

(2) イデオロギー的基礎[65]

1) セルの著作を通じてみられる価値観

セルの政治哲学は戦間期の政治対立から生まれ，そのなかでセルが意図的に果たした役割に発している。権力に対峙する個人，神秘的信念に対峙する合理主義，科学的知識に基づいた進歩への信念などがセルの思想を貫いている。こう述べると，セルは「社会的現実から法が生成する」という彼自身の言説とは裏腹に当時の社会的現実を直視しない理想主義者だったのではないか，との疑問が湧くかもしれない。セルの最初の体系書 *Précis de droit des gens(I)* は1932 年に，*Précis (II)* は 2 年後に刊行された。これらの著作を読めば彼が決してそのような現実離れした学者ではなかったことがわかる。*Précis (I)* の序文のなかでセルは「個人および人間集団の心性が国際主義にたいして今日ほど敵対的なことはこれまでになかった」と述べる[66]。また，*Précis(II)* の第 1 章「集団的・個人的自由」というタイトルに付された冒頭註のなかで，セルはこれらの自由を今考察することの意義を次のように述べる。「多くの国でこれらの権利が政府によって公然と無視され野蛮に破られている。他方，他の政府と国際連盟は介入して法を擁護するための管轄権があるにもかかわらず必要な努力を払わず，この法的義務を果すことに消極的である。そんな時期に古典的な法学文献が『個人的自由』と称するものへ第一章を当てることは逆説的に見え

客観法を生み出しそこから実定法が形成される。この実定法が（権利ではなく）管轄権を個人に配分する。もし基本権がいかなる社会にも先行し，いかなる社会規則にも優位する法的事態を意味するなら，さらに基本権を前に立法者が法的に無力であるというなら，そのような基本権は存在し得ない。法規則と立法が存在するには，まず社会がなければならない。社会的現実は，法的権利に先立ち優位する（*Ibid.*, p. 16).

(64) *Ibid.*, pp. 25–32.
(65) 西海・前掲注(44)88–93 頁。
(66) *Précis(I), op.cit.* （note 47），p. VIII.

るだろう。政府や国際連盟の義務不履行の理由は，自分たちが無力だというものである。我々は疑いもなく法の後退期にある。だからといってそれが法規則の明示を差し控える口実になるだろうか。否，全く逆である。法規則の表明が弱まるがままにしないことが重要である。実定法の違反と進化とが混同されることほど有害なものはない。これまでの人類の歴史には後退の暗い時期が何度もあったが，それは進歩に向けての輝かしい段階に受け継がれた。そのような段階が再び来ることを期待しつつ我々は法現象を科学的に研究し続けようではないか[67]」。この一節からは，暗い現実を直視しつつその克服を目指して研究を継続しようとする彼の精神が伝わってくる。セルの「現実主義」は現状批判的な理想主義の性格を帯びていたと言えよう。

  2) セルの価値観の特徴

  上でみたセルの価値観には2つの前提がある[68]。1つは方法論に関わる。セルは国際法の法実証的分析に満足せず，社会学や歴史学の成果を取り込みながら国際社会の現実を探求した。このようなセルの方法は現状への不満足に発する価値選択である。セルは法実証的分析に留まる限り，研究は現状維持的・保守的な傾向をもつことに気づいていた。もう1つは国際社会の性格に関わる。国際社会は支配者の社会であるとセルは確信していた。支配者たちは国家主権に固執することで自らの権力を永続化しようと努める。ここから彼の国家主権への手厳しい批判が展開する。セルは率直で堅固な国家主権の批判者である。彼にとって国家主権は「部族的ナショナリズムという古いイデオロギーの近代的表現[69]」でしかない。新旧諸国が国家主権に固執するのは，諸国の基本的信条が「利己主義と力の主権」にあるからである[70]。セルによれば，支配者の権威を抑制し国際法の秩序構造を国家法のそれに一致させる権能をもった機関が国際社会に創設されたとき，初めて国際社会に進歩がもたらされる。セルの理想社会は「国家社会」である。国際社会をそのような社会に変えるために国際

---

(67)　*Précis(II), op.cit.* (note 51), p. 15.

(68)　以下の論述はカッセーゼの立論に基づいている。Antonio CASSESE, "Remarks on Scelle's Theory of "Role Splitting" (dédoublement fonctionnel) in International Law", *European Journal of International Law*, vol. 1, no. 1/2, 1990, pp. 215-217.

(69)　"Le phénomène juridique du dédoublement fonctionnel", Vittorio Klostermann, *Rechtsfragen der Internationalen Organisation-Festschrift fur Hans Wehberg*, 1956, p. 333.

(70)　Georges SCELLE, "Quelques reflexions hétérodoxes sur la technique de l'ordre juridique interetatique", *Hommage d'une génération de juristes au Président BASDEVANT*, Pedone, 1960, p. 481.

法学者は国家主権と戦わなければならない。個人，人々，民族その他の国家以外の集合体を重視しなければならない。それらは世界社会を非主権的なものにするために決定的役割を果たす。セルは言う。「人々の無知と消極性が君主社会の事実上の権威を存続させることがある。民主的コントロールが実際に行使されたなら，そのときに私たちは人々や諸個人の社会について語ることができる。そのとき初めて普遍的法秩序の輪郭が形成されその到来が告げられる。私たちの最終目標は漸進的かつ普遍的な連邦制でなければならない。これこそが普遍的帝国主義の構築という新たな試みを阻む唯一の手段となるだろう[71]」。セルの学説はイデオロギー的基礎から切り離せない。切り離せば学説の背後にある意図，現在流通している諸概念と法的虚構の欺瞞を暴き，より良い国際法秩序実現のためにとるべき道を示唆するという意図が見過ごされてしまう。後述する「国家の二重機能」もこのようなイデオロギー的基礎の上に位置づけなければならない。それは単に国際社会における基本機能の発現形態を説明するための分析道具にとどまらず，統治者，法律家，広範な民衆がより満足のいく国際制度を創設するために働かなければならないことを示す理論でもある。

2　国家の二重機能

(1)　定義・発現形態[72]

　ここでは「国家の二重機能」の定義およびその具体的発現形態について考察する。

1)　「国家の二重機能」の定義

　1956 年に書かれた「二重機能という法現象」と題する論文のなかで，セルは「二重機能」に次のような一般的定義を与えている。「制度的管轄権を備えた機関または法秩序によりそれを付与された機関は，みずからが有する機能的権能を，そのような機関を設立した法秩序のなかで当該権能が組織化されたとおりに行使する。さらにその機関は，規範の実効的実現のために必要な機関を欠いているか不十分にしか有していない他の法秩序における規範の実効性を確保するために，その機能的権能を行使する[73]」。「二重機能」とは，異なる法秩序間の合意により，または上位法秩序が下位法秩序にそれを課すことにより，

---

(71)　*Ibid.*, pp. 477 et 488.

(72)　西海・前掲注(44)83-88 頁。

(73)　Georges SCELLE, "Le phénomène juridique du dédoublement fonctionnel", *op. cit.* (note 68), p. 331.

絶えず生じる法現象である。あらゆる政治社会は、客観法を実定法に定式化することと（立法機能）、実定法を実現すること（執行機能）、法律行為の適法・不適法とそこから生じた法的結果を確認すること（司法機能）、という3つ基本機能を営んでいる[74]。国家社会においてはこれらの基本機能は国家機関によって担われる。ところが国際社会にはこれらの基本機能を果たす固有の機関が今日に至るまで欠如したままである。したがって、国際社会におけるこれらの基本機能は国家機関によって果される以外にない。その結果、国家機関は国家法秩序における国家機関の役割と、国際法秩序における国際機関の役割という2つの機能を担うことになる。これが国家の二重機能である[75]。国家機関は国際社会における基本機能をどのように担っているのだろうか。

2) 「国家の二重機能」の発現形態

「国家の二重機能」の下で、国家機関は国際社会の立法、執行、司法機能を具体的にどのように担っているのだろうか？　これにかんするセルの説明は次のとおりである。

立法機能：立法機能この分野での「二重機能」の典型例として、セルは条約の締結を挙げる。というのも条約締結能力を有した国家機関が条約の作成に参加するとき、その機関は国家機関としてではなく国際機関として行為しているからである。セルは言う。「一国の立法府または国家元首が外交官と共に立法条約の作成に参加するとき、彼らは国際立法行為に協力しているのであるから国際立法者である[76]」。セルによれば「条約は法律と同様、その規制対象となる法的関係に参加する全行為者——条約に署名した政府、その批准を承認した立法府、条約の適用・解釈の任務を負った行政官や司法官、条約により行動が規律される個人——の管轄権を変更する」ものであり、「条約当事国政府および

---

(74)　*Precis(I), op.cit.*（note 47）, p. 18.

(75)　Georges SCELLE, "Régles générales du droit de la paix", *Recueil des cours*, Tome 46, 1933, p. 358 ; *id.*, "Le phénomène juridique du dédoublement fonctionnel", *op.cit.*（note 68）, pp. 333-334. カッセーゼが指摘するように（Antonio CASSESE, *op. cit.*（note 67）, p. 214）, セルの法体系における「国家の二重機能」の位置づけは終始不変ではない。たとえば1943年に刊行された体系書では、二重機能は「法秩序間の階層制という基本法と並ぶもう一つの基本法」と位置づけられているのにたいして、1956年の論文「二重機能という法現象」では、「法秩序の生成・変遷」および「法秩序の階層制」という法技術にかんする2つの法則（原則）があって、二重機能という法現象はこれら2つの法則に依拠している、と述べられている。以下を参照。Georges SCELLE, Manuel élémentaire de droit internatinal public, Doma-Montchrestien, 1943, pp. 21-23 ; *id.*, "Le phénomène juridique du dédoublement fonctionnel", *op.cit.*（note 68）, p. 324.

(76)　"Règles générales du droit de la paix", *op.cit.*（note 73）, p. 359.

国家と海洋の国際法（上巻）第1部 国際法／Ⅰ 総論と歴史

その下にある諸個人は条約が規律する法的関係について単一の集合体を構成し」「二重機能」は条約が発効している間は「部分的な規範の連邦制」現象として機能する[77]。

執行機能：この分野における「二重機能」の例としてセルが挙げるのは，一国または複数国による国際法実現のための戦争である。セルは戦争について「ブリアン・ケロッグ条約が成立するまでは，戦争は主観的権利の行使，裁判判決の履行，法規則の受諾または管轄権の放棄の強制，適法な事態の廃棄，革命的状況の創設などの諸機能を果していた」と述べる[78]。次いでセルは国内平面における「執行的二重機能」について以下のように述べる。「領域主権は決して排他的ではない。同一の領域が，相重なり合ういくつもの人間集団の場となり，それらの集団に国内的・国際的法秩序（市町村，県，国家，機能的連邦，領事など）が対応している。そこではまた，普遍社会の基本法が自らの実施のために国家を義務づけている[79]」このように，セルは国家が戦争を通じて諸機能を実施し，国内平面において基本法を実施することを，執行的二重機能と捉えている。

司法機能：司法分野での「二重機能」について，セルは以下のように述べる。「国内裁判所が国際規範とりわけ条約の解釈を行い，国際公法または国際私法の領域の判決を下すとき，その判決は真の国際判決を構成するものである。この場合，国内裁判所の判事は国際判事になる[80]」。この司法分野での「二重機能」を論じるさいに，セルはそこで扱われる事件の「外部性（extranéité）」に注目し，これを「司法的二重機能」の根拠としている。セルは言う。「国内裁判所が国際公法・私法の条約にかんする紛争を付託されたとき，その事件の外

---

(77)　"Le phénomène juridique du dédoublement fonctionnel", *op.cit.* (note 68), pp. 334-335.

(78)　同時にセルは，戦争がもっていたこれらの機能のなかに「国際法秩序を特徴づける諸権限の混同」も見出している（*Ibid.*, pp. 337-339）。

(79)　そのような基本法とは，外国人の入国，貿易のための開港，国際社会の構成員による交通のための領域使用，公役務へのアクセス，実質的法的安全の保障，裁判所の利用確保にかんする法である（*Ibid.*）。

(80)　ただしセルは「司法分野における『二重機能』という考え方は，何人かの法学者のもっとも激しい反発と，ときには嘲弄をさえ引き起こすものだ。このような考え方ほど立法者，判事および訴訟当事者の精神の常態を傷つけるものはない」と述べ，このような考えかたが従来の法学的思考に反し，したがって大いに反発を引き起こすであろうことを認めている。けれどもセルは他方で，このような反発を「形式的基準と実質的基準とを完全に混同するもの」と斥ける。彼にとっては，法的行為の中身と実質を考慮した基準こそが法的基準とされるべきなのである（"Le phénomène juridique du dédoublement fonctionnel", *op.cit.* (note 68), pp. 339-340）。

部的要素が現れる。それらの要素とは訴訟人の国籍，財産または利益の状態，外国政府の介入，当該事件を規律する諸規範などである。国内裁判所はこれらの規範の奉仕者，これらの規範の執行機関となる。国内裁判所判事の任命権者は，判事がこれらの規範を解釈・適用するという権限を，判事に付与したのである[81]」

(2) 今日的評価[82]

ここではまずセルの法体系を，次いで「国家の二重機能」をそれぞれ評価する。

1) セルの法体系の評価

第2次世界大戦後の国際社会で支配的となった国際社会観や新たに形成された国際法・制度の中には，セルの理論によって説明できないものと，できるものとがある[83]。

セルの理論で説明できないもの：第二次世界大戦後の国際社会では，米ソ冷戦，核軍拡，中東紛争，脱植民地化をめぐる武力紛争，経済・環境・人権をめぐる先進国と途上国の対立などの紛争的側面が際立っている。その結果，国際社会を主権国家間の権力闘争の場とみる現実主義者の国際社会観が支配的となった。彼らの理論の構成要素の多くはセルの概念と相容れない[84]。これらの社会観は国際法をせいぜい国際政治の道具としかみておらず，セルのいう「主権者としての法」とは正反対である。そこにおいて国家主権は否定されるどころか重要な役割を担い，実定国際法もそれを尊重してきた。セルの予想に反して，植民地は植民地本国との間に連邦的の関係をとり結ぶ代わりに多くが脱植民地化により主権独立国家への道を選んだ。脱植民地化の文脈で自決権が法的に承認され，それは植民地支配を否認する法的シンボルとなった。「国家主権の否定・国家の法人格の否認」というセルの主張は，このような現代国際法の展開と両立しない。

---

(81) *Ibid.* セル自身は「二重機能」を，国際社会に「法秩序の階層制」にみあう「諸制度の階層制」が実現するまでの間そこでの基本機能を確保するために必要となる「欠陥をともなった代用品」「国家間主義の現状における窮余の策」と捉え，かつ，その立法・執行・司法機能はそれぞれ限界をかかえていることを認めている（*Manuel, op.cit.* (note 73), pp. 22-23, 515-516, 520-521 ; *Précit (II), op.cit.* (note 51), pp. 10, 452）。

(82) 西海・前掲注(44)93-99頁。

(83) Hubert THIERRY, *op.cit.* (note 44), pp. 205-209.

(84) たとえば「国際社会の異質性（分業による連帯の否定）」「国際社会の無政府的性格・諸国の並存（制度的・規範的連邦制の否定）」「リヴァイアサンとしての国家（普遍社会や「二重機能」の否定）」などがそうである。

国家と海洋の国際法（上巻）第1部 国際法／I 総論と歴史

セルの理論により説明できるもの：しかしながら現実主義者の国際社会観はセルのような調和主義者の国際社会観と同様，国際社会の現実の全てを説明できる訳ではない[85]。セルの理論が妥当する国際法分野は確かに存在する。それをチエリーは2つの観点から考察する[86]。1つが社会的現実と共通利益の役割，もう1つが普遍的規則の役割である。

社会的現実と共通利益の役割——恰好の事例が3つある。それは欧州共同体法，国際人権法，国際共同体の概念である。共同体の基本法はセルのいう社会的現実に根ざした客観法に当たる。人権の国際関心事項化は国家実行における不干渉原則の衰退と軌を一にしている。人権領域の実定法もまた社会的現実に根ざした客観法を反映している。国際共同体の概念は，セルの時代には実定法上のものというよりも客観法上のものだったが，今それは実定法化され，国際司法裁判所の判決もこれにしばしば言及している。

普遍的規則の役割——上述の傾向を反映して普遍的規則が増加してきた[87]。それらはセルのいう国際憲法の観念によって捉えることができる。普遍的国際法の存在は普遍的社会の存在を証している。現実の社会には敵対的側面と調和的側面が並存している。セルの理論は前者を説明しきれていないものの後者を説明することに十分成功している。セルの理論は「国際法全体のうちの陽の当たる面[88]」を映し出していたと言えよう。

2）「国家の二重機能」の評価

最後に「国家の二重機能」をやはり現代国際法に照らして評価してみよう[89]。

---

(85)　この点につきセルの弟子の1人だったルネ・ジャン・デュピュイは，弁証法的方法の採用を次のように提唱する。「調和主義者は同胞的共同体を構想するが，それは決して存在しない。他方，戦略主義者たちもそもそも共同体に紛争はないと考える点で誤っている。彼らは紛争と共同体がまったく相容れない訳ではないということを想像できない。実際には紛争と共同体は共存する。そのような場合があり得るというだけでなく，一方が他方を前提としているとさえ言える。それゆえに，相互依存と敵対関係が恒常的に存在するということを，我々の分析に含めなければならない。我々の方法は弁証法的なものでしかあり得ない」(Rene-Jean DUPUY, *La Commmmté intenationale entre le mythe et l'histoire*, Economica/Unesco, 1986, p. 30).

(86)　Hubert THIERRY, *op.cit.* (note 44), pp. 208-209.

(87)　国連憲章，1949年ジュネーヴ諸条約，外交関係にかんするウィーン条約，WTO協定，地球環境保全諸条約などが該当する。また，強行規範やエルガ・オムネスの義務などの国際社会全体・人類全体の利益に関わる観念も実定法への道を歩みつつある。

(88)　Hubert THIERRY, *op.cit.* (note 44), p. 207.

(89)　カッセーゼはセルの学説について，「現実を説明し得るか／独創的か／一貫しているか／体系的に整えられているか／影響力をもっているか／今日でも重要か」という六つの基準に基づいて極めて詳細で興味深い評価を行っている。ここでの論述は全面的に

6 戦間期国際法学における連帯学派 〔西海真樹〕

現実を説明できる理論か：「国家の二重機能」は戦間期以降のセルの生きた時代の国際的現実を反映している。当時の国際社会には国際立法機関も国際執行機関も存在しなかった。したがって国際社会における基本的社会機能が国家機関に移送されていたことは疑いない。「国家の二重機能」は時代の移行期における国際法学者の考察と捉えることができる。移行期とは従来の構造が挑戦を受け新しい組織体（連盟や国連）が現れたものの，それらが古い構造を根本的に改めることができない時期である。「国家の二重機能」は，セルを取り巻くこのような歴史的環境のなかで生み出された理論なのである。

今日なお重要な理論か：「国家の二重機能」は今日でも有効であると言える。その理由は2つある。第1に，セルの唱えた「国家間社会」「超国家社会」という概念は，国際社会の今日的変遷を捉える上でなお重要な鍵概念である。国際社会は今日でもなお基本的に「国家間社会」であり，そこにおいて「国家の二重機能」が広く行われている。したがってそれは依然として国際法分析のための有効な道具である。第2に「国家の二重機能」のうちとりわけ執行機能と司法機能に関してさらなる重要性が付与されている。その背景には，集団安全保障システムの機能不全によって国際法執行機関としての役割を再取得したかのように行動する国家が現れていること[90]，基本的諸価値の遵守を求める普遍的規範が形成された結果，それらを遵守しない国または個人にたいして，執行および司法レベルで国家機関が何らかの措置をとるという現象が生じていることがある。

執行機能については，犯罪行為の停止を要求する権利，そのような国宛に対抗措置をとる権利などが提唱され一部国家により行使されている。このような法現象はまさに「国家の二重機能」により説明されよう。司法機能については，犯罪者への普遍的裁判管轄権を付与する多国間条約[91]の増加したことが重要である。これらの条約は，犯罪容疑者所在国にたいして裁判を行うか他の締約国に容疑者を引き渡すかを求めている。国内裁判所が判決を下すとき，それは司法機能としての「国家の二重機能」の典型例になる。

彼の評価に依拠している。次を参照。Antonio CASSESE, *op.cit.* (note 67), pp. 217-231.

(90) もちろん「国連憲章の枠内で」という限定を伴っている。ただし国家は国際的に承認された諸価値（平和，正義，人権・人民の権利の尊重）の実現のために行動していると言いつつも，実際には自国の利益追求のみを（国際的に承認された基準を全く無視して，あるいは基準充足を装いつつ）行う場合がある，ということに留意が必要である。

(91) ジュネーヴ諸条約，ジュネーヴ諸条約追加議定書，拷問禁止条約，テロリズムを規制する諸条約などが挙げられる。

137

国家と海洋の国際法（上巻）第1部 国際法／I 総論と歴史

IV おわりに

レオン・ブルジョワは，19世紀末から戦間期にかけて，社会連帯主義に基づいて国際平和の実現に尽力した法律家・政治家だった。北川は，ブルジョワがめざした「司法で武装した国際連盟の構想」は挫折せざるを得なかったとしても，主権国家の現実と国際的連帯に基づく平和の希求との狭間にあって，平和の条件を追求した苦闘には，今なお汲み取るものがあるだろうとブルジョワを評価している[92]。他方，ブルジョワの発想が極めて欧米中心的であることは，彼が義和団事件を「ヨーロッパ文明に対する中国的野蛮の反乱」とみなしたことによく現れている[93]。「大西洋文明とハーグ平和会議」（1913年）に南北アメリカ外交代表団を迎えたときの彼のスピーチは，代表団一行のフランス語能力の高さを讃え，アングロサクソンとフランスとの調和を強調し，数世紀に渡り東方から西方に行われた征服の後で，今度は平和的な新しい征服が西方から東方に向かって行われる，と述べている[94]。さらにブルジョワの国際連盟構想は，文明化の使命を負った欧州および南北アメリカの「文明世界」に属する国のみをメンバーとするものだった[95]。これらを考慮するならば，ブルジョワの国際平和論が「文明化の使命」「文明対野蛮の構図」にとどまっているとする北川の指摘[96]は，正鵠を射るものと言えよう。

国内的にも国際的にもさまざまな面で孤立，対立，分断が深まっている現代社会において，脱国境的な連帯概念に基づいて積極的平和を求め構築することの必要性と重要性はますます高まっている。ブルジョワの欧米中心的発想にみられる同時代的限界には，十分留保しなければならないが，それでもなお，現実との格闘のなかで高邁な理想を実現しようと尽力したブルジョワの精神は魅力的であり，今日的意義を保ち続けている。

ジョルジュ・セルは，ブルジョワと同様，社会連帯主義に基づき，ナチスが

---

(92) 北川・前掲注(7)，(三)56頁。

(93) 北川・前掲注(7)，(三)18頁；Léon Bourgeois, *Pour la société des nation, op. cit.* (note 23), p. 121.

(94) 北川・前掲注(7)，(三)18-20頁；Léon Bourgeois, *Pour la société des nation, op. cit.* (note 23), pp. 246-247, 254-255.

(95) 北川・前掲注(7)，(三)17頁；C. Nicault, « Léon Bourgeois, militant de la paix (1899-1918) », *in* A. Niess et M. Vaïsse (dir.), *Léon Bourgeois. Du solidarisme à la Société des Nations*, Éditions Dominique Guéniot, 2006, p. 66, note 55.

(96) 北川・前掲注(7)，(三)17, 20, 56頁。

欧州を席巻した暗い時代に，法という武器をもって分割と解体の力と戦い[97]，高い理想を掲げた法学者だった。セルの思想を要約した次の言葉に深い共感を覚えずにはいられない。「法とは倫理と権力とが結合したものだ。もし権力が倫理を法規範に反映させることを拒むならば，法としての実質的命令と社会的必要性との一致を取り戻すための革命が正当化されるだろう[98]」。ここで彼の二重機能論について1つ指摘したい。国家機関が外見上国際機関として行動するとき，そうしながら実は国益を追求している場合と，文字通り国際社会全体の利益・価値の実現を求めている場合がある。実際には両者がないまぜになっている場合が多いだろう。セルはこの点を十分に考察しているとは言えない。このような国家機関の行為を実質的に区分するためには，何らかの基準を設けることが必要になる。国家機関が国際機関として行動する場合，それらの機関は何を求め，何を契機として，ナショナルなものを超えた利益・価値を実現しようとするのか。あるいはそのような外観を装いつつ，実はもっぱらナショナルな利益・価値だけを追求しているのか。

　それらを区別するためには，セル自身が強調したとおり，形式的基準ではなく実質的基準によって評価を行わなければならない。両者を区別する基準は，とりもなおさず国際社会がどこまで伝統的な国家間社会であり続けていて，同時にどこまで連帯と共通利益に基づいた社会になりつつあるのかを試すための，リトマス紙になるだろう[99]。

　当時の欧州において支配的だった社会通念に拘束されつつも，現実をより良い世界に変えようと努めた2人から学ぶものは大きい。国際法研究者は往々にして国際法の無力を嘆きがちだが，嘆く代わりにすることがあるということを2人は語りかけている。

---

(97)　Hubert THIERRY, *op.cit.* (note 44), p. 209.
(98)　Rene-Jean DUPUY, *op.cit.* (note 82), p. 237.
(99)　Antonio CASSESE, *op.cit.* (note 67), p. 219.

7 国際法における「文明の基準」の回帰

松 井 芳 郎

Ⅰ　問 題 提 起
Ⅱ　近代世界システムにおける国
　　際法
Ⅲ　伝統的国際社会における欧州
　　国際法の形成と拡大
Ⅳ　外延の国の国際社会への受
　　容：国家承認制度の役割

Ⅴ　現代国際法における「文明の
　　基準」の衰退と「回帰」
Ⅵ　「文明の基準」の「回帰」？
Ⅶ　グローバル化する世界におけ
　　る国際法の役割：結びに代え
　　て

Ⅰ　問 題 提 起

　世紀の変わり目のころから，国際法学だけでなくその関連分野も含めて，国際法の歴史への関心が高まっており，国際法（学）における「歴史への転回（turn to the history）」が語られるようになった。このような「転回」の背景には，この頃から目立つようになった国際法の危機があるように思われる。何よりも，現代国際法のもっとも重要な基本原則である武力行使禁止原則が，大国・強国とその支持を受けた国によってしばしば侵犯され，国際社会はこれに適切に対応していない。人権や環境といった国際社会の一般的利益がかかる分野においても，規範や制度の整備が思うように進まないだけでなく合意された規範等も必ずしも遵守されない。こうして，国際法の危機とはとりわけ，その実効性の欠如だといえるかもしれない[1]。

　私たち国際法研究者が「歴史への転回」に参加して国際法史を紐解くときには，歴史的事象から現在の国際法上の課題に迫るためのヒントを得ることを目的とする場合が少なくない。「われわれがそれから何事も学ばない歴史［研究］は，時間の無駄遣いだ」とされる[2]。こうして本稿は国際法における「歴

---

(1)　最上敏樹『国際法以後』（みすず書房，2024 年），参照。
(2)　Martti Koskenniemi, "Imaging the Rule of Law: Rereading the Grotian 'Tradition'",

史への転回」を取り上げるが，これをおもに「国際法における文明の基準（the standard of civilization in international law）」（以下では「文明の基準」と略称）の波動の分析を通じて行う。この概念は19世紀後半おいて定着したが第1次世界大戦後は衰退の道をたどり，第2次世界大戦後はほとんどその跡を絶ったように見えた。ところが冷戦終結後急速に展開したグローバリゼーションの下で，「文明の基準」は回帰しているという[3]。

「文明の基準」それ自体が慣習国際法を表現するという説明[4]には与しがたいが，「文明の基準」が法概念であったことは明らかであり，それはそうしたものとして西欧国際社会に起源をもつ伝統的国際法が世界大に拡大する過程で，いわばその触媒として働いてきた。そしてこのような触媒としての役割を検討することは，国際法の社会的基盤の解明につながると思われる。こうして本稿では，「文明の基準」の波動のありさまを検討することを通じて，国際法の社会的基盤の解明に接近することを課題とする。

II　近代世界システムにおける国際法

1　近代世界システムにおける中核，半辺境，辺境，および外延

世界システム論で知られる経済社会学者ウォーラーステイン（Immanuel Wallerstein：1930-2019）は，15世紀末から16世紀初頭にかけて出現した欧州世界経済の全世界への拡大について，大略以下のように述べた[5]。成立当時の欧州世界経済は，北西欧州と地中海のキリスト教徒支配地域，中欧やバルト海地域，さらには新世界の一部を初めとするスペインとポルトガルの支配地域を含んだが，インド洋地域，極東およびオスマン帝国を含まず，ロシアも全体としては含まれなかった。これらの地域の欧州世界経済への包摂の過程は，主として18世紀の半ばから19世紀の半ばにかけて進行し，19世紀の末から20世紀の初めにかけて，全地球が資本主義世界経済の枠内に包摂され終わった。こ

EJIL Vol.30（2019），p.20.

(3)　See, David P. Fidler, "The Return of the Standard of Civilization", *Chicago Journal of International Law*, Vol.2（2001），reproduced in *Articles by Maurer Faculty*, 432.

(4)　*Ibid.*, p.144, citing Georg Schwarzenberger, "The Standard of Civilization in International Law" *Current Legal Problems*, Vol.8（1955），p.227.

(5)　本文の叙述は，ウォーラーステインの以下の著作の関連部分を，筆者なりに要約したものである：I. ウォーラーステイン，川北稔訳『近代世界システム——農業資本主義と「ヨーロッパ世界経済」の成立 I・II』（岩波現代選書，1981年）2；6；7；I. ウォーラーステイン，川北稔訳『近代世界システム *1730〜1840s*——大西洋革命の時代』（名古屋大学出版会，1997年）第3章。

れらの外部の諸世界は欧州諸国との間に無視することができない貿易関係や外交関係を展開していたにもかかわらず，世界経済の分業体制に有機的に組み込まれてはいなかったために当時においてはそこに包摂されていなかったのである。

　世界経済は中核諸国と辺境，そして両者の中間に位置する半辺境とに区分され，さらにそれらの外部に外延の存在が措定されていた。世界システムは固有の境界と組織構造と構成員，何らかの法体系，一体感などをもった社会システムであり，外部の国がそこに編入されるためにはそれらの国は「国家間システムにおける国家」とならねばならず，そのメンバーが強制する規則の範囲内で行動しなければならないという。国際法の用語に言い換えるなら，「国家間システム」は「国際社会」を，「国家間システムにおける国家」は「国際法的な意味における国家」すなわち「文明国」を，国家間システムのメンバー諸国が集団的に強制する「若干の規則」は伝統的国際法の規則を，意味するであろう。

2　伝統的国際法における国の類別

　ここで思い起こされるのは，19世紀後半のスコットランドの法学者ロリマー（James Lorimer：1818-1890）による，国の3分類である。彼は国を「文明人」の国，「野蛮人」の国，および「未開人」の国に区別して，各々に異なった国際法上の地位を与えた[6]。ロリマーは自然法論者であり人種主義者でもあって当時の主流だったリベラルの実証主義者とは違うとされる[7]が，彼による国の3分類は「19世紀の国際法学者の論述ではありふれたものとなった」という[8]。上に見たウォーラーステインの理解も示すように，それは国際法学者だけではなく，より広い一般的認識だったように見える。

　それでは，「文明人」の国とそれ以外の国ないしは共同体の間で，当時の国際法はどのように適用されあるいは適用されなかったのか。これらの諸国との関係では法システムとしての国際法は適用されないが，中国，日本，オスマン帝国といった「野蛮人」の諸国との関係では独立と不干渉の権利，条約上の権

---

(6)　James Lorimer, *The Institutes of the Law of Nations : A Treatise of the Jural Relations of Separate Political Communities* (Edinburgh, 1883: reprint, Scientia Verlag, 1980), Vol.1, pp.101-103.

(7)　Martti Koskenniemi, "Race, Hierarchy and International Law: Lorimer's Legal Science" *EJIL* Vol.27 (2016), p.415.

(8)　Ntina Tzouvala, *Capitalism as Civilization: A History of International Law* (Cambridge University Press, 2020), p.51; see also, Koskenniemi, *ibid.*, p.421.

国家と海洋の国際法（上巻）第1部 国際法／Ⅰ 総論と歴史

利などが適用されるのに対して，「未開人」の国ないし政治体には国際法の適用はなく人道的規則と自然法のみが適用されるという。コスケニエミ（Martti Koskenniemi）はこれを，「排除——包摂の話法」と呼んだ。非欧州の人間の他者性のために欧州的な権利の適用が不可能となるという意味では「排除」であるが，この他者性は普遍的な人道主義によって緩和され彼らの制度を欧州的主権によって置き換えようとするという意味では「包摂」だというのである[9]。

この「包摂」には，さらに一歩を進める仕掛けが伴っていた。「野蛮人」の諸国は「国家間システムにおける国家」となる，すなわち「文明の基準」を満たすことによって，「文明国」に「包摂」されることができた。そして「文明の基準」は，これらの諸国が資本主義の近代性にとって不可欠の包括的な国内改革を通じて国際法の平等の主体となりうるという「改善の論理」と，そのような可能性を否定して欧州外の政治体を常に劣位の地位に置く「生物学の論理」との間で揺れ動いたという[10]。

ところで当時の国際法学者たちは，欧州外の諸国を文明化し進歩させて欧州諸国の似姿とするという，「穏やかな文明化の使徒（gentle civlizers）」の役割を期待されており，これらの諸国を大規模に植民地化することを説明するために，「文明の基準」を定義することに腐心した。しかし欧州外の諸国の文明の程度を決定することの困難に直面した彼らは，これら諸国が領事裁判権を撤廃するためにはどのような改革が必要かといった技術的問題に焦点を当てることとなった。そしてこうした改革の成否については，欧州諸国の側が事例ごとに判断するのである[11]。

3 「文明の基準」の役割

一部の国際関係論の研究者は，「文明の基準」を文明論的に理解しているように見える。たとえばゴング（Gerrit W. Gong）は，19世紀末から20世紀初めにおける非欧州世界への欧州の進出に伴う対峙は，「基本的には文明と各々の文化システムの対峙だった」という[12]。確かに，文明や文化が直接にあるいは法制度や法意識を通じて間接に，国際法に様々な影響を与えることは明らかで

---

(9) Martti Koskenniemi, *The Gentle Civilizer of Nations: The Rise and Fall of International Law 1870-1960* (Cambridge University Press, 2002), pp.127-132.

(10) Tzouvala, *supra* note (8), p.45.

(11) See, Koskenniemi, *supra* note (9), pp.132-136.

(12) Gerrit W. Gong, *The Standard of 'Civilization' in International Society*, (Clarendon Press, 1984), p.3.

144

ある。しかし当時において「文明の基準」が期待され実際に果たした役割は，欧州諸国が外部の諸国を「国際社会」に受容するための基準としての役割だった。

この点についてシュワルツェンバーガー（Georg Schwarzenberger：1908-1991）は，「ある国が文明的であるかどうか，こうして国際法上の人格の完全な承認の権利を有するかどうかの基準は，通常，単にその政府が国際法上の拘束力ある約束をなすのに十分なほど安定しているかどうか，外国人の生命，自由，財産を適切に保護する意思と能力があるかどうか」で十分だと指摘した[13]。つまり「文明の基準」とはあれこれの「文明」を基準とするものではなく，資本主義的な経済体制が円滑に機能することができる「基準」だった。そしてゴングが実際に「文明の基準」の要件として挙げたものは，拡大され敷衍されたものだが本質的にはシュワルツェンバーガーの要件と共通するものだと理解される[14]。

「文明の基準」は「野蛮人」の諸国を欧州世界経済に包摂するために，次の二重の意味で役割を果たした見ることができる。当時の状況においては，欧州諸国の国民にこれらの諸国における出入国と旅行の自由および投資を含む通商の自由を保障することによって，その限りにおいてこれら諸国を資本主義世界市場に組み込むことができた。そして将来への見通しとしては，これら諸国は「文明国」によって押し付けられた不平等条約，とりわけ領事裁判制度を排して平等の国際法的地位を得るためには，「文明の基準」を満たす国内改革を通じて資本主義経済の円滑な展開を確保することができる「文明国」とならねばならず，こうして当該の国は全的に資本主義世界市場に包摂されることになるのである[15]。

III　伝統的国際社会における欧州国際法の形成と拡大

1　欧州国際法思想における植民地主義

伝統的国際法の思想は，ウォーラースタインのいう欧州世界経済の出現に少し遅れて，16世紀後半から17世紀初めのころに次第に明確な形を取り出した。

---

(13)　Schwarzenberger, *supra* note（4），p.220. 筒井若水「現代国際法における文明の地位」『国際法外交雑誌』66巻5号（1968年），参照。

(14)　Gong, *supra* note（12），pp.14-15.

(15)　Tzouvala, *supra* note（8），pp.56-66; see also, Antony Anghie, *Imperialism, Sovereignty and the Making of International Law*（Cambridge University Press, 2005），pp.84-90.

そして近年になって批判国際法学を中心に，このような伝統的国際法思想はその出現の当初から，欧州諸国の外部の諸国・諸人民に対する植民地主義的進出を正統化する役割を担わされていたという事実が，指摘されるようになった。

たとえばスペインの神学者ヴィトリア（Francisco de Vitoria：1483?-1546）は，新世界の先住民に対するスペイン人入植者の暴虐を批判した人として知られてきた。確かに彼は，先住民が異教徒であるという理由でその権利を否定する主張を批判して，先住民もスペイン人も等しく「万民法（*jus gentium*）」の適用を受けると述べたが，万民法は旅行と滞在の権利を認めており，新世界の先住民がスペイン人のこれらの権利を否定したなら，それは戦争の正当原因となるという。こうして，「ヴィトリアの構図は結局は，先住民社会へのスペイン人の限りない侵入を容認し正統化した」とアンギー（Antony Anghie）は指摘した[16]。

また，オランダのグロティウス（Hugo Grotius：1583-1645）が説いた海洋自由の原則は，疑いもなく当時の欧州国際社会の一般的利益に資するものだったが，彼はオランダの海外進出の先兵だった東インド会社の弁護人として，また，海上交易において枢要の地位を占める欧州における最先進国としての自国の国益のために，論陣を張った。法は個人の権利を基礎づけるとともに政府を正統化することによって，国家と商業を結びつける。30年戦争のような激動の時代には法は変化するが，こうした変化を形にするのは法律家の役割だ，グロティウスはこのように説いたという[17]。グロティウスは，伝統的国際法の形成に大きな影響を与えたとされるが，冷戦終結後の混乱期に国連事務総長を務めたブトロス＝ガリ（Boutros Boutros-Ghali：1922-2016）は，法の変革を求めるこうした激動期を「グロティウスのとき（a Grotian Moment）」と呼んだ[18]。

国際法と欧州諸国の植民地主義・帝国主義とは，より内在的な関係にあったという指摘も見られる。「新世界」の発見が国際法の登場をもたらしたのであり，国際法を発展させたのは欧州と米州の特別の盗用関係（appropriatory relationship）だったのであって，問題は「帝国主義の国際法」ではなく「国際

---

(16)　Anghie, *supra* note (15), pp.13-31. 引用箇所は，*ibid.*, p.21. アンギーのこうした主張は広範な賛否両論を呼んだ。See, Ignacio De La Rasilla, *International Law and History: Modern Interfaces* (Cambridge University Press, 2021), pp.144-148.

(17)　Koskenniemi, *supra* note (2), pp.24-27.

(18)　Boutros Boutros-Ghali, "A Grotian Moment", *Fordham International Law Journal*, Vol.18 (1994).

法の帝国主義」だという[19]。この問題を，マルクス『資本論』における本源的蓄積（ursprüngliche Akkumulation; primitive accumulation）の理論[20]と結びつける説明もある。英国では，本源的蓄積は共有地の囲みこみとこれによって生存手段を奪われた直接生産者の賃労働者化を，直接の暴力だけでなく多数の議会制定法を用いて行った。マルクスは英本国だけでなくその植民地支配も，「資本主義的生産の時代の曙光を特徴づける［…］本源的蓄積の主要契機」だという[21]。本国と同様に植民地においても先住民の土地の収奪は「荒廃地の改良」の論理で説明され，国際法はこれを先占の法理と正戦論によって正統化した。「国際法は植民地主義の暴力を*体現*する限りにおいて，本源的蓄積の暴力をも体現する」とされる[22]。

2　欧州国際社会の拡大

実定法としての伝統的国際法は，登場の当時においてはしばしば「欧州公法（*jus publicum Europaeum*）」と呼ばれ，その妥当範囲は主に欧州国際社会に限られると考えられていた。これに関連しては，スペイン・フランス間の 1559 年のカトー‐カンブレジ条約に言及されることが少なくない。交渉過程では，スペイン領の新世界に関するフランスの権利が論争の対象となったが，この論争は条約自体には新世界への言及を行わず，「本初子午線の西および北回帰線の南においては実力が権利を生じるものとし，いずれかの締約国が他の締約国に対してなした暴力行為は条約の違反とみなされてはならない。この『友誼線』の彼方では条約は効力を失い，拿捕された船舶は正当な捕獲物とみなされる」という趣旨の，口頭の合意によって一応の決着を見たという[23]。この「友誼線（lines of amity; Freundschaftslinien）」の存在を，カール・シュミット（Carl Schmitt：1888-1985）は彼のいう「圏域秩序（Raumordnung）」としての欧州国

---

(19)　China Miéville, *Between Equal Rights: A Marxist Theory of International Law* (Pluto Press, 2005), p.169, et seq., pp.225-226.

(20)　マルクス『資本論』第1巻第7篇「資本の蓄積過程」第24章「いわゆる本源的蓄積」；第25章「近代植民理論」，邦訳『マルクス＝エンゲルス全集』第23巻第2分冊（大月書店，1965年）。

(21)　『同上書』980頁。

(22)　Mark Neocleous, "International Law as Primitive Accumulation: Or, the Secret of Systemic Colonization", *EJIL* Vol.23（2012），p.941, et seq. 引用箇所は，*ibid.*, p.957. 強調は原文による。

(23)　Frances Gardiner Davenport, ed., *European Treaties bearing on the History of the United States and its Dependencies to 1648*（Carnegie Institution of Washington, 1917），pp.219-222.

国家と海洋の国際法（上巻）第 1 部 国際法／ I 総論と歴史

際法の理論の重要な支柱とした。「この『線』において欧州は終わり，『新世界』が始まる。ここに欧州の法は，いずれにしても『欧州公法』は止む」と彼はいう[24]。

「友誼線」についての議論の出発点となった資料集では，この口頭の合意の解説だけが収録されている——口頭の合意自体が収録できないのは当然である！——。ところがこの解説では口頭の合意の存在は説得的には論証されていないし，編者があげている資料からは前引のような「友誼線」の内容が一義的に引き出せるものではない。「友誼線」の内容だけでなく，その正確な位置さえ明確ではなかったのである。しかし，他方では当時の条約や外交文書，国内法令などで何らかの「線」に言及したものは少なくなく，この頃の国際関係において新世界と旧世界を分かつ何らかの「線」が意識されていたことは否定できないように思われる。もっとも，それは欧州国際法の適用の有無を，あるいは法と無法とを分かつほどに明確な線ではなかったであろう。この問題に関してグレーヴェ（Wilhelm G. Grewe：1911-2000）は，「友誼線」はその外側において諸国は無形式で圏域的に限定された自助を強力的に貫徹する想定上の権利を有しており，講和条約の妥当範囲は欧州に限定されるという，限られた意味を有していたという[25]。

さて，17 世紀に入ると米大陸に対するスペインの主張は次第に維持しがたくなり，同国の反対者が主張してきた公海自由の原則や領域取得における実効的支配の原則が支配的となっていく。こうしてスペインは，1630 年の英国とのマドリード条約によって「線の彼方」への条約の適用を認めるとともに，すべての領域における相互の航海と通商の自由を約束した。またポルトガルは，1641 年のオランダとのハーグ条約によって，条約が定める 10 年間の休戦が「線の両側におけるすべての場所および海洋」に適用されることを認めた。さらに，1648 年のミュンスター講和条約によって，スペインはオランダの東西インドへの航海と通商を認めただけでなく，それらにおける後者の植民地保有をも承認した。こうして，「スペインの植民地独占は打破され，分界は対象を

---

(24) Carl Schmitt, *Der Nomos der Erde im Völkerrecht des Jus Publicum Europaeum* (Greven Verlag, 1950), S.54-70. 引用部分は，*ibid.*, S.62. 新田邦夫訳『大地のノモス：ヨーロッパ公法という国際法における』（慈学社出版，2007 年）76-99 頁。引用箇所は，同書 80 頁（ただし，訳はこれにはよらない）。

(25) Wilhelm G. Grewe, translated and revised by Michael Byers, *The Epochs of International Law*（Walter de Gruyter, 2000), pp.155-162.

失った」のである[26]。

3　拡大における国際法の役割

　こうして欧州国際法の妥当範囲は，欧州を越えて世界大に拡大していく。経済的にいうなら，資本主義経済は当初は国を枠として国内市場を基礎に成立したのであるが，この枠を超えて世界市場の形成を目指す。マルクスとエンゲルスの著名な古典『共産党宣言』（1847年）はこの過程を以下のように活写した。ブルジョアジーは世界市場の開発を通じて，あらゆる国々の生産と消費を全世界的なものとした。新しい産業を導入することが，文明国にとって死活問題となる。昔の地方的・国民的な自給自足や閉鎖に代わって，諸国民の全面的な交通と依存関係が現れる。ブルジョアジーはあらゆる国民に，滅亡したくなければブルジョアジーの生産様式とその文明を取り入れるように強制する，という[27]。

　世界市場の形成を目指す資本主義経済のこのような本質が伝統的国際法をどのように規定したかについて，かつてリシッチン（Oliver J. Lisstzyn）は大略以下のように述べた。すなわち，国際法は，近代西欧文明の所産である。最低限の秩序，予測可能性，および安定性がなければ，近代社会の私的な経済活動はほとんど遂行不可能だったであろう。多くの小国に分裂し，その供給と市場とを遠隔の土地にますます多く依存する大陸にあっては，国内法だけでは必要最小限の安全を提供することはできなかった。すべての政府が承認し通常は従うような公的な行動の基準が必要とされた。このような基準なしには，国境を超えた人間，商品および資本の移動は，不可能なほど危険だっただろう，と彼はいう[28]。

　コスケニエミは，「国際」と呼ばれる文脈における権力の行使に関連して働く「法的想像力（legal imagination）」が，は欧州の地に始まりやがて「地の果てまで」拡大する過程を描写した。法的想像力とは法文化，法イデオロギー，法意識などの要素を含む「寄せ集め細工（bricolage）」であって，神学者，法学者，政治家，実務家など多様な人物によって担われ，法的用語を用いて対象者を説得することを追求する[29]。14世紀以降の5世紀にわたって法的想像力

---

(26)　*Ibid.*, p.160.
(27)　前掲注(20)邦訳『マルクス＝エンゲルス全集』第4巻（1960年）478-480頁。
(28)　Oliver J. Lissitzyn, *International Law Today and Tomorrow*, (Oceana, 1965), pp.3-4.
(29)　Martti Koskenniemi, *To the Uttermost of the Earth: Legal Imagination and*

は，内外における権力を正統化し安定化させあるいは批判する言語を形成してきた。法的用語が対処する権力の二つの主要な形態は，主権と財産権である。グローバルな権力は欧州の主権の拡大と結びつき，通商関係のグローバルなネットワークを形成し多国籍企業，銀行，投資家といった私的なアクターによる世界の資源の消尽を漸進的に進行させる。「ここにおいて，欧州の優越の本質は資本主義，すなわち所有権のグローバルな権力であるように思われる」，とコスケニエミは結論した[30]。それでは，伝統的国際法（思想）のこのような世界大への拡張は，具体的にはどのような形をとったのだろうか。Ⅱ2で見た国の類別に即して整理すれば，以下のようにいうことができる[31]。

ウォーラーステインがいう外延に当たる「未開人」の国ないし政治体は国際法の客体にすぎず，「文明国」はこれを「無主地」とみなして先占によって領有することが可能だと考えられていた。こうして「文明国」の領有の下に置かれた植民地では，本国が資本主義経済の円滑な作動を確保することができる法と行政のシステムを維持する役目を担うことになる。この事実を端的に示したのは，1885年にコンゴに関するベルリン会議が採択した一般議定書である。この議定書は，署名国に対して「アフリカ大陸の沿岸において先占した地域では，既得権の尊重を確保しならびに必要な場合には協定される条件に従って通商および通過の自由を確保するのに十分な，権力の存在を確保する」ことを義務付けた（第35条）。この議定書はまた，当該領域において主権的権利または影響力を行使する国に対して，原住民に「文明の恩恵」を感じさせる施策を行うように義務付けた（第6条）[32]。ここでは明らかに前述の「生物学の論理」が働いており，先住民が一定の条件を満たすことによって彼らを「国際社会」に迎え入れるという発想は見られない。これに対して「野蛮人」の国は同じ外延に含まれていても「未開人」とは別個の法的地位を占め，先進国によって「文明の基準」を満たしたと判断されれば，国際社会に迎え入れられた。

最後に「文明人」の国は「中核」と「辺境」とを含むが，両者は国際法的にはいささか異なる地位に置かれていたように思われる。すなわち「辺境」の諸国は，外国人の財産権と取引の自由を保障するように国家責任法を通じて「中

International Power, 1300-1870, (Cambridge University Press, 2021), pp.1-13.

(30)　*Ibid.,* pp.957-958.

(31)　以下については，松井芳郎「伝統的国際法における国家責任法の性格──国家責任法の転換(1)」『国際法外交雑誌』89巻1号（1990年）20-34頁，参照。

(32)　General Act of the Berlin Conference on West Africa, 26 February 1885, *Consolidated Treaty Series*, Vol. 165, p.485.

核」諸国の監視の下に置かれていた。国家責任法は実体的には「国際標準主義」ないしは「文明国標準主義」を取るものとされ，こうした実体的規則の違反による自国民の損害は本国の国としての権利を侵害したものとみなして，外交的保護権によって本国が直接その救済を求めることを可能とした[33]。

Ⅳ 外延の国の国際社会への受容：国家承認制度の役割

1 伝統的国際法における国家承認制度の種別

「野蛮人」の国の国家承認を通じての国際社会への受容について検討するためには，伝統的国際法における国家承認の種別について確認しておく必要がある。この時期にも欧州国際社会の内部で新しく成立した国の承認が問題となったケースがないわけではない。しかしこれらの事例においては，新国家は実効的支配を確立したという事実のみによって国際法の主体として待遇されたのであって，これに対する承認はそのような事実を「宣言」するものに過ぎなかったということができる。

これに対して，欧州国際社会の外延に存在した国に対する承認は，これとは異なる意味づけを与えられていた。たとえばムーア（John Bassett Moore）は1906年に，その『国際法ダイジェスト』の中で次のように述べた。「国は，国際社会のメンバーとして承認されることなしに，主権国家として承認されうることはいうまでもない。1856年以前のトルコがそうであり，現在でも多様なアジア諸国がそうであって，欧州と米国はこれら諸国とますます緊密な関係を結んでいるが，他方ではよかれあしかれこれら諸国を国際社会に迎え入れることは拒否している。」[34]

このような認識は，当時は広く共有されていたように見受けられる。ロリマーによれば，「文明人」の国に与えられる承認は「完全な政治的承認」であるのに対して，「野蛮人」の国への承認は国内の公法および私法への承認には及ばない「部分的な政治的承認」である[35]。すなわち，「部分的承認」とは被承認国の国内法の承認を含まない点において，完全な承認つまり「国際社会」への受容とは区別されるものであった。それは，これらの諸国の国内法が，資本主義的な経済関係の円滑な展開を保障し得るほどに発展していなかったから

---

(33) 松井・前掲注(31)4-20頁，参照。
(34) John Bassett Moore, *A Digest of International Law*, Vol.1 (Government Printing Office, 1906), p.74.
(35) Lorimer, *supra* note (6), pp.216-219.

に他ならない。したがって「文明国」は，これら諸国との特別国際法上の関係において，国内法のこのような欠陥を補わなければならなかった。そのために結ばれたのがいわゆる不平等条約，とりわけそれらが含む領事裁判制度であった。

　したがって，こうした諸国が不平等条約の桎梏を脱して一人前の国際法主体性を実現するためには，抜本的な国内改革を通じて「文明国」並みの法と司法，そして行政のシステムを確立する必要があった。こうした改革が「文明の基準」を達成したかどうかは，「文明国」の側が審査したのであり，これに合格した国には「完全な政治的承認」が与えられることとなった。カール・シュミットが特徴づけたように，「欧州では，承認は 19 世紀の末に至るまで国際社会への受容として，ある種のクラブへの加盟承認として，したがって創設的な行為として見られていた」のである[36]。そこで以下では，辺境であっても欧州国際社会の内部にあったラテン・アメリカ諸国の場合と対比して，その外延にあったオスマントルコの国際社会への受容の過程を検討したい。

2　辺境における新国家：ラテン・アメリカ諸国の場合

(1)　米国による承認

　19 世紀の初めにラテン・アメリカ諸国が次々に独立を宣言した時点では，これらの諸国の大部分はスペインかポルトガルの植民地だったから，こうした独立は欧州国際社会の辺境で生じたものとみなすことができた。それにもかかわらずラテン・アメリカ諸国の承認が重大な問題となったのは，旧本国スペインの頑強な抵抗を排して新しく独立した諸国との関係に安定した基礎を与え，これら諸国との経済関係を円滑に進めるためだったと考えられる。ここでは，ラテン・アメリカ諸国の承認が大きな内政・外交上の問題となった米国と英国を例にとって，その過程を概観したい。

　米国のラテン・アメリカ諸国に対する政策の背後には，自ら近年独立を獲得したばかりの国民の独立闘争に対する強い共感があったことは明らかである。したがって，米国のこれら諸国に対する政策は当初からきわめて好意的であった。しかし他方では米国はスペインとの外交的課題を抱えており，承認によって同国との関係を悪化させることは避けたかった。こうして，米国は当面は承認を行わず独立戦争における中立を標榜する。こうした政策は国民の間では不

---

(36)　Schmitt, *supra* note (24), S.280-281, 新田訳・前掲注(24)400 頁（訳文はこれにはよらない）。

評だったが，政府はこれを正当化する理由としてラテン・アメリカ諸国による実効的支配の未確立を挙げた。したがって米国がこれら諸国の承認に向かう段階では，実効的支配の確立が強調される。モンロー大統領は1822年3月に下院に宛てて，「これらの諸州のすべては独立を完全に享受しているだけでなく，［…］それを奪われるもっともわずかの可能性も存在しない」と述べた[37]。こうして米国は，同年6月以降外交使節の交換の形で順次ラテン・アメリカ諸国の承認に進むことになる[38]。

(2)　英国による承認

他方で英国はラテン・アメリカ諸国に対する承認について，米国と比べてはるかに複雑な利害関係の中にあった。米国と違って，英国はラテン・アメリカ諸国の多くが取ろうとしていた共和主義的な政治形態に好意的ではなかった。英国はまた，承認を与えることがスペインとそれを通じて神聖同盟に対して与える影響についても考慮を払わなければならなかった。しかし，これらの消極的な考慮を打ち消して余りあったのは，経済的権益を擁護するという目的であった。英国のブルジョアジーは経済的な利益を推進するために政府に対してこれら諸国の承認を要求した。こうして英国も，差し当たりは米国と同じく独立戦争に関しては中立の立場をとり，他方ではスペインを支持する神聖同盟の武力干渉を阻止しようとするとともに，数度にわたってスペインと独立側との仲介を試みる。

そして英国は，独立を宣言した諸国の実効的支配の状況やそれを欧州からの攻撃に対して防衛する可能性などを確かめるために現地に調査団を送り，あるいは領事にこうした点に関する報告を求める。そして現地からの肯定的な報告を受けた英国は，1825年2月2日のリオ・デ・ラプラタ（アルゼンチン）との通商航海条約の締結を皮切りに，同種の条約の締結によってラテン・アメリカ諸国の承認に進む。スペインからの強硬な抗議に対してカニング外相は，大略次のように答えた。スペインからの植民地の離反に自国は何ら関与していないが，この離反から1つの事実が発生し，この事実に適応することは英国政府の義務である。スペインの支配と権力が現実に除去された地域をスペインの所領と呼ぶことは，本国の利益とならず世界平和を脅かす。英国にとってもスペイ

---

(37)　Moore, *supra* note (34), pp.87-99.
(38)　この個所についてはおもに次の文献によった：Samuel Flagg Bemis, *The Latin American Policy of the United States: An Historical Interpretation* (Harcourt, Bruce, 1943), Chapter III；高橋章「ラテン・アメリカ諸国の独立と変容」『岩波講座世界史 20・近代7』（1971年）。

国家と海洋の国際法（上巻）第1部 国際法／Ⅰ 総論と歴史

ン領アメリカ諸国と交際を持ついかなる他の国にとっても，これら諸国の政治的存在を承認し，これら諸国を文明国が相互に尊重しなければならない権利・義務の範囲内に導き入れるほかに選択肢は残されていない，という[39]。承認をもたらした通商航海条約はいずれも，国内の法と行政に関する何等の約束も含んでいなかったことに注意したい。

3 外延部における国家：オスマン帝国の場合

(1) キャピチュレーション下のオスマン帝国

欧州諸国に対するオスマン帝国の従属的な地位を象徴する制度は，いわゆるキャピチュレーション（Capitulations; Imtiyazat）だった。キャピチュレーションの基礎には，属人的な法体系であるイスラム法が存在する。イスラム世界では異教徒であっても一定の条件のもとに居住し営業活動を営むことが認められたが，こうした異教徒に対してはイスラム法は原則として適用されないと考えられていた[40]。キャピチュレーションの内容は文書によって異なり，また時代が下るにつれて強化されるが，一般には以下のような内容を有したとされる：オスマン帝国領内における相手国国民の旅行，居住および通商の自由を認める；領事が自国民間の事件を裁判し，スルタンの臣民の事件はオスマン帝国が裁判するが相手国国民には一定の裁判上の保障を与える；最恵国待遇と輸出入関税の税率を規定する，など。キャピチュレーションはスルタンが一方的に付与するアフドナーメ（'ahdname）の性格を有し，その一方的な破棄が可能であると考えられていたが，後にはそれは条約に規定されて一方的な廃棄はできないと解されるようになった。こうしてキャピチュレーションの下でオスマン帝国は，その主権を制約され欧州諸国への政治的・経済的従属を深めていく。

(2) 1856年パリ条約におけるオスマン帝国

クリミア戦争を終結させた1856年のパリ条約第7条により，オスマン帝国は「欧州の公法および協調の利益に参加することを承認（admises à participer

---

(39) Herbert Arthur Smith, *Great Britain and the Law of Nations*, Vol.1, (R. S. King, 1932), pp.167-168. この個所の叙述は，おもに本書と次の著作による：William W. Kaufmann, *British Policy and the Independence of Latin Amerika, 1804-1828* (1951：reprint, Archon Books, 1967).

(40) ここにおけるキャピチュレーションに関する叙述は，おもに J. Wansbrough, "Imtiyazat", in, *The Encyclopaedia of Islam*, new ed. 3 (Brill, 1971); H. Inalcik, "Imtiyazat: the Ottoman Empire", in, *ibid.*, によった。

aux avantages du droit public et du concert européen)」された[41]。一般的には，
この規定はオスマン帝国を欧州国際社会に平等のメンバーとして受容したもの
と解されているが，こうした解釈には疑問がある。パリ条約第7条は上引の前
段に続く後段では，オスマン帝国の独立と領土保全の尊重およびこれらの共同
の保障を規定した。第8条は，オスマン帝国と他の締約国との間に相互関係を
危うくする紛議が生じた場合には，武力を使用する前にそれ以外の締約国に仲
介の機会を与えると規定する。また第9条では，スルタンがキリスト教住民の
状況を改善するために自ら発した勅令を主権的意思に基づいて締約国に通知す
るが，この通知は帝国の国内統治に介入する権利を締約国に与えるものではな
い，と規定した。

　これらの規定は，パリ会議における一方ではロシアとその他の参加国との間
の，他方ではオスマン帝国とその他の参加国との間の対立の交錯から生まれた
ものだった。第一の対立については，オスマン帝国における自国の通商上・投
資上の利益を追求する英国は，ロシアの南下政策によって脅かされるオスマン
帝国の独立と領土保全の維持を必要とし，これが第7条後段に反映された。も
しも将来，ロシアの一方的な要求によって紛議が生じれば，他の締約国は第8
条に基づく「仲介」によってこれを阻止するであろう。第二の対立は，オスマ
ン帝国とそれ以外の欧州諸国との間のそれである。前者は，この会議を機会に
キャピチュレーションの廃止に向けての展望を開くことを望んでおり，同国代
表がスルタンの勅令を紹介したのもそのためだった。これに対して後者は，ス
ルタンの勅令を手がかりとしてオスマン帝国の国内改革を一層推進することを
希望した。しかし他方では，条約で勅令について規定することはロシアにオス
マン帝国の国内問題に介入する新しい口実を与えることになりかねない。第9
条がスルタンがその「主権的意思」による勅令を「通知する」というフォー
ミュラを採用し，しかもそれが締約国に介入の権利を与えるものではないと
断ったのは，そのような危惧に対処するためだった。この対立は，この問題を
討議するための会議を後に開催する希望を表明することで妥協に達した。オス
マン帝国側はこの「希望（voeu）」を重視したが，そのような会議は開かれる
ことはなかった[42]。

――――――――――

(41)　General Treaty for the Re-Establishment of Peace between Austria, France, Great
　　Britain, Prussia, Sardinia and Turkey, and Russia, signed at Paris, 30 March 1856,
　　French Text in, *Consolidated Treaty Series*, Vol. 114, p.409.
(42)　パリ会議における条約第7～9条に関する討論については，次の文書によった：
　　Protocol of Conferences held at Paris, between the Plenipotentiaries of Austria,

こうして，パリ条約第7条がオスマン帝国を欧州国際社会の一人前のメンバーと認めたという理解は，認めがたいと思われる。そしてこのことは，パリ会議以後のオスマン帝国の国際的地位を見ても，明確に確認できることである。一例だけを上げるなら，露土戦争の終結を踏まえて1878年に締結された諸列強とロシアおよびオスマン帝国との間の東方問題解決のためのベルリン条約は，列強の利害関係のみを考慮してバルカン半島における旧オスマン帝国領の分割を行ったのであるが，本稿の関心からすれば，とくに以下の2点が注目に値すると思われる。第1に，オスマン帝国の主権ないし宗主権のもとにおかれる地域においては欧州諸国とその国民の条約上およびキャピチュレーション上の諸特権が維持される。第2に，オスマン帝国からの独立が認められた諸国については，その承認には宗教上の理由によって市民的・政治的権利の享受，公務への就任，職業への従事などについて差別を設けないことが条件とされた[43]。この事例は，国際社会の外部にあった諸国が承認を通じてそれに受容される際には，「文明の基準」を満たすことを要求されるという前述の考えを例証するものだといえよう。

(3) ローザンヌ条約とキャピチュレーションの撤廃

オスマン帝国はキャピチュレーションの桎梏から脱するために，1839年の勅令に始まりパリ条約にも規定された1856年の勅令へと続く，タンズィマート（Tanzimat）と呼ばれる内政改革に取り組んできた。こうした国内改革は，パリ条約第9条に基づいて一層強まる諸外国の圧力にさらされつつ，曲がりなりにも進行した。これらは，欧州の法と制度の強い影響のもとに進められたものだが，その点でなお不徹底な部分を残していたとされる。たとえば英国外務省と米国国務省が1857〜59年と1880年にそれぞれ行った調査では，オスマン帝国の法改革は同国への裁判権の付与には不十分であり，そのためには一層の法改革が必要だと結論したという[44]。

France, Great Britain, Prussia, Russia, Sardinia, and Turkey, relative to the conclusion of a General Treaty of Peace, February - April, 1856, Protocoles Nos.2; 9; 13; 14; 15; 19, in, *British and Foreign State Papers*, Vol.XLVI, 1855-1856.

(43) Treaty between Austria-Hungary, France, Germany, Great Britain, Italy, Russia and Turkey for the Settlement of Affairs in the East, signed at Berlin, 13 July 1878, French text in, *Consolidated Treaty Series*, Vol. 153, p.171.

(44) Turan Kayaoğlu, *Legal Imperialism: Sovereignty and Exraterritoriality in Japan the Ottoman Empire, and China* (Cambridge University Press, 2010), pp.124-127. タンズィマートについては，*ibid.*, pp.114-121 の他，以下の文献を参照した。護雅夫・林武「オスマン帝国の改革運動」『講座世界歴史・近代8』（岩波書店，1971年），永田雄三・

オスマン帝国では国民の世論はキャピチュレーションの廃止に向けて先鋭化し，歴代の政府もこれをその第1の政策課題に掲げるようになった。第1次世界大戦ではオスマン帝国は独墺側に立って参戦したが敗戦し，1920年8月のセーブル条約によってキャピチュレーションの復活を含む過酷な条件を強いられた。しかし，この段階ではすでにセーブル条約が批准される条件は，トルコ国内には存在しなかった。休戦協定にもとづいて要地を占領した連合軍とその後押しを受けたギリシャ軍を前にして，国民の抵抗運動が活発化した。対外的にはギリシャ軍に対する勝利，国内的には内乱からスルタン制の廃止へと激動する情勢の中で，1922年11月に新たにローザンヌで講和会議が開催される。

会議では英仏側は治外法権の維持を望んだが戦後の動員解除と国民のえん戦気分に押されてこれをトルコ側に強制することはできなかった。トルコの完全な国際法主体性の承認は，1923年7月のローザンヌ講和条約の第28条がキャピチュレーションを完全に廃止し，同じ日に締結された居住，営業および管轄権に関する条約の第15条が「[…] 管轄権に関するすべての問題は，トルコおよびその他の締約国との間では，国際法の諸原則にしたがって決定される」と規定することによって最終的に実現した。後者の第17条が，「トルコ政府は，トルコの裁判所は外国人の身体および財産に対して，国際法および他の諸国が一般に採用している原則ならびに方法にしたがった保護を確保すると宣言する」と規定していたことを忘れてはならない[45]。ちなみに，スルタンの政府を倒したトルコ共和国政府は，この間広範な近代化政策の一環として法と司法の改革を進めており，このような法改革の進展がキャピチュレーションの廃止を後押ししたのだと指摘されている[46]。

なお，ここで詳述する余裕はないが，19世紀においてオスマン帝国と同様に欧州世界経済の外延にあった日本や中国も，「文明の基準」を満たす国内改革を進めることを通じて，不平等条約体制を脱して一人前の国際法主体性を確立した事実を確認しておこう[47]。

　加賀谷寛・勝藤猛『中東現代史I』（山川出版社，1982年）77頁以下（永田雄三稿）。
(45)　両条約は，*League of Nations Treaty Series*, Vol.28 (1924), p.11; p.151.
(46)　See, Kayaoğlu, *supra note* (44), p.134, et seq.
(47)　これら3国の経験の比較検討については，*ibid.* p.66, et seq. を，日本については，松井芳郎「条約改正」福島正夫編『日本近代法体制の形成（下）』（日本評論社，1982年）所収を，参照。

V 現代国際法における「文明の基準」の衰退と「回帰」

「文明の基準」を不可分の構成要素としていた伝統的国際法は，欧米先進国からなる当時の国際社会を基盤としていたから，第1次世界大戦を契機としてこのような国際社会の構造変化が進むと，この概念は存立の基盤を失って衰退の道をたどることになる。以下に，その過程を概観しよう。

1 国際連盟期における「文明の基準」の後退

(1) 委任統治制度

連盟規約第22条が規定する委任統治制度は，伝統的な植民地主義から植民地の自決と独立を目指す国連体制への，過渡期の制度だった見ることができる。この制度が伝統的な植民地再配分の仕組みだったことは，何よりもそれが適用されたのは敗戦国だったドイツとトルコの旧植民地だけだった事実に表れていた。戦勝国の植民地は手つかずで残されたが，以前なら行われたはずの敗戦国の植民地の戦勝国による分け取りが不可能となったのは，米国の反対と反植民地主義・民族主義運動の高揚，そして民族自決を掲げるソ連邦の存在などによる。委任統治制度はまた，いまだに自立できない人民の福祉と発達を計ることは「文明ノ神聖ナル使命（a sacred trust of civilisation）」であるとうたう（第22条1）点で，明らかに「文明の基準」論に依拠していた。委任統治地域は，人民の発達の程度等によってA式，B式，C式の3段階に区分され，ここに「文明の基準」論における「改善の論理」と「生物学の論理」が表現されていたのである[48]。委任統治の実施は，これを引き受ける受任国と連盟との間にかわされる一種の条約である委任状が規定した。受任国はその統治に関する年報を連盟理事会に提出することとされ，年報を審査し委任の実行に関する事項について理事会を助けるために常設委任統治委員会が設けられた。

同員会の主要な任務は情報収集を中心とする事実調査にあるとされたが，委員会はまた，「文明ノ神聖ナル使命」を具体化するための基準設定に努め，これは情報収集と相まって「改善の論理」の変容をもたらし「文明の地位」の達成についての新しい議論を生み出したという[49]。委員会が委任統治終了の条件として挙げたとされる諸点はかつて「文明の基準」が要求したことと等しく，

---

(48)　Tzouvala, *supra* note (8), pp.102-103.
(49)　*Ibid.*, pp.105-108.

「現代資本主義国家の核心的な特徴のいくつか」を示す[50]。アンギーは，こうした状況は委任統治制度の「二重のアイロニー」を示すという。委任統治は地域住民を「近代世界ノ激甚ナル生存競争状態」（規約第22条1）から解放するのではなくそれに閉じ込めたのであり，こうして国際機関はその解決のために設けられたはずの問題の一部となったのである。「こうした状況は，現代国際法関係の一部に他ならない」とアンギーは結論した[51]。

(2) 常設国際司法裁判所規程第38条1(c)

周知のように常設国際司法裁判所規程第38条1(c)は，裁判所の適用法規の一つとして「文明国が認めた法の一般原則」を挙げる。規程の原案は連盟が設置した法律家諮問委員会が1920年に作成したものだが，ここでは「文明の基準」と同じ意味でこの概念に言及した委員はおらず，多くの委員はこの語の使用に消極的だったように思われる。たとえばラプラデル委員は「法は文明を含意するからこの言葉は不必要だ」といい，フィリモア委員はこれを「すべての国が国内法廷において認めたもの」と呼んだ[52]。常設国際司法裁判所もこれを受け継いだ国際司法裁判所も法の一般原則に言及したことがあるが，管見の限りでは当事者の主張を紹介する場合を別にして規程第38条(1)(c)を明文で引用したことはなく，「文明国」という言葉を用いたこともないようである。

他方で国際法委員会は2018年に「法の一般原則」を作業計画に含め，2023年には第1読を終えた「法の一般原則に関する結論草案」をコメンタリーとともに採択した。ここにいう「法の一般原則」とは裁判所規程第38条1(c)のそれを意味するとされているが，「文明国が認めた」という語に代えてここでは「国際社会が認める（recognized by the community of nations）」という語が用いられている。その理由は，前者の語は「時代錯誤」と考えられたからだった[53]。こうして，（常設）国際司法裁判所規程第38条1(c)にいう「文明国」は，現在では完全に死文化したものと見ることができよう。

---

(50) *Ibid.*, p.111.

(51) Anghie, *supra* note（15），p.178.

(52) Permanent Court of International Justice, Advisory Committee of Jurists, Procès-Varbaux of the Proceedings of the Committee, June 16th – July 24th 1920, p.335.

(53) *Report of the International Law Commission*, Seventy-fourth session, Chapter IV, General principle of law, conclusion 2, commentary, paras.(1)-(3), *GAOR* Seventy-eighth session, Supplement No. 10（A/78/10），pp.13-14.

国家と海洋の国際法（上巻）第1部 国際法／I 総論と歴史

2 国連期における「文明の基準」の消滅

(1) 信託統治制度と非自治地域

以上のように，両大戦間には「文明の基準」は明らかな後退を示すが，国連の時代に入って自決権が確立したことに伴い，「時代錯誤」としていったんはその姿を消したように見えた。しかしこうした状況は，一朝一夕に生じたわけではない。憲章第2条1は「人民の同権及び自決の原則の尊重」を規定していたが，そこでは自決の「権利」ではなく「原則」の「尊重」が語られており，その実施手続である信託統治と非自治地域の制度にも次に見るような限界があったから，憲章が自決の法的権利を認めたという解釈は困難である。

第11章「非自治地域に関する宣言」では，第73条が施政国は住民の福祉を増進する義務を「神聖な信託として受諾する（accept as a sacred trust）」と規定しており，ここには「文明の基準」の残影を見ることができた。また同条は当該地域の「自治を発達」させることをうたうが独立には言及せず，施政国の義務は情報送付に限られていたなどの点で，成立の当初においては自決権と両立するとはとてもいえなかったといわねばなるまい。

これに対して憲章第12章が規定する国際信託統治制度は連盟の委任統治制度を引き継ぐもので，「自治又は独立に向かっての住民の漸進的発達を促進すること」，すべての者のために「人権及び基本的自由を尊重するように奨励」することが規定された（第76条 b; c）。また施政の監督に当たるものとして，国連の主要機関としての信託統治理事会が設けられた（第13章）。それにもかかわらず，この制度もまた自決権と両立したかどうかは疑わしい。信託統治のもとに置かれる地域の類型は憲章に規定されたが，そのうちどの地域がどのような条件のもとにこの制度の下に置かれるかは，国連と施政国の間で締結される信託統治協定によるものとされた（第77条）から，施政国の意に反してこの制度が適用されることはあり得なかった。また「独立」は「各信託統治協定の条項が規定するところ」によるものとされたが，「独立」に言及する協定は例外的だった。それにもかかわらず，国連内に AA 諸国を初めとする反植民地勢力が増大するにつれて，これらの憲章規定は発展的な解釈を与えられるようになり，次項で見る自決権の確立につながったのである[54]。

(2) 植民地独立付与宣言と自決権の確立

「アフリカの年」として知られる 1960 年に，国連総会は「植民地独立付与宣

---

(54) 本項の叙述は旧稿だが，松井芳郎「現代国際法における民族自決権の確立」岡倉古志郎・長谷川正安共編『民族の基本的権利』（法律文化社，1973 年）175-192 頁によった。

言」（決議 1514（XV））を採択した。この決議は「独立付与（the granting of independence）」というタイトルに従属人民の主体性を軽視するという問題を残したが，法的権利としての自決権の確立に向けて大きな一歩を踏み出したものといえる。ここでは，すべての人民は自決の権利を有すること（第2項）；準備の不十分さを独立遅延の口実とはできないこと（第3項）；従属人民への抑圧手段を停止するべきこと（第4項）などが規定された。

　これ以後，国連では自決権を権利と認める文書が次々に採択される。その共通第1条に経済的自決権を含む人民の自決権を規定する2本の国際人権規約——自由権規約；社会権規約——は1966年に採択され，1976年に順次発効して自決権を規定する初の多数国間条約となった。また，1970年の総会決議・友好関係原則宣言（決議 2625（XXV））は，人民の同権と自決の原則を憲章の基本原則の一つに数え，この原則は「現代国際法への重要な貢献」であると述べた。こうして，人民の自決権が現在では一般国際法上の権利となったことに，いささかの疑いもない。国際司法裁判所は 2019 年のチャゴス諸島の分離の法的帰結に関する勧告的意見で，総会決議 1514（XV）は非植民地化に関する国の慣行の凝固にとって「決定的瞬間」であり，それは「形式的には勧告であるが，その内容と採択の諸条件に照らせば慣習規則としての自決権に関して宣言的性格を有する」という[55]。

　これらの諸文書は異口同音に自決権を，その政治的地位を自由に決定し，その経済的，社会的および文化的発展を自由に追求する人民の権利であると定義する。このような自決権が，「文明の基準」概念と真っ向から矛盾することはいうまでもない。こうして国連体制の下では，「文明の基準」概念は全面的に否定され過去の歴史遺産とみなされるようになっていたことは明らかである。

Ⅵ　「文明の基準」の「回帰」？

1　武力による西欧的価値の拡延

　しかし他方では，前世紀の末ごろからグローバリゼーションの進展につれて，「文明の基準」のある種の「回帰」といえるかもしれない現象が目に付くようになった。欧米先進国を中心とする「リベラル国家」に対して，「破綻国家（failed state）」，「ならず者国家（rogue state）」，「意思または能力を欠く（unwilling or unable）」国などが対置され，前者が個別的または集団的にとき

---

(55)　ICJ, *Effets juridiques de la séparation de l'archipel des Chagos de Maurice en 1965*, avis consultative du 25 février 2019, *C.I.J. Recueil 2019*, p.132, paras.150, 152.

国家と海洋の国際法（上巻）第 1 部 国際法／Ⅰ 総論と歴史

には国連などの国際機構を通じて，後者に対して介入する事例が目立つように
なったのである。

　たとえば 1990〜91 年の湾岸戦争はイラクによる対クウェート武力侵略に端
を発するものだったが，クウェートを解放した多国籍軍の法的根拠とされた安
保理決議 678（1990）は，多国籍軍に対して「必要なすべての手段を行使する
権限を付与する（authorizes）」とするもので，これに対する安保理のコント
ロールは何ら規定していなかった。これ以後，こうした形で安保理の権限を多
国籍軍等に「委任」する慣行は次第に一般化するが，この事例の続編である
2003 年の対イラク戦争ではこうした根拠さえ存在しなかった。この戦争を正
当化するためには，ある種の予防的自衛，「体制変更」など様々な根拠が主張
されたが，もっとも主要な論拠は安保理が決議 1441（2002）によってこれを許
可したというものだった。しかし，この決議の文言でもその採択に導いた討論
でもそのような解釈は正当化されず，この戦争は米英等が一方的な判断に基づ
いて行ったものだという評価が一般的である。

　1999 年にコソボ危機に際して NATO 諸国が行った旧ユーゴに対する空爆も，
安保理の許可を得ない一方的なものだった。これら諸国の論拠はコソボにおけ
る重大な人道的危機に対処するためのある種の人道的干渉だとするものだった
が，武力による人道的干渉は憲章によっては正当化されず，結論的にはこの行
動を支持した論者の間でも憲章上は違法だが政治的には正統だという議論が支
配的だった。このような人道的干渉への批判に対応して西側先進国の間で主張
されるようになったのが，重大な人道的危機にさらされている人々を保護する
ことは国際社会の責任だとする「保護する責任」論である。この「保護する責
任」論は，安保理決議 1973（2011）に基づく NATO 諸国による対リビア攻撃
によって事実上実施に移された。そしてこの攻撃は，リビアにおいてかねてよ
り反西欧的な言動で知られていたカダフィ大佐の政権の打倒へと導いた[56]。

　以上にいくつかの例を垣間見た冷戦終結後の武力行使の事例は，その事実関
係も法的な説明もきわめて多様ではあるが，そこには西側諸国が理解する人権，
民主主義，法の支配といった価値を，他の諸国に対して武力をもって押し付け
るという構図を見て取ることができる。そして多くの場合，結果として「体制
変更」が実現した。しかし，武力行使の結果生み出された新政権は旧政権に劣
らず権威主義的であり，それによって生じた国内的混乱はテロリスト集団の温

───────────
（56）　以上のような武力行使の事例については，松井芳郎『武力行使禁止原則の歴史と現
　　　状』（日本評論社，2018 年）を参照。

床となるなど，元の狙いとは真逆の結果がもたらされたのである。

2　法によるリベラルな国際秩序の拡延：国際人権法の場合

　リベラルな国際秩序の世界的な拡延は，いうまでもなく法的にも追及される。国際人権法を例に挙げるなら，人権概念は西欧近代の所産であって，人権法もまた欧米先進国において展開してきた。しかし，その憲章に人民の同権と自決の原則の尊重をうたう国連は，人権概念の普遍化の舞台となった。1948年の世界人権宣言に始まる国連の人権文書の多くは，欧米先進国だけでなく発展途上国や当時の社会主義国を含む，大多数の国の支持を受けて採択されてきたのである。こうして，1993年に国連が主催した世界人権会議が採択したウィーン宣言は，人権の普遍性を高唱した。ここでは人権の地域性や歴史性も無視されていたわけではないが，宣言の核心は人権の普遍性にあったのである。ところがグローバリゼーションが進むにつれて，国連の人権活動では西欧的な人権観念が再浮上してきたように見える。このような状況についてオルストン（Philip Alston）は，大略次のように述べた。グローバリゼーションは自由な市場の尊重を最重要の価値として導入し，人権でさえ市場に都合の良いものが優先される。民営化と規制緩和など，グローバリゼーションの不可分の一部をなすとみなされる諸手段がそれ自体価値の地位を獲得する，という[57]。

　こうして，国際人権は新しい「文明の基準」となったとされる。つまり人権は，国を正当化する規範となったのである[58]。諸国はかつてはキリスト教徒になることを，次いで文明化されることを，そして現在では民主的かつ人権遵守となることを求められる[59]。そしてこうした拡延のプロセスはおもに国際法によって統御される。国，国際機構そしてNGOsは，リベラルなグローバル化された文明を世界に押し付けるために国際法を利用するのであり，国際法ではリベラルの支配は自由貿易，民主的なガバナンス，人権，法の支配およびグッド・ガバナンスの優越に表れているという[60]。周知のように，グローバリゼーションの深化は国際的にも各国の国内でも，周辺化された国々と人々の苦難を

---

(57)　Philip Alston, "The Myopia of the Handmaidens: International Lawyers and Globalization", *EJIL* Vol.8 (1997), pp.442-443.

(58)　Jack Donnelly, 'Human Rights: a new standard of civilization?' *International Affairs* Vol.71 (1998), pp.1; 22.

(59)　Jörg Fisch, "The Role of International Law in the Territorial Expansion of Europe, 16th-20th Centuries", *ICCLP review* Vol.3 (2000), p.14.

(60)　Fidler, *supra* note (3), pp.139; 146-147.

国家と海洋の国際法（上巻）第 1 部 国際法／Ⅰ 総論と歴史

幾重にも増幅しているが，国際法にこのような成り行きへの一半の責任がある
とすれば，逆に国際法はこうした成り行きを差し止め，逆転させるために何ら
かの役割を果たせるかどうか，本稿の結論に代えてこの問題を次節で検討しよ
う。

Ⅶ　グローバル化する世界における国際法の役割：結びに代えて

1　法のヤヌスの顔

　ミエヴィル（China Miéville）は，国際法のもとでは形式的な主権平等の背後
に事実上の力関係が隠されていることを指摘して，「平等なものの間では力が
決する」（マルクス）から，国際法からは進歩的な政治プロジェクトまたは解
放への原動力は生じないと断じた[61]。ミエヴィルが国際法の進歩への貢献の可
能性を否定した理由の一つは，国際法の「不確定性（indeterminacy）」にあっ
た。すべての主張に対して対抗主張が可能であるから，戦争への「法律家的」
反対は無意味であり，解決はある概念の内的な論理の結果ではなくて「力に裏
打ちされた解釈」によるのだ，と彼はいう[62]。

　国際法の不確定性は，コスケニエミが繰り返して強調するところでもある。
彼は国際法上の言説を国家主権に基礎づけてそれから上昇するパターンと国に
優越する規範から下降するパターンに整理して，両者はお互いに相手の立場か
らの批判に耐えないからわれわれはいずれかを一貫して選ぶことはできず，
「国際行動を正当化しまたは批判する手段としては，国際法はとりわけて無益
である」と述べた[63]。こうした点に着目して，コスケニエミの結論は「出口な
しの状態にある」という評価がある[64]。しかし彼は 2005 年に刊行された『ア
ポロジーからユートピアへ』の再版に付された「エピローグ」では，いささか
スタンスを変えてより積極的に「出口」を模索しているように見える。その不
確定性のゆえに国際法が必然的に進歩の手段だと信じることはできないが，
「もしも国際法が不確定であるなら，現在の慣行を正当化するために（そして
もちろん，批判するためにも）国際法を用いうる範囲に限界はない」。そこには
決定が必要であり，この決定の結果は何か非人格的な論理や構造にではなくわ

---

(61)　Miéville, *supra* note（19），esp., p.316.

(62)　*Ibid.,* pp.280-284.

(63)　Martti Koskenniemi, *From Apology to Utopia: The Structure of International Legal
　　　Argument,* Reissue with New Epilogue（Cambridge University Press, 2005），pp.60-67.

(64)　最上・前掲注(1)113 頁。

164

れわれ自身に帰属する，とコスケニエミはいう[65]。

コスケニエミのこうしたスタンスの変化の背景には，同書の初版が刊行された 1989 年から再版までの国際社会の激変があったように初版の当時は対抗思想に対して完勝したように見えたが，今では市場に促進された「グローバリゼーション」の拡大が，法を特定の価値または利益の道具と化している。今では，国際法の概念と構造は，そこにおいて相対立する権利や正統性の主張が相まみえる「国際」という場の存在可能性の条件である。国際世界はすでに「法化」されているから国際法を「なしにする」提案はナイーヴであり，問題は法に頼るべきか否かではなく，どの法にあるいは誰の法に頼るかである。「われわれ法の専門家にとっての課題は，正しい助言を与えることにある」[66]。つまりコスケニエミは，「正しい助言を与える」という実践に「出口」を求めたのである。何が正しい助言であるかは論者の選択にかかり，その帰結は論者に帰属する。

カヤオール（Turan Kayaoğlu）も，グローバリゼーションの下で自国法の域外適用を軸に対外進出を追求する現代米国の「法的帝国主義」に対抗するための教訓を，日本，オスマン帝国および中国の治外法権撤廃の経験から学ぼうとして，コスケニエミと同じ結論に達した。「法は，帝国主義の利益に奉仕することができた。しかしながら法は，グローバルな多様性を促し対話と文明を奨励することができる，より平等主義的で平和な国際社会の創設に役立ってきたし役立つことができるのである」，と彼はいう[67]。

2 国際法の実効性の向上のために

こうして私たちは，国際法を社会進歩のプロジェクトのために用いる可能性を有するのであるが，その前に立ちふさがる最大の障害の一つは国際法の実効性の欠如である。最上敏樹は，国際法をいわば脱構築してこのアポリアに迫ろうとした力作の結論部分で，「理論だけにできること」を提示する。国際法の理論は，実務の道具としてはなしえないこと，現実の単なる肯定ではなくてそれへの異議申し立てをする義務があるというのである[68]。

この最上の結論に，その限りでは筆者も全面的に同意する。しかし，この議

---

(65)　Koskenniemi, *supra* note（63）. pp.613-615.
(66)　Preface to the Reissue, *ibid.,* pp.xiii-xiv. 原文の強調は省略した。
(67)　Kayaoğlu, *supra* note（44）, p.203.
(68)　最上・前掲注(1)277 頁。

国家と海洋の国際法（上巻）第1部 国際法／Ⅰ 総論と歴史

論はもう一歩進めなければならない。国際法の実効性を高めそれを社会進歩の
プロジェクトに役立てることは，理論「だけでは」できないのではなかろうか。
そのためには，理論を体現して国際法の現実に働きかける主体が必要だと思わ
れる。コスケニエミは2003年に世界的に広がったイラク戦争反対の運動が掲
げたスローガンが，ブッシュの戦争は「間違っている（wrong）」ではなくて
「違法だ（illegal）」というものだったことに注目する。戦争を「国際法違反」
と非難することは，特定の利益を超える何ものかに訴えることを意味する。誰
か特定の者に対してではなく，すべての者一般に向けられた侵犯を経験するこ
とによって，相異なる人たちは団結することができる。ここに，国際法の解放
のための見込みがある。「国際法は，まさに特定の不満を普遍的な不満に連接
させる役割を果たし，そうすることによって［…］それを援用する行為を通じ
て普遍的な人間性の意識を構築することができる」，とコスケニエミは説い
た[69]。こうしてコスケニエミは，人々の戦争反対の運動が国際法の実効性を担
保する役割の一端を担うことを期待したのである。若きマルクスが「ヘーゲル
法哲学批判」（1844年）の中で，「理論もそれが大衆をつかむやいなや物質的な
力となる」と述べた[70]ことが想起される。

---

(69)　Martti Koskenniemi, "What should international lawyers learn from Karl Marx?,"
　　　Susan Marks（ed.）*International Law on the Left: Re-examining Marxist Legacies*,
　　　（Cambridge University Press, 2008），pp. 50-52.
(70)　マルクス「ヘーゲル法哲学批判」前掲注(20)邦訳『マルクス＝エンゲルス全集』第
　　　1巻（1959年）422頁。

第1部

II　国家管轄権と承認

8 立法管轄権を規律する法規範

——「自由（liberté）」に基底する「基本的立場」の対立に着目して

森 田 章 夫

I　は じ め に
II　立法管轄権をめぐる「基本的立場」の対立——「自由」とその基底状況
III　「基本的立場」の対立における実質的争点
IV　「基本的見解」の対立がもたらす「管轄権」の競合・抵触に対する国際法上の評価
V　結　　び

I　は じ め に[1]

　柳井俊二判事・大使は，国際法の実務と理論を，実務の立場から架橋されることで極めて重要な貢献を果たされた。本稿は，このような重要な貢献にささやかながらも報いるため，実務に架橋できる国際法理論構築を目指すものである。

---

(1)　国家管轄権に関する筆者の基本的見解は，以下の諸論文に示したことがあり，本稿はそれらを発展させたものであるが，重複する点に関しては，読者の寛恕を請いたい。拙稿「国家管轄権と国際紛争解決——紛争要因と対応方法の分類に基づく解決方式の機能分化」『国家管轄権——国際法と国内法　山本草二先生古稀記念』（勁草書房，1998 年）513-539 頁，拙稿「外国人不法行為法の法的問題点——国際法上の観点からする分析（以下，拙稿「外国人不法行為法の法的問題点」）」『ジュリスト』1299 号（2005 年）43-50 頁，拙稿「国家管轄権作用分類の再検討——二分類論の機能的特徴と基盤（以下，拙稿「国家管轄権作用分類の再検討」）」柳原正治・森川幸一・兼原敦子・濱田太郎編『国際法秩序とグローバル経済——間宮勇先生追悼』（信山社，2021 年）137-159 頁，拙稿「国家管轄権競合をめぐる応酬と法形成——シベリア・パイプライン事件への新たな視座（以下，拙稿「国家管轄権競合をめぐる応酬と法形成」）」『世界法年報』41 号（2022 年）107-137 頁。国際法の規範的構造に関しては，拙稿「国際法規範構造・序論——Lotus 原則の克服——（以下，拙稿「国際法規範構造・序論」）」岩沢雄司・岡野正敬編集代表『国際関係と法の支配——小和田恆国際司法裁判所裁判官退任記念』（信山社，2021 年）485-511 頁。

　なお，サイバー問題に関わる国家管轄権問題は考慮要因が大きく異なることもあって，現時点では慎重を期して，本稿の対象外とする。

　URL 確認は，すべて 2024 年 6 月 1 日である。

本稿が具体的に取り上げるのは，一定の事象（人，財産，行為等）を対象として，自国法令を制定・適用する権能としての国家管轄権，特に，「立法（legislative）」管轄権と呼ばれる作用[2]である[3]。柳井判事は，旗国主義の排他性の対象は「立法管轄権」にまで及ぶとする Norstar 号事件判決において共同反対意見[4]に関わられたことで，この問題に大きな足跡を残され，それ以後，多数意見の妥当性や射程が議論され続けている。本稿は，同判決の是非に直接関わるものではないが，立法管轄権に対する分析に関する様々な方法論のうち，特に国家間関係の観点から国際法上の理論的問題の解明を試みるものである。

1　立法管轄権に関する議論の混乱要因

今日，従前にも増して，国家管轄権，特に立法管轄権の行使が「氾濫」し，国際紛争も増加している[5]。本稿で詳しく述べるように，国際社会は，各国政府の「基本的立場（Basic Position）」（当該事項について採用する国際法原則に関する原則的な立場で，本稿では，立法管轄権に関するものとする）が対立する中で，「ケース・バイ・ケース」によって対処せざるを得ない（case-by-case approach）混乱状況に見える。その原因と法状況の正確な描写が必要とされるが，本稿で具体的に取り上げる課題を最初に確認しておこう[6]。

---

(2)　立法管轄権に関しては，以下，参照。山本草二『国際法（新版）』（以下，山本『国際法（新版）』）（有斐閣，1994 年）232，243-249 頁。"Prescriptive jurisdiction" について，"the authority of a State to adopt legislation providing norms of conduct which govern persons, property or conduct" とする，"Extraterritorial Jurisdiction (Secretariat)", *YILC*, 2006, Vol. II, Part Two, Annex V, p. 229.

(3)　この点に関して，国家管轄権の作用上の分類問題が重要かつ複雑な問題であるが，紙幅の関係上，拙稿「国家管轄権作用分類の再検討」参照。一般的には，山本『国際法（新版）』231-249，特に232頁参照。一言するならば，「規律管轄権（Prescriptive Jurisdiction）」概念も，米国 Restatement に関連した，米国の主張と密接な関係を有する概念として用いられることがあり，注意する必要がある。

(4)　M/V "Norstar" (Panama v. Italy), Judgment, Joint Dissenting Opinion of Judges Cot, Pawlak, Yanai, Hoffmann, Kolodkin and Lijnzaad and Judge *ad hoc* Treves, ITLOS Reports 2018-2019, pp. 264-266, paras. 30-36.

(5)　国家実行と学説に関する詳細な動向については紙幅の関係で最小限とし，以下所収の諸論文参照。Austen Parrish and Cedric Ryngaert (eds.), *Research Handbook on Extraterritoriality in International Law* (Hereinafter as *Research Handbook on Extraterritoriality in International Law*) (2023); Hannah L. Buxbaum and Thibaut Fleury Graff (eds.), *Extraterritoriality/ L'extraterritorialité* (2022); Stephen Allen, Daniel Costelloe, Malgosia Fitzmaurice, Paul Gragl, and Edward Guntrip (eds.), *The Oxford Handbook of Jurisdiction in International Law* (2019).

(6)　分野別に異なる状況が問題を複雑にしていることは言うまでもない。今日，国境を越える活動が質量ともに増大する一方で，国家の介入が範囲・程度ともに拡大し，それ

8 立法管轄権を規律する法規範 〔森田章夫〕

　まず問題となるのが，「基本的立場」[7]の対立が産む混乱である。立法管轄権に関しては，本論で見るように，有力国の「基本的立場」の対立が現在においても持続し，国際法上の「（一般）規則」のみならず，「（一般）原則」さえも見出すことが困難な状況にある。言い換えれば，「理論と実務の乖離」とも評し得る，複雑な事情の最大要因である。

　「基本的立場」のこのような対立の「副産物」として，これら「基本的立場」による法的正当化の限界に関わる問題がある。すなわち，外交・裁判実務における「基本的立場」が意図的に維持ないしは固守されているが，そこで用いられた法的正当化によっては様々な現実の国家実行は理論的に一貫して説明し難いものとなっている。そのため，学説上，多くの批判を惹起し，混乱を生じさせている。最も顕著な例として，「属地主義」を挙げよう。「属地主義の優位」は，特に英米により伝統的には強く主張されてきたものである[8]。その立場自体がどの程度維持されているか自体が問題であるが，いずれにせよ，基本となる「属地主義」概念でさえも，現実の国家実行において拡張ないしは操作されている[9]。さらに，戦後，主として米国により，「効果理論（effect doctrine）」を皮切りとして，大胆な拡張が主張されているのみならず，「域外適用」概念を批判的に用いることに対する反論が展開された[10]。学問的にも，「属地性

　　らは国別，分野別に諸相が異なる。国家管轄権の行使をめぐる紛争の最大要因が各国の国内政策を反映した国内法の矛盾・抵触にあるため，管轄権行使の紛争要因は分野別に異なる諸相をもたらしながら展開することとなる。本稿は，全体像を理論的に把握する手掛かりを探求するため，典型的ないし特徴的な分野を取り上げて論じるに止まることについて読者の寛恕を請いたい。

(7)　その性質上，外交当局の見解が中心となるが，国内において，他の政府関連機関や司法機関が異なる見解を有する場合があり，問題をより一層複雑にしている点にも注意する必要がある。

(8)　理論的に考えると，領域主権国家を前提として，すべての国が属地主義を厳格に適用するならば，管轄権の競合は生じないこととなるため，属地主義は普遍性と相互性を兼ね備えると理解されてきたことも自然である。F. A. Mann, "The Doctrine of Jurisdiction in International Law", *Recueil des Cours de l'Académie de Droit International de la Haye* (Hereinafter as *RdC*), t. 111 (1964), p. 30.

(9)　戦間期の「国際法の漸進的法典編纂会議のための国際連盟専門家委員会（以下，「専門家委員会」）において，既に，主体的属地主義，客体的属地主義，共犯による拡張等，様々な議論が行われていた。Committee of Experts for the Progressive Codification of International Law — Minutes of the meetings of the 2nd session (Hereinafter as *Minutes of the Meetings of the 2nd Session*), Geneva, January 1926, R1277/19/48828/10950/Jacket2, *at:* https://archives.ungeneva.org/comite-d-experts-pour-la-codification-progressive-du-droit-international-proces-verbaux-des-seances-de-la-2e-session-geneve-janvier-1926-2.

(10)　"extraterritoriality" ではなく，"conflicts of jurisdiction" の呼称の方が中立的かつ

国家と海洋の国際法（上巻）第 1 部 国際法／Ⅱ 国家管轄権と承認

（territoriality）」と「域外性（extraterritoriality）」の境界画定の困難[11]が指摘されるのである。他にも，「普遍的管轄権」概念，管轄権の作用分類等々についても類似の問題が生じているが，これらは，基本的な概念についてさえ国家間の対立が反映し，学説をも巻き込んで混乱状況にあることの一例に過ぎない。

2 本稿の分析視角と対象

立法管轄権をめぐる対立として重要なのが「公法」分野であり[12]，「公法」分野の典型として国際的な対立がまず浮上し，法典化作業[13]を始め，議論の対象とされてきたのが刑事管轄権分野であった。今日の諸問題を解明する糸口となる議論が，そこでは既に姿を現し，検討されてきたことが注目される。さらに本稿の観点から，今日もなお，理論的に最も重要な課題を提起しているのが，刑事管轄権分野において，常設国際司法裁判所で争われた Lotus 号事件判

分析的である等の理由で好ましいとするものとして，例えば，Davis R. Robinson, "Conflicts of Jurisdiction and the Draft Restatement", *Law and Policy in International Business*, Vol. 15, (1983), p. 1147; Kenneth W. Dam, "Extraterritoriality and Conflicts of Jurisdiction", *American Society of International Law Proceedings*, Vol. 77 (1983), p. 370. ただし，ここでの米国政府関係者の主張には，属地主義の優位の意味合いが込められた「域外適用」概念に対する反論も含意されている点に十分注意する必要がある。

(11) "Projet de Résolution: Les limites fixées par le droit international à la compétence des Etats sur les personnes relevant de leur juridiction," *Annuaire de Institut de Droit international*, Vol 69 (Session de Vancouver, 2001), pp. 89, 109 (Préambule). 近時の動向の概観として，Cedric Ryngaert, "International Jurisdiction Law," in *Research Handbook on Extraterritoriality in International Law*, pp. 14-17. 属地主義の人為的な拡張状況については，Cedric Ryngaert, *Jurisdiction in International Law* (2nd ed., 2015) (Hereinafter as Ryngaert, *Jurisdiction in International Law*, 2nd ed.), pp. 99-100.

(12) 代表的な議論においては，「私法」分野が国際法の規制を受けないのに対して，「公法」分野が国際法上の問題となると理解されてきた。詳細な古典的検討として，M. Akehurst, "Jurisdiction in International Law", *British Yearbook of International Law* (Hereinafter as *BYIL*), Vol. 46 (1972-1973), pp. 145-211, esp. pp. 181-187. 山本『国際法（新版）』244-245 頁。この問題に関しては，拙稿「外国人不法行為法の法的問題点」，特に 45-46 頁。伊藤一頼「公法分野における経済規制の国際的調和──私法統一との比較において」『民商法雑誌』153 巻 6 号（2018 年）900-903 頁も参照。しかし，この区別は概念必然的にまたは *a priori* に正当化されるものではなく，国際法上の制限の存否は，他国の対応に基づく実証的見地に根拠づけられるべきことをまず確認しておこう。P. C. Jessup, *Transnational Law* (New Heaven, 1956), pp. 64-70. ただし，本稿の課題はなおその先に存在する，国際法上の規制が必要かどうかに関する合意の存否の究明である。

(13) 私的団体も含む法典化作業の概観としては，Omri Sender and Michael Wood, "Extraterritorial Jurisdiction and the Limits of Customary International Law", in *Research Handbook on Extraterritoriality in International Law*, pp. 35-41.

決である。Lotus 号事件自体は人口に膾炙しているために事案に関する説明は省略するが，具体的事案の解決との関係で重要な点は，裁判所はフランスが主張した立法管轄権に関する旗国主義の「排他性」を認めなかったことである[14]。このことを踏まえながらも，本稿が特に注目するのは，判旨において述べられた立法管轄権に関する，以下の「一般論」である[15]（正文はフランス語で，これに沿った重要な議論に注意する必要がある）。

　　「これら諸条件の下で，国家に要求し得ることは，国際法がその『権限（compétences; translation: jurisdiction）』に設定した『諸制限（limites）』を越えないということだけである。この諸制限内においては，その行使する『管轄権（juridiction; translation: jurisdiction）』の『権原（le titre）』は主権に存する。」[16]

すなわち，ここで注目されるのは，「国際法」（その内容は，後述）と「主権」とが対比され，立法管轄権を規制する「法」に関しては，「国際法」と「国内法（抵触法）」の関係として現れるが[17]，本稿の分析視角にとって重要な点は，以下の点である。まず，国際法の機能については，場合によっては存在する管轄権の「制限」（禁止規範と考えられる）についてのみ言及されているという限界である。国際法には，これとは異なる許容規範に基づく「権限付与（authorisation）」の技術が実際に存在するが，判旨においては「付託合意（compromis）」の解釈に枠付けられて前面からは退いている。

次に，国内法の役割が大幅に認められていることである。このことは，この判旨の前に存在する，さらに有名な以下の判旨[18]において，「自由」として言

---

(14)　Affaire du «Lotus» (France c. Turquie)（Hereinafter as «Lotus»），7 septembre 1927, C.P.J.I. Série A, N° 10. 旗国の排他的管轄権についての検討は，*ibid.*, pp. 24-27.

(15)　「国際法の本性と現状によっても命じられる」とするため，一般論としての性質が認識されている。«Lotus», p. 18. なお，この部分は，判決の結論との関係で「傍論（*obiter dicta; obiter dictum*)」との理解が有力である。本稿は，立法管轄権をめぐる国際法と国内法の関係について重要な素材を提供していると考え，「傍論」であってもその再検討を行うものである。

(16)　«Lotus», p. 19. なお，フランス語正文では，compétences と juridiction が区別されている部分がある。一般的な権限の意味で compétences，具体的に行使される場合に juridiction と区別するように見えるが，英文翻訳では区別がなされておらず，問題点の指摘に留める。

(17)　このような対比については，「牴触法規範としての国際行政法」と「国際法規範としての国際行政法」とを対比した以下の研究に触発されている。山本草二（兼原敦子・森田章夫編）『国際行政法の存立基盤』（以下，山本『国際行政法の存立基盤』）（有斐閣，2016 年）61-92 頁（「国際行政法」）。Cf. Andrea Bianchi, "Comment", in Karl M. Meessen ed., *Extraterritorial Jurisdiction in Theory and Practice*（1996) p. 74, pp. 79-81.

(18)　«Lotus», p. 19.

及されるものである。

　　「しかし，このことは，国外で生じた諸行為が問題となり，かつ，国際法上の許容規則に依拠できない場合には，事案はいかなるものであっても自国領域内における自国管轄権行使を国際法が禁止していることを意味するものではない。」[19]「国際法は，自国法と管轄権（juridiction; translation: jurisdiction）を領域外の人，物，行為に拡張することを諸国家に対して一般的に禁止するどころか，この点に関しては，諸国家に広範な『自由（liberté; translation: 裁量（discretion）』を委ねており，（この自由は，）禁止規則によって場合により制限されるに過ぎない。その他の場合には，それぞれの国家が，自国が最良で最も妥当と判断する諸原則を『自由に（reste libre）』採用できる」

　　「国際法が諸国家に残しているこの『自由』こそが，他国による反対又は苦情を伴わずに，国家が採用し得た規則の多様性を説明する。まさにこのような多様性から生じる困難を取り除くために，国際法が現在この点において諸国に残している『自由』をまさに制限する効果を持ち，『権限（compétences; translation: jurisdiction）』の空白をこうして埋めたり，諸国において採用される諸原則の相違から生じる『権限（compétences; translation: jurisdictions）』の『競合（concurrences）』をなくしたりする，諸条約を作成するため，長年にわたり，欧州でも米州でも同様に，努力がなされてきたのである。」

　本稿が特に国家管轄権との関係で[20]注目するのが，この「自由」概念である。その対象範囲は不明確であるが，主権を「権原」とする国内法にとっては，（狭義の）管轄権設定に留まらず，規制内容の決定，適用の判断も同様であるため，各国の「自由」に委ねられる範囲が重要な問題となる[21]。

---

(19)　この点に関しては，属地主義の観点から捉えたとする制限的な解釈も生じ得る。代表的見解として，G. Fitzmaurice, "The Law and Procedure of the International Court of Justice, 1951-54: General Principles and Sources of Law", *BYIL*, Vol. 30 (1953), p. 17. 戦後，米国がこれを重視していたことを窺わせる典型的なものとして，American Law Institute, *Restatement of the Law, Second, Foreign Relations Law of the United States* (Hereinafter as *Restatement of the Law, Second*) (1965), pp. 52-53.

(20)　この判旨は，本稿で取り上げた以外に，実定国際法の構造をめぐる大きな論争を生じさせてきた。すなわち，単純化すれば，国際法上「禁止されないものは許容される」（適法性の推定）のか，それとも，「許容されないものは禁止される」（違法性の推定）のかという問題である。この点は，後述する「自由」の位置づけも含めて，拙稿「国際法規範構造・序論」参照。国際法における欠缺に関しては，以下も参照。江藤淳一『国際法における欠缺補充の法理』（有斐閣，2012年）参照。

　　一方，国家管轄権に関する2つのアプローチの内の1つとして理解されることも多い。例えば，Ryngaert, *Jurisdiction in International Law*, 2nd ed., p. 29.

(21)　実際に，トルコ政府代理人 Bey は，主権国家は，自由に立法し，司法権を組織し，管轄権を決定する権利を有すると主張する。Discours prononcé par Mahmout Essat Bey (représentant le Gouvernement turc), C.P.J.I., Série C, No. 13-II (Affaire du

8 立法管轄権を規律する法規範 〔森田章夫〕

　このような問題意識を持ちつつ，ここでの「自由」を理解する際に重要な焦点となるのが，そのような法認識がなぜ生じ得たのかであり，背後に存在する国際社会の対応も含めて，その分析を試みることとする。

Ⅱ　立法管轄権をめぐる「基本的立場」の対立──「自由」とその基底状況

　刑事管轄権分野において，有意義な理論的課題が明らかにされたのが，第2次大戦以前，就中，戦間期である。特に注目すべき点は，刑事管轄権の多様性の内容で，すなわち，冒頭に述べた Lotus 号事件判旨における「自由」とその基底状況を構成した国家間の対立と共に，第2次大戦後にも内容的には異なるものの同様の対立が生じ，それが現在にまで持続していることを説明する。

1　Lotus 号事件判旨における「自由 (liberté)」の意義

　ここではまず，特に「自由」に言及するトルコ側に関連した主張を，その法的根拠にも注意しながら検討してみよう。この点に関しては，提出された学者の意見がより理論的側面を描写しており，特に禁止規則の不存在とその理論的側面に言及した，以下のような見解が注目される。Fedozzi は，管轄権の競合は，双方の国が刑事管轄権を競合して自由に行使するものであって，主権の侵害とはならない，とする。また，国際刑事法体系の採用は国内の立法政策問題であって，国際法に関わるものではなく (indifférente pour le droit international)，各国は自国が最良と考える判断に基づいて刑事管轄権を拡張することによって，この「自由 (liberté)」は刑事管轄権の競合を結果としてもたらす，とする[22]。さらに，Mercier も，民事，行政，刑事法分野にかかわりなく，各国とも自由に立法することができ，この自由な立法権は，相互の尊重を基礎とした規則以外には，国際法の一般規則によっては制限されない，とする[23]。また，結論として，域外に所在する人や物に関する立法は他国の主権を害するものではなく，この点は刑事も民事も異ならないとした上で，立法，司法権の重複は刑法の現状を示すもので，本事項に関しては国際法原則が存在しない (il n'existe pas de principe de droit international) ことを示すものである，とする[24]。

　このうち，立法管轄権の競合が主権侵害とならない理由については必ずしも

　　"Lotus")，p. 134.
　(22)　Consultation «PRO VERITATE» de M. le Professeur P. Fedozzi, *ibid.*, p. 374.
　(23)　Consultation de M. Le Professeur Mercier, *ibid.*, p. 400.
　(24)　*Ibid.*, pp. 402, 414.

十分ではないが，禁止されていないという意味に限定して理解すべきとも考えられる[25]。他方で，Fedozzi と Mercier の見解に共通する点として注目されるのは，国際法によって積極的に「自由」と認められるとしているのではなく，この分野における国際法（原則）が存在しない，すなわち，刑事（立法）管轄権に関する国際法（原則）が「欠缺」していると理解している点である。

このような理解は他の学説においても見られるが[26]，注目されるのが，上記判旨をも組み入れて「権限」に関する理論的体系化を図った，1920年代における Verdross の議論である[27]。そこでは，この「自由（frei, liberté）」は「競合する諸国の権限（Die konkurrierende Zuständigkeit der Staaten）」ないしは「権限の競合（des concurrences de compétence）」をもたらすものと評される。さらにより重要な記述として，このことは「国際法によって保護されて」いるものではないとし，彼の別の記述における表現を借りれば，「『単なる』自由（la simple）liberté」に過ぎないこととなるため，（彼自身が記述する「欠缺」の箇所には触れられていないものの）「欠缺」を意味するものと内在的には理解できるのである。

このような「欠缺」という理解が正しいかを検討するために，ここでの「自由」を根拠付ける要因をさらに検討することとしよう。この点，判旨が言及する「他国による反対又は苦情を伴わずに，国家が採用し得た規則の多様性」をどのように評価すべきかが問題となる。その際の焦点は，まず，ここで述べら

---

(25)　ちなみに，船舶衝突の際の管轄権に関する判旨に対してであるが，「……各国が共に管轄権を有することが極めて当然なのではなく，いずれか一方に統一することの方が一層当然であり，法律秩序が発達すれば，必ずそうなるであろう。これらの自然法的な理由は真の理由にはならぬ。」との批判がある。横田喜三郎『国際判例研究　I』（有斐閣，1933年）97-98頁。

(26)　当時の日本においても，Lotus 号事件判決が対峙した刑事法の状況につき，「欠缺」を指摘した注目すべき判例評釈として，山田三良「ロートス号事件（Affaire du "Lotus"）に就いて（二）」『法学協会雑誌』46巻6号（1928年）72-73頁。

(27)　Alfred Verdross, *Die Verfassung der Völkerrechtsgemeinschaft* (1926), S. 165-166, 170（§36. Die Arten der Sachlichen Zuständigkeit）; Idem, "Règles générales du droit international de la paix", *RdC*, t. 30 (1929-V), esp. §34 (Deux sphères de compétence étatique), §35 (Compétence concurrente des États), §36 (Compétence exclusive des États). 以下も興味深い。CHAPITRE X. Droits et devoirs fondamentaux dos Etats. §47 (Observations générales). 後者は Lotus 号事件判決を引用しているが，前者は判決以前に執筆されており，学説史的にも極めて注目される。国際法規範構造の理解に関しては，Oppenheim と Fitzmaurice の間に位置づけることができる。拙稿「国際法規範構造・序論」参照。Verdross 説の当該叙述に関する詳細な先駆的分析として，藤澤巖『内政干渉の国際法——法の適用問題への歴史的視座』（岩波書店，2023年），特に第4章第2節参照。

れた「多様性」とは何かである。次に問題となるのは，ここでの「他国による反対又は苦情を伴わずに」という判旨についてであるが，厳密な意味での「権利」（後述）が見いだせる程に，調和的な国家実行（実質的法源）が実際に存在したのかという点を検討する必要がある。

2 「自由 (liberté)」に基底する多様な状況——「基本的立場」の対立とその持続

ここでは，この「自由」に基底していた多様な「基本的立場」の対立と，このような対立が戦後も内容は異なるものの同様に見出しうることを説明する。このような対立こそが，国際法の欠缺と評価される基盤である[28]。

（ i ） 刑事管轄権分野における「基本的立場」の対立

刑事管轄権に関する当時の多様な状況を，Brierly は以下のように概観する[29]。すなわち，この問題に関する国際慣行は一致していないとし，この問題に関しては以下のような３つの異なる慣行が存在するとする。英米を含む諸国は刑事管轄権に関して属地主義に立脚する。仏独その他大多数の国は同じく属地主義を受け入れるが，国家の安全や財政的信用に向けられた行為に関して一定の例外を認める。トルコやイタリアその他の諸国は，属地主義を否定して，行為地の如何を問わず犯罪はすべての文明国がその抑止に利害を有する社会悪であるという理論に自国法を基礎づける。しかし実際には，これら諸国も属地主義に譲歩してこの「普遍的」犯罪理論が引き起こしかねない管轄権競合の無秩序を回避し，外国で行われた外国人の行為は自国または自国民の一員を侵害するという条件を満たす場合のみ自国刑法を適用する。このように Brierly は述べるのである。

ここで重要な点は，これらは単なる多様性ではなく，「基本的立場」の対立として現れることである。「専門家委員会」の挫折の最大の原因は，形式的に

---

(28) 本稿の見地から重要な，「欠缺」に関する理論的に注目すべき邦文献として，田岡良一『国際法 III〔新版〕』（有斐閣，1973 年）190-192 頁。そこでは，「……立法者の懈怠により，たとえば社会構成員間の利益の激しい対立のために統一的規則を作ることが困難なことに基づいて，法がその任務を放擲していることを意味する場合」を指摘する。詳細には，同「法律紛争と非法律紛争との区別（一）——ラウターパハト説と其批判」『法学』第 7 巻 7 号（1938 年）18-30 頁。

(29) J. L. Brierly, *The Law of Nations: An Introduction to the International Law of Peace* (4th ed., 1949) (Hereinafter as Brierly, *The Law of Nations*, 4th ed.), pp. 218-219. 第 2 次大戦後の第 4 版において記述を大幅に改めたもので，以後の版でも維持されている。*Ibid.*, (5th ed., 1955), pp. 231-232.

は，（英米の）「属地主義の優位」と（主として大陸法系の）「保護主義」（「受動的属人主義」も言及はされている）の深刻な対立（"grave political and other obstacles"と表現されている）と理解するのが一般的である。さらにここに，Lotus 号事件判決にも影響を与えたとも考えられる第3番目のイタリアとトルコの見解が加わり，刑事管轄権分野における「基本的立場」の対立が描写されたものと考えられるよう。

　実際，刑事管轄権についての各国の「基本的立場」に厳しい対立が存在したことは，Lotus 号事件判決後，さらに，戦後においても，多数国間条約において，without prejudice 条項や妥協的な文言が置かれたり，起草経緯において明確な対立が記されていることから看取されるのである[30]。

　(ii)　戦後における「基本的立場」の対立

　さらに第2次大戦後，特徴的な発展は，立法管轄権に関する対立が，刑事管轄権分野からさらに異なる分野にも拡大し，「基本的立場」の対立が異なる形で持続したことである。以下では，戦後，有力な諸国が採用する「基本的立場」の併存を説明する[31]。

　①　管轄権「根拠（base）」・「原則（principle）」重視の立場

　内容としては，例えば，属地主義，属人主義，さらに保護主義等の「根拠（base）」（同様の意味で，「原則（principle）」も良く用いられ，以下では，「根拠」・「原則」とする）を重視し，国家管轄権行使にはそのような「根拠」・「原則」を必要とする見解で，多くの大陸法系その他の諸国が現在も採用する立場である。特に，英国は「属地主義の優位」や「公法の属地性」を強調しながら，属地主義と属人主義に代表される「根拠」・「原則」を必要とする見解である[32]。この見解の理論的な頂点は，民間学術団体ではあるが，ILA 東京総会「制限的取引立法の域外適用委員会」決議[33]と考えられる。さらに，現実の国

---

(30)　このような状況に関して簡潔に記したものとして，Matthew Garrod, "The Expansion of Treaty-based Extraterritorial Criminal Jurisdiction," in *Research Handbook on Extraterritoriality in International Law*, pp. 248-258.

(31)　各国の「基本的立場」の対立に関する詳細は，拙稿「国家管轄権競合をめぐる応酬と法形成」118-129 頁参照。

(32)　英国の「基本的立場」を示す代表的文書としては，H.C. Debates, Vol. 698 (15 July, 1964) Col. 1279 (Attorney General); Aide-memoire to the European Commission in the Dyestuffs case in 20 October 1969, reprinted in E. Lauterpacht ed., *British Practice in International Law 1967* (1971), pp. 58-60.

(33)　International Law Association, *Report of the Fifty-First Conference held at Tokyo, Aug. 16th to Aug. 22nd, 1964* (1965) (以下では，ILA Report 1964 との形式で表記する), pp. xxviii-xxix. 報告書の他に，詳細な資料も含めて，*ibid.*, pp. 304-592.

家実行としてより重要な意義を有するのが，シベリア・パイプライン事件において米国の措置に対して EC が発出した抗議である[34]（カナダも類似する[35]）。そこで最も紙幅を割いて強調されているのは[36]，このような立場に基づく批判で，その集大成と言っても良いであろう[37]。

なお，近時，「参入制限（access restrictions）」措置に関しては，EU の積極的動向が見られ，それに対応して違法でないとする見解も学説上有力となりつつある[38]。米国の措置に対する従来の抗議とは立場を異にするようにも見える点に注意する必要があるが，EU 自身は詳細な法的説明を避けており，EU と加盟諸国間の見解の異同も含めて，今後，明らかにすべき課題としたい。

② 「抵触法的」見解（国際法不存在説）

米国では，戦後，効果理論に代表される反トラスト法の「域外適用」問題を契機として，戦前の立場からの転換がなされたとも見られるが（ただし，分野

---

(34)　Comments of the European Community on the Amendments of 22 June 1982 to the U.S. Export Regulations, 12 August 1982, *at*: http://aei.pitt.edu/101133/ ; "EC Calls for Withdrawal of US. Pipeline Sanctions", European Community News No. 23/1982, 12 August 1982, *at*: https://aei.pitt.edu/1768/

(35)　Memorandum dated September 27, 1982, the Legal Bureau, reprinted in "Canadian Practice in International Law during 1982", *Canadian Yearbook of International Law*, Vol. 21 (1983), pp. 302-305.

(36)　なお，国際組織としては別個である Council of Europe に提出された，Council of Europe, European Committee on Crime Problems, *Extraterritorial Criminal Jurisdiction*（Hereinafter as ECCP, *Extraterritorial Criminal Jurisdiction*）(1990) も，刑事法分野に限定されるが，欧州諸国の動向を示すものとしても参考になる。なお，本書については，読者にはリプリント（Reprint in *Criminal Law Forum*, Vol. 3 (1992), p. 441-480）が便利であろう。

(37)　なお，国家平等原則，不干渉原則，領土保全原則等の国際法の一般原則にもしばしば言及されるが，依然として不明確とする有力な見解として，D. W. Bowett, "Jurisdiction: Changing Patterns of Authority over Activities and Resources", (Hereinafter as Bowett, "Jurisdiction"), *BYIL*, Vol. 53 (1982), pp. 14-24. そのため，本稿ではこれ以上の言及は行わない。

(38)　EU の近時の実行について分析したものとして，Joanne Scott, "Extraterritoriality and Territorial Extension in EU Law", *American Journal of Comparative Law*, Vol. 62 (2014), pp. 87-125. このような「参入制限」が国際法違反とならない可能性について詳細に検討したものとして，Tom Ruys and Cedric Ryngaert, "Secondary Sanctions: A Weapon out of Control? The International Legality of, and European Responses to, US Secondary Sanctions", *BYIL* (2020), pp. 1-116, esp. pp. 11-16. 対照的に，「参入制限」を越える刑事的制裁等の違法性を検討するものとして，*ibid.*, pp. 16-28. 外国人の国外行為に対する罰則に関する日本政府の慎重な姿勢については，竹内春久「立法管轄権の域外適用──基準・認証制度の改善をめぐって」『国際法外交雑誌』86 巻 4 号（1987 年）73 頁。

別に対応が異なる可能性も否定できない），具体的には以下の通りである。

米国では，学説上，国家管轄権問題に関して，「公法」と「私法」を截然としては区別せず[39]，国内法，すなわち，牴触法上の問題と捉える見解が有力である。例えば，管轄権の抵触問題を，「（国際）礼譲（(international) comity)」による「利益衡量（balance of interest)」として処理すべき等の「抵触法的処理」[40]が発展してきたのである。

一方，米国政府自身の見解は，管轄権「根拠」・「原則」を重視する立場を採用しているとは言い難いものの[41]，その立場を公式に表明することには慎重で，不明確と言わざるを得ない[42]。この点を踏まえた上で，シベリア・パイプライン事件時に示された以下の見解が注目される。そこでは，「競合する管轄権の存在または可能性により，各国家は，他の関係諸国の主権と利害に妥当な考慮を払って，自国法の強制措置を執ることが必要である」[43]，としたのである。これは，国際法規範の介入を「妥当な考慮」を払うという範囲と程度に極めて限定し，自国管轄権の適用の余地を広範に留保したものと評価できよう[44]。国

(39) *Restatement of the Law, Fourth, Foreign Relations Law of the United States: Selected Topics in Treaties, Jurisdiction and Sovereign Immunity* (Hereinafter as *Restatement of the Law, Fourth*) (2018), §407, Comment f; Reporters' Notes 5.

(40) なお，「国際礼譲（international comity)」に関係する抵触法的技術に関しては，例えば，*Restatement of the Law, Fourth*, INDEX における "international comity" 項目参照。特に，戦後初期の見解については，以下が参考となる。*Restatement of the Law, Second*, §40; "Reporters' Note 2 (*United Stats conflict law*)". これに対して，ILA 東京総会東京総会決議が，当該問題が国際法上の問題であることを最初にわざわざ言及しているのは，米国のこのような見解を否定するためである。

(41) 「根拠」を固定的に捉えず，欧州諸国ほどには重視しない点に関しては，David H. Small, "Managing Exterritorial Jurisdiction Problems: The United States Government Approach", *Law and Contemporary Problems*, Vol. 50 (1987), pp. 291-293. そこでは，より緩やかな sufficient nexus を確固として確立した国際法上の「制限（limit)」としながら，その制限を越えたとしても，管轄権の抵触の回避，緩和，管理に作用するのは，確固とした法規則ではなく，良識と「礼譲（comity)」とする点が注目される。

(42) 米国の輸出管理に関する管轄権理論の不明確性を指摘するものとして，W. Michael Reisman and William Araiza, "United States of America (National Reports)", in Karl M. Meessen ed., *International Law of Export Control: Jurisdictional Issues* (1992), p. 172.

(43) Note dated 30 June 1981, reprinted in *Cumulative Digest of United States Practice in International Law, 1981-1988*, Vol. 2, p. 2631, 2633; *BYIL*, Vol. 53 (1982), p. 443; A. V. Lowe, *Extraterritorial Jurisdiction: An Annotated Collection of Legal Materials* (Hereinafter as Lowe, *Extraterritorial Jurisdiction*) (1983), p. 151.

(44) 周知の通り，「妥当な考慮（due regard)」概念は，「公海の自由」の内在的制限として著名である（国連海洋法条約第87条2項）。ちなみに，公海条約第2条では，"reasonable regard" であった。一般国際法上の意義の解明は今後の課題である。

際法上の制限を認めず，「礼譲」として処理する上記の見解とは，「紙一重」，ないしは実質的に同一と言えるかもしれない。

なお，米国政府関係者による Lotus 号事件判決判旨を支持する発言もある[45]。ただし注意すべき点としては，米国自身も他国に対して抗議している実行に鑑みれば[46]，判旨の「自由」を厳密な意味での権利（後述）と理解するものではなかろう。

いずれにせよ，米国の「基本的立場」は，大国としての優越的な地位から，その「自由（liberté）」ないし「裁量（discretion）」を最大限に保持する法政策に裏付けられているものと考えられる。

Ⅲ 「基本的立場」の対立における実質的争点

以下では，このような「基本的立場」の対立を提起する国際紛争の真の争点を，刑事管轄権に関する歴史的展開の示唆から明らかにする。ここでまず注目すべき理論的な焦点は，「私法」と比較して「公法」に対して特に国際法上の規制が議論される実質的根拠と考えられる。Bowett は，「公法」については国

---

(45) *Proceedings of ALI Annual Meetings*, Vol. 62 (1985), pp. 405-406 (D. Small). 以下の論稿においても，Lotus 号事件判旨は肯定的に引用されている。Small, "Managing Exterritorial Jurisdiction Problems", op. cit., p. 292.

(46) A. V. Lowe, "Blocking Extraterritorial Jurisdiction: The British Protection of Trading Interests Act, 1980", *American Journal of International Law*, Vol. 75 (1981), pp. 257-282, esp. 262-263. そこでは，Cutting Case 以外に，*Digest of United States Practice in International Law 1973*, pp. 197-198; *Digest of United States Practice in International Law 1975*, pp. 339-340 が引用されており，米国領域内での米国国民の行為に対して受動的属人主義を適用しようとした事案における抗議例である。ただし，公開文書においては，米国は領域内の自国民に対する当該管轄権行使の「根拠（basis）」を「承認せず（does not recognize）」，そのような管轄権行使は国際法上一般的に認められていない，という表現に留まっている。

これに対して，いわゆるテロリズム防止関連条約の枠内では積極的に採用することとなったことは周知の事実である。これは，米国民が被害者となる事案が増えたという実際的観点のみならず，本稿の見地から重要な点は，国際社会の共通利益の保護のため，目的が同一方向（（「不処罰（impunity）」の防止）に強く向いていることに加えて，条約によりその実体的要件が具体的に特定されていることである。国際テロリズム防止関連諸条約における受動的属人主義の機能変化に関しては，安藤貴世『国際テロリズムに対する法的規制の構造──テロリズム防止関連諸条約における裁判管轄権の検討』（国際書院，2020 年），特に，220 頁，242 頁参照。

整合的に考えるならば，一般慣習国際法上あるいは「通常犯罪（ordinary crime）」に関しては，受動的属人主義の米国国民に対する適用は依然として国際法上問題があるとの立場を維持している可能性がある。Kenneth S. Gallant, *International Criminal Jurisdiction: Whose Law Must We Obey?* (2022), pp. 453-454; Cedric Ryngaert, "International Jurisdiction Law", op. cit., p. 13, p. 20.

家の政策が強く表明されることを指摘し[47]，この点を最も的確に説明している。

このような国家の政策が強く反映された「基本的立場」の相違により，「私法」分野における予定調和的な一方的な承認は成立しにくく，管轄権の画定を支える主要要因は「相互性（reciprocity）」に基づく承認[48]に移動することとなる。そのため，次の課題は，このような「相互性」により対立の争点が克服できるかどうかを検討するため，対立の争点を具体的に明らかにすることにある。そのため，以下では，刑事管轄権の適用における「根拠」・「原則」自体，国内法の（形式的）内容（刑法上は「構成要件」内容），さらに，国内法の具体的適用に際しての判断の相違を，順次検討する[49]。

1　形式的争点としての「根拠」・「原則」の「相互性（reciprocity）」

ここでまず検討すべきは，形式的争点としての「根拠」・「原則」の「相互性（reciprocity）」の欠如という問題である。

「属地主義の優位」（主として英米）と「保護主義」の対立については，1931 年 Institut de Droit International（以下，Institut とする）での決議を経て Harvard 草案に至るまでに，双方の立場にかなりの接近が見られたとされているが[50]，その詳細な内実は後に検討する。

次に，Lotus 号事件判決では，トルコ刑法第 6 条が規定する「受動的属人主

---

(47)　Bowett, "Jurisdiction", pp. 1-3.

(48)　「相互性と受忍（reciprocity and tolerance）」を基礎とした，国家「権力（authority）」の画定と国家間の「権限（competence）」配分を，属地主義の 2 種の機能として指摘するものとして，ECCP, *Extraterritorial Criminal Jurisdiction*, p. 21.
　　「根拠」・「原則」とは別に，後述する EC の Comments においても，米国法を引用しながら，相互性に基づくと見られる批判が見受けられる（para. 16）。国家管轄権の抵触における「相互性」の果たす機能については，以下も参照。A.L.C. de Mestral and T. Gruchalla-Wesierski, *Extraterritorial Application of Export Control Legislation: Canada and the U.S.A.* (1990), p. 42.
　　ただし，それぞれの「根拠」・「原則」がクロスして用いられるとき，いずれの国にも認められているという形式上の相互性は維持されるにしても，相互性からの実質的な乖離は強くならざるを得ない。このことは，例えば，海洋法分野での旗国と沿岸国の関係でも生じ得る問題で，各国によって利益の比重が異なる点から対立が強まる可能性がある。

(49)　「外国人不法行為法（Alien Tort Statute: ATS）」を対象として，「実体法上の『構成要件』の調整」と「具体的判断の『牴触』の調整」に分類して分析するものとして，拙稿「外国人不法行為法の法的問題点」，特に 48-49 頁。

(50)　竹内真理「域外適用法理における保護主義の成立基盤」『法学と政治学の新たなる展開（岡山大学創立 60 周年記念論文集）』（以下，竹内「保護主義」）（2010 年）247-273 頁参照。

義」が問題とされながらも，裁判所は公海上の船舶の衝突問題と「客体的（客観的，以下，「客体的」とする）属地主義」問題に焦点を当て，この争点を回避した。「受動的属人主義」という形式的「根拠」・「原則」は，訴訟の両当事国にとって共有されておらず，また，Moore 裁判官（米国出身）は，Cutting Case（1886）[51]に関与した経験もあって，この点につき強硬な反対を示したことでも有名である（前述のように，米国は，1970 年代においても，外交的抗議を申し入れている）。

　しかしこのような「根拠」・「原則」は，国家の正当な利害関心の「一応の証拠（prima-facie evidence）」[52]であって，決定的要素ではないとの理解が今日有力である。この点も相まって，以下ではさらにその背後にある実質的争点を探求することとしよう。

2　国内法の実質的内容

　次に検討すべきは，実質的要因としての国内法の実質的内容における類似性である。実体法の相違が大きくなると，「根拠」・「原則」に対する同意さえもそもそも不可能となるからである。このことは，極端な例ではあるが，欧米諸国と日本やその他の諸国間において，「領事裁判権（consular jurisdiction）」による「治外法権（exterritoriality, extraterritoriality）」が設定された例を見ると容易に理解できるように，そこでは，属地主義の相互的承認についてさえ合意

---

(51)　1886 年，米国民 Cutting が，米国 Texas で発航された新聞にメキシコ国民 Medina を中傷する記事（libelous publication）を掲載し，記事の撤回を十分に行わなかったことにつき，メキシコにおいて名誉毀損の罪に問われ，米国が抗議した事件である。訴因が（客体的）属地主義に変更され，実際の裁判でもその範囲内で刑法が適用されたが，被害者の告訴取り下げにより上級審で釈放された後も，米国とメキシコ間で議論が続いた。纏まった経緯として，John Bassett Moore, *Digest of International Law*, Vol. 2 (1906), §201. 法的観点からの記述として，"Report on Extraterritorial Crime and the Cutting Case (From John B. Moore, Third Assistant Secretary of State to Hon. T. F. Bayard, Secretary of State)", *Papers Relating to the Foreign Relations of the United States, For the Year 1887, Transmitted to Congress, With a Message of the President, June 26, 1888* (1888), pp. 757-844. これは，Department of State (USA), *Report on Extraterritorial Crime and the Cutting Case* (1887) として別に発刊もされている。受動的属人主義に関する邦文献としては，竹内真理「域外適用法理における受動的属人主義の理論的位置づけ」浅田正彦編『二一世紀国際法の課題　安藤仁介先生古稀記念』（有信堂高文社，2006 年）63-95 頁，Cutting Case については，69-71 頁。

(52)　国籍を例として，Bowett, "Jurisdiction", p. 8. 一方，"only evidence of the reasonableness of the exercise of jurisdiction" とするものとして，I. Brownlie, *Principles of Public International Law* (7th ed., 2008), p. 308.

国家と海洋の国際法（上巻）第1部 国際法／Ⅱ 国家管轄権と承認

が得られなかったのである[53]。また，戦後初期，米国反トラスト法に対して，他の西側諸国でさえも強く争ったのは，米国反トラスト法の存在と内容が，他国の国内法と大きく異なっていたことに原因を見出すことができる。

一方，「根拠」・「原則」の対立を，国内法の実質的内容の類似性を基礎として克服しようとしてきたことも事実である。大陸法諸国が主張する「保護主義」と，英米が採用する「属地主義」の優位の対立につき，例えば「客体的属地主義」を点検し，妥協の可能性を探究したこともあった[54]。また，Lotus 号事件判決においては，トルコ刑法が採用する「受動的属人主義」の対外的有効性ではなく，両当事国が共通して認める「客体的属地主義」を中心として判決を下したのであった。

このような観点から，「根拠」・「原則」の機能が有していた射程とその限界を探求するため，刑事管轄権に関する Harvard 草案（1935 年，以下，Harvard 草案）[55] を検討することとしよう。Harvard 草案は私的団体の法典化作業であるが，今日においても影響力を有し，国際法体系書に一般的に記述される「根拠（basis）」・「原則（principle）」（属地主義，属人主義 etc.）[56] の形成に貢献したとされる。

まず，Harvard 草案の作業は，「法の一般原則」の抽出を基礎とするものであった[57]。加えて，Lotus 号事件判決の争点（列挙された「諸原則」を超えた場合に違法かどうかという問題）を棚上げし[58]，「法の一般原則」としての性格を徹底させたものと言えよう。この「法の一般原則」を支え，前提とされている実質的要因として，国内法の実質的内容の一定の同質性ないし類似性[59]が存

---

(53) 欧米諸国とその他の諸国間の関係については，「文明」をめぐる対立もあって極めて複雑であるが，本稿では，主として構成要件，刑罰の内容，「公正な裁判」制度の存否等が問題となることのみを指摘しておこう。

(54) "Part II: Jurisdiction with Respect to Crime", (Hereinafter as "Jurisdiction with Respect to Crime") *American Journal of International Law*, Vol. 29 Supplement (1935), *Codification of International Law*, p. 557.
　　このように，国内法上の構成要件を捨象して具体的事実の重複に着眼する点は，犯罪人引渡制度における双方可罰性の適用の際にも見られる。山本草二『国際刑事法』（以下，山本『国際刑事法』）（三省堂，1991 年）203-204 頁。

(55) "Jurisdiction with Respect to Crime", pp. 435-651, esp. 439-442. 簡易な説明として，山本『国際刑事法』139-140 頁。

(56) "the standard model" とも呼ばれる。Gallant, op. cit., Part 2.

(57) "Jurisdiction with Respect to Crime", pp. 444-445.

(58) *Ibid.*, p. 468.

(59) この延長として，国内法の実質的内容の一般性が有する「重み（weight）」があり，法の一般原則の機能が重視されることとなろう。

184

在する。この作業は，特に，上記の法典化作業で問題となってきた「保護主義」において顕著に現れる。前述の通り，Institut の Cambridge 会期を経て，双方の立場にかなりの接近が見られた。Harvard 草案において特筆されるのは，国内法上の近接性を点検し，特に偽造関係については他の保護主義と切り離されて独自の条文として規定されたことである（第8条）[60]。

　確かに，一般的に言えば，「根拠」・「原則」と国内法の実質的内容において「相互性」が問題なく得られ，「法の一般原則」を語り得る範囲内では（例えば，属地主義と属人主義の間のように異なる「根拠」・「原則」間であっても，いずれにおいても一般的範囲内に収まる国内法上の「自然犯」），少なくとも事後的に許容規則の成立を語ることにはほぼ問題がないであろう。しかし，その先にある限界として，例えば，米国の反トラスト法が西側自由主義経済諸国に広がり，その国内法の実質的内容が近接するようになった現在においても，問題が完全に解消したと見ることは時期尚早とも考えられる。残された争点を以下で検討することとしよう。

3　具体的適用の際に生じる見解の対立——実質的争点としての判断権の所在

　伝統的な刑法分野において，管轄権の「根拠」・「原則」が異なるとして生じた国際紛争は，諸国に共通する内容が見出される犯罪類型（国内法上の「自然犯」）に該当するにも関わらず生じている。そのため，「相互性」で克服できない「抵触」の内容は何か，すなわちどのような実質的な争点が存在したかが問題となる。

　まず，「受動的属人主義」に関して，上記 Cutting Case における実質的争点は，米国側には当時のメキシコに対して「公正な裁判」に対する疑義を抱いていた点に加えて[61]，管轄権行使の前提となる刑法適用の可否（特に，米国内で適法であると判断されている点）に関する両国の判断が対立したことが極めて重要と考えられる[62]。Lotus 号事件においても，類似の問題がフランスとトルコの国際紛争を引き起こした主要な事実上の原因とも言えよう。刑法上の構成要件が形式上同一であるとしても，被害船の旗国における裁判が国民の被害感情に影響される可能性があって公正性を維持し得ず，判決に反映されたのではない

---

(60)　"Jurisdiction with Respect to Crime", pp. 562, 563.
(61)　Harvard 草案第 12 条（ALIENS—PROSECUTION AND PUNISHMENT）も参照。
(62)　Moore, *Digest of International Law*, op. cit., p. 229, 232.

国家と海洋の国際法（上巻）第1部 国際法／Ⅱ 国家管轄権と承認

かという懸念が存在したとしても不思議ではない。特にフランス政府は，公的な調査報告書に基づき，Demon について責任がないとし[63]，フランスの判断はトルコにおける判決と正反対であった。両者のケースにおける「公正な裁判」の要素を捨象したとしてもなお，具体的判断における対立の要素は重要な点として指摘し得るであろう。

　一方，Harvard 草案は，「安全保障」に関する見解の対立を克服しようと試みた（第7条）。すなわち，保護主義の対象となる犯罪行為から，適用の際に自制する除外事由（「属地主義の優位」を確保するもので，「合理的な保障措置（reasonable safeguards）」[64]とする）を現地法により外国人に対して保障された自由の行使（in exercise of a liberty guaranteed the alien by the law of the place where it was committed (sic)）」[65]に限定した巧妙な規定を妥協として[66]提示したのである。本稿の関心は，本条が自らの方法論である「法の一般原則」からは重大な乖離となる妥協を必要としていること，すなわち，属地主義の優位と保護主義の対立の持続が，縮小されながらも適用の際の判断において存続していることを示している点である。

　このように，国内法の実質的内容の類似性により担保される相互性も限界を有しており，各国共，自国民への適用について特に敏感であることが看取される[67]。そのため，具体的適用に関する実質的な判断の相違が紛争に繋がる可能性が依然として存在し[68]，「根拠」・「原則」に関する対立には，判断権の対立問題が実質的争点として内在していたことが看取されるのであった。

---

(63)　Contre-mémoire présenté au nom du Gouvernement de la République française, Affaire du "Lotus", Troisième partie (Autres Documents), C13/2, p. 276. なお，Lausanne 条約で「領事裁判権」を脱したばかりのトルコの国内裁判が「公正な裁判」を構成するかどうかという懸念もフランスにはあったかもしれない。

(64)　"Jurisdiction with Respect to Crime", p. 557.

(65)　具体的な争点は，表現，出版，集会の自由に代表される自由である。*Ibid.*「専門家委員会」における同様の問題に関する発言として，以下も参照。*Minutes of the Meetings of the 2nd Session*, p. 67 (Diena). Brierly も「恣意的な方法（an arbitrary way）」の保護主義の適用の例示として，類似の問題に言及している。Brierly, *The Law of Nations*, 4th ed., p. 220.

(66)　双方の立場の「合理的な妥協（a reasonable compromise）」の説明については，"Jurisdiction with Respect to Crime", p. 557.

(67)　また，伝統的国際法においては，国内法の実質的内容が近接したことにより属地主義の平等適用が確保された後も，事後的にではあるが，外交的保護権によって国内法適用の同質性確保に努めていた可能性もある。

(68)　適用の際の問題であるという指摘として，"Jurisdiction with Respect to Crime", pp. 553-554, 556.

8 立法管轄権を規律する法規範 〔森田章夫〕

なお，判断権確保のための部分的調整弁として，刑事管轄権の問題は（逃亡）犯罪人引渡制度とも相互に影響しあっていた（刑事管轄権と犯罪人引渡制度の連関性については，上記「専門家委員会」においても各種の指摘が見られる[69]）。身柄の引渡が重要な問題である刑法では，「双罰性」，さらには，（大陸法系の）自国民不引渡原則，政治犯罪人不引渡原則も，国内法の類似性と判断権を確保する機能を，少なくとも事実上果たしていたのである[70]。

このように見ると，「他国による反対又は苦情を伴わずに」という Lotus 号事件判旨の妥当性と限界が明らかとなる。すなわち，国内法の制定の側面については，確かにこの判旨が妥当する可能性が高い。実際にはまだ具体的に適用されていない国内法は，適用されるかどうか，どのように適用されるかが未確定なため，定立されるだけで「他国による反対又は苦情」が提示されるのは一般的ではないからである[71]。しかし，適用の際には「反対又は苦情」が現実化する可能性があるため，判旨の妥当性はこの点では限定されたものとなろう。

特に戦後，米国を例として取り上げると，その「基本的立場」は上述のように最も強硬なスタンスを取っている。なおかつ，行政機関に広範な裁量が与えられていたり懲罰賠償を伴う私訴が認められたりしている分野については，違反の該当性や巨額にも及ぶ罰金・賠償等，米国法の具体的適用は予測し難いことも多いと言われる。それに応じて，他国も比較的頑なな「基本的立場」を維持せざるを得なくなっていると考えられる。このように，各国が「基本的立場」を長期にわたって保持していることを理論的に分析すると，実はこの具体的適用の場面において，裁量を維持し（米国），異議を提示する（他国），それぞれの可能性を留保していると言うことができよう。言い換えれば，このよう

---

(69) 例えば，以下を参照。"Observations de M. de Visscher", League of Nations, Committee of Experts for the Progressive Codification of International Law, *Criminal Competence of States in respect of offences committed outside their territory, Report adopted by the Committee at its Second Session, held in January 1926* (Hereinafter as *Criminal competence of States*), C.50.M.27.1926.V., p. 5, *at*: https://archives.ungeneva.org/0000766824-d0026; *Minutes of the Meetings of the 2nd Session*, p. 69 (Wickersham).

(70) この点は，Brierly 報告書からも看取される。"Report by Mr. Brierly", *Criminal competence of States*, p. 3.

(71) Fitzmaurice は，具体的ケースについて法律が適用されておらず，直接の違反が生じていない場合についても，「行為の危険（threat of action）」に対しては「苦情申立の権利（right of complaint）」が存在するとし，「抗議（representations）」と「（賠償）請求（claim）」を区別することによって現実の困難は回避し得るとする。G. Fitzmaurice, "General Principles of International Law considered from the Standpoint of the Rule of Law", *RdC*, t. 92 (1957-II), p. 89.

国家と海洋の国際法（上巻）第1部 国際法／Ⅱ 国家管轄権と承認

な課題こそが国際社会が真に克服すべきものと理解し得るのである。

Ⅳ 「基本的見解」の対立がもたらす「管轄権」の競合・抵触に対する国際法上の評価

このような「基本的見解」の対立は，国際法上，どう評価されるかを明らかにするのが，以下での課題である。これによって，上記のような解決困難な対立が生み出す，国際法（規則）の欠缺への対応も理解できよう。

戦前においては，「基本的見解」の対立が具体的事件として公にされたのは，Cutting Case と Lotus 号事件に代表される，ごくわずかのみであった[72]。一方，戦後，米国の反トラスト法に始まる様々な分野での「過剰」な立法管轄権行使が多発し，これに対しては，各国は，外交的抗議[73]，対抗立法[74]等，様々な措置で対抗した[75]。利害関係国のこれら対応は，対抗力を阻止し，法的含意を与えない（事実として保留する）ことを主たる目的とすると評価される[76]。このように，立法管轄権に関する「基本的立場」の対立が，異なる分野と内容であるが，戦後も持続してきたのである。

そこで次の課題は，Lotus 号事件判決が言及した「自由」が必然的にもたら

---

(72)　Cutting Case 以前の事案に関しては，Moore の整理が参考となる。前述，*Report on Extraterritorial Crime and the Cutting Case* 参照。

(73)　独禁法分野に関する外交的抗議や批判的な諸国の動向については，ILA 東京総会においてそれ以前の実行に関する詳細な資料が作成されている。ILA Report 1964, pp. 565-592. ただし，関連する適切な国家実行が依然として外交機密のまま十分には公開されていないため，近時，外交的抗議の公開例が減ってはいるが，存在しないとの認定には十分慎重を期する必要がある。例えば，米国においてさえ，慣習国際法に関わる政府外交資料に接することの困難を指摘するものとして，G. R. Watson "The Passive Personality Principle", *Texas International Law Journal*, Vol. 28 (1993), pp. 1 ff, esp. 39.

(74)　包括的な事例説明に関しては，石井由梨佳『越境犯罪の国際的規制』（有斐閣，2017年）149-154頁。対抗立法の目的は様々であるが，国際法上は，異議を述べ，黙認や先例と解されることを防ぐ最も強い手段とも言える。これに対して，国内法上の問題や，政策的な有効性に関しては，Daniel Ventura, "Contemporary blocking statutes and regulations in the face of unilateral and extraterritorial sanctions", in Charlotte Beaucillon ed., *Research Handbook on Unilateral and Extraterritorial Sanctions* (2021), pp. 221-238.

(75)　対抗して執られた措置に関しては，例えば，Lowe, *Extraterritorial Jurisdiction*, pp. 79-225. 特に，シベリア・パイプライン事件に関しては，拙稿「国家管轄権競合をめぐる応酬と法形成」113-115頁。

(76)　以下の文献は，特に抗議について述べられているが，より強力な措置である対抗立法にも当てはまるであろう。山本『国際行政法の存立基盤』199-203頁（「国際紛争要因としての対抗力とその変質」），中谷和弘『国家による一方的意思表明と国際法』（信山社，2021年），特に122-135頁。

188

し得る「管轄権」[77]の競合と抵触が産む対立状況を，学説・国家実行は，どのような国際法上の効果をもたらし，対応すべきものと捉えてきたかである。以下では，歴史的な発展をも踏まえてこの点を検討することとする。

1　黙認・承認義務の否定

刑事管轄権の多様性がもたらす競合と効果を捉えたものとして，20世紀初頭，Oppenheim は，以下のように述べる[78]。「問題は，それゆえ，諸国が外国において犯された外国人の行為に対する『管轄権（a right to jurisdiction）』を有するかどうか，そして当該外国人がそれら諸国の『権力（power）』下に陥った場合に外国人の本国がその処罰を黙認する『義務（duty）』を負うかである。この問題は否定的に答えねばならない。」

ここでまず関心を引く理論的側面は，Oppenheim が（黙認）「義務」と対応するという厳密な意味で「権利」概念を理解していることである（このような権利と義務の対応は，Oppenheim の著書の多くの場所で見られる）。このような厳密な意味での「権利」に至っていない場合には黙認する「義務」は存在せず，本国は争う余地があるとして，「権利」と「義務」に包摂されない実行の「効果」を捉えているのである。一方，「自己保存」に関する叙述において，「（受忍）義務」が存在する厳密な意味での「権利」と明確に区別されて，そのような対応が存在しない「免責事由（excuse）」が説明されている。すなわち，「自己保存」による侵害は，例外的な場合には，禁止されていないものの，損害を受ける国は受忍する必要はなく，「反撃しうる」とするのである[79]。

文脈は若干異なるものの，この Oppenheim 説の延長線上にある国家実行として注目されるのが，Lotus 号事件判決後の1930年国籍法抵触条約（「国籍法の抵触についてのある種の問題に関する条約」）[80]である。本条約では，国籍付与を「国内事項」としながらも，他国に「承認されるものとされる（shall be

---

(77)　厳密な意味での国際法上の「権利」を構成していないため，right が付せられていない jurisdiction は，後述の Oppenheim に倣って，国際法上は，厳密には「管轄」と訳すべきとも考えられるが，混乱を避けて，従来通り「管轄権」とする。

(78)　L. Oppenheim, *International Law*, Vol. 1 (1905), p. 196.

(79)　*Ibid.*, pp. 177-178. 前史をも含めて，拙稿「国際法規範構造・序論」参照。

(80)　Convention on Certain Questions relating to the Conflict of Nationality Laws, *League of Nations Treaty Series*, Vol. 179, p. 89, No. 4137 (done 12 April 1930, entered into force 1 July 1937). 先行する常設国際司法裁判所勧告的意見として，Décrets de nationalité promulgués en Tunisie et au Maroc, Avis consultatif, 7 février 1923, C.P.J.I. Série B, N° 4.

recognised)」ためには，国際協定，国際慣習，国籍に関して一般的に承認された法原則と合致する限りとの条件（in so far as it is consistent with international conventions, international custom, and the principles of law generally recognised with regard to nationality）が付されている（第1条）。本条は，第1文と第2文の間での妥協的「法典化」とも評し得るものの，いずれにせよ，上記のLotus号事件判決「一般論」で述べられたような「自由」は，他国によって必ずしも当然に「承認」されるわけではないことが実定法化されており，極めて注目される。その意味で，上述のLotus号事件判旨は，「一般論」として述べられながらも，裁判所が「付託合意（compromis）」によって求められたと解された点（トルコが，自国法によってDemons士官に対して刑事訴追を行うことを，国際法諸原則が禁止しているか否か[81]）に枠付けられていることが理解できるのである（「承認されなければならないか」という問題設定であれば，結論は異なり得る）[82]。

2　対抗力概念の発展——国際司法裁判所の貢献

　この点について，戦後，国際司法裁判所は，条約と第三国の枠組を越えて対抗力概念を発展させた[83]。すなわち，漁業事件判決[84]，Nottebohm事件判決[85]を経て，アイスランド漁業管轄権事件判決[86]によって，厳密な意味での「権

---

(81)　«Lotus», p. 5. *Ibid.*, p. 18 も参照。

(82)　判決は，このような様々な事情から，具体的な結論を導く際に，「船舶領土説」に基づく「客体的属地主義」や公海上の衝突の国家実行の検討のように，紛争当事国双方が受け入れられる法的「根拠」・「原則」や事情の探求に向いたという理解も可能であろう。

(83)　既にPCIJ自由地帯事件においても，条約と第三国の関係において「対抗力」概念は用いられていた。しかし，ICJにおいて，ノルウェー漁業事件を契機に，相対的関係において様々に拡張して用いられることとなる。1951年ノルウェー漁業事件から1974年漁業管轄権事件への発展に関しては，拙稿「国際法規範構造・序論」参照。「対抗力の法理」一般については，江藤・前掲注(20)第6章参照。

(84)　*Affaire des pêcheries (Royaume-Uni c. Norvège), arrêt du 18 décembre 1951, C.I.J. Recueil 1951*, p. 116.

(85)　*Afaire Nottebohm (deuxième phase), Arrêt du 6 avril 1955, C. I. J. Recueil 1955*, p. 4, pp. 20-21.

(86)　*Fisheries Jurisdiction (United Kingdom v. Iceland), Merits, Judgment, I.C.J. Reports 1974*, p. 3, p. 34, para. 79; *Fisheries Jurisdiction (Federal Republic of Germany* v. *Iceland), Merits, Judgment, I.C.J. Reports 1974*, p. 175, pp. 205-206, para. 77. 判旨の内容を敷衍するものとして重要なのが，Waldock個別意見である。Separate Opinion of Judge Sir Humphrey Waldock, *I.C.J. Reports 1974*, p. 105, esp. pp. 119-120, paras. 34-35.

利」に至らない「自由」は，「対抗力」がないことが明確にされたのである[87]。

3 効果と対応に関する英国見解の転換

以上のような点を踏まえた上で，立法管轄権問題に関して極めて注目される
のが，英国見解の発展的転換である。英国は，前述のように，属地主義と属人
主義に基づかずに外国で行われた行為を規制しようとする措置は過剰管轄権行
使であるとの見解を，従来同様に「基本的立場」としては維持しているように
見える。しかし，「基本的立場」を異にする諸国との立法管轄権紛争を念頭と
して，その対応手法を転換させたと見られる。すなわち，その外交抗議におい
て「受け入れられない（unacceptable）」との特徴的な表現[88]を示し，さらに，
「通商利益保護法（Trading Interest Act, 1980）」[89]において，旧法の「管轄権」
侵害から「通商利益」侵害に要件を変更したことに，このことが端的に表れて
いると考えられる。すなわち，そのような局面では，国際法上の効果に関して，
「違法性」ではなく「対抗力（opposability）」が存在しないとして，争うものと
解されるのである[90]。

4 暫定的解決

そのため，国際法は，「暫定的処方箋」とでも呼ぶべき様々な暫定的対応技
術を生み出してきた。これらの共通の特徴は，「基本的立場」を維持した，妥
協的条約（bifocal approach）として現れることである[91]。例として，米国とそ
の域外適用に反対してきた諸国との間で各種独禁法協力協定が締結する場合，

---

(87) 代表的な分析として，H. Thirlway, "The Law and Procedure of the International Court of Justice 1960-1989, PART ONE", *BYIL*, Vol. 60 (1989), pp. 84-92.

(88) 以下の Sinclair（英国外務省 Legal Adviser）の論稿も参照。Sir Ian Sinclair, "The Diplomatic Response", in Cecil J. Olmstead ed., *Extra-territorial Application of Laws and Responses Thereto* (1984), p. 217. 同様の表現は，カナダ（前述）やオーストラリア の外交文書にも見られる。後者に関しては（unable to accept; Nor...accept），以下参照。 Australian Note to the Department of State (23 May 1983), Parliamentary Paper (Australia. Parliament), No. 306/1983, pp. 83-84, *at*: https://nla.gov.au/nla.obj-2357882459view?searchTerm=PP+No+306%2F1983&partId=nla.obj-2359633984.

(89) *At*: https://www.legislation.gov.uk/ukpga/1980/11/enacted.

(90) Lowe, "Blocking...", op. cit., pp. esp. 262-267. 歴史的背景としては，（ノルウェー） 漁業事件判決での敗訴を分析，反省し，さらに対抗力の不存在に絞って（アイスラン ド）漁業管轄権事件判決で勝訴判決を得た経験を踏まえたものと推測される。この点に 関しては，拙稿「国際法規範構造・序論」参照。

(91) 本稿と視角は異なるが，協力協定に関しての詳細な説明として，石井・前掲注(74) 160-173 頁。

without prejudice 条項が挿入されていることが顕著な特徴で[92]，双方の「基本的立場」を留保するものである。これらは，実際の適用に際して，管轄権行使の可能性，外交的抗議等により争い得る余地の双方を意図的に残すものである。勿論，このような条約によって設定された事前通告・協議の手続により，国内法の実質的内容のみではわからない実際の適用に関する問題点が明らかにされて自制が図られたり，双方の国内法が同時に適用可能な際には領域国に執行を委ねることもあり得るため，抵触法的な利益調整として重要な役割を果たしうることを否定するものではない。

Ⅴ 結 び

　本稿は，立法管轄権に関する「基本的立場（Basic Position）」の対立が持続する中で，「ケース・バイ・ケース」によって対処せざるを得ない状況について検討を加えてきた。国際社会は依然として，このような対立に耐え続けねばならないであろう[93]。田岡良一教授が国際法の「欠缺」として挙げられた例も，Waldock が個別意見において対抗力について語る例も，奇しくも国連海洋法条約において確定される以前における領海幅員の対立問題であった。そこでは，諸国がその幅員に関して採用する「基本的立場」の対立が続き，漁業協定に代表される各種の条約が「実務的処理」として締結されたのであった。立法管轄権問題はより一層複雑を極めている。最低限の3海里幅員に対しては各国とも合意が得られ厳密な意味での「権利」を語り得たように，外国領域内での自国民に対する「自然犯」行為に対する属人主義の適用問題のように，このような「権利」を語り得る分野は確かに存在するであろう。しかし，米国のような大国が国際法の規制を実質的に否定する状況においては，1958年当時の12海里幅員のような「限界」も不明確であり，「対抗力」を語らざるを得ない範囲はより一層広範である。一方，伝統的国際法における様々な分野においてイギリス主義とフランス主義の対立が議論されていたように，類似の例は希でない法

（92）「反競争的行為に係る協力に関する日本国政府とアメリカ合衆国政府との間の協定」において，「この協定のいかなる規定も，管轄権に関連するあらゆる問題に関するいずれの締約国政府の政策又は法的立場も害するものと解してはならない。」（第11条4項）としているのは，このような意味で，象徴的である。「反競争的行為に係る協力に関する日本国政府と欧州共同体との間の協定」「反競争的行為に係る協力に関する日本国政府とカナダ政府との間の協定」（いずれも第10条4項）
　　ちなみに，日本が締結した諸条約についての簡便な検索資料として，以下がある。*At*: https://www.jftc.go.jp/kokusai/kokusaikyoutei/index.html.
（93）　Bowett, "Jurisdiction", p. 26.

現象ということもできる。その意味で，短くない「過渡期」の国際社会の「苦悩」に関する例を，我々は既に数多く知っているとも言えよう。

既に紙幅は尽きているため，国家管轄権の競合を克服する理論と技術に一言することで，パンドラの箱の底から希望の女神が出でたることを願い，本稿の結びとしたい。再び，Verdross に登場してもらおう。Verdross は，本稿で注目した「自由」を克服するには，「国際法上の実質規則（règles de fond du droit des gens, règles internationales de fond）[94]によって「国際法上の壁（völkerrechtliche *Schranken*, emphasis original）」を作ることにより，他国の介入が禁止される排他的権限，すなわち保護された権限が成立することが必要という。すなわち，諸国間の対立を根本的に解決するためには「実質国際法」が介入する必要があるとするのである[95]。Verdross の指摘は「実質国際法」にとどまっているが，本稿は，具体的適用における見解の相違を克服する必要性を指摘した。その意味では，「判断権」を特定したり，紛争解決手続を設定するという「形式国際法」の重要性も加えて指摘すべきこととなる。

この「自由」を一般的に克服するためには[96]，一般的多数国間条約が必要とされようが，そのような例として，国連海洋法条約を挙げることとしよう。実証的な立法技術の例として，自国法益に基づく権利義務の画定の性質を有する「共存の国際法」の代表的な例として挙げられるのが，以下である。単なる「自由」にとどまらず，許容規則（「権利」）が設定されたものとして，沿岸国

---

(94)　"le droit international" に関して，"au point de vue matériel" と "du point de vue formel" とが対照されている。ここでの「実質国際法（国際実質法）」「形式国際法（国際形式法）」（用語自体の起源は，19世紀ドイツ国際法諸学説と推察される）は，日本では千賀鶴太郎によって，「国際実法（Materielles Völkerrecht）」と「国際形法（Formelles Völkerrecht）」の分類に基づく体系として継受されている。千賀鶴太郎『国際公法要義』（1909年），特に71頁参照。

(95)　前掲，Verdross の記述部分を参照。なお，本稿では，Verdross を踏襲し，「実質国際法」を厳密な意味での国際法上の実体法として用いる。用語として類似するが，近時指摘される substantism（substantivist approach）と異なる点にも注意が必要である。これは，他国の「良き法」を選択する等の手法で実体法を接近させて，問題の解決を図るという，「抵触法アプローチ」の一つである。批判的な立場からであるが，以下の文献を参照。H. L. Buxbaum, "Conflict of Economic Laws: From Sovereignty to Substance", *Virginia Journal of International Law*, Vol. 42 (2002), pp. 931-978, esp. 957; Ryngaert, *Jurisdiction in International Law*, 2nd ed., pp. 198-199.

(96)　同一の「基本的立場」を共有する場合には，2国間，少数国間の多数国間条約による解決は考えられるが，その意義は限定される。「専門家委員会」における妥協に対する米国出身委員の悲観的な発言の文脈ではあるが，*Minutes of the Meetings of the 2nd Session*, p. 69 (Wickersham).

がEEZにおいて外国漁船に強制可能な法令を特定する条文（第62条4項）や，「無害通航に係る沿岸国の法令」がある（第21条1項）。一方，例外的に禁止規則[97]が設定された例もないわけではない（第21条2項や，Lotus号事件判決を覆した公海上の衝突規則を引き継いだ第97条参照）。さらに，条約当事国が「共同体利益（community interest）」を実現するために義務を負ったり権限を付与される「協力の国際法」の性質を有するものもある。「（準）普遍的管轄権」とも評され，立法管轄権に限定して議論される例のみを挙げると，寄港国管轄権（第218条）を挙げることができ，そこでは実体基準の国際的統一が示され，さらに「執行」における判断権の明確化や執りうる措置の特定等，極めて細かい規定が置かれている（「保障措置」も参照）[98]。いずれについても，国連海洋法条約における精緻な紛争解決制度にも併せて注目すべきである。

　このように，既に克服の技術は国際法において用意されており，柳井大使が外交官として，国連海洋法条約をはじめとした重要な条約締結に多大の貢献を果たされたことを範として，外交のアートによって「仏に魂を込める」がごとくに国際法が介入し，着実に問題解決が進展することを期待して，筆を置くこととする。

　　本稿は，JSPS科研費（学術研究助成基金助成金）基盤研究(C)21K01165による研究成果の一部を含むものである。

（97）　なお，規定振りもそのように理解されるが，この禁止は適用の側面を捉えていると理解すべきであろう。法律の存在自体の禁止には通常は困難が伴い，WTOにおける「自由化」障壁の除去目的のように，さらにより強固な国際公益を必要とするであろう。
　　なお，冒頭で述べた，Norstar号事件国際海洋法裁判所（ITLOS）判決は，「旗国主義の排他性」の対象が一定の場合に「立法管轄権」にまで及ぶとの解釈に基づくものである。「排他性」を主軸とした理論的枠組自体は理解できるとしても，今後，その具体的妥当性と射程の検討が引き続き問題となろう。*M/V "Norstar" (Panama v. Italy), Judgment, ITLOS Reports 2018-2019*, p. 10, p. 75, paras. 224-225.
（98）　寄港国管轄権に関する近時の検討として，拙稿「国際環境保護実現手段としての寄港国管轄権──要件逸脱行為の検討を手掛かりとして」『国際法外交雑誌』122巻4号（2024年）29-52頁，特に38-50頁。

9 新たな軌道上の活動に対する管轄権問題の軽減可能性——宇宙からの「打上げ」を題材として

青 木 節 子

Ⅰ　問題の所在　　　　　　　　Ⅲ　宇宙からの宇宙物体「打上
Ⅱ　宇宙物体に対する管轄権行使　　　げ」の登録実行
　の現状　　　　　　　　　　　Ⅳ　結　　　論

Ⅰ　問題の所在

　1990 年代から本格的に始動した私企業による宇宙の商業利用は，2010 年代に「ニュースペース」[1]と称される構造変革をもたらし，2020 年代に入る頃には，民間技術による無人・有人ロケットの開発・運用，宇宙観光，衛星の運用期間を延ばすための燃料補給（OOS）ビジネス等が実現した。宇宙ゴミ（「スペースデブリ」または「デブリ」）積極的除去（ADR）は実証実験段階からビジネス開始に進みつつあり[2]，民間宇宙ステーションの建設や民間主体の深宇宙探査も開始寸前である。2010 年代末から爆発的成長を遂げる人工知能（AI）の活用による宇宙開発利用はさらに進展し，21 世紀半ばまでには地球静止軌道から月までの活動圏（シスルナ活動圏）が姿を現すことが予測されている[3]。

---

(1)　国・宇宙機関が開発したロケットや衛星の製造を航空宇宙企業が受注し，また，主として大企業が静止通信・放送衛星を運用するという従来のありかたとは異なる，ベンチャー企業が独自の将来構想で展開する宇宙開発利用の形態をいう。ニュースペースは，多くの場合，国の産業政策に基づく宇宙技術移転や競争的過程を経た資金提供に助けられて成功した。

(2)　中村仁威『宇宙法の形成』（信山社，2023 年）183-235 頁。石井由梨佳「宇宙デブリ除去に関する国際法上の評価」『空法』62 号（2022 年）31-50 頁。In-Space Servicing, Assembly, and Manufacturing Interagency Working Group of the U.S. National Science & Technology Council, *In-Space Servicing, Assembly, and Manufacturing National Strategy* (April 2022); 小塚荘一郎・笹岡愛美編著『世界の宇宙ビジネス法』（商事法務，2021 年）。

(3)　See, e.g., Cislunar Technology Strategy Interagency Working Group of the U.S. National Science & Technology Council, *National Cislunar Science & Technology Strategy* (November 2022).

国家と海洋の国際法（上巻）第 1 部 国際法／Ⅱ 国家管轄権と承認

　注目されるのは，活動の実態が短期間に大きく進展する中，それを支える法的拘束力をもつ規範の作成は停滞状況にあることである。宇宙活動を規律する国際法の根幹をなす国連宇宙諸条約[4]は，非政府団体の活動がごく限定的であり，国家の宇宙活動も衛星を搭載したロケットの打上げと衛星の運用（地上からの管制とデータの受信）にとどまっていた時代の産物である。主体・活動内容の多様化した現在および近未来の宇宙活動を規律するには現行国際宇宙法は欠缺がめだち，かつ，現行法の適用自体が不合理な結果をもたらし得ることはしばしば指摘されることである[5]。もっとも，これはそれほど新しい問題ではない。私企業の活動が衛星の打上げ，運用にとどまっていた 20 世紀末から 21 世紀初頭にかけても，理論的検討の側面は残しつつ，小規模ながら，宇宙条約[6]，宇宙損害責任条約[7]，宇宙物体登録条約[8]が構築する宇宙物体[9]に対する管轄権行使の仕組みが，将来，健全な宇宙規範の発展を阻害するであろうという懸念が既に表明されていた[10]。現在，現状を見過ごせば損害の適切な賠償分

---

(4)　宇宙条約，宇宙救助返還協定，宇宙損害責任条約，宇宙物体登録条約，月協定の 5 条約をいう。後注(6)，(7)，(8)参照。

(5)　See, e.g., Mark J. Sundahl, "Legal Status of Spacecraft" in Ram S. Jakhu and Paul Stephen Dempsey (eds.), *Routledge Handbook of Space Law* (Routledge, 2017), pp.42-58; Bernhard Schmidt-Tedd, "Registration Requirements for Satellites and the Reality of Large Constellations" in Lesley Jane Smith, Ingo Baumann, and Susan-Gele Wintermuth (eds.), *Routledge Handbook of Commercial Space Law* (Routledge, 2024), pp. 331-342.

(6)　正式名称は「月その他の天体を含む宇宙空間の探査及び利用における国家活動を律する原則に関する条約」。1966 年 12 月 19 日採択。

(7)　正式名称は「宇宙物体により引き起こされる損害についての国際的責任に関する条約」。1971 年 11 月 29 日採択。

(8)　正式名称は「宇宙空間に打ち上げられた物体の登録に関する条約」。1974 年 11 月 12 日採択。

(9)　宇宙損害責任条約 1 条(d)，宇宙物体登録条約 1 条(b)は定義というより「宇宙物体」の中核をなす部分の説明にとどまる。地球上で製造し（人工物），宇宙空間に導入したものすべてを「宇宙物体」と捉え，スペースデブリを含む概念として理解することに一応の合意は存在するので，本稿もロケットの軌道投入段，衛星を中心とする宇宙機（spacecraft）およびその構成部分・部品，スペースデブリを「宇宙物体」と定義して考察する。See, e.g., Bin Cheng, *Studies in International Space Law* (Clarendon Press Oxford, 1997), pp. 463-464.

(10)　See, e.g., Karl-Heinz Böckstiegel (ed.), *'Project 2001' - Legal Framework for the Commercial Use of Outer Space: Recommendations and Conclusions to Develop the Present State of the Law* (Carl Heymanns Verlag, 2002); Sa'id Mosteshar, "International Liability for Damage: Proposed Solutions for the Era of Commercial Space Activity", Marietta Benkö and Walter Kröll (eds.), *Air and Space Law in the 21st Century* (Carl Heymanss Veralag, 2001), pp. 396-414.

担や脆弱な宇宙環境の保護・保全を確保し，長期的に持続可能な宇宙活動を維持するための国際的義務の履行が困難になり，宇宙の平和利用自体が危機に陥りかねないと警告されるに到った[11]。

本稿の目的は，宇宙資源の探査・開発や新たな軌道上ビジネスの出現により，将来の難題が一気に顕在化しつつある現状を踏まえて，宇宙物体に対する管轄権行使国の不存在，不明瞭という問題を軽減するための国際協力の方法を検討することである。そのために次節では，国連宇宙諸条約に基づく管轄権行使の仕組みと20世紀末から21世紀初頭にかけて指摘されていた問題点を確認する。その際，同時に，現行法体制が自国に不都合と考えた国家により取られた措置，国連宇宙空間平和利用委員会（COPUOS）による問題解決のための努力の効果と限界についても記述する。第3節では，2010年代に開始した宇宙空間からの「打上げ」行為がもたらす管轄権行使制度の混乱を具体的な事例に基づいて考察する。その後，2030年代以前とそれ以降に分けて，宇宙秩序の維持を図るための方策についての結論を述べる。

Ⅱ　宇宙物体に対する管轄権行使の現状

1　宇宙物体に対する管轄権行使の問題点

(1)　「管理」を包含する「管轄権」概念

通説では，宇宙物体は船舶，航空機と異なり国籍を保有せず[12]，当該物体を登録した国が，物体が天体上を含む宇宙空間に存在する間，物体とその中にいる人（国籍を問わない）に対して執行管轄権を行使する（宇宙条約Ⅷ条）。登録国以外の国籍を有する人に対する国籍国の管轄権は非執行的なものに留まる。国家管轄権とは，国家が人，財産，行為等の事象を対象として，国内法令を制定・適用・執行する権限を意味する[13]。その作用については，国家が自国法令

---

(11)　See, e.g., Scott Millwood, *The Urgent Need for Regulation of Satellite Mega-Constellations in Outer Space* (Springer, 2023); John J. Klein and Nicklas J. Boensch, "Newspace and New Risks in Space Security", in Saadia M. Pekkanen and P.J. Blount (eds.), *The Oxford Handbook of Space Security* (OUP, 2024), pp.761-782.

(12)　最近は，宇宙物体に国籍を認める解釈もあり得るとされる。James Crawford, *Brownlie's Principles of Public International Law* (9th ed.) (OUP, 2019), pp. 518-519; Vincent P. Cogliati-Bantz, *Means of Transportation and Registration of Nationality: Transportation Registered by International Organizations* (Routledge, 2015), pp.28-37. なお，宇宙物体への国籍を明確に認めるべきという指摘として青木節子「宇宙物体の『国籍』」『国際法研究』9号（2021年）2-21頁。

(13)　山本草二『国際法〔新版〕』（有斐閣，1994年）231頁。

に合致させるための執行（強制）権限までを保有するか否かで分類することが便利な場面が多いため，本稿も立法管轄権（法令を定める権能）と執行管轄権（法令を現実に適用・執行する権能）の二分法を用いる[14]。執行管轄権は領域性に基礎づけられるが，宇宙空間はいずれの国の管轄権下にもないため（宇宙条約Ⅱ条），わずかに宇宙物体に対する登録が条約規定に基づく正統な執行管轄権を保障することとなる。「管理の権限」は，通常は「管轄権」に含まれる。「管理の権限」が重要になるのは，管轄権（法的な概念）をもたない国が物理的に人，物などを一定程度その支配下におく場合（事実状態）である。宇宙活動においては，技術力をもたないＡ国が登録した政府衛星の「人工衛星管理設備」[15]をＢ国政府が運用している場合にＢ国が保有する事実上の権限に該当する。Ａ国は「管轄権及び管理の権限」（宇宙条約Ⅷ条）を保持するが，自ら管理の権限は手放しておりＢ国が管轄権なしに管理の権限を有している。管理の権限のみ存在する場合にも当該宇宙物体に自国の執行管轄権を行使すると規定する国内法が制定される場合もあるが[16]，それ自体が非執行的管轄権（管轄権の拡大を自国法令で規定）である。以下，管轄権と管理が分離していない場合は，「管轄権及び管理の権限」を単に「管轄権」と記す。

(2) 国内登録を根拠とする管轄権保持認定の限界

宇宙条約上の登録は国内登録を意味するが[17]，国内登録簿の公開が義務づけられていないこと，宇宙物体は船舶・航空機と異なり登録の記号や標識を掲げることが技術的に困難であったこと，宇宙物体登録条約が国内登録と国連登録[18]を連動させていること（同条約Ⅱ条1）から，国連登録をもって，（国内）登録，すなわち執行管轄権保持の証拠とする場合が一般的である。20世紀中は，すべての宇宙活動国が宇宙物体登録条約の当事国であったため，比較的問題は生じにくかった。

21世紀に入り，宇宙物体登録条約に未加入の国やその民間団体が衛星打上げを調達するようになると，宇宙条約に基づく（国内）登録有無の確認の方法

---

(14) 小松一郎『実践国際法〔第3版〕』（信山社，2022年）23-24頁。

(15) 人工衛星等の打上げ及び人工衛星の管理に関する法律，平成28(2016)年法律76号，2条6号の意味での衛星の姿勢や温度を正常に保つための追跡管制（TT&C）を行う地上局をいう。〔宇宙活動法〕。

(16) See, e.g., 35 USC, §105 (inventions in outer space).

(17) 宇宙条約Ⅷ条の解釈による。

(18) 宇宙物体登録条約では，「国連登録」という語は使用されないが，国内登録に基づき，宇宙物体登録条約の義務的記載事項を記した情報を国連事務総長に提供することを，便宜上，「国連登録」と記す。宇宙物体登録条約Ⅱ条，Ⅳ条。

がなく，管轄権を行使する国が不明瞭なことが増えてきた[19]。また，衛星製造者，打上げサービス提供事業者，衛星運用者がそれぞれ多国籍企業であるため責任国の所在が不明瞭な打上げや，私企業が公海上や領空外の上空から衛星を打ち上げる場合などは，国内登録自体がなされないこともあった[20]。宇宙物体のうち衛星だけに限っても，管轄権行使の根拠を創設する登録は必ずなされるものではなく，登録という正統な根拠以外の何らかの根拠に基づいて管轄権が行使されている場合が少なからず存在する。民間打上げを国家が了知しないことから管理の権限のみがわずかに行使されている場合も次第に増加した。危機感を抱いた欧州20カ国はドイツが主導する形で宇宙物体登録条約の改正までも視野に入れた登録実行の改善を新規議題とするよう1998年，COPUOS法律小委員会（法小委）に提案したが，既存の宇宙諸条約体制を揺るがすことを懸念する米国の反対もあり，成功しなかった[21]。しかし，2003年の法小委では，米国も共同提案国となり，国家と国際組織の宇宙物体登録実行を向上させるための非拘束的な措置を検討するという内容の議題が提案され，認められた[22]。この議題が開始した2004年には，国連宇宙部の調査によると，無登録衛星の割合は30.5％に上昇していた[23]。2007年に国連総会決議としての登録実行向上勧告が採択され[24]，登録すべき国の基準の具体化が進むと（後述Ⅱ3），2010年代には一定程度，衛星の無登録率低下に成功したともいわれる[25]。

　現在，全衛星数の過半数を占めるスペース・エクスプロレーション・テクノ

---

(19)　もっとも，国連総会決議1721B（XVI）（20 December 1961）は，地球周回軌道およびそれ以遠への打上げ行為の国連登録を勧告しており（1項），宇宙物体登録条約発効以前または同条約の非当事国は同決議に基づき衛星及びロケット軌道投入段を登録する慣行も存在する。

(20)　See, e.g., Böckstiegel, *supra* note 10, pp. 55-143.

(21)　UN Doc. A/AC.105/C.2/L.211/Rev.1（30 March 1998）. Stephan Hobe, Bernhard Schmidt-Tedd and Kai-Uwe Schrogl (eds.), *Cologne Commentary on Space Law*, Vol. III (Carl Heymanns Verlag, 2015), p.371.

(22)　UN Doc. A/AC.105/C.2/L.241 and Add.1（26 March 2003）; UN Doc. A/AC.105/805（10 April 2003）, p. 21.

(23)　UN Doc. A/AC.105/C.2/2005/CRP.10（14 April 2005）, pp.1-2.

(24)　UN Doc. A/RES/62/101（17 December 2007）〔A/RES/62/101〕.

(25)　2024年4月現在，国連登録を行った国は73カ国と2つの国際組織となった。UN Office for Outer Space Affairs (OOSA), At https://www.unoosa.org/oosa/en/spaceobjectregister/submissions/states-organisations.html (last visited 10 May 2024). 最終検索日は，注(56)以外はすべて左記に同じである。民間団体の調査による衛星運用状況からは85カ国を超える国（またはその民間団体）が衛星を所有している。Union of Concerned Scientists (UCS), At https://www.ucsusa.org/resources/satellite-database.

国家と海洋の国際法（上巻）第 1 部 国際法／Ⅱ 国家管轄権と承認

ロジーズ（SpaceX）社のスターリンク衛星群をはじめとする小型衛星群の登録が確保されているため，衛星総数のうち未登録衛星の割合自体は相当低下しているが，当該衛星群を除外すると，管轄権行使の根拠となる登録が行われない衛星は常に 15-20％程度は存在する[26]。公海上ではすべての国の軍艦は無登録船舶を臨検する権限を有する[27]など，管轄権行使の正当な根拠をもたない船舶を取り締まることが可能であるが，ほぼ無人機にとどまるという顕著な相違があるとはいえ，宇宙物体については国際協力による秩序維持のための制度は存在しない。

2　登録国の代替としての情報提供国

　衛星を中心とする宇宙物体の登録が確実になされない理由の 1 つは，ⅰ）打上げを行う国，ⅱ）打上げを行わせる国（procures the launching）（以下「委託打上げ国」），ⅲ）自国の領域から打上げが行われる国（以下「領域打上げ国」），ⅳ）自国の施設から打上げが行われる国（以下「施設打上げ国」）の 4 つの基準のいずれかに該当する国としての「打上げ国」のうち 1 カ国が宇宙物体を登録するが，すべての打上げ国は，宇宙物体に起因する損害に対して連帯責任を負うという仕組みにある[28]。自国領域内に射場とロケットをもつ国は限定されているため，登録国の多くは，登録行為により打上げ国であることが確定する[29]に過ぎない委託打上げ国である。登録国は宇宙物体に執行管轄権を保持すると同時に，宇宙物体に起因する地上損害の場合は免責事由を極端に絞り限度額の定まらない絶対責任を単独であるいは連帯して負うことになるため，回避不可能な場合を除いて，委託打上げ国は，打上げ国であることが明確化する登録行為には消極的になりがちである。1990 年代以降一般的になった私企業による外国事業者からの打上げサービスの購入については，私企業の国籍国は，国が直接・実質的に関与しているわけではないため自国を委託打上げ国ではないと判断する場合や，外国からの打上げの事実自体を了知しない場合があり，委託打

---

(26)　2023 年 5 月 1 日現在，機能する全衛星数 7560 機のうち 3996 機が SpaceX 社のスターリンク衛星群であった。UCS, *supra* note 25.

(27)　国連海洋法条約 110 条 1 (d)。正式名称は「海洋法に関する国際連合条約」1982 年 4 月 30 日採択。

(28)　宇宙条約Ⅶ条，宇宙損害責任条約Ⅰ条(c)，Ⅱ-Ⅲ条。宇宙物体登録条約Ⅰ条(a)，Ⅱ条。

(29)　宇宙物体登録条約では「『登録国』とは，――宇宙物体が登録されている打上げ国をいう。」（1 条(c)）と規定する。条約交渉時には，国家間協定・契約により国の衛星を外国から打ち上げる場合を想定しており，委託打上げ国の認定基準は明確であった。

200

上げ国の客観的認定基準がない現状，無登録衛星は不可避的に一定数は生じることとなる[30]。

　そのため，委託打上げ国認定の基準と手続を確立し，当該国の衛星登録により宇宙で執行管轄権を行使する国を明確化することが必要であると考えられた時期もあったが，たとえば自国民が運用する衛星の管理は完全に外国の親会社が有している場合など，衛星運用者の国籍国が委託打上げ国となることが必ずしも合理的とはいえない場合も少なくない[31]ため，2004年の国連総会決議「『打上げ国』概念の適用」[32]においても，委託打上げ国を認定する基準は定められていない。

　このような状況下，宇宙物体登録条約の定める国連登録の目的は，安全な宇宙活動および宇宙損害責任条約の適用を確保するための宇宙物体の識別であり，その手段としての国連登録簿の公開制度であることに鑑みて[33]，必ずしも宇宙条約を前提としない独自の国内登録は行いつつ，自国は「打上げ国」ではないため国連登録を行わない，という方法を選択する国もある。しかし，このような国も，「宇宙空間における自国の活動」（以下「自国の宇宙活動」）に対する国際的責任（宇宙条約VI条）を果たすために，「活動の性質，実施状況，場所及び結果について，国際連合事務総長——に対し，——情報を提供」（同XI条）することにより，実質的に国連登録と同等の情報を提供する[34]。たとえば，英国は自国の「宇宙法」に基づいて打上げ許可——現状はすべて委託打上げ許可とな

----

(30)　2009年に起きた初の衛星同士の衝突事故において，ロシアの軍事衛星コスモス2251（登録国ロシア）と衝突した米国企業の通信衛星イリジウム33（カザフスタンのバイコヌール基地（ロシア所有）からの打上げ）も無登録衛星であった。青木節子「宇宙の探査・利用をめぐる「国家責任」の課題——コスモス2251とイリジウム33の衝突事故を題材として」『国際法外交雑誌』第110巻2号（2011年）27-31頁。領域・施設打上げ国は明確ではあるが，通常，運用時に管理することが不可能な外国衛星を登録することはない。登録実行向上勧告は，打上げ領域・施設の所在国に対して，従来慣行が不均一であったロケットの軌道投入段の登録を勧告した（3項(c)）。A/RES/62/101, *supra* note 24.

(31)　具体的な事例について，たとえば，Setsuko Aoki, "The Implications of the Registration of Space Objects in the 2020s: Possibility of the UK and Dutch Practice in Enhancing Registering Space Objects", in Comitato Promotore (ed.), *Liber Amicorum Sergio Marchisio*, Vol. II (Editoriale Scientifica, 2022), p. 953.

(32)　UN Doc. A/RES/59/115 (10 December 2004).

(33)　宇宙物体登録条約，前文5-8項，III条。

(34)　宇宙条約XI条に基づく情報提供を最初に行ったのは英国である（UN Doc. ST/SG/SER.E/417/Rev.1 (3 December 2002)）。最初の例であるため，文書番号の形式は宇宙物体登録条約によるものと同一である。その後，オランダがより頻繁にこの制度を利用する。

国家と海洋の国際法（上巻）第 1 部 国際法／Ⅱ 国家管轄権と承認

る——を付与[35]した際，打上げ国となる場合とそうではない場合があると考える。自国民が衛星に実効的管理をもつ運用者となる場合には，英国は自国を委託打上げ国と判断する。しかし，自国の衛星製造事業者が外国の打上げサービス提供事業者との間で結んだ打上げ契約に基づき，英国政府が打上げ許可を付与したが，打ち上げられた衛星を運用するのが外国企業である場合などは，英国は打上げ行為にも衛星運用にも実効的管理を持ち得ず，したがって，自国は打上げに実質的に関与する委託打上げ国ではないと整理する[36]。前者の場合は通常の国内登録および国連登録を行う。後者の場合は，自国は打上げ国ではないが，国内法に基づき許可を与えた活動は「自国の宇宙活動」に含まれると考え，宇宙条約Ⅵ条の国際的責任を果たすために別途設置する「補助登録簿」に当該宇宙物体の情報を掲載し，国連事務総長には宇宙条約Ⅺ条に基づく情報提供を行う[37]。宇宙物体に執行管轄権を行使しないが自国の宇宙活動である場合に行うのが補助登録である。

　オランダは登録簿を国連用登録簿（通常の意味の国内登録簿）と国内用登録簿（独自の登録簿。インターネット上で内容を公表）に分け，自国の宇宙活動として宇宙条約Ⅺ条に基づく情報提供を行う宇宙物体のデータは国内用登録簿に記載する[38]。両国の実行に端を発して，2010 年以前に国連宇宙部は，国連宇宙物体登録条約に基づく登録，国連総会決議1721B に基づく登録に続く，宇宙条約Ⅺ条に基づく通知という類型を設けるようになった[39]。

　英国とオランダの実行の相違は，第 1 に，民間衛星の外国ロケットによる打上げについて，英国は多くの場合自国を委託打上げ国と自認するが，オランダは，一律に自国は打上げ国ではないと整理する点である[40]。諸外国では一般に

---

(35) Outer Space Act 1986, Sec. 1 (a).

(36) Aoki, *supra* note 31, pp. 952-954.

(37) *Ibid*.; UK Space Agency (UKSA), *UK Supplementary Registry of Outer Space Objects*, At https://assets.publishing.service.gov.uk/media/5f7ede2fd3bf7f019b42a080/UK_Supplementary_Registry_of_Space_Objects_-_October_2020.pdf.

(38) UN Doc. ST/SG/SER.E/INF/24 (20 August 2009).

(39) UNOOSA, At https://www.unoosa.org/oosa/en/spaceobjectregister/submissions/states-organisations.html.

(40) オランダが宇宙物体登録条約に基づく登録を行ったのは米国から軍事実証衛星を打上げ，委託打上げ国を自認した 1 回のみ（UN Doc. ST/SG/SER.E/1030（3 December 2021).）で，自国企業の運用する他の衛星については，宇宙条約Ⅺ条に基づく情報提供を行う。UNOOSA, At https://www.unoosa.org/oosa/en/spaceobjectregister/submissions/uk.html （英国）; https://www.unoosa.org/oosa/en/spaceobjectregister/submissions/netherlands.html （オランダ）. Aoki, *supra* note 31, pp.954-956.

202

委託打上げと考える事例について，オランダは，外国打上げサービス提供事業者の打上げ後，軌道上でオランダ企業に衛星所有権が移転されるのであり，自身は委託打上げ国ではないと解する。第2の相違は，英国は執行管轄権を行使する前提がない宇宙物体を補助登録簿に載せるが[41]，オランダは，自国民の衛星運用開始後，自国の宇宙活動に対する国際的責任を果たすために行った独自の国内登録により，衛星に対する執行管轄権が根拠付けられるとみなすことである[42]。

　委託打上げ国の明確な基準が存在しない以上，英国とオランダの実行は，時代に適応する条約解釈を行った結果ともいえ，特に英国の場合は単なる打上げ国責任回避の行動と評価することは適切ではないと思われる。両国とも自国民の宇宙活動に対して「関係当事国」（appropriate State Party）（宇宙条約Ⅵ条）の国際的責任の履行として国連事務総長に情報提供を行うとともに，民間衛星を登録しないオランダも自国民の監督を通じて間接的に宇宙物体の安全な運用やミッション終了後の衛星再配置（デブリ低減）などの責任を果たしている[43]。宇宙物体が無人機である限りは，登録管轄権と国籍管轄権は競合しないので，自国の宇宙活動に対する国籍管轄権の行使が登録管轄権の代替を果たすと捉えることもできるかもしれない。

3　軌道上の「監督」移転についての情報提供の有用性と限界

　宇宙物体登録条約には登録の移転についての規定はない。打上げ国間の内部協定により，登録国以外の打上げ国が執行管轄権を行使することは許容されると解されるが（Ⅱ条2項），あくまで管轄権の移転の容認にすぎない。登録されている衛星の所有・運用が軌道上で外国人に移転する場合も登録国が管轄権を保持するが，当該衛星の人工衛星管理設備が移転されない場合を除いて，登録国はほぼ確実に管理の権限を失い管轄権は形骸化するだろう[44]。しかし，こ

---

(41)　UKSA, *supra* note 37.

(42)　UN Doc. A/AC.105/806 (22 August 2003), p.2; UN Doc. A/AC.105/824 (16 March 2004); UN Doc. A/AC.105/824/Corr. 1 (1 August 2008). 2008年の訂正版より，明確に宇宙条約Ⅺ条による情報提供であると記載する。

(43)　See e.g., Order by the Minister of Economic Affairs of 26 June 2015, no. WJZ/15055654, amending the Space Activities Licence Application and Registration Order, in connection with changes to the application form (English translation), At https://www.unoosa.org/documents/pdf/spacelaw/national/Netherlands_BZ116174B. pdf.

(44)　ただし，衛星の所有権移転の際に管理権が登録国の私企業に残る場合も少なからず

のような場合でも，登録国の存在により，衛星に起因する地上損害が生じた場合の絶対責任を負う打上げ国が領域・施設打上げ国以外にも存在するため[45]，国連宇宙諸条約体制は一応維持され得る。他方，国または私人が所有・運用する無登録衛星が軌道上でさらに外国人の手に渡る場合には，執行管轄権を行使する国はなく，衛星を管理する国民に国籍管轄権を行使する国も国際的には不明瞭な場合が多いため，国際的平面で衛星に損害責任をもつことが明確なのは，領域・施設打上げ国のみとなる。

　そのような不合理な事態を回避するための規則形成に向けて，前述の登録実行向上勧告[46]が現行法の下での可能な策を提示するが，登録の確保を断念して衛星運用者と当該衛星情報の明瞭化を図ろうとする点で英国やオランダの実行と類似する点がある。同勧告は，登録済みの宇宙物体が軌道上で他国，他国民の所有・運用に変更する場合は，宇宙条約Ⅵ条に基づく「監督」の移転と捉え，登録国が，国連事務総長に監督移転の日付，新たな所有者／運用者，軌道や当該宇宙物体の機能の変更情報を提供することを推奨する[47]。打上げ国間であれば「適当な取極の適用」による管轄権の移転は適法であるが（宇宙物体登録条約Ⅱ条2項），打上げ国間以外の衛星移転の可能性が圧倒的に高いので，今後も形式的には管轄権を維持する登録国が管轄権行使の一環として，必要な情報提供を行うこととなる。また，当初から無登録の宇宙物体の所有／運用がさらに外国人に移転する場合には，宇宙条約Ⅵ条に従い私人を許可・監督をすべき関係国（the appropriate State）が，国連事務総長に同様の情報を提供すべきであると規定される[48]。勧告は，譲渡人，譲受人のいずれの国籍国が情報提供をすべきかを記していないが，管轄権を行使する国が不存在であるため，そもそも双方の国籍国の交渉による関係国の決定自体が現実的ではないとして，その実効性を疑う見解もある[49]。今後の監督についての責任という観点からは，特に譲受人の国籍国が「関係国」として情報提供をすることが適切と考えられよう。ただし，この場合は，国がどこまで私人の宇宙活動を了知する仕組み

　　　存在すると思われる。たとえば，青木節子「衛星の所有権移転に伴う「打上げ国」の損
　　　害責任問題」『空法』54号（2013年）8, 10-11頁。
（45）　登録国は，打上げを行う国であるか（同時に領域・施設打上げ国となる），登録に
　　　より打上げ国であると自認した委託打上げ国かのどちらかであり，後者の場合打上げ国
　　　は2カ国以上存在する。
（46）　A/RES/62/101, *supra* note 24.
（47）　*Ibid.*, para. 4 (a).
（48）　*Ibid.*, para. 4 (b).
（49）　Hobe, et al, *supra* note 21, p.456.

9 新たな軌道上の活動に対する管轄権問題の軽減可能性 〔青木節子〕

── 適切な国内宇宙法── を備えているかによって実効性は左右されるだろう。

　無登録宇宙物体の所有・管理の移転は近い将来，重要な問題となると予想される。現在はまだ監督の移転に伴う情報提供は衛星運用企業の買収や合併，軌道運用中の衛星取引など衛星単体にとどまる場合がほとんどであるが，私企業による宇宙ステーション運営が数年似内に迫る中，無登録問題は悪化することが必至である。さまざまなモジュール，ロボットアーム，暴露部等実験装置，輸送機の離発着のための結合部分など宇宙ステーションを構成する個々の宇宙物体を製造・運用するのは，再編成を繰り返す新興の多国籍企業であり，地上での企業形態や国籍の変更を伴わない場合でも，モジュールや装置の所有・運用の移転が頻繁に行われることが予想される。加えて，どのような単位で登録すべき宇宙物体を考えるのか，という点も今後の課題として浮上するであろう。国際宇宙ステーション（ISS）の場合，たとえば日本が提供した部分は，3回の打上げにより完成し，3つの宇宙物体として登録された[50]。宇宙物体の単位を定める客観的な基準は存在しないため，登録の便宜から打上げ回数が宇宙物体の数となったと考えられる。さらに，宇宙空間での建設で民間ステーションに実験施設などが追加された場合は，宇宙空間に導入された地上の人工物としての宇宙物体の登録に必ずしも馴染むとは限らない。頻繁な無登録物体の移転という現象はいっそう管轄権不在と管理行使者の国籍国，すなわち自国の宇宙活動に責任をもつ国の認定を困難なものとするであろう。

Ⅲ 宇宙からの宇宙物体「打上げ」の登録実行

1 宇宙空間での物体の分離

　宇宙物体への管轄権行使の大前提が打上げ国の確定である現行宇宙法体制にとってさらに打撃となるのは，国際宇宙法上「打上げ」に分類すべきか宇宙空間での他の種類の活動とみなすべきかが不明な行為が軌道上の新たな活動の活発化とともに増大することが必至である点である。これまでも宇宙探査や軍事実験として1つの宇宙物体から別の物体が現れることは時折あった。たとえば2007年9月14日に鹿児島県種子島宇宙センターから打ち上げられた月探査衛星「かぐや」（登録番号2007-039A。以下本稿Ⅲ1のカッコ内の数値はすべて宇宙物体の登録番号）から翌10月9日に「おきな」（2007-039B），10月12日に「お

---

(50)　登録番号 2008-009-J1 と 2008-027-J1 については UN Doc. ST/SG/SER.E/556（15 March 2010），pp.2-3；登録番号 2009-038-J1 については UN Doc. ST/SG/SER.E/629（29 September 2011），p.2.

うな」（2007-039C）が分離され，それぞれ別の任務を担当したが，国連登録簿
の打上げ情報による「打上げ日」「打上げ場所」は3つの衛星とも同じ9月14
日で日本国からとされ，登録簿自体には，「おきな」と「おうな」の分離日は
記載されていない[51]。1つの宇宙物体が3つの宇宙物体に分裂したという整理
のため，登録番号も2007年の世界における39回目の打上げからA，B，Cの
宇宙物体が生じたという構成になっている。しかし，2019年11月25日にロ
シアから打上げられた同国の軍事衛星コスモス2542（3531-2019-016）[52]から同
年12月6日に「分離」された子衛星コスモス2543（3533-2019-018）について
は，宇宙物体からの打上げと整理されている。そのため，国連登録簿では「そ
れ以前に打上げられたコスモス2542から分離した結果として軌道に配置され
た」という脚注を付しつつ，「打上げ日」は分離日である12月6日と記載され
ている[53]。このように，宇宙空間での宇宙物体の分離，分裂の法的な地位につ
いては，従来不明瞭であり各国の登録実行も一様ではないが，ほぼすべて政府
ミッションであったため登録自体は行われることが多く，宇宙物体への管轄権
の行使や少なくとも責任の所在というという点では目立った問題となることは
なかった。

　しかし，さまざまな時期に地上から運ばれてISSに到達した超小型衛星が，
定期的・継続的にISSから他の軌道に投入され，通信・観測等の機能を発揮す
るようになった2012年10月以降は，「打上げ」の意味やそれに連動した「打
上げ場所」の問題に向き合う必要が生じてきた。数年以内に民間宇宙ステー
ションの打上げを控える現在，ISSからの衛星放出がもたらす管轄権行使の問
題を整理することが必要と考えられるので，以下，本節で考察する。

2　ISS きぼうモジュールからの超小型衛星「放出」——初期の事例

　ISS は，米国，ロシア，欧州宇宙機関（ESA），日本，カナダの5極が協力
して建設・運用する国際プロジェクトである。5極がそれぞれ登録する宇宙物
体の結合体として機能する ISS は，2009年7月の最後のスペースシャトルミッ
ションにより完成したとされるが，その後も構造物を追加し ISS を発展させて
いくことは ISS 建設・運用についての政府間協力協定[54]で予定されており，

---

(51)　UN Doc. ST/SG/SER.E/533 (5 March 2008), p.2; UN Doc. ST/SG/SER.E/539 (2
　　　April 2008), pp. 2-3.
(52)　UN Doc. ST/SG/SER.E/923 (24 January 2020), p.2.
(53)　UN Doc. ST/SG/SER.E/925 (12 March 2020), p.2.
(54)　ISS 協力協定は，5極の参加15カ国間で1998年1月29日に署名された。同協定1

9 新たな軌道上の活動に対する管轄権問題の軽減可能性 〔青木節子〕

最新の発展としては 2020 年 12 月 20 日に ISS 第 3 結合部（米国の登録）に取り付けられたエアロックがそれに該当する[55]。近い将来の民間ステーションも完成形というものはなく，さまざまな構造物の結合や分離が繰り返される形で運用されるであろう。

2012 年 10 月以来，日本が登録した ISS のきぼうモジュール（2020 年 12 月以前は ISS 内で唯一モノの出入が可能なエアロックを備えていた）からは，宇宙航空研究開発機構（JAXA）の有する小型衛星放出機構（J-SSOD）と米国企業ナノラックス（Nanoracks）社の NRCSD や Kaber 等数種類の衛星放出機構で，これまで合計 400 機を超える超小型衛星が「打上げ」あるいは「放出」されている[56]（以後用語として便宜的に「放出」や「配置」を使用するが，法的な「打上げ」との関係については後述）。この放出は，宇宙ステーション補給機「こうのとり」に超小型衛星を格納して日本から ISS まで運送した後，きぼうモジュールのエアロックを通過し，日本のロボットアームで把持した J-SSOD に搭載して軌道上に放出する場合もあれば，米国領土から米企業の貨物補給機を用いて ISS の米国モジュールまで超小型衛星複数機（4-5 機程度から数十機まで）を輸送し，日本のきぼうモジュールに移動させた後，J-SSOD，NRCSD，Kaber などプロジェクトごとに日米のさまざまな放出機を用いて衛星を軌道上に配置する場合もある。日本の J-SSOD を用いる衛星放出であっても，多様な国籍の衛星運用者と放出について仲介契約を締結するのはナノラックス社の場合もあり，契約関係は複雑である。ISS からの小型衛星の軌道配置を打上げ行為と考えるならば，委託打上げ国に該当するのは，たとえば，きぼうモジュールのエアロックと J-SSOD を用いて顧客の衛星を放出することを依頼するナノラックス社の国籍国である米国なのか，それとも各小型衛星運用者の国籍国なのか，という問題も生じ得る[57]。

条(4)および 14 条は ISS の「発展」について規定する。同協定については，小塚荘一郎・佐藤雅彦編著『宇宙ビジネスのための宇宙法入門（第 3 版）』（有斐閣，2024 年）129-151 頁参照。

(55)　UN Doc. ST/SG/SER.E/971（18 February 2021），p.2. Bishop エアロックを ISS に輸送した Dragon CRS-21（2020-093A）が登録された。Voyager Space, "Bishop Airlock", At https://voyagerspace.com/explore/bishop-airlock/.

(56)　2024 年 4 月 11 日現在の J-SSOD からの衛星放出数は 79 機である。JAXA,「これまでに放出された超小型衛星」At https://humans-in-space.jaxa.jp/kibouser/provide/j-ssod/72631.html; Nanoracks 社の放出した衛星数は 2021 年 6 月 14 日現在 262 機であると発表されているが，その後の正確な数値は公表されていない。Nanoracks, https://nanoracks.com/nrcsd20-deployment/（last visited 11 November 2021）.

(57)　Setsuko Aoki, "State Responsibility Facing the Growing Diversity of Space

国家と海洋の国際法（上巻）第 1 部 国際法／Ⅱ 国家管轄権と承認

　初期 3 回の地上からの打上げの具体的な事実は以下のとおりである。初回の打上げは，2012 年 7 月 12 日に日本領域から，こうのとりを用いて 5 機の超小型衛星（3 機は日本の大学・企業の衛星で 1 機は米国家航空宇宙局（NASA）の衛星，1 機はベトナムの大学衛星）が ISS に輸送された。このとき，日本の衛星 3 機は JAXA が，NASA の衛星とベトナムの大学衛星はナノラックス社が衛星製造者との間で衛星放出の契約を締結しており，5 機は同年 10 月 4 日から 5 日にかけてきぼうモジュールから J-SSOD を用いて軌道に配置された。5 機中 2 機の放出コマンドを発射したのはきぼうモジュール内の日本人宇宙飛行士であり，3 機（日本衛星 1 機，NASA 衛星，ベトナム衛星）の指令信号は日本領域内の筑波宇宙センターからであった[58]。日本の衛星 3 機は日本が登録し，NASA の衛星は米国が登録した[59]。ベトナムの大学衛星 F-1 は無登録のまま，2013 年 4 月 30 日に大気圏内に再突入し，完全に燃焼した[60]。

　2013 年 8 月 4 日に行われた 2 回目の打上げも日本領域からで，4 機の衛星（1 機は JAXA が放出契約を結んだベトナムの国家衛星センターの衛星 PicoDragon。3 機はナノラックス社が放出契約を締結した米企業衛星）がやはり J-SSOD を用いて同年 11 月 9 日から 10 日にかけて放出された。米企業衛星 3 機は米国が登録し，ベトナムの PicoDragon 衛星は無登録のままであった[61]。4 機を搭載した J-SSOD を宇宙空間に放出したロボットアームは筑波宇宙センターから管制されていた[62]。ベトナムの衛星は，2014 年 2 月 28 日に大気圏内で燃え尽きた[63]。

　2 機のデブリ化したベトナム衛星は既に消失しているため，今後いずれの国の損害責任も発生する余地はないが，仮に同衛星が地上損害を与えた場合には，無登録衛星であったが故に日本のみが打上げ国責任を負っていたかもしれない。なぜなら，日本からのロケット打ち上げで，日本が登録するきぼうモジュールからの放出ということから日本が領域打上げ国，施設打上げ国（放出を打上げと解する場合）となる可能性があるからである。仮にベトナムが F-1 や PicoDragon を登録していたとしても，ベトナムは宇宙損害責任条約にも宇

　　Projects and Actors", in Marietta Benkö and Kai-Uwe Schrogl (eds.), *Outer Space Future for Humankind: Issues of Law and Policy* (Eleven, 2021), pp. 397-398.

(58)　*Ibid.*, p. 400 (footnote 37).

(59)　UN Doc. ST/SG/SER.E/693 (30 January 2014), pp. 2-4; UN Doc. ST/SG/SER. E/713 (24 June 2014), p.2.

(60)　Aoki, *supra* note 57, p. 403.

(61)　*Ibid.*

(62)　*Ibid.*

(63)　*Ibid.*

宙物体登録条約にも加入していず[64]，宇宙損害責任条約が宇宙条約Ⅶ条の特別
規則として創設した地上損害に対する絶対責任には拘束されない可能性がある。
もっとも宇宙条約に規定する限りでの打上げ国の損害責任（Ⅶ条）とともにⅥ
条の国際的責任を免れることはできないであろう。

　3回目の打上げは，2014年1月9日に米国から33機（米国ベンチャー企業の
小型リモートセンシング衛星群28機，米国非政府団体の2機，リトアニアの大学衛
星2機，ペルーの大学衛星1機）を他の貨物とともに搭載した無人補給機
Cygnus Orb-1 により ISS に運ばれた。その後，2014年2月11日から28日
にかけてナノラックス社の NRCSD を用いてきぼうモジュールから33機が放
出された。米国衛星とリトアニア衛星はそれぞれの国により登録されたが，ペ
ルーの大学衛星は無登録衛星となった[65]。

3　衛星「放出」は「打上げ」か

　これまでのきぼうモジュールからの衛星放出については，日米ともに，自国
民の衛星は登録するが，自国領域から衛星を ISS に運送したことや，自国が登
録するきぼうモジュールからの放出であることに基づいて外国人所有の衛星を
登録してはいない。宇宙物体登録条約の義務的記載事項である「(c)打上げの
行われた日及び領域又は場所」[66]については，日米ともに，地上からの打上げ
日ではなく，ISS からの放出日を「打上げの日」と記載する。場所については，
日本は一貫して「ISS」とのみ記し，米国は「ISS：Kibo」，「deployed from
ISS（Kibo）」など数種類の表記を用いていた。しかし2020年9月からは
「International Space Station」と記すようになった[67]。この時期既に国連登録
簿には宇宙条約XI条に基づく通知という項目も用意されていたので，日米とも
にそれを利用して，ISS からの衛星放出は打上げではない，と主張することも
できた筈であるが，両国とも宇宙物体登録条約に基づく登録を行っている。

　日米以外の登録実行も，概ね ISS からの衛星放出日を打上げ日と記す。打上

---

(64)　UN Doc. A/AC.105/C.2/2024/CRP.3 (15 April 2024), p.9.

(65)　UN Doc. ST/SG/SER. E/718 (11 August 2014), pp. 2-4; UN Doc. ST/SG/SER.
　　　E/739 (23 July 2015), pp. 3-4. Aoki, *supra* note 57, p.403.

(66)　他の義務的記載事項は打上げ国名，宇宙物体の標識または登録番号，軌道要素，一
　　　般的機能である。宇宙物体登録条約Ⅳ条1項。

(67)　Aoki, *supra* note 57, pp.404-405. 米国が打ち上げ場所に Kibo を併記しなくなった理
　　　由が同年12月に自国の大型エアロック Bishop を ISS に取り付けることになっていたこ
　　　とと関係するのか他の理由によるものかは不明である。

げ場所については，ブラジルは AESP-14 については「ISS（Cape Canaveral, United States）」[68]，SERPENS については「ISS（Tanegashima, Japan）」[69]と記載した。両衛星とも JAXA が衛星放出契約の相手方であった[70]。フィリピンも形式は若干異なるものの，ISS からの放出日を打上げ日としつつ，地上からの打上げ日とその場所も記す[71]。モンゴルは米国から ISS に到達した後，きぼうモジュールを経て配置された自国の衛星について，自国を登録国と明示し，かつ，「他の打上げ国は日本と米国」と記した[72]。委託打上げ国，施設打上げ国，領域打上げ国の3つの打上げ国があるという趣旨であろう。ブータンのみは敢えて「打上げ」という用語を遣わず「放出日 UTC 2018 年 8 月 10 日：ISS」と記す[73]。以上，各国の登録実行からは，ISS きぼうからの小型衛星放出は概して打上げと認識されていると推測することもできるが，地上からの打上げとの関係については未整理状態にあるといえよう。

　一方，無登録衛星となった大学等の超小型衛星も少なくない[74]。地上での場合と同様，衛星放出契約関係の複雑さに起因する委託打上げ国決定の困難，宇宙物体登録条約への未加入，自国民の外国での宇宙活動に対する不知などが原因であろう。将来に向けて無登録による管轄権の不在に起因する問題を軽減するために，英国やオランダの実行例や衛星の軌道上の監督移転における国連勧告を踏まえて，ある宇宙活動に最も強い許可・監督責任を負う「関係国（appropriate state）」が情報提供を行う，という方法を考えることも有用であろう。その場合，たとえば初回の ISS からの衛星放出の例で考えると，関係国に該当するのはベトナム（自国大学の衛星）か，日本（地上打上げ前の日本領域での衛星安全審査，日本領域内からの衛星放出指令）か，あるいは米国（ナノラックス社の放出調達）かについていくつかの基準を設け，比較衡量で最も責任をもつ国を決定する，ということができるかもしれない。

---

(68)　UN Doc. ST/SG/SER.E/927 (20 February 2020), p.4.

(69)　*Ibid.*

(70)　Aoki, *supra* note 57, p.407.

(71)　UN Doc. A/AC.105/INF/429 (26 April 2017), p.2. フィリピンは，宇宙物体登録条約に加入していず，国連総会決議 1721B に基づく登録である。

(72)　UN Doc. ST/SG/SER.E/827 (24 November 2017), p.2.

(73)　UN Doc. A/AC.105/INF/437 (10 July 2019), p.2.

(74)　Aoki, *supra* note 57, p. 408.

4 「打上げ」以外の活動の可能性

　仮に ISS からの衛星放出が「打上げ」と認識されているとして，今後の民間ステーションからの衛星の放出さらにはその他の機器の放出も打上げとみなすことが適切といえるのだろうか。国連宇宙諸条約には「打上げ」の定義はない。宇宙活動法を制定した国の中には日米を含めて「打上げ」が定義されていることも少なくないが，参照することが可能であった国内法すべてが，「打上げ」とは地上から宇宙空間に人工物を導入する行為を指すものという理解である[75]。ISS からの衛星放出についての国家実行は尊重するとしても，宇宙物体から他の宇宙物体を放出する行為が，各国国内法に照らすと打上げ以外の類型の行為とみなす方が自然であるように思われる。事実，日本の宇宙活動法では，宇宙物体からの宇宙物体放出は，「人工衛星の管理」（2 条 7 号）に該当するため，人工衛星管理設備[76]が日本国内に所在する場合（2016 年から 2021 年まで）に加えて，日本国籍を有する船舶・航空機または日本が管轄権を有する人工衛星に搭載されている場合（2021 年の法改正後）[77]には，人工衛星管理許可の申請対象となる。人工衛星の管理は，人工衛星の利用目的，利用方法，活動におけるスペースデブリの低減策などが宇宙基本法[78]，国連宇宙諸条約やデブリ低減の非拘束的文書などに合致するときに許可が付与される[79]。地上の無辜の被害者救済，公衆衛生確保等を重要な条件とする打上げ許可とは相当程度異なるものとなる[80]。宇宙活動法との関係では，きぼうモジュールからの衛星放出は，それが私人の活動であれば，その指令をきぼうモジュール内の宇宙飛行士が行った場合なども，2021 年の宇宙活動法改正後は日本法に基づく人工衛星管理許可が必要であり，それ以前でも 2018 年 11 月 15 日の同法施行以降は，筑波宇宙センターからの指令による放出には宇宙活動法に基づく許可が必要で

---

(75)　宇宙活動法，2 条 5 号；51 USC §50902 (7)；豪州法（2018 年）8 条；ニュージーランド法（2017 年）4 条；韓国法（2005 年）2 条(3)；韓国宇宙損害責任法（2007 年）2 条(3)；南アフリカ法（1993 年）1 条；UAE 法（2019 年）1 条。「宇宙活動」を定義しその中に「打上げ」を含める法律としてはデンマーク法（2016 年）4 条(1)，フィンランド法（2018 年）4 条(1)，フランス法 1 条(3)がある。各法律の正式名称等は Aoki, *supra* note 57, pp. 399-402.

(76)　前掲注(15)参照。

(77)　宇宙活動法 20 条。

(78)　宇宙基本法，平成 20(2008)年法律 43 号。

(79)　宇宙活動法 20 条・22 条。宇宙活動法施行規則，2017 年内閣府令 50 号，20 条・22-24 条。

(80)　宇宙活動法 4 条・6 条。打上実施者の義務としての 9 条，35-52 条。

国家と海洋の国際法（上巻）第1部 国際法／Ⅱ 国家管轄権と承認

あった[81]。現状，国内法で考える「打上げ」と国際宇宙法上の「打上げ」の解釈は乖離がある。

Ⅳ 結 論

　宇宙空間内でのさまざまな活動について，どのような分類を行うのが適切であるのかは現状，不明瞭である。たとえば，宇宙ステーションから宇宙資源探査のための物体を放出した場合と，OOS や ADR のための物体を放出した場合では，その行為の性格は異なるのか，前者が打上げで後者が軌道上ミッションであるとするならば，その理由はどこにあるのか，などについて一貫した説明をすることはほぼ不可能と考えられるからである。また，各国国内法上，軌道上の活動は，打上げ以外の行為と認識されるであろうが，これが直接に国際宇宙法形成に影響を与えるわけでもない。地上損害以外の場合の打上げ国の損害責任は過失責任であり，打上げ国の自認に地上損害の場合ほどの抵抗はないかもしれないが，宇宙物体からの他の宇宙物体の放出を「打上げ」と考える場合，地上での打上げの場合と同様に委託打上げ国の決定は既に困難であり，さまざまな民間活動の発展に従い，今後いっそう困難になると考えられる。

　現在可能なことは，自国の宇宙活動に対する許可・監督責任を国内法で具体化し，少なくとも常に1カ国――当該国が「関係当事国」となる可能性が高いであろう――は OOS，ADR，宇宙での物品製造，輸送行為などについて了知し，許可を付与することにより，監督責任を継続して負う状態を作り上げることであろう。併せて宇宙条約Ⅺ条に基づく情報提供が確実に行われ，行動の透明化が図られることが，宇宙環境の保護，長期持続性のある活動を保証することに寄与するであろう。宇宙損害責任条約に基づく宇宙空間での損害責任は過失責任にとどまるため，自国の宇宙活動（宇宙条約Ⅵ条）に対する責任制度（過失責任）を一元的に用いることは，国際宇宙法の本来の意図を大きく変えることにもならないだろう。

　国連での努力と実際の必要から2010年代には国内法を制定する国が急増し[82]，その傾向は継続すると考えられるため，これが2020年代における最善の策といえるのではないか。しかし，シスルナ活動圏を安定的に形成するため

---

(81)　内閣府宇宙開発戦略推進事務局，「人工衛星等の打上げ及び人工衛星の管理に関する法律に関する申請マニュアル（改訂第2版）」，令和元(2019)年9月14日，46頁。

(82)　See, e.g., UN OOSA, At https://www.unoosa.org/oosa/en/ourwork/spacelaw/nationalspacelaw/index.html; UN Doc. A/74/20 (12-21 June 2019), Annex II (Guidelines for the long-term sustainability of outer space activities), pp. 54-56.

9 新たな軌道上の活動に対する管轄権問題の軽減可能性　〔青木節子〕

にも 2030 年代から 40 年代にかけては，新たな条約を作成することが必要となるであろう。そして，地球上の国家体制が変わらない限りは，国家管轄権外にある宇宙空間の平和利用のためには，当該条約に国籍概念を明確に導入することにより，執行管轄権の相対的に安定した行使を確保することが望ましいと考える[83]。

---

(83)　青木・前掲注(12)参照。

10 国家承認制度と多数国間条約

目賀田周一郎

I　は じ め に
II　未承認国への国際法の適用と
　残された問題
III　日本における著作権保護に関
　するベルヌ条約の北朝鮮への
　適用問題
IV　多数国間条約におけるイスラ
　エルとアラブ諸国の関係
V　多数国間条約へのパレスチナ
　の加入の動き
VI　国際紛争平和的処理条約への

パレスチナとコソボの加入問
題
VII　人種差別撤廃条約に基づくパ
　レスチナの国家間通報手続
VIII　パレスチナ占領地における
　ICC 規程の適用問題
IX　米国大使館エルサレム移転問
題
X　論点の整理
XI　お わ り に

I　は じ め に

　近代から今日に至るまで国際社会において植民地や地域が新しい国家となる
ことを目指して独立したり分離したりする事例は多く，既存の国家がその新し
い主体（entity）を国家として承認する制度が国際法上の国家承認の制度とし
て存在している。国家承認は，承認を行う国の一方的な行為であり，また，国
際法上の義務でもないので，他の国から承認されていない主体（以下「未承認
国」と呼ぶ。）も存在する[1]。そして国家承認の法的効果や未承認国の国際法上
の位置付けについては伝統的な学説の対立があった。

　国家承認の法的効果については，①国家承認を行った国との間においてのみ
国際法の権利・義務を有する地位（以下「国際法主体」という。）が認められる
とする「創設的効果説」と，②国家としての要件を備えれば国際法主体となる
のであって，国家承認はこれを確認する宣言的行為に過ぎないとする「宣言的

---

[1]　この論考において「未承認国」には，国家としての要件を満たしているか否かにつ
　いて議論のある主体も含める。

『国家と海洋の国際法　柳井俊二先生米寿記念（上巻）』〔信山社，2025 年 2 月〕　*215*

効果説」が対立してきた。国家としての要件は，1933 年のモンテビデオ条約によれば(a)恒久的住民，(b)明確な領域，(c)政府，(d)他国との関係を取り結ぶ能力の 4 つの要素とされている[2]。19 世紀以降，欧州を中心とする国際法社会にラテン・アメリカやアジアの国々が参加して行く過程においては，創設的効果説が妥当すると考えられる状況もあった。しかし，第 2 次世界大戦後，民族自決権が国際法上認められ，多数の新独立国が生まれるに至り，個々の国ごとに当該独立国が国際法主体であったりなかったりすることは不都合でもあり，学界や国家実行においては，宣言的効果説が有力となったとされている[3]。

残された論点は絞られてきているが，その中に，未承認国は，どのような条件及び手続きで多数国間条約に加入できるのか，更に，加入する場合に当該未承認国を承認していない既締約国との間で当該条約が適用されるのかといった問題が実務において問題となる場合がある。これらの点につき最近話題となった事例を取り上げて論点を整理することがこの論考の目的である。

II　未承認国への国際法の適用と残された問題

1　未承認国への国際法の適用

宣言的効果説が有力説であるとすれば，その説で未承認国と国際法の関係がすべて整理され様々な国家実行を説明できるのであろうか。国際法の主たる法源は，慣習国際法と条約からなる。慣習国際法は，諸国家の一般的慣行と法的確信が成立要件とされており，個別国家の明示的な同意は必要とされないので，新国家も国家要件を満たせば自動的にその適用を受けると考えるべきであろう。国家実行においても未承認国に対して一般的に国際法の遵守を求め，慣習国際法に基づき国家責任を追及するといった例は多いが，そのような主張をすること自体，国家承認はしていないが慣習国際法上の主体としての要件は満たしているという前提であろう。

次に条約については多数国間条約と二国間条約がある。条約法条約 74 条は，外交関係がない二国間でも条約は締結できる旨規定しているが，国家承認関係

---

(2)　(d)については，これを「主権」或いは「独立」に置き換える学説や，(c)「政府」を「実効的政府」として，その 1 要素と位置付ける学説も有力である。小寺彰『パラダイム国際法』（有斐閣，2004 年）79-80 頁。

　　また，これに加えて国家の形成における「適法性」を加える学説もある。杉原高嶺『国際法学講義』（有斐閣，2013 年）195-196 頁。

(3)　国家承認制度と学説の展開については，芹田健太郎『新国家と国際社会』（信山社，2020 年）参照。

が無い場合については規定がない。同条約の採択会議で，この点も議論とは
なったが，これは条約法の問題ではなく国家承認の問題として別に議論される
べき論点とされ，この問題は慣習国際法が律するところとなる。重要な二国間
条約の締結は黙示の承認とみなされるが，国家実行上は，武力紛争後の休戦協
定や実務的な条約等，必要に応じ例外的に未承認国との間で条約が締結される
事例は多い[4]。これらの場合には，いずれにせよ国家承認はしないが条約を適
用することについての当事者の合意は明確なので問題となる余地はない。

　問題が残るのは，多数国間条約である。未承認国がこれを承認していない国
が既に締約国である多数国間条約に加入したり，逆に未承認国が既に締約国と
なっている条約にこれを承認していない国が後から加入する場合がある。これ
らの場合において，未承認国を国家承認したことにはならないことについては，
慣習国際法上確立しているようである。しかし，そもそも条約締約国となるた
めには当該主体は国家でなければならないが，誰が国家としての要件を満たし
ていること（以下「国家性」という。）を判断するのであろうか。また，未承認
国が締約国となった場合に国家承認をしていない既締約国との間で条約関係は
生ずるのであろうか。或いは，それは，未承認の理由が国家性の問題か否かに
より異なるのであろうか，更には，未承認国との間には条約関係が生じないこ
とを明示的に宣言すれば適用はなくなるのであろうか。これらの点については，
先例として様々な国家実行や論争があり未解決の問題もある。

　このような問題意識で未承認国への多数国間条約の適用について，これまで
の学説や事例を振り返り，特に最近の注目される国家実行について見ていくこ
ととしたい[5]。

2　学　　説

　未承認国との間で多数国間条約上の義務を負うか否かについては，Bernard
Bot の "Nonrecognition and treaty relations"（1968）が，それまでの国家実行

---

(4)　O.Corten/P.Klein: Vienna Convention on the Law of Treaties, Vol.2, pp.1679-1681,
　　Oxford Univ. Pr. なお，未承認国との間の条約は，必要に応じ様々な例がある。例えば，
　　パレスチナに対 する無償資金協力に関する日本とパレスチナ自治区の交換公文もその
　　例といえよう。
(5)　日本政府の国家実行の詳細については，濱本正太郎「未承認国との関係における多
　　数国間条約の適用（一）」『法學論叢』（京都大学）171 巻 4 号（2012 年）16-18 頁，並び
　　に濱本幸也「国家承認の現状と今後の課題」『法学研究』（慶應義塾大学）94 巻 1 号
　　（2021 年）参照。

を踏まえた詳細な研究を行っている。Bot は，未承認国が多数国間条約に加入する場合に，これを承認していない締約国が当該加入を無効としたり，条約関係は生じないとの宣言を行う多くの例があることを認めつつ，条約の目的によっては一定の行為を控える義務や一定の基準を遵守する義務は未承認国との間にも適用されると考えるべきであり，例えば，国連憲章に規定される内政不干渉，紛争の平和的解決，その他武力不行使の義務等の一般的な性質の義務がその例であるとしている[6]。また，国際機関等における手続的な権利（条約の改正提案，投票，会議への出席等）に関する規則の適用も否定することはできないとしている。更に，条約上生じ得る二国間の具体的な関係を①公的レベルの相互的な義務，②技術レベルの相互的な接触，③国際機関の事務局を通じた協力の３つに分類し，①については，政府当局間での契約的な義務は適用されないのが通常の国家実行であるが，例外はある旨，②や③については，未承認国との間にも適用関係が認められるとしている[7]。

3　条約採択時の関係文書等

　1969 年の条約法条約の採択会議の際，同条約 76 条 2 項の寄託者の義務に関する規定の「条約が一部の当事国の間においては効力を生じていない」場合について議論があり，これは未承認の問題に関連する締約国間の関係を念頭に置いたものであった[8]。

　更に，90 年代に国連国際法委員会で条約法条約の留保に関する運用指針の採択が審議された際，多数国間条約に加入した未承認国との条約関係を否定する宣言等を留保とみなすか否かが議論となり，結論としてこれらは留保ではなく，この運用指針の対象外とされたが，その前提としてそのような国家実行が多々あることについては共通の認識があった[9]。

　以下，最近の個別の国家実行についてみていきたい。

Ⅲ　日本における著作権保護に関するベルヌ条約の北朝鮮への適用問題

1　事　実　経　緯

この問題について日本のリーディング・ケースともなるのが著作権保護に関

---

(6)　B.R. Bot: Nonrecognition and treaty relations, Leyden, Sijthoff (1968) pp.134-135.

(7)　*Ibid.,* pp.136-138.

(8)　Official Records of the United Nations Conference on The Law of Treaties, First session, Vienna, 26 March-24 May 1968, p 485, para. 44.

(9)　国連国際法委員会第 63 回会合報告書　A/66/10Add.1）pp.95-96.

するベルヌ条約の北朝鮮への適用問題であり，2003 年 6 月，北朝鮮側が著作権を持つ映像の一部を日本のテレビ局がその許諾なく放映したことにつき同条約の適用があるか否かが争点となった。日本はベルヌ条約の締約国であり，北朝鮮は，2003 年 1 月に同条約に加入していたが，日本政府は北朝鮮を国家承認していないことから，同条約は適用されないとの立場であった。

　裁判は，東京地裁判決（2007 年 12 月 14 日）及び知財高裁判決（2008 年 12 月 24 日）では日本側が勝訴したが，創設的効果説に基づいて条約の適用関係を否定した地裁及び知財高裁判決については，研究者からは，創設的効果説は国家実行や法的信念により支持されておらず，通説化している宣言的効果説に従って未承認国にも条約は適用されると考えるべきとの批判があった[10]。

　東京地裁の調査委託に対し日本外務省は，「我が国は北朝鮮を国家として承認していないことから，……北朝鮮の「国民」の著作物について，……保護する義務をベルヌ条約により負うとは考えていない。他方で，多数国間条約のうち，締約国によって構成される国際社会（条約社会）全体に対する権利義務に関する事項を規定していると解される条項についてまで，北朝鮮がいかなる意味においても権利義務を有しないというわけではない。具体的にどの条約のどの条項がこれに当たるかについては，個別具体的に判断する必要がある。」との回答を提出した[11]。

2　最高裁判決

　原告より上告が行われ，2011 年 12 月 8 日の最高裁判決では国際法上の論点につき，「多数国間条約に未承認国が事後に加入した場合，当該条約に基づき締約国が負担する義務が普遍的価値を有する一般国際法上の義務であるときなどは格別，未承認国の加入により未承認国との間に当該条約上の権利義務関係が直ちに生ずると解することはできず，我が国は，当該未承認国との間における当該条約に基づく権利義務関係を発生させるか否かを選択することができるものと解するのが相当である」との見解を示した。そしてこの条約については，普遍的価値を有する義務を定めるものではなく，日本政府が権利義務関係を発生させないとの選択をしているので，条約上の義務を負わないとして原告の訴

---

(10)　濱本正太郎「未承認国との関係における多数国間条約の適用（二）」前掲注（2）『法學論叢』171 巻 5 号（2012 年）20-21 頁。

(11)　平成 18（ワ）6062　著作権侵害差止等請求事件　平成 19 年 12 月 14 日　東京地方裁判所　https://www.courts.go.jp/app/files/hanrei_jp/504/035504_hanrei.pdf　21 頁。

えを棄却した。

3 考　察

　最高裁判決は，一定の義務を別として，締約国は未承認国の権利義務関係を
発生させるか否か選択をできるとの立場であり，未承認国が条約上の法主体性
を有することを前提していることから，その意味では基本的に宣言的効果説の
立場に立っているように解釈できる。そのような選択をできる根拠については
明言していないが，条約という法制度においては，国家の同意を拘束力の根拠
としており，未承認国に自動的に権利義務関係が生ずることにそもそも同意し
てはいないので，その点につき改めて同意するか否か選択できるとの立場のよ
うである[12]。そうであるとすれば，説示されるべきはそのように解する法理論
的根拠や裏付けとなる国家実行による論証であったのではないかと考えられる。
また，同条約を適用しない旨を北朝鮮の加入時に宣言する必要があったか否か
については，学説，国家実行よりして必ずしもそのような義務は確立している
とまでは言えないとの見方があるが[13]，判決がその点に触れていないことは，
そのような見方を肯定しているとも解される。

　なお，北朝鮮との関係では，2012 年 12 月 25 日に特許協力条約の適用につ
いてもこの最高裁判決と同趣旨の知財高等裁判所判決が下されている[14]。

Ⅳ　多数国間条約におけるイスラエルとアラブ諸国の関係

1　アラブ・イスラエルの歴史的関係

　近年において未承認国への多数国間条約の適用が頻繁に問題となった国際関
係は，イスラエルとアラブ諸国の関係ではないかと思われる[15]。但し，これは
具体的事例についての条約の適用が問題となったのではなく，イスラエルが先
に締約国となっている多数国間条約にイスラエルを承認していないアラブ諸国
が後から加入する際に行われた宣言により問題の所在が明らかとなった事例で

---

(12)　北村朋史「北朝鮮ベルヌ条約事件──未承認国に対する多数国間条約上の権利義
　　務」『ジュリスト』平成 24 年度重要判例解説（有斐閣，2013 年）280 頁。西村弓「未承
　　認国家の地位」『国際法判例百選〔第 3 版〕』（有斐閣，2021 年）35 頁。
(13)　島拓哉「北朝鮮の著作物につき，わが国がベルヌ条約上の保護義務を負わないとさ
　　れた事例」『私法判例リマークス』46 号（日本評論社，2013 年）142-145 頁。
(14)　上村哲史「知財高判平成 24 年 12 月 25 日──未承認国の意国民による PCT 出願を
　　国内出願として取り扱う義務の有無が問題となった事例」MHM Intellectual Property
　　and Technology Newsletter_vol.2.pdf（mhmjapan.com）。
(15)　ここで「アラブ諸国」とはアラブ連盟に所属している国を念頭に置いている。

ある。

1948 年 5 月の英国によるパレスチナ委任統治の終了とイスラエルの独立宣言により勃発した第 1 次中東戦争以来，アラブ側は基本的にイスラエルを国家として承認しないとの立場であった[16]。イスラエルが 1949 年 5 月に国連総会決議 237 により国連への加盟が認められた際には，既にエジプト，イラク，レバノン，サウジアラビア，シリア，イエメンは国連加盟国であり，この決議に反対した。他方，その後に作成された多数国間条約にはイスラエルが先に締約国となり，アラブ諸国が後から加入するものが多い。なお，現在では，パレスチナを除くアラブ・イスラエル双方とも国連加盟国であり，相互に国際法の順守を要求していることから，イスラエル未承認のアラブ諸国側はイスラエルの国家性までは否定していないと見られ，その意味では日本と北朝鮮の関係に近いといえよう。

2　多数国間条約への加入に際するアラブ諸国の宣言

パレスチナを含むアラブ諸国 22 カ国のうち，エジプトは 1979 年 3 月，ヨルダンは 1994 年 10 月にイスラエルとの和平条約を結び，関係を正常化し外交関係も有するに至った。更に，2020 年 8 月のアブラハム合意により，アラブ首長国連邦とイスラエルの国家関係が正常化し，外交関係の開設が合意され，これにバーレン，スーダン，モロッコが続いたとされる。また，パレスチナは，パレスチナ暫定政府の自治をイスラエルが認めたオスロ合意以降，イスラエルを国家として認めていると見られる。従って，その他のアラブ諸国は現在でもイスラエルを未承認であると考えられる。

イスラエルが先に締約国となった多数国条約にアラブ諸国が加入する際に，その加入がイスラエルの承認を意味せず，同国との間で同条約の適用関係にも入らないとの宣言を付している場合が多く見られる。

国連事務総長が寄託者となっている多数国間条約では，例えば，1961 年の外交関係に関するウィーン条約は，アラブ諸国 22 カ国が締結しているが，この内，エジプト，アラブ首長国連邦，バーレン，スーダンを含むアラブ諸国 11 カ国がそのような趣旨の宣言を付している[17]。また，1972 年の麻薬単一条

---

(16)　1967 年 9 月 1 日のアラブ連盟のハルツーム決議でアラブ諸国は，イスラエルと和平を結ばず，イスラエルを承認せず，イスラエルと交渉しないとの 3 つ「ノー」を確認し決議している。

(17)　"Multilateral Treaties Deposited with the Secretary-General, Status as at 1 April 2009", Vol.1, Part 1 (ST/LEG/SER.E/26) pp.98-107.

国家と海洋の国際法（上巻）第 1 部 国際法／Ⅱ 国家管轄権と承認

約の議定書ではアルジェリア，イラク，クウェイトの 3 カ国が，1984 年の拷問禁止条約にはシリアが，それぞれ条約への加入はイスラエルの承認を意味せず，当該条約の適用関係は生じないとの趣旨の宣言を加入の際に付している。これに対してイスラエルは，これらの条約の加入に際してそのような「政治的」な主張をすることは適当ではなく，当該宣言をした国の一般国際法及び当該条約上の義務に何ら影響を及ぼすものではないが，これらの国に対しては相互主義で対応するとの反論声明を出している場合がある[18]。

　また，エジプトが，前述のベルヌ条約に加入した際（1977 年 3 月 2 日），及び 1971 年のレコード製作者保護条約に加入した際（1978 年 4 月 23 日），それぞれその加入が既に締約国となっているイスラエルの承認を意味せず，同国との間で同条約の適用関係にも入らないとの宣言を付しているが[19]，他のアラブ 15 カ国は加入の際にそのような宣言を付したことは確認できない。また，イスラエルは，後に触れる 1907 年の国際紛争平和的処理条約の締約国であるが，締約国の中には，イスラエルを承認していない国が 16（アラブ諸国 11，他のイスラム教国等 5）あり，このうち，レバノン（1968 年 2 月 14 日加入）とイラク（1970 年 11 月 1 日加入）のみが，それぞれ，加入の際にそれがイスラエルの承認を意味するものではなく，条約の適用関係が生じないとの趣旨の宣言を付している[20]。

　以上についてまとめれば，まず，アラブ側のイスラエル未承認の理由は，政治的なものであって国家性の問題ではないと見られること，また，イスラエルを承認していないアラブ諸国の中には，多数国間条約への加入の際に，未承認であることを理由に既に締約国となっているイスラエルとの条約関係を否定する例が多くあることが確認できる。なお，アラブ諸国の対応は国によって異なり，選択的に条約を適用しているのか，又は宣言を出さずに条約を適用していない場合もあるのか等については不明である。

---

(18)　前掲注(17) p.115.

(19)　https://www.wipo.int/wipolex/en/treaties/notifications/details/treaty_berne_84
　　　https://www.wipo.int/wipolex/en/treaties/notifications/details/treaty_phonograms_32

(20)　Convention for the Pacific Settlement of International Disputes: Parties with reservations, declarations and objections, https://verdragenbank.overheid.nl/en/Treaty/Details/003316_b

V 多数国間条約へのパレスチナの加入の動き

1 経　　緯

パレスチナ自治区の多数国間条約への加入を契機にイスラエルとの間で条約の適用に関する種々の問題が提起されている。1988年にパレスチナ国民評議会はパレスチナの独立を宣言し，国際社会の認知を得るべく国連の専門機関への加盟を目指すことを明確な戦略として，1989年にはWHOへの加入を試みたが米国の反対により実現しなかった経緯がある。その後パレスチナ問題の永続的な解決のためにイスラエルとパレスチナの2国家の共存を目指す1993年のオスロ合意が成立し，イスラエル占領下のパレスチナに自治を認めた結果，パレスチナ自治区を国家として承認する国が増加し，パレスチナ自治政府は改めてパレスチナ（State of Palestine）として国際機関設立条約等の多数国間条約への加入により国際社会からの認知を得る努力に力を入れたものと見られる。

2 多数国間条約の締約国となる資格

国際社会から完全には承認されていないentityが多数国間条約に加入する場合に問題となるのは，まず，締約国となることができる資格の問題である。

それらは条約ごとに定められるが，①条約をすべての国の参加に開放するAll States方式，②国連加盟国及び専門機関等の加盟国に開放するウィーン方式，③各条約に特有の参加条件を規定する方式の3つの方式に分類できる。

UNESCO憲章2条1項は，国連加盟国はUNESCOに加盟する権利がある旨定め，同2項では，国連非加盟国もUNESCOの総会の3分の2の多数の賛成で加盟国となることができると規定しており，パレスチナは，2011年10月に同規定に基づきUNESCOへの加盟を実現した。そして，2014年にパレスチナは国連事務総長を寄託者とする36の多数国間条約，スイスを寄託者とするジュネーブ諸条約，そしてオランダを寄託者とする国際紛争平和的処理条約にそれぞれ加入書を寄託し[21]，更に2015年には国際刑事裁判所に関するローマ規程（寄託者は国連事務総長）に加入書を寄託した。パレスチナ自治政府のウェブ・サイトによれば，2021年1月までに98の国際協定に加入している[22]。

---

(21) Hadi SAKRAN & Hayashi Mika, "Palestine's Accession to Multilateral Treaties: Effective Circumvention of the Statehood Question and its Consequences",『国際協力論集』25巻1号（2017年）82頁，並びにAnnex I及びII。

(22) State of Palestine, Palestinian Central Bureau of Statistics ウェップ・サイト https://www.pcbs.gov.ps/statisticsIndicatorsTables.aspx?lang=en&table_id=1239）

国家と海洋の国際法（上巻）第１部 国際法／Ⅱ 国家管轄権と承認

　1999 年に国連事務局が，それまでの国連事務総長の寄託者としてのプラク
ティスをまとめた手引きによれば，ウィーン方式の条約であれば専門機関に加
盟している国については特段の困難なく署名や加入書の受領等の手続きを行っ
ていること，All States 方式の場合には，国連総会の指示を確認して加入書の
受領等を判断するとしている[23]。国連関係の多数国間条約には，ウィーン方式
の多数国間条約が多いことから，パレスチナの 2011 年の UNESCO への加盟
がそれらの条約加入への道を開いたといえよう。

　更に，2012 年 11 月には，パレスチナ自治政府を国連の「オブザーバー組
織」から「オブザーバー国」に格上げする国連総会決議（67/19）が採択され，
加盟国ではないにしても「国」として扱われることとなり，この決議は，国連
法務局の内部メモランダムによれば All States 方式の多数国間条約の締約国資
格の判断に必要な「国連総会の指示」と解釈されている[24]。

3　パレスチナの多数国間条約加入が問題となった最近の事例

　パレスチナの 1907 年の国際紛争平和的処理条約への 2015 年の加入に際して
は，コソボの加入と共に既締約国から異議が提起され，その締約国資格と加入
手続きが問題となった。

　また，その後のパレスチナの多数国間条約への参加という戦略が成果を上げ
るに伴い，論争となった３つのケースがある。１つは，人種差別撤廃条約に基
づく国家間通報手続をパレスチナに認めた 2018 年の人種差別撤廃員会の決定
であり，２つ目は，国際刑事裁判所（以下 ICC）規程に加入したパレスチナが，
イスラエル占領地での事態を ICC に提訴し，予審裁判部が 2021 年 5 月，パレ
スチナを同規程上の締約国として認め，訴えを受理する決定を行ったこと，そ
して３つ目が，2017 年 9 月，米国大使館のエルサレムへの移転が外交関係
ウィーン条約に違反するとのパレスチナの国際司法裁判所（ICJ）に対する提
訴が受理され，2019 年には管轄権及び受理可能性に関する書面審理の段階に
進んだことである。

　それぞれの事例における未承認国への多数国間条約の適用に関する論点を整
理したい。

---

(23)　Summary of Practice of the Secretary-General as Depositary of Multilateral
　　　Treaties（ST/LEG/7/Rev.1）1999, paras. 81-83.
(24)　ICC-01/18 para. 98.

224

Ⅵ 国際紛争平和的処理条約へのパレスチナとコソボの加入問題

1 事実経緯

国際紛争平和的処理条約とは，1899年の第1回ハーグ平和会議で採択され，1907年の第2回会議で修正・増補された条約で，紛争の平和的解決手段として周旋等及び常設仲裁裁判所の設置と運営について定めるなど，国際紛争の平和的解決に関する歴史的重要性と今日的意義を有する条約である。2015年10月30日にパレスチナが，同年11月6日にコソボがそれぞれ同条約への加入書を寄託者であるオランダ政府に提出した。オランダ政府は，11月17日，同条約に関するウェブ・サイトにおいて両国から加入書の寄託があり，パレスチナについては12月29日に，コソボについては，2016年1月5日に同条約が発効する旨公表した。しかるに，パレスチナ及びコソボのそれぞれについて加入を認めるべきではないとの見解を表明する国があり，コソボの独立を認めない立場のセルビア政府の要求により同条約に基づいて設置される常設評議会が同年1月4日に開催され，両者の条約加入は「検討中」とのステータスに変更された。その後，1月14日に開催された常設評議会での表決の結果，賛成多数でパレスチナの締約国としての地位が確認されたとの発表が行われた。コソボの加入については結論が出されなかったが，6月13日の常設評議会において，同様に表決によりコソボの加入を「検討中」とした決定を撤回することとなり，同条約はコソボについても1月5日に発効したことが確認された。

2 論点

この問題をめぐっては，そもそも締約国資格についての論争があった。同条約の締約国資格は93条により第2回ハーグ平和会議に招請された国とされるが，第94条には，同会議に招請されなかった国の条約への加入は後日の締約国間の合意による旨規定されている。しかし，明確な「合意」は行われないまま多数の国が新規に加入したため，一方において，加入条件に関する94条は死文化し条約の趣旨からして同条約はすべての国に開放されたとの主張があった[25]。これに対し，1959年12月に常設評議会が，同条約を締結していない国連加盟国に参加招請状を発出する決定を全会一致で行っており，これが後日の

---

(25) Zyberi: Kosovo's membership in the Permanent Court of Arbitration through the 1907Convention 14/01/2015, International Law Observer:, http://www.internationallawobserver. eu/2016/01/14/kosovos-membership-in-the-pca/

「合意」に当たるとして，加入資格は国連加盟国に限られるが，パレスチナは国連のオブザーバー国として認められたので，加入を認めても良いとの主張があった[26]。いずれにせよ，結果としては，常設評議会での多数決により決着した。条約法条約77条2項には，「寄託者の任務の遂行に関しいずれかの国と寄託者との間に意見の相違がある場合」には，寄託者は，「署名国及び締約国」又は「関係国際機関の権限のある内部機関」の注意を喚起するとの規定があり，当該規定も念頭に置かれたものと思われる。

　また，両国の加入の過程において，コソボ及びパレスチナを国家承認していないいくつかの締約国が両国の加入及び条約の適用に関し宣言を出しており，その宣言の法的効果が更に問題となる[27]。ロシア，ジョージア，メキシコ，ウクライナ，スペインの5カ国の宣言は，コソボを主権国家として承認しておらず，条約への加入資格がなく，或いは国家としての要件を満たしていないので，同条約には加入できず，コソボとの関係で同条約により拘束されないとの趣旨を述べている。他方，米国，カナダ，イスラエルは，いずれもパレスチナが国際法上の国家要件を満たしていない旨を述べたうえで，同条約への加入資格がなく，加入は無効であるので条約の適用関係がないとしている。

3　考　察

　この事例は，締約国政府を寄託者とする多数国間条約への未承認国の加入について締約国から異議が提起される場合の処理の先例としての意義を持つものといえよう。

　もっとも，パレスチナ及びコソボの加入を認めないとした締約国は，そもそも両国の国家性を否定していることから，加盟資格承認の常設評議会の決定後も，条約の適用関係を認めたわけではないと考えられる。更に，締約国の中には，特段の宣言を発表していないコソボ未承認の国が30カ国以上あり，また，同じくパレスチナ未承認の国が30カ国以上あるが，これらの国は，パレスチナ又はコソボとの間で条約の適用関係を受け入れたのか否かも必ずしも明確ではない。もっとも，この条約は，紛争の平和的解決のために居中調停，国際審査，常設仲裁の3つの手段とその手続きについて定めるものあるが，いずれの

---

(26)　Zimmerman: Palestine at the Gates of the Peace Palace: The long and windy road towards Palestinian membership in the Permanent Court of Arbitration, Blog of EJIL:, https://www.ejiltalk.org/palestine-at-the-gates-of-the-peace-palace-the-long-and-windy-road-towards-palestinianmembership-in-the-permanent-court-of-arbitration/

(27)　https://treatydatabase.overheid.nl/en/Treaty/Details/003316_b.html

手段も具体的な紛争についての義務的管轄権を定めるものではなく，改めて当事国の同意が必要となるので，直ちに何か問題が生ずるわけではない。他方，常設仲裁裁判所の管理運営のような国際機関的な仕組みも備えているので，これらに関する規定の適用は黙認することになるのではないかと思われる。

Ⅶ　人種差別撤廃条約に基づくパレスチナの国家間通報手続

1　事　実　経　緯

　イスラエルは，1979 年に既に人種差別撤廃条約の締約国となっているが，同条約は加盟国資格としてウィーン方式を定めており，パレスチナは 2014 年 4 月 2 日に加入書を国連事務総長に寄託し，同年 5 月 2 日に同国について効力を生じた。これに対し，5 月 16 日，イスラエルは，パレスチナは国家の要件を満たしておらず，一般国際法上及びイスラエルとパレスチナの相互協定の双方の下で同条約に参加する法的資格を欠いていること，イスラエルはパレスチナを国家として承認せず，同条約の締約国とはみなさないので条約関係は生じないとの趣旨の宣言を寄託者に通報していた。

　2018 年 4 月 23 日パレスチナは同条約 11 条 1 項の国家間通報制度に基づき，イスラエルがパレスチナ占領地で同条約に違反している旨，人種差別撤廃委員会（Committee on the Elimination of Racial Discrimination: 以下 CERD）に対して注意喚起を行った。この手続きは，本来，問題を友好的に解決するための関係国間のあっせんを行う特別調停委員会の設置を目的とするものである。これに対しイスラエルは，パレスチナとの間に条約関係は無く，条約上の手続きを利用することはできない旨主張した。CERD はイスラエルの文書による主張をパレスチナ側に伝え，これに対しパレスチナ側が文書で反論するといった形式を含め双方の主張を聴取の後，国連法務局の見解も聴取したうえで，2019 年 12 月 12 日，当該事案について CERD は管轄権を有する旨の決定を行った。

2　条約の適用に関するイスラエルの主張

　パレスチナとの関係で条約及び条約 11 条の適用は無いとするイスラエル側の主張の要点は以下の通りである。

　①確立した国際法と国家慣行により，未承認国の加入書の法的効果は各締約国が決定するのであり，2014 年 5 月 16 日のイスラエルの通報の通り，パレスチナの加入は無効である。②国家は同意の範囲でしか義務を負わないことは基本的な法理であり，未承認国に条約の適用を拒否する国にとって条約関係が生

国家と海洋の国際法（上巻）第 1 部 国際法／Ⅱ 国家管轄権と承認

ずることはあり得ない[28]。③多数国間条約の当事国間に必ず条約関係が生ずる
わけではなく，未承認国の加入に異議を表明した場合がそのような状況の 1 つ
であることは，条約法条約の審議の記録[29]，国家慣行における多くの事例及び，
国際法委員会によるこの種の宣言の法的効果の確認によって支持されてい
る[30]。④条約中のメカニズムには，交渉や和解，「友好的な紛争解決」といっ
た表現や手続きが用いられており，国家承認関係や条約関係が無ければ実施で
きない[31]。⑤（パレスチナを承認していない多くの締約国が，その加入に異議を提
起しなかったとのパレスチナ側の指摘につき）未承認国に条約を適用しないため
にその加入の際にその趣旨の申し立てをしなければならない義務や，そのよう
な申し立てがない場合には条約関係を受け入れたことになるというルールがあ
るわけではなく，未承認という事実だけでも条約関係を排除するために十分と
考えるべきである[32]。

3 条約の適用に関するパレスチナ側主張

条約はイスラエルとの間に全面的に適用となるとするパレスチナ側の主要な
論拠は以下の通りである[33]。

①多数国間条約の締約国二国間において条約の適用を一方的に排除する権利
はなく，国家慣行によっても法的確信によっても支持されていていない。②イ
スラエルの引用する事例は慣習法を成立させるほどのものではない。アラブ諸
国が多数国間条約に加入する際に行ったイスラエルとの間に条約の適用を排除
する宣言に対し，イスラエル自身がこれらは政治的な性格のものだと明確に異
議を唱えて否定して来ており，そのような慣習国際法の形成に貢献していない。
③この条約の締約国の中にパレスチナ未承認国が 40 カ国あるが，パレスチナ
の加入に反対する宣言を出したのは 3 カ国に過ぎず，イスラエルが主張するよ

---

(28) イスラエルは，国家は合意した範囲でのみ拘束される法理の根拠として常設国際司
　　法裁判所のローチュス号事件判決を上げている。CERD/C/100/3 15 June 2021 para. 34.
　　注釈 19。
(29) Official Records of the United Nations Conference on the Law of Treaties, First
　　Session (1969) 前掲注 (8)：条約が特定の締約国間に適用が無い場合の条約寄託者の義
　　務に関する条約法条約 76 条 2 項の審議の際に，当該事例の例として「例えば承認の問
　　題に関係する理由」が挙げられている。
(30) CERD/C/100/3 15 June 2021 para. 34.
(31) CERD/C/100/3 15 June 2021 para. 37.
(32) CERD/C/100/3, 15 June, 2021 para. 77.
(33) CERD/C/100/3, 15 June, 2021 para. 46-62.

うに未承認国に条約が適用されないのであればこれら諸国はその旨の宣言を出すべきである。④条約法条約 76 条 2 項は，留保に関する 20 条 4 項(b)を念頭に置いたもので，イスラエルの解釈は，ウィーン方式の加盟資格を定めた同条約 81 条とも矛盾する。⑤人権条約は対世的な義務（erga omnes）を規定しており，その意味でも二国間で条約の適用を否定する可能性を排除している。

なお，上記②の過去にイスラエルがアラブ側の宣言について政治的な性格であると指摘したことにつき，イスラエル側は，条約への加入が承認を意味しないとの点について述べたものであり，条約を適用しないとの法的な効果については相互主義で臨むと表明しており，そのような宣言の法的効果を認めていると反論している[34]。

4　国連法務局の見解

2019 年 5 月 21 日に CERD より本件について見解を諮問された国連法務局は，同年 7 月 23 日付のメモランダムにおいて，多数国間条約の適用問題に関しては，一般論として条約締約国は適切な定式による一方的宣言により自国と他の特定の締約国との間の条約に基づく義務と権利の創設を阻むことは通常よく見られる国家慣行であることを認め，イスラエルの 2014 年 5 月 16 日の宣言の通告は，定式に沿って行われておりそのような法的効果を持つとして，CERD の管轄権を認めないイスラエルの主張を支持した。

国連法務局は，その根拠として，1998 年以降国際法委員会において行われた留保に関する運用指針作成の作業の際に，未承認国との条約関係を否定する宣言が留保に当たるか否かが議論となり，最終的には，2011 年の委員会でこの運用指針の対象外とする結論となった経緯とそのコメンタリーの内容を詳細に引用している。それによれば，この種の宣言の未承認国の条約への加入は承認を意味しないとの部分は，既に確立した原則に関するものであるので，特段の法的効果を持つものではないが，未承認国との条約の適用関係を排除する部分は，明らかに法的効果を意図したものと認めるも，これはいわゆる留保ではなく，この作業の対象外としたとされている。国連法務局は，以上を踏まえれば，国家はその主権の効果としていずれの国と条約関係に入るかを選択の自由を有するので，この宣言が法的効果を持たないとは考えられないとした[35]。

---

(34)　CERD/C/100/3, 15 June, 2021 para. 79.
(35)　Memorandum of the Office of Legal Affairs of the United Nations dated 23 July 2019 on the legal issue of the Committee's jurisdiction regarding the interstate

国家と海洋の国際法（上巻）第1部 国際法／Ⅱ 国家管轄権と承認

5 CERD の管轄権に関する最終決定

2019年12月，CERD は，以上を踏まえて管轄権に関する決定を行った。まず，パレスチナが人種差別撤廃条約に適正な手続で加入したこと及び加入後条約当事国として報告書を提出していること等に照らし，同条約の締約国であることを確認した。また，条約に関する一般法の下で，多数国間条約の締約国は一方的な宣言により未承認の entity との条約関係を排除することができることを認めるも，強行規範及び対世的義務の性格を有する人権条約については，非相互的で集団的に実施される義務を定めるものであるので，一般的な国際法が適用されず，その実施メカニズムを含め条約の適用を一方的な宣言により排除することはできないとした。欧州人権裁判所や米州人権裁判所の判決及び自由権規約委員会の一般勧告24号で人権条約の締約国であればどの国でも条約上の集団的履行メカニズムを発動することができることを認めたことを補足的な根拠として指摘している。そして，この条約の中核的規定は，対世的義務の性格を有しており，特に人種差別撤廃は国際社会の最優先事項でもあり，この条約は特別な重要性を有していることから，調停的性格のメカニズムは，実際的，建設的，効果的に実施されるべきであるとして，国連法務局の見解を退け，本件について管轄権を行使する旨決定した[36]。

6 考　　察

本件は，未承認国に対する条約適用問題を正面から取り上げ，当事者が直接意見を戦わせ，国連法務局の見解も踏まえて，専門家からなる CERD が行った決定であり，極めて参考となる事例である。イスラエルは加入時の異議の宣言の法的効果に重点を置き，その根拠として国際法の原則である国家同意原則及びその他の国家実行を根拠として引用し，条約法条約採択会議の議事録や国際法委員会の見解を引用したことでその主張は説得力を増したと見られる。パレスチナ未承認の多くの締約国がそのような宣言を行っておらずこれは未承認国にも条約が適用されることを示すもので，適用を排除する宣言の法的効果が慣習法として確立しているかは疑問だとのパレスチナ側の主張に対し，イスラエルは，未承認という事実だけで宣言がなくとも条約の適用関係はないと考え

---

communication submitted by the State of Palestine against Israel, https://tbinternet.ohchr.org/_layouts/15/treatybodyexternal/TBSearch.aspx?Lang=en&TreatyID=6&DocTypeID=187 paras. 20-31.

(36)　CERD/C/100/5, 16 June, 2021 para. 67.

るべきであり，また，適用を排除するために宣言を行わなければならないというルールはないと反論した点も注目される。国連法務局が，留保に関する国際法委員会の議論の経緯を引用し，そのような宣言の例は多く，少なくとも適正な形式で通告が行われた場合には，国家の同意原則から適用が排除されると考えざるを得ないとの見解を明確に示したことは重みのある事実と言える。

　他方，CERD は，一般的な条約について未承認国への適用が排除されることは認めつつも，人権条約の対世的義務や非相互的な実施メカニズムについては国際社会における重要性などにも着目しそのような適用の排除を否定し，CERD の管轄権を認める決定を行った。しかし，条約法条約上，特に人権条約を特別扱いはしておらず，また，手続き事項である実施メカニズムについてまで対世的義務と同様に扱うこと等を疑問視する CERD 内の反対意見も付されており，多くの論点を含む決定であったといえよう[37]。

Ⅷ　パレスチナ占領地における ICC 規程の適用問題

1　事 実 経 緯

　パレスチナは，2015 年 1 月 1 日に国際刑事裁判所（以下 ICC）に関するローマ規程（以下 ICC 規程）23 条 3 項に従い 2014 年 6 月 13 日以降パレスチナ占領地で行われた犯罪について ICC の管轄権を受諾する旨の宣言を行い，翌 1 月 2 日には ICC 規程への加入書を国連事務総長に寄託した。イスラエルは，同規程の締約国ではない。

　2018 年 5 月 22 日，パレスチナは，2014 年 6 月 13 日以降のパレスチナの事態について ICC 規程違反があるとして検察官に付託した。2019 年 12 月 20 日検察官は予備的な捜査の結果正式な捜査開始の条件は満たされているが，同規程 19 条 3 項に基づき管轄権及び受理許容性について ICC の決定を請求し，2021 年 2 月 5 日第 1 予審裁判部は，パレスチナの事態に関する裁判所の領域管轄権が 1967 年以来イスラエルにより占領されているガザ及び東エルサレムを含む西岸に及ぶことを多数意見により決定した。

2　判決の内容

　裁判部は，第 1 にパレスチナが ICC 規程 12 条 2 項(a)の「領域内において問題となる行為が発生した国」に当たるか，第 2 に裁判所の領域的管轄権の範囲

---

(37)　本件事案の経緯，意義等については，洪恵子「多数国間条約の適用と未承認国」『論究ジュリスト』37 号（有斐閣，2022 年）23 頁-30 頁参照。

国家と海洋の国際法（上巻）第1部 国際法／Ⅱ 国家管轄権と承認

の問題に分けて判断を行ったが，未承認国の加入や同規程の適用の問題は主と
して第1の問題に関わるものである。

　この点について，判決はまず，「領域内において問題となる行為が発生した
国」とは条約法条約31条1項の解釈規定に従いICC規程の「締約国」を意味
すると解釈し，そして一般国際法上のパレスチナの地位に関わらず，裁判部と
しては，同規程125条及び126条に従いパレスチナが締約国となる加入手続き
が適正に行われたかを検証した。ICC規程125条は，All States方式の加盟国
資格を定めているが，国連事務総長を寄託者とする条約に関しては，加入書を
寄託したentityが「国」であるとの国連総会決議の明白な指示（unequivocal
indications）を判断基準とする慣行があることを確認し[38]，パレスチナについて
は，2012年の国連総会決議67/19で自決権と独立の権利が再確認され国連の
「オブザーバー国」の地位が与えられたことがこの総会の指示に当たるとした。
この決議によりパレスチナは国連事務総長を寄託者とするAll States方式のす
べての条約の締約国となることができるとの国連法務局の見解も引用してい
る[39]。

　条約法条約77条2項に規定する「権限ある関係国際機関の内部機関」とし
てICCはパレスチナの加入の合法性についてまず判断すべきとの指摘に対し
ては，裁判部はパレスチナの国家性や国連総会決議67/19の合法性について判
断する権限は与えられておらず，求められていることはICC規程に基づく加
入手続きが適正に行われたかについて確認することであるとした[40]。国連事務
総長は加入書の受領に先立ってパレスチナの加入について締約国に通報したが，
カナダを除きいずれの加盟国からも反対の表明はなく，2015年1月6日加入
書は受理され，4月1日に加入は効力を生じ，締約国会議議長が主催する加入
歓迎式典が開催され，その後も締約国として活動し，締約国としての権利を行
使し義務を果たしている[41]。検察官の要請に応じて提出された参考意見の内の
7カ国がパレスチナはICC規程12条2項の「国」には該当しないとの意見を
提出したが，これらの諸国はパレスチナの加入手続きの際には異議を唱えな
かった。

　以上よりパレスチナの加入は，ICC規程125条3項に従って正しく適切に行

---

(38)　ICC-01/18 para. 96.
(39)　ICC-01/18　前掲注(24)。
(40)　*Ibid.*, para. 99.
(41)　*Ibid.*, para. 100.

われているので，同規程は自動的にパレスチナについて効力を生じ，パレスチナは同規程の実施に関して他の締約国と同様に扱われる権利を有するとした。

また，判決は，ある entity が ICC 規程に加入して締約国となることを許容しながら，その entity に対し規程の効力を制限することは実効性の原則[42]の観点から明らかに矛盾しており，更に特定の加入国との間で自動的な条約の発効を否定することは，同規程120条で禁じられた留保と同様のものであり，また，自動的な効力発生に異議がある場合の唯一の手段は119条2項の締約国会議における紛争解決手続きであるとした[43]。これに関連し，カナダの異議の通報は，119条2項を援用していないとして，この点で紛争があるとはみなしていない[44]。

なお，判決には3人の判事の1人であるコバッチ判事が少数意見で種々の指摘をしているが，特に諸般の事実からしてパレスチナは未だ国家として成立したとは言えないとの見解を述べている。

3 考　　察

未承認国への多数国間条約の適用に関連するこの判決の意義は，まず予審レベルではあるが，国際的な司法機関が初めてパレスチナの条約上の締約国としての地位を認める判決を下した点にあろう。また，判決は，All States 方式の多数国間条約について国連総会の決議により加入書の受理を判断するとの国連事務総長の慣行を確認したという意義もあるといえよう。

裁判部は，パレスチナの国家性や国連決議の妥当性について判断する権限はなく，加入手続きが適正に行われたかを検証して条約上の締約国としての地位を認めたもので，これまでの多数国間条約においてその条約限りの問題として未承認国に締約国としての地位を認めるプラクティスを司法判断として確認したものといえよう。

なお，判決が，「実効性の原則」の観点から，ある締約国の加入を許容しつつ，当該国に対する条約の適用を制限することは矛盾であり，認められないとしている点は，国家の同意原則という国際法上の法理よりも一般的な解釈原則

---

(42)　実効性の原則（the principle of the effectiveness）とは，ICC の判決で時々引用される原則で，規程の解釈に際しては他の規定の違反となり又はこれを無効とするような解釈は避けなければならないとの解釈上の原則を意味する。ICC-01/04-01/07, 7 March 2014, para. 46.

(43)　*Ibid.*, para. 102.

(44)　ICC-01/18 para. 112. 注296参照。

を優先させている点に疑問があり，また ICC 規程が留保を禁じていることを根拠に未承認国への不適用の宣言を認められないとしているが，この種の宣言を留保と同様のものとみなしている点についても，これまでの国際法上の議論を踏まえたものとは思われない。

いずれにせよこの判決は，ICC 規程に限ってパレスチナに条約締約国の地位を認めたのであって，締約国との二国間関係においても，また，一般国際法上もパレスチナを国家として承認したことにはならず，また，本件についての ICC の管轄権を認めた以外にパレスチナ問題に影響を与えないとしている。これについては，今後の逮捕状の発行や証人喚問に関連して，また，被告人から管轄権に関する異議申し立てが行われるような際にパレスチナの国家性が争われる余地を残すものであるとの批判もある[45]。

IX 米国大使館エルサレム移転問題

1 事 実 概 要

2017 年 12 月 6 日，トランプ米国大統領は，テルアビブにあった米国大使館のエルサレムへの移転を発表し，翌年 5 月 24 日エルサレムに大使館を開設した。同年 9 月 28 日パレスチナは米国大使館のエルサレム移転を外交関係ウィーン条約（以下「ウィーン条約」）違反として国際司法裁判所（以下 ICJ）に提訴した。

米国は，1972 年以来ウィーン条約及び同条約の義務的紛争解決に関する選択議定書（以下「議定書」）の締約国である。ウィーン条約 50 条は，国連の専門機関の加盟国は，同条約に加入できる旨規定しており，議定書は同条約の当事国の加入に開放されており，パレスチナは，2014 年 4 月にウィーン条約の加入書を，2018 年 3 月に議定書の加入書を国連事務総長に寄託した。また，パレスチナは ICJ 規程の当事国ではないが裁判所を非当事国に開放する条件を定めた同規程 35 条 2 項に基づき 2018 年 7 月 4 日，ICJ の管轄権を受諾する旨の宣言を行った。

2 パレスチナ側の主張

パレスチナ側は，国連総会決議 181 以来，エルサレムは国際的な管理下に置かれるべきであり，その地位の一方的変更は無効であり，また東エルサレムか

---

(45) 保井健呉「パレスチナの国際刑事裁判所規程締約国としての地位と裁判所の管轄権」『国際法研究』10 号（信山社，2022 年）254 頁。

らのイスラエルの撤退は累次の国連総会決議及び安保理決議で確認されている
ことから，イスラエルの領域ではないとし，他方，ウィーン条約の諸規定上，
外交使節の任務は接受国の領域内で行われるべきことは明らかで，大使館も接
受国の領域内に立地しなければならないとして，イスラエルの「領域」ではな
いエルサレムへの米国大使館の移転は，ウィーン条約の諸規定及びその目的並
びに関連する一般国際法の規定に違反するというものである[46]。

3　米国の主張とICJの対応

　ICJ事務局が2018年10月11日付けでICJ規則第31条に従い，手続き問題
に関する見解を確認するための会合を開催する旨両当事者に通報したが，米国
は，11月2日付の国務省法律顧問の書簡で，①米国は，パレスチナの国家性
を否定してウィーン条約の下での条約関係にあるとは考えていない旨の宣言を
2014年5月13日に国連事務総長に通報しており，②また，2018年5月1日に
パレスチナの議定書への加入についても同様の通報を行っていることにより，
ICJは本件について管轄権を有しないとの見解を通報し，米国は当該会合に出
席しなかった[47]。ICJは，本案審議に先立って管轄権及び受理可能性について
判断する必要があるとして，これらの点に関するパレスチナの陳述書を2019
年5月15日までに提出するよう求め，これに対する米国の反論の陳述書の提
出期限を2019年11月15日とする旨指示したが[48]，その後ICJからはこの件
に関する公式の発表は今のところ（2024年10月1日現在）行われていない。

4　論　　点

　米国は，パレスチナが国家の要件を満たしていないとの立場であるが，ICJ
のプレスリリースによればパレスチナのICJ規程の当事国性については争って
おらず，2018年11月2日の通報では，ウィーン条約及び議定書の下でのパレ
スチナとの条約関係はないとの認識のみ示している。管轄権に関するICJの判

---

(46)　APPLICATION INSTITUTING PROCEEDINGS filed in the Registry of the Court
　　on 28 September 2018, RELOCATION OF THE UNITED STATES EMBASSY TO
　　JERUSALEM : https://www.icj-cij.org/sites/default/files/case-related/176/176-
　　20180928-APP-01-00-EN.pdf

(47)　Press Release Unofficial No. 2018/57 30 November 2018 : https://www.icj-cij.org/
　　sites/default/files/case-related/176/176-20181130-PRE-01-00-EN.pdf

(48)　Relocation of the United States Embassy to Jerusalem (Palestine v. United States
　　of America), Order of 15 November 2018, I.C.J. Reports 2018, p. 708 : https://www.icj-
　　cij.org/sites/default/files/case-related/176/176-20181115-ORD-01-00-EN.pdf

断については，①パレスチナの国家性の判断に踏み込むのか，②パレスチナとの間には条約の適用がないとの米国の主張についてどう判断するか，及び③受理可能性については本案判断上の重要問題の利害関係国であるイスラエルが不在である点をどう考えるか等が注目すべき論点となろう。

特に②の条約の適用について ICJ がどう判断するかは極めて興味深い。

X 論点の整理

以上，最近の様々な国家実行を通じて明らかとなったように，国家性に議論のある「entity」が多数国間条約に加入する場合の手続き上の問題と条約適用関係について引き続き争点となる状況があるが論点は更に絞られてきているように思う。

1 未承認国の加入手続き

国連事務総長が寄託者である多数国間条約については，既述の通り「国連事務総長の寄託者としての実務の概要」（ST／LEG／7／Rev. 1 1999 United Nations）に従ってウィーン方式の要件を満たせば条約締約国資格を認めることに特段の支障は無く，また，All States 方式であれば国連総会から事務総長への明確な指示が必要で，それが無い場合には，事務総長は総会の意見を求めるとされている[49]。

寄託者が締約国の政府である場合は，寄託者及び締約国間に意見の相違があれば，条約法条約 77 条 2 項により締約国会議や国際機関の取り決めに従い，その条約社会の中で解決されることになる。場合により，条約の適用・解釈に関する紛争として処理されることもあろう。実際上は，国際紛争平和的処理条約の事例の様に締約国会議の多数決によることになると思われる。

留意すべきは，未承認国の締約国資格の問題と，一般国際法上の国際法主体性の問題を完全に切り離している点である。かつて，国連への加入が国家承認となるかについて説が分かれたが，1950 年の国連事務総長の覚書[50]で示され

---

(49) Summary of Practice of the Secretary-General as Depositary of Multilateral Treaties. 前掲注(23)。

(50) Letter dated 8 March 1950 from the Secretary-General to the President of the Security Council transmitting a memorandum on the legal aspects of the problem of representation in the United Nations : https://digitallibrary.un.org/record/475227?v=pdf

た国連に国家承認を行う権限はないとの考え方が現在は確立している[51]。

2 未承認国との間の条約の適用

残された問題は，未承認であることを理由に条約関係が生じないと主張する締約国との間で条約は拘束力を持つのかという点である。これは，個々の条約ごとに，また，条約の中の個々の規定によっても異なる可能性があるが，国家慣行からすれば，以下の2つの場合には，条約の適用を否定することは難しいように思われる。

第1は，国際機関設立条約の運用や組織及び多数国間条約の発効や改正に関する事項である。未承認国の加入が認められた場合には，これを承認しない締約国が当該条約に留まるのであれば，これらの規定を未承認国との間で適用することに異議を唱えることは難しいと思われる。国連加盟国の中の，未承認関係にある締約国の関係が典型的な例である。

第2に，いわゆる対世的義務（erga omnes）の規定，及び，これと完全に一致する概念か否かは不明であるが，ベルヌ条約事案で東京地裁に外務省が提出した意見にある「締約国によって構成される国際社会（条約社会）全体に対する」権利義務を定める規定である。例えば，国連憲章の武力不行使義務や自衛権，人権条約や国際人道法上の義務などが該当するのではなかろうか[52]。

なお，最高裁のベルヌ条約判決に言う「普遍的価値を有する一般国際法上の義務」も同様の概念を念頭に置いているのではないかと思われるが，「一般国際法」の用語が慣習国際法の意味で用いているとすると，未承認国との間の権利義務の根拠は慣習国際法に求めるべきではないかとも思われる。

それ以外の条約や条約の規定については，アラブ諸国のイスラエルに対する対応に見られるように，また，日本外務省見解や最高裁判決の見解の様に条約ごとに選択できるという国家実行があることは否定できない。Bot のいう「技術レベルの相互的な接触」に関する条約，例えば，海事や航空に関する安全のための技術的な規定は，未承認国に対して適用を選択する場合が多いということであって，適用しなければならないということではないであろう。

---

(51)　岩沢雄司『国際法』（東京大学出版会，2020年）151頁。

(52)　O.Corten/P.Klein *supra* p. 1682. 米国は，東ドイツ，ベトナム，北朝鮮，モンゴルのジュネーヴ諸条約への加入についてのスイス政府からの通報に対し，これらの政府を承認していないにもかかわらず同諸条約はこれらの entity に適用されると回答した。

3 条約関係を否定する宣言の要否

未承認国に対する条約適用関係を否定する宣言の効力及びその宣言の必要性の問題が最後の論点である。

条約は，国家の同意を不可欠な基礎とするものであるので，条約関係に同意しない場合には拘束されないとの法理は，人種差別撤廃条約事案の国連法務局のメモランダムの通り確立した国家慣行と見て良いであろう。前述の，未承認国との間でも適用されると考えるべき条約や規定については，国際機関や当該条約から脱退しないという事実をもって，その適用につき黙示の合意をしたと見做されるのではなかろうか。

問題は，適用を排除する場合に，その旨の宣言を寄託者を通じて他の締約国に通報することが必要か否かである。その点があいまいとなっている背景として，以下のような仮説が考えられる。

かつて，創設的効果説が通説であった時代には，未承認国に国際法主体性を認めないので，仮に未承認国が多数国間条約に形式上加入してもこれを承認していない国との間に条約の適用が無いことは，国家同意原則を持ち出すまでもなく自明であったと思われる。しかし，その場合でも，未承認国の条約への加入が黙示の承認と受け取られかねないという懸念があり，また，条約によっては未承認国との間で適用を認める場合もあるので，不適用の場合には念のためにその趣旨を確認する宣言を付す場合もあったであろう。例えば1969年の条約法条約採択会議において未承認国の条約への加入が黙示の承認と解される懸念が議論となった際に，国家は，そのような疑念を解消するために，未承認国に対し条約の適用を拒否するか又は条約への加入が承認を意味しないと宣言することができるとのザンビア代表の発言の記録がある[53]。しかし次第に宣言的効果説が有力となり，多数国間条約に未承認国が加入する場合が増加し宣言的効果説が有力となる状況において，条約不適用の根拠が同意原則なのか，創設的効果説なのかが曖昧となり，議論が混乱している面があるのではないだろうか。同意原則を基本とする立場からは，いずれの説であっても，未承認国の加

---

(53) 条約法条約の審議過程で，現在の5条の後に「すべての国は，主権平等の原則に基づき一般的な多数国間条約に参加する権利を有する」との規定を挿入する提案が行われ，これに対する消極論の中に，未承認国の加入が黙示の承認と解される懸念が提起された際の発言である。なお，当該条項の挿入は，採決により否決された。

United Nations Conference on the Law of Treaties: Second session Vienna, 9 April - 22 May 1969 official records : https://digitallibrary.un.org/record/683272?v=pdf p. 251 para. 20.

入は国家承認を意味しないのみならず，条約を適用する同意も意味しないので
条約関係は自動的に成立することはなく，不適用の宣言を出すのは念のための
確認的行為ということになる。イスラエルを承認していないアラブ諸国の多数
国間条約への加入の際の国家実行が国によって，また，条約によって様々であ
る背景にもこのような事情があるのではないかと推測される。

　以上の点については更なる検証の必要があるがいずれにせよはっきりしてい
ることは，この点について明確な規則は無いということであろう。

XI　お　わ　り　に

　未承認国に対する条約の適用問題については，これまでは問題が顕在化する
のは，条約不適用の宣言が行われるが故であり，それ故に，不適用の場合には
そのような宣言を行うことが前提となっている議論が多いが，そのような宣言
を行わずに条約を適用していない国家実行の例がどれだけあるかも調べる必要
があろう。

　人種差別撤廃条約事案で国連法務局も認めたように，条約の基本は国家が適
用対象国を含め同意した範囲での義務を負うことであり，突き詰めれば，国家
は未承認国が多数国間条約に加入した場合に自動的に当該条約上の義務を負う
ことに同意したのか否かがポイントといえる。

　立法論としては，ICC 予審裁判部が示唆したように留保に準じた制度とする
との考え方もあろうが，条約の内容や目的，また，外交上の配慮等によって不
適用宣言の必要性も様々に異なるので，人種差別撤廃条約の事案でイスラエル
が主張したように，未承認である事実が公知のものであれば，また，未承認国
に対しては選択的に適用できるとの考え方が共有されるのであれば，それで十
分であり，必要に応じて当事者間で確認すれば良いとの考え方もあろう。

　国家承認をめぐる議論は，主権国家の同意原則に基づく伝統的な国際法観と，
分権的な法秩序を超えた客観的な国際法秩序を模索する潮流との間の相克と
いった面があるように思われる。宣言的効果説を前提としても，それが国家の
同意原則を基本とする条約の世界での国家実行との調整を必要とする問題と
なっており，法主体の権利能力の問題というよりも多数国間条約に特有の法制
度の問題として扱うべきではないかと思う。

11 国家実行から見る政府承認の再考察

大 平 真 嗣[1]

I はじめに
II 政府承認と諸外国の国家実行
III 日本の国家実行と伝統的な政府承認
IV 「政府承認の回避ないし廃止」と「伝統的な政府承認」に関する考察
V おわりに

I はじめに

「公式な政府承認はもはや広汎な実行ではない。」これは，2018年8月に豪州のシドニーで開催された第78回国際法協会世界大会で採択された決議[2]の一節である。多数の国家が伝統的な慣行を離れ，政府承認を回避ないし廃止する傾向が広がりつつある[3]と言われて久しい。英国や米国に代表される多くの国家は，政府承認を宣言することによって生じ得る外交上の影響や国内的な反響を回避するために，政府承認を宣言しない，ないしはそもそも政府承認という行為を行わないという選択をするようになった。公式な政府承認はもはや広汎な実行ではなくなったという客観的事実は，そうした国家実行が相当な広がりをもって蓄積してきた帰結と言える。

上述の国際法協会世界大会の決議の基礎となっている「国際法上の承認・不承認に関する委員会」の第3報告書では，調査した実例の範囲では，政府を承認するという政策を明確に表明している国は2カ国のみであるとして，日本とブラジルの名が挙げられている[4]。この点はたしかに，日本国政府がかつて国

---

(1) 外務省国際法局国際法課長（執筆当時）。本稿で示された見解は筆者の個人的見解であり，必ずしも日本国政府の見解を代表するものではない。
(2) Conference Resolution Sydney 2018, International Law Association, at https://www.ila-hq.org/en_GB/documents/conference-resolution-sydney-2018-english
(3) 安藤仁介「政府承認に関する最近の傾向について」国際法事例研究会編『日本の国際法事例研究(2)国交再開・政府承認』（慶應通信，1988年）255頁。
(4) Conference Report Johannesburg 2016 (Third Report), Committee on recognition

『国家と海洋の国際法　柳井俊二先生米寿記念（上巻）』〔信山社，2025年2月〕　*241*

国家と海洋の国際法（上巻）第1部 国際法／Ⅱ 国家管轄権と承認

会審議の場で説明している考え方[5]と事実関係として符合している。その一方で，一般に政府承認を回避ないし廃止したとされる国として分類されている英国や米国であっても，実際には，政策的に必要な場合には政府承認を行う余地を残しており，最近でも新政府の承認ないし不承認を宣言する事例がある。このことが，政府承認の現代的な理解を複雑にしている。

　政府承認を回避ないし廃止したとする国家実行について，オックスフォード大学教授のアカンデは，国家は常に誰を他国の政府として扱わなければならないか決めなければならないので，政府承認を行わないという政策は現実では不可能であり，その意味するところは，政府承認を宣言しないという政策だったかもしれないが，それでさえ崩れてきていると説く[6]。また，外務省において柳井俊二条約局長の下で法規課長，条約課長を歴任し，その後，国際法局長や内閣法制局長官を務めた小松一郎は，「政府承認を廃止したと称している国も他国における新政府の成立を受けていずれかの時点で当該政府と公式な関係に入るか否かを判断するというのであるから，これが新政府の承認に当たることを公言するかしないかの違いとも考えられ，結局，前述の『エストラーダ主義』と同様，これが政府承認制度自体の廃止宣言であるか否かは用語法（semantics）の問題のようにも思われる。」[7]と述べている。このアカンデと小松の分析は，いずれも，政府承認を宣言しないとしたとしても，いずれかの時点で，クーデター等によって成立した新政府を当該国を代表する政府として扱うか否かを決めているという事実に着目し，政府承認を宣言するか否かの違いがあったとしても，法的効果が伴う行為としては同じようなプロセスをたどることを指摘している。

　現代の国際社会において「政府承認」をどのように理解すればよいか。「政府承認の回避ないし廃止」が現代の国際社会において主流と言われている一方で，そうした国々も政府の承認ないし不承認を宣言する場合が散見されることをどう説明するのか。そうした現代における承認ないし不承認の宣言と，伝統的な政府承認との違いはどこにあるのか。さらに言えば，伝統的な政府承認を

---

　　and non-recognition in international law, International Law Association （ILA）, p.7, at https://www.ila-hq.org/en_GB/documents/conference-report-johannesburg-2016-8）

（5）　例えば，平成9年4月16日衆議院外務委員会における林暘条約局長答弁。

（6）　D.Akande, "Which Entity is the Government of Libya and Why does it Matter?", *European Journal of International Law: Talk!* （June 16, 2011）, at https://www.ejiltalk.org/which-entity-is-the-government-of-libya-and-why-does-it-matter/

（7）　小松一郎『実践国際法〔第3版〕』（信山社，2022年）82頁。

維持するか否かという二元論的な区分は，「公式な政府承認はもはや広汎な実行ではない」と認識されるに至った現在においてもいまだに有効なのだろうか。これが本稿の執筆を試みた問題意識である。

　本稿では，まず政府承認の学術的理解と諸外国の国家実行を簡単に概説し，次に日本の国家実行について先行研究を交えながら振り返った上で，伝統的な政府承認と「政府承認の回避ないし廃止」という二元論的な区分の現代的な妥当性について若干の考察を試みたい。

II　政府承認と諸外国の国家実行[8]

　まず，政府承認に関する議論を概説したい。革命やクーデターその他のいわゆる通常のその国における憲法上の手続に合致しない方法で新たな政府が成立した場合に，その新政府を「当該国を代表する政府」として認めるか否かという政府承認の問題が生じる。政府承認の中心的な要件は，新政府が領域に対して実効的な権力を確立していることである。この事実主義に立脚した客観的要件に加えて，国際義務を遵守する意思と能力という主観的要件を政府承認の要件とみなす説もあるが，多数説は事実主義をとり，国際義務を遵守する意思と能力は加えないとされる[9]。冷戦終結以降，民主的正統性[10]が追加的な要件あるいは実効的な支配に代わる要件となっているのではないかとの議論が出てきているが，国家実行を見ればそれが慣習国際法化したとまでは言えないという見方が主流である[11]。一方で，1991年のハイチのアリスティド大統領や1997年のシエラレオネのカバ大統領のように，民主的選挙により選出された政権が軍事クーデターによって国外に脱出した後も，国内での実効支配を欠いているにもかかわらず，国連安保理決議を通じて国際社会から正統政府として引き続

---

(8)　政府承認の概説については，安藤・前掲注(3)256-262頁，小寺彰・岩沢雄司・森田章夫編『講義国際法〔第2版〕』（有斐閣，2010年）140-143頁，岩沢雄司『国際法』（東京大学出版会，2020年）146-150頁，酒井啓亘「「アフガニスタン・イスラム首長国」タリバン政権と政府承認」『法学教室』498号（2022年）46-50頁，王志安『国際法における承認——その法的機能及び効果の再検討』（東信堂，1999年）187-195頁，小松・前掲注(7)79-83頁などを参照した。

(9)　岩沢・前掲注(8)147頁。

(10)　本稿での「民主的正統性」は，自由かつ公正な選挙により選出された指導者であるという手続面での民主的な正統性を意味する用語として使用する。

(11)　Erica de Wet, "From Free Town to Cairo via Kiev: The Unpredictable Road of Democratic Legitimacy in Governmental Recognition", *AJIL UNBOUND* 108（2014-2015), p.202, p.206.

国家と海洋の国際法（上巻）第 1 部 国際法／Ⅱ 国家管轄権と承認

き認識された事例もある[12]。

　政府承認という行為は，新政府の法的地位を客観的に創設するわけではなく，新政府の地位に関する主観的な宣言にすぎない[13]。政府承認の効果については，従来から国家承認と同様に，創設的効果説と宣言的効果説が唱えられてきたが，国家の存在を前提とする政府承認の場合には宣言的効果説が妥当と考えられてきた[14]。政府承認は，国家の一方的行為であり，要件を満たしたからといって，政府承認を行う国際法上の義務を負うわけではない。また，政府承認の方式には，明示の承認と黙示の承認がある。

　政府承認については，20 世紀前半には，クーデター等によって新政府が成立した場合には選挙により追認されるまで承認を控えるとする「トバール主義」（1907 年にコロンビアの元外相のトバールが提唱），外国が他国の新政府を承認することを宣言することは当該他国の内政に対する干渉であるので廃止するとした「エストラーダ主義」（1930 年にメキシコ外相のエストラーダが提唱）といった複数の政策が唱えられた。その後，1970 年代後半以降，米国や英国が

---

(12)　Erika de Wet, "The Modern Practice of Intervention by Invitation in Africa and Its Implications for the Prohibition of the Use of Force", *European Journal of International Law* 26, no.4（November 2015），p.985，ハイチについては国連安保理決議第 841 号，シエラレオネについては同第 1132 号参照。

(13)　Stefan Talmon, *"Recognition of Governments in International Law: With Particular Reference to Governments in Exile"*（Oxford U.P. 1998），pp.29-30.

(14)　小寺他・前掲注(8)141 頁。1923 年ティノコ利権契約事件（イギリス・コスタリカ国際仲裁裁）では，コスタリカでクーデターにより樹立されたティノコ政府が英国の王立カナダ銀行と結んだ利権契約について，ティノコ政府の後継政府がティノコ政府の期間に行われた行政と私人の契約及び行為の無効を宣言する無効法を制定したために，英国とコスタリカの間で当時の利権契約の有効性が争われた。当時の英国政府がティノコ政府を承認していなかったことが論点の一つではあったが，仲裁判決は，当時ティノコ政府が暫定政府樹立後に選挙を経たことにも言及しつつ，「平穏に（peaceably）コスタリカ政府の事柄を処理した」ティノコ政府の「権力は完全に確立され平穏に行使されている（Its power was fully established and peaceably exercised）」，「現実の平穏な統治をしていなかったという実質的な証拠は全くない」（p.379）と判断するとともに，「政府の承認または不承認が……その事実上の主権と完全な政府的統治についての審査によってではなく，起源の非正統性や非合法性についての審査によって決定されるときは，それらの不承認は，国際法規則を適用する人々が唯一関心を持つ問題についての証拠的価値の相当部分を失うことになる」（p.381）と判断し，英国が当時承認していなかったティノコ政府が後継政府を拘束する行為をなすことができる実効的な事実上の一般的政府であると認定した。同仲裁判決は，政府承認の有無にかかわらず，前政府の実効的支配という事実に基づいて後継政府の国際法上の義務の継承と存在を認定したもので，宣言的効果説を支持した先例と解されている（Aguilar-Amory and Royal Bank of Canada claims（Great Britain v. Costa Rica），*Reports of International Arbitrary Awards* Vol.I, pp.369-399，『国際法判例百選〔第 2 版〕』36-37 頁）。

244

政府承認廃止政策を打ち出した。米国は 1977 年に政府承認を回避し，外交関係の処理の判断だけを行う方針を採用した。英国は，「承認」という語感が新政府の政権奪取方法や政策までをも是認しているかのような誤解を与え得ることから，それを回避するために，カンボジア情勢を機とする 1980 年に議会に対して，今後，政府承認は行わず，新政府が領域に対して実効的な支配を確保したか否かを判断した上で新政府といかなる関係に入るかを決定するという政策転換を説明した。カナダ，豪州，ベルギー，フランス，ドイツ，イタリア，オーストリア，オランダ，キプロス等，西欧諸国も同様の政策をとっているほか，カメルーン，中央アフリカ，タンザニア，グアテマラ，メキシコ，ペルー，ラオスといったアフリカ，中南米，アジアの国々も同様とされる[15]。

　しかし，英国や米国も，実際には，政治的に必要な場合には政府承認を行う余地を残している。一例を挙げれば，米国は，1991 年から内戦状態に突入したソマリアについて，2005 年に成立したソマリア暫定連邦政府（TFG）を承認していなかったが，新暫定憲法の採択や新連邦議会の発足を経た後，2013 年 1 月にクリントン国務長官がハッサン・シェイク・モハムッド大統領の訪米を受け入れて会談し，米国としてソマリア政府を承認することを発表した[16]。最近でも主要な欧米諸国は，2018 年以降のベネズエラ情勢をめぐって，野党を排除した大統領選挙によって 2 期目の当選をしたマドゥーロ大統領ではなく，「暫定大統領」への就任を宣言したグアイド国会議長を憲法の規定に基づく暫定大統領として承認するという立場を表明した[17]。また，英国や米国等は，「リビア人民の正統な代表」「リビアにおける正統な統治当局」（いずれも国民暫定評議会（NTC）），あるいは「シリア人民の唯一の正統な代表」（シリア国民連合）など，「政府」とは異なる呼称を用いることにより，必ずしも実効性を備えない特定の実体の正統性を認めた事例もある[18]。

---

(15)　安藤・前掲注(3)258 頁，ILA, *supra note 4*, pp6-7 など。

(16)　米国国務省報道官室報道資料（Media Note), January 17, 2013, at https://2009-2017.
state.gov/r/pa/prs/ps/2013/01/202997.htm

(17)　米国については 2019 年 1 月 23 日のトランプ大統領声明，at https://trumpwhite
house.archives.gov/briefings-statements/statement-president-donald-j-trump-
recognizing-venezuelan-national-assembly-president-juan-guaido-interim-president-
venezuela/ 英国については 2019 年 1 月 26 日のハント外務大臣声明，at https://www.
gov.uk/government/news/uk-recognises-juan-guaido-as-interim-president-of-
venezuela。

(18)　酒井・前掲注(8)48-49 頁。瀬岡直「保護する責任と体制転換のジレンマに関する一考察——リビア紛争におけるカダフィ政権の政府性をめぐって」『国際法外交雑誌』117巻 2 号（2018 年）406-411 頁。

伝統的な政府承認の下では，非合法な手段で政権交代した新政府との関係は，外国の政府の宣言によって明確となった。政府承認を回避ないし廃止する政策の下では，そうした宣言の形式で明らかにすることなく自己が適切と考える方法で新政府と種々の関係に入ることになるため，新政府との関係がいかなる法的効果を有するかの判断は明確ではなくなった。その点を捉え，これらの多くの国家実行から，政府承認の制度は，外国の非合法な政権交代から派生する国際法上の諸問題を処理すべき，唯一の基準ではなくなったとも評されている[19]。

英国の政府承認の廃止については，これを従来の政府承認理論の枠組みで理論づけようとする立場からは，従来の明示の承認をやめて黙示の承認に変えたに過ぎないとの解釈もある[20]。ただ，この点については，理論的には，「黙示の承認」と「承認の回避ないし廃止」との間には明確な相違があり，一国における非合法な政権交代に際して，「黙示の承認」であれば，他国は新政府を承認するか否かを決定しなければならないが，「承認の回避ないし廃止」はこの決定の必要性を排除することを目的としており，他国による承認の問題がそもそも存在しないという点も指摘されている[21]。

通常の承認は「法律上の（*de jure*）承認」であるが，「事実上の（*de facto*）承認」が行われることがある。「事実上の承認」は，権力の安定性や永続性など，承認の要件につき未確定な点があるときや，先行国との関係を考慮しなければならないときに行われ，また暫定的で後に法律上の承認に切り替えられることが多いとされるが，国家実行としては，ソ連政府が長期にわたり多くの国から事実上の承認を受けた例があるものの，近年は稀であるとされる[22]。例えば，ベネズエラ中央銀行がイングランド銀行（英中銀）に保管している金準備の所有権がマドゥーロ政権にあるのかグアイド暫定政権にあるのかが争われた英国の国内裁判において，英国政府は，「法律上の承認」と「事実上の承認」という用語はもはや広く使われておらず，最近の英国政府の国家実行において

---

(19)　安藤・前掲注(3)269頁。
(20)　小寺他・前掲注(8)143頁は，英国については，外務省レベルでは従来行ってきた明示の承認をやめて黙示の承認に変えたにすぎないと解釈できるが，裁判所では行政府が政府承認を行っていない事例については裁判所独自に判断することになったため，この裁判所の措置まで含めると，単に明示の承認をやめて黙示の承認に切り替えたものではなく，政府承認を廃止したと評価できる旨述べている。
(21)　安藤・前掲注(3)266頁。
(22)　岩沢・前掲注(8)150頁。

は，それらの用語を全く使わずに承認を与えている旨説明している[23]。

政府承認の機能の1つには，承認国の裁判所，政府諸機関及び国民に対して特定の政権が実際に当該国家の政府であることを知らせることが挙げられる[24]。政府承認を廃止すると称する英国政府は，ベネズエラ情勢をめぐる政治的必要性からグアイド暫定政権を承認したが，英国最高裁判所も政府承認については英国政府の立場と同じくするという "one voice principle" を採用して，ベネズエラ中央銀行がイングランド銀行（英中銀）に保管している金準備の所有権は，英国政府が当時承認していたグアイド暫定政権にあるとの判断を下した[25]。逆に，英国政府が原則に従って政府承認を行っていない事例については，英国の裁判所は裁判所独自に判断することとなる。

Ⅲ 日本の国家実行と伝統的な政府承認

1 政府承認の要件と判断基準

日本国政府は，「国際法上，一般に，政府承認とは，ある国家において憲法上の手続に従わない革命等の方法で政府の交代が行われた場合に，新政府を当該国家を正式に代表する政府として認めることをいう。」と説明している[26]。また，日本国政府は，政府承認を行うか否かの判断について，第1に，客観的要件として，新政府が国内で有効な支配を確立しているかに加えて，第2に，新政府が国際法を遵守する意思と能力を有しているかという点も考慮して行うことにしているとする[27]。また，「革命，クーデター等，国の基本的な政体の変更が憲法の枠外で行われるというような場合に政府承認というような明示的な行為を行う」という説明もされており[28]，政府承認を行うか否かの判断をするに当たっては，「国の基本的な政体の変更」があることを前提としてきたことが読み取れる。

---

(23) 英国最高裁判決 "Maduro Board" of the Central Bank of Venezuela（Respondent/Cross-Appellant）v. "Guaidó Board" of the Central Bank of Venezuela（Appellant/Cross Respondent），20 December 2021, p.30, para.86.

(24) M.J.Peterson, "Recognition of Governments Should Not Be Abolished", *American Journal of International Law*, Vol.77, 1983, p.31.

(25) 前掲英国最高裁判決，特に para.110, para.181.

(26) 内閣衆質164第284号（平成18年6月6日）衆議院議員鈴木宗男君提出朝鮮民主主義人民共和国を巡る国家承認，政府承認に関する質問に対する答弁書。

(27) 小松・前掲注(7)84頁。

(28) 例えば，昭和61年3月5日第104回国会衆議院予算委員会における小和田恒条約局長答弁。

国家と海洋の国際法（上巻）第1部 国際法／Ⅱ 国家管轄権と承認

　日本国政府による伝統的な政府承認の実例においては，明示の承認を行った
ことは例外的であり，その多くは黙示の承認である[29]。承認を不要とした事例
や黙示の承認の事例は，その本質上，そもそも表面にあらわれることがないた
め，政府承認に関する日本の国家実行の研究も限られている。数少ない先行研
究のうち，村瀬信也の「日本の国家実行における政府承認の手続および判断基
準」（国際法事例研究会編『日本の国際法事例研究(2)国交再開・政府承認』（慶應通
信・1988 年））は，「外部的・間接的に確認される資料を基礎とした推論の域を
出るものではない」と断りつつ，政府承認に際する日本国政府の判断基準を帰
納的に抽出することを試みている。ここでは，当時の日本の国家実行を分析し
た同論文を振り返ることによって，伝統的な政府承認の1つの様式を概説した
い。

　村瀬は，政府承認についての判断には，第1段階として「承認の要・不要の
判断」（当該事態が客観的にみて政府承認の問題を惹き起こすような事態であるか否
か）という事実判断，第2段階として「承認・不承認の判断」（一定の判断基準
に照らして，承認の是非・方法・時期等を決定する）という政府としての資格要
件を充足しているか否かに関する法的判断の2つの段階があるとする。その上
で，客観情勢からみて政変があったと認定されながらも日本国政府による承認
行為がなかった事例を収集して考察した結果として，第1段階の「承認の要・
不要の判断」の判断基準は，政府の交替における「基本的政体の変更」の有無
であるとした。そして，承認不要との判断に至る基本的政体の継続性の根拠と
なる要素は，概ね，①形式的合法性（形式上，旧憲法手続に従って，政府交替を
合法化する措置をとる場合），②前政府との人的継続性（元首・閣僚等の留任），
③前政府との政策的不変性，④暫定的・選挙管理的性格，⑤新政府自身が承認
を要請しない場合といった幾つかの分類に集約されるとした[30]。

（29）　小松・前掲注(7)84 頁。小松は，日本国政府が明示の政府承認を行った事例として，
　　　1966 年ガーナ共和国政府，1972 年中華人民共和国政府，1975 年民主カンボジア政府，
　　　1963 年ベトナム共和国，2001 年アフガニスタン暫定政府，2004 年イラク暫定政府を挙
　　　げている。なお，それ以降に明示の政府承認を行った事例はない（本稿脱稿時点）。村
　　　瀬信也「日本の国家実行における政府承認の手続および判断基準」（国際法事例研究会
　　　編『日本の国際法事例研究(2)国交再開・政府承認』（慶應通信，1988 年））では，1955
　　　年から 1984 年までの間の日本国政府による明示・黙示の政府承認の件数の推移を調査
　　　しており，それによれば，その期間の明示の政府承認は 17 件（14 カ国），黙示の政府承
　　　認は 62 件（41 カ国）。
（30）　村瀬・前掲注(29)247-249 頁。本稿の筆者は，ここに挙げられた考慮要素が日本国
　　　政府の認識と合致しているか否かの評価には立ち入らない。政府が非合法的に変わった
　　　ときでも，基本的政体の継続性が認められれば，政府承認は不要と判断されることもあ

憲法上の手続に従わない革命やクーデター等が発生して暫くの間は，情勢が流動的となることが一般的であり，「基本的政体の変更」の有無の判断の根拠となる事実関係が一定程度定着するまでは，「基本的政体の変更」の有無を確定的に判断することは現実問題として難しいと考えられる。特に，前政府の政治勢力が引き続き存在し，新政府と対峙しているような状況では，情勢の変化により前政府が復権する可能性も考慮すれば，判断には一定の時間が必要となる。また，仮に，基本的政体の変更は生じておらず，政府承認の問題は浮上しないとの判断に至れば，新政府との間でも，従来から前政府と行っていたのと同様に当該国との外交関係の処理を行っていくこととなる。これは，「政府承認を回避ないし廃止」したと称する国であれば，政府承認の要否の検討は行わずに，新政府との間で外交関係の処理を行うこととなるので，それと同様の状況になるとも言える。

次に，第1段階の「承認の要・不要の判断」を経て，政府承認の問題が浮上していると判断すれば，第2段階の「承認・不承認の判断」の段階に入ることとなる。「承認・不承認の判断」では，その中核的な要件である「新政府が国内で有効な支配を確立しているか否か」という客観的要件を事実に基づき判断することとなる。そのため，この第2段階も，情勢が流動的な状況では，一定の時間をかけて推移を見極めた上で慎重に判断する必要がある。

その上で，新政府が国内で有効な支配を確立しているという客観的要件を充足していると判断できれば，先に述べたとおり，新政府が国際法を遵守する意思と能力を有しているかという点も考慮した上で，「承認・不承認の判断」を行うということになる。政府承認は一方的行為であり，要件を充足したからといって新政府を承認する国際法上の義務を負うわけではない。そのため，「承認・不承認の判断」のタイミングは，諸外国の対応なども踏まえた政策的な要素も考慮される。したがって，国際法上は客観的に政府たる法的要件を満たす主体であったとしても，新政府として承認することが政策上適切でない場合には，新政府を承認しないことはあり得る。

このとき，外交実務において重要な点は，伝統的な政府承認の下であっても，「承認・不承認の判断」を行う以前であれ，新政府との接触を一切控えなければならないわけではないことである。伝統的な慣行では，その国に派遣されている外交官・領事官は引き続きその職に留まるが，新政権との接触は必要最小

る点は，岩沢・前掲注(8)147頁でも指摘されている。

国家と海洋の国際法（上巻）第 1 部 国際法／Ⅱ 国家管轄権と承認

限かつ非公式なものにとどめるよう本国から指示される。具体例としては，やりとりは口頭か担当官名の私信で行い，公式な儀式は回避し，交渉も通常は，外交団・領事団に関わる事項，自国民の生命・財産の保護や緊急事態対応などに限られ[31]，最も公式な形式での合意は交わさないとされてきた。しかし，（米英が政府承認の回避ないし廃止を表明する以前の）1970 年代までの間でも，そうした制約は，多くの分野で必要条件（requirement）というよりはむしろ選択肢（option）となり，広く回避されている二国間の接触の形式は，政治分野での公式な二国間条約の締結のみであるという見解もある[32]。日本国政府の国家実行としても，例えば，1997 年の政府承認以前からコンゴ・ザイール解放民主勢力同盟と非公式に接触して民主化への移行や人権の尊重などを申し入れていた[33]例もあれば，最近でも，駐アフガニスタン日本国特命全権大使がタリバーン幹部と面会し，アフガニスタンに残る邦人や現地職員等の安全確保及び迅速かつ安全な出国の実現を申し入れた例[34]，駐ミャンマー日本国特命全権大使がミャンマー国軍当局の対外関係の責任者に対して暴力の即時停止等を申し入れた例[35]などがあり，実務上の必要性から，現に治安・統治を行っている主体と接触を行うことはある[36]。2022 年の安倍総理の国葬儀に際しては，国葬儀という行事の性質にかんがみ，国と国との外交儀礼上の必要な対応として外

---

(31) 伝統的な政府承認の下では，未承認政府との例外的なやりとりは新政府を承認しないことを明確にするディスクレーマーを付して接触・連絡を行うことが一般的である。また，「政府承認を回避ないし廃止」したと称する国であれば，そもそも政府を承認するという行為を行わないとしているため，論理的にはディスクレーマーを付す必要はないが，現実には，米国のタリバーンの取扱いのように，新政府との関係においてディスクレーマーを付すこともある。US Department of State, "Afghanistan 2022 International Religious Freedom Report", 2022（at, https://www.state.gov/wp-content/uploads/2023/05/441219-AFGHANISTAN-2022-INTERNATIONAL-RELIGIOUS-FREEDOM-REPORT.pdf）

(32) Peterson, *supra note 24*, p.34.

(33) 平成 9 年 6 月 3 日参議院外務委員会における池田行彦外務大臣答弁。

(34) 令和 4 年 5 月 20 日外務省報道発表（at, https://www.mofa.go.jp/mofaj/press/release/press3_000825.html）等。

(35) 当時の外務省の説明は令和 3 年 3 月 10 日吉田朋之外務報道官記者会見記録参照（at, https://www.mofa.go.jp/mofaj/press/kaiken/kaiken1_000093.html）。

(36) 例えば，日本国政府は，在留邦人の安全確保や現地の系企業の利益保護の観点から，ミャンマー側の国家統治評議会の下にある「政体」に対して，真に必要かつ最低限な接触・やりとりを通じて働きかけを行っているが，それが軍政下にある「政体」そのものに対する日本国政府の立場を予断するものではない旨説明している（令和 3 年 3 月 31 日吉田朋之外務報道官記者会見記録, at https://www.mofa.go.jp/mofaj/press/kaiken/kaiken6_000074.html）。

250

交関係を有するすべての国に通報を行い，駐日ミャンマー大使も国葬儀に出席した[37]。

　また，日本国政府は，2009 年に海賊対処のための警戒監視等を任務とする自衛隊機 P3C をアデン湾に派遣した際，当時の国会質疑において，仮に自衛隊機 P3C がソマリア領空を通過する必要がある場合にはソマリア暫定連邦政府（TFG）の同意を得ることとなるが，そのことが直ちに TFG を政府承認することを意味しない旨答弁している[38]。本来であれば，自衛隊機がソマリア領空を通過するのであれば，ソマリアという国家の同意をその国家を代表する政府から得ることが国際法上必要となるが，この答弁からは，日本国政府は，当時の TFG をソマリアという国家を代表する政府として扱うことを回避する必要がある一方，自衛隊機の安全確保のためには，当該領空域を支配している主体である TFG の了解を実際に取り付けておくことが必要であるという点を考慮していたものと推察できる。この際，日本国政府が TFG を政府承認しない理由が，政府たる法的要件を満たしていないからなのか，それとも政府たる法的要件は満たしているけれども新政府として承認できない政策上の理由があるからなのか，そのいずれであるかは上述の答弁だけでは明らかでない[39]が，その説明ぶりからは，日本国政府は，TFG による権力確立の状況にかんがみ，少なくとも領空通過の同意ないし事実上の了解を得るべき主体は TFG であると判断したことが読み取れる。

2　政府承認の方式・国内手続

　先に述べたとおり，日本国政府の伝統的な政府承認の実例では，明示の承認を行ったことは例外的であり，その多くは黙示の承認である。例えば，「承認する」という文言は使わずに，外交ルートを通じて，新政府に対して相手国との関係の発展に協力していきたい旨通報するという方式をとっている[40]が，

---

(37)　日本国政府は，駐日ミャンマー大使の国葬儀出席は，ミャンマー国軍によるクーデターの正統性を認めないという我が国の立場を変えるものではない旨説明している。令和 4 年 10 月 19 日参議院予算委員会における林芳正外務大臣答弁等。

(38)　平成 21 年 6 月 5 日参議院外交防衛委員会における中曽根弘文外務大臣答弁。

(39)　その後の 2012 年（平成 24 年）3 月 27 日参議院政府開発特別委員会において山根外務副大臣は「(TFG も) いまだ国土全体を実効する支配には至っておらず，我が国としては承認をしていない」と答弁しているため，2009 年当時，日本国政府は TFG は政府たる法的要件を満たしていないという立場であった可能性が高い。2012 年 11 月には日本国政府は TFG を政府承認している。

(40)　一例として，コンゴ・ザイール解放民主勢力同盟から成る新政権に対する黙示の承

国家と海洋の国際法（上巻）第1部 国際法／Ⅱ 国家管轄権と承認

そうした通知は黙示の承認である旨を国会でも説明してきている[41]。

　国内手続を見ると，明示の承認の場合は，1960年代前半までは閣議決定の手続を経て行い，政府承認の事実も官報告示していたが，1960年代後半からは，国家承認と区別して，明示の政府承認は閣議了解の手続を経て行うようになった[42]。2000年以降では，2001年のアフガニスタン政府（同年12月20日臨時閣議），2004年イラク共和国政府（同年6月28日持ち回り閣議）のみであり，いずれも国内外で政治的に注目を集めていた事例であった。

　一方，黙示の承認の場合には，所管大臣である外務大臣が閣議で発言・報告を行うことが一般的であり，閣議了解という手続は経ていない[43]。2014年4月1日以降の閣議の議事録は事後に公開されることとなったため，閣議での外務大臣の発言は閣議の議事録により確認できる[44]ほか，それ以前のものでも閣議後に外務大臣が記者会見の場で明らかにしていることが一般的である[45]。黙示の承認は，国家を誰が代表するかは当該国民が決めるべきであるとの不干渉原則の強化という傾向の中で，「判断隠し」[46]の機能を果たしてきたとされるが，「承認する」という文言を使っていない黙示の承認であっても，日本国政府の一般的な慣行ではその趣旨が政府承認であることを対外的に明らかにしてきていることから，明示の承認と実質的な差異は乏しい運用となっていたといえる。

　　認（平成9年6月3日参議院外務委員会における池田行彦外務大臣答弁）。
(41)　平成9年6月3日参議院外務委員会における池田行彦外務大臣答弁。
(42)　小松・前掲注(7)84頁。
(43)　小松（同上）は，この外務大臣による閣議における発言が，黙示の承認について閣議で「実質的に了承を得る」ものである旨解説しているが，手続として閣議決定や閣議了解とは異なる以上，その目的は了承を得るためではなく，情報共有であると解することが適当であろう。
(44)　閣議の議事録が作成・公開されることとなった2014年4月以降の閣議議事録では，2016年3月29日の閣議において，岸田外務大臣が，中央アフリカ共和国において民政復帰プロセスを経てトゥアデラ大統領の下での新政権が成立したことを紹介しつつ，3月30日付口上書をもって，同国を兼轄する在カメルーン日本国大使館から同国外務省に対し，日本と同国との友好関係の継続を通報する旨報告している。
(45)　外務大臣が記者会見において当該国の新政府を承認する趣旨に言及したものには，2005年以降では，2005年7月12日中央アフリカ共和国政府，同年12月6日モーリタニア・イスラム共和国政府，2006年1月27日ギニアビサウ共和国政府，2009年8月11日モーリタニア・イスラム共和国政府，2010年4月23日ホンジュラス共和国政府，同年7月6日キルギス共和国政府，2011年9月9日リビア国民暫定評議会（NTC），2012年10月12日マダガスカル共和国暫定政府，2012年11月16日ソマリア連邦共和国政府がある。これらの外務大臣記者会見記録は外務省ホームページに掲載されている。
(46)　芹田健太郎「承認制度の今日的意義」国際法事例研究会編『日本の国際法事例研究(2)国交再開・政府承認』（慶應通信，1988年）311頁。

Ⅳ 「政府承認の回避ないし廃止」と「伝統的な政府承認」に関する考察

以上を概観してみると、「政府承認を回避ないし廃止」したと称する国の国家実行でも例外的に明示的に政府承認を宣言する場合があり、その逆に、伝統的な政府承認の下でも、政府承認を判断していない段階であっても、政府承認を廃止して外交関係の処理だけをするとする国々が行うような公務性のあるやりとりを一定程度行うことがある。こうした交錯する事象をどのように整理して理解すればよいだろうか。

まず、「承認」の意味について考察してみたい。ボン大学教授のタルモンは、各国の国家実行を分析すると、「承認」という用語がその事例の事実関係や法的な状況に応じて多様に異なる意味を含意しているとした上で、「承認／不承認」には、①新政府と公式な関係を構築する又は維持するという意思があること／意思がないことを示す意味である場合と、②新政府の法的地位についての自国の見解を表明する意味である場合があるとする。そして、これら2つの「承認」の意味は、政府承認の際に同時に含意されることが一般的であるが、新政府と公式な関係に入るという意思の表明は、当該新政府の法的地位以外の尺度に依拠することもあるため、2つの「承認」の意味は必ず同時に含意されるわけではなく、例えば、「政府として承認しない」という不承認は、承認していない新政府が国際法上の意味での政府ではないことを必ずしも意味せず、単に公式な関係に入る意思がないことを意味する場合もあるとする[47]。また、新政府の法的地位は、法的要件を満たす政府として「存在する」か「存在しない」かの二択しかなく、その中間的なものはないが、公式な関係には濃淡の格付け（grade）があるためこの厳格な二分法は当てはまらないとする[48]。

このタルモンの視座を踏まえて、筆者の考察を加えてみたい。まずそもそも、英米など多くの国々が政府承認を回避ないし廃止すると称する政策をとるに至ったのは、まさに伝統的な政府承認の下での「承認」の意味の多義性から生ずる誤解を避けるためであった。

すなわち、最も伝統的な政府承認の下では、「承認」は一義的には新政府の政府たる法的地位を認めるという合法性（legality）の承認にあり、「合法な政府であるので同時に公式な関係にも入る」という意味の政府承認を明示ないし黙示で行った上で、クーデター等で成立して正統性（legitimacy）が疑問視さ

---

(47) Talmon, *supra* note 13, pp.23-33.
(48) Talmon, *supra* note 13, p.29.

れる新政府との間で公式な関係をどの程度深めるかは，そもそも政府承認とは関係のない政策の問題であるという構成であった。それが，公式な関係をどの程度深めるかは政策の問題であり濃淡があるという点が世論には理解されにくく，政府承認を行うことが直ちに友好的な通常の公式な関係に入っていくかのような意味に誤解されがちであったため，政府承認を回避ないし廃止することとしたのである。その後，「政府承認を回避ないし廃止」したと称する国々でも，例外的に新政府の承認又は不承認を宣言する事例が増えているが，最近の事例は民主的正統性が問題となったベネズエラ，ミャンマー，アフガニスタン等の事例であり，そのときの「承認／不承認」の意味は，タルモンの言う２つの意味のうち，最も伝統的な政府承認の下で含意されていた新政府の法的地位を認めるか否かという②の意味よりも，公式な関係に入るか否かという①の意味の方に重きを置いた政策的宣言のように見える。

　最近の事例を更に詳しく見ていくと，(1)前政権が事実上消滅する「前政権消滅型」(例：タリバーンによるクーデターによってガーニ政権が崩壊したアフガニスタン)，(2)前政権が一時的に国外に避難し復権のための活動を継続する「国内・国外併存型」(ミャンマーはこれに近い)，(3)対峙する２つの主体が国内に併存する「国内併存型」(例：マドゥーロ政権とグアイド暫定政権が対峙したベネズエラ)と三者三様である。

　「前政権消滅型」の場合には，前政権は事実上消滅しているため，国内で政府たり得る唯一の主体はクーデターにより実権を掌握した勢力となる。諸外国が当該勢力とは公式な関係に入らないという①の意味での不承認を宣言したとしても，当該勢力が政府たる法的要件を満たすか否かは，国内で権力を確立しているか否かの客観的事実に基づいて決まる。逆に言えば，不承認の宣言は，「仮に当該勢力が国内で権力を確立して政府たる法的地位を有した（有している）としても，民主的正統性に疑義がある当該勢力とは公式な関係には入る意思はない」という①の意味での政策的な立場表明と同義である。

　一方，「国内・国外併存型」の場合には，クーデターにより国内で実権を掌握した新政権のほかに，前政権も脱出した国外で存在しているため，「前政権消滅型」とは異なり，前政権を当該国の政府として選択する余地がある。国外に脱出した前政権は国内で権力を行使できていないため，国際法上の政府たる法的地位を有しているかが問題となり得るが，先述した1990年代のハイチやシエラレオネの事例のように，国外に脱出している前政府を，その民主的正統性ゆえに国際社会が国連安保理決議を通じて正統政府として扱い続けた国家実

行があることから，そうした政府を承認し続けることは国際法上禁じられていないと考えられる。ただし，ハイチのアリスティド大統領は国外脱出から約3年，シエラレオネのカバ大統領も約1年と比較的短期間で復権している。国外脱出した前政権が国内を実効的に支配できていない期間があまりに長期化して，その間に，クーデターで実権を掌握していた勢力が国内の権力を確立しつつある状況になればなるほど，当該勢力の不承認を宣言していても「前政権消滅型」とほぼ同じ状況に近づく。その状況では，前政権の承認を継続しているという行為は，国際法上禁じられていないとしても，もはや前政府の政府たる法的地位を認めるという②の意味ではなく，①の意味での政策的な支持表明という意味でしかないと解するべきであろう。

なお，「前政権消滅型」であれ「国内・国外併存型」であれ，このときの国内の当該勢力に対する不承認の宣言の意味は，当該勢力とは公式な関係に入らないという①の意味に重きが置かれるため，当該勢力は国際法上の政府たる法的要件も満たしていないという②の含意があるかどうかは直ちには判然としない。しかし，民主的正統性に疑義があるために政府としては未承認とされている当該勢力であっても，客観的事実として国内で権力を確立して政府たる法的地位は有しているのであれば，外国が当該勢力を承認するか否かは政策問題であり，法的には当該勢力は少なくとも慣習国際法上の権利義務の主体となり得る地位にある。そのため，外交実務の処理においては，国際法・国内法上一般の私人と全く同様に扱ってよいのかという論点が生じる可能性はある[49]。逆に言えば，当該勢力は当該国を代表する政府であると自認している以上，当該国が国家として負っている国際法上の義務を遵守しなければならない立場にあることから，当該勢力と公式な関係に入らないという①の意味での不承認を宣言している国であっても，当該勢力に対しては，慣習国際法化している外交関係や人道法等に関する国際法上の義務の遵守を求めることはできると考えるべきであろう。

より複雑であるのは「国内併存型」の場合である。これは他の2つと異なり，一国内に2つの主体が正統政府の地位をめぐって対峙・併存している状況であり，国を代表する政府は1つしかないため，諸外国はいずれかを選択しなければならない。政府たる法的地位の基準は当該国における権力の確立であるが，論理的には一方が権力を確立していれば，もう一方は権力を確立していないと

---

(49) 国際法上は免除等の扱いが論点となり得るほか，国内法上は当該国の大使館との契約関係や財産の所有権を継承するのか等が論点となり得る。

いう二者択一の関係にある。両者の力が拮抗していればその客観的判断は一層難しくなる。また，民主的正統性という政策判断から新政府を承認したいが，国内で権力を確立しているのは民主的正統性を欠く現政府の方である場合には，より複雑になる。しかし，「政府承認を回避ないし廃止」したと称する国は本来，そうした政策をとる以上，新政府が法的要件を満たす政府であるかという合法性を厳密に検討する必要すらない。例えば，ベネズエラ国内で当時グアイド暫定政権がどこまで権力を確立していたのかの評価は分かれるであろうが，その点も厳密に検討する必要はないのである。そう考えると，「政府承認を回避ないし廃止」した国々が例外的に新政府の承認又は不承認を宣言するときには，むしろ政府たる法的要件については，国内での実効的な支配が不足していても，民主的正統性によって補完され得るものとして事実上扱うようになっている傾向も見られる[50]。この場合，従来の事実主義に基づく「尚早の承認」の概念は修正を余儀なくされ，従来よりも緩和された基準に基づく事実主義の下，民主的正統性といった政策的な観点から一方を選び，それと公式な関係をもつという①の意味の承認を宣言し，もう一方には不承認を宣言することも，当該国の裁量として国際法上許容されるようになっていることが示唆されているのかもしれない。

　こうして見ていくと，伝統的な政府承認から政府承認の回避ないし廃止への大きな潮流とその中での政府承認への例外的な回帰という国家実行の積み重ねを経て，政府承認の「承認」の意味は変遷しており，近年では，新政府が政府たる法的地位を有していることを認める意味は含意されていないか，あるいは含意されていたとしてもそれは結果的にそうであるに過ぎず，主たる意味としては，新政府の民主的正統性の問題を政策的な観点から考慮した上で新政府と公式な関係を持つか否かの意思を示すという意味での「承認」が許容されつつあるように見える。

（50）　Erika de Wet はアフリカでの国家実行を分析し，民主的正統性は政府承認の要件として慣習国際法化しているとは言えないとした上で，特に現職の大統領が選挙結果を拒否する等の場合に，民主的正統性は，新政府の承認又は国外追放された現政府の承認を継続する際に考慮されており，実効的な支配の欠如を効果的に補完する要素となっているとする。Erika de Wet, "The role of democratic legitimacy in the recognition of governments in Africa since the end of the Cold War", *International Journal of Constitutional Law*, Volume 17, Issue 2, April 2019, p.478.

Ｖ おわりに

　伝統的な政府承認は，創設的効果説と宣言的効果説の対立論争を経ながら宣言的効果説に収斂する方向に変容してきたが，「政府承認の回避ないし廃止」という既存の枠組み自体から離脱する国家実行の蓄積によって，消滅に向かういわば「絶滅危惧種」のような存在である。ところが，政府承認を回避ないし廃止したと称する国々の国家実行でも，時に政府の承認又は不承認を宣言するという「回帰」現象が蓄積されてきた。その「回帰」の過程では，元々の問題であった「承認」という言葉の意味の多義性を排することが意識され，その帰結として，伝統的な政府承認に回帰しようとするのではなく，新政府が政府たる法的地位を有していること（合法性）を認める意味は薄まり，新政府の正統性の問題を政策的に勘案した上で新政府と公式な関係を持つか否かの意思を示すという意味の「承認」に新たに変容しながら許容されつつある。その一因には，政府たる法的地位を有しているか否かは，外国による承認ではなく客観的な事実で決まるという事実主義が定着してきていることも挙げられよう[51]。

　政府承認という制度はこのような国家実行を積み重ねながら変容しているが，その歩みは，ボール球が振れ幅広く左右の壁にぶつかりながらも徐々に収斂していくような過程にあるのかもしれない。それは，伝統的な政府承認の維持か，それとも回避・廃止かという二者択一で力比べをしているわけではない。そうであれば，政府承認制度を維持しているか否かという問題設定は，既に現状に即していないのかも知れない。冒頭に紹介した「公式な政府承認はもはや広汎な実行ではない」という認識は，それを裏付けているとも言えよう。

　こうした潮流において，今後の政府承認の展開は，①新政府が政府たる法的

---

(51)　2022 年 2 月に国際司法裁判所（ICJ）は，ミャンマーのクーデター以降中断されていたジェノサイド条約違反をめぐるガンビア対ミャンマー事案の審理を再開した。ドノヒュー ICJ 所長は再開初日となる先決的抗弁に関する口頭弁論の冒頭で「係争事案の当事者は国家であり，特定の政府ではない」と述べ，先決的抗弁を撤回するとした国民統一政府の声明には触れずに，軍事政権の訴訟団をミャンマーの代表として口頭弁論を進めた（*Application of the Convention on the Prevention and Punishment of the Crime of Genocide (The Gambia v. Myanmar), Verbatim Record, Public sitting, International Court of Justice, 21 February 2022, p.11*）。これが ICJ が軍事政権がミャンマーの代表であると判断したことを示唆するか否かは議論があり得るが，ICJ の訴訟の範囲においてミャンマーという国家を代表するのは誰かという事実主義に基づく判断であると解釈できることも，上述の流れと軌を一にする。ICJ におけるミャンマー代表団の取扱いに関する論考として，瀬岡直「政府承認の近年の動向──ミャンマー軍事政権とタリバン暫定政権をめぐって」（国際法学会エキスパート・コメント No.2022-5, 2022 年）を参照。

国家と海洋の国際法（上巻）第1部 国際法／Ⅱ 国家管轄権と承認

地位を有しているかは，外国による承認によってではなく，客観的な事実によって決まるので，その法的地位を確認するための承認行為はもはや行われない，②政府の承認又は不承認は，民主的正統性の観点から政策的に必要な場合に，新政府と通常の公式な関係に入ること又は入らないことを対外的に宣言するために行われることがある，③そうした承認が宣言されていない又は不承認が宣言されている状況においても，新政府が国内で権力を確立して政府たる法的地位を具備している場合には，実務上必要最小限の範囲で一定程度の公的なやりとりを行うことはある，といった方向性に集約されつつあるのではないかと筆者は考えるが，今後の更なる国家実行の蓄積と学説の展開を注視していくこととしたい。

政府承認については，かねてから，承認を内政干渉を招くものとして非難する国があれば，承認を自己の国際的地位を安定せしめる法的要素として要請する国もあり，承認が承認国の政策道具であれば，被承認国の政策道具でもあるとの指摘がある[52]。こうした政策道具として政府承認が利用される傾向は，国際社会が分断と対立を深める現代において益々強くなる予感さえある。政府承認が新たな現代的な様式に変容しながら収斂しつつあるとすれば，実務家は外交上自国だけが不利な状況に置かれないように，国際法の漸進的な発展に併せて自国の立場や政策を調整していく姿勢を忘れてはならないであろう。

追記：筆者は，柳井俊二判事が座長を務められた第一次及び第二次安倍晋三内閣の下での「安全保障の法的基盤の再構築に関する懇談会」を通じて，幸いにも同判事と一緒に仕事をさせていただく機会を得ることができた。その折りには，日本をあるべき姿に導く固い信念と果断な実行力，そして包容力のあるお人柄を兼ね備えた柳井判事から，実務家として大切な心構えを多く学ばせていただいた。尊敬する大先輩にこの場を借りて深く感謝申し上げたい。

---

(52)　王・前掲注(8)195頁

12 不承認主義に基づく認定の法的効果に関する一考察
── 不承認義務と国際法上の協力義務の関係を踏まえて

雨 野 　 統

Ⅰ　問題の所在　　　　　　　　　Ⅲ　国際判例における不承認義務
Ⅱ　不承認主義の国際法上の位置　　　の位置づけ
　づけ　　　　　　　　　　　　　Ⅳ　結　　　語

Ⅰ　問題の所在

　不承認原則は，不戦条約の違反の結果，生じたいかなる事態も承認しないというスチムソン・ドクトリン（不承認政策）を起源とし，国連の誕生とともに政策から法的原則に変化したとされる。不承認政策は，一定の条件の下で作り出された事態に関する行為の合法性に強い懸念がある場合に，当該事態を承認すべきではないとする考えであるが，1945 年以降の国際法の構造変化とともに法的原則として発展していった[1]。伝統的国際法では，承認決定を支配する必要不可欠の条件として実効支配の原則が適用されてきたが，新たに成立した事態に関する行為が国際法の基本原則に反する形で成立した場合には，仮に実効支配の原則を充足していたとしても，かような事態や事態に関する行為を承認すべきではないとする不承認主義（不承認政策）が，20 世紀前半に提唱されることとなった[2]。スチムソン・ドクトリンは，国際紛争解決のための戦争を否定し，国家の政策手段としての戦争放棄を一般的に規定する不戦条約と関連付けられているが，当時は確立した一般国際法の原則とはなっていなかった[3]。

---

(1)　浅田正彦（編著）『国際法〔第 5 版〕』（東信堂，2022 年）105-106 頁。
(2)　国際法学会（編）『国際関係法辞典〔第 2 版〕』（三省堂，2005 年）750 頁。山本草二『国際法〔新版〕』（有斐閣，1994 年）179 頁。なお，山本は，non-recognition につき「非承認主義」という表現を用いている。
(3)　国際法学会（編）・前掲注(2)750 頁。なお，当時，不承認主義を条約規定として採用したものとして「国の権利及び義務に関する条約（モンテビデオ条約）」がある。同条約では，不承認主義につき「締約国は，……（中略：筆者による）力によってもたらされた領域の取得又は特別の利益を承認しないという厳格な義務を，行為規則として明確

国家と海洋の国際法（上巻）第1部 国際法／Ⅱ 国家管轄権と承認

上述のとおり，不承認主義が政策的な主張から一般国際法上の原則，国際法上
の義務へと進化を遂げるのは第2次世界大戦後のことであり，このような進化
の背景には不承認主義の根拠として援用される国際法上の原則の発展がある。

　本稿では，このような進化を遂げてきた不承認主義の国際法上の位置づけに
ついて，国際立法上の発展を踏まえながら，主に，国際司法裁判所の勧告的意
見を考察することで検討することを主眼とする。とりわけ，一定の条件の下で
創出された状況に関する行為の合法性に強い懸念がある場合，国際司法裁判所
がどのような根拠に基づき，そのような状況を否定し，一定の状況の否定の法
的効果として，諸国にどのような義務が課されたのかにつき考察する。

　昨今の「国際の平和と安全の維持」や「人権の保護及び促進」に関する国際
情勢を踏まえると，改めて不承認主義の対象となる状況や不承認主義に基づく
認定の法的根拠及び認定の法的効果について再考する意義はあろう。

Ⅱ　不承認主義の国際法上の位置づけ

1　国際法の構造転換と不承認主義

　上述のとおり，伝統的国際法では不承認主義は一般国際法上の原則としては
位置づけられておらず政策的な主張と位置づけられていたが，1945年以降の
国際法の発展（現代国際法の発展）とともに，法的原則として進化していっ
た[4]。つまり，国際法の構造転換とともに不承認主義は一般国際法上の原則へ
と進化していくこととなる。本節では，次節以降の議論の前提として，不承認
主義の根拠および対象について国際法の構造転換との関係を踏まえながら簡潔
に論じたい。

　不承認主義は，一定の条件の下で作り出された事態が実効支配の原則を満た
す場合であっても，創出された事態・行為の合法性に強い懸念がある場合に，
当該事態・行為を承認すべきではないとする考えであるため，国際法上，どの
ような行為が合法性に強い懸念のある事態・行為となり，何を根拠として当該
事態・行為を承認してはならない（承認しない）のかが問題となる。

　不承認主義の起源がスチムソン・ドクトリンであることを踏まえると，不承

に確立する。国の領域は，不可侵であり，直接又は間接に若しくはいかなる動機による
ものであっても，一時的にさえ他の国の軍事占領又はその他の力による制裁の対象とさ
れることはない。」と規定している（11条）。また，「不侵略及び調停に関する条約（ラ
テン・アメリカ不戦条約）」2条でも，暴力による領土取得の不承認（領土的取極および
領土の占有又は獲得の効力の不承認）が規定されている。
(4)　国際法学会(編)・前掲注(2)750頁。

260

認主義の根拠には国際法の構造転換が大きく関わっている。伝統的国際法から現代国際法への構造転換の特徴として，「第一次世界大戦後に進展した戦争の違法化」，「第二次世界大戦後の脱植民地化と民族自決権の確立」，「国際人権法の発展（人権の保護・促進）」，「国際刑事法と国際的な刑事裁判所の発展（国際犯罪に関する個人の刑事責任の追及）」を挙げることができよう。

　また，国際社会の一般利益概念の発達の結果，国際法が階層化し，それに伴って国際法の性質が変化したこと（強行規範概念や対世的義務の定着）も現代国際法の特徴として挙げることができよう[5]。

　このような国際法の構造転換から不承認主義の根拠として，「武力行使禁止原則違反（戦争の違法化)」，「民族自決原則違反（民族自決権の確立)」，「大規模かつ重大な人権侵害（国際人権法及び国際人道法の発展)」，「侵略犯罪やジェノサイドのような国際犯罪（国際刑事法の発展)」を挙げることができよう。これらは，一般国際法上の普遍的義務とされる[6]。また，国際社会の構造変化（主権国家体制を基盤とする分権的な社会から主権国家体制と国際共同体の併存体制への発展）と国際社会の利益概念の変化（二国間関係を基盤とする利益のみならず国際社会の共通利益または国際社会の一般利益の実現も重視する傾向）に伴って，一般国際法上の規範・義務として確立した強行規範や対世的義務の違反も不承認主義の根拠に関連付けることができよう。

　次に，国際法上，どのような行為が合法性に強い懸念のある事態・行為となるのか（不承認主義の対象）について簡潔に言及しておく。スチムソン・ドクトリンが満州国の樹立に対して発せられた経緯を踏まえると，不承認主義の対象として，まず国家承認を挙げることができる。また，第2次世界大戦後の国連の実行（南ローデシアの白人少数政権の不承認，トランスカイの不承認，北部キプロス・トルコ共和国の不承認等）を踏まえると，政府承認も不承認主義と関連付けることができる。さらに，「不承認主義はその後，国家承認や政府承認の枠を超え，国際法に違反する領土取得や併合を承認してはならないという形に発展した[7]」。つまり，「戦争や武力行使が違法とされた現在では，征服はもはや国際法上有効な領域権原とは認められず」，「他国は征服による領域取得の合法性を承認しない義務を負う[8]」こととなる。

---

(5)　岩沢雄司『国際法〔初版〕』（東京大学出版会，2020 年）12 頁。
(6)　山本・前掲注(2)179 頁。
(7)　岩沢・前掲注(5)145 頁。
(8)　同上 228 頁。

国家と海洋の国際法（上巻）第 1 部 国際法／Ⅱ 国家管轄権と承認

　ここまで，国際法の構造転換との関係を踏まえながら，不承認主義の根拠および対象について簡潔に論じてきたが，不承認主義は「違法から権利は生じない（*ex injuria jus non oritur*）原則という法諺が根拠とされ，不承認主義との関係において同原則が現代国際法でも認められると評される[9]。

2　国際立法における不承認主義の位置づけ

　本節では，不承認主義が国際立法過程でどのように位置づけられてきたのかについて概観する。上述のとおり，戦前に「国の権利及び義務に関する条約（モンテビデオ条約）」に不承認主義が規定されたが，戦後，不承認主義は様々な国際文書で規定されることとなる。

　例えば，国連総会で採択された「国際連合憲章に従った諸国間の友好関係と協力に関する国際法の諸原則についての宣言（以下，友好関係原則宣言[10]）」では，武力行使禁止原則（国連憲章 2 条 4 項）と征服との関係を踏まえて，以下のように規定された。

> 「国の領土は，憲章の諸条項に反する武力の行使の結果生じる軍事占領の対象とされてはならない。国の領土は，武力による威嚇又は武力の行使の結果生じる他の国による取得の対象とされてはならない。武力による威嚇又は武力の行使の結果としてのいかなる領土取得も，合法的なものとして承認されてはならない。」（友好関係原則宣言Ⅰ原則第 1・10 項）

　また，国連総会決議の 1 つである「侵略の定義に関する決議[11]」でも「侵略の結果もたらされるいかなる領域の取得又は特殊権益も合法的なものではなく，また合法的なものとして承認されてはならない。」と規定された。

　次に，地域的なレベルで，不承認主義がどのように規定されているかについてみる。例えば，「ヨーロッパの安全保障及び協力に関する会議（CSCE）最終議定書（ヘルシンキ宣言）」では「参加国は，相互の領土を国際法に違反する軍事占領又は他の直接若しくは間接の武力措置の対象とし，又はこのような措置若しくは威嚇によって占領又は領有の対象とすることを慎む。このような占領又は領有は，合法的なものと認められない。」と規定される（Ⅳ　国の領土保全）。また，米州機構憲章（OAS 憲章）でも「米州諸国は，侵略戦争を否認する。勝利は，権利を与えるものではない」（3 条 g）ということを機構の原則の一つ

---

(9)　同上 144 頁。国際法学会（編）・前掲注(2)750 頁。

(10)　UN. Doc. A/RES/2625 (XXV) (24 October 1970).

(11)　UN. Doc. A/RES/3314 (XXIX) (14 December 1974).

として掲げ，「国家の領土は，いかなる理由によっても，直接又は間接に，一時的であっても，他の国家の軍事占領又はその他の武力措置の対象としてはならない。武力またはその他の強制手段のいずれかによって得られたいかなる領土取得又は特殊利益も，承認してはならない。」(21条)と規定する。

ここまで，国連レベルおよび地域レベルでの国際立法における不承認主義の位置づけについて概観したが，第2次世界大戦後，重大な国際法違反の結果生じた事態・行為を合法的なものとして承認しないということが多くの諸国の間で共有されてきたと言えよう。とりわけ，武力行使禁止原則に反する侵略行為により他国の領土保全を侵害する行為の結果生じる他国領土の取得が幅広く不承認主義の対象と位置づけられてきた。各国は主権平等原則に基づき，互いに他国の領土保全を尊重し介入・妨害を差し控える義務を負っているが，征服や武力による併合又は武力行使に基づく軍事占領や領域の変更は相手国の領土保全を害し，違法かつ無効として禁止される[12]。そして，現代国際法では武力行使禁止原則に反する方法を用いて行われた領域の取得については一般的に不承認主義が適用され，かような不承認主義は法的確信を伴う慣習国際法と解されている[13]。武力行使禁止原則や民族自決原則など一般国際法上の普遍的義務に反する形で成立した事態・行為は，国際違法行為となり，国際法上の効果も否定される（当該事態・行為は無効とされ，他国との関係では対抗力が否認される）。また，他の諸国は，重大な国際法違反の結果生じた事態・行為を承認しないという一般国際法上の義務を負うこととなる。

ここまで，国際社会の一般利益の1つである「国際の平和及び安全の維持」に関する国際文書を踏まえて，国際立法における不承認主義の位置づけについて議論を展開させてきたが，最後に，国家責任法と不承認主義の関係について概観する。

国家責任条文40条1項では「この章は，一般国際法の強行規範に基づく義務の国による重大な違反によってもたらされる国際責任に適用される」と規定される。さらに，国家責任条文41条では「国は，前条に定める重大な違反を終了させるために適法な手段を通じて協力する」ことや「いかなる国も，前条に定める重大な違反が生じさせた状態を適法なものとして承認してはならず，

---

(12)　山本・前掲注(2)212-213頁。

(13)　同上180頁。なお，山本は，不承認主義の国際法上の効果につき，国家承認を例に「新国家が国際法に違反する方法または措置を経て成立した場合には，その国際的な対抗力の発生を禁止すべきであり，他国は，一般国際法上の義務として，これに国家承認を与えてはならない」と論じる（同上179頁）。

並びに，その状態の維持を支援し又は援助してはならない」ことが規定される。このように40条で，まず，強行規範に基づく義務の重大な違反との関係について規定したうえで，41条では40条に規定される義務の重大な違反の結果として「重大な違反を終了させる協力義務」，「重大な違反によって生じた状況を合法な状況として承認しない義務」，「重大な違反の状況を維持することを支援・援助しない義務」について規定される。強行規範の具体的な内容については，諸国間の見解は一致していないが，国連国際法委員会（以下，ILC）は，侵略行為の禁止，集団殺害（ジェノサイド）の禁止，人道に対する罪の禁止，国際人道法の基本原則，人種差別及びアパルトヘイトの禁止，民族自決権，奴隷取引の禁止，拷問の禁止を強行規範の具体的な内容として挙げている（結論23）[14]。ILCが列挙した強行規範の例と上述した不承認主義の根拠は重なるものが多く，強行規範の違反を不承認主義の根拠として関連付けることができよう。その結果，41条に基づく法的効果が生じることとなる。

41条に規定される不承認義務は「40条の意味における重大な違反から直接生じた状況の合法性を国際共同体全体として承認しない集団的な不承認とされる[15]」。また，41条で言及される不承認義務は，重大な違反から生じた状況の公式な承認の禁止だけではなく，そのような状況を承認することを示唆する行為の禁止も含むとされる[16]。

このように戦前の国家実行や戦後の国際立法／国連の実行に基づき，一般国際法の原則・義務として発展を遂げてきた不承認主義は，現在では，一般国際法上の強行規範との関連で制裁・遵守メカニズムとしての不承認義務としても位置づけられている[17]。

Ⅲ　国際判例における不承認義務の位置づけ

前章において，戦前に政策的な主張として提唱された不承認主義が一般国際法上の義務として位置づけられていく過程について概観したが，本章では，不承認義務について国際司法裁判所（以下，ICJ）が具体的にどのような判断を示

---

(14)　*Draft conclusions on identification and legal consequences of peremptory norms of general international law (jus cogens) (2022)*, p. 6.

(15)　James Crawford, *The International Law Commission's Articles on State Responsibility Introduction, Text and Commentaries* (Cambridge University Press, 2002), pp. 249-252.

(16)　*Ibid.*

(17)　浅田(編著)・前掲注(1)107頁。

したのかにつき考察する。本章では，国家責任条文 41 条で規定された「重大
な違反によって生じた状況を合法な状況として承認しない義務（以下，不承認
義務）」，「重大な違反を終了させる協力義務（以下，協力義務）」，「重大な違反
の状況を維持することを支援・援助しない義務（以下，不援助義務）」という 3
つの義務の類型を手掛かりにして，不承認主義に関する ICJ の判断につき考察
することとする。本章では，国際法の重大な違反によって生じた一定の状況
（外国による違法な占拠，外国による継続的な施政）の法的効果（法的結果）に関
する勧告的意見を中心に考察する。

1　不承認義務に関する事例

(1)　ナミビア事件 ICJ 勧告的意見[18]（1971 年）

　安保理決議 276 に反する南アフリカのナミビア残留が諸国にどのような法的
効果を及ぼすかが ICJ に諮問された。

　ICJ は，国連の職務中に被った損害の賠償事件勧告的意見[19]を引用しながら，
国連憲章は国連と加盟国との関係において加盟国が国連の全ての活動に援助を
与えることや安保理の決定を受諾し履行することを要請していると述べたうえ
で[20]，諮問事項につき検討している。検討の前提として，ICJ は，安保理の決
定につき，権限のある国連機関が特定の状況について違法であるという拘束力
のある決定を行った場合，この決定が何らかの効果をもたらさないということ
はありえないと論じる[21]。

　南アフリカに対する法的効果につき，ICJ は次のように判断した。まず，現
在の違法な状況を維持し，権原なきままナミビアを占拠することによって，南
アフリカは継続的に国際法上の義務に違反することとなり，国際責任を課され
ることになると判断した。そのうえで，違法であると有効に宣言されたと裁判
所が認定した状況を創出し，かような状況を維持していることに責任を有する
南アフリカは，速やかにナミビアの施政権を放棄し，同地域の占拠を終了させ

---

(18)　安全保障理事会決議 276 にもかかわらず南アフリカが継続してナミビアに留まるこ
　　との諸国にとっての法的効果事件。

(19)　*Reparation for Injuries Suffered in the Service of the United Nations, Advisory*
　　Opinion, I.C.J. Reports 1949, p. 178.

(20)　*Legal Consequences for States of the Continued Presence of South Africa in*
　　Namibia (South West Africa) notwithstanding Security Council Resolution 276(1970),
　　Advisory Opinion, I.C.J. Reports 1971, p. 54, para. 117.

(21)　*Ibid.*

国家と海洋の国際法（上巻）第1部 国際法／Ⅱ 国家管轄権と承認

る義務を負うと判断した。また，南アフリカはナミビアに対する施政権を有していないため，施政権行使につき他の諸国に対する国際法上の義務・責任を負っているとも判断した[22]。

次に，国連加盟国に対する法的結果につき，ICJ は，上述の国連の職務中に被った損害の賠償事件勧告的意見の内容を踏まえて，国連加盟国との関係で，かような状況を終了させる義務があると本裁判所が宣言しなければ，本裁判所は司法任務を遂行したことにはならないと述べたうえで[23]，国連加盟国に対しては，安保理決議 276 が法的拘束力を有するため南アフリカがナミビアに継続して残留することの違法性とナミビアに関して行われた行為の無効を認める義務（不承認義務）があると判断した[24]。

最後に，国連非加盟国に対する法的効果につき，ICJ は，委任状の終了及び南アフリカがナミビアに残留していることの違法性の宣言は，国際法に違反して維持されている状況の合法性を対世的に阻止する（対世的に違法とする）という意味において，全ての国家について対抗力（opposable）を有し，非加盟国は委任状の終了やナミビア残留の違法性に関する決定に従って行動すべきという意見を示した[25]。

(2) パレスチナ占領地域における壁構築の法的効果事件 ICJ 勧告的意見
　　（2004 年）

占領国であるイスラエルが，パレスチナ占領地域において行いつつある壁構築は，国際法の諸規則及び諸原則，とくに 1949 年のジュネーヴ第 4 条約や本問題に関して採択された安全保障理事会決議及び国連総会決議に照らして，いかなる法的結果をもたらすかが ICJ に問われたパレスチナ占領地域における壁構築の法的効果事件（以下，パレスチナ分離壁事件）につき考察する。ICJ は，パレスチナ占領地域における壁構築及びそれに関連する制度はイスラエルの国際法上の諸義務に違反すると結論づけたうえで，イスラエルによる国際法違反の法的効果につき，イスラエルに対する法的効果と他の諸国（国連を含む）に分類して検討を行った[26]。

まず，イスラエルに対する法的効果につき，壁構築によって違反している国

---

(22) *Ibid.*, p. 54, para. 118.

(23) *Ibid.*, p. 54, para. 116.

(24) *Ibid.*, p. 54, para. 119.

(25) *Ibid.*, p. 56, para. 126.

(26) *Legal Consequences of the Construction of a Wall in the Occupied Palestinian Territory, Advisory Opinion, I.C.J. Reports 2004*, p. 197, paras. 147-148.

際法上の義務の履行を前提に，パレスチナ人民の自決権を尊重する義務や国際人道法及び国際人権法に基づく義務を尊重する義務の遵守，壁構築から生じる義務違反を終了させる義務を挙げたうえで，イスラエルは直ちに占領地域における壁構築を終了させる義務を負うとされた[27]。また，壁の構築及び壁構築に伴う制度の整備のために制定された全ての法律・規制行為を直ちに廃止又は失効させなければならないともされた[28]。さらに，壁構築から生じた全ての損害を賠償する義務（壁構築のために差し押さえられた不動産の返還，原状回復が不可能な場合の金銭賠償，壁構築により損害を被った自然人及び法人に対する損害賠償）が課された[29]。

　次に，他の諸国に対する法的効果（法的結果）についてみる。ICJ は，イスラエルによって違反された義務はある種の対世的義務であり，バルセロナ・トラクション事件判決傍論を引用しながら「対世的義務はその性格上，全ての国家に関係するもので，関連する権利の重要性に鑑みて，全ての国家は権利の保護につき法的利益を有する[30]」と述べた。そのうえで，イスラエルによる対世的義務違反として，パレスチナ人民の自決権を尊重する義務，ジュネーブ条約に規定される国際人道法に基づく義務の違反が示された[31]。そして，問題となる権利及び義務の性格と重要性に鑑みて，全ての国家は壁構築によってもたらされた違法な状態を承認しない義務（壁構築に起因する違法な状況を承認しない義務）を負うという見解が示された[32]。

(3) チャゴス諸島のモーリシャスからの分離の法的結果に関する事件 ICJ 勧告的意見（2019 年）

チャゴス諸島のモーリシャスからの分離の法的結果に関する事件（以下，

---

(27)　*Ibid.*, p. 197, paras. 149-151.

(28)　*Ibid.*, p. 197, para. 151.

(29)　*Ibid.*, p. 198, paras. 152-153.

(30)　*Barcelona Traction, Light and Power Company, Limited, Second Phase, Judgment, I.C.J. Reports, 1970*, p. 32, para. 33.

(31)　パレスチナ人民の自決権を尊重する義務及び国際人道法に基づく義務の一部が対世的義務であると位置づけられ，民族自決権は「対世的権利」である（東ティモール事件，*I. C. J. Reports 1995*, p. 102, para. 29）とも位置づけられた。また，国際人道法については「人道法規則の相当数は，……『人道の基本的考慮』の故に極めて重要であり」「慣習国際法の逸脱できない原則を構成する」（核兵器使用の合法性事件，*I. C. J. Reports 1996(I)*, p. 257, para. 79）と位置づけられた。そして，本件で問題となる規則は，性質上，対世的性質を持つ義務を含んでいるとされた（*Advisory Opinion of 2004, supra* note 26, p. 199, paras. 155-158）。

(32)　*Ibid.*, p. 200, para. 159.

国家と海洋の国際法（上巻）第1部 国際法／Ⅱ 国家管轄権と承認

チャゴス諸島事件）では，1968年のモーリシャスの独立時にモーリシャスの脱植民地化過程は合法的に完了したか（諮問事項(a)）及びイギリスによるチャゴス諸島の継続的な施政から生じる国際法に基づく効果はどのようなものか（諮問事項(b)）が問われた。

ICJは，チャゴス諸島に対するイギリスの継続的な施政から生じる国際法上の効果[33]につき，まず，慣習国際法上の民族自決権に反するチャゴス諸島の不法な分離とイギリス領インド洋地域の制度（BIOT）への編入の結果，1968年のモーリシャスの独立時にモーリシャスの脱植民地化過程は合法的に完了しなかったと結論づけた[34]。そのうえで，イギリスとの関係で，イギリスによるチャゴス諸島の継続的な施政は国際責任を伴う不法行為（モーリシャスからのチャゴス諸島の分離の結果として生じた継続的性格の違法行為）を構成すると判断した[35]。そして，イギリスは，チャゴス諸島に対する施政をできる限り早期に終了させる義務があり，それによってモーリシャスは，人民の自決権に一致する方法でその領域の脱植民地化を完了することができると判断された[36]。

(4) パレスチナ占領地域におけるイスラエルの政策及び実行から生じる法的効果事件 ICJ 勧告的意見（2024年）

パレスチナ占領地域におけるイスラエルの政策及び実行から生じる法的効果事件（以下，パレスチナ政策・実行事件）では，以下の2つの諮問事項が問われた[37]。

ICJは，パレスチナ占領地域におけるイスラエルによる継続的な占領は違法であるという結論は，領域に対する権限行使に関するイスラエルの国際法上の

---

(33) 本件手続では，イギリスによるチャゴス諸島の継続的な施政は，国際法上，イギリスだけではなく他の国家および国際組織に対しても影響を及ぼすと参加国から主張された。そして，このような効果には，イギリスがチャゴス諸島の施政を直ちに終了させ，チャゴス諸島をモーリシャスに返還すべきという要求が含まれるとされた。また，第三国に対する効果に関しては，第三国はイギリスによるチャゴス諸島の継続的な施政に因る違法な状況を承認せず（不承認義務），違法な状況の維持を支援しない義務があると主張された（*Legal Consequences of the Separation of the Chagos Archipelago from Mauritius in 1965, Advisory Opinion, I.C.J. Reports 2019 (I)*, p. 42, para. 176.）。

(34) *Ibid.*, p. 41, paras. 174-175.

(35) *Ibid.*, p. 42, para. 177.

(36) *Ibid.*, p. 42, para. 178.

(37) 諮問事項(a)イスラエルによるパレスチナ人民の自決権の継続的な違反，長期化する占領，入植，1967年以降，占領されたパレスチナ領域の併合及び差別的な立法・措置から生じる法的効果は何か？，諮問事項(b)上述されたイスラエルの政策及び実行は，占領の法的地位にどのような影響を及ぼすか，この法的地位から全ての国家及び国連に対して生じる法的効果は何か？

義務及び責任（対パレスチナ人民，対他の諸国）を免除するものではないと強調したうえで[38]，イスラエルによる政策及び実行は国際法に違反し，これらの政策及び実行は継続的な性格を有する違法行為であり国際的な責任を伴うと判断した[39]。つまり，ICJ は，イスラエルの占領はイスラエルによる武力による領域取得の禁止及びパレスチナ人民の自決権に反する行為によってもたらされた違法行為であると判断した。そのうえで，イスラエルに対する法的効果につき，イスラエルはできる限り速やかにパレスチナ占領地域における占領を中止する義務を負い，このような義務が国際違法行為に責任を有する国の義務であることは一般国際法上確立しているとした[40]。また，イスラエルは，関連する政策・実行を中止する義務及び入植政策，入植等の不法な状況を創出している／維持していることに関する立法又は立法措置を無効化する義務を負うことも示された[41]。また，イスラエルが，不法行為によってもたらされた損害を完全に賠償する義務（原状回復，賠償[42]）や不履行な状況にある国際法上の義務を継続的に履行する義務（義務の継続的な履行確保）も負うとされた[43]。

　次に，イスラエルの違法行為が他の国家にどのような法的効果（結果）を及ぼすのかについて検討する。ICJ は，イスラエルにより侵害された義務はある種の対世的義務を含むものであり，関連する権利の重要性に鑑み，全ての国家は当該権利の保護につき法的利益を有することを確認したうえで，パレスチナ人民の自決権を尊重する義務，武力による領域取得の禁止及び国際人道法・国際人権法に基づく義務がそのような対世的義務に含まれるとした[44]。

　武力による領域取得の禁止との関連で，ICJ は，不承認主義に基づく累次の安保理決議や国連総会決議へ言及しながら，人口構成や 1967 年 6 月 5 日のイスラエルによって占領された領域の地位等のいかなる変化を国連加盟国は承認しない義務やイスラエルの領域と 1967 年以降，イスラエルによって占領され

---

(38)　*Legal Consequences arising from the Policies and Practices of Israel in the Occupied Palestinian Territory, including East Jerusalem, Advisory Opinion, I. C. J. Reports 2024*, p. 73, para. 264.

(39)　*Ibid.*, p. 73, para. 265.

(40)　*Ibid.*, p. 73, para. 267. See also, *Advisory Opinion of 2004, supra* note 26, p. 197, para. 150.；*Advisory Opinion of 2019, supra* note 33, p. 139, para. 178.

(41)　*Advisory Opinion of 2024, supra* note 38, p. 73, para. 268.

(42)　*Ibid.*, pp. 73-74, paras. 269-271.

(43)　*Ibid.*, p. 74, para. 272.

(44)　*Ibid.*, p. 74, para. 274.

ているパレスチナ領域を区別する義務を負うという見解を示した[45]。そして，関連する権利・義務の性格及び重要性との関連から全ての国家は，イスラエルの違法な占拠から生じる状況を法的に承認しない義務を負うと結論づけられた[46]。

　最後に，国連に対して，いかなる法的結果が生じるのかにつき言及する。ICJ は，国際法上の対世的義務の重大な違反という点で不承認義務は国連を含む国際組織にも適用されると述べたうえで，国連加盟国に適用される不承認義務が国連にも適用されるとした[47]。

2　継続的な国際違法行為を終了させるための国連との協力義務に関する事例

⑴　ナミビア事件 ICJ 勧告的意見

　国連との関係について，ICJ は継続的な違法行為を終了させるために，どのような行動が決定されるべきか（行為の許容性／利用可能性／実効性，適用される行為の射程）は，権限を有する適切な機関である安保理が決定すべき事項であるという意見を示した[48]。

　国連非加盟国に関しては，国連憲章 24 条及び 25 条によって拘束されることはないが，不承認義務の対世的効果を踏まえて，安保理決議 276 第 2 項及び 5 項において，国連がナミビアに関してとっている行動に協力するよう要請されると判断された[49]。

⑵　パレスチナ占領地域における壁構築の法的効果事件 ICJ 勧告的意見

　民族自決権は，対世的性質を有するがゆえ，全ての国家が，壁構築の結果，パレスチナ人民による自決権行使が妨げられている状況の終了につき取り計らうこととされた[50]。これは，民族自決権に関する友好関係原則宣言の内容と軌を一にするものである。

　上述のとおり，ICJ は本件で問題となる国際人道法規則を対世的な性質を持つ義務と位置づけたが，そのうえで，ジュネーヴ第 4 条約（文民保護条約）の全ての締約国は同条約に規定される国際人道法の諸規則のイスラエルによる履

---

(45)　*Ibid.*, p. 76, paras. 276-278.
(46)　*Ibid.*, p. 76, para. 279.
(47)　*Ibid.*, p. 76, para. 280.
(48)　*Advisory Opinion of 1971, supra* note 20, p. 55, para. 120.
(49)　*Ibid.*, p. 56, para. 126.
(50)　*Advisory Opinion of 2004, supra* note 26, p. 200, para. 159.

行（イスラエルがジュネーヴ第4条約に規定される国際人道法を尊重する義務）を確保する義務を負うと判断した[51]。

国連，とりわけ国連総会と安全保障理事会に対しては，本意見を考慮して壁構築という違法な状況を終了させるためにいかなる行動がとられるべきかを検討しなければならないという意見が示された[52]。

(3) チャゴス諸島のモーリシャスからの分離の法的結果に関する事件ICJ勧告的意見

ICJ は，その他の諸国（国連加盟国），国連に対する国際法上の効果として，以下のような判断を示した。

まず，国連に対する法的効果につき，モーリシャスの脱植民地化過程の完了を確保するために必要な方式は，脱植民地化に関する国連総会の機能の行使という点で国連総会の権限の範囲内に入ると述べたうえで，国連総会が本裁判所の意見を受領した後，国連総会がどのような措置をとるのか，またはそれらの措置に関して本裁判所の意見がどのような効果を与え得るかにつき本裁判所は決定しない[53]とし，モーリシャスの脱植民地化過程の完了のための方法の選択は国連総会の決定に委ねられるとされた。

次に，全ての国連加盟国に対する国際法上の効果として，ICJ は，民族自決権を尊重することは対世的義務であるので，全ての国は民族自決権の確保につき法的利益を有すると述べたうえで，モーリシャスの脱植民地化過程の完了を確保するために求められる方式については国連総会が宣言するが，全ての加盟国はそれらの方式に効果を与えるために国連と協力しなければならない（モーリシャスの脱植民地化過程の完了のために国連と協力する義務）と判断した[54]。また，友好関係原則宣言に言及し，「いずれの国も憲章に従って，共同及び個別の行動を通じて人民の同権及び自決の原則の実現を促進し，並びに，この原則の実施に関して憲章によって委託された責任を国際連合が履行するに当たり，国際連合に援助を与える義務を負う」とされた[55]。

以上のように，ICJ は，イギリスのチャゴス諸島に対する継続的な施政から生じる国際法上の効果に関する諮問事項(b)に応えて，イギリスはチャゴス諸島に対する施政を可能な限り迅速に終了しなければならない義務があり，全ての

---

(51) *Ibid.*

(52) *Ibid.*, p. 200, para. 160.

(53) *Advisory Opinion of 2019, supra* note 33, p. 42, para. 179.

(54) *Ibid.*, p. 42, para. 180.

(55) *Ibid.*

国家と海洋の国際法（上巻）第1部 国際法／Ⅱ 国家管轄権と承認

国連加盟国はモーリシャスの脱植民地化過程を完了するために国連と協力する義務を負うと結論づけた[56]。

⑷ パレスチナ占領地域におけるイスラエルの政策及び実行から生じる法的効果事件 ICJ 勧告的意見

ICJ は，イスラエルの違法な占領を終了させるための方式は国連総会及び安保理によって審議されるべき事項であるとしたうえで，国連総会及び安保理がイスラエルの違法な占領を終了させ，パレスチナ人民の自決権の完全な行使を確保するために要請した方式を実効的なものとするために，全ての国家は国連と協力しなければいけないとした[57]。具体的には，友好関係原則宣言にも言及しながら，パレスチナ人民の自決権を尊重する義務やイスラエルの違法な占拠の結果，パレスチナ人民の自決権行使が阻害されている状況を終了させることを確保する（パレスチナ人民の自決権行使の促進）義務が示された[58]。

また，ジュネーヴ第4条約の全ての締約国は，条約に規定される国際人道法をイスラエルが遵守することを確保する義務を負うと結論づけられた[59]。

3 不援助義務に関する事例

⑴ ナミビア事件 ICJ 勧告的意見

ICJ は，国連憲章及び一般国際法上，安保理決議 276 で決定された違法性又は無効性の宣言（不承認決議）と合致しない南アフリカとの取引について，国連加盟国は，南アフリカによるナミビアの占拠に関連して南アフリカに対して，何らの援助も支援も行わない（全ての援助及び支援を慎む）義務を負い，南アフリカの残留及び施政の合法性の承認を示唆する，あるいは，違法な状況に援助及び支援を与えるようないかなる行為も慎む義務を負うと ICJ は判断した。とりわけ，南アフリカ政府とのいかなる取引を慎む義務として，ICJ は，南アフリカがナミビアに代わり又はナミビアのために行動することを意図した全ての場合に南アフリカと条約関係を結ぶことを差し控える義務，安保理決議 276 により課された不承認義務に基づき南アフリカに外交使節又は特別使節を派遣することやナミビアに領事を派遣することを差し控える義務，既に派遣された使節を撤退させる義務，南アフリカとの経済関係を結ぶことを慎む義務を示し

---

(56) *Ibid.*, p. 43, para. 182.
(57) *Advisory Opinion of 2024, supra* note 38, p. 74, paras. 275, 281.
(58) *Ibid.*, p. 76, para. 279.
(59) *Ibid.*, p. 76, para. 279.

た[60]。

　また，国連非加盟国については，ナミビアに関して南アフリカとの間で結ばれた関係の有効性や効果の承認を国連や加盟国に期待することはできないという意見が示された[61]。

(2)　パレスチナ占領地域における壁構築の法的効果事件 ICJ 勧告的意見

　全ての国家に対して，壁構築に起因する違法な状況を承認せず，壁構築によって作り出された状態を維持することを援助しない義務が課された[62]。

(3)　パレスチナ占領地域におけるイスラエルの政策及び実行から生じる法的効果事件 ICJ 勧告的意見

　上述のとおり，ICJ は，イスラエルによる違法行為から生じる状況を承認しない義務及びイスラエル領域と占領下にあるパレスチナ領域を区別する義務を国連加盟国の義務として示したが，これらの義務にはパレスチナの占領領域のために行動することを意図する全ての場合において，イスラエルと条約関係を結ぶことを差し控える義務，占領地域に関連するイスラエルとの経済・貿易取引を行うことを慎む義務，違法な状況を支援することに繋がる貿易・投資関係を阻止する義務，外交関係において違法な状況を承認しない義務が関連すると判断された[63]。このような判断の背景には，ナミビア事件 ICJ 勧告的意見で示された判断があり，これらの義務は，国連加盟国がイスラエルに対して，いかなる援助も行わない義務，イスラエルの占領及び関連する政策・実行の合法性の承認を示唆することを慎む義務，あるいは，違法な状況に援助及び支援を与えるようないかなる行為も慎む義務を負っていることを示している。全ての国家は，イスラエルの違法な占拠によって創出された状況を維持するような援助または支援しない義務を負う[64]。

4　不承認主義に基づく決定から導出される国際法上の義務

　ここまで国際法の重大な違反によって生じた一定の状況の法的効果に関する4つの勧告的意見について検討した。最後に，ICJ の不承認主義に基づく決定の問題点について考察する。とりわけ，ICJ が不承認主義に基づく安保理決議及び総会決議を踏まえながら，国際法の重大な違反から生じた一定の状況をど

(60)　*Advisory Opinion of 1971, supra* note 20, p. 54, para. 119, p. 55, paras. 121-124.
(61)　*Ibid.,* p. 56, para. 126.
(62)　*Advisory Opinion of 2004, supra* note 26, p. 200, para. 159.
(63)　*Advisory Opinion of 2024, supra* note 38, p. 76, para. 278.
(64)　*Ibid.,* p. 76, para. 279.

のように判断し，そのような状況から諸国に対していかなる法的効果（諸国に課される国際法上の義務）が生じると結論づけたのかにつき考察する。以下，対象となった一定の状況及び適用法規（不承認主義の対象及び根拠），一定の状況と国際法上の義務違反の認定との関係，一定の状況が義務違反と認定されたことから生じる諸国に対する法的効果の根拠という点から ICJ の判断の問題点につき考察する。

　本稿で取り上げた４つの事例において，対象となったのは特定の領域の外国による占拠及び特定の領域に対する継続的な施政の結果もたらされた状況であった。そして，ICJ は，主に，民族自決原則，武力行使禁止原則，国際人道法及び国際人権法に基づき，これら特定領域の外国による占拠やそれに対する継続的な施政の結果もたらされた状況を継続的な性格を有する国際違法行為又は継続的な義務違反及び対世的義務違反と認定し，当該行為を行っている国家には継続的な国際違法行為から国際的な責任が生じると判断した。

　次に，当該国家による継続的な国際違法行為又は義務違反の認定から諸国に対して，どのような法的効果が生じたのであろうか。ICJ は，国際違法行為に責任を有する国家とその他の諸国及び国連に大別し，諸国に対する法的効果につき判断を行っている。

　まず，国際違法行為に責任を有する国家に対しては，国際違法行為の中止を求めた。また，他の諸国（とくに国連加盟国）には違法な状況の創出・継続を承認してはならない不承認義務，違法な状況の創出・継続を終了させるための国連との協力義務及び違法な状況の創出・継続を促進したり承認を示唆したりするような援助又は支援を慎む義務（不援助義務）という３つの義務が課された。ICJ は，バルセロナ・トラクション事件判決傍論で示した対世的義務に言及し，関連する権利・義務の性質及び重要性に鑑みて，全ての国は権利の保護につき法的利益を有するため，他の諸国（国連加盟国）には対世的性質を有する民族自決権を尊重する義務，武力による領域取得の禁止及び国際人道法の原則・規則の違反に関連する一定の状況を承認してはならない義務，違法な状況を終了させるための協力義務及び違法な状況の創出・継続を援助・支援しない義務が生じると判断したこととなる[65]。つまり，ICJ は，問題となる権利・義

---

(65)　ただし，チャゴス諸島事件では，不承認義務や不援助義務への言及はなく，他の諸国の義務については非植民地化過程の終了に関する総会の決定事項に国連加盟国が国連と協力する義務を有すると述べるに留まっている。また，民族自決権を尊重する義務が対世的義務であり，全ての国家はその権利の保護につき法的利益を有するということには言及しているが（180 項前段），加盟国の協力義務は対世的義務違反から直接導出され

務の性質及び重要性や対世的義務にのみ言及し，それ以上の詳細な検討を行うことなく，これらの義務を導出していると考えられる。また，対世的義務違反を生み出している一定の状況を承認してはならない不承認義務に実効性をもたらせるために，不承認義務と関連付ける形で国連との協力義務や不援助義務が導出されている。このような ICJ の判断（とくにパレスチナ分離壁事件，チャゴス諸島分離事件）については「対世的義務の違反の結果としての他のすべての国の義務を認定する機能を勧告的意見手続が担いうることを示す先例となると考えられる[66]」と評される。

　このような多数意見の立場に関しては，まず，なぜ，関連する権利・義務の性質及び重要性に鑑みて全ての国家が当該権利の保護につき法的利益を有することや対世的義務違反を根拠にして不承認義務，協力義務及び不援助義務が，違反の法的効果として他の諸国に生じるのかという疑問が生じる。この点，「『対世的』という義務の性質から不承認義務が生じるという主張」なのか，「対世的という性質と義務の重要性との 2 つの要素が相まって不承認義務を生ぜしめるという主張」なのかという疑問が呈される[67]。パレスチナ分離壁事件で *Kooijmans* 判事は「ある国による対世的義務違反が必然的に第三国の義務を生ぜしめるのはなぜか」と問うたうえで，「本勧告的意見が国連総会に対する援助を目的とするのであれば，総会や安保理に向けた措置を示すべきで，他の諸国に対する義務に言及する必要性はなく，違反される義務が対世的性質を有することと他の全ての諸国がその結果について義務を負うことには必然性がない」と述べている[68]。また，Higgins 判事は，裁判所が引用するバルセロナ・トラクション事件判決傍論部分で示された対世的義務につき，対世的義務は原告当事者適格（*locus standi*）の問題であり，第三国に実体的な義務を課すこととは関係ないと論じ，裁判所によって認定された法的効果と対世的義務という

たわけではなく，友好関係原則宣言を想起することで導かれている（180 項後段，主文 5）（西元宏治「判例研究 国際司法裁判所　1965 年のチャゴス諸島分離の法的帰結（勧告的意見・2019 年 2 月 25 日）」『国際法外交雑誌』122 巻 2 号（2023 年）100 頁）。See also, *Advisory Opinion of 2024, supra* note 38, *Declaration of President Salam*, pp. 11-12, paras. 44-47.

(66)　河野真理子「紛争処理における国際司法裁判所勧告的意見プロセス──チャゴス諸島事件を契機として」『世界法年報』42 号（2023 年）50 頁。

(67)　濱本正太郎「判例研究 パレスティナの『壁』の合法性──国際司法裁判所勧告的意見，2004 年 7 月 9 日」『神戸法学年報』20 号（2004 年）143 頁。

(68)　*Advisory Opinion of 2004, supra* note 26, *Separate Opinion of Judge Kooijmans*, pp. 230-231, paras. 37-40.

概念は無関係であり，他の全ての国家がそれによってもたらされた状況を承認しない，又は支援・援助を与えない義務を負うという認定は対世的義務に依拠しないと結論付けている[69]。

　次に，上述の疑問とも関連する問題だが，4つの事例で，ICJは関連する権利・義務の性質及び重要性や対世的義務に基づき他の諸国に対する法的効果を認定しているが，他の諸国に対する法的効果の根拠は対世的義務違反からではなく，強行規範違反から導出すべきではなかったのかという疑問が生じる。上述のとおり，国家責任条文では国家に強行規範の重大な違反を終了させるための協力義務，不承認義務，不援助義務（41条）が課されており，強行規範に基づく義務違反との関係で諸国の義務が規定されている[70]。

　はたして，ICJは国家責任条文41条を援用しながら他の諸国に対する実体的な義務について判断したのであろうか。ここまで考察してきたとおり，ICJは，先例を踏襲しながら，対世的義務違反を根拠に判断を行ってきた。つまり，ICJは，ILCが示した強行規範概念（及びその具体例）と4つの事例で問題となった対世的義務との包含関係や義務違反と認定された状況と国家責任条文41条の関係については詳細な検討を行っていない[71]。この点，Tladi判事は，宣言において，多数意見の理由付けは「第三国に対する義務は民族自決権の強行規範性からではなく，むしろ違反された義務の対世的性質から生じていることを示唆するかもしれない[72]」と指摘し，「国家責任条文41条の結果が強行規範と関連付けられるとすれば，詳細な検討を行うことなく，異なる立場を示す

---

(69)　*Ibid., Separate Opinion of Judge Higgins*, pp. 216-217, paras. 37-38. 対世的義務違反の責任追及と国家責任条文の関係については，萬歳寛之『国際違法行為責任の研究――国家責任論の問題』（成文堂，2015年）248-301頁を参照のこと。

(70)　Anne Lagerwall "The non-recognition of Jerusalem as Israel's capital: a condition for international law to remain relevant?", *Questions of International Law*, Vol. 50 (2018), p. 33; Rebecca J. Barber "Cooperating through the General Assembly to end serious breaches of peremptory norms", *International and Comparative Law Quarterly*, Vol. 71 (2022), p. 1.

(71)　パレスチナ政策・実行事件で，ICJは本件のような外国占領の場合，民族自決権は強行規範を構成すると述べた（*Advisory Opinion of 2024, supra* note 38, pp. 65-66, para.233）。Tladi判事は，このような認定を「ICJが一般的に強行規範に言及することに逡巡してきたことからの歴史的一歩」と歓迎している（*Advisory Opinion of 2024, supra* note 38, *Declaration of Judge Tladi*, p. 5, para.15.）また，ICJが歴史的に強行規範，とくに民族自決権の強行規範性の認定に消極的な態度をとっていることについて，Tladi判事は詳細に論じている（*Ibid.*, pp. 5-11, paras. 15-27）。See also, *Ibid., Declaration of Judge Xue; Ibid., Separate Opinion of Judge Gómez Robledo*, pp. 6-10, paras. 18-28.

(72)　*Ibid., Declaration of Judge Tladi*, p. 11, p. 28.

ことができない⁽⁷³⁾」と論じる。また，対世的義務は義務の根拠となる規範の性質の結果（たとえ直接損害を受けていないとしても，対世的義務違反に因って，全ての国家は，他国の責任追及を許容される）とも論じられる⁽⁷⁴⁾。対世的義務違反を巡る最近のICJの判断の傾向を踏まえると⁽⁷⁵⁾，ICJが対世的義務の重大な違反を認定し，その認定に基づき全ての国家に対する義務や紛争の第三国の当事者適格を導出する傾向が見受けられる。このこと自体は不承認主義を国際法上の概念として発展させるうえでは有用かもしれない。しかし，一般国際法の原則・義務として発展を遂げてきた不承認主義の対象と根拠や不承認主義に基づく決定の国家に対する法的効果との関係を踏まえると，対世的義務違反と不承認義務，不援助義務及び協力義務との関係，不承認義務等と強行規範との関係につき，ICJは詳細な検討に基づく判断を示すべきであろう⁽⁷⁶⁾。

　最後に，違法な状況の創出・継続を終了させるための他の諸国の協力義務につき，そのような協力義務が生じる根拠は何かという疑問が生じる。4つの事例では他の諸国，とくに国連加盟国に違法な状況を終了させるための国連との協力義務が課されたが，なぜ国連加盟国はそのような義務を負うこととなるのであろうか。

　ナミビア事件の場合，安保理決議276第2項及び5項に基づく義務違反との関係で検討が行われたことやICJが国連の職務中に被った損害賠償事件で示した国連と加盟国との関係性を踏まえて検討したことを考えると，安保理決議や国連憲章が国連加盟国としての協力義務の根拠と考えられる。

　チャゴス諸島事件で，ICJは友好関係原則宣言に言及しながら「いずれの国も憲章に従って，共同及び個別の行動を通じて人民の同権及び自決の原則の実現を促進し，並びに，この原則の実施に関して憲章によって委託された責任を国際連合が履行するに当たり，国際連合に援助を与える義務を負う」と判断し

---

(73)　*Ibid.* Cleveland判事は，裁判所は問題の検討のために，民族自決権が強行規範であると宣言する必要はなく，理由付けのために強行規範を採用していないと論じる（*Ibid., Separate Opinion of Judge Cleveland*, p. 7, para. 35）。

(74)　*Ibid.* 国家責任条文48条は対世的義務の性格として，義務違反に対する全ての国家の責任追及の権利を規定するものであり，全ての国家に対する義務を規定するものではないと論じられる（西元・前掲注(65)101頁）。

(75)　最近のICJの判例の傾向については，萬歳寛之「共通利益の回復をめぐる国家責任紛争」『国際法外交雑誌』117巻1号（2018年）25-48頁，玉田大「国際司法裁判所の機能変化──紛争解決と国際コントロールの重層化」『世界法年報』43号（2024年）161-191頁を参照のこと。

(76)　See also, *Advisory Opinion of 2024, supra* note 38, *Declaration of Judge Tladi*, pp. 12-13, paras. 31-32.

たが，多数意見では「自決権の対世的義務と協力義務との関係は必ずしも明確にされていない」と指摘される[77]。これは，モーリシャスの脱植民地化過程の完了を確保するために求められる方式については国連総会の決定に委ねられたためであろう。ICJ の勧告的意見を受けて，国連総会は，モーリシャスの脱植民地化過程の完了のために，イギリスに対しては「6 カ月以内」にチャゴス諸島の施政からの撤退を求め，国連加盟国に対してはモーリシャスの脱植民地化の完了のために国連と協力する義務や脱植民地化過程の完了を阻害または遅延させる行為を慎むことを求める総会決議 73/295 を採択した[78]。

対世的義務と国連加盟国としての協力義務との関係については，岩沢判事や Tomka 判事の個別意見を引用しながら，国連法の適用（国連憲章の有権的解釈とされる友好関係原則宣言への依拠）が協力義務の根拠として指摘される[79]。ICJ が，検討の過程で関連する国連総会決議や安保理決議に依拠しながら分析を進めていることを踏まえると，国連憲章や国連決議を中心とする国連法も協力義務の根拠の 1 つと捉えられよう。パレスチナ政策・実行事件で，Salam 判事は，問題解決のためには国連加盟国間の協力の強化や国連憲章に基づくあらゆる措置（憲章第 6 章に基づく措置，必要ならば 7 章に基づく措置）の使用の必要性を指摘している[80]。

Ⅳ 結　語

戦前に政策的な主張として提唱された不承認主義の国際法上の位置づけについて，国際立法上の発展も踏まえつつ，ICJ の判断を中心に検討を行った。とくに，一般国際法の重大な違反から生じた一定の法的状況がどのような法的効果をもたらすのかについて分析を行った。ICJ は，バルセロナ・トラクション事件判決で対世的義務概念を示して以降，勧告的意見の中で対世的義務違反から他の諸国に対する法的効果（不承認義務等）を導き出す傾向にある。訴追か引渡か義務事件判決以降，ICJ は対世的義務や当事国間対世的義務に基づく判断を示すようになってきている。このような傾向は，国際法の発展に基づいて国際社会の一般利益／共通利益を回復又は確保するうえでは肯定的に捉えるべ

---

(77)　西元・前掲注(65)100 頁。
(78)　U.N. Doc. A/RES/73/295（22 May 2019）. パレスチナ分離壁事件との関係については，U.N. Doc. A/RES/ES-10/15（20 July 2004）を参照のこと。
(79)　西元・前掲注(65)102 頁。
(80)　*Advisory Opinion of 2024, supra* note 38, *Declaration of President Salam*, p. 13, para. 53.

12 不承認主義に基づく認定の法的効果に関する一考察 〔雨野 統〕

きであろう。しかし，上述のとおり，ICJ が他の諸国に対する法的効果を導出する過程（理由付け）には多くの課題が残されている。ICJ の判断に関する課題を解決することで，対世的義務概念と強行規範概念の関係がより整理され，他の諸国に課される不承認義務等もより確立した根拠から導き出されることとなろう。

　また，不承認義務に関連付けられる諸国の国連との協力義務に基づく対応は，国際法の履行に基づく国際社会の一般利益／共通利益を回復・確保することを目的とする履行確保手段とも捉えられる[81]。ICJ は，一般国際法上の義務違反を認定したうえで，違法な状況を終了させるための具体的施策については政治的機関である国連総会，安保理の決定に委ねた。最終的な義務の実現は，国連法の枠組み内でなされることになる。奥脇は，現代国際社会における地球的規模の諸課題に取り組む新たな国際秩序を構想するために「国際法上の協力義務」を提唱した[82]。国際法上の協力義務の実現については，「執行モデル」をとるのか，「管理モデル」をとるのかで，把握できる法作用の射程，国家のレジームへの協力の程度を評価する方法は異なる[83]が，不承認主義に基づく認定の実効性を確保するためには，持続的かつ継続的に義務を実現する国家の誠実な態度が求められることとなる。

---

(81)　ICJ の争訟手続と多数国間で設定された共通利益の実現に関する履行確保手続（国際コントロール）との関係については，玉田・前掲注(75)161-191 頁を参照のこと。

(82)　奥脇直也「協力義務の遵守について──『協力の国際法』の新たな展開」江藤淳一［編］『国際法学の諸相──到達点と展望（村瀬信也先生古稀記念）』（信山社，2015 年）7-15 頁，奥脇直也「国連海洋法条約における協力義務──情報の収集・提供・共有の義務を中心として」柳井俊二・村瀬信也［編］『国際法の実践（小松一郎大使追悼）』（信山社，2015 年）409-411 頁，奥脇直也「捕鯨裁判の教訓──協力義務との関係において」『日本海洋政策学会誌』4 号 8-9 頁。

(83)　石井由梨佳「国際刑事法廷に対する国家の協力義務」『国際法外交雑誌』117 巻 4 号（2019 年）60 頁。

◀ 第1部 ▶

Ⅲ　国際立法

13 留保禁止条約に付された留保相当解釈宣言の法的効果
——「条約の留保に関する実行ガイド」を手がかりに

浅 田 正 彦

Ⅰ　はじめに
Ⅱ　トラテロルコ条約，追加議定
　　書Ⅱおよび核兵器国による宣言
Ⅲ　「条約の留保に関する実行ガ
　　イド」（実行ガイド）における
　　留保と解釈宣言
Ⅳ　留保禁止条約に付された留保
　　の法的効果
Ⅴ　トラテロルコ議定書に付され
　　た「条件としての解釈宣言」
　　の法的効果
Ⅵ　おわりに

Ⅰ　は じ め に

　1945 年の核兵器の登場以来，その使用を包括的に禁止する普遍的な条約は長期にわたって作成されなかった。2017 年の核兵器禁止条約（2021 年発効）が，初めてそのようなものとして作成されたが，同条約には今なお核兵器国も核同盟国も加入していない。もちろん，核兵器の使用を包括的に禁止する慣習法も存在しない。この点は，1996 年の国際司法裁判所（ICJ）による「核兵器の威嚇および使用の合法性」に関する事件（以下，「核兵器使用合法性事件」という）の勧告的意見において示されたところである[1]。しかし，地域的な条約には，核兵器の包括的な使用禁止を定めるものがある。いわゆる非核兵器地帯条約（または非核地帯条約[2]）がそうである。そのうち，本稿において素材として取り上げるのは 1967 年のトラテロルコ条約（1968 年発効）である。

　トラテロルコ条約は，その追加議定書Ⅱ（1969 年発効）において，核兵器の使用の禁止を定め，さらに同議定書に対する留保を禁止している。この議定書は，すべての核兵器国が締約国となっている唯一の非核兵器地帯条約でもあ

---

(1)　*Legality of the Threat or Use of Nuclear Weapons*, Advisory Opinion, *ICJ Reports 1996*, para. 105 (2) B.
(2)　本稿において，「非核兵器地帯（条約）」と「非核地帯（条約）」は互換的に用いるが，精確にいえば，南太平洋は，非核兵器地帯ではなく非核地帯であり，条約の正式名称も「南太平洋非核地帯条約」である。

『国家と海洋の国際法　柳井俊二先生米寿記念（上巻）』〔信山社，2025 年 2 月〕　　*283*

る[3]。しかし，多くの核兵器国が議定書の署名・批准に当たって，実質的には留保ともいえる一方的宣言を付している。

そこで本稿では，留保禁止条約に対して実質的に留保に相当する内容の一方的宣言を付して加入する場合に，そうした一方的宣言の法的効果はいかなるものであるのか，という問題について検討することにしたい。

トラテロルコ条約は，1969年のウィーン条約法条約（1980年発効）以前の条約であり，原則として後者の規則の適用を受けないが（第4条），留保禁止条約に対する留保相当の一方的宣言の法的効果は，同条約においても明確になっていない[4]。それゆえ2011年に国連国際法委員会（ILC）の作成した「条約の留保に関する実行ガイド」（以下，「実行ガイド」という）において，その点における「ギャップを埋め」，「不明確さを取り除く」努力がなされた[5]。そこで，本稿における検討は，主として同ガイドを手がかりにして行うこととしたい（なお，条約法条約の関連規定も参照する）。もちろん同ガイドは法的文書ではないが，ILCが長期にわたる審議の結果[6]採択した「最も権威ある文書[7]」とされており，同ガイドに照らして検討することも正当化されるであろう。

II　トラテロルコ条約，追加議定書IIおよび核兵器国による宣言

1　トラテロルコ条約と追加議定書II

トラテロルコ条約は，正式名称を「ラテンアメリカおよびカリブ地域における核兵器の禁止に関する条約」といい，ラテンアメリカとカリブ地域を非核兵器地帯とする条約である[8]。非核兵器地帯条約締結の一つの目的は，核兵器国

---

(3)　南太平洋を非核化するラロトンガ条約，アフリカを非核化するペリンダバ条約，中央アジアを非核化するセミパラチンスク条約は，アメリカが批准していない。東南アジアを非核化するバンコク条約には，いずれの核兵器国も署名していない。

(4)　Guide to Practice on Reservations to Treaties (hereinafter cited as "Guide to Practice"), Guideline 4.5, Commentary, paras. 9-16. 有効でない留保の効果に関する明確な規則が存在ない点が，条約法条約における留保の問題に関する「最も重大な欠缺の一つ」であるとされる。Ibid., para. 16.

(5)　*Ibid.*, paras. 16-18.

(6)　ILCは，1995年に本件作業を開始し，2011年に完了した。See https://legal.un.org/ilc/guide/1_8.shtml#top.

(7)　Christian Walter, "Article 19: Formulation of Reservations", in Oliver Dörr and Kirsten Schmalenbach (eds.), *Vienna Convention on the Law of Treaties: A Commentary*, 2nd ed. (Springer, 2018), p. 277. See also Michael Wood, "Institutional Aspects of the Guide to Practice on Reservations", *European Journal of International Law*, Vol. 24, No. 4 (November 2013), pp. 1101, 1102.

(8)　英語の条約文につき，https://treaties.unoda.org/t/tlatelolco. 和訳につき，藤田久

から核兵器不使用の約束を取り付けることにある。すなわち，非核地帯の構成国は，自らは核兵器を製造，取得，貯蔵せず，さらに自国領域内に核兵器を配備しないことを約束する（核兵器不拡散条約（NPT）を超えた義務の引き受け）ので，そのようにして完全な非核の地位を達成した自らに対しては，核兵器国が核兵器の使用と核兵器を使用するとの威嚇（以下では核兵器の「使用」のみに言及）を行わないことを約束してしかるべきであるという考え方である。これまでに締結されたすべての非核兵器地帯条約に，議定書の形で核兵器使用禁止の規定が置かれているのはそれゆえである。

　しかし，これまでに作成された5つの非核兵器地帯条約の核兵器使用禁止に関する議定書[9]のうち，明示的に留保を禁止しているのは[10]，トラテロルコ条約追加議定書II（以下，単に「（トラテロルコ）議定書」ともいう）のみである[11]。まず，トラテロルコ議定書は，第3条において，「下名の全権委員によって代表される［核兵器国[12]］政府は，［トラテロルコ］条約の締約国に対して核兵

　　一・浅田正彦編『軍縮条約・資料集〔第3版〕』（有信堂，2009年）276頁以下。なお，この条約と追加議定書IIについての先行研究として，黒沢満「非核兵器地帯と安全保障——ラテンアメリカ核兵器禁止条約付属議定書IIの研究」『法政理論』12巻3号（1980年2月）106-188頁参照。

（9）　トラテロルコ条約追加議定書IIのほか，ラロトンガ条約議定書2，バンコク条約議定書，ペリンダバ条約議定書I，セミパラチンスク条約議定書である。本稿では，南極条約や宇宙条約など，基本的に人が常住せず，いずれの国の領有の下にもない（領有権が棚上げされている）場所に関する非核化の条約は扱わない。

（10）　もちろん，明示的に留保の禁止が定められていない場合には，留保がまったく自由というわけではなく，条約目的と両立しない留保は認められない（条約法条約第19条(c)）。その意味では，ラロトンガ議定書等への留保も，結果としてトラテロルコ議定書に対する解釈宣言と異ならない帰結に至る可能性もないわけではない。

（11）　他の非核地帯条約は，核兵器の使用および使用するとの威嚇の禁止を定めた議定書に対して留保を付することを禁止していないが，非核地帯条約の本体については留保を付することが禁止されている。ラロトンガ条約第14条，バンコク条約第17条，ペリンダバ条約第16条，セミパラチンスク条約第13条参照。

（12）　他の非核地帯条約の核兵器不使用に関する議定書では，署名できる国の国名が明記されている（ラロトンガ議定書2第4条，バンコク議定書第3条，ペリンダバ議定書I第4条，セミパラチンスク議定書第4条）が，トラテロルコ議定書には署名できる国が明記されていない。トラテロルコ議定書の規定のこの部分は，正確には「下名の全権委員によって代表される政府（Governments represented by the undersigned Plenipotentiaries）」とされており，NPT上の核兵器国以外の核兵器保有国が議定書に署名することも排除されていない。しかし，これまでのところトラテロルコ議定書に核兵器国以外の国が署名したことはないので，本文ではわかりやすく「［核兵器国］」とした。Marco Roscini, "Negative Security Assurances in the Protocols Additional to the Treaties Establishing Nuclear Weapon-Free Zone", in Heinz Gärtner (ed.), *Obama and the Bomb: The Vision of a World Free of Nuclear Weapons* (Peter Lang, 2011), p. 131.

器を使用しまたは使用するとの威嚇を行わないことを約束する（undertake not to use or threaten to use nuclear weapons against the Contracting Parties of the Treaty [of Tlatelolco]）」と規定する。さらにトラテロルコ条約第28条⁽¹³⁾は，「この条約には留保を付してはならない」と規定し，トラテロルコ議定書第4条は，それを受けて，条約第28条に含まれる留保に関する規定は議定書に適用する旨を定めている。こうして，トラテロルコ議定書に定める核兵器の使用禁止に対しては，留保を付することもできないということになり，議定書の当事国は，無条件の全面的な核兵器使用禁止という義務を引き受けることになったといえよう⁽¹⁴⁾。

2　フランスの宣言

ところが，トラテロルコ議定書の当事国である5核兵器国のうち，中国を除く核兵器国は，議定書への署名・批准に当たって，議定書に定める核兵器不使用に一定の条件を付する内容の一方的宣言を行っている。のちの検討との関係から，ここではフランスの行った宣言を取り上げたい。フランスは，1973年7月18日の議定書の署名に当たって次のような内容を含む「宣言（déclaration）」を行い，1974年3月22日の議定書の批准に当たってそれを確認している。

> 「フランス政府は，議定書第3条において行った約束を，国際連合憲章第51条の確認する自衛権の完全な行使を害するものではないと解釈する⁽¹⁵⁾」。

前述のように，トラテロルコ議定書に留保を付することは禁止されているため，この宣言に関しては次のような問題が生ずる。

条約法条約第2条1項(d)によれば，留保とは，「国が，条約の特定の規定の自国への適用上その法的効果を排除し又は変更することを意図して，条約への署名，条約の批准，受諾若しくは承認又は条約への加入の際に単独に行う声明

---

(13)　当初の条約では第27条であったが，その後の改正で第28条となった。トラテロルコ条約は何度かの改正を経ており，それらの改正を織り込んだテキストとして，"Treaty for the Prohibition of Nuclear Weapons in Latin America and the Caribbean: Treaty of Tlatelolco（With the amendments adopted by the General Conference to Articles 7, 14, 15, 16, 19, 20 and 25)", at https://opanal.org/en/text-of-the-treaty-of-tlateloco/.

(14)　See, e.g., *A Comprehensive Study of the Origin, Development, and Present Status of the Various Alternatives Proposed for the Prohibition of the Use of Nuclear Weapons: Working Paper Prepared by the Secretariat*, UN Doc. A/AC.187/71, 19 August 1977, para. 74.

(15)　UNTS, Vol. 936, p. 419. See also https://treaties.unoda.org/t/tlateloco_p2/declarations/FRA_mexico_city_RAT.

13 留保禁止条約に付された留保相当解釈宣言の法的効果 〔浅田正彦〕

（用いられる文言及び名称のいかんを問わない。）をいう」と定義される。したがっ
て，名称や文言を問わず，それが条約の適用においてその法的効果を「排除し
又は変更する」か否かという実質的な効果によって，ある声明（宣言）が留保
に該当するか否かが判断されることになる。この定義に従えば，自衛権の行使
の場合を例外とする趣旨の上記のフランスの宣言は，留保に当たる可能性があ
ろう。

　他方で，フランスの宣言があくまで「解釈」の体裁をとっているのも事実で
ある。そうした条約の解釈に関して行われる一方的宣言は，一般に「解釈宣
言」と呼ばれるが，解釈宣言それ自体については，条約法条約でまったく扱わ
れていない[16]。それゆえ，条約の「留保」に関する実行ガイドが解釈宣言一般
についても比較的詳細に規則を定めるに至ったのである。

　フランスの宣言が留保に当たるとすれば，それは議定書の下で禁止されてい
ることから，認められないことになる。他方でそれが留保の効果を有さない解
釈宣言であるとすれば，それは議定書の内容を排除・変更することはできない
のであるから，フランスは，無条件の核兵器使用禁止の義務を引き受けたこと
になる。しかしそれは，長年にわたる同国の核政策に抵触・背馳することにな
ろう。同国は，他の非核兵器地帯条約の議定書への署名・批准や，核兵器不使
用の一方的宣言を行う際に，繰り返し自衛権に関する同様の「留保」を行って
いるからである[17]。

　フランスの宣言はいかなる法的効果を有するのか。その点の検討の前提とし
て，実行ガイドに照らして，留保との関係を中心に解釈宣言一般に関する国際
法規則を確認しておこう。

---

(16)　Guide to Practice, Guideline 3.5, Commentary, para. 1. もっとも，解釈宣言の存在
　は ILC における条約法審議の際にも知られており，1966 年の ILC 条約法最終草案のコ
　メンタリーにおいても，国家は条約の署名・批准等に当たって解釈宣言等を行うことが
　珍しくないが，「そうした宣言はその国の立場の単なる明確化であることも留保に相当す
　ることもある」として言及されていた。*Yearbook of the International Law Commission,*
　1966, Vol. II, pp. 189-190, Article 2, Commentary, para. 11. See also Philippe Gautier,
　"Article 2: Use of Terms", in Olivier Corten and Pierre Klein（eds.）, *The Vienna*
　Conventions on the Law of Treaties: A Commentary（Oxford U.P., 2011）, p. 49.

(17)　例えば，浅田正彦『核不拡散と核軍縮の国際法』（有斐閣，2023 年）225-226, 230-
　231 頁参照。

国家と海洋の国際法（上巻）第1部 国際法／Ⅲ 国際立法

Ⅲ 「条約の留保に関する実行ガイド」（実行ガイド）における 留保と解釈宣言

1 二種類の解釈宣言

実行ガイドは，留保と解釈宣言の双方を定義する。留保については，ガイドライン 1.1（留保の定義）[18]において，基本的に条約法条約における定義に沿った定義が定められている。条約法条約との比較における主要な相違点は，実行ガイドでは，国家に加えて国際機関が条約を締結する場合を含めて想定している点[19]，および，留保を付することが認められる時点として，署名，批准，受諾，承認，加入に加えて，承継にも言及している点である。これらはいわば技術的な事項であって，留保の定義は両者において実質的には異ならない（以下では，こうした技術的な相違部分は直接引用において割愛する）。

他方，解釈宣言は，実行ガイドのガイドライン 1.2（解釈宣言の定義）において，「国……が，条約または条約の特定の規定の意味もしくは範囲を特定しまたは明確化することを意図して単独に行う声明（用いられる文言および名称のいかんを問わない。）をいう」と定義される。このように，解釈宣言と留保は，文言や名称を問わないという点で共通している一方，両者の最大の相違点は，留保が条約規定の法的効果を排除・変更することを意図して行われるのに対して，解釈宣言は条約規定の意味や範囲の特定・明確化を意図して行われるという点にある。

もっとも，具体的な宣言がそのいずれに当たるかの判断は，場合によっては容易でない。解釈に関する宣言であっても，その内容や意図によっては留保に該当すると考えられるもの（条約規定の法的効果を排除・変更すると考えられるもの）があるからである。

この点について実行ガイドのコメンタリーは，解釈宣言には，「単なる解釈宣言（simple interpretative declarations）」と「条件としての解釈宣言（conditional

---

(18) 括弧内は，実行ガイド自体に記載されている当該ガイドラインのタイトルである。以下，同様。

(19) これは，実行ガイドが 1986 年の国際機関条約法条約関連事項もカバーしているためである。Guide to Practice, Guideline 1.1, Commentary, paras. 1, 4. なお，1969 年条約法条約も，国際機関が当事者に含まれる条約をも一部カバーしている（第 3 条(c)）。

interpretative declarations)[20]」の二種類があるとした上で[21]，以下のように説明する。なお，実行ガイド本体においては，「単なる解釈宣言」という用語は使用されておらず，そのコメンタリーにおいて言及されているだけである。他方，後述のように，「条件としての解釈宣言」は留保規則に従うとされており，したがって実行ガイドにいう「解釈宣言」は，定義上は解釈に関する宣言を広くカバーしているが，（「条件としての解釈宣言」が留保扱いになるので）実質的には「単なる解釈宣言」を意味すると理解することができる[22]。ただし，実行ガイドに照らして検討を進めながら，同ガイド本体と異なる用語法を使用すれば混乱を招くことになるので，以下では，基本的に実行ガイドの用語法に従いつつ，実行ガイドが単なる解釈宣言の意味で「解釈宣言」としている場合には，「［単なる］解釈宣言」と表記することで理解の便を図ることにしたい。

　実行ガイドのコメンタリーにいう二種類の解釈宣言の区別に話を戻すと，ガイドライン1.3（留保と［単なる］解釈宣言の区別）のコメンタリーは，「留保」と「解釈宣言」の区別について，「それを行うものの意図（intention of the author）」を基礎とすると述べた後，この区別のための指針は，「単なる解釈宣言」と「条件としての解釈宣言」の区別にも置き換えることができるとした上で，「単なる解釈宣言」とは，国の行う解釈に関する一方的宣言であるが，そ

---

(20) 「conditional interpretative declarations」は，「条件付き解釈宣言」ないし「条件付解釈宣言」と訳されることが多い（例えば『ベーシック条約集2024』（東信堂，2024年）355頁，『国際条約集2024』（有斐閣，2024年）141頁参照）。しかしこの訳語には，解釈宣言に条件が付されていて，その条件が満たされて初めて正式な解釈宣言になるというニュアンスがあり，誤解を招きかねない。ここでいう条件とは，そうした条件ではなく，当該解釈が認められることが条約への参加の条件であるという趣旨であり，したがって本文のように訳すのが適切であろう。

(21) See, e.g., Guide to Practice, Guideline 1.3, Commentary, para. 5. こうした区別は，学説上はすでに1970年代から行われており，それぞれに「mere interpretative declarations」と「qualified interpretative declarations」という用語が使用されていた（D.M. McRae, "The Legal Effect of Interpretative Declarations", *British Year Book of international Law*, Vol. 49 (1978), pp. 155-173）。実行ガイドで上記とは異なる用語を使用した理由は不明である（実行ガイドの起草当時 ILC 委員でもあったマクレイ教授は，筆者との私的な懇談において「異なる用語を使って独自色を出したかったのではないか」と述べていた）。

(22) 例えばガイドライン4.7.1（解釈宣言による条約の用語の明確化）は，「解釈宣言（[a]n interpretative declaration）は条約上の義務を変更するものではない」と規定しており，明らかに「単なる解釈宣言」について定めている（ガイドライン1.3も参照）。他方，ガイドライン2.4.4（解釈宣言を付することのできる時期）では，「［条件としての解釈宣言に関するガイドラインの規定］を害することなく」とすることで，「条件としての解釈宣言」を含めた規定ぶりとなっている。

国家と海洋の国際法（上巻）第 1 部 国際法／Ⅲ 国際立法

の解釈が受け入れられることを「条約への参加の条件とはしない[23]」ものであるという。言い換えれば，その解釈が受け入れられなくても，その国は条約に参加するというものであって，その意味で単なる解釈宣言は，それ自体としてはほとんど法的効果を伴わない宣言であるといえよう[24]。

これに対して，「条件としての解釈宣言」は，国の行う解釈に関する一方的宣言であって，当該解釈が受け入れられることが，当該国による条約への参加の条件となっており，「［条約に］拘束されることについての同意の表明と切り離すことができない[25]」ものであるとされる。この「条件としての解釈宣言」は，実行ガイドにおいて定義されており，ガイドライン 1.4（条件としての解釈宣言）の第 1 項が次のように規定する。

　「条件としての解釈宣言とは，国……が，条約への署名，条約の批准……の際に，条約または条約の特定の規定の特定の解釈を，条約に拘束されることについての自国……の同意の条件として（subjects its consent to be bound by the treaty to a specific interpretation of the treaty or of certain provisions thereof）表明する単独に行う声明をいう[26]。」

さらに実行ガイドは，ガイドライン 1.4（条件としての解釈宣言）の第 2 項において，「条件としての解釈宣言は，留保に適用される規則に従う[27]」と規定する。したがって，「条件としての解釈宣言」は法的には留保に該当し[28]，他方，「［単なる］解釈宣言」は留保ではなく，留保の法的効果を有さない，ということである。

両者には手続上の違いもある。1 つは宣言を行う時期に関するものである。

_____

(23)　Guide to Practice, Guideline 1.3, Commentary, para. 5.
(24)　もちろん，まったく法的効果を伴わないというわけではない。単なる解釈宣言は，条約解釈の際に考慮すべき要素となることがある。また，解釈宣言に対する他の締約国の反応（承認や反対）も，適当な場合には考慮するものとされる。Guide to Practice, Guideline 4.7.1.
(25)　Guide to Practice, Guideline 1.3, Commentary, para. 5.
(26)　Guide to Practice, Guideline 1.4, para. 1.
(27)　*Ibid.*, para. 2.
(28)　もちろん，留保と「条件としての解釈宣言」が完全に同一というわけではない。そもそも留保は，条約規定の法的効果を排除・変更することを意図したものであるのに対して，条件としてであれ，何であれ，解釈宣言は，条約（の規定）の意味や範囲を特定または明確化することを意図したものである。したがって，解釈宣言ではない留保も存在し，排除型の留保はその典型である。また，理論上は，「条件としての解釈宣言」は必ず留保に該当するということではなく，それが通常の解釈と異ならないのであれば，条約参加の条件であっても（法的効果を排除・変更しないので）留保には当たらないといえよう。

「条件としての解釈宣言」は留保に適用される規則に従うのであるから，留保と同様，条約への署名，批准，加入等の際にのみ行うことができるということになる（この点は実行ガイドでもガイドライン1.1（留保の定義）の第1項に規定されている[29]）。それ以降は留保を行うことができないため，その後に「条件としての解釈宣言」（留保）の必要性を認識した国は，いったん条約から脱退した後，そうした宣言を付して改めて条約に加入するという手続をとることになろう。自由権規約選択議定書との関係におけるトリニダード・トバゴの行動がそうした実践としてよく知られている[30]。

他方，「単なる解釈宣言」には留保規則が適用されないので，そうした縛りは基本的にない。実際，実行ガイドにおける解釈宣言の定義には，宣言を行う時期についての記載がない。さらに，ガイドライン2.4.4（解釈宣言を付することのできる時期）は，次のように明記する。「……［単なる］解釈宣言はいつでも付することができる」。

しかし，「単なる解釈宣言」が文字通り常にいつでも可能というわけではない。実行ガイドのガイドライン1.2（解釈宣言の定義）のコメンタリーにおいてもそのことは注記されており，「単なる解釈宣言」であっても，それをいつでも付するということが当該条約によって禁止されている場合にはできないし[31]，その修正も他の締約国が明示的に受諾したなどの場合にはできないとされる[32]。実際，ガイドライン2.4.7（遅れて付された解釈宣言）にはその旨の明文の規定が置かれている[33]。とはいえ，こうした例外的な場合を除き，単なる解釈宣言はいつでもできるのであり，その意味でかなり柔軟な制度である。

第2の手続上の相違は，条約法条約第23条2項および実行ガイドのガイドライン2.2.1（条約の署名の際に付された留保の正式な確認）にも定めるように，

---

(29)　Guide to Practice, Guideline 1.1, para. 1.

(30)　この点について，Rawle Kennedy v. Trinidad Tobago, Decision on Admissibility (2 November 1999), CCPR/C/67/D/845/1999, 31 December 1999, para. 6.2.

(31)　そのような例として，国連海洋法条約第310条やバーゼル条約第26条2項が挙げられている。Guide to Practice, Guideline 1.2, Commentary, para. 31, fn. 176. いずれにおいても，単なる解釈宣言であっても，それを行う時期を条約への署名，批准，加入等の際に限定している。

(32)　Guide to Practice, Guideline 1.2, Commentary, para. 31.

(33)　同ガイドラインは，「条約が，解釈宣言は特定の時期にのみ付することができると規定している場合には，国……は，それより後には当該条約に関して解釈宣言を付することができない。ただし，他の［すべての］締約国……が遅れて付された解釈宣言に対して異議を申し立てない場合は，この限りでない」と規定する。Guide to Practice, Guideline 2.4.7.

批准等が必要な条約の署名の際に付された留保は，批准等の際に正式に確認されなければならないが，こうした規則は単なる解釈宣言には適用されないという点である。この点も，実行ガイドのガイドライン 2.4.6（条約の署名の際に付された解釈宣言の確認の不要）において明文で規定されている[34]。

このように「単なる解釈宣言」は，基本的にいつでもできるし，署名時に行った宣言を批准時に正式に確認する必要もないことから，非常に柔軟で自由な制度であるということができる。問題は，ある宣言が「単なる解釈宣言」であるか，留保に該当する「条件としての解釈宣言」であるかの区別をいかにして行うかという点にある。とりわけ本稿でとりあげるトラテロルコ議定書のように，留保が明示的に禁止されている条約の場合には，この区別は極めて重要となる。その区別の結果次第で，当該宣言が当然に無効となる可能性があるからである[35]。

2 留保と解釈宣言の区別

留保が禁止されている条約に対して行われる宣言について，実行ガイドは次のような規定を置く。まず，ガイドライン 1.3.3（留保が禁止されている場合に付された単独の声明）において，

> 「条約がそのすべての規定またはその特定の規定に対して留保を行うことを禁止している場合，国……がそれらの規定について単独に行う声明は，留保を構成しないものと推定される（presumed）[36]」

と規定する。しかし同ガイドラインは，続いて次のようにも規定する。

> 「しかし，そうした声明は，国……が条約の特定の規定または条約の特定の側面に関して条約全体の自国……への適用上，その法的効果を排除しまたは変更することを意図している（purports to）場合には，留保を構成する[37]」（傍点引用者）。

したがって，条約に付された単独の声明が「単なる解釈宣言」であるのか，留保に該当する「条件としての解釈宣言」であるのかは，当該声明を行う国の

---

(34) 同ガイドラインは，「条約に署名するに際して付された［単なる］解釈宣言は，その後，国……が条約に拘束されることについての同意を表明する際に，確認することを要さない」と規定する。Guide to Practice, Guideline 2.4.6.

(35) 留保が明示的に禁止されてはいない条約であっても，留保が条約目的と両立しない場合には，同様の結果となる可能性がある。

(36) Guide to Practice, Guideline 1.3.3.

(37) *Ibid.*

「意図」によって決まるということになろう。

そうした理解が正しいことは，実行ガイドのガイドライン 1.3（留保と［単なる］解釈宣言の区別）においても確認できる。同ガイドラインが，「単独の声明が留保としての性格を有するか，［単なる］解釈宣言としての性格を有するかは，それを行うものが意図する法的効果（the legal effect that its author purports to produce）によって決まる」（傍点引用者）と規定しているからである⁽³⁸⁾。さらにガイドライン 1.3.1（留保と［単なる］解釈宣言の区別を決定する方法）が，「国……が条約について行う単独の声明が留保であるのか［単なる］解釈宣言であるのかを決定するには，当該声明を，それを行ったものの意図を確認する（identify ... the intention of its author）目的をもって，それが言及する条約に照らして与えられる用語の通常の意味に従い，誠実に解釈すべきである⁽³⁹⁾」と規定しており，これも同趣旨の規定である。いずれの規定も，関連する声明を付するものの意図に注目していることは明らかである。

しかし，概念上の区別とは異なり，具体的な声明について，当該声明が単なる解釈宣言であるのか留保であるのかを識別することは，場合によっては容易でない。ガイドライン 1.3（留保と［単なる］解釈宣言の区別）のコメンタリーが指摘するように，この区別は，「原則としてはかなり明確であるが，それを実践することは容易ではない。特に，国……は自らの意図を説明することがほとんどなく，ときにはその意図を偽装するために努力するし，用いられる用語はそれらの区別のための十分な基準とはならないからである⁽⁴⁰⁾」。

では，トラテロルコ議定書に対して付されたフランスの宣言はいかに評価することができるであろうか。この点を次に見ることにしよう。

3 フランスの意図

トラテロルコ議定書は，第 3 条において，核兵器の使用を無条件かつ全面的に禁止している。したがって，フランスの宣言がこの規定の自国への適用上，その法的効果を排除・変更することを「意図」していたならば，それは「条件としての解釈宣言」（＝留保）に該当することになる。フランスはその宣言の中で，自衛のために核兵器を使用する権利を主張し，それを議定書受諾の条件

---

(38) Guide to Practice, Guideline 1.3.

(39) Guide to Practice, Guideline 1.3.1. See also Guide to Practice, Guideline 1.3, Commentary, para. 5.

(40) Guide to Practice, Guideline 1.3, Commentary, para. 4.

国家と海洋の国際法（上巻）第1部 国際法／Ⅲ 国際立法

としているように思える。その点は，宣言において，自衛権の行使について言及した後に次のように述べていることからも窺われる。

　「このようにフランス政府によってなされた解釈宣言が，［トラテロルコ］条約または議定書Ⅱの一または二以上の締約国によって，全体としてまたは部分的に異議を申し立てられた場合には，それらの文書は，フランス共和国と当該異議申立国との間の関係において無効とする（shall be null and void）(41)」。

　この文言は，フランスがその解釈宣言が受け入れられることを，トラテロルコ議定書に拘束されることについての同意の条件としたことを示している。実際，実行ガイドのガイドライン 1.4（条件としての解釈宣言）は，そのコメンタリーにおいて，フランスの解釈宣言の上記引用部分を全体として引用した後，この宣言の「条件としての性格」は「争う余地がない（indisputable）」と述べている(42)。では，留保禁止条約に付されたこのような条件としての解釈宣言（留保）は，完全に無効であって法的に無の存在なのであろうか。もしそうでないとすれば，いかなる法的効果を有しうるのであろうか。

Ⅳ　留保禁止条約に付された留保の法的効果

1　実行ガイド

　こうした留保禁止条約に付された留保について，実行ガイドは，まず第3.3節(43)（留保の不許容（non-permissibility）の帰結）において，ガイドライン 3.3.1（不許容原因間の区別の無関係）が次のように規定する。

　「条約の規定による禁止にも拘らず付された留保や，条約の趣旨および目的と両立しないにも拘らず付された留保は，許容されない。これらの不許容原因の

---

(41)　UNTS, Vol. 936, p. 419.

(42)　Guide to Practice, Guideline 1.4, Commentary, para. 3.

(43)　実行ガイドでは，例えば「3.3」などとされているだけで，特に「節」という用語が使われているわけではないが，コメンタリーの中では，二つの数字で示されるものは「節（section）」として言及されている。See, e.g., Guide to Practice, Section 1.6, Commentary, paras. 1-3. もっとも，2つの数字で示されているものの中には，見出しのみの場合と具体的な規定も付帯している場合とがあり，本稿では，前者の場合には「節」，後者の場合には（例えば具体的な規定を付帯する「1.1」の場合に「第1.1節の規定」などとすると，当該節に含まれるすべての規定（1.1.1~1.1.6）を指すとの誤解を招く恐れがあるので）「ガイドライン」（例えば上記の場合には「ガイドライン 1.1」）として言及することとしたい。なお，実行ガイドにおける見出しの分類規則は，「1」の類は「部（part）」，「1.1」の類は「節（section）」，1.1.1 の類およびそれ以上に細分化された規定は「ガイドライン（guideline）」となっている。

294

帰結の間に区別を設ける必要はない[44]」。

同様に，第 4.5 節（有効でない（invalid）留保の帰結）との関係で，ガイドライン 4.5.1（有効でない留保の無効（nullity））が次のように規定する。

「実行ガイドの第 2 部および第 3 部に定める形式的な（formal）有効性および許容性の条件[45]を満たさない留保は，無効であり（null and void），したがっていかなる法的効果も有しない（devoid of any legal effect）[46]」。

続いて同節のガイドライン 4.5.2（有効でないと考えられる留保への反応）の第 1 項が，次のように規定する。

「有効でない留保の無効（nullity of an invalid reservation）は，締約国……による異議や受諾には依存しない（not depend on）[47]」。

要するに，禁止されている留保は許容されず，それゆえたとえ他の締約国によって受諾されても無効だということである。

同時に，実行ガイドにはもう 1 つ，本稿の観点から極めて重要な規定が置かれている。それはガイドライン 3.3.3（留保の個別的受諾の留保許容性に対する無効果）であり，次のように規定する。

「許容されない留保の締約国……による受諾は，当該留保の不許容性に影響を与えない（Acceptance of an impermissible reservation by a contracting State ... shall not affect the impermissibility of the reservation）[48]」。

一見したところ，この規定は，許容されない留保は他の締約国による受諾があっても許容されず，完全に無効であると述べているように見える。しかし，この規定の表題が「留保の個別的受諾（individual acceptance）の留保許容性に対する無効果」（傍点引用者）としている点に注目しなければならない[49]。単に「受諾」の無効果とはせず，「個別的受諾」の無効果としていることからは，

---

(44)　Guide to Practice, Guideline 3.3.1.
(45)　第 2 部では，留保の形式的な有効性の条件として，書面によること（ガイドライン 2.1.1），批准を条件として条約に署名する際に付された留保の批准時における正式な確認の必要性（ガイドライン 2.2.1）などが規定され，第 3 部では，留保の許容性に関して，条約法条約第 19 条の規定内容が詳細に明確化されている。
(46)　Guide to Practice, Guideline 4.5.1.
(47)　Guide to Practice, Guideline 4.5.2.
(48)　Guide to Practice, Guideline 3.3.3.
(49)　ガイドラインそのものでも，「許容されない留保の締約国（a contracting State）……による受諾」として，「締約国」が単数であることも同様に注目すべきかもしれない。

国家と海洋の国際法（上巻）第1部 国際法／Ⅲ 国際立法

「集団的受諾」であれば，何らかの効果が生ずる可能性があることを示唆しているからである。

　実際，このガイドラインのコメンタリーは次のように述べる。すなわち，一方で，「許容されない留保の個別的な受諾（[i]ndividual acceptance）は，たとえ明示的なものであっても，それ自体として，この不許容という帰結に対して何らの効果も持たない[50]」（パラ6）としつつ，他方で，「ただし，許容されない留保の集団的な受諾（collective acceptance）が可能かという問題は残る（question remains）[51]」（パラ8）と述べる。

　こうした事態が発生する可能性は，条約法条約の起草過程においても認識されており，特別報告者ウォルドックの1962年の第1報告書は，条約によって禁止されまたは排除されている留保を行うといった「例外的な場合[52]」を想定して，そうした場合について，「他のすべての関係国（all the other interested States）による事前の同意」を求める提案を行っていた[53]。この提案は，トゥンキン委員やカストレン委員などからの詳細すぎるといった反対もあり[54]，ILCの草案には盛り込まれなかった経緯がある。

　ガイドライン3.3.3（留保の個別的受諾の留保許容性に対する無効果）のコメンタリーは，そのような事態を全会一致による留保条項の「改正」の合意と解釈する可能性を示唆した[55]（パラ10）のち，「極めて困難な問題」があるとし[56]，

---

(50)　Guide to Practice, Guideline 3.3.3, Commentary, para. 6.

(51)　*Ibid.*, para. 8.

(52)　First Report on the Law of Treaties, by Sir Humphrey Waldock, Special Rapporteur, 26 March 1962, *Yearbook of the International Law Commission, 1962*, Vol. II, p. 65, para. 9.

(53)　ウォルドックの第1報告書に定める第17条1項(b)案参照。Ibid., p. 60. なお，前任の特別報告者のフィッツモーリスは，禁止されている留保は排除され受諾できないと推定するとの立場であった。Report on the Law of Treaties, by G.G. Fitzmaurice, Special Rapporteur, 14 March 1956, *Yearbook of the International Law Commission, 1956*, Vol. II, p. 115, Article 37(3). See also Guide to Practice, Guideline 4.5, Commentary, paras. 4-5.

(54)　*Yearbook of the International Law Commission, 1962*, Vol. I, p. 140, paras. 16-20 (Tunkin); *ibid.*, p. 143, para. 68 (Castren).

(55)　Guide to Practice, Guideline 3.3.3, Commentary, para. 10. See also D.W. Greig, "Reservations: Equity as a Balancing Factor?", *Australian Year Book of International Law*, Vol. 16 (1995), pp. 56-57.

(56)　具体的には，条約法条約第20条5項に定める12カ月間の沈黙を受諾とみなすとの規則との関係で，他のすべての締約国が12カ月間異議を申し立てないことは，留保条項を改正する全会一致の合意と同じなのかという問題があるとし（Guide to Practice, Guideline 3.3.3, Commentary, para. 10)，これについては，締約国による沈黙は，留保

「十分に確立した規則がない中で，この問題は，いずれにせよ厳密な意味での留保の問題というよりも，条約の改正ないし修正という一般的な問題により関係しており」，特定の立場をとらない方が良いと考えるとして[57]（パラ13），この問題に対して明確な結論を提示することを回避している。

2 関連する先例——連盟規約に対するスイスの留保

この問題はどのように捉えるべきなのであろうか。たしかに実行ガイドのコメンタリーのいうように，許容されない留保の集団的（全会一致の）受諾を，留保禁止規定の改正に関する合意と考えることも不可能ではないかもしれない。なぜなら，締約国は原則として（強行規範に反しない限り）いつでも合意によって条約を改正する権利を有しているからである[58]。

もっとも，改正手続を定める条約の場合には（トラテロルコ議定書には改正条項はない），改正はその手続に従って行う必要がある（条約法条約第39条）。また，とりわけ改正について国内の議会による承認を必要としている国の場合，それを迂回することは条約締結（改正）における民主的統制の観点からも問題であろう。

加えて，この「改正」と通常の意味における条約の改正とを混同すべきでは

の許容性に関して一定の立場をとっていることを必ずしも意味しないという。またそうした沈黙は，当該締約国に対して留保が援用されるかもしれないことや，当該国が将来においてその留保に異議を申し立てないという約束を行ったことを意味するのがせいぜいであるという。いずれにせよ，異議が申し立てられなかった留保の許容性について，監視機関（ICJであれ，仲裁裁判所であれ，人権条約機関であれ）が評価を行うことができないとはいえないという。Ibid., para. 11.

(57)　*Ibid.*, para. 13. なお，特別報告者のペレは，2005年の第10報告書において，この問題について，遅れて付された留保の場合と同様の処理として，条約の禁止する留保ないし明確に条約の趣旨および目的に反する留保は，寄託者と十分に協議した後，「他のいずれの締約国も……反対しない場合を除き」，付することができない，といった方式にする可能性を示唆していた。Tenth Report on Reservations to Treaties, by Mr. Alain Pellet, Special Rapporteur, *Yearbook of the International Law Commission, 2005*, Vol. II, Pt. 1, p. 189, para. 206. See also Alain Pellet and Daniel Müller, "Reservations to Treaties: An Objection to a Reservation is Definitely not an Acceptance", in Enzo Cannizzaro (ed.), *The Law of Treaties Beyond the Vienna Convention* (Oxford U.P., 2011), pp. 55-56. Cf. Lilly Sucharipa-Behrmann, "The Legal Effects of Reservations to Multilateral Treaties", *Austrian Review of International and European Law*, Vol. 1 (1996), pp. 78-79.

(58)　この点は，条約法条約第39条に言及しつつ，ガイドライン3.3.3（留保の個別的受諾の留保許容性に対する無効果）のコメンタリーでも指摘されている。Guide to Practice, Guideline 3.3.3, Commentary, para. 10.

ない。というのも，本件は，他の条約締約国が特定の締約国との関係において
のみ，条約規定からの逸脱を認めることに合意するという場合だからである。
その意味では，「改正」はこうした事態を説明する最も適切な用語ではないよ
うに思える。おそらく，特定の事態における「特別な扱い」と説明する方が，
事態をより正確に表現することになるであろう。

　このような特別扱いは，決して珍しいことではない。そうした例としてしば
しば言及されるのが，国際連盟規約との関係でスイスが行った中立に関する留
保と，それに対する連盟理事会の対応である[59]。国際連盟規約はその第1条に
おいて，「本規約附属書列記ノ署名国及留保ナクシテ本規約ニ加盟スル該附属
書列記ノ爾余諸国ヲ以テ，国際連盟ノ原連盟国トス」（傍点引用者）として留保
の禁止を定めている。国際連盟は，集団安全保障制度を採用した最初の国際機
関として，加盟国に対して，軍事制裁に参加する軍隊のその領土内通過を認め
ることを義務づけていた（第16条3項[60]）。

　ところがスイスは，その永世中立の地位との関係で，連盟加盟に際して以下
のような条件を付した。すなわち，連盟に対して，同国の領土の不可侵を認め，
軍隊の同国領土の通過を禁止する決議を採択するよう求めたのである。こうし
た条件が規約と両立しないのは明らかであったが，連盟理事会はこうしたスイ
スの留保を認容し，同国の制裁参加義務に対する制限を認めた。

　これを連盟規約第1条の「改正」と考えるのは困難であろう[61]。同様に，留
保が禁止されているトラテロルコ議定書に対するフランスの宣言を受けた他国
の反応（無反応）をもって，同議定書が「改正」されたと考えるのも困難（さ
らに困難）だといえよう。なお，スイスの例は連盟理事会という機関の決議に
よる特別扱いであって，他の締約国の全会一致による特別扱いの例でもない。

---

(59)　スイスの例は，実行ガイドのガイドライン3.3.3（留保の個別的受諾の留保許容性に
　　対する無効果）のコメンタリーにおいても言及されている（ただし扱いはやや消極的で，
　　この「先例」は慣習的規範の存在を証明する助けとはならないとする）。Ibid., para. 12.
　　See also M.H. Mendelson, "Reservations to the Constitutions of International
　　Organizations", *British Year Book of International Law*, Vol. 45 (1971), pp. 140-141.
(60)　連盟規約第16条3項は，「連盟ノ約束擁護ノ為協力スル連盟国軍隊ノ版図内通過ニ
　　付必要ナル処置ヲ執ルヘキコトヲ約ス」と規定する。
(61)　実際1920年には，ルクセンブルクがその加盟申請に付していた中立にかかる留保
　　を連盟総会によって撤回させられたし，1925年には，ドイツが制裁参加免除に関する留
　　保を行うことを連盟理事会によって拒否されている。Mendelson, "Reservations to the
　　Constitutions of International Organizations", p. 140.

V トラテロルコ議定書に付された「条件としての解釈宣言」の法的効果

1 黙認の法的効果

連盟規約との関係におけるスイスの留保とは異なり，トラテロルコ議定書との関係におけるフランスの宣言（留保）には，明示的な受諾があるわけではない。単に異議申し立てがなかっただけである。

条約法条約に定める留保に関する手続によれば，その第20条5項が規定するように，留保の通告を受けてから12カ月以内に（または条約に拘束されることについての同意を表明する日のいずれか遅い日までに）異議を申し立てなかった場合には，当該留保は当該国により受諾されたものとみなされることになっている。

しかし，通常の留保に関するこの規定が，許容されない留保にそのままの形で適用可能とは思えないし，この規定が慣習法を反映しているとも考えられていない[62]。とはいえ，だからといって他の締約国が，許容されない留保に対して何十年もの間沈黙を保った後，突如として異議を申し立てることが許されるとすれば，条約関係の安定性は保たれないし，宣言を行った国が自国の宣言は受け入れられたと考える，ある種の「期待権」も毀損されることになろう。換言すれば，何十年にもわたって抗議が行われなかったことで，留保国が自国の（客観的には許容されないと思われる）留保が他の締約国によって黙認されたものと想定することは，必ずしも不合理ではなかろう。

実際，ICJ の判例によれば，沈黙や無反応は，「紛争」の存在認定との関係で法的効果を有するものとみなされてきたし[63]，それ以上に，領域主権の移転という法的効果さえ生むことがあるとされてきた。沈黙をもって領域主権の移転を認めた2008年のペドラ・ブランカ事件判決において，ICJ は次のように

---

(62)　See Guide to Practice, Guideline 2.6.12, Commentary, paras. 4–6. See also Christian Walter, "Article 20: Acceptance of and Objection to Reservations", in Dörr and Schmalenbach (eds.), *Vienna Convention on the Law of Treaties*, 2nd ed., p. 335.

(63)　See, e.g., *Application of the Convention on the Prevention and Punishment of the Crime of Genocide (The Gambia v. Myanmar)*, Preliminary Objections, Judgment, *ICJ Reports 2022*, para. 71; *Obligations concerning Negotiations relating to Cessation of the Nuclear Arms Race and to Nuclear Disarmament (Marshall Islands v. India)*, Jurisdiction and Admissibility, Judgment, *ICJ Reports 2016*, para. 37; *Application of the International Convention on the Elimination of All Forms of Racial Discrimination (Georgia v. Russian Federation)*, Preliminary Objections, Judgment, *ICJ Reports 2011 (I)*, paras. 30, 37.

述べている。

> 「一定の事情の下では，領域に対する主権も，主権を有する国が他方の国による主権者としての行為に反応しない結果として，移転するかもしれない。……反応しないことで黙認とされることは十分ありうる（may well amount to acquiescence）。黙認の概念は，『他方当事者が同意……と解釈することのある一方的行為によって示される黙示の承認（tacit recognition）に等しい』。つまり，沈黙もまた語ることがある（silence may also speak）が，それは他方の国の行為が反応を求めている場合においてのみである[64]」

こうした判例に照らせば，そしてフランスの宣言がトラテロルコ条約の締約国にとって，まさに条約の核心にかかわる実質的な留保であったことに鑑みれば，この問題に対する結論は次のようなものになるように思える。すなわち，フランスがトラテロルコ議定書に対して行った「解釈宣言」の法的効果は，実質的には，その後長期にわたる関係締約国の沈黙によって，有効な留保とほとんど異ならないものとなったと考えることができるように思える。

2　トラテロルコ条約体制の特殊性

以上の結論については，さらに精確を期するため，トラテロルコ条約の特殊な性格について若干補足することが有益であろう。それは非核兵器地帯条約システムに共通する特殊性でもある。

フランスが宣言を付したトラテロルコ議定書は，厳密にいえば，ラテンアメリカとカリブ地域を非核化したトラテロルコ条約とは別条約である。トラテロルコ「条約」が，基本的にラテンアメリカとカリブ地域の諸国に対して開かれた条約である（第26条）のに対して，トラテロルコ「議定書」は，基本的に核兵器国に対して開かれた条約であって[65]，両条約の締約国は相互にまったく異なる。それゆえ，宣言（留保）を行った国（核兵器国）とそれを黙認してきた国（地域諸国）は，同じ条約の締約国ではなかった。このように留保国とそれに反応することが期待される国が同一の条約の締約国ではないという事態は，条約法条約を含む条約法が想定しているものではない。しかし，トラテロルコ条約とトラテロルコ議定書は，非核兵器地帯条約の特殊な性格ゆえに，単一の条約体制（条約システム）を構成していると捉えることができる。

---

(64) *Sovereignty over Pedra Branca／Pulau Batu Puteh, Middle Rocks and South Ledge (Malaysia／Singapore)*, Judgment, *ICJ Reports 2008*, para. 121.

(65) 厳密にいえばNPT上の5核兵器国に限定されない点は，注(12)で既述のとおりである。

非核兵器地帯条約の議定書の有する特殊な性格は，以下のような事実によっ
ても確認することができる。第1に，トラテロルコ議定書の発効条項（第5
条[66]）によれば，同議定書は1カ国のみの批准で発効することとされている
（他の非核地帯条約の議定書も同様[67]）。これは，他のほとんどの多数国間条約と
は異なる発効条項である[68]。

多数国間条約の発効には，少なくとも2以上の国[69]による批准等が必要と
されるのが通例である。これは条約というものが，通常は国家相互間の「合
意」（条約法条約第2条1項(a)）である以上，当然のことである。したがって，
トラテロルコ議定書の発効条項が，1カ国のみの批准で発効するとしているこ
との意味は，次に述べる点（第2に）からしても，トラテロルコ議定書を批准
することによって当該批准国は，議定書以外の条約（トラテロルコ条約）の締
約国との関係で相互的な権利義務関係を設定することになると考えられている
ということになろう[70]。それほどにトラテロルコ条約とトラテロルコ議定書の
関係は，単一の条約システムともいえるほど密接な関係にあるのである。

第2に，トラテロルコ「議定書」に対して行われた核兵器国による宣言の中
には，「議定書」上の義務の遵守について，トラテロルコ「条約」締約国が一
定の行為（例えば，他の核兵器国と同盟・連携した侵略行為[71]）を行わないことを

---

(66) 同条は，「この議定書は，これを批准した国について，そのそれぞれの批准書の寄
託の日に効力を生ずる」と規定する。

(67) ラロトンガ議定書2第7条，バンコク議定書第7条，ペリンダバ議定書I第7条，
セミパラチンスク議定書第7条参照。

(68) この点に関しては，必ずしも非核兵器地帯条約の議定書だけが例外というわけでは
ない。例えば，1977年のパナマ運河の永世中立と運営に関する条約の議定書（UNTS,
Vol. 1161, p. 203）第3条参照。

(69) 条約にもよるし，作成の時期にもよるが，50カ国，60カ国など多数の国による批准
等が発効要件とされることも少なくない（国連海洋法条約は60カ国，核兵器禁止条約
は50カ国である）。他方，人道法関連の条約の場合は，条約の普遍性よりも早期の発効
が優先される傾向があり，1949年のジュネーブ諸条約や1977年の追加議定書は2カ国
の批准等で発効するものとされている。

(70) ペリンダバ条約議定書Iの発効条項（第7条）はこの点がより明確であり，次のよ
うに規定する。「この議定書は，その批准書の寄託者への寄託の日または［ペリンダバ]
条約の効力発生の日のいずれか遅い日に，それぞれの国について効力を生ずる」。

(71) 例えば，ソ連がトラテロルコ議定書の署名時に行った宣言には，以下のものが含ま
れていた。「トラテロルコ条約の一または二以上の当事国がその非核の地位と両立しな
い行動をとる場合，および同条約の一または二以上の当事国が核兵器国を支援しもしく
は核兵器国と共同して侵略行為を行う場合には，ソ連は，それらの国の同条約上の関連
する義務と両立しないものとみなす。その場合には，ソ連は，追加議定書IIの下におけ
る自国の義務を再検討する権利を留保する（reserves the right to review its obligations
under Additional Protocol II）」（傍点引用者）。https://treaties.unoda.org/t/tlateloco_

国家と海洋の国際法（上巻）第１部 国際法／Ⅲ 国際立法

条件としているものがある。この事実もまた，条約と議定書の密接な関係を示すものである。

　繰り返しになるが，条約法上の規則やガイドラインからすれば，フランスの宣言をそれ自体として有効で許容される留保と考えるのは困難である。しかし，その宣言がまったく法的効果を有さないと考えることも，とりわけ実行ガイドのガイドライン3.3.3（留保の個別的受諾の留保許容性に対する無効果）およびそのコメンタリーに照らした場合，同様に困難であるように思える。後者の捉え方は，次に述べるトラテロルコ議定書の起草過程とも親和的である。

3　トラテロルコ議定書の起草過程

　トラテロルコ議定書の起草過程において，同議定書に対する留保を認めるか否かは，最も困難な問題の１つであった[72]。トラテロルコ条約とその議定書の交渉は，ラテンアメリカ非核化準備委員会（COPREDAL）において行われたが，交渉の最終段階において，メキシコが次のように述べた。我々は条約の議定書Ⅱにおいて核兵器保有国に対して，重大な義務（核兵器の不使用）を引き受けるよう要請しているが，一部の核兵器保有国はそうした義務を引き受けることに消極的である。それゆえ，基本的な義務に影響しないものであれば，核兵器保有国が留保を付して議定書を批准することを認めるべきである，と。しかし，一部の国は，この提案を受け入れなかった[73]。

　最終的にメキシコは，自国としてはなお上記提案の方式を希望するものの，合意が得られないのでこれ以上固執することはしないが，留保の禁止は，留保のような法的性格を有さない「解釈宣言」を核兵器保有国が行うことを排除してはいないと理解する，と述べた。COPREDALでは，この問題に関してこれ以上の討議は行われなかった。

　こうした経緯について，メキシコの主張した解釈宣言という方式が，「他のすべての代表団によって事実上受け入れられた」ようだ，といわれる[74]。その

---

　　p2/declarations.

（72）　John Robert Redick, *The Politics of Denuclearization: A Study of the Treaty for the Prohibition of Nuclear Weapons in Latin America*, Dissertation, Woodrow Wilson Department of Government and Foreign Affairs, August 1970, pp. 279-281; Pascal Boniface, *Les sources du désarmement* (Economica, 1989), p. 76.

（73）　アルゼンチン，ブラジル，ペルーなどである。Redick, *The Politics of Denuclearization*, p. 280; Boniface, *Les sources du désarmement*, p. 76.

（74）　Redick, *The Politics of Denuclearization*, p. 281.

後メキシコは，国連総会第1委員会において，核兵器保有国に対して解釈宣言を行うよう慫慂さえした[75]。このような展開について，レディックは次のように述べる。「解釈宣言を認めることの正味の帰結は，議定書の批准手続に核兵器保有国による留保のための非公式メカニズムを組み込む（inject）ということであった[76]」（傍点引用者）。こうした理解は，1996年の核兵器使用合法性事件・勧告的意見におけるICJの判断とも整合的である。

4 核兵器使用合法性事件・勧告的意見

ICJは，核兵器使用合法性事件の勧告的意見において，核兵器国が非核地帯条約の議定書に付した宣言について検討した。裁判所は，トラテロルコ条約に加えて，2番目の非核地帯条約として南太平洋を非核化したラロトンガ条約をも検討の対象とした。ラロトンガ条約では，その議定書2（以下，「ラロトンガ議定書」という）が核兵器の不使用について規定しているが，トラテロルコ議定書とは異なり，同議定書は留保を禁止していない。

裁判所は，まず，核兵器国がトラテロルコ議定書に付した宣言（声明）を列挙したのち，「これらの声明のいずれに対しても，トラテロルコ条約の当事国からのコメントや異議はない」と述べた[77]。さらに裁判所は，トラテロルコ議定書およびラロトンガ議定書に対する宣言に加えて，非核地帯条約の枠外において核兵器国が1995年のNPT延長の際に行った一方的宣言[78]にも言及したのち，次のように述べている。多くの国が特定の地帯（ラテンアメリカ，南太平洋）や特定の他国（NPT当事国である非核兵器国）との関係で核兵器を使用しない約束を行っているが，「この枠内においてさえ，核兵器国は一定の事情に

---

(75) UN Docs. A/C.1/PV.1511, 30 October 1967, para. 25; A/C.1/PV.1896, 17 November 1972, pp. 4-10. See also UN Docs. A/C.1/PV.1508, 26 October 1967, para. 17 (UK); A/C.1/1028, 15 November 1972, pp. 2-3 (China).

(76) Redick, *The Politics of Denuclearization*, p. 281.

(77) *Legality of the Threat or Use of Nuclear Weapons*, Advisory Opinion, para. 59 (a). 同様の指摘として，Alfonso Garcia Robles, "Mesures de désarmement dans des zones particulières: Le Traité visant l'interdiction des armes nucléaires en Amérique Latine", *Recueil des cours*, tome 133 (1971-II), p. 86; Hector Gros Espiell, "La signature du Traité de Tlatelolco par la Chine et la France", *Annuaire français de droit international*, tome 19 (1973), p. 142.

(78) これらの一方的宣言には，NPTの締約国である非核兵器国に対して核兵器を使用しないとの約束が含まれていたが，中国以外の核兵器国の宣言は，核兵器国と連携・同盟した侵略その他の攻撃の場合は例外であるとしていた。*Legality of the Threat or Use of Nuclear Weapons*, Advisory Opinion, para. 59 (c). なお，浅田『核不拡散と核軍縮の国際法』216-218頁参照。

おいて核兵器を使用する権利を留保して（have reserved）」おり，「これらの留保（reservations）は，トラテロルコ条約やラロトンガ条約の当事国からの異議申立ても，安全保障理事会からの異議申立ても受けなかった」[79]。

裁判所が「留保」という用語を用いたのは，留保を禁止しているトラテロルコ条約と留保を禁止していないラロトンガ条約を同時に扱ったからかもしれないが，精確にいえば，留保を禁止しているトラテロルコ条約との関係では「留保」という用語の使用は正しくなかろう[80]。しかし重要なのは，裁判所が，トラテロルコ議定書を含む文脈においてさえ「留保」という用語を使用し，真正の留保ともいうべきラロトンガ議定書への宣言[81]と区別することなく，両者を同列に扱ったという点である。このように裁判所は，トラテロルコ議定書に付された宣言を法的効果のないものとしてではなく，実質的には通常の留保に近いものとして扱ったということができる。つまり裁判所は，明示的に禁止されているにもかかわらず，トラテロルコ議定書に付された宣言をあたかも有効な留保であるかのように扱ったのである。このことは，法的には，本来は違法な留保を関係国が黙認した，と裁判所が理解した（意識的であるか無意識的であるかを問わず）ということになるように思える。

5 最近の動向

これで一件落着というわけではない。上記勧告的意見において，ICJ は，核兵器国による宣言は，トラテロルコ条約の当事国からの異議申立てを受けていないと述べていた。ところがその後，同条約の当事国から異なった意見が出されるようになっているからである[82]。例えば，ラテンアメリカ・カリブ諸国共

---

(79) *Legality of the Threat or Use of Nuclear Weapons*, Advisory Opinion, para. 62.

(80) もちろん，用いられている文言は当該宣言の性質を判断する決定的な要素ではないが，ソ連がトラテロルコ議定書の署名の際に行った宣言は，「再検討する権利を留保する」として，「留保」という文言を使っていた（前出）。ちなみに，ソ連によるラロトンガ議定書（留保を禁止していない）に対する宣言でも同様に「議定書の下で引き受けた約束を再検討する権利を留保する（reserves for itself the right to reconsider the commitments undertaken under the said Protocol)」という文言を使用している。https://treaties.unoda.org/t/rarotonga_p2/declarations

(81) 裁判所がラロトンガ議定書への留保について，条約の趣旨および目的との両立性の問題に言及することなく論じた点も注目される。

(82) 2010 年の NPT 再検討会議に提出された資料にも，ラテンアメリカ・カリブ地域核兵器禁止機関（OPANAL）が 2009 年 11 月の総会において，トラテロルコ条約の設定した非核の地位に影響を及ぼす一方的解釈を伴って条約の議定書ⅠおよびⅡを批准した核兵器保有国は，それらの一方的解釈を修正するか撤回するよう求める決議（CG/Res.515）を採択した旨が報告されている。NPT Doc. NPT/CONF.2010/4, 2 March

同体（CELAC）の加盟国は，2015 年の国連総会第 1 委員会において次のように述べた。

　「我々は，核兵器国に対して，トラテロルコ条約の議定書（Protocols）[83]に対するすべての解釈宣言（それは条約によって禁止されている事実上の留保を構成する）を撤回し，ラテンアメリカとカリブ地域の非核の地位（denuclearized character）を尊重し，それによって地域諸国に対する核兵器の使用の可能性を除去する助けとなるよう求める（urge）[84]」。

　このように CELAC 諸国は，核兵器国による解釈宣言を事実上の留保に当たるとして，その撤回を求めているのである。こうした声明からすれば，地域の諸国が核兵器国による事実上の留保を黙認していると理解することは，もはや説得的ではなくなったということになろう。

　しかし同時に，核兵器国がその宣言の利益なくして（つまり宣言のみが無効で議定書の批准は有効であるということになっても）トラテロルコ議定書の締約国に留まるということも考え難い。

　実行ガイドのガイドライン 4.5.3（条約との関係における有効でない留保を付したものの地位）によれば，その地位は留保国の表明する「意図による」（第 1 項）とされ，反対の意図が表明されるか，それが他の方法によって立証されない限り，「留保の利益なしに締約国……であると考えられる（it is considered a contracting State ... without the benefit of the reservation）」とされる（第 2 項）。

　しかし，関係核兵器国が留保なしでトラテロルコ議定書の締約国に留まることは考え難い。同ガイドラインは，第 1 項および第 2 項にかかわらず，有効で

2010, para. 5. より最近でも，OPANAL の加盟国が 2020 年 9 月に宣言を採択し，トラテロルコ条約の追加議定書 I および II に関し同条約の精神に反する解釈宣言を行った核兵器国に対して，この問題の解決を目的として OPANAL が行ったラテンアメリカ・カリブ地域の非核兵器地帯を構成する諸国に完全かつ明確な安全の保証を与える提案を検討するよう求めるとともに，トラテロルコ条約が適用される地帯の軍事的非核化の性格を尊重するよう求めた。CD Doc. CD/2208, 15 January 2021, Annex (“International Day for the Total Elimination of Nuclear Weapons (26 September 2020)”), para. 23.

(83) 「議定書（Protocols）」と複数になっているのは，トラテロルコ条約には二つの追加議定書があるからである。非核兵器地帯内に領域を有する域外国を名宛人として，地帯の非核化の規則の適用を定める追加議定書 I と，核兵器国を名宛人として，核兵器の不使用を定める追加議定書 II である。

(84) “Statement by Ecuador on behalf of the Community of Latin American and Caribbean States – CELAC – in the General Debate of the First Committee of the General Assembly of the United Nations, 70th Session, October 2015”, 12 October 2015, para. 13, at https://reachingcriticalwill.org/images/documents/Disarmament-fora/1com/1com15/statements/12October_CELAC.pdf

ない留保を付したものは,「留保の利益なくしては条約に拘束されないとの意図をいつでも表明することができる[85]」(傍点引用者)とする(第3項)。解釈宣言のみが無効であるとされて,核兵器国がトラテロルコ議定書から脱退するという事態を,トラテロルコ条約の締約国が望んでいないのも事実であろう。

こうしたことからすれば,ICJの勧告的意見の時期のように明確な形で法的な状況を説明することは困難であるにしても,最終的な結論は,先に述べたところと大きくは異ならないのではないかと思われる。こうした見方は,CELAC諸国が,関連解釈宣言はトラテロルコ議定書において禁止されている留保に当たるとしつつも,それにゆえに宣言のみ「無効」であるとは述べず,「撤回」を求めているに過ぎないというところからも窺われる。その意味では,法的な状況は,今日においても以前から根本的には変わっていないということができるのではなかろうか。

Ⅵ おわりに

以上,留保禁止条約に対して付された,実質的には留保に相当する解釈宣言の法的効果について検討した。本来,条約が留保を明示的に禁止している場合には,留保に相当する宣言を行っても無効であるということになるはずである。しかし,そうした単純な理解では解決できない問題がありうることは,条約法条約の起草過程においても認識されていた。ILCにおいて条約法に関する特別報告者であったウォルドックは,他のすべての利害関係国による事前の同意があれば,条約によって禁止されている留保も許容されうることを想定した提案を行っていた。その提案は,ILCにおいてさえ支持を得ることができず,条約法条約にも盛り込まれることはなかった。

しかし,留保禁止条約に対して実質的に留保に相当する宣言が行われることは稀ではない。よく知られているのが,国連海洋法条約(第309条で原則として留保や除外を禁止する)との関係で行われた,実質的に留保に相当する宣言である。それらは,しばしば「偽装された留保(disguised reservations)」と呼

---

(85) Guide to Practice, Guideline 4.5.3, para. 3. 同ガイドラインのコメンタリーも,決定的な要素は明らかに留保国の「意図」であり,留保国の意図がその条約当事国としての地位を評価する基準であるとし,したがって無効な留保を行った留保国には,留保の利益なくして条約が自動的に適用されるということではなく,同ガイドライン第2項に定めるように,そのように推定される(presumption)にすぎない,と述べる。Guide to Practice, Guideline 4.5.3, Commentary, paras. 31-32.

ばれる[86]。もっとも，国連海洋法条約との関係では，そうした偽装された留保に対しては，他の締約国による異議申立てが行われており[87]，その限りで問題は単純化できる。

より困難な問題は，留保禁止条約に対して行われる実質的に留保に相当する宣言に対して，他の締約国がまったく異議を申し立てない場合である。これが，トラテロルコ議定書との関係で長年にわたって続いてきた未解決の困難な問題であった。ICJ も核兵器使用合法性事件の勧告的意見において，同議定書に対する宣言を「留保」として扱い，しかもそれを留保禁止条約に対する「留保」であるにも拘らず，無効なものとしては扱わず，逆に，異議の申し立てがなかったことに言及することによって，無効な留保の黙認として扱ったように思える[88]。

しかし，ラテンアメリカ諸国がトラテロルコ議定書への宣言を「事実上の留保」と呼び，それらの撤回を求め始めたとき，そうした黙認という理解も正当化できなくなり，問題はさらに複雑なものとなった。もっとも，彼らの主張が宣言の撤回を求めるにとどまり，宣言の無効を主張していないこと（この点は国連海洋法条約に対する事実上の留保に対する異議申立てとは異なる[89]），そして，核兵器国にとって，宣言のみ無効の形で議定書の締約国にとどまるという選択肢は考え難いこと，さらに，その結果として核兵器国が議定書から脱退するという事態は非核兵器地帯構成国も望んでいないと思われることなどからすれば，現状はなお以前のままにとどまっていると考えるのが現実に最も近いのではないかと思われる。

---

(86) See L.D.M. Nelson, "Declarations, Statements and 'Disguised Reservations' with respect to the Convention on the Law of the Sea", *International and Comparative Law Quarterly*, Vol. 50, Pt. 4 (October 2001), pp. 767-786.

(87) 例えば下記のオーストラリアの例を参照。

(88) その意味では，「原理原則の問題として（on principle），条約が留保を禁止している場合，改正合意のみが留保を可能にすることになる。したがって，条約に規定された禁止を克服するには，他の締約国の側で，黙認以上のことが必要となる」というガヤの主張は，ICJ の捉え方とは必ずしも一致しないということになろう。Georgio Gaja, "Unruly Treaty Reservations", in *Le droit international à l'heure de sa codification: Etudes en l'honneur de Roberto Ago*, I (Giuffrè, 1987), p. 320.

(89) 例えば，フィリピンの宣言に対してオーストラリアは，「フィリピンの声明がいかなる法的効果（any legal effect）を有することも受け入れることはできない」と述べている。これに対してフィリピンは，自国の宣言は海洋法条約第310条に従って，自国の法令を条約の規定と調和させることを意図して行ったものであると反論している。https://treaties.un.org/pages/ViewDetailsIII.aspx?src=TREATY&mtdsg_no=XXI-6&chapter=21&Temp=mtdsg3&clang=_en

国家と海洋の国際法（上巻）第 1 部 国際法／Ⅲ 国際立法

　本稿で検討対象としたトラテロルコ条約議定書Ⅱに対する解釈宣言とそれに
対する関係国の対応は，ある意味では特殊な例といえるのかもしれない。しか
し，留保禁止条約がその後も多数作成されており[90]，そして今後も作成される
であろうことを考えれば，それに対して実質的には留保に相当しうる宣言を行
いたいと考える国も出てくるであろう。そうした国が実際にそうした宣言を行
い，それに対して他の関係国が長年にわたって異議を申し立てないといった事
態が生じた場合には，（それぞれの具体的な事情にもよるが）おそらく今後も本
稿で検討したような方向で理解せざるを得ないのではなかろうか。

（90）　留保を禁止する条約としては，本稿でも言及した国連海洋法条約（第 309 条），バー
　　ゼル条約（第 26 条）のほか，海洋法関連の条約として，深海底制度実施協定（第 2 条），
　　公海漁業実施協定（第 42 条），寄港国措置協定（第 30 条），BBNJ 協定（第 70 条）など，
　　環境法関連の条約として，オゾン層保護条約（第 18 条），モントリオール議定書（第 18
　　条），気候変動枠組条約（第 24 条），京都議定書（第 26 条），パリ協定（第 27 条），生
　　物多様性条約（第 37 条），南極環境議定書（第 24 条）など，人権法関連の条約として，
　　自由権規約第二選択議定書（第 2 条），拷問等禁止条約選択議定書（第 30 条），教育差
　　別禁止条約（第 9 条），奴隷制廃止補足条約（第 9 条）など，軍縮法および人道法関連
　　の条約として，化学兵器禁止条約（第 22 条），包括的核実験禁止条約（第 15 条），核兵
　　器禁止条約（第 16 条），対人地雷禁止条約（第 19 条），クラスター弾条約（第 19 条）
　　など，刑事法関連の条約として，国際刑事裁判所規程（第 120 条）などがある。

14 国際法委員会の作業に関する批判的考察
―― 強行規範に関する結論草案を中心に

村 瀬 信 也[1]

Ⅰ　は じ め に
Ⅱ　強行規範に関する結論草案
Ⅲ　法の一般原則に関する結論草案
Ⅳ　ロシアのウクライナ侵略と関連議題
Ⅴ　結びに代えて

Ⅰ　は じ め に

　筆者は 2009 年以降，国連国際法委員会（International Law Commission，以下，ILC）の委員を務め，2022 年は筆者にとって最後の会期であった。この年，ILC は，「一般国際法の強行規範」（Peremptory Norms of General International Law (*jus cogens*)）の議題を終了し，また，「武力紛争に関連する環境保護」（Protection of the Environment in relation to Armded Conflict）の議題も終了した。さらに「法の一般原則」General Principles of Law）の第 1 読も終了した。本稿は，これらのうち，「強行規範」の議題に焦点を合わせ，「法の一般原則」の議題にも触れつつ，ILC の作業の問題点を指摘したいと考える。「武力紛争に関連する環境保護」の議題については，「強行規範」に重なる限りで，最後に簡単に触れるにとどめたい。なお，本稿は，問題意識としては，先に公表した拙稿「慣習国際法の同定に関する国際法委員会結論草案の問題点」[2] と重なるので，併せてお読み頂ければ幸いである。また，強行規範の部分については，

---

(1)　上智大学名誉教授，元国連国際法委員会委員（2009-2022 年）。本稿は国際法に関する筆者の最後の（いわば遺言のような！）論稿であるため，やや行き過ぎた表現を用いている箇所があり，予めご寛恕をお願いしたい。

(2)　村瀬信也「慣習国際法の同定に関する国際法委員会結論草案の問題点」岩澤雄司・岡野正敬編『国際関係と法の支配』（小和田恒国際司法裁判所裁判官退官記念）（信山社，2021 年）441-465 頁。Shinya Murase, "Problems of the 2018 ILC Draft Conclusions on the Identification of Customary International Law", *Soochow Law Journal*, Vol. XIX, No. 2, 2022, pp.1-42.

『国家と海洋の国際法　柳井俊二先生米寿記念（上巻）』〔信山社，2025 年 2 月〕　　*309*

国家と海洋の国際法（上巻）第 1 部 国際法／Ⅲ 国際立法

拙稿（英語論文）[3]もご参照頂きたい。

　この「強行規範」に関する議題は，2015 年の会期で採択が決定し，南アフリカのディレ・トラディ（Dire Tladi プレトリア大学教授，2024 年より ICJ 判事）委員を特別報告者として作業を開始した。特別報告者は 2016 年から 2022 年にかけ 5 つの報告書を提出し[4]，2022 年，ILC は第 2 読で「一般国際法の強行規範（*jus cogens*）の同定と法的帰結（The Identification and Legal Consequences of Peremptory Norms of General International Law（*jus cogens*））に関する結論草案（draft conclusions）を採択した。同年，国連総会は第六委員会の審議を経てこれに「留意」（take note）[5]し，その作業を終了した。

　強行規範は，疑いなく，ILC が取り上げた議題の中でも最も重要なものの一つである。その重要さゆえに，筆者は，特別報告者と委員会による本議題の取り上げ方・方法に強い批判を投げかけてきた。そうした筆者の発言内容は，2016 年から 2022 年に至る期間の ILC の議事録に記録・公表されているが，本稿では，筆者の発言原稿の（要約ではなく）原文に即して，具体的に指摘しておきたいと思う[6]。ILC の審議過程は，特別報告者の報告書，全体会合の議事録，起草委員会委員長の報告，注釈に関する全体会合の議事録等によりかなり透明性の高いものとなっているが，それにも関わらず，委員会内部で全体をフォローしていないと理解が困難なことも少なくない。本稿では，そうした側面も踏まえつつ，出来る限り起草過程の実像に迫りたいと思う。

　強行規範には常に「一般国際法の」という修飾語が付いているように，一般国際法の概念と密着しているが，それはどこにも定義されていない。特別報告者によれば，この概念は「法の一般原則」と密接な関連を有するとされるが，果たしてその捉え方は正しいか，そのことが最も深刻な問題である。この点を

---

(3)　Shinya Murase, "Problems of the 2022 ILC Conclusions on *Jus Cogens*", *Chia-Jui Cheng, ed., New Trends of International Law: Festschrift for Judge Hisashi Owada*, Brill, 2024, pp. 292–313.

(4)　Dire Tladi, Special Rapporteur, First Report（A/CN.4/693, 2016）, Second Report（A/CN.4/706, 2017）, Third Report（A/CN.4/714, 2018）, Fourth Report（A/CN.4/727, 2019）, and Fifth Report（A/CN.4/747, 2022）.

(5)　総会決議 A/RES/77/103（2022 年 12 月 19 日採択）.

(6)　強行規範に関する村瀬発言録：2016 年 7 月 4 日（A/CN.4/SR. 3314）; 2017 年 7 月 4 日（A/CN.4/SR. 3369）; 2018 年 7 月 3 日（A/CN.4/SR.3418）; 2019 年 5 月 8 日（A/CN.4/SR.3459）; 2022 年 4 月 20 日　（A/CN.4/SR.3565）. ILC website: <https://legal.un.org/ilc/index.shtml>. 発言原稿原文は村瀬英語版ブログ参照：*Environs of International Law* <https://s-murase.blog/2019/11/17/murase-comments-on-jus-cogens-at-ilc-2016–2019/>.

解明するためには，まずもって「法の一般原則」の中身を確定する必要がある。そうした観点から，本稿では，「法の一般原則」に関する ILC 結論草案についても検討することとする。

　強行規範は，その違反が国家の責任に直結する問題であるが，それだけにとどまらず，国家の行為に加担した個人，とくに国際法専門家の，法的ないし倫理的な責任にも及ぶ問題である。本稿の最後では，明白な強行規範違反である 2022 以降のロシアのウクライナ侵略に触れつつ，そうした個人責任の問題にも触れたいと考える。

II　強行規範に関する結論草案

　この結論草案では，とくに，(1)強行規範の定義に当たり，ウィーン条約法条約の規定をそのままコピーして貼り付ける形で行われており，国家責任法の文脈での強行規範について全くこれが無視されていること，(2)強行規範の構成要素について，「基本的価値」(fundamental values)「階層的優越性」(hierarchical superiority)「一般国際法」(general international law) の諸概念が「循環論」(circular) 的に用いられ，「同義反復」(tautology) に陥っていること，(3)強行規範の違反についての法的帰結が不明確な点，さらに(4)強行規範の例示リストの中身について全く吟味されていないこと，さらに，(5)「結論草案」という最終形式の不適切など，幾つかの問題点を明確にしておきたい。

1　議題の範囲

　特別報告者は第 2 報告書（2017 年）で，当初の表題 *Jus Cogens* から「一般国際法の強行規範（*jus cogens*）」に変更した。筆者はこの変更に懸念表明した。新たな表題は，明らかに，ウィーン条約法条約 53 条からの引き写しである。同条は「締結の時に一般国際法の強行規範に抵触する条約は無効である。この条約の適用上，一般国際法の強行規範とは，同条はいかなる逸脱も許されない規範として，また，後に成立する同一の性質を有する一般国際法の規範によってのみ変更することのできる規範として，国により構成されている国際社会全体が受け入れ，かつ，認める規範を言う。」と規定する。また，同 64 条は「一般国際法の新たな強行規範が成立した場合には，当該強行規範に抵触する既存の条約は，効力を失い，終了する」と規定する。強行規範議題の表題として，このようにウィーン条約の規定をそのまま引き写すことは，この ILC における強行規範の議題が，ウィーン条約の枠組みの中で位置付けられているこ

国家と海洋の国際法（上巻）第1部 国際法／Ⅲ 国際立法

とを強く示唆することになってしまう，というのが筆者の懸念であった。

　もとより，強行規範の問題は，条約法の枠内にとどまるものではなく，国際
法全般に関わる問題で，とりわけ国家責任法が深く関係している。条約法の文
脈で強行規範が問題となるのは，ある条約が「上位規範」たる強行規範から
「逸脱」していると見做され，その帰結として「無効」となる場合である[7]。し
かるに，強行規範の違反として国家責任が問われる場合は，上位・下位の「階
層性」（hierarchy）や「逸脱」（derogation）が問題ではなく，強行規範とされ
る規範が，国際社会全体にとって第一義的に「重要な」規範か否か（primacy
of norms）という点である。特別報告者が挙げる国際判例を見ても，条約法上
の強行規範に関する事案よりも，国家責任に関する事案の方が圧倒的に多い[8]。

---

(7)　条約法の文脈での強行規範の効果（帰結）は，その条約の「無効」であるが，それ
にとどまらず，対世的義務の違反の場合には，国家責任の問題が生起すると指摘されて
いる。See Olivier Corten and Pierre Klein, eds., *The Vienna Conventions on the Law
of Treaties: A Commentary*, Oxford University Press, 2011, p.1233.

(8)　条約法上の強行規範に関する事案は，「核兵器使用合法性に関する諮問事件」（*Legality
of the Threat or Use of Nuclear Weapons*, Advisory Opinion of 8 July 1996, ICJ Reports
1996, para. 83）と「引き渡しか訴追かの義務に関する問題」（*Questions Relating to the
Obligation to Prosecute or Extradite* (Belgium v. Senegal), Judgment of 20 July 2012,
ICJ Reports 2012, paras. 99-100）の二件のみ。その他の事案は全て，集団殺害，拷問，
違法武力行使など，条約法ではなく，国家責任に関わる事案である。「ニカラグア事件」
（*Military and Paramilitary Activities in and against Nicaragua (Nicaragua. v. United
States)*, ICJ Reports 1986, para. 189），「逮捕状事件」（*Case Concerning the Arrest
Warrant of 11 April 2000, Advisory Opinions and Orders, Judgment of 11 April 2002*,
para. 58），「パレスチナ壁事件」（*Legal Consequences of the Construction of a Wall in
the Occupied Palestinian Territory*, ICJ Report, advisory opinion of 9 July 2004,
paras.159-160），「コンゴ軍事活動事件」（*Case Concerning Armed Activities on the
Territory of the Congo (New Application: 2002) (Democratic Republic of the Congo v.
Rwanda), Jurisdiction of the Court and Admissibility of the Application*, Judgment
of 3 February 2006, ICJ Reports 2006, paras. 64, 69, 78, 125），「管轄権免除事件」
（*Jurisdictional Immunities of the State (Germany v Italy: Greece Intervening)*, ICJ
Reports 2012, paras. 93, 95），「集団殺害禁止条約適用事件」*Case Concerning Application
of the Convention on the Prevention and Punishment of the Crime of Genocide (Bosnia
and Herzegovina v. Yugoslavia) Preliminary Objection, Judgment of 11 July 1996*, para.
31, *Judgment of 26 February 2007*, paras. 147-166, and *Case Concerning Application of
the Convention on the Prevention and Punishment of the Crime of Genocide (Bosnia
and Herzegovina v. Serbia and Montenegro), Judgment of 26 February 2007*, ICJ
Reports 2007, paras. 147-184; *Application of the Convention on the Prevention and
Punishment of the Crime of Genocide (Croatia v. Serbia)*, ICJ Judgment of 3 February
2015, para. 87 ; *Application of the Genocide Convention (The Gambia v. Myanmar,
Provisional Measures, Order of 23 January 2020*, ICJ Reports 2020, p. 3, p. 17, at para.
41).

したがって，本 ILC 議題の下で定義される強行規範は，少なくとも条約法と
国家責任法の双方について，その内容・性格・効力等に関しその違いを踏まえ
た上で，両者を統合的に包含する定義（integrated definition）でなければなら
ない，と筆者は訴えた[9]。

　2018 年の第 3 報告書で，特別報告者は，それまでの方針を一部改め，強行
規範違反の「効果と帰結」という文脈で国家責任に言及したが，筆者はそれ
では極めて不十分だと批判した。なぜなら，国家責任の問題は，強行規範の
定義，基準，内容等の全般に関わる問題だからである。条約法条約の文脈では，
強行規範は，条約の有効・無効の問題（invalidity）に限定されるが，国家責任
の文脈では，「国家の実際の具体的行動（the actual conducts of States *on the
ground*”）が問題となるのである[10]。しかし，筆者の提案は ILC の受け入れる
ところとはならず，表題も中身も基本的には条約法の文脈で進行することにな
り，ILC の作業において，その後，多くの混乱を引き起こす結果となった。

2　構　成　要　素

　ILC で採択された強行規範の結論草案テキストを見ると，強行規範の「性
質」（Nature 第 2 条），「定義」（Definition 第 3 条），「基準」（Criteria 第 4 条）には，
「基本的価値」（fundamental values），「階層的優位性」（hierarchical superiority），
「一般国際法」（general international law），「国により構成される国際社会全
体で受け入れられ認められた」（accepted and recognized by the international
community of States as a whole）などの語が繰り返し用いられている。これら
の概念の中身については，全く定義されておらず，抽象的なレベルで，空虚な
概念が循環している（circular）のみであり，完全な同義反復（tautology）と
なっているように見受けられる[11]。

　特別報告者が第 2 報告書で述べていることは，要するに，(1)強行規範は，国
際社会全体の「基本的価値」fundamental values を反映しこれを保護する，
(2)強行規範は，「国家で構成される国際社会全体により受け入れられ，認めら
れた」規範である，(3)強行規範は，「一般国際法」の「階層的優位な規範」で
あり，それからの「逸脱」は許されない，というものである。しかるに，特別

---

(9)　村瀬発言録 3 July 2018, A/CN.4/SR.3418.
(10)　同上。
(11)　特別報告者第 2 報告書 A/CN.4/706, 2017, paras. 18, 31 and 89. 村瀬発言録 4 July
　2017, A/CN.4/SR. 3369.

国家と海洋の国際法（上巻）第1部 国際法／Ⅲ 国際立法

報告者の説明によれば，これらの概念は，ICJ などの国際裁判所や国内の裁判所によって言及されたものだという。しかし，これらの裁判所は，各概念に「言及」するのみで，それを「説明」することはしない。周知のように，「裁判所は法を知る」（"*jura novit curia*," the courts know the law）の格言の下に，説明義務を持たないからである。もとより ILC は裁判所ではなく，その結論草案について詳細に説明する義務があるが，ILC はその責任を果たしていないということになる。

まず第1に，「基本的価値」fundamental values について，国内法であれば，それぞれの法の「根本規範」（*Grundnorm*）（民主主義，人権，平和主義，あるいは君主制，社会主義など，その国民が選択した価値）が「基本的価値」として前提とされる。しかし，これに対して，国際法の場合は，複数の価値の共存を前提としている法体系なので，主権国家が並立する国際社会においては，単一の価値を前提とすることができない。国際法の根本規範は「合意は拘束する」*pacta sunt servanda* という，具体的な価値からは乖離した規則だけである[12]。仮に国際社会で具体的な単一の価値基準の存在を主張するのであれば，主権概念との抵触をいかに回避できるかという課題を含めて，それには相当の論証が必要となる[13]。

第2に，特別報告者によれば，強行規範とは「国家で構成される国際社会全体により受け入れられ accepted，認められた recognnized」規範である，という。しかし，誰が「受け入れ」れば，誰が「認めれば」，良いのか？　特別報告者は，国家の「意見」opinion[14]や「態度」attitude[15]でそれを推認できると言うが，なぜ，通常の条約義務を受諾する際の国家の「同意」consent が求められないのか？　強行規範の義務は，通常の条約義務より一層重いはずだから，「同意」以上のコミットメントが必要ではないのか？　さらに，「国際社会全

---

(12) Carl Schmitt, *Verfassungslehre*, 1927, Chapter 7, pp. 70-71. 彼はこの書で，フェアドロスの「合意拘束」命題を厳しく批判した。Alfred Verdross, *Die Verfassung der Völkerrechtsgemeinschaft*, 1926. フェアドロスは 1957 年から 1966 年まで ILC のメンバーで，ウィーン条約法条約の強行規範条項の主要な提案者であった。

(13) 村瀬発言録 4 July 2017 A/CN.4/SR. 3369. なお，筆者は，「基本的価値」の語よりは，国家責任条文草案 12 条の注釈で用いられている「国際社会の死活的利益」vital interests of the international community や，（強行規範の）「基本的性質」fundamental character の表現（12 条・注釈第 7 項）の方が適当ではないかと述べたが，採択されなかった。

(14) 第 2 報告書結論草案 6 条 2 項。

(15) 第 2 報告書結論草案 7 条 1 項。

314

体」というのであれば，「すべての国家の」同意が必要ではないか？　特別報告者は，「大多数の国家」large majority of States の支持があれば十分であり，「すべての国家」である必要ない[16]，とする。これでは，敷居が極端に低くなってしまい，到底，強行規範の信頼性は維持できないであろう。

　第3に，最も深刻な問題は「一般国際法」の概念である。第2報告書でも，「一般的適用範囲」general scope of application（結論草案5条1項）に触れられている以外に，とくに説明はない。特別報告者は，「一般国際法」の概念について，コスケニーミ委員がまとめた「国際法の断片化」Fragmentation of International Law に関する研究部会報告の結論草案20条を引用しているが，その注釈51項，注6で明らかなように，同研究部会は「一般国際法」について一定の立場をとっているわけではない[17]。特別報告者（トラディ）は，この「一般国際法」は，慣習国際法のこと[18]，国際法の一般原則のこと，法の一般原則のこと，などと立場が一貫せず，最終草案でもその内容は不明のままである。法の一般原則については，節を改めて（Ⅲで）検討することにしたい。

　いずれにせよ，誰も神を見た人はいない。神はこういう姿をしていると，まことしやかに喧伝するのが宗教者だが，何千年も同じことを言われてくると，それに反論するのは難しくなり，それを否定するのは，罪人の烙印を押されて，社会で生きていくことが困難となってしまう。同様に，誰も「強行規範」を見た人はいない。強行規範はこういうものだと言われ始めたのは，つい最近のことである。「私は見た！」と何人かの国際法学者が強弁しても，それを信じて付いて来る人は，まだなかなかいないようである。ただ，強行規範の存在を否定すると，学界では，国際法の専門家としては生きていけないような強制力が働く。

　強行規範に関する言説は，我が国中世の「念仏踊り」に似ている。仏典の意味はよく分からなくても，念仏を唱えれば浄土に行けると言われた人々は，それを信じ，表に出て踊り狂った[19]。強行規範の場合も，「基本的価値」「一般国

---

(16)　第2報告書結論草案7条 村瀬発言録4 July 2017, A/CN.4/SR. 3369.

(17)　「国際法の断片化」研究部会報告書20条の注釈51項注6は「『一般国際法』の受け入れられた定義は存在しない。本結論草案の適用上は，『一般』の語が『特別』の語の対極にあるということだけで十分である」と述べるにとどまる。

(18)　第2報告書結論草案9条　特別報告者は，「2段階説」なるものを唱え，通常の慣習国際法が形成され（第1段階）たあと，それが，強行規範としての慣習国際法に昇華する（第2段階）と説明するが，何の論証も例証もされない。

(19)　念仏踊りに起源をもつ風流踊りは，2022年，「人類の無形文化遺産」（intangible Cultural Heritage of Humanity）としてユネスコに登録された。

際法」「階層的優越性」といった決まり文句を，マントラのように何度も繰り返し，歌ったり踊ったりするうちに，その存在を信じるようになる，ということであろうか。

3 法的帰結

特別報告者は第1報告書において，強行規範違反の法的帰結は，ウイーン条約法条約53条に規定されるように，違反とされたその条約の「無効」(null and void) であるとする。同条約71条は，その条約の無効の効果 (consequesnces of the invalidity of a treaty) について定めるが，これも条約の無効性に極限されている。特別報告者は2018年の第3報告書ではじめて部分的に法的帰結として国家責任に言及したが，その位置付けは二次的なものにとどまり，国家責任の履行が及ぶ範囲は（違反行為の除去に関する）「協力義務」および（違反行為の）「不承認・不支援」に限定され，「違反行為の中止」，「再発防止」，「回復」など，国家責任の履行・解除のための重要な方法が結論草案では無視されていることは，極めて遺憾なことと言わなければならない。

さらにまた，国家責任の履行に関して，対世的義務 (obligations *erga omnes*) の問題は，非被害国にも法的利益が認められるという意味で，重要である。もとより，すべての対世的義務が強行規範になるわけではない。この点で，特別報告者とILCには誤解があったように思われる。第3報告書で特別報告者は，結論草案17条1項で「……強行規範は，国家が国際社会全体に対して負う義務（対世的義務）を生じさせる」と提案し，採択されている。歴史的には逆である。伝統的な国際法上の義務は国家間の「相互的義務」であったが，今日では，人権関係の多数国間条約が増えたこともあって「対世的義務」は数多く存在する。しかし，それらが全て強行規範の義務になるわけではない。対世的義務の「一部」が，強行規範を生じさせる，というのが正しい。

4 例示リスト

特別報告者は第1報告書で，強行規範の「非網羅的・例示リスト」の作成を示唆していた。筆者はこの考えに賛成したが，リスト作成には慎重さ・注意深さが必要であると強調した。条約法条約は53条，64条の強行規範について，その例示をしていない。ILCは2001年の国家責任条文草案作成に当たって，

---

https://www.mofa.go.jp/mofaj/press/release/press3_001008.html 強行規範の場合は「世界危機遺産」(World Heritage in Danger) としての登録が適当であろうか？

例示リスト作成を断念している。尤も，1980年の特別報告者アゴーによる国家責任第1読草案では，19条3項の「国際犯罪」の例示として，侵略，自決権，奴隷制，集団殺害，アパルトヘイト，大規模な大気と海洋の汚染を列挙し，詳細な注釈を付していた[20]。

2022年にILCが採択した最終結論草案では，23条の「附属書」（Annex）という形で，非網羅的・例示的リストを添付することとなった。そこにリストアップされた強行規範の例は，「これまでILCで言及された」ものを，列挙するということになった。自ら検討するのではなく，これまでILCが過去の関連の作業で，偶々，強行規範として言及したものを列挙するという，極めて安易な方法をとったのである。こうしてリストアップされた強行規範の例は，次のようなものである。(a)侵略の禁止，(b)集団殺害の禁止，(c)人道に対する罪の禁止，(d)国際人道法の基本規則，(e)人種差別・アパルトヘイトの禁止，(f)奴隷制の禁止，(g)拷問の禁止 (h)自決権。(ILCで言及されたものと言いながら，上記の「大規模な大気と海洋の汚染」はリストに含まれていない。ILCでかつて「大気の保護」[21]の特別報告者を務めた筆者としては，大いに不満なところではある！）。そもそも，「主権平等原則」や「合意拘束」命題は，国際法の「根本規範」*Grundnorm* と言われているにも関わらず，何故にこれらが強行規範に含まれないのかという点も疑問である[22]。

筆者は，リストが「独り歩き」する恐れが大いにあり，ILCとして，このように拙速な作業で，強行規範のような重要な議題を処理すべきではなく，十分に時間をかけて検討すべきことを力説したが，残念ながらこれも受け容れられなかった。特別報告者は自分の個人的な理由で，採択を急いだのである。リストアップされた個々の項目について検討しておこう。

第1に「侵略」の禁止であるが，国際法にはいまだ確定的な「侵略の定義」がない。特別報告者は，「武力行使の禁止」を侵略の禁止と同視している[23]が，明らかに，侵略と武力行使は同義ではない。国連憲章39条1項は「侵略行為」に言及するが，その中身については定義していない[24]。1974年の29回国

---

(20) *Report of the ILC, 1976, Yearbook of ILC*, Part II (2), pp. 95-122. Commentaries to Article 19, paras. 17-18, p. 102.

(21) ILC Report on the work of the seventy-second session, 2021, A/76/10, Chapter IV, https://legal.un.org/ilc/reports/2021/

(22) 村瀬発言録 8 May 2019, A/CN.4/SR.3459.

(23) 特別報告者第4報告書 para.62,

(24) 憲章103条を根拠に武力不行使原則を上位法と捉える見解は，妥当とは言えない。

連総会 3314 号決議は「侵略の定義」と題されているが，この決議も侵略行為の実質については何も定義していない。2010 年の ICC ローマ規程も，「侵略犯罪」について，この 1974 年総会決議に言及するのみで，その中身については空白のままである[25]。こうして，強行規範としての侵略の禁止も，空語としか言いようがない。

第 2 に，「人民自決権」について，これを強行規範と認めることに反対は少ないが，対内的（internal）自決と対外的（external）自決との区別とその関係が不明確であるし，自決原則は「権利」を中心として構成されるものか「義務」を中心とするものかなど，未解決な問題も少なくない。加えて，自決権行使のためであれば武力の行使も許容されるか，といった「強行規範相互間の抵触」の問題もある[26]。

第 3 に，「奴隷制」についてはどうか？[27]　これも，そう単純ではない。かつて，国際法で禁止される奴隷制といえば，「奴隷貿易」として人が商品として取引される局面であった。しかし，今日では，「奴隷的処遇」（involuntary servitude 非自発的隷属など）という形で，奴隷概念の拡大傾向がある（大学院生が教授に奴隷的に酷使されている！など）[28]。強行規範として認められるためには，その適用範囲が適切に限定される必要がある。

第 4 に，「国際人道法の基本規則」については，まず，*jus in bello* を「国際人道法」と呼ぶことの問題性が指摘されよう。Jus in bello は，基本的に（そ

---

103 条は「義務」の抵触の場合に，他の条約上の義務よりも憲章上の義務が優越すると定めるのみで，憲章が他の条約に優位すると定めたものではない。103 条は単に「雑則」の規定として置かれていることからも，その過大評価は避けるべきである。See, Shinya Murase, "The Relationship between the United Nations Charter and General International Law regarding Non-Use of Force" in S. Murase, *International Law: An Integrative Perspective on Transboundary Issues*, Sophia University Press, 2011, pp. 277–287, esp. footnote 12 on p. 282.

(25)　「侵略の定義」に関する総会決議 3314（XXIX）は，2 条で「武力の『先制』行使は，侵略行為の『一応の』証拠となる」*"first use* of armed force" as *prima facie evidence* of aggression" と規定するのみで，実体的には，憲章 2 条 4 項を超えるものではない。

(26)　Joao Christófolo, *Solving Antinomies between Peremptory Norms in Public International Law*, Collection Genevoise, 2016.

(27)　第 4 報告書 para. 103.

(28)　筆者が ILC の会議で，「教授による大学院生の奴隷化」を例として（半ば冗談に）挙げたところ，国連事務局法典化部の法務担当官が，同部でも若手法律家をインターンとして無給で働かせているので，強行規範違反として批判されるかも知れないと真顔で心配していたのが印象的であった。同部の先輩としての私のアドバイスは，時々インターンの人達をランチに招くことで批判は回避できるのではないかという，やや的外れなものであった。

の軍事的必要性がある限り）敵の戦闘員を殺傷することを正当化する規則である。その意味で，決して「人道的な」法ではない。殺傷する場合に，一定の兵器や戦闘方法の使用を禁止し，殺傷を「人道的に」行うことを義務付けているに過ぎない。従って，*jus in bello* は「武力紛争法」law of armed conflict と呼ぶ方が適当と考えられる[29]。また，*jus in bello* の下では，文民に対する無差別攻撃は禁止されるが，その禁止は，予期される具体的かつ直接的な軍事的利益が認められる場合には，それとの比較においてのみ，限定的なものである。このように，*jus in bello* は「冷酷な法」である[30]。

第5に，集団殺害，拷問，人道に対する罪に関しては，強行規範に含めることについて強い反対はないであろう。しかし，その犯罪の規模や結果の深刻さという状況的要素が確定されないと，強行規範のレベルに昇格させることには，無理があるかも知れない。先にも触れたように，今日では，とくに人権法分野において，「進化的解釈」evolutionary interpretation 等を用いて，その適用範囲を広げようとする傾向があり，それによって強行規範の「インフレ」状況が見られるからである。

このように，強行規範の例示には，非網羅的とはいえ，慎重な検討が必要だったが，委員会は十分な審議も行わないまま拙速にリストアップし，付属書を採択してしまった。

5 最 終 形 式

ILC による強行規範議題の最終成果物は「結論草案」（Draft Conclusions）という形式をとることになった。筆者はこの形式に反対した。「結論」というのは，学会や研究部会の「内部的な了解」というニュアンスの言葉で，ILC のような機関が「対外的」に発する「規範的」な文書には相応しくない，というのがその理由である。この件については，すでに別稿[31]で論じた通りであるが，ILC における「結論草案」の拡散は，「慣習国際法」だけでなく，「条約解釈における事後の合意および実行」，「強行法規」，「法の一般原則」，「海面上昇」の各議題に及び，極めて深刻な問題である。ILC は本来，その最終形式は「条文草案」として纏められることになっており（規程20条），それは将来，外交会

---

(29) 村瀬信也・真山全共編『武力紛争の国際法』（石本泰雄先生傘寿記念論文集）（東信堂，2004年）参照。
(30) 「冷酷な法」については，後掲注(41)参照。
(31) 村瀬信也・前掲注(2)参照。

議を経て拘束力のある多数国間条約になることが予定されていた。ILC は，今や「歌を忘れたカナリヤ」のように，空虚な「結論草案」の生産に余念がない[32]。

Ⅲ　法の一般原則に関する結論草案

　前述のように，強行規範の定義や構成要素を確定する上で重要な要素は，「一般国際法」であったが，その中身は不明のままである。審議の過程では，これを「法の一般原則」とするという考え方が，強く示されていたが，そうした誤解が生じることになった背景には，強行規範の議題と並行して進んできた「法の一般原則」に関する議題の，これも誤った審議の影響が否定できない。そこで，この「法の一般原則」に関する審議過程を振り返っておくことにする。

　この議題は 2017 年に採択され，エクアドルの外交官バスケス・バミューデス Vasquez-Bermudez 氏が特別報告者に指名されて 2018 年から作業が開始，2023 年に第 1 読を終え[33]，2025 年に第 2 読を終了する予定である。

　2018 年に結論草案第 1 条「適用範囲」が採択されたが，それが「ボタンの掛け違い」であった。第 1 条は「この結論草案は，国際法の法源としての法の一般原則に関するものである」（The present draft conclusions concern general principles of law as a source of international law）と規定する。「国際法の法源としての」という文言が，間違いの源泉である。「法源」という言葉には，形式的法源（formal source 法としての存在形式，国際法の形式的法源は，条約と慣習国際法），実質的法源（material source 法の形成過程，国際法と呼ばれる規範がいかなる社会的・政治的・経済的要因から形成されるか，これには法社会学的検討が必要），司法的法源（judicial source 裁判所の適用法規）などがあり多義的であるが，特別報告者はどのような意味で法源の語を使っているかについて何ら説明なしにこの語を用いているからである。作業の全体から推測すれば，特別報告者はこの語を「形式的法源」と理解しているようである。しかしそれは大きな誤りである。

---

(32)　See Shinya Murase, "Concluding Remarks: Comments on the Working Methods of the International Law Commission: Some Issues", United Nations, *Seventy Years of the International Law Commission: Drawing a Balance for the Future*, Brill/Nijhoff, 2021, pp. 215-223.「歌を忘れたカナリヤ」は，裏山に生き埋めにされそうになったり，柳のムチで打たれそうになったり，最後は，泳げないのに月夜の海に小舟に乗せられて放置されるという残酷な運命が待っている，ILC もそのことを覚えておこう。

(33)　Report of the ILC, A/78/10, Chapter IV, pp.10f.

14 国際法委員会の作業に関する批判的考察 〔村瀬信也〕

　第1条で，あえて「法源」という語を用いるならば，「司法的法源」，すなわち，特定の裁判所（この場合，国際司法裁判所）の「適用法規」という意味であるならば，この結論草案の意味は何とか通じることになる。しかし，あえてこの語を用いる積極的意味は希薄で，「法源」という語は避けた方が賢明である。「本結論草案は，国際司法裁判所の適用法規としての法の一般原則に関するものである」とした方が，明快である。特別報告者は，第1条の注釈(1)で，はっきりと「本議題における法の一般原則の語は，ICJ規程38条1項(c)に規定される文明国が認めた法の一般原則に言及されるものを言う」[34]と明確に述べていることからも，首肯される。

　以上を前提として，ICJ規程38条1項(c)の「法の一般原則」を考察するならば，それは国内法原則を淵源とするものと捉えざるを得ない。ICJ規程も条約であるから，通常の条約解釈の方法に支配されるが，条約の条文は，「有意味に」解釈すべきという「有効性原則」the principle of effectiveness に服するのである。すなわち，38条1項は，ICJにおける適用法規として，(a)で国際条約，(b)で慣習国際法を援用すべきことを規定しているのであるから，(c)項の解釈として，(a)項と(b)項，（すなわち国際法原則）と重複することは許されず，従って(c)項は，(a)項，(b)項と矛盾しないよう，「国内法の原則」と解釈する他ないのである。「国際法の一般原則」や「一般国際法原則」は，(a)(b)のいずれかに属するものであり，(c)項に含めることはできない。

　それにもかかわらず，特別報告者は，国際法を淵源とする法の一般原則について，いくつかの結論草案を提案してきた。第3条（法の一般原則の類型）(b)項「国際法体系内で形成された法の一般原則」，第4条（国内法体系から生じる法の一般原則の同定）(b)項「国際法体系への転換」，第6条（国際法体系への転換の認定），第7条（国際法体系の内部で形成された法の一般原則の同定）など。これらの規定は，法の一般原則が国際法を淵源としているという前提で起草されているので，全く無駄な作業であると言わなければならない。

　こうしたことから，強行規範の構成要素の1つとされる「一般国際法」を，「法の一般原則」に求めることは，全く不可能ということが理解されよう。

---

(34)　Ibid. p.10. もっとも，規程38条1項(c)の注釈はすでに多くあり，ILCがこの条項を対象に作業を行うということなら，それは「注釈の注釈」を書くに等しい（writing a commentary on commentaries），と，筆者は皮肉を込めて，批判した。

国家と海洋の国際法（上巻）第1部 国際法／Ⅲ 国際立法

Ⅳ ロシアのウクライナ侵略と関連議題

　2022年のILC第73会期は，4月19日に開会，その日，議長に南アのディ
レ・トラディ（Dire Tladi）を選出し，その後，強行規範の審議が始まって，
トラディが特別報告者として彼の第6報告書を紹介した。2カ月前にロシアに
よるウクライナ侵攻が始まっており，議場には異様な緊張感があった。翌20
日，私はその議題の最初の発言者として以下のように述べた。

　　「ロシア連邦によるウクライナ侵攻が，強行規範違反であると指摘することは，
　難しいことではない。違法な武力行使，侵略，集団殺害，人道に反する罪，大
　規模人権侵害，人道法の基本的規則の違反，主権と自決権の侵害など，枚挙に
　遑がない。21世紀においてこのような残虐行為がこのような規模において行わ
　れるなど，信じがたいことである。私は1943年に生まれたが，1945年2月15
　日に，名古屋市にあった私の家が，米国のB-29爆撃機による空襲で焼かれたこ
　とを，朧げながら覚えている。私の家族は，他の幾百万の人たちと共に，文民
　に対する無差別攻撃の犠牲となった。私の家族はその後4年余り，国内避難民
　（internally displaced persons）だった。77年後に，同じようなことが起こるな
　どは，決してあってはならないこと。私は，ロシアの国家としての責任と，プー
　チン大統領及びその部下の人々の刑事責任が，強行規範違反として，関連の国
　際裁判所で裁かれるものと信じている。」[35]

　プーチン大統領の「部下」の中で，私が最も注目していたのは，ラブロフ外
相を支えているロシア外務省の「国際法専門家」のことであった。4月28日
の会議では，ILCのもう1つの議題である「武力紛争における環境保護」[36]の

---

(35)　村瀬発言録 20 April 2022. A/CN.4/SR. 3565, pp. 3-4. 筆者の幼少期における空襲体
　験等については，村瀬信也『国際法と向き合う――捨てる神あれば拾う神あり』（自伝，
　信山社，2022年）参照。周知のように，文民に対する無差別攻撃は国際法違反である。
　ケネディ，ジョンソン政権で，国防長官を務めたマクナマラ Robert McNamara は，第
　2次大戦当時，米空軍に属する参謀部員であったが，上司のルメイ将軍（General Curtis
　LeMay）が，「我々は二人とも，日本でのB-29の無差別攻撃について，戦争犯罪で起
　訴されていたかも知れないが，幸い，我々は勝者の側にいて，起訴を免れた」と述べた
　という。See <https://www.newyorker.com/magazine/1995/06/19/the-general-and-
　world-war-iii>. See also: <http://www.shoppbs.pbs.org/wgbh/amex/bomb/
　peopleevents/pandeAMEX61.html> and <https://www.npr.org/templates/story/
　story.php?storyId=106318407>.
(36)　この議題の構成について，筆者は，「武力紛争」との関連性が希薄だと批判してきた。
　特別報告者（Marie Jacobsson）は，武力紛争発生前，発生中，発生後の3段階に分け
　て原則草案を提示してきた（第2報告書 A/CN.4/685）が，筆者は，本議題の焦点は
　「発生中」の問題であるにも関わらず，発生前や発生後に多大なスペースを費やし，料
　理で言えば，スターターやデザートが盛り沢山で，メインディッシュが少ないと批判し

322

審議が始まり，私は再び，最初の発言者となって次のように述べた。

　「本議題はロシアのウクライナ侵略に密接に関係している。我々は皆，ロシアによるチェルノブイリその他の原子力施設に対する攻撃に大きな恐怖を覚えた。これらの攻撃は，ウクライナだけでなく，欧州全体さらにその他の地域に深刻な被害をもたらすものとなったであろう。ロシアは，このほか，ダムも攻撃し，水害を引き起こしたと伝えられている。また，ロシアは，化学兵器などの違法な兵器の使用も考慮していると言われ，もし使用されれば，環境に対する被害は計り知れないであろう。こうした行為は，武力紛争法と強行規範に対する明白な違反である。」

　「私は今回のウクライナにおけるロシアの行為と91年前，1931年の日本による満州での行為の間には，大きな類似性があるように思う。1931年9月18日，何者かが南満州鉄道の軌道に爆弾を仕掛け，80センチほどを爆破した（人的被害はなし）。日本政府は，これは中国軍が爆弾を仕掛けたことによるものとし，日本は自衛権を行使して対応すると声明。日本軍は数週間のうちに中国東北部を占領し，1932年2月には，傀儡国家の満州国を設立した。国際連盟のリットン委員会は，1932年10月，日本の主張する自衛権は根拠がないと認定した。第2次大戦後の極東軍事法廷では，鉄道爆破は日本軍参謀の石原莞爾の指示によるものと認定された。このように，満州事変は日本の『自作自演』（false flag attack）による『でっち上げ』（hoax）以外の何ものでもなかったのである。2022年のロシアのウクライナ侵攻は，1931年の満州での日本による違法行為の『再演』（replay）だったと言わなければならない。」

私はさらに続けて，国際法学者・専門家の責任について言及した。

　「しかし，この満州事変の時，勇気ある東京大学の国際法教授がいたことを，私は誇りをもって，指摘しておきたい。彼の名前は横田喜三郎（1896-1993）。鉄道爆破事件から2週間後，彼は東京大学新聞に寄稿し，日本の自衛権行使の主張には根拠がなく，日本は国際連盟の介入を受け入れる必要がある，と言明したのである。これは軍部を激怒させ，このため，横田は，1931年から1945年まで，「国賊」として数々の妨害・迫害を受けることになった。逆に戦後は，横田は「英雄」となって，東京大学法学部長，1956年には国連国際法委員会の委員に選出され，その後は，最高裁長官となった。」

　「この二カ月間，私は，ややナイーヴだったかも知れないが，ロシア国内で誰か横田のように国際法の名において発言する人が出てくるかも知れないと期待していた。横田は，当時冷戦の最悪の時期であったにも関わらず，国際法委員会でソ連出身の同僚・トゥンキン（Grigory Tunkin）教授と親交を結び，度々

───────────────

た（村瀬発言録 6 June 2015, A/CN4./3264, paras. 64-79）。特別報告者は，「日本の懐石料理（スターター，メインディシュ，デザートの区別なく，小さな皿が次々と出てくる）に従ったまで，と弁明していた。

国家と海洋の国際法（上巻）第 1 部 国際法／Ⅲ 国際立法

一緒にテニスをしたと聞いている。ウクライナで戦争が始まったこの 2 月以来，私は我々の同僚・ザガイノフ Evgeny Zagaynov 氏のことを考えていた。彼は外務省法律顧問の要職にあり，とても正当化できないことを正当化しなければならないという全く不可能な任務を遂行しなければならないという立場に置かれていたからである。私は彼にメール送って『貴殿は，献身的な国際法の専門家として，最大の誠実さをもって対応されていると信じている』と書いた後，1931 年の満州事変における横田の例を引き合いに出し，戦後は 1950 年代，国際法委員会でトゥンキン教授と親交があり，一緒にテニスを楽しんだことなども書き添えた。メールの最後に，『私はテニスはやらないが，私たちは引き続き良き友人であることを望んでいる』と結んだ。残念ながら，このメールに対する返事はなかったが，彼が元気でいることを祈っている。」（この時，ザガイノフ氏は委員会を欠席中。彼が出席するのは 5 月になってから）。

「私の個人的な感情は別として，ILC はロシアの目に余る国際法違反行為について，報告書の関連する全ての箇所で明確に指摘すべきものと考える。もとより我々は，委員会を『政治化』する意図はないが，ウクライナで起こっていることやその法的意味合いについて，知らないフリをすることは許されない。ILC は，これまでも，国際社会全体の差し迫った必要性（pressing need of the international community as a whole）に対して真正面から対応してきたとはいえず，ウクライナの事態に沈黙し続けるならば，ILC の役割は，一層小さいものになってしまう（marginalize）恐れがある。したがって私は ILC 報告書の強行規範に関する部分や本議題に関する部分，さらに継続審議となっている国家公務員の外国管轄権からの免除等に関する議題の部分に，ウクライナ侵攻に触れることを強く求める。」[37]

ザガイノフ氏は 5 月になって ILC に出席したが，私は彼の委員会出席について深く憂慮した。もとより ILC 委員は「個人資格」の委員として国連総会で選挙されており，彼は ILC に出席する権利がある。他方，ILC の本会議は，Webcast で全世界に公開されており，私も学生たちから，「先生の発言聞きましたよ」とか「ロシアの委員も出席しているのですね」と言ったメールを受け取っていた。彼が，たとえば，大学教授であれば，問題とすることでもないが，彼はウクライナ侵攻を法的に正当化することを任務としているロシア政府の法律顧問である。ILC は，ウクライナで起こっていることについて，見て見ぬふりを決め込むことはできない。そこで私は，ILC 議長（トラディ）に，穏便な形で，ザガイロフ委員に出席を差し控えるよう示唆してほしいと求めたが，こ

---

(37) 村瀬発言録 28 April 2022. A/CN.4/SR.3571, pp.10-12. ILC の報告書では，ウクライナ関連の総会決議が，目立たないよう，他の事件に関わる諸決議と並べて，注に引用されるに止まった。

324

れは完全に無視された。

サガイノフ氏は，休憩時間になるとサッと議場を出て，ロビーの片隅で携帯電話をしている。上司のラブロフ外相に助言しているのだろうと専らの噂だった。彼が「武力紛争に関連する環境保護」の議題について発言を始めたとき，私は，いたたまれず，抗議の意思を表すため，議場を退出した。しかし，私の後に続いて退席する委員は1人もいなかった。この瞬間，私は，これは「ILCの終わりの始まり」だ，と深い失望感を覚えた[38]。ザガイノフ氏はILCに再選され，少なくとも2028年まではILC委員としてとどまることになっている（彼は，その後，アセアン大使に転出したが，法律顧問時代の罪が消えるわけではない）。

V　結びに代えて

ILCをめぐる今日のこうした状況を，ILCの創設者・梁鋆立 Liang Yuen-Li[39]は，極めて嘆かわしいものと嘆息していることであろう。彼は，ILCの制度設計にあたり，国家代表ではなく，個人資格の専門家委員会とすることにこだわり，見事そのビジョンを実現した。15年にわたり，初代事務局長としてILCの審議をリードし，その黄金時代を築いたが，今日の凋落は想定外のことだったであろう。筆者自身も，最初の研究以来，半世紀以上，ILCの作業をフォローしてきた[40]。1980年代に国連事務局法典化部でILCを担当し，その後2009年以降はILC委員として活動してきたこともあり，今日のILCの姿は，残念としか言いようがない。

強行規範および関連の諸問題は，単に国家の責任に関する国際法上の問題に

---

(38)　朝日新聞GLOVE+ 2024年2月20日の村瀬信也インタビュー記事「ウクライナ侵攻，ロシアに対し国際法は「現時点で無力」それでも専門家が考える意義」https://globe. asahi.com/article/15165445　この記事は，ウクライナの北海道大学招聘教授 ミコラ・リャプチュク氏（社会学，ウクライナ・ペンクラブ名誉会長）によりウクライナ語で紹介されて，ウクライナ国内でも広く読まれているとのこと。

(39)　梁鋆立（1903-1979）は中国の外交官で27歳の時1930年のハーグ国際法法典化会議に参加，国連憲章の起草会議では13条a項の原案を提出，1947年のILC創設を主導し，1949年以降1964年まで，その初代事務局長を務めた。Shinya Murase, "China's Early Contribution to International Lawmaking with Particular Focus on the Role of Dr. Liang Yuen-li", *Peking Unversity Law Journal*, 1 February 2024. https://www. tandfonline.com/eprint/PZWGNH77VG7CP9HY47J9/full?target=10.1080/20517483. 2024.2304466sh

(40)　村瀬信也「国際法委員会における立法課程の諸問題」同『国際立法——国際法の法源論』（東信堂，2002年）213-247頁。同「国際法委員会の現状と将来の展望」同『国際法論集』（信山社，2011年）3-21頁など。

325

国家と海洋の国際法（上巻）第 1 部 国際法／Ⅲ 国際立法

とどまらず，国際法の学者・専門家の倫理的な責任，場合によっては法的な責任に及びうる深刻な課題である。故・山本草二教授が教壇でよく言っていたように，国際法は「冷酷な法」である[41]。国際法学者・専門家は，その「冷酷さ」を受け止めつつ，それと向き合うことが，宿命なのかも知れない。

　国際法の先人たちの中には，国際法の危機に直面して，果敢に闘い，迫害に耐え忍びつつ生きた人も多い（別稿[42]参照）。「国際法の父」ヒューゴー・グロチウスは祖国オランダを追われ，亡命先のパリで『戦争と平和の法』を執筆したことは広く知られている。実証主義の父 J.J. モーザーは，5 年間も独房で過ごしたが，解放されて亡くなるまでの 15 年間に数百冊の本を書いたと言われる。ハンス・ケルゼンもナチスの迫害を逃れて米国に亡命せざるを得なかったが，そこで彼は大部の『注釈 国連憲章』を完成させた。「東洋のケルゼン」と呼ばれた横田喜三郎も，満州事変に反対したため，亡命や入牢は免れたものの，戦前・戦中期には辛酸を味わうことになった。横田とも親交のあった中国の国際法学者・北京大学の王鉄崖（Wang Tieya）教授も，文化大革命の時期等には想像を絶する迫害に晒されたのである。驚くべきことは，これらの先人たちは，迫害を受けながらも，国際法について書き続け，それぞれの体系を完成させたことである。国際法をなりわいとして現代に生きる我々も，それらの偉大な先人たちに続いて行くことができるよう，願わずにはいられない。

---

(41)　山本草二教授は，筆者が参加した 1960 年代の国際基督教大学における講義で，国際法は「冷酷な法」であることを忘れてはならないと，たびたび強調していた。国際法は国家間の合意であり，国家は時として冷酷な存在だから，だと。これは，山本教授が青年時代「国家に裏切られた」という苦い経験が元になっているかとも思われる。「国際法の人道化」などというまやかしの言説に惑わされるな，とも言われ，我々学生は，これに大きな影響を受けた。

(42)　Shinya Murase, "The Role of International Lawyers in the Crisis of International Law: a personal observation", (Paper presented to the Taipei International Conference on International and Comparative Law, 29 March 2024), to be published in *Soochow Law Journal*, 2024 (forthcoming).

15 岐路に立つ国家責任条文
──総会第6委員会における最終形態をめぐる攻防

薬師寺公夫

Ⅰ　問題の所在──国家責任条文 に何が起こっているのか
Ⅱ　国家責任条文の最終形態をめ ぐる総会決議の到達点と問題 解決の模索

Ⅲ　国家責任条文の法的地位と国 際裁判所等による援用の意味
Ⅳ　むすびにかえて──問題解決 に向けて

Ⅰ　問題の所在──国家責任条文に何が起こっているのか

国連国際法委員会（ILC）は，2001年8月3日に「国際違法行為に対する 国家の責任に関する条文草案（Draft articles on responsibility of States for internationally wrongful acts)」（国家責任条文草案という）を最終採択し，9日に その註解全体を採択した[1]。しかし，この主題に関する国連の法典化及び漸進 的発達のための作業がこれで完了したわけではない。2001年以降，国連総会 第6委員会は，3年ごとに「国際違法行為に対する国家の責任」（以下，単に 「国家責任」と表現する場合がある）の議題の下に，ILCが採択した国家責任条 文草案の最終形態に関する審議を継続してきた。しかし，ILCが国家責任条 文草案を最終採択してから20年以上が経過した現在も，国家責任条文草案の 最終形態について結論を出すことができないまま審議を重ねており，今日にお いても問題が解決される見通しはたっていない。何が問題なのであろうか。

ILCは，国家責任条文草案を採択した際に，ILC規程の第23条に従って 「総会が国際違法行為に対する国家の責任に関する条文草案（draft articles）に 留意する（take note）こと，並びに，総会が条文草案（draft articles）を決議に

---

[1]　Text of the Draft articles on responsibility of States for internationally wrongful acts, and Text of the Draft Articles with Commentaries Thereto, Report of the ILC （A/56/10, 2001), *YbILC 2001*, Vol. II Part Two, pp. 26-30, para. 76 & pp. 30-143, para. 77.

『国家と海洋の国際法　柳井俊二先生米寿記念（上巻）』〔信山社，2025年2月〕　*327*

国家と海洋の国際法（上巻）第1部 国際法／Ⅲ 国際立法

附属させる（annex）こと」を勧告し，さらに，「総会が，後の段階において及び主題の重要性に照らして，国際違法行為に対する国家の責任に関する条文草案をこの主題に関する条約を締結する目的で審議するための全権代表の国際会議を開催する可能性を検討すること」を勧告した[2]。ILC が採択した国家責任条文草案の最終形態については，ILC 内部においても相当の議論があったが，ここでは次の点のみを確認しておく。諸国の異なる意見を反映して，ILC 内においては，国家責任条文草案の最終形態について，条約法条約などと同じく法典化条約を締結するための国際会議を招集すべきだという意見があった。他方，1963 年の方針転換から 40 年近くを費やしてようやく採択した国家責任条文草案を条約として採択しようとすれば，さらに多大な時間を要するだけでなく，条約採択及び発効の不確実性の問題に加え，強行規範の重大な違反の法的結果，被侵害国以外の国による責任の援用，対抗措置等について ILC 条文草案が到達した微妙なバランスを壊しかねないことについて強い懸念が表明され，むしろ国連総会がコンセンサス決議により条文草案に留意した上で，国際裁判所の決定，国家慣行，学説が条文草案を支持及び適用するプロセスの方が，慣習国際法規則の定着及び柔軟な発展にとってより現実的で効果的であるとする意見が，特別報告者を含めて強力に唱えられた[3]。そこで ILC は，妥協策として 1999 年 ILC の「国家承継に関する自然人の国籍に関する条文草案」に対して総会が採った対応の仕方にならうことにした。1999 年に ILC はこの草案を総会宣言の形式で採択するように勧告したが，総会第 6 委員会では宣言か条約かをめぐって諸国代表の意見が分かれた。このため総会は妥協策として，決議 55/153 において，「宣言の形態で提出された国家承継に関係する自然人の国籍に関する<u>条文</u>」（傍線筆者）に留意し，そのテキストを決議附属書に掲載すること，さらに国家承継に伴う国籍問題を扱う際に適当な場合には同条文を考慮に入れ，同条文の普及に努力するよう諸国に推奨することを決定すると同時に，4 年後の総会で「国家承継に関係する自然人の国籍」を暫定議題とすることを

---

(2) Report of the ILC（A/56/10, 2001），Chapter IV, *supra* note 1, p. 25, paras. 72-73.

(3) Fourth Report on State responsibility, by Mr. James Crawford, *YbILC 2001*, Vol. II Part One, pp. 6-7, paras. 21-26. 諸国の意見についていえば，セプルベーダ（Sepúlveda）の計算では，2000 年の第 6 委員会の発言では 19 カ国が条約化を支持し，8 カ国が非拘束的文書を支持した。他方，書面提出した 14 カ国中，条約化支持は 10 カ国，非拘束的文書支持は 4 カ国とされた（A/CN.4/SR.2671, *YbILC 2001*, Vol. I, p. 27, para. 11）。第 6 委員会の決議は原則としてコンセンサスによって議決される慣例である。

決定した[(4)]。この先例に依拠することによってILCは，国家責任条文草案の最終形態については，将来条約化のための全権会議開催の可能性を検討することを条件に，いわゆる２段階方式の勧告を総会に対して行うことを決定した[(5)]。

ところが2001年の国連総会は，ILCの勧告とは相当異なる次のような総会決議56/83を採択した。同決議によれば，国連総会は，「国際法委員会によって提出された国際違法行為に対する国家の責任に関する条文に留意し（takes note），そのテキストをこの決議の附属書に掲載し，並びに，国家責任条文（ARSIWAと表現する）の将来の採択（adoption）又はその他の適当な行動（other appropriate action）の問題に影響を及ぼすことなく，同条文に対する諸国政府の注意を勧奨し（commends）」，さらに，「第59会期（2004年）の暫定議題に『国際違法行為に対する国家の責任』と題する項目を含めることを決定する」（開催年は筆者の追加）と決議した[(6)]。この決議により，ARSIWAの法的地位又は法的性格は，かえってわかりづらいものとなっているように思われる。この決議文から明確なことは，① ARSIWAの最終形態については総会の審議結果に基づき諸国政府が何らかの最終的結論を出すまでは未決定の状態に置かれるということ，②現在のARSIWAは，ILCが最終採択した国家責任条文草案が，総会により「草案」の文字を外され，そのテキストが総会決議附属書に掲載される形で総会により「留意（take note）」され，諸国政府に勧奨（commend）されたものであるが，総会によりテキストが逐条審議されたものでも採択（adopt）又は承認（approve）されたものでもないということ，であろう。

①についていえば，少なくとも2000年以前にはILCが国際法の法典化作業の結果，条文草案を採択した場合には，ILC規程第23条１(d)に基づいて条約締結のための会議の招集を勧告するか，それができない場合も総会が第６委員会の内外に適切な委員会を設置してILC条文草案の条約化をはかることが最もオーソドックスな法典化作業であり，条約化が完了するまでは，ILC草案のテキスト——ILCの年次報告で公表済みであるが条約討議の基礎案に過ぎな

---

(4) A/RES/55/153 (12 December 2000), operative paras. 2-5. 第６委員会における審議は，2004年，2008年，2011年と続いたが，2011年の国連総会決議66/92は，国家慣行の発達に照らして適当な時期に，いずれかの国の要請に基づいてこの主題に立ち戻るという余地を残しつつ，実質上，審議のこれ以上の継続を打ち切った。A/RES/66/92 (9 December 2011), operative para. 4.

(5) Report of the ILC (A/56/10, 2001), *supra* note 1, p. 21, paras. 43-44 and p. 25, para. 67; A/CN.4/SR.2675, *YbILC 2001*, Vol. I, pp. 66-67, paras. 61-65 (Crawford).

(6) A/RES/56/83 (12 December 2001), operative paras. 3 & 4.

い──を総会が決議附属書に掲載するようなことはなかった。例えば，条約法条約締結のために全権代表会議の開催を決定した1966年の国連総会決議2166（XXI）は，「ILCの報告書第2章に含まれた条文草案を会議による検討のための基礎案として会議に提出する」（本文7項，傍線筆者）こと，並びに，加盟諸国その他の関係する諸機関に，「ILCが準備した条約法に関する最終条文草案に関する書面の意見及び所見」を1967年7月1日以前に提出するように要請（本文9項，傍線筆者）することを決定していた[7]。最近ではILCが条文草案の条約化を明確に勧告しても，総会が条約化の適否の判断に時間をかける事例が増えているが，総会の意見が条約化について概ね前向きな場合には，総会は原則としてILCの「条文草案」に留意するだけでテキストを総会決議附属書に掲げて諸国に勧奨するなどの行動はとっていない。例えば，2019年にILCが採択して総会又は全権代表の国際会議による条約への完成（elaboration）を勧告した「人道に対する犯罪の防止及び処罰に関する条文草案」について，総会は，2019年以降毎年「人道に対する犯罪」という議題を設定して，ILCの2019年「条文草案」に対する「留意」を繰り返し表明しつつ，ILC勧告の諾否の検討を続けてきている[8]。このように，全権代表の外交会議開催方式による法典化作業では財政負担もリスクも多いというのであれば，総会第6委員会等での作業を通じたILC条文テキストの実質審議を進めながら時機を見て総会決議の形態での条約採択をめざすという方法も取り得るかと思われる。しかし，ARSIWAについては，最終形態は重要な問題ではなく，むしろILC条文草案のテキストの一体性をそのままARSIWAとして確定させ，諸国政府による再審議を経ずに，国際裁判所，諸国の実行，学説の発展を通じて国家責任規則として定着・発展させたいという一定諸国の極めて強い意思が，総会第6委員会における議論の背後に存在してきたように思われる。初期の海洋法諸条約，外交関係及び領事関係条約，並びに条約法条約に代表される伝統的な法典化条約採択とは相当異なる国際法の漸進的発達及び法典化の道筋が国家責任法につ

---

(7)　A/RES/2166 (XXI) (5 December 1966), preambular para. 5 and operative paras. 2 & 7 & 9.

(8)　Report of the ILC (A/74/10, 2019), p. 10, para. 42; A/RES/74/187 (18 December 2019), operative paras. 2 and 3; A/RES/75/136 (15 December 2020), operative paras. 2 and 3; A/RES/76/114 (9 December 2021), operative paras. 2 and 3; A/RES/77/249 (30 December 2022), operative paras. 2 thru 9. See also A/RES/71/141 (13 December 2016) concerning Protection of persons in the event of disasters, operative paras. 2 and 3.

いては主張されているように見えるが、その理由は何なのか。また条約化についてコンセンサスが得られず、「国家承継に関する自然人の国籍に関する条文草案」のように実質上の審議中断という事態になった場合に、ARSIWA に定める規則にはどのような法的地位又は性格が付与されることになるのだろうか。なお、国籍承継に関する条文草案については、次の点を見落とすべきではない。すなわち、ILC が勧告したのは総会の宣言としての ILC 条文草案の採択であったが、総会で合意が得られなかったために、総会決議 55/153 が「留意」し、決議附属書に掲載したのは、ILC の条文「草案」の前文から「総会は、……次のことを宣言する」という文言と「草案」という名称のみを削除した ILC「条文」であった[9]。しかしこの修正から、総会にその意思があれば、総会は決議附属書に掲げる ILC の文書に必要な修正を加えることができることがわかる。この決議についても総会は、第 1 段階の作業において ILC 条文を総会の宣言として採択することは可能であった。しかし諸国の合意が得られなかったため、総会は最終形態の決定を先送りし、結局総会宣言の採択にも条約化にも失敗した。総会が単に ILC 条文草案から「草案」の文字を削除して「留意」し、決議附属書に掲載するだけでは、総会による ILC 条文の「採択」（adoption）にも「承認」（approval）にもならないことが黙示される[10]。

②についていえば、総会決議 56/83 は、ILC 条文草案の名称を ARSIWA に変更しただけで、ILC のテキストの内容を審議したわけでもなく、総会は ARSIWA に留意し、総会決議附属書にそのテキストを掲載し、さらに諸国にそれを勧奨したものの、第 6 委員会の審議が ARSIWA の内容に及ぶことを慎重に回避しつつ、ARSIWA の法的地位及び法的性格についてはいかなる決定もしていない。仮に ARSIWA に定める規則の大部分が、国家責任に関する実定国際法規則を反映するものだったとしても、そのすべてが慣習国際法規則又

---

(9)　Report of the ILC（A/54/10, 1999）, *YbILC 1999*, Vol. II Part Two, p. 20, para. 44 and para. 47, Preamble（top and last paras.: "The General Assembly, …, Declares the following"）; A/RES/55/153, *supra* note 4, p. 2, Annex, Preamble（top and last paras. deletion of the words "The General Assembly, …, Declares the following"）.

(10)　2011 年の総会決議 66/92 は、この会期をもって本主題の定期的審議を実質上打ち切ったが、日本代表（村瀬 ILC 委員）は、会期冒頭の発言で、過去 11 年以上、総会は条文草案の最終形態に関する決定を先送りしてきたが、これは法の支配を向上させる任務を負う機関として無責任であり、第 6 委員会がこの不幸な慣行を続ければ国際社会は同委員会が任務を果たしていないと受け取るであろうと警告し、ILC 条文草案の重要な成果は無国籍の削減にあるところ、第 6 委員会は今会期に同条文草案に具現された原則及び規則を総会の宣言として支持（endorse）すべきだと強調したが、実現しなかった（See, A/C.6/66/SR.15, p. 2, paras. 2-6）。

国家と海洋の国際法（上巻）第1部 国際法／Ⅲ 国際立法

は法の一般原則に該当するわけではない。特に 1998 年から 2001 年という短期間の第 2 読中に重大な争点となり，最終会期の開放作業部会及び起草委員会においてようやく最終的妥協に到達した第Ⅱ部及び第Ⅲ部の諸規則，すなわち，義務違反と侵害及び損害との関係，国家責任の内容と国家責任の実施（inplementation）との分離，国際犯罪規定の削除に代わる国際法の強行規範の重大な違反に関する規定の新設，被侵害国と被侵害国以外の国の請求資格の区別，被侵害国の対抗措置と被侵害国以外の国の適法な措置などに関係した諸規定は，漸進的発達の要素を多分に含んだものとなっている[11]。

　確かに 2000 年前後から，ILC は，実行ガイド，指導原則，指針，宣言，結論といった名称の文書（ソフトロー文書と称されることがある。）を採択する傾向が顕著になっており，これらのソフトロー文書について，ILC が ILC 規程第 23 条(c)又は(d)に従って総会に条約化を勧告することは益々減少する傾向にある。その代わりに ILC は，これらの文書草案——草案という文言が付されていないものもあるが——に対して総会が留意し，総会決議附属書に掲載し，加えて諸国政府，関係国際機関並びに関連業務に従事する個人に対してこれらの文書に定めた規則を勧奨するように要請する勧告を総会に対して行う慣行が生まれつつある。総会もこれらの ILC 文書がそれ自身としては法的拘束力をもたないことを前提とした上で，ILC の勧告に応じてソフトロー文書から草案の文字を削除して総会決議附属書にそのテキストを掲載し，当該 ILC 文書の規定内容を勧奨する慣行が生まれている[12]。例えば，条約に対する留保と題された総会決議 68/111 は，2011 年に ILC が最終採択した条約に対する留保に関する実行ガイドを含んだ ILC 報告書第 4 章に言及した後，「委員会が提出した指針を含む実行ガイドに留意し（takes note），指針のテキストをこの決議の

---

(11)　薬師寺公夫「人権条約の下で国家が負う義務の特殊な性格が条約義務不履行に対する締約国の国家責任の内容と実施に及ぼす影響について(2)」『立命館法学』2022 年 4 号，473-479 頁，488-511 頁参照。

(12)　総会の対応は，2006 年に ILC が採択した「法的義務を創設しうる国の一方的宣言に適用される指導原則」のように，総会決議 61/34 で総会は同指導原則に留意しその普及を勧奨すると簡単に述べるだけのものから（*YbILC 2006*, Vol. II Part Two, p. 160, para. 170; A/RES/61/34（4 December 2006），operative para. 3），2018 年の ILC の「慣習国際法の同定に関する結論草案」のように，ILC が規程第 23 条に基づき総会に対して詳細にわたる要請を行い，総会も決議 73/203 で同「結論」を決議附属書に掲げて留意し，諸国及び慣習国際法の同定を要請される関係者の注意を喚起するとともに，その最大限可能な普及を奨励するなど詳細な要請を加盟諸国その他の関係者に行うことを勧告内容の中に含めるものもある（*YbILC 2018*, Vol. II Part Two, pp. 89-90, para. 63; A/RES/73/203（20 December 2018），operative paras. 4-5）。

15 岐路に立つ国家責任条文 〔薬師寺公夫〕

附属書に付し，並びに，その最大限可能な普及を勧奨する」と述べる[13]。しかし，これらの ILC 文書に関する総会決議は，原則としてこの 1 回の決議をもって終了し，その後諸国政府が ILC 文書にどのように対応したかをフォローアップするような手続は整備されていない。また，総会は常に ILC の勧告を支持して ILC の文書を勧奨するわけでもない。例えば，2022 年に ILC が採択した「一般国際法の強行規範の同定及び法的結果に関する結論草案」について，ILC は総会に対して，結論草案に留意し，結論草案を総会決議の附属書に掲載し，その最大限広範な普及を確保するように勧告した。しかし 2023 年の総会決議 78/109 は，ILC の結論草案，その附属書及び ILC の註解に「留意」はしたが，総会決議附属書に「結論」を掲げることはせず，これらに対して諸国政府が書面で提出し又は第 6 委員会において表明した広範な意見及び所見にも「留意」すると並記し，総会の次会期以降の暫定議題に入れることもしなかった[14]。ILC が ILC の採択文書についてどのような勧告を行うにせよ，当該文書

---

(13) A/RES/68/111 (16 December 2013), preambular para. 1 and operative para. 3 and Annex (Text of the Guidelines constituting the guide to practice on reservations to treaties), pp. 2-31.

(14) ILC の勧告は，結論草案だけでなく，その附属書，それらに対する註解についても，諸国並びに一般国際法の強行規範を同定しその法的結果を適用することを要請されるすべての者の注意を勧奨することを総会に要請していた。Report of the ILC (A/77/10, 2022), Chapter IV, p. 11, para. 41 (a) and (b); A/RES/78/109 (7 December 2023), operative paras. 3 and 4. ILC の結論草案の附属書には，国際法の強行規範の非網羅的列挙として，侵略の禁止，集団殺害の禁止，人道に対する犯罪の禁止，国際人道法の基本原則，人種差別とアパルトヘイトの禁止，奴隷の禁止，拷問の禁止，自決権を掲げている。また結論草案は，国際違法行為に対する国家の責任の主題とも直結する次のような結論草案を含んでいる。結論 17 は，「一般国際法の強行規範は国際社会全体に対して負う義務を生じさせ，すべての国が法的利益を有する」（1 項），「いずれの国も，国際違法行為に対する国家の責任に関する規則に従って一般国際法の強行規範の違反に対する他の国の責任を援用する資格を有する」（2 項），と定め，結論 18 は，「国際違法行為に対する国家の責任に関する規則の下で違法性を阻却するいかなる事由も，一般国際法の強行規範に基づいて生じる義務と一致しないいかなる国家の行為についても援用できない」と定める。さらに結論 19 は，「諸国は，一般国際法の強行規範に基づき生じる義務の国家によるいかなる重大な違反も適法な手段を通じて終了させるために協力する」（1 項），「いかなる国も，一般国際法の強行規範に基づき生じる義務の国家による重大な違反が生じさせた状態を適法なものとして承認してはならず，並びに，その状態の維持を支援し又は援助してはならない」（2 項），「一般国際法の強行規範に基づき生じる義務の違反は，それが当該の義務を履行する責任のある国による著しい又は系統的な不履行を含む場合には重大な違反となる」（3 項），「この結論草案は，一般国際法の強行規範に基づき生じる義務の国家によるいずれかの違反が国際法上もたらすことのある他の結果に影響を及ぼすものではない」（4 項）と定める（See, Report of the ILC (A/77/10, 2022), Chapter IV, p. 15, Conclusions 17-19)。これらの規定は，ARSIWA の第 1 部第 5

333

国家と海洋の国際法（上巻）第1部 国際法／Ⅲ 国際立法

の最終形態を決定する権限は総会にあり，ILC 規程第 23 条に対応するような総会の行動を権限づけ又は義務づける規則は存在しない。この総会による拒否事例は，ILC の提案した国際法規則が諸国の同意（許容）できる範囲を越える場合には，諸国はその受容れを明白に拒否し抵抗することがあることを象徴的に示している。

　総会決議 56/83 で採用された第 6 委員会による 2 段階方式の検討手続は，国家責任に関する ILC の条文草案も，外交関係条約や条約法条約と肩を並べるような法典化条約にすべきであると主張する諸国と，40 年近くの歳月をかけてようやく到達できた国家責任の主題に固有の事情から，ARSIWA の一体性を壊さないことが何よりも重要であり，従来の法典化条約の形態に固執する必要はないとする諸国の，2001 年時点での妥協の産物とみることができる。しかしこの 2 段階方式をめぐる意見の対立は，国家責任の主題を超えて国際法の漸進的発達と法典化の方法全体に大きな影響を及ぼす可能性がある。というのは，現在 2 段階方式による検討が続いている ILC 採択文書には，「外交的保護条文」，「有害活動から生じる越境危害の防止に関する条文」，「有害活動から生じる越境危害の場合の損失配分に関する原則」，「国際機構の責任に関する条文」など一連の国家の国際責任に関連した条文があるほか，「越境帯水層に関する条文草案」などがある。第 6 委員会で 2 段階方式の手続の下に検討が進められているといっても，主題によって検討状況は一様ではない。しかし，2 段階方式の嚆矢とされる「国家承継に関する自然人の国籍に関する条文草案」の条約化の審議が実質上打ち切られた状況の下では，ARSIWA の最終形態をめぐる第 6 委員会の帰趨が今後の ILC の成果物に対する第 6 委員会の検討方法のあり方，特に国家責任に関連をもつ主題の検討方法に大きな影響を与える可能性がないわけではない。

　そこで本稿では，上記国連総会決議 56/83 以降の第 6 委員会を中心とした ARSIWA の議論状況について検討し，ARSIWA の最終形態についてどのような議論が展開され，最終形態の決定に向けてどのような進展（又は停滞）が見られるのか，今後どのような検討が必要なのかについて，その一端を検討して

　章の第 26 条，並びに，第Ⅱ部第 3 章第 40 条，第 41 条とほぼ同じ規則が掲げられているが，結論草案 17 のように，一般国際法の強行規範がすべて対世的義務に該当することを前提とする規定も含められており，総会が決議附属書にテキストを掲載して，諸国政府や関係者に注意を勧奨し，その普及に努めるということであったとしても，国家責任，条約法等他の分野に与える影響が大きく，また諸国の意見の相違が大きくコンセンサスを得られるような状況ではなかったと考えられる。

334

みたいと思う。以下，Ⅱ節では，まず総会決議 56/83 の背後に有り同決議の妥協を成立させた ILC の国家責任条文草案に対する諸国の主要な考え方を概観した上で，2024 年 3 月末までの総会第 6 委員会における ARSIWA に関する八つの総会決議の要旨とその議論状況を要約し，問題点と課題を整理しようと思う。続いてⅢ節では，ARSIWA の現在の法的地位を確認するため ILC 採択文書が「慣習国際法の同定に関する結論」文書等においてどのような位置づけを与えられているのかを検討した後，国際裁判所等の諸決定が実際どのように ARSIWA を引用し又は引用していないのかを，漸進的発達の要素を強く帯びた ARSIWA 第 40 条，第 41 条及び第 48 条を素材にして検討してみたいと思う。これらの検討を基に，ARSIWA の最終形態に関する議論が今後どのように展開する可能性をもっているかの一端を提示してみたいと思う。

　なお，総会決議 56/83 以降，ILC の国家責任条文草案は ARSIWA（国家責任条文）と改名されているが，国連法務部が作成した国際裁判所の決定を集めた 2023 年の改訂資料集（ST/LEG/SER.B/25/Rev.1）によれば，ILC は ILC 規程に従って「条文草案」を含む諸文書の「草案」を採択するが，最近の総会の慣行は，ILC が提出した条文草案が総会により留意され総会決議附属書に掲載された場合には，「草案」の文言を削除することになっている――ただし，この慣行は他の国際裁判所及び国際機関によって統一的に従われてはいない――と指摘されている[15]。本稿でも，総会の実行に従って，総会決議 56/83 以降は ARSIWA と表現するが，ARSIWA を ILC 草案と呼称して国際裁判所等の決定が引用している場合は，それに従う。

Ⅱ　国家責任条文の最終形態をめぐる総会決議の到達点と問題解決の模索

1　条約化拒否国と条約化支持国の攻防と国連総会決議 56/83 の妥協

　問題の所在で述べたように，ILC が最終採択した国家責任条文草案について，ILC は，総会がまず「条文草案」に留意して，総会附属書に掲載すること，後の段階において国家責任条約締結を目的とする全権代表会議の開催可能性を検討することを勧告したが，総会決議 56/83 は，1 件の前例に従い，①ILC の国家責任条文草案から草案の文字を削除した ARSIWA に留意し，それを総会決議附属書に掲載して，ARSIWA の将来の採択又はその他の行動の問題に影

---

(15)　United Nations Legislative Series : Materials on the Responsibility of States for Internationally Wrongful Acts (secong ed.), ST/LEG/SER.B/25/Rev.1, p. ix, Explanatory note.

響を及ぼさないと断った上で，ARSIWA に対する諸国政府の注意を勧奨し，②国家責任を3年後の総会の暫定議題とする処理を行った。形式面からいえば，①の処理は，総会が ILC の国家責任条文草案を総会の宣言として採択することには遠く及ばず，ILC の採択条文に「留意」し，総会決議附属書に掲げて諸国の注意を勧奨したこと以上の意味は有さない。②の処理も，ARSIWA の条約，総会宣言等による将来の採択又はその他の行動について諸国の立場を害するものではなく，とりあえず3年後に国家責任を総会の暫定議題に据えたに過ぎないが，総会決議附属書への掲載と総会の留意をもって物事が完了したのではないことだけは確かである。以下(1)では，ILC の国家責任条文草案の最終形態について諸国間にどのような意見の相違があり，各立場にとって上記①及び②の処理方法が何を意味したのかを，決議 56/83 の起草過程から分析してみよう思う。

(1) ILC の国家責任条文草案の最終形態をめぐる条約化拒否国と条約化支持国の攻防

結論から先に述べれば，国家責任の主題については，特に国家責任の内容と実施の分離，国際犯罪の削除と強行規範の重大な違反がもたらす法的結果，対世的性格を有する義務の違反に対する被侵害国と被侵害国以外の国の請求権の区別，被侵害国による対抗措置と被侵害国以外の国による適法な措置といった主要問題に関する微妙な妥協点を含めて ILC の国家責任条文草案の一体性を壊さないことを最重視する立場から，この条文草案をもって作業を完了し，それ以上何もしないことが最適だと主張する有力な諸国が存在したことが認められる。伝統的な法典化条約採択の方式とは異なるアプローチを維持し続ける諸国の存在が，他の主題とは根本的に異なる議論状況を作り出した。

例えば，英国とオーストラリアの代表はそれぞれ ILC 勧告が要請した第1段階の行動を支持するが，第2段階の行動は支持しないと主張し，その理由を，国家責任条文草案のように専門的で微妙な題材について会議を開催するのは賢明ではなく，国家慣行及び判例法を通じた国家責任法の一層の発達の機会が必要である（英代表），又は，外交会議は不可避的に各条項の難しい再交渉へと導くが，総会宣言の採択は条文草案の一体性を確保し，条約に組み込もうとすれば実現できない適用の普遍性を条文草案に付与するから，後者のアプローチこそ条文草案を一層実際的意味のある，説得的で，重要なものにし，国際裁判

所による援用を容易なものとする（豪代表），と述べた[16]。オランダ代表は，
ILC 勧告の第 2 段階の可能性を全面排除する意図はないが，条約の有効性に
は懐疑的だと主張し，その理由として，条約化は条文草案のテキストの多くの
獲得物（acquis）を損ない，批准されない危険，さらに紛争解決手続の条約へ
の導入をめぐる紛争を生じさせるが，条文草案を「歓迎」する総会決議ならこ
れらの問題点は生じない上，条文草案は慣習国際法を大部分反映したものだか
ら，それらを条約に組み入れても国際法の発達に追加されるものはあまり多く
はない，と述べた[17]。さらに北欧 5 カ国代表も，ILC 条文草案を総会決議附属
書として採択するのが同草案の一体性と早急な採択を確保する方法であり，採
択された条文草案及びその註解は国家責任に関する慣習法と条約を凝縮した最
も権威のある記述となり，政治的思惑による妥協に侵食されることなく慣習法
の再述（restatement）として将来の国際法の発達があるまで権威のあるテキス
トになると主張した[18]。これらの代表の発言には，ILC 条文草案の総会の宣言
としての採択と総会による ILC 条文の単なる「留意」を必ずしも明確に区別
していないものがあり，また，個々の条文の検討を抜きに ILC 条文草案の多
くの規定が慣習国際法規則を再述したものであり，ILC の註解は慣習国際法
規則を解説したものだと性格づけてしまっているものも見られるが，これらの
点については慎重な検討が必要であろう。実際これらの代表も，すべての点に
おいて ILC 条文草案を支持していたわけではない。例えばオランダ代表は，
修正案を出すつもりはないが，国際犯罪の概念を一般国際法の強行規範に基づ
く義務の重大な違反の概念に置換したことはコンセンサスのために必要であっ
たが，以前の草案に含まれていた国際犯罪の例示リストまで放棄したことは遺
憾であり，重大な違反の固有の法的効果については精緻化が不十分であると主
張し，ILC 条文草案にはいくつかの保留点があるが全体としては国際法の法

---

(16)　A/C.6/56/SR.11, p. 4, para. 23（UK: Wood）; A/C.6/56/SR.12, pp. 9-10, para. 51
　　（Australia: Bliss）.
(17)　A/C.6/56/SR.12, p. 5, para. 27（Netherlands: Lammers）.
(18)　A/C.6/56/SR.11, p. 6, para. 34（Finland: Koskenniemi）. 同様の意見としては次のも
　　のがある。A/C.6/56/SR.12, p. 11, para. 60（Germany: Westdickenberg）; A/C.6/56/
　　SR.13, p. 4, para. 18（Italy: Leanza）; A/C.6/56/SR.15, p. 6, para. 33（Thailand:
　　Kittichaisaree）; ibid., pp. 9-10, para. 62（Irealnd: Connelly）. なお NZ 代表は同様の立場
　　に立ちつつも，膨大な註解が付された ILC 条文草案の内容を検討するための時間が必要
　　であるから，拙速を避け今会期はいかなる決定もせず次会期の議題とすることを希望し
　　た。A/C.6/56/SR.11, p. 8, paras. 47-49（New Zealand: Mansfield）.

国家と海洋の国際法（上巻）第 1 部 国際法／Ⅲ 国際立法

典化及び漸進的発達の画期とみなさなければならないと述べていた[19]。これら
の代表は，ILC 国家責任条文草案が達成した草案の内容の一体性を壊さない
ことを優先し，したがってさらに長期間を必要とし，各種修正案を通じて条文
草案の一体性を破壊する危険が高い割に発効の見込みさえ定かでない条約化の
途を選択することは，国家責任条文草案については回避すべきであり，ILC
条文草案に定める規則を基礎として国際裁判所の決定，諸国の慣行，理論の発
展を通じた国際法規則の再述と漸進的発達をはかることこそが最善だとする点
で，一致点があったといえよう。これに対してはグアテマラ代表のように，
ILC 条文草案に関する各国代表の意見は国際会議がなければ無視されるのか
と反発し，ILC 条文草案に対してなされた提案については第 6 委員会が検討
するのが効率的な方法だとして，総会は次会期に国家責任を議題とし，諸国に
ILC 草案に対する書面の意見を提出するよう要請すべきだと述べた発言も
あったが[20]，ようやく完結した ILC 条文草案について直ちに再度外交会議又は
第 6 委員会で審議を「再開する」ことを支持する雰囲気は第 6 委員会にはな
かった。

　しかし，ILC 条文草案の最終形態としては条約化を支持し，国際会議の比
較的早期の開催を求めた国が相当数あった。例えば，モロッコ代表は，ILC
条文草案が十分バランスがとれ，殆どの部分が実定法の反映だと述べつつも，
ILC の条約化を無期延期するような勧告は，多大な時間を費やした国家責任
の重要主題に鑑みて非常に不名誉なことだと主張し，最終形態を決定する権限
は政治的機関である総会にあり，その決定に至る前に，ILC の作業に対する
詳細な再検討を慎みつつも，ILC が行った重要な選択についてはアドホック
委員会等で検討する価値があると主張した[21]。またベラルーシ代表は，国家責
任は従来慣習国際法規則で規律されてきたため実施に困難があったが，拘束力
ある文書による規則の強化はその効果的適用を向上させると主張し，国家責任
条約の締結のために ILC 条文草案の討議に最大限可能な諸国の参加を確保す
るような全権代表会議を招集すべきだと発言した[22]。これらの代表は，ILC の
国家責任条文草案の多くは既存の国際法規則の法典化であり，バランスのとれ
た草案になっていると評価しつつも，対抗措置，被侵害国以外の国の責任の援

---

(19)　A/C.6/56/SR.12, pp. 5-6, paras. 28-31 (Netherlands: Lammers).

(20)　A/C.6/56/SR.16, p. 6, para. 31 (Guatemala: Lavalle-Valdes).

(21)　A/C.6/56/SR.11, pp. 6-7, paras. 35-36 and 41 (Morocco: Bennouna).

(22)　A/C.6/56/SR.12, p. 3, para. 8 (Belarus: Popkov).

用など未だ慣習国際法とはいえない規則に同意するためには，国が負う義務の一層の明確化が必要だとして，ILC 草案の条約化を求めた。ギリシャ代表は，ILC 条文草案には論争のある問題について若干の妥協規定が置かれているが，全体としては包括的，簡明で国際法の真空を埋める有益な規定であり，ILC が提案した最重要の条文草案であるとして，迅速な条約化を支持する発言をし，ロシア代表は，国家責任という中核的領域での拘束力ある文書の採択は国際関係の安定化を確実に助けるとして，国家責任条文草案のウィーン条約法と並ぶ普遍的条約の完成を支持すると主張し，その第 1 歩として総会決議で ILC 条文草案に留意することに賛成すると述べた[23]。

以上が 2001 年の第 6 委員会に参加した諸国の見解の基本的な対抗の構図である。ILC の勧告に代えて，ILC 条文草案の最終形態に関する各立場を害することなく，総会がとりあえず ARSIWA に留意し，総会決議附属書にそのテキストを掲載して諸国政府の注意を勧奨するが，3 年後に改めて ARSIWA についてありうる行動の可能性を審議するという 2 段階方式のアプローチは，双方の立場にとって受容れ可能なものであった。

(2) 条約化支持国と条約化拒否国にとっての総会決議 56/83 の意味

ILC 代表のクロフォードは，各代表の疑問や意見が集中した 3 つの主要問題に関する説明の後，今問題なのは第 6 委員会が草案の逐条審議の再開を望むのか否かにあり，どの条文に関する審議の再開も全テキストの再検討をもたらし，長い道のりとなることから，ILC でも意見が分かれたが，正しい行動は単純に草案のテキストを総会決議案に附属させ，適切な時期に諸国政府に注意を勧奨することだと考え，このアプローチを支持したと説明した[24]。条

(23) A/C.6/56/SR.14, p. 6, para. 32 (Greece, Economides); *ibid.*, pp. 8-9, para. 51 (Russian Federation: Lobach). このほか，ILC 条文草案の国際条約の形態での採択のために国際会議の比較的早期開催を求めた意見として以下のものがある。A/C.6/56/SR.12, p. 6, para. 34 (Bahrain: Al-Baharna); A/C.6/56/SR.14, p. 4, para. 20 (Mexico: Gómez Robleds); *ibid.*, p. 10, para. 64 (Cameroon: Belinga Eboutou); A/C.6/56/SR.15, p. 5, para. 28 (Jordan: Hmoud); A/C.6/56/SR.16, pp. 2-3, para. 6 (Brazil: Biato); *ibid.*, p. 5, para. 21 (Slovakia: Špaček); *ibid.*, p. 10, para. 59 (Indonesia: Setiabudhi).

(24) A/C.6/56/SR.16, p. 10, paras. 61-65 (Crawford: Special Rapporteur). クロフォードによれば，①ILC 条文草案の第 41 条と第 48 条の関係は，強行規範は国家間の義務に関する問題を規律し，対世的義務は援用に関係する問題を扱うと ILC は考えたが，この区別は既存の国際法の発達に照らして適切と思われる，②第 40 条と第 41 条が最も重大な違反に限定したのは，強行規範の違反は重大であり集団殺害や人道に対する犯罪で重大でないものがあるとはいえないが，下位の国家職員による命令違反の単独の戦争犯罪及び拷問に対してまで国家に厳格な結果を生じさせる制度は望ましくなく，殆どの代表が ILC の選択を支持した，③第 54 条は対抗措置ではなく正当な措置としており，ILC は

約化反対論の旗手であった英国代表は，国家慣行と判例法を通じたこの分野の法の一層の発達の機会が必要で，これらの行動をコンセンサス決議で採択すれば大きな重みをもたらし，条文草案に適切な地位を与えると主張し，フィンランド代表も，条文草案がILC勧告に従ってひとたび総会で採択されるならば，ARSIWAとその註解は国家責任に関する慣習法の凝縮と関係諸条約を表現した利用可能な最も権威のある記述となり，これが慣習国際法の再述（restatement）として，将来新しい原則と優先事項を反映する国際法の発達によって乗り越えられるまでは権威あるテキストであり続けると主張した[25]。国際会議又は国連総会第6委員会を通じた国家責任条文草案の諸国代表による再審議に強く反対した諸国は，ILC条文草案を国家責任に関する漸進的発達の要素をいくつか含んだ現行国際法規則の再述とみなす立場を採り，ILC条文草案とその註解を諸国に推奨する行動規範として国連総会決議により権威づけることが重要であり，この種の総会決議を採択した後は，国際裁判所の決定，諸国の慣行及び理論の発展を通じた規則の完熟及び発達に委ねるべきだとする立場を基軸に置いた。この立場からすれば，総会決議56/83は，ARSIWAに留意して決議附属書にそのテキストを掲載し諸国の注意を勧奨した点，及び，ILC勧告には含まれていたその条約化のための全権代表会議の開催に関する言及を削除し，諸国政府に対してARSIWA諸条文に関する所見及びその最終形態に関する意見を求めなかった点で，その主張に適うものであり，同決議に基づき，条約化以外の行動を主張する根拠となりえた。

　もっとも英国や北欧諸国のような明確な条約化拒否論が第6委員会でどの程度存在していたかは，議事録を読む限りでは不明確であり，ILCの条文草案の最終形態について言及した国の数自体もそれほど多くはない。総会決議でILC条文草案に留意し，それを決議附属書に掲げることには反対しない（中国代表），ILC草案のテキストを附属させた決議は，条約化に関する勧告を後に続けることで妥当な解決となりうるし，国家承継の際の自然人の国籍の主題で採用したアプローチだ（フランス代表）といった，簡単な言及にとどめた国も少なくなかったが[26]，国家責任条約の締結を指向する国も相当数存在していた

　　特定の見解を支持することなく，強い批判を考慮して問題をオープンにしたまま一般国
　　際法の発達を待つことにした，とされる。
(25)　A/C.6/56/SR.11, p. 4, para. 23（UK: Wood）; ibid., p. 6, para. 34（Finland:
　　Koskenniemi）.
(26)　A/C.6/56/SR.11, pp. 10-11, para. 64（China: Xue）; ibid., p. 12, para. 74（France:
　　Abraham）. 同様にILC勧告を支持する簡単な発言を行った国として以下の国がある。

（スペイン，マリ，ポーランド，キプロス，モンゴルの各代表など[27]）。しかし，ILC の国家責任条文を討議の基礎として直ちに全権代表会議又は第 6 委員会のアドホック委員会等を開催して法典化条約の交渉に入ることを主張した国はなかったといってよい。ILC における第 1 読及び第 2 読の状況は毎年の第 6 委員会への報告書等を通じて公開され，各条項に関する諸国の意見を踏まえて起草作業が進められたとはいえ，40 年近い年月をかけて完成させた ARSIWA 全体について内容を検討し自国の態度を決定するには相当の時間を要すること，また国際法の漸進的発達の性格を有する国家責任条文の諸規定については，ARSIWA の最終形態が確定する前に ARSIWA の規定に対する所見又は修正案の提出を希望する国が少なくないこと，は容易に予測できた。ベルギー代表は，ILC 条文草案にはまだいくつか改善の余地があり，この主題にもっと時間が割り当てられ，学説及び裁判所の決定に関する議論を続けることでテキストを向上させることができると主張し，日本代表は，若干の代表が近い将来での条約採択を希望していることに留意するが，そのような行動は時期尚早であり，ILC の 2 段階方式は双方の立場を合理的に満足させるもので，第二世代の諸条文が国家責任法の最近の発達を反映しているとすれば，国，裁判所，学者はそれを研究し評価するための時間が必要だと発言した[28]。南ア代表（南部アフリカ開発共同体 16 カ国を代表して）は，原則として条文草案は条約形態での採択のために外交会議に提案されるべきだと主張したが，国家責任条文草案には条約化の決定を遅らせることを必要とする特別の事情が存在するとして，要旨次のような事情を挙げた。すなわち，国家責任条文草案は，(i)対象が広範囲にわたる上，諸国による注意深い検討を要する多数の複雑な問題を提起している，(ii)殆どの条文が慣習国際法を反映したものであり，条約形態への転換を必要としない，(iii)条文草案を反映した条約が多数の国により批准され

A/C.6/56/SR.13, p. 4, para. 19 (Israel: Dinstein); A/C.6/56/SR.14, p. 2, para. 8 (Sierra Leone): Kanu ; *ibid.*, p. 10, para. 59 (Czech Republic: Petrů); *ibid.*, p. 11, para. 68 (Portugal: Vilhena de Carvalho); A/C.6/56/SR.16, p. 9, para. 55 (Bulgaria: Todorova).

(27) A/C.6/56/SR.12, p. 8, para. 41 (Spain, Perez Giralda); A/C.6/56/SR.13, p. 6, para. 28 (Mali: Fomba) ; *ibid.*, p. 8, para. 36 (Poland: Czapliński); *ibid*, p. 10, para. 54 (Cyprus: Jacovides); A/C.6/56/SR.14, p. 9, para. 57 (Mongolia: Enkhsaikhan); A/C.6./56/SR.15, p. 3, para. 10 (Chile: Quesada); *ibid.*, p. 6, para. 35 (Venezuela: Cavaliere de Nava); *ibid.*, p. 10, para. 63 (Ukraine: Krokhmal); A/C.6/56/SR.16, p. 8, para. 41 (Colombia: Hinestrosa).

(28) A/C.6/56/SR.11, p. 9, para. 55 (Belgium: Maréchal); A/C.6/56/SR.12, p. 2, para. 1 (Japan: Yamada).

国家と海洋の国際法（上巻）第1部 国際法／Ⅲ 国際立法

る可能性は低く，条約の発効には時間を要し，それが条文草案の権威と信頼性を損なう，(iv)条約草案は最終的に規則，利益，価値及び原則の間にバランスをとっているが，草案のいくつかの条文を修正又は拒否することでテキストの一体性及び一貫性を壊す真正な危険が外交会議にあるために現段階ではILC勧告を支持するとし，それだけでなく第6委員会はILCが達成したことに対する支持（approval）を表明し，その検討のためにILC条文草案を諸国に勧奨すべきだと主張した[29]。これらの代表の意見が示すように，条約化を希望するか又は態度未定の国も，ARSIWAの条約化には相当の準備期間が必要になることはある程度想定していた。したがって，3年の検討期間を置いて国家責任を議題とし，ARSIWAに留意して決議附属書に掲載し，最終形態については保留したまま諸国政府の注意を喚起することは，ARSIWAの内容を周知して検討を促し，3年後に改めてARSIWAの最終形態を含む第2段階の議論を進める手がかりを与えるものだったと考えられる。前述したように，総会による留意は，形式上ARSIWAの総会宣言としての採択でも総会としての承認でもなく，ARSIWAに対する諸国の注意勧奨に過ぎないが，総会がコンセンサスで勧奨していることに変わりはない。オーストリア代表は，ILC条文草案の総会決議附属書としての採択は，国家慣行に照らして条文の妥当性を試験することを可能にし，もし国際会議が開催される場合には，その作業はこの試験を通じて得られた有益な経験に基づかせることができるし，もし会議が開かれなくても条文は国家慣行に受け入れられる限りで国家責任に関する行動規範（code of conduct）として役立ち，行動規範は短期的にはそれからの逸脱が生じ，それを許容しなければならないかもしれないが，国家責任法を凝縮させる（consolidating）最善の手段であるとともに，行動規範は慣習を法典化した規則に対する法的信念を強固にするのを助ける教育的機能を有しており，長期的には規範の公正性に対する理解が定着することでその受諾と遵守へと導くことになるから，現在は，よく定義された規則こそがその違反の被侵害国にとっても違法行為国自身にとっても利益になることを諸国に納得させることが重要なのだ，と主張した[30]。

---

(29)　A/C.6/56/SR.12, p. 4, paras.18-19 (South Africa: Hoffmann).

(30)　A/C.6/56/SR.13, p. 2, paras. 2-5 (Austria: Winkler). またハンガリー代表は，国及び国際機構の慣行が条文草案の重要な規定を支持し又は変更を促すが，いずれにせよILC及び総会は重要な行動規範（code of conduct）を諸国の利用に供し，テキストが国際社会全体の行為主体により遵守される規則の凝縮を助けると発言し，スイス代表（オブザーバー）も，条文草案とその註解は国家慣行のための指針（guidance）を提供する

15 岐路に立つ国家責任条文 〔薬師寺公夫〕

ARSIWA の法的地位又は ARSIWA に規定されたテキスト及びそれに対する ILC の註解の法的性格については，種々議論（後述）がありうるが，総会決議 56/83 の採択によって，第 6 委員会における議論の焦点は，兎に角も ARSIWA の最終形態の問題に移った。

2　国家責任条文の最終形態に関する国連総会決議の到達点と事態打開の模索

2004 年の国連総会第 6 委員会は国家責任の議題に 4 会合（実質 2 会合）を割いて審議をし，その結果総会本会議は決議 59/35 を採択した[31]。同決議以降，総会第 6 委員会は 3 年ごとに国家責任の議題を審議し，各会期の本会議は，決議 62/61（2007 年），決議 65/19（2010 年），決議 68/104（2013 年），決議 71/133（2016 年），決議 74/180（2019 年），決議 77/97（2022 年）を採択してきており[32]，次会期は 2025 年に予定されている。

以下では，まず 2004 年の総会決議から 2022 年の総会決議までに ARSIWA の最終形態に関する第 6 委員会の議論に進展又は停滞が見られるのかを，主に採択された総会決議の内容に照らして概観する。続いて，ARSIWA の最終形態に関連して総会決議が採用してきた各手立ての内容について，第 6 委員会における審議状況に照らしてその意味を検討する。なお紙幅の関係上，各会期別に決議の内容を紹介することは避け，出発点となる 2004 年の決議 59/35 と，現在までの到達点を示す 2022 年の決議 77/97 の内容を冒頭で確認し，その間の進展又は停滞の状況を，いくつかの項目に分けて検討することにする。

(1)　国家責任条文の最終形態に関する国連総会決議の到達点

2004 年の総会決議 59/35 は，ARSIWA に諸国政府の注意を再度勧奨する（本

と主張し，さらにイラン代表も総会決議には法的拘束力はないが，事情によって規則の存在又は法的信念の出現を証明する重要な要素となることがあり，国家責任条文草案もコンセンサスで採択されればそうした地位を有しうるが，当面はそれらが国際社会全体により受容されるか否かを証明するために，国家慣行と国際判例という試験を通過する必要があるとした。A/C.6/56/SR.15, p. 4, para. 17（Hungary: Prandler）；A/C.6/56/SR. 16, p. 6, para. 32（Switzerland: Lindenmann）；*ibid.*, p. 4, para. 16（Islamic Republic of Iran: Momtaz）.

(31)　A/RES/59/35（2 December 2004），operative paras. 1- 4.

(32)　A/RES/62/61（6 December 2007），operative paras. 1-4. A/RES/65/19（6 December 2010），operative paras. 1-4; A/RES/68/104（16, December 2013），operative paras. 1-5; A/RES/71/133（13 December 2016），operative paras. 1-8; A/RES/74/180（18 December 2019），operative paras. 1-9; A/RES/77/97（7 December 2022），preambular paras. 4 and 6-8, and operative paras. 1-9.

343

国家と海洋の国際法（上巻）第 1 部 国際法／Ⅲ 国際立法

文第 1 項）とともに，国連事務総長に対して，① ARSIWA に関する将来の行動
について諸国政府に意見の提出を促すこと（同第 2 項），②(i) ARSIWA に言及
した国際裁判所，裁判所その他の機関の決定（以下，「国際裁判所等の決定」と呼
ぶ）及び ARSIWA に言及した諸国の付託の状況に関する集成（compilation）を
準備すること，(ii) ARSIWA に関する慣行について諸国政府に情報の提出を促
すこと，(iii)第 62 会期の十分前にこれらの資料を提出すること，を要請し（同
第 3 項），③第 62 会期の暫定議題に国家責任を含めること（同第 4 項），を決定
した[33]。この決議が，以後の総会決議の基本的パターンとなった。

　その結果 18 年後の 2022 年の総会決議 77/97 は，まず，総会が，ARSIWA
の重要性及び有用性を引き続き認めて，諸国政府の注意をもう一度勧奨するこ
と（本文第 1 項），主題に関する諸国政府のこれまでの意見及び所見[34]並びに
第 56 会期から第 74 会期までの第 6 委員会における審議状況に留意すること
（同第 3 項），ARSIWA に言及した国際裁判所等の決定数が増えていることを
認識すること（同第 4 項），に言及した。その上で，国連事務総長に対して，
① ARSIWA に関する将来の行動について諸国政府に意見の提出を促すこと
（同第 2 項），②(i) ARSIWA に言及した国際裁判所等の決定で 2001 年以降の集
成[35]に記載されたものを条文別一覧表にまとめた技術的報告書（以下，「統計
報告書」という）をアップデートし，その資料を総会第 80 会期（2025 年）中に
提出すること（同第 5 項），(ii) ARSIWA に言及した国際裁判所等の決定の集成
自体をアップデートし，関連する慣行について諸国政府に情報の提供を促すこ
と，並びに，(iii)事務総長が第 80 会期の十分以前にこれらの資料をまとめて提
出すること（同第 7 項），(iv) ILC の他の採択文書に対する総会の行動の先例に
照らして可能なすべての手続的選択肢に関する報告書を第 80 会期に提出する
こと（同第 6 項）を要請し，ILC の採択文書に関する行動の先例に関する議論
（それについて表明された意見及び懸念を含む。）に留意することを決議し，さらに，
③第 77 会期中に第 6 委員会の作業部会で建設的対話がなされたことを認め，

---

(33)　A/RES/59/35 (2 December 2004), operative paras. 1-4. See also, Report of the
　　Sixth Committee, A/59/505 (2004), pp. 1-2, paras. 1-6.
(34)　ARSIWA に関して諸国から提出された書面の意見を事務総長がまとめた報告書は，
　　2023 年 3 月 31 日現在次のものがある。A/62/63, A/62/63/Add.1, A/65/96, A/65/96/
　　Add.1, A/68/69, A/68/69/Add.1, A/71/79, A/74/156, A/77/198.
(35)　ARSIWA に言及された決定の集成は，2023 年 3 月 31 日現在で次のものがある。
　　A/62/62 and Corr.1, A/62/62/Add.1, A/65/76, A/68/72, A/71/80, A/71/80/Add.1,
　　A/74/83 and A/77/74.

15 岐路に立つ国家責任条文 〔薬師寺公夫〕

第 79 会期に事務総長が事前に提供する情報を含めて，この決議の第 6 項により要請される報告書に関する非公式の実質的対話を第 80 会期以前の期間に継続することをすべての加盟国に対して奨励し（同第 8 項），これらを踏まえて，国家責任を総会第 80 会期（2025 年）の暫定議題とし，国家責任に関する条約又は ARSIWA を基礎としたその他の適当な行動の問題を，決定を行うことを目的として作業部会の枠組み内で検討すること（同第 9 項），を決定した（2 つの決議①から③の番号は両者の対比のために筆者が付した）[36]。

　2004 年の総会決議に比べれば，2022 年の総会決議には ARSIWA の最終形態の決定に向けてある程度の進展があったことが認められる。しかし，ARSIWA の最終形態に関して条約化を支持する諸国とこれを拒否する諸国の根本的なところでの意見の対立は，2022 年の時点でも一向に縮まってはいないことを認識しておく必要がある。第 6 委員会では総会本会議に提案する決議案は，コンセンサスによって採択する慣行となっており，ARSIWA の最終形態に関する決議案も対立する主張の一方が他方の立場を全面的に否定するような提案を行えば，妥協の余地がなくなるという制約がある。事後論になるが，2 段階方式の嚆矢となった ILC の「国家承継に関する自然人の国籍に関する条文草案」は，総会により留意され総会決議附属書に掲載されたものの，前述したように総会宣言としての採択も，条約化のための審議も 2011 年をもって事実上打ち切られた。総会決議附属書に掲載されたこの ILC 条文は，今では殆ど言及さえされなくなっている。国家責任のような国際法全般に関係する重要な主題について，審議打ち切りになるような事態は想定し難いが，双方の主張の溝が埋まらず審議に進展が望めないという状況に陥れば，審議中断という危険がないとは言い切れない。この点 ARSIWA の最終形態に関する第 6 委員会の審議は，コンセンサスを得られる範囲を模索しながらなんとか進められてきたように見える。

　しかし上記のような根本的な意見の相違のために，ARSIWA の最終形態をめぐる総会の決議は異例ずくめの内容となっている。第 1 に，2 段階方式には 1 つの前例があったとはいえ，ARSIWA が採択されてから 20 年経過してなお最終形態についての結論さえ出ないという状況となっている事案は例がない。ILC 条文草案が採択された後条約が採択されるまでに 10 年以上を要した前例としては「国家及びその財産の裁判権からの免除に関する国際連合条約」（国

（36）　A/RES/77/97 (7 December 2022), operative paras. 1-9.

国家と海洋の国際法（上巻）第1部 国際法／Ⅲ 国際立法

連国家免除条約）があるが，この場合 ILC は条約締結のための全権代表会議の開催を勧告し，同年の総会決議 46/55 が条約締結を望ましいと認めて，ILC条文草案に対する意見の提出を諸国に求め，1年後に総会第6委員会内に開放作業部会を設けて条文草案の実体規定及び国際会議について審議することを決定していた[37]。条約採択が遅れた主な理由は，旧ソ連及び東欧諸国の社会主義体制の崩壊とグローバリゼーションの急速な進展に伴い絶対免除主義から制限免除主義への転換が世界の趨勢となる中で，取引の商業的性格，国家企業の取扱い，強制措置など 1991 年草案が定める規則では合意が得られない状況が生じており，主要な対立条項の再起草問題に時間を要したためであった。そのILC 条文草案も，2001 年から総会のアドホック委員会で最終起草作業が始まり，ARSIWA に関する総会決議 59/35 が採択されたのと同じ 2004 年には国連国家免除条約として採択された[38]。主要な対立問題について実質上 ILC に再検討を依頼した総会は，その報告を受けて，アドホック委員会を設置して起草作業を続け，2004 年には総会全体会議で国家免除条約を採択したのである。こうした事情にもより，国家免除条約起草の最終段階でこの文書の最終形態に関する再検討が行われたが，2003 年にアドホック委員会が，五つの主要問題に関する合意を成立させ，それらを除く 1991 年 ILC 条文草案の読了と若干の規定に関する了解事項の採択を完了したことを受けて，総会は，同文書をモデル法（model law）などの非拘束的文書ではなく条約として採択することを最終的に決定した[39]。2004 年，アドホック委員会は前文と最終条項を付した国家免除条約草案を採択し，第6委員会が「草案」の文字を外した国家免除条約を総会決議案附属書に付して全体会議に提案し，全体会議で同条約が採択され

---

(37) A/RES/46/55（9 December 1991），preambular para. 5 and operative paras. 2-4.

(38) ILC での実質的再作業を含む条約採択に向けた国連総会の起草作業についてはとりあえず次を参照。Report of the Working Group on Jurisdictional Immunities of States and Their Property, *YbILC 1999*, Vol. II Part Two, pp. 154-170; Report of the Chairman of the Working Group（A/C.6/54/L.12, pp. 1-9; A/C.6/55/L.12, pp. 1-25.）; A/RES/55/150, operative para. 3; A/RES/56/78, operative paras. 1-3; A/RES/57/16, operative para. 2; A/RES/58/74, operative paras. 2-3;A/RES/59/38, operative paras. 2-4; Report of the Ad Hoc Committee on Jurisdictional Immunities of States and Their Property（A/57/22, 2002, pp. 1-13; A/58/22, 2003, pp. 1-15; A/59/22, 2004, pp. 1-24; Report of the Sixth Committee（A/59/508, 2004), pp. 1-17).

(39) See, Report of the Ad Hoc Committee（A/58/22, 2003), p. 2, para. 12; A/C.6/58/L. 20, preambular para. 3; A/C.6/58/SR. 12, pp. 3-6, paras. 12-37; A/C.6/58/SR. 13, pp. 2-4, paras. 1-18; A/C.6/58/SR. 20, p. 13, para. 79; A/C.6/58/SR. 21, p. 10, paras. 53-56; Report of the Sixth Committee（A/58/512), pp. 1-2, paras. 6 & 8.

た(40)。

しかし，最終形態について根本的な見解の相違がある ARSIWA では，事情
が大きく異なる。2004 年の第 6 委員会の状況を見ると，条約化拒否論又は条
約化時期尚早論を根拠にこの段階での ARSIWA 条約化に反対の立場に立って
いたと思われる諸国は，オランダ，日本，米国，イスラエル，英国，フィンラ
ンド（北欧 5 カ国を代表），スロヴァキア，オーストラリア（豪・カナダ・NZ を
代表），グアテマラ，タイ，イタリア等であり，他方条約化支持を表明した諸
国は，ブラジル，中国，ベラルーシ，ポルトガル，ギリシャ，オーストリア，
スペイン，ウルグアイ，ベネズエラ，キプロス，フランス，ヨルダン，ロシア，
キューバ等であり，ドイツ，スイス，メキシコ等は何らかの決定をすること自
体が時期尚早と主張した(41)。第 6 委員会の審議とはいっても国家責任に割り当
てられた会合は形式上 4 会合（実質 2 会合）に過ぎず，発言国も 30 カ国余に過
ぎず，2001 年の発言国と同じ国の発言が多く，各立場から表明された発言内
容も基本点は同じ内容の繰り返しである。

条約化拒否の立場から，例えば英国代表は，ARSIWA は既に国家慣行，裁
判所決定，学説を通じてその価値を証明しており，法の基本枠組となっている
ため条約が付け加えるものはあまりないとし，主に国内裁判所で適用されるた
め条約による明確性を必要とする国家免除とは異なり，国家責任は ILC 条文
草案及びそれを基礎とした判例及び国家慣行を反映する一般国際法を処理する
ことに慣れた国際裁判所で適用されるから事情が異なるとして，ARSIWA に
定める諸規則はその一体性と一貫性を維持するため現在の形態のままで国家慣
行と国際裁判所の決定に委ねるべきだと主張し，米国代表も，ILC 条文草案
は非拘束的な形態であるにも拘らず有益であることが国際裁判所等及び諸国の
実践により証明されたから，これ以上の措置は不必要であると述べた(42)。イタ

---

(40)　See, A/C.6/59/L.16, pp. 1-2 and Annex; Report of the Sixth Committee
(A/59/508, 2004), pp. 1-4, paras. 1-9 and Annex.

(41)　See, A/C.6/59/SR.15, pp. 8-17, paras. 52-108; A/C.6/59/SR.16, pp. 2-6, paras. 1-29.
なお日本代表は，条文草案の採択が国家間関係の法的基礎として機能することにより国
際法の発達に大きく影響するだろうとも述べており，条約化自体を否定するものでは必
ずしもない（A/C.6/59/SR.15, p. 8, para. 57 (Japan: Yamada)）。

(42)　A/C.6/59/SR.15, p.10, paras. 68-70 (UK: Wood); *ibid.*, p. 9, para. 61 (USA:
Rosand). イスラエル代表も，国際関係と国際法が絶えず変化する中で国際義務の全体
にわたって規律する不変の第 2 次規則を設定しようと試みること自体が非生産的であり，
ARSIWA の価値はその未発達で幾分抽象的な規定にあるのではなく各規則の歴史，範囲，
目的に光を当てる註解にこそあるのであって，現在のように国際法発達の記録及び諸国
と国際司法機関のための指針として使用される柔軟な形態の方が有用である，と発言し

国家と海洋の国際法（上巻）第1部 国際法／Ⅲ 国際立法

リア代表は，同じ立場から，国際慣行は条文草案の規定が未だ一般国際法と
なっていない分野（一般国際法の強行規範に対する重大な違反の法的結果など）
においても慣習法の発展に貢献するから，国連事務総長に対して国際慣行の
集成（compilation）を準備するよう要請すべきだと提言した[43]。

　他方，条約化支持のフランス代表は，ILC 条文草案の一定の条文は慣習国
際法の法典化の範囲を超えて漸進的発達の領域に踏み込み，対抗措置に関する
規定は国際責任の法に通常属するような概念の範囲を超えているから，ILC
条文草案に基づく国際条約を起草すべきことを再確認するが，国際慣行の発展
に関するより深い研究が行えるように新しい時間枠組を設定することには反対
しないと主張した[44]。またロシア代表は，条文草案のいくつかの側面は懸念を
生じさせるが，国際法文書の起草過程で適切に対応できる問題とみなせるから，
第6委員会の作業部会又は総会のアドホック委員会を設置すべきだと主張し
た[45]。

　ビューローを代表してトリニダード・トバゴ代表は，国連事務総長による
ARSIWA 条文又は国際裁判所等の決定のいかなる解釈の試みも意図したもの
ではないことを強調した上で，ARSIWA 諸条文に関する国際裁判所等の決定
に関する集成の作成及び諸国の慣行に関する情報の提供を総会決議59/35で要
請すること，並びに，諸国政府に対して ARSIWA につき総会がとるべき行動

た（*Ibid.*, pp. 9-10, paras. 65-66 (Israel: Lenk)）。

(43)　A/C.6/59/SR.16, p. 5, paras. 19-21 (Italy: Nesi). なおオーストラリア代表（豪・
　　NZ・カナダを代表）は，ICJ 等による援用により ARSIWA は条約の形態をとらずとも
　　長期の影響力を有することが示されているから，実際的かつ効果的な選択は，条約化で
　　はなく ARSIWA を附属書に掲げた総会自身の宣言であると主張して，ARSIWA をその
　　まま承認する総会決議を提案した（A/C.6/59/SR.15, p. 14, paras. 87-91（Australia:
　　Playle）。日本代表は国家慣行及び裁判所の決定の観察により争いのある分野について
　　共通の基礎を見いだすことができたときは，現在の草案をどのように修正し又は維持
　　すべきかについてコンセンサスに達することが容易になろうが，今は時期尚早であり
　　最終形態の決定は次回以降に延期すべきだと主張した（*Ibid.*, pp. 8-9, para. 58（Japan:
　　Yamada））。

(44)　A/C.6/59/SR.16, pp. 3-4, paras. 10-11 (France: Collet).

(45)　A/C.6/59/SR.16, p. 4, para.14 (Russian Federation: Zabolotskaya). 作業部会又はア
　　ドホック委員会の設置は，中国，ポルトガル，ギリシャ，キプロス，キューバ等の条約
　　化支持国も言及した。一般には条約化の作業を準備することが目的であるが，ギリシャ
　　代表及びキプロス代表の提案は，他と違い前文，紛争解決条項及び最終条項の起草を目
　　的としたもので，これは実体条項としては ARSIWA をそのまま条約本体に受け入れる
　　ことを黙示する。A/C.6/59/SR.15, p. 9, para. 60 (China: Jia Guide); *ibid.*, p. 11, para. 74
　　(Portugal: Serradas Tavares); *ibid.*, p. 13, para. 81 (Greece: Economides); A/C.6/59/
　　SR.16, p. 3, para. 8 (Cyprus: Toma); *ibid.*, p. 6, para. 28 (Cuba: Rivero).

に関する書面の意見の提出を要請することを説明し，コンセンサスで了承された[46]。こうして，⑴ ARSIWA の最終形態に関する ILC の審議では，未だ法的地位が未確定の ARSIWA 諸条文又はその註解（起草過程を含む。）に言及した国際裁判所等の決定に関する集成の作成並びに諸国の慣行に関する情報の提出を求める異例の実行が設けられた。しかも，2022 年の総会決議 77/97 を見れば，これらの集成の作成及び情報の提供が 3 年ごとに更新されてきたことは一目瞭然である[47]。さらに同決議によれば，以上の集成に記された ARSIWA への言及を条文別一覧表にした統計報告書が作成され，その更新が要請されたことも示されている[48]。これらの集成及び国家慣行に関する情報の提供は，少なくとも条約化拒否国からは，ARSIWA の条約化がなくても ARSIWA に定める規則が慣習国際法の再述又は慣習国際法への結晶化を証明するものと位置づけれていたことが理解できる。したがって，ARSIWA の最終形態を検討するに当たっては，これらの資料が何を示すのかについて分析し，その結果を参考にすることが期待されているといえよう。

　これに対して，⑵諸国政府に提出が求められた意見は，ARSIWA につき総会がとるべき行動に関する意見と特定されていることに注意する必要がある。ARSIWA の最終形態について審議する以上，関係諸国政府の意見を求めるのは当然であるが，諸国の意見を求める場合には，ARSIWA の実体条文に対する所見も併せて要請するのが通常の態様といえる。しかし，諸国の意見を総会決議 59/35 が ARSIWA に関する総会の将来の行動に限定したということは，ARSIWA の諸条文の内容に関する検討は諸国のコンセンサスの範囲を超え，2004 年時点では不可能だったということを示す。同決議以降，事務総長による 3 年ごとの要請が行われたが，この要請に応えて書面の意見を提出した国は 2007 年から 2022 年までの事務総長報告によれば未だ 23 カ国（集計は筆者。北

---

(46)　A/C.6/59/L.22; A/C.6/59/SR.25, p. 10, para. 59（Trinidad and Tobago: Ramoutar）.

(47)　注(36)も参照。

(48)　同統計報告書は，2016 年の総会決議 71/133 の本文第 4 項で国連事務総長に要請され，その更新が 2019 年の総会決議 74/180 で要請された（A/RES/71/133（13 December 2016），operative para. 4; A/RES/74/180（18 December 2019），operative para. para. 5.）。これら決議に従って 2 本の統計報告書が提出された。A/71/80/Add.1（2017）には，過去 4 回の集成に基づき作成された ICJ ほか 18 機関による ARSIWA への言及について 163 事件の 392 の言及（2001 年 1 月 1 日から 2016 年 1 月 31 日まで）が，条文別，機関別に一覧表にまとめられている。また A/74/74（2022），p. 39 *et seq.*, Annex には，過去 5 回の集成に基づき作成された ICJ ほか 22 機関の 332 事件の 786 の言及（2001 年 1 月 1 日から 2022 年 1 月 31 日まで）が，条文別，機関別に一覧表にまとめられている。

国家と海洋の国際法（上巻）第1部 国際法／Ⅲ 国際立法

欧グループの5カ国を含む）に過ぎない[49]。諸国は，まだ ARSIWA を本腰を入れて検討するには至っていない。もっとも，事務総長報告書は，2007年以降 ARSIWA に関する将来の行動に関するコメントと国家慣行に関する情報とに分類して諸国の回答を掲載しているが，2019年の報告書からは新たに ARSIWA に対するコメントという項目が加えられ，イラク，カタール，スーダンがコメントを提出したことが報告されている[50]。ARSIWA に関する将来の行動に関するコメントの内容は，第6委員会において口頭でなされてきた意見表明と概ね同じであるが，国家慣行に関する情報はまだごく少数にとどまり，ARSIWA の実体条文に関するコメントは総会決議により公式に要請されてはいない。しかし，ARSIWA 諸条文に対するコメントが今後事実上漸増していくようであれば，ARSIWA に関する意見や疑問に加え修正提案も増えていく可能性があり，ARSIWA の一体性を維持することが困難になるとはいえないまでも，諸国の法的信念が一様でないことが示されることにより，ARSIWA の裁判規範及び行為規範としての一体性に対する疑問を生じさせ，その権威を弱体化させるおそれがないわけではない。もっとも諸国から各種の意見が提出されればそれらを全く無視するわけにはいかず，第6委員会としては早晩何らかの対応が求められることになろう。

　さらに，(3)総会決議77/97は，新たに ILC 採択文書に対する総会の行動の先例に照らして可能なすべての手続的選択肢に関する報告書を，2025年に提出するよう事務総長に要請した。これには次のような経緯が認められる。第6委員会は2013年からは実質的な審議及び意見調整を開放作業部会(Open-ended Working Group) で行うようになったが，2013年の開放作業部会議長の口頭報告によれば，総会の将来の行動につき同部会では，(i)最終形態の決定を単純に再延期する，(ii)総会の検討を単純に終了させる，(iii)当面の間総会での検討を終

---

(49)　書面で意見を提出した国とその回数は以下の通りである（括弧内の数字は回答の回数を示す。①は将来の行動，②は国家慣行，③は条文への意見）。カタール（①2回，③1回），エル・サルバドル（①6回），チリ（①1回），オーストラリア（①1回），オーストリア（①3回，②1回），スーダン（③1回），イラク（③1回），チェコ（①4回，②3回），ドイツ（①1回，②1回），クウェート（①1回），北欧5カ国（①3回），ポルトガル（①5回），英国（①4回，②4回），米国（①2回，②1回），ブラジル（①1回），フランス（①1回），リトアニア（①1回），メキシコ（①2回），オランダ（①1回）。See the following documents, A/62/63 (2007); A/62/63/Add.1 (2007); A/65/96 (2010); A/68/69 (2013); A/68/69/Add.1 (2013); A/71/79 (2016); A/74/156 (2019); A/77/198 (2022).

(50)　A/74/156 (2019), pp. 5-7 (Qatar, Sudan); A/77/198 (2022), pp. 4-5 (Iraq).

了させるが再開の可能性を残す，(iv)国際条約の交渉を勧告する，という選択肢が非公式に議論されたことが報告されていたが[51]，この年は単純再延期で決着をみた。しかし2016年には米州のCELAC諸国（現33カ国）及びアフリカグループ（現54カ国）が，ARSIWAの条約化を支持し——ただし，アフリカグループはARSIWAをデフォルトベース・テキスト（default-base text）として扱うことも示唆した——，並びに3会合に強化された開放作業部会を通じた調整に積極的姿勢を表明したことにもより[52]，第6委員会ではARSIWAの最終形態として条約化を支持する国が多数を占めることがより明確になった。2016

---

(51) 国家責任の開放作業部会は，国連加盟国のほか，専門機関及びIAEAの加盟国に開放されているが，公開の議事録は作成されず，部会議長の口頭報告のみがなされてきている。2013年の口頭報告によれば，予備的な意見交換の結果，意見の相違が引き続き存在していることが確認され，条約交渉支持の若干の代表は，特に，国際裁判所のARSIWAへの広範な依拠及びARSIWAの一定の規定が慣習国際法の規則を反映しているという国際裁判所の決定に言及して，ARSIWAに基づく条約こそ法的安定性と国際的な法の支配に貢献し，現在の形態では生じるおそれのあるつまみ食いや一貫性のない適用を抑止すると強調したが，他の代表は引き続き条約交渉に反対し，条約交渉はARSIWAの微妙なバランスを脅かすことに加え，ARSIWA全体を確立した慣習国際法と考えるのは時期尚早だと発言した。この状況に照らせば今会期における最善の方法は，ARSIWAに関する最近の発達を認めつつ，最終形態の決定を将来の会期に延期する決議案の交渉である，とされた。A/C.6/68/SR.28, p. 2, paras. 1-3 (Switzerland: Stuerehler Gonzenbach).

(52) A/C.6/71/SR.9, p. 5, paras. 27-29 (Dominican Republic on behalf of CELAC: Ávila); ibid., p. 5, paras. 30-33 (South Africa on behalf of African Group: Joyini). CELACを代表しての発言には，条約化が国家責任に連動する外交的保護を含む他の優先議題に積極的な影響を与えること，ならびに，外交会議でコンセンサスに到達することは可能であり，国際社会の利益が個別国家の利益に優先することになることを確信するという楽観的見方が述べられていた。またアフリカグループを代表しての発言には，直近の第6委員会の議論からはすべての地域グループを通じて多様な諸国が条約採択に向けた手続に前向きなことが強く示されており，ARSIWAが諸国政府，裁判所，学界において現存する慣習国際法の権威ある再述として広範な承認を得ており，諸条項は再交渉する必要のないデフォルト・ベース（既定事項）のテキスト（default-base text）として設定され，基礎となるテキストへの修正は設定される投票手続に従って採択されるという認識が示され，これ以上の延期は事態を打開せず，決定を行うための手続を開始するときだという意見が示された。外交的保護条文との関連は同代表によっても言及された。開放作業部会は2016年以降3会合に増やされ，作業部会議長の口頭報告を読む限りでは，第1会合で参加諸国の一般的意見の交換の後，第2回会合と第3回会合でARSIWAの最終形態に関する打開策を調整し，最後に前回決議を基礎にコンセンサス決議の内容を調整するというパターンになっている。条約化が決定されている「人道に対する犯罪に関する条文草案」では例えば2023年及び2024年の通常会期外の第6委員会再開会期（resumed session）等の開催等により実体条文の審議が行われてきている（See, A/RES/77/249, 30 December 2022, operative para. 4; Draft written Summary by Moussa Mohamed Muossa, A/C.6/78/L.22 and Add.1）が，ARSIWAについては，実体条文の審議は慎重に回避されている。

年に作業部会の議長となったブラジル代表は，ビューローを代表してコンセンサス決議案の提案の中で，2016年当時の条約化支持国と条約化拒否国の主張の基本点をそれぞれ次のようにまとめている。

まず条約化支持国の主張によれば，国際裁判所等のARSIWA条文への広範な依拠が示すように，法典化の機は熟しており，条約（化）は，特に未だ慣習国際法の地位を獲得するに至っていない諸条項に含まれている諸要素について，法の支配を強化し，法的確実性を向上させ，また国内裁判所の認知を容易にすることを含めて，ARSIWAの現在の不統一な適用を減少させるであろう。ARSIWAの最終形態の決定を先送りすることが続けば，諸国間にARSIWAについて意見の不一致があるとの認識を醸成し，それによりARSIWAの地位が損われる可能性があるだけでなく，総会の不決断は，ILCが作業を終了した他の条約案（外交的保護条文及び国際機構の責任条文）の検討にも影響を及ぼす。会議（開催）は，すべての国に法形成への参加を可能にし，ARSIWAに寄せられている一般的支持に鑑みれば，会議は必ずしも危険な企てではなく，ARSIWAの諸条項の削除又は修正には特別多数の支持を必要とするデフォルト・ポジション（default position）をARSIWAに付与することも考えられる[53]，とされる。これに対して条約化拒否論によれば，ARSIWAは既に広く受け入れられ，十分な権威を有するようになっていることに加え，第2次規則は法典化には適さないかもしれず，ARSIWAは現在の形態においてこそ高い価値が認められる。他方，ARSIWAのすべての条項が定着した慣習国際法になっていると考えるには時期尚早であり，国家慣行それ自体が発達することを許容すべきである。交渉の開始は，ILCの作業をほころばせ，それにより，注意深い調整の結果ARSIWAが達成したバランスを危険にさらし，その一体性を破壊し，内容を薄めたテキストにするのではないかという根本的懸念がある。条約交渉の通常の規則ではこの懸念を鎮めることはできない。また条約が採択されたとしても，普遍的な批准がなければ，「脱法典化（de-codification）」の危険がある[54]，というのである。2019年以降もこの基本的対抗軸は変わっていない。例えば2019年に中国代表は，国際条約完成のための国際会議の開催，総会によるARISWAの宣言形式での採択，いかなる行動もとらないという選択肢があるが，ARSIWAには，一般国際法の強行規範に基づく義務の重大な違反，対抗措置，被侵害国以外の諸国が提出できる請求に関して諸国間に解釈の相違

（53）　A/C.6/71/SR.31, p. 2, paras. 3-4 (Brazil: Luna).

（54）　*Ibid.*, p. 2, para. 5.

と主要な懸念が存在しているから，意見の相違が残る主要な問題について広範なコンセンサスを得るため，ARSIWA に基づくいかなる将来の行動もすべての国に受諾可能なものとなることが望ましいと発言したが[55]，米国代表は，ARSIWA は現在の形態に最大の価値があり，十分に受け入れられている規則及び註解が交渉によって疑問視され害されることを懸念するという従来の立場に加えて，ARSIWA の諸条項の内，漸進的発達に該当するものについては未だすべての国に受け入れられたとはいえないから，漸進的発達に属する規則には，時間的制約の下で起草される条約ではなく，なお国家慣行の集積が必要であると発言し[56]，英国代表も，ARSIWA には最高の敬意を払うが，未だ諸国の見解が異なり統一的な国家慣行も十分とはいえない規定が相当数あるため，現時点での条約化は賢明な選択ではないと述べた[57]。ただし，英国代表は 2022 年に，ARSIWA に進歩をもたらす選択肢について作業部会で議論する機会をもつことを歓迎するとし，時機が到来すれば条約が適当であるか否かについて検討することについてオープンであるとの意見を表明してもいる[58]。これらの発言にも見られるように，ARSIWA は慣習国際法規則の再述であるから条約化は不要であるとする条約化拒否国の主張は，条約化支持国からは多数の ARSIWA の条項が国際裁判所の決定及び諸国の慣行により慣習国際法規則とみなされているから法典化条約の機が熟しているという主張に援用され，むしろ主要な論争点は，漸進的発達に属するという点で諸国に意見の一致が見られる第Ⅱ部及び第Ⅲ部の若干の規則の扱い（当初より伏在していた論争点）に移ってきているようにも思われる。これらの分野では国際裁判所の決定も国家慣行も十分成熟しているとはいえない中，形式的にはこの空白を条約化という国家合意の方法によって埋めるのか，国際裁判の先例の蓄積及び国家慣行の形成に委ねるのかの論争という形態をとりながら，実質的には ILC が到達した第Ⅱ部及び第Ⅲ部の規定を維持するのかなお変更を認めるのかが争われているといっても過言ではないだろう。

　今ひとつ看過できないのは，2016 年の条約化支持論で既に触れられているが，

---

(55)　A/C.6/74/SR.13, pp. 3-4, para. 17（China: Yang Xi）. See also, A/C.6/77/SR.13, p. 12, paras. 75-77（China: Liu Yang）.

(56)　A/C.6/74/SR.13, p. 5, para. 25（USA: Simcock）. See also, A/C.6/77/SR.13, p. 11, paras. 68-69（USA: Bigge）.

(57)　A/C.6/74/SR.13, p. 4, paras. 18-20（UK: Dickson）. See also, A/C.6/77/SR.13, pp. 11-12, paras. 72-74（UK: Hollis）.

(58)　A/C.6/77/SR.13, p. 12, para. 74（UK：Hollis）.

国家と海洋の国際法（上巻）第1部 国際法／Ⅲ 国際立法

ILC の国家責任条文草案採択から 20 年を経過しても ARSIWA の最終形態について結論を出せない第 6 委員会の行動に対する国際社会の批判を懸念する意見が出始めており，就中 ARSIWA の最終形態に関する不決断が外交的保護条文及び国際機構責任条文といった国の国際責任に関連する分野での法典化作業を遅延させていることが指摘されており[59]，何らかの打開策が第 6 委員会に求められてきているという，第 6 委員会内部の認識の変化であろう[60]。2016 年

---

(59)　2016 年の外交的保護条文に関する作業部会の議長報告によれば，国家責任に関する作業の先行きの不透明さからこれまで外交的保護に関する作業も一貫した行動計画が採れなかったが，2 つの主題を切り離すべきだ（de-linking）という意見が出た。議長は諸国代表に，外交的保護条文には法典化と漸進的発達の両方の要素が含まれているから同条文の内容と最終形態について諸国間で意見交換を行いながら，他方で国家責任条文の文脈で作業を行うような二段構えのアプローチ（dual-track approach）を考慮してもよい，とされた（A/C.6/71/SR.31, pp. 3-4, paras. 14-16 (South Africa: Joyini)）。2019 年の作業部会では，国家責任条文と外交的保護条文を同一の主題に統合する意見も出て，議論は継続された（A/C.6/74/SR.34, p.5, paras. 27-29 (South Sfrica: Molefe)）。さらに2022 年の総会決議 77/105 では，前文 5 項で外交的保護条文と国家責任条文の間の密接な関係に留意することが加えられ，2025 年に継続して条約化又はその他の適当な措置に関する問題を審議すること，並びに同会期までに非公式に実体的な対話を継続するよう諸国に奨励した（A/RES/77/105 (7 December 2022), preambular para. 5 and operative paras. 2 & 3)）。第 6 委員会では，国家責任条文に基づき条約への精緻化を行うという明確なコンセンサスがなければ外交的保護条文に基づく条約交渉は時期尚早である（豪代表），国内的救済完了原則に関する第 15 条など慣習国際法の十分に確立した規則と抵触する一定の条文があり，これらの条文は十分に確立した慣習国際法を反映すべきだし，諸国が合意に達した主題を再検討することで ILC の実質的作業を損なう（米代表）といった意見が出され，総会決議案採択後，コロンビア代表は 5 カ国を代表して，外交的保護問題の実体的審議の先延ばしを批判する意見を表明した（See A/C.6/77/SR.32, p. 4, paras. 21-22 (Australia: Likos); ibid., p. 5, paras. 31-32 (USA: Chandoo); A/C.6/77/SR.36, p. 6, paras. 26-29 (Colombia: Solano Ramirez)）。同様の議論は，国際組織の責任条文についても生じており，国際組織責任条文を基礎に国際条約の交渉を審議すべきだという意見も若干あり，通常会期外での再開会期，作業部会の設置など手続にふれる提案もあったが，2023 年の第 6 委員会では，この分野での国際法の発展が限定され，この 3 年間の条文の援用も殆どないことから，国際責任条文の多くの条項は漸進的発達の範疇に入り国家責任法ほど現行法を反映していないからこれ以上の行動を採るのは不適当である（米代表），国家責任条文以前の法典化を避けるのが望ましい（蘭代表），意見の相違から交渉によって条約採択のための十分なコンセンサスが生まれるとは思えない（英代表）といった意見が出された（See, A/C.6/78/SR.19, pp. 10-11, para. 60 (USA: Grosso); ibid., p.11, para. 61 (Netherlands: Theeuwen); ibid., p. 13, para. 73 (UK: Hollis); A/C.6/78/SR.37, pp. 11-12, paras. 71-74 (Brazil: Muniz Pinto Sloboda)）。

(60)　例えば，スペイン及びポルトガル代表は，総会の無行動が国家責任に関する総会の無関心を示すものと受け取られ，国際法の将来に関する懸念を招来させるおそれがあると発言している。See, A/C.6/74/SR.13, p. 8, para. 49 (Spain: García López); ibid., p. 10, para. 61 (Portugal: Kowalski); ibid., p. 10, para. 64 (Federated States of Micronesia: Mulalap); A/C.6/77/SR.13, p. 14, para. 89 (Portugal: Amaral Alvez De Carvalho); ibid.,

15 岐路に立つ国家責任条文〔薬師寺公夫〕

にポルトガル代表は，国家責任の主題を毎年の会期で審議することのほか，総会の行動に関する一致・不一致点を同定し打開策を探るために，事務総長に第6委員会の過去の実行を基礎にILCの成果物の最終形態を決定する手続の選択肢に関する作業文書の作成を要請すること，さらに，ARSIWAの実体条文に関する加盟国の主要な懸念事項を同定する方法，作業部会の議題にすべき実体問題のリストを確定する方法などについて，作業部会で検討すべきだと主張した⁽⁶¹⁾。議長は，同年の作業部会に非公式作業ノートを配布し，いかなる決定も十分な情報に基づきコンセンサスで行うことを強調するとともに，作業部会が焦点を絞るべき短期，中期及び長期の目標を示し，作業部会では手続的選択肢に関する情報を共有することの意義について審議されたことが作業部会議長から口頭報告されたが，非公式作業ノートの内容は未公表となっている⁽⁶²⁾。ところが2019年のコンセンサス決議74/180でも単なる審議継続しか決定できなかったことについて，ポルトガル等4カ国が，この決議内容ではARSIWAを公然と議論することに対する第6委員会の単なる不安，不支持又は無能力を国際社会に発信するだけだとして，異例の共同発言を行った⁽⁶³⁾。こうした前触れ

---

p. 14, para.93 (Cameroon: Nyanid); A/C.6/77/SR.14, p. 3, para. 12 (South Africa: Motsepe). 外交的保護条文の審議との関係については，アフリカグループの指摘のほかに次を参照。See, A/C.6/71/SR.9, p. 9, para. 60 (Portugal: Pucarinho); *ibid.*, p. 11, para. 71 (Mexico, Arrocha Olabuenaga); A/C.6/74/SR.13, p. 5, para. 29 (Mexico: Arrocha Olabuenaga); A/C.6/77/SR.14, p. 2, para. 6 (Chile, Hernandez Chabez). こうした状況の打開策として第6委員会での審議の頻度を増やすべきだという主張されたが，それについては次を参照。See, A/C.6/71/SR.9, p. 6, para. 41 (Cuba: Diéguez La O); A/C.6/74/SR.13, p. 3, para. 11 (Sierra Leone: Kanu); A/C.6/77/SR.13, p. 11, para. 71 (Mexico: Arrocha Olabuenaga); A/C.6/77/SR.14, p. 5, para. 21 (Cuba: Carral Castelo); *ibid.*, p. 5, para. 24 (Cyprus: Chrysostomou).

(61) A/C.6/71/SR.9, p. 9, para. 61 (Portugal: Pucarinho). See also, *ibid.*, p. 11, para. 72 (Mexico, Arrocha Olabuenaga); A/C.6/74/SR.13, p. 3, para. 12 (Sierra Leone: Kanu); *ibid.*, p. 3, para. 15 (Slovakia: Košuth) (ただしWGでの議論には反対); *ibid.*, p. 5, para. 28 (Mexico: Arrocha Olabuenaga); *ibid.*, p. 8, para. 46 (Cameroon: Nyanid); *ibid.*, p. 10, paras. 61-62 (Portugal: Kowalski); A/C.6/77/SR.13, p. 9, paras. 53-54 (El Salvador: Flores Soto); *ibid.*, p. 10, para. 62 (Colombia: Orduz Durán); *ibid.*, pp. 10-11, paras. 64-67 (Italy: Milano) *ibid.*, p. 14, para. 91 (Portugal: Amaral Alvez De Carvalho); *ibid.*, p. 14, paras.94-95 (Cameroon: Nyanid); A/C.6/77/SR.14, p. 2, para. 2 (Egypt: Abdelaziz); *ibid.*, p. 6, para. 30 (Algeria: Bouchedoub); *ibid.*, p. 7, para. 33 (Argentina: Mainero).

(62) A/C.6/71/SR.31, p. 3, paras. 7-8. See also, A/C.6/71/SR.33, p. 2, paras. 3-4 (Brazil: Luna).

(63) 同発言によれば，この決議はバランスがとれておらず，国家責任の主題についての真剣で深い審議を妨げている現状を永久化するものであり，総会での議論が始まって以降約20年が経過したが，決議は条約の精緻化を支持するすべての地域からの多数の加盟国の見解を反映しておらず，後日条約締結のための国際会議の開催可能性の検討に言

国家と海洋の国際法（上巻）第1部 国際法／Ⅲ 国際立法

に続き，2022年の作業部会に6カ国共同のノン・ペーパーが配布された。この作業文書については2(2)でふれるが，同年の作業部会では，条約化の作業を開始するためにARSIWAが全体としてどの程度慣習国際法としての地位を認められていればよいのかについて意見が一致していないという指摘があり，作業部会議長は，意見の必要な臨界点（the necessary "critical mass" of opinion）を確認する基準及びその際に参考となるILCの「慣習国際法の同定に関する結論」について諸国代表に発言を促したところ，さまざまな意見が表明された。すなわち作業部会議長の口頭報告によれば，既に意見の臨界点に達しており，ILC勧告の第2段階の作業に移るべきだという意見に対して，ARSIWAに関する国家慣行は引き続き自然な発達に委ねるべきだとする強い反対が出された。ARSIWAが全体として慣習国際法上の地位を得る可能性という議論自体が条約化に反対するための口実に過ぎないとみなす意見，条約締結の検討に進む機が熟したか否かを評価する上で客観的な基準の確認は有益だとする意見，残されている問題が何であれそれについて合意に達することが交渉の意味であるからARSIWAの特に第1部の諸条文について意見の収斂が確認できておればそれで十分であるという意見など，意見はまとまらなかった[64]。

　以上要するに，ARISWAの内容に関しては主に第Ⅱ部及び第Ⅲ部の若干の規定が最大の論争点であることは諸国間においてほぼ異論がないが，この実体条文の内容について諸国政府が審議に入ることはパンドラの箱を開けるに等しく，ILCの40年近くにわたる膨大な作業成果から後退し，成果全体が水泡に帰すことになるという強い懸念が伏在している。そこで，第6委員会にはARSIWAの内実には立ち入ることなく最終形態の問題を処理しようとする姿勢が見て取れるが，この対応には隔靴掻痒の感を否めない。これをいくら続けてみても，議論は空回りするだけで，決断には至らないことが懸念される。しかし，現在の世界の状況を見るとき，ARSIWAの上記の諸条項について，諸国が一致した結論を出せるような状況にあるとは考えにくいことも事実である。

及したILC勧告すら反映していない。実質的な議論を進めることはARSIWAの地位を損なうものでも，その将来の決定を妨げるものでもなく，決議案は困難で論争のある法的問題について公然と議論することに対する第6委員会の不安，不支持または無能力という発信を行っており，4カ国は打開策を見いだし，現在の意見の相違を架橋し，総会と第6委員会に国際法の漸進的発達と法典化を審議するフォーラムとしての活力を復活させるためにすべての加盟国と共同作業を継続する，とされた。A/C.6/74/SR.35, p. 4, paras. 18-19 (Portugal: Alves De Carvalho).

(64)　A/C.6/77/SR.35, pp. 7-8, para. 37 (Brazil: Cançado Trindade).

例えば，2022 年 2 月にロシアによるウクライナ侵略（特別軍事作戦）が開始されそれが長期化している現実がある。ARSIWA の第Ⅱ部及び第Ⅲ部の関連規定の内容にわたる多くの問題が提起されたにも拘わらず──下記の総会決議の審議中にも ARSIWA への言及がされた──，ARSIWA の諸条項に定める義務とは大きくかけ離れた実態が存在する。確かに，ロシアによるウクライナに対する憲章第 2 条 4 項に違反した侵略を遺憾とし，これ以上の違法な武力による威嚇又は武力行使を慎むよう要求した規定を含んだ総会決議 ES-11/1（本文第 2 項及び第 3 項）は賛成 141，反対 5，棄権 35 で採択された。しかし，ロシアは，同国による国連憲章違反の侵略を含むあらゆる国際法違反行為並びに国際人道法及び国際人権法の違反行為から生じたいかなる侵害に対する賠償を含むすべての国際違法行為の法的帰結を引き受けなければならないという規定を含んだ総会決議 ES-11/5 は，賛成 94，反対 14，棄権 73 の支持しか集められないという政治的現実がある[65]。強行規範の重大違反の法的結果について冷静に結論を出しうる基盤を欠いているといわざるをえない。

　こうした状況の下では，遠回りをしてでも最終形態の決定に役立つ議論を続けることが重要と思われる。そこで(b)では，ARSIWA に言及した国際裁判所等の統計数値並びにアルゼンチン等 6 カ国のノン・ペーパーが何を示唆しているのかを検討してみたいと思う。

⑵　国家責任条文に関する国際裁判所等の決定の統計数値及び手続的選択肢
　　に関するノン・ペーパーが示唆するもの

⒜　国家責任条文に言及した国際裁判所等の決定の統計数値の概要と問題点

　総会決議 59/35 の要請に基づいて，ARSIWA に言及した国際裁判所等の決定に関する最初の集成（A/62/62, A/62/62/Corr.1 and A/62/62/Add.1）が 2007 年に作成されて以降，2024 年 3 月までに 3 年ごとに 5 次にわたる更新が行われてきた。また，総会決議 71/133 の要請に基づき，ARSIWA が援用された 2001 年 1 月 1 日以降 2016 年 1 月 31 日までの国際裁判所等の決定を条文別，決定機関別及び決定年別に分類して一覧表にまとめた事務総長の統計報告書が 2017 年に作成され，2022 年に更新された[66]。これらの作業に基づいて，国連

────────────

(65)　A/RES/ES-11/1, 2 March 2022, p. 3, operative paras. 2 & 3; A/ES-11/PV.5, pp. 14-15; A/RES/ES-11/5. 14 November 2022, operative paras. 2-4; A/ES-11/PV.15, p. 30.

(66)　2022 年統計報告書を例にとれば，ICJ，ITLOS，イラン／米国請求権裁判所，国連賠償委員会，エリトリア／エチオピア請求権委員会，WTO のパネルと上級委員会，各種国際仲裁裁判所，旧ユーゴスラビア国際裁判所，ルワンダ国際刑事裁判所，シエラレオネ特別裁判所，レバノン特別裁判所，カンボジア特別法廷，ICC，国連行政裁判所，

国家と海洋の国際法（上巻）第1部 国際法／Ⅲ 国際立法

法務部は2012年に国連立法シリーズ『国際違法行為に対する国家の責任に関する資料集』（ST/LEG/SER.B/25）を作成し，2023年にその改訂版（ST/LEG/SER.B/25/Rev.1）を公刊した[67]。この改訂資料集は，ARSIWA の各条文について，条文テキスト，ILC の註解，「国際裁判所その他の機関の決定」をまとめたもので，ARSIWA の解釈・適用の概要を示す貴重な資料集であり，掲載された453件の事例の中には2001年以前の事例も若干含まれている[68]。以下では，主に2022年統計報告書の数値に示された国際裁判所等の ARSIWA への言及数に基づいて，ARISWA が国際裁判所等及び諸国によってどの程度援用されているのかの概況をまず認識しておこうと思う。

　調査対象となった22機関の国際裁判所等の決定総件数は年ごとに増加傾向にあることが窺える（例えば2001年1件，2005年23件，2010年33件，2015年68件，2020年61件）。当事者による「請求」件数も，2022年調査によれば漸増傾向にある（例えば2001年4件，2005年6件，2010年52件，2015年52件，2020年34件）。国際裁判所等の2001年1月1日から2022年1月31日までの決定におけるARSIWA 諸条文への言及総件数を，決定機関別ならびに条文別に分類した数値からは，次のような特徴が見てとれる。

　第1に，全体の概況を見れば，上記期間中の22機関による言及の総件数は786件（785の間違い思われるが，786を用いる）と報告され，その内訳は，ICJ の言及が30件，各種仲裁裁判所の言及が546件（このほかにイラン／米国請求権委員会4件，国連賠償委員会4件，エリトリア／エチオピア請求委員会3件が計上されている），ITLOS の14件，ICC の5件，WTO の28件，人権裁判所／委員会等9機関の130件である。ARSIWA の条文別に見れば，総言及件数786件中，ARSIWA 全体に係る言及が11件のほか，第1部443件（1章3カ条83件，2章8カ条226件，3章4カ条69件，4章4カ条11件，5章8カ条54件），第2

ILO 行政裁判所，世界銀行行政裁判所，IMF 行政裁判所，欧州人権裁判所，国連憲章又は条約に基づく国際人権機関及び人道諸機関，米州人権委員会，米州人権裁判所，アフリカ人権委員会，アフリカ人権裁判所，欧州連合裁判所，カリブ司法裁判所，ECOWAS 司法裁判所，アフリカビジネス法調整機構共同司法仲裁裁判所の計27機関が調査対象機関として列挙されているが，ARSIWA に言及した機関として実際に一覧表に掲げられた発信元機関は22機関であった。2001年1月1日から2022年1月31日までに下された国際裁判所等の332事案の「決定」における ARSIWA 諸条文への786の言及，国際裁判所等に対する当事者の請求の中でふれられた680件の言及が扱われている（A/77/74 (2022), pp. 39-40, Annex (Technical report, Introduction), paras. 1-5)。

(67)　ST/LEG/SER.B/25/Rev.1, xii+728, *supra* note 15. 最初の2012年版は次を参照。See, ST/LEG/SER.B/25, 2012.

(68)　A/62/62 (2007), p. 6, para. 5; ST/LEG/SER.B/25/Rev.1 (2023), p. viii.

部 282 件（1 章 6 カ条 118 件，2 章 6 カ条 157 件，3 章 2 カ条 7 件），第 3 部 38 件
（1 章 7 カ条 24 件，2 章 6 カ条 14 件），第 4 部 5 カ条 11 件となっている。言及数
の多い条文は，第 4 条（国の機関の行為，87 件），第 31 条（賠償，90 件），第 5
条（統治権能を有する実体の行為，46 件），第 3 条（国の行為の性格づけ，35 件），
第 8 条（国が指揮又は支配する行為の帰属，39 件），第 36 条（金銭賠償，46 件），
第 38 条（利子，35 件）となっている。以上のほか，20 件以上の言及がなされ
た条文は，第 1 条（国際違法行為に対する国際責任），第 2 条（国際違法行為の要
素），第 7 条（権限の逸脱又は指示の違反），第 14 条（国際義務の違反の時間的範
囲），第 15 条（合成的行為からなる違反），第 25 条（緊急状態），第 34 条（賠償
の形態），第 35 条（原状回復）であった。総則的な規定に対する言及数は別と
して，行為の帰属に関する第 4 条，第 5 条及び第 8 条に対する言及数と，賠償
に関する第 31 条，第 36 条及び第 38 条に対する言及数が多いことが特徴的で
ある。これとは対照的に第 Ⅱ 部第 3 章（一般国際法の強行規範に基づく義務の違
反）に言及した決定は 2022 年までに 7 件と少なく，対世的義務に関係する第
48 条に言及した判決も 3 件を数えるのみである。対抗措置に関する第 Ⅲ 部第 2
章の諸条項についても，言及数は合計して 14 件にとどまっている。国際裁判
所／委員会による ARSIWA に対する言及数は，条文によって相当異なる傾向
がでていることが見て取れる。

　第 2 に，786 件の総言及件数の内，546 件を占める各種仲裁裁判所の決定は，
イラン米国請求権裁判所のように国家間の仲裁裁判所の決定ではなく，その圧
倒的部分が ICSID 条約（追加的制度規則（Additional Facilities Rules）によるも
のを含む。）及び UNCITRAL 規則などに基づく投資家と投資受入国間の投資
仲裁裁判所の裁定及び決定となっている。国連事務総長の統計報告書を見ても
ARSIWA に言及した各種仲裁裁判所の裁定の総件数の内投資仲裁による裁定
件数が占める正確な比率は示されていないが，法務部の資料集で条文別に示さ
れた言及事例の比率を見れば，投資仲裁裁定が占める比率が圧倒的に高いこと
は一目瞭然である。この事実は，行為の帰属及び賠償に関する条文に国際裁判
所等の決定の言及件数が集中していることの最大の要因でもある。すなわち，
国営企業や州・地方政府機関の行為の国への帰属，並びに投資受入国が投資保
護条約に違反した場合の賠償に関する紛争で ARSIWA の関連条文が援用され
ている状況があることを示唆している。ところが，この援用には問題がある。
ARSIWA は，「責任のすべてを，そして責任だけを（the whole of responsibility

and nothing but responsibility）」[69]というアーゴの方針に基づいて起草作業が開始され，第Ⅰ部ではこの方針が貫かれたが，第Ⅱ部と第Ⅲ部では責任のすべてを規律するという方針は貫かれておらず，原則として国家対国家の間に適用される賠償原則及び国際請求規則しか定められていない。したがって，ARSIWAの第Ⅰ部に定める第2次規則は，それが実定国際法の規則だとすれば，すべての第1次規則に適用でき，投資保護条約上受入国が投資家に対して負う義務の違反についても直接適用することができる（ただし残余規則として）。しかし第Ⅱ部及び第Ⅲ部に定める第2次規則は，国家対国家の間に適用できる規則として定められているために，それが実定国際法を反映する規則だったとしても，形式的には国家が私人に対して負う責任の内容を定めたものでも，私人が責任国に対して提起できる請求内容を定めたものでもない[70]。したがって，投資仲裁裁判所はARSIWAに定める第2次規則を投資家と受入国の間の関係に適用できることをまず説明する必要に迫られるはずであるが，実際には投資仲裁裁判所はそのような注意を殆ど払っていない。他方，以上の論理からすれば，ARSIWA第Ⅰ部の第2次規則を援用した国際裁判所の決定は，ICSID仲裁の裁定であっても，ARSIWAに定める第2次規則が慣習国際法規則か否かを認定する補助手段（ICJ規程第38条1項(d)）となりうるが，第Ⅱ部及び第Ⅲ部の第2次規則を援用した裁定は投資家と受入国間の特別法を形成しても，一般慣習国際法規則の認定の補助手段とはならないということになるが，そのような機械的な処理が可能なのかは問題となろう。

　同様のことは，個人対国家間の人権侵害事案に対する人権条約実施機関の判決及び決定にも妥当しうる。ただし，投資保護条約は，受入国が条約に違反した場合に負う責任の内容について条約自身が固有の第2次規則を定めていることが比較的少ないため，一般国際法上の国家責任原則を援用する傾向が強いが，人権条約は，条約当事国の人権侵害に対する責任の内容を当事国の効果的な救済義務又はそれに対応する被害者の権利として抽象的又は具体的に規定している場合が比較的多い（例えば強制失踪条約第24条）。このため，人権条約実施機

---

(69)　Working paper prepared by Mr. Robert Ago, *YbILC 1963*, Vol. II, p. 253.

(70)　See, *e.g.* James Crawford S.C., Investment Arbitration and the ILC Articles on State Responsibility (hereinafter referred to as *Investment Arbitration*), *ICSID Review: Foreign Investment Law Journal*, Vol. 25, No. 1 (2010), pp. 129-130; Pierre-Marie Dupuy, Concluding Remarks: ARSIWA-A Reference Text Partially Victim of Its Own Success?, *ICSID Review*, Vol. 37, No. 1-2 (2022): Special Issue on 20th Anniversary of ARSIWA, pp. 601-604.

関は，当事国の条約違反を認定した場合，当該の認定（宣言判決）だけでは不十分であると判断する場合には，まず条約自身の特別規則（例えば欧州人権条約第41条に定める「公正な満足」）に従って解決をはかり，それでは意味が曖昧又は内容が確定できない場合に，残余規則として又は当該規則を解釈するために条約法条約第31条3項(c)が定める「国際法の関連規則」として慣習国際法規則を反映したとみなすARSIWA第Ⅱ部の規定を援用する傾向があると推測される。ただし，この場合も，ARSIWAの第Ⅱ部及び第Ⅲ部に定める規則が国家間の関係においてのみ適用される第2次規則だという性格は，投資条約義務違反の場合と同様に人権条約義務違反の法的結果（個人に対する第2次義務と個人の請求権）の場合にも直接適用の障害となりうる。デュピュイは，ARSIWA第Ⅱ部に定める規則が慣習国際法規則を反映するだけでなく，諸国の法の一般原則にも基づく――したがって国家間だけでなく普遍的に適用される――ものとみなす考え方を示唆するが[71]，この点も含めて，ARSIWAの第Ⅱ部と第Ⅲ部に定める第2次規則の性格については注意が必要であろう。ただし，2022年までにARSIWAに言及した786件の国際裁判所等の決定の内，546件が投資仲裁裁判所を主力とする仲裁裁判所の裁定であり，130件が人権条約実施機関の決定であったという事実には，事実としての重みがある。

　第3に，技術的なことになるが，国際裁判所等によるARSIWAへの言及状況に関する国連事務総長の集成及び統計報告書並びにそれらを整理した法務部の資料集は，あくまで当該の決定がARSIWAのある条文に言及したという事実を紹介するに過ぎないということについても，注意を払う必要がある。例えば，国際違法行為に対する完全賠償の原則に関するICJの判決内容とARSIWAの第31条との関係を例にとれば，上記の国連の調査資料は，ICJがARSIWA第31条にどのように言及したかに関心があり，ICJの判例が慣習国際法規則としての完全賠償の原則についてどのような考え方を展開してきているかについては調査対象となっていない。ARSIWA第31条に対する2022年までの国際裁判所等の決定による言及数は90件と報告されているが，その大部分はICSID条約やUNCITRAL仲裁規則に基づく投資仲裁裁定によるものであり，ICJによる言及件数は，2007年のジェノサイド条約適用事件（BH対セルビア及びモンテネグロ）の本案判決と，2022年のコンゴ領域軍事活動事件の賠償判決のARSIWA第31条にふれた抜粋部分の2件にとどまる。しかし，

---

(71)　Pierre-Marie Dupuy, *supra* note 70, p. 615.

国家と海洋の国際法（上巻）第1部 国際法／Ⅲ 国際立法

2001年以降に賠償問題を扱った ICJ 判決は他にもあり，その典型例は国境地域でニカラグアが実施した一定の活動に関する事件の賠償判決であろう。同判決は，「約束の違反は十分な形態での賠償義務を伴う」と判示したホルジョウ工場事件の PCIJ 判決をはじめ，アヴェナ事件判決，ディアロ事件判決などに言及して完全賠償の原則が国際法の十分確立した原則であることを述べたが[72]，ARSIWA 第31条には全く言及しなかった。このため法務部の資料集は，ICJ のこの判決を拾えておらず，ICJ の完全賠償の原則に関する考え方の全体像を示すものとはなっていない。ICJ は，ICJ 及び PCIJ に先例がある場合にはその引用をもって決定を行い，ILC の ARISWA まで引用することはあまりない。

　以上とも関連するが，法務部の資料集は，ARSIWA の条文に言及した国際裁判所等の決定のみを対象としているために，ARSIWA に定式化された規則に関連した国連安保理又は総会等の慣行あるいはそれらの機関で示された国家慣行までは対象範囲に含めていない。調査の対象範囲は ARSIWA が定式化した規則の裁判規範としての機能に限られている。このため，ARSIWA 第54条（被害国以外の国がとる措置）のように，786件の言及総件数の中で言及件数0件となっているが，同条に関する ILC の註解が示すように，同条起草中に同条に関連して検討対象となった国家実行は少なからずあり[73]，被侵害国ではない諸国による安全保障理事会の第7章措置と連動し又は連動していない経済制裁の実行の例は 2001年以降もいくつか生じているが，これらの慣行の実態とそれらが ARSIWA に定式化された規則に及ぼす影響については，法務部資料集には反映されていない。

　以上のような特徴を有する ARSIWA に関する国際裁判所等の集成及び統計報告書並びに法務部資料集の性格から，統計数値に表れた引用件数という数字のみをもって単純に援用数の多い条項をもって当該条項に定式化された規則が

---

(72)　*Certain Activities Carried Out by Nicaragua in the Border Area (Cost Rica v. Nicaragua), Compensation Judgment, ICJ Reports 2018*, p. 15 at pp. 25-27, paras. 29-35.

(73)　See, paras. (3)-(7) of the Commentary to Article 54 of the draft ARSIWA, *supra* note 1, pp. 137-139. 註解(6)項と(7)項は，いくつかの国家実行を検討した後，国家実行および関係国数が少なく，現在のところ，第48条で言及した諸国が集団的利益で対抗措置をとる権利が明確に認められているようには見えないとし，対抗措置に関する第2章では立場を保留して問題の決定を国際法の一層の発展に委ねたと説明し，第54条で「対抗措置」に代えて「適法な措置」という文言を使用したのは，被侵害国以外の国が集団的利益保護するための義務又は国際社会全体に対して負う義務の違反に対抗してとる措置に関するいかなる立場も損なわないためであると説明している。

慣習国際法規則だと即断することには慎重であるべきであろう。ともあれ総会第6委員会がARSIWAに関する統計数値からどのような分析と評価を行い，ARSIWAの最終形態の決定の参考としていくのかは，現時点では未知数である。現時点におけるARSIWAの法的地位は，ウィーン条約法条約のように条約として内容が最終確定した文書でも，それ自体が法的拘束力をもった文書でもない。それにも拘らず，この20余年の間にARSIWAの各条文に総計786件の言及が国際裁判所等でなされているという事実は，それ自体が驚異といっても過言ではないだろう。時間は今少し必要になるかもしれないが，第6委員会が国際裁判所等の決定の集成の作成とそれらの統計数値化を要請してきた以上，また国連事務総長報告書自身が内容分析には立ち入れない以上，これらの資料から何を導き出すのかをしっかりと判断することが望まれるし，可能ならばそのための審議の場を設定すべきであろう。

(b)　手続的選択肢に関するノン・ペーパーの意義と今後の課題

　総会決議77/97が手続的選択肢に関する事務総長報告を要請する契機となった2022年のアルゼンチン等6カ国のノン・ペーパーは，特定の問題に関する諸国の実体的な懸念に焦点をあてるよりも，ILCの成果物の検討方法に関する建設的対話に取り組む方が生産的だという考え方に基づくもので，ILCの成果物をフォローアップする適切な方法について議論する際に，総会が採った行動の先例から諸国が利用できる各種の選択肢を同定しようと試みたものである[74]。この作業報告書は，6通りの手続的選択肢，ILCの成果物に基づいて条約が完成された3種類の先例，第6委員会で実体的審議を前進させるための4つの選択肢を，それぞれの代表例をあげて提案した。

　同作業報告書によれば，手続的選択肢の先例としては，(i)成果物に対する留意のみ行い，後の会期で議題とする決定を伴わないもの（条約の暫定的適用に関する総会決議76/113），(ii)主題の検討の単なる終了（条約に対する武力紛争の効果に関する総会決議72/121），(iii)委員会から全体会議への主題の移管（第6委員会では前例なし），(iv)他の委員会への移管（第6委員会から移管した前例なし），(v)補助機関の設置[75]：(a)アドホック委員会（総会決議49/53で設置したICC設立

---

(74)　A/C.6/77/WG.1/1 (Working paper on procedural precedents for action on products of the ILC submitted by the delegations of Argentina, Colombia, Lebanon, the Federated States of Micronesia, Mexico and Portugal for the consideration of the Working Group, 2022), p. 1 (Introduction).

(75)　同文書によれば，第6委員会がILC成果物を審議する際に補助機関を設置することがあり，補助機関は典型的には2機関あり，アドホック委員会（Ad Hoc Committee）

国家と海洋の国際法（上巻）第 1 部 国際法／Ⅲ 国際立法

に関するアドホック委員会，総会決議 55/150 で設置した国家免除に関するアドホック委員会等）及び，(b)作業部会（総会決議 76/119 で設置した災害時の人の保護に関する作業部会等），(vi)全権代表会議の開催（総会決議 2166（XXI）による条約法会議の開催，総会決議 51/207 による ICC 規程に関する会議開催等）の 6 通りがあり，条約を完成させた先例としては，(I)第 6 委員会の全体会議で完成したテキスト（国際水路の非航行的利用の法に関する条約），(II)アドホック委員会で完成したテキスト（国連国家免除条約），(III)外交会議で完成したテキスト（外交関係条約，ICC 規程等）の 3 種類がある[76]。

　以上の先例から，作業報告書は，ARSIWA に関する将来の行動の審議を前進させるために次の 4 つの選択肢を提案した。すなわち，第 1 の選択肢は，ARSIWA を現在の形態のままで強化できる方法を既存の作業部会で検討する案で，諸国はこの目的に適合する選択的な措置を提案し審議することを奨励される。第 2 の選択肢は，ARSIWA の内容に立ち入った審議を既存の作業部会で行う案で，諸国は ARSIWA に関する見解を提出するよう奨励され，審議は相違点を解決し，一定の条項については再交渉をしない又は高い修正要件又は適切な抑止要件を課すパッケージディール交渉の保障措置を採りつつ内容について前進をはかることが勧奨される。第 3 の選択肢は，内容に関する議論を進め，外交会議での交渉のためのテキスト及び交渉の正確な目的を決定する方法を含め将来の会議の可能な方式をアドホック委員会で検討する案で，諸国は，交渉のためのテキストに合意することを含めて法典化のための手続について共通の認識をもつことを奨励される。第 4 の選択肢は，外交会議を開催して条約

───────────────

　　と作業部会（Working Group）である。国連憲章第 22 条は総会が補助機関を設置できると定めるが，国連法務部は一貫して，設置される機関はそれを設置した機関の補助機関とするよう助言してきたとされる。補助機関には原則として自動的に総会の委員会手続（総会手続規則第 161 条）が適用される。アドホック委員会は主に特定の主題の包括的な検討および審議のために特定の目的で設置され，第 6 委員会の通常会期以外の期間に開かれる。過去の例としては本文に掲げたもののほか，1996 年に設置されたテロリズムに関するアドホック委員会，2001 年に設置された国連要員等の安全に関する条約の法的保護の範囲に関するアドホック委員会，2001 年の人間クローンに関するアドホック委員会が例示されている。他方，第 6 委員会の作業部会は，主題に関するより実質的な議論をするために設置され，形式上は補助機関であるが，第 6 委員会の延長として，第 6 委員会開催中に他の正規主題と競合する形で開催されることがあり，独自のビューローも有していないとされる。作業部会が設置された主題には，本文中の例の外に「国家責任」「外交的保護」などがある。Ibid., pp. 3-6（II. Procedural options）.

(76)　Ibid., pp. 2-6（II. Procedural options）and pp. 6-7（III. Precedents for the elaboration of convention based on ILC products）.

364

を交渉し及び採択する案である[77]。

第1案は，ILC の採択文書の一体性を保持するために最終形態として条約以外の形態を選択する最近のソフトロー形式の文書にヒントを得た選択肢と考えられる。しかし，ARSIWA は既に草案の文字を外して総会により留意され，総会決議附属書に掲載された上で，その最終形態に関する第2段階の審議が勧められていることに鑑みれば，今更，総会決議56/83 の決議をもって ARSIWA の最終形態に関する最終決定とし，それ以上何らの措置もとらないという選択肢は採用困難であろう。したがって，ARSIWA の一体性を維持したままで選択できる ARSIWA の最終形態としては，例えば国家責任に関する総会宣言のような形式が考え得るが，第6委員会が裁判規範としても機能する実定国際法規則を総会の宣言又はモデル規則として採択した前例はおそらくない（ILC が勧告した前例はあるが総会は採用していない）。第2案と第3案は，ARSIWA の実体規定の内容に立ち入って合意可能なテキストの検討を行うことを含む（substantive-oriented）審議の方式として，作業部会方式とアドホック委員会方式（本稿注(75)参照）の2案が提案されている。両者は必ずしも排他的な方式ではなく，例えば国家免除条文草案の審議の際には，主要な諸国の意見の相違点を同定し調整するために相当期間について開放作業部会による検討を行い，最終段階でアドホック委員会方式を利用した。ただノン・ペーパーの提案が従来の第6委員会の慣行と異なるのは，ARSIWA についてはパッケージディール等の特別手続規則を用いることも視野に置いた提案がなされている点である。第4案は伝統的な全権代表による条約交渉のための国際会議の開催であるが，合意成立の見通しのない段階での開催決定は不可能と思われる。第1案と第2案から第4案との間には，ARSIWA の実体規定の内容に第6委員会として踏み込んで検討するのか否かという判断の分かれ目があり，パッケージディール等の提案は ARSIWA の一体性を維持したまま条約化への橋渡しを試みる苦肉の策といえるかもしれない。いずれにしても6カ国が提案したノン・ペーパーは，あくまで ARSIWA の最終形態の審議を勧める方式の選択肢に関する試論であって，総会決議77/97 により事務総長に要請された手続的選択肢に関する報告書の提出を待って議論されることになろう。したがって ARSIWA の最終形態に関する審議が合意を見る出口の見通しは，まだ見えてはいないというのが現時点での到達点というほかはない。

---

(77) *Ibid.*, pp. 7-9（IV. Options to advance substantive discussions in the 6C〔Sixth Committee〕）.

Ⅲ 国家責任条文の法的地位と国際裁判所等による援用の意味

1 国家責任条文の法的地位と国家責任条文に定式化された規則の法的性格

(1) 国家責任条文は国家責任に関する慣習国際法規則を同定する特別の資料となりうるか？

　ARSIWA 及びその註解は，第 1 条から第 59 条の各条項の内どの条項が国際法の法典化に該当し，どの条項が漸進的発達又は将来の法に当たるのかを逐一明確にしているわけではない。ARSIWA 自体の現時点における法的地位は，一応次のようにみることができるであろう。ILC が 2018 年に採択した『慣習国際法の同定に関する結論』の第 5 部（慣習国際法の同定のための特定の資料）によれば，条約に規定されている規則は結論 11 の 1(a)から(c)のいずれかの要件を満たせば「慣習国際法規則を反映し得る」ことが認められるが[78]，ARSIWA は未だ条約化されてはいない。国際機関及び政府間会議で採択された決議の規定も，結論 12 の 3 に従い，法として認められた（法的信念を伴った）一般慣行に合致していると認められる場合には「慣習国際法を反映し得る」ことが認められるが[79]，ARSIWA は国連総会決議附属書には掲載されたが，総会は単に「留意」しただけで，例えば世界人権宣言や友好関係宣言のように総会が自ら議決し採択した文書ではない。したがって，結論 11 及び結論 12 は ARSIWA には妥当しない。

　ところが ILC は，上記『結論』第 5 部に対する註解の冒頭部分において，ILC の採択文書についてわざわざ言及し次のように説明した。すなわち，ILC の成果物は，それ自体が慣習国際法の同定という文脈では特別の考慮に値し，ICJ 等も認めてきたように，慣習国際法規則の存在及び内容を肯定し又は否定

---

(78)　北海大陸大事件判決等の先例に基づいて設定された要件は，(a)条約規則が，条約締結の時に存在している慣習国際法規則を法典化したこと，(b)条約規則が，条約の締結前に出現し始めた慣習国際法規則の結晶化を導いたこと，(c)条約規則が，法として認められた（法的信念を伴った）一般慣行をもたらし，それゆえ新しい慣習国際法規則を生成したこと，のいずれかである。Conclusion 11 of the Identification of Customary International Law and paras. (1)-(7) of the Commenatry thereto, *YbILC 2018*, Vol. II Part Two, pp. 105-107.

(79)　決議それ自体で慣習国際法規則を創設することはないが，慣習国際法規則の存在及び内容を認定するための証拠を提供し又はその発達に寄与できることが結論 12 の第 1 項と第 2 項で認められている。Conclusion 12, para. 3 of the Identification of Customary International Law and paras. (1)-(8) of the Commenatry thereto, *ibid.*, pp. 107-109.

する ILC の決定は，国際法の漸進的発達及び法典化を促進する国連総会の補助機関としての ILC の独特の任務，手続の徹底性（国家実行と法的信念の広範な調査結果の検討を含む），ILC の総会及び諸国との緊密な関係（作業進行に伴い諸国からの口頭及び書面による意見の受入れを含む）に由来する特別の価値を有する。したがって，ILC の決定に対して与えるべき重みは，ILC が依拠した資料，ILC の作業が到達した段階，ILC が法の漸進的発達に携わった度合い，並びに特に ILC の成果物に対する諸国の受入れ状況を含むさまざまな要因に依存する，というのである[80]。しかし ILC は，ILC が採択した成果物一般に，国際機関及び政府間会議の決議と同等の法的地位を認めることはせず，註解の中で見解を示すにとどめた。したがって，ILC が採択した条文草案に定式化された個々の国際法規則が慣習国際法規則を反映しているというためには，少なくとも国際機関で採択された決議に定められた規則について適用される要件については当然クリアーしていることが必要になるであろう。ただし ARSIWA が定式化した規則についていえば，40 年近い歳月をかけて多岐にわたる問題の検討を重ね，豊富な先例及び国家慣行の検討を経て，最終的には微妙なバランスを維持しつつようやくコンセンサスに到達できた成果物であることを適切に考慮した重みを認めることが要請されよう。

　他方，上記『結論』の結論 13 の 1 は，「慣習国際法規則の存在及び内容に関する国際裁判所，特に国際司法裁判所の判決は当該規則の認定の補助手段である」と述べる。この規定に従えば，ARSIWA が定式化した規則を慣習国際法規則であると認める国際裁判所の判決（特に ICJ の判決）は，ARSIWA に定める規則の慣習国際法性を認定する上で有力な補助手段となる。ただし結論 13 の註解は，国際裁判所の決定の価値は，証拠に裏付けられた理由づけの質及び特に諸国と事後の判例法による決定の受け入れ状況に依存すること，また事情により，裁判所の性質，決定が採択された際の支持数の程度，裁判所が適用した規則や手続が考慮要素となること，これらに加えて，慣習国際法に関する司法的決定がなされた後も法は発展しているかもしれないことを考慮するように求めている[81]。ARSIWA の各条文に言及した国際裁判所の決定に関する国連事務総長の定期的報告書（統計報告書を含む）及び法務部の資料集に集成され

---

(80)　Para. (2) of the Commentary to Part Five of the Identification of Customary International Law, *ibid.*, pp. 104-105.

(81)　Conclusion 13, para. 1 of the Identification of Customary International Law and paras. (2)-(5) of the Commentary thereto, *ibid.*, p. 109.

た諸決定は，ARSIWA に定式化された国家責任規則が慣習国際法規則の存在
及び内容と合致しているか否かを認定する上で補助手段となりうるが，前述の
ように，2001 年から 2022 年 1 月までに ARSIWA に言及した国際裁判所の
786 件の決定の内，ICJ の決定は 30 件で，546 件が各種仲裁裁判所（圧倒的部
分は投資請求裁判所）による決定であり，130 件が人権裁判所／委員会の決定で
ある。ILC の註解は，補助手段となる国際裁判所の決定には ICJ をはじめと
する国家間の常設裁判所や仲裁裁判所の決定だけでなく，国際法を適用するそ
の他の仲裁裁判所の決定も含まれると述べるが[(82)]，前述したように，ARSIWA
の特に第Ⅱ部と第Ⅲ部の諸条項は，国家間の国家責任を基本に置いて起草され
た規定であり，投資仲裁裁判所及び人権裁判所／委員会が ARSIWA の規定を
引用して国家が個人に対して負う国家責任の内容を決定したからといって，そ
の決定がただちに国家間の国家責任の内容を認定するための補助手段にもなり
うるかについては，検討の余地があろう。なお ILC の結論 14 は，諸国の最も
優秀な国際法学者の学説も，「慣習国際法規則の認定の補助手段として扱い得
る」と定め，その註解は，学説には ILA 及びアンスティチュといった団体の
成果物も含むと解説しているが[(83)]，ILC の成果物は第 5 部に関する註解の冒頭
部分で扱われていることが示すように，学説とは異なる扱いがなされている。

(2)　国家責任条文は法の一般原則を同定するための補助手段となりうるか？

ILC では 2023 年に「法の一般原則に関する結論」草案の第 1 読を終了し，
それによれば国際法の法源である法の一般原則には，国内法体系に由来する法
の一般原則及び国際法体系の中で形成されることのある法の一般原則との 2 種
類があり（結論案 3），法の一般原則を同定する上で国際裁判所特に ICJ の決定
は法の一般原則を決定する補助手段であり，学説も補助手段として機能するこ
とがあると述べた上で（結論案 8 及び結論案 9），学説に関する註解の中で，次
のように解説した。すなわち，「ILC の成果物については，特に国際法の漸進
的発達及びその法典化を促進する総会の補助機関としての独特の任務を考慮す
れば，他の補助手段の中でも特別の注意をして当然である。ILC の委員は，異
なる地域の出身であり，世界のさまざまな法体系を代表し，また ILC は総会
及び諸国と密接な関係を有する（その作業を進める際に諸国から口頭及び書面の

---

(82)　Para. (4) of the Commentary to Conclusion 13 of the Identification of Customary
International Law, *ibid.*, p. 109.

(83)　Conclusion 14 of the Identification of Customary International Law, and para. (5)
of the Commentary thereto, *ibid.*, p. 110.

意見を受け取る利益を含む）ことを考慮すべきである。この理解は，『国際法の規則の決定のための補助手段』の主題に関する ILC の作業に影響を及ぼすものではない」[84]，というのである。『慣習国際法の同定に関する結論』『法の一般原則に関する結論』，並びにこれから作業が始まる『国際法の規則の決定のための補助手段』における ILC の成果物の補助手段としての位置づけが微妙に異なる可能性があるが，国際裁判所の決定，国際機関及び国際会議の決定とは別個に ILC の成果物が独自に有する法則決定の補助手段としての性格づけが議論の対象となっており，今後の検討の行方が待たれる。

　しかし，現時点における ARSIWA 法的地位は，名称はともかくそれ自体としての地位は，ILC が採択した条文草案にとどまる。総会により「留意」されてはいるものの総会が採択又は承認した総会の成果物ではない。ARSIWA はそれ自身としては法的拘束力を有しない文書であり，ARSIWA に定式化された規則が，慣習国際法規則を再述し又は結晶化したものか，それとも未だあるべき法を定めたものに過ぎないかは，個々の事案において別途検討されなければならないということになろう。そこで最後に，事務総長の集成（統計報告書を含む。）及び法務部の資料集に掲載された ARSIWA に言及した国際裁判所等の諸決定が ARSIWA に定式化された国家責任の諸規則についてどのような内容的特徴を示しているのかの一端を検討しておきたい。その詳細な検討は，別の機会に譲り，ここでは条約化拒否論と条約化支持論の主要な実体的な対立点となりうる第 II 部及び第 III 部の若干の規定に焦点を当てて，ARSIWA の規則が国際裁判所の決定によりどう扱われているのかに焦点を絞る。

2　国際裁判所等による国家責任条文への言及の実際と国家責任条文の法的性格——国家責任条文の第 40 条，第 41 条及び第 48 条を素材として

　クロフォードは，2010 年に，「第 1 に指摘することは，（ARSIWA の）テキストは，条約ではないし，決して条約ではあり得ない（the text is not and may never be a treaty）」と述べた[85]。彼は，条約法に関する ILC 草案をウィーン条約に変換するプロセスによって ILC の作業は強力に凝結し，現在ではウィーン条約に定める法を逸脱するような条約法の命題は殆どなくなったと認めつつ，ARSIWA についても条約化のプロセスを選択すべきだとする意見が諸国政府

---

(84)　Para. (6) of the Commentary to Conclusion 9 (Teaching) of draft conclusions on general principles of law, *Report of the ILC* (UN Doc. A/78/10, 2023), p. 28.

(85)　James Crawford S.C., Investment Arbitration *supra* note 70, p. 128.

内に高まりつつあることにふれて，「この道筋が望ましいか否かは未決着の問題である。ARSIWA を完成させるのに ILC は約 40 年を要し，その過程で，少なくとも国家の犯罪，国際社会全体に対して負う義務，違反と損害の間の関係，さらに対抗措置といった一連の問題について巨大な不一致が存在した。ARSIWA を条約テキストに変換することを熱心に唱道する政府のいくつかは，ILC が苦労して終結させた問題のいくつかを再び蒸し返すことを望んでそうしている。このことを考慮すれば，我々が国家責任に関する条約の早期の出現を見ることはないであろう」と指摘した[86]。彼が言及した強行規範に対する重大な違反及び国際社会全体に対して負う義務の違反がもたらす法的結果については，ロシアによるウクライナ侵略及びイスラエルによるガザ地区一般住民に対する武力攻撃という現実問題が，ARSIWA の定式化した国際法規則の実効性を問う形で違法行為国，被侵害国（被侵害者），国際社会全体に対応を迫っている。ところで，事務総長に依頼された国際裁判所等の決定の集成には，ARSIWA の多くの条項が慣習国際法規則の「再述」であることを確認する機能を期待されていた。しかし，ARSIWA の第 40 条，第 41 条及び第 48 条などの規定は，条約化拒否国の代表からもクロフォード自身によっても未だ慣習国際法規則を定式化したものではないと性格づけられていた。この漸進的発達に属する規則について条約化支持国は実定法化するために諸国の合意が不可欠であると主張し，他方条約化拒否国は外交会議による性急な処理は ARSIWA のバランスを破壊する危険があり，むしろ国際裁判所等の決定及び諸国の慣行を通じた慣習国際法規則の結晶化をまつべきだと主張して，意見が対立してきた。そこで，以下では，これら 3 箇条を素材として，ARSIWA の規定が国際裁判所等の決定でどう扱われてきているのかを検討する。

　なお本稿第 II 節 2 (2)(a) で指摘した ARSIWA に言及した国際裁判所等の決定の統計数値が示すもう 1 つの傾向である，引用事例の圧倒的多数が国家の個人に対する条約義務違反に関係した事例であるという事実がもたらす意味については将来稿を改めて論じることとしたい[87]。

---

(86)　*Ibid.,* p. 129.

(87)　ARSIWA の諸条項に言及した ICSID 関連の仲裁裁定の詳細な分析は，次の論文を参照されたい。James Crawford S.C., *supra* note 70, pp. 127-199; Esmé Shirlow and Kabir Duggal, The ILC Articles on State Responsibility in Investment Treaty Arbitration, *ICSID Review,* Vol. 37, No. 1-2 (2022), pp. 378-542. なお ICSID Review の 37 巻 1－2 号（2022 年）は Special Issue on 20th Anniversary of ARSIWA として ICSID と ARSIWA に関係する多数の重要な論文を掲載している。

⑴　国家責任条文第 40 条及び第 41 条に関する国際裁判所等の決定状況

　期間中に ARSIWA 第Ⅱ部第 3 章の第 40 条及び第 41 条に言及した決定は延べ 7 件（実数 6 件）で，1 件は一般国際法の強行規範に基づく義務の淵源に関する米州人権裁判所（IACtHR）の事案，他の 1 件は懲罰的賠償に関するカリブ司法裁判所（CCJ）の事案（企業対国），残る 4 件は強行規範の重大な違反から生じた事態を承認又は支持しない義務に関する ICJ，欧州人権裁判所（ECHR），常設仲裁裁判所（PCA）および ICC の事案である。しかし，事務総長報告及び法務部資料集は，国際裁判所等の判決から ARSIWA の関係条項に言及した決定部分を単に切り取って編集しただけのものに過ぎないから，言及された ARSIWA の規定が慣習国際法の規則を反映しているか，未だ結晶化の過程にあるか，解釈の分かれる点について当該決定がどのような判断を示したのか，といった諸点については読み手が引用された資料を分析して独自に評価する必要がある。また，ARSIWA の特定の条項に直接言及してはいないものの，当該条項が扱っている国際法規則について重要な判断を下した国際裁判所等の決定が他に存在することも見落とさないように併せて検討することが必要であろう。これを ARSIWA の第 40 条及び第 41 条について見れば，次の点が指摘できよう。

　第 1 に，第 40 条は，「一般国際法の強行規範」については定義せず，「重大な違反（serious breach）」について──条約法条約第 60 条の「重大な違反（material breach）」とは異なる──のみ「著しい又は系統的な不履行（gross or systematic failure）」と定義した。ILC は，条約法条約第 53 条が定義する「一般国際法の強行規範の概念は，国際慣行，国際及び国内裁判所の先例及び学説において承認されている」と述べた上で，註解⑶において「一般国際法の強行規範に基づく義務」は「国家と人民の生存及び基礎的人間の価値に対する脅威として許容できないことを禁止する実体的行為規則から生じる」と抽象的に説明した[88]。法務部資料集は IACtHR の勧告的意見 OC-26/20（2020 年）を註解⑶に言及した国際裁判所の決定例として引用したが，同勧告的意見は，引用外の箇所で，より具体的に「強行規範は，生命，人間の尊厳，平和と安全に関係する不可欠又は基本的な人間の価値を保障する基礎的な基準を具体化したものとして，普遍的かつ優先的な価値に基づく国際社会全体の法的表現として提示される。強行規範として承認されてきているのは，侵略，集団殺害，奴隷と人身取引，拷

---

(88)　Paras. ⑴-⑶ of the Commentary to Article 40 of the draft ARSIWA, *supra* note 1, p. 112.

国家と海洋の国際法（上巻）第1部 国際法／Ⅲ 国際立法

間，人種差別とアパルトヘイト，人道に対する犯罪を禁止する規範，並びに自決権及び国際人道法の規範であり，またそれらは基本的権利と普遍的価値を保護しそれなしでは社会が繁栄しないような規範であり，それゆえに対世的義務を創設するものである」と説示した[89]。IACtHR の意見は，強行規範概念を広く捉える傾向を帯びている。どの義務が強行規範に該当するかは基本的に第1次規則の問題であるが，その範囲が広がれば第40条及び第41条に掲げる規則の適用範囲も広がることになる。2022 年に ILC が採択した「一般国際法の強行規範の同定及び法的結果に関する結論草案」も，強行規範の範囲を相当広く例示しており──IACtHR の意見ほどではないが──，強行規範に基づく義務は同時に対世的性格を有すると定め，さらに，その違反は ARSIWA 第41条に定める法的結果を生じさせると結論したが，総会は，同結論草案を総会決議附属書に掲げることに同意しなかった[90]。強行規範の重大な違反に関する諸国の理解にはまだ相当隔たりがあることが窺える。さらに，ARSIWA 第40条への言及がないために法務部資料集には引用されていないが，パレスチナ占領地における壁構築の法的効果に関する ICJ 勧告的意見（2004 年）にも注意が必要であろう。同意見は，「イスラエルが違反した義務は一定の対世的義務を含む。ICJ がバルセロナトラクション事件で示したように，この義務はその性質自体により『すべての国の関心事項』であり，ならびに，『関係する権利の重要性を考慮すれば，すべての国がその保護に法的利益を有しているとみなすことができる』。イスラエルが壁構築によって違反した対世的義務は，パレスチナ人民の自決権を尊重する義務及び国際人道法に基づく義務である」と述べ，国際人道法についてはその多くが慣習国際法の逸脱することのできない原則

---

(89) IACtHR, Ser. A, No. 26, Advisory Opinion No. OC-26/20, 9 Nov. 2020, paras. 100-105 (English translation: IACtHR-OC-26/20, *Human Rights Law Journal*, Vol. 41, No. 1-8, p. 29, at p. 48.). 同意見によれば，「自己の判例法を通じて，IACtHR は以下のものを強行規範と認定している。平等と差別禁止の原則，肉体的及び精神的なあらゆる形態の拷問の禁止，残虐，非人道的又は品位を傷つける取扱い又は刑罰の禁止，人の強制失踪の禁止，奴隷その他の同様の実行の禁止，追放送還の禁止（国境での入国拒否及び間接的追放の禁止を含む。），重大又は系統的な人権侵害（司法外の処刑，強制失踪及び拷問を含む。）の実行又は宥恕の禁止，人道に対する犯罪の禁止及びそれに関係する訴追，調査及びこれらの犯罪の処罰義務」とされる。*Ibid.*, p. 49, para. 106.

(90) ILC の結論草案附属書は，強行規範の非網羅的列挙として，侵略，集団殺害，人道に対する犯罪，人種差別とアパルトヘイト，奴隷，拷問の禁止ならびに国際人道法の基本原則及び自決権を掲げている。Conclusions 17-19 and Annex of the draft conclusions of identification and legal consequences of peremptory norms of general international law (*jus cogens*), Report of the ILC (A/77/10, 2022), Chapter IV, p. 15 & 16, and p. 11, para. 41 (a) & (b); A/RES/78/109 (7 Dec. 2023), operative paras. 3 & 4.

(intransgressible principles）を構成すると性格づけた上で，「関係する権利及び義務の性格と重要性に基づいて，ICJ はすべての国が東エルサレムの中及び周辺を含むパレスチナの占領地域における壁構築から生じる違法な状態を承認しない義務を負うという見解である。すべての国はまた，この建設が生じさせた状況を維持することを支援し又は援助しない義務を負う。国連憲章と国際法を尊重しながら，壁の建設から生じるパレスチナ人民の自決権の当該人民による行使に対するいかなる妨害も終了させられるようにすべての国が行動すべきことである。加えて，ジュネーヴ文民条約のすべての当事国は，国連憲章及び国際法を尊重しながら，イスラエルによる同条約に具体化された国際人道法の遵守を確保する義務を負う。」[91]と述べた。この勧告的意見は，ARSIWA 第 40 条及び第 41 条の規則の実質的適用例とみなすこともできる——intransgressible principles の違反に着目して——が，解釈の仕方によっては，国際違法行為から生じた状態の不承認義務，国際違法行為により生じた状態の維持を支援又は援助しない義務が，強行規範の重大な違反に狭く限定されず，対世的性格を有する義務の一定の違反についても適用されることを宣明したものとみなすことが可能であろう（ナミビア事件勧告的意見に関する注(94) も参照）。強行規範の重大な違反及び対世的義務の違反の法的結果（責任国が負う義務の内容，被侵害国が有する権利又は義務，被侵害国以外の国が有する権利又は義務）については，ARSIWA の定式化と ICJ 判決の判例法理には一見したところずれがあるようにも見受けられるが，ILC が第 40 条，第 41 条及び第 48 条で定式化した形で国際裁判所の判決及び国家慣行が定着していくかは，まだ不確定要素が多く残っている。

　第 2 に，第 41 条は，強行規範の重大な違反の場合に負う追加的な責任の内容を定めるが，責任国が負う追加的責任の内容については，僅かに第 41 条 3 項の without prejudice 条項でふれるにとどめた。国際不法行為（international tort）と国際犯罪（international crime）を区別した第 1 読草案第 19 条は国家に対して賠償とは別に刑事的性格の制裁を課す可能性を含んでいたが，第 2 読の際に国際犯罪概念の削除とともに，国際違法行為の法的効果を賠償に一元化し，さらに懲罰的賠償又は違反の重大性に対応した損害賠償その他の追加的措置に関する規定も 2001 年の最終起草段階における調整の結果削除され，第 41 条 3

(91) *Legal Consequences of the Construction of a Wall in the Occupied Palestinian Territory, Advisory Opinion, July 2004, ICJ Reports 2004*, p. 136, at pp. 198 and 200, paras. 154-160.

項に without prejudice 条項を置くことで微妙な妥協が成立した[92]。国家間で第41条3項が問題になった国際裁判所の事案は未だ報告されていない。これに対して，第41条1項は，第40条に定める「重大な違反」を終了させるために適法な方法により協力する国際社会のすべての国の積極的義務を定めるが，ILC の註解によれば，一般国際法がこの積極的協力義務を諸国に課しているか否かについては疑問もあり，国際法の漸進的発達として定めたものである[93]。他方第41条2項は，「重大な違反により生じた状態」を承認しないすべての国の義務と，その状態の維持を支援又は援助しない責任国以外のすべての国の義務を定める。ILC の註解によれば，前者の集団的不承認義務の存在は，武力行使による領域取得の無効と不承認の原則が満州国に対するスチムソンドクトリン以来の諸国及び国際機関の慣行並びに ICJ の先例により証明されるように，「既に国際慣行及び ICJ の決定において支持されて」おり，ナミビア事件の ICJ 勧告的意見[94]が示した出生登録等の例外を除き，たとえ被侵害国に

---

(92) ILC の註解は，強行規範に基づく義務の重大な違反に関係する場合であっても国際法においては懲罰的賠償の裁定を認めておらず，損害賠償の機能は本質的に損害を填補すること（compensatory）にあり，1946年に国際軍事裁判所が述べたように，「国際法に対する犯罪は抽象的な団体ではなく人により行われ，罪を犯した個人を処罰することによってのみ国際法の規定は執行できる」という状況は維持されており，日本もドイツも裁判所条例で「犯罪者」として扱われなかったし，旧ユーゴスラビア及びルワンダの刑事裁判所も個人の訴追のみに関係し，ブラスキッチ事件上訴裁判部が述べるように，「現行国際法の下では，国家は定義上当然に，国内刑法体系に定めるものに類似した刑事制裁の対象とはならない」と説明した。Paras. (2)-(6) of the Commentary to Chapter III of the ARSIWA, *supra* note 1, p. 111. なお薬師寺公夫，前掲拙稿注(11)，498-499 頁参照。ILC の註解は，重大な違反に関する法制度自体が発展中であり，追加的効果は個々の第1次規則により定めることが可能であり，第III部に規定がなくても今日の国際法の下で追加的措置を認めさらに発達させることはできるという立場をとる。Paras. (13)-(14) of the Commentary to Article 41 of the draft ARSIWA, *supra* note 1, p. 115.

(93) Paras. (2)-(3) of the Commentary to Article 41 of the draft ARSIWA, *ibid.*, p. 114.

(94) *Legal Consequences for States of the Continued Presence of South Africa in Namibia (South West Africa) notwithstanding Security Council Resolution 276 (1970), Advisory Opinion, ICJ Reports 1971,* p. 16 at p. 125. ICJ は，南アのナミビアへの違法ないすわりの法的結果について，加盟諸国は，南アがナミビアのため又はナミビアに関して行動しようとする場合には，常に条約関係を締結することを差し控え，積極的政府間協力を含んだ同様の既存の2国間条約を援用又は適用することも差し控えなければならないが，これは人道的性格の一般多数国間条約でその不履行がナミビア人民にとって不利益となる可能性のあるものには適用せず，これに関しては権限のある国際機関が特別の措置をとるだろうと述べたほか，加盟諸国は安保理決議が課した不承認の義務に従った行動をとる義務，南アのいすわりの不承認等から生じる制約によりナミビア地域に対

よる違法状態の承認があっても公正な解決を確保する国際社会の利益を排除できないとされている[(95)]。他方，重大な違反行為だけでなくそれにより生じた状態の維持に対する支援又は援助を禁止する後者の義務については，その慣習法的性格については明言していない[(96)]。以上のような ARSIWA の第41条1項及び2項の規定をよく反映しているのは前述の IACtHR の勧告的意見であろう。同意見は，「強行的性格（peremptory nature）を有する規範は対世的な保護義務をもたらし，それはすべての国を拘束し，個人を含む第三者に対して効果を発生する。したがって，（米州人権条約及び OAS 憲章の）廃棄国が強行規範に違反した場合には他の OAS 加盟諸国及び国際社会一般が，①適法な手段により重大な違反を終了させるために協力し，並びに，②重大な違反により生じた状態を適法なものとして承認してはならず，並びに，その状態の維持を支援し又は援助してはならない義務を負い，このために諸国は，例えば，国家間訴訟を発動させることができる」[(97)]と述べたが，この部分は ARSIWA に明示の言及がないため法務部資料集には引用されていない。

　法務部資料集が第41条に言及した決定として引用した判決は4件あるが，それらは，不承認義務又は支援若しくは援助の禁止義務の対象となる「重大な違反により生じた状態」とは何をさすのかが問題になった事案である。ここではこの問題に焦点を絞るために，4事案がすべて強行規範の重大な違反に該当するものだったと仮定する。引用された4事案の内，ギュゼルユルトゥルほか対キプロス及びトルコ事件の欧州人権裁判所判決は，キプロスが殺人事件について北キプロストルコ人共和国（TRNC：トルコの違法な武力行使により樹立された）への司法共助を拒否した行為が欧州人権条約第2条（生命権）違反にはならないと判断したもので，同判決は，犯罪防止のために叛徒団体と限定的な

する南アの権威を強めるようなナミビアに関する南アとの経済的その他の形態の関係を差し控える義務を負うとした。ICJ は，南アのいすわりが違法であるとの宣言は，国際法の違反により維持される状態の合法性を対世的に（erga omnes）に妨げるという意味で非加盟国を含むすべての国に対抗力を有するものであり，ナミビアに関して南アと関係を結ぶいかなる国もこの関係又はその結果の有効性を国連及び国連加盟国に期待することはできないと，判示した。Ibid., pp. 55-56, paras. 122-126. なお，委任統治終了後に南アが行う公的行為は違法かつ無効としたが，出生・死亡・結婚の登録等の行為には原則として適用がないとした。

(95)　Paras. (6)-(10) of the Commentary to Article 41 of the draft ARSIWA, *supra* note 1, pp. 114-115.

(96)　Paras. (7)-(12) of the Commentary to Article 41, *ibid.*, p. 115.

(97)　IACtHR, Ser. A, No. 26, Advisory Opinion No. OC-26/20, *supra*. note 89, p. 49, paras. 107-109.

国家と海洋の国際法（上巻）第1部 国際法／Ⅲ 国際立法

司法上の非公式関係を結ぶことは叛徒団体を承認する行為とはならないとする先例（イラスク対モルドバ及びロシア事件判決）があるとしても，本件の場合，違法に成立した TRNC へのキプロスの刑事裁判権の移管を余儀なくさせるような状況の下での司法共助をキプロスが拒否することには合理性があると認定した[98]。この事件では「重大な違反により生じた状態」に当たるのは TRNC による違法な刑事裁判権の行使であり，不承認義務又は支援若しくは援助禁止義務により禁止されるのは司法共助の提供になると思われるが，ECtHR の判例法上一時的司法共助は許容されるため，キプロスが本件の特殊事情を主張し，認められた例と考えられる。ECtHR の判決は関係する国際法原則として ARSIWA の第40条と第41条に言及したが，判決本文で実際に援用したわけではない。次に法務部資料集は，黒海等における沿岸国の権利に関する紛争事件の PCA 仲裁裁判判決（先決的抗弁）を引用し，同判決は，ウクライナとロシア間にクリミア自治共和国等の領域的地位をめぐる紛争が客観的に存在することを認定して司法機能を遂行することは，クリミア自治共和国等の地位のいかなる変更もしないという総会決議 68/262 の要請の範囲外だと判示した[99]。

---

(98) *Case of Güzelyurtlu and others v. Cyprus and Turkey（Application no. 36925/07），ECtHR, Grand Chamber, Judgment, 29 Jan. 2019*, paras. 157-158 and paras. 248-255. 本件は TRNC 支配地域から来た容疑者がキプロス政府の支配地域で起こした殺人事件のキプロス政府による訴追処罰義務が争点の1つとなった。判決は，TRNC の樹立宣言は法的に無効であるとしてトルコ軍の撤退を要請し，すべての国にキプロス共和国の主権，独立，領土保全を尊重し，キプロス共和国以外の国を承認しないよう要請した安保理決議 541（1983）等を関係文書として援用する（*Ibid.*, paras. 159-160.）。ECtHR は，北キプロスで TRNC 当局が執った行動に対してトルコが責任を負うことを認めてきたことから，欧州人権条約の適用上この地域で採用・執行される民事，行政又は刑事法上の措置の有効性を否定し又は適法な基礎を有しないとみなすことは，トルコの責任を認めることと矛盾すると考え，ECtHR としては，TRNC 当局の行為が北キプロスの地域内で効力を有する法律に適合している場合には，これらの行為は原則として条約の適用上国内法に法的基礎を有するものとみなしてきた。また TRNC の裁判所が行った決定も，個人が条約上の保障を享受することができるようにするために，原則として条約の適用上適法と考えるという判例法を積み重ねてきており，裁判所は，TRNC の裁判所及び当局に関するこの認定が TRNC の国家性に対する請求を黙示的に承認するものとはいえないとの了解の下に，この認定から離れる理由はないとし，トルコが北キプロスで条約上の権利を確保し，トルコに帰する違反を矯正するために必要な限りでこれらの救済手段と行為の有効性を承認してきたことを認める。ECtHR は，中心的考慮事項は占領下に生活する人びと，あるいは，その外で生活しているが権利侵害の被害者だと主張できる人びとの不利益となるような真空状態を回避することにあると述べる。しかし本件では事情は異なるとした。*Ibid.*, paras. 248-250.

(99) *PCA Case No. 2017-06, Dispute Concerning Coastal State Rights in the Black Sea, Sea of Azof, and Kerch Strait, Award（Preliminary Objections）, 21 Feb. 2020*, para. 170. ウクライナの領土保全と題する総会決議 68/262 の本文第6項は，すべての国，国

15 岐路に立つ国家責任条文 〔薬師寺公夫〕

この判決は ARSIWA の第41条に言及してはいるが，同条の義務の名宛人は国なので総会決議68/262（本文第6項）を援用して，同決議が要請した地位変更の不承認は裁判所がクリミア自治共和国等の地位をめぐって両国間に紛争が存在することの認定までは含んでいないことを確認したものである。さらに法務部資料集は，検察官対ボスコ・ンタガンダ事件の ICC 第1審裁判部の決定が，たとえ性暴力の被害者がコンゴの叛徒団体（UPC/FPLC）に徴用された児童であったとしても「法の一般原則として，国際法の一定の重大な違反により作り出された状態を承認しない義務がある」と述べた部分（その注で ARSIWA 第41条2項に言及）[100]を引用する。しかし本件では，国際法の重大な違反により生じた状態の不承認とは，本件の被害者が国際人道法に違反して徴用された同じ武装部隊の児童であったという事実を性暴力という国際人道法違反行為から逃れる口実として使うことを認めないことを意味すると考えられる。そうすると，不承認義務を負うのは具体的には，児童を徴用し，性暴力を行った本件の被告人でありその者を裁判する ICC ということになろう。また本件の ICC 裁判部が，不承認義務の根拠を法の一般原則に求めた点にも注意する必要がある。ジェノサイド条約適用事件（BH 対セルビア）の ICJ 判決がタジッチ事件 ICTY 上訴裁判部の示した行為帰属の基準（タジッチ基準）[101]を国家責任法上の帰属規則としては使用しなかったのと同様に，この ICC 裁判部の判決例は，ARSIWA 第41条の規則を国際人道法に応用した先例といえるかもしれないが，それを国家が負う不承認義務の先例とみなしうるかは疑問である。さて法

際機構，専門機関に対して，クリミア自治共和国及びセヴァストポリ市の地位のいかなる変更も承認しないこと，そのような変更された地位を承認するものと解釈されうるいかなる行動又は取引も差し控えることを要請した。仲裁判決は，「クリミア自治共和国及びセヴァストポリ市の地位のいかなる変更も承認しない」という文言の意味を害することなく，一方の当事者の請求に対して他方の当事者から積極的な反対があるという意味でクリミアに関する紛争が存在していることを客観的事実として単に承認することは総会決議に違反するとは考えられないとした。See, *ibid.*, pp. 51-56, paras. 167-182.

(100) *ICC, Trial Chamber VI, Second decision on the Defence's challenge to the jurisdiction of the Court in respect of Counts 6 and 9, Case No. ICC-01/04-02/06-1707, ICL1730, 4 Jan. 2017*, paras. 51-53 and footnote 131. 判決は，強姦及び性奴隷の禁止は強行規範に該当し，国際人道法の下での性暴力に対する保護は戦闘外に置かれた敵対する武装部隊の構成員又は敵対行為に直接参加していない文民に限られないので，事件時に被害者が国際人道法違反を犯した叛徒部隊の児童兵士の構成員であったか否かは問題外だと判示した。

(101) さしあたり薬師寺公夫「ジェノサイド条約適用事件 ICJ 本案判決——行為の帰属と国の防止義務再論」坂元茂樹編『国際立法の最前線』（有信堂，2009年）342-346，350-356頁参照。

務部資料集は，国家の裁判権免除事件の ICJ 判決も ARSIWA 第 41 条に言及した例に掲げる。同判決は，外国国家の裁判権からの免除を求める国家免除の規則群と，捕虜を奴隷労働のために強制連行する行為を禁止した強行規範の性格を有する国際人道法の規則群では，2 つの別個の問題を規律するから，後者の規則の重大な違反に対する賠償を求める訴訟において裁判権免除を認めても後者の規則との間に抵触は起こらないと解釈した[102]。もっとも，ARSIWA 第 41 条 2 項は，強行規範の重大な違反それ自体を終了させることを要求する 1 項とは異なり，「重大な違反により生じた状態」を適法なものとして承認し又はその状態の維持を支援又は援助しないという強行規範違反行為自体を支援しない義務とは別個の義務を定めるから，本件の ICJ の判断は妥当だったとしても，この事案が「重大な違反により生じた状態」の範囲という問題を提起したことは疑いない。ILC の註解は，重大な違反から「直接帰結する状態」で例えば自決権の否定を通じた領域に対する主権獲得の企てなどがその例だと説明するが[103]，その内容は今後の規則の適用に負うところが大きい。

　以上要するに，国連法務部資料集には ARSIWA の第 40 条及び第 41 条に言及した多種多様な国際裁判所の決定が含まれており，また ARSIWA に言及していないために掲載されていないが慣習国際法又は法の一般原則の同定という点から無視できない判決があることを十分踏まえた国際法の現状評価を行う必要がある。第 40 条及び第 41 条に即していえば，上記の国際裁判所の決定から見る限り，第 41 条に定めるような法的効果を有するものが強行規範の重大な

---

(102)　*Jurisdictional Immunities of the State (Germany v. Italy: Greece intervening), Judgment, ICJ Reports 2012*, pp. 99 at p. 140, para. 93. 判決は，占領地域で文民を殺害し，文民居住者および捕虜を奴隷労働のために強制連行することを禁止する武力紛争法の規則が強行規範の規則であると認めるとしても，それらの規則と国家免除の規則の間には抵触はなく，2 つの規則群は別個の問題を規律対象としているし，賠償を行う義務も賠償が実施される手段に関係する規則とは独立して存在する――そもそもすべての個人被害者に完全な金銭賠償の支払いを要求するような規則をいかなる逸脱も許されない規則として国により構成されている国際社会により受け入れられた規則として国際法が含んでいるとみなすことは困難であるが――，と判示した（*ibid.*, pp. 140-141, paras. 93-94)。さらに ICJ は，コンゴ領域内軍事活動事件判決に言及し，規則が強行規範の地位を有するからといって ICJ に本来有していない管轄権を付与することにはならないと判示したこと，また逮捕状事件判決では，外務大臣が強行規範の性質を有する規則に違反したという事実だけでコンゴから刑事裁判権からの免除を要求する権利を奪うわけではないとしたことを援用して，実体義務が強行規範であるからといって管轄権の有無を左右することにはならないとした（*Ibid.*, p. 141, para. 95.)。

(103)　Paras.（5）of the Commentary to Article 41 of the draft ARSIWA, *supra* note 1, p. 114.

違反に限定して認められるといえるものであるか否か，規則の凝縮又は発展を見なければならない。

(2) 国家責任条文第48条に関する国際裁判所等の決定状況

ARSIWA 第48条１項は，違反のあった義務が，「(a)当該国を含む国の集団に対して負う義務であってかつその集団の集団的利益を保護するために設けられたもの」（obligations *erga omnes partes*）又は「(b)国際社会全体に対して負う義務」（obligations *erga omens*）である場合には，いかなる「被侵害国以外の国」も他の国の責任を援用する権利を有することを認めた。ただし，違反のあった義務が「当該の国を含む諸国の集団又は国際社会全体に対して負う義務」であってもその違反が特定の国に「特に影響を与える（specially affects）」とき，または，「義務の履行の継続についての他のすべての国の立場を根本的に変更する性質」のものであるときには，これらの国は「被侵害国」として扱われる（第42条(b)）。この規則に従えば，同一の対世的義務違反から「被侵害国以外の国」と「被侵害国」が発生し[104]，双方の国が同時に請求を提起することがありうるが，請求内容が競合又は矛盾した場合の調整規定は置かれていない。第48条２項は，被侵害国以外のいかなる国も，「(a)第30条に従った国際違法行為の停止，並びに再発防止の約束又は保証，並びに，(b)被侵害国又は違反のあった義務の受益者のために，前諸条文に従った賠償義務の履行」を請求できると定める。ILC の註解によれば，同条に基づく責任の援用は第42条の下で被侵害国が行いうる請求に比べれば範囲が限られ自己の名において金銭賠償を請求することはできないから，第48条の下での請求の焦点は，責任国の違反の認定及び違反が継続している場合の違反停止の請求に置かれやすい——例えばウィンブルドン号事件で特定の航海に経済利益を有しなかった日本は宣言のみを求め，南西アフリカ事件でエチオピアとリビアは法的状況に関する宣言を求めた，とされる[105]。しかし「第48条の義務違反の場合には，違反により個別的に侵害を受ける国が存在しない場合がありえ，いずれかの国が賠償特に原状回復を請求する立場にあることが高度に望ましい。２項(b)に従って，このような請求は被侵害国の利益のため又は違反された義務の受益者の利益のためになされなければなら（ず）」，「第48条２項のこの側面は，漸進的発達の要素を含んでいるが，これは国際社会の利益又は関係する集団の利益を保護する

---

(104)　Para. (4) of the Commentary to Article 48 of the draft ARSIWA, *ibid.*, p. 126.

(105)　Para. (11) of the Commentary to Article 48 of the draft ARSIWA, *ibid.*, p. 127.

国家と海洋の国際法（上巻）第1部 国際法／Ⅲ 国際立法

手段を提供するからだ」と説明されている[106]。もっとも被侵害当事者が国の場合には，その政府が被侵害当事国の利益を代表できるが，他の事案の場合には困難が生じ，ARSIWA はこの困難を解決できないので，2項(b)は一般原則を定める以上のことはできない，と ILC の註解は述べている[107]。

第48条に関する国際裁判所の決定として法務部資料集が引用したのは，核兵器競争の停止及び核軍縮に関する交渉義務事件（マーシャル諸島対インド，核軍縮交渉義務事件という。）の ICJ 判決，ITLOS 海底裁判部の勧告的意見，検察官対ブラスキッチ事件の ICTY 上訴裁判部判決，前述の IACtHR の勧告的意見 No.OC-26/20，EC バナナ輸入・販売・配分制度事件の WTO パネル裁定（1997年）の計5件である。この内2件は1996年の ILC 第1読草案第40条2項(c)又は2項(f)の引用例で，この段階では「被侵害国」の請求と「被侵害国以外の国」の請求の区別はまだ確定していなかった。WTO パネルの裁定は，商品又はサービス取引に対する潜在的利益又は WTO 協定上の権利義務の決定に対する利益さえあれば現実に侵害された法的利益がなくても WTO の紛争解決了解に定める手続に訴えることができると決定したもので，同裁定は，この結論が「GATT の慣行から明白である」と述べたが，この認定を補強するために裁定の注でウィンブルドン号事件 PCIJ 判決及び ARSIWA 第48条の前身である第1読草案第40条2項(f)（被侵害国の意味）にも言及した[108]。同様に ICTY 上級裁判部判決は，ICTY 規程第29条（協力及び司法上の援助）に定める ICTY の義務が，ICTY はその命令に従い捜査，証拠収集，容疑者逮捕と身柄引渡し等に協力する諸国の義務なしには機能できないという基本的認識に基づき，安保理決議827（1993）により全加盟国を拘束する義務として設定されていることにふれて，「この義務の性格及び内容並びにその淵源から同条は二辺的な関係を創設するものではない。第29条はすべての他の加盟国に対して

---

(106) Para. (12) of the Commentary to Article 48 of the draft ARSIWA, *ibid.*, p. 127. 註解は，例えばさまざまな人権条約がいずれの当事国による責任の援用も許容していることにふれ，これらの事例では申立国の請求資格と義務の受益者の利益の間に明確な区別が設けられていると指摘する。

(107) Para. (12) of the Commentary to Article 48 of the draft ARSIWA, *ibid.*, pp. 127-128.

(108) *WTO, Panel Report, European Communities-Regime for the Importation, Sale and Distribution of Bananas, WT/DS27/R/ECU, 22 May 1997*, para. 7.50, note 361. 1996年の ILC 第1読草案第40条2項(f)は，当事国の集団的利益を保護するために条約に定められた権利が侵害された場合は，条約の他のすべての当事国が被侵害国となることを定めていた。ただし1996年草案段階の「被侵害国」概念では，ARSIWA 第42条(b)の「被侵害国」と第48条の「被侵害国以外の国」の区別はまだ不完全であった。

15 岐路に立つ国家責任条文 〔薬師寺公夫〕

負う義務, 換言すれば, obligations *erga omnes* を加盟国に課すものである。同様に, 第29条はその遵守につき共同の利益を前提としており, すべての国連加盟国は第29条の義務の遵守に法的利益を有する」と判示し, その補強のため注でバルセロナトラクション事件 ICJ 判決及び ILC 第1読草案第40条2項(c)にも言及した(109)。IACtHR の勧告的意見 No.OC-26/20 については前述した通りなので, ここでは繰り返さない。残る2件の内, ITLOS の勧告的意見は, 人類の共同財産である深海底とその資源に対する損害及び海洋環境に対する損害が生じた場合にどの主体が金銭賠償の請求資格を有するかについてふれた部分が引用されている。勧告的意見は, 国連海洋法条約第137条2項が黙示するように国際海底機構がその権利を有すると解することができるが,「各条約当事国もまた公海及び深海底の環境保全に関係する義務の対世的性格に照らして金銭賠償を請求する資格を有しうる」と述べたが, この言明を支持する証拠として ARSIWA 第48条2項に言及した(110)。第48条2項(b)の規則が未だ漸進的発達の部類に属することは ILC の註解自体が認めており, ITLOS 意見は, 深海底の環境保全に関する義務が対世的性格を有することを認めその損害に対する賠償の請求資格を各条約当事国が有しうることを示唆したが, 必ずしも実定法規則と判断したわけではない。最後の核軍縮交渉義務事件の ICJ 判決は, 被侵害国は請求を事前に違法行為国に通告しなければならないと定めた ARSIWA 第43条の義務が, 必要な変更を加えて被侵害国以外の国による責任の援用にも適用できると判示した部分が, 法務部資料集に援用されたが, 本件ではマーシャル諸島による事前通告義務違反は認定されていないし, 被侵害国以外の国が提出できる請求の範囲には直接関係しないので, これ以上触れな

---

(109)　ICTY, Appeals Chamber, *Prosecutor v. Tihomir Blaškić (Lasva Valley)*, Judgment on the Request of the Republic of Croatia for Review of the Decision of Trial Chamber II of 18 July 1997, Case No. IT-95-14, 29 October 1997, para. 26, notes 33-34. なお注33は, アランジオ・ルイスによる obligations *erga omnes* と obligations *erga omnes partes* の区別は重要であると指摘し, 注34は, ロッカビー事件で米国は安保理決議のリビアによる遵守を追求する他の加盟国の義務を主張したが ICJ はこの点にふれなかったとし, 義務をすべての国に課しながらそれに対応する「法的利益」は国連加盟国のみに与えるという仕組みは珍しくなく, ICC 規程第29条の違反の停止を求める権利を有する「被侵害国」(国連加盟国) のみがこの「法的利益」をもつと説明し, この証拠として第1読草案第40条2項(c)を引用した。

(110)　*Responsibilities and obligations of States with respect to activities in the Area, Advisory Opinion, 1 February 2011, ITLOS Reports 2011*, p. 10 at p. 59, paras. 179-180.

381

い(111)。

　しかしながら，ARSIWA 第48条についても，この条項への明示の言及こそ
ないが，対世的性格を有する国際義務に違反があったときの違法行為国以外の
すべての国特に被侵害国以外の国が負う義務と請求資格に関する国際法規則の
現状と将来の方向性を検討する上で見過ごせぬ ICJ の判例が少なくとも2件は
ある。

　第1は訴追か引渡しかの義務（ベルギー対セネガル）事件判決である。本件
でベルギーは，同国が拷問等禁止条約第5条1項(c)に該当する（受動的属人主
義による裁判権を設定した）国であることを根拠に ARSIWA 第42条(b)(i)の被
侵害国に当たることを主張し，加えて，同条約の下ではすべての条約当事国が
他当事国の義務不履行の責任を援用できると主張した。ICJ は，最初にベル
ギーの後者の主張について，「条約の当事国は，共有された価値に照らして，
拷問行為を防止し，もし拷問が生じた場合にも，その行為者が不処罰を得られ
ぬように確保することに共通の利益を有する。事実に対する予備的調査を行い，
訴追のために事件を権限のある当局に提出する当事国の義務は，犯罪者若しく
は被害者の国籍又は犯行地のいかんを問わず，容疑者が自国領域内に存在する
ことにより作動する。この共通の利益により，いずれの条約当事国も他のすべ
ての当事国に対して義務を負うことが黙示される。すべての当事国が，関連す
る権利の保護に『法的利益（legal interest）』を有する。この義務は，各当事国
がいかなる事件においてもその遵守に利益を有するという意味で『当事国全体

----

(111)　*Obligations concerning Negotiations relating to Cessation of the Nuclear Race and
　　to Nuclear Disarmament (Marshall Islands v. India), Jurisdiction and Admissibility,
　　Judgment, ICJ Reports 2016*, p. 255 at p. 268, para. 29, p. 269, para. 32, and pp. 272-273,
　　para. 42, p. 277, para. 56 (1). 判決は，両国間に法律的紛争は存在しないとするインドの
　　先決的抗弁を認めて訴えを退けたが，その主な理由は，紛争の存在は提訴以前の両当事
　　国の言動に基づき客観的に決定されるところ，マーシャル諸島の事件付託以前の言動で
　　は同国がインドに対して義務違反の主張を行っているとインドが認識できなかったとい
　　うものであり（*Ibid.*, pp. 272-276, paras. 41-54.），事前通告義務違反ではない。なおク
　　ロフォード判事の反対意見は，南西アフリカ事件第2段階から導かれる推定とは反対に
　　今日ではその履行について諸国が特定の物質的利益を有しないような義務について紛争
　　当事国になることは ARSIWA 第48条に照らし明白であり，米国の核兵器実験場所と
　　なった歴史に拘わらず，本件でマーシャル諸島が置かれた地位がそれにあたり，「多辺
　　的紛争（multilateral dispute）」においては多辺的なフォーラムでの見解の不一致それ自
　　身で，ICJ 規程の射程内に入る一連の個別紛争として結晶化しえたと主張した。彼は，
　　ARSIWA 第43条は通告要件を課すが，事前の通告要件ではないとも主張した。
　　Dissenting opinion of Judge Crawford, *ibid.*, pp. 522- 523, paras. 21-23.

に対して負う義務（obligations *erga omnes partes*）』と定義できる。」[(112)]，と判示した。ICJ は，「（拷問等禁止条約及びジェノサイド条約）のような条約では，締約国はそれ自身の利益を有さず，条約の存在理由である高邁な目的の達成という一つの共通の利益のみを有する」（ジェノサイド条約に対する留保事件 ICJ 勧告的意見）[(113)]という性格づけがあてはまるから，「請求のためには特別の利益（special interest）が必要だと仮定した場合には，多くの事件でどの国も請求を行うことができなくなるだろう。したがって，いずれの当事国も条約第 6 条 2 項及び第 7 条 1 項のような当事国全体に対して負う義務の不履行について確認を求め，義務違反を停止させるために他当事国の責任を援用できる」と結論し，ベルギーは条約当事国の資格においてセネガルの責任を援用できるから，ベルギーが「特別の利益」を有するか否かについては認定の必要がないとした[(114)]。ICJ は，obligations *erga omnes partes* の下では，国は自身の利益を有さず条約目的の達成という共通利益のみを有する同質的なものと扱っており，ILC のようにこの義務の下でも「被侵害国」と「被侵害国以外の国」を区別して両者で責任国に対して請求できることが異なるという区別はしていないように見える。もっとも同判決には異見がある。スコトニコフ判事は，obligations *erga omnes partes* を定めた条約のすべての当事国は共通の利益を保護するためにこの義務に違反した当事国の責任を援用する権利を有するという論理は，欧州人権条約第 33 条（国家間の提訴権）のような規定のある条約ならまだしも，拷問等禁止条約第 30 条 2 項（紛争解決）が ICJ の義務的管轄権からの opt out を認め，第 21 条 1 項（当事国の義務不履行に関する他当事国の通報）が opt in 方式となっている手続制度と矛盾するばかりか，判決は *erga omnes partes* obligations の違反について拷問等禁止条約と同種の文書の当事国であることのみを根拠として国が ICJ その他の国際裁判所に提訴した先例や国家慣行はなく ARSIWA 第 48 条への言及もなく，拷問等禁止条約上も慣習国際法上も法的根拠が認められない，と批判した[(115)]。他方，小和田判事は，ベルギーの請求提出資格の根

---

(112) *Questions relating to the Obligation to Prosecute or Extradite (Belgium v. Senegal), Judgment, ICJ Reports 2012*, p. 422, at p. 449, paras. 67-68.

(113) *Reservations to the Convention on the Prevention and Punishment of the Crime of Genocide, Advisory Opinion, ICJ Reports 1951*, p. 15 at p. 23.

(114) *Questions relating to the Obligation to Prosecute or Extradite (Belgium v. Senegal), Judgment, supra* note 112, pp. 449-450, paras. 68-70.

(115) Separate opinion of Judge Skotnikov, *ibid.*, pp. 482-485, paras. 10-22. 同判事の意見では，ARSIWA 第 48 条に関する ILC の註解(12)は，「例えば各種人権条約の一定の規定は，いずれの締約国による責任の援用も許容する」と書いており，この権利がその

国家と海洋の国際法（上巻）第1部 国際法／Ⅲ 国際立法

拠を被侵害国としての資格から *erga omnes partes* obligations を定めた条約の当事国としての資格へと限定すれば，その法的結果として，ベルギーはセネガルに拷問等禁止条約の遵守については請求できるが，同条約第5条2項の下で犯罪人引渡しを請求し，及び，第6条4項に基づいて自国への即時の通報を要求する法的地位を有さなくなり，判決が引渡し義務を純然たる選択肢の問題と性格づけた[116]ことをさておいても，ベルギーはアブレをこれ以上遅滞なくベルギーに引き渡すよう命ずる判決を ICJ に求めることはできなくなると指摘した[117]。ICJ 判決も，セネガルは拷問等禁止条約第6条2項及び第7条1項に違反したため，国家責任に関する一般国際法に従って「継続している違法行為の停止を要求される」として，主文第(6)項においてアブレを引き渡さないのであれば（引渡し国は特定していない），セネガルはこれ以上の遅滞なくアブレの事件を訴追のために権限のある当局に付託しなければならない（全員一致）とのみ認定した[118]。

　　第2は，ジェノサイド条約適用（ガンビア対ミャンマー）事件の ICJ の仮保全措置命令（2020年）と先決的抗弁判決（2022年）であり，先決的抗弁判決は法務部資料集の対象期間後の判決であるが便宜上ここで扱う。本件請求状でガンビアは，ミャンマーによるジェノサイド条約第1条，第3条その他の違反の

　　　　ような効果をもつ特別の（明示）規定を含んでいない条約で許容されていることをいかなる意味でも黙示していないし，このような行動の権利は拷問等禁止条約により条約当事国には与えられていないとして，ILC の註解の立場は ICJ の立場を支持していない，と指摘する。この解釈が ICJ の ARSIWA 第48条への言及がなかった理由か否かは定かではない。ILC の註解の主眼目は，人権条約の一定の規定がいずれの国にも責任の援用を認めている場合に，その権利が援用された場合には，問題を提起する申立国の資格と義務の受益者の利益との間に明確な区別を設けなければならない，という点にあった。なお条約第6条2項及び第7条1項に基づくベルギーの請求は受理可能であるとした判決主文第(3)項は，賛成14，反対2（Xue 判事と特任判事 Sur）で採択された（Judgment, *ibid.*, p. 462, para. 122, subpara. (3)）が，反対意見の Xue および Sur 判事も，たとえ拷問禁止が対世的性格又は強行規範であったとしても第6条2項及び第7条1項の手続的義務までが対世的性格を帯びるとは限らず，拷問等禁止条約の国家通報手続や紛争解決条項に付された条項の制約などに鑑みれば，obiligations *erga omnes partes* の観念に基づいてベルギーの当事者資格を肯定することはできないとする点では Skotnikov 判事の分離意見と共通点を有していた。Dissenting opinion of Judge Xue, *ibid.*, pp. 573-577, paras. 11-23; Dissenting opinion of Judge Ad Hoc Sur, *ibid.*, pp. 613-619, paras. 26-46.

(116)　ICJ 判決は，拷問等禁止条約の下での犯罪人引渡しと訴追は同じ重みの選択肢ではなく，犯罪人引渡しが当事国に提供される選択肢に過ぎないのに対して，訴追義務の違反は国に責任をもたらすという解釈を採用した。Judgment, *ibid.*, p. 456, para. 95. p. 461, para. 121.

(117)　Declaration of Judge Owada, *ibid.*, pp. 469-470, paras. 21-23.

(118)　Judgment, *ibid.*, p. 461, para. 121 and p. 463, para. 122, subpara. (6).

宣言，これらの違法行為の停止，集団殺害行為者の処罰，ロヒンギャ集団の構成員である集団殺害行為の被害者のための賠償義務の履行などを求め，集団殺害行為を防止するためミャンマーがあらゆる措置をとることを求める仮保全措置の指示を要請し，訴追か引渡しかの義務事件 ICJ 判決に従って，ジェノサイド条約の下での義務は obligations *erga omnes partes* であるからどの条約当事国も特別の利益を証明することなく他の当事国の責任を援用できると主張した[119]。ICJ の命令は，同条約の締約国が条約に対して有するのは自国の利益ではなく共通の利益ただ一つであると述べたジェノサイド条約留保事件の勧告的意見を再度引用して，「特別に影響を受けた国だけでなく，ジェノサイド条約のいずれの当事国も，obligations *erga omnes partes* の不遵守を確認し，不履行を停止させるために他当事国の責任を援用できる」と認め，ガンビアのとりあえずの当事者資格（*prima facie* standing）を肯定した[120]。続く先決的抗弁手続で，ミャンマーは第1に，目的の達成に対する共通の利益と ICJ の手続を開始することにより執行できる国家の個別的法的利益との間には差異があり，ジェノサイド条約の「被侵害国でない」当事国はたとえ他の当事国の条約違反の責任を援用する権利を有するとしても，ICJ に事件を提訴する資格があるとは限らず，国際違法行為によって「特に影響を受けた」国のみが ICJ に請求を提起する権利を有すると主張した[121]。しかし ICJ は，ジェノサイド条約留保事件の勧告的意見の例の1節を引用して，「ジェノサイド条約に基づく義務の遵守に対する共通の利益は，いかなる当事国も，区別なく obligations *erga omnes partes* の違反に対して他の国の責任を援用する権利を有しており，この義務違反に対する責任は ICJ の前での手続開始を通じて援用できるのであるから，もしそのために特別の利益が必要とされた場合には，多くの事態でいかなる国も請求ができない立場に置かれることになるであろう。この理由から，ジェノサイド条約の下で責任を援用する資格とこの目的のため裁判所の前で請求を行う資格との間に差を設けようとするミャンマーの狙いは，法に基礎をも

---

(119)　*Application of the Convention on the Prevention and Punishment of the Crime of Genocide (The Gambia v. Myanmar), Provisional Measures, Order of 23 Jan. 2020, ICJ Reports 2020*, p.3 at p. 16, paras. 39-40.

(120)　*Ibid.*, p. 17, paras. 41-42.

(121)　*Application of the Convention on the Prevention and Punishment of the Crime of Genocide (The Gambia v. Myanmar), Preliminary Objections, Judgment, ICJ Reports 2022*, p. 477, at p. 513, paras. 93-94.

国家と海洋の国際法（上巻）第 1 部 国際法／Ⅲ 国際立法

たない」と判示した[122]。この論理は，ガザ地区におけるジェノサイド条約適用
（南ア対イスラエル）事件でも想起され[123]，対世的性格を有する義務の違反が
あった場合には，違法行為国と被侵害国又は被侵害国以外の国との関係を区別
するというより，責任国とその他の当事国の間には一つの共通の関係のみを認
めるようとする（少なくとも当事者資格という入口に関しては）ICJ の考え方が
判決で定着し始めているようにも見える。ミャンマーは第 2 に，違反された義
務が対世的性格を有するか否か，責任の援用が被侵害国によるか否かに関係な
く，責任の援用には ARSIWA 第 44 条(a)に定める請求の国籍に関する規則が
適用されるから，ガンビアは，自国民でないロヒンギャ集団の構成員の利益の
ためにミャンマーの責任を援用する資格を欠くとも主張したが[124]，ICJ は，対
世的性格の義務の違反に関する条約当事国の責任を援用する権利は，外交的保
護権（自国民の人権保護のための行使の場合を含む。）とは異なり，対世的義務の
遵守に対するすべての国の共通利益に由来するから被害者の国籍国に限定され
ることはないと判示した[125]。さらに第 3 に，ミャンマーは，違法行為によって
特に影響を受けていない国が ICJ に提訴する資格は，特に影響を受けた国を補
完するものであるから，特に影響を受けた国の資格に依存するところ，バング
ラデシュは条約第 9 条に対する留保の結果ミャンマーの責任を援用できないか
ら，ガンビアも責任を援用できなくなると主張したが，ICJ は，ここでも例の
1 節を引用して，ミャンマーにロヒンギャ集団が大規模に逃れている事実は，
他のすべての締約国が共通の利益を主張する権利に影響を与えず，ガンビアの
当事者資格を排除しないと述べた[126]。

　以上のように，ARSIWA 第 48 条に定める国際法規則についても，国連法務
部資料集は規則の存否及び内容を知る上で貴重な資料であるが，引用された箇
所の文脈に照らして実際の判決内容を吟味する必要があるし，ARSIWA の第
48 条に明示の言及がなくても ARSIWA が定めた規則又はそれとは異なる規
則の形成にとっては極めて重要な判決例がいくつか存在することが容易に理解

---

(122)　*Ibid.*, pp. 515-516, paras. 106-108.

(123)　*Application of the Convention on the Prevention and Punishment of the Crime of Genocide in the Gaza Strip (South Africa v. Israel), Order, 26 Jan. 2024*, para. 33.

(124)　*Application of the Convention on the Prevention and Punishment of the Crime of Genocide (The Gambia v. Myanmar), Preliminary Objections, Judgment, supra* note 121, pp.512-513, para. 98.

(125)　*Ibid.*, pp. 516-517, para. 109.

(126)　*Ibid.*, p. 513, para. 99 and pp. 517-518, para. 113.

386

できよう。特に，第48条についていえば，対世的な性格を有する義務の違反があった場合に，第42条に定める被侵害国の立場としての請求なのか第48条に定める被侵害国以外の国の立場としての請求なのかという区別をICJはこれまで極力抑制しながら判決を構成してきているということが認められ，その限りで同一の国際違法行為から第42条の被侵害国と第48条の被侵害国以外の国を想定して両者の請求資格を区別するような判決は今までのところ出されていないということが看取できる。また対世的性格の義務違反があった場合に，義務違反の宣言及び違法行為の停止を求める請求を提起するすべての国の権利を認めるが，それを超えて第48条2項(b)の請求がどこまで可能かについては未だ判断が出されておらず，上記の事件に対するICJの本案判決が今後注目される。

なお，ここでは国際法の漸進的発達の要素が最も強い第40条，第41条及び第48条を素材としたが，ARSIWA第I部及び第II部第1章及び第2章の諸条項など慣習国際法規則の法典化を反映した諸条項についてARSIWAを引用した国際裁判所等の多数の判決についても十分検討した上で初めてARSIWAの総体的な評価ができることは言うまでもない。

IV　むすびにかえて——問題解決に向けて

総会決議77/97に従い，2025年の第6委員会では，ARSIWAの最終形態に関する2001年以降9度目の審議が行われるが，条約化拒否国と条約化支持国の根本的な意見の対立は未だ解消されるに至っていない。2025年の審議のために，ILCが採択した文書に対して総会が採った行動の先例に照らして総会が採りうるすべての手続的選択肢をまとめた事務総長報告書の提出が予定されていることから，この報告の審議を経て第6委員会が作業工程について何らかの結論を出し，総会がARSIWAの最終形態について決定を行うまでには，まだ相当の時間を必要とするように思われる。しかし，ARSIWAに対する総会の「留意」及び決議附属書への掲載と諸国への勧奨をもって総会の第1段階の行動とし，ARSIWAの最終形態についてはその後の審議を通じて決定することをコンセンサスで選択して20年以上にわたり審議を継続してきた以上は，総会はこれまでの審議経過を踏まえて，伝統的な法典化条約の形式を選択するのか，総会による宣言を含めて他により適切な形式があるのかについての最終決定を行う必要がある。さもなくば，ILCの作成文書について総会が主題に適合した手続を決定し，諸国の合意によって文書の最終形態が決定されるとい

うこれまでの国際法の漸進的発達及び法典化の方式に対する国際社会の信頼が崩れることになりかねない。

　ARSIWA は，第 1 次規則の義務違反が生じた場合に適用される国家責任の第 2 次規則を扱うが，その範囲はあらゆる分野の第 1 次規則をカバーしているという建前をとるため，その影響範囲が極めて広い。しかも ARSIWA には，第Ⅰ部並びに第Ⅱ部第 1 章及び第 2 章を中心に，国家責任に関する慣習国際法規則を反映した諸条項が多数存在すると指摘され，他方では，第Ⅱ部第 3 章及び第Ⅲ部には国際社会の共同利益の保護という要請に応えるために漸進的発達の要素を含んだ諸条項が少なからず存在することが指摘されている。後者に属すユスコーゲンスの重大な違反に対する責任，対世的性格を有する義務の違反に対する被侵害国及び被侵害国以外の国の請求権，被侵害国による対抗措置と被侵害国以外の国による適法な措置に関する ARSIWA の諸規定が微妙な妥協により定式化されていることは，クロフォードその他の ILC 委員の発言や第 6 委員会の諸国代表の発言からも明らかである。したがって条約化拒否国は，第 6 委員会又は外交会議でこれらの実体条項に関する議論を再開すれば，修正案等が多数提起され，40 年近くを費やしてようやく ILC のコンセンサスに達した ARSIWA の全体的構成が崩壊し収拾がとれなくなる危険があると懸念し，ARSIWA に定式化された規則が慣習国際法を再述したものか否か，漸進的発達の性格を有する規定が実定国際法として定着するか否かは今後の国際裁判所等の決定と諸国の慣行に委ねるべきだと主張する。この条約化拒否論の主張に対して条約化支持国は，ARSIWA をデフォルトベース・テキスト（default-base text）に設定してその内容の変更には特別の制約を課す妥協的方法を提案し，あるいは，ARSIWA の法典化条約としての完成のために既に十分な数の国際裁判所等の先例及び国家慣行が形成され条約化へ踏み切る臨界点に達しているとする主張を展開してきたが，条約化拒否国の態度は未だ強固である。今直ちに ARSIWA の条約化に着手できるような状況にあるかといえば，それは困難といわざるをえない。現に，ロシアによるウクライナ侵略，ハマスによるテロ攻撃とイスラエルによるガザ地区への攻撃など ARSIWA 第 40 条，第 41 条，第 42 条，第 48 条に関係する重大な事件が発生し，一方では複数の事案が ICJ に提訴されウクライナの事件では多数の国がジェノサイド条約の条約解釈について事件に積極的に参加を要請しこれが認められた半面，他方では国連安保理において常任理事国の拒否権が行使されて重要な決定ができず，緊急特別総会では決議内容をめぐって諸国の意見が分裂するような状況が生じている。

15 岐路に立つ国家責任条文 〔薬師寺公夫〕

　この政治状況の下で，国家責任に関する法典化条約の作成をただめざしたとしても成功の見込みは薄いといわざるをえない。さまざまな困難があるにしても，現在生起している重大な国際違法行為に対して，どのような第1次義務の違反が生じているのか，国際法行為国は当該国際違法行為に対してどのような責任を負うことになるのか，国際違法行為国に国際義務を遵守させるために諸国及び国際機関はどのような義務を負い，どのような請求を行うことができるのかを，ARSIWA に定式化された規則を含めて一つずつ確認し，実施すること，そのために関係諸国，国際機関をはじめ国際社会のさまざまの行為主体が行ってきたこれまでの努力をさらに強めていくことが，ARSIWA を基礎とした国家責任法の法典化と漸進的発達並びに国際社会における法の支配の確立のために不可欠となっている。この点で，「東エルサレムを含むパレスチナ占領地域におけるイスラエルの政策及び実行から生じる法的結果」事件の 2024 年 ICJ 勧告的意見が，パレスチナ占領地域におけるイスラエルの引き続く存在を違法と認定し，同国にはこの違法な存在をできる限り早急に終了させ，新たな入植を停止しすべての入植者を退去させ，同地域で関係者に生じさせた損害を賠償する義務があることを明確に確認し，さらに，すべての国がイスラエルの違法な存在から生じた状態を適法なものとして承認しない義務及びその状態の維持を支援し又は援助しない義務を負うと述べて，国際法の原則が何であるかを示したことは[(127)]，重要な意義を有する。同勧告的意見は，ARSIWA の内容を ICJ の実践に照らして検証し，ARSIWA の最終形態を選択する上でも重要な意味をもつ。もっとも同意見は，パレスチナのような外国支配の場合には自

---

(127)　*Legal consequences arising from the policies and practices of Israel in the occupied Palestinian territory, including East Jerusalem, Advisory opinion, 19 July 2014,* available at <https://www.icj-cij.org/sites/default/files/case-related/186/186-20240719-adv-01-00-en.pdf>, visited on 26 July 2014. 同勧告的意見は，パレスチナ占領地域でのイスラエルの継続的存在が違法であり（主文3項，11対4），イスラエルはできる限り早急に同地域での違法な存在を終了させる義務（同4項，11対4），同地域での新たな入植活動を即時停止しすべての入植者を退去させる義務（同5項，14対1），同地域のすべての関係する自然人又は法人に生じた損害に対して賠償する義務（同6項，14対1）を負うこと，すべての国が，同地域でのイスラエルの違法な存在から生じる状況を適法なものとして承認しない義務並びに同地域でのイスラエルの継続的存在が生じさせる状況の維持に対して支援又は援助を与えない義務（同7項，12対3）を負うこと，国連を含む国際機関が，同地域でのイスラエルの違法な存在から生じる状態を適法ものとして承認しない義務（同8項，12対3）を負うこと，国連特に総会及び安保理が同地域でのイスラエルの違法な存在をできる限り早急に終了させるために必要な正確な方法及び追加的行動を検討すべきこと（同9項，12対3），を勧告した（Operative para. 285, sub-paras. (3) thru (9)）。

決権は国際法の強行規範に該当すると述べたが，イスラエルが侵したパレスチ
ナ人民の自決権を尊重する義務の違反，領域取得のための武力の行使を禁止す
る義務の違反，国際人道法及び国際人権法に基づくいくつかの義務の違反から
生じた状態を適法なものとして承認せず，イスラエルの継続的存在により作ら
れた状態の維持を支援又は援助しないすべての国の義務については，強行規範
の重大な違反を根拠とする ARSIWA 第 41 条を援用することはせず，これら
の義務の対世的性格に言及する旧来の立場を踏襲したように見える[128]。ICJ の
見解は，「一般国際法の強行規範の同定及び法的結果に関する結論草案」の結
論 19 において ARSIWA 第 40 条及び第 41 条の定式を再確認した ILC の見
解[129]とは未だ隔たりがあり，さらに第 6 委員会が ILC の結論草案を総会決議
附属書に掲げることを選択しなかったことは事情を一層複雑にしている。
ARSIWA の第 40 条，第 41 条，第 48 条及び第 54 条に関係しうるものだけで
も現在の ICJ にはいくつかの重要な事件が係属しており，これらの事件に対す
る ICJ 判決の内容は，ARSIWA の規定内容及び ARSIWA の最終形態の選択
にとっても無視できない影響を及ぼすと考えられる。したがってこれらの判決
等を待って，その内容に照らして ARSIWA の実体規定を分析，検証する作業
が不可欠かと思われる。検証の必要性は国連事務総長が作成する国際裁判所等
の集成に掲載された諸決定についてもあてはまる。ARSIWA の実体条文に対
する第 6 委員会の議論は慎重に避けられてきたが，他方で「一般国際法の強行
規範の同定及び法的結果に関する結論草案」の結論 19 については諸国の意見
が求められていることを見れば[130]，さまざまな国家の意見が出されること自体

---

(128)　*Ibid.*, para. 233, and paras. 273-279. もっとも判決は，これらの義務の対世的性格
にまずふれてはいる（para. 274）が，より具体的には，自決権違反については友好関係
宣言中の国連への協力義務（para. 275）に言及し，また武力による領域取得の禁止違反
については占領地域の物理的性格，人口構成，制度的構造，地位の変更について承認し
ないこと，並びに，イスラエルとの占領地域を代表する条約関係や外交関係の開設，被
占領地域を対象とする経済関係の設定や貿易・投資関係などの支援又は援助をしないこ
とを求めた安保理及び総会の諸決議に（paras. 276-278）言及し，文民条約の違反につ
いては文民条約に言及（したがって義務の名宛人もすべての当事国となっている）して
いる。ただし，この勧告的意見が不承認義務等の根拠を義務の対世的性格に求めたと見
えることについては，トラディ裁判官から批判の宣言が付されている（Declaration of
Judge Tladi, paras. 28-35.- available at < https://www.icj-cij.org/sites/default/files/
case-related/186/186-20240719-adv-01-14-en.pdf>. (visited at 26 July 2024)
(129)　Commentary (6) to Conclusion 19 of the draft conclusions of identification and
legal consequences of peremptory norms of general international law, *supra* note 90, p.
72.
(130)　See, *e.g.*, A/CN.4/748 (2022), pp. 84-90.

を懸念しても仕方がなく，早晩実体条文の審議は不可避と考える。

　ILC の国家責任条文採択以降の ARSIWA の実体条文にもたらされた発展を
も含めて整序された議論を進めるためにどういう方法があるのかについて，総
会の過去の行動例に関する国連事務総長が準備する報告書に基づき 2025 年の
第 6 委員会が十分審議を尽くし，ARSIWA の最終形態，審議枠組み，作業行
程などについて実りある方向性を示すことが求められている。時間はかかって
も国際社会の法の支配にとって重要な意義を有する国家責任法の行為規範及び
裁判規範としての地位にふさわしい明確な最終形態が選択されることを強く期
待する。

◀ 第 1 部 ▶

IV 国際組織と国際協力

16 国際組織に関するILCの起草作業に関する一考察
──「国際組織が当事者である紛争の解決」に関する作業を素材として

植 木 俊 哉

I　は じ め に
II　「国際組織が当事者である紛争の解決」に関する起草作業の開始
III　起草する「法形式」に関する選択──「ガイドライン草案」(draft guideline)
IV　「国際組織」の定義と要件をめぐる再論
V　「国際組織が当事者である紛争」の解決手続をめぐる問題
VI　おわりに──本議題に関するILC の作業の理論的意義

I　は じ め に

　国連の国際法委員会（International Law Commission; 以下，「ILC」と略記）は，「国際法の漸進的発達及び法典化」（国連憲章第 13 条 1 項(a)）という任務を国際法のさまざまな分野において遂行してきた。国際組織に関する分野においても，それは例外ではなかった。1969 年に「条約法に関するウィーン条約」が採択された後，ILC は国際組織が締結する条約に関する条文の起草作業を開始し，1981 年に条文草案の第二読を完了して条文案と注釈を準備した。この条文案を基礎として，1986 年にウィーンで開催された外交会議において，「国と国際組織との間又は国際組織相互の間の条約についての法に関するウィーン条約」（Vienna Convention on the Law of Treaties between States and International Organizations or between International Organizations；以下，「国際組織条約法条約」と略記））が正式に採択された。また，ILC が長年にわたり取り組んできた国家責任に関する条文（正式名称は「国際違法行為に対する国の責任に関する条文」（Articles on Responsibility of States for Internationally Wrongful Acts）以下，「国家責任条文」と略記）が 2001 年に採択されると，ILC は次に国際組織の責任に関する条文案の作成作業に取り組み，その成果は 2011 年に「国際組織の責任に関する条文（以下，「国際組織責任条文」と略記）として採択された。

国家と海洋の国際法（上巻）第 1 部 国際法／Ⅳ 国際組織と国際協力

　以上の例は，条約法と国際責任法という国際法の 2 つの重要な法領域において，ILC が国に関する規則の条文化作業を完了した次の段階の任務として，同一の法領域における国際組織に関する規則の条文化を行うという経緯を辿ったものであった。

　その後，ILC は，2016 年に「国際組織が当事者である国際紛争の解決」（"Settlement of international disputes to which international organizations are parties"）という議題を ILC の長期作業計画（"long-term programme of work"）の 1 つに加えることを決定した。その後，2022 年 5 月の ILC 第 73 会期において，本議題を ILC で正式に取り上げることを決定するとともに，オーストリア出身の August Reinisch 委員を同議題の特別報告者（Special Rapporteur）に任命することを決定した[1]。国際組織が当事者となる紛争の解決という問題は，条約法や国際責任法とは異なり，紛争解決という国際法の手続的側面に関係するものである。国際組織が当事者となる紛争の解決が，国が当事者となる紛争の解決とどのような共通性を持ち，いかなる独自の特徴を持つものであるのかは，国際法理論上も，また国際社会における実務上も，非常に重要な意義を有する課題と理解することができる。さらに実質的に考えた場合，この問題は，国際組織の特権免除（特に裁判権免除）の問題や，国際組織の活動によって影響を受けた（例えば被害を受けた）第三者に対する法的救済といった広い意味での人権保障の問題とも密接に関係するものでもある。

　本稿では，以上のように国際法上多くの広がりを持つ問題である「国際組織が当事者である紛争の解決」（"Settlement of disputes to which international organizations are parties"）に関する ILC の起草作業を具体的な素材として取り上げ，国際組織に関する規則の明文化と体系化に関する ILC による貢献の現状と到達点について検討することとしたい。なお，2016 年に ILC が長期作業計画の中に加えてから，「国際組織が当事者である国際紛争の解決」（"Settlement of international disputes to which international organizations are parties"）が ILC での議題名とされてきたが，2023 年の ILC 第 74 会期での審議の結果，本件議題名を「国際組織が当事者である紛争の解決」（"Settlement of disputes to which international organizations are parties"）に改めることが正式

---

(1)　2022 年 5 月 17 日の ILC 第 3582 会合において，この決定が行われた。*Report of the International Law Commission, Seventy-third session (18 April-3 June and 4 July-5 August 2022), Official Records of the General Assembly, Seventy-third Session, Supplement No.10*（A/77/10），p.342, para. 238.

に決定されたため[2]，本稿では特段の理由がない限り原則としてこの後者の議題名を用いることとする。

II 「国際組織が当事者である紛争の解決」に関する起草作業の開始

1 特別報告者の任命

「国際組織が当事者である紛争の解決」に関する特別報告者に任命されたAugust Reinisch は，長年にわたりオーストリアのウィーン大学で国際法の教授を務めており，特に国際組織に関する研究で業績をあげてきた。本稿の考察対象との関係で，Reinisch の経歴の中で特に注目される点は，彼が国際法協会（ILA）の「国際組織のアカウンタビリティー」に関する委員会の委員及び「国際組織の責任」に関するスタディ・グループの委員を務め，特に前者の委員会の成果物として 2004 年の ILA ベルリン大会で採択された「国際組織のアカウンタビリティーに関する勧告的規則・慣行草案（RRPs）」の作成に関与していたことである[3]。Reinisch が 2023 年に ILC に提出した「国際組織が当事者である紛争の解決」に関する第 1 報告書の中でも，また 2024 年に提出した第 2 報告書の中でも，2004 年に ILA が採択した「国際組織のアカウンタビリティーに関する RRPs」の内容が比較的詳細に紹介されている[4]。Reinisch の

---

(2) 2023 年 5 月 25 日の ILC 第 3631 会合において，本件議題名を「国際組織が当事者となる紛争の解決」（"Settlement of disputes to which international organizations are parties"）に修正することが正式に合意された。*Report of the International Law Commission, Seventy-fourth session (24 April-2 June and 3 July-4 August 2023), Official Records of the General Assembly, Seventy-eighth Session, Supplement No. 10* (A/78/10), p.36, para. 46.

(3) ILA が 2004 年のベルリン大会で採択した「国際組織のアカウンタビリティーに関する勧告的規則・慣行草案（RRPs）」全文は，*The International Law Association, Report of the Seventy-First Conference. Berlin*, 2004, pp.164-234. また，ILA の国際組織のアカウンタビリティーに関する委員会の審議内容に関する資料として，植木俊哉【資料】国際法協会第 70 回（2002 年）ニューデリー（インド）大会報告，㉑国際組織のアカウンタビリティー」『国際法外交雑誌』101 巻 2 号（2002 年）149-150 頁，同【資料】国際法協会第 71 回（2004 年）ベルリン（ドイツ）大会報告，②国際組織のアカウンタビリティー」『国際法外交雑誌』103 巻 4 号（2005 年）186-187 頁。この ILA の国際組織のアカウンタビリティーに関する委員会は，イギリスの Sir Franklin Berman が議長（Chair）を務め，オランダの Karel Wellens とイギリスの Malcolm Shaw が共同議長（Co-Rapporteur）を務めたが，ICJ 判事を務めたドイツの Carl-August Fleischhauer やオランダの P H Kooijmans をはじめ，Niel Blokker や Dapo Akande など国際組織研究で著名な国際法研究者がその委員を務めていた。

(4) *First Report on the settlement of disputes to which international organizations are parties, by August Reinisch, Special Rapporteur* (A/CN.4/756), pp.6-7, para 7; *Second Report on the settlement of disputes to which international organizations are parties, by*

思考の根底に，「国際組織が当事者である紛争の解決」に関して仲裁裁判や司法裁判といった第三者機関による法的解決が「より望ましい」紛争解決手続であるとする傾向が窺われるとすれば，このような意識は，2004 年に ILA が採択した RRPs において国際組織が当事者である紛争の解決に関して国際司法裁判所（ICJ）の活用を提言している点と通底する部分があると思われる。「国際組織が当事者である紛争に関する解決」において，紛争解決手続の相互関係と優先順位をどのように考えるべきかという問題は，Reinisch の第 2 報告書に基づいて議論が行われた 2024 年の ILC 第 75 会期で大きな争点となった論点でもあるため，この点に関しては本稿のⅤでさらに検討することとしたい。

2 関係する国際実行の調査

2022 年 8 月 5 日の ILC 第 3612 会合において，ILC は「国際組織が当事者である国際紛争の解決」に関連する各国際組織及び各国連加盟国の実行（practice）に関する情報をまとめるよう ILC 事務局に対して要請した[5]。これを受けて，特別報告者 Reinisch は，本議題に関連する各国際組織と各国連加盟国に宛てた 11 項目の「質問事項」（Questionnaire）を作成した[6]。これらの「質問事項」は，2022 年 12 月に ILC 事務局から各国際組織及び各国連加盟国宛てに発出された[7]。これらの「質問事項」に対して，翌 2023 年 9 月 1 日までの間に，11 の国と 18 の国際組織からの回答が ILC 事務局に寄せられた[8]。こ

August Reinisch, Special Rapporteur（A/CN.4/766），pp. 75-76, para. 219.

(5) *Report of the International Law Commission, Seventy-third session (18 April - 3 June and 4 July - 5 August 2022), Official Records of the General Assembly, Seventy-third Session, Supplement No.10*（A/77/10），p. 342, paras. 241-242.

(6) *Questionnaire and background to the topic "Settlement of international disputes to which international organizations are parties" by August Reinisch*, https://legal.un.org/ilc/guide/10_3.shtml. 参照。

(7) *Settlement of disputes to which international organizations are parties, Memorandum by the Secretariat*（A/CN.4/764），p. 6.

(8) 「質問事項」に対して回答を寄せた国連加盟国は，オーストリア，ベルギー，チリ，コートジボワール，ヨルダン，オランダ，マレーシア，モロッコ，オマーン，スイス，イギリスの 11 カ国であり，回答を寄せた国際組織は，アジア国際仲裁センター（AIAC），一次産品共通基金（CFC），資金洗浄及びテロ資金供与と闘うユーラシアグループ（EAG），国連食糧農業機関（FAO），イスラム開発銀行（IsDB），国際海洋法裁判所（ITLOS），化学兵器禁止機関（OPCW），アフリカ・カリブ海・太平洋諸国機構（OACPS），常設仲裁裁判所（PCA），国連貿易開発会議（UNCTAD），国連開発計画（UNEP），国連気候変動枠組条約（UNFCCC），国連プロジェクトサービス機関（UNOPS），国連法務局（the United Nations Office of Legal Affairs），世界食糧計画（WFP），世界保健機関（WHO），世界知的財産機関（WIPO），世界貿易機関（WTO）

れらの回答は，ILC 事務局によって体系的に整理され，2024 年の ILC 第 75 会期における本議題の討議のための資料として 2024 年 1 月に公表された[9]。

　特別報告者 Reinisch が用意した 11 項目の「質問事項」の概要は，次のような内容であった。①どのような類型の「紛争／問題」（disputes/issues）に遭遇したか。②他の国際組織，国，私的当事者（private parties）との間での紛争に関して，どのような紛争解決手段を用いてきたか。③交渉，調停又は他の（同意に基礎を置く）非公式な紛争解決（informal consensual dispute settlement）と，仲裁又は司法的解決のような第三者紛争解決（third-party disputes resolution），それぞれについての紛争解決の実行（practice）における重要性。④どの紛争解決方法が最も有益であると考えれるか。⑤発生する紛争の類型，数，紛争解決手法に関して，歴史的な変化があるか。⑥紛争解決方法を発展させるための意見はあるか。⑦現在利用可能な紛争解決方法の範囲外にある紛争の類型は存在するか。⑧ 1946 年の国連特権免除条約及び 1947 年の専門機関特権免除条約等の下で，契約から生じる紛争又は他の私法的性格の紛争の解決のために適切な紛争解決手続を設ける法的義務を負っているか。⑨紛争解決に関するモデル条項（standard/model clauses concerning dispute settlement）を有しているか。⑩（前述⑧の）「私法的性格の他の紛争」は，「契約から生じる紛争」以外のすべての紛争を包含すると解されるか。⑪既に発生した紛争に関して他の紛争解決が利用できない場合に，事後的に（*ex post*）仲裁又は司法的解決などの第三者紛争解決手続に同意する実行，あるいは（裁判権）免除を放棄する実行は，発展しつつあるか。

3 「国際組織が当事者である紛争」の類型

　さらに特別報告者 Reinisch は，「国際組織が当事者である紛争」を以下の 3 つに類型化して整理している[10]。すなわち，(1)国際組織相互間の紛争，(2)国際組織と国（当該組織の加盟国及び非加盟国の双方を含む）の間の紛争，(3)国際組織と私人（法人又は個人）の間の紛争，の 3 種類の紛争である。Reinisch は，(1)の国際組織相互間の紛争は，実際にはほとんど存在しないことを指摘した上で，(2)の国際組織と国の間の紛争に関しては，実際には国際組織の本部領域（headquarters）又は本部協定（seat agreements）をめぐる紛争が多いことを指

　　の 18 の組織であった。*Supra* note 7, pp. 6-7, paras. 3-4.

(9)　　*Supra* note 7.

(10)　　*Supra* note 6, p. 2, para. 6.

摘する。そして，国際組織が当事者である紛争で最も数が多いのは，(3)の国際組織と私人の間の紛争であり，国際組織とその契約相手方である私人（私企業）との間での調達契約等をめぐる契約上の紛争（contractual disputes），国際組織とその雇用者である職員との間での労働紛争（labor disputes），さらに国際組織に帰属する行為により損害を受けた私人による国際組織に対する非契約的責任の追及をめぐる紛争などを具体的に挙げている[11]。このうちの最後の国際組織に対する私人による非契約的責任の追及という問題は，例えば国連が平和維持活動（PKO）を遂行する過程で私人に対して（違法に）損害を与えた場合に，当該私人が国連に対していかなる紛争解決手続を通じて損害賠償請求を行うことができるかといった問題として，かねてから広く議論が展開されてきた[12]。

ここで Reinisch が指摘する通り，「国際組織が当事者である紛争」に関する実行の多くのは，国際組織と私人との間の紛争であり，このような国際組織と私人との間の紛争を本議題の対象から除外した場合，本議題の適用対象が極めて限定された範囲にとどまることが想定された。このため，本議題の対象には「国際組織と私人の間の紛争」が含まれることを明確にする必要があり，このことが 2023 年に ILC が本議題の名称を「国際組織が当事者である国際紛争の解決」から「国際組織が当事者である紛争の解決」へと変更する理由の 1 つとなった。この点は，「国際組織と私人の間の紛争」が，国内法上の（契約法上の）紛争であるのか，国際法上の紛争であるのか，あるいは国際組織法上の（固有の／独自の）紛争と解されるか，という紛争の法的性質の決定と密接に関係する問題でもある。なお，特別報告者 Reinisch は，2025 年の ILC 第 76 会期に向けて提出予定の第 3 報告書において，国際組織と私人の間の紛争の問題を具体的に取り上げて検討する予定としている[13]。

---

(11)　*Ibid.*, para. 7.

(12)　例えば，1956 年の第 1 次国連緊急軍（UNEF I）及び 1960 年のコンゴ国連軍（ONUC）の活動に関連して発生した私人の損害に関する損害賠償請求の処理については，国連と現地受入国（エジプト及びコンゴ）との間で締結された各駐留協定の中に設けられた紛争解決条項において，請求委員会又は仲裁裁判による手続が規定されていた。植木俊哉「国際組織の国際責任に関する一考察(1)――欧州共同体の損害賠償責任を手がかりとして」『法学協会雑誌』105 巻 9 号（1988 年）43-49 頁参照。

(13)　特別報告者 Reinisch は，その第 2 報告書の中で，第 2 報告書では国際組織が当事者である「国際紛争」（international disputes）を扱うのに対して，次の第 3 報告書では「私法的性格の紛争」（disputes of a private character）を扱い，「非国際的紛争」（non-international disputes）に焦点を絞る，と述べている。*Second Report on the settlement of disputes to which international organizations are parties, by August Reinisch, Special*

Ⅲ　起草する「法形式」に関する選択──「ガイドライン草案」(draft guideline)

　ILC が「国際法の漸進的発達及び法典化」(国連憲章第 13 条 1 項(a)) という
その任務を遂行するにあたり，そこで取り上げる各議題に関して決定する必要
がある大きな課題の 1 つが，その成果文書をどのような法形式のものとするか
という点である。ILC が 1960 年代から 70 年代までに起草した条文の多くは，
その後国家間条約として外交会議で正式に採択され，条約としての法的拘束力
を有するものとなっていった。しかし，1980 年代以降になると，ILC が扱う
議題の中で「国際法の漸進的発達」の性格を有するものが増加し，その成果文
書も正式の国家間条約以外の形式をとるものが増えていった。例えば，「条
文」(Articles)，「条文案」(Draft Articles)，「ガイドライン」(Guideline)，「結
論」(Conclusion)，「結論草案」(Draft Conclusion)，「実行の指針」(Guide to
Practice)，「指導原則」(Guiding Principles) といった名称のものであり，これ
らはいわば一種のソフト・ローとしての存在形式をとるものと理解できる。
ILC が 2001 年に採択した国家責任条文と 2011 年に採択した国際組織責任条文
の 2 つもその典型例と考えられ，また「条約の留保に関する実行の指針」
(Guide to Practice on Reservations to Treaties) 及び「条約解釈に関する後にさ
れた合意及び後に生じた慣行に関する結論」(Subsequent agreements and
subsequent practice in relation to the interpretation to treaties) のように，本体
となる条約（これらの事例では「条約法に関するウィーン条約」）を補完するため
の文書を採択する場合なども増加している。

　このような ILC の最近の方向性を踏まえて，「国際組織が当事者である紛争
の解決」の議題に関しても，いかなる法形式の成果物を目指すのかという点が，
作業の出発点において問題とされることになった。

　この点に関連して，国際組織に関係する ILC の条文化作業の先例を振り返っ
てみると，まず「条約」に関する起草作業においては，1969 年に採択された
「条約法に関するウィーン条約」の後を追って ILC が 1982 年に起草作業を完
了した国際組織条約法条約は，1986 年に「国と国際組織との間又は国際組織
相互の間の条約についての法に関するウィーン条約」として国家間条約の形式
で採択された。その結果，この国際組織条約法条約は，法的拘束力を有する条
約として発効することが期待されたが，実際には批准国数が増えなかったため

Rapporteur (A/CN.4/766), pp. 5-6, paras. 11-12.

現在に至るまで未発効の状態にとどまっている。これは,「国家間条約」の形式を採った場合,条約当事者として批准又は加入する主体は（原則として）国際組織ではなく国ということになるため,国にとって当該条約を批准する動機付けに乏しい場合には条約の批准が進まず条約自体が未発効に終わるリスクがあることを意味する。この点は,ILC が国際組織に関係する起草作業の成果物として「国家間条約」の形式を目指す場合,条約の批准／加入主体との関係での課題があることを示唆するものといえる。これに対して「責任法」に関するILC の起草作業では,国の国際責任に関する「国家責任条文」と国際組織の国際責任に関する「国際組織責任条文」がともに（「国家間条約」の形式ではなく）法的拘束力を持たない「条文」の形式を採ったため,このような批准や発効をめぐる問題の発生は避けることができた。他方で,国際組織に関してこのような一種のソフト・ロー作成の起草作業を ILC が行うことの実質的意義に関しては,批判が存在しないわけではない。

この点に関して,特別報告者 Reinisch はその第 1 報告書の中で,国際組織自体の性格や役割の違い,さらに国際組織の設立文書や本部協定に基づく他の主体との間の法的関係の多様性等を考慮すれば,国家間条約を目指す「条文案」（draft articles）という形式での統一的な成果物の作成は望ましくないと述べ,本議題に関して ILC が目指すべきものは,国際組織が当事者となる紛争の解決に関する「現状」（*status quo*）の分析と注意深く検討された勧告であり,このような目的のためには,2011 年の「条約の留保に関する実行の指針」の例に見られるような法的拘束力を持たない一連の「ガイドライン」（"Guidelines"）を作成する方法が適切である,との提案を行った[14]。

本議題の成果物の形式に関する特別報告者 Reinisch のこのような提案は,2023 年の ILC 第 74 会期で多くの委員の支持を集め,また 2023 年秋の国連総会第六委員会でも多くの国連加盟国の理解を得た。他方で,ILC 及び第六委員会では,国際組織が当事者となる紛争の解決に関する「モデル条項」（model clause）の作成を支持する見解も示された[15]。

---

(14)　*First Report on the settlement of disputes to which international organizations are parties, by August Reinisch, Special Rapporteur*（A/CN.4/756）, p. 14, para. 27.

(15)　*Report of the International Law Commission on the work of its seventy-fourth session (2023), Topical summary of the discussion held in the Sixth Committee of the General Assemble during its seventy-eighth session, prepared by the Secretariat*（A/CN.4/763）, p. 11, paras. 35-36.

Ⅳ 「国際組織」の定義と要件をめぐる再論

1 ILC 第 74 会期での論点

「国際組織が当事者である紛争の解決」に関する ILC での審議は，2023 年の第 74 会期から実質的に開始された。特別報告者 Reinisch は，2023 年 2 月に提出した第 1 報告書の中で，ガイドライン 1「ガイドライン案の範囲」（Scope of the draft guideline）及びガイドライン 2「用語」（Use of terms）の 2 つの条文案を提案し，これに関する審議が ILC 第 74 会期では行われた[16]。ガイドライン 2 の条文案では，(a)「国際組織」（international organization），(b)「紛争」（dispute），(c)「紛争解決」（dispute settlement）の 3 つの「用語」に関する定義が規定されていた。このうち，最も大きな議論の対象となったのは，ガイドライン 2(a)の「国際組織」の定義をめぐる問題であった。

まず，本ガイドライン案の適用範囲を規定するガイドライン 1 に関しては，「本ガイドライン案は，国際組織が当事者である紛争の解決に適用する。」という特別報告者の提案した原案が，動詞を「適用する」（apply to）から「関する（ものである）」（concern）に修正しただけで，起草委員会でそのまま暫定的に採択された[17]。また，「紛争」の定義を規定するガイドライン 2(b)に関しては，特別報告者の提案では，「紛争」の定義が「法，事実又は政策に関する不一致」（a disagreement concerning a point of law, fact or policy）とされていたが，マヴロマティス・パレスタイン特許事件 PCIJ 判決以来の伝統的な「紛争」の定義と 2016 年の核軍拡停止及び核軍縮に対する交渉義務事件（マーシャル諸島対イギリス）ICJ 判決等を踏まえて，「政策の不一致」を「紛争」の定義から削除し，「法又は事実に関する不一致」（a disagreement concerning a point of law or fact）という文言に修正された[18]。さらに，「紛争解決」の定義に関するガイドライン 2(c)に関しては，特別報告者が提案した原案では「交渉，審査，仲介，調停，仲裁，司法的解決及びその他紛争を解決する平和的手段」と規定され，国連憲章第 33 条の規定する紛争の平和的解決手段のうち「地域的機関又は地

---

(16)　本議題に関する ILC 第 74 会期における審議の概要に関しては，国際法委員会研究会「国連国際法委員会第 74 会期の審議概要」『国際法外交雑誌』122 巻 4 号（2024 年）130-135 頁（中井愛子執筆）参照。

(17)　*Statement of the Chair of the Drafting Committee, Mr. Mārtiņš Paparinskis*, 25 May 2023, p. 2. https://legal.un.org/ilc/documentation/english/statements/2023_dc_chair_statement_sidio.pdf

(18)　*Ibid.*, pp. 8-9.

域的取極の利用」が除外されていたが，起草委員会での議論を踏まえて，ガイドライン2(c)の条文は「地域的機関又は地域的取極の利用」も加えて国連憲章第33条に列挙された紛争解決手段すべてに言及する形に修正された[19]。

2　「国際組織」の定義と要件をめぐる議論

「国際組織が当事者である紛争の解決」に関するILC第74会期の審議の中で最も議論となった論点は，ガイドライン2(a)の「国際組織」の定義をめぐる問題であった。この「国際組織」の定義をめぐる問題は，国際法理論上も大きな実質的意義を有する問題であると同時に，ILCがこれまで国際組織に関係する条文の起草作業を行う際にもさまざまな議論を惹起してきた問題でもあった。

特別報告者Reinischは，その第1報告書の中で，ガイドライン2(a)として次のような条文案を「国際組織」の定義として提案した[20]。

「2.（用語）本ガイドラインの適用上，

(a)　「国際組織」とは，条約又は国際法で規律される他の文書に基づき国及び／又は他の団体によって設立され，その構成員の意思とは区別された意思を表明することのできる一以上の機関を有するものをいう。」

ここで特別報告者Reinischは，①国及び／又は他の団体により設立されたこと（established by States and/or other entities），②国際合意又は国際文書に基づくものであること（on the basis of a treaty or other instrument governed by international law），③構成員の意思とは区別される意思（a will）を表明できる一以上の「機関」（organ）を有すること（possessing at least one organ capable of expressing a will distinct from that of its member），という3点を「国際組織」の要件として挙げ，これらの要件とは別に「『国際法人格』（international legal

---

(19)　*Ibid.*, pp. 10-11. なお，特別報告者Reinischが提案したガイドライン1及びガイドライン2(a)～(c)の条文に関しては，*supra* note 14, p. 43, para. 83参照。また，ILC本会議と起草委員会での議論を踏まえて修正されたガイドライン1及びガイドライン2(a)～(c)の条文に関しては，*Titles and texts of draft guideline 1 and 2 provisionally adopted by the Drafting Committee*（A/CN.4/L.983）参照。

(20)　Reinischが提案したガイドライン2(a)の条文案の英語原文は，以下の通り。
"2. Use of terms.
For the purpose of the present draft guideline:
(a) "International organization" refers to an entity by States and/or other entities on the basis of a treaty or other instrument governed by international law and possessing at least one organ capable of expressing a will distinct from that of its members". *Supra* note 14, p.43, para. 83.

404

personality）を有する」という要件は必要ない，との立場を採った[21]。

　従来のILCにおける「国際組織」の定義に関する議論と経緯を振り返ると，そこでは以下の2つの立場が存在してきた。その第一は，ILCが1982年に起草作業を終え1986年に国家間条約として採択された国際組織条約法条約が採用した「国際組織」の定義である。国際組織条約法条約は，第2条「用語」の(i)において，「『国際組織』とは，政府間組織をいう。」（"'international organization' means an intergovernmental organization."）との規定を設けた。ここで採用された「国際組織」の定義は，「条約法に関するウィーン条約」第2条(i)における「国際組織」の定義と同一のものである。ここでの「国際組織」の定義は，国際組織とは「政府間（国際）組織」であるといういわば同義反復に過ぎない定義であり，このような「国際組織」の定義を採用することの実質的意義は，この定義によっていわゆる「非政府間（国際）組織」（non-governmental organization）又は「私的国際組織」（private international organization）が除外される点のみであると解することができる。

　これに対して，2000年代以降になると，ILCにおいても「国際組織」を実質的に定義することの必要性が強く認識されるようになっていった。Reinischは，このような傾向が強まっていった要因として，国以外の団体（例えば欧州連合（EU））が国際組織の構成員としても重要な地位を占める事例が増えていったことを指摘している[22]。このような新たな動向を踏まえて，2011年にILCが採択した国際組織責任条文では，従来の同義反復にとどまる「国際組織」の定義とは異なる実質的な「国際組織」の定義が初めて採択されることとなった。それが，国際組織責任条文第2条(a)が採用した「国際組織」の定義である。同項では，「国際組織」が次のように定義された。「『国際組織』とは，条約又は国際法で規律される他の文書によって設立され，独自の国際法人格を有するものをいう。国際組織は，その構成員として，国に加えて他の団体を含むことができる[23]。」

---

(21)　特別報告者Reinischは，第1報告書の中で，彼がここでこのような「国際組織」の定義を提案する理由を詳細に説明している。*Supra* note 14, pp. 16-36, paras. 32-63.

(22)　*Ibid.*, p. 33, para. 54.

(23)　国際組織責任条文第2条(a)の英語原文は，次のとおりである。"'International Organization' means an organization established by a treaty or other instrument governed by international law and possessing its own international legal personality. International organizations may include as members, in addition to States, other entities". Draft articles on the responsibility of international organizations, 2011, *Yearbook of the International Law Commission, 2011, Volume II, Part Two,* p. 40.

国家と海洋の国際法（上巻）第 1 部 国際法／Ⅳ 国際組織と国際協力

　2011 年に ILC が採択した国際組織責任条文における「国際組織」の定義と，特別報告者 Reinisch が本議題の第 1 報告書で提案した「国際組織」の定義とを比較した場合，2 つの相違点が指摘できる。第 1 の相違は，前者では「独自の国際法人格（its own international legal personality）を有すること」が「国際組織」の要件の 1 つとして明記されているのに対して，後者ではこの要件が存在しない点であり，第 2 の相違は，後者では「構成員の意思とは区別される意思を表明できる一以上の機関（organ）を有すること」が「国際組織」の要件の 1 つとして挙げられているのに対して，前者の定義ではこの要件が存在しない点である。

　特別報告者 Reinisch が提案した「国際組織」の定義に関するガイドライン 2(a)の原案に対して，ILC の本会議及び起草委員会では，特に 2011 年の国際組織責任条文における「国際組織」の定義との整合性を意識した修正が提案された。その結果，起草委員会での審議を経て ILC が暫定的に採択したガイドライン 2(a)の条文では，「独自の国際法人格を有する」（possessing its own international personality）という要件が「国際組織」の要件の 1 つとして加えられることとなった[24]。他方で，「構成員の意思とは区別される意思を表明できる一以上の機関を有すること」という要件は，2011 年の国際組織責任条文における「国際組織」の定義には存在しなかったものであったが，その後の国際組織に関する新たな実行の発展を反映した要件として評価され，ILC が暫定的に採択した定義の中に残されることとなった[25]。この結果，ILC が今期の結論として暫定的に採択したガイドライン 2(a)の条文は，次のような内容のものとなった[26]。

　「ガイドライン 2（用語）　本ガイドラインの適用上，
　(a)　「国際組織」とは，独自の国際法人格を有する団体であり，条約又は国

---

(24)　*Report of the International Law Commission, Seventy-fourth session (24 April-2 June and 3 July-4 August 2023), Official Records of the General Assembly, Seventy-eighth Session, Supplement No. 10*（A/78/10），pp. 46-48; *Statement of the Chair of the Drafting Committee, Mr. Mārtiņš Paparinskis,* 25 May 2023, *supra* note 17, pp. 5-6.

(25)　*Report of the International Law Commission, Seventy-fourth session (24 April-2 June and 3 July-4 August 2023), Official Records of the General Assembly, Seventy-eighth Session, Supplement No. 10*（A/78/10），p. 45; *Statement of the Chair of the Drafting Committee, Mr. Mārtiņš Paparinskis,* 25 May 2023, *supra* note 17, pp. 6-7.

(26)　*Report of the International Law Commission, Seventy-fourth session (24 April-2 June and 3 July-4 August 2023), Official Records of the General Assembly, Seventy-eighth Session, Supplement No. 10*（A/78/10），p.43, para. 83.

際法で規律される他の文書に基づき設立され，国に加えて他の団体を構成員とし，構成員の意思とは区別される意思を表明できる一以上の機関を有するものをいう。」

3 「国際組織」の定義に関する ILC における議論の含意と評価

現段階において本議題に関して暫定的に採択されたガイドラインによる「国際組織」の定義では，2011 年の国際組織責任条文で規定された「国際組織」の 3 つの要件，すなわち，①条約又は国際法で規律される他の文書によって設立されること，②独自の国際法人格を有すること，③構成員として国以外に他の団体も含むことができること，に加えて，④構成員の意思とは区別される意思を表明できる一以上の機関を有すること，という要件を追加した 4 つの要件が規定されている。

以上のような「国際組織」の定義をめぐる 2023 年の ILC 第 47 会期における議論は，どのように評価できるであろうか。特別報告者 Reinisch は，第 1 報告書における「国際組織」の定義規定の提案に際して，国際組織の「国際法人格」という概念に関しては，1949 年の「国連の勤務中に被った損害の賠償」(*Reparation for Injuries Suffered in the Service of the United Nations*) に関する ICJ 勧告的意見以来，長年にわたり大きな見解の対立が存在することを指摘している[27]。Reinisch は，国際組織の国際法人格は構成員である加盟国の「意思」を根拠（淵源）とするという考え方を「意思理論」("will theory") と呼び，国際組織の国際法人格は当該組織が客観的に存在するという事実に由来するという考え方を「客観的法人格説」("objective personality theory") と呼んで，これら 2 つの学説の対立の整理を試みている[28]。この国際組織の定義と国際組織の「国際法人格」概念の関係に関しては，筆者も既に論点を整理する小論を発表しているので詳細はそちらに譲ることとしたいが[29]，Reinisch が今回「国際組織」の定義の中に「国際法人格を有すること」という要件を加えなかったのは，このような学説上の論争に巻き込まれることを避けるという配慮があったためであると推察される。特に 1949 年の ICJ 勧告的意見が国連に

---

(27) *Supra* note 14, pp. 29-32, paras. 48-52.

(28) *Ibid.*, pp. 29-30, para. 49.

(29) 植木俊哉「国際組織の『国際法人格』概念とその問題点」柳原正治編『国際社会の組織化と法（内田久司先生古稀記念）』（信山社，1996 年）25-58 頁。そこでは，Reinisch が「意思説」と呼ぶ前者の見解を「派生的法人格説」「基本文書依拠説」と整理し，後者の見解を「客観的法人格説」又は「客観存在説」と整理した。同 49 頁参照。

関して認めた「客観的国際法人格」(objective international personality) という概念の射程とその根拠をめぐっては，今日でも議論が決着していない状況である。

例えば，Fernando Lusa Bordin は，「合意は第三者を益しも害しもせず」 (*pacta tertiis nec nocent nec prosunt*) という条約法に関するウィーン条約第34条が規定する条約と第三国に関する基本原則が国際組織にも妥当するとすれば，国際組織の法人格は組織の非加盟国である第三国に対抗し得ないはずであり，国際組織とは国家間の条約関係を処理するための存在に過ぎない，という見解を（国際組織に関する）「条約説」("treaty conception") と名づけ，国際組織は一般国際法の下での法主体としての地位を有するとする（国際組織に関する）「主体説」("subject conception") と対比して，これら2つの立場を詳細に比較検討している[30]。また，Bordin は，国際組織に関するこのような2つの異なる理念型を前提とした上で，ILC における国際組織に関する起草作業の歴史を辿るとともに[31]，1949 年 ICJ 勧告的意見の再検討及び国際組織の定義をめぐる「国際法人格」の問題の検討を行っている[32]。

V 「国際組織が当事者である紛争」の解決手続をめぐる問題

1 特別報告者 Reinisch が提出したガイドラインの原案

「国際組織が当事者である紛争の解決」の議題に関して，2024 年 3 月に特別報告者 Reinisch が提出した第 2 報告書では，国際組織が当事者である紛争に関する紛争解決手続に関する具体的な検討が行われた[33]。そこでは，2023 年の第 74 会期で暫定的に採択されたガイドライン 2(c)「紛争解決の手段」(Means of disputes settlement) で規定された紛争解決手続——それは国連憲章第 33 条で列挙された紛争解決手続と同一のものであった——の特徴と利用可能性が，「国際組織が当事者である紛争」に関して検討された。具体的には，A. 交渉，協議又はその他の友好的解決 (Negotiation, consultation or amicable settlement)，B. 仲介及び調停 (Mediation and conciliation)，C. 審査又は事実調査 (Enquiry or fact-finding)，D. 仲裁 (Arbitration)，E. 司法的解決 (Judicial Settlement) の

---

(30)　Fernando Lusa Bordin, *The Analogy between States and International Organizations* (Cambridge University Press, 2019), pp. 50-55.

(31)　*Ibid.*, pp. 55-59.

(32)　*Ibid.*, pp. 64-79.

(33)　*Second Report on the settlement of disputes to which international organizations are parties, by August Reinisch, Special Rapporteur* (A/CN.4/766), pp. 1-85.

それぞれについて，「国際組織が当事者である紛争」に関する利用の実行 (practice) の整理及び分析が行われた[34]。ここでの特別報告者 Reinisch の検討の力点は，仲裁と司法的解決という第三者紛争解決手続に置かれており，このことは第 2 報告書における検討の紙幅の配分からも明らかであった[35]。

以上のような分析を前提として，特別報告者 Reinisch は，「国際組織が当事者である紛争」に関する紛争解決手続について，次のよう 4 つの条文案をガイドライン 3～ガイドライン 6 として第 2 報告書の中で提案した[36]。

「ガイドライン 3（国際紛争）

本ガイドラインの適用上，国際組織が当事者である国際紛争とは，国際法の下で生じる国際組織の間の紛争及び国際組織と国又はその他の国際法の主体の間の紛争をいう。

ガイドライン 4（紛争解決の実行）

国際組織が当事者である国際紛争は，ガイドライン 2(c)に規定された紛争解決手段により解決される。実行上，交渉及び拘束力ある第三者裁判手続 (binding third-party adjudication) ではないその他の紛争解決手続が広く利用される。仲裁及び司法的解決は，通常は規定されていないため，より稀にしか利用されない。

ガイドライン 5（仲裁及び司法的解決の利用）

仲裁及び司法的解決は，国際組織が当事者である国際紛争に関して，利用可能でより広く利用されるべきである。

ガイドライン 6（紛争解決と法の支配の要件）

利用可能な裁判紛争解決（adjudicatory dispute settlement）手続は，裁判官の独立性及び公平性並びに適正手続（due process）を含む法の支配（the rule of law）の要件を満たすものでなければならない。」

Reinisch が提案した以上 4 つの条文は，仲裁及び司法的解決といった第三者紛争解決手続の「優越性」を（少なくとも暗黙裡に）前提としたものと解釈され得るものであった。

---

(34)　*Ibid.*, pp. 10-68, paras. 27-198.
(35)　A.「交渉，協議又はその他の友好的解決」は約 4 頁，B.「仲介及び調停」は約 1 頁，C.「審査又は事実調査」は約 1 頁が割かれているのに対して，D.「仲裁」には約 12 頁，E.「司法的解決」には約 41 頁にわたり検討の紙幅が割かれていた。*Supra* note 33, pp. 11-68, paras. 29-198.
(36)　*Ibid.*, p. 85, para. 247.

2 ILCでの議論とガイドライン案の修正

以上のような特別報告者 Reinisch が提案したガイドラインの条文案に対して，ILCではいくつかの強い批判が提起され，これら4つの条文案は大幅な修正を余儀なくされることとなった。

まず，本ガイドラインの全体構造の明確化という観点から，2023年までにILCが暫定的に採択したガイドライン1及びガイドライン2を「第1部」（Part One）として「序」（Introduction）という表題を付すと同時に，第75会期で条文を審議するガイドライン3〜ガイドライン6を「第2部」（Part Two）とし，これに「国際組織の間の紛争及び国際組織と国の間の紛争」（Disputes between international organizations as well as disputes between international organizations and States）という表題を付すことが決定された(37)。そして，第2部の冒頭のガイドライン3として，「この部は，国際組織の間の紛争及び国際組織と国の間の紛争を扱う。」という規定が置かれることとなった(38)。さらに，本ガイドラインで扱う「国際組織が当事者である紛争」は，必ずしも「国際紛争」と性格づけられるものに限定されるわけではないという観点から，特別報告者が提案した条文案にあった「国際紛争」（international disputes）という用語はすべて「紛争」（disputes）に修正されることとなった(39)。そして，第2部が扱う「国際組織の間の紛争」及び「国際組織と国の間の紛争」以外の国際組織が当事者となる紛争，すなわち「国際組織と私人の間の紛争」に関しては，本ガイドラインの第3部で規定が設けられることとなり，特別報告者が2025年に提出予定の第3報告書の中でその原案を提案することとされた(40)。

「国際組織が当事者である紛争」の司法的解決のために国際司法裁判所を活用する方策としては，ICJ の「勧告的意見」制度を活用した事例（1980年の「WHO・エジプト間の協定解釈」事件，1988年の「国連本部協定第21項の仲裁義務の適用可能性」事件，1989年のマジル事件（「国連特権免除条約第2条22項の適用可能性」事件），1999年のクマラスワミ事件（「人権委員会特別報告者の訴訟手続免除に関する紛争」事件）など）や「国家間訴訟」を利用した事例（1972年の

---

(37) *Statement of the Chair of the Drafting Committee, Ms Phoebe Okowa*, 31 May 2024, p. 2.

(38) *Report of the International Law Commission, Seventy-fifth session (29 April-31 May and 1 July-2 August 2024), Official Records of the General Assembly, Seventy-ninth Session, Supplement No. 10*（A/79/10），pp. 20-23.

(39) *Supra* note 37, pp. 3-5.

(40) *Supra* note 38, pp. 23-24.

ICAO 理事会管轄権事件，ロッカビー事件（1992 年の暫定措置命令及び1998 年の先決的抗弁判決。但し，訴訟取下げのため本案判決には至らず））など，いくつかの実例が存在することは事実である[41]。

　他方で，「国際組織が当事者である紛争」の解決に関して仲裁や司法的解決といった第三者裁判紛争解決手続が（可能な限り）優先されるべきであるという Reinisch の基本姿勢に対しては，①理念（理想）が先行しており，国際社会の現実，とりわけ各国際組織や各国家の実際の意向に合致していない，②紛争解決の現場の実態においても，紛争当事者の意向を尊重した非裁判的紛争解決手続による方が，真の意味での紛争の「解決」につながる場合が多い，といった批判が提起された[42]。その結果，ILC は「国際組織が当事者である紛争」に関して，紛争解決手続の選択は紛争当事者の自由に委ねられ，手続相互間に優劣関係はないということを確認した上で，以下のような内容のガイドライン 4 ～ガイドライン 6 を暫定的に採択することとなった[43]。

「ガイドライン 4 （紛争解決手続の利用）

　　国際組織の間の紛争又は国際組織と国の間の紛争は，事情及び紛争の性質に照らして適切と解されるガイドライン 2 (c) に規定された紛争解決手続によって，誠実にかつ協力の精神に基づいて，解決されなければならない。

ガイドライン 5 （紛争解決手続の利用可能性）

　　国際組織の間の紛争又は国際組織と国の間の紛争に関しては，適切な場合には仲裁及び司法的解決を含めて，紛争解決手続がより広く利用可能でなければならない。

ガイドライン 6 （仲裁及び司法的解決の要件）

　　仲裁及び司法の解決は，裁判官の独立性及び公平性並びに適正手続の要件を満たさなければならない。」

　このうち仲裁及び司法的解決の利用に関するガイドライン 6 の条文に関しては，特別報告者 Reinisch の提案では「裁判官の独立性及び公平性」

---

(41)　これらの事例の具体的内容と分析等に関しては，植木俊哉「国際司法裁判所と国際組織」浅田正彦・加藤信行・酒井啓亘編『国際裁判と現代国際法の展開（杉原高嶺先生古稀祝賀論文集）』（三省堂，2014 年）338-342 頁参照。なお，これら「国際組織が当事者である紛争」に関する ICJ の勧告的意見手続及び国家間訴訟を利用した事例に関しては，Reinisch 自身も第 2 報告書の中で詳細な検討を行っている。*Supra* note 33, pp. 29-47, paras. 88-133.

(42)　*Supra* note 37, pp. 6-8; *supra* note 38, pp. 24-27.

(43)　2024 年の ILC 第 75 会期で暫定的に採択されたこれらのガイドライン 4 ～ガイドライン 6 の条文及びその注釈に関しては，*supra* note 38, pp. 24-30.

国家と海洋の国際法（上巻）第1部 国際法／Ⅳ 国際組織と国際協力

(independence and impartiality of adjudicators) と「適正手続」(due process) を
包摂する概念として条文中に用いられていた「法の支配」(the rule of law) と
いう文言が削除された点が注目される[44]。

Ⅵ　おわりに——本議題に関する ILC の作業の理論的意義

　以上，本稿で紹介したように，ILC は 2023 年の第 74 会期に「国際組織が当
事者である紛争の解決」に関するガイドライン条文の起草作業を実質的に開始
し，2024 年の第 75 会期終了時までにガイドライン 1〜ガイドライン 6 の条文
案を暫定的に採択した。国際組織に関係する法規則の発展及び明確化に関して，
国際組織条約法条約の起草や国際組織責任条文の採択など，これまでに ILC
が果たしてきた役割は決して小さなものではなかった。今回 ILC が起草作業
に取り組んでいる「国際組織が当事者である紛争の解決」という分野は，紛争
解決という国際法の手続的領域に属する問題であるという意味で，条約法や責
任法といった国際法の実体分野の問題とはまた異なる重要な意義を有するもの
と評価できる。国家間紛争の解決を主として扱ってきた従来の国際法体系にお
ける紛争解決に関する理論及び実務は，「国際組織が当事者である紛争」の登
場によってどのような変容と発展を遂げるのか，あるいは遂げるべきであるの
か，そこには極めて興味深い理論的課題が存在していることを指摘して，本稿
の結びに代えることとしたい。

---

(44)　この点に関しては，*supra* note 38, p. 7 and pp. 27-30.

412

17 国際行政連合・再考
──「協力の国際法」の起点として

山 田 哲 也

Ⅰ　は じ め に
Ⅱ　電信機の発明・実用化と国際
　化──国際郵便との対比
Ⅲ　国際法の構造変化論と国際行
　政連合
Ⅳ　むすびにかえて

Ⅰ　は じ め に

　日本の国際法学史研究において，国際行政連合と総称される組織形態は，国際行政あるいは国際行政法といった論点を除けば，必ずしも正当な評価を受けてきたあるいは分析の対象となってきたとは思われない。一般に，日本の国際組織法学あるいは国際機構論において，国際行政連合は国際連盟（連盟）や国際連合（国連）に代表される国際組織（国際機構）の「萌芽的存在」であり，「国際組織と呼ぶには未発達」で，「やがて国際組織に発展する前段階」の存在と捉えられることが多い[1]。このように，国際行政連合を連盟や国連といった国際組織の前駆体と位置づけ，国際社会の組織化の過程という歴史を単線的な進歩史と描く背景には，主権国家並存という近代国民国家体系に対する批判的眼差しが存在することとも関連する。すなわち，国際社会の分断を含意する主権国家体系の超克には，主権国家の単独主義志向を抑制する多国間主義が必要であるという前提で，国際組織の事務局のような「別個の存在」を必要とするものの，国際行政連合の事務局の役割は補助的なものに留まり，真の意味での国際性（脱主権国家性）を備えていないという評価につながる。

　主権国家体系としての国際システムが(西)ヨーロッパにおいて産まれ，それが本質的に(西)ヨーロッパ国際体制であったことに疑いはない[2]。しかし，ヨーロッパにおいていつ主権国家体系が完成したかを確定することは極めて困難で

---

(1)　横田洋三編『国際組織法』（有斐閣，1999 年）19 頁（横田洋三執筆）。
(2)　例えば，木畑洋一『国際体制の展開』（山川出版社，1997 年）。

ある。例えば，スイス連邦が成立するのは 1848 年であり，それまではカント
ン（州）が単位であった。同様にドイツ統一（ドイツ帝国の誕生）も 1871 年で
あり，それまでは領邦国家が国内行政や外交の単位であった。カントンや領邦
国家が特定の領域を基礎とした存在であるものの，それらは当時の理論状況か
らすればせいぜい「半主権国」に過ぎず，主権国家そのものではなかったと考
えられる[3]。そうすると，主権国家体系としてのヨーロッパ国際体制がいつ出
現し，それを前提とした近代国際法がいつ形成されたかを確定するのは極めて
困難であり[4]，主権国家体系に内在する閉鎖性・排外性を克服するための国際
社会の組織化，という図式はその歴史的出発点を明確に示すことも同様に困難
だということになる[5]。

　このような国際組織，とりわけその事務局を中心とした新たな国際秩序への
期待は，国連，あるいはその専門機関と呼ばれる経済的・社会的国際協力（機
能的国際協力）を担う国際組織を含めた，いわゆる国連システムへの過度な期
待や信頼を前提・背景としているといえよう。仮に「国際機構を活かす外交」
なるものが存在し，主権国家が自らの主権国家性を否定ないし抑制して「加盟
国」として行動するなら，例えば国連憲章第 2 条 4 項に違反するような侵略行
為は発生しないであろうし，仮に起きたとして，それへの非難は全会一致を得
られるはずである。機能的国際協力においても同様であり，感染症対策におけ
る国際協力について合意があるなら，「ワクチン外交」と呼ばれるような勢力
圏争いも起こりようがない。その意味で，主権国家が，それぞれの国際組織の
設立目的の達成にどこまでも協力する，自らの存在を「国際組織の加盟国」[6]
に格下げするということは，経験則的に想定し難いのである。

　そもそも連盟であれ国連であれ，それらの創設を主導した諸国が，自らの主
権国家性を否定し，それぞれの国際組織に自らの命運を託すことにしたとは到
底考えられない。むしろ，イギリスやアメリカは，それぞれの世界大戦後の国
際秩序を自らに有利なものとすべく連盟や国連の制度設計を行っている。国際

---

(3)　小栗寛史「近代国際法学の形成における『ドイツ国際法』論の位相：ライン同盟期
　　の国家結合論を素材として」明石欽司・韓相熙編『近代国際秩序形成と法：普遍化と地
　　域化のはざまで』（慶應義塾大学出版会，2023 年）192 頁。
(4)　小栗・同上 179 頁も同様に指摘する。
(5)　ただし，半主権国が存在していたからヨーロッパ国際体系が閉鎖的・排外的でなかっ
　　たということを意味するものではない。領邦国家においても領邦高権が認められ，主権
　　国家との関係においても独立した存在とみなされていたからである。
(6)　渡部茂己・望月康恵編著『国際機構論［総合編］』（国際書院，2015 年）28-29 頁。

組織を主権国家並存という国際秩序の代替物として過度に期待・評価するのは，19世紀中盤以降に本格化した国際社会の組織化の歴史を軽視した視点といわざるを得ない。

そこで本稿では，国際行政連合の中でも最初期に設立された国際電信連合（International Telegraph Union: ITU）と万国郵便連合（Universal Postal Union: UPU）を素材として，この2つの国際行政連合を中心とした国際社会の組織化が19世紀半ばの国際法学およびその周辺領域にいかなる影響を与えたかを試論的に検討することにしたい。国際行政連合を国際組織の「前駆体」ではなく「別個の存在」として具体的に検討することで，国際社会の組織化，さらにはそれと表裏一体を成す近代国際法から現代国際法への転換を正しく把握できるように思われるからである。国際法学であれ，国際関係論／国際政治学であれ，それぞれの時代の大戦争とその後の秩序——典型例として三十年戦争とその後のウエストファリア体制という「神話」——を時代の転換点として描きがちであるが，ブザンとローソンが指摘するように，19世紀（とくに半ば以降）は，国内社会と国際秩序の双方にとって「グローバルな転換点（global transformation）」[7]の時期にあたり，現代国際社会の特徴である制度化ないし組織化された国際社会の出現の契機と捉えられるからである。

1905年に初版が刊行されたオッペンハイムの『国際法』は，国際法を「文明諸国（civilised States）相互の関係を法的に拘束する諸規則の体系」と定義しつつ，1856年の私掠船の法規に関するパリ宣言や1899年の「陸戦ノ法規慣例ニ関スル規則（ハーグ陸戦条約）」を「大部分の国家（a great many States）」を拘束する「普遍的国際法（universal International Law）」と呼んでいる[8]。このような説明は，19世紀半ば以降に顕著となる国際法の地理的妥当範囲の拡大により，もはや国際法を「文明諸国間の法」すなわちヨーロッパ諸国間の法としてのみ把握することが困難になってきた時代を反映した，いわば妥協的な定義あるいは記述だともいえる。他方，同書は最終章でITUやUPUなどの国際行政連合を「共通の非政治的利益に関する連合（Unions Concerning Common Non-Political Interests）」として「諸同盟（Alliances）」の一種として取

---

(7) Barry Buzan and George Lawson, "The Global Transformation: The Nineteenth Century and the Making of Modern International Relations", *International Studies Quarterly*, Vol. 57, No. 3 (2013), p. 620. Douglas Howland, "An alternative mode of international order: The international administrative union in the nineteenth century", *Review of International Studies*, Vol. 41 (2015), pp. 165-167.

(8) L. Oppenheim, *International Law: Treatise* (Longmans, Green, and Co., 1905), p. 3.

り上げている。オッペンハイムの「文明諸国間の法」としての国際法体系において，設立間もない国際行政連合がどのように位置づけられるのかは必ずしも明らかではない。ただ，国家間に何らかの「共通の利益」が存在し，その確保・実現のために多国間条約が存在するという事実について，すでに一定の注意が向けられていたことに注意を払う必要はあろう。

Ⅱ　電信機の発明・実用化と国際化──国際郵便との対比

1　ヨーロッパの初期の動き

電信とは，文字情報を符号化し，それを電気信号に変換して遠隔地に送る通信方式を指す。そのような伝送技術は19世紀初頭頃からヨーロッパやアメリカで実験が繰り返され，1830年代半ばには，イギリス・ロンドンとその近郊で鉄道線沿いに電信線を敷設することで実用化されるようになった。リオールによれば，鉄道網と電信線の普及により，イギリス国内では標準時の制定，すなわち時刻の統一が進んだという[9]。また1845年にはロンドン近郊のスラウで発生した殺人事件の犯人が列車に乗り，ロンドン市内に向けて逃走したことが電信を用いて通報され，ロンドン市内の駅で犯人の身柄確保につながったことを契機に，通信手段としての電信の優位性・有効性への注目が集まった[10]。日本に電信機が伝えられたのは，1854年2月（嘉永7年1月），2度目の来航となるペリー艦隊が小型の蒸気機関車と共に持ち込まれたもので，横浜での応接会場で「文明的な観せ物」として実演を行ったのが最初である[11]。

初期の電信システムには，統一的な規格は存在せず，国境を越える電報の送受信は，一旦，発信国が送信した通りに文字化され，改めてそれを次の受信国向けに打ち直す必要があった。このような原始的な方式ではあれ，国境を越える電報を可能にするための二国間での協定は，1849年10月3日のオーストリアとプロイセン間のものが最初とされる[12]。その後，ザクセンとバイエルンも加わって，1850年7月25日に墺独電信連合が設立された[13]。さらに1852年

---

(9)　Francis Lyall, *International Communications: The International Telecommunication Union and the Universal Postal Union* (Routledge, 2011), p. 17, note 1.

(10)　*Ibid.*, p. 17, note 2.

(11)　有山輝雄『情報覇権と帝国日本Ⅰ：海底ケーブルと通信社の誕生』（吉川弘文館，2013年）1-2頁。

(12)　Lyall（note 9），p. 18. *Clive Parry, The Consolidated Treaty Series edited and annotated by Clive Parry, LL.D.*（hereinafter referred to as *CTS*），Vol. 103, 1969, Oceana Publications, p. 291.

(13)　*CTS*, Vol. 104, 1969, p. 165.

10月には，フランスが中心となって，ベルギーやプロシアとの間で条約が締結される。墺独電信連合とは別個の連合であるが，プロシアは墺独電信連合を代表する形でも交渉に参加したので，実質的には二つの連合を通じて，大陸ヨーロッパ諸国間では通信方式や料金体系の標準化が進んだことになる。

2つの連合の形成にプロシアが関与していることは，決して偶然ではない。プロシアは1818年にプロシア領邦内の小領邦の関税制度を統一し，それを契機として1834年のドイツ関税同盟の成立を促した。この関税同盟は，後のドイツ統一に向けた経済面での統合と評価され，それは各領邦国家の行政法の統一を通して実現した。その後，ドイツでは電信の他に，鉄道や郵便などでも行政システムが統合されていく。初期の国際行政連合は，ドイツの国内行政システム統合の手法を他のヨーロッパ諸国との関係に応用したものだったのである。なお，初期のヨーロッパの動きに，イギリスは参加していない。それはイギリスが国際協力に消極的だったからではなく，当初のイギリスの電信が私企業によって運営され，国家（政府）の関与が限定的だったからである。その後，企業側が国有化を求める運動を行い，1868年に電信法が公布され，1870年2月に郵政省が電信事業を受け継いで国有化された[14]。

2 ITU の設立

プロシアを起点とした西ヨーロッパの東部と西部における電信の行政的協力が，ITU設立の契機となっている。具体的には，1865年にパリで20カ国が参加した会議でITUの設立について合意された。その後，ウィーン（1868年）とローマ（1871年）で会議が開催された後，1875年のサンクト・ペテルブルクでの会議で憲章の大幅な見直しが行われた。

ITUの組織面あるいは制度面での特徴は，当初から，加盟国の外交代表によって作成される条約としての「憲章（Convention）」と電信行政の専門的実務を担う官僚によって作成される「規則（règlement）」との二本立てで国際協力が実施されていたことである。協力についての大枠を条約で合意し，細部を規則で決定するという方式は，今日の国際環境法における枠組条約方式にみられる手法であるが，ITUにおいても既に採り入れられていたのである。電信は当時の最先端技術であり，電信網も日々拡大していたであろうから，規則は柔軟に見直される必要がある。各国の外交代表による憲章改正手続きとは別個

---

(14)　玉木俊明『拡大するヨーロッパ世界 1415-1914』（知泉書館，2018年）363頁。

国家と海洋の国際法（上巻）第1部 国際法／Ⅳ 国際組織と国際協力

に規則レベルでの対応が求められたものと推察できる。ただし，規則の改正も全会一致が必要とされ，改正に反対する加盟国が存在する場合は，合意できる加盟国限りでの特別協定を結ぶこととされた。改正すべき内容そのものは，多数決によって決定されたので，技術革新に伴う規則改正の必要性と各加盟国の事情を調和させる方策であったと評価される[15]。

　一般に，国際行政連合の事務局は，その任務が加盟国による国際会議の開催や運営と，各国から寄せられる情報の収集・整理と加盟国への伝達といった補助的・間接的なものに留まるが故に，国際機構との比較において「前駆体」視されることになる。しかし，電信を巡る各国の状況が事務局によって一元的に集約され，年次報告書が作成されると共に，各加盟国は事務局が取り纏めた情報に基づいて，論点ごとの委員会（Committee）を組織し，必要な議論を行っていた。多国間での行政的協力の胎動期において，技術革新と取扱い量の増大が続く電信の現状に対して，事務局の存在は同時代的には画期的なものとして肯定的に評価され得るのである[16]。さらにいえば，規則の作成を加盟国官僚の手に委ねたということは，形式的には加盟国の主権を尊重したともいえるが，加盟国から「独立した」事務局が担うよりも，各加盟国の国内事情を熟知した官僚に任せた方が効率的であるという実務的な判断に基づくものであったであろう。この点も主権国家体制の超克として国際組織を位置づけ，なかでもとりわけ国際組織の事務局の構成員（国際公務員）が超国家的な不偏性を共有し，彼らが加盟国に採るべき政策の方向性を指し示している，あるいは，指し示すべきであると想定する視点とは異なる。

3　UPU との比較

　UPU は，ITU 設立から 10 年後の 1875 年に設立された国際行政連合である。郵便という通信手段は，極めて古くから存在する。19 世紀になって，イギリスで料金前納のための切手が導入される（1840 年）と，一気に取扱量が増加する。この時期の国際郵便は二国間あるいは比較的少数の国の間で郵便交換条約を結び，それに基づいて運営されていた[17]。しかし，同一都市間での郵便

---

(15)　Paul S. Reinsch, *Public International Unions: Their Work and Organization* (Ginn and Company, 1911), p. 19.

(16)　*Ibid.* なお，アメリカについては，連邦政府の管轄下にある電信線が極めて限定的であったため，発言権はあるものの投票権を有しないオブザーバー的資格で ITU の各種会議に参加していたとされる（*Ibid*, p. 18.）。

(17)　CTS に収録されている，最古の郵便交換条約は，1666 年 2 月 12 日にトゥルン・ア

でも経由地によって料金が異なるなど，複雑で不便なものであった。そこでアメリカとドイツが主唱するという流れで，1874 年 10 月 9 日に「一般郵便連合（仏：Union Générale des Postes，英：General Postal Union）」[18]が作られ，1878年 6 月 1 日に「万国郵便連合（仏：Union Postale Universelle，英：Universal Postal Union）」[19]となった。その発効にあわせて加盟を果たした日本にとっては，初めて参加した国際行政連合ということになる[20]。

　UPU 条約の特徴といえるのが，加盟国の郵便制度が「単一ノ郵遞邦疆（仏：un seul territoire，英：a single postal territory）」を形成すると規定していることである。日本語公定訳において郵遞「領域」ではなく「邦疆」[21]を充てた経緯は不明だが，UPU 加盟国相互の郵便を巡る関係において，主権国家間の国境線の意義は希薄化し，全体として 1 つのネットワークを形成しているというイメージが想起される。電信も，ITU 加盟国間で一つのネットワークが形成されるという点では同じであるが，ITU 条約には「郵遞邦疆」に相当する文言は見られない。

　UPU 設立の契機となった最初の国際会議は，アメリカが提唱して 1863 年にパリで開催されたが，条約締結には至らなかった。1869 年にプロイセンが会議開催を提案したものの，普仏戦争によって延期され，スイス主導で会議開催にこぎ着けたのは 1873 年 9 月である。この会議で議論を主導したのは，1871年に統一されたばかりのドイツで郵政総監を務めていたハインリッヒ・フォン・シュテファンである。彼は元々プロイセンの郵政庁に所属しており，統一後はハプスブルク家がタクシス家に与えた勅許に基づく中世的な郵便制度（タクシス郵便）を廃止し[22]，プロイセンの郵便制度を基礎として統一ドイツ郵便

―――――――――
　　ンド・タクシス家とパール（Paar）の間で結ばれたものである（*CTS*, Vol. 9, 1969, p. 1）。
(18)　*CTS* Vol. 147 (1977), p. 136.
(19)　*CTS* Vol. 152 (1977), p. 235.
(20)　日本の UPU 加盟までの経緯については，山田哲也「明治期日本における『文明』の受容過程：郵便の国際的組織化との関わりで」『南山法学』47 巻 3・4 号（2024 年）499-516 頁を参照。
(21)　現行条約の日本語公定訳では「境域」となっている。彊域や境域は「版図」と同様，日本独自の「領域」概念として用いられた語である。UPU 加盟にあたり，仏語および英語では「領域」と訳され得る territoire や territory に彊域（のちに境域）を充てたかについての経緯は不明であり，彊域（境域）を領域とは異なるものと認識したか否かは，日本の近代ヨーロッパ国際法の受容過程の解明において大きな論点たり得るが本稿の論点を超えるのでこれ以上は検討しない。なお，柳原正治「幕末期・明治初期の『領域』概念に関する一考察」松田竹男ほか編『現代国際法の思想と構造 I　歴史，国家，機構，条約人権』（東信堂，2012 年）45-73 頁。
(22)　プロイセンにおけるトゥルン・タクシス家郵便の廃止は，1867 年 1 月 28 日の規約

を近代化させた人物である[23]。フォン・シュテファンは，先述したITU設立に合意した1865年のパリ会議にも参加している。プロイセン領内での電信・郵便制度の統一を基礎としてドイツ全体の両制度を統一させた経験を，国家間レベルでの協力関係の制度設計に活用したのである。

Ⅲ 国際法の構造変化論と国際行政連合

1 「協力の国際法」の起源

ところで，近代国際法から現代国際法への「構造変化」を「共存の国際法」と「協力の国際法」の並存あるいは重層化と捉えたものとして，フリードマンを挙げることができることは疑いがない[24]。ここで「協力の国際法」は，「現代的な必要性と進化が，国際条約や多くの場合は常設的な国際組織（permanent international organisations）によって実施されるべき前向きな協力（positive cooperation）の必要性を表明する多くの新分野に付加されたものである。〔中略〕協力のための前向きな規則へという国際社会の展開は，世界政治の現状においては断片的なものではあるが，国際法の原則と構造にとって喫緊の重要性を伴う進化」と捉えられている[25]。また，フリードマンは，その起源を第一次世界大戦よりはるか前の国際通信や国際河川制度に求めている[26]。

彼の国際組織認識が「機能主義的統合論に同調」[27]するものであることは既に指摘されている。1964年の著書では，機能的（functional）アプローチを，国制的（constitutional）アプローチと対比させる形でその有用性に触れている。彼は国際組織に対する機能的アプローチを，国際関係（international life）における政治的社会的現実と傾向に則した国際法と国際組織の発展と相互関係にあるものと捉える。なぜなら機能的アプローチは，国際社会における文明，社会的経済的発展，政治的価値，科学的技術的必要性における多様性を前提とし，

で規定された（*CTS*, Vol. 133 (1969), p. 428.)

(23)　Lyall, *ibid.*, p. 215. 井上卓朗・星名定雄『増補 創業150年 郵便の歴史』（鳴美，2021年）99-100頁。

(24)　Wolfgang Friedman, *The Changing Structure of International Law*, Columbia University Press, 1964.

(25)　*Ibid.*, pp. 61-62.

(26)　Wolfgang Friedmann, "General Course in Public International Law", *Recueil des Cours de l'Academie de droit international de La Haye* (1969-Ⅱ), vol. 127, p. 95.

(27)　小畑郁「世界公共圏の構築としての『国際法の重層化』: 後期ウォルフガング・フリードマンの法プロジェクト」『世界法年報』20号（2000年）154頁。

国際社会の多元的性格を含意しているからである[28]。

他方，彼の機能的アプローチについて，その起源を西ヨーロッパ資本主義国に求め，「二つのタイプの国際法を軸とした彼の現代国際法の構造把握は，ブルジョア的本質を有する伝統的国際法制度（＝共存の国際法）の発展途上国への妥当を認めることにより，その『政治的独立』を承認し，国際的な独占資本の利益擁護政策を支える協力の国際法の発展を主張することにより，途上国に対し『経済的従属』を強いる，新植民地主義政策を支えるもの」[29]と批判的に評価するものもある。このようなフリードマン批判は，冷戦期の東西対立に加え南北対立も先鋭化していた時期に，「アジア・アフリカ諸国および社会主義諸国の登場による伝統的国際法制度（共存の国際法）の構造変化，発展という視点がない」[30]ことへの批判であり，ITU や UPU の出現が直ちに当時の「帝国・植民地」体制や「文明国と非文明国」関係の固定化を意図していたかどうかは定かではない。

むしろ，ITU や UPU といった国際行政連合が，「共存の国際法」を通じて形成される国際秩序とは異なる「もう一つの国際秩序（an alternative mode of international order）」の形成を促した，として積極的に評価する見解も存在する。次項では，それを検討したい。

2 19世紀国際社会の多元性

19 世紀半ば以降，ヨーロッパ諸国とアメリカが東アジアに進出すると共に，中国（清）や日本は不平等条約を通じて国際貿易体制に組み込まれ，国内制度の整備と度重なる外交交渉を通じて条約改正を果たす，というのが，東アジアにおける「国際法の受容過程」に対する一般的な理解であろう。他方で，国際行政連合の出現を通じて「もう一つの国際秩序」が形成された，と分析するのが，ホウランドである[31]。彼が考える「もう一つの国際秩序」論の特徴は，次の 3 点に要約できる。

---

(28)　Friedman, *op. cit.* (note 27), pp. 276-277.

(29)　佐分晴夫「W. フリードマンの国際法の構造変化把握」『法律時報』50 巻 3 号（1978年）107 頁。

(30)　同上 106 頁。

(31)　Douglas Howland, "An alternative mode of international order: The international administrative union in the nineteenth century", *Review of International Studies*, Vol. 41 (2015), pp. 161-183.

国家と海洋の国際法（上巻）第 1 部 国際法／Ⅳ 国際組織と国際協力

① 　国際行政連合の加盟国は「正式の国家（formal states）」に限定されない

先に述べた通り，日本の UPU 加盟は 1878 年であり，当然のことながら不平等条約体制下にあった。そのような当時の日本を完全な主権国家とみるのか，それとも半主権国家とみるのか自体が論点たり得るが，少なくとも完全な「文明国」とはみなされていなかったことは事実であろう。にもかかわらず，UPU への加盟が認められたのは，（国際）郵便制度については，「文明国」として扱われたということを意味する。ホウランドは，この点について国際行政連合においては，「文明国と非文明国，あるいは主権国家と半主権国家というありふれた区別は支配的な考慮事項ではなかった」[(32)]と指摘する。

そもそも電信も郵便も，ドイツ統一以前にプロイセンが主導する形で国際行政連合が形成されていった。加えて，植民地やイギリス帝国内部の自治領（ドミニオン）も ITU や UPU に参加していた。例えば，1876 年には，英領インドと複数のフランス植民地を UPU に加入（entry）させる規則が合意されている[(33)]。これはイギリスやフランスの一方的宣言によるものではなく，他の加盟国も加わる合意文書を通じた取り決めである。また二国間レベルにおいても，イギリス帝国の植民地と「正式な国家」との間で郵便条約が結ばれている[(34)]。本来，帝国・植民地体制においては，植民地は帝国の構成部分であるから，帝国本国が条約に加盟すれば，当然，植民地にも条約の効力が及ぶはずである。その最たるものが開戦宣言であり，帝国が開戦宣言を行えば植民地も自動的に戦争に巻き込まれる。第一次世界大戦で英領インドや自治領が参戦したのが，代表例である。

しかし，ITU や UPU においては，イギリス本国にのみ条約の効力が及び，その他の植民地や自治領については，個別に条約への加入や締結が進められていった。それは，「国家」を「主権の及ぶ範囲」としてではなく，電信や郵便といった機能ごとに，それらの「機能を独立して運営することが必要かつ可能か」という観点で判断していたからに他ならない。それはスイス連邦憲法制定（1848 年）前の各カントンやドイツの領邦国家が条約当事「国」になったり，

---

(32)　*Ibid.*, p. 162.

(33)　'Arrangement between Austria-Hungary, Belgium, Egypt, France, Germany, Great Britain, India, Italy Netherlands, Spain and Sweden and Norway, respecting the Entry of British India and the French Colonies into the Postal Union, — Berne, January 27, 1876', CTS Vol. 150 (1977), p. 113.

(34)　例えば，イギリス領クイーンランドとアメリカの郵便条約（1876 年）がある。*CTS* Vol. 150 (1977), p. 116.

国際行政連合の形成に関与したりしていた時代も同じである。

形式的な点ではあるが，1874年の一般郵便連合設立条約において「諸国」と邦訳された語の原語（フランス語）は 'les pays' であって 'les États' ではなく，対応する英語も 'countries' であって 'States' ではない。郵便行政を独立して行う主体であれば，正式の国家（le État, State）でなくともよいということが恐らく暗黙のうちに想定されていたと考えられる。

② 条約の立法的性格と規則（règlement）の存在

ホウランドは，当時の国際法学者が平和条約に代表される伝統的二国間条約の契約的性質とは別に，郵便や電信について新たに規則を作成し，それを諸国が「合意は拘束する（pacta sunt servanda）」原則に基づいて遵守する国際法として「立法的条約（law-making treaty）」として把握していたことを紹介する[35]。

加えて，ITU も UPU も，新技術の出現や新たなサービス形態の出現に伴って条約の改正が必要となる。その際，条約そのものを改正するのではなく，条約よりも下位にある規則の改正で足りることにした。条約本体の改正を試みると，新技術や新たなサービス形態に対応できない加盟国は条約改正に反対するか，脱退せざるを得ないことになる。そのような事態を避けるため，規則レベルの改正に留めたのである[36]。

③ 平等な投票権と分担金における種別分け

ITU も UPU も加盟「国」には，その国際的地位には関係なく1個の投票権が与えられていた。他方，UPU については「国」の大小や郵便取扱量に応じて分担金の支払い額には差が設けられていた。後者については，主権平等原則とは異なる機能的な平等原理が導入されていたと考えることができる。

他方，イギリス帝国を巡っては微妙な問題も生じていた。先述した通り，イギリス本国の ITU 加盟が1876年まで実現しなかったため，先に加盟していた植民地・自治領は独立して投票権を行使していたが，本国の加盟後は本国の郵政総監の指示に従うよう植民地・自治領に対する「締め付け」が行われた。その結果，イギリス帝国全体として13票分の投票権を持つこととなり，1票しか持たない加盟国の不満を産むことになった。その他にも植民地保有国が事実上の投票権の上乗せを行うことがあったが，ITU においてこの問題が解決されることはなかった[37]。

---

(35) Howland., *ibid.*, p. 164 and note 4.
(36) *Ibid.*, p. 165.
(37) *Ibid.*, p. 170.

Ⅳ　むすびにかえて

　本稿では，電信と郵便における国際行政連合の形成と，それが当時の国際法あるいは国際秩序にいかなる影響を与えたかを試論的に検討した。そこから示唆されること，さらに後の国際組織法学に与えた影響を検討し，今後のさらなる研究での課題を示していきたい。

　伝統的国際法が国家の領域を単位とし，各国家が領域に対して排他的に統治を行い，そこから生じる摩擦や衝突を調整してきた（領域性原理）のに対し，各国の共通の利益の存在を前提とし，その実現を図るための規範として国際法が存在する（機能性原理）という把握は，19世紀初頭の国際河川委員会の登場に端を発するものとされる[38]。その意味では，国際郵便や国際電信も機能性原理を背景としたものであり，フリードマンにおいては「協力の国際法」として把握されることになる。他方，国際河川委員会は本来なら沿河国の主権（領域主権）が及ぶはずの河川について主権を制限する形で活動したのに対し，ITUやUPUについては電信や郵便における加盟国の基準や手続きなどの調整・統一を図ったのみであって，領域主権そのものを制限するものではなかったという相違がある。

　したがってUPUにおいて「郵遞邦疆」という領域的（空間的）な用語が採用されたとしても，領域主権との関係では実質的な意義に乏しい。また，特定の新技術や新サービスに対応できない加盟国は，規則への不参加という形でITUやUPUには加盟しつつ，自国の能力に応じた体制を維持することもできた。そのように考えると，IPUやUPUといった国際行政連合への参加は，国際的に通用するレベルの通信・郵便制度を備えているかが判断基準であり，その限りで機能的な意味での「文明・非文明」の境界線を成していたに過ぎないともいえる。

　他方，独立した通信・郵便行政の実施主体であれば，厳密な意味での主権国家でなくてもITUやUPUへの加盟が認められ，それを通じた実施主体間のネットワークが形成されたという点については，ホウランドによる「もう一つの国際秩序の出現」という指摘は説得力を持つ。とりわけ，後の「国際組織に加盟できるのは主権国家に限られるか」，「主権平等原則と投票権，分担金の支

---

(38)　奥脇直也「『国際公益』概念の理論的検討：国際交通法の類比の妥当と限界」広部和也・田中忠編集代表『国際法と国内法：国際公益の展開（山本草二先生還暦記念)』（勁草書房，1991年）173-245頁。

17 国際行政連合・再考 〔山田哲也〕

払い」といった国際組織法上の基本的な論点は，国際連盟や国連の設立を待つまでもなく，ITU や UPU といった国際行政連合の出現の時点で出揃っていたともいえる。その意味では，国際行政連合は国際組織の前駆体でもなく，未発達や前段階でもないということになる。international organization が国際社会の組織化過程を指す術語として登場し，後に個別の組織体を意味するようになったという小寺の指摘[39]を踏まえれば，国際行政連合と国際組織の内部組織形態上の区別はともかく，国際河川委員会も含めた一連の過程と捉えた国際組織法なり国際機構論を構想する必要があろう。そのことは，主権国家並存という近代国民国家体系の超克として国際社会の組織化や国際機構の役割を捉えるという一般的理解を再検討することにもつながる。国際郵便制度の成立において，プロイセンがまず領邦国家内の小領邦の制度を統一し，さらにドイツ全体の制度として統一した経験を国際関係にまで持ち込んだことは先述の通りであるが，近代国民国家化で遅れを取っていたドイツが自らを主権国家化させる過程の中で国際社会の組織化を促したという意味で，近代国民国家体系としての秩序形成と機能的な協力の実現を目指す「もう一つの国際秩序の出現」は，ほぼ同時進行だったともいえるからである。

　ところで，厳密な意味での主権国家でなくても国際行政連合に加盟できる，という点は，後の連盟設立にあたってイギリス帝国の自治領や英領インドまでもが加盟したことや，国連設立にあたってソヴィエト連邦（ソ連）とは別にウクライナと白ロシア（現，ベラルーシ）に加盟国の地位が与えられたこととの関係でも示唆的である。前者については，自治領や英領インドの第一次世界大戦への貢献に報いるためというイギリス帝国内部の事情であったとされ，後者については，国連総会において圧倒的少数派となるソ連が全ての連邦構成国の加盟を提案したことに対する政治的妥協であったと説明されるのが常である。しかし，ITU や UPU において加盟「国」の資格要件を緩和したという経験が，連盟や国連設立の際の議論の混乱を招いたとも考えられる。というのも，ITU や UPU での先例にかかわらず，連盟設立においてイギリス帝国の自治領や英領インドが加盟することに対して，アメリカ，日本，イタリアが疑義を唱えたことは知られている[40]。イギリス本国が自治領や英領インドも加盟させること

---

(39)　小寺彰「『国際組織』の誕生：諸国家体系との相剋」柳原正治編『国際社会の組織化と法（内田久司先生古稀記念論文集）』（信山社，1996 年）4-5 頁。

(40)　後藤春美「世界大戦による国際秩序の変容と残存する帝国支配」荒川正晴ほか編『二つの大戦と帝国主義 I　20 世紀前半（岩波講座世界歴史 20）』（岩波書店，2020 年）31 頁。

425

で自らの投票権を水増ししようと考えた一方で，アメリカなどは本来の，あるいは伝統的な主権国家体制に基づいて連盟を設立しようとして，「もう一つの国際秩序」との間での軋轢を生んだとも考えられるからである。このことは「共存の国際法」と「協力の国際法」の関係をどのように捉えるかという問題にもつながる。19世紀末以降になると，「共存の国際法」を巡っても2度のハーグ平和会議を通じて，その内容について多国間条約を通じて精緻化する動きが出現する。また，戦間期における連盟を通じた国際社会の平和と安全の維持の停滞・失敗を受けて提唱された，ミトラニーの機能主義が国際行政連合出現以後の国際社会のいかなる動きを基盤に展開したかという問題にも関わってくる。

　ITUやUPUが，厳密な主権国家以外の多様な主体（非加盟のままオブザーバーとして参加したアメリカを含む）を構成要素とし，国内行政法を通じて国内の事業実施主体やサービスの利用者である個人をも巻き込む，今日の用語でいうグローバル・ガバナンスの主体であったことは疑いがない。果たして他の国際行政連合について，どこまで同じような役割を担っていたかという点も考察の対象に加えるのなら，国際行政連合に関する実証的研究の蓄積は，国際組織法／国際機構論はもとより，19世紀国際法の実像やその後の20世紀国際法あるいは現代国際法への転換過程の解明にも貢献し得るのではないかと考える。

　【謝辞】本章は，JSPS科研費（課題番号22K01366および24H00141）および2024年度南山大学パッヘ研究奨励金I-A-2による研究成果を含んでいる。

18 政治犯不引渡原則の再評価

―― 欧州逮捕状に基づくカタルーニャ分離独立派の身柄請求を手掛かりとして

洪　　恵　子

I　は じ め に
II　プッチダモンの引渡しに関す
　　る事件の概要
III　欧州逮捕状（制度）の概要と

　　特徴
IV　犯罪の政治性と欧州逮捕状制
　　度
V　お わ り に

I　は じ め に

　第2次大戦後，刑事分野における国家間の国際協力は大きな発展を遂げ，関連する概念も多様化した。まず，犯罪人引渡制度（extradition）に代表される伝統的な刑事分野における司法共助は各国がそれぞれの刑罰権の実現のために他国の協力を求める互恵的なものであったが（国際刑事（司法）共助），第2次大戦後，国際テロリズムを規制する条約が締結されるようになり，国際刑事共助は国際法上の犯罪を国際社会の一員として協力し合うというための手続きと位置付けられるようになった[1]。さらに国際的組織犯罪へ対応する必要性から，政府間のやり取りではなくて直接に捜査機関が情報を伝達しあうといった協力も進展した（国際警察協力）。他方で，冷戦終結後，国際的な刑事裁判所が設立されるようになり，そうした国際機関への刑事協力という概念も実定法化されるに至った（国際裁判所への一方的な司法共助）[2]。さらに欧州連合（European Union, EU）においては，加盟国間の政治的統合などを背景として，より協力を強める制度を構築しようとしてきた。

　さて，国際刑事共助の典型的な制度である犯罪人引渡制度においては，伝統的に国家の三権のうち，外交を担う行政府と法に基づいた判断を行う司法府に

---

(1)　山本草二『国際刑事法』（三省堂，1991年）189-198頁。
(2)　竹内真理「ICCへの協力」尾﨑久仁子・洪恵子（共編）『国際刑事裁判所〔第3版〕』（東信堂，2024年）322-341頁。

『国家と海洋の国際法　柳井俊二先生米寿記念(上巻)』〔信山社，2025年2月〕　*427*

よる役割分担が行われてきた。すなわち，問題が容疑者という「人」に関わることから慎重な手続きが求められ，①法が定めている引渡しが可能かどうかの条件（双方可罰性，政治犯不引渡など）が充たされているかについては裁判所が判断し，その上で，②請求国との関係なども考慮して，最終的に政府（行政権）が引渡しの当否について判断するという役割分担が行われてきた[3]。これに対して，2002年欧州逮捕状枠組決定で導入された欧州逮捕状（European Arrest Warrant, EAW）の手続・制度は行政権の裁量を排除し，手続の主体を各国の裁判所とし，手続きを効率化・迅速化したことで高く評価されてきた[4]。（なお本稿では欧州逮捕状を，発布される逮捕状そのものだけでなく，それが用いられる制度・手続を示す際にも欧州逮捕状という用語を用いる。）

　しかし2017年にスペインの国家検察が他国に逃亡したカタルーニャ州の分離独立派の指導者達（元カタルーニャ州首相のプッチダモン（Carles Puigdemont Casamajó）を含む）に欧州逮捕状による身柄の請求を求めた事案は，身柄の請求にかかる犯罪に政治性が認められる場合に，欧州逮捕状が持つ意義の再検討を迫っている。2018年からおよそ7年にわたりスペインから他国に逃亡していたプッチダモンに関して，スペインは複数の欧州逮捕状を発布したが，それらのいずれも執行されず，結局，本人の意思で2024年にスペインに（一旦）帰国した。欧州逮捕状は，前述の通り，EU加盟国間で引き渡しの手続きを非政治化し，迅速に引き渡しを行うことができる制度として構築されたが，プッチダモンをめぐる事件ではその特徴が生かされなかった。その背景にはプッチダモンに対する容疑は私的な動機による殺人などではなく，カタルーニャ州の分離独立を目指すという政治的な活動が犯罪として訴追されたという点が指摘できる。ところで逃亡犯罪人の嫌疑にかかる犯罪が政治性を持つ場合，伝統的な犯罪人引渡制度においては政治犯不引渡の原則があり，被請求国は政治的な態様・目的・動機など，その犯罪がそなえる政治性を考慮して引き渡しを拒否することができると一般に広く認められてきた[5]。実際に我が国の逃亡犯罪人引渡法にも引渡拒否事由の1つとして規定されている（2条1号）。しかしこ

---

(3)　「逃亡犯罪人引渡請求事件」東京高裁平2年4月20日。
(4)　欧州逮捕状制度の発展とその特徴について，北村泰三「ヨーロッパ諸国間における犯罪人引渡法制の現代的変容(2)——効率性と人権原則との調和・両立を目指して」『中央ロー・ジャーナル』10巻1号（2013年）63-117頁。浦川紘子「欧州逮捕状制度と犯罪人引渡制度の手続的相違——「行政」，「司法」，「EU機関」の役割を中心として」『立命館国際地域研究』42号（2015年）39-57頁。
(5)　山本・前掲注(1)217頁。

の原則は国際社会が国際テロリズムに対抗する過程で次第にその適用範囲が縮小され，また EU の発展に伴い，欧州逮捕状では明文の引渡拒否事由としては認められていない。しかし EU 加盟国間においても，歴史的・政治的背景は異なっており，ある国で政治犯罪と観念される犯罪が行われ，その実行者が他の加盟国に逃亡するという可能性がないわけではない。

　本稿が検討の対象とするプッチダモンをめぐる一連の問題は政治的庇護と欧州逮捕状の関係について課題があることを示唆している。実際に，欧州逮捕状を成立させた欧州（ヨーロッパ）における情勢が大きく変化した今日の情勢に鑑み，政治犯不引渡原則の意義を再評価する見解が欧州の研究者からも提示されており[6]，今後，異なる政治的文脈を持つ事件においても，この事件が提起した問題点を理解しておくことは有益であろう。また欧州の制度は日本にとっても模範となってきたことを踏まえれば，欧州逮捕状について第三国である日本にとっても，こうした問題点を整理しておくことは必要であると考える。

　そこで，以下，本稿ではまずプッチダモンをめぐる事件の事実経過を説明する（Ⅱ）。次に欧州逮捕状制度について説明し，特に欧州逮捕状における引渡拒否事由を検討する（Ⅲ）。続いて欧州逮捕状における政治犯不引渡原則が廃止に至った経緯を説明し，廃止の法的帰結を検討する（Ⅳ）。最後にまとめを述べる（Ⅴ）。

Ⅱ　プッチダモンの引渡しに関する事件の概要

　スペインでは 2010 年以降，自治州の 1 つであるカタルーニャ州においてスペインからの分離独立を目指す運動が活発になった[7]。ただし，スペインにおいては，かつてはバスク州においても分離独立運動が活発であり，関連する人物たちがベルギーに逃れ，後述するように，その身柄の引き渡しをめぐり問題が生じたことがある。ただし，本稿ではプッチダモンの引渡しに関する問題を

---

(6)　例えば，König,J., Meichelbeck,P., Puchta, M., The Curious Case of Carles Puigdemont—The European Arrest Warrant as an Inadequate Means with Regard to Political Offenses, *German Law Journal*, vol. 22, 2021, pp. 256-275.

(7)　スペインにおいてはカタルーニャ以外にバスクといった独自の歴史や文化を強調する地域が存在し，バスクについてもかつてスペインからの分離独立運動が活発に行われてきた。とりわけ民族主義団体（バスクと自由（ETA））が数々のテロ行為を行ったことは国際的にも広く知られている。永田智成「スペイン・カタルーニャ州の独立運動に関する一考察──政党政治の変容という視点から」南山大学紀要『アカデミア』（社会科学編）18 号（2020 年）41-60 頁。なお，本稿の執筆にあたり永田教授から多くの貴重な示唆を得たことを深く感謝する。

国家と海洋の国際法（上巻）第1部 国際法／Ⅳ 国際組織と国際協力

中心に検討する。

1 2017年10月の分離独立をめぐる住民投票

スペインは17の自治州と2つの自治都市から構成される自治州国家（Estado de las autonomías）と称され，1978年に成立したスペイン憲法は，スペイン・ネーションを統一の単位としつつ，諸民族体と諸地域に自治権の保障を謳っており（スペイン憲法2条），またカタルーニャ，バスク，ガリシア地方では地方政党の影響が強いと言われている[8]。ところで住民投票（referendum）は，憲法が国の排他的権限と定めているところ（149条），2014年当時の州首相マスはスペインからの独立に関する住民投票の実施を模索した。これに対して中央政府はこうした動きを憲法違反と主張し，違憲立法審査権を行使して，憲法裁判所の判断を仰ぎ，仮処分の決定が下されたので，結局，マス州首相は正式な住民投票ではなく，公開世論調査のような形で投票を行い，80％の賛成票を得たという。その後，州首相となったプッチダモンは，2017年9月6日に住民投票法を可決させ，憲法裁判所が禁止命令を出したにも拘わらず，2017年10月1日に投票を行った，およそ90％が（分離独立に）賛成という結果になった[9]。前述の通り，こうした住民投票はスペインの憲法違反であり，スペイン政府のラホイ政権はプッチダモンとの交渉を拒み，結局，2017年10月27日カタルーニャ州議会は一方的なスペインからの独立宣言を採択した。これに対して，中央政府により，憲法155条が適用されて，カタルーニャ州の自治権は停止され，州政府は解散となり，カタルーニャ州政府は中央政府の管理下に入った。また検察はプッチダモン州首相以下，州政府の閣僚を全国管区裁判所に提訴した。プッチダモン州首相や他の4人の閣僚はベルギーへ逃亡したが，2019年10月，ジュンケーラス前副首相以下8名に対して騒乱罪と公金の横領の罪で有罪の判決が下された（ただし反乱罪での有罪は下されなかった）[10]。

2 スペインによる欧州逮捕状の発布と取下げ

プッチダモンは反乱罪（スペイン刑法472条），騒乱罪（同544条），公金の不正使用（同432条）での検察による提訴を受けてベルギーへ逃亡した。その後

---

(8) 池田和希・永田智成「住民投票の実施をめぐる中央政府の対応──イタリアとスペインの事例」南山大学紀要『アカデミア』社会科学編，22号（2022年）45-46頁。

(9) なお投票を実施させないようにする国家警察隊と市民が衝突し，少なくとも4人が負傷した。池田・永田・前掲注56頁。

(10) 池田・永田・同上。

430

プッチダモンを含む関係者に対して，スペインは3度にわたって欧州逮捕状を発布し，それらが逃亡先の国で執行されることを求めた（なお，スペインが欧州逮捕状を発布したカタルーニャ州指導者はプッチダモンに限られないが，本稿ではプッチダモンに関する事実を整理する）。

その第1の波は，2017年10月30日の欧州逮捕状の発布であるが，この欧州逮捕状は一カ月後に取り下げられた。その理由は被請求人たちが自発的に帰国する意思を示したからだといわれている[11]。

その第2の波は，2018年3月23日の欧州逮捕状の発布である。ベルギーの管轄裁判所は，手続的な理由（添付されているべき文書がなかった）で欧州逮捕状の執行を拒否した。しかしこのころベルギーからドイツに移動していたプッチダモンはドイツで拘束された。プッチダモンに対する欧州逮捕状に関する審議はドイツのシュレスヴィヒ・ホルシュタインの高等裁判所で審議され，請求に係る犯罪のうち，横領（公金の不正使用）は双方可罰性を充たすが，反乱については双方可罰性を充たさないとして，公金の不正使用についてのみ引渡しは可能であるという判断を下した。また欧州逮捕状制度に加わっていないスイスに対してもカタルーニャ関係者の身柄の請求が行われたが，スイスは政治的動機に基づく引き渡しは請求に応じないという見解を示した。2018年7月19日スペインは関連のすべての欧州逮捕状を取り下げた[12]。

さらにスペインによる欧州逮捕状の発布の第3の波は，2019年10月及び11月の欧州逮捕状の発布であり，プッチダモン，オリベレス（Antoni Comín Oliveres），ゴルディ（Lluís Puig Gordi）などに対して発布された。彼らの逃亡先であるベルギーでは，これらの人たちに対して発布された欧州逮捕状を執行する手続を開始した。（しかしこれらの手続はプッチダモンとオリベレスに対しては，彼らが欧州議会の議員という身分を得たので一旦停止された[13]。）2020年8月7日，プッチダモンに対する欧州逮捕状について審議したベルギー・ブリュッセル第一裁判所（オランダ語）は欧州逮捕状の執行を拒否し，さらにブリュッ

---

(11)　Top, S., Explosive Case, Cautious Ruling: The CJEU prudently favors cooperation in the Puig case, *EJIL Talk!*, 20 February, 2023, <last visited 1 September, 2024>.

(12)　Top, S., Prosecuting political dissent: Discussing the relevance of the political offence exception in EU extradition law in light of the Catalan independence crisis, *New Journal of European Criminal Law*, Vol. 12 (2), 2021, pp. 107-127.

(13)　その後，2021年3月8日欧州議会は彼らの免除を否定する議決を行った。Top, S., The Waiver of Immunity of Catalan MEPs: Reintroducing Politics in EU Extradition Law, *EJIL Talk!*, 11 March, 2021, <last visited 1 September, 2024>

セル控訴裁判所も引き渡しを拒否した。このベルギーの対応を不服として，スペインは欧州司法裁判所に対して先決裁定を求めた。その判決は 2023 年 1 月 31 日に下された[14]。

Ⅲ　欧州逮捕状（制度）の概要と特徴

1　登場の背景

　欧州逮捕状とは欧州連合（European Union, EU）の加盟国（Member State）が発令し，相互承認の原則に基づいて他の加盟国で執行されうる司法決定（judicial decision）である[15]。EU 加盟国間では国境を越えて逃亡する容疑者を引き渡すためのより簡易で迅速なメカニズムを構築し，この導入により 2004 年 1 月 1 日より新たな制度（EAW）が従来の犯罪人引渡制度に取って代わった。

　ところで，一口に欧州諸国間における犯罪人引渡制度といっても，欧州評議会（Council of Europe）が主導して構築された制度（例，1957 年欧州犯罪人引渡条約）と EU の発展に伴って構築された欧州逮捕状は区別される[16]。欧州逮捕状の成立は冷戦終結後の EU における刑事司法分野の発展の 1 つの到達点であると位置づけることができる。すなわち，その制度は EU の発展のなかで生まれた「自由，安全及び正義の領域（Area of Freedom, Security and Justice, AFSJ）」という考え方によって支えられている。

　EU における刑事分野の協力の発展の流れを，関連条約における位置づけから大まかに整理すると，まず 1993 年に発効したマーストリヒト条約では，刑事分野の協力は EU の第 3 の柱である「司法・内務協力」に含まれ，1999 年に発効したアムステルダム条約では，第 3 の柱は「警察及び刑事司法協力」となったが，その意味は EU が共同体として発展し，刑事分野における加盟国間の協力を「『国際』的な関係から『準』超法規的な地位へと引き上げようとす

---

(14)　*Puig Gordi and Others*, Judgment of the Court (Grand Chamber), 31 January 2023, Case C-158/21. なお，プッチダモンは 2024 年 8 月にスペインに帰国し演説を行ったが，その後また（ベルギーに向けて）出国したといわれている。2021 年以降，スペイン政府は訴追の対象の変更などを試み，さらに 2024 年 5 月には恩赦法を議会が採択したが，7 月にスペイン最高裁判所はその適用を拒否したと報じられている。<https://www.politico.eu/article/spain-supreme-court-refuses-amnesty-for-carles-puigdemont-catalan-independence-leader/>（last visited 1 September, 2024）

(15)　Commission Notice – *Handbook on how to issue and execute a European Arrest Warrant*, Official Journal of the European Union, C/2023/1270, 15 December, 2023, p. 9.

(16)　北村泰三「ヨーロッパ諸国間における犯罪人引渡法制の現代的変容(1)——効率性と人権原則との調和・両立を目指して」『中央ロー・ジャーナル』9 巻 4 号（2013 年）3-9 頁。

ることにあった」と指摘されている[17]。またアムステルダム条約では，自由，安全及び正義の領域の維持と発展を目指すことや犯罪の予防や撲滅を EU の目的の１つとして掲げ，現在のリスボン条約（欧州連合条約）では「連合は，内部に境界のない，自由，安全及び正義の領域をその市民に提供する。その領域内では，人の自由移動が対外国境管理，庇護，移民並びに犯罪の防止及び撲滅に関する適切な措置と結びついて保障される」と規定されている（第３条２項）。なお，リスボン条約では３本の柱の構造は廃止された。

　さて，欧州逮捕状というアイデアは，1999 年に開催されたタンペレ欧州理事会で初めて公式に提起され（Tampere European Council, Presidency Conclusions, 15 and 16 October, 1999），すでに 1985 年にシェンゲン条約の締結により，欧州の一部では国境検査が廃止されていたことなどを踏まえて，EU 理事会は従来の犯罪人引渡制度をやめて，より簡素な制度（そこでは司法上の決定および判決の相互承認（mutual recognition）の原則を EU 内の協力の基盤とする）を創設することを決めた。相互承認とはある構成国において，適正な手続きに従って権限機関により出された法的決定は，連合の領域内において完全でかつ直接の効果を及ぼすことをいう[18]。この相互承認の原則は相互の信頼を基盤としており，ある加盟国の決定を他の加盟国の裁判所が承認し執行することを指す。EU における司法判断の相互承認の原則を実行に移すための最初の具体的な措置として，欧州逮捕状（制度）は，EU 条約（TEU）（旧版）第 31 条１項(a-b)に従い，第 34 条(2)(b)TEU（旧版）と併せて，2002 年６月 13 日に EU 理事会によって枠組み決定として迅速に採択されたのである[19]。

　枠組み決定では欧州逮捕状について次のように定義している。「1.　欧州逮捕状とは，刑事訴追又は拘禁刑もしくは拘禁命令の執行のために，要請された人物を他の加盟国が逮捕し引き渡すことを目的として，加盟国が発布する司法決定である。2.　加盟国は，欧州逮捕状を相互承認の原則に基づき，本枠組み

---

(17)　北村・前掲注(2)70-71 頁。
(18)　末道康之「欧州憲法条約と刑事司法協力」『南山大学ヨーロッパ研究センター報』12 号（2006 年）72 頁。
(19)　König, Meichelbeck, Puchta, *ibid.*, pp. 257-258. EU 加盟国は枠組み決定を国内法化することを義務付けられており，その過程で国によっては憲法やその他の国内法上の問題を生じた。北村泰三「ヨーロッパ諸国間における犯罪人引渡法制の現代的変容（3・完）──効率性と人権原則との調和・両立を目指して」『中央ロー・ジャーナル』10 巻 4 号（2014 年）31-51 頁，中西優美子「欧州逮捕状枠組決定の有効性」『貿易と関税』56 巻 4 号（2008 年）75-69 頁，同「EU 欧州逮捕状をめぐる引渡し拒否と相互信頼・承認原則」『自治研究』98 巻 6 号（2022 年）136-148 頁。

国家と海洋の国際法（上巻）第1部 国際法／Ⅳ 国際組織と国際協力

決定の規定に従って執行しなければならない。3．本枠組み決定は，欧州連合条約第6条に定められている基本的権利および基本的な法的原則を尊重する義務を変更するものではない。」（第1条）このように枠組み決定では，欧州逮捕状の発布や執行の権限を有するのは加盟国の司法当局（judicial authority）であることが定められている（第6条1項，2項）[20]。

2　欧州逮捕状における引渡拒否事由

従来の犯罪人引渡制度においては多くの条約や国内法に共通に採用されている原則がある。すなわち双方可罰性，政治犯不引渡，特定性といった原則である。それらに該当する事情があるかどうかは被請求国の裁判所が判断することが一般的である[21]。

さて，欧州逮捕状の枠組み決定においても，執行加盟国（executing Member State）が引渡し要請を拒否する根拠（事由）を列挙しており，義務的拒否事由（第3条）と選択的拒否事由（第4条，第4条a）に分かれている。以下，それぞれを紹介しよう[22]。

義務的拒否事由，つまり執行加盟国は次の3つの事由の場合には欧州逮捕状の執行を拒否しなければならない（恩赦，一事不再理，刑事責任年齢）である。①［恩赦］逮捕状の根拠となる犯罪が執行加盟国において恩赦（amnesty）の対象とされている場合（第3条1項），②［一事不再理］執行加盟国の司法当局が，要請された者が同じ行為に関して加盟国によって最終判決が下されたことを知らされた場合（同条2項），③［刑事責任年齢］欧州逮捕状の対象となる人物が，その年齢により，逮捕状が根拠とする行為について執行国の法律に基づいて刑事責任を問われない可能性がある場合である（同条3項）。

次に選択的拒否事由，つまり執行加盟国の司法当局が欧州逮捕状の執行を拒否することができるのは次の8つの事由による（第4条，第4条a[23]）。①［双方可罰性］第2条(4)に掲げるいずれかの場合において，欧州逮捕状が基づく行

---

(20)　なお，欧州逮捕状に関する枠組み決定の採択には，その前年に起きた米国における9.11同時多発テロ事件の影響も指摘されている。北村・前掲注(4)76-77頁。

(21)　日本法においても，逃亡犯罪人を引き渡すことができる場合に該当するかどうかの審査を東京高等裁判所が行うことが定められている（逃亡犯罪人引渡法第8条，第9条，第10条）。

(22)　なお，以下の説明は枠組み決定の関連条文の概略であり，全訳ではない。

(23)　第4条aは枠組み決定の修正によって加えられた。Council framework Decision 2009/299/JHA, 26 February 2009.

434

18 政治犯不引渡原則の再評価 〔洪　恵子〕

為が執行加盟国の法律の下では犯罪を構成しない場合（第4条1項），②［国内訴追の優位］欧州逮捕状の対象となっている者が欧州逮捕状の根拠となったのと同じ行為について執行加盟国において訴追されている場合（同条2項），③［訴追しないという決定の存在］執行加盟国の司法当局が，欧州逮捕状が根拠とする犯罪について起訴しないこと，または訴訟手続を停止することを決定した場合，または加盟国において要請された人物に対して同じ行為に関して最終判決が下され，それ以上の訴訟手続が不可能となった場合（同条3項），④［時効］犯罪の訴追または処罰が執行加盟国の法律により時効となっている場合で，犯罪が当該加盟国の刑法上の管轄権に属する場合（同条4項），⑤［一事不再理（第三国）］第三国において要請された人物に同一の犯罪行為に関して最終判決が下された旨が執行加盟国の司法当局に通知され，一定の条件を充たす場合。（同条5項），⑥［国籍・常居所］拘禁刑または拘禁命令の執行を目的として欧州逮捕状が発付された場合で，要請された人物が執行加盟国に滞在しており，その国の国民または居住者であり，かつ，その国が国内法に従ってその刑または拘禁命令を執行することを約束している場合（同条6項），⑦［管轄権］欧州逮捕状が，次のいずれかに該当する犯罪に関するものである場合，(a)執行加盟国の法律により，その全部または一部が執行加盟国の領域内またはそのように扱われる場所で行われたものとみなされる犯罪である場合，または(b)逮捕状を発布した加盟国の領域外で犯された犯罪であり，かつ，執行加盟国の法律が，その領域外で犯された場合には同一の犯罪について訴追を認めないものである場合（同条7項），⑧［欠席裁判］（第4条aで示される条件が充たされた場合に）執行当局は，その者に関する欧州逮捕状の発布に至った裁判に当該人物が出頭しなかった場合，拘禁刑または拘禁命令の執行を目的として発布された欧州逮捕状の執行を拒否することができる（第4条a）。

3　欧州逮捕状と双方可罰性

　前節で紹介した欧州逮捕状に関する枠組み決定においては，被請求国（執行加盟国）の引渡拒否事由として，政治犯不引渡や自国民不引渡は拒否事由としては掲げられていない一方で，双方可罰性は維持されている。双方可罰性の原則とは，犯罪人引渡制度の適用対象とするには，問題となる行為が，まず，その実行のときに請求国と被請求国の双方の内国刑法で定める重大犯罪に該当するものでなければならないというものである[24]。欧州逮捕状は双方可罰性につ

---

(24)　山本・前掲注(1)202頁。

いて独自のルールをおいたことが注目される。すなわち枠組み決定では，欧州逮捕状の対象は発布加盟国の法律により，少なくとも最長12カ月の拘禁刑もしくは拘束命令により処罰される行為，または判決が下された場合，もしくは拘束命令が下された場合，少なくとも4カ月の拘禁刑に処される行為と規定しており（第2条1項），続く2項で32の犯罪類型を挙げ，これらに該当する場合は双方可罰性の検証なしに欧州逮捕状に基づく身柄の引渡しの対象となると定められたのである。このことはEU加盟国間における引渡しの手続きを効率化した。しかし，本稿の関心から重要なことは，列挙された以外の行為については双方可罰性は依然として要求されているという点である（同条4項）。実際にプッチダモンに対する欧州逮捕状の審査でドイツの裁判所は詳細に双方可罰性を検討し，その欠如を理由として，一部の犯罪について身柄の引渡しを認めなかったのである。

　ここでそのドイツの裁判所の判断についてドイツの研究者による分析を手掛かりにその内容を確認しておこう。まず欧州逮捕状に関する枠組み決定を国内で実現するために，ドイツでは欧州逮捕状法（Europäisches Haftbefehlsgesetz（EuHbG））を制定しており，この法律は既存の刑事分野における国際共助法（IRG）を補完するものと位置付けられている。前述の通り，プッチダモンは2018年3月23日にドイツ（シュレスヴィヒ近く）で逮捕された。同年4月4日シュレスヴィヒ・ホルシュタイン高等地域裁判所（Oberlandesgericht Schleswig-Holstein, OLG）がプッチダモンに対する欧州逮捕状に関する最初の判断を下した[25]。そのなかでOLGは反乱についての当初から不受理であるが，汚職（より具体的には公金の不正使用）については不受理と認定はできないが，スペイン当局から提供された情報が不十分であるとし，再度の審査が必要と判断した。欧州逮捕状に関する枠組み決定では，逮捕状を執行するかどうかは請求された人物が逮捕されてから60日内に決定されるべきと定めているところ（第17条3項），この期限内に第2回目の判断は出されず，結局，同年7月12日にその2回目の判断が下された[26]。前述の通り，欧州逮捕状に関する枠組み決定において，決定第2条2項に列挙される犯罪に該当する場合は，双方可罰性の検

---

(25)　Oberlandesgericht Schleswig-Holstein［OLG Schleswig-Holstein］［Higher Regional Court of Schleswig-Holstein］Apr. 5, 2018, 1 Ausl（A）18/18（20/18）, Neue Juristische Wochenschrift［NJW］1699, 2018（Ger.）.

(26)　Oberlandesgericht Schleswig-Holstein［OLG Schleswig-Holstein］［Higher Regional Court of Schleswig-Holstein］July 12, 2018, 1 Ausl（A）18/18（20/18）, Neue Juristische Wochenschrift［NJW］93, 2019（Ger.）.

討は不要であるが，そうでない場合は双方可罰性の欠如を理由として引渡しを拒否できる。特に反乱は第2条2項に列挙されていないので，双方可罰性を充たすかどうかを裁判所は詳細に検討した。すなわち反乱については，連邦に対する内乱（Hochverrat gegen den Bund）（ドイツ刑法典第81条1項）や騒乱（Landfriedensbruch）（同法典第125条1項）に相当するかどうかを検討し，とりわけ2017年10月1日のカタルーニャ州における住民投票において，暴力によるスペイン政府の転覆につながる可能性のある暴動などの犯罪行為があったとはいえないなどとし，また嫌疑に係る行為が騒乱に相当するかどうかについても，プッチダモンがカタルーニャ州の独立プロセスは平和的なアプローチが必要であると強調していたことなどから犯罪が成立する故意は認められない，したがって，反逆罪を理由とした引渡しは認められないと判断した。これに対して，汚職（corruption）はそもそも枠組み決定第2条2項に規定されている。しかし汚職という概念の定義は統一されているわけではないので，プッチダモンに関する容疑を汚職のカテゴリーに含めることができるかを検討し，これを肯定して，汚職に関する引渡しについては受理できると判断した[27]。

　双方可罰性の認定基準については抽象的双罰性（double criminality *in abstructo*，被請求国・請求国の双方の国内法において，問題となっている行為が犯罪として規定されていること）や具体的双罰性（double criminality *in concreto*，問題となる行為が自国で行われたとするなら，犯罪として成立し刑罰を執行できるかを求める）があり[28]，OLGの判断は詳細な具体的双罰性を求めたといえるが，これについてはスペイン政府はもとよりドイツ法の先例に照らした批判もある[29]。しかしこの判断はこの事件の政治性に影響を受けたとも考えられ，この点については後述する。

Ⅳ　犯罪の政治性と欧州逮捕状制度

1　犯罪の政治性の2つの効果：政治犯不引渡原則と差別条項

　国家は通常の犯罪人引渡制度の要件を充たしている事例について，政治的な態様・目的・動機など，その犯罪がそなえる政治性を考慮して引渡しを拒否す

---

(27)　König, Meichelbeck, Puchta, *ibid.*, pp. 260-265.

(28)　拙稿「国際協力における双方可罰性の現代的意義について（一）」『三重大学法経論叢』18巻1号（2000年）5-9頁。

(29)　例えば，Sarmiento, D., The Strange (German) Case of Mr. Puigdemont's European Arrest Warrant, *Verfassungsblog.de*, 11 April, 2018, <last visited 1 September, 2024>

国家と海洋の国際法（上巻）第1部 国際法／Ⅳ 国際組織と国際協力

ることが認められてきた[30]。より正確には，こうした犯罪に内在する政治性が引渡手続きに影響を与える道筋は2つに分けられる。第1は，政治犯罪の除外（political offence exception, exemption），政治犯不引渡原則と呼ばれるものである。引渡しに係る犯罪が政治犯罪の場合，引き渡しを行わない，つまり引渡拒否事由として，これまで多くの条約や国内法で規定されてきた（前述の欧州犯罪人引渡条約第3条，我が国の逃亡犯罪人引渡法第2条）[31]。

　ところで，犯罪人引渡制度において，政治犯不引渡原則が成立したのは19世紀後半の欧州諸国の慣行が起源であると言われている。それまでは，欧州の王室がそれぞれの政治的な体制を維持することに利益をもっており，請求国の政治的秩序を害するおそれのある犯罪について引渡しが行われてきたという。これに対して逆の慣行（政治犯は引き渡さない）が成立した背景には，フランス革命やそれ以降の民主主義の発展のために戦う者を保護するという道徳的理由があるといわれるが，同時に外国の政治的な問題から離れていたいという国家の動機もあった。政治犯不引渡原則を正当化する理由はいくつか考えられるが，いずれにせよ，政治犯不引渡原則は自国の利益に反して引渡しを義務付けられることを防ぐ機能を持っていたといえよう。しかし「政治犯罪」に関する一般的に確立した定義は存在しないこともあり，その認定基準や解釈は必ずしも一致していない[32]。ただし「何を政治犯罪とはみなさないか」について，明文で規定する条約がある。国家元首を殺害すること（1957年欧州犯罪人引渡条約第3条3項），戦争犯罪，集団殺害犯罪（同条約追加議定書）などである。

　第2に，引渡しを請求された犯罪に係る事実（facts）が政治的であるというよりは，身柄を請求すること（request）に政治的性格がある場合である。犯罪人引渡の請求が容疑者の人種，宗教，国籍，政治的意見やその他の理由のために訴追するために行われる場合はこれを拒否するというものであり，一般に「差別条項（discrimination clause）」と呼ばれる[33]。例えばドイツはその関連国

---

(30)　山本・前掲注(1)217頁，Van den Wijngaert, C., *The Political Offence Exception to Extradition: The Delicate Problem of Balancing the Rights of the Individual and the International Public Order*, Kluwer, 1980, p.1.

(31)　政治犯不引渡の原則の慣習国際法上の位置づけについて，Van den Wijngaert, *ibid.*, pp.43-48.

(32)　山本草二『国際法〔新版〕』（有斐閣，1994年）564-565頁。

(33)　Wijngaert, p. 2. 山本教授はこれを「人道上の保証条項」という概念で整理している。つまり「政治犯罪の概念を濫用して安易に不引渡しの対象を拡大するよりも，むしろ請求国の引渡請求目的の具体的な事情に特別の考慮を払って，容疑者に請求国で公正な裁判をうける機会を保障しようというものである。」山本・前掲注(1)228頁。

438

内法において，もし引き渡されれば，当該人物が人種，宗教，国籍，政治的意見，特定の社会的集団に属していることを理由として訴追又は処罰されると信じるに足る十分な理由があれば，引き渡しは許可されないと定めている（IRG第6条2項）。

さて，すでに述べたとおり欧州逮捕状に関する枠組み決定においては引渡拒否事由として，容疑が政治犯罪であることはもはや認められない（政治犯不引渡原則の否定）。しかし第2の差別条項の考え方は採用している。すなわち枠組み決定の前文12では次のように規定している。「本枠組み決定は，基本権を尊重し，欧州連合条約第6条で認められ，欧州連合の基本権憲章特にその第6章に反映されている諸原則を遵守する。この枠組み決定のいかなる規定も，客観的な要素に基づき，欧州逮捕状が性別，人種，宗教，民族的出身，国籍，言語，政治的意見または性的指向を理由に個人を起訴もしくは処罰する目的で発布されたものであると信じるに足る理由がある場合，またはその個人の立場がいずれかの理由により不利な影響を受ける可能性がある場合，当該逮捕状が発布された個人を引き渡さないことを禁止するものと解釈されてはならない。」

2　欧州における政治犯不引渡原則の後退

(1)　政治犯不引渡原則の対象の縮小

かつては，犯罪人引渡制度においては引渡拒否事由として確立した地位にあったといえる政治犯不引渡原則が，特に欧州に関する規範においてその後退が顕著である理由は，第1に実行という観点からは，国際テロ行為への対応であり，また第2に理念という観点からは，EUにおける「自由，安全及び正義の領域」の成立とそれに基づく相互信頼や相互承認の考え方があげられる。

後退の過程を振り返ってみると，まず欧州評議会が主導した多数国間条約である1957年欧州犯罪人引渡条約の第3条1項では政治犯不引渡原則を，その2項で差別条項をおいていた。しかし1970年代になるとヨーロッパではテロ行為が頻発するようになり，そのことが欧州評議会加盟国が政治犯罪に関する保護を縮小する新しい条約の必要性を認識させるようになった。このころ締結されるようになった国際テロ行為（テロリズム）規制の条約において，犯罪人引渡においては一定の行為は政治犯罪とはみなされないという規定をおくようになった（例，1977年テロ規制に関する欧州条約）。またよく知られている通り，国際テロ行為という概念には国際法上確立した定義はないが，1977年テロ規制に関する欧州条約を改正するために作成された議定書ではテロ行為規制関連

国家と海洋の国際法（上巻）第1部 国際法／Ⅳ 国際組織と国際協力

条約のリストを附属書におくことで欧州評議会としての一定の定義を示そうとた（未発効）。テロ行為が政治犯不引渡原則の対象から外されることで，この原則の対象が次第に縮小し，1996年には犯罪人引渡に関するEUの新条約が締結された。この条約では引渡拒否事由として政治犯不引渡原則を規定しなかった。その根拠は，EUにおいては人権，民主主義，法の支配が重視され，その保護のレベルが高いのだから，政治犯不引渡原則のような制度を維持することで悪用されると危惧されたことにある[34]。EUは，法の支配の原則に関する高度な保護を特徴とし，共通の外交・安全保障政策を有する価値の共有体である。主権国家の国内問題への不干渉および政治的便宜に関する考慮は，政治犯不引渡の正当な理由とはみなされず，相互承認の原則に反するものとみなされるようになったのである[35]。

(2) スペインの影響

さらにトップ（Sibel Top）によれば，欧州における政治犯不引渡原則の廃止という方向を加速させた背景にはスペイン政府の運動が強い影響を与えたという[36]。スペインは長らく分離独立の問題を抱えてきたことがその背景にある。本稿が検討の対象としているカタルーニャ州のスペインからの分離独立は，前述の通り2010年ごろから活発化しているが，それ以前にもスペインにおいてはバスク州について分離独立運動が行われ，その活動を担っていた民族主義団体（バスクと自由（ETA））がテロ行為を行ったことは世界的にも有名である。先にふれたように，スペインの分離独立活動家がベルギーに逃亡して，スペインが身柄の引き渡しの請求を行い，それをめぐって何年にもわたってベルギー・スペイン両国間の大きな問題となったのはプッチダモンに関する事件が初めてではなく，実は1990年代に大きな問題となったのが，いわゆるモレノ＝ガルシア事件である。

この事件は1993年から始まり，いったん1997年に彼らが引き渡されないことで決着したが，その後，2004年には欧州逮捕状が用いられて問題が再燃した。つまりおよそ10年にわたってベルギーにおける関係機関のほぼすべてが利用され，歴史的な背景もあり（ベルギーのフランドル地方とスペイン），両国の間で大きな問題となった事件である。本稿ではその詳細を検討することはできないが，政治犯罪と引渡しに関する重要な先例であり，その経緯を紹介しておこ

---

(34) Top, *supra* n. 12, pp. 106-119.
(35) König, Meichelbeck, Puchta, *ibid*., p. 268.
(36) Top, *supra* n.12, pp. 112-115.

18 政治犯不引渡原則の再評価 〔洪　恵子〕

う⁽³⁷⁾。

　ルイス・モレノ・ラマホ（Luis Moreno Ramajo）とラケル・ガルシア・アラ
ンズ（Raquel Garcia Arranz）は ETA のメンバーであり，1992 年 3 月からベル
ギーに住んでいたが，1993 年 5 月にスペイン当局から仮拘禁の要請が行われ，
引渡しに関する手続きが始まったが，スペインからの犯罪人引渡の請求は早い
段階で裁判所によって引き渡すのは困難であると判断された（1993 年 7 月 23
日）。この時期は欧州逮捕状の施行前なので，引渡しの最終的な判断の権限は
政府（法務大臣）にあったが，法務大臣が判断を下す前にモレノとガルシアは
難民申請を行い（同年 7 月 13 日），ベルギーに庇護を求めたのである。手続的
な瑕疵によりいったんは難民申請は不受理となったが，のちに（難民認定に関
して権限を持つ）難民および無国籍者担当局長（Commissioner General for
Refugees and Stateless Persons）の判断であらためて審査の対象となった。そ
の結果は難民としては認められないというものであったので（1994 年 2 月 16
日），ガルシア＝モレノは司法的な様々な方策を尽くしたが，法務大臣は引渡
しを決定した（1996 年 1 月 22 日）。その後，下院でも政府の対応について批判
が寄せられ，また両者への嫌疑（テロリストをかくまった，武器を提供した）の
もととなった証言を行った人物のスペインにおける裁判で，彼の証言は圧力の
下で行われたということが明らかになり，ベルギーの法務大臣にも通知された
（1996 年 1 月 19 日）。また国務院も引き渡しを停止するという決定を行ったの
を受けて，法務大臣は両者の身柄を釈放した（1996 年 2 月 5 日）。1996 年 10 月
2 日法務大臣は引渡しを行うという従前の決定を撤回し，1997 年 5 月 22 日国
務院もこれを確認した。こうしてモレノ＝ガルシアの両者に関する引渡しの
問題は決着したかに見えた。また両者は 2001 年 10 月 15 日にベルギーに帰化
した。（しかし，さらに欧州逮捕状制度が導入された後，2004 年になって，スペ
イン政府は以前の請求に係る事実と同じ事実に基づいて，両者に対して欧州逮捕状を
発布した。この逮捕状に関しては控訴院予審部（chambres des mises）が 4 回執行
を拒否する決定をし，これに対して破棄院が 3 回予審部の決定を覆す判断を行った。
最後の決定はアントワープの予審部が下したもので，その 2004 年 6 月 23 日の決定

---

(37)　以下の説明は，当時 CG であった Marc Bossuyt の回想録による。Bossuyt, M.,
　　Droit d'asile: louvoyer entre démagogie et hypocrisie-Témoignage du premier
　　Commissaire général belge aux réfugiés, L'Harmattan, 2023, pp. 107-120, 227-231. また
　　この回想録によれば，ベルギーにおけるガルシア＝モレノの代理人の 1 人が弁護士の
　　ベッカート（Paul Bekaert）であり，プッチダモンもベルギーにおいて彼を訪ね，代理
　　人を依頼したという。Bossuyt, *ibid.*, p. 107.

441

では，請求に係る犯罪に対してベルギーの裁判所も管轄権を持つのであり，そのうえで時効が成立していることから，これを理由として執行は拒否された）。

ところで，モレノ＝ガルシアに対するベルギーとスペインの対立が明らかになっていたころ，1995 年の後半にスペインは EU 議長国となり，自らの政策を欧州全体に訴える機会を得た。スペインは，EU 加盟国が他国でテロ行為の容疑をかけられた人物に庇護を与え，引渡しを拒否することを許可している法的枠組みを再定義することを呼び掛けた。スペインは EU 加盟国の国民に対する政治的庇護の権利（EU 域内の EU 市民に対する亡命の権利の制限）および政治犯不引渡原則の廃止を求めたのである。後者は前述の 1996 年犯罪人引渡に関する EU 条約で結実し，後者については 1997 年のいわゆるアスナール議定書によって実現された。アスナール議定書（Protocol（No. 24））on asylum for nationals of Member States of the EU（2008））は，この採択を促進した当時の首相（アスナール，José María Aznar）にちなんでこう呼ばれるようになった[38]。EU においては，すべての加盟国が民主的統治及び人権尊重に関して可能な限り最高の基準を維持することが想定されているので，他国に庇護を求めることを認めるような保護措置は不要であるという考え方に基づいている。政治的庇護を求める個人の権利（また国家の側からすればそれを与える権利）を制限するこうした考え方には当然批判もあるが，本稿の目的に焦点を当てれば，政治犯罪の問題を国内で抱えてきたスペインの強い働きかけにより，ヨーロッパにおいて逃亡犯罪人に対する嫌疑が政治性を持つ場合であっても，引渡し請求国に引き渡すべきだという考え方が広まったことが重要である。

以上紹介した通り，今日の欧州逮捕状制度においては，被請求国（執行国）は容疑が政治犯罪ということを理由として引き渡しの拒否はできない。しかし政治性を持つ犯罪がなくなったわけではなく，実際にプッチダモンの行為は政治的な目的を持っていた。またすでに説明した通り，欧州逮捕状でも差別条項は維持されている。これに関して，プッチダモンの引渡しに関する審議（2 回目）において，前述のドイツの裁判所はスペインは「自由，安全及び正義の領域（AFSJ）」の一員であり，プッチダモンの政治的信条を理由に処罰したり，特定性の原則に違反して反逆罪を理由に裁判を起こす可能性があるという指摘を退けていた[39]。

---

(38) Top, *supra* n. 12, p. 113.

(39) Judgment of July 12, 2018, *supra* n. 26, para. 62.

3 基本権の保障と欧州逮捕状制度

プッチダモンが逃亡したベルギーにおいては，別の角度からプッチダモンのスペインへの引渡しに対する拒否が示された。すなわち基本的権利の保障という観点である。

欧州逮捕状枠組み決定第1条3項は「本枠組決定は，欧州連合条約第6条に定められた基本権および基本的な法的原則を尊重する義務を変更するものではない。」と定めている。前述のとおり，2020年8月7日にベルギーのブリュッセル第一裁判所はスペインからのプッチダモンの欧州逮捕状の執行請求を拒否し，2021年1月7日ブリュッセル控訴院（Cour d'appel de Bruxelles）も同様に引渡しを拒否した。これに対して，スペインはベルギーの裁判所の判断のEU法適合性について欧州司法裁判所の先決裁定を求めた。この訴訟の原因は，2021年1月7日の判決でブリュッセル控訴院が引渡しの対象となっている人たちを審理する管轄権はスペイン最高裁判所にはなく，欧州逮捕状を執行すればこれらの人たちの基本権が脅かされるとし，さらに無罪推定原則が侵害されるという極めて深刻なリスクを考慮しなければならないと判断したことである[40]（ベルギーは欧州逮捕状の履行のための国内法（Loi du 19 décembre）の4条5項で次のように定めている。「欧州逮捕状の執行は以下の場合には拒否しなければならない。（5項）欧州逮捕状の執行が関係する人のEU憲章6条に掲げられている基本権を侵害する効果を持つことになると信じるに足る重大な理由があるとき」）。これに対してスペインは7つの点について欧州司法裁判所の判断を求めた。本稿の目的から特に注目すべきは，執行国の司法当局が欧州逮捕状が発布されている者の基本権の尊重について審査を行う権利を有するかどうかに関して，執行司法当局が，要請された人物が申し立て，執行の拒否の根拠となる基本権の侵害の深刻な危険性が逮捕状を発布した加盟国に存在すると結論付けるためにどのような証拠を要求しているのかという点である（諮問4の(c)）。

欧州司法裁判所は，まず加盟国間の相互信頼の原則と，それに基づく相互承認の原則は，EU法において国境のない地域の創設と維持を可能にする基本的な重要性をもっており，相互信頼の原則は，特に自由，安全及び正義の領域に関して，例外的な場合を除き，各加盟国が他のすべての加盟国はEU法，特にEU法で認められた基本権を遵守しているとみなすことを要求している（パラグラフ93）としたうえで，執行司法当局が欧州逮捕状の発布国の司法制度に制

---

(40)　European Court of Justice, Judgment of the Court (Grand Chamber), 31 January 2023, Case C-158/21.

度的又は一般的な欠陥があることを示す証拠があると認定しても，それだけで逮捕状の執行を拒否することはできず，2段階にわたる詳細な検討をしなければならないとした。つまり発布国の司法制度の運用における制度的又は一般的な欠陥のために，EU基本権憲章47条2項が保障する公正な裁判を受ける権利が侵害される現実的な危険があることを示す証拠がある場合，「具体的かつ正確に，その人の個人的状況，求められている犯罪の性質，欧州逮捕状が発布された事実関係に照らして，その人が当該加盟国に引き渡された場合にそのような危険性があると信じる実質的な根拠があるかどうかを検証しなければならない（パラグラフ97）（結論3）と判断した。

　このように欧州司法裁判所の判断によれば，被請求国（執行国）は例外的な事例では基本権の侵害を理由として欧州逮捕状の執行を拒否することができることになるが，しかしそのためには2段階の審査が必要であり，また拒否する前に追加的な情報を発布国に求める必要があることや発布国は欧州逮捕状の執行が拒否された後も，基本権の侵害にならない場合は同じ人物に複数の逮捕状を発布することは妨げられないとするなど，相互承認に基づく加盟国間の迅速な協力体制という欧州逮捕状制度の特徴を再確認しているといえよう。

V　おわりに

　欧州逮捕状という制度を支えているのは，「自由，安全及び正義の領域（AFSJ）」の存在であり，EU加盟国間における相互信頼とそれに基づく相互承認である。これはEU加盟国間が同じ価値を享有し，民主主義が尊重され，また人権保障が整っている地域であるという認識に基づくものであり，それが政治犯不引渡原則の廃止にもつながった。しかし，2017年から何本もの欧州逮捕状がプッチダモンに対して発布されたにも拘わらず，プッチダモンがスペインに引き渡されることはなかったその背景には，彼の「犯罪」に政治性が認められるからであることにはほぼ疑いはない。もとよりスペインにとって分離独立の問題がいかに重要かは他のEU諸国も承知しているだろう。しかしある行為が政治的表現として許容される行為であるか，そうでないのかは，それぞれの国の憲法や国内法制度の特徴やその国の歴史的経緯によって異なる。身柄の請求を受けた者が行ったとされる行為が執行加盟国では刑罰による制裁に値するものと考えられてない場合もありえる。しかし欧州逮捕状ではもはや政治犯不引渡原則は認められないから，被請求国（執行国）はこれを援用することはできず，他方で，差別条項（枠組み協定前文12）の援用も容易ではない。まし

て判断を迫られるのは外交を担う行政府ではなく裁判所であり，ドイツの研究者は，プッチダモンに関するドイツにおける審議を担当した裁判官について，彼らは「相互の信頼と憲法上のアイデンティティが衝突する場所」に立たされたと表現している[41]。

　プッチダモンをめぐる問題は，伝統的な政治犯不引渡原則が担ってきた役割，つまり政治的庇護の供与と国家間の対立の予防という役割が EU においてさえいまだに必要とされていることを示唆するが，原則の単純な復活は容易ではなく，今後，EU の法制度のなかで，どのような解釈や法の適用が行われていくのか，その実行が注目される。

（本稿は科学研究費基盤研究(C)「国際刑事協力における行政府と裁判所の役割分担の再検討――欧州逮捕状を手がかりとして」（課題番号 22K01179）の研究成果の一部である。）

(41)　König, Meichelbeck, Puchta, *ibid.*, pp. 272-273. この論文において筆者達は判決の説明の精密さと長さが OLG がいかに自らの任務を十分に意識していたかを示していると指摘している。

19 文化多様性条約における規範の多重性の意義
―― 条約採択から 20 年を迎えるにあたって

小 寺 智 史

I　は じ め に　　　　　　　　　Ⅲ　特恵待遇の実施状況
Ⅱ　文化多様性条約における規範　　Ⅳ　フェア・カルチャーと特恵待遇
　の多重性　　　　　　　　　　　Ⅴ　お わ り に

I　は じ め に

　2005 年 10 月 20 日，国連教育科学文化機関（以下，ユネスコ）の総会は，文化的表現の多様性の保護及び促進に関する条約（以下，文化多様性条約）を採択し，同条約は 2007 年 3 月 18 日に発効した。2025 年には同条約は採択からちょうど 20 年を迎える。現在，文化多様性条約の締約国数は 150 を超えており，同条約は，文化的表現の多様性の保護及び促進の分野において，基本的かつ普遍的な条約となっている[1]。

　ところで，文化多様性条約など多くの国家が参加する多数国間条約には，発展段階などの様々な性質に応じて国家をカテゴリー化し，各国家カテゴリーに対して異なる規範を定立・適用する実行がみられる。この実行は，国家間の事実上の格差に着目し，相対的な弱者に対してより有利な待遇を付与することで，それら格差の緩和・是正を図ると同時に，多くの国家の多数国間条約への参加を促す機能を有する[2]。この慣行は従来，主にフランス及び日本の国際法学において「規範の多重性（pluralité des normes）」論のなかで分析されてきた[3]。

---

(1)　なお，日本は現在まで文化多様性条約を批准していない。経済協力開発機構（OECD）に加盟する 38 カ国中，同条約を批准していないのは，日本，米国及びイスラエルのみである。日本が文化多様性条約を批准することの意義については，例えば，清水亘・井上乾介・角田匠吾「『文化的表現の多様性の保護及び促進に関する条約』について」『知財ぷりずむ』209 号（2020 年）25-35 頁，参照。
(2)　小寺智史「国際法における異なる待遇の複合的機能――『規範の多重性』論争を手がかりとして」『西南学院大学法学論集』43 巻 3・4 号（2011 年）73-123 頁。
(3)　国際法における規範の多重性論については，西海真樹「開発の国際法における『規

現在，規範の多重性は，多様な国際社会において普遍的な条約制度をデザインするうえで，必要不可欠な立法技術となっている[4]。

文化多様性条約において規範の多重性を特に具体化しているのが[5]，途上国への特恵待遇を定める16条である。16条は「先進国は，適当な制度的及び法的枠組みを通じて，特恵待遇を，開発途上国からの芸術家その他文化の専門家及び実践者，並びに文化的な財及びサービスに与えることにより，開発途上国との文化交流を促進する」[6]と規定する。従来，16条については，その文言の曖昧さから様々な議論が展開されてきた[7]。特に，16条の法的性質や射程には，起草過程や条約上の文言から明らかではない点が多く，その具体的な解釈は条約の後の実行に委ねられた[8]。

このように文言上は不明確であった16条の特恵待遇であるが，条約の採択から20年を迎えるなかで，その具体的な内容や課題は次第に明確になりつつある。また，文化多様性条約が「成長」[9]する過程において，特恵待遇には新たな意義も付与されつつある。本稿は近年の動向を踏まえて，16条の特恵待遇を改めて分析し，文化多様性条約における規範の多重性の意義を明らかにすることを目的とするものである[10]。

範の多重性』論」『世界法年報』12号（1992年）2-16頁，参照。

(4) 西海真樹「南北問題と国際立法──開発の国際法の視点より」同『現代国際法論集──開発・文化・人道』（中央大学出版部，2016年）105-140頁。

(5) 18条が定める文化多様性国際基金（International Fund for Cultural Diversity, IFCD）は，条約の文言上は先進国／途上国といった国家カテゴリーを設定しておらず，一見したところ，規範の多重性の発現としては捉えられない。しかし，本稿で後に指摘するように，運用上，基金への申請は途上国及び後発開発途上国に限定されているため，規範の多重性の発現としてみなすことができるように思われる。ただし，本稿では主に16条の特恵待遇の分析に焦点を置き，必要な限りにおいて18条にも言及する。

(6) 文化多様性条約16条の原文は以下のとおりである。"Developed countries shall facilitate cultural exchanges with developing countries by granting, through the appropriate institutional and legal frameworks, preferential treatment to artists and other cultural professionals and practitioners, as well as cultural goods and services from developing countries".

(7) 小寺智史「文化多様性条約における規範の多重性──途上国に対する『特恵待遇』の射程と意義」『西南学院大学法学論集』48巻3・4号（2016年）216-242頁，小寺智史「文化多様性条約における途上国への特恵待遇」北村泰三・西海真樹編『文化多様性と国際法──人権と開発を視点として』（中央大学出版部，2017年）145-168頁。

(8) 小寺「文化多様性条約における途上国への特恵待遇」前掲注(7)168頁。

(9) 条約の「成長」という概念については，森肇志「国際法における法の実現手法」長谷部恭男・佐伯仁志・荒木尚志・道垣内弘人・大村敦志・亀本洋編『法の実現手法（岩波講座現代法の動態2）』（岩波書店，2014年）280-282頁，参照。

(10) 規範の多重性という観点から，近年の他の条約（WTO協定及びパリ協定）におけ

この目的のため，以下では次の順序で検討を行う。まず，途上国への特恵待遇を定める文化多様性条約16条について，規範の多重性の構成要素という観点から分析を行う（Ⅱ）。続いて，16条の実施状況を，ユネスコ事務局が公刊した最新の実施報告書に基づいて検討し，同条の内容及び射程を明らかにする（Ⅲ）。そのうえで，近年，16条が「フェア・カルチャー」という概念との関連で言及されていることに着目し，16条に具体化された文化多様性条約における規範の多重性の意義を検討する（Ⅳ）。

Ⅱ　文化多様性条約における規範の多重性

　国際法における規範の多重性とは，国家を複数のカテゴリーに区別し，相対的に弱い立場にある国家カテゴリーに対して有利な規範を定立・適用することを意味する。この規範の多重性は，制度目的，複数の国家カテゴリー，及び弱者に有利な規範群という3つの要素から構成される[11]。本節では，各要素の観点から，文化多様性条約16条に規定された途上国への特恵待遇を分析し，いくつかの論点を抽出する。

1　制　度　目　的

　制度目的とは，規範の多重性を導入することで実現されるべき目的である[12]。規範の多重性の制度目的は通常，それが導入される多数国間条約それ自体の目的から導かれる[13]。このことは，文化多様性条約についても同様である。2009年に策定された16条の運用指針（operational guidelines）[14]は，「16条は，条約全体との関連において解釈及び適用されなければならない。締約国は，条約のすべての関連する条項及び様々な運用指針との間で，補完性及び相乗効果を追求すべきである」（16条に関する運用指針1.2条）と規定している。

　16条の特恵待遇の制度目的とは，先進国と途上国の文化交流を促進することである（同1.1条）。先進国から途上国に付与される特恵待遇は，この制度目

　る途上国への特恵待遇を分析する試みとして，小寺智史「自由貿易体制における『特別かつ異なる待遇』の意義――規範の多重性論の観点から」『フィナンシャル・レビュー』155号（2024年）6-24頁，参照。

(11)　西海「開発の国際法における『規範の多重性』論」前掲注(3)6-7頁。

(12)　同上7頁。

(13)　小寺「文化多様性条約における規範の多重性」前掲注(7)232頁。

(14)　Operational Guidelines on Article 16, CE/09/2.CP/210/Res（17 June 2009），pp. 34-38. 運用指針の内容については，小寺「文化多様性条約における途上国への特恵待遇」前掲注(7)155-161頁。

的を実現するための手段として位置づけられる。この制度目的は，文化多様性条約1条に列挙された同条約の目的，そのなかでも「特に文化的表現の多様性を保護及び促進する開発途上国の能力を向上させるために，連携の精神をもって，国際的な協力及び連帯を強化すること」（文化多様性条約1条(i)）[15]から導かれる。

　さらに，16条の広義の制度目的には，先進国と途上国のみならず，途上国間の文化交流の促進も含まれる。例えば，運用指針は「16条は途上国に対して他の途上国に特恵待遇を付与する義務を課すものではないものの，途上国は，南南協力の枠組みにおいて，他の途上国に特恵待遇を付与することが奨励される」（16条に関する運用指針2.4条）と定めている。よって，あくまでも副次的ではあるものの，同条の制度目的には，特恵待遇を相互に付与することで，途上国間の文化交流を促進することも含まれている[16]。

　なお，規範の多重性の制度目的は決して静態的なものではなく，条約が成長すると同時に，動態的に変容する点にも留意する必要がある[17]。実際，近年，16条の制度目的を再解釈する動きもみられる。この点については，後の節で検討することにしたい。

2　複数の国家カテゴリー

　複数の国家カテゴリーとは，発展段階など多様な属性に従って設定される国家の諸類型である。もともと，国際法の実行においては先進国と途上国という2つの国家カテゴリーが設定されてきた（規範の二重性）。その後，国際社会の

---

(15)　文化多様性条約に関しては文部科学省が作成した仮訳が存在する。文部科学省「文化的表現の多様性の保護及び促進に関する条約（仮訳）」at https://www.mext.go.jp/unesco/009/003/018.pdf. 同仮訳は，1条(i)を「文化的表現の多様性を保護し，及び促進するため，特に開発途上国の能力を向上させるために連携の精神をもって，国際協力及び連帯を強化すること」と訳している。ただし，フランス語原文において，1条(i)は "de renforcer la coopération et la solidarité internationales dans un esprit de partenariat afin, notamment, d'accroître les capacités des pays en développement de protéger et promouvoir la diversité des expressions culturelles" となっている。スペイン語原文も同様の文構造をなしており，また英語原文とも齟齬が無いことから，向上させる対象は「文化的表現の多様性を保護及び促進する開発途上国の能力」と捉えるのが妥当と思われる。なお，同仮訳については16条の訳し方にも問題がある。この点，小寺「文化多様性条約における途上国への特恵待遇」前掲注(7)152-154頁，参照。
(16)　小寺「文化多様性条約における途上国への特恵待遇」前掲注(7)156-157頁。
(17)　なお，規範の多重性の制度目的のみならず，それが導入される条約それ自体の目的も変容しうる。この点，小寺智史「現代国際法における規範の差異化──国際法規範相互の関係について（2・完）」『法学新報』115巻3・4号（2008年）193-202頁，参照。

19 文化多様性条約における規範の多重性の意義 〔小寺智史〕

多様化を反映し，現在では「後発開発途上国」といった下位区分や，発展段階と地理的属性など複数の属性を組み合わせることで「内陸国である先進国／途上国」[18]といった多様な国家カテゴリーが設定されるに至っている（規範の多重性）。

　文化多様性条約 16 条では，「先進国」と「途上国」という 2 つの国家カテゴリーのみが規定されており，「後発開発途上国」といった下位区分は設けられていない。また，条約全体についても，先進国と途上国という二分法が採用されている。よって，文化多様性条約は少なくとも条文上は規範の二重性にとどまっている[19]。近年の多数国間条約や国際文書において，先進国と途上国という単純な二分法に基づくものは稀であり，文化多様性条約は各国家カテゴリー内に存在する多様性を捨象する恐れを内包しているといえる[20]。

　複数の国家カテゴリーという構成要素において問題となるのが，いかにして国家を各国家カテゴリーに帰属せしめるかという点である。特に議論されてきたのは，ある国が途上国か否かを判断する，いわゆる途上国の同定問題である。従来，途上国の同定方法としては，事前に一定の基準を設定し，同基準に該当する国家を自動的に途上国とみなす「抽象的基準方式」，一定の国家を途上国として特定しリストに列挙する「リスト方式」，国家自らが途上国の地位を選択・主張し，有利な待遇の受益者としての資格を得る「自己選択方式」などが用いられてきた[21]。

　文化多様性条約のなかには，先進国や途上国に関する定義は存在しない。そのため，条約がいかなる同定方式が採用しているかは文言からは明らかではなく，後の実行から判断せざるを得ない。この点で興味深いのが，文化多様性国際基金（International Fund for Cultural Diversity，以下 IFCD）の実行である。IFCD は，文化多様性条約 18 条に基づいて 2005 年に設立された基金であり「グローバル・サウス諸国における文化・クリエイティブ産業の発展を目的として，それら諸国における芸術文化機関，政府機関及び非政府組織を支援する

---

(18)　国連海洋法条約 69 条 3 項及び 4 項，参照。

(19)　小寺「文化多様性条約における規範の多重性」前掲注(7)253-254 頁。

(20)　もっとも，文化多様性条約の起草過程において，当初は後発開発途上国など他の国家カテゴリーの挿入が議論されていた点には留意する必要がある。この点，小寺「文化多様性条約における規範の多重性」前掲注(7)220-221 頁，参照。

(21)　高島忠義『開発の国際法』（慶應通信，1995 年）58-65 頁，小寺「自由貿易体制における『特別かつ異なる待遇』の意義」前掲注(10)9-10 頁，Hervé Cassan, Pierre-François Mercure, and Mohammed Abdelwahab Bekhechi, *Droit international du développement* (Pedone, 2019), pp. 59-63.

数少ない国連基金のひとつ」[22]である。IFCD は，支援の申請を毎年受け付けているが，申請資格を有する機関として以下の３つを挙げている[23]。

(a)　資格を有する国（途上国であり，かつ文化多様性条約の締約国）の公的な機関及び団体
(b)　資格を有する国（途上国であり，かつ文化多様性条約の締約国）の NGO
(c)　文化多様性条約の締約国に登録された国際 NGO

　このうち，途上国とされているのは，「国連貿易開発会議（UNCTAD）の公式な分類に従い途上国及び後発開発途上国として認定され，かつ経済開発協力機構（OECD）の ODA 受益国のリストに含まれているもの」[24]としている。したがって，IFCD への申請資格に関連する限り，文化多様性条約は，途上国の同定に関して抽象的基準方式を採用しているとみなすことができる。

　しかし，同様の方法及び基準が，16 条の特恵待遇についても当てはまると容易に判断することはできない。というのも，この点を明らかにするためには，16 条それ自体の実行を検討する必要があるからである。そこで，途上国の同定については，同待遇の実施を論じる次節で改めて振り返ることにしたい。

3　弱者に有利な規範群

　弱者に有利な規範群とは，相対的に弱い立場にある国家カテゴリーに対して定立・適用される有利な規範群である。規範の二重性の場合とは異なり，規範の多重性においては，複数の国家カテゴリーに対して各々異なった規範群が定立・適用される。これら規範群は，弱者に対する特別な権利の付与という形態をとる場合もあれば，一定の義務からの免除という形態をとる場合もある[25]。

　文化多様性条約 16 条は，先進国が「適当な制度的及び法的枠組みを通じて，

---

(22)　UNESCO, "International Fund for Cultural Diversity", at https://www.unesco.org/creativity/en/international-fund-cultural-diversity
(23)　UNESCO, "Apply for funding", at https://www.unesco.org/creativity/en/ifcd/apply
(24)　UNESCO, "Fonds international pour la diversité culturelle: Parties to the 2005 UNESCO Convention on the Protection and Promotion of the Diversity of Cultural Expressions recognized as developing economies and least developed countries according to the official classification of UNCTAD, and included in the list of recipients of official development assistance of the OECD", at https://www.unesco.org/creativity/sites/default/files/medias/fichiers/2024/04/list_eligible_countries_ifcd_15_call_2024_en_0.pdf?hub=11
(25)　西海「南北問題と国際立法」前掲注(4)114-133 頁，参照。

19 文化多様性条約における規範の多重性の意義　〔小寺智史〕

特恵待遇を，開発途上国からの芸術家その他文化の専門家及び実践者，並びに文化的な財及びサービスに与える（shall）」ことを求めている。この特恵待遇の付与は先進国のみに求められており，この点において，16条は規範の二重性・多重性の構造に従っている。

　同条に関して議論されてきたのは，先進国が特恵待遇を付与する法的義務を負うか否かという点である。14条や15条では「努める／奨励する（shall endevour）」という努力義務を推定させる文言が用いられているのに対して，16条は「促進する（shall facilitate）」と異なる用語が使用されている。このことから，トゥルサールらは「国際協力に関する諸規定のなかで，16条は最も強い義務レベルを有する規定であり，実際，条約のなかで数少ない強制的な義務のひとつである」[26]と指摘している。そのほかにも，16条に条約中の他の規定とは異なる強い強制力を見出す論者は多い[27]。

　しかし，仮に16条に強制力が認められるとしても，先進国に課せられる義務の内容が明らかでなければその実効性は乏しいものとなる。同条は，「適当な制度的及び法的枠組み」とは何か，また先進国が具体的に与えるべき特恵待遇とは何かを示していない。このことを踏まえて，16条に関する運用指針は，適当な制度的及び法的枠組みが「文化的位相」「貿易的位相」及び「貿易的＝文化的位相」の3つの位相からなることを示し，同条が定める特恵待遇の内容や射程を具体的に明らかにしている[28]。

　ただし，運用指針はあくまでもガイドラインであり，法的な拘束力はない。

---

(26)　Xavier Troussard, Valérie Panis-Cendrowicz, and Julien Guerrier, "Article 16. Preferential Treatment for Developing Countries", in Savine von Schorlemer and Peter-Tobias Stoll（eds.）, *The UNESCO Convention on the Protection and Promotion of the Diversity of Cultural Expressions: Explanatory Notes*（Springer, 2012）, p. 426; 小寺「文化多様性条約における途上国への特恵待遇」前掲注(7)154-155頁。もっとも，同条に対して留保や解釈宣言を付すことは禁止されていない。実際，オーストラリア及びニュージーランドは，文化多様性条約16条における義務が，在留ビザ・許可の資格に関する国内法などの内容や解釈に影響を与えることを意図しない旨の解釈宣言を付している。各国が付した留保及び解釈宣言については次を参照。UNESCO, "Declarations and Reservations", at https://www.unesco.org/en/legal-affairs/convention-protection-and-promotion-diversity-cultural-expressions?hub=66535#item-2

(27)　例えば次を参照。Mira Burri, "The UNESCO Convention on Cultural Diversity: An Appraisal Five Years after its Entry into Force", *International Journal of Cultural Property*, Vol. 20, No. 4（2013）, p. 358; Janet Blake, *International Cultural Heritage Law*（Oxford University Press, 2015）, p. 217.

(28)　Operational Guidelines on Article 16, *supra* note 14, pp. 35-37; 小寺「文化多様性条約における途上国への特恵待遇」前掲注(7)157-159頁。

453

国家と海洋の国際法（上巻）第 1 部 国際法／Ⅳ 国際組織と国際協力

よって，16 条が定める特恵待遇の実際の内容や射程を明らかにするためには，条約の締約国の実行を検討しなければならない。この点についても，次節で検討することにしたい。

Ⅲ　特恵待遇の実施状況

　文化多様性条約 16 条が規定する特恵待遇の内容や射程は，条文や運用指針からは直ちに明らかにならず，締約国による具体的な実施状況から判断しなければならない。条約の実施について，文化多様性条約は監視メカニズムを採用しており[29]，締約国から実施に関する情報が定期的に集められている。2023 年，それら情報に基づき，16 条の特恵待遇の実施に関する報告書[30]が作成・採択された。本節では，同報告書を補足しつつ，特恵待遇の実施状況を確認する[31]。

1　16 条の特恵待遇に関する実施報告書（2023 年）

　2023 年 6 月 6 日 − 8 日にパリのユネスコ本部で開催された第 9 回締約国会議において，16 条の特恵待遇に関する実施報告書（以下，実施報告書）が採択された。実施報告書は，2020 年から 2022 年にかけて締約国から寄せられた情報に基づいて作成されたものであり[32]，2022 年に公刊された文化多様性条約のグローバル・レポート『創造性のために政策を再構成する』[33]の内容を反映している。以下では実施報告書の内容を概観する。

⑴　16 条の実施状況に関する締約国からの報告

　2020 年から 2022 年の間に先進国から提出された 30 の定期報告書のなかで，ドイツ，オーストラリア，オーストリア，リトアニア及びスイスによる 5 つの措置のみが特恵待遇として位置づけられていた。さらに，ある措置が 16 条の

---

(29)　同メカニズムについては，小寺「文化多様性条約における途上国への特恵待遇」前掲注(7)161-166 頁，参照。

(30)　DCE/23/9.CP/Resolutions（13 June 2023），pp. 15-16. 報告書自体は次を参照。Rapport sur la mise en œuvre par les Parties de l'article 16 relatif au «Traitement préférentiel pour les pays en développement», DCE/23/9.CP/12（9 May 2023）.

(31)　以下のセクションの見出しは必ずしも報告書に沿ったものではなく，筆者によるものである。なお，2014 年以前の実施状況については，小寺「文化多様性条約における途上国への特恵待遇」前掲注(7)163-165 頁，参照。

(32)　Rapport, *supra* note 30, para. 6.

(33)　UNESCO, *Re/shaping Policies for Creativity: Addressing Culture as a Global Public Goods*（UNESCO, 2022）. なお，グローバル・レポートはすでに 2015 年版，2018 年版が公刊されており，2022 年版が現時点で最新のものである。

454

下にとられたというためには，①当該措置が先進国によって与えられなければならない，②当該措置が一以上の途上国の利益とならなければならない，③当該措置が文化交流を促進しなければならない，④当該措置が文化的な財及びサービスに関連しているか，または途上国からの芸術家その他文化の専門家及び実践者の利益となっていなければならない，⑤当該措置が相互主義を求めるものであってはならない，という５つの要件を満たす必要があるが，ドイツとスイスのみが，自国の措置が真に16条の目的の下にとられたことを示す事例を記していた。ただし，その他の15の加盟国が実施する措置も，定期報告書のなかでは特恵待遇としては位置づけられていないものの，16条の諸要件を満たすように思われる[34]。

（2）　貿易協定における文化多様性条約及び同条約16条の位置づけ

　2017年から2020年に締結された貿易協定の84％が，文化的な財やサービスの特別な性質を認める条項を含んでいるものの，2017年のEU－アルメニア包括的拡大パートナーシップ協定のみが文化多様性条約に明示的に言及している[35]。さらに，この期間に文化多様性条約の先進締約国によって締結されたいかなる貿易協定も特恵待遇条項を含んでおらず，この傾向は過去２年間においても変化していない[36]。

　わずかではあるものの進展がみられるのが，共同制作（co-production）協定または基金である。共同制作協定または基金は，複数の国家間での共同制作を財政的に支援するものであるが，7つの条約締約国（ドイツ，ベルギー，カナダ，フランス，アイルランド，スイス，及びEU）が定期報告書のなかでそれら協定または基金の存在を指摘している。ただし，報告書によれば，このような共同制作協定から利益を得る途上国の数は引き続き限られている[37]。他方で，途上国間の共同制作協定は増加しており，厳密には16条の特恵待遇の実施とはいえないものの，文化交流を促進するという途上国の努力を反映したものと評価しうる[38]。

（3）　芸術家その他文化の専門家及び実践者の移動

　16条に関する運用指針では，途上国からの芸術家その他文化の専門家及び

（34）　Rapport, *supra* note 30, para. 8.
（35）　EU－アルメニア包括的拡大パートナーシップ協定96条は，EUとアルメニアが文化多様性条約に規定された原則に従って文化協力を促進することを定める。
（36）　Rapport, *supra* note 30, para. 9.
（37）　*Ibid.*, para. 11.
（38）　*Ibid.*, para. 12.

実践者の移動を促すため，ビザ発給手続きの簡素化やコスト削減などの措置を講じることが推奨されている。しかし，これら措置の数はきわめて限定的である[39]。先進国は，途上国からの芸術家などの移動を促進するための措置をほとんど講じておらず，この傾向は現在に至るまで変わりがない。2020年から2022年の間，それら移動を促進する措置について定期報告書で示した先進国は10カ国に満たない[40]。また，COVID-19は文化的な財及びサービスのデジタル化を加速化させたが，デジタル環境における16条の実施は限定的である。実際，COVID-19のパンデミックが始まって以降，デジタル環境に適用可能な特恵待遇は締約国から全く報告されていない[41]。

⑷　特恵待遇の実施をめぐる問題

　このように特恵待遇の実施状況は芳しくないが，その原因として次の3つを指摘することができる。第1に，16条に関する知識や理解の不十分さである。「16条が条約中の最も拘束的なメカニズムのひとつであるにもかかわらず，この法的規定に関する知識や理解が不十分であることは明らか」[42]であり，それゆえ，途上国の文化的アクターに対して，利用可能な特恵待遇に関する情報を周知することが重要である。第2に，特恵待遇に関する情報の不足である。特恵待遇の理解を促進するためには，その基になるデータが必要不可欠であるが，特恵待遇に関して締約国から寄せられる情報はしばしば不正確または不完全である。よって，同待遇に関する追加のデータを集めることが重要である[43]。第3に，デジタル環境の出現である。電子商取引の隆盛とそれに付随する貿易自由化により，特恵待遇はもとより，文化的表現の多様性を促進する政策を実施することが一層困難になっている。そのため，締約国は，すべてのステイクホルダーがデジタル・クリエイティブ経済に完全に参加できるように，既存の措置を強化する必要がある[44]。

2　評　　価

　以上に概観した実施報告書が示すのは，先進国から途上国への特恵待遇の付与の状況は必ずしも芳しいものではないという事実である。16条の実施につ

---

(39)　*Ibid.*, para. 13.
(40)　*Ibid.*, para. 14.
(41)　*Ibid.*, para. 15.
(42)　*Ibid.*, para. 19.
(43)　*Ibid.*, para. 20.
(44)　*Ibid.*, para. 21.

いては，2021年の第8回締約国会議でも報告書が採択されていたが[45]，そこにおいても，同条に関する知識や理解の不十分さなどはすでに指摘されていた[46]。前回と比べて，16条の実施状況に特に改善はみられないことは明らかである。

条約のなかで最も拘束的な規定のひとつであるはずの16条の特恵待遇が，先進国によって実施されない原因は果たして何であろうか。確かに，実施報告書が指摘するように，途上国や途上国内の文化的なアクターが16条の内容や射程を認識または理解せず，十分に活用できていないという問題もあるかもしれない。このような問題は，現在事務局が実施するオンライン研修などを通じて次第に改善されていくであろう。

しかし，特恵待遇の実施が不十分であることの根本的な理由は，16条の規定それ自体にあると言わざるを得ない。同条は，先進国が付与すべき特恵待遇の内容を特定しておらず，そのため，先進国が果たすべき義務の内容も不明確である。運用指針はそれら内容を特定することを試みるものであるが，それはあくまでも指針である。現在のところ，特恵待遇に関しては，先進国による柔軟な解釈と運用が引き続き可能となっている。

もっとも，このような文言の曖昧さは16条に限られたものではなく，文化多様性条約全体を通じてみられるものである。ヴェロニク・ゲヴルモンとクレマンス・ヴァリンは，条約発効後15年間の実施を振り返る論文のなかで，文化多様性条約はその柔軟な規定ぶりにもかかわらず，監視メカニズムを通じて締約国の行動変容を促し，全体的に十分な実効性を示してきたことを強調している[47]。しかし，両者は同時に，条約の実効性には分野によって濃淡があると指摘し，条約がいまだ完全に実効性を発揮できていない例として16条の特恵待遇を挙げている[48]。

中央集権的な機関が欠如し，ルールの実効性が相互主義に大きく依存する国際社会において，先進国に一方的に義務を課す特恵待遇が実施されるための

---

(45)　DCE/21/8.CP/Res. (4 June 2021), p. 6; Rapport mis à jour sur l'état d'avancement de la mise en œuvre de l'article 16 relatif au «Traitement préférentiel pour les pays en développement», DCE/21/8.CP/11 (3 May 2021).

(46)　Rapport, *supra* note 45, paras. 9-11.

(47)　Véronique Guèvremont and Clémence Varin, "When low level of constraint and effectiveness go hand in hand: The example of the 2005 Convention", *International Journal of Cultural Property*, Vol. 30, No. 1 (2023), pp. 62-82.

(48)　*Ibid.*, p. 79.

ハードルは高い。特恵待遇が先進国によって実効的に実施されるためには，少なくとも，同待遇を付与する義務が法的に拘束力を有するのみならず，その内容も相当詳細に特定されていなければならない。16条の特恵待遇について，前者の義務の法的性質という条件は充足している。よって，特恵待遇の実効性に関しては，後者の義務内容の特定が鍵となると思われる。

ただし，強力な紛争処理制度を備える世界貿易機関（WTO）においてさえ，途上国への特別かつ異なる待遇の実施は現在でも不十分である[49]。文化多様性条約はあっせん，仲介または調停を紛争処理手続きとして予定しているが（25条），いずれも強制的なものではない。このような強制的な紛争処理手続きを欠いた文化多様性条約において，特恵待遇の実施は監視メカニズムに期待せざるを得ず，同待遇の実効性が直ちに向上すると考えることは困難である。

また，特恵待遇の受益者である途上国の同定方法についても，特恵待遇を付与する先進国が広範な裁量を有している。条約その他の関連文書に16条における途上国の定義を見つけることはできないため，原則として「自己選定方式」を採用していると思われる。しかし，現在の実行から判断する限り，自らを途上国と同定する諸国のなかで，いかなる国と「適当な制度的及び法的枠組み」を構築するかは先進国の裁量に委ねられている。言い換えれば，16条のもと，先進国は特恵待遇を付与する法的義務を負うとしても，同一の特恵待遇をすべての途上国に付与する義務を負うわけではない[50]。先進国は自らの裁量に従って，いかなる特恵待遇を，いかなる国家やその文化的アクターに付与するかを判断することが可能となっているのが現状である。

以上のように，16条の特恵待遇の実効性の欠如は，同条の文言，さらには文化多様性条約の構造に起因するものである。そのため，特恵待遇の実効性の向上に関しては，基本的には先進国による自発的な遵守に期待せざるを得ないだろう。問題は，このような先進国による遵守をいかに促進するかということである。この点，直ちに用いることができる解決策は存在しない。よって，報告書が提示する一連の施策によって16条の特恵待遇に関する締約国の知識・

---

(49)　小寺「自由貿易体制における『特別かつ異なる待遇』の意義」前掲注(10)13頁，参照。

(50)　この点，特恵を付与することが義務ではなく権利であるという点などで大きく異なるものの，途上国の同定に関する先進国の裁量へのコントロールという観点からは，WTOにおける一般特恵制度との比較が興味深い。WTOの一般特恵制度における途上国の同定については，例えば次を参照。小寺智史「ガット・WTOにおける最恵国待遇原則と一般特恵制度の関係」『日本国際経済法学会年報』18号（2009年）109-126頁。

理解を深めると同時に，世界の文化的表現の多様性の保護及び促進において，16条の特恵待遇が積極的な意義を果たすものであることを締約国に想起し続けることが重要である。

Ⅳ　フェア・カルチャーと特恵待遇

1　フェア・カルチャーという概念の提唱

これまでの分析から，16条の特恵待遇の実効性を高めるためには，同条が法的拘束力を有する規定であることを引き続き強調すること，及び監視メカニズムを通じて特恵待遇を付与する義務の内容を特定することが必要であることが明らかとなった。同時に，締約国，とりわけ先進国による16条の実施を促進するうえで，同待遇が果たす役割や意義を常に更新し，締約国に想起し続けることが重要であることを示唆した。

この点，近年注目に値するのが，16条の特恵待遇を「フェア・カルチャー（fair culture/culture équitable）」という概念のなかに位置づける動向である。このような動向は，先に検討した2023年の16条の特恵待遇に関する実施報告書においても明確に示されている。実施報告書は「文化財・サービスの均衡ある貿易」というセクションにおいて，途上国からの文化財・サービスの貿易が乏しく，特に後発開発途上国からの文化財は市場全体の0.5%に過ぎないと指摘する。そのうえで，実施報告書は，このような文化財・サービスの不均衡な貿易の是正において，フェア・カルチャーという概念が近年提唱されていると述べ，その実現において特恵待遇が果たす役割を強調している[51]。

実施報告書は，フェア・カルチャーという概念を詳細に論じているわけではなく，ドイツ・ユネスコ国内委員会が同概念を主導していると述べるのみである[52]。そこで以下では，ドイツ・ユネスコ国内委員会の活動に着目し，フェア・カルチャーという概念，さらにフェア・カルチャーと特恵待遇との関係を検討することにしたい。

2　ドイツ・ユネスコ国内委員会によるイニシアティブ

ドイツ・ユネスコ国内委員会は，ドイツによるユネスコ加盟（1951年）に先立ち，1950年5月12日に設立された。ドイツ外務省の支援を受けている同委員会は，国家と市民社会とを媒介する役割を果たしており，110を超えるメン

---

(51)　Rapport, *supra* note 30, paras. 16-18.
(52)　*Ibid.*, para. 18.

国家と海洋の国際法（上巻）第 1 部 国際法／IV 国際組織と国際協力

バーによって構成されている。

2021 年 10 月，ドイツ・ユネスコ国内委員会は『フェア・カルチャー──持続可能な開発の鍵──』と題する報告書（以下，報告書）[53]を公刊した。74 頁からなる同報告書は，2020 年から 2021 年にかけて行われた研究に基づくものである。この研究は，ドイツ連邦経済協力開発省による資金提供を受け，ドイツ・ユネスコ国内委員会によって承認され，カナダ・ラヴァル大学のヴェロニク・ゲヴルモンのチームによって行われた[54]。

報告書の内容はきわめて豊かであり，ここでそのすべてを紹介しつくすことはできないが，その基本的な趣旨は明快である。すなわち，報告書が目指すのは「文化におけるフェア・トレード（fair trade in culture）」[55]の実現である。報告書はフェア・トレードを構成する要素や原則を分析し，それら要素及び原則を文化に適用することで，より衡平で持続可能な文化関係を構築することを試みるものである[56]。

報告書は，フェア・カルチャーという概念は，フェアな文化貿易，フェアな文化協力，及びフェアな文化パートナーシップという 3 つの柱に基づいていると指摘する[57]。そのうえで，報告書は，フェア・トレードの諸原則を詳細に分析し，それら諸原則は，若干の修正や各原則間で濃淡はあれども，文化領域にも移行（transpose）可能であると論じる（表 1）[58]。

このように，報告書はフェア・トレードの原則や実践を文化領域に適用することにより，文化的な財・サービス貿易の不均衡を是正し，より衡平かつ持続可能な文化関係を樹立することを目的とするものである。報告書は，フェア・カルチャー運動を開始するためのいくつかの具体的な行動を勧告しているが，そのうちのひとつに「フェア・カルチャー憲章（Fair Culture Charter）」の策定がある。これは，国際フェア・トレード憲章[59]から着想を得たものであり，

---

(53)　Deutsche UNESCO-Kommission (ed.), *Fair Culture: A Key to Sustainable Development* (Deutche UNESCO-Kommission, 2021), at https://www.unesco.de/sites/default/files/2022-01/FairCulture_engl_online_0.pdf

(54)　*Ibid.,* p. 8. この研究には，様々な専門家との 33 のインタビューが含まれている。*Ibid.,* pp. 72-73.

(55)　*Ibid.,* p. 8.

(56)　*Ibid.,* p. 20.

(57)　*Ibid.*

(58)　*Ibid.,* pp. 39-52.

(59)　国際フェアトレード憲章（The International Fair Trade Charter）とは，2018 年 9 月 15 日，世界フェアトレード機関（World Fair Trade Organization, WFTO）とフェアトレード・インターナショナル（Fairtrade International, FI）によって共同で発表さ

表1　文化領域に移行可能なフェア・トレードの諸原則

市場アクセス	人々の意識の向上
公正な価格の支払い	労働基準の遵守
直接取引	地域開発
長期の取引関係	民主的で透明性のある組織
信用取引へのアクセス	無差別及びジェンダー平等
技術支援及び訓練	環境への配慮

フェア・カルチャーの定義や原則などを定める文書である。2023年6月6日，パリのユネスコ本部で，フェア・カルチャー憲章起草のための第1回公聴会が開催された。この公聴会は，ユネスコ・ドイツ国内委員会などによって企画・実施されたものである。そこでは，起草チームによってフェア・カルチャー憲章の草案が示され，集まった専門家たちの間で意見交換がなされた[60]。

　フェア・カルチャー憲章の詳細はまだ示されていないものの，今後，公聴会を重ねたうえで，近いうちに公刊されると思われる。ユネスコ・ドイツ国内委員会の強力なイニシアティブのもと，フェア・カルチャーが，今後の文化領域における重要な概念や運動となる可能性がある。

3　フェア・カルチャーの実現に向けた特恵待遇の意義

　このようなフェア・カルチャーという文脈において，文化多様性条約16条が定める特恵待遇は新たな意義を付与されている。前節で検討したユネスコ・ドイツ国内委員会の報告書は，フェア・カルチャーの実現において，文化多様性条約16条の特恵待遇の実効的な実施の重要性を論じている。

　報告書は，16条が文化多様性条約のなかで最も拘束的な約束のひとつであるにもかかわらず，現在に至るまで，締約国によって適切に利用・活用されていないと述べる。報告書はさらに，フェア・カルチャーにおける特恵待遇の意義について，デジタル環境も含め，16条の実効的な実施なくして，フェア・カルチャーは存在しえないと指摘する。そのうえで，報告書は，この実効的な

れた文書である。同憲章は次のサイトで入手可能である。Fair Trade Advocacy Office, "The International Fair Trade Charter", at https://www.fair-trade.website/the-charter-1.

(60)　Deutche UNESCO-Kommission, ""Fair Culture Charter": An Overview of the first Public Consultation", at https://www.unesco.de/culture-and-nature/cultural-diversity/cultural-diversity-worldwide/fair-culture/fair-culture

実施について主な責任は先進国にあるものの，途上国も特恵待遇から利益を得られるように自らの国内政策を実施すべきであると結論づける[61]。

すでに指摘したように，条約が発効してから現在までのところ，16条の特恵待遇の実施状況は芳しいものではなく，それは同条の文言，さらには文化多様性条約の構造に起因するものである。同条の実効性は，先進国による自発的な遵守に期待せざるを得ず，遵守を促すためには，文化多様性条約，さらには文化的表現の多様性の保護及び促進にとって，特恵待遇それ自体が意義ある存在であることを先進国及び途上国が認識し，納得することが前提となる。

この点，16条の特恵待遇をフェア・カルチャーの実現という文脈に再定位する試みは，同待遇に新たな意義を付与するものと評価することができよう。もちろん，このような試みが直ちに先進国による遵守につながると考えることは早計である。それでも，フェア・カルチャーという言説が支配的になった際には，16条の特恵待遇は同言説のなかで新たな意味を見出すことになるだろう[62]。その結果，例えば，先進国による特恵待遇の実施に対して，先進国内を含む様々なオーディエンスから，より厳しい眼差しが注がれることになるかもしれない[63]。

このような試みが成功するか否かはいまだ明らかではない。それでも，ユネスコ・ドイツ国内委員会などによって提唱されたフェア・カルチャー概念または運動は，今後の文化多様性に関する国際的な動向のひとつを形成する可能性がある。16条の特恵待遇の実効性については，フェア・カルチャーをめぐる言説と併せて注視する必要があるだろう。

V おわりに

本稿では，条約採択後20年という節目を迎えるにあたり，文化多様性条約における規範の多重性，特に16条の特恵待遇の意義について検討してきた。その結果明らかとなったことは，その強制的・拘束的な法的性質が強調されてきたにもかかわらず，16条の特恵待遇の実施状況は芳しくないことである。

---

(61)　Deutsche UNESCO-Kommission, *supra* note 53, p. 59.

(62)　国際法における言説の位置づけについては，例えば，小寺智史「国際法と国際経済法の関係——断片化と統合をめぐるポリティクス」『国際法外交雑誌』115巻3号（2016年）27-45頁。

(63)　ここで使用するオーディエンス概念については，小寺智史「グローバル・ガバナンスにおける『法源論』の再検討——動態的法源論へ向けて」須網隆夫・中川淳司・古谷修一編『国際経済法の現代的展開』（信山社，2023年）182-187頁，参照。

また，16 条の実効性の欠如が，具体的な義務内容が不明確な文言や強制的な紛争処理機関を欠く条約の構造などに起因することを示した。他方で，16 条をめぐる新たな動向として，近年，ユネスコ・ドイツ国内委員会などを中心にフェア・カルチャーという概念が提唱されていること，また同概念との関連で16 条の特恵待遇に新たな意義が付与されていることを明らかにした。フェア・カルチャーが今後どのような展開をみせるかはわからないが，仮にフェア・カルチャーが文化多様性に関して支配的な言説になれば，そこで中心的な位置を占める 16 条の特恵待遇にも様々な関心が寄せられるだろう。そのような多様なオーディエンスの関心の高まりは，先進国による特恵待遇の実施状況に対する新たな眼差しとして，実効的な実施を促す要因となるかもしれない。

多数国間条約における規範の多重性の実効的な実施は，WTO をはじめとして，およそすべての多数国間条約が抱える問題である。この点，文化多様性条約 16 条の特恵待遇に関する 20 年間の経験は，他の条約における規範の多重性にとっても有益な教訓を与えるだろう。国際社会が動態的に変容する現在，各アクターが置かれた多様な状況を法的に把握し反映する規範の多重性の意義は一層高まっている[64]。今後，文化多様性条約それ自体の実行を継続的に分析すると同時に，他の条約と比較することで，国際法秩序全体における規範の多重性の意義や在り様について検討を進めていきたい。

【付記】
インターネット上の資料への最終アクセス日は，すべて 2024 年 6 月 30 日である。

---

(64) 小寺智史「国際労働法における規範の柔軟性——現代国際法における国家と個人の状況性」『国際法外交雑誌』121 巻 1 号（2022 年）30-31 頁。

20 ヨーロッパにおける裁判官の独立
—— 裁判官対話によるヨーロッパ基準の生成

須 網 隆 夫

Ⅰ　は じ め に
Ⅱ　欧州人権裁判所と「裁判官の
　　独立」
Ⅲ　EU 司法裁判所と「裁判官の
　　独立」

Ⅳ　裁判官対話による基準の形成
　　——「司法評議会の独立」と
　　「裁判官の独立」
Ⅴ　結語——国際裁判所裁判官の
　　独立への視点

Ⅰ　は じ め に

　「司法権（裁判所）の独立」は近代立憲主義の大原則であるとともに，「法の支配」の本質的要件であり，「公正な裁判を受ける権利」・「権力分立の原則」からも根拠付けられる[1]。「司法権の独立」は，組織としての裁判所（司法部）の立法権・行政権からの独立だけでなく，裁判所内部における個々の「裁判官の独立」を意味し，それは裁判官の身分保障によって担保される[2]。紛争を公正・中立な第三者の判断により解決するという司法の機能を考えれば，「裁判官の独立」こそ，「司法権の独立」の本質である。裁判官が，その職権行使に際して，何人の指示・命令を受けずに，独立して行動すべきことは異論のないところである。しかし，それを越えて「裁判官の独立」が何を意味するのかは，各国・各地域で必ずしも一致しているわけではない。

　さて欧州では，欧州評議会（CE）・欧州人権条約と欧州連合（EU）の双方で「裁判官の独立」に関する議論が積み重ねられていたが，特に 2010 年代以降，ハンガリー・ポーランドにおける裁判官の独立を侵害する「法の支配危機」の

---

(1)　Marina Matić Bošković, *Role of Court of Justice of the European Union in Establishment of EU Standards on Independence of Judiciary*, EU and Comparative Law Issues and Challenges Series（ECLIC），Vol. 4, 329, 333-334 (2020).
(2)　佐藤幸治『日本国憲法論』（成文堂，2011 年）615-617 頁，芦部信喜（高橋和之補訂）『憲法〔第 5 版〕』（岩波書店，2011 年）345-348 頁。

『国家と海洋の国際法　柳井俊二先生米寿記念（上巻）』〔信山社，2025 年 2 月〕　　*465*

発生を契機に議論が活性化した。詳細は省略するが，2010年からの第2次オルバン政権下のハンガリー，2015年からの「法と公正」党政権下のポーランドでは，両国政府・議会が裁判官人事に政治的に介入し，「法の支配」が危機に瀕し，これに対し欧州評議会とEU，特に欧州人権裁判所とEU司法裁判所は積極的に介入して裁判官の独立を擁護した[3]。

　本稿は，そのような2010年代以降の状況を背景に，国内裁判所における「裁判官の独立」に関するヨーロッパ基準が，EU司法裁判所と欧州人権裁判所の「裁判官対話」により形成されていく経緯を明らかにしようとする[4]。以下には，まず欧州人権裁判所とEU司法裁判所による裁判官の独立に係わる判例法の形成をそれぞれ検討し，その後に，特に裁判官の任命方法に関するヨーロッパ基準が，両裁判所の裁判官対話により生成していることを示す。そして最後に，国際裁判所の裁判官の独立への示唆を検討する。国内裁判所につき形成された基準には国際裁判所における裁判官の独立を考察する参照点となり得る部分があると考える。

II　欧州人権裁判所と「裁判官の独立」

1　欧州評議会と裁判官の独立

　ヨーロッパにおいて「裁判官の独立」に最初に取り組んだのは，地域で基本権保護の責任を負っている欧州人権裁判所であった[5]。そもそもEUは，EU司法裁判所が人権分野で主導権を発揮することを予定せず，欧州人権裁判所の判例に依存する立場を採用してきた。現在でも，リスボン条約によりEU基本条約と一体化した，EU基本権憲章は，対応する権利に関する限り，基本権憲章による権利は欧州人権条約と同じであると規定するので（EU条約6条1項，憲章52条3項），憲章の「公正な裁判を受ける権利」（憲章47条）は，人権条約6

---

(3)　Rafael Bustos Gisbert, *Judicial Independence in European Constitutional Law*, European Constitutional Law Review, Vol.18, 591-620 (2022); Ivana Jelić and Dimitrios Kapetanakis, *European Judicial Supervision of the Rule of Law: The Protection of the Independence of National Judges by the CJEU and the ECtHR*, Hague Journal on the Rule of Law, No.13, 45-77 (2021); 須網隆夫「危機の中のEU法——EU法秩序変容の可能性」『日本EU学会年報』38号（2018年）71-75頁，須網隆夫「EU複合危機とEU法——ユーロ危機・難民危機・BrexitとEU法の変化(2)」LAW AND PRACTICE（早稲田大学）12号（2018年）47-57頁。

(4)　須網隆夫「「裁判官対話」とは何か——概念の概括的検討」伊藤洋一編著『裁判官対話：国際化する司法の協働と攻防』（日本評論社，2023年）1-13頁。

(5)　小畑郁「ヨーロッパ人権条約実施システムの歩みと展望」戸波江二ほか編『ヨーロッパ人権裁判所の判例』（信山社，2008年）2-9頁。

条の保護水準に準拠しなければならない。2010年代半ば以降，加入手続が頓挫しているとは言え，EU条約はEUの欧州人権条約加入を義務付けてもいるのであり（EU条約6条2項），EUは，人権に関して欧州人権裁判所がヨーロッパの中心を担うことを前提としている。したがって，「法の支配」のEU基準も，欧州評議会の「法の支配」基準と欧州人権裁判所の判例を基礎とすることになる。そこで，欧州評議会・欧州人権条約より検討を始める。

2 欧州人権裁判所の初期の判例

欧州人権条約6条1項は，「法によって設立された独立・公平な裁判所」による公正かつ公開の審理を受ける権利を保障している。裁判官の独立とは，裁判官が他者に干渉されることなく，自己の自由意思だけによって事実と法的根拠を決定し，当該事案に決定を下せることを意味するところ，人権裁判所は，1990年代までにその内容につき相当数の判決を下している[6]。代表的判例である1984年のCampbell and Fell対イギリス事件判決は，独立性を，同事件の事実関係から，特に行政部及び事件当事者からの独立と解釈した上で，その判断に際して，①「構成員の任命態様」，②「裁判官の任期」，③「外部からの圧力に対する保障」，④「独立である外見」を考慮すると判示した（78段）[7]。この4つの基準は，その後の判例でも再三確認されて現在に至っている[8]。Campbell and Fell事件で争われたのは，刑務所内で受刑者の懲戒手続を担当する機関の独立性であり，裁判所はその独立性を否定しなかった（82段）。そこでは，同機関の構成員が内務大臣によって任命されることは，構成員が独立を欠くことを意味しないとされている（79段）。1990年代までの判例では，裁判官の独立性につき，訴訟当事者との利害関係・訴訟当事者への従属関係，任期の長さ，以前に検察官であった経歴などが争点となっていた[9]。これらの判

---

(6) Martin Sunnqvist, *Impartiality and Independence of Judges: The Development in European Case Law*, Nordic Journal of European Law, Vol.5, No.1, 67, 69-82 (2022).

(7) Campbell and Fell v. UK, no.7819/77; 7878/77. 28 June 1984, para.78: Francis G. Jacobs and Robin C.A. White, The European Convention on Human Rights 138 (2nd ed., Clarendon Press, 1996); A.H.Robertson and J.G.Merrills, Human Rights in Europe, A Study of the European Convention on Human Rights 97-98 (3rd ed., Manchester University Press, 1993); P. van Dijk and G.J.H. van Hoof, Theory and Practice of the European Convention on Human Rights 335-336 (2nd ed., Kluwer, 1990).

(8) European Parliament Research Service, Judicial independence in the case law of the European Court of Human Rights 2 (2024); Martin Sunnqvist, *supra* note 6, at 81.

(9) A.H.Robertson and J.G.Merrills, *supra* note 7, at 97-99. 例えば，Ringeisen対オーストリア事件判決は，同裁判所が6条1項の「法廷（tribunal）」に該当すると判断した機

例が扱った論点は，裁判官の独立の一部の側面に止まり，なお多くの論点が残っていたが，それらを埋める努力は，欧州評議会閣僚委員会によってもなされた。

3　欧州評議会閣僚委員会の見解

　欧州評議会閣僚委員会は，裁判官の独立につき，人権裁判所判例を越える包括的な見解を示している。すなわち閣僚委員会は，既に 1994 年 10 月に「裁判官の独立に関する勧告」を発出していたが[10]，さらに 2010 年 11 月，「裁判官の独立に関する勧告（2010 年勧告）」を採択して 1994 年勧告を改定し，その内容を拡充・発展させている[11]。2010 年勧告の概要は，以下の通りである。第 1 に勧告は，「裁判官の独立」とは，個々の裁判官の職務の独立を意味し，それは裁判所内部でも確保されねばならないが，他方で個々の裁判官の独立は，憲法裁判所を含む裁判所全体の独立によって保護されると述べて，裁判官の独立と裁判所の独立の相補的関係を示す[12]。第 2 に，多くのヨーロッパ諸国では，裁判官の独立を守るために「司法評議会（a council for the judiciary）」又は別の独立機関が設立されているところ，勧告はそれらの役割を重視している[13]。司法評議会は裁判所の運営責任を負う独立した機関であり，その権限・任務は各国で異なるが，一般に裁判官の任命・評価・昇進，さらに懲戒・研修など裁判官人事政策を広範に担当する。勧告は，評議会の過半数の構成員は，各階層の裁判所から同僚によって選ばれた裁判官であるべきとしている[14]。第 3 に，

　　関が，長である裁判官の下，公務員・関係機関の代表により構成されている場合につき，6 条 1 項違反を否定した（Ringeisen v. Austria, no 2614/65, 16 July 1971, paras.95-99）。

(10)　Committee of Ministers, Recommendation No.R（94）12 on the Independence, Efficiency and Role of Judges, 13 October 1994.

(11)　Committee of Ministers, Judges: independence, efficiency and responsibilities, Recommendation CM/Rec（2010）12 adopted by the Committee of Ministers of the Council of Europe on 17 November 2010 and explanatory memorandum（Council of Europe Publishing, 2011）.

(12)　Appendix to Recommendation CM/Rec（2010）12, Committee of Ministers, *supra* note 11, paras. 3, 4, 7, and 22.

(13)　*Id.*, paras.8, and 19-20; Explanatory memorandum, Committee of Ministers, *supra* note 11, para.34; 司法評議会に関する記述は 1994 年勧告には見られない。加盟国による司法評議会の設立は，概ね 1994 年勧告以後であるようである（*Id.*,para.3）。なお司法評議会とは異なる裁判官任用システムもあり得るので，勧告は，司法評議会が設立されている国にのみ適用される（*Id.*, para.34）。勧告は，司法評議会の設立を勧めているわけではないことに注意が必要である（*Id.*, para.35）。

(14)　Appendix to Recommendation CM/Rec（2010）12, *supra* note 12, paras.26-27 and

裁判官の独立は，任命時だけでなく，新たな地位への移動など，裁判官のキャリア全体を通して保障されるべきである[15]。裁判官の任命に際しては，国籍を除き，性・人種を始め，信教，政治的意見など，およそあらゆる理由による差別が排除されるべきであり，また裁判官の選考・昇進を決定する機関は行政・立法から独立している必要がある[16]。そして行政・立法機関が選任・昇進を決定する場合にも，裁判官出身者が相当な割合を占める，独立した機関が勧告権限を有し，実務的にはその勧告に従って任命がされる必要がある[17]。第4に，裁判官の「終身在職権（tenure）」は，裁判官が定年まで解任されないことであり，不可動性（irremovability）は，裁判官が同意なしに転勤させられないことを意味する[18]。両者は，裁判官の独立の中核要素であり，裁判官は，同意なしに別の地位に移動させられるべきではない[19]。

4　欧州人権裁判所と裁判官の独立

　以上のような閣僚委員会の見解を背景に，欧州人権裁判所は，2000年代以降，裁判官の独立につき，それまで判断されていなかった様々な側面に判断を示して，その判例法を発展させていく[20]。特に2010年代以降，ハンガリー・ポーランドなど複数の締約国で生じた「法の支配危機」に直面した人権裁判所は，「民主国家における裁判所の任務は，法の支配を保障することである」と判示して，裁判官の独立の重要性を強調してきた[21]。

　裁判官の独立性はその公平性と密接に関連し，両者の区分が困難な場合も少

40; 2007年のヨーロッパ裁判官諮問理事会の意見も，司法評議会の構成員である裁判官は，裁判所，特に同僚裁判官によって選出されるべきであるとして，その選出方法を詳細に示し，最終的な裁判官任命は国家元首によりなされても，任命は評議会の提案に従って行われなければならないと述べている（Consultative Council of European Judges（CCJE），Opinion no.10（2007）of the Consultative Council of European Judges（CCJE）to the attention of the Committee of Ministers of the Council of Europe on the Council for the Judiciary at the service of society, 23 November 2007, paras.17-18, 25-31 and 49）。

(15)　Explanatory memorandum, *supra* note 13, para.49.

(16)　Appendix to Recommendation CM/Rec（2010）12, *supra* note 12, paras.45-46.

(17)　*Id.*, para.47.

(18)　Explanatory memorandum, *supra* note 13, para.54.

(19)　*Id.*, paras.49 and 52.

(20)　CCJE, *supra* note 14, at 2- 10;

(21)　Ramos Nunes de Carvalho e Sá v. Portugal, nos. 55391/13, 57728/13 and 74041/13, [GC], 6 November 2018, para. 196; Harabin v. Slovakia, no. 58688/11, 20 November 2012, para.133; Ivana Jelić and Dimitros Kapetanakis, *supra* note 3, at 52.

なくないが[22]，紙幅の制約により独立性に焦点を絞ると，人権裁判所がそれを判断した場面は，第1に「裁判官の任命」であり，具体的には，行政部又は立法部による裁判官任命，裁判官任命手続における立憲主義原則違反・手続違反，司法評議会の独立性の欠如である。なお，立憲主義原則・手続違反の文脈では，独立性は，人権条約6条の「法によって設立された」裁判所という要件に絡めて議論されている[23]。第2は「裁判官の身分保障」であり，具体的には裁判官任期の在り方，任期の早期終了，裁判所副所長の解任が争点となった。第三は「外部圧力からの裁判官の保護」であり，人権裁判所は，裁判官の独立の原則により，行政部・立法部・その他の国家機関が，個々の訴訟手続に干渉してはならないことを強調し，さらに個々の裁判官が裁判所外部・内部双方からの不当な圧力から自由であるべきことを主張する[24]。具体的には，裁判所の最終判断に対して，政治家が利用できる特別な上訴手続が争点であった。

Ⅲ　EU司法裁判所と「裁判官の独立」

1　EU法と「裁判官の独立」

それでは，EU司法裁判所の裁判官の独立への対応はいかなるものであったろうか。「裁判官の独立」が，「法の支配」に固有の要素であることは，ヨーロッパでは，欧州人権条約・各国憲法だけでなく，EU基本条約によっても根拠付けられている。但し，EU条約の対象は当初，地域国際裁判所であるEU司法裁判所に向けられていた。EUでは，EUの依拠する基本的価値を規定するEU条約2条は，価値の1つとして「法の支配」に言及し，司法審査の重要性を含意している[25]。そしてEU司法裁判所に関するEU条約19条，さらにEU運営条約253条・254条・257条は，司法裁判所裁判官・法務官，一般裁判所及び専門裁判所裁判官の独立性に言及しているが，加盟国国内裁判所の独立性への直接の言及はない。これらの点は，EC創設以来変化しておらず，本来，EU基本条約の国内裁判所に対する問題意識は弱かった[26]。しかし，EU

---

(22)　Agrokompleks v. Ukraine, no. 23465/03, 6 October 2011, para.128.

(23)　「法によって設立された裁判所」とは，裁判所の組織・構造が行政部の裁量ではなく，通常の立法手続で制定された法律によって規制されることを意味している（A.H. Robertson and J.G.Merrills, *supra* note 7, at 99-100）。

(24)　Agrokompleks v. Ukraine, *supra* note 22, paras.133-137.

(25)　Koen Lenaerts and Piet Van Nuffel, EU Constitutional Law 765-766 (Tim Corthaut ed., Oxford, 2021).

(26)　Koen Lenaerts and Piet Van Nuffel, European Union Law 640-641 (3rd. ed., Sweet & Maxwell, 2011).

司法裁判所の判例により，1960 年代に「EU 法の加盟国法に対する優位」と「EU 法の直接効果」が確立し，さらに 1990 年代までに，それらを補う諸原則（適合解釈義務・EU 法違反の加盟国の損害賠償責任）が発展した結果，国内裁判所は，EU 法の適用につき重要な役割を担うに至る[27]。現在，裁判所によるEU 法適用の大半は，加盟国国内裁判所によって担われており，それが，国内裁判所は実質的に EU 裁判所であると説明される所以である。そのため EU は，国内裁判所の在り方に関心を持たざるを得なくなる。その手掛かりとなったのが，前述の EU 条約 19 条である。同条は，EU 司法裁判所とともに，加盟国国内裁判所に関連して，「加盟国は，EU 法の対象領域で，実効的な法的保護（effective legal protection）を保障するために十分な救済を提供しなければならない」と規定し（EU 条約 19 条 1 項），EU 法を適用する国内裁判所の役割を示唆していた。さらに EU 基本権憲章も，人権条約 6 条 1 項と同様に，法によって設立された独立・公平な裁判所による審理を受ける権利を規定している（憲章 47 条）。前述のように国内裁判官の独立を正面からは問題にしなかったとは言え，EU 司法裁判所は，先決裁定手続（EU 運営条約 267 条）の文脈では，先決裁定手続を利用できる「国内裁判所」に該当するか否かの判断につき，1960年代以来判例を積み重ね，当該機関の独立性・公平性が判断要素であることを示してきた[28]。それらの判例は，現在の EU 条約 19 条の文脈での独立性判断の基礎を構成している。しかし，そこでは，法の支配に繋がる「実効的な法的保護」と「裁判官の独立」の関係は明確ではなく，基本的人権の視点も曖昧である。また加盟国国内裁判所の裁判官が，EU 法に係る事案であるかどうかに係わらず独立していなければならないこと，加盟国も国内裁判官の独立を担保する一般的義務を負うことも明らかではなかった[29]。

---

(27)　須網隆夫「EU 法という新しい法体系——EU 法を知らずに EU，そして世界を理解できるのか」小久保康之編『EU 統合を読む——現代ヨーロッパを理解するための基礎』（春風社，2016 年）120-127 頁。

(28)　Case C-506/04 Graham J. Wilson v. Ordre des avocats du barreau de Luxembourg, 19 September 2006, paras.48-49; Panagiotis Zinonos, *Judicial Independence & National Judges in the Recent Case Law of the Court of Justice*, European Public Law, Vol.25, No.4, 615, 620-621 (2019); Koen Lenaerts, Ignace Maselis and Kathleen Gutman, EU Procedural Law 52-55 (Oxford, 2014).

(29)　Michal Ovádek, *The making of landmark rulings in the European Union: the case of national judicial independence*, Journal of European Public Policy, Vol.30, No.6, 1119, 1127 (2023).

2 EU 法が要求する「国内裁判官の独立」

国内裁判官に対する EU 法の態度の転換点となったのは，EU 法秩序において国内裁判所の果たすべき役割とともに国内裁判官の独立の重要性を明示した，2018 年のポルトガル裁判官事件先決裁定であった[30]。同事件は，国家債務危機に陥ったポルトガルへの財政援助の条件として EU が同国に要求した緊縮財政によって生じた，裁判官給与の一時的削減が，国内憲法，EU 条約 19 条 1 項，基本権憲章 47 条が保障する「裁判官の独立」と整合するかが問われた（11-14段）。この問いに対して裁定は，まず EU 法による加盟国国内裁判所への規制の及ぶ範囲につき，加盟国が，憲章 51 条に言う EU 法を実施しているか否かに係わらず，「EU 法の対象領域」に関連すると判示した（29 段）。その結果，加盟国国内裁判所は，一般的に「実効的な司法的保護（effective judicial protection）」という EU 法の要件を満たす必要がある（37-38 段）[31]。そして裁判官の独立は，実効的な司法的保護のために不可欠であり，独立の保障は，EU 司法裁判所だけでなく国内裁判所にも要求される（41-42 段）。ここにおいて，19 条が保障する実効的な法的保護と司法の独立が結び付き，国内裁判官の独立性確保が加盟国の義務であることが明確になった[32]。

EU 司法裁判所によれば，裁判官の独立には 2 つの側面がある[33]。第 1 は対外的側面であり，裁判所が，他の機関に従属せず，どこからも命令又は指示を受けることなく，全面的に自律してその職権を行使できることを意味する。したがって，個々の裁判官は，自己の独立した判断を危うくする，外部からの干渉又は圧力から保護されねばならない[34]。第 2 は対内的側面であり，公平性に

---

(30) Case C-64/16 Associação Sindical dos Juízes Portugueses v. Tribunal de Contas, 27 February 2018; Ivana Jelić and Dimitros Kapetanakis, *supra* note 3, at 48; Martin Sunnqvist, *supra* note 6, at 84-85; Panagiotis Zinonos, *supra* note 28, at 616-618; Laurent Pech and Sébastien Platon, *Judicial independence under threat: The Court of Justice rescue in the ASJP case*, Common Market Law Review, Vol.55, 1827-1854 (2018).

(31) 裁定は，先例に従い，EU 条約 2 条の「法の支配」の具体的表現である 19 条は，EU 法秩序における司法審査の責任を，EU 司法裁判所とともに国内裁判所に委ねているので（32 段），加盟国は，EU 法の領域で個人当事者に実効的な司法の保護を確保すると判示する（34 段）。ここでは，19 条の「実効的な法的保護」は，「実効的な司法的保護」へと読み替えられている。

(32) Koen Lenaerts and Piet Van Nuffel, *supra* note 25, at 766; Panagiotis Zinonos, *supra* note 28, at 623-624.

(33) Koen Lenaerts and Piet Van Nuffel, *supra* note 25, at 766-767.

(34) Case C-503/15 Ramón Margarit Panicello v. Pilar Hernábdez Martínez, 16 February 2017, para.37; Case C-64/16, *supra* note 30, para.44; Case C-506/04, *supra*

関連し，訴訟手続の当事者双方が平等に争える場所を確保することである。この側面は，裁判所に客観性と判決との利害関係の不在を要求する[35]。但し，具体的にどのような行為が，裁判所の独立を侵害するのかが全て明らかになっているわけではない。

3 「国内裁判官の独立」の EU 法にとっての意義

さて，EU 法が加盟国の国内裁判官の独立を重視するのには，EU 法独自の理由があることを確認しておく必要がある。EU 司法裁判所は，その裁定において，先決裁定手続（EU 運営条約 267 条）を機能させるためには，国内裁判所の独立が不可欠であるとしばしば指摘する[36]。先決裁定手続と国内裁判所の独立はどのように関連するのであろうか。先決裁定手続が利用可能であるのは，国内裁判所で EU 法の解釈が争われる場合である。それでは EU 法を根拠にした主張を，訴訟当事者である個人（自然人・法人）が国内裁判所で提出するのはどのような場合であるだろうか。それは，加盟国法と EU 法が矛盾している場合である。要するに，加盟国による EU 法違反が存在し，EU 法の援用が国内法より個人にとって有利な場合である。そうであれば，EU 法を適用する国内裁判所が，まさに EU 法と加盟国法との対立，EU 諸機関と加盟国政府・議会との対立の焦点に位置していることが分かる。このような構造を前提に，EU 司法裁判所は，国内裁判所での個人による EU 法援用を促進するために，一連の判例法理を 1990 年代までに整備してきた[37]。そして国内裁判所が，加盟国政府・議会に従属せず，EU 法の優位を受け入れて，EU 司法裁判所の先決裁定の示す解釈に従って，EU 法を適用する限り，EU 法は国内法に近い高い実効性を発揮することができるのである[38]。

1990 年代までの EU 加盟国はいずれも，立憲主義的価値を共有する西欧諸国であったために，1950 年代の EC 創設以来，国内裁判所の独立が問題となることはなかった。しかし，2004 年の第五次拡大で加盟を果たした中東欧諸

---

note 28, para.51.

(35)　Case C-503/15, *supra* note 34, para.38; Case C-506/04, *supra* note 28, para.52.

(36)　Case C-64/16, *supra* note 30, para.43; なお，従来，先決裁定手続は司法裁判所の排他的管轄であったが，最近の規則制定により，一部の事件は一般裁判所に管轄が移されている（Regulation（EU, EURATOM）2024/2019 of 11 April 2024 amending Protocol No 3 on the Statute of the Court of Justice of the European Union）。

(37)　須網・前掲注(27)120-125 頁。

(38)　同上 127 頁。

国家と海洋の国際法（上巻）第1部 国際法／Ⅳ 国際組織と国際協力

国（ハンガリー・ポーランドなど）の政権は，国内政治上の理由とともに，EU・EU法への抵抗のためにも，国内裁判所を自己の統制下に置こうとし，EU及び欧州評議会の度重なる勧告を無視して権威主義的な司法改革を進めた[39]。先決裁定手続のための付託は，基本的に国内裁判所の自発的判断に依拠しており，EU司法裁判所の側から国内裁判所に係属する訴訟に一方的に介入することはできない。それゆえに，政権に従属する国内裁判所は，EU司法裁判所に付託しなければならない質問でも付託しないことにより，EU司法裁判所の判断を回避できる。もちろん，下級審と異なり国内最上級審はEU司法裁判所への付託義務を負っており，付託しないことは原則としてEU法違反であり，義務違反訴訟の対象となる（EU運営条約258-260条）。さらに付託義務違反により個人に損害が発生した場合は，EU法上の損害賠償責任も生じる[40]。しかし，これらの手段も国内最上級審による付託を間接的に強制するものに過ぎず，最高裁など国内最上級審が独立性を失うことが，EU法の実効性にとって深刻な打撃であることは言を俟たない[41]。

　前述のポルトガル裁判官事件裁定は，そのような状況に対応するために下されたEU司法裁判所の戦略的判断である[42]。国内裁判官の独立の保障を加盟国に要求するという，EU条約19条1項解釈は，国内裁判所だけでなくEUに，加盟国政府の干渉に抵抗する新たな武器を与えたことになる[43]。EU条約19条の拡張的解釈により，EU法との実質的関連がなくても，加盟国司法制度に介入できる根拠をEUに与えたからであり，これにより国内裁判官の独立の侵害に対し，義務違反訴訟の提起が可能になった[44]。そして，これ以後，先決裁定手続，義務違反訴訟を通じて，EU司法裁判所は，国内裁判官の独立性に関する判断基準を形成していくのである。

---

(39)　須網「危機の中のEU法」前掲注(3)71-75頁，須網「EU複合危機とEU法」前掲注(3)47-57頁。

(40)　Case C-224/01 Köbler v. Austria, [2003]ECR I-10239; 西連寺隆行「構成国最終審のEC法上の国家賠償責任——ケーブラー事件」中村民雄・須網隆夫編著『EU法基本判例集』（日本評論社，2007年）98-104頁，Koen Lenaerts, Ignace Maselis and Kathleen Gutman, *supra* note 28, at 103-104.

(41)　Ivana Jelíc and Dimitrios Kapetanakis, *supra* note 3, at 67.

(42)　Michal Ovádek, *supra* note 29, at 1131-1132.

(43)　*Id.*, at 1119-1120.

(44)　国内裁判所の行為に対しても義務違反訴訟（EU運営条約258条以下）の提起が可能である（Koen Lenaerts, Ignace Maselis and Kathleen Gutman, *supra* note 28, at 185）。

4　EU 司法裁判所による判断基準

　基本的人権の尊重が，EU 法の憲法原則の１つであるところ，EU 条約は，EU 基本権憲章とともに欧州人権条約に言及している（EU 条約６条１・２項）[45]。基本的人権は，EU 機関だけでなく，EU 加盟国も尊重しなければならない（同７条）。そして，加盟国に共通な憲法的伝統に由来する基本権は，「EU 法の一般原則」を構成する（同６条３項）。1974 年の Nold 対欧州委員会事件判決は，先例が判示していた基本権が「EU 法の一般原則」の不可欠な一部であることを確認した後に，基本権の内容確定には，加盟国憲法とともに加盟国が締約国である国際条約がガイドラインとして機能することを認めた[46]。この国際条約の中心が，全加盟国が拘束されている欧州人権条約であり，それ以後，EU 司法裁判所は，欧州人権裁判所の判例を参照して，EU 法の一般原則の内容を拡充してきた[47]。そして，リスボン条約によって EU 基本条約と同等の地位を与えられた EU 基本権憲章も（同６条１項），憲章上の権利が欧州人権条約上の権利と同等であることを明示しており（憲章 52 条３項），人権裁判所判例の EU 法上の基本権への影響は引き続き継承されている。裁判官の独立に関してもそれは同様である[48]。

　EU 司法裁判所の指導的判例は，2018 年の LM 事件先決裁定である。同裁定は，欧州逮捕令状制度による令状執行国アイルランドから令状発給国ポーランドへの引渡しが，ポーランド司法の独立性の欠如を理由に争われた事案である。裁定は，執行国は，発給国への被逮捕者の送還に際して，発給国において独立性を欠く裁判官の審理を受ける危険を評価しなければならないと判示して，アイルランドがポーランド国内裁判官の独立性を評価して，独立性が欠如していた場合には，ポーランドへの引き渡しを拒否できることを認めた[49]。裁判官の独立は，実効的救済と公正な裁判を受ける権利を定める EU 基本権憲章 47 条を基準に判断されるところ，同条は欧州人権条約６条１項に相当するので，その基準は実際には，同６条１項の解釈に準拠する（33, 57, 62 段）。そのため裁

---

(45)　Koen Lenaerts and Piet Van Nuffel, *supra* note 25, at 659.

(46)　Case 4/73 Nold v. Commission, 14 May 1974, para.13.

(47)　Koen Lenaerts and Piet Van Nuffel, *supra* note 25, at 661.

(48)　Panagiotis Zinonos, *supra* note 28, at 628; Marina Matić Bošković, *supra* note 1, at 333.

(49)　Case C-216/18 PPU, LM, 25 July 2018, paras.34, and 44-79; Michał Krajewski, *Who is Afraid of the European Council? The Court of Justice's Cautious Approach to the Independence of Domestic Judges*, European Constitutional Law Review, Vol.14, 792-813（2018）.

定は，先例と同様に，裁判官の独立には，対外的側面と対内的側面があると指摘している（63-65段）[50]。そして，具体的な要素に言及する際には，EU司法裁判所の先例を援用しているが（64段），その先例は，人権裁判所の判例に言及している[51]。したがって，裁判官の独立性の判断基準は，基本的に人権裁判所が形成した基準を継承している。

EU司法裁判所は，前述のポルトガル裁判官事件裁定以後，裁判官の独立性に関して，義務違反訴訟において定年引下げによる裁判官の早期退職と大統領の判断による定年後の裁判官の職務継続につき判断を示したが[52]，さらに，先決裁定を通じて，裁判官の任命手続についても判断を重ねていく。以下には，特に任命手続に関与する司法評議会の評価につき，EU司法裁判所と欧州人権裁判所の判例の交錯を検討する。

IV 裁判官対話による基準の形成——「司法評議会の独立」と「裁判官の独立」

1 EU司法裁判所と欧州人権裁判所の「裁判官対話」

結論から述べると，ハンガリー，続いてポーランドで発生した「法の支配危機」に対して，EU司法裁判所と欧州人権裁判所は，「法の支配」というヨーロッパ的価値を擁護するために事実上協力している。その結果，両者の判例法は，相互に影響し合いながら接近・収束し，ヨーロッパ基準を形成しており，欧州人権裁判所とEU司法裁判所の裁判官対話の成立が看取できる[53]。以下には，両者の相互的影響を，裁判官の任命に係わる司法評議会に関する判例の推移につき検討する[54]。

前述のように，ヨーロッパにおける人権基準は，原則として，欧州人権裁判所によって決定される。しかし，人権裁判所が判断を下していない論点については，従来の人権裁判所判例に依拠しながらも，EU司法裁判所に独自の判断

---

(50) Case C-619/18 Commission v. Poland, 24 June 2019, paras.71-73; Panagiotis Zinonos, *supra* note 28, at 629-630.

(51) 例えば，既述のWilson事件裁定は，欧州人権裁判所のCampbell and Fell対イギリス事件判決に言及している（Case C-506/04 *supra* note 28, para.51）。また職務の重要性に相応しい報酬に際して参照したポルトガル裁判官事件裁定は，Wilson事件裁定の同じ段落に言及しており，間接的に人権裁判所判決を考慮していることになる（Case 64/16, *supra* note 30, para.45）。

(52) Case C-619/18, *supra* note 50; 中村民雄「法の支配を害する構成国の国内立法のEU法違反審査」『比較法学』54巻1号（2020年）276-288頁。

(53) Ivana Jelić and Dimitros Kapetanakis, *supra* note 3, at 73.

(54) Marina Matić Bošković, *supra* note 1, at 335-336.

を下す余地が生じる。そして EU 司法裁判所の判断が先行すると，事実上，人権裁判所は EU 司法裁判所の判断を考慮することになる。本稿の争点である全国司法評議会の独立性については，人権裁判所が判断する前に，EU 司法裁判所が，2019 年の A.K. 事件裁定以来，判断を下していたのである。

2　欧州人権裁判所 Denisov 対ウクライナ事件判決（2018 年）[55]

司法評議会について最初に判断を下したのも欧州人権裁判所であった。2018 年に判決が下された同事件は，ウクライナの「行政裁判所裁判官評議会（Council of Administrative Court Judges）」が，キエフ行政控訴裁判所の所長であった申立人の解職を「高等司法評議会（High Council of Justice）」に提案した事案であった（3, 14 段）。同司法評議会は憲法上の機関であり（ウクライナ憲法 131 条），裁判官の任命・解任の提案を任務としていたが（26 段），高等司法評議会法により裁判所の所長・副所長を解任する権限を有していた（29 段）。同評議会による所長からの解任決定を受けた申立人は，同決定の取消を求める訴訟を高等行政裁判所（Higher Administrative Court）に提起し，司法評議会は，人権条約 6 条が保障する，独立・公平な法廷の要件を欠くと主張した（17, 21 段）。これに対し人権裁判所は，独立性・公平性の意味を先例に言及して確認した後に（60-65 段），高等司法評議会の独立性をまず検討する（67 段）。そして判決は，18 人の評議会構成員のうち裁判官は 8 名のみであり非裁判官構成員に決定権があること，8 名の裁判官構成員も行政部・立法部により任命される者が多く，裁判官の互選で選出される裁判官構成員が限定されていることなどを指摘し（70 段），司法評議会の手続は独立性と公平性の保障を欠いていると判断し（72 段），結論として 6 条 1 項違反を認定した（81-82 段）。

ウクライナ高等司法評議会は，裁判所長・副所長の解任権限を有しているので（29 段），それ自体の独立性が裁判所の独立性と同様の争点となるが，後述のように評議会の任務が推薦・提案に止まる場合の「評議会の独立」と「裁判所の独立」の関係は，なお未解決の争点であった。そして，それに最初に判断を示したのは，欧州人権裁判所ではなく EU 司法裁判所であった。

3　EU 司法裁判所 A.K. 事件先決裁定（2019 年）[56]

2019 年 6 月の欧州委員会対ポーランド事件義務違反訴訟判決において，EU

---

(55)　Denisov v. Ukraine, no. 76639/11, [GC], 25 September 2018.

(56)　Joined Cases C-585/18, C-624/18 and C-625/18 A.K. v. Krajowa Rada Sądownictwa,

国家と海洋の国際法（上巻）第 1 部 国際法／Ⅳ 国際組織と国際協力

司法裁判所は，簡潔ながら全国司法評議会に言及し，裁判官の定年後の任期延長に関する大統領への意見提出の場面で，司法評議会の関与が手続の客観化に資するためには，同機関は，行政部・立法部から独立していなければならないと判示していた[57]。しかし，その独立性の基準はなお明確ではなかったところ，数カ月後の 2019 年 11 月の A.K. 事件先決裁定は，ポーランドで新設された最高裁判所懲戒法廷の独立性を，その裁判官の選任に関与した全国司法評議会の独立性を考慮して判断した。ポーランドの裁判官は，憲法上の機関である司法評議会の提案に基づき，大統領によって任命される（憲法 179 条，186-187 条）[58]。そして，「法と公正」党政権による 2017 年の全国司法評議会法改正の結果，司法評議会構成員のうち裁判官から任命される 15 名は，従来の裁判官総会ではなく，国会下院（Sejm）によって選出されることになった（法務官意見 22 段）[59]。この選出方法の変更の結果，司法評議会の政治権力への従属が懸念されたのである。裁定は，「裁判官の独立」が，EU 条約 2 条が規定する加盟国共通の価値である「法の支配」の保障に根本的に重要であると判示した後に（120 段），独立性の保証には，裁判官に対する指示の形態による直接的影響とともに，より間接的な裁判官の判断に作用する影響が合わせて排除されねばならないと指摘し（125 段），人権裁判所の判例法に言及して，考慮要素として裁判官の任期などとともに，裁判官の任命方法に言及する（127 段）。そして裁定は，本件の懲戒法廷の独立性の文脈で，司法評議会のような機関が裁判官任命過程に関与することは任命過程の客観化に資すると積極的に評価しながらも（137 段），そのためには同機関自体が，立法・行政及び任命提案の提出先から十分に独立している必要があると判示した（138 段）。要するに，司法評議会の立法・行政からの独立性の程度は，それが選ぶ裁判官の基本権憲章 47 条の独立性・公平性の要件充足に関連し得るのである（139 段）。そして，以下の諸要因が独立性の評価に関連すると指摘し，それらの要素を総合すると，司法評議会の独立性には疑問が生じると結論付けた（142 段）。それらの要因とは，第 1 に，新評議会

---

and CP, DO v. Sąd Najwyższy, 19 November 2019; 須網隆夫「ポーランドにおける司法の独立と EU 法」『比較法学』55 巻 2 号 52 頁（2021 年）; Michał Krajewski and Michał Ziółkowski, *EU judicialn independence decentralized: A.K.*, Common Market Law Review, Vol.57, 1107-1138（2020）.

(57)　Case C-619/18, *supra* 50, paras.115-116.

(58)　憲法 179 条は，「大統領は，全国司法評議会の提案に基づき，裁判官を任命する」と規定する。

(59)　AG Opinion. Joined Cases C-585/18, C-624/18 and C-625/18 A.K. v. Krajowa Rada Sądownictwa, and CP, DO v. Sąd Najwyższy, 27 June 2019.

が現職構成員の 4 年任期を短縮して組織されたことであり，第 2 に，裁判官から選出される 15 人の構成員の任命方法が，裁判官の互選から立法部による選任に変更されたこと（その結果，25 人の構成員のうち 23 名までが政治任用となる），さらに第 3 に，新評議会の構成員任命は，特定の構成員に不利な方法で実施された可能性があることであった（143 段）。

　最終的に裁定は，本件懲戒法廷の特徴を考慮すると，特に評議会が，立法・行政との関係で独立性を欠くと認定される場合には，懲戒法廷の独立性に疑義が生じると判示した（152 段）。すなわち裁定は，法務官意見と同様に，評議会の独立性の程度が，それが任命に関与する裁判官の独立性に関連すると判示して（137-138 段）[60]，司法評議会の独立性とその関与により任命された裁判所の独立性の関係を明確にした。裁判官の独立は，任命されて以後の職務の独立だけではなく，任命過程の各場面においても保障されねばならないのである。

　畢竟，A.K. 事件裁定は，裁判所の独立を保障する EU 条約 19 条 1 項・基本権憲章 47 条 2 項解釈として，裁判官任命に関与する機関は立法・行政より独立している必要があり，司法評議会が立法・行政との関係で享受する独立性の程度は，それが選ぶ裁判官の独立性・公平性の要件充足に関連するとした上で，特に司法評議会が独立性を欠く場合，懲戒法廷の独立性に疑義が生じると判示して，懲戒法廷の EU 法適合性を実質的に否定した[61]。

4 EU 司法裁判所 A.B. 事件先決裁定[62]

　2021 年 3 月の A.B. 事件先決裁定も，2019 年の司法評議会法改正に係わる。本件もポーランドの事案であり，ポーランド最高行政裁判所が，裁判官候補者である原告らと，被告・全国司法評議会との訴訟について，2018 年 12 月に質問を付託した事件であり，同評議会の決定に対する司法審査が争点であった。

　裁定は，裁判官の独立にも言及し，全国司法評議会の独立に係わる，上記

---

(60)　法務官意見も，裁判官の任命・懲戒制度は裁判所の独立に重要であり，評議会の独立性も保障されねばならず，評議会が独立性を欠くので，評議会が選任に係わった懲戒法廷も十分な独立が保証されていないと述べていた（*Id.*, paras.129-137）。

(61)　Joined Cases C-585/18, C-624/18 an d C-625/18, *supra* note 56, paras.138-139 and 146-152; 須網隆夫「法の支配危機と EU 法の基本原則――EU 法の優位の現在」須網隆夫ほか編著『国際経済法の現代的展開・清水古希記念』（信山社，2023 年）87 頁，須網前掲注(56)46 頁。

(62)　Case C-824/18 A.B. and Others v. Krajowa Rada Sądownnictawa, 2 March 2021; 須網隆夫「ポーランドにおける裁判官の独立と EU 法」『EU 法研究』11 号（2022 年）175-187 頁。

A.K. 事件先決裁定に言及した上で（122-124 段），司法評議会が裁判官任命過程をより客観化する役割を果たすためには，立法部・行政部及び提案の提出先から十分に独立している必要があるところ（125 段），立法部・行政部からの独立の程度は，評議会が選定する裁判官の独立性・公平性に関連し得ることを再度確認し（127 段），その他の事情も考慮して（129-131 段），評議会の独立と任命される裁判官の独立への疑念を示唆している（132-135 段）。

　本裁定が A.K. 事件裁定に言及してその立場を踏襲したことが示すように，司法評議会の独立性に関する EU 司法裁判所の態度はこの時期までに確立したと言って良い[63]。それゆえ，2021 年 10 月の W.Ż 事件先決裁定も再度 A.K. 事件裁定を確認しているのである[64]。

5　EU 司法裁判所判例と欧州人権裁判所

⑴　小法廷判決の蓄積

　以上のような，EU 司法裁判所の判例の展開は，欧州人権裁判所に影響し，A.K. 事件裁定以後の人権裁判所小法廷は，A.K. 事件裁定をベンチマークとして司法評議会に関する判断を積み重ねていく。すなわち 2021 年 7 月の Reczkowicz 対ポーランド事件判決は，最高裁懲戒法廷による審理を受けた法廷弁護士である申立人が，同法廷は「法により設置された裁判所」ではないとの理由で人権条約 6 条 1 項違反を主張した事案であるが，判決は，下院による評議会の裁判官構成員の選出はヨーロッパ基準と矛盾し，同評議会及び司法部全体の独立に影響するとの判断を示した（240 段）[65]。そして判決は，まず前述の A.K. 事件裁定を援用し（268 段），さらに行政に直接又は間接に従属する者を通じて，行政が司法評議会の裁判官構成員候補者の多くを提案したと認定した 2019 年 12 月の最高裁判決にも言及し（272 段），裁判官構成員の選出方法を変更した 2017 年改正法は，立法・行政による裁判官任命手続への介入を可能にし（274 段），裁判官推薦を立法・行政から十分に独立していない機関に委ねたと認定して，「法により設置された裁判所」を保障した 6 条 1 項に違反するとの結論を導いたのである（276 段）。

　その後，同趣旨の判決が積み重なっていく。まず同年 11 月の Dolińska-

---

[63]　Case C-824/18, *supra* note 62; 須網・前掲注(62)。

[64]　Case C-487/19 W.Ż., 6 October 2021; 須網「法の支配危機と EU 法の基本原則」前掲注(61)107-109 頁。

[65]　Reczkowicz v. Poland, no. 43447/19, 22 July 2021.

Ficek and Ozimek 対ポーランド事件判決は，空きポストに応募しながら評議会の推薦を得られなかった裁判官である申立人らが，同人らの不服申立を審査した最高裁非常事態統制・公共事項法廷の6条1項違反を主張した事案であった（1，215段）。判決は，同法廷の裁判官任命過程での違反の検討につき，やはり A.K. 事件裁定を最初に援用して，司法評議会の独立とそれが選出する裁判官の独立との関連を確認する（342段）。そして，その観点から検討を進め，Reczkowicz 対ポーランド事件判決と同様，2017年改正法を否定的に評価して（348段），評議会の独立性を否定し（353段），さらに総合的に考慮して当該法廷は「法によって設置された裁判所」ではないと判断して，6条1項違反を認定した（354-355段）[66]。2022年2月の Advance Pharma SP. Z O.O 対ポーランド事件判決も同様である。同判決は，司法評議会が関与した手続により任命された3人の裁判官が構成する最高裁民事法廷で審理された申立人会社が，同法廷が独立・公平性を欠くことを理由に6条1項違反を主張した事案である（1，240段）。判決は，最高裁民事法廷の7人の裁判官が上述の Reczkowicz 対ポーランド事件判決と同じ手続で任命されていたことから，同判決の検討・認定は，本件でも有効であるとまず判示する（316段）。その上で判決は，独立性を欠く司法評議会の勧告に基づく裁判官任命は人権条約6条1項違反であるとのポーランド最高裁結論にも言及して国内法違反を認定し（317段），やはり民事法廷は適法な裁判所ではないと結論付けて，6条1項違反を認めた（349-350段）[67]。同判決は，2021年3月の A.B. 事件裁定，2021年10月の W.Ż 事件裁定を各参照してそれらへの賛意を示し，さらに A.K. 事件裁定にも言及している[68]。両判決が考慮した，最高裁判決が A.K. 事件裁定を参照していたことにも注意しなければならない[69]。

(2) 小法廷判決を確認する大法廷判決

そして2022年3月の Grzęda 対ポーランド事件大法廷判決も，人権裁判所・憲法裁判所以外の国内裁判所の先例とともに，EU 司法裁判所裁定に言及して結論を根拠付けた（348段）[70]。同判決は，2017年12月の全国司法評議会法改

---

(66)　Dolińska-Ficek and Ozimek v. Poland, nos. 49868/19 and 57511/19, 8 November 2021.

(67)　Advance Pharma SP. Z O.O v. Poland, Application no. 1469/20, 3 February 2022.

(68)　*Id.*, paras.326, 330-331 and 338.

(69)　Dolińska-Ficek and Ozimek v. Poland, *supra* note 66 paras.305 and 307.

(70)　Grzęda v. Poland, no. 43572/18,〔GC〕, 15 March 2022; 須網隆夫「裁判官の独立——グルゼダ判決」『人権判例報』9号（2024年）37頁。

正法の結果としての新構成員の選出に伴い，司法評議会の裁判官構成員であった申立人が任期途中で解任され，裁判所にその救済を求められなかったことを人権条約違反であると争った事案である。判決は，6条1項が，評議会構成員任期の早期終了に適用可能かという文脈で，裁判官の独立と評議会との関係につき，「裁判官の独立は法の支配の前提条件である」ところ（298段），「裁判官の独立の保護という全国司法評議会の存在理由と任務は，国家権力の政治部門に対する評議会の自律を要求する。本裁判所は，評議会構成員の任期中の解任又は解任の脅しは，当該構成員の評議会構成員としての義務の履行に際して，彼らの個人的独立に影響すると考える」述べた上で（300段），「評議会が果たす役割からすれば，同じ考慮が，本件申立人のような，評議会で服務するために選出された裁判官の任期にも適用されるべきであり，（中略）本裁判所は，裁判官の独立は包摂的な態様で理解されるべきであり，判断者の役割にある裁判官だけでなく，司法制度に密接に関連して裁判官が果たすことを要求される公務上の職能にも適用されるべきである」と判示した（303段）。同判決は，さらに2017年改正法に基づく新たな司法評議会の独立性を検討し，EU司法裁判所のA.K.事件裁定に加えて（318段），最高裁・最高行政裁判所の諸判決に留意して（319-321段），評議会の独立は保障されていないとの結論を下した（322段）。同判決は，A.K.事件裁定とともに，A.B.事件裁定にも言及して，締約国が評議会の独立を担保する義務を負うことを指摘している（307段）。

6　小　　括

EU法と欧州人権条約は別個の法秩序であり，両者間に直接的な制度的連関はない。前述のように，EU法は，1970年代より，欧州人権条約及び欧州人権裁判所判例をEU法の一般原則の内容として取り入れ，さらに2009年に法的拘束力を有するに至ったEU基本権憲章も，人権裁判所の解釈に依拠することを明示しているが，それはEU法側の一方的な判断である。そしてEU法とは異なり，人権裁判所はEU司法裁判所の判断を考慮する必要は法的にはない。しかし，以上の検討は，少なくとも部分的には，人権裁判所もEU司法裁判所との相互的な影響の下にあることを示している。本稿が示すように，実際には，人権裁判所はEU司法裁判所の判断を参照し，それと自己の判断を整合させているからである。このような「裁判官対話」を通じた法形成には，国家の自己

完結性を強調する立場からの批判がある[71]。しかし，ヨーロッパでは，そのような批判論の影響力は小さく，ヨーロッパ地域裁判所間では，EU司法裁判所と欧州人権裁判所だけでなく，EEA条約の「同質性」原理を媒介に，EU司法裁判所とEFTA裁判所の間でも裁判官対話が活発に行われ，そこに欧州人権裁判所の判例が影響を与えている[72]。要するに，国際裁判所と国内裁判所の対話を含めて，ヨーロッパでは，裁判官対話は議論の対象ではなく現実である。本稿の検討も，「裁判官の独立性」につき，欧州人権裁判所とEU司法裁判所の間に裁判官対話が成立していることを示している。

　そして両裁判所の判例法の発展が示す，「裁判官の独立」のヨーロッパ基準は，以下のように要約できる。第1に，裁判官の独立には，任命された裁判官の職務の独立だけでなく，裁判官任命の在り方が含まれる。裁判官の任命が政治化されていても，任命された裁判官が任命者からの独立性を失うとは限らないとの見解は十分に成り立ち得るが[73]，ヨーロッパ基準はそれを否定している。第2に，司法評議会のような機関が裁判官任命手続に関与する場合には，裁判官の独立と同様に，司法評議会自体の独立の保証が必要となり得る。行政部・立法部による裁判官任命それ自体は肯定しながらも[74]，司法評議会に関するヨーロッパ基準は，行政部とともに立法部からの裁判官の独立を強く要請している。ここには，司法部は立法部による直接的な統制の外部に存在しなければならないという[75]，民主主義を絶対視しない，ヨーロッパ立憲主義の考え方が強く反映しており，そこでは分厚い法律家専門職集団の存在とともに，彼らに支えられた裁判官共同体の存在が前提とされている[76]。そうであるからこそ，

---

(71)　濱本正太郎「裁判官対話批判論——国民主主義との不親和性」伊藤・前掲注(4) 80-87頁。

(72)　伊藤洋一「EEA法における「裁判官対話」——EEA法違反に基づく国家賠償法理の展開を素材に」伊藤・前掲注(4)88-103頁，寺谷広司「多元的法システムにおける人権保障——EEA-EFTA諸国における「同質性」の確保とその展開」伊藤・前掲注(4) 104-122頁。

(73)　Aida Torres Pérez, *Can Judicial Selection Secure Judicial Independence?, Constraining State Governments in Selecting International Judges, in* Selecting Europe's Judges, A Critical Review of the Appointment Procedures to the European Courts, 181, 190 (Michal Bobek ed., Oxford, 2015).

(74)　Martin Sunnqvist, *supra* note 6, at 88.

(75)　Andreas Follesdal, *Constitutionalization, Not Democratization, How to Assess the Legitimacy of International Courts, in* Legitimacy and International Courts 307, 321-322 (Nienke Grossman, Harlan Grant Cohen, Andreas Follesdal and Geir Ulfstein, eds., Cambridge, 2018).

(76)　須網隆夫「法の支配と弁護士——司法の独立の危機へのヨーロッパ弁護士の対応」

裁判官の互選による評議会構成員の選出が重視されるのである。そして，ヨーロッパでは，そのような裁判官共同体は一国ではなく，ヨーロッパレベルで越境的に構成されている[77]。

V　結語——国際裁判所裁判官の独立への視点

　本稿で検討してきた「裁判官の独立」の基準は，国内裁判所を念頭に形成されている。他方，裁判官の独立それ自体は，国内裁判所だけでなく，公正な判断が要請される国際裁判所にも必要な条件である。もっとも「国際裁判官の独立」を「国内裁判官の独立」と同じに考えることは必ずしもできない。前述の欧州評議会閣僚委員会の 2010 年勧告も，勧告が，国際裁判所裁判官には適用されないことを明示している[78]。しかし，国際裁判所の正統性の一つがその独立であることにも疑いはない以上[79]，国際裁判官の独立に対する考え方が，国内裁判官のそれと無関係とも考えにくい。任命権者である国家の権限を抑制する役割を担うことでは，国内裁判所も国際裁判所も同じだからである。そのような理由から，近時，国際裁判所裁判官の独立の検討も進みだしているが，そこではやはり，裁判官の選任が裁判官の独立の重要な要素と理解されている[80]。したがって，前述のヨーロッパ基準は，国際裁判所の裁判官任命にも一定の示唆を与えるはずである。実際にも，国際裁判官の任命方法には，ヨーロッパ基準との親和性を看取できる部分がある。すなわち，国際裁判官の場合にも，任命の非政治化・客観化を考慮した任命方法があり，そこでは，各国政府の決定権限を事実上制約しようとする手法が採られている。例えば，国際司法裁判所の裁判官は二段階の手続により選出される。第一段階は，常設仲裁裁判所の国別裁判官団ごとに行われる裁判官候補者の指名であり（国際司法裁判所規程 4-5 条）[81]，第二段階は，国連での選挙であり，総会・安保理の双方で絶

　　『法社会学』86 号（2020 年）98-110 頁。

(77)　EFTA 裁判所の 20 周年を記念して EFTA 裁判所が編者となって出版した論文集に，ヨーロッパ地域の国際裁判所とともに国内裁判所の裁判官が寄稿していることは，その一例である（The EEA and the EFTA Court: Decentered Integration（EFTA Court ed., Hart Publishing, 2014）。

(78)　Explanatory memorandum, *supra* note 13, at 11.

(79)　Mortimer S. Sellers, *Democracy, Justice, and Legitimacy of International Courts, in* Legitimacy and International Courts, *supra* note 75, at 338, 348-349; Aida Torres Pérez, *supra* note 73, at 200.

(80)　Aida Torres Pérez, *supra* note 73, at 181-182.

(81)　国別裁判官団は，指名前に，自国の最高司法裁判所及び法学研究者に意見を求めるよう勧告される（同 6 条）。但し，国別裁判官は，各国政府によって指名されている。

対多数を得た者が裁判官に当選する（同7-10条）。第一段階は，国別裁判官団の各国政府からの独立性に疑問もあるが，少なくとも発想としては，司法評議会と同様の任命の客観化のための方策と評価できる[82]。但し，第二段階では候補者の本国の政治力が当落を左右し，裁判官の独立性にも影響を与えかねないと指摘されている[83]。これに対し，EU司法裁判所裁判官（法務官を含む）の場合は，2009年のリスボン条約発効以前は，司法裁判所・第一審裁判所・司法パネル（現専門裁判所）のいずれの裁判官・法務官も加盟国政府の合意によって任命され（EC条約223, 224, 225a条）[84]，加盟国政府からの政治的影響を緩和する要素はなかった。しかしリスボン条約発効後は，司法裁判所と一般裁判所の裁判官・法務官の任命のために候補者の適格性を審査するパネル（任命諮問委員会）が設置され，加盟国政府は，このパネルの意見を考慮して任命を決定しなければならない（EU運営条約253, 254, 255条）。そしてパネルは，司法裁判所・一般裁判所の元裁判官，加盟国最高裁判所の裁判官，周知の能力を有する法律家の中から選ばれる7人により構成され，欧州議会には7人のうちの1人の指名権限が与えられている（同255条）[85]。パネルの機能は司法評議会に類似しており，裁判官の任命を非政治化し，その客観性を高めるものであるとともに，その構成はヨーロッパレベルでの裁判官共同体の存在を伺わせる。任命過程における政府の影響力を低下させるためには，政府とともに議会組織を任命過程に関与させるという方法もある[86]。上述の欧州議会の関与もその一例であるが，欧州人権裁判所の場合は，その関与はより直接的である。人権裁判所裁判官は，各締約国が指名した3名の候補者により構成される候補者名簿から，「議員会議（Parliamentary Assembly）」の投票により選出され

---

(82)　Kenneth J. Keith, *Challenges to the Independence of the International Judiciary: Reflections on the International Court of Justice*, Leiden Journal of International Law, Vol.30, 137, 145-146 (2017).

(83)　M.H. Mustafa Bektaş, *Critical Evaluation of Judicial Independence Question in the International Court of Justice*, Ankara Haci Bayram Veli University Faculty of Law Review, Vol.28, No.3, 175-206 (2024); そのような指摘への反論もある（Adam M. Smith, *"Judicial Nationalism" in International Law: National Identity and Judicial Autonomy at the ICJ*, Texas International Law Journal, Vol.40, No.2, 197-231 (2005)）。

(84)　正確には，司法裁判所と第一審裁判所の場合は「加盟国政府の共通の合意」，司法パネルの場合は「理事会の全会一致」が任命の要件である。

(85)　Aida Torres Pérez, *supra* note 73, at 192; Allan F. Tatham, *Selecting Judges for Regional Courts in Europe: A Short Study in the Use and Practice of Judicial Panels*, Review of European Law, Vol.20, No.2-3, 5, 8-12 (2018).

(86)　Aida Torres Pérez, *supra* note 73, at 193.

国家と海洋の国際法（上巻）第1部 国際法／Ⅳ 国際組織と国際協力

るが（欧州人権条約22条）[87]，そこでも任命の客観化のための努力がなされ，
2010年に，7人の構成員（国内最上級審の裁判官，国際裁判所の元裁判官，周知の
能力を有する法律家から選ばれる）より成る「裁判官候補者選定のための専門家
諮問パネル（Advisory Panel of Experts on Candidates for Election as Judge to
the European Court of Human Rights）」の設立が決定されている[88]。ここにおい
て，ヨーロッパを代表する2つの地域国際裁判所で，地域レベルの司法評議会
とも言うべき専門家パネルによる候補者審査の仕組みが，2010年前後と言う
ほぼ同時期に確立し，限界はありながらも国家政府の任命権限行使を制約する
のに相応の役割を果たしている[89]。このような法律専門家により構成される指
名諮問委員会は，国際刑事裁判所にも設置されている（ローマ規程36条4項
(c)）[90]。もちろん，そのような裁判官任命の非政治化・客観化への考慮が乏し
い国際裁判所もある。

　このような相違をどのように理解すべきであるのだろうか。それぞれの国際
裁判所の対象事項の相違が任命過程の相違を正当化するのか，諮問委員会の役
割は，国際司法裁判所のように裁判官数が構成国より著しく少ない場合と，
EU司法裁判所のように各構成国から裁判官が選出される場合とでどう異なる
のか，そもそも国際裁判所の各国，特に各国政府からの独立性をどのように考
えるべきか，これらは，国際紛争の裁判可能性の範囲とも関連する，残された
研究課題であるだろう。

---

(87)　但し，投票以前の審査段階で，候補者と面接する議員の専門性の欠如など，多くの
　　構造的欠陥があると批判されている（Aida Torres Pérez, *supra* note 73, at 191-192）。
(88)　Committee of Ministers, Resolution CM/Res(2010)26 on the establishment of an
　　Advisory Panel of Experts on Candidates for Election as Judge to the European Court
　　of Human Rights, 10 November 2010; Steering Committee for Human Rights (CDDH),
　　CDDH report on the review of the functioning of the Advisory Panel of experts on
　　candidates for election as judge to the European Court of Human Rights, CDDH(2013)
　　R79 Addendum II, 29 November 2013, paras.3-9; Allan F. Tatham, *supra* note 85, at
　　14-19.
(89)　EU司法裁判所の場合，加盟国政府は，適格性審査パネルの意見に常に従っており，
　　パネルの消極意見により任命されなかった候補者も常に一定割合存在する（Aida Torres
　　Pérez, *supra* note 73, at 193-195 and 200; Allan F. Tatham, *supra* note 85, at 9-11）。
(90)　Report of the Advisory Committee on Nominations of Judges on the work of its
　　ninth session, ICC-ASP/22/4, 31 July 2023.

486

◀ 第 1 部 ▶

Ⅴ 人　権

21 国連人権条約機関における国家報告制度の運用実務——自由権規約委員会を例に

寺 谷 広 司

Ⅰ 序　問題の所在
Ⅱ 審議手続サイクルの実際
Ⅲ 制度運営の基盤——審査参加
　者と成果物の法的性格
Ⅳ 結　　び

Ⅰ　序　問題の所在

　国際社会において司法機関が豊富化・多様化していると言われて久しく，国際司法裁判所（以下，ICJ という）が国際社会において突出して代表的な司法機関である状況は相対化されたが，1982 年の国連海洋法条約（94 年発効）によって設けられ柳井先生が永くお務めになった国連海洋法裁判所（以下，ITLOS という）はこの状況を牽引した存在だった。本論で対象とする国連人権条約機関も，言わば遡及的に，そうした司法機関の豊富化現象の一翼を担うものと理解されており，とりわけ自由権規約委員会（Human Rights Committee）は代表的なものであり，1966 年採択の市民的及び政治的権利に関する国際条約（以下，自由権規約という。1976 年発効）で，条約上設置された委員会として，その活動を続けている[1]。豊富化が言われる前から活動し続けて，「法の支配」を推進する中心的活動の 1 つを担ってきた。

　監督機関を有する国連人権条約機関は現在 10 あるが，共通する最も基本的活動は国家報告制度である（自由権規約第 40 条，女子差別撤廃条約第 18 条，等）。そのうち，拷問等禁止条約選択議定書を除く 9 つの条約のすべてで義務的であり，各委員会での位置づけに多少の違いがありうるが，国連人権条約機関の最

＊本稿は筆者が学術的な立場で執筆したものであり，筆者の属する機関とりわけ自由権規約委員会の立場を表明するものではない。実際，複数の点で委員会ないし他の委員と異なる見解を示しているので，注意されたい。

(1)　なお，この論点を語る上で不可欠な視点は否定的影響とされる断片化問題であるが，本稿ではこれに触れない。

『国家と海洋の国際法　柳井俊二先生米寿記念（上巻）』〔信山社，2025 年 2 月〕　*489*

国家と海洋の国際法（上巻）第 1 部 国際法／Ⅴ 人権

も中心的な機能だと言える。

　人権条約の義務を実施するのは国家だが，その主たる国内機関として求められ[2]，実際に日本ほか多くの国でこの点が特に明示的になる場は裁判所であり，国内裁判所が人権諸条約を援用することによってだった。日本について言えば，一般受容方式によって国際条約は国内法秩序の中で妥当して，裁判所も国家機関の一部としてこれに義務づけられるが，その各条約に無視を含めてどういった態度をとるか，何らかの対応をとるにしてもどのように解釈して適用するかについては諸相があるし多くの議論がある[3]。その際，拘束力のある条約を裁判所自身の判断の解釈のみで国内法秩序で適用することもできるが，管轄する人権条約機関の判断を挟みつつ，判断することも一般的である。日本の場合，個人通報制度に参加していないために，その判断の参照先は各委員会による一般的意見の他，より直接には日本に充てられた上記，国家報告制度の総括所見が主要な資料となる。

　この点，量的にはなお少ないものの，様々な例が採り上げられるようになった裁判所の国際人権条約への参照の中でも，夫婦同氏制に関する 2021 年最高裁大法廷決定の宮崎裕子・宇賀克也反対意見[4]における国家報告制度への言及は興味深いものだった。同意見は，「女子差別撤廃条約に基づいて夫婦同氏制の法改正を要請する 3 度目の正式勧告を平成 28 年に受けたという事実[5]は夫婦同氏制が国会の立法裁量を超えるものであることを強く推認させる」とするが，そのポイントは，① 2003（平成 15 年）7 月に最初の勧告を受けて以来，「日本政府は，女子差別撤廃委員会のこの解釈を争うことなく，指摘された問題に対応するための法改正（民法 750 条の法改正）を行う方針であると説明してきていながら，立法機関である国会がその法改正措置を実施しない状態が長

――――――――――

(2)　CCPR/C/21/Rev.1/Add. 13（General Comment 31），26 May 2004，para.15；CEDAW/C/GC/28（General recommendation No.28），16 December 2010，para.33，等。

(3)　Study Group on Principles on the Engagement of Domestic Courts with International Law（International Law Association），JOHANNESBURG CONFERENCE（2016）Final Report（"Mapping the Engagement of Domestic Courts with International Law"，2016．2016，岩沢雄司「日本における国際人権訴訟」杉原高嶺編『紛争解決の国際法』（三省堂，1997 年），等。

(4)　市町村長処分不服申立て却下審判に対する抗告棄却決定に対する特別抗告事件（最高裁判所大法廷決定（特別抗告審），令和 2 年（ク）第 102 号）2021（令和 3）年 6 月 23 日，宮崎裕子・宇賀克也反対意見。

(5)　なお，この内容の勧告は直近の第 9 回報告（2024 年 10 月）でも繰り返されている。CEDAW/C/JPN/CO/9（Concluding observations on the ninth periodic report of Japan，30 October 2024），paras.11（a），12（a）。

年にわたって継続している」ことにあり，また，②委員会の総括所見が勧告的効力に止まることが一般に指摘される中で，「裁判所においては，女子差別撤廃条約に締約国に対する法的拘束力があることを踏まえて，この事実を本件の判断において考慮すべきである。」としている。前者は国家報告制度の長いサイクルを有する全体過程にも踏み込んだ考察が含まれ，後者は総括所見の勧告的効力から生ずる具体的帰結について積極的に示している点で注目に値する。

　本稿では国家報告制度の実際の運用を考察対象とし，同反対意見の適否を含め[6]，「準」司法機関[7]とされる人権条約機関による国家報告制度の評価を目的とする。また，「考慮すべきか」は同制度への信頼に関する程度問題であり，運用実務を明らにすることが同時に同反対意見の意義を強化するものと思われる。この点，国家報告制度は手続規則（Rule of Procedure。以下単に「規則」という。）[8]によって規律されているが，他の関連文書との関係も重要で，必ずしも文書化されていない慣行に委ねられている部分も多い。また，その時々の委員の構成の創意工夫に基づきつつ日々改善が試みられている部分が小さくない。あまり知られていない実際の運用について紹介し[9]，これに若干の考察を加えたい[10]。

---

(6)　同じ問題意識の評釈として，川眞田嘉壽子「第2次選択的夫婦別姓訴訟──宮崎・宇賀反対意見の国際人権法上の意義」『新・判例解説 WATCH』30号（2022年），申惠丰「夫婦別姓訴訟」『国際人権』33号（2022年）。

(7)　なお，この表現が一般的な一方で，とくに国家報告制度に焦点を当てる場合，他の地域人権機関とも区別されることにも注意を要する。例えば，J. Crawford, "The UN human rights treaty system: A system in crisis?" P. Alston and J. Crawford (ed.) The Future of UN Human Rights Treaty Monitoring, 2000, pp.1-3.

(8)　最新のものは，CCPR/C/3/Rev.12（Rules of procedure of the Human Rights Committee, 4 January 2021）。更に，作業方法（working methods）を含めて <https://www.ohchr.org/en/treaty-bodies/ccpr/rules-procedure-and-working-methods> を参照。

(9)　本稿同様，最近の実務に関する著作としては前委員サンシンによる紹介がある。ヴァジルカ・サンシン「自由権規約委員会の監視機能──内部からの視点」『国際人権』35号（2024年，信山社）。また，焦点の当て方は異なるが，寺谷広司「人権一般条約の実効性と公正性：『建設的対話』の制度的条件に関する覚書」『国際問題』680号（2019年）も参照。なお，現在の運用への言及は公開制の要請に基づく制度の効果的運用能力を向上させるために不可避だが，秘匿性の要請とは逆方向になりうる。この点，本稿は基本的には，公開の資料や後述の UNTV などから直接・間接に分かる内容しか記していない。

(10)　同反対意見の対象は女性差別撤廃委員会の国家報告制であるが，本稿が紹介するのは筆者が経験している自由権規約委員会についてである。現在，人権条約機関間の作業方法の統一化が課題になっており（代表的決議として，A/RES/68/268（Strengthening and enhancing the effective functioning of the human rights treaty body system), 21 April 2014, paras.5.6)，その前提として各委員会の方法論が異なっていることは確かだが，同反対意見を評価する際には両委員会の差異は大きくないと考えている。

制度の歴史的背景も重要であるが[11]，本稿の目的から現状に焦点を当てる。

また，以下の論述に当たっては，必ずしも明示されないものの国家報告制度に存しうる2つの認識モデルを試論的に補助線として提示しておくことが有用だと思われる。1つは，「審査（examination）モデル」であり，委員会は当事国に対して「上位」に立ちつつ，当事国の人権状況を人権条約に照らして適法性を評価するとの認識を指す。もう1つは「対話（dialogue）モデル」であり，委員会は当事国と「同位」に立ちつつ，当事国の人権状況について人権条約を基礎に改善策を勧告するとの認識を指す[12]。国家報告制度は両モデルないしモデル観の組み合わせとして理解でき，私見では後者が中心的である。

II 審議手続サイクルの実際

人権条約機関による国家通報制度の手続きを理解する際に最も重要だと思われるのは，それがサイクルを構成していることである。以下，委員会の小冊子『人権条約機関──貴方の権利を保護します』[13]が示す6つの時系列による段階に沿いつつ，最も注目される「建設的対話」を含む会期及びその前後に分けて論ずる。

1 「建設的対話」を行う会期より前の段階

(a) 第1段階は当事国による報告書提出である。規約第40条1項に基づく。ただし，報告書作成は国家にとって事務的な負担が重く，2010年に委員会は実験的にこの段階を省く簡易手続き（simplified procedure）[14]を開始し，その

---

(11) これについては，W.A. Schabas, Nowak's CCPR Commentary (3rd rev.ed.2019), pp.882-912; 安藤仁介「自由権規約委員会による国家報告審査方法の進展──審査の実効性向上を目指して」（初出2005年，『実証の国際法学』（信山社，2018年）所収）や，起草過程を中心に，小畑郁「国家報告書審査制度における自由権規約委員会の複合的機能──起草過程を手がかりとして」安藤仁介・中村道ほか編『21世紀の国際機構：課題と展望』（東信堂，2004年）等を参照。

(12) この2つのモデル観の提示は実務から一般化したものであり，一方で「審査（examination）」（例えば規則69）と称されつつも，他方，後述の第4段階では「建設的対話（a constructive dialogue）」（例えば規則73-1）と称されることを反映させて表現した。OHCHRの語彙集によれば「建設的対話の観念は条約機関が（たとえその機能の幾つかが準司法的だとしても）司法機関でないという事実を強調する」(Huan Rights Treaty Bodies: Glossary of technical terms related to the treaty bodies" (〈https://www.ohchr.org/EN/HRBodies/Pages/TBGlossary.aspx#cd〉)。なお，同一ではないが類似する着目の仕方として，小畑・前掲注(11)参照。

(13) The Human Rights treaty bodies: protecting your rights – Booklet, 2015, p.5.

(14) CCPR/C/99/4 (Focused reports based on replies to lists of issues prior to

実行の検討の後[15]，2018年にこちらが原則となった。現在は，簡易手続からオプト・アウトしたときのみこの標準型の審査手続を採用する。特に複数回の審議を経験している国について詳細な報告書を各回で作成したり委員会がこれを求めたりする意味は乏しい。このことは委員会が継続的な監督機関であるという特徴をよく示している。報告書には，国家が執っている措置や進展，履行に際して関連要素や困難が記される（規則66-1）。報告書や下記「回答」を含めた関連文書は一般に配付され（規則65），透明性が確保されている。

　(b)　第2段階は委員会による質問票（List of Issues）の当事国への提出である（規則71-2，73-1）。この手法は諸国の第2回国家報告の審査に先立つものとして1985年に導入され，当時は審査する会期開始直前の1週間前の作業部会で作成された[16]。質問票は，実際の対話の段階で尋ねる論点のリストであり，当事国が有する複数の人権諸問題のうち委員会がより重要だと認める諸論点である。現在は，実際の審議の数年前にこの質問票が提出される。20〜30の論点（issues）があり，各論点には数え方にもよるが最大3つ程度の質問が用意されている。

　質問票の起草は，事務局作成の原案を基に，委員会から選ばれた約5名のメンバーから成るタスク・フォース（以下，TFと表記する）が担う。各種の国内人権機関や人権CSO等から情報を提供する機会は大きく3回あるが，これが最初のものである。

　質問票は論点を絞る観点から重要である。一連の審査サイクルで最重要の段階は後述の「建設的対話」であるが，ここでの審議時間は6時間と限定されおり，サイクル全体を通じても作業の資源は限られている。審査対象国の無数にありうる人権問題の全てを扱うことはできず，特に深刻な人権侵害を抱える国は多数の種類の人権問題を抱えているのでより有益な制度運用のためには論点を絞らなくてはいけない。また，このことから，例えば共通する論点について，取り上げられていない特定A国よりも取り上げられている別のB国の方が深刻だということにはならない。これは国連人権理事会下の特別手続きとは別の状況である。

　(c)　第3段階は，質問票への国家による書面の回答（Reply）である。簡易

---

　　reporting (LOIPR): Implementation of the new optional reporting procedure (LOIPR procedure))，29 September 2010.

(15)　CCPR/C/123/3（Simplified reporting procedure），6 December 2018.

(16)　Report of Human Rights Committee, A/39/40, 20 September, 1984; 安藤・前掲注(11)164-165頁等参照。

手続では，これが上記の国家報告書の代替を構成することになる（規則73−2参照）。回答では，おおむね質問項目に沿って応答がある。回答後原則1年以内に次の第4段階たる審議がなされることになっている（規則73−1）。

2 「建設的対話」を行う会期

(a) 第4段階は国家報告制度のハイライト，「建設的対話（a constructive dialogue）」である。無粋ながら，対話自体が「建設的」でないことはもちろんあるし，そもそも「対話」がなく代表団が不在のまま審議がなされることも例外的にはある（規則68−2）[17]。審議開始の約一カ月前に，国内人権機関やCSOからの書面による情報提供を締め切る。もっとも，対話の直前にもCSOによる対面の情報提供の機会も設けられており，CCPRセンターというCSOがとりまとめているブリーフィングの場（昼休みや会議前後の早朝や夕方）もある。委員は対話の直前まで情報収集及び質問の作成に努めることになる。

着目すべきは，委員が質問を作成する際に参照する文書の多さである。国連のコア文書（その国の基本情報を記した文書），以前の審議があればそのときの議事録及びその総括所見，あればその後のフォローアップ手続での関連文書，他の人権機関が審査していれば同様の記録，他の国連機関である人権理事会の普遍定期審査（以下，UPRという）や専門機関や特別手続での記録，対象国の国内人権機関の文書，地域人権機関文書（つまり，例えば欧州の国であれ欧州人権評議会の文書，場合によっては欧州人権裁判所の関連判例など），あれば特別手続報告者の文書，関連するメディアの報道，CSOからの諸文書等である。いわゆる2次文献，学術論文はあまり参照されないが，資料が少ない場合には言及されている。事務局からこれらの資料のリストが対話の1，2カ月前からTFメンバーに送られててくる。逐次更新され，また適宜委員側からその情報を提供する。URL等のリンクを並べた文書だけで，10数ページに亘ることがある。

この段階が信頼に値するかを判断する要素の一つは，質問する側がどれだけ多くの資料に触れえたかである。周知のようにCSOからの文書はカウンター・レポートなりアルタナティヴ・レポートと呼ばれることがあり，CSO他と当事国の対審構造を措定したうえでの審査モデル観を観念できなくもない

---

(17) 最近の例として，第138会期（2023年）でのブルンディ第3回国家報告審査がある（Press releases, "UN Human Rights Committee regrets Burundi's withdrawal from public dialogue", 03 July 2023）。

が，実のところ事情は様々である。また，すべての資料の信頼度が同程度だとは考え難く，そう想定するのは危険でさえある。諸情報をいわば立体的に組み合わせることになるし，個々の情報毎に可能な複数のシナリオを考えることになる。単純には，例えば，立場の異なる多くのレポートで同じ事実が指摘されている場合はその確からしさは高いとか，他の審査で信頼性の高い情報を提供してくれた団体はここでも恐らく正しいといった経験則が生きると思われる。また，政府が対立する事実を主張している場合は，その背景にありうる複数のシナリオを想定することになる。こうした推測は総合的で立体的な把握といえるが，こうした思考作業が可能で公平なものとなるためには，できるだけ広い情報源からより多くの情報を得ることが前提になる。

　幾らかの秘匿資料はあるものの，寄せられた CSO や情報の大部分は国家報告書や質問票及びその回答と共にホームページ上で公開され，高い透明性を維持している。当事国が対話の最中に委員会の立場が偏っていると批判することがあるが，これに対して，用いている資料を明示できること，それを事前に公開していると応じうることを言える意義は大きい。

　参照する資料は膨大で，1名の国別報告者（カントリー・ラポター）とそれを含む基本5名から成る TF メンバーが中心となって対話にあたるが，論点が最大30ある場合，1人あたり5，6の論点を担当することになる。18名全員が同程度に特定当事国の作業に当たるのではなく，委員会内に TF を設けること及びその内部での作業分担を行うことは，膨大な情報を短期間に処理するために必須の体制である。委員の多くは本国に本職を持っており，割ける労力には制約がある。TF メンバーは対話前にそれぞれの担当論点を中心に打合せ，また対話当日の数時間前までに TF メンバー全員の報告原稿が共有されている。これは同時通訳を円滑に行うためでもあり，当事国と委員会がより建設的に対話する技術的な工夫の一部である。

　(b)　「建設的対話」当日の基本的な型は2日間で，各3時間の計6時間である。対話は非常に集中的である。人権理事会での作業時間が3時間半で（第2サイクル以降）より多数の発言国がいることと対比すれば[18]，委員会での審議がよりインテンシヴなものであることを推察できよう。通常は特定日の午後に1日目の対話が開始される。近時の慣行の一例でいえば，政府代表による開会の辞（15分）の後，TF メンバーからの質問が全体で30〜45分程度続き，その後休み時間となる（15分）。この間，代表団は別室で質問への回答を準備する。

---

(18)　<https://www.ohchr.org/en/hr-bodies/upr/basic-facts>

国家と海洋の国際法（上巻）第 1 部 国際法／V 人権

　その後，政府代表からの回答（1 時間）があり，各 TF メンバーと，場合によっては TF 以外の委員からも追加質問があり，これに代表団が回答して一日目が終了する。追加質問が更に継続する場合もあるが，そのための時間はないことが多い。

　翌 2 日目午前に，少なくない場合，代表団が前日に応えきれなかった質問に応え，その後，各 TF メンバーによる質問へと続き，前日と同じ要領で進む。最後，代表団による回答及び最終発言があり，その後，委員長が簡単に総括して対話を終える。

　少なくとも委員会側から見たとき，この対話の管理は相当程度規律されている。TF メンバー間で発言原稿が共有されるだけでなく，事前の準備会合では対象国に対するポイントや注意点も議論される。また，対話のための時間が限定的で，委員会側でなく当事国の発言に多くの時間が割かれるべきだという理解が共有されているので，TF メンバーの質問は一論点について基本的に 3 分に制約されている。また，ここ数年の慣行として，TF メンバー及び委員全体で特別な SNS のグループを設定して，審議中もテキスト・ベースで，当事国の返答を聴きながらやり取りしている。つまり，以前であれば委員間で耳打ちなりメモの受け渡しなりで対応していたことを，電子ベースでシステマティックに行っている。筆者のイメージは，連携のよく取れたバレーボールやサッカーのようなものである。

　対話において発言できるのは TF メンバーに限られないものの，審議時間が限定的なために，それ以外の委員が発言することは多くない。もっとも，漏れ落ちた論点を拾ったり，当該委員の専門性と強い関連性を有する論点の場合（例えば，対象国裁判所の独立性について自国で裁判官を務める委員が質問する）などは特に有意義になる。

　また，質問票以外の質問は基本的には行わないし，ここで議論されたこと以外の内容を総括所見に入れ込むことも基本的に行わない。それをしてしまうのは当事国にとって「不意打ち」となるし，当事国からの建設的な対応も期待できない（日本の民訴法第 157 条における時機に後れた攻撃防御方法の却下等と同様）。もっとも，質問票作成から第 4 段階まで相当の時間が経過している場合，新しく起きた人権問題に言及できないことがあり難を残す。

　審議は公開であり[19]，これは ILO の条約勧告適用専門家委員会などと対比で

（19）　日本の例だと，第 7 回国家報告審査の映像（第 136 会期，3925 会合，3924 会合。2022 年 10 月 13 日，14 日）を <https://webtv.un.org/en/asset/k1k/k1kavs367g> 及び

きる。UNTV でネットを通じて会議のあるのと同じ時間帯に誰もが視聴できるし，程なくアーカイブ化されいつでも視聴できるようになり，非常に透明性が高い。委員の立場から言うと，行き過ぎるにしろ慎重になりすぎるにしろ，迂闊なコメントはできない環境にある。つまり責任ある対応が求められる。

対話の終了後に委員と国家代表団で自然発生的に写真撮影が行われることが度々ある。審査モデル観に従うなら不適切な行為だと思われるだろうが（国内裁判所で原告と裁判官，被告人と裁判官が裁判後に記念写真撮影することはない)，他方で，対話モデル観からすると，両者は対等で協力し合う存在でもある。一見，些末な点ながら，国家報告制度の制度設計の考え方の違いで評価も異なってこよう。当然ながら，「建設的」対話が一定程度できたと特に当事国側が思わないとそういった雰囲気にはならない。なお，対象国の人権状況の良し悪しと対話の建設性は必ずしも対応するわけではない。重大な人権侵害国が真摯に対話に望むこともあるし，それと逆と思える場面もある。例えば政府に状況改善の能力がなくても，その意思があるなら，対話自体は建設的となりうる。

研究手法との関係で，議事録（規則 37, 38）に加えて UNTV の重要性を強調しておきたい。人権条約機関の国家報告制度に言及する際は，総括所見か議事録を参照するのが一般的である。しかし，非言語コミュニケーションや短く要約された議事録を深く理解する観点からは UNTV による視聴が有用な場合がある。百聞は一見に如かず。

（c）第5段階は対話終了後にそれを基礎としてその会期中に総括所見を起草・検討・採択するまでである（規則 74–1）。1992 年以降の実行である[20]。まず，上記の対話の会合終了後 48 時間以内に書面による補足回答を受け付ける。実際，非常に集中的な審議において，全ての論点について当事国が応えきるのは相当な事前準備と力量を要するし，委員からの統計資料の求めなどは直ぐに対応できるとは限らず，本国の関係省庁とのやり取りを含まなければならない。48 時間の制限は特に時差の問題を考え合わせると当事国にとってハードルがかなり高いことは間違いないが，他方で，この制限内でないと当該会期のうちに委員会側が総括所見の採択に至るのは困難である。各会期の後半は個人通報制度の審議を行うのが通常であるが，並行して総括所見の草案を少しずつ固めていき，最終的には全体会合で細かい文言調整を含めて検討・採択する。

総括所見では，大きく肯定的側面と主要な懸念事項及び勧告が示される。と

　　　<https://webtv.un.org/en/asset/k1m/k1mhcmd4ro> で確認できる。
（20）　W.A. Schabas, *supra* n(11), pp.903-907 ; 安藤・前掲注(11)170-171 頁，等参照。

りわけ「肯定的側面」は対話モデル観を示すものと言える。後者については事実確認とそれと対応した勧告の2つの段落が対になっている。

特徴的な内容の1つはすべての総括所見の終わりの部分で，委員会が勧告のうち一定の範囲で優先性（priority）を与えて早期のフォローアップ情報を求める点である（規則75）。直近の日本の第7回審査では国内人権機関，難民及び庇護申請者を含む外国人の待遇，児童の権利がそれにあたる[21]。

この優先的論点は平均して3つであり，その選出に当たっては，主に2つが基準となっている[22]。(a)1つは，採択から3年以内に実施可能である（impenetrable）ことであり，(b)もう1つは，状況の重要性（gravity）または緊急性（urgency）故に注目が必要とされることである。一般に(b)は理解しやすいと思われる。(a)の発想を逆から説明すると，重要な人権侵害問題があまりにもその社会に根付いている場合，早期に政府の対応を求めることが現実的でないことを考慮する必要がある。この場合，逆にこの論点なら手を付けやすいはずだという実効性の観点から優先的論点を選出することになる。この選出基準は審査モデル観からは出てきにくい。つまり，対話モデル観に従いつつ，「これくらいなら短期間でも出来ますよね」というメッセージを当事国に伝えているのである。明示されていない基準だが，他に，他の人権条約機関が触れうる・触れていることについてはそちらに任せるという発想があり，例えば男女差別が重要な問題であっても，女子差別撤廃委員会が近時に触れていれば敢えて自由権規約委員会が重複して優先する必要性に乏しい。人権条約機関全体での分業の考えが一定程度共有されている。円滑な運営のためには，優先的論点の摘出だけでなくその理由も示す方が良いように思われる。なお，優先的論点の選出が上記の理由・基準に基づくことから，ありうる幾つかの誤解を避ける必要がある。一つは，他の論点が重要性に劣るという誤解である。そもそも，20〜30の論点から落ちていても重要な論点はある。また，優先的論点は個別国家ごとの評価として選ばれており，諸国の横並びの人権状況評価と誤解してはいけない。

---

(21) CCPR/C/JPN/CO/7（Concluding observations on the seventh periodic report of Japan），3 November 2022, para.47.

(22) CCPR/C/161（Note by the Human Rights Committee on the procedure for follow-up to concluding observations），23 December 2021, paras. 5, 6.

3 「建設的対話」の会期より後の段階

第6段階は，上記，総括所見後の当事国による改善状況のフォローアップであり，2002年に開始した[23]。2013年7月会期ではこのための特別報告者を設けることを決めた。

このフォローアップ手続の特徴の1つは，当事国のその後の措置についてA〜Eのランクで評価することにある[24]。その内容は，情報や行動が，A（概ね満足），B（部分的に満足），C（不満足）のほか，D（協力なし），E（情報や採られた措置が勧告と反対または拒否となっている）というものである。

当事国からの情報の他[25]，この段階でも国内人権機関やCSOなどのステイクホルダーからの情報提供を参照する。フォローアップ手続の担当者が事務局と協力して原案を作成して，公開の場で審議される。ただし，上記の第4段階と異なり当事国は参加していない。

このランク付けも他国との比較には馴染まないことを強調しておきたい。そもそも，論点の摘出自体が，その国の事情に根ざしている。このフォローアップ手続きは，次の国家報告にも生かされ，次のサイクルへと繋がっていく。

以上，国家報告制度の運用を時系列に従って概観したが，運営は公式・非公式の多くの規律に従っており，例えば対話の局面にしても委員がその場でふらっと思いつきを口にするような体制でないことは強調すべきであり，数年かけて，実に広い関係者を巻き込んだ組織的活動である。

III 制度運営の基盤——審査参加者と成果物の法的性格

以上のように概観した上で，同制度が信頼に値する・参照に値するのかの問題意識から，追加的に，各段階を通して問題になりうる次の2つの点を論ずるべきだろう。1つは対話の参加者，もう1つは成果物の法的性格に関してである。

---

(23) Report of the Human Rights Committee, Volume I（A/57/40），2002, pp.25, 153; 安藤・前掲注(11)174頁。また，前田直子「国連人権条約における国家報告審査の実効性——総括所見フォローアップ手続の課題」芹田健太郎・坂元茂樹ほか編『実証の国際法学の継承』（信山社，2019年）等も参照。

(24) CCPR/C/161, *supra* note（22），para.21.

(25) 例えば，日本の第6回国家報告審査のフォローアップのやりとりにつき，＜https://www.mofa.go.jp/mofaj/gaiko/kiyaku/index.html＞参照。

国家と海洋の国際法（上巻）第1部 国際法／Ⅴ 人権

1　対話の参加者——委員会，当事国，関係するすべての主体

（a）　第1に着目すべきは国家報告制度における参加者である。そもそも，手続自体がよく整備されていたとしても，実際の運営に関与する主体に問題があれば，制度自体への信頼は大きく損なわれる。ここでは最重要である自由権規約委員会ないしそれを構成する委員について特に多く記述する。

　自由権規約第28条2項は，委員の基準を「高潔な人格を有し，かつ，人権の分野において能力を認められたこの規約の締約国の国民」とし，「法律関係の経験を有する者の参加が有益であることに考慮を払う」と定める。就任時の宣誓文に示されるように，「独立して」「公平に」「独立に」職務を遂行し（規則15），アディスアベバ・ガイドライン[26]に従う（規則16）。

　法律家要件は他の委員会と比較した場合，自由権規約委員会において特徴的である。人権保護がときに先進的，ときに過度に野心的となりうる実際的観点からも，法学という伝統的な方法論への依拠は信頼の源泉の1つと言えよう。また，政治機関たる国連理事会の普遍的定期審査が人権条約機関と相互補完的と言われており[27]，国連全体のエコ・システムにおける分業の観点からも重要である。

　委員は選挙で選出される（第29条）。地理的配分を考慮されるが（第31条2項），別の国際選挙のような地域割り当て（ITLOS 規程第3条2項）や ICJ について言われる事実上の慣行があるわけではないので，地域バランスが大きく崩れる可能性は常にある。また，女性の割合については，より近時に採択された国際刑事裁判所規程のような明示的規定（同規程第36条8項(a)(ⅲ)）はないが，常に留意されている。ジェンダー問題を含む個人がかかわる問題に対処する性質上，強い要請というべきだろう。

　国家報告制度との関係では，特に，基本的に5名から成る TF の構成に着目する必要がある[28]。審査対象国出身の委員はその国の報告書や総括所見起草の議論に参加できないことから（規則74-2），当然，TF メンバーにもならない

（26）　A/67/222, 2 August 2012, Annex Ⅰ（Guidelines on the independence and impartiality on the human rights treaty bodies（「"the Addis Ababa guidelines"」）

（27）　岩沢雄司『国際法〔第2版〕』（東京大学出版会，2023年）383頁。なお，より広く国連諸機関との関係について，G. Minet, "Human Rights Co-Ordination Within the UN System Get access Arrow", M. Frédéric, and P. Alston（eds）, *The United Nations and Human Rights: A Critical Appraisal*, 2nd Ed., 2020, Oxford University Press 等を参照。

（28）　この意味は委員会によって異なる。例えば，強制失踪委員会の場合は，担当している2人が CR と呼ばれている。この分担システムはカバーすべき権利の種類の多い自由権規約ならではとも思われる。

ことが最も重要な特徴である。公正性の観点からすると当然のように見えるが，調査機能に乏しい人権条約機関にあって対象国を最もよく知る委員を審議から外す意味は小さくない。他の機関の国籍裁判官制度（ICJ 規程第 31 条，国際海洋法裁判所規程第 17 条 2 項）と対比的であり，そもそも，二者間の対立を念頭に置いていないことや技術的に表現が困難なこともあろうが，「司法機関」以上に公正だとも言いうるだろう。審査モデル観が強く表現されている。

　各委員がどの当事国を担当するかは，各委員の希望を踏まえつつも，委員の使用する作業言語[29]や，出身地域バランス，ジェンダー・バランスなどが考慮されて決まる。なお，各種委員会の中で自由権規約委員会だけがこの TF メンバーを事前に公表しないことにしている。CSO 側からすると情報提供すべき特定の委員が分からないのはデメリットとも言えるが，その機会はほかにもあり，委員の安全や腐敗のリスクを防止するために重要な措置だと考えられている。また，安全であることによって独立して，責任ある職務を担いうるともいえる。実際にそうしたリスクがどの程度あるかにもよるが，この点，制度を審査モデル観に引き寄せていることになる。

　なお，TF メンバーという場合，質問票作成の上記第 2 段階と実際の対話の第 4 段階の 2 つがあることに注意されたい。前者と後者では数年の間が空くことになるため，委員の任期との関係で TF メンバーの構成が変わっていることが少なくない。私見では，これはむしろ好ましいことである。審査モデル観によるせよ，対話モデル観によるにせよ，この制度が委員の個性や選好から完全に離れることはできないが，その運用は一体である委員会として行われてるべきものだからである。2 つの段階での整合性の問題は残ろうが，質問票作成の段階では各論点の趣旨が伝達されており，そうした規律の下に行われている。

　以上のような委員会委員と一体となっているのは，実際の事務を司る国連人権高等弁務官事務所（OHCHR）の事務局である（規則 24〜28）。会議の日程作成，会合の設定，当事国との連絡，資料収集，原案作成等，あらゆる局面で重要な黒子の役割を担っている。そもそも，委員が一期 4 年の任期付きであることを考えれば，事務局は通常の委員以上の経験と知見を有しているとも言える。ここから，事務局が過度に力をもつ懸念も生まれうるだろう。OHCHR と個々の委員の見解が完全に一致するわけではないが，そもそも委員会内でも意見は常に一様なわけではない。このことは OHCHR を構成する職員でも同様で，

---

(29)　言語問題は小さくないが，紙幅の都合でここでは論点の指摘に止める（規則 29〜34，参照）。

より一般的にどの組織でも生じていることがここでもある。そもそも意見が一致しているなら話し合いの必要もないことになる。委員会と事務局は「人権及び基本的自由の尊重するように助長奨励する」（国連憲章第1条3項，等）という共通の目的の下にある。

（b）別の参加者は審査対象でもあり対話の相手方でもある国家である。そもそも，条約法の観点から言えば，当事国はこの条約の構成国自体である。国家が最も前面に出るのは特に上記第4段階で重要な主体は国家代表団（delegation）である。一般には，代表団の構成員の数は多いほど，その構成員の国内的地位がより高いほど国家報告制度を重要視しているという印象を与える。また，構成員に女性が多いことを明言して歓迎する委員もいるし，当該国の少数者や分権的国家のそれぞれの内部の代表者を代表団に含めることは一定のメッセージを送ることになる。もちろん噛み合った議論をする能力と姿勢があった上での事柄であり，逆に言うと，常に連動しているわけではない。

国内人権機関やCSOが重要な参加者であることは周知の通りである。上述のように，調査機能が限定的な委員会にとってはそれなしでは審査が機能しないほどに重要な情報提供源なだけでなく，その参加自体が，国境を越えた民主主義の実現の観点からも重要である。また，彼ら・彼女を保護すべく，脅迫・報復に関するガイドラインが作成されている[30]。政府に好意的ないし政府組織NGO（いわゆるGONGO）の存在も問題ではあるが，そもそもどういった指標でどのように認定するかは困難な課題であり，政府の意見に近いことから直ちに当該情報を排除するのも適切だとは言いがたい。前述のように各種の情報の突き合わせが重要になる。

（c）更に委員会委員，当事国代表団とCSOほかが第4段階で審査会場の同じ空間を共有している重要性にも触れたい。委員会が有する別の重要な履行確保手段は個人通報制度であり，あるいはより法的性格の強いこの制度を高く評価する向きもあろうが，この制度の制約として当事者に直接尋ねられないという問題点がある[31]。司法機関一般に劣るという意味での「準」司法機関たる側

---

(30)　HRI/MC/2015/6（Guidelines against Intimidation or Reprisals（"San José Guidelines"））30 July 2015.のほか，幾つかの委員会はそれぞれのガイドラインをもっている。また，国連ホームページ上には脅迫・報告に関する・担当者及び通報先が示されている。<https://www.ohchr.org/en/treaty-bodies/preventing-and-addressing-acts-intimidation-and-reprisal-cooperation-treaty-bodies>

(31)　制度上可能ではあるが（CCPR/C/159（Guidelines on making oral comments concerning communications），21 December 2017），実際上は限定的で困難である。

面であり，しばしば判断の前提たる事実関係の確認が取れないまま議論が膠着
状態になることがある。この点，第4段階において事実関係について応えるべ
き代表団がいることは大きい。心証形成の観点からも，回答が書面だけによら
ないことでより確実な審議ができる。別の重要な側面は，代表団は委員会とだ
け向き合っているのではなく，情報提供のために来て傍聴席にいるCSOとも
間接的に向き合うことになる。審議終了後に，CSOと代表団の関係者が話し
合っている場も見られる。対立する両当事者が共有する1つの空間を提供する
意義は大きいと思われる。

　これと一見逆の議論に見えるが，近時重要なのはオンラインの活用であり，
審議もハイブリッド形態が一定程度増えていることである[32]。他のフォーラム
同様，この制度にあってもコロナ禍以降の変化は重要であり，オンラインの活
用は当事国のコスト削減に資するし，当事国にとっても委員会にとっても好ま
しいのは，よりハイレベルの政治家やより適切な立場にある担当者が本国から
参加してくれる可能性が高まることである。オンライン活用はCSOにとって
一層重要であり，特に高額の交通費・滞在費を賄えない草の根団体，そもそも
移動の自由が政治的制約下にある団体については不可欠であり，委員会からす
ると情報の質に直接関わる重要な問題である。他方，ただし，オンライン活用
では対面の利点が減じることにはなる。また，時間管理が乱れやすく，対面の
場合と比較して微妙な人間的緊張関係を修復しづらい。運営側の技術的・資金
的な問題もある。

2　成果物の法的性格

　国家報告制度において最も重要な成果物は，周知のように建設的対話の成果
として，その会期の最後に提出される総括所見（concluding observations）であ
る。その性格は，そもそも文書内の表現にあるように，勧告（recommendation）
である。成果物が拘束的でないことは，例えばICJやITLOSの判決が拘束的
であること（ICJ規程第59条，ITLOS規程第33条）と対比的である。勧告的性
格故に拘束力が無いことを明示的に強調することは稀であろうが，裁判上は無
視などの形をとることになる[33]。

---

(32)　例えば，近時だとガイアナ（第140回会期，2024年），シリア（第141回会期，2004
　　年）など。

(33)　Study Group on Principles on the Engagement of Domestic Courts with
　　International Law, *supra* note (3), para.40, 等。

国家と海洋の国際法（上巻）第1部 国際法／Ⅴ 人権

　本稿は，勧告を単なる事実上のものとしたり，それ故に考慮に値しないとしたりする立場は取れないと考えるが，同時に，勧告的性格に止まることには，以下の理由からむしろ肯定的である。

　第1に着目すべきは，人権条約機関が対象とする事項とその審査態様に関する，本制度の国際法基本構造から見た革新性に関わる。自由権規約に特に当てはまる点だが，人権条約は各国の統治を積極的に対象として，しかもその監督が継続的なサイクルを構成している。これに対して，原則的に言えば ICJ にしろ ITLOS にしろ，それが対象とするのは国家の統治そのものではない。もちろん，近時は人権条約が管轄権の基礎となっているものは少なくないが[34]，請求主題は制限された側面に限られる。各種人権を対象にしつつその義務づけのために（自由権規約第2条等），選挙制度や司法制度といった国家の基幹的な制度及びその運用の在り方や，管轄下にある個人の人権一般及ぶわけではない。留保によって義務を免れられるのは限定された範囲である。つまり，対象事項だけ見れば他の司法裁判機関よりも多く国家の主権的作用に関わっている。また，上述のように審査がサイクルを構成しているということは，審査機会が個々の同意，例えば付託協定の締結と同様の行為を要しないことを意味している。判決が最終的である（ICJ 規程第60条，ITLOS 規程第33条1項）というシステムではないことは低く評価されるべきではなく，先々までのコミットメントが条約の締結によって包括的に事前に用意されている。総括所見が勧告的であることが自明なものであるために，それを出発点として推論するために逆にその意義を弱めて理解されかねないが，審査の対象事項とその長期的態様は一般的に司法裁判所よりも脱主権的である。この点を強調しつつ，国家主権を基本とする国際法規範秩序に適合的な制度として，総括所見等の成果物を勧告的性格に止めることは一つの正当なバランスの取り方だと思われる。

　第2に着目すべき点は，逆に，人権条約機関の実務上の限界から来る。上記手続に示されるように，より多くの資料を参照して相互に突き合わせ，依拠する事実の確からしさを高めたり，発言の偏りを減らしても，判断の誤りのリスクは避け切れない[35]。情報収集は膨大な一方で，自らの調査は限定的である。

（34）　1984年拷問等禁止条約，1965年人種差別撤廃条約，1948年ジェノサイド条約が問題になっている。Questions concernant l'obligation de poursuivre ou d'extrader (Belgique c. Sénégal), arrêt, *C.I.J. Recueil 2012*, p. 422; Application of the International Convention on the Elimination of All Forms of Racial Discrimination (Qatar v. United Arab Emirates), Preliminary Objections, Judgment, *I.C.J. Reports 2021*, p. 71, 等。

（35）　寺谷・前掲注(9)13-14頁等。

良くも悪くも「外から」の評価であり，他国と一律の客観的評価とも言えるが，それぞれの対象国家の内在的な理解には限界が残る。より適切な判断のための資金的・人的リソースも限定的である。ICJ 等による判決が，例えば両国が結論に従うことを予め同意しつつ適正な国境線の画定を求める場合のように，言わば定義上正しいものでありうるのと異なり，人権条約機関の判断は他の主体，とりわけ国家のそれと競合的であり，何よりも誤りや不適切な判断の責任を委員会は負えない。人権条約機関の対象とする国家統治に関わる内容は，その国の民主主義に委ねられており，民主主義は間違うリスクと権利を自らが負うシステムである。本来的に成果物は助言であり，制度運用は対話的である。

　なお，総括所見の法的性格については，個人通報制度の成果物である「見解（view）」との関係も考慮する必要がある。一般的意見 33 はこの制度の司法的特徴に言及しつつ，敢えて「権威ある決定（an authoritative determination）」としている[36]。日本政府が個人通報制度への参加に慎重になっている理由の 1 つに「司法権の独立」を挙げていることも[37]，「見解」が事実上の効力以上のものとなる可能性を前提にしている。つまり，自由権規約は全体として勧告的役割を果たしつつ，各国家が選択できる個人通報制度について，その成果物をより拘束力を有する側に位置づけている。もっとも，完全な事実とも言いがたい総括所見と見解の区別は程度差のように思われる[38]。

　この点，冒頭の宮崎＝宇賀反対意見は，国家報告制度における委員会判断

---

(36)　CCPR/C/GC/33（General Comment No 33），paras.11,13, 5 November 2008. 岩沢雄司「自由権規約委員会の規約解釈の法的意義」『世界法年報』29 号（2010 年）等参照。なお，一般的意見 1（1981 年）及びその新しい版である一般意見 30（2002 年）にこの種の言明はなく，専ら手続的側面を扱う。

(37)　第 5 回国家報告審査（2008 年実施）の質問票への回答（CCPR/C/JPN/Q/5/Add.1, 1 October 2008, p.3）。その後も，そこまでは明確ではないが，「司法制度や立法政策との関連」を理由に挙げている。なお，関連して，齋藤民徒「国際人権法の審級論――日本国裁判所と仮想の『第四審』」『法律時報』第 94 巻 4 号，2022 年も参照。

(38)　例えば，岩沢・前掲注(27)368 頁，371 頁。そこでの表現からは両者の区別は明確に見られない。それはそもそも相互作用の結果ともいえる（古谷修一「自由権規約委員会における規約解釈の動態――総括所見，見解，一般的意見の相互作用」『国際人権』32 号（信山社，2021 年）参照）。このことを好ましいととらえるかはともかく，「見解」の法的性格に関する論争は，一般的意見 33 の採択によって落ち着きを見せる一方で，これを総括所見の法的性格とどう関連付けるべきかという議論はなお探究されるべき論点のように思われる。なお，個人通報制度における暫定措置については拘束力を認める見解が一般的である（E. S. Madrigal and G. Zyberi, "The Function and Legal Status of Interim Measures Indicated by Various Human Rights Bodies and the International Court of Justice", NCHR Occasional Paper Series #15 2022, p.4）。

について，個人通報制度の「見解」に近い価値を見出しているようにも見える。しかし，同意見が正しく指摘しているように，根拠となる条約がそもそも拘束的で，日本の国内法秩序で「国内法」として妥当していることは「見解」の場合と同様であり，同反対意見は「勧告」の意義を正しく評価したのだと思われる。もとより勧告とは一般に純粋な事実の指摘ではありえず，同反対意見は，その件における勧告の内容を広い文脈に照らしつつ，適切に敷衍しているように思われる。もちろん，条文が拘束的であることと，その監督機関が判断を提出していることとは区別でき，とりわけ国家が当該解釈を争う場合はこの区別は重要になる。しかし，条約自体がその監督機関の設置を規定しており，それも含めて国家は拘束されているのであり，その判断を考慮に値しないとするのは背理であろう。また，その権威ないし正統性は程度問題といえ，国家報告制度の実際の運用も考慮すべきだが，本稿が縷々と記述してきたようにそれは十分に規律だっており，そのプロセスで生まれた勧告を当事国が少なくとも無視できるものとは思われない。

また，こと本件については同反対意見は繰り返し同じ内容が勧告されているのに反論が出されていないことを強調している。つまり単発であったり争いがあったりする場合の勧告とは区別している。その語句は示されていないが，禁反言の法理[39]が適用されているようにも窺われる。

IV　結　　び

人権条約機関が単に「準」司法機関であると位置づけることは，ともすると，「司法機関」に劣るとする評価にも通じかねない。しかし，関連する機関及びその方法が適切かどうかは，社会目的との関係で決まる[40]。「権威が高くない」という評価も，ある視点に立てば一定程度その通りだろうし，これは拘束力との関係で生じているのであれば，それは構わない。人権の実現はつまるところ当事国の実施に任されているし，それが民主主義にもかなう。人権条約機関の国家報告制度は大きくは対話モデルに従いつつ，同時に審査モデルをも組み込

---

(39)　もとより国内法の法理であるが，国際法の中でも根付いている。Case concerning the, Temple of Preah Vihear, Judgment（Merits）, *ICJ Reports* 1962, pp.32-33; In the Matter of the Chagos Marine Protected Area Arbitration, Award, PCA Case No 2011-03, paras.434-447; Mads Andenas et al.（eds.）, *General Principles and the Coherence of International Law*, Brill/Nijhoff, 2019, 等。

(40)　複線構造論（高野雄一「外交関係条約と司法的解決条項」『国際社会と法──高野雄一論文集〈1〉』（東信堂，1999年）所収（初出1981年））と親和的な考え方と言えよう。

んだシステムである。更に言えば，冒頭の宮崎＝宇賀意見は，反対意見の中とは言え，日本の最高裁と人権条約機関とのキャッチボール，適切な「裁判官対話」[41]の一部といえる。

むろん，欠点のない優れたシステムというわけではなく，例えば直近の2024年であれば国連の流動性資金不足による会期の中止や審議期間の短縮は深刻であった[42]。他方，人権侵害は絶えることなく，それ故に人権保護も必要であり続ける。人権条約システムはそのような粘り強さ（resilience）を関係者に求めるシステムだと言えよう。

「粘り強さ」──この点で想起する柳井先生とのやや私的な思い出をここに記すことを許されたい。周知のように，柳井先生は長く国際法協会日本支部をpresident として主導してこられた。特に京都での世界大会開催に際して，2019年末から明らかになった新型コロナ感染症の世界的流行のために準備の多くが水泡に帰し，その開催が危機に瀕していたことが思い出される。2020年3月，春の陽光が注ぐ学士会館で東日本大震災でも大会が延期されたことにも触れつつ「我々にはツキがなかったということか」とポツリと先生がおっしゃったことが思い出されてならない。しかし，そのときを底としつつ言わば反転攻勢が始まり，未だ人類に馴染みのなかった，しかし今や当たり前の（そしてこれからも諸会合の一般的形態である）オンライン形式のILA 史上初の大会開催へと漕ぎ着けた。技術や状況の変容に応じて議論のあり方は変わる。しかし，議論の場の提供を継続し，それを粘り強く改善し運営していく価値はこれからも失われることはないだろうし，本稿が献呈論文の主題として「国家報告制度」を選んだ理由でもある。上記の思い出を記して読者と共有するとともに，柳井先生が国連海洋法裁判所裁判官の大任をお務め切ったことに心からお祝いを申し上げたい。

---

(41)　包括的紹介として，伊藤洋一編著『裁判官対話：国際化する司法の協働と攻防』（日本評論社，2023年）等参照。

(42)　とりわけ2014年総会決議（A/RES/68/268, *supra* note（10））から続く人権期間の課題と強化については本稿で触れておらず，別稿を期したい。なお，その歴史の概観としては，S. Egan, "Reform of the UN Human Rights Treaty Body System", M. Frédéric, and P. Alston（eds）, *supra* note（27）等を参照。

22 中国人権外交の転換

——人権分野における「相互に有益な協力」概念をめぐって

坂 元 茂 樹

I　は じ め に　　　　　　　　　　　的定期審査の機能
II　人権観念の対立は本当に存在　　IV　中国主導による「相互に有益
するのか　　　　　　　　　　　　な協力」の概念の展開
III　国連人権理事会における普遍　　V　お わ り に

I　は じ め に

　2021 年 3 月 22 日，米国は，英国，カナダ，EU と連携して，「中国が新疆ウイグル自治区でウイグル族に対するジェノサイドや人道に対する罪を続けている」と述べて中国への制裁に踏み切った[1]。米財務省はこうした人権侵害に関与したとして，新疆公安局長の陳明国氏と「新疆生産建設兵団（XPCC）」党書記・政治委員の王君正氏に制裁を科した[2]。

　EU も，同日，中国当局者 4 人（上記 2 人に加え，元中国政法委員会書記の朱海倫氏と新疆党委員会常務委員の王明山氏）及び「職業技能訓練センター」と称する強制収容施設を管理する XPCC 公安局に，EU 域内の資産凍結と EU への渡航を禁じる標的制裁（targeted sanction）の措置をとった。その後，豪州と NZ が続いたことで，1989 年の天安門事件以来となる中国への制裁で欧米各国の足並みがそろった[3]。日本政府は，制裁には加わらなかったものの，「我が国としては，新疆ウイグル自治区の人権状況について深刻に懸念している[4]」との考えを表明した。

---

(1)　https://www.state.gov/promoting-accountability-for-human-rights-abuse-with-our-partners/（最終閲覧日：2024 年 3 月 10 日）
(2)　https://home.treasury.gov/news/press-releases/jy0070（最終閲覧日：2024 年 3 月 10 日）
(3)　『日経新聞』2021 年 3 月 23 日配信。
(4)　松原仁衆議院議員の質問主意書に対する令和 3 年 2 月 19 日付の政府答弁書。

『国家と海洋の国際法　柳井俊二先生米寿記念（上巻）』〔信山社，2025 年 2 月〕　*509*

国家と海洋の国際法（上巻）第 1 部 国際法／Ⅴ 人権

　欧米諸国は，中国が新疆ウイグル自治区の収容所において国際犯罪とされる
ジェノサイド（集団殺害）や人道に対する罪に該当する大規模人権侵害を行っ
ていると確信し，先のような経済制裁に踏み切った。2021 年 5 月 12 日，欧米
18 カ国の国連代表部と国際人権団体が新疆ウイグル自治区の人権状況につい
て「ハイレベルイベント」と題するオンライン会合を開催し，相次いで中国を
非難した。

　しかし，中国は，「ジェノサイドや強制労働，組織的強姦や拷問は世紀の大
うそだ」と反論し，ウイグルでの人権弾圧を否定し，欧米各国や国際 NGO が
求める国連による現地調査を拒絶した[5]。中国は，特別報告者らの新疆ウイグ
ル自治区の調査について，中国政府への圧力の口実としての訪問や主権及び国
内管轄事項への干渉には断固として反対するとし，さらに新疆ウイグル自治区
では法に従って過激なテロリストと戦う努力がなされており，恣意的抑留の問
題は存在しないと反論した[6]。

　2021 年 10 月 6 日，日本を含む 39 カ国が国連総会第 3 委員会において，新疆，
香港及びチベットの人権状況に深刻な懸念を表明し，特に新疆ウイグル自治区
については，大規模な「政治的再教育キャンプ」のネットワークの存在及び信
頼性のある報告書ではそこで百万人を超える人々が恣意的に抑留されているこ
とに重大な懸念を表明し，信教の自由，移動，結社の自由並びにウイグル文化
への厳しい制限がなされ，ウイグル族や他の少数者に対する広範な監視がなさ
れ，強制労働や不妊手術を含む強制的な出生管理の報告がなされていると非難
した。そして，中国に対して，国連人権高等弁務官，関連する特別手続の任務
保持者を含む独立の監視員の新疆への迅速で意味のある，制限されないアクセ
スを許可するよう求める共同声明が読み上げられた[7]。

　また，国際人権団体であるヒューマンライツ・ウォッチは，2021 年 4 月，
報告書を公表し，新疆ウイグル自治区における収容されているチュルク系イス
ラム教徒の強制労働，抑留及びその他の身体の自由の著しいはく奪，拷問，迫

---

(5)　『朝日新聞』2021 年 5 月 14 日朝刊。

(6)　Report of the Working Group on the Universal Periodic Review, China, Addendum,
A/HRC/40/6/Add.1, p.3 and p.7.

(7)　Statement by Ambassador Christoph Heusgen on behalf of 39 countries in the
Third Committee General Debate, October 6, 2020. 日本はアジアからの唯一の参加国と
なった。『外交青書 2021』46 頁。なお，2020 年 6 月 30 日の国連人権理事会第 44 会期に
おける香港と新疆の人権状況を懸念する声明が 27 カ国であったことを考えると賛同国
がさらに増えている。

510

害，強制失踪，強姦，強制不妊手術及びその他の形態の性的暴力，住民の追放及び強制移送は国際刑事裁判所（ICC）規程が列挙する人道に対する罪を構成すると結論した[8]。また，同じく国際人権団体アムネスティ・インターナショナルも，その年次報告書で，中国政府が新疆ウイグル自治区で，ICC 規程第7条で対象犯罪とされている人道に対する罪を犯しているとし，「反分離主義」，「反過激主義」，「反テロリズム」の口実の下に，中国政府が 2017 年以降，推定で約 100 万人のウイグル族やカザフ族，他のイスラム教徒を裁判なしに恣意的に抑留し，収容施設で政治的洗脳や強制的同化を行っているとした。また，衛星からの映像ではそうした収容施設が増設されていると主張した[9]。

　これに対して中国は，2021 年 6 月 10 日，全人代常務委員会で「反外国制裁法」を可決・成立させ，即日施行させた。同法第 3 条は，「外国が国際法及び国際関係の基本的な規範に違反し，さまざまな口実もしくはその国の法律に基づき，中国に対して抑止・抑圧をし，中国公民及び組織に差別的な制限措置を講じ，中国の内政に干渉する場合」は，中国は，そうした差別的な措置に関わった個人や組織に対し，入国拒否や中国国内での資産凍結などの対抗措置を取る権利を有すると定めた[10]。

　さらに，2022 年 2 月 16 日付の党理論誌「求是」によれば，習近平国家主席は，2 月の党指導部の会議で，「国際人権闘争を積極的に展開せよ」との指示を行ったとされる。習国家主席は，自由や基本的人権の保障といった「普遍的価値」を米欧が訴えてきたことに対して，「世界に西側の民主や人権観，制度を強引に拡げようと他国の内政に干渉し，結果として社会の長期にわたる動揺を招いている」と批判し，「中国の人権観の吸引力，感染力，影響力を高めなくてはいけない」と述べたという[11]。

　このように新疆ウイグル自治区をめぐる対立の背景には，欧米諸国と中国における人権観念の相違がある。人権の保障は国際社会全体が追及すべき国際公共価値であると考える欧米諸国は，国際的な協調行動の形態をとりながら，各

---

(8)　Human Rights Watch and Mills Legal Clinic Stanford Law School, "Break Their Lineage, Break Their Roots"; China's Crimes against Humanity Targeting Uyghurs and Other Turkic Muslims, pp.44-48.

(9)　Amnesty International Report 2020/21, pp.120-121.

(10)　https://www.jetro.go.jp/view_interface.php?blockId=31996916（最終閲覧日：2024 年 3 月 10 日）

(11)　https://www.asahi.com/articles/ASQ6J5F32Q6JUHBI012.html（最終閲覧日：2024 年 3 月 10 日）

国家と海洋の国際法（上巻）第 1 部 国際法／V 人権

国の国内法に基づく個別の経済制裁に踏み切った。これに対し，中国は，国際公共価値としての人権という観念は欧米諸国が発展させた価値観に過ぎず，自らの価値観を中国に押し付けるためのイデオロギーとして利用されているとの批判を展開した。

　こうした対立の中，国連人権高等弁務官事務所（OHCHR）は，バチェレ（Verónica Michelle Bachelet Jeria）前人権高等弁務官が退任する 2022 年 8 月 31 日に，「中国新疆ウイグル自治区における人権の懸念に対する OHCHR による評価」と題する報告書を公表した。同報告書は，中国の新疆ウイグル自治区において「反テロリズム」や「反過激主義」の名の下に，深刻な人権侵害が行われていると認定し，中国政府に対して恣意的に拘束されている人々を釈放するよう迅速な措置をとること，また家族が情報を求めている個人の所在を早急に明らかにすること，など 13 の勧告を行った[12]。

　これに対して，中国は，当該報告書について，「反中国勢力が捏造した偽情報や虚偽に基づき，中国に非があることを前提にしている」とし，「中国の法律や政策を歪曲し，誹謗中傷している」と主張した[13]。中国は，巨大経済構想「一帯一路」を利用して，途上国への働きを強めた。これに呼応して，60 カ国が中国の立場を支持すると声明した。

　2022 年 9 月 1 日，米国のグリーンフィールド（Linda Thomas-Greenfield）国連大使は，米国と同盟国はウイグル族など同地域の宗教的・民族的少数派への中国政府による「大量虐殺と人道に対する罪」を終わらせるべく努力を続けると表明した。同時に，「国連人権理事会のメンバーが同報告書の調査結果についてできるだけ早く公式に議論する機会を持ち，これらの残虐行為の加害者が責任を問われることが重要だ」と述べた[14]。

　これを受けて，国連人権理事会において，同年 10 月 6 日，米国やカナダ，

---

(12)　OHCHR Assessment of human rights concerns in the Xinjiang Uyghur Autonomous Region, People's Republic of China, https://www.ohchr.org/sites/default/files/documents/countries/2022-08-31/22-08-31-final-assesment.pdf（最終閲覧日：2024 年 3 月 10 日）

(13)　China's Response to UN Report on Human Rights in Xinjiang, August 31, 2022, https://china.usc.edu/chinas-response-un-report-human-rights-xinjiang-august-31-2022（最終閲覧日：2024 年 3 月 10 日）

(14)　Statement by Ambassador Linda Thomas-Greenfield on the Release of the UN Office of the High Commissioner for Human Rights Report on Xinjiang, https://usun.usmission.gov/statement-by-ambassador-linda-thomas-greenfield-on-the-release-of-the-un-office-of-the-high-commissioner-for-human-rights-report-on-xinjiang/（最終閲覧日：2024 年 3 月 10 日）

英国などが新疆ウイグル自治区のウイグル族などに対する人権侵害疑惑について討論を行う動議を提出した。しかし，この動議は，中国のジュネーブ代表部の陳旭（Chen Xu）大使の「今日は中国が標的であるが，明日はいかなる途上国も標的になりうる」との発言が効いたのか[15]，中国やカタール，インドネシア，アラブ首長国連邦（UAE），パキスタンなどが反対し，反対 19 票，賛成 17 票，棄権 11 票で否決されてしまった[16]。

　2023 年 8 月 26 日，習近平国家主席は新疆のウルムチ市を訪問し，違法な宗教活動への規制強化を担当当局に求めるとともに，「イスラム教の中国化」と「中華民族の共同体意識」の向上による同化政策の徹底を指示した[17]。中国の新疆ウイグル自治区におけるウイグル族などに対する人権侵害は何ら変更されることなく，むしろ強化されており，先の投票結果が中国に誤ったシグナルを送ったことは明白である。

　本章は，国連人権理事会を舞台に展開されている中国の新たな人権外交とその影響力の拡大を検討するものである。

Ⅱ　人権観念の対立は本当に存在するのか

　人権という法的概念が欧米諸国に起源を持つことは疑いない。それらは世界人権宣言（1948 年）及び国際人権規約社会権規約及び同自由権規約（1966 年）をはじめとした多くの国際人権条約に具体化されている[18]。米ソ対立の冷戦時代に，自由主義諸国と社会主義諸国との間で自由権と社会権はどちらが優先されるべきかという非生産的議論が行われたことはよく知られている。そのため，社会権及び自由権双方を規定していた世界人権宣言を法的拘束力のある条約にした国際人権規約は，単一の文書ではなく，社会権規約と自由権規約に分かれ

---

(15)　Emma Farge, "U.N. body rejects debate on China's treatment of Uyghur Muslims in blow to West", *REUTERS*, October 7, 2022, https://www.reuters.com/world/china/un-body-rejects-historic-debate-chinas-human-rights-record-2022-10-06/ （最終閲覧日：2024 年 3 月 16 日）

(16)　Jamey Keaten, "UN Human Rights Council Rejects Western Bid to Debate China's Xinjiang Abuses", *The Diplomat*, https://thediplomat.com/2022/10/un-human-rights-council-rejects-western-bid-to-debate-chinas-xinjiang-abuses/ （最終閲覧日：2024 年 3 月 10 日）

(17)　『読売新聞』2023 年 8 月 28 日配信　https://www.yomiuri.co.jp/world/20230828-OYT1T50045/ （最終閲覧日：2024 年 3 月 10 日）

(18)　Pierre-Marie Dupuy, "Western View of Japanese Practice in the Field of Human Rights and Humanitarian Law", in Nisuke Ando（ed.）, *Japan and International Law, Past, Present and Future*, Kluwer Law International, 1999, p.271.

国家と海洋の国際法（上巻）第1部 国際法／V 人権

て起草された。今でも，米国は自由権規約の締約国であるが社会権規約の締約
国ではなく，逆に中国は社会権規約の締約国であるが自由権規約の締約国では
ない。

　しかし，1993年にウィーンで開催された第2回世界人権会議で，「すべての
人権は，普遍的であり，不可分かつ相互依存的であって相互に連関している。
国際社会は，公平かつ平等な方法で，同じ基礎に基づき，同一の強調をもって，
人権を全地球的に扱わなければならない。国家的及び地域的独自の意義，並び
に多様な歴史的，文化的及び宗教的背景を考慮に入れなければならないが，す
べての人権及び基本的自由を助長し保護することは，政治的，経済的及び文化
的な体制のいかんを問わず，国家の義務である[19]」（5項）という結論に達した。
問題は，ここで到達したはずの人権の普遍性の観念について，中国など一部の
アジア諸国と他の多くの途上国が抵抗を続けていることである。

　言い換えれば，中国は，当初からこの人権の普遍性の観念を完全には受け入
れていないように思われる。例えば，先の第2回世界人権会議で，中国代表は，
「人権の概念は，歴史的発展の産物である。それは，特定の社会的，政治的及
び経済的状況，並びに特定の歴史，文化及びその国の価値と密接に結びついて
いる。異なる歴史的段階は，異なる人権の要求をもつ。異なる発展段階にある
国又は異なる歴史的伝統及び文化的背景をもつ国は，人権に関して異なる理解
及び実行を行っている。したがって，特定の国の人権基準及びモデルを唯一固
有のものとし，すべての国にそれらに従うことを要求することはできない[20]」
と述べていた。

　また，1991年のシンガポール政府の公式声明である「共有された価値（Shared
Value）」は，個人と社会の関係を取り上げ，そこでは，「すべての人類にとっ
て価値は普遍的であり，共有されているという命題を争うに際して，個人と共
同体との関係においていかに均衡を保つかについて，アジア的価値観と西欧的
価値観の間には主要な相違がある。すなわち，アジアの社会は共同体の価値を

---

(19)　Paragraph 5 of I in the Vienna Declaration and Programme of Action adopted by
　　　the World Conference on the Human Rights in Vienna on 25 June 1993, A/
　　　CONF.157/23. この文脈において，「普遍的」とは，人種，信条，皮膚の色，又は性にか
　　　かわらず，あらゆる国の人々が保護される権利があることを意味する。Rosalyn Higgins,
　　　"The Continuing Universality of the Universal Declaration", in *Themes & Theories
　　　Selected Essays, Speeches, and Writings in International Law*, vol.1, Oxford University
　　　Press, 2009, p.659.

(20)　Speech of H.E. Liu Huaqiu, Head of the Chinese Delegation of the World
　　　Conference on Human Rights, Vienna, 15 June 1993.

強調するのに対し，西欧社会は個人の権利を強調する」とした上で，「アジア社会の核となる価値は，個人の上に社会を置く，社会の構成単位として家族を支持し，主張に代ってコンセンサスによって主要な問題を解決する[21]」と述べた。1993年当時，こうした発展段階の相違論や文化相対主義に基づき人権の普遍性の承認を拒否する中国やシンガポールの主張を，「アジア的人権観」と呼んでいた。

　しかし，ヒギンズ（Rosalyn Higgins）元国際司法裁判所（ICJ）所長が述べるように，「検討すべき問題は，共同体や家族に対する責任の観念が，世界人権宣言に述べられている権利と本当に合致しないかどうかという点である[22]」。つまり，「アジア的人権観」の主張が，人権の享受に厳しい制限を科する権威主義体制の隠れ蓑になってはならないとの主張である。1998年にノーベル経済学賞を受賞したアマルティア・セン（Amartya Sen）博士が指摘するように，「権威主義体制を正当化するために援用されるいわゆるアジア的価値は，何ら特段の意味はなく，単にレトリックとして用いられている[23]」に過ぎないというのが，真実であろう。

　実際，ウィーン会議に参加した諸国は人権の普遍性を承認したし，2000年の国連ミレニアム宣言で，「私たちは，民主主義を促進し，法の支配，及び発展の権利を含むすべての国際的に認められた人権と基本的自由を強化するため，いかなる努力も惜しまない」（24項）と誓約し，「『世界人権言言』を完全に遵守し堅持すること，自国におけるすべての人の市民的，政治的，経済的，社会的及び文化的権利の完全な保護と促進に努めること[24]」（25項）を決意したのである。

III　国連人権理事会における普遍的定期審査の機能

　2008年に国連人権理事会（UNHRC）で始まった普遍的定期審査（UPR）は，現在，各国について第4回目のサイクルに入っているが，その実態を検討すると，大規模人権侵害を行う国にとっての最後の砦が国家主権尊重の主張であり，

---

(21)　Yash Ghai, "Human Rights and Governance: the Asia Debate", *Australian Yearbook of International Law*, Vol.15, 1994, pp.5-6 and p.11.

(22)　Higgins, *supra* note 19, p.657.

(23)　Amartya Sen, "Human Rights and Asian Values", *The New Republic*, July 14-July 21, 1997, p.16.

(24)　United Nations Millennium Declaration, General Assembly Resolution 55/2 of 8 September 2000, paras.24-25.

内政不干渉の原則であることがわかる。

この例を中国について見てみよう。中国の第1回 UPR は，国連人権理事会第4会期の 2009 年 2 月 9 日に行われた。中国は指定された期日に国家報告書を提出し，UPR に対して協力的な態度をとった。しかし，当時注目されていた，チベットや新疆ウイグル自治区の少数民族の取り扱いについても，また劉暁波氏が獄中にあってノーベル平和賞授賞式に出られなかったという出来事についても，報告書ではまったく触れられなかった。代って報告書は，信教の自由について，中国は多様な宗教を信仰する人々を抱えており，憲法も信教の自由を保障しており，独立した 3,000 を超える宗教団体があると述べる。報告書では，これらの団体は自らで指導者を選んでいるとするが，実際には中国共産党の指導の下にあり，その報告内容は現実と大きく乖離していた[25]。さらに報告書には，中国憲法は国民が表現の自由と報道の自由を享受すると明確に定めていると記述していた[26]。しかし，憲法に表現の自由が明記されていることと，実際に国民が表現の自由を享受しているかどうかは全く別の問題である。

この中国の第1回 UPR において 60 カ国が発言したが，発言したアジア・アフリカ諸国やイスラム諸国など途上国は，中国における少数民族の人権状況については一切触れず，逆にこの問題を取り上げた西欧諸国の発言を政治化した態度として非難した。例えば，スリランカは，「チベットに対する批判を拒否する。チベットは中国の譲り渡すことのできない地域と考える[27]」と反論した。パキスタンに至っては，チベット自治区に対する〔欧米諸国の〕発言を捉え，UPR の政治化の傾向として，これを非難した[28]。この他，UPR で発言したアジア諸国の 11 カ国のほとんどは，中国の人権政策を称賛した。

例えば，インドは，ミレニアム・サミットの目標達成期間前に貧困を撲滅した中国の施策を称賛した[29]。同様の発言が，シンガポール，フィリピン，ブータン，ベトナム，インドネシア，タイ及びマレーシアによってなされた。現在，民主化を求める国民に対して大規模人権侵害を行っているミャンマーは，当時，「人権の政治化に強く反対する[30]」と発言していた。わずかに，日本が微温的な表現でチベットや新疆ウイグル自治区の少数民族に対する経済的及び社会的

---

(25)　A/HRC/WG.6/4/CHN/1, p.14, paras.55-58.
(26)　*Ibid.*, p.15, para.59.
(27)　A/HRC/11/25, p.10, para.39.
(28)　*Ibid.*, p.22, para.88.
(29)　*Ibid.*, p.14, para.55.
(30)　*Ibid.*, p.23, para.94.

援助を拡大するように要請したのみである(31)。ヒューマンライツ・ウォッチの表現を借りれば，中国に対する「過度の称賛と非難への臆病な態度」が，アジア諸国を含む途上国の発言に共通にみられた(32)。

これに対し欧米諸国は，積極的に中国の少数民族の人権状況を取り上げた。例えば，英国は，チベット自治区の人権状況に懸念を表明した(33)。カナダは，チベット，新疆ウイグル自治区及びモンゴルを含む，少数民族の構成員の恣意的な拘禁に深い憂慮を示した(34)。UPR は，たしかに国連加盟国の相互尊重と相互理解に資する形で行われるべきものであるが，同時に被審査国の人権状況を精査する機能を有しており，その意味で中国の第 1 回 UPR は少なからず問題を孕んだ審査であった。

また，2009 年 12 月 7 日に行われた北朝鮮の第 1 回 UPR においても，同様の実態を垣間見ることができた。北朝鮮の報告書は，人権が真に権利となるのは，個人が自然，社会及び自らの主人となることを可能にする独立した権利になった時であるというチュチェ（主体）思想に基づかせた。北朝鮮は，人権の実現は国家の保障の下においてのみ可能だとし，人権問題を口実とする体制の変革は人権の違反を構成するとして，この意味で人権は国家主権を意味すると主張したのである(35)。

ここでも，欧米諸国が北朝鮮の人権状況に憂慮を示したのに対し，いくつかのアジア諸国は北朝鮮の人権状況を積極的に評価した。例えば，中国は，憲法や法律で人権の尊重が規定されていることを評価した。パキスタンも，保健や教育へのアクセスを十分に確保している体制を評価した(36)。ミャンマーやベトナムも，同様に好意的な評価を行った(37)。たしかに，UPR は個々の国家の人権状況を非難する場ではなく，事態の改善のための建設的な対話の場である。しかし，自国の人権状況に同様の非難が降りかかることを恐れた国による現状から大きくかけ離れた一方的評価では，政治的評価だとの非難は免れえないであろう。

---

(31)　*Ibid.*, p.18, para.75.
(32)　この他，UPR で中国の人権状況を称賛した途上国の数は，リビア，スーダン，キューバなど 25 カ国あった。
(33)　*Ibid.*, p.11, para.42. スイスも同様の懸念を表明した。*Ibid.*, pp.7-8, para.31.
(34)　*Ibid.*, p.7, para.28.
(35)　*Ibid.*, p.4, paras.14-15.
(36)　*Ibid.*, para.52 and *ibid.*, para.26.
(37)　*Ibid.*, para.35 and *ibid.*, para.51.

国家と海洋の国際法（上巻）第 1 部 国際法／Ⅴ 人権

2015 年 11 月に行われたミャンマーの第 2 回 UPR 審査において，ミャンマーは，中国と同様に，「主権の尊重は常に遵守されなければならない」とした上で，「被審査国の事情に注意深い考慮が必要である。歴史的，社会的，伝統的価値が人権促進の上で重要な役割を果たす。すべてにあてはまる単一モデルは存在しない」と主張し，欧米諸国のいう人権の普遍性の観念を否定した。

このように，UPR では，自国の人権状況に不安を抱える国であればあるほど，国家主権の尊重を主張し，グループ・ポリティクスに働きかける傾向が強い。その結果，審査では「お仲間の国」の発言が続く傾向にある。自国の人権状況の精査を避けたがる国は，おざなりの発言や勧告を「仲間内の国」に求める傾向が強い。実際，こうした求めに応じる国も少なからずいることにより，アジア・アフリカの国の UPR では相互にかばい合う傾向が強い。UPR は，国連の条約体（例えば自由権規約委員会などによる国家報告制度）とは異なり，おざなりの審査で終わる傾向が強い。大規模人権侵害国であるスーダンが，国連の他の人権メカニズムに代わって UPR の制度を支持するのは，こうした理由による。その意味で，UPR は，国に人権義務の履行を確保するための措置をとっているという外観を与えることによって，人権侵害国の説明責任を覆い隠すことに役立っている。こうした人権侵害国の説明責任を覆い隠す役割を果たすものとして，新たに中国が提案国となって国連人権理事会で推し進めているのが，「相互に有益な協力（mutually beneficial cooperation: MBC）」の概念である。次に，この概念について検討してみよう。

Ⅳ　中国主導による「相互に有益な協力」の概念の展開

1　「相互に有益な協力」の概念の提唱

国連人権理事会は，人権の分野に「相互に有益な協力（MBC）」概念を導入しようとする中国主導の決議案を，2018 年 3 月 23 日，賛成 28（中国やキューバ，ベネズエラなどの途上国），反対 1（米国），棄権 17（EU 諸国ら）で採択した[38]。同決議では，諮問委員会に，人権の促進及び保護における相互に有益な

---

(38)　国連人権理事会で，2017 年 6 月 22 日に中国が主導して採択した最初の決議「すべての人権の享受のための発展の貢献」という決議では，「人類の未来を共有する共同体（a community of shared future for human beings）」（いわゆる人類運命共同体）という習近平氏が好んで用いられる用語が，前文の最後に用いられていたし，ここでも諮問委員会にすべての人権の享受のために発展が貢献する方法の研究を要請していた（第 6 項）。The contribution of development to the enjoyment of all human rights, A/HRC/RES/35/21, p.2, para.6. ここでも起草部会の議長は中国の岳怀让委員，報告者はロシア

協力を強化する技術支援及び能力構築の役割の研究を行うように要請するとともに，国連人権理事会の第43会期前に報告書を提出するよう要請した（5項）[39]。同決議はまた，UPRについて，人権状況を改善する目的をもち，人権義務の達成と国が約束した誓約を促進する目的をもつ，協力と建設的対話に基づくメカニズムとして，その重要性を強調していた（3項）。

　中国とともに共同提案国となった19カ国の内訳は，人権理事国ではアンゴラ，ブルンジ，中国，キューバ，エジプト，パキスタン，アラブ首長国連邦（UAE），ベネズエラの8カ国で，国連加盟国の11カ国（ベラルーシ，ボリビア，カンボジア，エリトリア，モルジブ，モロッコ，ミャンマー，スーダン，シリア，タイ，ジンバブエ）がこれに加わったが，その多くは人権尊重国とは言いがたい国々である[40]。この決議に含まれている，人権分野におけるMBCは，人権に対する内政不干渉及び「批判のない」アプローチを目指すものである。それこそが中国や他の共同提案国が望むものであり[41]，国連の人権監視メカニズムによる人権侵害国への監視を弱めようとする中国のこうした狙いを最初から見抜いていたのは，米国のみであった。この段階では，一見反対の余地のない人権分野における技術支援と能力構築の役割の重要性の外観を呈した決議案に，EU諸国（ベルギー，クロアチア，ドイツ，ハンガリー，スロバキア，スロベニア，スペイン，スイス，英国）や豪州，日本及び韓国も反対せず，棄権に回っていた[42]。

　中国の第3回UPRが，「人権の分野における相互に有益な協力の促進」決議が採択された年の2018年11月6日に行なわれたこともあり，同決議の共同提案国であったキューバは，「人権の多国間メカニズムという枠組みの中で，建設的対話と相互に有益な協力を継続して促進すること」，「人権の多国間メカニズムの作業で，主権の尊重と領土保全を継続して促進すること」及び「人権の分野における政治問題化とダブル・スタンダードとの闘いを続けること」と

のレベデフ（Mikhail Lebedev）委員という構成であった。この決議は，賛成30，反対13，棄権3で採択された。日本を含む，米国，ポルトガル，スロベニア，スイス，英国，ラトビア，オランダ，アルバニア，ベルギー及びクロアチアが反対した。

(39)　Promoting mutually beneficial cooperation in the field of human rights, A/HRC/RES/37/23, p.2, para.5.

(40)　Draft resolution, Promoting mutually beneficial cooperation in the field of human rights, A/HRC/37/L.36, p.1.

(41)　Andréa Worden, "The Human Rights Council Advisory Committee: A new tool in China's anti-human strategy", *SINOPSIS*, Aug 6, 2019, p.1.

(42)　A/HRC/RES/37/23, p.3.

国家と海洋の国際法（上巻）第1部 国際法／V 人権

いった同決議の内容を再述した勧告を行ない，またパキスタンも「人権の保護
促進において開発が果たす役割に関する人権理事会での議論を継続して促進す
ること」を勧告し，さらにベネズエラも「相互尊重，公平，正義及び互恵的な
協力関係を重視する国際関係を継続して構築し，人類運命共同体を構築するこ
と」を勧告した。タイも，「技術協力と能力構築及び南南協力を通じて，人権
及び持続可能な開発目標の分野での国際協力をさらに推し進めること」を勧告
した[43]。途上国の中国寄りの姿勢が目立つ勧告内容になっている。

2　国連人権理事会諮問委員会における議論

先の決議の採択を受けて，国連人権理事会諮問委員会は，2018年8月10日
の第9会合で，中国の岳懐讓（Xinsheng Liu）委員を議長とし，アルジェリア
のブージィド（Lazhari Bouzid）委員を報告者とする合計10名からなる起草部
会を立ち上げた[44]。そして，加盟国及び国際機関，国内人権機関及びNGOに
2018年11月30日までに，それらの情報を研究に統合するために，具体的な
データ，統計，最良の実行及び主要な課題を含む，人権の促進及び保護におけ
る相互に有益な協力を強化する技術支援及び能力構築の役割に関する口上書を
提出するよう要請した。同時に，諮問委員会の第22会期に予備的概説を，第
23会期に研究草案を提出するように要請した[45]。

起草部会の報告者であるブージィド委員によって，諮問委員会第22会期の
2019年2月12日，最初の報告書である「人権を促進し保護するにあたって相
互に有益な協力を強化するための技術的援助と能力構築の役割に関する研究の
予備的概説」が委員会に提出された。同報告書によれば，中国が提起した「相
互に有益な協力（MBC）」の概念に賛成したのは4カ国にとどまり，欧米諸国

---

[43]　Report of the Working Group on the Universal Periodic Review, A/HRC/40/6, p.8.

[44]　岳懐讓委員は，中国外務省の出身で2012年から2016年まで在キプロス中国大使を
務めた人物で，キプロスにおいて中国の一帯一路政策を推進した。Liu Xinsheng,
"Connecting Asia and Europe—China's Silk Road Initiative and Cyprus," Cyprus Mail,
May 10, 2015, https://archive.cyprus-mail.com/2015/05/10/connecting-asia-and-
europe-chinas-silk-road-initiative-and-cyprus/（最終閲覧日：2024年3月11日）。彼は，
2009年8月6日に採択された諮問委員会の手続規則が定める「諮問委員会の委員は，自
らの任務に固有な独立かつ公平の条件に従って自らの任務を遂行しなければならない」
（第1規則）がいう「独立した専門家」と呼べる人物であるかは疑わしい。Report of
the Advisory Committee on its third session, A/HRC/AC/3/2, p.26.

[45]　Report of the Advisory Committee on its twenty-firt session, A/HRC/AC/21/2,
p.7.

と日本の６カ国は，MBC の概念に明確に反対する態度を表明した[46]。

　例えば，スイスは，MBC という用語は十分に定義されておらず，この新しい概念の価値に関して懐疑的な部分が残ると述べた[47]（23項）。また英国も，国が人権上の義務を履行できるようにする手段として技術的援助と能力構築を強く支持するが，MBC の概念は極めて難題を提示しているように考える。なぜなら，その用語は決議（A/HRC/RES/37/23）において定義されておらず，それは合意された国連の用語でもなく，また多数国間の人権の文脈において承認された概念でもない。英国は，率直に国際人権法に含まれていない新しくかつ定義されていない用語とその概念の導入を支持しないと宣言する。また，仮に MBC という用語が人権の文脈において用いられるならば，その意味は明白に国際人権上の義務と両立するものでなければならないと付け加えた。そして，英国は，MBC の定義なしには，それが国際人権上の義務と両立するか否かは明確ではないと結論した[48]（24・25項）。

　フランスとドイツは，共同で回答を提出し，MBC の概念は，例えば，貿易交渉における互恵的協力（win-win cooperation）に類似の，又は同一の用語であることを強調した。彼らの見解では，それは人権の分野では用いることができない。なぜなら，現行の人権義務は政府間の交渉に左右されるべきではないからである。当該基準が適用される場合のリスクは，小国及び個人の決定が国家間の力の均衡に左右されるからである，としてこれに反対した[49]（26項）。

　カナダも同様に反対の立場を表明した。カナダによれば，MBC と互恵的協力は密接に関連しており，一般的にそれは経済分野における協力で述べられる。さらに互恵的協力は中国代表の国連の発言で通常用いられていると述べた（27

---

(46)　Preliminary outline of the study on technical assistance and capacity building in fostering mutually beneficial cooperation in promoting and protecting human rights (draft preliminary outline, 12 February 2019) prepared by Lazhari Bouzid, Rapporteur od the drafting group（A/HRC/AC/22/CPR.6），p.5, para.22.

(47)　詳しくは，See Switzerland's submission on the role of technical assistance and capacity-building in fostering mutually beneficial cooperation in promoting and protecting human rights, 7 January 2019.

(48)　詳しくは，See Submission of the United Kingdom of Great Britain and Northern Ireland（UK）to the request for information from the Office of the High Commissioner for Human Rights（OHCHR）on the role of technical assistance and capacity building in fostering mutually beneficial cooperation in promoting and protecting human rights, dated 16 August 2018.

(49)　詳しくは，See Joint Franco-German response to the Human Rights Council Advisory Committee's questionnaire on mutually beneficial cooperation（resolution HRC 37/23）.

項）。そしてカナダは，人権の文脈における MBC の概念の曖昧さに鑑みれば，人権の文脈において当該用語を定義又は明確にすることが国連人権理事会の諮問委員会の最初の作業であるべきであるとした。さらに，諮問委員会は，国際人権文書及び国連人権理事会，とりわけ国連総会決議 60/250 で明らかにされている原則によって，定義の努力を行うべきであることを強調した（28・29項）[50]。最後に日本も，MBC という用語は人権の分野において広範に認められておらず，不明確であることを指摘した[51]（30項）[52]。

　続いて，2019 年 7 月 8 日，報告者は諮問委員会の第 23 会期に，新たな研究草案を提出した。委員会の意見提出の招請に対して，15 カ国と 1 つの国内人権委員会及び 3 つの NGO が意見を提出した。報告書によれば，MBC の概念は少なくとも 7 カ国の回答において非常に重要な地位を占めたとされる[53]。

　この概念を主導する中国は，「人権における欠陥はいまだに深刻な問題である。人権問題は他の国を攻撃し，その国の国内事項に干渉するために用いられてきた。これにより人権のグローバルな雰囲気に悪影響を与えている」（36項）との認識を示した上で，「技術援助及び能力構築は，互恵的協力を通じて人権の促進及び保護において重要な役割を演じてきた。第 1 に，それぞれの国は異なる歴史的及び文化的伝統を有し，経済的，社会的及び政治的体制の段階［レベル］が違っているため，それらは相互理解を高めることになる。第 2 に，人権保護のレベルを改善するためには，すべての国が他の国と意見を交換し，それから学び，技術援助及び能力構築を通じて人権の分野における共通の進展を図るべきである。第 3 に，国は，グローバルな統治における発展途上国の参加を支援することによって民主化と法の支配を促進する方法を探求することで，グローバルな人権統治の健全な発展を促進すべきである」（37項）と述べた。そして，「技術的援助及び能力構築を通じて人権の分野における互恵的協力を強化するためには，5 つの原則が考慮されるべきである」として，「第 1 に，特に主権の尊重及び人権の政治化に反対することに関して，国連憲章の目的と

---

(50) A/HRC/AC/22/CPR.6, p.5, paras.28-29.

(51) 詳しくは，See Response from the Government of Japan to the information request by the Human Rights Council Advisory Committee.

(52) A/HRC/AC/22/CPR.6, p. 5, para.30.

(53) Draft of the study on technical assistance and capacity building in fostering mutually beneficial cooperation in promoting and protecting human rights (draft report, 8 July 2019) prepared by Lazhari Bouzid, Rapporteur of the drafting group, A/HRC/23/CPR.3, p.6, para.31.

諸原則を完全に遵守すること，第2に，関係当事国の要請と優先度に従って，協力，プロジェクトの計画及び具体的な履行の分野を決定するために協議が必要とされる。第3に，すべての人権は均衡を得た方法で，人権の実現化と人権の継続的進展のための途上国の要求に注意を払うことによって促進されるべきである。第4に，持続可能な開発のための2030アジェンダの完全な達成，技術的援助及び能力構築と並んで人民による人権の享受のための基本的保障，そして第5に，諸国は国際的公正さと国際正義を保障し，経済発展を達成し，社会的安定を維持するにあたっての途上国の困難性と努力を十分に理解し，WTOの制度のように発展途上国が享受する特別のかつ異なる取り扱いを保障し，これらの諸国における人権の発展のための条件を創設することである」（36-38項）と述べて，途上国に配慮した人権発展のための条件を主張した[54]。もちろん，人権義務の履行のためには技術的援助及び能力構築それ自体は重要なことなので，「コートジボワール，クウェート，モーリシャス，モロッコ及びフィリピンは，人権の保護，促進及び実現における技術的援助及び能力構築の基本的役割を強調した。彼らは，技術的援助及び能力構築の分野における相互に有益な協力の概念の導入の有効性について疑問を呈しなかった」（41項）と紹介されている[55]。しかし，中国の先の説明には国は出てきても，人権を享受すべき主体である個人がどこにも出てきていない[56]。

　こうしたMBCの概念に対して，欧米諸国は反対する主張を行った。豪州は，「MBCは，人権において合意された多国間の概念ではなく，むしろある特定の国［坂元注：中国］の国内的概念である。その用語の使用は，技術援助及び能力構築，そして発展的協力の促進及び保護に関する長い間確立され合意された原則に混乱をもたらし，それを損ないかねない」（32項）と述べて[57]，反対した[58]。カナダも，先に紹介した回答を繰り返し，MBCの定義の努力を行うべきだとした（33-35項）[59]。

　フランスとドイツについては，先に紹介した共同の反対意見が再述されている

---

(54)　*Ibid.*, pp.6-7, paras.36-38.

(55)　*Ibid.*, p.7, para.41.

(56)　Worden, *supra* note 41, p.13.

(57)　詳しくは，See Australian Government's submission on role of technical assistance and capacity building in fostering mutually beneficial cooperation in promoting and protecting human rights, dated November 2018.

(58)　A/HRC/AC/23/CPR.3, p.6, para.32.

(59)　*Ibid.*, p.6, paras.33-34.

国家と海洋の国際法（上巻）第1部 国際法／Ｖ 人権

（39 項）[60]。日本は，「『人権の共有された未来という共同体を構築する（building a community of shared future for human rights）』及び『MBC』という用語は人権の分野において広範に認められておらず，不明確であり，国連人権理事会の決議で用いることは不適切である」（40 項）との見解を表明した[61]。

オランダも，「MBC は国家間の関係を優先しており，それによって，人権の分野の必須のアクター，例えば国連の機関，NGO 及び市民社会を排除していること」を指摘した上で，「その用語は，明白な定義を欠いており，経済発展と強く結びついているように見える。それゆえ，市民的権利及び政治的権利に対する経済的権利を過度に強調するリスクを冒すことになる」（42 項）と述べて[62]，MBC に反対した[63]。ニュージーランドも，「MBC は，政府間のレベルで合意された定義が存在しない。MBC が国際協力といかに違うのかは明白ではないし，その概念を考慮することで何らかの価値があるのか不明である」（43 項）として[64]，これに反対した[65]。スイスも，先に紹介した，「MBC という用語は十分に定義されておらず，この新しい概念の価値に関して懐疑的な部分が残る」（44 項）と述べた[66]。英国についても，先に紹介した MBC に反対する立場が再述されている（45-46 項）[67]。

他方，意見を提出したカメルーン，アルバニア及びセルビアの NGO 及びインドの国内人権機関は，MBC についてコメントも批判もせず，技術的援助の重要性を強調した。彼らは，人権をより保護し，違反を防ぐものとし，技術的援助の主要な弱点とそれらを改善する方法を指摘した（47 項）[68]。なお，日本は，世界中の途上国，とりわけ南アジアと東南アジアの途上国に対する JICA による協力プログラムの一部として技術援助及び能力構築を行ってきたことを説明

---

(60) *Ibid.*, p.7, para.39.

(61) *Ibid.*, p.7, para.40.

(62) 詳しくは，See Netherlands' submission on the role of technical assistance and capacity building in fostering mutually beneficial cooperation in promoting and protecting human rights.

(63) A/HRC/AC/23/CPR.3, p.7, para.42.

(64) 詳しくは，See New Zealand submission to the Human Rights Advisory Committee on 'The role of technical assistance and capacity building in fostering mutually beneficial cooperation in promoting and protecting human rights'.

(65) A/HRC/AC/23/CPR.3, p.7, para.43.

(66) *Ibid.*, p.7, para.44.

(67) *Ibid.*, p.7, paras.45-46.

(68) *Ibid.*, p.7, para.47.

した（48項）[69]。

　違和感を禁じ得ないのは，MBCに関する中国と欧米諸国の意見の対立がある中で，諮問委員会の報告書におけるMBCの項目の最後が，次のような中国の主張で締めくくられていることである。「中国は人権の分野を含む異なる分野において平等，相互信頼，寛容，相互学習及び互恵的協力の精神を堅持してきた。中国はまた，人権に関する南南フォーラム，人権に関する北京フォーラム，発展の権利に関する宣言採択30周年を記念するセミナー，人権に関する第16回のアジア・ヨーロッパ非公式セミナーを組織したことを指摘した」（50項），「中国はまたUPRプロセスの実施における国連人権理事会の第3回の報告書の提出中に，次の5年間に毎年国連人権高等弁務官事務所（OHCHR）に80万米ドルを拠出することを明らかにした。最後に中国は，過去60年間に166の国と機関に約6000億元の援助を提供したこと，かつさまざまなタイプの1200万の人々を訓練し，そして開発途上国に60万人以上の援助従事者を派遣したことを強調した。また，中国は，2012年以来，貧困の減少，人々の生活の改善及び人権の発展の促進のために他の開発途上国に援助を提供し続けていることに言及した」（51項）という主張で締めくくられている[70]。公正中立であるべき，国連人権理事会諮問委員会の報告書の中で，このように中国の人権分野の貢献を強調する形で議論がまとめられている。中国の委員を議長にしているといっても，このように中国に都合のいい形で議論が整理されていることには違和感を禁じ得ない。

　最終的に報告者は，2020年1月17日，諮問委員会の第24会期に，「人権を促進し保護するにあたって相互に有益な協力を強化するための技術的援助と能力構築の役割」と題する研究草案を提出したが，その内容は中国[71]及び日本[72]を含む欧米諸国（豪州[73]，オランダ[74]，ニュージーランド[75]）のMBCの概念に対する見解を再述するものになっている。

　ところが，この報告書のMBCに関する各国の意見のまとめは，全体の議論

---

(69)　*Ibid.*, p.7, para.48.

(70)　*Ibid.*, p.8, paras.49-50.

(71)　The role of technical assistance and capacity-building in fostering mutually beneficial cooperation in promoting and protecting human rights）（A/HRC/43/31), p.7, paras.38-40.

(72)　*Ibid.*, p.7, para.42.

(73)　*Ibid.*, p.7, para.36.

(74)　*Ibid.*, p.8, para.44.

(75)　*Ibid.*, p.8, para.45.

国家と海洋の国際法（上巻）第1部 国際法／V 人権

を反映しない極めて違和感のある内容になっている。すなわち，「諮問委員会は，上記の回答から『相互に有益な協力』の概念に関して深刻な相違又は見解の対立というよりむしろ，その概念の明確化及び（再）解釈がそれゆえ要請されていると考える。同時に，委員会はその概念が発展途上国（又は「第三世界」）の運動から生じ，1955年の有名な『世界平和と協力に関する協力』の10原則によって生き生きと例証されていると考える。この宣言は，当時の世界の総人口の54％を占める29のアジア・アフリカの国々によって全会一致で採択された。そこでは，『相互の利益及び協力の促進』の観念が含まれていた」（50項）との言葉でまとめられていた[76]。

　欧米諸国を中心にMBCの概念の人権の分野への導入に強い反対が示され，深刻な見解の対立があったにもかかわらず，こうした実態と乖離した，MBCの概念の明確化が求められているにすぎないというまとめになっていることに驚かされる。まして冷戦が終焉し，非同盟運動もその勢いを失っているにもかかわらず，この文脈で1955年のバンドン宣言の10原則が強調されることには不自然さを禁じ得ない。

3 国連人権理事会における決議の採択

　諮問委員会の報告書を受けて，国連人権理事会では，2020年6月22日，中国主導によって，ベラルーシ，ブルンジ，中国，キューバ，イラン，マレーシア，ミャンマー，パキスタン，ロシア，タイ，ベネズエラ及びイエメンの計12カ国を共同提案国とした，「人権分野における相互に有益な協力の促進に関する決議」が，2018年に続き，賛成23票（アンゴラ，アルゼンチン，バーレーン，バングラデシュ，ブラジル，ブルキナファソ，カメルーン，エリトリア，インドネシア，モーリタニア，メキシコ，ナミビア，ネパール，ナイジェリア，パキス

---

(76) *Ibid.*, p.8, para.50. 中国と東シナ海問題や安全保障の問題に関するセカンドトラックの会議に参加すると，中国は常に最終セッションのコーディネーターの役をとりたがり，全体の議論の流れとまったく異なる総括をするが，それが国連人権理事会の場でも行われているのを見て，驚きを禁じ得ない。諮問委員会の場でなぜこうしたMBCの概念に関する議論のまとめが容認されたのか，諮問委員会の委員を務めた経験からも疑問を感ずる。諮問委員会の起草部会に参加した小畑郁委員のみが，唯一，ブージィド報告者の予備的概説の段階で，本章が取り上げた問題点を指摘していた。Kaoru Obata, "Statement on 'Technical assistance and capacity building in fostering mutually beneficial cooperation in promoting and protecting human rights'" (to be delivered on 19 Feb. 2019) pp.1-4. 小畑教授のご好意によって本発言の内容に接することができた。この場を借りて，御礼を申し上げたい。

タン，フィリピン，カタール，セネガル，ソマリア，スーダン，トーゴ，ウルグアイ，ベネズエラ），反対16票（豪州，オーストリア，ブルガリア，チェコ，デンマーク，ドイツ，インド，イタリア，日本，マーシャル諸島，オランダ，ポーランド，韓国，スロバキア，スペイン，ウクライナ），棄権8票（アフガニスタン，アルメニア，バハマ，チリ，コンゴ民主共和国，フィジー，リビア，ペルー）で採択された[77]。

　賛成票を投じた国々には，アフリカ最大の対中債務国で独裁政権のアンゴラや内戦により民間人への人権侵害が行われているスーダンなどの国が名を連ねた。2018年6月，トランプ政権によって国連人権理事会から脱退した米国に代り，今回の2020年の決議では日本や豪州，EUの諸国が反対に回った。

　同決議は，前文で，「すべての人権は普遍的であり，不可分かつ相互に連関しており，相互依存的で互いに強化され，及びすべての人権は，公平かつ平等な方法で，同じ基礎に基づき，同じ強調をもって取り扱わなければならないことを想起し」（第5段落）と述べ，人権の普遍性を承認するかのような体裁をとりながらも，「人権の分野における相互に有益な協力を促進するに当たって，関係国との協議及び同意に基づいて提供される技術的援助と能力構築の重要性を承認し」（第18段落）としてMBCの概念を巧みに技術的援助と能力構築に結びつけ，「人権及び相互に有益な協力の促進及び保護に貢献するにあたって，すべての国の平等な取扱いを確保し，客観的かつ信頼に足る情報に基づく協力のメカニズムと双方向の対話を確立し，すべての人権の普遍性，相互依存性，不可分性及び相互連関性を促進するUPRの役割を承認し」（第20段落）と述べて，UPRの重要性を再び強調した[78]。

　そして，「すべての国に多国間主義を堅持し，人権の分野における相互に有益な協力のためにともに働くことを……要請し」（1項），「すべての国及び他のステークホルダーに，普遍性，公平性，客観性，不可分性，非選択的，非政治化，平等及び相互尊重に基づく，人権の分野における建設的かつ真正な対話と協力を約束することを要請する」（3項）とともに，「人権を促進し保護するにあたって，相互に有益な協力の重要性に注意を払うこと」（7項）を求めた[79]。

　先に述べたように，この決議は，いわば国家中心主義のアプローチを取って

---

(77)　Promoting mutually beneficial cooperation in the field of human rights, A/HRC/RES/43/21, pp.3-4.

(78)　*Ibid.*, pp.1-2.

(79)　*Ibid.*, p.2, paras.1-7.

国家と海洋の国際法（上巻）第1部 国際法／Ⅴ 人権

おり，人権の分野での唯一実行可能な選択として国家間の協議と協力に焦点を
当てることにより，個人よりも主権国家を重視する結果を生んでいる。同時に，
この決議が提示する「協力」は，国の人権侵害に対する監視の欠如を望む政府
に逃げ道を与えることになる[80]。この決議に込められた中国の狙いは，人権の
枠組みの重要な柱である国連の人権監視メカニズムによる監視を弱めるととも
に，深刻な人権侵害を行う国の政府に説明責任を負わせるシステムを無力化す
ることである。ヒューマンライツ・ウォッチが指摘するように，中国によるこ
の決議は，国際人権法を国と国との関係の問題にすり替え，個人の人権を保護
する国の責任を無視し，基本的人権を交渉と妥協の主題として取扱い，市民社
会に何ら意味のある役割を持たせないという意図をもつものである[81]。

　しかし，中国は，2022年にも同様の決議の採択に成功している。中国は，
今や国連人権理事会をどう利用するかを学びつつあるといえる。

　これを可能にしたのは，国連人権理事会における2018年3月23日の中国主
導による「人権分野における相互に有益な協力の促進」と題する決議の採択に
失望した，同年6月のトランプ政権による国連人権理事会からの脱退である。
ヘイリー（Nimurata Nikki Haley）国連大使（当時）は，国連人権理事会を「偽
善的で自己満足のための組織」「『人権侵害国』の擁護者で，政治的偏見の汚水
槽」などの激しい表現で批判した[82]。この米国の不在を中国は好機ととらえ，
中国は国連人権理事会で影響力を拡大することに成功した[83]。バイデン政権下
の米国は，2022年にオブザーバーとして復帰し，同年に3年の任期で理事国
を務めることになったが，ブリンケン（Antony John Blinken）米国務長官が述
べるように，「（米国の脱退は）有意義な変化を促進することなく，むしろ米国

---

(80)　Miloon Kothari, "China's Trojan Horse Human Rights Resolution A China-backed UN Resolution on 'mutually beneficial cooperation' might not be all it seem", *The Diplomat*, March 22, 2018, p.2. https://thediplomat.com/2018/03/chinas-trojan-horse-human-rights-resolution/（最終閲覧日：2024年3月13日）

(81)　Human Rights Watch, "States Should Oppose China's Disingenuous Resolution on 'Mutually Beneficial Cooperation'", June 16, 2020, p.1. https://www.hrw.org/news/2020/06/16/states-should-oppose-chinas-disingenuous-resolution-mutually-beneficial-cooperation（最終閲覧日：2024年3月13日）

(82)　Carol Morello, "U.S. withdraws from U.N. Human Rights Council over perceived bias against Israel", *The Washington Post*, June 19, 2018.

(83)　中国の国連人権理事会における影響力の拡大をラテンアメリカ諸国とグローバルサウスの観点から論じるものとして，See Raphel Viana David, "China's Growing Influence at the UN Human Rights Council", *Sur-International Journal on Human Rights*, Vol.19, No.32（2022）, pp.37-53.

のリーダーシップの空白を生んだ。権威主義的な国家がそれを利用している」
状況を生んだことは確かである[84]。

V　お わ り に

　中国は，自国の人権問題については国内管轄事項との主張を維持しながら，
国連人権高等弁務官事務所（OHCHR）や欧米諸国の非難をかわすために，国
連人権理事会の場で積極的に自国の立場を反映した決議を採択させ，欧米諸国
の主張を覆そうとしている。このように，中国の人権外交は守りから攻めに転
換している。

　2019 年に中国主導の「すべての人権の享受に対する発展の貢献」決議が国
連人権理事会で採択されたとき，ジュネーヴの中国代表部の李松（Li Song）
次席大使は，「この決議の採択は，西側諸国が人権の分野で有していた独占に
風穴を開けるのに有益」であり，「人類運命共同体の構築」及び「人権を促進
する発展」という中国によって提起された考えが「人々によって喜んで受け入
れられている」ことを示すものだと述べた[85]。このように，中国は，国連人権
理事会を舞台に，これまで欧米諸国が推し進めてきた国際人権基準を意図的に
書き換える努力を加速させている。

　中国は，国連人権理事会の場で，「分裂を生むのではなく，協力を強化した
い」という巧妙なレトリックを使いながら，「人権の分野における相互に有益
な協力の促進に関する決議」の採択に見られるように，自国に有利なアジェン
ダ設定を行うようになっている。それを支えているのは，中国が助言や支援を
提供した途上国の数が 2020 年には 113 カ国に上り，世界で 8 番目の影響力の
ある開発パートナーになっているという現実がある。

　しかし，日本や欧米諸国がこれまで国連の場で推し進めてきたのは，法の支
配，民主主義及び基本的人権の尊重という価値の共有である。欧米諸国を中心
にした人権は国際公共価値であるとの考えに真っ向から反対しているのは，中
国である。たしかに，国際秩序は中国が主張するように協力によって支えられ
ている。例えば，WTO の自由貿易体制は相互利益と協力によって支えられて

---

(84)　U.S. Decision To Reengage with the UN Human Rights Council, Press Statemenr,
February 8, 2021, https://www.state.gov/u-s-decision-to-reengage-with-the-un-
human-rights-council/（最終閲覧日：2024 年 3 月 16 日）

(85)　The UN Human Rights Council Again Adopted China's Proposed Resolution "the
contribution of development to the enjoyment of all human rights", remarks by Li
Song, July 13, 2019, quoted by Worden, *supra* note 41, p.11, n.69.

国家と海洋の国際法（上巻）第1部 国際法／V 人権

おり，経済の分野で中国はそれによって恩恵を受けてきた。しかし，中国は，国連の常任理事国の地位にありながら，国連の目的を定めた国連憲章第1条の「人種，性，言語又は宗教による差別なくすべての者のために人権及び基本的自由を尊重するように助長奨励することについて，国際協力を達成すること」（3項）にどこまで本気で取り組もうとしているかは疑問である。

　中国政府は，国際人権規約自由権規約が認めているような，個人の思想，良心及び宗教の自由，表現の自由，集会の権利，結社の自由といった人権が社会変革の武器となり得ることを熟知しているからこそ，人権の普遍性の観念の浸透を恐れている。同じ恐怖は，他の独裁体制や権威主義体制の国にも共有されている。中国は，今日は中国が欧米諸国の標的だが，明日は君らの国が標的になるとしてこれらの諸国に負の連帯を呼びかけている。

　21世紀にグローバルパワーとして成長している中国は，国家資本主義とも呼ぶべき経済政策により，一説には2030年には中国の国内総生産（GDP）は，米国と並ぶとも推定されている。ともにグローバルパワーである米国が自由権を強調した individual capitalism であるのに対し，中国は社会権を強調した state capitalism をとっている。つまり，途上国にとっては，2つの発展モデルが存在することになる。1つは，米国や EU に代表される欧米型の自由権を強調する「教化主義的モデル」であり，もう1つはかつての冷戦時代の社会主義国モデルに取って代わる中国モデルである。中国は，第1回 UPR の政府報告書の中で，人権に関する中国の基本的立場として，「政治体制，発展の度合い，歴史的背景の違いを考えれば，各国が人権問題について異なる見解をもつのは当然だ」と述べ，人権の普遍性を否定しており，同じく社会変革を恐れる他の大規模人権侵害を行う独裁体制や権威主義体制の国に「連帯」を呼びかけている。

　われわれが目撃したように，条約である1984年の香港に関する英中共同声明は中国によって一方的に破棄された。一国二制度の下で2034年まで保障されるはずであった香港の人々の基本的人権と自由は，2020年6月30日に成立した中国の「香港国家安全維持法」によって奪われた。国連人権理事会でこの問題が取り上げられたとき，53カ国が厳重な取締りを行う中国を支持している[86]。いずれにしろ，共産党一党独裁を堅持したい中国政府が，社会経済的に

───────────────

(86)　Dave Lawler, "The 53 countries supporting China's crackdown on Hong Kong", *Axios*, Jul 2, 2020 https://www.axios.com/2020/07/02/countries-supporting-china-hong-kong-law（最終閲覧日：2024年3月16日）

発展すれば基本的人権を享受する国に中国を転換させるという発展的段階論は筆者には幻想に過ぎないと思われる。発展的段階論もまたレトリックに過ぎないのである。

2021年2月1日に発生したミャンマーにおける軍事クーデターは，1年間の非常事態宣言（その後延長され，いまだ継続されている）を発出し，選挙の結果生まれたスーチー政権の幹部を逮捕した。しかし，民主主義国家の道を歩み始めたミャンマーの市民たちの抗議デモといった不服従の抵抗に遭っている。最近では，不服従から武力闘争に参加する若者も増えている。これに対し，軍事政権は過酷な弾圧を続けわずか半年で940名の死者と6千人の人々が拘束されている。ここでも集会・結社の自由を尊重しない政治体制における，公正な選挙に基づく民主主義体制の破壊と基本的人権の尊重の欠如が見られる。

また，アフガニスタンの反政府勢力タリバンは2021年8月15日に首都カブールを制圧し，イスラム原理主義に基づく統治を再開した。20年前のタリバン政権下において女性には教育の権利すら認められず，社会で活躍することも認められなかったが，今，これが復活している。

こうしたアジアの一部の諸国における国際人権基準を無視する状況は，民主主義体制と人権の不可分性を改めて認識させる。同時にこうした状況が，将来の国際社会の人権状況を写す鏡なのか，それともアジアの一部の国の特有の状況に過ぎないのかを見極める必要がある。中国をはじめとしたアジア諸国における人権の普遍性の観念の浸透を阻むものがあるとしたら，それは政治体制なのか，宗教なのか，個人よりも共同体を重んじる文化的背景なのか，それとも歴史的発展段階の相違なのか，個々の国の状況に照らして検証する必要がある。

世界が多極化し，相対的に欧米諸国の影響力が弱まりつつある現在，人権の普遍性の確保という観点から，われわれは，国連人権理事会における中国の人権外交の動向を今後とも慎重に見守る必要がある。

＊本研究は，科学研究費基盤研究B（一般）課題番号22H00786「可視化された大規模人権侵害と不可視の人権侵害――民主主義と人権の不可分性の観点から」の研究成果の一部である。

23「ビジネスと人権」と労働
——人権法の中での労働権の主流化

吾 郷 眞 一

I はじめに	門家委員会と人権条約機構と
II 「ビジネスと人権」の規範性	の対話開始の意義
III UNGP の中での労働の地位	VI ILO と国連との協働による
IV 労働権と人権	相乗効果
V 2022 年 ILO 条約勧告適用専	VII おわりに

I はじめに

　国連「ビジネスと人権に関する指導原則」（以下指導原則または UNGP と略）という名を冠する決議が，規範性を持つソフトローとして展開し，実質的に国や企業の行為規範となっている。その指導原則で対象とされる人権の幅は広いが，実際に起きうる企業による人権侵害は，労働に関してのものが非常に多い。企業は労働者による生産活動を通じて事業を行っているので，企業にまつわる人権侵害も自ら労働権侵害のケースが多くなるからである。

　元来人権の中の労働の位置づけは二次的なものとされることもあった。第 2 世代の人権（経済社会権）とも呼ばれ，中心的な自由権的人権原則とは区別するような分類もされた。2022 年からの ILO 条約勧告適用専門家委員会と国連人権条約機関との間の協力関係強化のための会合のなかで「労働権は人権である」という認識がしばしば協調されたことは，逆にいうと労働権は一般の人権とは違うものという固定観念がいまだに根底にあるということも意味する。

　国際人権保障制度の中での労働権の主流化は，とくに「ビジネスと人権」国連指導原則の中で顕著となった。また，労働権と人権が同義語として認識された後の国連人権条約機関と ILO との協働の意義は，UNGP にとってその適用推進活動にとっても大きいものがある。おそらく，ILO の条約適用監視機構は UNGP の作業部会の一定の活動をこれから参照することがあると思われ，

『国家と海洋の国際法　柳井俊二先生米寿記念（上巻）』〔信山社，2025 年 2 月〕　533

UNGP がソフトローでありながら実質的に行為規範化していくきっかけを作ることが考えられるからである。

Ⅱ 「ビジネスと人権」の規範性

「ビジネスと人権」（Business and Human Rights）とは，2011 年に国連人権理事会が「ビジネスと人権に関する指導原則：国際連合『保護，尊重及び救済』枠組実施のために」という表題をもった決議[1]として採択されたものの中でうたわれている諸原則のことである。その後の国連によるフォローアップと，官界，産業界，市民団体の積極的受け入れに助けられ，「企業はその活動の中で人権を尊重しなければならない」という命題を持つ規範性のある概念として展開していっている。2011 年のこの国連の決議は，企業の行動を規制しようとしてきた従来の様々な試みを，いわば統合する法的文書となった。そして決議は，その後この問題についての基本となり，「ビジネスと人権」で求められていることを，世界中の大企業の多くが，その活動方針表明の中で宣言している[2]。同時に欧州の多くの政府は，「ビジネスと人権」の中心課題であるところの「人権デューディリジェンス」[3]を，法制化していっている[4]。

しかし，規範的とは言っても国連総会の一機関の決議であり，所謂ソフトロー，法的拘束力がない文書であるから，実践を要求された企業としては，何

---

(1) Human Rights Council Seventeenth Session Agenda Item 3 A/HRC/17/31
Promotion and protection of all human rights, civil, political, economic, social and cultural rights, including the right to development; Report of the Special Representative of the Secretary General on the issue of human rights and transnational corporations and other business enterprises, John Ruggie; Guiding Principles on Business and Human Rights: Implementing the United Nations "Protect, Respect and Remedy" Framework.

(2) 一例として三菱電機という企業を任意に取り上げ，そのホームページの企業活動方針部分を見ると，「三菱電機グループでは，『国連・ビジネスと人 権に関する指導原則』が求める人権デューディ リジェンスに取り組んでいます」という言葉があり，多数のページを割き，三菱電機の企業活動の中に人権保障を取り込んでいることを示している。https://www.mitsubishielectric.co.jp/corporate/sustainability/download/pdf/sustainability2023/sr2023_7.pdf#page=11 （2024.7.8 閲覧）

(3) UNGP 第 2 部「人権を尊重する企業の責任」.... A. 基盤となる原則 ... 11. 企業は人権を尊重すべきである。これは，企業が他者の人権を侵害することを回避し，関与する人権への負の影響に対処すべきことを意味する。

(4) フランスでは 2017 年 3 月，人権に関する注意義務を企業に求める「親会社および発注会社の注意義務に関する法律」が成立。ドイツでは 2021 年 6 月 25 に「サプライチェーンにおける企業のデューディリジェンスに関する法律」成立。欧州委員会は 2022 年 2 月 23 日，企業持続可能性デューディリジェンス指令案を発表。

23 「ビジネスと人権」と労働 〔吾郷眞一〕

をどこまでやればいいのか，むしろしっかりとした法（条約あるいは国内法）
を制定してもらった方が対応しやすい，という声も聞かれる。その通りではあ
るが，実定法になると都合が悪い場合もある。指導原則を条約化しようという
動きが，なかなか進まないことにもそれが表れているが，条約化すると，批准
されなければ法的拘束力が出ず，しかも大企業の多くが集中する先進国が批准
しないであろうことを考えると，条約化は必ずしも得策ではない。また，欧州
各国で次々に制定され始めているデューディリジェンス対応法令も，内容に統
一性がなく，指導原則実施に分断化現象がみられるようになる。

　ソフトローもしっかりしたフォローアップがなされるならば，批准されない
条約や分断化した諸国の国内法令よりも有効に働くことは，1948 年の国連総
会決議である世界人権宣言というソフトローを，人権委員会（現人権理事会）
が大規模人権侵害の通報手続などでうまくフォローしていったことを先駆けと
して，いくつかの成功例が示している。2023 年夏に来日した指導原則に関す
る人権理事会の作業部会の働きが注目されたが，これはまさしくソフトローの
フォローアップ過程とみることができる。国連による，指導原則のさらなる
フォローアップは，ソフトローの行為規範化に寄与するであろう。指導原則と
いうソフトローの遵守は，企業にとっての社会的責任（CSR）なのである。

　そして事実，UNGP の元の決議本体には，そのフォローアップ機構が予定
されている。原則 6 で設置された作業部会には，ａ号からｊ号に至る 10 項目
にわたり，きわめて具体的な任務が委託されている[5]。多国籍企業でもない，
一日本企業の代表者の性加害問題で，国連作業部会が調査[6]に入ったことに
よって，誰もが UNGP の存在を認識する結果となり，その過程で結果的に
UNGP 違反認定が国連人権理事会によってなされるような構図となり，是正

(5)　ａ号では，「指導原則の総合的で効果的な普及と実施」という包括的な表現で作業部
　会の任務を述べたあと，そのために，たとえば指導原則実施のためにとられる様々な実
　行についての情報を政府，多国籍企業，その他の企業，各国における人権機構，市民社
　会，人権享受主体（rights-holders）から取得すること（ｂ号），要請があった場合に，
　指導原則実施についての助言・勧告を与えること（ｃ号），フォーラムを運営すること
　（ｉ号）等を規定している。注目すべきなのはｅ号で規定されている「企業活動によっ
　て人権侵害を受けた人々が有効な救済にアクセスできるかについて明らかにし，選択枝
　や勧告を検討すること」であり，この命題に反する事実を調査し，その是正を勧告する
　ことが作業部会に授権されたのである。
(6)　実際は訪問調査ではあるが，形式的には，単に Visit とされている。（後述　5. 最終
　段落参照）また，「調査」の対象はこの企業に対しでだけではなく，それはごく一部に
　過ぎなかった点に注意すべきである。

535

国家と海洋の国際法（上巻）第1部 国際法／V 人権

勧告もなされたことに[7]，フローアップが着実に進んでいることを確認することができる。

Ⅲ　UNGP の中での労働の地位

　UNGP が守備範囲としている人権は幅広く，およそ世界人権宣言に掲げられている諸々の人権原則すべてに関連するといってもいいが，実質的にはいわゆる日本国憲法でいうところの基本的人権に属するものが中心である。しかし，参照基準として世界人権宣言，国際人権規約と並んで，ILO の中核的労働基準が掲げられている[8]ことにも表れているが，実際に問題となる（いわば「指導原則違反」となる）ケースのかなりの部分が，環境権や先住民の権利，などと並んで，労働に関するものとなることは容易に想定できる。

　前述の（人権理事会の下に置かれた）ビジネスと人権作業部会による日本での調査のうち，大きく報道されたケースも，未成年者への性加害という人権侵害問題（犯罪）ではあったと同時に，それは労働問題（職場におけるハラスメント）でもあった。そればかりか，作業部会の報告書のかなりの部分を割いて労働問題を提起している。部落やアイヌの人たちの就労差別，さらに一般的に，労働の場面におけるジェンダー差別，老齢者差別，移住労働者の権利なども取り上げている[9]。福島原発廃炉工事に関する労働安全衛生問題についてさえも，大きい疑問符を投げかけている[10]。

　UNGP に準拠して，非司法的な苦情処理プラットフォーム[11]を構成している JaCER という日本国内の民間団体がこれまでに取り扱った案件一覧[12]を見ると，その大半が職場におけるハラスメントや雇用契約上の紛争を対象としていることがわかり，UNGP の中では，やはり労働問題が多く顕在化すること

---

(7)　正式な報告書 https://www.ohchr.org/en/documents/country-reports/ahrc5655 add1-visit-japan-report-working-group-issue-human-rights-and（2024.7.8 閲覧）は，2024 年 6 月 25 日に人権理事会に提出された。Visit to Japan, Report of the Working Group on the issue of human rights and transnational corporations and other business enterprises, A/HRC/56/55/Add.1.

(8)　原則 12「人権を尊重する企業の責任は，国際的に認められた人権に拠っているが，それは，最低限，国際人権章典で表明されたもの及び労働における基本的原則及び権利に関する国際労働機関宣言で挙げられた基本的権利に関する原則と理解される。」

(9)　前記報告書（注 6）28-51 項。

(10)　同 58-61 項。

(11)　UNGP の保護・尊重・救済枠組の重要要素は，「人権侵害について有効な救済メカニズムを整備すること」である。「保護，尊重，救済枠組」のⅢ。

(12)　https://jacer-bhr.org/data/media/List20240909JPN.pdf

を認定することができる。

　UNGP の中身の一部は，多国籍企業の国際的ガバナンスを目的として 1976 年に初めて策定された OECD 多国籍企業指針[13]にすでに取り上げられていた。その指針は履行推進のための仕組みを内包し，指針違反が疑われる際に仲介，調停的な働きをするナショナルコンタクトポイント（NCP）が設置され，一種の紛争解決機能を果たしている。そして，その NCP にかかってくる問題の多くも（特に 2011 年改正後）労働問題である。日本の NCP（外務省，経済産業省，厚生労働省で構成）が手掛けた過去 20 年の案件は，すべて労働関連であった[14]。

　なお，UNGP や OECD に対する申立において労働問題が多く取り扱われる原因の一つは，申立をする多くの主体が，人権 NGO，環境 NGO と並んで労働 NGO（すなわち労働組合）であるという事実がある。多くの国別労働組合中央組織（日本でいえば「連合」）が加盟している国際労働組合総連合（ITUC）を始め，多数の産業別国際労組（国際金属労連，国際運輸労連，など影響力がある労働組合組織），国別労組，企業別組合は，労働権侵害についての対外的発信力が強い。そのような理由から，どうしても表に得てくるケースは労働問題が多くなることも，一つの要因として考えられる。

Ⅳ　労働権と人権

　UNGP において，労働権が特に課題となっていることだけをもって，人権を語る場合の労働権主流化が進んでいることを当然には意味しない。なぜならば，国際人権法の教科書では，人権を自由権的人権と社会権的人権を区別して説明することが一般的であり，それとしては正しいことである。そして，社会権の中の一部の権利は，そのための財源があるときにのみ具体的な権利となると説明される[15]。国際人権条約でも，社会権規約の一部の条項は，国の財政状況により具体的な権利となる場合とそうでない場合があり得るとされる[16]。ILO の社会保障関連の条約（例えば代表的な 102 号条約）ですら，ILO として

───────────

(13)　OECD（経済協力開発機構）多国籍企業に関するガイドラインは 1977 年策定当初は人権に特に焦点はあてられていなかったが，2011 年の改正の中で，人権，特に労働権を大幅に取り込んだ。ILO 基準も参照基準として全面的に導入された。https://www.mofa.go.jp/mofaj/gaiko/csr/pdfs/oecd_gm.pdf（2024.7.8 閲覧）

(14)　https://mneguidelines.oecd.org/database/?hf=10&b=0&q=japan（2024.7.8 閲覧）

(15)　日本国憲法 25 条の健康で文化的な生活への権利は，法律で定められる。「朝日訴訟」想起。

(16)　福祉政策において，在留外国人より自国民を優先することは合理的な区別，とした塩見事件（最判平成 1 年 3 月 2 日）を想起。

国家と海洋の国際法（上巻）第1部 国際法／Ｖ 人権

は稀[17]に，部分的批准が可能にされている。言い換えれば，促進的人権として，すぐに達成しなくてもいい原則と思われていた嫌いがある。

　そもそも自由権的人権は国際人権保障の場面でも，国際人権章典としての国際人権規約が，自由権規約（いわゆるＢ規約）と社会権規約（いわゆるＡ規約）に分けて採択され，後者では実施監視機構としての人権委員会（いわゆる規約人権委員会）が規約の中に設置規定があるのに対して，社会権規約の方は，その監視機構である委員会が，条約採択後に国連の経済社会理事会によっていわば「後付けで」で設置されている。実際上，両委員会の決定（勧告や一般意見）の重みに違いはないが，前者の方に法的正統性があると考えることも可能である。自由権的人権と社会権的人権が，別の種類の人権であるという発想は，元来国際人権法において第1世代の人権，第2世代の人権，という分類がなされてきたこととも軌を一にする。

　しかし，本当に社会権的人権（いわゆる第2世代の人権）は，自由権的人権の一ランク下に位置づけられるものであろうか。

　世界人権宣言では，順位付けはなされていない。日本国憲法の中でも，社会権にあたるものは，基本的人権の1つとして，特別に区別されているわけではない。それが国際人権規約でＡ規約，Ｂ規約として分離されたのは，1950〜60年代の世相（すなわち東西対立の冷戦構造）に起因するもので，人権の本質的な部分について相違があるという認識ではなかった。現に社会権の中心であるところの労働権の，またその中核的権利であるところの労働組合権は，Ａ規約にもＢ規約にも存在する[18]。

　にもかかわらず，一時の環境権の取り扱いのように[19]，労働権は結社の自由原則とか，生命に対する権利とかを媒介として，いわば間接的に人権保障が及ぶものと理解される傾向が強かった。それは，労働権のなかには，即時的（直

---

(17)　ILO憲章や，個別の条約に特段の規定はないが，ILOでは当初より，批准の際に留保ができないという慣行が成立している。

(18)　社会権規約8条1項と自由権規約22条1項は，全く同文である。「1　すべての者は，結社の自由についての権利を有する。この権利には，自己の利益の保護のために労働組合を結成し及びこれに加入する権利を含む。」

(19)　最近でこそ人権であることが宣言されたが，環境権，プライバシーの権利などのいわゆる新しい人権は，生存権や人格権を介して人権となると考えられてきた。しかし2022年の国連総会は7月28日の全体会議で，「清潔で健康的かつ持続可能な環境への権利」を人権と認める決議を採択した。これは2021年10月に国連人権理事会が，清潔で健康的かつ持続可能な環境への権利を認める決議を初めて採択したことを受けた総会決議である。

23「ビジネスと人権」と労働 〔吾郷眞一〕

ちに義務が発生し，侵害があった場合，補償を受ける権利が生じる）権利があると
ともに，漸進的・促進的に人権保障が達成されればいい権利とが混在している
ことによると思われる。

V 2022年ILO条約勧告適用専門家委員会と人権条約機構との対話開始の意義

「労働権は人権である」というということを明言しなくてはいけないのは，
裏返してみると，そのことが必ずしも自明ではないということでもある。

　奇しくも，2022年に初めて開催された，ILO条約勧告適用専門家委員会と
国連の人権条約機関の委員長との間の意見交換会の中で，「労働権は人権であ
る」という表明がしばしばなされ[20]，2023年12月に行われた同じ趣旨の会合
でも，国際労働基準，すなわちILO条約が人権条約であるという明示的発言
が参加者の多くからなされたことは特筆に値する。そして，その会合の最終集
約でILOの条約勧告適用専門家委員会委員長が，ILOと国連人権条約機関が
さらに協力を推し進めることで意見が一致したことを明記した[21]。

　このことは大変重要な意味を持っている。ILOの国際労働立法が，他の人
権条約と並んで，国際人権法策定機能を持っているということが確認されたこ
とは，国際人権条約とILO条約が同じ方向性を持つもの，言い換えればILO
条約が国際人権条約であることが明確にされたという意味を持つ。

　国連システム内の条約適用監視機構が協力するというのは当然といえば当然
であるが，労働権と一般的な人権とは違うという根強い偏見を正すという意味
で重要な意義がある。それは，日本の国際人権法や国際法の教科書でも表れて
いるILO特殊国際機関説，すなわち，ILOは労働に特化した国連の専門機関
であるとする，正確ではない認識を根本的に覆すものといえる。ILOが国連
の専門機関（Specialized Agency of the United Nations）であることは間違いな
いが，ILOが国連誕生よりも前から活動しており，連携協定を結んだ第1号

---

(20)　ILO, 111th Session（2023），Report III（A）/Addendum, Joint statement by the ILO
　Committee of Experts on the Application of Conventions and Recommendations and
　UN Human Rights Treaty Bodies Chairpersons.
　　https://www.ilo.org/ilc/ILCSessions/111/reports/reports-to-the-conference/
　WCMS_869666/lang--en/index.htm（2024.7.8 閲覧）
(21)　ILO, 112th Session（2024），Report III（A）General Report, Para.73. https://www.
　ilo.org/ilc/ILCSessions/112/reports/reports-to-the-conference/WCMS_911183/lang--
　en/index.htm（2024.7.8 閲覧）

国家と海洋の国際法（上巻）第1部 国際法／Ⅴ 人権

の国際組織であること，（経済社会理事会との間に）連携協定を結ぶということは，経社理の下部機関となることではないこと，たしかに国連憲章63条2項には，経社理による「専門機関の活動の調整」が規定されているものの，これは連携協定を結んだ専門機関が経社理の指揮命令下に置かれることを意味しないことなど，認識されていないことが多い。また，日本の文献の中では，国際労働条約が人権条約として認識されていないものも多い[22]。

たしかに，ILO条約の中には，「労働統計条約（160号）」や「船舶料理士資格証明条約（第69号）」のようにきわめて技術的なものもあるので，すべてのILO条約が人権条約であると言いにくいことも事実である。ILO自身も，200近い数の条約を，基本的労働権条約（中核的労働基準）とそうでないものとわけて分類をしているくらいである[23]。その意味で，国連指導原則の中でILOの中核的労働基準が参照基準として取り上げられることにより，いわば労働権＝人権が認知されたことは重要な意義を持つ。

ここで注意しなくてはならないのはUNGPが，「基本的原則及び権利に関する国際労働機関宣言で挙げられた基本的権利中核的労働基準」を企業が遵守すべき責任と規定していることである。その1998年のILO基本権宣言でいう中核的基準は，すべての国際労働基準ではないのである。8の条約にすぎない[24]。わずか一昨年までは中核的基準と呼ばれるものが，結社の自由，強制労働，雇用における差別，児童労働，の4つのカテゴリーの条約群（合計8の条約）に限られており，ある意味では自由権的基本的労働権といってもさほど違和感がないものであったのに対して，2022年の総会で職業上の安全健康条約群が中核的基準に「格上げ」されたことにより，これまでILOすらが「技術的条約」

---

(22) 例えば杉原・水上・臼杵・吉井・加藤・高田『現代国際法講義〔第4版〕』（有斐閣，2007年）ではILOはIAEAやIBRDと並んで「非政治的（技術的専門的）国際機構」（265頁）とされ，「人権一般を国際的規律事項とする進展は第2次世界大戦後を待たなければならなかった」（9頁）という書き方がなされることが多い。
　　欧米の文献では，必ずしもそうではなく1974年のH.Lauterpacht編集による*Oppenheim International Law*, Vol.1, 7th ed. では，個人に関する第2部第3章の記述の中で相当の分量をさいてILOについて解説を加えているし（717-732頁），I.Brownlieの *Principles of Public International Law*, 6th ed., 2003でも，人権についての叙述の中の歴史部分でILOは労働に「特化しているように見えるものの，実際は膨大な人権保障文書を1919年以来作成してきた」という記述がある（630頁）。
(23) もっとも，このILOの分類は適切ではなく，ごくわずかな中核的条約とガバナンス条約以外をすべて技術的条約としてくくる方式は，2022年の安全健康条約の「格上げ」で破綻した。
(24) https://www.mhlw.go.jp/content/10500000/001238650.pdf（2024.7.8閲覧）に列挙されている条約群のうちの4つのグループ，8条約のみである。

と呼んできていた一連の純粋な労働基準（国内労働法でいうところの労働基準法の規則）が人権規範と認識されるようになったことは重要なことである。換言すれば，第1世代の人権に分類されていないものも UNGP は参照基準として援用することになった。これは「労働権は人権である」という言い回しをさらに補強するものとなる。

VI ILO と国連との協働による相乗効果

ILO と国連の条約遵守監視機構の話し合いの中で，労働権が人権であることが確認されたことと同時に，2つの人権条約機関同士の協力強化が確認されたことも重要であることはすでに述べた。両機構の協働は，ある意味では，「再確認」であるともいえる。なぜならば，両者はもともと密接な協力関係にあったからである[25]。これは，自由権規約 22 条，社会権規約 8 条の最後の項を見ても明らかであるし[26]，ILO 条約勧告適用専門家委員会も人権条約機関の意見をしばしば引用する。

冒頭に引用した人権理事会 UNGP 作業部会による，日本への訪問調査では，マスコミはもっぱら一企業で起きた性加害問題に特化した調査のような報道の仕方をしていたが，報告書を見ると明らかのように，実は，非常に広範囲な調査が行われ，最終的な勧告は政府に対してのものが多い。国から独立した人権委員会を直ちに設置せよとか，ジェンダー格差解消，少数者への配慮などを多数勧告していると同時に，ILO 条約（雇用における差別禁止条約，強制労働議定書，移住労働者条約など，具体的な条約名をあげ批准を勧告すらしている。福島原発の廃炉工事現場における労働基準違反問題も取り上げられているが，これは ILO 条約勧告適用専門家委員会も追及してきていた問題でもあった。しかし同委員会の書面審査ではなかなか当事者と直接接触するところまではできず，問題の究明に限界があった。UNGP 作業部会による当事者インタビューは大きい資料価値があり，これを参照することによって，ILO は日本政府に対してさらに具体的な質問状を出すことができ，対話（＝条約の実施監視）を継続していくことが可能となる。

---

(25) 例えば1980 年代までは，自由権規約 22 条に関する規約人権委員会の国家報告審査は，ILO 条約勧告適用専門家委員会に委託されていた。人間でいえば15 歳の未成年者（国連）と 60 歳の老人（ILO）の経験の違いがあるので当然といえば当然であった。

(26) A 規約 8 条，B 規約 22 条　共通第 3 項「この条のいかなる規定も，結社の自由及び団結権の保護に関する千九百四十八年の国際労働機関の条約の締約国が，同条約に規定する保障を阻害するような立法措置を講ずること又は同条約に規定する保障を阻害するような方法により法律を適用することを許すものではない。」

逆に，ILO は人権理事会ができない労働権侵害の救済を行うこともできる。日本政府は規約人権委員会や，ILO 条約勧告適用専門家委員会の勧告には法的拘束力がないとしばしば言明している。とすれば，UNGP の作業部会の勧告など，さらに拘束力という点で劣後していると評されかねない。なぜならば違反が疑われている元の文書がソフトローだからである。人権条約や ILO 条約の場合，基盤の法文書が拘束力のある条約であるから，条約違反，実定法違反という指摘には重みが増す。

さらに進んで，ILO の場合，憲章 24 条や 26 条に基づく申立，苦情手続を発動することができ，後者の場合は最終的に調査委員会が設置されて，現地訪問調査および，ほとんど司法判断に近い最終勧告を出すことができ，それに従わない国に対しては ILO 憲章 33 条に基づく経済制裁すら可能である。これは UNGP にはない手続きであり，UNGP の監視機能を補強することができる。

そもそも UNGP 作業部会は，日本訪問を単に Visit と題しており，Investigation という言葉はどこにも見当たらない。訪問調査と呼ぶのは意訳であり，あくまでも日本政府の任意の招へいを受けて来日し，いろいろな視察を行い，UNGP の完全履行を「援助」するために様々な勧告をしている，というのが Visit の正確な位置づけである。したがって，2024 年 6 月 26 日の人権理事会において日本政府代表が，UNGP 作業部会の Visit に「感謝」するという発言をしているのは[27]，あながち外交辞令だけとは言えない。したがって，この Visit で「発見」された多くの UNGP「違反」の疑いを，実定法上の違反（ILO 条約違反）として ILO の監視機構が取り上げるとしたら，その効果はソフトローに対する違反認定行為より大きくなる[28]。

Ⅶ　おわりに

阿部浩己『国際法の人権化』[29]の表現を借りるならば，「国際人権法の労働化」が本稿の主題であった。と同時にソフトローを行動規範化するために，い

---

(27)　当日の UNTV YouTube 配信 https://webtv.un.org/en/asset/k1b/k1b6l81o12（2024.7.8 視聴）

(28)　UNGP の中の労働権侵害に関して ILO が救済機関となりうることについて拙稿参照：Shin-ichi Ago, "Supervision of International Labour Standards as a Means of Implementing the Guiding Principles on Business and Human Rights" *European Yearbook of International Economic Law*（Springer, Berlin Heidelberg 2019）pp.87-106.

(29)　信山社，2014 年。

かにフォローアップとその仕組み作りが重要かということももう一つの問題意識であった。

　「労働」が持つ意義が再確認されたのは，1990年代のGATTウルグアイラウンド交渉前後の自由貿易推進（各種貿易協定の乱立）の法的枠組の中で，社会条項論として脚光を浴びて以来であるが，負のイメージを持つ労働ではなく，社会正義を達成することによるMDGs・SDGs目標達成へのポジティブなインセンティブとしての労働権保障という観点から，国際的人権保障システムのなかで中心的な役割が期待される。そして，それが国連とILOという二つの主要国際人権保障枠組の協働のなかで発展していくことは有意義である。また，UNGPでは，本来は国際法の直接の主体でないところの個人・法人（企業）も巻き込む形で展開していくという意味で，伝統的な国家主権中心の国際法体系にも変容をもたらすという重要な要素も垣間見ることができる。

24 欧州人権条約第3条の違法性審査における 人間の尊厳概念の役割
―― 欧州人権裁判所 2015 年 9 月 28 日大法廷判決 Bouyid 対ベルギー

小坂田裕子

I　はじめに
II　事実概要と小法廷判決
III　大法廷判決と共同反対意見

IV　Bouyid 事件大法廷判決の意
　　義
V　おわりに

I　はじめに

　人間の尊厳概念は，世界人権宣言，国際人権規約をはじめとして，多くの国際人権文書で言及されており，国際人権規約前文で規定されるように人権の淵源として考えられている[1]。この点，欧州人権条約それ自体には人間の尊厳への言及はなく，欧州人権条約第 13 議定書（「あらゆる状況の下での死刑の廃止に関する人権および基本的自由の保護のための条約についての第 13 議定書」）の前文で，「死刑の廃止は，……あらゆる人間の固有の尊厳の完全な承認（the full recognition of the inherent dignity of all human beings）にとって不可欠である」と言及されているのみである。

　もっとも，欧州人権裁判所は Tyrer 対イギリス判決（1978 年 4 月 25 日）[2]で，尊厳（dignity）概念に初めて言及して以来，複数の判決で人間の尊厳に依拠した欧州人権条約の解釈を展開している。特に，欧州人権条約第 3 条の「品位を

---

(1)　世界人権宣言，国際人権規約の人間の尊厳概念については，小坂田裕子「国際人権法における人間の尊厳（一）（二）――世界人権宣言及び国際人権規約の起草過程を中心に」『中京法学』46 巻 1・2 号（2012 年）25-57 頁，46 巻 3・4 号（2012 年）29-50 頁，小坂田「国際人権法における人間の尊厳の位相――国際人権章典に焦点をあてて」『法学セミナー』748 号（2017 年）47-52 頁参照。

(2)　European Court of Human Rights（ECtHR），Case of Tyrer v. The United Kingdom, Judgement of 25 April 1978, Application no. 5856/72. 門田孝「刑罰としての樺棒による殴打は，条約 3 条に違反する――タイラー判決」戸波江二・北村泰三・建石真公子・小畑郁・江島晶子（編）『ヨーロッパ人権裁判所の判例』（信山社，2008 年）134-138 頁。

『国家と海洋の国際法　柳井俊二先生米寿記念（上巻）』〔信山社，2025 年 2 月〕　*545*

傷つける取扱いもしくは刑罰」の審査において，人間の尊厳概念はしばしば重要な役割を果たしてきた。例えば，Tyrer 事件判決では，マン島において当時，存在した刑罰としての枝ムチによる殴打が，「品位を傷つける」刑罰にあたるかが問題となった。欧州人権裁判所は，枝ムチによる殴打が品位を傷つける刑罰にあたると認定する際，「申立人は，深刻な，あるいは長期にわたる身体的影響を被らなかったものの，当局の権力の対象として扱われた彼の刑罰は，まさに，人間の尊厳（a person's dignity）と身体的完全性という，第3条が保護する主な目的の1つであるものに対する攻撃を構成するものであった」という事実を考慮した（para. 33）。Tyrer 事件判決以降，複数の判決が「品位を傷つける」取扱いと「尊厳」概念の密接な関係性を強調している[3]。

本稿で扱う Bouyid 対ベルギー大法廷判決（2015 年 9 月 28 日）[4]もその 1 つである。Bouyid 事件判決では，大法廷がまさに人間の尊厳概念に基づいた判断により，小法廷判決を覆して第 3 条違反の認定を行なったが，3 人の裁判官が共同反対意見を出して，大法廷判決を批判した。Bouyid 事件判決では，人間の尊厳概念がこれらの争点の中心となっており，欧州人権裁判所が判決文でかなりのページを割いて尊厳概念に本格的に取り組んだものとして，注目に値する。本稿では，この Bouyid 事件判決を紹介し，欧州人権条約第 3 条の違法性審査における人間の尊厳概念の役割について明らかにしたい。

II　事実概要と小法廷判決

1　事 実 概 要

本件の申立人は，2 人のベルギー国籍の兄弟である。第 1 申立人の Saïd Bouyid は弟，第 2 申立人の Mohamed Bouyid は兄で，2 人は両親，兄弟である N，2 人の姉妹と一緒に Saint-Josse-ten-Noode の警察署の隣に住んでいる。2 人は，2003 年 12 月 8 日と 2004 年 2 月 23 日に，それぞれ警察署で警察官から平手打ちを受けたとして，第 3 条違反を訴えているが，この主張は締約国に

---

(3)　See, for example, ECtHR, Case of Kudła v. Poland, Judgement of 26 October 2000, Application no. 30210/96, para. 94; ECtHR, Case of Valašinas v. Lithuania, Judgement of 24 July 2001, Application no. 44558/98, para. 102; ECtHR, Case of Yankov v. Bulgaria, Judgement of 11 December 2003, Application no. 39084/97, para. 114; ECtHR, Case of Svinarenko and Slyadnev v. Russia, Applications nos. 32541/08 and 43441/08, para. 138).

(4)　ECtHR (Grand Chamber), Case of Bouyid v. Belgium, Judgement of 28 September 2015, Application no. 23380/09.

よって争われている。これらの出来事は，申立人の家族と警察署の特定の警察官らとの間に緊張関係があったことを背景として起った（paras. 1-10）。

(1) 2003年12月8日の出来事

2003年12月8日午後4時ごろ，第1申立人は友人と一緒に自宅の前に立ち，ベルを鳴らしていたところ，私服警察官のA.Z.が身分証明書を見せるように求めたが，それに応じず，逆にA.Z.に身分証明書を見せるよう求めた。A.Z.は第1申立人を警察署に連行し，部屋で2人きりのときに，逮捕に抗議していた第1申立人の顔を平手打ちした（para. 11）。その後，第1申立人は身元が確認され，A.Z.から公務員に対する強引な抵抗，乱暴な言動，暴言による脅迫の容疑で警察に被害届が提出されることになると伝えられた後，警察署を出ることが許可された。数分後，彼は両親と共に警察署に戻り，A.Z.に平手打ちされたと訴えたが，警察官はこれを否認した。同日午後6時，A.Z.は第1申立人を刑事告訴した（paras. 13-14）。同日午後7時20分に開業医が発行した診断書によると，第1申立人は「ショック状態」であり，「左頬の紅斑（消失）」および「左側外耳道の紅斑」という傷を負っていた（para. 12）。

(2) 2004年2月23日の出来事

2004年2月23日午前9時44分から10時20分の間，第2申立人およびその母親と第三者との間の口論について取り調べを行っていたとき，P.P.巡査は第2申立人に机にもたれかからないように言った後，彼の顔を平手打ちした。その後，独房に入れると脅して供述書に署名させた（para. 15）。申立人らが同日，提出した開業医による診断書には，第2申立人の「左頬に打撲痕がある」と書かれていた。この診断書には作成時刻が明記されていなかったが，警察業務監督常任委員会（P委員会）に提出された午前11時20分より前に作成された（para. 16）。政府の説明によると，第2申立人は取調べの間，非常に横柄で，椅子にふんぞり返り，P.P.の机にもたれかかり，理由もなく笑い，質問には歯切れの悪い答えをしていた。政府は，明らかに対立を意図していた2番目の申立人の態度にもかかわらず，P.P.は冷静で忍耐強かったと強調した（para. 17）。

(3) 事件の背景

申立人らは，家族がSaint-Josse-ten-Noode警察から嫌がらせを受けていたと主張した。その概要は以下のとおりである。問題の発端は，申立人らの兄弟であるNが，その警察官の車に傷をつけたと警察官の1人が疑ったことにあった。Nはその後，この警察官を脅し，強盗を行った容疑で起訴されたが，当該容疑についてはブリュッセル青少年裁判所で無罪が言い渡された（para. 18）。

さらに，1999 年 6 月 24 日，当時 13 歳だった第 1 申立人は，路上での喧嘩の後，連行された警察署で別の警察官に殴られ，鼓膜に穴が開いた（para. 19）。1999 年 11 月 25 日，姉妹の 1 人が Saint-Josse-ten-Noode 警察の警察官に暴言を吐かれ，2000 年 3 月 11 日には N が警察官に身体検査をされ，もみくちゃにされ，暴言を吐かれた（para. 20）。さらに，2000 年には第 2 申立人が指名手配され，2002 年 7 月 23 日に Saint-Josse-ten-Noode 警察が指名手配リストからの除外を発表したにもかかわらず，検察庁に様々な申請を行い，手続きが完了したのは 2005 年 3 月で，それまで多大な不便を強いられた（para. 21）。2001 年 4 月 6 日と 2001 年 7 月 12 日，N と第 2 申立人はそれぞれ Saint-Josse-ten-Noode 警察の警察官に暴言を吐かれた（para. 22）。申立人たちは，自分たちが被害者となったすべての事件を司法当局や警察に報告し，苦情を申し立ててきたと説明した（para. 23）。

2　第 5 小法廷判決（2013 年 11 月 21 日）[5]

　小法廷は，まず，「第 3 条に違反する不当な取扱いの申立ては，適切な証拠によって裏付けられなければならないこと」を確認する。証拠評価のために，小法廷は「合理的な疑いを超える」程度の証明という基準を採用するが，そのような証明は，「十分に強固で，明確で，一致する推論，または同様に事実の反論の余地のない推定が共存することから導き出される場合がある」ことを付言した（para. 43）。その上で，小法廷は，「拘禁している当局の管理下にある者」（persons within control in custody）のように，問題となっている出来事の全部または大部分が当局の独占的な知識の中にある場合には，そのような拘禁中に発生した傷害に関して，「事実の強い推定（strong presumptions of fact）が生じる」という原則に言及した。その場合，政府は，「被害者の証言に疑いを抱かせる事実を立証する証拠を提出し，納得のいく説得力のある説明をしなければならない」とする（para. 44）。

　小法廷はまた，「個人が自由を奪われている場合，本人の行為によって厳密に必要とされたわけではない物理的な力に訴えることは，人間の尊厳を損ない（diminishes human dignity），原則として（in principle）第 3 条に規定された権利の侵害である」という原則に言及した（para. 46）。その一方で小法廷は，不当な取扱いが第 3 条の範囲に入るためには，それが「最低限度の過酷さ（a

---

(5)　ECtHR（Fifth Section），Case of Bouyid v. Belgium, Judgement of 21 November 2013, Application no. 23380/09.

minimum level of severity）に達していなければならない」という原則にも言及した（para. 47）。そのため，暴力の形態によっては，道徳的な理由で，また締約国の国内法のもとで非難されるものであっても，第3条に該当しないものもあることを小法廷は指摘する（para. 48）。小法廷はさらに，申立人たちが警察官によって平手打ちを受けたという事実に政府が異議を唱え，提出された診断書では，傷害が平手打ちによって引き起こされたものであることを立証していないと政府が主張したことに留意した。それにもかかわらず小法廷は，申立人の主張が立証されたとしても，申立人が訴えた行為は，本件の状況において，条約第3条に違反する取扱いを構成するものではないと考え，申立人の主張の真偽について裁定することは無意味であると判断した（para. 49）。

　小法廷は次のように結論づけた。「仮に平手打ちが行われたとしても，どちらの場合も，申立人たちの無礼な行為や挑発的な行為に苛立った警察官が，自白させようとすることなく，軽率に行った孤立した平手打ちであった。さらに，申立人たちの家族と警察官らとの間には，近隣関係において，明らかに緊張した雰囲気があった。このような状況において，申立人の1人は当時まだ17歳であり，申立人が述べたような出来事が本当に起こったのであれば，申立人が深い憤りを感じたであろうことは理解できるが，裁判所は，このような出来事がナーバスな緊張状態の中で一度だけ起こったことであり，深刻な影響も長期的な影響もなかったという事実を無視することはできない。この種の行為は，容認できないとはいえ，条約第3条の違反が成立するのに十分な程度の屈辱感や恥辱感（humiliation or debasement）をもたらすとは考えられないというのが当裁判所の見解である。言い換えれば，いずれにせよ，本件では，上記の過酷さの敷居には達しておらず，実体上も手続き上も，同条項違反の問題は生じない（para. 51）」。

III 大法廷判決と共同反対意見

1 大法廷判決（2015年9月28日）

　大法廷は，事実概要の後，関連する国際文書等に言及するが，本件では尊厳概念にかなりのスペースを割いて関連国際文書を紹介しており，人間の尊厳が本事件を評価する際にカギとなる概念であるという前提に立っていることを暗示する。そこでは，国際連合憲章前文，世界人権宣言前文および第1条，人種差別撤廃国連宣言前文および人種差別撤廃条約前文，自由権規約前文および第10条，社会権規約前文および第13条，女性差別撤廃条約前文，拷問等禁止条

国家と海洋の国際法（上巻）第1部 国際法／Ⅴ 人権

約前文，子どもの権利条約前文等，強制失踪防止条約前文等，障害者権利条約
前文等，死刑廃止に関する自由権規約第2選択議定書前文，子どもの権利条約
の通報制度に関する選択議定書前文，社会権規約選択議定書及び女性差別撤廃
条約選択議定書が尊厳に言及しているとして列挙している（paras. 45-46）。ま
た尊厳概念に言及する地域的文書として，ヘルシンキ宣言原則Ⅶ，バンジュー
ル憲章第5条，生物学及び医学の応用に関する人間の人権及び尊厳の保護に関
する条約前文，EU基本権憲章前文および第1条等，欧州人権条約第13議定
書前文，人身売買の防止に関する欧州評議会条約前文が紹介されている。

　大法廷は，申立の実体的側面の評価において，冒頭，次のように述べて，第
3条と人間の尊厳との結びつき，そして第3条に規定される取扱い等の絶対的
禁止を強調する。

　　　「条約第3条は，民主主義社会の最も基本的な価値の一つを謳うものである。
　　実際，拷問および非人道的または品位を傷つける取扱いまたは刑罰の禁止は，
　　人間の尊厳の尊重と密接に結びついた文明の価値（a value of civilisation）であ
　　る。
　　　条約の実体的条項の大部分とは異なり，第3条は例外を規定しておらず，国
　　民の生命を脅かす公共の緊急事態が発生した場合であっても，第15条第2項に
　　より，この条項からの逸脱は許されない。テロリズムや組織犯罪との闘いのよ
　　うな最も困難な状況においても，条約は，関係者の行為にかかわらず，拷問お
　　よび非人道的または品位を傷つける取扱いまたは刑罰を絶対的な文言で禁止し
　　ている（para. 81）」。

　大法廷は，小法廷で確認された諸原則に言及しながら，異なる結論に至る。
両者の分岐点となったのが，まさに人間の尊厳を損なう取扱いに関する評価の
違いである。大法廷も，小法廷と同様に，「自由を奪われている者，より一般
的には，法執行官と対峙している者に関して，本人の行為によって厳密に必要
とされたわけではない物理的な力に訴えることは，人間の尊厳を損ない，原則
として，第3条に規定された権利の侵害である」ことを確認する（para. 88）。
そして大法廷は，小法廷では確認されなかった欧州人権条約における人間の尊
厳の位置付けに次のように言及する。

　　　「「尊厳」という言葉は，多くの国際的・地域的文書や文書に登場する。条約
　　はこの概念に言及していないが（それでも，あらゆる状況における死刑の廃止
　　に関する条約第13議定書の前文には登場する），本裁判所は，人間の尊厳の尊
　　重が，人間の自由と並んで，条約の本質の一部（part of the very essence of
　　the Convention）を形成していることを強調してきた（para. 89）」。

550

さらに大法廷は，前述の Tyrer 事件判決等に言及しながら，「条約第3条にいう『品位を傷つける』待遇や刑罰の概念と，『尊厳』の尊重との間には，特に強い結びつきがある」ことも確認する（para. 90）。

続いて大法廷は，本件への適用に移る。本件では，警察官らが平手打ちしたことを否定しており，さらに提出された診断書に記載された傷が警察官らの平手打ちによるものかについても立証されていないと政府は主張しており，事実関係が当事者間で争われていた（para. 91）。この点，大法廷は，診断書に記載された症状が顔面の平手打ちのありうる結果であること（para. 93），これらの診断書が事件当日，申立人らが警察署を出た直後に発行されていることから，証拠価値が高められていること（para. 94），調査に大きな欠陥があったことを考えると，調査が平手打ちを否定する証拠を提出できなかったという事実だけから，警察官の供述が正確であったと結論づけることは不可能であること（para. 96），政府は紅斑が警察官による平手打ちによるものであるという申立人らの供述に疑問を投げかけるような証拠を提出しなかったこと（para. 98）等を指摘し，警察官による平手打ちの事実が証明されたとみなした（para. 98）。

大法廷は，「自由を奪われている者，より一般的には，法執行官と対峙している者に関して，自らの行為によって厳密に必要とされたわけではない物理的な力に訴えることは，人間の尊厳を損ない，原則として，第3条に規定された権利の侵害である」ことを再確認する（para. 100）。そして大法廷は，次のように，小法廷と結論を分けた根拠を示した。

　　「本裁判所は，『原則として』という言葉は，……過酷さの敷居（severity threshold）に達していないため，違反の認定が必要とされない状況があり得ることを意味するものではないと強調する。人間の尊厳に対するいかなる干渉も，この条約のまさに本質に対する攻撃である（Any interference with human dignity strikes at the very essence of the Convention）。そのため，法執行官が個人に対して行う人間の尊厳を損なう行為は，条約第3条の違反となる。このことは特に，個人に対する物理的な力の行使について，それが本人の行為によって厳密に必要とされるものでない場合，その個人への影響がどのようなものであれ，あてはまる（para. 101）。」

そして大法廷は，本件における申立人2人への平手打ちが，彼ら自身の行為によって厳密に必要とされた物理的な力による手段であったとは言えず，申立人らの尊厳が損なわれ，それゆえ条約第3条の違反があったと判断した（para. 102）。

国家と海洋の国際法（上巻）第1部 国際法／V 人権

　加えて大法廷は，「いずれにせよ，裁判所は，法執行官がその完全な管理下にある個人に平手打ちを加えることは，個人の尊厳に対する重大な攻撃であることを強調」した（para. 103）。大法廷は，「条約第3条の意味における品位を傷つける取扱いが存在するためには，被害者が自らの目における屈辱感を与えるだけで十分である可能性があること」を再確認し，「実際，平手打ちを受けた者に深刻な影響や長期的な影響を与えない無計画な平手打ちであっても，その者が屈辱的なものとして認識する可能性があることに疑いの余地はない」と述べる（para. 105）。そして大法廷は，「このことは，平手打ちが法執行官によってその管理下にある人に加えられた場合に特に当てはまる。なぜなら，このような状況では，前者と後者の関係を定義上特徴づける優越性と劣等性が浮き彫りになるからである」とした（para. 106）。その上で本件のように，「警察に拘留されている者，あるいは単に身元調査や尋問のために警察署に連行されたり，呼び出されたりした者，より広くは警察や同様の当局の管理下にあるすべての者は，脆弱な状況にある（a situation of vulnerability）」ことを指摘した（para. 107）。

　さらに大法廷は，小法廷とは異なり，「平手打ちが，被害者の無礼で挑発的な行為に苛立った警官によって軽率に行われたかもしれないという事実は，ここでは無関係である」と述べる（para. 108）。すなわち大法廷は，「最も困難な状況下であっても，条約は，関係者の行為にかかわらず，拷問および非人道的または品位を傷つけるような取扱いまたは刑罰を絶対的な用語で禁止している」ことを強調した（para. 108）。

　最後に大法廷は，二次的考慮事項としながら，第1申立人が事件当時未成年であったことを指摘し，「条約第3条の文脈における未成年者の脆弱性を何度も強調してきた」こと，また「未成年者の脆弱性を考慮する必要性は，国際レベルでも明確に確認されている」ことを述べる（para. 109）。そして，「未成年者に対する警察の行動は，成人の場合には容認されるかもしれないが，未成年者であるという理由だけで，条約第3条の要件と両立しない可能性がある」とした（para. 110）。

　結論として大法廷は，警察官らが各申立人に行った平手打ちは，「彼らの行為によって厳密に必要とされた物理的な力による手段には相当せず」，「彼らの尊厳を傷つけるものだった」（para. 111）と述べる。そして，「申立人らは軽度の身体的傷害に言及しただけであり，深刻な身体的または精神的苦痛を受けたことを立証していないことから，問題の扱いは非人道的なもの，または，より

一層，拷問と表現することはできない」とした上で，本件が品位を傷つける取扱いであると判断し，第3条違反を認定した（paras. 112-113）。

なお大法廷は，申立の手続的側面についても審査して第3条違反を認定しているが（paras. 114-134），本稿が扱う人間の尊厳概念と関連付けて検討されていないため省略する。

2 De Gaetano 裁判官，Lemmens 裁判官，Mahoney 裁判官の共同反対意見

De Gaetano 裁判官，Lemmens 裁判官，Mahoney 裁判官（以下，裁判官たち）は，欧州人権条約第3条の手続的側面に対する違反があったという多数派の認定には同意するが，同条の実体的側面にも違反があったとする多数派の見解には同意できないとした（p. 38, para. 1）。裁判官たちは，「小法廷や大法廷の多数派と同様に，警察官がその管理下にある個人を不必要に殴打することは職業倫理に反する行為であると考える。さらに，民主主義社会においては，このような行為が不法行為や刑事犯罪を構成することも当然予想されることである」として，「警察官による平手打ちは容認できない」ことを強調する（p. 38, para. 3）。さらに裁判官たちは，「人が警察の管理下に置かれている場合，本人の行為によって厳密に必要とされたわけではない物理的な力に訴えることは，人間の尊厳を損なうものであることは，多数派と同様に受け入れる用意がある」とも述べる（p. 38, para. 4）。

その上で裁判官たちは，「人間の尊厳に対するいかなる干渉も，品位を傷つける取扱いにあたり，したがって第3条に違反すると認めるべきなのだろうか」と多数意見に疑問を呈する。裁判官たちによれば，「多数派は，警察による力の行使の結果生じる人間の尊厳への干渉は，必然的に第3条に違反すると示唆しているように見える」が，それは「物理的な力に訴えることで人間の尊厳が損なわれる場合，それは『原則として』第3条違反になるという，確立された判例法から逸脱している」と指摘する。すなわち裁判官たちは，多数意見とは異なり，「人間の尊厳を侵害しながらも，第3条の適用範囲に入るために必要な最低限度の過酷さには達しない取扱いの形態が存在する」という立場をとることを明らかにする（p. 39, para. 5）。

裁判官たちは，本件の主要な争点は，「申立人らについてこの最低水準に達していたかどうか」であることを明確にする。この点，多数意見は「この最低ラインの評価は事件のあらゆる状況によって決まると指摘する（para. 86 参

照）」としながら，「具体的な状況にはまったく関心を示さず，ただ単に，人間の尊厳を傷つける法執行官のいかなる行為も，それが当事者に与える影響にかかわらず，第3条の違反にあたるという，きわめて独断的な立場を採用している」と批判する（pp. 39-40, para. 6）。これに対して裁判官たちは，「具体的な状況が基本的に重要であると考える」と述べ，「小法廷が指摘したように，本件の事件はいずれも，申立人の家族と近隣の警察官らとの間に緊張関係がある中で，申立人の無礼な行為や挑発的な行為に苛立った警察官が軽率に平手打ちをしたものであり，深刻な影響も長期的な影響もなかった」とする。そして，「訴えられた取扱いは容認できないものであったが，条約第3条の意味における「品位を傷つける取扱い」に分類される最低限度の過酷さに達していたとは認められない」と結論づけた（p. 40, para. 6）。

さらに裁判官たちは，「本判決は，警察官による暴力行為に対する最低限の過酷さという要件を無意味なものとし，非現実的な基準を課すことになるのではないかと懸念」を示した（p.40, para. 7）。そして，「第3条違反の認定を矮小化することは避けるべき」と多数派を批判し，「今回のケースで訴えられている状況は，残念ながら裁判所が扱わなければならなかった他の多くのケースで，法執行官が行った取扱いに比べれば，はるかに深刻ではない」とまで述べる（para. 41, para. 7）。

加えて裁判官たちは，「被害者の脆弱性は，人間の尊厳に対する干渉の深刻さを評価する際に考慮されうる要素である」としながら，第1申立人が事件当時，未成年であった事実を多数派が二次的考慮事項としたことも問題視する。すなわち，第1申立人が「長年にわたって警察と険悪な関係にあり，警察官に対して何度も刑事告訴をしていた家族の一員であった」ことを指摘し，「警察官が『より大きな警戒心と自制心』を示すべき弱者であったと結論づける根拠として，単に第1申立人の年齢を参照することは，過度に理論上に過ぎないアプローチであると考える」と結んだ（p. 41, para. 8）。

Ⅳ　Bouyid 事件大法廷判決の意義

小法廷は，自由を奪われた個人が法執行官と対峙している場合に，その個人の行為によって厳密に必要とされたわけではない物理的な力に訴えることは，人間の尊厳を損ない，原則として第3条の権利侵害になるものの，その不当な取扱いが「最低限の過酷さ」に達していなければ，第3条違反は成立しないとした。言い換えれば，人間の尊厳を損なう行為であっても，「最低限の過酷

さ」に達しなければ，品位を傷つける取扱いにはあたらないと判断したのである。小法廷判決のこの判断を，共同反対意見は従来の判例に沿ったものとして支持している。

それに対して，大法廷は，自由を奪われた個人が法執行官と対峙している場合に，その個人の行為によって厳密に必要とされたわけではない物理的な力に訴えることが，人間の尊厳を侵害する場合，たとえそれが最低限の過酷さの敷居を満たさない場合であっても，「常に」第3条違反となることを強調し，違反認定をした。大法廷判決のポイントは，次の2点にあると考える。すなわち，本件で問題となった平手打ちが，第1に，条約の本質の一部を構成する人間の尊厳に対する侵害と考えられること，第2に，警察官とその管理下にある個人という「力の非対称性」がある状況下での「脆弱な者」に対する暴力であったことである。

まず第1の点についてだが，人間の尊厳の尊重が条約の本質の一部を構成することは，Pretty 対イギリス（2002年4月29日）[6]や，本判決で引用された Svinarenko および Slyadnev 対ロシア（2014年7月17日）[7]——法廷審理中の手錠や足錠が第3条違反かが問題となった——でも既に確認されていた。また「最低限の過酷さ」に達する不当な取扱いは，通常，実際の身体的障害または激しい肉体的もしくは精神的苦痛を伴うが，このような側面がない場合であっても，「個人を屈辱させたり貶めたりし，その人間としての尊厳を尊重しない，あるいは低減させるような扱いをしたり，個人の道徳的・身体的抵抗を打ち砕くような恐怖，苦痛，劣等感を喚起するような扱いをしたりする場合には，その扱いは品位を傷つけるものとみなされ，第3条に定める禁止事項に該当する可能性がある」ことも，Pretty 事件判決等で認められていた[8]。本大法廷判決の新規性は，人間の尊厳に対する侵害は，それが第2のポイントと合わさった場合，たとえ最低限の過酷さの敷居を満たさない場合であっても，「常に」第3条違反になることを認めたことにある。このことは，欧州人権裁判所におけ

---

(6) ECtHR, Case of Pretty v. the United Kingdom, Judgement of 29 April 2002, Application no. 2346/02, para. 65. 本判例の評釈として，甲斐克則「自殺幇助と患者の「死ぬ権利」難病患者の「死ぬ権利」を否定した事例——プリティ判決」戸波他・前掲注(1)199-203頁。

(7) ECtHR, Case of Svinarenko and Slyadnev v. Russia, Judgement of 17 July 2014, Application nos. 32541/08 and 43441/08, para. 118.

(8) ECtHR, Case of Pretty v. the United Kingdom, para. 52. See also ECtHR, Case of Vasyukov v. Russia, Judgement of 5 April 2011, Application no. 2974/05, para. 59.

国家と海洋の国際法（上巻）第1部 国際法／V 人権

る第3条違反の判断が，問題の取扱いが個人に与える影響の「量的」な評価である前に，人間の尊厳というレンズを通してみた取扱いの不当性に関わる「質的」な評価であることを確認したという点で重要だろう[9]。

次に第2の点について，小法廷判決と共同反対意見は，本件の平手打ちがどちらの場合も，申立人らの家族と警察官らとの緊張関係の中で，申立人らの無礼な行為や挑発的な行為に苛立った警察官が軽率に行った事実を違反が認められない理由として強調していたのに対して，大法廷は，そのような事実は「ここでは無関係である」と断言した。大法廷は，法執行官とその管理下にある人たちの関係の優越性と劣等性を強調し，警察や同様の当局の管理下にあるすべての者の脆弱性を指摘した上で，最も困難な状況下であっても，条約は関係者の行為に拘わらず，第3条に規定される取扱いまたは刑罰を「絶対的な用語」で禁止していることを強調した。

これに対して共同反対意見は，「警察官による暴力行為に対する最低限の過酷さという要件を無意味なものとし，非現実的な基準を課すことになるのではないかと懸念」した。しかし，それは警察官とその管理下におかれた者という極めて非対称な関係，すなわち管理下におかれた者の脆弱性を考慮に入れることなく，申立人らの取扱いが警察官の機嫌によって左右されることを容認する極めて的外れな指摘だろう[10]。Natasa Marvonicola（バーミンガム大学教授）が正しく指摘するように，本大法廷判決は，「力の非対称性がある状況下での暴力について，……虐待の反証責任をより力のある当事者に正面から負わせた」という重要な意義をもつ[11]。

V　お わ り に

以上のBouyid事件大法廷判決の考察から，人間の尊厳概念は，第3条で禁止される「品位を傷つける取扱い」の違法性審査において，問題の取扱いが個人に与える影響の「量的」な評価から，尊厳というレンズを通してみた取扱いの不当性に関わる「質的」な評価へと転換させる役割を果たしていることが明らかになった。欧州人権裁判所における「量」を基本とした暴力の捉え方が，人間の尊厳との関わりで，より「質」を重視するものに変化してきているとい

---

(9)　Natasa Mavronicola, "Bouyid v. Belgium: The 'Minimum Level of Severity' and Human Dignity's Role in Article 3 ECHR", *European Convention on Human Rights Law Review*, No. 1 (2020), p. 123.

(10)　N. Mavronicola, *supra* note 9, p. 121.

(11)　N. Mavronicola, *supra* note 9, p. 123.

えるかもしれない。具体的には，本判決は，警察官によるその管理下におかれた脆弱な者への暴力のように，力の非対称性がある状況での人間の尊厳に対する侵害は，たとえ最低限の過酷さの敷居を満たさない場合であっても，「常に」第3条違反になることを示した。それにより本判決は，不当な取扱いが第3条の範囲に入るためには，それが「最低限度の過酷さに達していなければならない」という先例で確認されてきた原則の射程範囲を限定したのだ。

　他方で，共同反対意見が指摘するように，大法廷判決は，なぜ人間の尊厳の侵害がそのような判断を要するのかについて，それが条約の本質に対する攻撃だから，以上の説明をしていない。すなわち，共同反対意見が指摘するように，多数派は，そもそも人間の尊厳という概念がどのように理解されるべきかについて何も語っていない。この点，Mavronicola は，「人の行動を阻止するために必要とされるわけでない物理的な力が加えられる場合，その人は人間性（humanity）が要求する最低限の尊重を受けることなく，物（object）として扱われる。すべての人間の高められた平等な基本的道徳的地位が要求する尊重が否定されるという点において，人間の尊厳への攻撃なのだ」と説明しており，参考になる[12]。

　もっとも欧州人権裁判所において，人間の尊厳は，第3条の品位を傷つける取扱いの文脈でのみで用いられているわけではなく，定義をされることなく，その意味で多義的なまま，今や2100以上の判決で言及される論争の多い概念である[13]。そのため Mavronicola の上述の説明も，本件のような文脈でのみ当てはまるにすぎない。だからといってそれが無意味であるというわけではない。欧州人権裁判所が具体的な文脈でどのように人間の尊厳概念を用いているかという地道な研究を積み重ねることによってのみ，欧州人権条約の本質である同概念の機能や役割，輪郭や内実がおぼろげながら明らかになるのだ。

---

(12)　N. Mavronicola, *supra* note 9, pp. 120-121.

(13)　See, for example, Veronika Fikfak and Lora Izvorova, "Language and Persuasion: Human Dignity at the European Court of Human Rights", *Human Rights Law Review*, No. 22 (2022), pp. 1-24.

25 庇護の外部化と国際人権・難民法

北 村 泰 三

I　は じ め に
II　難民条約の場所的適用範囲
III　安全な第三国（STC）概念に
　　基づく庇護の外部化
IV　むすびに――庇護の外部化の
　　位置づけ

I　は じ め に

　難民条約は，一般的には庇護希望者からの請求を受けた国が，自国の領域内において庇護を認めるか否かを判断する権利――領域的庇護権――を有することを定めた条約である[1]。同条約の下で，基本的には，本国または常住地国における迫害から逃れてきた庇護希望者を避難先の国家が受け入れることにより，庇護を提供する。その場合，庇護を提供する国は，難民として認めた人の人権保護の役割を出身国に代わって引き受けることになる[2]。

　今世紀のグローバル化社会における人の移動は，多数の非正規移民と庇護希望者が渾然一体化して国境を越える状況となっている（以下では，非正規移民と庇護希望者という言葉は互換的に用いる）[3]。人々が国境を越えて移動する理由は，武力紛争からの避難，自然災害，累積的な差別や慢性的貧困，それに環境

---

[1]　難民条約を採択した全権代表会議最終議定書IV E参照。A/CONF.2/108/Rev.1, 25 July 1951. また1967年の領域的庇護宣言（国連総会決議2312 XXII）は，「国がその主権の行使によって付与した庇護は，他のすべての国によって尊重されなければならない。」と定めていた（第1条1項後段）。

[2]　これを「代理保護（surrogate protection）」とも言う。ジェームズ・C・ハサウェイ著，平野裕二・鈴木雅子訳『難民の地位に関する法』（現代人文社，2008年）147頁。

[3]　言うまでもなく移民と難民とは区別される。しかし，難民認定される前の段階では，就労資格を持たない非正規移民（migrant）と庇護希望者との間の区別は，あまり明確ではない。彼（彼女）らは，入国を求めている点では同じである。Idil Atak and François Crépeau, Refugee as Migrants, *Oxford Handbook of International Refugee Law*, Chap. 7, 2021, pp. 134-151. Cathryn Costello, The Human Rights of Migrants and Refugees in European Law, 2016.

『国家と海洋の国際法　柳井俊二先生米寿記念（上巻）』〔信山社，2025年2月〕　*559*

国家と海洋の国際法（上巻）第 1 部 国際法／V 人権

の悪化などからの脱出であり，非自発的・強制的移動という性格を帯びている[4]。こうした非正規移民の大量流入（mass influx）に直面してきた国々では，国家的アイデンティティーの危機としてこの問題を捉えるようになった。非正規移民の大量流入を自国の文化の一体性への脅威および安全保障上の問題と重ねることにより，非正規移民を違法な存在とみなして，国境の外に排除するためのさまざまな国境管理措置を強化してきた。

　このような強化された国境管理は，「外部化」（externalisation）を特徴としている。具体的には，例えば，難民船の「押し戻し」（push back）などのように国境管理を自国の領域の外または公海等の国際公域で行うだけでなく，いったん入国した庇護申請者を自国で審査せずに「安全な第三国」（Safe third country／以下 STC）に送り，庇護審査と難民の受け入れまで委ねる方式が考察され，実施されている。こうした方法は庇護の外部化と呼ばれている。それは，国家が自国の領域内で通常は行っている庇護機能の一部または全部を自国領域の外に移転するプロセスであって[5]，国境管理を領域外で行うことだけでなく，STC に庇護審査および難民の引き受けまで委託する概念である[6]。

　しかし，ここで問題となるのは，国際的庇護は，国境管理の問題と庇護の問題とは切り離して履行するべきとされるが，近年，国境を越える人の大規模で非正規の移動が益々増加するに従って，庇護の外部化により国境管理を難民保護より優先させた結果，難民保護の質の低下を招き，難民が十分に保護されないおそれを生じさせている点である[7]。難民条約は，「すべての国家が難民問題の社会的および人道的性格を認識して」（難民条約前文）締結されたことを念頭に置くならば，庇護の外部化は，この難民条約の基本的な精神に反するのでは

---

(4)　Vincent Chetail は，出国の自由／権利という視点から捉える。Chetail, *International Migration Law*, 2019, p. 77.

(5)　「域外化」（extra-territorialisation）という言葉が使われる場合もある。Bernard Ryan and Valsamis Mitsilegas, *Extraterritorial Immigration Control: Legal Challenges*, 2010. Frelick, B., I. M. Kysel, and J. Podkul, "The Impact of Externalization of Migration Controls on the Rights of Asylum Seekers and Other Migrants," *Journal on Migration and Human* Security, Vol. 4-4, 2018, pp. 190-220. 阿部浩己「庇護の域外化——グローバルノースの抑止策」『人権判例報』6 号（2023 年）3-18 頁。

(6)　David Cantor, "Externalisation, Access to Territorial Asylum, and International Law", *International Journal of Refugee Law*, Vol. 34-1, 2022, pp. 120-156.

(7)　国境管理の観点からは，潜在的な庇護申請者は，在留資格を取得していなければ「不法」（illegal）な存在であり，退去強制の対象となる。しかし，難民法／国際人権法の観点からは，迫害を逃れるために庇護を申請している者は保護される。

ないかという疑問がある[8]。

　本稿の狙いは，こうした国境管理政策の一環としてとられている庇護の外部化の問題について，国際人権・難民法の観点から考察することである[9]。以下，Ⅱでは，庇護の外部化の概念を明らかにするために，難民条約の場所的適用範囲について確認し，検討する。その際，在外公館における人道ビザの発給（拒否）問題と海上ルートによる難民船に対する押し戻し行為について触れる。Ⅲでは，庇護の外部化の実例として，英国・ルワンダ間の庇護申請者の移送に関する協定のように，STC という前提に依拠して，庇護の責任を回避しようとする最近の国家実行について検討する。Ⅳのむすびでは，庇護の外部化が国際人権・難民法の観点からどのような問題点を含んでいるかをとりまとめておく。

Ⅱ　難民条約の場所的適用範囲

1　基　本　原　則

　難民条約の場所的適用範囲は，属地主義に基づき，基本的には締約国の領域内に限られる。言い換えるならば，難民条約上の保護を受ける者は，庇護を求めようとする国家との間で何らかの領域的な繋がりを有していることが必要とされる。したがって，一般的には，難民条約上の庇護を求めるためには，庇護希望者は目的国の領域に到達していることが前提となっている[10]。庇護希望者は，何らかの理由による迫害を逃れて他国の領域に到達していること，または自国の領域の外にいること（「外国人性」（alianage）という）を前提として，庇護請求が可能となる[11]。難民条約は，庇護希望者からの請求を受けた国が，自

---

(8)　UNHCR は，庇護の外部化を「庇護希望者を安全に領域に入り，国際的保護を請求するのを妨害したり，または庇護希望者と難民を十分な保護がないままに他の国に移送する措置」と定義している。UNHCR, Note on the "Externalization of International Protection, https://www.refworld.org/policy/legalguidance/unhcr/2021/en/121534 (last visited on 1 October 2024).

(9)　表題の「国際人権・難民法」とは，国際人権法と難民法の両者が複雑に絡み合った規範群を形成していて，その解釈，適用も相互に有機的な関係性を有していることを示す言葉として用いる。

(10)　国内避難民（Internal displaced persons/IDPs）に対して難民条約の保護は及ばない。アフリカ連合は，2009 年に「国内避難民の保護および支援のための条約」（カンパラ条約）African Union Convention for the Protection and Assistance of Internally Displaced Persons（Kampara Convention）」を締結して，IDPs の保護に対する国家の義務を規定したことは特記される。

(11)　第三国定住プログラムによる難民の受け入れは，通常の難民の受け入れとは異なり，庇護希望者が自国の領域内にいることを条件としていない。受け入れるかどうかの判断

国領域内において審査を行い，その結果，庇護要件が満たされたならば，難民として保護することを約束した条約である。

　他方で，国境の検問所での入国審査の際に，書類の不備等により入国を拒否する場合は入国拒否であって，通常は国家の入国管理権限の行使として認められている[12]。ただし，空港の入国審査の際および国境の検問所で庇護請求がなされた場合にも，国家領域内であるから，庇護請求が行われた場合に受理し審査することは国家の義務に含まれる[13]。

　また，人権条約も，難民および庇護希望者を，拷問，非人道的な取扱いを受けるおそれのある場所への送還を禁止するという意味でノン・ルフールマン原則を包含しており，同原則の国際慣習法性を例証している[14]。拷問禁止条約3条および米州人権条約22条8項は，ノン・ルフールマン原則を明文で定めている。その他にも自由権規約（ICCPR）6条（生命に対する権利）および7条（拷問，非人道的または品位を傷つける取扱いの禁止），ヨーロッパ人権条約（ECHR）2条（生命権）および3条（拷問等の禁止）は，明文の規定を置いていないが履行監視機関の解釈ではノン・ルフールマン原則を含んでいる。これらの規定は，難民条約33条のノン・ルフールマン原則を補充する意味がある[15]。ヨーロッパ人権裁判所（European Court of Human Rights，以下，ECtHR）の判例法では，死刑または拷問，非人道的な取扱いを受けるおそれのある国へ送還，追放，犯罪人として引渡すことは禁止される[16]。自由権規約委員会（Human Rights Committee/以下，HRC）も，同規約の場所的適用範囲は締約国の領域だ

　　も受け入れ国の領域の外で行う。
（12）　ECtHR は，ベラルーシとポーランド国境の検問所において，ロシア連邦のチェチェン共和国出身の庇護希望者（夫婦とその子ら）について実質的な庇護審査をせずに，ベラルーシに送還したことは，ロシアへの連鎖送還を招くおそれがあるので，ECHR 3 条に違反すると判示した（M.K. and others v. Poland, 23 July 2020）。ポーランド政府は，申立人が法的には入国していないので，自国の管轄権内にはなかったと主張したが，裁判所は，この主張を認めなかった。戸田五郎「国境での庇護申請拒否とノン・ルフールマン」『人権判例報』6 号（2023 年）52-59 頁。
（13）　この義務は，安全な第三国への送還にも適用される。後述，3(1)「STC への送還による庇護の外部化」を参照。
（14）　杉木志帆「人権条約の領域外適用における国と人との間の権利義務関係の構築：国の支配に基づくのか」『国際法外交雑誌』122 巻 2 号（2023 年）174-213 頁。中尾元紀「人権条約の領域外適用（1，2 完）：積極的義務と国家の義務履行能力の関係に着目して」『阪大法学』69 巻 6 号 255-285 頁，同 70 巻 1 号 97-125 頁（2020 年）。
（15）　Bruce Burson and David James Cantor, *Human Rights and the Refugee Definition*, 2016, p. 4.
（16）　Soering v. the United Kingdom, M.S.S. v. Belgium and Greece, (GC), 21 Jan 2011.

25 庇護の外部化と国際人権・難民法 〔北村泰三〕

けでなく，その管轄権の下で行われた行為にも適用されるとともに，国籍にかかわりなく外国人一般，難民，庇護申請者，移民も保護の対象に含まれると解釈している[17]。

2 在外公館におけるビザの発給と庇護

個人が外国に渡航しようとする場合——ビザ免除協定によりビザが免除されている国の間を除き——渡航先国のビザ（査証）が必要である。こうした国家によるビザの発給も国境管理の外部化の一形態である。伝統的に国家は，在外公館におけるビザの発給をコントロールすることによって，国家領域の外において外国人の入国を規制してきた[18]。ビザの発給コントロールにより，国家は，政治的，経済的又は歴史的な結びつきにより外国人の入国を当然のように規制しているのである[19]。

そこで問題は，迫害から逃れるために庇護希望者がある国の在外公館において入国ビザの申請を行った場合，人道的な観点から当該在外公館は，ビザ申請を受理して発給するなんらかの国際法上の義務があるかどうかである[20]。この点，「杉原ビザ」[21]のような先例もあるが，一般的には，在外公館において庇護希望者からのビザが申請された場合でも，ビザを発給するかどうかは国家の裁量であり[22]，申請を拒否してもなんら問題とされない。迫害が差し迫っている状況で，在外公館における庇護希望者に対するビザの発給拒否は人道上の問題を孕んでいても，ビザ制度は，庇護希望者を門前払いすることにより外国人

---

(17) HRC 一般的意見 31，para.10 および一般的意見 36，para. 63.

(18) 春田哲吉『パスポートとビザの知識——語源・歴史から訴訟まで』（有斐閣，1987年）219 頁。

(19) Guy S. Goodwin-Gill and Jane McAdam, *The Refugee in International Law 4th ed.*, p. 422.

(20) 外交的庇護権は，本国の領域外に所在する在外公館内に政治的な理由による迫害がから逃げ込んできた者を公館内で庇護することをいい，自国の在外公館が接受国からみて域外性を有していることからこれを認める説がある。一般国際法上の原則としては認められていない。2002 年 5 月，中国瀋陽の日本総領事館に北朝鮮家族が駆け込み「亡命」を求めた事件では，中国警察が連行するのを日本側が許したが人道上の観点から問題となった。

(21) 第 2 次大戦中の 1940 年 7 月，リトアニアの日本領事館において，領事の杉原千畝氏が発給した通過ビザによって多数のユダヤ人難民の命が救われた。ゾラフ・バルハフティク著，滝川義人訳『日本に来たユダヤ難民——ヒトラーの魔手を逃れて約束の地への長い旅』（原書房，2014 年）。

(22) 岩沢雄司『国際法〔第 2 版〕』（有斐閣，2023 年）340 頁。浅田正彦編著『国際法〔第 5 版〕』（東信堂，2022 年）266 頁。

563

の入国許否に関する国家主権を守る防波堤となっており，また逆からみれば，それが非正規移民を生みだす背景となっている。

　しかし，今世紀の国際的な難民危機の下で，以上のような出入国管理に関する国家主権に由来する原則は，再び問われる機会をもたらした。ヨーロッパ諸国の対応として，EU 司法裁判所（Court of Justice of the European Union，以下，CJEU）の X および X 対ベルギー事件により，EU のビザ制度との関係が問われた。本件では，人道危機下のシリアを脱出してレバノンに滞在中のシリア人家族 4 人が難民申請をするためにベイルート（レバノン）のベルギー大使館でビザの発給を求めたところ，これが拒否された[23]。そこでベルギーの裁判所でビザ発給を求めて争ったところ，本件は，その後，CJEU の先決裁定手続に付託された。争点は，本申請が，EU ビザコード規則（Visa Code Regulation）25 条 1 項(a)に定めるように[24]，国益または「国際的な義務」のためにビザの発給を必要とすみなす場合に当たるかどうかであった[25]。この「国際的な義務」には，EU 基本権憲章 4 条（拷問，非人道的な取扱いの禁止）および 18 条（庇護を受ける権利），ヨーロッパ人権条約（以下，ECHR）ならびに難民条約 33 条（ノンルフールマンの原則）の義務を含んでいるのかどうか，またこれらを含む場合には，EU ビザコード 25 条は，これらの権利の侵害のおそれがある場合にビザを発給する必要があるのか，であった。

　法務官（Advocate General）は，拷問，非人道的な取扱に直面するおそれのある場合には，人道ビザを発給する義務があるとの意見であり，ビザの発給拒否は EU 基本権憲章 4 条（拷問，非人道的取扱いを受けない権利）に違反する可能性を指摘していた[26]。

　しかし，CJEU は，「EU 庇護手続指令 2013/32 の 3 条(1)および(2)から明らかなように，同指令は，加盟国の国境地帯，領水またはトランジットゾーンを含む領域内で行われる庇護申請には適用されるが，加盟国の在外公館において提

---

(23)　X and X v. Belgium. EU 諸国の域内に入国したシリア人の庇護申請は，大半が難民または補完的保護の対象者として認められていた。

(24)　Visa Code Regulation (EC) No 810/2009 of the European Parliament and of the Council of 13 July 2009 establishing a Community Code on Visas (Visa Code). OJ L 243, 15.9.2009, p. 1-58.

(25)　EU 諸国が発給するビザは，EU 加盟国において有効だが，EU ビザコード 25 条は，地域限定ビザ（発給国の領域内に限定するビザ）を例外的に発給することができる旨定めている。

(26)　CJEU, Case C-638/16 PPU, AG Mengozzi's Opinion, X. and X. v. État Belge, 7 February 2017.

出された外交的庇護または領域内庇護の申請には適用されない。」とし，人道
ビザの発給に関する EU の基準は存在しないので，国内法の問題であるとして，
訴えを斥けた[27]。

　同様の問題は，ECtHR の M.N. 他対ベルギー事件でも提起された[28]。本件も，
人道的危機下にあったシリアから逃れてきた難民の家族が駐レバノンのベル
ギー大使館において，人道ビザの発給を求めたところ，ベルギーの外国人局は，
発給を拒否したことに端を発していた[29]。

　ECtHR の判例法では，国家が領域外において管轄権を実効的に行使してい
る場合には，人権条約の域外適用を認めてきたので本件の判断が注目され
た[30]。しかし結局，本件では，本案判決を待たずに受理可能性の審査段階で，
在外公館においてビザを申請した者は，ECHR 1 条の意味において締約国の管
轄権の下にはいなかったので，申立を受理不能（inadmissible）と判断した。申
請者は，ビザ申請のために大使館の敷地内に任意に立ち入ったにすぎず，その
意味で大使館側が申請者を「実効的支配」の下に置いていた訳ではない。した
がって，申立人は，ECHR 1 条の意味における国家の実効支配の下になかった
ので，ビザの発給拒否は，ECHR 上の権利の適用外にあるとした。このように，
在外公館における人道ビザの発給は，国家の管轄権外の行為であり，しかも国
家の出入国管理権に基づく裁量的判断によるので，申請を認める義務はなく，
拒否しても国際法に違反しないという結論となる[31]。この点では，国境の検問
所における庇護申請の拒否は，条約違反を免れないとの先例と対照をなすもの
である。ECtHR は，CJEU の X and X 対ベルギー判決を考慮して，在外公館
における外交的庇護権が一般国際法上の確立した原則ではないという論理[32]
からみてこの結論に至ったものと思われる。もっとも，以上の結論は，絶対的
に例外を否定しているわけではない。ビザの申請と国家の管轄権との間に何ら

---

(27)　CJEU, Case C-638/16 PPU, Judgment of the Court（GC），7 March 2017, para.49.

(28)　M. N. and others v. Belgium, admissibility decision, 5 May 2020.

(29)　Vladislava Stoyanova M.N. and Others v Belgium: no ECHR protection from refoulement by issuing visas, at EJIL talk!, https://www.ejiltalk.org/m-n-and-others-v-belgium-no-echr-protection-from-refoulement-by-issuing-visas/（last visited on 27 November, 2024）

(30)　前掲注(10)参照。

(31)　M.N. and others v. Belgium, *supra* note 28, paras. 124-125.

(32)　国際司法裁判所は，1950 年の庇護事件判決により，外交的庇護権は一般国際法上の
制度としては確立していないとした。『判例国際法〔第 3 版〕』（東信堂，2019 年）12-16
頁。その後，ラテン・アメリカ諸国間では，1954 年のカラカス協定（Convention on
Diplomatic Asylum）により外交的庇護を認めた。

国家と海洋の国際法（上巻）第1部 国際法／V 人権

かの関連性が認められるならば（家族がビザ申請国に住んでいるなどの事情があれば，ECHR 8条の家族統合の権利が関係してくるので），ビザ発給の可能性は残されてると思われる[33]。

3　領海および接続水域内におけるノン・ルフールマン原則

他方で，庇護希望者が庇護を求める国の領域または国境に物理的に到達していない場合には，難民条約の保護は及ばないと言えるだろうか。具体的には，庇護希望者を乗せた難民船を公海上において強制的に航路を変更させたり，目的国に到着してからも上陸許可を与えず，庇護希望者をSTCに移送して審査をしたりする方法が試みられてきた[34]。たとえば米国は，庇護希望者の公海上での「押し戻し」により非正規移民を排除するための国境管理措置を自国の領域の外において行ってきた[35]。難民が脱出するルートは陸路，海路，空路とさまざまではあるが，海上ルートを選ぶ難民は昔も今も多い。日本が1982年に難民条約に加入する契機となったのも，ベトナム戦争後のインドシナ難民の受け入れ問題が発端であった。

国連海洋法条約によれば，領海内では，沿岸国は，同条約および他の国際法の規則に従って主権を行使することができる。ただし，外国船は，内水に入りまたは寄港することなく領海内を通過するために無害通航権を有している（19条）。他方で，沿岸国は，無害でない通航を防止するために必要な措置をとることができる（25条）。非正規移民や庇護希望者を乗せた外国船の領海内への侵入は，沿岸国の出入国管理上の法令に違反する場合に当たるおそれがあるので，無害通航とは言えないだろう（19条1(b)）。したがって，領海においてこれを阻止したとしても，それだけでただちにノン・ルフールマン原則に違反する訳ではない。公海上において，強制的に停船させて，出港地または第三国に実力により回航させる措置とは異なる。

しかし，領海への侵入を阻止するためであれば，沿岸国は，全く自由に振る舞うことが許される訳ではなく，海上における救難に関する海上規則を遵守するよう求められる。また，難民条約33条のノン・ルフールマン原則によれば，迫害を受けるおそれのある場所に難民（申請中の者を含めて）を送り帰しては

---

(33)　Daniel Thym and Kay Hailbronner eds., *EU Immigration and Asylum Law, Third edition*, 2022, p. 144.

(34)　Itamar Mann, Humanity at Sea: Maritime Migration and the Foundation of International Law, 2016.

(35)　Guy S. Goodwin-Gill and Jane McAdam, *supra* note 19., pp. 308.

ならない義務が課せられているので，領海への侵入拒否が，迫害を受けるおそれのある国への送還を実質的に結果させるならば，ノン・ルフールマン原則に反すると思われる[36]。

4　庇護希望者の「押し戻し」（プッシュ・バック）

庇護希望者の「押し戻し」とは，何らかの理由で庇護を求める国家の管轄権の下に置かれた庇護希望者を当該国が，庇護請求を審査せずに強制的に自国の管轄権外に排除する行為をいう。押し戻し行為は，陸上でも海上でも行われることがある。

(1)　国境における押し戻し

陸上の国境地帯において多数の庇護希望者が許可なく不法な手段で国境を越えて入国を図った場合に，身柄を拘束して国境の外に押し戻すことは，陸上における押し戻しであって，多数者に対して行われた場合には集団的追放の禁止に当たる可能性がある[37]。典型的な例としては，ECtHR の N.D および N.T 対スペイン事件の判決がある。2014 年 8 月 13 日，2 人の申立人（マリとコートジボアール出身）を含む約 600 人の非正規移民の集団が，北アフリカのスペインの飛び地メリリァ（Melllia）領内に国境フェンスをよじ登って侵入を企てたところ，スペイン国境警備隊により直ちに逮捕され，身元確認も行われないまま，モロッコ当局に引き渡された。そこで，申立人は，個別の身元確認もなく，追放した措置は，ECHR 第 4 議定書第 4 条が禁止する「集団的追放」に当たると主張して ECtHR に申し立てた[38]。ECtHR 小法廷は，個別の事情を精査せずに域外に追放した当該行為は，集団的追放にあたり，第 4 追加議定書の 4 条に違反すると判示した[39]。その後本件は，スペイン政府からの上訴により ECtHR の大法廷に付託された。大法廷は，一般的な意味での追放とは，特に

---

(36)　後述 2 –(4)②「公海における押し戻し」参照。

(37)　ECHR 第 4 議定書 4 条は，外国人の集団的追放を禁止している。ICCPR13 条は，「合法的に規約締約国の領域内にいる外国人は，法律に基づいて行われた決定よってのみ追放することができる。」と定める。ECtHR の先例として，Čonka v. Belgium（5 February 2002）判決は，スロバキア国内で虐待を受けたために，ベルギーに入国して庇護を求めようとした 4 人のロマの家族の入国を認めず，逮捕して，5 日以内に退去するよう命じたことが，適正手続の保障に関する ECHR 5 条に違反し，かつ第 4 議定書 4 条が禁止する集団的追放に当たるとした。

(38)　N.D and N.T v. Spain（GC), 13 February 2020. 村上正直「類を頼んで非正規に越境した外国人の即時送還と集団的追放の禁止」『人権判例報』7 号（2023 年）39-47 頁。

(39)　N.D and N.T v. Spain, Chamber Judgment, 3 October 2017.

申請者の滞在資格の合法性に関係なく，強制的に連れ去ることを意味すると解釈した。実際，集団的追放とは，各申請者の特定のケースについて合理的かつ客観的な審査が行われないことを意味する。今回のケースでは，この2つの要件は満たされていた。申立人は，多数の集団に乗じて，無許可で国境を越えた者に適用される状況では，被申立国が合法的な入国手段への真正かつ効果的なアクセスを提供したかどうかを検討して，本件では，国がそのようなアクセスを提供しなかったとは断言できず，むしろ申立人らは国境への襲撃に参加することによって，事実上，自らを危険にさらしていたと結論づけた。したがって，スペインがとった措置は，第4議定書4条の集団的追放には当たらない，とした。

難民条約32条1項は，「国の安全のためにやむを得ない理由がある場合」を除き，難民を追放してはならない義務を課しているが，押し戻しの結果，迫害を受けるおそれのある場所へ追放することは認められない。本件でそのような事情があったかどうかについては，十分に精査されたとは言えない。小法廷判決でも認めていたように，本件のような事情の下でも，個別審査の要件を外すことは危険である。

(2) 公海における押し戻し

UNCLOSは，公海における航行の自由を認めている（87条）。他方で，いずれの国の領域でもなく，難民条約の締約国の領域ではないが，非正規の移民や庇護希望者を乗せた難民船が公海上にある場合に，軍艦又は他の政府船舶により同船の航行を阻止して，一括して出港地または第三国に向けて送り帰す押し戻す行為の合法性が問題となる[40]。UNCLOS98条は，海上において生命の危険にさらされている者を発見したときは，援助を与える義務を定めている。また，1979年の「海上における捜索救助に関する条約」（SAR協定）および海上人命安全条約（SOLAS）でも，効果的な捜索を行い救助することは沿岸国の義務とされている。庇護希望者が，海上において救助された場合，上陸を拒否す

---

(40) 公海上では，航行の自由が一般的に認められるので，船舶は旗国の排他的な管轄権に従う。旗国以外の国の軍艦，巡視船等の政府船舶は，奴隷貿易，海賊，無許可放送を取り締まるためなど条約に明記されている場合に限って，臨検を行うことができる。Thomas Gammeltoft-Hansen and Nicolas Feith Tan, Extraterritorial Migration Control and Deterrence, *Oxford Handbook of International Refugee Law*, 2021, pp. 502-517. Killian S. O'Brien, "Refugees on the High Seas: International Refugee Law Solutions to a Law of the Sea Problem", *Goettingen Journal of International Law*, Vol.3, no. 2, 2011, pp. 715-732.

ることは，庇護を求める権利を侵害する可能性がある。したがって，一般的には，公海上で難民船に対する押し戻しが，拷問，非人道的な取扱いの禁止，生命に対する権利などの侵害に直面する結果を招くならば，国際法上確立したノン・ルフールマン原則に反すると考えられる。

(a) 米国とオーストラリアの慣行

具体的に公海上での押し戻しが問題となったのは，1980年代に米国がハイチ難民問題に直面した際であった。1981年9月，米国のレーガン政権は，大統領令第12324号を発してハイチからの難民船をカリブ海の洋上で阻止し，米国への上陸を許可せず，庇護審査を行わないまま，ハイチに送還するかまたはキューバ島内のグアンタナモ米軍基地内で抑留する政策をとった[41]。その結果，独裁政権下のハイチに送還された者は投獄され，処罰される者も少なくなかった。さらに1992年5月，政情不安のハイチから海上に脱出する難民が増えた際に，（父）ブッシュ大統領（当時）は大統領令第12807号を布告し[42]，沿岸警備隊に対してハイチから米国に難民を輸送する船舶を公海上で阻止し，難民として適格かどうかを審査せずに，ハイチに帰還させるよう指示した。これに対して，抑留されたハイチ難民と多数のハイチ人を代表する団体 Haitian Refugee Council は，大統領令が1952年改正移民国籍法243条(h)[43]および難民条約33条に違反すると主張し，公海上での難民船の阻止行動と庇護希望者の送還の停止を求めて出訴した。

連邦地裁は，移民国籍法243条(h)(1)は国際水域にいる外国人を保護するものではなく，条約の規定は自動執行力がないと結論づけ，請求を却下した。これに対して控訴裁判所は，特に，これらの規定は米国内の外国人にのみ適用されるものではなく，ノン・ルフールマン原則を定める難民条約33条は法令と同様，場所に関係なくすべての難民を対象としているとして勝訴に導いた。しかし，最終的には，連邦最高裁判所は，原告敗訴の判決を下した（8対1）[44]。すなわち，判決は，ノン・ルフールマン原則は，庇護希望者が自国領域内にい

---

(41) Executive Order 12324. Miranda, Carlos Ortiz. "Haiti and the United States during the 1980's and 1990's: Refugees, Immigration, and Foreign Policy", *San Diego Law Review*, Vol. 32, no. 3, Summer 1995, pp. 673-744.

(42) Executive Order 12807—Interdiction of Illegal Aliens, May 24 1992. ケネバンクポート（Kennebunkport）宣言とも呼ばれる。

(43) Immigration and Nationality Act, 1952.

(44) *Sale v. Haitian Centers Council, Inc., U.S. Supreme Court*, June 21, 1993. Tomas David Jones, *American Journal of International Law*, Vol. 88-1, 1994, pp. 114-126.

る場合に限って，在留資格の有無にかかわらず適用が認められるのであって，いまだ領域内に入国していない者に対する入国の拒否を含むものではないと解した[45]。

難民として保護するべき者および難民認定手続き中の者を迫害のおそれのある場所に送り帰してはならないことは明確である。しかし，本件の争点は，難民認定手続を未だとっていない者，未だ庇護を求めようとする国に上陸していない者に対して，難民の要件を満たすかどうか審査しないまま送還することが禁止されているかどうかであった。この点，国連国際法委員会（ILC）の外国人の追放に関する条文草案2条によれば，「追放」の定義には「国家への入国拒否を含まない」としているので，入国を許可すべきではない外国人の入国拒否および送還は禁止されていないようにも解される。しかし，同条に関するILCのコメンタリーでは，特にノン・ルフールマン原則に着目して，入国審査の段階でも「難民に関する国際法の適用を害するものではない。」と明言している[46]。したがって，この注釈によれば，国家は，入国審査の段階で入国を拒否する権限を有しているが，いったんその段階で庇護の希望を表明した者に関する限り，迫害を受けるおそれのある国や領域へ追放することを禁ずる趣旨であると解される[47]。

ハイチ難民事件における米国連邦最高裁の法廷意見は，移民法243条hおよび難民条約33条は，公海上で阻止された非正規移民の送還を沿岸警備隊に命じる大統領の権限を制限するものではないとした。というのは，当該規定は，難民条約議定書への加入を通じて米国を拘束するが，大統領令に従って公海上で沿岸警備隊がとった措置には適用されないからであるとの理由であった。さらに，同裁判所は，1968年に難民条約議定書を批准する前に議会と行政府が議定書を検討した経緯が公表されているが，そこには米国が域外適用義務を負う可能性についての言及はなく，難民条約33条の条文と交渉経緯の両方が域外適用を意図していないことを明確に示しており，移民法243条hと難民条約33条の双方ともに，自国が国境外で行う行為に適用される可能性について

---

(45)　Violeta Moreno-Lax, and Efthymios Papastavridis, *'Boat Refugees' and Migrants at Sea: a Comprehensive Approach: Integrating Maritime Security with Human Rights*, 2017.

(46)　Draft Articles on Expulsion, *ILC Yearbook, 2014 Vol. II part Two*, p. 27.

(47)　北村泰三，安藤由香里，佐々木亮「国際法委員会『外国人の追放に関する条文草案』の研究(2)」『比較法雑誌』55巻4号（2022年）74頁。日本の入管法第5条「上陸拒否」参照。

完全に沈黙しているとした。このように，人道上の危機は切実なものであったにもかかわらず，法的救済手段のなかに解決法は存在しないとした。以上のように，連邦最高裁判決は，ノン・ルフールマン原則の域外適用を否定し，大統領令に基づくハイチへの非正規移民の送還を認めたのである。

　その後1994年に誕生したクリントン政権下では，従来の方針を変更して，ジャマイカとの協定を結んで沿岸警備隊が洋上で難民船を阻止した場合に，病院船上での庇護審査を実施し，要件を満たした難民については米国本土に受け入れることとした。また英国との協定では，カリブ海の英領タークス・カイコス諸島の収容施設にハイチ難民を一時的に受け入れて庇護審査を実施することにした。こうした洋上での庇護審査，外国との協定による庇護希望者の収容という方式を実施した。しかし，洋上審査は，洋上という特殊性により危険を伴い，しかも施設は便宜的なものに過ぎず，独立公平な審査とは言えないとの指摘がある[48]。

　以上のような米国の対応は，オーストラリア政府の非正規移民への対応にも影響を与えてきた。オーストラリアでは，2001年のタンパ号事件[49]を切っ掛けとして，移民船の洋上における阻止行動をとるようになった。同事件は，インドネシアの捜索救助水域（SRR）内において，433人のアフガニスタン難民を乗せたタンパ号のオーストラリアの港への入港を阻止した。これを契機にオーストラリアは，いわゆるパシフィック・ソリューション政策により，海上ルートでオーストラリアに入国しようとする非正規移民を公海上で阻止して，マレーシア，インドネシア，ナウル共和国，パプア・ニューギニアおよび自国領であるクリスマス島などに移送し，収容施設に抑留した。

　もっとも，オーストラリア高等法院は，マレーシアとの間の庇護希望者の移送に関する合意については，同国が難民条約の締約国ではないなどの理由により無効と宣言した。また，パプア・ニューギニアの最高裁も，オーストラリアとの間の合意による庇護希望者の受け入れおよび収容が違憲であると判断した[50]。

---

(48)　Azadeh Dastyari and Daniel Ghezelbash. "Asylum at Sea: The Legality of Shipboard Refugee Status Determination Procedures", *International Journal of Refugee Law*, Vol. 32, no. 1, 2020, pp. 1-27.

(49)　佐藤幸男「世界秩序における暴力体系の変容とポピュリズム：『人間の安全保障』からみたタンパ号事件を中心に」『法律論叢』77巻6号（2004年）115-144頁。

(50)　詳細については，阿部・前掲注(5)14頁参照。

(b) 国際人権条約機関の解釈

以上のような米国とオーストラリアによる庇護希望者の押し戻し策は，公海上における難民条約の適用を否定する行動である。しかし，国際人権機関の法解釈では，公海上であっても，押し戻し行為が沿岸国の管轄下において行われた場合には，人権条約違反とされとされている。

カリブ海上の難民の押し戻し問題は，米州人権委員会（Inter-American Commission on Human Rights/IACHR）にも係属し，同委員会は米国内の判例解釈とは異なる判断を示した[51]。IACHR は，難民条約 33 条は地理的な適用上の制限がなく域外適用を認めているとの解釈を採ったのである[52]。すなわち，公海上の行為に関する管轄権については，人権侵害が生じた場所ではなく，国家機関の行為と個人との関係性によって決定されるとの趣旨[53]の HRC および ECtHR の解釈にも依拠することにより米国最高裁の判断を批判した。

IACHR は，ハイチに送還された後，ハイチ軍あるいはその命令に基づいて人権侵害が行われたことが立証されたことにより[54]，ハイチ難民を真に予見可能な死の危険にさらすことによって，米国政府が採った阻止と送還の政策は，明らかに米州人権宣言第 1 条によって保護される生命への権利を侵害しているという申立人の主張を肯定した。さらに，締約国がその管轄権内にある者を状況に応じて引き渡す場合，その結果，その者の人権条約上の権利が侵害される現実的な危険がある場合，その者の権利は侵害されるとの趣旨の国際的判例法にも留意した[55]。このように，IACHR の見解は，法的拘束力を欠くとしても，米国連邦最高裁の判決の権威に正面からチャレンジした点は特筆すべきである。

ヨーロッパ諸国でも，北アフリカから地中海をわたって，ヨーロッパ諸国での庇護申請をめざす移住者の問題への対処が課題とされ，国境管理の外部化を行ってきた[56]。

---

(51) Inter-American Commission on Human Rights, *The Haitian Centre for Human Rights et al. v. United States, Case 10.675, Report No. 51/96*, OEA/Ser.L/V/II.95 Doc. 7 rev. at 550 (1997), March 13, 1997.

(52) 米国は，米州人権条約を批准していないが，米州人権委員会の管轄権は，米州機構憲章の下で，米州機構のすべての加盟国に及ぶ（米州機構憲章 106 条）。その際の，実体法は，1948 年に米州機構が採択した米州人権宣言である。その 27 条は，庇護権である。

(53) *Supra* note 51, para 141.

(54) *Ibid.*, para. 166.

(55) *Ibid.*, para. 167.

(56) Anna Liguori, *Migration Law and the Externalization of Border Controls: European State Responsibility*, 2019.

ECtHR は，著名なヒルシ・ジャマーマ他対イタリア事件判決において，地中海の公海上におけるイタリア軍艦による難民船に対する阻止行動が ECHR 3 条のノン・ルフールマン原則に違反すると判示した[57]。すなわち同判決は，公海上であっても，国の海軍に属する軍艦は国家機関であり，軍艦による公海上の阻止行動は，国家責任に関する実効的な支配の原則（人に対する権威と支配）により，申立人はイタリアの管轄権の下にあったと解した。これにより，自国軍艦の公海上の阻止行動に対して旗国は責任を負うことを明らかにした。ECtHR は，政府が引用した国際法のいかなる規定も，海上における人の救助のための規則および人身取引との戦いを定める規則に関する限りでは，ノン・ルフールマンの原則を含む国際難民法から生じる義務を履行するための責任を国家に課していることに着目していた。これは，いわゆる「機能的アプローチ」（国家の実効的なコントロールの下において国家機関が行った権限内の行為により，損害を与えた場合には，国家は国際責任を負う）を採用したものである。

地中海における難民船の悲劇は，国連の自由権規約の選択議定書に基づく個人通報事件でも取り上げられた。A.S. 他対マルタおよびイタリアの事件の通報者は，リビアを出港した難民船がマルタの領海外だが捜索救助区域内で遭難，転覆した際にイタリアとマルタの沿岸警備隊が緊急遭難通報を受けたにも関わらず迅速な救助活動を怠ったために子どもを含む約200人以上の溺死者をもたらした点で，両国が自由権規約の生命に対する権利を侵害したと主張した[58]。HRC は，事件が締約国の領域外で起こったにもかかわらず，当該難民船が締約国の海上人命救助条約上の捜索救難区域内にあったことにより，締約国の実効的な支配の下にあったことを認めた上で，マルタおよびイタリアに規約2条1項により責任が生じうることを認めた。HRC は，ECtHR と同様に機能的アプローチを採用したものである。しかし，結論としては，通報者が国内的救済を尽くしていないという国側の主張を認めて，受理不能と判断した[59]。

(c) ノン・ルフールマン原則の域外適用性

米国連邦最高裁判決は，大統領令に基づく大統領の権限が難民条約議定書の効力に優位することを認めている。このような解釈は，米国が難民条約議定書

---

(57) ECtHR, *Hirsi Jamaa and others v. Italy*, [GC] 23 2, 2012, para. 134. 阿部浩己「難民に対する海上阻止行動——領海外における入国阻止行為へのノン・ルフールマン原則の適用」，『ヨーロッパ人権裁判所の判例Ⅱ』（信山社，2019年）153-157頁。

(58) *A. S. and others v. Malta*, Communication No.3043/2017, 13 March 2020. *A. S. and others v. Italy*, Communication No. 3042/2017, 13 March 2020.

(59) *Ibid.*, para. 6. 9.

国家と海洋の国際法（上巻）第 1 部 国際法／Ⅴ 人権

だけを批准していて，明文のノン・ルフールマン原則を含む難民条約本体を批准していないことと無関係ではないと思われる。また，米国は，自由権規約は批准しているものの，1 条から 27 条までの実体条項は，自動執行的ではないとの解釈宣言を付しており，同規約の国内的な実施に壁を設けている。

　他方で，国際人権条約機関は，人権条約上の義務は，国家領域を越えて域外適用されるとの解釈を確立させており，難民条約 33 条のノン・ルフールマン原則の場所的な適用範囲も国家領域を越えて国家の実効的支配権行使の下にある限りは，肯定されるとの解釈をとっている[60]。こうした人権条約機関の判断は，難民条約と国際人権法を統合的に解釈するならば，公海上であっても締約国の公権力の行使の下にある限り，国際人権法および難民条約のノン・ルフールマン原則および人命の尊重義務を遵守することが求められる。

　こうしてみると米国等の一部の国の対応にもかかわらず，ノン・ルフールマン原則自体は国際慣習法化しているとすれば，米国はそれによって拘束されことになる[61]。すくなくとも，同原則の域外適用を認める解釈は，国際人権機関がそろって認めていることからみても，本原則が，一般国際慣習として確立していことの証拠となっているように思われる。もっとも，難民条約 33 条 1 項のノン・ルフールマン原則が国際慣習法性上確立しているとしても，同条 2 項の「自国の安全にとって危険であると認められる相当の理由がある場合」を理由に，難民の押し戻しを例外的に認めることができるかという論点もあるだろう。より具体的には，テロの危険や非正規移民の大量流入の場合には，ノン・ルフールマン原則の例外に当たるかという問題がある[62]。

　この問題への一応の解答としては，非正規移民／庇護希望者の大量流入に際して，なんらの個別の審査を経ることなく，難民の受け入れを拒否し，庇護審査を行わないまま押し戻す行為は，ノン・ルフールマンの原則の存在理由を根底から否定するということになることを強調しておきたい。さらには，UNCLOS98 条および SAR 協定等の海洋法の規定も，公海上の難民船に対する押し戻しの結果，人の生命および安全を脅かす場合には，国家の管轄権を設定する種々の海洋の水域（内水，領海，接続水域，排他的経済水域および公海）において採られるすべての外部化の慣行に適用するとしている点も加味して考慮

(60)　Goodwin-Gill, *supra* note 19, p. 364.
(61)　アメリカ合衆国連邦憲法第 6 条 2 項参照。
(62)　Alice Farmer, "Non-Refoulment and Jus Cogens: Limiting Anti-Terror Measures that Threaten Refugee Protection", *Georgetown Immigration Law Journal*, Vol. 23-1, 2008. p. 12.

574

する必要がある。

Ⅲ　安全な第三国（STC）概念に基づく庇護の外部化

　難民条約の下では，締約国は，通常は自国の領域内において難民の審査および受け入れの制度を設ける。他方で，諸国家は一次的庇護国からの難民の第三国定住制度を活用することにより，自国領域外からの難民の受け入れに積極的にかかわってきた[63]。

　一方で，国境を越える移動の自由が確立している EU 諸国間では，庇護希望者が EU 域内においてよりよい庇護の条件を求めて移動する「アサイラム・ショッピング」を抑止することが喫緊の課題でもあった。そこで，最近では，EU 諸国間では，EU の STC の基準を設けて STC と認められた域外の第三国に庇護希望者を送還して自国による庇護希望者の受け入れを回避する策が講じられてきた。STC の制度目的は，難民引き受けが特定の国に集中しないように「負担の分担」（burden sharing）を図り，地域的（または準地域的）な協力により庇護審査を合理化することなどにある[64]。他方で，それは，自国の庇護の責任を適法な形で他国に委ねるための便宜的方法でもあって，庇護希望者の地位にとっては消極的に影響するであろう。仮に STC に庇護希望者を十分なセーフガードがないまま，移送するならば，庇護希望者が迫害を受けるおそれのある国（多くは出身国）に連鎖的に送還されるおそれを高めることになるだろう。移送された結果，庇護希望者が実際に迫害を受けたならば，STC だけでなく，STC に庇護希望者を移送した国も共同責任を免れないだろう。

1　STC への送還による庇護の外部化

　STC の狙いは，STC と認められた国に庇護希望者を送還することを適法化する点にある[65]。STC は，スイスが 1979 年に国内法に導入して以後，北欧諸国が採用し，順次他のヨーロッパ諸国にも浸透していったと言われている[66]。

---

(63)　難民受け入れのための積極的な措置として，第三国定住制度が機能している。わが国も，2010 年以降（コロナウイルスの感染拡大時期には中断したが），タイの難民キャンプに滞在しているミャンマー難民を毎年 30 人程度の枠を設けて第三国定住で受け入れている。

(64)　Francesco Cherubini, *Asylum Law in the European Union*, 2015, pp. 82-91.

(65)　EU が STC として認めている国は，EU の 26 の加盟国，EU 加盟候補国，アイスランド，ノルウエー，リヒテンシュタイン，米国の死刑廃止州，スイス，ボスニア・ヘルツェゴビナ，コソボ，カナダ，オーストラリア，ニュージーランドである。

(66)　Berfin Nur Osso, "Unpacking the Safe Third Country Concept in the European

その概念が拡散したのは，EU のダブリン II 規則（343/2003）および 2005 年の庇護手続指令（2005/86/EC）によって採用され，庇護の許容性審査手続の一部として導入されたことによる[67]。現在ではそれらを改正した EU 庇護手続指令（2313/32）[68] およびダブリン III 規則が適用されている[69]。STC の趣旨は，庇護希望者が，直接迫害のおそれのある国から来たのでなければ，よりよい生活を求めているにすぎないので，保護の必要もないという考えに基づいているとも言われている[70]。ダブリン III 規則の 3 条 3 項によれば，EU 加盟国は，庇護手続指令 2013/32 に定められた規則と保護措置に服することを条件として，庇護希望者を STC に送還する権利を有する。

庇護手続指令 38 条 1 項は，STC として認められるための基本的な条件を次の a から e によって定めている。すなわち，(a)人種，宗教，国籍，特定の社会的集団の構成員であることまたは政治的意見により生命および自由が脅威にさらされないこと，(b)EU 資格指令 2011/95 に定める重大な迫害のおそれがないこと，(c)難民条約のノン・ルフールマン原則が尊重されること，(d)国際法に規定する拷問および残虐な，非人道的なまたは品位を傷つける取扱いからの自由の権利を侵害するような追放からの保護されること，(e)難民の地位を請求する可能性が存在し，難民としてみとめられた場合には，難民条約に従って難民としての保護を受けることができること，である。これらは最低限の条件である[71]。

また，同指令 38 条 2 項は，セーフガードとして，国内法に規定された次の規則に従うよう求めている。(a)申請者が当該 STC に移動するのが合理的であることの基礎に関する申請者と STC との間の関係を求める規則[72]。(b)STC 概念は，特定の国または特定の申請者に適用されることを権限のある機関が自ら確認できる方法に関する規則，およびそれらの方法が特定の申請者について各

Union: B/orders, Legal Spaces, and Asylum in the Shadow of Externalization",*International Journal of Refugee Law*, Vol. 35, no 3, 2023, pp. 272-303.

(67)　ダブリン条約は，いずれかの加盟国において庇護申請が行われた場合，その庇護申請はルールによって決められた 1 カ国のみが責任をもって審査を行うことを決めた条約である。中坂恵美子『難民問題と「連帯」』（東信堂，2010 年）。

(68)　Asylum Procedure Directive 2013/32/EU, OJ L 180, 29/06/2013, p. 60-95. 2024 年 5 月に採択された規則 2024/1348 の 61 条は，ほぼ同様の規定である。

(69)　安藤由香里『ノン・ルフルマン原則と外国人の退去強制』（信山社，2022 年）145 頁。

(70)　*Supra* note 48, p. 286.

(71)　*Supra* note 33（Thym/Hailbronner）, p. 1515.

(72)　たとえば単なるトランジットだけでは，十分な関係があるとはいえない。*Ibid.*, p. 1516-1517.

案件毎に STC であることを考慮するかまたは一般的に安全であるとみなされる国について国家が指定する際の規則。(c)当該第３国が特定の申請者にとって安全であるかどうかについて個別審査を可能にする国際法に従った規則（それは，最小限，当該 STC が自己の事情においては安全ではないとの理由に基づき STC の適用に異議を主張することを認めるものとする）。申請者は，自己と第３国との間の関係の存在について異議の主張が可能でければならない。

　庇護希望者を安易な形で STC に送還すれば，さまざまな人権侵害を引き起こすことは想像に難くない。具体例として，ECtHR の判例としてイリアスおよびアハメド対ハンガリー事件がある[73]。バングラデシュ出身の２人の申立人は，それぞれ幼少の頃より困窮，流浪の末，セルビアからハンガリーに入国して国境検問所において庇護申請を行おうとしたところ，国境検問所の収容施設で 23 日間収容された後，庇護請求が審査されないままセルビアに送還が決まった。申立人は，この送還決定に異議を主張しようとしたが，その機会を認められなかった。またセルビアの外務大臣はハンガリーから送還された庇護希望者を受け入れないと表明していたので，非正規のルートによりセルビアに強制送還された。ここで問題はハンガリーがセルビアを STC として指定していたために，庇護審査をせずにセルビアに送還したことが，ECHR 違反に当たるかどうかであった。まず小法廷は，セルビアへの送還および検問所の収容施設での拘束は ECHR 3 条（非人道的な，品位を傷つける取扱の禁止）および 5 条 1 項（身体の自由と恣意的拘禁の禁止）に違反するとした[74]。これに対してハンガリー政府が大法廷に上訴した。

　大法廷判決では，ハンガリーは，ECHR 3 条の下で申立人を退去させる前に同条に反する取扱いの危険を評価するための手続上の義務を果たさなかったと認めた。特に，①セルビアを STC として一般的に推定するハンガリー政府の決定のための基礎は不十分であること，② UNHCR は，セルビアにおける効果的な庇護手続へのアクセスが否定され，セルビアに追放された場合，申立人らは，北マケドニアからギリシアへ，さらにそれに続く連鎖送還の危険を指摘していたにもかかわらずそれが無視されたこと，③ハンガリー当局は，規則に従った送還の交渉をせずに申立人をセルビアに不法入国するように仕向ける

---

(73)　*Ilias and Ahamad v. Hungary (GC)*, 21 November 2019. 中坂恵美子「庇護申請者の収容と身体の自由の剥奪──イリアスおよびアハメド判決」『人権判例報』3 号（2021年）84-90 頁。Nur Osso, *supra* note 66, p. 299.

(74)　*Ilias and Ahamad v. Hungary*, Judgment of the Fourth Section, 14 March 2017.

とにより危険に直面するおそれをいっそう増幅させたことをあげた[75]。しかし，他方で，検問所での収容については，ECHR 5条1項は適用しないとして，条約違反には当たらないとした。

本件でECtHRは，ハンガリーがSTC概念に安易に依拠して，セルビアにおいて庇護希望者が実際にどのように扱われるか検討せずにセルビアに送還する慣行を強く非難した。STCに安易に送還することによる連鎖送還を結果させるおそれは以前から指摘されていたが，大法廷判決は，実質的なノン・ルフールマンの原則の危険性の審査をせずに送還した結果，連鎖送還の危険性を引き起こしかねない点でECHR 3条に違反するとした。他方で，恣意的な送還から保護されている限り，STCの概念に基づく送還それ自体を違法としたわけではない[76]。

STC概念の実際的な運用は，アメリカ大陸でも行われている。米国は，グアテマラ，ホンデュラス，エルサルバドルとの間の庇護協力協定（Asylum Cooperative Agreement/ACA）により，これらの国家を経由して米国に入国した者は，これらの3カ国において保護を拒否されていなかったならば，米国での庇護申請を棄却するとした[77]。非正規の移民の流入を根源から絶つことを目的としてしたものである。しかし，これらの3カ国がSTCの基準を満たしているかどうかについては疑問があった。民主党政権に変わって，移民に対して寛容な政策をとったことにより，2021年2月，この措置は緩和された[78]。

また，2004年には，カナダと米国間でもSTC協定が締結され，STCである米国を経由してカナダに入国して，庇護申請しようとする者を入国拒否し，米国に送還することを可能としていた。しかし，2017年に発足したトランプ政権の下で非正規移民や庇護希望者に対する締め付け厳しくなったことで，米国を経由してカナダにおいて庇護申請をした者を米国に送還することが，適切かどうかが問題となった。カナダの連邦裁判所は2020年7月22日，カナダ政府が米政府と2004年に締結した「STC」協定（STCA）について，米国を経由してカナダに入国して難民申請をしようとする者を拒否するのはカナダ人権憲

---

(75) *Iias and Ahamad v. Hungary, supra* note（73），para. 163.

(76) 中坂・前掲注(73)300頁。

(77) A Rule by the U.S. Citizenship and Immigration Services and the Executive Office for Immigration Review on 11/19/2019.

(78) 2025年には，共和党トランプ政権の誕生により今後の扱いは再度厳しくなると予測される。

章第7条に保障された権利を侵害するかどうかが争われた結果[79]，移民の権利を侵害しているとして，無効だとの判断を示した[80]。しかし，米国政府の移民政策の転換を受けて2023年6月，連邦裁判所は，改めて米国がSTCとして認められるとの判断を示した[81]。

　難民・非正規移民がめざすグローバル・ノース諸国は，こうした非正規移民の殺到する状況を国家の安全保障の問題として捉えることにより，非正規移民を犯罪者としてみなし，あらゆる手段により，非正規移民の殺到を阻止，抑止するために，庇護制度を改変しようとしている。とりわけ，注目されたのは，英国とルワンダ間の2国間協定による庇護の外部化の試みである[82]。同協定は，2024年7月の下院の総選挙により政権交代が行われたために実施が取り止めになったが，この種の試みは潰えた訳ではない。

2　英国ルワンダ間の庇護希望者の移送法とその頓挫

　英国は，2022年4月には，ルワンダとの間の覚書を結んで，渡航文書を持たずに英仏海峡を横断して英国内で庇護を希望しようする者を一括して，ルワンダに移送する方法を公表した[83]。

　英国は，2018年以降，英仏海峡を小舟で横断してくる非正規移民・庇護希望者の増加問題に直面してきた。また，英国は，2021年1月のEU離脱（ブレクジット）に伴い，ダブリン・システムからも離脱した[84]。その結果，英国に渡って庇護申請すれば，他のEU諸国に送還されることがなくなるという風評

---

(79)　カナダ人権憲章第7条は，生命，身体の自由および安全に対する権利および基本的な正義の原則に基づかなければ，これらの権利を奪われない，と定める。

(80)　Canadian Council of Refugees et al v the Minister of Immigration, Refugees and Citizenship and the Minister of Public Safety and Emergency Preparedness, https://www.afpbb.com/articles/-/3295286 (last visited 10 Oct. 2024)

(81)　*Canadian Council for Refugees v. Canada* (Citizenship and Immigration) 2023 SCC 17, https://decisions.scc-csc.ca/scc-csc/scc-csc/en/item/19957/index.do

(82)　中山裕美「移民問題をめぐる互恵的相互構築に向けたEUの試みと限界」『国際問題』720号（2024年）25-34頁。

(83)　UK House of Commons, *The UK-Rwanda Migration and Economic Development Partnership*, https://commonslibrary.parliament.uk/research-briefings/cbp-9568/ https://www.gov.uk/government/publications/memorandum-of-understanding-mou-between-the-uk-and-rwanda/addendum-to-the-memorandum-of-understanding (last visited 1 October 2024)

(84)　House of Commons Library, Briefing Paper, No. 9031,21 December 2020, Brexit: the end of the Dublin III Regulation in the UK.

国家と海洋の国際法（上巻）第1部 国際法／V 人権

により，海峡を横断する庇護希望者が大量に殺到した[85]。こうした事態に対応
するために，2022 年 4 月，ジョンソン首相（当時）はルワンダとの間で 2 国間
の「移民及び経済発展に関する覚書」を締結して，英仏海峡を渡ってきた庇護
希望者は，英国国内では受け入れずに，ルワンダに移送して，庇護審査する計
画を公表した[86]。

　同覚書によれば，英国は，EU 離脱以後は，以前のように他の EU 諸国を経
由して英国に入国して庇護申請を行った場合には，他の EU 諸国に送還するこ
とができなくなったので，英国は，新たにルワンダとの間で覚書（Memorandum
of Understanding）を交わして，英仏海峡を横断して英国で庇護申請を行った
者については，国内での審査を実施せず，ルワンダに移送して庇護申請を審査
することとした。ルワンダの審査で，難民または補完的保護が認められた場合
には，ルワンダ国内でその地位が認められる。その場合，英国内に戻ることは
できない。また，ルワンダの審査により，庇護を認められなかった場合でも，
ルワンダ国内での永住資格が保証されることになっていた。

　こうした計画に関しては，庇護制度の趣旨からみて懸念を招くことになった。
英国の国内裁判所でも訴訟が提起されたが，同時に ECHR 上の権利を侵害す
る可能性について，ECtHR への申立も提起された。N.S.K. 対英国事件は，イ
ラク国籍の男性が申し立てた事件である。訴えによれば，同人は，2022 年 4
月にイラクを離れて，トルコ経由でヨーロッパを通過して，英仏海峡を小舟で
渡って，英国において庇護申請しようとしたが，ルワンダに移送される可能性
に関して，ルワンダでは難民の保護が不十分でありイラクに送還される危険が
あると主張した[87]。ECtHR は，2022 年 6 月 13 日の仮保全措置命令によりル
ワンダへの庇護希望者の移送を控えるよう求めた。問題は，英国とルワンダとの
間の庇護申請者の移送協定の実質的な問題点をどのように評価するかである。

---

(85)　英仏海峡をゴムボートなどの小型船で横断して，英国に入国しようとした非正規移
　　　民は，2018 年（299 人），2019 年（1843 人），2020 年（8366 人），2021 年（28,526 人），
　　　2022 年（45,774 人），2023 年（29,437 人）であった。https://www.gov.uk/government/
　　　collections/irregular-migration-to-the-uk-statistics（last visited 1 October 2024）

(86)　Migration and Economic Development Partnership, 14 April 2022.

(87)　N.S.K v. the United Kingdom, Application no. 28774/22, N.S.K. against the United
　　　Kingdom, lodged on 13 June 2022, communicated on 5 April 2023. ヨーロッパ人権裁判
　　　所規則 34 条により，受理可能性または本案に関する決定に予断を与えことなく，申立
　　　人が修復不能な現実の危険に直面している場合には，請求により，仮保全措置を命じる
　　　ことができる。

3　英国国内裁判所の判決

　英国内でも，ルワンダ移送をめぐって訴訟が展開された[88]。シリア，ベトナム，イラン，イラクおよびスーダンの各国籍を有する原告が，英仏海峡を渡って英国内で庇護申請をしたところ，受理されず，ルワンダに移送が決定されたことに対して，同決定が難民条約33条1項が禁止する刑罰に相当するものであるから違法であることを争った。第一審の地区裁判所（Divisional Court）は，ルワンダへの移送は原則として合法であるとしたが，控訴院は，ルワンダに庇護希望者を移送した場合には，出身国等への送還の危険があるのでルワンダはSTCとはいえず，同国への移送は1998年人権法に違反するとした[89]。これに対して英国政府は，最高裁に上告した。

　最終的に，2023年11月15日，英国最高裁判所は，控訴院判決と同様にルワンダはSTCとはいえず，ルワンダへの移送は，違法だと判示した[90]。本判決は，STCへの移送それ自体を違法とした訳ではなく，ルワンダの人権状況に鑑みてSTCとしては認められないという点で違法であるとした。

　とりわけルワンダに庇護希望者を移送した場合に，難民条約33条のノン・ルフールマン原則に違反する現実の危険があると信ずべき理由があるかどうかについて以下の点を検討する。第1に，2021年に英国政府自らが，ルワンダの「超法規的処刑，勾留中の死亡，強制失踪および拷問」について批判していることなどを挙げてルワンダの貧弱な人権実績を挙げた。第2に，UNHCRの証拠は，ルワンダの庇護審査手続きおよび組織的面でも以下のような重大な欠陥を指摘していた。特に①法的代理人の不在，政治的に敏感な案件において政府から独立して任務を果たす裁判官，弁護士がいないという点，②良く知られた紛争地帯の国からの庇護請求であっても，驚くほど棄却率が高いこと，③覚書が締結された以後も続いているルワンダの送還の慣行，特にルワンダが，イスラエルからルワンダへの庇護申請者の移送協定（2013年〜2018年）において，不送還原則に従うとの明確な約束に最近，違反していたこと，および④難民条約の要請についてのルワンダ政府の理解が明らかに不十分であること，などで

---

(88)　中坂恵美子「ブレクジットとEU市民の自由移動」『比較法雑誌』57巻4号（2024年）83-105頁。

(89)　AAA v. Secretary of State for the Home Department, 29 June 2023.

(90)　*R (on the application of AAA (Syria) and others) v. Secretary of State for the Home Department (United Nations High Commissioner for Refugees intervening) and other appeals,* [2023] 4 All ER 253. [2023].

ある[91]。

以上の諸点について評価した後，英国最高裁は，ルワンダ政府が信義誠実において覚書を締結したことを認めるが，これらの証拠によれば，庇護申請が適切に決定されない現実のおそれがあり，庇護希望者が出身国に直接または間接的に送還されるおそれがあると信ずるべき実質的な理由があるとした。

4　英・ルワンダ間協定の締結とその後

最高裁判決を受けて，英国政府は，ルワンダへの庇護希望者の移送は，両国間の「覚書」という法的拘束力を欠く形式の合意であったが，2023年12月5日に英国・ルワンダ間の移民および経済発展パートナーシップ協定（The UK-Rwanda Migration and Economic Development Partnership）を締結して，法的拘束力のある形に改めた。

さらに，英国政府は，その内容を国内法化するための法案を議会に提出して，2024年4月23日，下院に続き，上院も可決し，「ルワンダの安全法（庇護および移民）」を成立させた[92]。同法は，ルワンダをSTCとして認め，非正規の手段で英国に入国しようとする者（事実上は，英仏海峡を小舟で横断して入国を図った者）をルワンダに移送して，庇護審査を行う方法について規定した。さらに，スナク首相（当時）は，第1回のルワンダ移送を2024年7月20日実施すると発表したが，5月30日には議会を解散して，7月4日に総選挙を実施すると発表した。

同法の特徴は，英国とは地理的にも文化的にも大きくかけ離れているルワンダに対して多数の庇護申請者を一括して移送しようとする点にあった。実際，ルワンダへの移送対象者は，2023年3月以降，非正規に英国に入国しようとした者，約5万2千に上る。予算面では，英国政府は，2026年までにルワンダに3億7千万ポンドを開発資金として提供することとして，最初の300人の移送が達成された段階でさらに，1人あたり17万1千ポンドを移民統合資金として提供することになっていた。こうしたプランは英国内で庇護希望者を収容して，審査するよりもコスト減効果を狙ったものである。

しかし，結果的には，2024年7月4日の英国議会（下院）総選挙の結果，保守党は敗北して，政権を労働党に譲ることになったのに伴い，ルワンダ法は廃

---

(91)　*Ibid.*, paras. 77-94.
(92)　Safety of Rwanda（Asylum and Immigration）Act 2024, https://www.legislation.gov.uk/ukpga/2024/8/section/4/enacted（last visited 10 October 2024）

止されることになった。労働党のスターマー新首相は，ルワンダ移送を取り止め，それに代えて国境管理の強化，人身取引対策を徹底する方針を表明した。これによって，英国ルワンダ間の 2 国間協定に基づく，庇護希望者のルワンダへの移送計画は，最終的に挫折した。

　結局，政権交代という事態により，ルワンダ法の施行は頓挫し，ルワンダへの非正規移民の移送は行われなくなった。これにより，難民法・人権法の観点から憂慮された問題は回避された。しかし，同様のプランは，イタリアとアルバニアとの間でも実施されようとしている[93]。デンマークとルワンダとの間にも庇護申請者の移送が締結されている。これに続こうとする国は今後も出てくる可能性がある。

　またEUでは 2015 年の庇護希望者／移民の大量流入を契機として，庇護法の見直しを進めてきた結果，2024 年 5 月には，一連の庇護関係指令を改めて移民・庇護に関する約定（Pact on Migration and Asylum）を採択した[94]。これは，庇護および移民に関する従来の各種の指令を改めて統一的に規則化したものである。従来の庇護手続指令 2314/32 も，庇護手続規則（2024/1348）として改訂され採択された[95]。本規則は，EU の庇護の認定に関するより高度の調和と統合をめざして新たな共通手続を定めたものである。これにより EU は，庇護申請者に対して無料の法的支援の機会を付与するなどにより（15-19 条），適正手続化を図るとともに，国境管理をさらに強化して，非正規の移民の入域を防止し，STC への非正規移民の送還にいっそうのお墨付きを与えている。こうした改編は，EU 域内でのアサイラム・ショッピングを撲滅する狙いがある。

　他方で CJEU は，最近 STC の概念を検討する機会を得た。EU とトルコ間では，2013 年にトルコを経由して EU 加盟国に流入したシリア等を出身国とする非正規移民については，トルコに送り帰すことを合意していたが，2016 年の地中海経由の非正規移民の大量流入の最中に EU とトルコ間では，トルコへの送還実施を約定した。こうしてギリシャからトルコへの庇護申請者の移送

----

(93)　イタリア・アルバニア間の協定は，2023 年 11 月 6 日に締結された。イタリア国内で庇護申請をした者は，STC であるアルバニアに移送して庇護審査を行うことになるが，認定された場合には，イタリアに戻ることができる点で，英ルワンダ協定とは異なる。

(94)　https://home-affairs.ec.europa.eu/policies/migration-and-asylum/pact-migration-and-asylum_en（last visited 22 November 2024）

(95)　Regulation（EU）2024/1348 of the European Parliament and of the Council of 14 May 2024 establishing a common procedure for international protection in the Union and repealing Directive 2013/32/EU. 本規則は，他の一連の EU 庇護関係の規則とともに新たに採択された。本規則は，2026 年 6 月 12 日に施行される。

国家と海洋の国際法（上巻）第1部 国際法／Ⅴ 人権

を認めてきた。しかし，トルコは2020年3月以後，コロナ・パンデミックを
理由にEUからの非正規移民の受け入れを停止していた。ギリシャ国内の難民
支援団体がそうした状況下では，トルコをSTCとして認めたギリシャの国内
法は無効であると主張して争った裁判に関連して，ギリシャの国務院
（Symvoulion Epikrateias）からCJEUに付託された[96]。CJEUは，本件判決によ
りトルコをSTCとして認めること自体は問題がないが，個別の庇護請求を審
査せずにSTCに送還することはEU法に違反するとの解釈を示した。

Ⅳ　むすびに——庇護の外部化の位置づけ

　以上にみてきたように，庇護希望者の大量流入という時代を迎えて，グロー
バル・ノースの諸国は，非正規移民／庇護希望者の流入圧力の縮減に取り組む
ために，域外における国境管理の強化だけでなく，庇護請求の審査までも
STCに委託するなどの方法により庇護の外部化を積極的に用いてきた。こう
して，自国領域内で行われる庇護の機能の全部または一部を領域外に移転する
プロセスの正当化が進められている。国家は，ビザの発給や難民／庇護希望者
に対する押し戻しなどのさまざまな方法により国境管理の権限を国家領域外で
行使してきたが，庇護審査という難民保護の中核的な機能までも外部化して，
庇護希望者／移民の流入を規制しようとしている。

　しかし，庇護の外部化の慣行は，結局，庇護希望者に対する国の責任を曖昧
かつ希薄なものとし，難民および庇護希望者を迫害のおそれのある国に向けて
送還を促す結果をもたらす点において，彼（彼女）らを危険にさらすおそれが
ある。したがって，庇護の外部化のプロセスは，当該国家の難民条約および国
際人権法上の義務および責任という観点から，入念な点検が求められている。
本稿における検討を通じてそうした点検の際のいくつかの指標を導き出すこと
ができる。

　在外公館におけるビザの発給制度は，古典的な外部化された国境管理の例で
あって，なお大量の非正規移民の流入を阻止するために国家領域の外に存在す
る法的擁壁として機能している。もっとも，EUビザ規則も認めるように，限
られたケースでは「国際法上の理由」により，ビザを発給すべき場合も存在す
ると考えられる。その場合，申請者とビザ発給国との間の「関係性」が扉を開

---

(96)　Somateio 'Elliniko Symvoulio gia tous Prosfyges', Astiki Mi Kerdoskopiki Etaireia
　　　'Ypostirixi Prosfygon sto Aigaio' v. Ypourgos Exoterikon, Ypourgos Metanastefsis kai
　　　Asylou, C-134/23. 国務院は，最高位の行政裁判所。

く鍵となる。それ以上に，人道を理由に入国ビザを認めるかどうかは，ビザ発給国の高度の政治的な裁量に委ねられているのであって，国家の裁量を突き動かすのは容易ではない。国家に対してモラルある行動を呼び起こすためには，国際人権 NGO や国連等の国際機関のイニシアチブが期待される。

公海上における，国の機関によるか又はその委託を受けた私人による庇護希望者の押し戻しは，人権条約機関の一致した見解によれば，国家の実効的な支配の下にある者に対する行為であるから，人権条約上の生命権の保障および難民条約のノン・ルフールマン原則に違反する可能性が高い。難民条約 32 条 1 項は，「国の安全のためにやむを得ない理由がある場合」を除き，難民を追放してはならない義務を課しているが，押し戻しの結果，迫害を受けるおそれのある場所へ追放することは認められない。

「国の安全」の概念や「やむを得ない理由」があるか否かは，厳格な審査を経た上で個別の事案毎に決定されなければならない。国家は，緊急事態であっても，庇護申請の受理または庇護希望者の登録を拒否し，または非市民から海上の施設において自由を奪うための国際法上の根拠は存在しない。外部化された国境管理または庇護制度の実際の運用に際しては，国家の生存に対する極度の脅威以外のいかなる理由によっても条約上の義務からの免脱のための関連する法的基準に一定していないと思われる。

国家の領域内または国境において行われたならば違法であるような外部化された国境管理措置は，国家が実効的なコントロールを行使する人または場所との関係で，自国領域の外で実施されたとしても同様に違法である。例えば，入国または国際的保護の請求を適切に審査せずに，領域内から人を即決的に強制的に押し戻すことは，難民法のノン・ルフールマンの原則および人権法の恣意的な逮捕，拘禁から保護される権利を侵害する[97]。

難民条約は，STC の概念について積極的に認めてはいない一方で，否定もしていない。したがって，難民受け入れのための公平な負担を地域的な協力によって担うシステムという面に関しては STC の存在理由は認められるであろう。しかし，STC として認められるための最低限の条件として，国際人権条約上の基本的な義務を果たしていること，被拘禁者に対する拷問，非人道的又は品位を傷つける取扱いが行われてはならないこと，難民条約上のノン・ルフールマン原則を遵守していること，難民として認められた場合には，難民条

---

(97)　前掲注(38)(39) ND. and N.T v. Spain 参照。

約で認められた種々の権利を該当者に付与することなどが求められる[98]。

最近の英ルワンダ協定のような STC との合意による庇護申請者の移送と庇護審査の委託（結果責任を含む）の主たる目的は，庇護申請者の入国の動機を減殺して，領域的庇護に対するアクセスを阻止することにある[99]。このような外部化の措置を採る国家は，移送先の STC に難民審査権限を委譲するならば，庇護の審査結果に対する共同責任を免れない。他方で，ECtHR，CJEU および英国最高裁も，STC への庇護希望者の移送そのものが違法であるとは述べていなかったように，STC への移送それ自体が国際人権・難民法に違反するとは断定できないであろう。しかし，送還先の STC において難民法と人権条約のノン・ルフールマン原則に抵触するような形で庇護希望者が迫害を受けるおそれのある国に連鎖的に送還されるならば，ノン・ルフールマン原則の違反に対する責任は，最初に庇護申請者が入国した国と STC との共同不法行為という性格を帯びるであろう。

難民審査およびその後の受け入れまで STC に委ねる方式が国際法上，明確に禁止されていると断定できる訳ではないが，その実施の際には，少なくともいくつかの厳格な条件が課せられる。庇護の責任は，第 1 次的には，庇護希望者が到達した国又は管轄権を行使する立場にある国が負う。2 国間協定により庇護申請者を STC に移送する場合にも，移送は決して懲罰的なものであってはならず，異議申立権を含めて国際的基準に基づき適切な措置を提供する必要がある。国家は，難民法および国際人権法に基づく義務を誠実に履行する義務を負う。そして，何よりも国家は，域外庇護審査制度を用いることにより，自国の難民法，人権法上の義務を回避することはできない。STC との間の条約による難民移送についても，公正な難民認定手続きが確保されているか，難民認定手続きに関する国際人権法上の原則が確保されているかが重要である。これらの問題は，新しい国家間の動きであるから，今後の展開に注視しながら，引きつづき考察を続けていく必要がある。

---

(98)　Cantor, *supra* note, 6.
(99)　英国政府は，人身取引を防止し，また危険な海上ルートによる渡航を断念させることが目的であるとも主張していた。

26 自由権規約委員会の同性婚勧告に関する一考察

谷 口 洋 幸

Ⅰ　は じ め に　　　　　　　　　Ⅳ　同性婚勧告を取り巻く現状
Ⅱ　自由権規約委員会の同性婚勧　　Ⅴ　同性婚勧告の意義
　　告　　　　　　　　　　　　　Ⅵ　お わ り に
Ⅲ　同性婚勧告に至る経緯

Ⅰ　は じ め に

　2001 年にオランダが世界で始めて同性同士の婚姻（以下，同性婚）を法的に承認して以降，37 の国と地域で同性婚が可能となっている（2024 年 3 月末現在）。アジアでも 2019 年に台湾，2023 年にネパールが同性婚の承認へと舵を切った[1]。2024 年 6 月にはタイでも同性婚を可能とする民法改正案が可決され，9 月の国王の承認を経て 2025 年 1 月から同性婚承認国の仲間入りをする予定である。この流れに反して，日本には同性婚を含め，同性カップルが利用可能な法的枠組みは存在していない。2019 年 2 月には全国一斉に同性婚が不在の現行法の憲法適合性を争う訴訟，「結婚の自由をすべての人に訴訟」が提起され，6 地方裁判所のうち 5 つが違憲ないし違憲状態，1 つの高等裁判所が違憲の判決を下している[2]。

　一方，国際人権法に目を向けると，同性婚の法的な承認は国際人権法上の義務とまではいえないとの判断が続いている。婚姻する権利（Right to Marry）は多くの国際人権条約に規定されているものの，権利規定に存在する「男女」の限定的な解釈や国内裁量を広く認める解釈傾向がある。このため，国際人権法上の義務という視点からみると，同性婚導入の是非は各国の判断に委ねられ

---

(1)　谷口洋幸『性的マイノリティと国際人権法』（日本加除出版，2022 年）189-193 頁。

(2)　このうち，一連の訴訟の中で最初に下された札幌地方裁判所判決の評釈として，谷口・前掲注(1)220-229 頁。

国家と海洋の国際法（上巻）第1部 国際法／V 人権

ている領域の問いと位置づけられる[(3)]。

このような状況の中，自由権規約委員会は2022年，日本に同性婚の導入を勧告する内容を含む総括所見を採択した。国際人権法上の義務の範囲として議論の途上にある同性婚が勧告に盛り込まれたことをどのように理解するべきか。本稿では，自由権規約委員会による同性婚勧告の内容を確認した上で（→Ⅱ），この勧告へと至る経緯（→Ⅲ）と日本以外の締約国に対する同種の勧告や国連人権理事会普遍的定期審査の関連勧告（→Ⅳ）を概観し，2022年の同性婚勧告のもつ意義を考察する（→Ⅴ）[(4)]。

Ⅱ　自由権規約委員会の同性婚勧告

2022年10月10日から11月4日まで開催された自由権規約委員会第136会期の中で，日本の第7回定期報告書（2020年）[(5)]に関する審査が実施された。10月13日（第3925回会合）と14日（第3926回会合）の2日間にわたる専門家委員と日本との建設的対話を経て，10月28日（第3946回会合），同委員会は日本に対する総括所見（政府訳は最終見解）[(6)]を採択した。

この勧告の中で，自由権規約2条・26条（差別禁止）の義務履行との関係から性的指向・性自認（SOGI）差別への取組みが取り上げられた。その中に以下の記述が含まれている。

　「10. 委員会は，……レズビアン，ゲイ，バイセクシュアル及びトランスジェンダーの人々が，特に公営住宅，戸籍上の性別の変更，法律婚へのアクセス……において，差別的な扱いに直面していることを示す情報提供に懸念を抱いている（2条および26条）。」

　「11. 委員会の前回の勧告に従って，締約国［筆者注：日本］は以下のことを行うべきである。

　……(b) 同性カップルが，公営住宅へのアクセス及び同性婚を含む，規約に定められている全ての権利を，締約国の全領域で享受できるようにすること。（Ensure that same-sex couples can enjoy all rights enshrined in the Covenant, including access to public housing and same-sex marriage, throughout the entire State party's territory）」（下線筆者）

---

(3)　谷口・前掲注(1)198-218頁。
(4)　なお，本稿は2024年1月に筆者が東京地方裁判所に提出した意見書をもとに加筆修正したものである。
(5)　U.N. Doc. CCPR/C/JPN/7, 2020.
(6)　U.N. Doc. CCPR/C/JPN/CO/7, 2022.

588

本勧告において，自由権規約委員会ははじめて日本に対して「同性婚（same-sex marriage）」の実現に向けた取組みを勧告した。本稿のいう「同性婚勧告」は，この部分を指す。

Ⅲ　同性婚勧告に至る経緯

1　同性カップル[7]に関連する過去の勧告

　自由権規約委員会が同性婚勧告を採択するまでの経緯をふりかえると，この勧告は長年にわたる慎重な対話を経て採択されたものであることがわかる。

　①　性的指向差別の禁止義務にもとづく事実婚と同等処遇の勧告

　自由権規約委員会は，個人通報制度の審査を通じて，自由権規約2条および26条により締約国は性的指向にもとづく差別的取り扱いをしない義務を負うこと（トゥーネン対オーストラリア事件（1994年）[8]，ならびに，事実婚の異性カップルに与えられている法的保護は等しく同性カップルにも保障すべき義務を負うこと（ヤング対オーストラリア事件（2003年）[9]，X対コロンビア事件（2007年）[10]）を確認してきた。この解釈は国家報告制度にもとづく定期審査でも用いられ，自由権規約上の義務としての理解が定着している。

　日本も2008年，第5回定期報告書[11]に関する審査の結果，同性カップルの法的処遇に関する改善勧告を受けている。差別禁止の事由に性的指向を含める

---

(7)　ここでいう同性カップルは，文脈上，法律上の婚姻が可能な異性カップルの対義語としての同性カップル，すなわち，法律上の性別が同性同士の2人の関係性を指す。したがって，たとえば性別記載が未変更のトランスジェンダー男性とシスジェンダー女性のカップル（＝性的指向の観点からは互いに異性愛者）も含まれている。主には個人の性的指向にもとづく差別が中心論点となるが，同時に，性自認のあり方と法律上の性別の関係との齟齬に起因する問題も含まれることに注意が必要である。この点，同性婚勧告の次の項（第11段落(c)項）において性同一性障害者特例法第4条1項2号の「現に婚姻していないこと」（＝非婚要件）の撤廃が勧告されていることも重要である（「11.……(c) 生殖器又は生殖能力の剥奪及び婚姻していないことを含む性別変更を法的に認めるための正当な理由を欠く要件の撤廃を検討すること。」）。仮に非婚要件が撤廃され，婚姻を継続した状態で配偶者の一方が性別記載を変更した場合，結果として法律上は同性同士の婚姻関係が成立することとなる。(b)項と(c)項の勧告の実現は，自由権規約の義務履行において密接不可分の関係にある。

(8)　Toonen v. Australia, Communication No.488/1992, Views of 31 March 1994, U.N. Doc. CCPR/C/50/D/488/1992.

(9)　Young v. Australia, Communication No.941/2000, Views of 6 August 2003, U.N. Doc. CCPR/C/78/D/941/2000.

(10)　X v. Columbia, Communication No. 1361/2005, Views of 30 March 2007, U.N. Doc. CCPR/C/89/D/1361/2005.

(11)　U.N. Doc. CCPR/C/JPN/5, 2007.

法改正に加えて，「［自由権規約］委員会の規約26条についての解釈に沿って，婚姻していない同居している異性カップルに付与されている便益が，婚姻していない同居している同性のカップル（unmarried cohabiting same-sex couples）に対しても同等に付与されることを確保すべきである」ことが勧告された[12]。懸念事項として示されたのは，公営住宅法（当時）の同居親族要件により同性カップルを入居対象から排除していること，および，DV防止法が同性カップルへの適用を明示していないことであったが，2008年の勧告はそれに留まらず，より一般的な形で異性カップルの事実婚との同等処遇の実現を求めている。

　②　法制度上の障壁の除去勧告

　日本政府は，第6回定期報告書（2012年）[13]において，公営住宅法の改正にともない同居親族要件[14]が削除され，同性カップルも入居可能となった旨を自由権規約委員会に報告した。ただし，この改正は2012年の地方分権法（地域の自主性及び自立性を高めるための改革の推進を図るための関係法律の整備に関する法律）の施行による権限移管に伴う偶発的な要件削除であり，自治体の公営住宅条例等には同居親族要件が引き続き残り続けていた。

　このため，自由権規約委員会は，2014年に採択した総括所見[15]において，公営住宅法の改正にともなう同居親族要件の削除に歓迎の意を示しつつ，「自治体レベルの公営住宅サービスについて，同性カップルに適用されている資格基準に残されている制限を取り除くべきである」との勧告を採択した（第11段落）。なお，DV防止法の同性カップルへの適用の可否について第6回定期報告書（2012年）に具体的な記載はなく，2014年の総括所見でも明確に触れられていない。

2　自由権規約委員会での建設的対話

　①　事前質問リスト（2017年）の採択

　第7回定期報告書の提出に先立って自由権規約委員会が採択した事前質問リスト（2017年）[16]において，自由権規約委員会は2014年の総括所見第11段落の勧告への対応に関する報告を日本政府に求めた。性的指向と性自認については，第5段落で包括的差別禁止法の制定に向けて取られた措置の報告を求め

---

(12)　U.N. Doc. CCPR/C/JPN/CO/5, para.29.
(13)　U.N. Doc. CCPR/C/JPN/6, 2012.
(14)　公営住宅法旧23条1項「現に同居し，又は同居しようとする親族があること。」
(15)　U.N. Doc. CCPR/C/JPN/CO/6, 2014.
(16)　U.N. Doc. CCPR/C/JPN/QPR/7.

た[17]のに加えて，第7段落では次の事柄に関する報告を求めている。

「7　前回の総括所見（第11段落）について，政治家による同性愛嫌悪およびトランス嫌悪の発言，および，特に雇用，教育，医療，福祉及び法的サービスへのアクセスの際にLGBTIの人々が受ける差別やスティグマをなくすための取り組みについて，教育制度を通じたものも含め，進捗を報告願いたい。また，(a)LGBTIの人々の平均より高い自殺率に対処するためにとられた措置の報告，(b)国レベルで同性同士の結合の公的承認（official recognition of same-sex unions）に向けて措置が取られたか否かの明確化，(c)生殖器官の摘除や生殖能力の剝奪，性別確定手術および婚姻していないことなど，性別再指定を法的に承認するための要件が本規約といかに適合するかの説明，(d)トランスジェンダー受刑者が拘禁施設で不当な処遇をうけているとの報告への回答を願いたい。」（下線筆者）

つまり，国レベルで同性カップルの公的承認のために措置が講じられたか否かへの回答を直接的に求められている。

②　第7回定期報告書（2020年）における回答

事前質問リスト（2017年）をうけて，日本政府は2020年に第7回定期報告書を提出した。

前述の第7段落の質問に対する回答として，日本政府は「同性婚やそれに準ずる制度（same-sex marriage or systems equivalent to that）を導入すべきかどうかについては，我が国の家族の在り方に関わる問題であり，国民的な議論を踏まえつつ，慎重な検討を要する。」と回答した[18]。また，第5段落の回答において，第6回定期報告書（2012年）と同様に，地方分権法にもとづく公営住宅法改正による同居親族要件が撤廃されたことを繰り返した上で，「……法令で定める入居要件以外の要件については，各地方公共団体の条例等により定められており，同性カップルを含め，どのような者を公営住宅に入居させるかについては，各地方公共団体の判断に委ねられている。」と付け加えている[19]。

③　自由権規約委員会と日本政府の建設的対話

第7回定期報告書審査の過程における2日間の建設的対話では，同性カップルに関連してイゲズ委員（エチオピア）から「公営住宅の入居条件について，自治体による同性カップル差別を防止するためにいかなる法的措置がとられた

---

(17)　前掲注(16), para.5

(18)　U.N. Doc. CCPR/C/JPN/7, para.41.

(19)　U.N. Doc. CCPR/C/JPN/7, para.11.

国家と海洋の国際法（上巻）第1部 国際法／V 人権

か示してもらえると有益である」との問いかけがあった[20]。日本政府代表団か
らは「同性同士の婚姻については，地方裁判所の判断がわかれているところで
あり……札幌地裁は同性カップルに婚姻に関する法的利益を保障しないことが
憲法の平等条項違反とし，大阪地裁は同性同士の婚姻ができない状況は憲法違
反でないと判断した。最高裁判所はこの件についてまだ判決を下していない。」
との回答があり[21]，翌日には「公営住宅法は 2011 年に改正され同居親族要件
は削除されたが，自治体はなお特定の要件を設ける権限を有している。しかし
ながら，2003 年の性同一性障害者性別取り扱い特例法の公布は社会全体にお
ける LGBTI の理解増進に寄与し，いくつかの公的機関は同性カップルの関係
性を支援している。たとえば，東京都世田谷区や渋谷区では同性カップルが公
営住宅にアクセスできている。」との追加回答があった[22]。このやりとりを通
じて，日本政府は司法府，特に最高裁判所の判断を注視していること，また，
公営住宅については一部の地方自治体で 2008 年の勧告内容が実現されていな
い事実を政府が把握していることが明らかとなった。

　④　同性婚勧告の採択

　以上のような経緯をたどって採択されたのが，Ⅱに示した同性婚勧告である。
「委員会の前回の勧告に従って（In line with the Committee's previous recom-
mendations）」という言及には，明示的な勧告にもかかわらず規約上の義務の
不履行状態が続いている現状に対する委員会の憂慮が読み取れる。「締約国の
全領域で（throughout the entire State party's territory）」という条件づけは，同
性カップルに対する差別が解消された地方自治体と規約上の義務の不履行を続
けている地方自治体がある現状を踏まえ，国レベルでの規約上の義務履行を進
めるべきとの見解を意味する。その上で，規約上の義務の不履行状態の解消に
向けて，「公営住宅へのアクセス」という未達成の過去の勧告内容とともに，
同性婚（same-sex marriage）が検討すべき法政策として明示されるに至ったも
のである。

Ⅳ　同性婚勧告を取り巻く現状

1　日本以外の締約国への勧告

他の締約国の国家報告審査において，自由権規約委員会が規約上の義務履行

---

(20)　U.N. Doc. CCPR/C/SR.3925, para.18.
(21)　前掲注(20), para.54.
(22)　U.N. Doc. CCPR/C/SR.3926, para.7.

の手段として同性婚（same-sex marriage）を総括所見に明示することは稀である。もっとも，総括所見において同性カップルに関する内容が含まれることは珍しくない。過去に日本がうけてきたような事実婚との同等処遇や法制度上の障壁の除去といった勧告は，これまでも複数の国に対しそれぞれの国の状況を踏まえながら出されてきた。性的指向にもとづく差別禁止の観点から，婚姻から生じる法的利益を同性カップルにも等しく保障すべきとの概括的な勧告から[23]，DV 防止法の適用対象とすること[24]や共同養子縁組を認めること[25]などの具体的な勧告が出されている。また，モンゴルやベトナムなど，同性カップルのための法的保障の枠組みの検討が勧告されることもある[26]。

　日本の同性婚勧告に類するものとして，韓国に対する 2023 年の総括所見があげられる。自由権規約委員会は，同性婚という文言は使っていないものの，「民法の改正（amending the Civil Code）またはシビル・ユニオンの導入を含めて，同性カップルおよびその子どもが経済的および社会的分野において差別をうけないことを確保するために法律を制定または改正すること」との勧告を出している。民法の改正という選択肢は婚姻に関連する規定の直接的な改正を示唆するものであり，実質的な同性婚勧告といえる[27]。

　同性婚が導入された国については，委員会から歓迎の意が表されることもあり[28]，次なる課題として，同性婚の導入に付随する問題の解決に向けた勧告も出されている[29]。逆に，同性カップルの婚姻を法律によって禁止している国に対しては，事前質問リストの中で，法律の条約適合性の説明や撤回の検討が問われている[30]。

---

(23)　たとえば，ホンジュラス（U.N. Doc. CCPR/C/HND/CO/2, 2017, para. 11），モーリシャス（U.N. Doc. CCPR/C/MUS/CO/5, 2017, para. 10），ドミニカ（U.N. Doc. CCPR/C/DOM/CO/6, 2017, para. 10，ブルガリア（U.N. Doc. CCPR/C/BGR/CO/4, 2018, para. 12(a)），リトアニア（U.N. Doc. CCPR/C/LTU/CO/4, 2018, para.10），ハンガリー（U.N. Doc. CCPR/C/HUN/CO/6, 2018, para. 20(a)）など。

(24)　ナミビア（U.N. Doc. CCPR/C/NAM/CO/2, 2016, para. 10(c)）。

(25)　チェコ（U.N. Doc. CCPR/C/CZE/CO/4, 2019, para. 13(a)）。

(26)　モンゴル（U.N. Doc. CCPR/C/MNG/CO/6, 2017, para.12），ベトナム（U.N. Doc. CCPR/C/VNM/CO/3, 2019, para.16(c)）など。

(27)　韓国（U.N. Doc. CCPR/C/KOR/CO/5, 2023, para.14(c)）。

(28)　たとえば，デンマーク（U.N. Doc. CCPR/C/DNK/CO/6, 2016, para. 3(b)）。

(29)　たとえば，コロンビア（U.N. Doc. CCPR/C/COL/CO/7, 2016, paras. 16-17）では，同性婚の法的承認を歓迎する一方，現実社会における同性カップルの権利保障に向けた取り組みの継続が勧告されている。

(30)　ナイジェリア（U.N. Doc. CCPR/C/NGA/Q/2, 2018, para. 5(f)(b)），ハイチ（U.N. Doc. CCPR/C/HTI/Q/2, 2020, para. 10）。

このように，同性カップルの法的保障については，2条と26条における性的指向差別禁止を軸に，建設的対話を通じて得られた情報をもとに，各国の現状にあわせた勧告が出されている。なお，自由権規約委員会だけでなく，社会権規約委員会の定期報告書審査の中でも，社会権規約2条2項の義務履行の文脈において，同性カップルの法的保障に関する勧告が出されている[31]。

2　国連人権理事会普遍的定期審査（UPR）の関連勧告

①　国連人権理事会と日本

日本は2006年の国連人権理事会設立時から，再選制限に該当する年を除いて，継続して理事国の立場にある。旧国連人権委員会において深刻な人権侵害を行っている国が委員国に選出された経緯を踏まえ，国連人権理事会の理事国となるためには，人権の最高水準を維持すること，ならびに，人権理事会に十分に協力することが求められる。理事国当選後，重大かつ組織的な人権侵害を行った国は，国連総会の決議を経て，理事国の資格を停止される手続きも整備されている[32]。このため理事国立候補国は，人権の保護・促進のための自発的誓約と公約を提出することが求められる[33]。たとえば日本が2019年に理事国選挙に立候補した際，日本が国内で促進していく課題の一つとして，「日本は性的指向と性自認にもとづく差別の撤廃のために行ってきた努力を引き続き促進する」ことを誓約し，当選を果たしている[34]。

継続して理事国の立場にある日本は，2023年末までにUPRの第4巡目審査まで完了している。このうち，同性カップルに関連する勧告は2017年の第3巡目審査から確認できる。

②　UPR第3巡目審査の勧告

2017年に実施された第3巡目の相互審査において，スイスとカナダは日本

---

(31)　コスタリカ（U.N. Doc. E/C.12/CRI/CO/5, 2016, para.21），カーボベルデ（U.N. Doc. E/C.12/CPV/CO/1, 2018, para.21），エクアドル（U.N. Doc. E/C.12/ECU/CO/4, 2019, para. 26），スロバキア（U.N. Doc. E/C.12/SVK/CO/3, 2019, para. 15），リトアニア（U.N. Doc. E/C.12/LTU/CO/3, 2023, para. 13）など。日本に対する2013年の総括所見でも，社会権規約2条2項条の義務履行との関係において，同性カップルに対する差別となる法規定の存在に懸念が表明されている（U.N. Doc. E/CN.12/JPN/CO/3, 2013, para.10）。

(32)　U.N. Doc. A/RES/60/251, para.9.

(33)　U.N. Doc. A/RES/60/251, para.8.

(34)　外務省「2019年人権理事会理事国選挙における日本の自発的誓約（英語）」外務省ウェブサイト内（https://www.mofa.go.jp/mofaj/files/000175306.pdf）。

に対し下記の勧告を出した[35]。

> 「161.71　性的指向にもとづく差別撤廃に関する肯定的な展開を継続すること，ならびに，国レベルで同性同士の関係性を承認すること（recognize same-sex unions at the national level）（スイス）」
>
> 「161.73　同性同士のパートナー関係に対する公的承認を国レベルに拡大すること（extending at the national level formal recognition of same-sex partnerships）を含めて，いくつかの地方自治体や企業による性的指向・性自認差別撤廃のための努力を強化すること（カナダ）」（以上，下線筆者）

　いずれも地方自治体におけるパートナーシップ認証制度の広がりを理解した上で，国レベルでの積極的な取り組みを求めている。

　これに対して，日本は，いずれの勧告も「部分的にフォローアップを受け入れる」と返答し，「国レベルで同性同士の婚姻（same-sex marriage）を可能とするかどうかについては，日本の家族の国内的なあり方に重大な影響があるため，極めて慎重な検討を要する」との説明を付している[36]。

③　第4巡目審査の勧告

　直近の日本に対する第4巡目の審査は，2023年1月に実施された。同性カップルに関係する勧告は，アメリカ，アルゼンチン，メキシコ，オーストリア，カナダ，デンマーク，アイスランド，アイルランド，ニュージーランドの9カ国から出されている[37]。

> 「158.266　性的指向，性自認，性別表現，性的特徴にもとづく保護を含む包括的な反差別法を制定すること，ならびに，同性婚に法的承認（legal recognition of same-sex marriage）を与えること（アメリカ合衆国）」
>
> 「158.270　成人同性同士の合意による結合に市民権を承認する法的枠組み（regulatory framework that recognizes the civil rights to the consensual union of persons of legal age of the same sex and/or gender）を採用すること（アルゼンチン）」
>
> 「158.271　性的指向・性自認にもとづく差別を法律で禁止すること，同性婚を承認（recognize same-sex marriage）すること，強制不妊を条件とする性同一性障害者特例法を廃止すること（メキシコ）」
>
> 「158.272　LGBTIの人々の権利を保護・促進する包括的な反差別法の制定に向けて取り組むこと，ならびに，国レベルで同性同士の結合を承認（recognize same-sex unions at the national level）すること（オーストリア）」

---

(35)　U.N. Doc. A/HRC/37/15.

(36)　U.N. Doc. A/HRC/37/15/Add.1.

(37)　U.N. Doc. A/HRC/53/15.

「158.273 性的指向・性自認にもとづく差別撤廃に向けた努力を強化し，同性間のパートナー関係を国レベルで承認し，同性婚を許可（permit same-sex marriage）すること（カナダ）」

「158.274 性的指向にもとづく差別への取り組みを進め，国レベルで同性婚を可能とする（allow same-sex marriage nationally）こと（デンマーク）」

「158.276 同性婚を法制化すること（Legalize same-sex marriage）（アイスランド）」

「158.279 反差別法を制定することで，特に同性同士の家族（same-sex families）について，性的指向や性自認にもとづく差別を撤廃すること（アイルランド）」

「158.282 性同一性障害者特例法の改正，ならびに，異性間のパートナーの平等を基礎として同性間のパートナー関係を法的に承認する（legally recognizing same-sex partnerships on an equal basis with opposite-sex partnerships）ことを含めて，性的指向・性自認にもとづく差別への取り組みを進めること（ニュージーランド）」（以上，下線筆者）

用いられている文言で区別すると，9カ国のうち5カ国（アメリカ，メキシコ，カナダ，デンマーク，アイスランド）は，明示的に同性婚（same-sex marriage）を求めている。その他の文言が用いられている場合も，これらの勧告が性的指向や性自認にもとづく差別撤廃の文脈であることに鑑みれば，同性婚という選択を否定する勧告ではない。

これらの勧告について，日本政府はすべてに「留意する（note）」との返答を行った。「留意」の理由として，アルゼンチンとアイスランドからの勧告については，第3巡目の勧告への対応と同じく，「同性婚（same-sex marriage）を導入すべきか否かの決定は日本の家族の本質に関係する重要な問題であるため慎重な検討を要する」[38]との説明が付された。なお，アメリカとアイルランドからの勧告は包括的差別禁止法の文脈での勧告であったため，日本国憲法14条および関連法政策で差別禁止への取り組みは実施しているという第4回定期報告書の内容を繰り返した理由付けであった[39]。その他の5カ国からの勧告については，「政党がLGBT理解増進法案（a bill to promote LGBT understanding）の提出を準備しており，政府としては立法過程を尊重し，その制定を待ちたい」との説明が付されている[40]。

---

(38)　U.N. Doc. A/HRC/53/15, para81.
(39)　U.N. Doc. A/HRC/WG.6/42/JPN/1, para.8.
(40)　U.N. Doc. A/HRC/53/15/Add.1, para.3.

V　同性婚勧告の意義

2022年に自由権規約委員会が日本に向けて採択した同性婚勧告には，上述のような経緯と関連する現状が確認できる。最後に，同性婚勧告のもつ意義を考察する。

1　誠実な遵守のための参照先

同性婚勧告は，自由権規約2条および26条の義務の履行手段として提示されている。日本国憲法98条2項は，「日本国が締結した条約及び確立された国際法規は，これを誠実に遵守することを必要とする」と規定する。日本は1976年に条約の1つである自由権規約を批准しており，これを誠実に遵守することは，当然に，立法府，行政府，司法府ならびに地方自治体を含む国家および公的機関に課せられた義務である。条約法に関するウィーン条約26条も「効力を有するすべての条約は，当事国を拘束し，当事国は，これらの条約を誠実に履行しなければならない」ことを規定しており，憲法上も国際法上も，国は条約の履行に誠実であることを義務づけられている。

もっとも，条約上の義務の履行にあたり，自由権規約委員会の総括所見に含まれる勧告そのものは厳密な意味での法的拘束力をもつものではない。法的拘束力をもつのは自由権規約という条約本体である。ただし，自由権規約委員会による規約の解釈は権威ある解釈（authoritative interpretation）ないし有権解釈（authentic interpretation）に近いものと位置づけられており[41]，法的拘束力のある自由権規約を誠実に遵守および履行するための参照先として十分な正統性を有している。そうである以上，法的拘束力がないことだけをもって自由権規約委員会の解釈を参照しないことは，条約の履行に誠実であれ，との日本国憲法上の要請とは相容れない。勧告された内容と異なる行動を選択することは，勧告に法的拘束力がないとの説明で足るものではない。少なくとも，勧告された内容が解釈として誤っている，ないし，不当であることの国による立証が必要となろう。

2　条文解釈にもとづく義務の履行手段

自由権規約委員会の総括所見のもつ参照先としての十分な正統性に加えて，

---

(41)　岩沢雄司「自由権規約委員会の規約解釈の法的意義」『世界法年報』29号（2010年）。

国家と海洋の国際法（上巻）第 1 部 国際法／Ⅴ 人権

総括所見を参照することには，以下の点からも重要な意義がある。

　1 つは自由権規約委員会の委員構成である。自由権規約委員会は個人資格で選出される 18 名の委員によって構成されている。委員となる者の資格について，自由権規約 28 条 2 項は「高潔な人格を有し，かつ，人権の分野において能力を認められたこの規約の締約国の国民で構成する。この場合において，法律関係の経験を有する者の参加が有益であることに考慮を払う。」と規定する。この「法律関係の経験を有する者」という条件は，他の人権条約の委員会設置規定には見られないものであり，条文解釈という専門的な作業の正統性を制度として担保している[42]。また，31 条 2 項では「委員の配分が地理的に衡平に行われること並びに異なる文明形態及び主要な法体系が代表されることを考慮に入れる」ことも明記されており，委員会の解釈に地域的，歴史的，文化的な偏りが生じないための制度上の工夫も施されている[43]。

　もう 1 つは国家報告制度の存在理由である。締約国の義務を定めた自由権規約 2 条は，1 項において規約上の権利の差別なき「尊重（respect）」と「確保（ensure）」を義務づけ，2 項および 3 項において，そのための立法上，行政上または司法上の必要な措置をとることを義務づける。すなわち，権利を平等に享有するという結果を義務づけつつ，その手法の詳細は国内裁量に委ねる規定方法である。起草過程でも，各国の法制度の多様な現状を考慮し，義務履行のためにとられるべき措置の内容や期限の挿入は見送られた経緯がある。ただし，そのことは履行手段を完全に締約国の自由に委ねたことを意味しない。結果として規約上の義務が履行されなければ，自由権規約そのものが有名無実化しかねないからである。そのような背景から設けられたのが国家報告制度である[44]。したがって，国家報告制度のもとで発出される総括所見中の勧告は，自由権規約 2 条の義務履行のために提示された具体的な手段としての意義をもつ。

---

(42)　もっとも，他の委員会でも実際には裁判官や弁護士などの法曹資格を有する者や法学者など「法律関係の経験を有する者」が多く委員に選出されている。

(43)　なお，日本は 1987 年から現在まで継続的に自由権規約委員会の委員を輩出している。1987 年から 2006 年までの 19 年間，安藤仁介神戸大学教授（当時，後に京都大学教授・同志社大学教授）が委員を務め，うち，1993 年から 1994 年までは委員長を務めた。続いて，岩沢雄司東京大学教授（当時）（現国際司法裁判所判事）が，2007 年から 2018 年の 11 年間，委員を務め，うち，2009 年から 2011 年と 2017 年から 2018 年に委員長を務めた。最近では，古谷修一早稲田大学教授が 2019 年から 2022 年まで，寺谷広司東京大学教授が，2023 年から委員を務めている。

(44)　初川彬「自由権規約委員会の解釈と『事実上の拘束力』に関する一考察」『一橋法学』22 巻 2 号（2023 年）659-664 頁。

3 建設的対話の結論

　総括所見中の勧告で示される具体的手段は，個人資格の委員の独断や偏見にもとづいて発出されるものではない。総括所見は，締約国からの基本情報および履行状況の定期的な報告，委員会からの質問リストの送付と回答，利害関係者による多様な情報提供などにもとづいて，自由権規約委員会の定期会合における締約国との建設的対話の結論として採択されるものである。

　総括所見は採択されて終わる文書でない。締約国は総括所見を参照しながら自由権規約上の義務を誠実に履行し，その進捗状況を委員会の質問に照らしながら改めて定期報告書として提出し，建設的対話を通じて，新しく総括所見が採択される。さらにその新しい総括所見にもとづいて締約国はさらに義務履行のための努力を進めていく。総括所見は，その継続的な過程の途上に採択される文書である。

　先述のとおり，自由権規約上の義務の具体的な履行手法は原則として国内裁量に委ねられているものと解される。しかし，それは完全な自由裁量でもなく，国家報告制度はその評価と提案の重要な場面である。建設的対話は，自由権規約上の義務履行が十分ではないことを非難する目的で行われるものではない。義務に適合する法制度のあり方について，締約国の現状に照らしながら，専門的な知見や経験をもとに，模索していく過程である。したがって，総括所見に示される勧告は，自由権規約上の義務に適合させるために，当該締約国がいま，具体的かつ現実的に選択可能な手法の提示といえる。

4 膠着状態の打開策

　そこで，改めて 2022 年の同性婚勧告の位置づけについて確認する。同性婚勧告は，自由権規約委員会が 2008 年に事実婚との同等処遇を勧告して以来，同性カップルに関する自由権規約 2 条および 26 条の義務履行に進展がみられない日本の現状を確認した上で採択された 14 年越しの勧告内容である。

　関係する要点をまとめると次のようになる。2008 年の勧告に対して，公営住宅法の同性カップルの処遇には一定の改善がみられた。しかしながら，それは地方分権法による権限移管にともなう偶発的な「改善」であり，自由権規約 2 条および 26 条の義務履行とは無関係のできごとであった。実際，管轄を移行された地方自治体の公営住宅条例等には，同性カップルの入居制限がそのまま残存していた。自由権規約 2 条は「締約国を全体として拘束する」ものであり，当然に地方自治体もその名宛人となる（一般的意見 31（2004 年）第 4 段

国家と海洋の国際法（上巻）第1部 国際法／V 人権

落）⁽⁴⁵⁾。このため，2014 年の総括所見では，地方自治体を名指しし，同性カップルの入居制限の撤廃が勧告された。ところが，第 7 回定期報告書（2020 年）では，いまだ入居制限がある事実が報告されるとともに，一部の地方自治体の判断へと責任が転嫁されている。ウィーン条約法条約 27 条にも示されるとおり，本来ならば，「規約違反の責任から逃れる手段として，政府の他の当局が規約と一致しない行動をとったと指摘するようなことがあってはならない」（一般的意見 31（2004 年）第 4 段落）⁽⁴⁶⁾。にもかかわらず，日本が地方自治体の施策を理由に自由権規約上の義務不履行の正当化を試みたことは，自由権規約委員会が義務履行のための新たな手法を勧告するのに十分な理由となった。そこで出されたのが 2022 年の同性婚勧告，という流れである。

　実際，2019 年に野党から民法の一部を改正する法律案（通称：婚姻平等法案）が提出された経緯がある。結果的に廃案となったものの，国会に法案が提出された事実は，日本では憲法や他の法体系を変更せずとも，民法改正によって同性婚が実現可能であることを意味している。自由権規約委員会の同性婚勧告は，日本の現行法体系を無視した無理難題ではなく，14 年間の膠着状態から抜け出す現実的な選択肢といえる。

5　同性婚を勧告することの論理整合性

　もっとも，IV-1 に示したとおり，自由権規約委員会は，国家報告制度のもとで，すべての国に同性婚の導入を勧告してはおらず，日本がうけた同性婚勧告は，むしろ稀な事例といえる。自由権規約委員会は，ジョスリンほか対ニュージーランド事件（2022 年）⁽⁴⁷⁾において，自由権規約 23 条の婚姻する権利は，締約国に同性婚の導入を義務づけるものではないとの見解を採択しており，この解釈は現在でも維持されている。

　ただし，同事件の同意意見でも述べられているとおり，自由権規約 23 条は，自由権規約 5 条 2 項⁽⁴⁸⁾に照らして，締約国による同性婚の導入を制限する規

---

(45)　General Comment No.31 ［80］Nature of the General Legal Obligation Imposed on States Parties to the Covenant, U.N. Doc. CCPR/C/21/Rev.1/Add.13.

(46)　前掲注(45)。

(47)　Joslin et al v. New Zealand, Communication No.902/1999, Views of 17 July 2002, U.N. Doc. CCPR/C/75/D/902/1999.

(48)　同項は「規約の各締約国に最大限の権利保障を求めるもの」であり，「規約の権利の最小限を定めたにすぎない」ことを確認する規定である（宮崎繁樹編著『解説・国際人権規約』（日本評論社，1996 年）124-125 頁）。

定として解釈すべきものでもない[49]。たとえば，自由権規約委員会と同様に，婚姻する権利には同性婚を導入する義務が含まれないと解釈したヨーロッパ人権裁判所は，ヨーロッパ人権条約8条に規定される「家族生活の尊重をうける権利」から導き出される積極的義務として，同性カップルに対する法制度上の枠組みを構築する義務が含まれると認定している。また，米州人権裁判所は，米州人権条約11条の同じ「家族生活の尊重をうける権利」や1条1項の「自由かつ完全な権利享有」から，最終的に同性婚を可能とすることが締約国の義務であるとの解釈を示している[50]。自由権規約委員会による同性婚勧告は，このような地域的機関の解釈を含めた国際人権法の動向を踏まえており，稀な事例であるとはいえ，十分に論理整合性をもった解釈といえる。

　このことは，自由権規約委員会が同性婚を導入した国に対して，常に歓迎の意を表しつづけている事実とも符合する。また，Ⅳ2に示したUPRにおける同性婚の実現に関する勧告の増加にも注目すべきである。UPRは主権平等を原則とする国同士の相互審査であり，他国に人権状況の改善を求めることは，そう容易い作業ではない。2001年にオランダで初めて同性婚が導入され，現在では40弱の国と地域に広がってはいるものの，国連加盟国193カ国からみれば圧倒的な少数派である。すべての国が同性婚の導入に関する勧告を出されているわけでもないことに鑑みれば，被審査国である日本は，同性婚の導入へと向かうべき国であるとの積極的評価ないし期待値の現れともいえる。

Ⅵ　おわりに

　同性婚の法的承認について，日本政府は第7回定期報告書（2020年）の中で，「我が国の家族のあり方に関する問題であり，国民的な議論を踏まえつつ，慎重な検討を要する」ものと位置づけた。この立場は2015年以降，日本の国会審議の場でも繰り返し用いられており，UPRの第3巡目審査（2017年）および第4巡目審査（2023年）でも，同趣旨の理由から留意する立場を表明している。2019年には野党が通称婚姻平等法案を提出したものの，実質的な審議はなされていない。同性婚勧告は，日本の長年にわたる膠着状態に対する打開策

---

(49)　"The provision in no way limits the liberty of States, pursuant to article 5, paragraph 2, to recognize, in the form of marriage or in some other comparable form, the companionship between two men or between to women" (Individual opinion of Committee members Mr. Rajsoomer Lallah and Mr. Marin Scheinin (concurring)), Joslin et. al. v. New Zealand, Communication No. 902/1999, A/57/40, 2002.

(50)　詳細については，谷口・前掲注(1)198-218頁。

として，自由権規約委員会が提示した条約義務履行のための現実的な選択肢なのである。

　この点，同性婚勧告との関係では司法府の動向が注目される。先述のとおり，総括所見に含まれる勧告は締約国全体に向けられたものであり，これには当然のことならが司法府も含まれている。すなわち，「裁判所が，条約機関の総括所見をも参考にして条約を解釈することによって，（中略）適切な司法判断を行うとすれば，それも，当該国における総括所見のフォローアップの一環とみなすことができる」のである[51]。自由権規約委員会からの勧告は，義務不履行に対する非難ではなく，自由権規約上の義務に適合した「国際的に説得力のある法体制」[52]を実現するための具体的かつ現実的な提言である。10年以上にわたる自由権規約委員会の慎重な取り組みの結果である同性婚勧告を軽視することは，日本国憲法98条2項およびウィーン条約法条約26条に定められた条約の誠実な遵守・履行に照らしても，適切な態度ではない。同性婚勧告が出される前の建設的対話では，結婚の自由をすべての人に訴訟が継続中であることをもって，「慎重な検討」の現状が説明された。この訴訟の中で，仮に司法府が「慎重な検討」のために広範な立法裁量を認めるならば，今度は立法府に判断が委ねられ，「慎重な検討」は堂々巡りとなりかねない。本稿の考察と日本の現状を踏まえれば，締約国全体に向けられている同性婚勧告は，司法府こそがフォローアップの要として位置づけられる。

---

(51)　申惠丰『国際人権法：国際基準のダイナミズムと国内法との協調〔第2版〕』（信山社，2016年）579頁

(52)　森田章夫「自由権規約国家報告制度の国際法上の意義：国際コントロールとしての法的機能」『自由と正義』61巻5号（2010年）29頁。

◀ 第1部 ▶

VI　紛　争　解　決

27 国際法学の実務と理論における学際性
—— 国際裁判を素材に

竹 内 雅 俊

I　は じ め に
II　国際法学の「学際的なアプローチ」の展開と批判
III　協働に関するいくつかのモデル
IV　実務における 2 種類の協働の方法論
V　結びに代えて

I　は じ め に

2024 年国際海洋法裁判所（以降，ITLOS）「気候変動と国際法に関する小島嶼国委員会（COSIS）から要請された勧告的意見」（事案番号 31）は，気候変動にかかわる他の訴訟や環境法のみならず，理論的な見地からも興味深い論理構成を採用していたと考える。勧告的意見のなかで ITLOS は，I 部で経緯について論じた後に，II 部において本意見において検討すべき気候変動にかかわる国際文書の前に背景として「科学的側面（scientific aspects）」という部分を設けている。同節においては，様々な国連総会の決議類や IPCC の報告書類に言及した後，裁判所は，以下のようにこれら科学的知見と定義を評価している。

　　裁判所のみたところ，訴訟手続きのなかで主だった当事者が IPCC の報告書に言及し，これらが気候変動に関して権威ある科学的評価であると認めている。そしてどの当事者もこれら報告書の権威を問うことはなかった[1]。

こうした宣言を行うことにより裁判所は，条約規定から導き出される合法性とは別に，科学的知見に基づいた正当性を勧告的意見に付与していると思われる。本稿は，社会科学である法学と自然科学が協働する国際裁判という具体的な場面を対象とする。

---

(1)　*Request for Advisory Opinion submitted by the Commission of Small Island States on Climate Change and International Law*, Order of 16 December 2022, ITLOS Reports 2022-2023, to be published, para. 51.

もちろん，海洋境界画定や環境関係などの事件において科学的知見に基づく事実（証拠）の認定が重要であることは言うまでもない。環境関係に限っても，科学的知見がなかったならば，国連海洋法条約第1条にある「海洋環境の汚染」」の定義ばかりか，「著しい海洋環境の汚染（第220条5項）」，「実質的な汚染」，「海洋環境の特定の部分に重大かつ有害な変化をもたらすおそれ（第196条）」，「実質的な海洋環境の汚染（第206条）」，「海洋環境に対する重大かつ有害な変化をもたらすおそれ（第206条）」の文言を理解できなくなることは想像にかたくない[2]。理論における法形式主義の主張とは裏腹に，実務においては既に国際法学と自然科学はディシプリンの境界を越えて協働しているとしても過言ではない[3]。加えて，第289条の下にITLOSは，「科学的又は技術的な事項に係る紛争において」，「いずれかの紛争当事者の要請により又は自己の発意により，投票権なしで当該裁判所に出席する二人以上の科学又は技術の分野における専門家を紛争当事者と協議の上選定することができる」としている。この制度は付属書Ⅷに基づく特別仲裁裁判所のなかで適用されるものであり，専門家は裁判官と̇と̇も̇に̇与えられた問題に取り組むという意味で通常の紛争解決における役回りとはニュアンスがだいぶ異なる[4]。

当事者でもある裁判官たちにも，このことを自覚し，発言するケースがこれまで見受けられる。例えば，ICJではシャブタイ・ローザンヌ（Shabtai Rosenne）が国際裁判において科学的事実認定がますます重要になっていることを指摘した上で，国際法学が「学際的」となる必要性を以下のように次のように述べている。

　　国際法（実際にはすべての法だが）がinterdisciplinary そして multidisciplinary

---

(2)　そもそも「海洋環境の汚染」という表現が，国連の合同専門家会合である「海洋環境保護の科学的側面に関する専門家会合（Group of Experts on the Scientific Aspects of Marine Pollution: GESAMP)」によるものとされる。David Anderson, "Scientific Evidence in Cases Under Part XV of the LOSC", in Myron H. Nordquist et all. (eds), *Law, Science and Ocean Management* (Martinus Nijhoff Publishers, 2007), p. 508.

(3)　論者によっては，法が学術（ディシプリン）に先んじて存在（pre-disciplinary）するがゆえに，実務（profession）と研究（field of scholarly study）との間に齟齬が生じると論じるものもいる。Lavi, Shai, "Turning the Tables on "Law and…": A Jurisprudential Inquiry Into Contemporary Legal Theory", *Cornell Law Review*, Vol. 96(2011), p. 811; Valverde, Mariana, "Between a Rock and a Hard Place: Legal Studies Beyond Both Disciplinarity and Interdisciplinarity", *Critical Analysis of Law*, Vol. 1.1(2014), p.51.

(4)　同条の起草経緯については，Nordquist, Myron et al. (ed.), *United Nations Convention on the Law of the Sea 1982 a Commentary Vol. V*, (Martinus Njihoff, 1989), p.50-1 参照。

へと日々へと進展していることが認識されている。この学際性（interdisciplinary character）には２つの側面がある。一面では，法を独立もしくは半独立した区分や範疇に分けることが困難となりつつある。ルールや法を分類することは，哲学的にも実際的にも非常に困難である。このことは国際法と国際関係において実体法と手続法……を事実上，分離できない点に見出すことができる。もう一面で学際性は，法が隔絶した世界の中で有効に発達，理解もしくは適用できないことを示している。法は他のディシプリンや人間の活動，人間の関心，人間科学など他の分野と交わっているのである(5)。

とりわけ先に挙げた国連海洋法条約第289条をローザンヌは，国際法上の革新として認識し，「拘束力を有する判断のプロセスに科学的専門家を参加させる考えを現代国際法に導入する」と評している(6)。他に田中耕太郎裁判官も，1964年バルセロナトラクション事件（第一段階）の個別意見のなかで国際法学者の主流派である法実証主義に対し懐疑的な態度をとっている。田中は，その個別意見のなかで「我々は，いわゆる『概念法学（conceptual jurisprudence）』の行き過ぎた法形式主義に陥らないよう警戒すべきである。私は，特に国際法の分野において，社会学的かつ目的論的アプローチが必要であると思う」と述べている(7)。他にもロバート・ジェニングス卿（Sir Robert Jennings）も，論考のなかで国際法学がその最前線において歴史学，社会学，人類学，心理学などと協働し，学際的（multidisciplinary, interdisciplinary）になる必要性を説いている(8)。しかし，ここでいう「学際性」とは，何を意味するのか。ローザンヌ（特に上述の第２の側面）やジェニングスが構想する「学際性」とは紛争解決の場におけるディシプリン協働（学際性）の形式をどのように説明できるのであろうか。「学際研究」の類型論では，どのようなモデルに当てはまることができるのか。そもそも，なぜ理論上では，法学はディシプリンとしての自律性が主張され，他の分野との協働が困難であるとされてきたのか。以上の関心を念頭に，本稿は，実務（国際裁判における科学的事実の認定）と分析（「国際法と

---

(5) Rosenne, Shabatai, "Fact-finding before the International Court of Justice", in *Essays on International Law and Practice*, (Martinus Nijhoff Publishers, 2007), p.238 at pp.249–50.

(6) *Ibid.*, p. 245. As quoted in Treves, Tullio, "Law and Science in the Jurisprudence of the International Tribunal for the Law of the Sea", in *Science, Technology, and New Challenges to Ocean Law*, edited by Harry N. Scheiber, et al., (Brill, 2015), p.16.

(7) *I.C.J. Reports*, 1964, p.75；1966, p276, 278; ここでの訳は，イジャス・フセイン（坂井千元訳）「国際司法裁判所における田中耕太郎裁判官の役割」『立教法学』20号（1981年）186頁による。

(8) フセイン・前掲注(7)186頁。

○○」などの学際研究）が乖離している可能性を示唆する。まず，次節では，米国において展開されてきた法の学際的アプローチの経緯を素描し，予備的考察とする。また，重点を置くアプローチとして「国際関係論と国際法」を主として取り上げる。

II 国際法学の「学際的なアプローチ」の展開と批判

米国を中心として展開されてきた「法と経済」，「法と社会」，「法と文学」などのいわゆる学際研究（Law ands）は，一般的に法実証主義や法形式主義を批判するところから論を展開することが多い。法形式主義とは，国内法学のなかで客観主義（objectivism）と並んで法学を自律的な科学としての成立を目指す思考様式であり (1)法規範の存在意義，概念，原則などを所与（given and unquestionable）のものとし，(2)法の根拠を社会や権力，その他のディシプリンの知見などではなく，法文書や法そのものに求めるものを指す[9]。ハーバード大学でケースメソッドを定着させた人物として知られているクリストファー・ラングデル（Christopher Langdell）は，米国において法学を自律的な科学として規定し，裁判において検討されるべき材料を限定することで紛争解決の手法を法的安定性の名のもとに確立しようとした人物としても知られている[10]。分析対象を制限する形式主義は，（実際にはそのような実務家は少ないと思われるものの）学際性を訴える文脈では法学に内在している「障害」として語られることが多い。また結果として，国際法学の関心が紛争の解決というよりは，ディシプリン自体の発展や展開といった閉じたものになるという批判もありえる[11]。こうした傾向は，国際法では，例えばマイケル・リースマン（Michael

---

(9)　こうした国際機構研究や国際法研究にも通じる傾向を国際政治学者のロバート・コヘインは「エベレスト・シンドローム」と呼んだ。Keohane, Robert, "Institutionalization in the United Nations General Assembly", *International Organization*, Vol. 23.4(1969), p. 859. 本稿の形式主義の理解については，例えばShauer, Frederick, "Formalism", *Yale Law Journal*, Vol. 97.4(1997), pp. 509 参照。シャウアーの理解では，形式主義への批判は，(1)他の選択肢の否定または隠蔽（Formalism as the denial of choice）(2)選択肢の制限（Formalism as the limitation of choice）という2つの流れに大きく分類できる。これらは紛争に対する処方箋を考慮するうえでのある種の束縛を意味する。つまり，政治的，社会学的，経済など法学以外の領域に根拠をもとめず紛争をある意味，法文書のみによって単純化して解決にのぞむということである。

(10)　故に形式主義の障害をバロン（Baron）のようにラングデルの呪い（Spell of Langdellian Orthodoxy）と呼ぶ論者もいる。Baron, Jane B., "Law, Literature, and the Problems of Interdisciplinarity", *Yale Law Journal*, Vol. 108(1999), p.109.

(11)　例えば宮野洋一は，国際法学における「紛争処理」と「紛争解決」の違いに言及するが，ここで法的紛争処理とは，「処理が主として法的基準に基づいて行われる場合を

Reisman）が分析対象を法文書に限定する法実証主義の傾向を批判し，国際事件研究を提唱したことなどにも見出すことができる[12]。

　以上のように伝統的な法学批判を理論的出発点とする「学際研究」は，90年代後半より国際法学のなかでももてはやされたといえる[13]。そのなかで「国際関係論と国際法」に着目するならば，J.クレイグ・バーカー（J. Craig Barker）は，次の4つに区分している。すなわち，(1)単に双方のディシプリンが有する知識の一部を継ぎはぎした浅薄なもの(2)法政策学（ニューヘブン学派），マイケル・バイアーズ（Michael Byers）やハロルド・コー（Harold Koh）が取り組んだ研究のように国際法学のなかに国際関係論の要素を組みこもうと試みるもの(3)制度論，リベラリズム，コンストラクティビズムのように国際関係論のなかで法の役割や存在を理論に組込むもの(4)未だ生成の途上にある学際研究の4つである[14]。(1)は全く理論の方法論や認識論の整合性を考慮しないものであり，(2)と(3)は国際法，国際関係論の方法論あるいは認識論を使ってもう一方の主題を捉えなおす類の研究である。上述の批判に鑑みるに，これら研究群のなかで現在(1)の類が最も多く，続いて(3)に属するものが多いことは想像にかたくない。その意味で国際法学側の寄与は未だ少ないといえる。(4)は，当時，想定されていた新しい視座であろう[15]。また共通項としては，国際法の実務とい

　指し，紛争解決とは「紛争当事者が一定の納得を得て，もうそれ以上紛争行為を遂行しない状態をいう」意味で現実に紛争が解消された状態であるとしている。この用語の使い分けの裏には，「紛争処理は多くの場合，紛争解決を少なくともその目的のひとつとするが，必ずしも紛争解決そのものと一致するわけではない。」すなわち，ディシプリンとしての国際法学（あるいは国際法学者）の関心が，ディシプリン内の発展や展開と自律的なものであり，必ずしも紛争の解決という社会科学ならば一般的な傾向と一致しないことを示唆していると思われる。こうした傾向は，「法的安定性」，「法の支配」，「法理学」を希求する法学者ならば当たり前のことのようであるが，他の社会科学との接合において障害となることも考えられる。宮野洋一「国際法学と紛争処理の体系」『紛争の解決：日本と国際法の100年』（三省堂，2001年）32頁。

(12)　この観点から国際判例ではなく，国際事件分析を提案したリースマンの主張は，示唆的である。Michael Reisman「国際事件分析──国際法認識の新たな方法」宮野洋一訳，『法学新報』99巻1-2号（1992年）137頁参照。

(13)　この辺りについては，拙稿「国際法学における学際研究の現状と課題」『総合政策研究』創立15周年記念特別号（2009年）309頁参照。

(14)　Barker, J. Craig, *International Law and International Relations*, (Continuum, 2000), at p.94-6.

(15)　Slaughter, Tulumello, Wood は，こうしたアプローチが可能な分野として1998年時点で国際ガバナンス，社会構築，リベラル・エイジェンシーを挙げている。Slaughter, Anne-Marie, Andrew S. Tulumello and Stepan Wood, "International law and international relations theory: a new generation of interdisciplinary scholarship", *American Journal of International Law*, Vol. 92(1998), p. 367, at p. 369.

国家と海洋の国際法（上巻）第1部 国際法／Ⅵ 紛争解決

うよりは，法現象の分析を目指していたということが強調される。このような
類型にみられる状況は「国際関係論と国際法」だけに限らず，米国の学際研究
の状況一般にみられたと推定される。すなわち，より大きな流れとして，他の
分野でも社会政策（国際移民，レジャー研究，貧困，公衆衛生），自然科学（ナノ
テクノロジー，神経科学）の分野内で連携が推奨され，政府や民間組織，大学
などでプロジェクトが組織化され，資金が多く割り当てられてきたのであ
る[16]。

　しかし，「学際性」を重視する流れが批判と無縁だったわけではない。これ
らをいくつかに範疇化するならば，1.抽象的な基礎理論に終始し，法の実務に
効果的に影響を与えることができていない[17]，2.主な研究が「外側からみた
法」もしくは他ディシプリンの観点や手法から法を素材として分析したもので
あり，法側の貢献が少ない。また「国際関係論と国際法」に関しては，言及さ
れている国際法文献が乏しく，最新のものではないこと[18]，に大別することが
できよう。前者を補足するならば，学際研究が「情報や洞察が共有できるよう
な共通の言語と分析枠組」の構築に終始し，実務への応用可能な研究が進んで
いないことを示唆している[19]。それは，実務の立場からは実利的な方向性が求
められていることに対して，学際研究側がこれまで適応してこなかったことが
一因を成していると考えられる[20]。後者を補足するならば，法実証主義を主流

---

(16)　Light, Ryan, "Chapter 6: A Dynamic, Multidimensional Approach to Knowledge
Production", in *Investigating Interdisciplinary Collaboration: Theory and Practice
across Disciplines*, (Rutgers Univ. Press, 2016), p.2.

(17)　Balkin, J.M., "Interdisciplinarity as Colonialization", *Washington and Lee Law
Review*, 53.3(1996), pp. 949-70, p. 952; Collier, Charles, "Interdisciplinary Legal
Scholarship in Search of a Paradigm" *Duke Law Journal*, Vol. 42.4(1993), p. 840, at
p.844-48; Riles, Annelise, "Representing In-Between: Law, Anthropology, and the
Rhetoric of Interdisciplinarity", *Univ. of Illinois Law Review*, Vol. 1994.3(1994), p. 597,
at p. 597-8（「法と人類学」の文脈において）; Baron, Jane B., "Law, Literature, and the
Problems of Interdisciplinarity", *Yale Law Journal*, Vol. 108(1999), p. 1059, at p.1061
（「法と文学」の文脈において）.

(18)　Sriram, Chandra Lekha, "International Law, International Relations theory and
post-atrocity justice: towards a genuine dialogue", *International Affairs*, Vol. 82.3(2006),
p. 467.

(19)　Burley, Anne-Marie Slaughter (1993), "International Law and International
Relations Theory: A Dual Agenda", *American Journal of International Law*, Vol. 87.2, p.
205, at p.205.

(20)　ビアステッカー等の問題意識によれば，「どのように二つの分野が理論的に交流し
た成果を活用し，現代国際関係の諸側面を説明若しくは解釈することができるのか？
さらに，法と政治が交錯する政策課題に対して高度な解決法を求める政策決定者にこ

とする「国際法学」側の認識において，「国際法と経済」は経済学であり，「国際関係論と国際法」は国際関係論であり，「国際法と歴史学」は歴史学に属する研究として「国際法」の領域から切り離されてしまうことを意味する[21]。この文脈にある「国際法」側からは，「国際法と○○（International Law ands）」と冠するあらゆる学際研究は真の意味で学際的ではなく，むしろ「法学ではない何か」であると認識される。その意味で，国内・国際平面を問わず法学における学際研究企図のなかで最も成功しているとされる「経済と法」アプローチでさえも，自然法，法実証主義，歴史法学など「法学の方法論の１つ」としてではなく，あくまで「学際的」なアプローチという「法学以外の何か」としてしか認識されない。また，法学者の倫理的な立場として中途半端な学際研究よりも確固としたディシプリンに基づいた研究が好まれる傾向もこうした批判の遠因となっているといえよう[22]。こうした自律性／実務家志向の傾向は，法的安定性を確保した一方で，他の学問分野との対話を阻害してきたといえる。それは紛争解決や分析において他のディシプリンを疎外し，バーカーの類型における(1)浅薄な研究／分析を生み出す土壌ともなる。国際法学を「国際法に関する学問 a theory about international law」ではなく，自律的な（独自の論理，手法，目的などを内在させる）「国際的な法学 a theory of international law」法学であるとするならば，法学を「特殊」「閉鎖的」「法形式主義的」であるとする主張を助長し，対等な関係に基づいた研究を疎外してしまうことになるのである[23]。

れら分析をどのように役立てることができるのか？または，IL／IR 双方がどのように実務家の洞察から何を得ることができるのか？多くの実務家は，すでに国際法学および国際関係論の双方から概念を日常的な活動に組み入れている。彼らには，どのようにこの二つを抽象的によりよく融合させるかなどというメタ理論的な沈思について考える余裕はないのである。」Biersteker, Thomas J., Peter Spiro, Chandra Lekha Sriram, and Veronica Raffo（eds.）*International Law and International Relations: Bridging theory and practice*,（Routledge, 2007），p.6.

(21)　Kandel, Rand Frances, "Wither the Legal Whale: Interdisciplinarity and the Socialization of Professional Identity", *Loyola of Los Angeles Law Review*, Vol. 27 (1993), p. 9, at pp.9-10; Valverde, Mariana, "Between a Rock and a Hard Place: Legal Studies Beyond Both Disciplinarity and Interdisciplinarity", *Critical Analysis of Law*, Vol. 1.1(2014), p. 51, at 52.

(22)　Klabbers, Jan, "The Relative Autonomy of International Law or the Forgotten Politics of Interdisciplinarity", *Journal of International Law and International Relations*, Vol. 1.1-2(2005), p. 35, at p.36.

(23)　Posner, Richard, "The Decline of Law as an Autonomous Discipline 1962-87", *Harvard Law Review*, 100.4(1987), p. 761; Grey, Thomas, "Langdell's Orthodoxy" *Univ.*

Ⅲ　協働に関するいくつかのモデル

　本節では，冒頭においてローザンヌが「学際的（interdisciplinary, multidisciplinary）」であるべきと言及した「学際」の意味を精査し，ディシプリン間の対話の類型化を試みる。学際性の「学」の部分，すなわちディシプリンとは何であろうか。国際関係論を念頭にモートン・カプラン（Morton Kaplan）はディシプリンが成立する基準として特定の技術，理論体系と主張，研究主題の存在を挙げている[24]。また，「学際研究の研究」で知られるアレン・レプコ（Allen Repko）は，学術的専門分野（disciplines）を「学者のコミュニティ」であるとより率直に述べている。このようなコミュニティは，次のような機能を有している。

　　　どのような現象が研究されるべきかを定義し，いくつかの中心的概念・構成理論を進歩させ，一定の研究方法を持ち，研究や知見を共有されるためのフォーラムを開催し，学者にキャリアパスを提供する。これらは専門分野の強い志向性を保つため専門分野自身の力によって進められる。各専門分野は特徴的要素，つまり現象・仮定・認識論・概念・理論・方法を持つ。これらの要素によって専門分野は他の分野から区別される。要素はすべてが相互に関連しており，専門分野の全体的視点の中に含まれている[25]。

　こうしたコミュニティ間の対話を学際的であるとするならば，学際性の次の論点として発生するのが，コミュニティの対話のあり方や関係性であろう。発想としては過去にも散見できるものの，本稿の想定するような学際性（interdisciplinary）という用語自体は 1972 年の OECD 報告書 "Interdisciplinarity: Problems of Teaching and Research in Universities" において初めて登場したとされる。同報告では，ディシプリンに分かれることによって「科学活動がディシプリン間の分断によって不効率となり，その対抗策としては知識の統一化が最適である」とされ，問題は「どのように知識を統合し，これが大学内の教育と研究にどのような示唆を与えるか」というものであった[26]。このように

---

　　of Pittsburgh Law Review. 45.1（1983），p. 1.
（24）　Kaplan, Morton, 'Is International Relations a Discipline?' in Arendt Lijphart（eds）*World Politics*, 2nd ed.（Allyn and Bacon, 1971），p.6.
（25）　アレン・レプコ『学際研究』（九州大学出版会，2013 年）4-5 頁。
（26）　Miller, Raymond, "Interdisciplinarity: Its Meaning and Consequences", *International Studies Encyclopedia*, vol. Ⅵ., Oxford: Wiley-Blackwell, 2010, p.3900, at p. 3900.

学際性（コミュニティ間の対話）という用語自体が多義的であり，複数のとらえ方，定義が存在するものの，1つの論点としては，学問的な統合（すなわち「2つ以上の専門分野からのアイデア・データ・情報・方法・手段・概念・理論」）を目指すか否かというところにある[27]。こうした傾向は，「国際関係論と国際法」のなかでも学際性を inter-disciplinary もしくは trans-disciplinary とする研究群に見出すことができるが，むしろディシプリンの境界を残存させる形式（multi-disciplinary, intra-disciplinary）の方が実務では好まれる傾向があると考える。

　一言に「学際的」という用語を用いるにしても，同用語は，英語でいうとこ

図　学際研究のトポロジー（筆者作成）

表　学際研究のモデル比較（筆者作成）

	統合を志向する	ディシプリン間の境界に関して	研究対象とディシプリンの関係
multi-disciplinary	志向しない	境界を維持する	複数のディシプリンから研究対象を検討する
intra-disciplinary	志向しない	境界を維持する	特定のディシプリンに対し，他のディシプリンから知見を提供する
inter-disciplinary	部分的に重なる	境界を維持する	複数のディシプリンから新たな知見を提供する
trans-disciplinary	志向する	解消される	統合されたディシプリンから研究対象を検討する

(27)　レプコ・前掲注(25)4 頁。

ろの multi-disciplinary, intra-disciplinary, inter-disciplinary, trans-disciplinary など各ディシプリンの関係性を示すことが可能である。

　社会認識論および知識生産論に関する論考のなかで P.L. ロンゼンフェルド (P.L. Ronsenfeld) は，学際性の概念を以下のように規定し，こうした企図に発展の段階があることを主張した。異なるディシプリンの研究者が 1. それぞれのディシプリンから分析する（multi-disciplinary）2. 共同で研究をするが，個々のディシプリンを中心に分析する（inter-disciplinary）3. 共同で共通の概念枠組を活用して研究する（trans-disciplinary）という段階である[28]。こうした段階論からみるに，multi-disciplinary は，研究企図としてバラバラの状態であり，trans-disciplinary は完全に 1 つの学問に統合された形を指し，学問間の境界（際）は消え去るわけであるから，その時点で「学際的」ではもはやなくなるといえる。Inter-disciplinary はディシプリンの境界を越えて共通の概念や理論，枠組を共有する状態であるといえる。Intra-disciplinary とは，ディシプリンに主従の関係を構築し，役割分担を強調する。そして，主たるディプリンのなかで最終的な議論が完結するのも特徴である。ICJ 裁判官たちが想定する学際的なアプローチは，他の学問が ICJ（法学）の判断に寄与することを暗示しているので intra-disciplinary な要素が強いと考えられる。現実の学界の実践としては，multi-disciplinary あるいは intra-disciplinary という対話のあり方が一般的であろう。以下に intra-disciplinary のほかに，multi-disciplinary, interdisciplinary という類型について説明する。

1　Intra-disciplinary あるいは分担論

　いわゆる学際研究企図が出発する前から，国際法は実務の中で他の領域と接してきた。それは現実の法的紛争解決制度のなかで他のディシプリン（往々にしてそれは自然科学や技術の分野ではあったが）と協働をする条項に見出される。例えば ICJ 規程第 50 条【調査と鑑定の嘱託】は，「裁判所は，その選択に従って，個人，団体，官公庁，委員会その他の機関に，取調を行うこと又は鑑定をすることをいつでも嘱託することができる」[29]とし，実際にコルフ海峡事件，

---

(28)　Ronsenfield, P.L., "The potential of transdisciplinary research for sustaining and extending linkages between the health and social sciences", *Social Science and Medicine*, 35.11 (1992), p. 1343; also quoted in Aagaard-Hansen, Jens, "The Challenges of Cross-disciplinary Research", *Social Epistemology*, Vol. 21.4 (2007), p. 425.

(29)　この他に ICJ 規則第 67 条 1 項【取調べと鑑定意見】同第 68 条【証人と鑑定人の手当】に関連の規定がみられる。

メイン湾事件などにおいては，専門家の意見を考慮し，判断を下している[30]。こうした思考モデルは，欧州司法裁判所規程第22条，国際海洋法裁判所規則第82条，GATT紛争解決了解第13条2項などにみられ，国内法制度における専門鑑定制度（Amicus Curiae）に相当する。このような思考を「法学と○○」の文脈において考えてみるならば，その他のディシプリン（○○の部分）を下位におき，あくまで裁判官（法学）が紛争の判断をする。「学際」とはいうものの，各ディシプリンが対等な関係にあるのではない，いわば他ディシプリンを法学に内在化するintra-disciplinaryなアプローチであると評してもよいだろう[31]。また対話の相手が社会科学というよりも自然科学を主に想定していることも留意すべきであろう。このintra-disciplinaryアプローチ（紛争において各ディシプリンの役割分担を定めることを模索するモデル）は，法的安定性を確保しうることから，法学側にも比較的受け入れやすく，これまで学際研究の有益性を主張する根拠の1つとなってきた。この点について，後節においてITLOSでの方式を例としてとりあげる。

2 Multi-disciplinaryあるいは複眼論

いわゆる学際研究のなかで最も一般的な形態がmulti-disciplinaryな研究形態であろう。「複眼的な視点から事象を検討する」という常套句は，研究書に多々みられるが，この形態がとられるのはディシプリンの境界を引き直す必要性がなく，思考様式など学問の前提を問い直す必要が少ないからであろう[32]。こうしたモデルは，国際法の実務というよりは，分析に多くみられる。

国際関係論も元来は，理論の複数性を重んじ，multi-disciplinaryなアプローチを重んじていたといえる。例えば，1959年に設立されたISA（International Studies Association）のミッション・ステートメントを機関紙であるISQ（International Studies Quarterly）誌に以下のように載せている。

> International Studies Associationは学際的（multidisciplinary）な団体であり，インターナショナル，クロスナショナル，トランスナショナルな現象に関心を持つ専門家の協働を促進する。同団体は，特定のディシプリンの枠内では有効に検討することができない問題に対し学際的（interdisciplinary）なアプローチ

---

(30) これらの先例としてPCIJ時代のホルジョウ工場事件を加えても良いかもしれない。

(31) このようなアプローチに基づく研究は，バーカーの類型において(2)および(3)の範疇に入ると思われる。

(32) Yetiv, Steve and Patrick James (eds.), *Advancing Interdisciplinary Approaches to International Relations*, (Palgrave, 2017), p.2.

国家と海洋の国際法（上巻）第1部 国際法／Ⅵ 紛争解決

を促進する[33]。

　こうした国際関係論の想定していたディシプリンの中に国際法学があったことはいうまでもない。その意味で，multi-disciplinary もディシプリン間の境界を越える必要はないので国際法学にとっても違和感のあるものではないといえる。ただし，国際法学へのフィードバックも他の学際性のあり方に比して少ないといえる。

3　Inter-disciplinary，trans-disciplinary あるいは統合論

　Inter-disciplinary あるいは trans-disciplinary な学際研究のあり方は，ディシプリン間の境界線の引き直しを学者コミュニティに迫る。すなわち一方のディシプリンの理論，概念，枠組み，思想をもう一方へ移入し，異種交配（Cross Fertilization）や新たな知見を可能にする。加えて，この種の学際性は，前述のレプコなどによればディシプリン間の境界線を意識して「○○学（discipline）」ではなく，「○○研究（studies）」という名称がつけられる傾向がアカデミアに強いとされる[34]。Inter-disciplinary，trans-disciplinary な学際性の定義は，無数にあるといえるが，レプコは，先行研究の傾向を以下のようにまとめ，自分の総合的定義を次のように説明している。「学際研究とは，疑問に答え，課題を解決し，単一の専門分野で適切に扱うには広範すぎるもしくは複雑すぎるテーマを扱うプロセスである。より包括的な理解の構築のために知見を統合するという目的を持ち，学際研究は専門分野を利用する[35]。」

- ・学際研究は特定の具体的な焦点を有する
- ・学際研究の焦点は，単一の専門的視点の範囲を超えて展開する
- ・学際研究の際立つ特徴は複雑な課題や問題に焦点を当てているということである
- ・学際研究は特定可能なプロセスや事実探求の様式によって特徴づけられる

---

(33)　As quoted in Aalto, Pami, Vilho Harle, David Long and Sami Moisio, "Introduction", *International Studies: Interdisciplinary Approaches*, (Palgrave Macmillan, 2011), p.12.

(34)　この点についてレプコによれば確立された専門分野（○○学）が「普遍的な知識の核を持っており，その核は，全教科課程（カリキュラム）と呼ばれる特定の教科科目に区分される。……専門分野の専門家は，それらの教科を自分たちの専門分野独自の「領土」として認知している。専門分野が歴史「研究」や生物「研究」と呼ばれない理由は，研究の核（つまり専門分野のカリキュラム）が十分に確立されており，研究と教育の分野として認知されているということである」としている。レプコ・前掲注(25)8頁。

(35)　レプコ・前掲注(25)14頁。

- 学際研究は専門分野を明示的利用する
- 専門分野は学際研究における特定の具体的焦点に関する知見を提供する
- 学際研究の目標は統合である
- 学際研究の目的は実利的である。新しい理解・成果・意味の形成を通じて認知的進歩を生み出す[36]

こうした研究のあり方は，「国際関係論と国際法」でいうならば，まさに90年代よりケネス・アボット（Kenneth Abbott），アン・マリー・スローター（Anne-Marie Slaughter）などが目指した学際性のあり方であると考えられる。しかし，いくつかの概念枠組みの共有や事例研究の成功はみられるものの，本稿が論じてきたように，その多くは理論的整合性の伴わない浅薄かつ継ぎはぎのものであり，主として「いずれかのディシプリンの方法論から分析した国際法現象」という一方的なものであった。これは，法学内の法形式主義の伝統とともに，各ディシプリン内の多様性を無視した統合志向が招いた結果であると考える。以上は，理論・分析面における学際研究の話題であるが，先述のように実務では，別のルートでディシプリンの協働が制度として発達しているとも考えられる。

Ⅳ　実務における2種類の協働の方法論

ここまで国際法学の学際研究のなかでも(1)「国際関係論と国際法」アプローチを素材として国際法の学際研究の展開と(2)学際研究トポロジーを素描した。本節では，国際裁判（ITLOS）において実際に科学的専門家の関わり方について検討する。

伝統的には，国際裁判は，前節1でも論じたように，紛争において専門家による証拠や意見提出を受けて，判断を下してきた。ラオとゴーティエ（Rao and Gautier）の研究では2018年までITLOSの係争事件において23件のなかで13件において証人／専門家制度が活用され，計23名の専門家と18名の証人が出廷している[37]。

こうした専門家の制度をムベンゲ（Makane Mbengue）とダス（Rukmini Das）は，①紛争当事者が選定した専門家のほかに，②裁判所が選定した専門

---

(36)　*Ibid.*

(37)　P. Chandrasekhara Rao and Philippe Gautier, *The International Tribunal for the Law of the Sea: Law, Practice and Procedure*, Elgar International Law and Practice, (Edward Elgar, 2018), p. 208.

家や③規定の枠外で裁判所に専門知識を提供する「影の専門家（phantom experts）」，④ICJ における補佐人（ICJ 規程 30 条，ICJ 規則 9 条）と ITLOS における専門家（国連海洋法条約第 289 条）というように分類している[38]。これら分類のなかで①と②は，学際研究の intra-disciplinary な性質を備えていると思われる。白珍鉉（Jin-Hyun Paik）元 ITLOS 所長は，こうした場面における同裁判所の傾向として，裁判所自体は事実の調査を行わず，(1)（係争事件の場合）当事者が合意できる科学的事実について予め交渉するよう要請する[39](2)当事者が合意した科学的事実（証拠）とともに一方が提示したもので異議が提示されていないものも採用する[40]，の 2 つを白は挙げている。また，ITLOS は当事者が提示した事実から「科学的不確実 scientific uncertainties」の存在を導き出し，予防的措置を採る素地としてきた[41]。④の第 289 条に基づく協働は，（先にローゼンヌが評価したように）投票権はないものの裁判官と同じく議論に加わることができるという意味で革新的であるといえる。同条項が活用されたことはないが，かつて製図家（cartographer）が審議に出席した例がある[42]。審議に参加し，裁判官とある意味で対等に議論するという意味では，このような制度はもはや証拠を収集し，事実認定するのみの intra-disciplinary というよりは，inter-disciplinary のモデルにあたるといえる。すなわち実務においては，既に複数の協働の形態が ITLOS には存在しているといえる。しかし，残念ながら第 289 条の専門家制度が利用されたことはない。その理由は明らかでないが，例えばトレベス（Tullio Treves）裁判官は，第 289 条に基づく制度が活用されたことがない理由として，「専門家」という名称であっても立場はあまり

---

(38)　Mbenge, Makane Moïse and Rukmini Das, "Experts", in *Max Planck Encyclopedia of Public International Law*, Para. 8-15. (last updated April 2022)

(39)　Paik, Jin-Hyun, "Chapter 1: Disputes Involving Scientific and Technical Matters and the International Tribunal for the Law of the Sea", in *New Knowledge and Changing Circumstances in the Law of the Sea*, (Brill, 2020), p.18. 白は，こうしたケースとしてミナミマグロ事件，ジョホール海峡埋め立て事件，MOX プラント事件を挙げている。

(40)　*Ibid.*, 18 頁 白は，こうしたケースとしてベンガル湾海洋境界画定事件を挙げている。Jin-Hyun Paik, Keynote Statement 'Disputes involving scientific and technical matters and ITLOS' at the New Knowledge and Changing Circumstances in the Law of the Sea Conference, Reykjavik, p.4 も参照。

(41)　*Ibid.*, 19 頁 また ICJ における同様の議論として西谷斉「国際裁判における科学的事実認定――科学的知見の可変性と予防原則の関係を中心に」『近畿大學法學』66 巻 3-4 号（2019 年）161 頁も参照。

(42)　P. Chandrasekhara Rao and P. Gautier (eds), *The Rules of the International Tribunal for the Law of the Sea: A Commentary* (Martinus Nijhoff, 2006), p.123.

にも「裁判官もしくは仲裁人に近く」，投票権はないものの裁判に出席し，一定の責任を判決にも負っていることに居心地の悪さ（discomfort）を覚えているからと説明している[43]。

V　結びに代えて

柳井俊二裁判官は，複雑かつ不明確な規定が多い海洋法条約の解釈・適用についてITLOSはじめICJや仲裁の判断がこれを補うことで，海洋法の漸進的発達に貢献してきたと述べている[44]。柳井裁判官は，「船舶を一体として取り扱うとの原則」，「大陸棚の境界画定における三段階方式」，「船舶及び乗組員の速やかな釈放手続における合理的な保証金」などは，ITLOSの裁判実践が国際社会の実践としても定着したものとして挙げている。こうした発展の制度面として海底紛争裁判部の勧告的意見のほかに（海洋法条約やITLOS規程にはない）大法廷での勧告的意見制度の活用が含まれる。ITLOS大法廷においてIUU漁業，気候変動他，一般的かつ新たな海洋問題に勧告的意見という形で取り組むなかで，国際法学と自然科学との協働は今まで以上に必然となることが予想される。こうした協働には，これまで活用されてきたintra-disciplinaryな専門家制度のほかに，活用されてこなかったinter-disciplinaryと考えられる第289条に基づくもの（事実上の補佐人制度）も含まれる。

2024年「気候変動と国際法に関する小島嶼国委員会（COSIS）から要請された勧告的意見」では，勧告的意見要請の根拠が設立当初は構成国が3カ国であったCOSISの設立条約に求めている。こうした方式もしくはレトリックが認められたことは，海洋に関わる法律問題に対し，これまで以上にITLOSが勧告的意見を求められる可能性を開いたとも考えられる。制度上の革新は，同時に実務面で更にディシプリン間の協働が進み，場合によっては自然科学のみ

---

(43)　Treves, Tullio, "Chapter 1: Law and Science in the Jurisprudence of the International Tribunal for the Law of the Sea", in *Science, Technology, and New Challenges to Ocean Law*, (Brill, 2015), p.17. なお第289条によって選定される専門家には法的な知見も求められる。（国連海洋法条約附属書Ⅷ第2条第3段落）

(44)　Shunji Yanai, "The Contribution of the Tribunal to the Progressive Development of International Law", in *The Contribution of the International Tribunal for the Law of the Sea to the Rule of Law: 1996–2016*, (Brill, 2018), p.79, at p.79, 柳井俊二「海洋法の漸進的発達に対する国際海洋法裁判所の貢献」『国際関係と法の支配：小和田恆国際司法裁判所裁判官退任記念』（信山社，2021年）295頁，Shunji Yanai, "Chapter 2: Reflections on Peaceful Maritime Engagement in East Asia and the Pacific Region", in *Peaceful Maritime Engagement in East Asia and the Pacific Region*, (Brill, 2022), p.8, at pp. 8–9.

国家と海洋の国際法（上巻）第 1 部 国際法／Ⅵ 紛争解決

ならず社会科学との協働もありうるのではないかと筆者は期待している。

　本稿は，国際法学の学際研究が学術的企図としては法現象の分析に留まっているのに対し，実務ではいくつかのレトリックや制度を活用することによってintra-disciplinary および inter-disciplinary 形式の協働への道筋がついていることを主張した。こうした実務レベルと理論レベルの乖離は，整理をしないままでは学際的な企図自体が混迷を深める理由になると考えられる。今後の展開をすすめるためには，「学問間の対話」という意味での学際研究とともに，理論と実務の乖離そのものを研究対象とすることが必要と考える。

28 同一紛争処理制度下で争点が共通する複数事案が同時並行して進行する場合の法的課題

小 林 友 彦

I はじめに：問題意識
II 紛争の経緯
III 安全保障例外に関する両パネ
ル判断の特徴
IV いくつかの論点の分析
V 結 論

I はじめに：問題意識

関税及び貿易に関する一般協定（GATT）21 条のように，安全保障上の必要があることを理由として，他の条約上の義務から逸脱することを正当化する条項（安全保障例外条項：安保例外）の解釈適用は，世界貿易機関（WTO）において近年大きな論点となってきた。2019 年 4 月に「ロシア－ウクライナ通過運送に係る措置」事件（DS512）パネル報告書が GATT21 条について初めて解釈・適用した[1]。そして，2020 年 7 月に「サウジアラビア－知的財産権の保護に関する措置」事件（DS567）パネル報告書がそれに続いた[2]。

ただし，上記 2 件は物理的な武力行使や国交断絶といった相当に深刻な状況を前提としていたところ，その後は，それとは次元の異なる，より穏便な状況においても GATT21 条が援用される例が出てきた。「米国－通商拡大法 232 条鉄鋼・アルミ追加関税措置」事件（DS544/DS552/DS556/DS564（以下では，そのうち DS544 を代表して用いる）と[3]，「米国－原産地表示」事件（DS597）も[4]，

---

(1) Panel Report, Russia – Measures Concerning Traffic in Transit, WT/DS512/R and Add.1, adopted 26 April 2019.

(2) Panel Report, *Saudi Arabia – Measures Concerning the Protection of Intellectual Property Rights*, WT/DS567/R and Add.1, circulated to WTO Members on 16 June 2020, dispute terminated while appeal pending.

(3) Panel Report, *United States — Certain Measures on Steel and Aluminium Products*, WT/DS544/R, circulated to WTO Members on 22 December 2022, dispute terminated while appeal pending.

(4) Panel Report, *United States – Origin Marking Requirement*, WT/DS597/R,

『国家と海洋の国際法 柳井俊二先生米寿記念（上巻）』〔信山社，2025 年 2 月〕 *621*

それに属する。それぞれのパネル報告書は，個別事案の事実関係や適用法規に差異はあるものの，いずれも GATT 第21条の解釈・適用を行った。いずれの報告書も，米国による空上訴のために紛争解決機関（DSB）において採択されなかったとはいえ，その意義がないわけではない。それ以前のパネルが扱ったのとは異なる状況において，異なる人員構成のパネルによって，期せずして同じタイミングで公表されているという点で，DS544 と DS597 の両事案を比較対照しつつ議論することには意義があるものと思われる。それは，安保例外の解釈に関する先例の分析としてのみならず，国際海洋法裁判所（ITLOS）を含む世界規模の国際紛争処理制度において，複数の事案について複数の合議体が同時並行して進行する事態が生じた場合の法的論点についても示唆を与えうる。

II　紛争の経緯

1　DS544 等の経緯

米国トランプ政権による鉄鋼・アルミ追加関税に関して 2018 年 4 月以降に相次いで提起された WTO 紛争は，事務局長が選任した同一の 3 名（Elbio Rosselli[5], Esteban B. Conejos, Jr.[6], Rodrigo Valenzuela[7]）からなる 9 本のパネル手続が 2019 年 1 月から並行して進行する形となった（第 2 回当事国会合は，1 週間程度相前後して開催された）。2022 年 12 月 9 日，中国を申立国とする DS544 パネル報告書が，DS552（ノルウェー），DS556（スイス），DS564（トルコ）についてと同時に加盟国配布された。2023 年 1 月 27 日の DSB 会合で検討される予定だったものの，その前日に米国が上訴通知（いわゆる「空上訴」）したことで，手続は進んでいない。

DS544 と同一のパネルが審理していた事案のうち，DS550（カナダ）と DS551（メキシコ）からの紛争は，2019 年 5 月に和解（相互に満足すべき解決）が成立した。DS547（インド）についても，2023 年 7 月に和解が成立した。また，DS548（EU）は，同じ 3 名を仲裁人とする紛争解決了解（DSU）25 条仲裁

---

circulated to WTO Members on 21 December 2022, dispute terminated while appeal pending.

(5)　DS302（ドミニカ－タバコ輸入）において当事国合意によるパネルの長を務めた他，DS394/DS395/DS398（中－原材料）と DS461（コロンビア－履物関税）において事務局長が選任したパネルの長を務めた。

(6)　DS517（米－中国産 TRQ）において，事務局長の選任によるパネリストを務めた。

(7)　DS553（亜－パナマ非協力国待遇）において，事務局長の選任によるパネリストを務めた。

手続へと 2022 年 1 月に移行したことから，パネル手続は終了した。残る DS554（ロシア）は，当初はほぼ同時に進行していた。たとえば，米国の第 1 書面と第 2 書面はいずれも DS544 等におけるのと同日に提出されており，主たる主張内容はほぼ同じであった。しかし，その後はコロナ禍や事案の複雑性を理由としてパネル報告書の提出が遅れ，2023 年 6 月には DSU12.12 条に基づいて手続が中断された。そして，そのまま 1 年が経過したことから 2024 年 6 月にパネルが解散した。

2　DS597 の経緯

米国トランプ政権は，中国が香港への介入の度合いを強めていることへの対応の一環として，香港製産品に対して中国製と表記するよう義務付ける原産国表記要件（origin marking requirements）を定めた。これが香港にとって不利な差別的取扱いに当たるとして，香港は 2020 年 10 月に協議要請した。事務局長が選任した 3 名（Beatriz Leycegui Gardoqui[8]，Johann Human[9]，Alexander Hugh McPhail[10]）からなるパネルが 2021 年 4 月に構成され，パネル報告書は 2022 年 12 月 21 日に加盟国配布された。DS544 と同様に，2023 年 1 月 27 日の DSB 会合で検討される前に米国が上訴通知した。

本件パネル報告書には，その執筆時点では DS544 のパネル報告書はまだ発出されていないことを前提としつつ（DS597, para. 7.2），DS544 等の手続の途中でなされた関係国の主張が参照されており（DS597, para. 7.183 等），同時並行して進行する DS544 等の手続に目配りしつつ審議したことが示されている。

Ⅲ　安全保障例外に関する両パネル判断の特徴

1　検討の順序

(1)　DS544

パネルが定めた順序によると（DS544, 7.2 節），パネル設置後に取られた措置

---

(8)　DS471（米 - AD ゼロイング（中国））で，事務局長の選任によるパネリストを務めた。

(9)　DS136/DS162（米 - 1916 年 AD 法）で，当事国合意によりパネルの長を務めた。

(10)　DS165（米 - EC バナナ対抗措置），DS213（米 - 独製 CRS-CVD），DS269/DS286（EU - 伯・泰鶏関税分類），DS436（米 - 印鉄 CVD），DS518（印 - 日鉄 SG）や DS546（米 - 韓洗濯機 SG）で，いずれも事務局長が選任したパネルの長を務めた。その他，DS8（日 - 酒税）では当事国合意によりパネリストを務め，DS189（亜 - 伊製タイル AD）では当事国合意によりパネルの長を務めた。

も含めて検討し（同DS544, 7.3節），まずGATT1条と2条の違反があることを認定した（DS544, 7.4節および7.5節）。続いて，GATT21条b号が完全に自己解釈的で司法審査不能か否かをめぐる論点について条約解釈に関する慣習法規則に従って検討し，いずれについても否定的に解した（DS544, 7.8.2節）。その上で，21条b号ⅲによって正当化されるとの米国の主張について検討し，関係状況の重大性や深刻性において「国際関係の緊急時」には至っていないと認定したことから（DS544, 7.8.3節），同号によっては正当化できないと判断した（DS544, 7.8.4節）。結論として，米国の協定違反があると認定し，措置の是正を求めた。

(2)　DS597

パネルが定めた順序によると（DS597, 7.2節），GATT21条が完全に自己判断的（self-judging）か否かが主たる争点であることから，まず同条の性質についての検討を先に行うこととし，完全に自己判断的だとは言えないと認定した（DS597, 7.3節）。その上で，GATT9条の違反があるか否かを検討し，同条の違反があると認定した（DS597, 7.4節）。それをふまえて，この違反がGATT21条によって正当化されるかを検討し，正当化されないと認定した（DS597, 7.5節）。結論として，米国の協定違反があると認定し，措置の是正を求めた。

2　21条による正当化の対象となる協定違反の内容

(1)　DS544

鉄鋼およびアルミニウムに対する追加関税はそれぞれの産品に対する譲許関税率を超過することからGATT2条1項に違反し（DS544, 7. 47），一部の国のみ適用除外を認めたことからGATT1条1項に違反するとパネルは判断した（DS544, 7. 59）[11]。ただし，GATT10条については訴訟経済に基づいて判断を控えた（DS544, 7.61）。また，本件措置はGATT19条ではなくGATT21条に基づいて取られたと性質決定できることから，GATT19条に基づく措置を対象とするSG協定は本件では適用されないと判断した（DS544, 7.96 & 8.1d）。

(2)　DS597

原産地表示は消費者の購買行動に影響することから，本件措置において香港製の物品であるにもかかわらず中国製と表示するよう義務付けたのは，正しい

---

(11)　なお，同時に発出された他の3件の報告書（DS552/DS556/DS564）においては，これらに加えてGATT11条1項の違反も申立国によって主張されており，同様に違反認定された。

原産地表示がなされることの有する本質的価値を損なうものであり，GATT9
条1項に違反するとパネルは判断した（DS597, paras. 7.244 & 7.252）。なお，香
港は，本件措置についてより詳細な規律を設けている原産地規則協定（ARO）
と貿易の技術的障害（TBT）協定を，GATTより先に検討すべきだと主張した。
しかしパネルは，AROやTBT協定が必ずしも本件措置に関して特別規則を
定めているわけではないことに加え，GATT9条との適合性が主たる争点だと
認定したことに基づき（DS597, para. 7.14），ARO1条・TBT協定2.1条・
GATT1条との適合性については判断しなかった。

3　条約解釈に関する一般原則の適用

(1)　DS544

パネルによれば，DSU11条に基づく客観的検討を行うためにはDSU3.2条
および条約解釈に関する慣習法規則に従って解釈する必要がある。具体的には，
条約法条約に具体化された通り「文脈によりかつその趣旨及び目的に照らして
与えられる用語の通常の意味に従い，誠実に解釈」（VCLT31条1項）し，もし
それによって「解消されない意味の相違があることが明らかとなった場合には，
条約の趣旨及び目的を考慮した上，すべての正文について最大の調和が図られ
る意味を採用」（VCLT33条4項）すると判示した（DS544, paras. 7.68 & 7.108）[12]。

(2)　DS597

パネルによれば，DSU3.2条に基づいて適用すべき条約解釈に関する慣習法
規則は，条約法条約31条，32条，及び33条に具体化されている。同条約31
条1項に沿って検討するにあたっては，申立国や第三国参加国によって依拠さ
れたDS512における分析方法についても，事実関係や法的論点の違いがある
ことを念頭に置きつつも留意すると判示した（DS597, paras. 7.32 & 7.33）。

4　GATT21条b号の構造：自己判断的で司法判断不能か

Article XXI: Security Exceptions
Nothing in this Agreement shall be construed
(a)　to require any contracting party to furnish any information the disclosure
　　of which it considers contrary to its essential security interests; or
(b)　to prevent any contracting party from taking any action which it
　　considers necessary for the protection of its essential security interests

---

(12)　結果として，本件ではVCLT33条4項を適用する必要はなかったとの判断が示さ
れた（DS544, fn442）。

(i) relating to fissionable materials or the materials from which they are
    derived;
(ii) relating to the traffic in arms, ammunition and implements of war and
    to such traffic in other goods and materials as is carried on directly or
    indirectly for the purpose of supplying a military establishment;
(iii) taken in time of war or other emergency in international relations; or
(c) to prevent any contracting party from taking any action in pursuance of
    its obligations under the United Nations Charter for the maintenance of
    international peace and security.

(1) DS544

パネルによると，GATT21 条 b 号の柱書は，「この協定のいかなる規定も，次のいずれかのことを定めるものと解してはならない」（Nothing in this Agreement shall be construed to prevent any contracting party from taking any action）という部分を主節として，それを「締約国が自国の安全保障上の重大な利益の保護のために必要であると認める」（which it considers necessary for the protection of its essential security interests）という関係節が従属節として修飾する。この関係節部分が各加盟国の自己判断的要素を含むことには争いがないものの，それがどの範囲まで及ぶかが問題となる。柱書（主節と従属節）に続く i から iii の各号（分詞節）については，英文では「利益」（interest）にかかるか「措置」（action）にかかるか判然としないものの，仏文と西文の文法構造も合わせ読むと，「措置」にかかると解釈するのが適当であり（DS544, para. 7.112），その点については当事国間でも合意がある（DS544, fn442）。

　米国は 21 条 b 号は柱書から i から iii の各号まで通貫する単純関係節（single relative clause）という文法構造をなすと主張するものの[13]，従属節は主節にぶら下がる（subordinate）性質を有しているところ（DS544, para. 7.117），本条において，各分詞節は，従属節中の語ではなく主節中の語（「措置」）にかかる（DS544, para. 7.118）。とは言え，21 条 b 号の解釈にあたっては，文法構造のみに依拠するのではなく，条約の有効的解釈の原則に則って用語の通常の意味を明らかにする必要があると判示した（DS544, para. 121）。

　この点，21 条 b は，自国の安全保障上の重大な利益の保護のために必要であると認める」措置をとる裁量を WTO 加盟国に与える一方で，そのような裁

---

(13) これに対してスイスは，第三国参加した DS544 や DS597 でも（DS597, para. 7.41），自らが申立国となった DS556 でも，21 条 b 号を結合分詞節（a coordinated participial clauses）と解するべきと主張した。

量を行使することが認められる状況を限定列挙している（DS544, para. 7.122）。このような性質を有する本条について司法判断可能か否かは明文規定がないものの，それについては本条の文言それ自体および「多角的貿易体制に安定性及び予見可能性を与える」（DSU3.2 条）こと等を旨とする DSU の要請に基づいて判断することとなる（DS544, para. 7.125）。結論として，21 条 b 号が全体として自己判断的であり司法判断不能だという米国の主張は採用できないと判示した（DS544, para. 7.128）。

(2) DS597

パネルは，VCLT31 条に基づいて用語の通常の意味を明らかにした上で（DS597, 7.3.3 節），それが文脈（DS597, 7.3.4 節）と趣旨目的（DS597, 7.3.5 節）に照らして適切か検討するという順序で検討した。事後の合意の不存在についても確認した上で（DS597, 7.3.6 節），GATT21 条 b 号の意味を確認した（DS597, 7.3.7 節）。そのため VCLT32 条を援用する必要はな買ったものの，同 31 条に基づく解釈を追認する意味を有しうるため，補足的に検討を加えた（DS597, 7.3.8 節）。

まず用語の通常の意味について，GATT21 条 b 号が柱書と各号とに区分されることについては争いがない（DS597, para. 7.53）。米国は，通常の文法規則に依拠して，同号が分詞節と関係節と主節とを通貫する単純関係節だと解釈できると主張したものの，文法規則は例外を許容しないわけではない。21 条 b 号においては，iii が「措置」（action）にかかることは明らかであるから，文法規則からの逸脱があったとしても，i と ii についても，同様に「措置」にかかると考えられる（DS597, para. 7.56）。また，加盟国が自己判断として「認める」（consider）対象が関係節だけでなく分詞節にまで及ぶと解するならば，異なる二つの形容句（necessary と relating）が並列に置かれることとなるため，その間に and や or 等のような語が置かれるべきであるが，そのようには配置されていない（DS597, para. 7.64）。それ以外にも，米国の主張には矛盾があり採用できない（DS597, para. 7.69）。仏文と西文においても，英文についての解釈は齟齬しない（DS597, para. 7.87）。

続いて文脈については，解釈すべき条約の枠内で意味を有する（makes sense）するかどうかが問われる（DS597, para. 7.92）。まず米国は，もし 21 条 b 号が完全に自己判断的でなければ，同条 a 号に基づいて情報の提供を拒否することが妨げられてしまうこととなると主張したものの，同号は，まさに機微な情報の提供が求められうることを前提として設けられた条文であることから，むしろ同条 b 号を完全に自己判断的でそれを援用する理由の説明すら不要だ

とする解釈とは齟齬する（DS597, para. 7.103）。また，21条c号において自己判断的な要素がないことは，b号の解釈を予断するものではない。さらに，20条については，21条と同様に例外条項であるものの（DS597, para. 7.109），自己判断的要素の適用範囲が争われる本件においては，21条bと比較して検討することに意味はない（DS597, para. 7.111）。それ以外の，DSU22.3条b号やc号のように自己判断的要素を含む規定についても当事国が援用したものの，自己判断的要素の性質それ自体ではなくその適用範囲が争われる本件においては，参考にならない（DS597, para. 7.132）。

　最後に趣旨目的については，第1に，GATT21条b号の各号で列記された状況の有無についてパネルが審査しうるか否かが争点となっているのであって，パネルが安全保障事項について検討するか否かは争点となっているわけではない（DS597, para. 7.136）。第2に，国際貿易の多角的枠組みを定めるためのWTO協定の規律と関係する限りで安全保障例外条項が置かれているのであり，安全保障上の重大な利益が政治的性質を有するからといって，それ自体で適用除外されることになるわけではない（DS597, para. 7.147）。第3に，WTO体制の安定性と予見可能性は，加盟国による一方的措置を審査するWTO紛争処理手続と深く関係している。このような観点から，安全保障上の重大な利益の保護のために必要だと加盟国が考えて取る措置に十分な柔軟性を認めつつも，それに制限がかかると解釈するのが条約の趣旨目的に適う（DS597, para. 7.148）。なお，1947年GATTの下でなされた紛争事案の処理や締約国団決定は，VCLT31条3項a号にいう事後の合意とは言えない（DS597, para. 7.158）。それゆえ，VCLT31条1項に基づいて，21条b号の各号（iからiii）については自己判断的でなくパネルの審査に服するとの解釈に至った（DS597, paras. 7. 160 & 7.185）。

5　21条2項b号iiiによる正当化の可否

⑴　DS544

　パネルは，他の条文に違反すると認定された措置がGATT21条b号に規定された条件の下で取られたか否かを検討した。米国は主張の過程で本件措置（上述Ⅲ2⑴参照）が同号iiiによって正当化されうると主張したことを踏まえて，iiiにいう「戦時その他の国際関係の緊急時に執」（taken in time of war or other emergency in international relations）られたか否かについて焦点を当てて検討した（DS 544, fn479）。パネルによると，「戦時」とは武力の行使を特徴とする

国家間抗争を指し（DS544, para. 7.138），それを含む「国際関係の緊急時」とは重大性や深刻性において「戦時」に比肩するもの（comparable）である必要があり（DS544, para. 7.139），「に」は事態と措置との間の時間的リンクが存在することを指している（DS544, para. 7.140）。また，21条b号において取られる措置は，その関係節において示されているように「重大な」（essential），つまり高いレベルの安全保障上の利益に関係するからこそ許容される（妨げられない）のであり，そのような範囲確定機能を持つ分詞節であることもパネルにとっての指針となる（DS544, para. 7.141）。

この点，米国は(1)対象産品の過剰輸入による国内産品の排斥，(2)その結果としての国内産業の経済的厚生への悪影響，(3)対象産品の国際的な過剰生産を背景事情として挙げたものの，前2者はそもそも国内要因であり，「国際関係」に関わるものではないため，21条b号による正当化には資さない（DS544, para. 7.146）。また，3点目についても，国家間のハイレベル対話やG20グローバル鉄鋼フォーラムの論点になった等の事情はあるものの，決定的・深刻な性質を持つものとは言えないと判断した（DS544, para. 7.148）。それゆえ，1条1項と2条1項の違反を21条b号iiiによって正当化できなかったと結論づけた（DS544, para. 7.149）。

(2) DS597

DS512では，GATT21条b号による正当化の是非を検討するにあたって他の協定違反の存在は必要ないとされた。同号iiiを満たすための要素を特定した上で，それを充足するかどうかは，他の規範からの逸脱の程度について判断する必要はないという姿勢をとったためである。これに対して，DS567では，通常の慣行として，まず何らかの規定の違反の存在を認定した上で，それが例外規定によって正当化されるか検討するという姿勢をとった（DS597, para. 187）。この点で，DS597のパネルは，申立国が主張した姿勢を採用したと言える。単純に，協定違反が存在しなければそもそも例外規定によって正当化する必要がないからである。また，例外条項による正当化の際の証明の負担の程度についても，その前提として協定違反の認定なしには定めようがないからである（DS597, para. 189）。そして，GATT9条1項違反があることを認定した（上述Ⅲ2(2)参照）。

次に，21条b号について司法審査可能であることを前提としつつ（上述Ⅲ4(2)参照），どのような範囲で，どのような手順でパネルは審査可能かについて，WTO紛争処理制度の目的に照らして検討した（DS597, para. 7.256）。その際，

米国が 21 条 b 号中のどの号を援用するか当初は明示していなかったものの，審理の経過から，iii を援用したものと整理した（DS597, para. 7.260）。

　検討の順序としては，まず各号該当性を検討した上で，柱書該当性を検討するのが最も論理的な構成だとした（DS597, para. 7.263）。ただし，この順序が 20 条の解釈の際と同じだからといって，20 条と 21 条との間の性質上の差異があることから（上述 III 4 (2)参照），20 条の分析方法（特に 20 条柱書の分析手法）と同じとは限らないことに留意が必要である（DS597, para. 7.264）。

　まず iii にいう「国際関係の緊急時」の意味について，用語の通常の意味を文脈と趣旨目的に照らして検討した上で，「国家その他の国際関係の参加者の間の関係における，実質的に決裂または準決裂と表現される状況であって，極度の重大性を有する時局」（a state of affairs, of the utmost gravity, in effect a situation representing a breakdown or near-breakdown in the relations between states or other participants in international relations）と定義した（DS597, paras. 7.304 & 306）。なお，この定義を示す過程で，DS512 において示された定義についても当事国に照会し（DS597, fn381），「戦時」が国際関係の緊急時の一例であるとの DS512 の解釈に賛同すると表明しつつも（DS597, para. 7.293），必ずしも DS512 が示唆したように軍事的利益を伴うわけではないとも指摘した（DS597, para. 7.301）。

　逆に，ほとんどの政治的な緊張や見解の相違は，非常に深刻な性質を有していたとしても，通常は緊急時には該当しないと指摘した。DS512 と DS567 においてなされた定義とはそれぞれ少しずつ異なるものの，そこに示された要素は，DS597 パネルと類似の理解を明らかに反映している（DS597, para. 7.315）。抽象化や類型化には馴染まないものの，波長（spectrum）や温度計（thermometer）のようなものであり（DS597, para. 7.310），戦時またはそれに比肩する脅威から遠い状況であればあるほど，なぜある状況が国際関係の決裂に近いと言えるかについて，より多くの説明が一般には求められる（DS597, para. 7.312）。なお，この定義を示す過程で，DS512 において示された定義についても当事国に照会し（DS597, fn381），「戦時」が国際関係の緊急時の一例であるとの DS512 の解釈に賛同すると表明しつつも（DS597, para. 7.293），必ずしも DS512 が示唆したように軍事的利益を伴うわけではないとも指摘した（DS597, para. 7.312）。

　本件の具体的状況の評価としては，米国が香港に対して取った措置は両国関係の一部のみについてのものにとどまっており，全般的な貿易関係は従来通りであったことを指摘した（DS597, para. 7.354）。そして，DS512 や DS567 の状

況と比較しても，国際関係の緊急時を構成するほどの深刻さの水準には至っていなかったと判断した（DS597, para. 7.358）。それゆえ，本件の原産地表示要件は 21 条 b 号 iii によって正当化できなかったと結論づけた（DS597, para. 7.360）。

Ⅳ　いくつかの論点の分析

1　今回の 2 件のパネル報告書から，GATT21 条解釈の収斂への方向性を見出せるか

DSU の解釈として，安全保障例外を援用しさえすれば規律の射程外に置かれるとの主張は認められていない。また，GATT21 条の文法構造と文脈に照らした文言解釈として，米国が主張したような単一の関係節として捉えることを否定する理由付けも，特に DS597 で詳細になされた。さらに，補足的手段としての GATT 起草過程等に依拠する試みも，引き続き成功していない（DS544 では検討したけれど条文解釈に影響しないと判断され，DS597 ではそもそも検討の必要もないとされた）。そのため，21 条全体が自己解釈的だとの主張が認容される余地はさらに減ったと言える。20 条と同様に，積極的抗弁として被申立国が主張立証する責任を負うものとの位置付けは，確立しそうに思われる。

とはいえ，高度に技術的で機微な問題を含むとか，ハイブリッド戦争であるとかを理由として，21 条を援用するにあたって a 号も援用して，b 号を援用するにあたっての利益の重大性や「緊急時」であることの内容について説明を拒絶すると主張しうる。これについて DS597 パネルは，なぜ特定の情報を公開することが a 号にいうところの安全保障上の重大な利益に反するか説明する義務が課されることを示唆したものの（DS597, fn138），その根拠は十分に示されていない。21 条の b 号柱書についての解釈と平仄を合わせる形で a 号柱書も自己判断的だと解釈されるならば，やはり大きな迂回路を設けることとなり，いくら b 号適合性について積極的抗弁だとして位置付けた条文解釈を確立しても，その意味が減殺される恐れがないだろうか。

2　GATT21 条 b 号 iii「国際関係の緊急時」の解釈は妥当か

本稿で取り上げた 2 本のパネル報告書は，DS512 や DS567 に続き，「国際関係の緊急時」の解釈の明確化のための材料を提供する意義がある。ただし，各パネルが新たに提示した解釈の根拠や射程，他の事案のパネルが示した定義との擦り合わせのあり方，今後の事案への一般的適用可能性については，議論の余地がある。「戦争」の多面性についての認識はパネルも示しているものの

国家と海洋の国際法（上巻）第1部 国際法／Ⅵ 紛争解決

（DS597, fn421），多くの面で国家間関係が決裂していても一部では協力が維持されるという状況はありうるので，決裂があった（ありそう）か否かについては，難しい総合的判断が迫られることとなる。また，「戦時その他の国際関係の緊急時に執る措置」における「その他」（other）について，similar という形容詞が追加されていたとしてもおかしくないような形で「戦時に準じる」のように解釈したことの根拠も問われる。

なお，21 条 b 号内部で，ⅰ や同 ⅱ が援用された場合に同 ⅲ について示された基準とどのように平仄を合わせる必要があるかは課題として残された。軍事施設への供給のための取引「に関する措置」としての同 ⅱ の方が正当化しやすそうであることはかねてから指摘されており，そのように解釈されれば，それが迂回路・抜け道として使われる恐れがあるためである。この点，DS597 パネル報告書においては（DS597, para. 7.301），ⅰ と ⅱ も ⅲ が密接に連関しているとの指摘がなされたことは注目に値する。

しかし，けっきょく，今回の 2 件のパネル報告書に対して米国は拒絶的な姿勢を崩さず，空上訴によってその DSB 採択を妨害した。他の WTO 加盟国も，同様に 21 条を援用すること自体で司法判断不能になるとの主張だけをして，それが認められなかった場合に DSB 採択を妨害する例が続出すれば，各号についての詳細な検討が今後なされても徒労となる恐れもある。

3　DS544 パネル報告書は，なぜ GATT21 条の解釈に関する先例 （DS512 と DS567）パネルの判断に触れないのか

DS544 において 2 先例に言及するのは脚注 226・脚注 479・脚注 516 のみであり，しかも，いずれも条文解釈やパネル権限に関する一般的適用可能性のある分析についてではなく，パネルの裁量事項や個別事案ごとの対応を述べるのに限られた。その一方で，他の紛争についての過去のパネル報告書は引用されているため[14]，必ずしも上級委員会報告書のみに依拠するという姿勢だとは思われない。また，DSB で採択された DS512 と未採択のまま取り下げられた DS567 との間で，形式面で取扱いが異なるわけでもない。

DS544 における先例の取扱いからは，両報告書の判断内容や「先例」としての価値の軽重にかかわらず，同種の事案についての他のパネルの判断の影響をできるだけ減らすという姿勢が垣間見られる。それは，おそらく米国の主張

---

(14)　たとえば，DS544 の脚注 266 や脚注 285 を参照。

への配慮からだと推測される。もちろん，パネル（上級委員会も）は個別の事案の処理を本務とするのであり，先例拘束性がないという建前からすると，支障があるわけではない[15]。他方で，そこまでの謙抑が不可欠だとも言えない。DS544とは対照的に，DS597では，条約解釈の基本原則についてもDS512の分析方法に留意することを明らかにした（上述Ⅲ3(2)参照）。

4　DS544と同一パネルで進行した手続に相違が生じた理由は何か

DS547とDS554については，2020年4月17日の米国第2書面からは特段別異の法的論点があるようには見受けられないため，DS548，DS550，DS551と同様，申立国との間で個別に政治的な妥協を模索したためだと思われる。また，米国は，DS544と同時に発出された他の3件のパネル報告書の全てについて，2023年1月26日に上訴通知したところ，4件のうちスイスとノルウェーが申立国となった2件についてのみ，米国はあっせん・仲介・調停のような代替的紛争解決（ADR）や非違反申立の利用可能性について勧奨している[16]。紛争処理の選択肢に関して，このような違いが生じる背景としてどのような経緯があったのかは，別途に検討を要する。

たしかに，1947年GATT期の当初から非違反手続が用意されており，WTO紛争処理手続おいてもDSU5条や25条，そして個別協定上のADRが制度として整備されてきた。上級委が機能停止している今日において，ADRの重要性はなおさら高まっていると言える。ただし，自動的・争訟的な手続と異なり，ADRは双方の紛争当事国による友誼的で誠実な関与を前提としている。第一

---

(15)　なお，国内裁判所であれば，DS512ですでに同様の立場からロシアが主張立証し，米国も第三国参加して本件と同様の主張を行い，その上で当該主張を退ける判断がなされ確定したことをもって「争点効」（issue preclusion）のような概念に基づいて後訴での主張が排斥されるとする構成もありうるものの，WTO紛争処理パネルについては当てはまらないだろう。

(16)　*United States – Certain Measures on Steel and Aluminium Products – Notification of an appeal by the United States under article 16 of the Understanding on Rules and Procedures governing the Settlement of Disputes (DSU)*, WT/DS552/16（30 January 2023）, p. 1: "The United States is willing to confer with Norway on the way forward in this dispute. The parties may consider engaging in good offices, conciliation, or mediation pursuant to DSU Article 5. Norway may also consider a non-violation complaint pursuant to Article XXIII:1(b) of the GATT 1994 as described in DSU Article 26.1".; See also *United States – Certain Measures on Steel and Aluminium Products – Notification of an appeal by the United States under article 16 of the Understanding on Rules and Procedures Governing the Settlement of Disputes (DSU)*, WT/DS556/21（30 January 2023）, p. 1.

義的にはパネリストの選任にさえ関与できるというのが，WTO 紛争処理手続
において紛争当事国が有する特権である。にもかかわらず，パネルの判断に不
満があるからと言って，手続的な陥穽を利用するような形で空上訴することは，
DSU3 条に規定された紛争処理の目的と整合するかも問われるのに加え，
ADR を利用するにあたって相手方当事国との信頼形成を損なう恐れがあるこ
とには留意が必要であろう。

V 結　論

　本稿が取り上げた 2 つのパネル報告書は，上訴提起されたままで宙吊りに
なっているという点で，確定的判断として紛争当事国を拘束する力はない。と
はいえ，両報告書に共通する判示内容については普遍性・説得力が示唆されう
る。とりわけ DS597 パネルは，GATT21 条 b 号に関するこれまでの先例を踏
まえつつ，より精緻で踏み込んだ解釈を示した（上述Ⅲ 4(2)やⅢ 5(2)やⅣ 2 参照）。
GATT21 条の司法審査可能性，例外条項としての位置付け，WTO 協定全体
での整合的解釈への目配り，国際関係の緊急時その他の用語の解釈等について，
さらなる解釈の展開・構築のための材料を提供したという意義がある。とはい
え，21 条 b 号 iii について解釈が確立しても，同条 a 号や b 号 ii の援用による
迂回（抜け道）の可能性にも対処する必要がある等，システミックな懸念材料
はある。また，上級委の機能停止が続き，WTO 紛争処理制度全体への求心力
が揺らぐ中で，機微な論点について詳細な定義や分析を示すことがどのような
作用・反作用を生むかは見通しづらい（上述Ⅳ 1 参照）。

　いずれにせよ，本稿が取り上げた DS544 と DS597 は，主要な争点が同一で
ある複数の紛争事案が同時並行的に追行されたという点で，さらに DS544 と
同一構成のパネルによっても複数の手続が同時並行で進行したという点で（上
述Ⅱ 1 やⅣ 4 参照），さらに言えば，中国による対抗関税措置を対象として，
GATT21 条の援用について攻守逆転する形の「中国－米国からの製品に対す
る追加関税」事件（DS558）のパネル手続もほぼ同時並行的に進行したという
点で，世界規模の国際紛争処理制度においては稀な例だと言える。本稿ではそ
れぞれの手続における審理の順序，判断の内容等を併記するにとどまったもの
の，事実関係の違いや当事国の請求・主張内容の違いのみならず，パネリスト
の属性の違い，他の手続についてどの程度勘案するか（上述Ⅱ 2 やⅣ 3 参照）
の姿勢の違い等，複合的な要素が絡み合っている可能性があり，詳細な分析に
はさらなる検討を要する。このような意味において，国際経済法分野に限定さ

れない，国際紛争処理制度のあり方について示唆を与えうる論点を提示することによって，柳井先生記念論文集の片隅に掲載して頂く資格を得られれば幸いである。

[参考文献]

阿部克則（2024）「ポスト・グローバリゼーションにおける安全保障例外条項──GATT/WTO 体制の歴史的展開から見た一考察」フィナンシャル・レビュー155 号 80-104 頁

石川義道（2024）「DS597：米国・原産地表示」経済産業省 2023 年度 WTO パネル・上級委員会報告書に関する調査研究報告書：https://www.meti.go.jp/policy/trade_policy/wto/3_dispute_settlement/33_panel_kenkyukai/7_DS597.pdf

川瀬剛志（2022）「米国・鉄鋼及びアルミ追加関税事件パネル報告──WTO 体制と経済安全保障への示唆」経済産業研究所ウェブサイト：https://www.rieti.go.jp/jp/special/special_report/183.html

川瀬剛志（2023）「米国・香港原産地表示要件事件パネル報告──価値外交がもたらす人権の安全保障化と WTO 体制」経済産業研究所ウェブサイト：https://www.rieti.go.jp/jp/special/special_report/184.html

小林友彦（2023）「WTO 紛争処理制度におけるあっせん・調停・仲介・仲裁等の代替的紛争解決（ADR）手続の機能」日本国際経済法学会年報 32 号 9-33 頁

小林友彦（2024）「DS544：米国−中国からの鉄鋼・アルミニウム製品に関する措置（米国通商拡大法 232 条措置）」経済産業省 2023 年度 WTO パネル・上級委員会報告書に関する調査研究報告書：https://www.meti.go.jp/policy/trade_policy/wto/3_dispute_settlement/33_panel_kenkyukai/2_DS544.pdf

関根豪政（2023）「FTA における安全保障例外条項の展開」東京大学未来ビジョン研究センターウェブサイト：https://ifi.u-tokyo.ac.jp/ssu-report/14592/

福永有夏（2023）「544 鉄鋼アルミ追加関税措置（中国申立て）」Researchmap 個人ページ：https://researchmap.jp/blogs/blog_entries/view/514202/d8fa051a3f411b11f89733f83d6479da?frame_id=1026212

Mona Paulsen（2023）, "If I were an Appellate Body. Post 1.", *International Economic Law and Policy Blog: Expert commentary on the law, politics and economics of international trade and investment*: https://ielp.worldtradelaw.net/2023/01/if-i-were-an-appellate-body-post-1.html

本研究は JSPS 科研費 22K01171 の助成を受けたものです。

29 国際司法裁判所における貨幣用金原則の再構成

山 形 英 郎

I　は じ め に
II　貨幣用金原則の適用要件
III　「並行的」紛争処理と「前提的」紛争処理
IV　「前提的紛争処理」の態様：「潜在的問題」
V　お わ り に

I　は じ め に

　貨幣用金原則とは，「事件の当事者は裁判所の裁判権に同意を与えている場合でさえ，裁判所の裁判権に同意を与えておらず事件の当事者でない第三国の法益（legal interests）に関し裁判をしなければならなくなる場合，裁判所による管轄権行使を排除する」原則である[1]。杉原高嶺の定義では，「第三国の法的権益ないし責任の問題が『まさに裁判の主題』をなすときは，裁判所は当該第三国の同意なしに裁判を行うことはできないとの原則」であり，「第三者保護のための特別の原則」である[2]。我が国では一般に第三者法益原則と呼ばれている原則である[3]。別名，不可欠当事者原則または必要当事者原則と呼ばれており，the indispensable party や the necessary party などが使われている。この原則を最初に適用したのが「1943 年にローマから持ち出された貨幣用金

---

(1)　Akande, *Introduction to the Symposium on Zachary Mollengarden & Noam Zamir "The* Monetary Gold *Principle: Back to Basics"*, 115 Am. J. Int'l L. Unbound 140, 140 (2021).

(2)　杉原高嶺「国際司法裁判所における第三者法益原則」『法学論叢』144 巻 4/5 号（1999年）21-22, 30 頁。

(3)　杉原・同上。河野真理子も第三者法益原則に関し肯定的に理解している。河野真理子「第三国の利益」小寺彰他編『国際法判例百選〔第 2 版〕』（2011 年）196-197 頁。筆者も「第三者法益原則」と題する小論を発表しているが，これは編者より与えられたテーマであり，この原則を肯定する趣旨ではない。山形英郎「第三者法益原則」森川幸一他編『国際法判例百選〔第 3 版〕』（2021 年）198-199 頁。なお本稿はこの小論をベースに書かれていることをお断りする。

『国家と海洋の国際法　柳井俊二先生米寿記念（上巻）』〔信山社，2025 年 2 月〕　*637*

事件」（以下，貨幣用金事件）（イタリア対フランス，英国，米国）［1954年］[4]であることから，海外では一般に貨幣用金原則（the *Monetary Gold* principle）と呼ばれている。国際司法裁判所も最近になってこの用語を使用するようになった[5]。

この貨幣用金原則は，国際司法裁判所の手続法としてみなしうるとか[6]，慣習国際法上の原則であると主張される[7]。しかし，この原則には，五つの疑問を抱いている[8]。第1に，一般に「第三国の法益に関わる」原則であるとされ，我が国では第三者法益原則と呼称されているが，そもそも第三国の「法益保護」を目的とする法理なのか。第2に，国際司法裁判所規程第59条によって，第三国は判決の拘束力から保護されているはずである。それにもかかわらず貨幣用金原則にて第三国を保護する必要はあるのだろうか。第3に，国際司法裁判所規程において訴訟参加の制度が認められている（第62条，第63条）が，この訴訟参加制度は国際司法裁判所の判決が第三国に影響を与える場合があることを前提にしているのではないか。第4に，貨幣用金原則が適用されたとされる東ティモール事件（ポルトガル対オーストラリア）［1995年］で国際司法裁判所は，自決権を対世的（*erga omnes*）権利であると認めたにもかかわらず，ポルトガルの訴えに関して管轄権を行使しなかった[9]。オーストラリアがインドネシアとティモール・ギャップ条約を締結し，大陸棚の開発を行う行為は，東ティモール人民の経済的自決権（天然資源に対する永久的主権）の侵害を構成すると立論することも可能ではなかったか。第5に，貨幣用金原則は，常設国際司法裁判所時代に勧告的意見手続において確立していた東部カレリア原則と同様，「国家は同意なしに，紛争解決を強制されない」という同意原則を起源とするように思われるが，国際司法裁判所は東部カレリア原則を一貫して否定してきたことと矛盾しないか。

---

(4)　Monetary Gold Removed from Rome in 1943 (Italy v. France, UK & US), 1954 ICJ REP. 19, 32 (Judgment of 15 June 1954) [hereinafter cited as Monetary Gold].

(5)　Arbitral Award of 3 October 1899 (Guyana v. Venezuela), 2023 ICJ REP. para.63 (Judgment of 6 April 2023) [hereinafter cited as Arbitral Award].

(6)　McIntyre, *Rules Are Rules: Reconceiving* Monetary Gold *as a Rule of Procedure*, 115 AM. J. INT'L L. UNBOUND 144, 147 (2021).

(7)　Pomson, *Does the* Monetary Gold *Principle Apply to International Courts and Tribunals Generally?* 10 J. INT'L DISP. SETTLEMENT 88, 124 (2019).

(8)　五つの疑問に関しては，山形英郎「国際司法裁判所における第三者法益原則の誕生：貨幣用金事件」『法学雑誌』（大阪公立大学）69巻3/4号（2023年）39-42頁を参照せよ。

(9)　East Timor (Portugal v. Australia), 1995 ICJ REP. 90, 102, para.29 (Judgment of 30 June 1995) [hereinafter cited as East Timor].

それともう１つ。貨幣用金事件を調べていくと，貨幣用金原則が貨幣用金事件からは導き出されないことが判明した。「第三者法益原則である『貨幣用金原則』は，貨幣用金事件を根拠にしない法理」であり，「後の事件である東ティモール事件において，貨幣用金事件を引用しながら裁判所が新たに生み出し，学者が育て上げた法理でしかない」のである[10]。５つの疑問に付け加えるプラスアルファの疑問である。本稿では，貨幣用金原則の適用要件を明らかにする。そうすることによって，第１の疑問に関して，貨幣用金原則を批判的に検討する。

Ⅱ　貨幣用金原則の適用要件

まず，貨幣用金原則は先決的抗弁の１つとして提出されるが，それは管轄権に関わる問題ではなく，受理可能性に関わる問題であることを確認しておく。国際司法裁判所は，貨幣用金事件において「管轄権を行使できない」と述べており[11]，管轄権の有無の問題でないことは明らかである。これを確認したのが，1899年10月３日仲裁裁判所判決事件（ガイアナ対ベネズエラ）〔2023年〕である。国際司法裁判所は，「管轄権の存在」の問題と，「管轄権の行使」の問題に分けて議論し，貨幣用金原則は後者の問題であるとしている[12]。裁判所によれば，「貨幣用金原則を基礎にしたベネズエラの抗弁は，裁判所管轄権の行使に関わる抗弁であり，管轄権に対する抗弁を構成するものではない」のである[13]。したがって，管轄権の存在の問題ではなく，管轄権の行使に関わる受理可能性の問題であるとして議論を進める。

本題に帰り，貨幣用金原則の適用要件の問題を検討する。この原則を最初に適用した貨幣用金事件において裁判所が言明したように，「法益が裁判によって影響を受けるだけでなく，まさに裁判の主題を構成する」ことが，本原則の適用基準とされる[14]。後の判例や他の裁判所で最も多く引用される箇所である。ここから２つの要件が引き出される。第１は，「裁判によって影響を受ける」こと。第２は，裁判の「主題」となることである。前者を「影響」テストと呼び，後者を「主題」テストと呼ぶことにする。

裁判の「影響」テストと裁判の「主題」テストの関係を見てみると，裁判の

---

(10)　山形・前掲注(8)67頁。
(11)　Monetary Gold, 1954 ICJ Rep. 33.
(12)　Arbitral Award, 2023 ICJ Rep. para.64
(13)　*Ibid*.
(14)　Monetary Gold, 1954 ICJ Rep. 32.

国家と海洋の国際法（上巻）第 1 部 国際法／Ⅵ 紛争解決

「影響」テストは，裁判の「主題」テストを包含する関係にあると考えられる。
オラケラシュビリによれば，貨幣用金原則は，「不在国の利益が紛争の主題と
密接に関連し，原告及び被告の権利及び利益について裁判を限定することがで
きない極端な場合に適用されてきた」[15]。「影響」テストを満たしても必ずしも
「主題」テストを満たすとは限らない。エルサルバドルとホンジュラスの領
土・島・海洋境界事件［1990 年］を見ると，第三国が裁判によって影響を受
ける場合があり得ることを認めている。

　　　「小法廷が……最初に検討するのは，ニカラグアが『裁判によって影響を受け
　　ることのある法律的性質の利害関係』の存在を示したかどうかである。その場合，
　　訴訟参加が正当化される。またもしも利害関係の存在が示された場合，裁判所
　　は次に，その利害が事実上，『まさに裁判の主題』をなすものであるかどうかを
　　検討する。1943 年にローマから持ち出された貨幣用金事件においてアルバニア
　　の利害がまさに裁判の主題を構成したように。」[16]

　つまり，第三国へ「影響」があるかどうかは訴訟参加の問題であり訴訟は継
続されるが，貨幣用金原則の適用のためには「影響」テストでは不十分であり，
「主題」テストを満たさなければならないのである。そして，「主題」テストは，
「影響」テストをクリアしてからの適用となる。ナウル・リン鉱山事件では，
「可能性の問題として，第三国の法益に影響があるかもしれないが，まさに裁
判の主題を構成するような場合でなければ」，裁判できると裁判所は述べてい
る[17]。「影響」テストが満たされても，「主題」テストが満たされなければ，貨
幣用金原則の適用はない。貨幣用金原則の要件として，「影響」テストを認め
た場合，多くの事件で貨幣用金原則を適用し，管轄権を行使できなくなる可能
性がある。その点を裁判所は考慮したと思われる。

　ナウル・リン鉱山事件（ナウル対オーストラリア）［1992 年］におけるシュ
ウェーベル判事の反対意見が興味深い。彼は，ニカラグア事件（ニカラグア対

---

(15)　Orakhelashvili, *The Competence of the International Court of Justice and the
Doctrine of the Indispensable Party: from* Monetary Gold *to* East Timor *and Beyond*, 2
J. INT'L DISP. SETTLEMENT 373, 380 (2011). 杉原も同様の考え方を示しているが，両テス
トの「峻別」と表現している。より正確には包含関係にあるというべきであろう。杉原，
前掲注(2)33-34 頁。

(16)　Land, Island and Maritime Frontier Dispute (El Salvador/Honduras),
Intervention, 1990 ICJ REP. 92, 116, para.56 (Judgment of 13 September 1990)
[hereinafter cited as Frontier Dispute].

(17)　Certain Phosphate Lands in Nauru (Nauru v. Australia), Preliminary Objections,
1992 ICJ. REP. 240, 261, para.54 (26 June 1992) [hereinafter cited as Nauru].

640

米国）〔1984年〕において国際司法裁判所が「不可欠当事者」原則を否定したことに対する憤慨をあからさまに表現している。ニカラグア事件では，アメリカ合衆国が集団的自衛権を援用して，自らの武力行使を正当化していた。アメリカ合衆国の主張からすれば，ニカラグアが隣国であるエルサルバドル，ホンジュラス，コスタリカに対して武力攻撃を行っていたことが問題であって，アメリカ合衆国によるニカラグアに対する武力行使は，隣国の安全を維持するために行った集団的自衛権にもとづく行為であった。そして，シュウェーベル判事は，安全保障ほど重要性の高い法益はないと次のように主張する。「死活的な安全保障利益は，その性質上，アルバニアの金融上の利益よりも一層重要なものであると思われる」と[18]。法益を考慮した場合，貨幣用金事件におけるアルバニアの金銭的な法益よりも，ニカラグア事件におけるエルサルバドル等の安全保障上の法益の方が，死活的であり，重要だと述べているのである。シュウェーベル判事は，まさに「影響」テストのみの適用を考えていた。しかしニカラグア事件で裁判所は，不可欠当事者原則の適用を否定した[19]。裁判所にとっては，第三国法益の内容やその重要性は二の次であった。ニカラグア事件において明らかになったように，裁判が第三国の法益に影響を与えるかどうか，その影響が重大なものかどうかという基準だけでは不十分なのである。

　「影響」テストだけでは貨幣用金原則の濫用を阻止できないので，裁判所にとって，貨幣用金原則の適用を限定する必要が出てくるのは必然である。それが「主題」テストである。この「主題」テストを満たす場合に，はじめて，貨幣用金原則が適用され，裁判は継続されない。前述の通り，エルサルバドル・ホンジュラス国境事件で裁判所は，裁判の「影響」テストを満たした場合でも，「主題」テストを確認する必要があると述べている[20]。この事件では，明らかに2段階適用を行っている。つまり最初の段階で「影響」テストを適用し，それを満たした場合，第2段階として「主題」テストを採用する手順である。したがって，「影響」テストは，それだけで機能するテストではない。

　一方，「主題」テストを満たす場合は，「影響」テストを満たすと考えられる。第三国の法益が裁判の主題を構成する場合，第三国不在のまま判決が下される

---

(18)　*Ibid.,* at 334 (Schwebel, dissenting).

(19)　Military and Paramilitary Activities in and against Nicaragua (Nicaragua v. US) 1984 ICJ REP. 392, 431, para.88 (Judgment of 26 November 1984) [hereinafter cited as Nicaragua].

(20)　Frontier Dispute, 1990 ICJ REP. 116, para.56. 前掲注(16)に関連する本文テキストを参照。

とすれば，そして第59条の規定をいったん無視するとすれば，その判決は，第三国の法益に関する判断を含んでいるはずであり，それが何らかの影響を及ぼすことは当然である。第三国の法益が裁判の主題を構成しつつ，それが影響を受けない事例は現時点で考えられない。貨幣用金事件からすれば，両者のテストを満たす必要があるにもかかわらず，ナウル・リン鉱山事件[21]を見てもわかるとおり，裁判所は，「主題」テストを満たすかどうかについてのみ言及している。それだけではなく，この事件では，2段階適用すら行っていない。「影響」テストは適用していないのである。裁判の「影響」テストは，テストとして機能しないからである。したがって，裁判の「影響」テストは「主題」テストに吸収されたと言って良い。裁判所における要件適用アプローチにも変遷が見られることになる。

　第3のテストとして，裁判所は，「前提的紛争処理」テストを採用している。1995年東ティモール事件判決を見ると，裁判所は，「インドネシアの同意がないにもかかわらず，インドネシアの行為の合法性に関し前提要件（prerequisite）として，判断せざるを得なくなる」と述べている[22]。つまり，オーストラリアの条約締結に関して判断するためには，インドネシアの権利義務を確定しなければならない。特にインドネシアの東ティモールに対する領域権限を確定しなければならない。裁判所は，インドネシアの同意がないので裁判できないと判断して，貨幣用金事件以来はじめて，貨幣用金原則を適用し，管轄権の行使を行わなかった[23]。インドネシアが東ティモールを占領している行為は合法であるかどうかという紛争が，原告のポルトガルと第三国インドネシアの間で存在していたのである。この点の決定が前提要件となるにもかかわらず，その点を決定できないため，ポルトガルとオーストラリア間の事件に関して判断できないとしたのである。この要件を「前提的紛争処理」テストということにする。

　同じ東ティモール事件では，従来の「主題」テストにも言及している[24]。次章で両者の関係について検討する。

Ⅲ　「並行的」紛争処理と「前提的」紛争処理

　貨幣用金事件において，第三国への法益に「影響」を与えるかどうかという

---

(21)　Nauru, 1992 ICJ Rep. 240, 261, para.55.
(22)　East Timor, 1995 ICJ Rep. 104, para.33.
(23)　*Ibid.*, at 105, para.35.
(24)　*Ibid.*

適用基準はあいまいな基準であり，裁判所は裁判の主題を構成するかどうかという基準を併せて提示していた。そしてそれが専ら適用される事態となっていた。適用基準の変更が見られた。さらに，1995 年東ティモール事件では，「前提的紛争処理」テストを適用した。このテストを最初に適用したのは，1992 年ナウル・リン鉱山事件であった。なぜ「前提的紛争処理」テストが必要であったのか，そして「主題」テストとはどのような関係があるのか。

1 ナウル・リン鉱山事件

ナウル・リン鉱山事件は，ナウルがオーストラリアを被告として，提訴した事件である。信託統治地域であったナウルに対してオーストラリアは，イギリスやニュージーランドと共同施政の立場にあった[25]。その信託統治時代にオーストラリアが開発を行ったリン鉱山の原状復帰（rehabilitation）が問題となった事件であり[26]，被告はオーストラリアのみであった。ナウルは，イギリスやニュージーランドを被告とすることもできた[27]にもかかわらず，オーストラリアのみを被告としたのである。本来ならば，3 国の共同責任が問われるべき事件であった。

たしかに裁判所がいうとおり，オーストラリアが 3 国の中で「特別の役割を演じていた」[28]ことを認めなければならない。そうであったとしても，それを理由に他の 2 国の責任が免じられるわけではない。なぜなら，「施政権は 3 国の間で法的に完全な平等を原則として」配分されていたからである[29]。オーストラリアに責任があるとすれば，それは，イギリスやニュージーランドも同様に責任があるといわなければならない。オーストラリアが主張したように，本件の「責任の本質からして，訴えは 3 国を共同被告として提起しなければならない」ものであったと言える[30]。

1 国のみが被告として訴訟の対象とされた事件であったが，当該被告への裁判は，まさに他の共同責任国への裁判ともなる[31]。さもなければ共同施政国間

---

(25)　Nauru, 1992 ICJ REP. at 255, para.39.
(26)　*Ibid.*, at 242, para.1.
(27)　*Ibid.*, at 327, para.6（Ago, dissenting）.
(28)　*Ibid.*, at 258, para.47（Judgment）.
(29)　*Ibid.*, at 326, para.2（Ago, dissenting）.
(30)　*Ibid.*, at 258, para.48（Judgment）.
(31)　*Ibid.*, at 328, para.6（Ago, dissenting）.

国家と海洋の国際法（上巻）第1部 国際法／Ⅵ 紛争解決

の平等の問題を惹起する[32]。オーストラリアのみを被告とするのは平等ではないのである。そしてオラケラシュビリの研究では，この事件においてオーストラリア敗訴の判決が下された後，第三者であったイギリスもニュージーランドも，オーストラリアと共同でナウルへの損害賠償支払いに応じている[33]。イギリスやニュージーランドは，共同で賠償に応じることで，不平等問題を回避した。要するに，オーストラリアへの訴えは，同時にイギリスやニュージーランドに対する訴えともなっており，「主題」テストからすれば，貨幣用金原則が適用されてしかるべき事件であった。

　しかし，裁判所は，イギリスやニュージーランドの法益は裁判の主題となっていないと断言し，それを根拠に貨幣用金原則の適用を否定した。つまり，管轄権行使を容認したのである。ここでオーストラリアの主張を見てみよう。オーストラリアは，「ニュージーランドやイギリスの責任に関する決定が，オーストラリアの責任の決定に先だって（previous）行われることはないであろう」が，「3国すべての責任が同時的に（simultaneous）決定されることになろう」と主張した[34]。つまり，裁判の主題となる場合にも2通り存在しており，1つは「先だって」決定されるべき「前提的紛争処理」となる場合と「同時的に」決定されるべき「並行的紛争処理」となる場合が存在することになる[35]。

　これに対して裁判所は，この事件が第三国に「影響」（implications）がありうることは承認している[36]。その上で，裁判の「主題」テストを採用しつつ，「前提的」（prerequisite）という要件を追加した[37]。つまり，「前提的紛争処理」となる場合のみ，貨幣用金原則の適用を可とする先例を構築したのである。「並行的」裁判の場合に貨幣用金原則の適用を否定する論拠として提示されたのが「前提的」な紛争処理という要件であり，「前提的紛争処理」において裁判の主題となる場合においてのみ貨幣用金原則を適用しようというのである。このように，裁判所は貨幣用金原則の適用を限定する方向にあると言ってよいであろう。

---

(32)　*Ibid.*, at 326, para.2.

(33)　Orakhelashvili, *supra* note 15, at 385.

(34)　Nauru, 1992 ICJ REP. 261, para.55.

(35)　後で見るように裁判所は，この問題を時間的あるいは時系列的な問題ではなく論理的な問題としているので，「先行的」や「同時的」という言葉ではなく，「前提的」と「並行的」という言葉を採用した。後掲注(42)に関連する本文テキストを参照。

(36)　Nauru, 1992 ICJ REP. 261, para.55.

(37)　*Ibid.*

2 「前提的紛争処理」テストの採用

2001年常設仲裁裁判所（PCA）はラーセン事件において，貨幣用金原則を適用して，管轄権の行使を否定したが，そこでの根拠は「前提的紛争処理」テストであった。表現は異なるが，「裁判を行う上で必要な基礎として」，訴外にある「アメリカ合衆国の行為の合法性評価が求められる」と述べている[38]。このように，貨幣用金原則を適用する際の要件としては，「前提的紛争処理」テストが採用され，国際裁判実行上，定着したと言える。

ではなぜ「前提的紛争処理」の場合においてのみ，貨幣用金原則は適用されるのか。そして「並行的紛争処理」の場合においては適用されないのか。裁判所の理由付けは二通りである。1つは，貨幣用金事件の読み直しである。今まで裁判所は，「影響」テストと「主題」テストに言及してきたし，研究者もそこに注目してきた。たとえば，アカンデの貨幣用金原則の定義では，「事件の当事者でない第三国の法益（legal interests）に関し裁判をしなければならなくなる場合，裁判所による管轄権行使を排除する原則」と位置づけ，第三国法益を強調していた[39]。また，杉原高嶺は，「第三国の法的権益ないし責任の問題が『まさに裁判の主題』をなすときは，裁判所は当該第三国の同意なしに裁判を行うことはできないとの原則」という定義を与え，法的権益や裁判の主題に触れていた[40]。

しかし，ここに来て，つまりナウル・リン鉱山事件において，裁判所は，貨幣用金事件判決の別の箇所に注目した。それは，「必要」（necessary）という文言である。「イタリアが貨幣用金を受け取れるかどうかを決定するためには，

---

(38)　Larsen v. Hawaiian Kingdom, PCA 35, para.11.23（Award of 5 February 2001）. この事件は，ハワイの住民であるラーセンが，ハワイ王国を相手取り訴えた事件である。アメリカ合衆国がハワイ王国において国内法を施行していることは，ハワイ王国がアメリカ合衆国と締結した1849年友好通商航海条約及び1969年ウィーン条約法条約（1999年ハワイ王国批准）に違反していると原告は主張した。1993年にアメリカ合衆国議会は，クリントン大統領の承認を得て，ハワイ王国を1893年に覆滅したことに謝罪を表明した。ハワイは，1898年にアメリカ合衆国に併合された。ハワイ王国という団体は，原告の主張通り，原告の国際法上の権利が侵害されていることを認めつつ，その救済方法についてハワイ王国は有しておらず，アメリカ合衆国こそが責任の主体であると主張していた。両当事者は，ハワイ王国が現存しているとの前提に立ち，原告に対する国際法違反が存在していることに関して意見の一致があったが，救済方法についてのみ紛争が存在した。しかし，裁判所は，アメリカ合衆国が不在のため，ハワイがアメリカ合衆国の一部でないと言えるかどうか判断できないとした。See also, Bederman & Hilbert, *Lance Paul Larsen v. The Hawaiian Kingdom*, 95 Am. J. Int'l L. 927 (2001).

(39)　See Akande, *supra* note 1, at 140.

(40)　杉原・前掲注(2)30頁。

国家と海洋の国際法（上巻）第1部 国際法／Ⅵ 紛争解決

アルバニアがイタリアに対して国際違法行為を行ったかどうかを決定する必要がある」というくだりである[41]。アルバニアの法益に影響するかどうかではなく，またアルバニアの権利義務が裁判の主題となるかどうかではなく，裁判所は，アルバニアの違法行為の有無をまずは決定しなければならない状況に陥ったのである。したがって，貨幣用金事件判決の読み直しの結果，「前提的紛争処理」という要件が導き出されたのである。

　次に，2つ目の理由に関しては，「前提的紛争処理」がなぜ「必要」なのかという点からその理由を探ろう。結論を先取りすれば，ナウル・リン鉱山事件で国際司法裁判所自身が語っているように，それが「法論理」（logical）の問題だからである。裁判所は，「単に時系列的な意味だけでなく法論理の問題として」捉えていることがわかる[42]。つまり，貨幣用金事件においてアルバニアの国際違法行為の有無を決定することは，時系列的に最初に行わなければならない必要があるだけでなく，法論理の問題として，その決定を行わなければ，イタリアへの貨幣用金の配分問題にたどり着かないのである。オーストラリアは，貨幣用金事件に関して第三国法益の決定を「先だって」（previous）行う必要のある場合と述べ，「時系列的」に理解していたのを，裁判所は，それを否定し「法論理」の問題であることを強調した。そして「法論理」の問題であることを示すために，「必要」（necessary）にかえて，「前提」（prerequisite）という文言を採用したのだ。

　この要件を適用して，管轄権行使を排除したのが東ティモール事件であった。この事件で，裁判所は「（第三国の）行為の合法性に関して，……前提要件（prerequisite）として決定しなければ」係属中の案件を処理できないとして，管轄権行使を否定した[43]。この法理は，もはや第三国の法益を保護するために案出された機能的な原則ではなく，裁判上の法論理の問題として適用されていることがわかる。裁判所は，どのような法益が影響をうける場合に，貨幣用金原則が適用されるか検討していない。影響の中身や影響の重大性についても全く触れていないのである。さらに言えば，規程第59条で保護されないような影響とは何かについても触れていない。

　シュウェーベル判事は，ナウル・リン鉱山事件で次のように述べている。「裁判所は（ニカラグア事件において），第三国法益の重要度について衡量すべ

---

(41)　Monetary Gold, 1954 ICJ Rep. 32.

(42)　Nauru, 1992 ICJ Rep. 261, para.55.

(43)　East Timor, 1995 ICJ Rep. 105, para.35.

きであったし，本件（ナウル・リン鉱山事件）においても衡量すべきである。問題となっている（判決の）効果のタイミングや論理的導出過程についてではない」（挿入筆者）と批判している[44]。この批判からもうかがえるとおり，裁判所は，第三国法益を重視していない。また，当該法益の重要度を考慮していない。むしろ「論理的導出過程」を重視した。ニカラグア事件では，安全保障という最も重要性の高い法益すらも，それを理由に貨幣用金原則が適用されることはなかった。また，ナウル・リン鉱山事件では，第三国法益に関して同時並行的処理を行うことになったとしても，それをいとわなかった。貨幣用金原則は第三国法益の問題ではなく，法益と切り離された「法論理」の問題として，裁判所において適用されたのである。サールウェーが述べるとおり，貨幣用金原則は「不参加国を保護するためではなかった」のである[45]。

Ⅳ 「前提的紛争処理」の態様：「潜在的問題」

貨幣用金原則は，判決が第三国に影響を与えるかどうかという要件に従って適用されているわけではない。または，裁判の主題をなすかどうかという要件のみにしたがって適用されるのでもない。その要件だけでは，並行的紛争処理の場合を排除できない。貨幣用金原則は，第三国の権利義務に関わる紛争を前提的に処理しておかなければ，裁判上，法論理の問題として裁判できないという場合に適用される原則である。そのように再定義を行うと，貨幣用金原則は，異なる平面の問題の一側面として理解できるようになる。「潜在的問題」（implicated issue）という論点である[46]。

「潜在的問題」が議論された例として，たとえば，南シナ海事件（フィリピン対中国）［2015年］を挙げることができる。この事件において，仲裁裁判所（PCA）は，中国の抗弁と直面した。つまり，「本仲裁裁判の主題の要諦は，南シナ海における海洋地形物に対する領域的主権の問題」であって，「この問題は，（国連海洋法）条約の範囲外であり，同条約の解釈適用の問題ではない」

---

(44)　Nauru, 1992 ICJ Rep. 335 (Schwebel, dissenting).

(45)　Hugh Thirlway, The Law and Practice of the International Court of Justice, Vol.2, 730 (2013).

(46)　潜在的問題という表現は，Tzeng によって編み出された。Tzeng, *The Implicated Issue Problem: Indispensable Issues and Incidental Jurisdiction*, 50 NYU J. Int'l L. & Politics 447 (2018). 残念ながら，貨幣用金原則の研究者には，それほど注目されていないようである。

国家と海洋の国際法（上巻）第 1 部 国際法／Ⅵ 紛争解決

（挿入筆者）のである[47]。「領土が海洋を支配する」（the land dominates the sea）という原則が適用され，領土問題が解決されない限り，海洋問題は解決されないはずである。その点，原告フィリピンも承知していた[48]。領土問題を先に解決しない限りは，海洋問題は解決できない。特に，大陸棚や排他的経済水域は，領土の基線から導かれるものであるため，どの国の領土であるか最重要問題である。この問題が未解決では，海洋問題は解決できない。仲裁裁判所は，管轄権判断において「事前の決定」（prior determination）について触れた[49]。仲裁裁判所は，国連海洋法条約に基づき設置された裁判所であり，領土問題について管轄権を有していないのは，中国の主張通りである。仲裁裁判所は，領土問題が「事前の決定」を要する前提的紛争処理の問題であるかどうかを検討し，「自己の決定が，南シナ海における当事者の領土主権の主張を前進させることもなく，また後退させることもないよう，確保する意図がある」と述べた[50]。仲裁裁判所は，領土問題に関わることを否定したのである。

　この問題は，貨幣用金原則と共通性がある。海洋問題の処理のためには，その前提として領土問題を処理しなければならないのだが，その領土問題を処理する管轄権を仲裁裁判所は有していない。したがって，前提として処理すべき権利・義務の問題があるにもかかわらず，管轄権の制約上，領土問題を処理できないために，裁判所に係属している海洋問題を処理できないことになるのだ。この南シナ海事件での問題は，いわば裁判所管轄権の「事項的制約」から生じる前提的紛争処理が問題となっている。一方，貨幣用金原則は，裁判所管轄権の「当事者（人的）制約」から生じる同種の問題とみることができる。「潜在的問題」が領土問題故に，国連海洋法条約上の仲裁裁判所は判断できない。「潜在的問題」が第三国を巻き込む故に，国際司法裁判所は判断できない。そして貨幣用金原則が生み出されたのだ。南シナ海仲裁裁判所は，海洋地形物がすべて「岩」であって，「島」でないという判断をすることで，前提的紛争処

---

(47)　South China Sea Arbitration（the Philippines v. China）, Jurisdiction and Admissibility, PCA 45, para.133（Award of 29 October 2015）.

(48)　*Ibid.,* at 49, para.143.

(49)　*Ibid.,* at 49, para.144.

(50)　*Ibid.,* at 49, para.153. これは，仲裁裁判所による一種の決意表明でしかなく，これがなぜ管轄権を容認する論拠となるのか全く不明である。この説明では，領土問題をいかに回避するのかという点について明確にしていないからである。多分，管轄権に関するこの仲裁裁判判決が起案されたときには，本案判決で示されるように，海洋地形物はすべて「岩」であり，大陸棚や排他的経済水域を持ち得ないという論理的筋道について裁判所内で合意されていたのであろう。次の注及びその本文を参照。

理の問題を回避する[51]のであるが，いずれにせよ，貨幣用金原則と同様の問題が，南シナ海事件では潜在していたのである。

2020年，国連海洋法条約に基づく別の仲裁裁判所が，まさに，「潜在的問題」を理由に管轄権行使を否定した。ウクライナがロシアを相手に訴えた「黒海，アゾフ海及びケルチ海峡における沿岸国の権利」に関する事件である。ウクライナは，ロシアによってクリミア半島の併合が行われたという事実に直面して，黒海，アゾフ海及びケルチ海峡において海洋資源開発を行う権利など沿岸国として有する権利の確認を求め，あわせてロシアの違法行為の中止を求めた[52]。ここでも，沿岸国の権利の問題に立ち入る前に，ロシアによるクリミア半島の支配という領土問題が「潜在的問題」として立ちはだかることになる。

裁判所は，次のように述べて，クリミア半島の主権問題が前提的紛争処理を要する問題であることを宣明する。「クリミア半島の主権者はいずれの国家であるかという問題，そして，ウクライナが援用する（国連海洋法）条約の条文における『沿岸国』の意味に関する問題は，ウクライナの請求の重要な部分を占める問題に関する仲裁裁判所決定にとって前提問題（prerequisite）である」（挿入筆者）と述べ[53]，「ウクライナがクリミアの主権者であることを前提として……提出しているウクライナの請求について，本仲裁裁判所は判断することができない」と結論を下した[54]。仲裁裁判所は，ロシアの先決的抗弁を受け入れ，クリミア半島の主権に関わる問題に関与することを否定したのである。

このように，前提的紛争処理の問題は，貨幣用金原則のような当事者（人的）管轄権に関わる制約から生じるだけではなく，裁判所が有する固有の制限，特に国連海洋法条約に基づく仲裁裁判が有する事項的管轄権に関わる制約からも生じることが明らかとなる[55]。こうした管轄権の事項的制約は，国際司法裁判所においても，管轄権受諾宣言に付された留保から生じ得る。国連海洋法条約上の紛争解決手段にだけ認められる現象ではない。さらに付言すれば，前提

---

(51)　South China Sea Arbitration (the Philippines v. China), Merits, PCA 256, para.632 (Award of 12 July 2016). 山形英郎「南シナ海事件と日本：沖ノ鳥島の法的地位」『法政研究』（静岡大学）23巻3/4号（2019年）219-223頁を参照せよ。

(52)　Coastal State Rights in the Black Sea, Sea of Azov, and Kerch Strait (Ukraine v. Russia), Preliminary Objections, PCA 2-3, paras.9-10 (21 February 2020).

(53)　*Ibid.*, at 48, para.154.

(54)　*Ibid.*, at 59, para.197.

(55)　この問題に関しては，山下毅が神戸大学大学院法学研究科に提出した博士論文「国連海洋法条約裁判手続における事項的管轄権の判断方法と拡張可能性」（2023年1月10日）に多くのことを学んだ。

国家と海洋の国際法（上巻）第1部 国際法／Ⅵ 紛争解決

的紛争処理を必要とするにもかかわらず，管轄権の制約から処理ができない問題としては，「時間的制約」も考えられる。今のところ，これに関わる事件は発見できていないが，国際司法裁判所の管轄権受諾宣言には時間的留保が付されていることが多いことからして問題は顕在化するであろう。宣言を行った日付や，特定の日付よりも前の事実や事態から生じる紛争を，裁判所管轄権から除外する留保が多く存在するからである。したがって，そうした留保によって除外された紛争の前提的処理が必要とされる場合があり得ると考えられる。

　貨幣用金原則は，前提的紛争処理を必要とする原則であるとみなすと，このように「時間的」制約や「事項的」制約への拡張が可能となる。むしろ，前提的紛争処理を要する問題の中で，当事者（人的）管轄権に関わる一側面を貨幣用金原則は取り扱っているに過ぎないと考えるべきであろう。貨幣用金原則だけを見ていては，事項的管轄権や時間的管轄権に関わる「前提的紛争処理」を要する問題を同じ土俵で俯瞰することができない。それは，国際裁判上，一貫性に欠ける取り扱いとなりうる。そこでは，もはや第三国の法益とは全く切り離された原則として再定義されることになる。

Ⅴ　おわりに

　上記ⅡとⅢで見てきたように，国際司法裁判所は，第三国の法益に「影響」をあたえるかどうかというテストを，裁判の「主題」を構成するのかどうかというテストで以て限定してきた。さらに，ナウル・リン鉱山事件では，「前提的紛争処理」のために第三国の参加が必要かどうかという「法論理」の問題として貨幣用金原則を組み替えた。その結果，東ティモール事件において，貨幣用金事件以来初めて，貨幣用金原則が適用された。つまり，係属中の事件を処理するためには，第三国の権利・義務に関する紛争を「前提」として処理しなければならず，第三国の参加なしには管轄権を行使できないと判断したのである。これはたしかに，第三国の法益に「影響」がある決定と言えるが，Ⅲで論じたように，第三国の法益に「影響」を与え，裁判の「主題」となる場合は，「前提的紛争処理」だけでなく，「並行的紛争処理」にもあてはまる。しかし「並行的紛争処理」の場合は，第三国の法益が裁判の「主題」となっていても，貨幣用金原則は適用されない。このように，貨幣用金原則の適用要件を調べることによって，第三国法益とは切り離された法理として認識されなければならないことがわかる。

　この理解を推し進めれば，Ⅳで論じたように，貨幣用金原則のような当事者

（人的）管轄権の制約だけでなく，事項的制約や時間的制約の場合にも同様の法理は適用可能となる。いずれにせよ，貨幣用金原則は，東ティモール事件まで，要件の厳格化の方向に進んできており，要件において裁判所の判例に一貫性があるとは思われない。貨幣用金事件で暗示された第三国法益への「影響」テストはテストして機能せず，その適用は排除され，裁判の「主題」テストが適用可能な要件とみなされてきたはずであるが，実際上は，ナウル・リン鉱山事件以降，「前提的紛争処理」テストのみが適用されるように変わってきたのである。

　貨幣用金原則は，不可欠当事者原則とか必要当事者原則と呼ばれることがあるが，当事者という視点を維持している限り，正確な概念把握とは言えない。そうではなく，原告の主張にしたがえば，「潜在的問題」が存在しており，その問題を前提的処理しなければならないにもかかわらず，管轄権の制約上処理できない問題と捉えなければならない。そうした再構成を経ることによって，当事者（人的）管轄権の制約だけでなく，事項的管轄権の制約や時間的管轄権の制約の問題を通して考察する視点を得ることができる。それを元に，一貫した理論の構築が求められている。第三国法益の保護を目指す法理との概念把握から，貨幣用金原則を脱却させることが急務である。

30 投資条約における択一規定（fork in the road provision）と条約仲裁廷の管轄権

森 川 俊 孝

Ⅰ　はじめに
Ⅱ　択一規定の内容と問題の所在
Ⅲ　投資条約仲裁廷による択一規
　　定の解釈と課題
Ⅳ　おわりに

Ⅰ　は じ め に

　BIT などの投資条約は，締約国と他方の締約国の投資家（国民）との間に生じた投資財産に関する紛争すなわち投資紛争が一定の期間内に協議などによって友好的に解決されない場合には，紛争当事者である投資家はその投資紛争を締約国の国内裁判所，あらかじめ合意した紛争解決手続あるいは ICSID 条約や UNCITRAL 仲裁規則などに基づく国際仲裁のいずれかの手続を選択することができることを規定している[1]。このような投資条約の投資紛争解決条項には，国内裁判所と国際仲裁または投資条約仲裁の関係に関連する様々な規定または条項が含まれている。それらの規定の背景には，投資紛争の解決において国内裁判所と投資条約仲裁はそれぞれどのような役割が与えられているのか，そして，それらの相互の関係はどのようなものとして考えられているのかを明らかにすることが当然に必要となるであろうし，重要な課題として存在している。この問題を解明するための1つの方法として，ここでは，投資条約の締約国と他方の締約国の投資家との間の投資紛争解決条項に含まれている「択一規定または条項（fork in the road provision or clause）」を取り上げて検討する。択一規定（条項）とは，投資紛争の解決のために複数の紛争解決手続から，たとえば，締約国の国内裁判所，当事者の間の仲裁合意または国際的な仲裁のい

---

(1)　国際仲裁の場合には，ICSID 条約または ICSID の追加制度（Additional Facility）規則に基づく仲裁，UNCITRAL 仲裁規則に基づく仲裁などが代表的なものであるが，ここでは，投資条約に基づいてそのような仲裁に付託されたものを条約仲裁として検討する。

『国家と海洋の国際法　柳井俊二先生米寿記念（上巻）』〔信山社，2025 年 2 月〕

国家と海洋の国際法（上巻）第 1 部 国際法／Ⅵ 紛争解決

ずれかの手続を選択する権利を投資家に与え，投資家がその選択の権利を一度
行使するならばそれが最終的な選択となることを定めている規定をいう[2]。こ
の規定は同一の投資紛争について，国内手続と条約仲裁手続の重複またそれら
の矛盾する決定を回避防止するために，投資家による紛争解決手続の選択を制
限するための方法として多数の投資条約において使用されているものである[3]。

　かかる択一規定によって，投資家が締約国またはその機関と結んだ契約から
生じた紛争を，最初に，国内裁判所に付託したならば，それだけで投資家は当
該紛争を条約に基づく国際仲裁に付託することができなくなるのかどうか，あ
るいは，そうでないとしても，その後には国際仲裁に付託することができなく
なる紛争の範囲または条件は何かということが問題となるであろう。いずれに
しても，この規定に従えば，投資家が投資紛争を紛争当事者である締約国の国
内裁判所に付託した場合には，その後に当該紛争を条約に基づく国際仲裁に付
託することができなくなる可能性があることから，それは投資家の投資紛争解
決手続の選択に大きな影響を及ぼすものである。かかる択一規定は，個別の
ケースにおいて投資条約仲裁廷によってどのように解釈そして適用されてきた
かを明らかにすることによって，投資条約仲裁と国内裁判所の役割と関係の問
題の解明の一つの手がかりにしたい[4]。

---

(2)　Christoph Schreuer, "Travelling the BIT Route: Of Waiting Periods, Umbrella
Clause and Forks in the Road", The Journal of World Investment & Trade, Vol. 5
(2004), pp. ; Stanimir Alexandrof, "Breach of Treaty Claims and Breach of Contract
Claims: Is it Still Unknown Territory?", Katia Yannaca-Small ed., Arbitration under
International Investment Agreements: A Guide to the Key Issues, 2010, pp. 347-349.

(3)　投資条約においては，国内裁判所のような国内手続と条約仲裁手続の重複あるいは
矛盾する決定を回避するために，投資家による紛争解決手続の選択を制限するための方
法として，択一規定とともに放棄（waiver）規定が使用されている。放棄規定によれば，
投資家は投資条約に基づく仲裁を選択すると，すでに開始されている国内裁判所に提出
された請求を放棄することが求められる。NAFTA 第 1121 条の規定がその代表的なも
のである。それに対して，択一規定においては，投資家は紛争解決手続を選択するとき
に，最初に，いずれかの手続の選択を行わなければならないという相違がある。

(4)　この論点に関する先行研究は少ないが，関連するものとして以下のもの参照。阿部
克則「二国間投資条約／経済連携協定における投資仲裁と国内救済手続との関係」
RIETI Discussion Paper Series 07-J-040（独立行政法人経済産業研究所，2007 年），中
村達也「国際投資仲裁と並行的手続──国家法による規制，調整を中心として」RIETI
Discussion Paper Series, 08-J-025（RIETI 独立行政法人経済産業研究所，2008 年）。

II　択一規定の内容と問題の所在

1　択一規定の内容

投資条約に規定されている択一規定の条文の規定はさまざまである。たとえば，Vivendi 対アルゼンチン事件において適用されたフランス・アルゼンチンBIT 第 8 条第 2 項の択一規定は次のように規定されている。「一方の締約国と他方の締約国の投資家との間のこの協定の意味における投資財産に関する紛争」は「投資家の請求により」，国内裁判所（jurisdiction）または国際仲裁のいずれかに付託されるものとする[5]。そして，「投資家が紛争に関係する締約国の国内裁判所または国際仲裁のいずれかに紛争を付託すると，これらの手続のいずれか一方の選択は最終的である」（第 8 条 2 項）と規定している[6]。

多数国間条約であるエネルギー憲章条約（The Energy Charter Treaty: ECT）第 26 条の「投資家と締約国との間の紛争の解決」条項（投資紛争解決条項）に含まれている択一規定の内容はより複雑である。それは一定の条件付きで投資家による国際仲裁への付託を認めているが，その条件が投資紛争の解決のための法廷の選択に関係している。それは同条第 2 項において，投資家は締約国との投資財産に関する紛争が友好的に解決されない場合には，当該紛争を(a)紛争当事者である締約国の裁判所，(b)あらかじめ合意した紛争解決手続，(c)国際仲裁又は調停のいずれかの手続を選択することができることを規定している。そして，国際仲裁を選択する場合の規定である第 3 項(a)において，「締約国は，(b)及び(c)の規定にのみ従うことを条件として，紛争をこの条の規定に基づいて国際的な仲裁又は調停に付託することについて無条件の同意を与える」と規定している。その条件を定めている第 3 項(b)(i)では，「付属書 ID に掲げる締約国は，投資家が(2)(a)又は(b)の規定に基づいて紛争を既に付託している場合には，(a)に規定する無条件の同意を与えない。」と規定する[7]。ここで示されている付

---

(5)　1991 年 7 月 3 日のアルゼンチンとフランスとの間の BIT の第 8 条第 1 項。*Compañía de Aguas de Aconquija S.A. and Compagnie Générale des Eaux v. Argentine Republic*, ICSID Case No. ARB/97/3, Award, 21 November 2000（Francisco Rezek, Thomas Buergenthal, Peter Trooboff）, *International Legal Materials*（hereafter *ILM*）, Vol. 40,（2001）, p. 450.

(6)　第 8 条第 2 項の条文規定は次のようなものである。"Once an investor has submitted the dispute either to the jurisdiction of the Contracting Party involved or to international arbitration, the choice of one or the other of these procedures shall be final"）*Ibid.*

(7)　エネルギー憲章条約の規定については，ILM, Vol. 34, Issue 2, p. 391 以下参照。

属書 ID とは，「第 26 条の規定に基づき，同一の紛争案件をその後の段階で国際仲裁に再付託することを投資家に対して認めない締約国の一覧表（第 26 条 (3)(b)(i)）」である。すなわち，付属書 ID に掲げられている締約国（日本，米国，欧州共同体，ロシア等を含む 24 カ国）は，投資家が投資紛争を同条第 2 項の(a)紛争当事者である締約国の裁判所または(b)あらかじめ合意した紛争解決手続（たとえば，国内仲裁）に付託している場合には条約仲裁への無条件の同意を与えない国々であることを示している。したがって，それらの国々においては，投資家が投資紛争を国内裁判所または合意した紛争解決手続に付託している場合には当該紛争を国際仲裁に付託すること認めていないのである。このことから，ECT においては，付属書 ID の一覧表に掲げられている締約国に対しては択一規定が存在しているということができる[8]。他方，付属書 ID に掲げられていない締約国については，投資家は投資紛争をすでに国内裁判所またはあらかじめ合意した紛争解決手続に付託していたとしても，その後に当該紛争を国際仲裁に付託することについて締約国は無条件の同意を与えているとして条約仲裁に付託することができるということになる[9]。

2 問題の所在

択一規定によって，投資家が複数の紛争解決手続の中から国内裁判所を選択したならば，それによって他方の手続である国際仲裁を利用することができなくなるとすれば，国際仲裁を利用することができなくなる投資紛争の範囲または条件が問題となる。実際に，投資家が投資契約から生じた紛争の解決のために国内裁判所または国内仲裁に訴えることは珍しいことではないし，またそのような方法によって紛争が解決されることは望ましいことでもある。しかしながら，そのような国内的な紛争解決手続に付託したにもかかわらず，それによ

---

[8]　ECT の択一規定の他の BIT にはない特徴として，この規定はすべての締約国に対して適用されるものではなくて，附属書１D の一覧表に掲げられている締約国に対してだけ適用されるにすぎないことを挙げることができる。

[9]　Petrobart 対キルギス仲裁廷は附属書１D に掲げられていない締約国であるキルギスについて次のように論じている。申立人である「Petrobart が条約に基づく請求を上記の法廷（すなわち，国内裁判所または UNCITRAL 仲裁）のいずれかに付託したとしても——それはしなかったが——，第 26 条に基づくその後の仲裁への付託はそれでも許容されたであろう。これが事実であるのは，キルギス共和国は……条約の附属書1D に掲げられないことを選択したからである。」*Petrobart Limited v. The Kyrgyz Republic*, Arbitration No. 126/2003 of the Arbitration Institute of the Stockholm Chamber of Commerce, Arbitral Award, 29 March 2005, p. 56.

り投資家にとって満足のいく解決がなされるとは限らないであろう。そのような場合に，国内裁判所の判決に不服な投資家が当該紛争を投資条約に基づいて国際的な仲裁に付託した場合には，投資紛争の相手国である被申立国は投資条約の択一規定に基づいて条約仲裁廷の管轄権または受理可能性を争ってきた。すなわち，被申立国は，そのような申立人による国内裁判所への投資紛争の付託は択一規定の定める法廷の選択を構成するとして，条約仲裁廷の管轄権を争ってきた。そこでは，投資家はどのような投資紛争を国内裁判所に提出した場合に，択一規定によって，条約仲裁を利用することができなくなるかという問題が争われてきた。

Ⅲ 投資条約仲裁廷による択一規定の解釈と課題

1 紛争の同一性の基準

　この問題を取り扱った条約仲裁廷は，<u>基本的に</u>，国内裁判所への紛争の付託によって択一規定の規定する最終的な選択が行われたとされるためには，国内裁判所に提出された紛争と条約仲裁に提出された紛争とが同一の紛争であることが必要であるという観点から検討してきた。この観点からすれば，当然に，2つの法廷に付託された紛争が同一であることの基準が問題となる。二つの紛争の同一性の基準は投資条約にはなにも規定されていないけれども，同一性の基準の具体的な意味またはその内容は択一規定の問題を取扱ってきた条約仲裁廷の判例によって，明らかにされてきたということができる。そのような条約仲裁判例によって形成されてきた同一性の基準の具体的な内容として，<u>係争中の訴訟</u>（lis pendens）の法理の影響を受けた訴訟原因（cause of action），趣旨（object）および当事者の同一性の基準，特に，国内裁判所に提起された請求と条約仲裁に付託された請求の訴訟原因および当事者の同一性の基準を挙げることができる。さらに，条約仲裁においてはこれらの同一性の基準とは別に，請求の根本的基礎（fundamental basis of the claim）の同一性の基準が少数の仲裁廷によってではあるけれども提唱されてきた。国内裁判所に付託された紛争と条約仲裁に付託された紛争が同一の紛争であることの基準として条約仲裁において示されてきたこれらの同一性の基準について，それぞれの基準の内容および特徴を明らかにするとともに，それらの相違点を踏まえて比較検討することにする。

国家と海洋の国際法（上巻）第1部 国際法／Ⅵ 紛争解決

2 訴訟原因および当事者の同一性の原則

(1) 主要な判例

　この問題を取扱った多くの条約仲裁廷は，条約仲裁における紛争と国内法廷における紛争が同一の紛争であるためには，2つの紛争または手続における訴訟原因および当事者が同一であることが必要であるとの基準を適用して決定してきた。この基準は条約の仲裁条項ではなくて，「契約の仲裁条項」に基づいて ICSID に付託された紛争（契約仲裁）において同様の問題を扱った仲裁廷において適用されてきた「3要素の同一性の基準（triple identity test）」の影響を強く受けている[10]。

　投資条約仲裁の初期のケースである Vivendi 対アルゼンチン仲裁廷は，申立人がコンセッション契約の排他的管轄権条項の指定する国内裁判所に契約違反の請求を提出したとしても，そのことは BIT の択一規定[11]の定めている締約国の国内裁判所への紛争の付託を選択したことにはならないとしている[12]。申立人は契約請求を国内裁判所へ付託した後に，条約違反の請求を条約仲裁廷に付託することができることを認めている。BIT 第8条第2項の択一規定に関する仲裁廷のかかる解釈が，契約請求と条約請求の相違原則の影響を受けていることは明らかである。すなわち，BIT 第8条第2項の択一規定は「BIT に基づく訴訟原因を主張している請求」（BIT 違反の請求）に対してだけに適用されるにすぎないのであって，契約違反の請求には適用されないのである。択一規定が契約請求には適用されないということは，投資家が契約請求を契約の指定する国内裁判所に付託したとしても，そのことは択一規定に示されている選

---

(10)　ICSID 仲裁においては，「契約の仲裁条項」に基づく契約仲裁において係争中の国内訴訟の存在と ICSID の手続との関係性を取扱っているケースがある。そのようなケースの一つにおいて，ICSID 仲裁廷は，「二つの裁判所に係争中の手続において，当事者，目的及び訴訟原因の同一性が存在する場合に，係争中の訴訟（*lis pendens*）の申立てが存在しうるにすぎない」と宣言した。*Benvenuti and Bonfant SRL v. The Government of the People's Republic of the Congo*, Decision on Jurisdiction, ICSID Case No. ARB/77/2, Award, para. 1.14, 8 August 1980, ICSID Report, Vol. 1, p. 340.

(11)　フランス・アルゼンチン BIT の第8条第2項の択一規定の内容については，前掲注(6)参照。

(12)　仲裁廷によれば，コンセッション契約第16条4項が要求しているような，「トゥクマン州行政裁判所へのトゥクマン州に対する契約違反の請求の付託は，（……申立人の立場に反して，）BIT 第8条に基づく『択一（fork in the road）』を構成し，それにより，ICSID 条約に基づく将来の請求を妨げる，国内管轄権（すなわち裁判所）におけるアルゼンチン共和国に対する申立人による法的訴訟の選択ではなかったであろう。」と論じている。*Compañía de Aguas del Aconquija, S.A. and Compagnie Générale des Eaux v. Argentine Republic, supra* note 5, p. 439.

択肢（国内手続または国際手続）からその１つを選択し，その選択が最終的なものであることを意味しないということである。

BIT の択一規定の定める基準について，訴訟原因および当事者の同一性の観点から，最も明確な説明を与えた初期の条約仲裁のケースとして Genin 対エストニア仲裁廷の決定を挙げることができる[13]。この事件では，米国民 Genin の所有する米国法人 Eastern Credit Limited, Inc.（ECL）はエストニアの金融機関であるエストニア・イノベーション銀行（Estonian Innovation Bank: EIB）の支配的な株主であった。1994 年 8 月，EIB は破綻したエストニア社会銀行（Estonian Social Bank: ESB）の地方支店（Koidu 支店）の買収協定を結んだが，同協定は EIB と社会銀行に代わってエストニア中央銀行によって署名された。その後，EIB は当該地方支店の決算における不一致を発見したとして，その結果被った損失をエストニア銀行に請求したが，エストニア銀行はそのような不一致に対する責任を否定した。そこで，EIB はエストニアのタリン市裁判所に社会銀行（ESB）を訴え，実質的な勝訴判決を得た。しかし，ESB（社会銀行）による一部の支払いは行われたが，大部分についてはその支払い能力がなかったために，EIB は損失の十分な補償を受けることができなかった[14]。そこで，EIB は被った損失を回復する権利を米国法人 ECL に譲渡し，ECL はテキサス裁判所に訴えを起こしてエストニア銀行に対して損害の回復を求めたが，それは失敗に終わった[15]。その後，エストニア銀行は EIB の銀行ライセンスを取り消したため，EIB はエストニア裁判所に訴えを提起してこの取消を争った。これらの手続が係争中に，エストニア裁判所は EIB の清算を命令したため，当該清算の停止を求めたが失敗した[16]。

このような事情の下で，Genin，ECL および Baltoil（ECL のエストニア子会社）は 1999 年 3 月に米国・エストニアの BIT に基づいてエストニアに対して ICSID 仲裁を提起した。エストニアの主要な抗弁の 1 つは，提起された紛争について投資家はすでにエストニアおよび米国の裁判所において訴訟を提起しており，そのことは BIT の択一規定によって投資家が国際仲裁に付託すること

---

(13) *Alex Genin, Eastern Credit Limited, Inc. and A.S. Baltoil v. The Republic of Estonia*, ICSID Case No. ARB/99/2, Award, June 25, 2001.

(14) ケースの事実関係については，*Ibid.*, paras. 43-48.

(15) 米国裁判所は 1998 年 6 月に，Koidu 支店の紛争に対する管轄権がないとの宣言を下している。*Ibid.*, para. 51.

(16) *Ibid.*, paras. 57-61.

を不可能にさせているというものであった[17]。そこでは，管轄権における問題
として，申立人は投資紛争を BIT の択一条項に規定されているエストニアの
司法裁判所若しくは行政裁判所又はあらかじめ合意された紛争解決手続に付託
したかどうかということが問題となった。この点について，仲裁廷は「エスト
ニアと米国の法廷で争われた争点は申立人が本仲裁において提起している争点
とどの範囲まで同一であるか[18]」という問題が生ずるとしている。この問題に
ついて仲裁廷は，「社会銀行の Koidu 支店の EIB による買収および EIB のラ
イセンスの取消に関するエストニアにおける訴訟は，申立人が本手続において
仲裁を求めている『投資紛争』における訴訟原因と同一ではない」という意見
を表明している[19]。

　エストニアで訴訟を提起した EIB と条約仲裁における申立人は同一とみな
すことができるかという争点について，仲裁廷は否定的な見解を提示している。
「Koidu 支店の競売および銀行ライセンスの取消に関してエストニア銀行の不
正な行為のために EIB が被った損失に関してエストニアにおいて EIB が開始
した訴訟は，確かに申立人の利益に影響を及ぼすものであった。しかし，この
ことはそれ自体では申立人をこれらの手続の当事者とさせるものではなかっ
た[20]。」実際，ICSID 仲裁の当事者のいずれも国内裁判の訴訟当事者ではな
かった。このように，仲裁廷は国内裁判所と条約仲裁の二つの手続における訴
訟原因と当事者が同一ではないことを指摘している。こうして，BIT の択一
規定は申立人が BIT に基づく仲裁を追及することを妨げるものではないとし
て国の抗弁を却下した。

　(2)　その後の支持する判例
　BIT の択一規定の解釈に関するその後の条約仲裁の判例においても，択一

---

(17)　*Ibid.*, para. 321.
(18)　*Ibid.*, para. 330.
(19)　*Ibid.*, para. 331. 仲裁廷によれば，エストニアにおいて EIB がライセンスの取消に
　　ついて提起した訴訟は，エストニア銀行によって取り消されたライセンスの回復ととも
　　に，EIB の活動の停止によって損害を被った株主や預金者等のためにとられたものであ
　　る。それに対して，ICSID 仲裁に付託された投資紛争については，仲裁廷は次のように
　　まとめて論じている。「他方，ICSID 仲裁に付託された『投資紛争』は申立人だけが被っ
　　たと主張される損失であって，BIT の違反であると彼らが主張するものから生じた損失
　　に関するものである。この紛争を生じさせた事実の側面はエストニアの訴訟においても
　　係争中であったけれども，『投資紛争』それ自体はそこで争われていなかった。したがっ
　　て，申立人は ICSID 仲裁制度を利用することを妨げられるべきではない。」*Ibid.*, para.
　　332.
(20)　*Ibid.*, para. 331.

規定が適用されるのは，同一の紛争すなわち同一の訴訟原因および同一の当事者の間の紛争が条約仲裁の開始前に受入国の国内裁判所に付託されている場合にすぎないことを示している[21]。圧倒的多数の仲裁廷によって支持されてきたこの解釈は，いわゆる「3要素の同一性」の基準の影響を受けてきたものであるが，条約仲裁判例によれば，実質的に，訴訟原因の同一性および当事者の同一性の条件が必要であるとするものである[22]。択一規定のかかる解釈を支持するその後の条約仲裁廷の主要な例を挙げるならば，次のようなケースを挙げることができる。たとえば，CMS 対アルゼンチン仲裁廷は，契約請求は条約請求と異なっているので，国内裁判所への契約請求の訴えがあったとしても，あるいは現在あるとしても，このことは条約請求の仲裁への付託を妨げないと決定してきた多数の ICSID 仲裁廷の決定を支持している。契約違反の訴えが国内裁判所に出されたとしても，そのことは択一規定を生じさせることにならないことを指摘している[23]。そして，択一規定の解釈について，「当事者も独立の文書に基づく訴訟原因もいずれも異なっている」との結論を下している[24]。Azurix 対アルゼンチン仲裁廷も CMS 仲裁廷と同様に，択一規定が発動されるためには条約仲裁と国内法廷における当事者および訴訟原因が同一であることが必要であることを指摘している[25]。その後も，Enron 対アルゼンチン仲裁

---

(21)　Genin ケース以前のものであるが，Eurodo　Olguín 対パラグアイ仲裁廷はペルー・パラグアイ BIT の択一条項に関連して，ペルー国民である申立人 Olguín 氏が国内裁判所に提起した請求と条約仲裁に付託した請求の性質の相違について論じている。仲裁廷によれば，申立人が「商事会社の破産と清算の宣言的判決のために実際に行った申請は（その証拠は決定的ではない），パラグアイ共和国に対する請求と同じ法的効果を有することはできない」として，国内法に基づく請求と BIT に基づく請求の相違について指摘している。*Eudoro Armando Olguín v. Republic of Paraguay*, ICSID Case No. ARB/98/5, Decision on Jurisdiction, 8 August 2000, para. 30, *ICSID Review-Foreign Investment Law Review*, Vol. 1, p. 162.

(22)　Azurix 仲裁廷は，択一規定の適用条件としての当事者と訴訟原因の同一性の背景にある法理として，「係争中の訴訟（*lis pendens*）」の申立てが存在するための条件であるいわゆる「3要素の同一性基準」の影響を指摘している。*Azurix Corp. v. The Argentine Republic*, ICSID Case No. ARB/01/12, Decision on Jurisdiction, December 8, 2003, para. 88.

(23)　*CMS GAS Transmission Company v. The Republic of Argentina*, ICSID Case No. ARB/01/8, Decision of the Tribunal on Objections to Jurisdiction, July 17, 2003, para. 80.

(24)　*Ibid.*

(25)　*Azurix Corp. v. The Argentine Republic, supra* note 22, paras. 89-90.

国家と海洋の国際法（上巻）第 1 部 国際法／Ⅵ 紛争解決

廷[26]，Occidental Exploration 対エクアドル仲裁廷[27]，Joy Mining 対 エジプト仲裁廷[28]，Pan American 対アルゼンチン仲裁廷[29]，Toto Construzioni 対レバノン仲裁廷[30]等によって，条約仲裁廷の先例に依拠して訴訟原因および当事者の同一性の原則が支持されてきた[31]。

　択一条項に関するかかる解釈は学説においても広く支持されてきた。例えば，Schreuer によれば，「諸仲裁廷は，択一条項は同一の当事者および訴訟原因を伴う同一の紛争が受入国の裁判所に付託されたならば，国際仲裁へのアクセスを妨げるにすぎないであろうことを一貫して判示してきた。ICSID 仲裁廷の管轄権は関連しているが同一でない紛争の国内裁判所への付託によって影響を受けない。」と論じている[32]。また，同様の見解が他の多数の論者によっても表

---

(26)　*Enron Corporation and Ponderosa Assets, L.P. v. The Argentine Republic*, ICSID Case No. ARB/01/3, Decision on Jurisdiction, 14 January 2004, paras. 97-98.

(27)　Occidental 対エクアドル仲裁廷も契約請求と条約請求の相違原則に依拠して，択一規定に基づく抗弁を却下した。Occidental 仲裁廷は 2 つの請求の相違原則は，一部，「3 要素の同一性の基準（triple identity test）」の影響を受けていることを指摘している。「紛争が同一の当事者，趣旨および訴訟原因を伴っている限りにおいて，それは同一の紛争とみなされ，『択一（*fork in the road*）』規定のメカニズムはその紛争を競合する裁判所に付託することを妨げるであろう。」*Occidental Exploration and Production Company v. The Republic of Ecuador*, London Court of International Arbitration Administered Case No. UN 3467, Final Award, 1 July 2004, para. 52.

(28)　Joy Mining 対エジプト仲裁廷によれば，紛争の商業的側面と主権による契約に対する干渉の側面から区別される契約請求と条約請求の相違は，3 要素の同一性の基準に基づいていることを指摘している。*Joy Mining Machinery Limited v. The Arab Republic of Egypt*, ICSID Case No. ARB/03/11, August 6, 2004, paras. 71-78.

(29)　*Pan American Energy LLC, and BP Argentina Exploration Company v. The Argentine Republic*, ICSID Case No. ARB/03/13, Decision on Preliminary Objections, July 27, 2006, paras. 155-157;

(30)　Toto 対レバノン仲裁廷も，仲裁廷に付託された請求を択一条項によって審理することができなくなるのは，同一の請求が異なる法廷である国内裁判所にすでに提起されているときであるとしている。このケースでは Toto は 2 つの契約請求をコンセーユ・デタに提出していたが，契約請求は条約請求と同一の訴訟原因を有するものではないことから，この事実は Toto が条約請求を仲裁廷に付託する権利を制限するものではないとしている。*Toto Construzioni Generali S.p.A. v. Republic of Lebanon*, ICSID Case N0. ARB/07/12, Decision on Jurisdiction, September 11, 2009, paras. 211-212.

(31)　契約違反と条約違反の相違は訴訟原因に関係するものとして他の仲裁廷によってもしばしば指摘されてきた。

(32)　Christoph H. Schreuer with Loretta Malintoppi, August Reinish, Anthony Sinclair, *The ICSID Convention: A Commentary*, 2nd edition, 2009, p. 370. 第 3 版においても，同様に，「択一条項に基づく国際仲裁へのアクセスの喪失は，『3 要素の同一性の基準』が満たされているならば，すなわち，同一の訴訟原因，同一の趣旨および同一の当事者を伴う同一の紛争が受入国の国内裁判所に付託されているならば，適用されるにすぎない」と判示してきた。Dolzer, Kriebaum and Schreuer, 3rd ed., 2022, p. 385.

明されてきている[33]。Katia Yannaca-Small も，エネルギー憲章条約第 26 条第 3 項(a)の択一規定に関連して，同様の見解を表明している[34]。

3　請求の根本的基礎の同一性

(1)　はじめに

多数の条約仲裁廷は国内裁判所（国内法廷）に付託された紛争と条約仲裁に付託された紛争との間には訴訟原因や当事者の同一性が認められないことから，それらの紛争は同一の紛争ではないとしてきた。その結果，国内裁判所への契約紛争の付託は条約仲裁による条約紛争の審理および決定を妨げるものではないとしてきた。圧倒的に多数のケースにおいてかかる択一条項の解釈がとられてきたことによって，条約仲裁に付託される紛争の範囲が制限されることはほとんどなかった。この点について，Chevron 対エクアドル仲裁廷は投資家による締約国の BIT 違反の請求が 3 要素の同一性の基準が満たされる可能性はきわめて低いこともあり，当該基準の適用について疑問を表明している[35]。それによれば，「仲裁廷における BIT に基づく国に対する紛争であって BIT 違反の申立てに基づくものが国内裁判所における紛争と比較される多くのケースにおいて，3 要素の同一性の基準が満たされる可能性はきわめて低い。国内法制度は，条約に効果を与えている国内法の違反に対する訴訟が可能であるとしても，一般に，国が条約それ自体の違反に関して訴えられることを規定していない。3 要素の同一性の基準の厳格な適用は択一規定からすべてのまたは多くの実際的な効果を奪うことになるであろう。」と課題を指摘している[36]。しかしながら，同仲裁廷は択一規定の解釈について，同一の紛争であることと同一

---

(33)　P. Turner, "The 'Fork in the road' Revisited", F. Ortino, A. Sheppard, and H. Warner (eds), *Investment Treaty Law, Current Issues*, Vol. 1 2006, pp. 177-182; C. Söderlund, "Multiple Judicial Proceedings and the Energy Charter Treaty", in C. Ribeiro ed., *Investment Arbitration and the Energy Charter Treaty* 2006, pp. 237-256; Filippo Fontanelli, *Jurisdiction and Admissibility in Investment arbitration: The Practice and the Theory*, 2018, pp.21-23; Borzu Sabahi, Noah Rubins and Don Wallace, JR, *Investor-State Arbitration*, 2nd ed., 2019, pp. 464-474.

(34)　Katia Yannaca-Small, "Parallel Proceedings", P. Muchlinski, F. Ortino and C. Schreuer eds., *The Oxford Handbook of International Investment Law*, Oxford, 2008, p. 1027.

(35)　*Chevron Corporation and Texaco Petroleum Company (USA) v. The Republic of Ecuador*, Third Interim Award on Jurisdiction and Admissibility, UNCITRAL, PCA Case No. 2009-23, 27 February 2012, paras. 4.72-4.89.

(36)　*Ibid.*, para. 4.76.

国家と海洋の国際法（上巻）第1部 国際法／Ⅵ 紛争解決

の当事者であることが必要な条件であることを強調していることは押さえてお
く必要がある。

他方，少数のケースにおいてではあるが，択一規定に関する異なる解釈基
準を適用してきた仲裁廷の決定がある。これらのケースでは，仲裁廷は訴訟
原因および当事者の同一性の基準ではなく，「請求の根本的基礎（fundamental
basis of the claim）」の同一性の基準を適用してきた[37]。

(2) 主要な判例

このアプローチを採用した初期の代表的なケースとして Pantechniki 対アル
バニア仲裁廷（2009年）を挙げることができる[38]。このケースにおいてアルバ
ニアは，申立人がアルバニア国内で生じた大規模な市民暴動によって被った損
失の回復のための請求をアルバニア裁判所に，しかも，最高裁判所にまで提出
していることから，ICSID 条約第26条およびアルバニア・ギリシャ BIT 第
10条第2項[39]の択一条項に基づいてそのような損失に対する申立人の請求は
認められないと主張している[40]。それに対して，申立人によれば，ICSID 条約
第26条は契約請求が国内裁判所において係争中のときに，申立人が条約請求
を ICSID 仲裁に提出することを妨げるものではない[41]。それはアルバニア裁判
所が条約請求を審理する可能性を排除しているにすぎない。そして，アルバニ
ア裁判所における紛争と ICSID における紛争は同一の紛争ではないという理
由から，BIT 第10条第2項の択一条項は適用されないと主張した[42]。

かかる当事者による択一条項の解釈の相違について，単独仲裁人 Jan
Paulsson は3要素の同一性の基準の形式的な適用に強く反対して，より実質
的な基準を提案した。彼によれば，問題の鍵は「同一の紛争が国内法廷および

---

(37) Pantechniki 対アルバニア仲裁廷によれば，請求の根本的基礎の基準を提唱した最
初のケースとして，1903年に Woodruff 事件における米国・ヴェネズエラ混合委員会を
挙げている。*Pantechniki S.A. Contractors & Engineers (Greece) v. The Republic of
Albania,* ICSID Case No. ARB/07/21, Award, 30 July 2009, para.61.

(38) 申立人はアルバニア政府の道路総局（General Roads Directorate）と1994年に締
結した橋梁および道路建設ための契約に基づいて事業を行っていたが，1997年3月のア
ルバニア国内に生じた大規模な市民暴動によって申立人の工事現場が破壊され剝奪され
たことから生じたケースである。*Ibid.,* paras. 53-67.

(39) BIT 第10条第2項は次のような規定である。「かかる紛争は，いずれかの当事者が
友好的な解決を要請した日から6カ月以内に解決できない場合には，投資家又は関係す
る締約国は当該紛争を締約国の権限ある裁判所又は国際仲裁裁判所のいずれかに付託す
ることができる。」*Ibid.,* para. 53.

(40) *Ibid.,* paras. 52-53.

(41) *Ibid.,* para. 54.

(42) *Ibid.,* para. 55.

664

国際法廷の両方に付託されているかどうかを判断することである」として[43]，そのために必要なことは「請求されている権利（entitlements）が同一の規範の淵源（normative source）に基づいているかどうかを決定することである」との基準を提示している[44]。国内法廷における紛争と条約法廷における紛争とが相違していることの基準についてのかかる観点から，仲裁廷は先ず，「ICSIDの管轄権は条約に基づいていなければならないという単純な理由のために，本仲裁は契約に基づいて行われることはできない[45]」。そのために，「仲裁廷は請求が真に契約の外に自律的に（autonomous）存在しているかどうかを決定しなければならない」としている[46]。このように，申立人の ICSID 仲裁における請求は，申立人が国内裁判所に提出した請求とは独立したものであるかどうかを確認することの必要性を指摘している[47]。そして，ICSID における申立人の請求は，仲裁廷によれば，「申立人が道路総局と始めた契約論争において援用した同一の権利（entitlement）から生じている。申立人はこの問題をアルバニア裁判所に付託することを選択した。それは今では条約請求の基盤（foundation）と同一の根本的基礎を採用することはできない。申立人は国内管轄権をとる選択を行っているので，ICSID において同一の主張を提起することは認められない。」しかし，「（ICSID 条約第 26 条および条約第 10 条第 2 項によって指示される）この結論は，アルバニア裁判所の手による誤った待遇（裁判拒否）に対する請求を排除しない」ことを指摘している[48]。

　Pantechniki 対アルバニア仲裁廷の提示した請求の根本的基礎の基準に基づいて法廷選択条項を解釈してきたその後の仲裁廷として，次のものを挙げることができる。AES Corporation 対カザフスタン仲裁廷[49]，H&H Enterprises

---

(43)　*Ibid.*, para. 61.

(44)　*Ibid.*, para. 62. 仲裁廷によれば，「同一の事実は異なる法的請求を生じさせることができる。救済内容の申立（prayers for relief）の類似性は，必ずしも，訴訟原因の同一性を示すものではない」ことを指摘して，仲裁廷の基本的な視点を提示している。

(45)　*Ibid.*, para. 64.

(46)　*Ibid.*

(47)　仲裁廷は，ICSID における申立人の請求が国内裁判所における契約請求とは独立して存在しているのでなければ，「申立人はその苦情申立（grievance）を国内裁判所で行うことを選択したことの結果を受け入れなければならない」としている。Ibid.

(48)　*Ibid.*, paras. 67-68.

(49)　*The AES Corporation and Tau Power B.V. v. Republic of Kazakhstan*, ICSID Case No. ARB/10/16, Award, 1 November 2013, paras. 226-230.

対エジプト仲裁廷[50]，Hassan Awdi 対ルーマニア仲裁廷[51]，Supervision 対コスタリカ仲裁廷[52]の決定などがその例である。たとえば，H&H Enterprises Investments, Inc. 対エジプト仲裁廷も，国内裁判所と仲裁に提出された請求において依拠された訴訟原因が同一であるかどうかではなく，二つの請求が同一の根本的基礎を有しているかどうかの観点から評価しなければならないとの立場から分析している。本件における申立人の条約請求が択一条項によって妨げられたかどうかを決定するために，仲裁廷は条約請求が国内法廷に付託された請求と同一の根本的基礎を有しているかどうかを決定しなければならないとしている[53]。そして，H&H が「同一の根本的基礎（the same fundamental basis）を有する」請求をすでに 1989 年の管理運営契約（management and operation contract）に基づいて仲裁裁判所およびエジプトの国内裁判所に付託していることは，BIT の択一規定を生じさせたとして，仲裁廷には管轄権がないとの結論を下している[54]。

(3) 請求の根本的基礎に対する批判説

Khan Resources 対モンゴル事件は[55]，エネルギー憲章条約（ECT）第 26 条

---

(50)　*H&H Enterprises Investments, Inc. v. Arab Republic of Egypt*, ICSID Case No. ARB/09/15, Award, May 6, 2014, paras. 368-369.

(51)　*Hassan Awdi, Enterprise Business Consultants, Inc. and Alfa El Corporation v. Romania*, ICSID Case No. ARB/10/13, Award, March 2, 2015, paras. 203-205. 仲裁廷によれば，申立人は請求を国内裁判所に提出したが，裁判所費用の不払いのため，その手続は審理が行われる前に中止となった。

(52)　スペイン・コスタリカ BIT 第 11 条第 2 項において，投資財産に関する紛争が友好的な合意・和解によって解決できない場合には，投資家は締約国の国内裁判所または国際仲裁裁判所に付託することができることを規定している。3 項において，「投資家は投資（財産）が行われた領域の締約国の権限のある裁判所に紛争を付託している場合，当該国内裁判所が判決を下していなければ，それは，追加的に（in addition），本条に規定されている仲裁裁判所に訴えることができる」ことを規定している。そして，投資家が国内裁判所に付託している紛争を条約仲裁に付託する場合には，「投資家は進行中の裁判所の事件を永久的に中止するために必要な措置をとる」ことを定めている。仲裁廷はこの規定を「法廷選択条項」とは実質的に「択一条項」の性質を有しているとしている。*Supervision y Control S.A. v. Republic of Costa Rica*, ICSID Case No. ARB/12/4, Award, January 18, 2017, paras. 294-318.

(53)　*H&H Enterprises Investments, Inc. v. Arab Republic of Egypt, supra* note 50, paras. 368-369.

(54)　*Ibid.*, paras. 385-386.

(55)　本件における申立人は，カナダ設立法人である Khan Resources Inc.（Khan Canada），オランダ設立法人である Khan Resources B.V.（Khan Netherlands）そして 英領バージン諸島設立法人である CAUC Holding Company Ltd.（CAUC Holding）である。また，被申立国（Respondents）には，モンゴル政府だけではなくモンゴル設立法人である MonAtom LLC が含まれている。*Khan Resources Inc., Khan Resources B.V., CAUC*

およびUNCITRALの2010年仲裁規則第3条などに基づいて[56]，2011年に申立人によって開始された条約仲裁事件である。ECT附属書IDの一覧表に掲げられている締約国の1つであったモンゴルは[57]，申立人によって条約仲裁に付託された紛争は既にモンゴルの行政裁判所（国内裁判所）に付託されているとして仲裁廷の管轄権を争った。それによれば，申立人Khan Resources Inc.（Khan Canada）の所有するモンゴル子会社であるKhan Resources LLC（Khan Mongolia）とジョイントベンチャーであるモンゴル会社CAUC（Central Asian Uranium Company Ltd.)[58]が2010年にモンゴルの行政裁判所において請求を開始していたことから，ECTの択一規定である第26条第3項(b)(i)が適用されることを理由に仲裁廷の管轄権を争った[59]。それに対して，仲裁廷は本件において請求の根本的基礎の基準が3要素の同一性の基準に勝る理由は認められないとの判断を示している。3つの要素のうち2つの要素は満たされているけれどもひとつだけが満たされていない場合においても管轄権が認められない場合には，根本的基礎の基準はある程度の説得力を持つかもしれない。しかし，本件では同一性の3つの要素のいずれもが満たされていないとして，申立人の主張を退けた。仲裁廷は結論としてECTの択一規定は発動されないとしている[60]。

IV　お わ り に

これまで検討してきた条約仲裁判例の多数によれば，択一規定が適用されるのは，同一の当事者と同一の訴訟原因からなる同一の紛争が国際仲裁を開始する前に受入国の国内裁判所に付託された場合にすぎないことを示している。投資家が択一規定に基づく最終的な選択を行ったとされるためには，国内裁判所

Holding Company Ltd. v. The Government of Mongolia, MonAtom LLC, PCA Case No. 2011-09, Decision on Jurisdiction, 25 July 2012, paras. 1-2.

(56)　本仲裁における申立人の仲裁の通告は，ECT第26条およびUNCITRAL仲裁規則第3条のほかに，有限責任会社設立のための基本協定（the Founding Agreement for the Creation of a Company with Limited Liability）第12条およびモンゴル外国投資法第25条の規定に基づいて行われた。*Ibid.*, para. 3.

(57)　附属書IDについては，前述のII 1. においてECTの第26条の択一規定に関連して説明されている箇所参照。

(58)　ロシア国有会社Priargunskyとモンゴル国有会社Mongol-Erdeneは旧ソ連邦の崩壊後に，モンゴル北東地方に在るウラニウムの探査開発プロジェクトのために米国会社WM Mining Inc.とCAUCとして知られているモンゴルのジョイントベンチャーを設立した。*Ibid.*, paras. 21-22.

(59)　*Ibid.*, para. 386.

(60)　*Ibid.*, paras. 390-392 and 400.

国家と海洋の国際法（上巻）第1部 国際法／Ⅵ 紛争解決

における請求と同一の請求すなわち同一の当事者および訴訟原因からなる同一の請求を条約仲裁に提出した場合である。これは多数の仲裁廷によって確認され支持されてきており，学説においてもそれが確立した原則として認められていることについてはすでに指摘してきた[61]。したがって，択一規定に基づいて投資家が国際仲裁を選択する権利が失われるのは，同一の当事者の間の同一の訴訟原因からなる同一の紛争が受入国の国内裁判所に付託された場合である。具体的には，投資家が国に対する条約違反の請求を国内裁判所に付託した後に同一の条約請求を国際仲裁に付託するときには択一規定が適用されることになるであろう。しかし，投資家が条約請求を最初に条約仲裁ではなく国内裁判所に付託するということは実際問題としては考えにくいのでその可能性はきわめて低いであろう。予想される状況として，仲裁廷に契約請求に対する管轄権が与えられている場合には，投資家は契約違反の請求を条約違反の請求とともに条約仲裁に付託する場合であろう。この場合，契約請求については，それを国内裁判所に付託した後に同一の請求を条約仲裁に付託するときには，投資家はすでに契約請求を国内裁判所に付託することによって択一規定の選択肢の1つを選択したとして，択一規定が適用されることにより当該請求に対する管轄権は認められないであろう。他方，投資家によって付託された条約請求に対する条約仲裁廷の管轄権は択一規定によって何の影響も受けないであろう[62]。

　そのため，択一規定の存在理由について疑問が表明されたこともあり，択一規定を請求の根本的基礎の同一性の基準を適用して解釈する見解が唱えられるようになってきた。しかし，この基準を適用してきた仲裁廷の決定についても，個別ケースの事情の相違もあり，その結果は一致しているわけではない。しかしながら，この基準を適用した仲裁廷の決定には，択一条項の適用の結果，条約請求に対する条約仲裁廷の管轄権に影響を及ぼすものがすでに現れていることについては注目されるべきであろう。請求の根本的基礎の同一性の基準に基づく今後の条約仲裁廷の解釈の展開が期待される。

---

(61)　Christoph Schreuer, "Consent to Arbitration", in P. Muchlinski, F. Ortino and C. Schreuer eds., *The Oxford Handbook of International Investment Law*, Oxford, 2008, p. 849.

(62)　Stanimir A. Alexandrov, *supra* note 2, pp. 392-394.

31 国際裁判におけるオンライン審理手続

中　島　　啓

Ⅰ　は じ め に　　　　　　　　Ⅲ　対面方式とオンライン方式の
Ⅱ　コロナ禍におけるオンライン　　　相違
　審理方式の整備と運用　　　　Ⅳ　お わ り に

Ⅰ　は じ め に

　2020 年初頭から猛威を振るった新型コロナウイルス感染症（COVID-19）の感染拡大防止を目的として国家がとった公衆衛生上の措置は，その性質上，人々の社会経済活動に様々な制約を課すものであった[1]。国際裁判の運営も例外ではなく，国際司法裁判所は，ホスト国オランダ政府の勧告に基づき，職員の出張取り止めやテレワークの導入といった様々な対策措置を講じた[2]。事件の審理については後述するように，当面予定されていた口頭弁論期日をいったん取り消した後は，ビデオリンク方式を通じた弁論の実施を可能とするべく裁判所規則の整備を行い，それに基づいてオンラインないしハイブリッド方式での弁論を実施することで，任務を遂行し続けた。コロナ禍をきっかけとするこうしたオンライン審理手続の導入ないし本格的な移行は，国際裁判・仲裁実務に広くみられた動向であり，国際紛争処理の「新しい常態（new normal）」となるとの見通しが持たれることもあった[3]。

　ところが，感染拡大が少なくとも社会的には終息したと観念される 2024 年3 月現在（本稿執筆時点），国際司法裁判所における口頭弁論はほぼ完全に従来

---

(1)　中島啓「新型コロナウイルス感染症（COVID-19）対策と社会経済活動の両立をめぐる国際（保健）法のディスコース」『社會科學研究』72 巻 1 号（2021 年）6 頁。

(2)　*Report of the International Court of Justice. 1 August 2019–31 July 2020*（A/75/4, 2020）, para. 40.

(3)　See, e.g., "Virtual hearings – the new normal", *Global Arbitration Review*（27 March 2020）.

の対面方式に回帰しており，ビデオリンク方式を通じた弁論が「新しい常態」の一部をなしているとは言い難い。もとより，そうした対面方式への回帰は裁判所自身が望むところであった。依然コロナ禍の最中に開催された2021年10月の国連総会の場において，時の裁判所長（Joan E. Donoghue）は，平和宮のフォーマルかつ厳粛な場で当事国や一般傍聴者の出席のもと審理を行うことの重要性を強調し，裁判所としては，事態が改善した暁には従来の方式（the traditional manner）での業務再開を希求している旨言及した[4]。

　しかし，審理の参加方式の間に何らかの意味での序列を暗に観念するならば，その両者に拠るハイブリッド方式は，組み合わせ次第では手続的公正を害しかねないのではないかが問題となる。事実，モーリシャス・モルディブ間の海洋境界画定事件の先決的抗弁の口頭弁論審理に際して，モルディブは，自らが選任した特任裁判官がリモート参加を予定していたのに対してモーリシャスが選任した特任裁判官が対面で審理に参加予定であったことが手続的公正の観点から問題となりうる旨懸念を表明した。これに対して，柳井俊二を含めて構成された国際海洋法裁判所（ITLOS）特別裁判部の長（Jin-Hyun Paik）は，対面参加とリモート参加の間に相違はない（there is no difference）との前提の下にハイブリッド方式が成立しているとの理解に基づき，モルディブの懸念に応答した[5]。

　では，対面参加とリモート参加の間に「相違はない」はずであるにもかかわらず，ビデオリンク方式を取り入れた審理手続が「新たな常態」とはならず，ほぼ一方向的に対面方式へと回帰してきたのはなぜかが問題となる。本稿では，国際司法裁判所長の演説と，ITLOS特別裁判部の長の対応の間に見られるギャップを手がかりとして，国際裁判におけるオンライン審理手続の意義を，従来の対面方式との比較において探求する。コロナ禍を契機に急速に整備されたオンライン審理手続ではあるが，その利用価値は感染拡大防止に尽きるわけではない。そうであれば，コロナ禍の終息とともに意義を失うわけではなく，いったん導入整備した以上は今後も取りうる選択肢の1つとして念頭に置いた上で，それでもなお従来の対面方式を選択することが国際裁判固有の文脈で積極的に基礎づけられるかを問う必要があるだろう。

---

(4)　*Speech by H.E. Judge Joan E. Donoghue, President of the International Court of Justice, on the occasion of the seventy-sixth session of the United Nations General Assembly,* as delivered on 28 October 2021.

(5)　*Dispute concerning Delimitation of the Maritime Boundary between Mauritius and Maldives in the Indian Ocean (Mauritius/Maldives), Preliminary Objections, Judgment, ITLOS Reports 2021,* p. 30, para. 34.

以下ではまず，コロナ禍におけるオンライン審理手続の整備と運用状況を概観した後に（Ⅱ），国際裁判におけるオンライン審理手続の意義を対面審理との比較において検討する（Ⅲ）。紙幅の制約により，本稿で検討する「国際裁判」は国際司法裁判所と国際海洋法裁判所に限定し，その他の国際裁判・仲裁機関の動向は比較検討に際して随時参照するにとどまる。なお，用語法として，映像と音声をモニターする装置を通じて法廷外の場所から弁論や証人尋問を実施する手段としての「ビデオリンク方式」を審理の一部に採用する場合を「ハイブリッド」審理，全部に採用する場合を「オンライン」審理と呼称する。もっとも，便宜的に両者を総称的にオンライン審理と呼称することもある。これに対して，裁判官や当事国代表団構成員の「リモート」参加の語は，指し示す内容としては広義の「オンライン」方式と同義であるものの，「対面（in-person）」参加との対比をとくに要する場合に用いることとする。

Ⅱ　コロナ禍におけるオンライン審理方式の整備と運用

1　初　　動

感染拡大防止策として様々な行動制限が課されはじめた 2020 年 3 月以降，各種の国際仲裁機関はオンライン審理方式に係る情報を積極的に発信しはじめた[6]。例えば，投資紛争解決国際センター（ICSID）事務局は，3 月 24 日付で「A Brief Guide to Online Hearings at ICSID」と題する文章をウェブサイトに掲載し，オンライン審理方式での仲裁手続の続行が可能である旨のメッセージを発信した[7]。また，4 月には ICSID を含む 13 の仲裁機関が連名で，係属事件の仲裁手続続行に向けて関係者の協力を呼び掛け，仲裁機関にはそれを補助する準備があるといった趣旨のメッセージを発表した[8]。国際仲裁実務では，コロナ禍以前からオンライン審理方式がかなりの割合で導入されてきていたため（ICSID の場合，2019 年の口頭審理の約 60% でビデオ会議が用いられたとされる[9]），オンライン審理を実施するためのノウハウと設備をすでに一定程度備えていたことを背景とする初動であったと位置付けられる。

---

(6)　See, Chester Brown *et al.*, "First Impression of a Virtual Hearing at ICSID", *ICSID Review*, Vol. 35（2020），p. 214.

(7)　ICSID, "A Brief Guide to Online Hearings at ICSID"（24 March 2020），at https://icsid.worldbank.org/news-and-events/news-releases/brief-guide-online-hearings-icsid?CID=362.

(8)　"Arbitration and Covid-19: A Joint Statement"（16 April 2020），at https://www.camera-arbitrale.it/en/news/arbitration-and-covid-19-a-joint-statement.php?id=938.

(9)　ICSID, *supra* note 7.

国家と海洋の国際法（上巻）第1部 国際法／Ⅵ 紛争解決

対する国際司法裁判所も，2020年3月20日付プレスリリースを通じて，コロナ禍において引き続き任務遂行を可能とするための措置を導入した旨発表したものの，それと同時に，予定されていた2件の口頭弁論の期日の当面延期を決定した[10]。裁判所内部の会議がはじめてビデオ会議方式で実施されたのは4月22日であり[11]，COVID-19感染拡大がホスト国オランダに及び始めた3月の初動の時点では，オンライン審理方式にかかる規則や設備は十分整備されていなかったと考えられる。

国際海洋法裁判所においては，前述のモーリシャス・モルディブ間の海洋境界画定事件の先決的抗弁審理が当面の懸念であったところ，2020年6月下旬に予定されていた口頭弁論期日を同年10月中旬に延期する旨，5月19日付で特別裁判部の長が決定した[12]。ただ，同日付の命令には審理方式についての記載はなく，ハイブリッド方式による旨発表したのは口頭弁論期日に関する9月2日付けプレスリリースを通じてであり[13]，国際海洋法裁判所はこの間にビデオリンク方式を整備していったものと考えられる。

2　裁判所規則の改正およびガイドラインの策定

国際司法裁判所はその後，ビデオリンク方式による弁論の実施を可能とする裁判所規則の改正を行い，「衛生，安全，その他やむを得ない理由により，弁論の全部又は一部をビデオリンクによって行うことを決定できる」とする規則59条2項を新設し，また判決の言渡しに関しても同様の考慮に基づく決定を行うことができるよう，規則94条2項を改正した。本改正は2020年6月25日付で発表され，即日発効した[14]。6月30日に予定されていたガイアナ・ベネズエラ間の事件の口頭弁論期日[15]への適用[16]を念頭に置いた扱いであったと考えられる。国際海洋法裁判所規則についてもほぼ同趣旨の改正が施され，2020年9月25日付で発表され，即日発効したため[17]，10月中旬に予定されて

---

(10)　Press Release No. 2020/8（17 March 2020）; Press Release No. 2020/9（20 March 2020）; Press Release No. 2020/10（7 April 2020）.

(11)　Press Release No. 2020/11（23 April 2020）.

(12)　Order of 19 May 2020, *ITLOS Reports 2020*, p. 4.

(13)　ITLOS/Press 305（2 September 2020）.

(14)　Press Release No. 2020/16（25 June 2020）.

(15)　Press Release No. 2020/15（29 May 2020）; Press Release No. 2020/17（26 June 2020）.

(16)　Verbatim Record of *Guyana v. Venezuela*, CR 2020/5（30 June 2020）, p. 8（President）.

(17)　Amendment to the Rules of the International Tribunal for the Law of the Sea as

いたモーリシャス・モルディブ間の事件の審理[18]に適用された[19]。

こうした規則改正と併せて，国際司法裁判所は，ビデオリンク方式による口頭弁論の準備にかかる当事国向けガイドラインを策定し，2020年7月13日付で採択した[20]。本ガイドラインは，オンライン審理の実施に先立つ準備（裁判所職員によるチュートリアルが行われる等）や，当事国において確保することが望まれるインターネット回線（例えば，無線より有線が望ましい等），映像（例えば，工夫すべきカメラの向きや背景の色等），音声（例えば，望ましいマイクとの距離や話す速度等）等の質や内容につき事細かに記載している。なお，事前準備を主たる内容とするためか，採択された7月13日から間もない時期に予定されていた2件の口頭弁論の実施に際しては本ガイドラインが依拠された形跡はなく[21]，管見の限り，運用上依拠したと最初に明示されたのは2021年3月のソマリア・ケニア間の事件の口頭弁論であった[22]。

3 オンライン審理方式の運用

以上のように根拠規定を整備した上で，国際司法裁判所が史上初めてオンライン方式で口頭弁論を執り行ったのは，2020年6月30日のガイアナ・ベネズエラ間の事件であり，約半数の裁判官と書記が平和宮の大法廷に着座し，残る裁判官はリモート参加した。当事国代表団の構成員はすべてリモート参加であった[23]。被告ベネズエラが欠席したため，初めてのオンライン審理は1日で終了した。リモート参加であった特任裁判官（Hilary Charlesworth）の宣誓に際してインターネット接続ないし音声に若干の不具合が生じた点を除いては[24]，概ね滞りなく進行した。なお，その約2週間後の7月14日には，ICAO理事会の管轄権にかかる2つの上訴事件の判決言渡しが執り行われたとこ

---

adopted by the Tribunal on 25 September 2020.

(18)　ILTOS/Press 305 (2 September 2020).

(19)　Verbatim Record of *Mauritius/Maldives*, ITLOS/PV/20/C28/1 (13 October 2020), p. 1 (President).

(20)　Guidelines for the Parties on the Organization of Hearings by Video Link as adopted on 13 July 2020, at https://www.icj-cij.org/other-texts/guidelines-videolink.

(21)　Verbatim Record of *Qatar v. UAE*, CR 2020/6 (31 August 2020), p. 12 (President); Verbatim Record of the *Alleged Violations of the Treaty of Amity*, CR 2020/10 (14 September 2020), p. 12 (President).

(22)　*Maritime Delimitation in the Indian Ocean (Somalia v. Kenya), Judgment, I.C.J. Reports 2021*, p. 219, para. 30.

(23)　Verbatim Record of *Guyana v. Venezuela*, CR 2020/5 (30 June 2020), pp. 8-9, 15.

(24)　*Ibid.*, p. 14 (President and Charlesworth).

ろ[25]，裁判官については引き続き約半数をリモート参加とする運用であったの
に対して，ガイアナ・ベネズエラ間の事件の口頭弁論とは異なり，当事国代表
団の構成員は，座席間の距離を確保しつつ大法廷に対面出席した[26]。ただし，
夏季休暇明けに設定された２つの事件の口頭弁論期日に関しては，当事国代表
団構成員はすべてリモート参加とする運用が維持された[27]。

　国際司法裁判所がハイブリッド方式で口頭弁論をはじめて実施したのは
2021年3月15日に始まるソマリア・ケニア間の海洋境界画定事件の本案審理
であり，当事国代表団は最大４名まで大法廷にて対面出席し，残るは平和宮内
に用意された別室もしくは他の場所からリモート参加するという対応が取られ
た[28]。ただ，被告ケニアが弁論期日に欠席したため，最初のハイブリッド方式
での弁論は原告ソマリア側の弁論および最終申立の読み上げで終了することと
なった[29]。裁判所はその後，１年以上にわたってハイブリッド方式による口頭
弁論を実施し，その間，大法廷にて対面出席可能な当事国代表団構成員の上限
については当初の４名[30]から５名[31]，８名[32]と徐々に緩和してきた。審理の映
像を確認する限り，対面出席上限数を超えて着席していると見受けられる例が

---

(25)　*Appeal relating to the Jurisdiction of the ICAO Council under Article 84 of the Convention on International Civil Aviation (Bahrain, Egypt, Saudi Arabia and United Arab Emirates v. Qatar), Judgment, I.C.J. Reports 2020*, p. 81; *Appeal relating to the Jurisdiction of the ICAO Council under Article II, Section 2, of the 1944 International Air Services Transit Agreement (Bahrain, Egypt and United Arab Emirates v. Qatar), Judgment, I.C.J. Reports 2020*, p. 172. 両判決については，中島 啓「シカゴ条約第84条に基づく ICAO 理事会の管轄権に関する上訴事件・国際航空業務通過協定第Ⅱ条２項に基づく ICAO 理事会の管轄権に関する上訴事件」『国際法外交雑誌』119巻4号（2021年1月）82-97頁参照。

(26)　See, https://webtv.un.org/en/asset/k1l/k1lxxyrn85.

(27)　Verbatim Record of *Qatar v. UAE*, CR 2020/6（31 August 2020），p. 14 (President); Verbatim Record of *Alleged Violations of the 1955 Treaty of Amity*, CR 2020/10（14 September 2020），p. 14（President）.

(28)　Verbatim Record of *Somalia v. Kenya*, CR 2021/2（15 March 2021），p. 9 (President).

(29)　Verbatim Record of *Somalia v. Kenya*, CR 2021/4（18 March 2021），p. 10 (President).

(30)　Verbatim Records of *DRC v. Uganda*, CR 2021/5（20 April 2021），p. 12 (President); *Alleged Violations*, CR 2021/13（20 September），pp. 11-12（President）; *Armenia v. Azerbaijan*, CR 2020/20（14 October 2021），p. 10（President）; *Azerbaijan v. Armenia*, CR 2021/24（18 October 2021），p. 12; *The Gambia v. Myanmar*, CR 2022/1（21 February 2022），p. 10（President）.

(31)　Verbatim Record of *Allegations of Genocide*, CR 2022/5（7 March 2022），pp. 8-9 (President).

(32)　Verbatim Record of *Chile v. Bolivia*, CR 2022/6（1 April 2022），p. 10（President）.

存在するものの[33]，欠席した相手方の座席数をも算入するならば，所定の感染対策の枠内には収まっていたとみることができるかもしれない。

ハイブリッド方式から対面方式に回帰したのは，2022年9月19日に始まるイランと米国間の事件の本案にかかる口頭弁論であり，当事国代表団および来賓向けの座席総数を60に限定しつつ対面で実施した[34]。ただし，この運用はこの1回限りであり，その後は感染対策としての座席数制限に言及しつつも，上限を具体的には特定していない[35]。COVID-19感染対策への言及が一切なされなくなるのは，2023年6月6日にはじまるウクライナ・ロシア間の事件の本案にかかる口頭弁論期日であり[36]，以後，本稿執筆時点までコロナ禍以前と同様の対面方式で運用されている[37]。国際海洋法裁判所（特別裁判部）も同じように対面方式に回帰している[38]。

Ⅲ 対面方式とオンライン方式の相違

以上に見てきたように，国際司法裁判所は約2年にわたり感染症対策を踏まえた口頭弁論審理を実施し，大まかには，制限緩和とともにオンライン方式からハイブリッド方式を経て従来と同様の対面方式に回帰してきた。この間，ビデオリンク方式の利用それ自体対して懸念が表明された例もなかったわけではないものの[39]，文脈的に一方当事国による手続遅延の口実の1つとして援用されたに過ぎないと考えられ，公開情報の範囲では裁判所も特段の反応を示して

---

(33)　See, https://www.icj-cij.org/multimedia/62224390045e580af31b0b02.

(34)　Verbatim Record of *Certain Iranian Assets*, CR 2022/15 (19 September 2022), p. 10 (Vice-President).

(35)　Verbatim Records of *Guyana v. Venezuela*, CR 2022/21 (17 November 2022), p. 10 (President); *Nicaragua v. Colombia (II)*, CR 2022/25 (5 December 2022), pp. 11-12; *Armenia v. Azerbaijan*, CR 2023/1 (30 January 2023), p. 10 (President); *Azerbaijan v. Armenia*, CR 2023/3 (31 January 2023), p. 10 (President).

(36)　Verbatim Record of *Ukraine v. Russia*, CR 2023/5 (6 June 2023), p. 12 (President).

(37)　Verbatim Records of *Allegations of Genocide*, CR 2023/13 (18 September 2023), p. 34 (President); *Canada and the Netherlands v. Syria*, CR 2023/20 (10 October 2023), p. 6 (President); *Armenia v. Azerbaijan*, CR 2023/21 (12 October 2023), p. 10 (President); *Guyana v. Venezuela*, CR 2023/23 (14 November 2023), p. 10 (President); *South Africa v. Israel*, CR 2024/1 (11 January 2024), p. 12 (President); *Occupied Palestinian Territory*, CR 2024/4 (19 February 2024), p. 50 (President).

(38)　Verbatim Record of *Mauritius/Maldives*, ITLOS/PV.22/C28/1 (17 October 2022), p. 1 (President of the Special Chamber).

(39)　*Maritime Delimitation in the Indian Ocean (Somalia v. Kenya), Judgment, I.C.J. Reports 2021*, p. 214, para. 16.

いない。これに対して，国際海洋法裁判所では，ハイブリッド方式での実施が予定されていた最初の口頭弁論に先立ち，同方式に基づく運用が手続的公正を害しないかが問われることとなった。

1　オンライン審理と手続的公正

　モーリシャス・モルディブ間の海洋境界画定事件の先決的抗弁にかかる口頭弁論は，当初 2020 年 6 月に予定されていたものの，感染拡大状況に鑑みて同年 10 月に延期することで両当事国が合意したため，特別裁判部の長は，5 月 19 日付命令で然るべく期日を設定した。その後，特別裁判部の長は，両当事国に宛てた 7 月 28 日付書簡で，ハイブリッド方式での弁論の実施を検討している旨伝達したところ，後日両当事国より，同方式での実施に同意する旨書面で回答がなされた。ところがその後，8 月 26 日付書簡においてモルディブは，両当事国がそれぞれ選任した特任裁判官が異なる方式で審理に参加することが手続的公正を害しうるとの懸念を表明し，自らが選任した特任裁判官（Bernard Oxman）がリモート参加であるならば，モーリシャスが選任した特任裁判官（Nicolaas Schrijver）もリモート方式で参加するよう要請した。対するモーリシャスは，モルディブの要請には根拠がない等として反発した[40]。

　特別裁判部の長は，両当事国に宛てた 9 月 8 日付書簡で，結論的にモルディブの要請を容れない旨伝達した。その根拠は，両当事国が合意しているハイブリッド審理は，各裁判官が対面ないしリモートのいずれかの方式で参加できる仕組みであるところ，それは「2 つの参加方法の間に相違はないという前提（premise）に基づくもの」であって，「これと相容れない申し出は，ハイブリッド審理の基本概念そのものに反する」というものであった[41]。特別裁判部の長は加えて，裁判所規程および規則上，特任裁判官は他の裁判官と「完全に平等な条件で」審理に参加し，特任裁判官を含めた全裁判官がそれぞれ対面参加かリモート参加かを決めるのであって，長としては各裁判官の決定を十分尊重するとした[42]。長はさらに，各裁判官には「参加方式にかかわらず，特別裁判部の手続に完全に参加する平等な機会が与えられる」と紛争当事国に確約し

---

(40)　*Dispute concerning Delimitation of the Maritime Boundary between Mauritius and Maldives in the Indian Ocean* (*Mauritius/Maldives*), *Preliminary Objections, Judgment, ITLOS Reports 2021*, pp. 28-30, paras. 19-30.

(41)　*Ibid.*, p. 30, para. 34.

(42)　*Ibid.*, pp. 30-31, para. 34.

31 国際裁判におけるオンライン審理手続 〔中島 啓〕

た[43]。事前の見通しどおり，口頭弁論期日には Schrijver は対面で参加し，Oxman はリモート参加した[44]。なお，両当事国と特別裁判部の長の間のやり取りについて両特任裁判官が了知したのは口頭弁論終結後であったものの，やり取りの内容に関しては特段意見を表明していない[45]。また，国際司法裁判所でも，両当事国が選任した特任裁判官のうちの一方が対面で審理に参加し，他方がリモート参加したという例は存在するも[46]，そのことに基づいて何らかの懸念や異議が当事国から提起された形跡はない。

　特別裁判部の長は，ハイブリッド方式で口頭弁論を実施することそれ自体についての両当事国間の合意の中に，2 名の特任裁判官が異なる方式で審理に参加することについての合意も含まれている，と観念したものと考えられる。

　もっとも，その根拠として挙げられた，対面参加とリモート参加の間に相違はないという「前提（premise）」は，文字通り先験的な措定であって，ビデオリンク方式にかかる改正規則の条文から読み取れるわけでも，それ以外の正当化根拠の探求が試みられているわけでもない。実務経験からはむしろ，リモート参加に対する対面参加の優位性を導く余地がある。第 1 に，裁判所内部の意思決定プロセスにおいて，正式な評議（deliberations）の場以外での裁判官同士のインフォーマルな議論もまた重要な役割を果たすことは裁判官経験者自身が公然と認めるところであり[47]，そうしたインフォーマルな議論に自然と関与するためには対面参加が当然有利と考えられる。第 2 に，特任裁判官固有の役割として，選任した当事国に「有利な関連する全ての議論が，合議の過程で十分に検討されるよう努める特別な責務がある」との伝統的な観念からすれば[48]，それを十分果たすために対面参加の上で前述のインフォーマルな議論に

---

(43)　*Ibid.*, p. 31, para. 34.

(44)　Verbatim Record of *Mauritius/Maldives*, ITLOS/PV.20/C28/1（13 October 2020），p. 1（President of the Special Chamber）.

(45)　Joint Declaration of Judges *ad hoc* Oxman and Schrijver, *ITLOS Reports 2021*, p. 117.

(46)　See, e.g., Verbatim Records of *Armenia v. Azerbaijan*, CR 2021/20（14 October 2021），p. 10（President）; *Azerbaijan v. Armenia*, CR 2021/24（18 October 2021），p. 12（President）.

(47)　Sir Robert Jennings, "The Internal Judicial Practice of the International Court of Justice", *British Yearbook of International Law*, Vo. 59（1988），pp. 37-38.

(48)　Separate Opinion of Judge *ad hoc* Lauterpacht, *Application of the Convention on the Prevention and Punishment of the Crime of Genocide (Bosnia and Herzegovina v. Yugoslavia), Provisional Measures, Order of 13 September 1993, I.C.J. Reports 1993*, p. 409, para. 6.

国家と海洋の国際法（上巻）第 1 部 国際法／VI 紛争解決

関与するよう，選任した当事国が特任裁判官に対して期待することは，それ自体としては正当である。

この点，特別裁判部の長は，「ハイブリッド審理の基本概念（basic notion）」に触れつつも，対面参加とリモート参加の間に相違はないという「前提」を措定するのみでその内容を敷衍することなく，代わりに本件審理に際して全ての裁判官が平等に参加する機会を持つことを当事国に確約することで，モルディブの懸念を払拭しようとした。もっとも，裁判手続の公平性は内実として保障されていれば足りるわけではなく，手続が公平であるとの外観を維持することが，制度に対する信頼を確保する上では不可欠である。公衆衛生状況等の外在事情により，インフォーマルな部分も含めた裁判所の意思決定過程への十分な関与が妨げられる場合には，次善の策として，特任裁判官両名の審理参加方式につき平仄を合わせることが，手続が公正である外観を維持する上では求められるものと考えられる[49]。

2　対面方式（への回帰）がなぜ望まれるか

コロナ禍以前からオンライン会合ないし電話会合の仕組みが浸透していた国際仲裁においても，こと証人尋問手続に関しては対面での実施が好まれてきた。その理由の 1 つとしては，証言中の証人の様子を事細かに観察することで証言の信憑性判断を行うという証人尋問の特性が挙げられる[50]。実際，尋問のために召喚しなければならない証人や鑑定人の総数が多いことと，対面方式が選好されることとの間に相関関係を見出すサーベイが存在する[51]。

これに対して，国際司法裁判所や国際海洋法裁判所で証人や鑑定人尋問が実施される例はごく少数であり，また口頭弁論も基本的には事前に準備した原稿の読み上げであるばかりか，裁判官の質問（それ自体数は多くない）にその場で回答することも慣例上必要ない。にもかかわらず，裁判所の側に対面方式に強い選好があることは，前述の国際司法裁判所長発言や実際の運用における対

---

(49)　Giulia Pinzauti and Philippa Webb, "Litigation before the International Court of Justice during the Pandemic", *Leiden Journal of International Law*, Vol. 34 (2021), p. 797.

(50)　早川吉尚「コロナ禍の国際商事仲裁・国際民事裁判への影響」『国際法外交雑誌』120 巻 1・2 号（2021 年）295 頁。

(51)　Gary Born, Anneliese Day and Hafez Virjee, "Remote Hearings (2020 Survey): A Spectrum of Preferences", *Journal of International Arbitration*, Vol. 38, No. 3 (2021), p. 307.

面方式への移行として表れている。また，新設された裁判所規則59条2項は，衛生状況等何らかの事情がある場合にビデオリンク方式を利用できるとする規定ぶりであり，そうでない場合には従来の対面審理が原則であることを暗に前提としていると読む余地がある。さらには，サンプル数は限定的ながら，紛争当事国や弁護人の側にも対面志向があり，オンラインないしハイブリッド方式は次善の策と理解される向きがあることを示すサーベイも存在する[52]。したがって，対面方式の実利が直接的に発揮される証人・鑑定人尋問の機会が少ない国際裁判において，なお対面方式での審理が一致して望まれるのはなぜかが問題となる。

　ありうる1つの説明は，対面審理が備える象徴的・儀礼的・外交的な要素が国際紛争処理においてはなお重要であることが，裁判所と当事国の双方において共有されているということである[53]。平和宮の荘厳な雰囲気の中で両紛争当事国代理人が接触する機会を持つことが，国家間の緊張緩和に多少なりとも資する可能性があり，また静粛な大法廷の中央の演台に立つ弁護人が粛々と行う弁論に15名（前後）の裁判官が耳を傾け続けるという外観は，他の国際機関（例えば，国連安保理）とは異なる固有の機能を国際裁判所が担っているというメッセージを象徴的に発している。コロナ禍を契機とするオンライン審理方式の導入と実施によって，国際裁判の審理手続が伝統的に備えていた非有形的要素の重要性を改めて想起されることとなり，オンライン審理方式によりそれらの要素が少なからず失われかねないことに対する懸念が，対面方式（への回帰）の選好として表れているとみることができよう。

3　オンライン審理の効用

　ただし，功利的観点からは，国際裁判を対面で実施することで得られる象徴的・儀礼的・外交的な効用が，オンライン審理を導入することで得られる効用をなお上回るものと観念されてはじめて，対面方式への回帰を積極的に基礎づけることが可能となるであろう。今般整備されたオンライン審理方式の効用は，言うまでもなく感染拡大防止に尽きるものではないことから，比較対象としては感染対策以外の効用をも念頭に置く必要がある。

　そうしたオンライン審理方式の効用としては，何よりもまず，訴訟費用をはじめとした紛争当事国が負担する直接的なコストを抑えることができる点が挙

---

(52)　Pinzauti and Webb, *supra* note 49, p. 795.
(53)　*Ibid.*, pp. 797-798.

国家と海洋の国際法（上巻）第1部 国際法／Ⅵ 紛争解決

げられる。コロナ禍を契機としてビデオリンク方式のための初期投資がひとま
ず投下済みであることを前提とすれば，関係者の物理的な移動やスケジュール
調整といった様々な点で，対面よりもオンライン審理の方が概してコストが低
くなると考えられる。こうした訴訟費用は，特に途上国が当事国である事件ほ
ど潜在的には大きな考慮要素となりうるものの，その性質上紛争当事国自身に
帰する負担であることから，審理方式の選択に際してどこまで考慮するかは基
本的には両者の意向次第で運用されることとなるものと考えられる。

　加えて，国際裁判の場合には一般に，対面審理よりもオンライン審理の方が
相対的に環境負荷は低いと考えられる。ハーグやハンブルクでの審理に参加す
るための関係者の国境を越えた移動，特に長距離の空の移動を減らすこととな
る分，カーボンフットプリントが抑えられるためである。このことは，数多く
の代表団が一堂に会して次々に連日弁論する勧告的意見の場合により一層当て
はまる。気候変動を主題とする勧告的意見の諮問について，環境負荷が相対的
に高い方式を敢えて選択して審理することがいかなる象徴的意味を持つものと
して受け止められるかも考慮に値するであろう。先述の訴訟費用とは異なり，
環境負荷は紛争当事国ないし手続参加国にのみ帰するコストではないことから，
当事国ないし手続参加国の意向を汲みつつも，それとは切り離された別個の考
慮が介在する余地があると考えられる。

　さらには，対面審理が備えていたある種の非有形的な効用がオンライン審理
によって失われることは，見方によってはむしろメリットと捉える余地があ
る[54]。対面の口頭弁論が先述したような象徴的・儀礼的・外交的な効用を備え
ているとして，その少なくない部分が国際裁判に頻繁に出廷する少数の国家代
表や弁護人（the 'International Bar'）のみによって培われ，場合によっては寡占
状態にあるとすれば，国際裁判の経験の浅い国家や弁護人（候補者）にとって
は，それら非有形的要素の存在はむしろ参入障壁であって，それらが十分には
発揮されないオンライン審理方式の方がむしろ公正な競争条件（level playing
field）を確保していると考える余地もある。

　もちろん前述の通り，新設された裁判所規則59条2項は，特定事情下にお
いてビデオリンク方式を利用できるとする規定ぶりであって，対面審理とオン
ライン審理の効用を比較衡量の上でより重みが観念される方を自動的に選択す
る仕組みを採用したわけではない。それでも，両者の比較衡量が同項の解釈適

---

(54) *Ibid.,* p. 799.

用と無関係というわけはなく，「その他やむを得ない理由」としていかなる事
情を含めるかを判断するに際して参考となるであろう。

Ⅳ　お わ り に

　国際裁判ではコロナ禍を契機として本格的に導入整備されたビデオリンク方
式であるものの，その利用価値は感染拡大防止に尽きるわけではなく，訴訟遂
行コストや環境負荷の低減，あるいはオンライン審理のほうが弁護人の経験値
への依存度が相対的に低い審理手続の環境を創出しうるといったメリットを見
出す余地がある。これらオンライン審理の効用と従来の対面審理の効用の端的
な比較衡量によっていずれかを選択すべきかが自動的に特定されるわけではな
いものの，新設された59条2項の解釈運用に際しての考慮要素の1つとなり
うるだろう。さらには，対面審理を暗に原則としていると読める新設2項があ
くまでありうる法政策判断（の組み合わせ）の1つに過ぎないことを示すこと
で，国際裁判においていかなる状況下においてオンライン審理を選択すること
が適切かを問い，必要あらば更なる規則改正に向けた視座を提供することにも
なるであろう。

◀ 第1部 ▶

Ⅶ　安全保障

32 国連平和協力法案
──安全保障法制の原点──

堀之内秀久

I	は じ め に	IV	中東貢献策
II	イラクのクウェート侵攻と国	V	国連平和協力法案
	際社会の反応	VI	蹉跌からの出発
III	我が国内の議論	VII	お わ り に

I　は じ め に

　1990 年 8 月 2 日，イラクのサダム・フセイン政権は隣国クウェートへの侵攻を開始，イラク共和国防衛隊はわずか数時間でクウェート全土を武力制圧した。東西の緊張緩和が進み，米ソ両国首脳が冷戦の終結を宣言したばかりの世界に，この武力侵攻は大きな衝撃を与えた。イラクによるクウェートへの侵攻とその併合を当初より糾弾していた日本政府は，湾岸地域の平和と安定及び国際法秩序回復のための国際的努力に対して積極的に貢献していく必要があるとの観点から，「国連平和協力法案」の検討を開始[1]，10 月 16 日に国会提出した。

　従来，政治的にタブーに近かった自衛隊の海外派遣問題を正面に据えた同法案は，集団的自衛権の問題を核心とする憲法問題をめぐり政府内部での検討段階から種々の議論が行われ，国会提出後も同法案を「違憲」とする野党からの激しい追及に加え，輸送協力等の「平和協力業務」の内容につき喧々諤々の議論を呼び，11 月 8 日に至り廃案が確定した[2]。

　平成の時代を通じて議論が進められた平和安全法制の原点となった国連平和

＊国連平和協力法案から平和安全法制までの流れを国際法の観点から解説したものとしては，小松一郎『実践国際法〔第 2 版〕』第 12 章IV「国際の平和と安全の維持に関連する日本の実務における処理」（435-462 頁）が挙げられる。

(1)　1990 年 8 月 29 日発表の「中東における平和回復活動にかかわる我が国の貢献策」及び同日の海部総理記者会見（データベース「世界と日本」政策研究大学院大学・東京大学東洋文化研究所 worldjpn.net/documents/）。

(2)　「国連協力法案の廃案確定」（朝日新聞，1990 年 11 月 9 日朝刊）。

国家と海洋の国際法（上巻）第1部 国際法／Ⅶ 安全保障

協力法案については，これまで主として憲法論の観点から議論が進められてきたが，本稿では国際法の観点から同法案を振り返ってみることとしたい。なお，筆者は，湾岸危機当時の外務省条約局条約課首席事務官として同法案を含む我が国の貢献策の策定に関与したものであるが，本稿は筆者個人の責任において執筆したものであり，国会答弁及び対外発表等の直接引用を除き，本稿に述べられた見解は政府又は外務省の見解を代表するものではない。

Ⅱ　イラクのクウェート侵攻と国際社会の反応

イラクによるクウェート侵攻は，第2次大戦後の国際法秩序，即ち武力による威嚇又は武力の行使を，いかなる国の領土保全または政治的独立に対するものも慎まなければならないとする国際連合の原則[3]を根底から踏みにじるものであり，これに対する国際社会の反応も迅速かつ明確なものであった。

侵攻当日の8月2日，国連安全保障理事会はニューヨーク時間の早朝に緊急理事会を招集，イラクのクウェート侵攻を非難し，即時無条件撤退を求める安保理決議660を採択[4]。さらに，同6日にはイラクに対する全面的な経済制裁措置を内容とする安保理決議661を採択した[5]。この安保理決議661は，国連憲章第7章に基づき国連全加盟国に対して，①イラク及びクウェートからの輸入，輸送，取引を禁止，②両国への武器を含む全産品（医療物資等は除く。）の売却，供給を禁止するとともに，③両国への資金供与，送金を阻止する義務を課すという画期的な内容となった。このように国際社会が一致してイラクに対する厳しい姿勢を示すことが出来た背景には，当時進んでいた米ソ間の緊張緩和の動きがあった。事態の前年，1989年12月に地中海マルタで会談した米ソ両首脳は，冷戦の終結を宣言しており[6]，イラクによるクウェート侵攻を受けて，米ベーカー国務長官は3日，モスクワを急遽訪問しソ連シェワルナゼ外相と会談を実施，イラクに対する武器の禁輸を呼びかける共同声明を発出してい

---

(3)　国際連合憲章第2条。

(4)　国連安保理決議660。同決議は，イラクのクウェート侵攻により国際の平和と安全の破壊が行われた旨認定し，国連安保理として国連憲章第39条及び40条に基づいて行動する旨宣言している（www.un.org/securitycouncil/content/resolutions-adopted-security-council-1990）。

(5)　安保理決議661（www.un.org/securitycouncil/content/resolutions-adopted-security-council-1990）。

(6)　"Remarks of the President and Soviet Chairman Gorbachev and a Question-and-Answer Session With Reporters in Malta"（"The American Presidency Project UC Santa Barbara", www.presidency.ucsb.edu/documents/）。

る[7]。

　しかし，東西両大国の協調を背景とした国際社会の一致した圧力を無視するかのように，イラクは8月8日，政府声明を発出しクウェートの併合（国家統合）を宣言した[8]。この暴挙に対して，国連安保理も9日，決議662を全会一致で採択し，イラクによるクウェート併合が法的に無効であることを認定，全ての国家・国際機関に対し併合を承認しないよう要請した[9]。

　このような動きを背景に8月10日，カイロで緊急開催されたアラブ連盟首脳会議は，イラクに対する調停に失敗，イラクを非難し，クウェートからの即時撤退を求めるとともに，アラブ合同軍の派遣を支持する決議を多数決で採択した[10]。右に先立つ8日，サウジアラビアの要請に基づきF15戦闘機2個飛行隊の派遣を決定していた米国政府[11]も，このアラブ連盟決議を前向きかつ有意義なものとして歓迎の意を表明した[12]。

Ⅲ　我が国内の議論

　いかなる国の領土保全に対する武力の行使も禁止するとの原則は，国連憲章に明記された戦後の国際法秩序の根幹であり，これを真正面から否定するイラクの侵略を日本政府として認める余地がないことは当初から明らかであった。侵攻当日の8月2日，日本はイラクに対して即時撤退を申し入れ，同5日には安保理による経済制裁決議を待つことなく，石油輸入の禁止，輸出の禁止，投資その他資本取引の停止，経済協力の凍結など4項目から成る独自の経済制裁措置を自主的にとることを決定[13]，さらに，7日には安保理がイラクに対する

---

(7)　"U.S., Soviets Join to Put Pressure on Irag: Middle East: Baker and Shevardnadze call for a worldwide embargo on arms sales to Baghdad"（L.A. TIMES Archives, Aug. 3, 1990 12 Am PT www.latimes.com/archives）.

(8)　1990年8月8日，イラク政府声明「イラクとクウェート，一つの心，一つの家，一つの運命」。

(9)　国連安保理決議662（www.un.org/securitycouncil/content/resolutions-adopted-security-council-1990）。

(10)　"Arab League Summit Conferences,1964-2000"（THE WASHIMGTON INSTITUTE for Near East Policy, www.washingtoninstitute.org/）.

(11)　Letter fo Congressional Leaders on the Deployment of United States Armed forces to Saudi Arabia and the Middle East August 09, 1990（"The American Presidency Project UC Santa Barbara", www.presidency.ucsb.edu/documents/）.

(12)　Statement by Press Secretary Fitzwater on the Arab League's Statement on the Persian Gulf Crisis August 10, 1990（"The American Presidency Project UC Santa Barbara", www.presidency.ucsb.edu/documents/）.

(13)　坂本内閣官房長官談話（1990年8月5日）（データベース「世界と日本」政策研究

国家と海洋の国際法（上巻）第1部 国際法／Ⅶ 安全保障

包括的制裁決議を採択したことを歓迎し，日本政府として誠実に履行していく考えであることを明らかにした[14]。また，その一方で安保理決議の完全な実施を基礎に平和的に問題が解決されるべきであるとの立場から積極的な外交努力を展開し，中山外務大臣が同17日よりサウジアラビア，オマーン，ヨルダン，エジプト，トルコを訪問，湾岸危機の解決のため共同の努力を行うことで合意した。

　このような中，クウェートから移送された多数の邦人がイラクで拘束されるという事態が発生した。日本政府は，イラクのクウェート侵攻に際し，安全の確保のため合計261名の在留邦人を大使館に収容していたが，同大使館がイラク軍に包囲されたため，8月21日，それらの邦人を含め245名をバグダッドに移送することを決定。そのうち213名がバグダッド到着後イラク政府によって軟禁状態に置かれたのである。また，イラクに在留していた邦人のうち214名の出国が認められないという状況も続いていた[15]。イラクが在留外国人の出国を認めず人質として取り扱っていることに関して，安保理は決議664を採択，イラクに対しイラク・クウェートからの外国人の即時の出国を認めるよう要求するとともに，外国人の安全を確保するよう要求した[16]。その後12月6日に至りフセイン・イラク大統領が人質の全員解放を発表したため，この問題も解決を見るに至ったが，それまでの間，中東貢献策の検討を進める政府の内外において通奏低音のように人質問題に関する議論が行われた[17]。

Ⅳ　中東貢献策

　平和国家である我が国として武力による国際秩序の破壊を認めることは決してできず，また，我が国にとって重要なエネルギー供給源である湾岸地域の平和と安定は国益に直結する重大事であった。このような見地から，8月中旬以降，政府部内では湾岸地域の平和と安定回復のため進められている国際的努力に対する具体的な貢献策の策定が進められた。この「中東貢献策」の策定が本

　　大学院大学・東京大学東洋文化研究所 worldjpn.net/documents/）。
（14）　中山外務大臣談話（1990年8月7日）（データベース「世界と日本」政策研究大学院大学・東京大学東洋文化研究所 worldjpn.net/documents/）。
（15）　「第2章　湾岸危機と日本の外交　第4節　人質問題」（www.mofa.go.jp/mofaj/gaiko/bluebook/1991/）。
（16）　国連安保理決議664（www.un.org/securitycouncil/content/resolutions-adopted-security-council-1990）。
（17）　第118回国会衆議院内閣委員会議録（第13号（閉会中審査））鈴木宗男議員質問（平成2年8月31日）。

稿の主題である国連平和協力法案に繋がるものであるが，検討の当初からその焦点が我が国の「人的貢献」に当たっていたわけではない。

　国際紛争地域との関係で行われる大型支援は，戦後の我が国にとり初めての経験であり，貢献策の策定に当たっては，湾岸の平和回復活動に対する輸送協力，物資協力，医療協力，資金協力という四本柱の支援と，周辺国支援の二つを中心に検討が進められた。しかし，そのような検討の中でも，常に問題視されたのが憲法との関係である。当時日本政府がとっていた「集団的自衛権の行使は憲法上認められない」との立場を前提としても，輸送協力の対象に武器は含まれるのか，物資協力として武器を提供することは憲法で禁じられた集団的自衛権の行使ではないのか，他国の武力行使を資金的に援助することが憲法上認められるのか等々の問題について，政府部内でコンセンサスを見出すことは至難の業であった。また，そのような議論の中で，主として内閣法制局より繰り返し指摘されたのが「武力行使との一体化」論であった。

　この「武力行使との一体化」論は，決して新しく出てきたものではない。早くは 1959 年 3 月 19 日の参議院予算委員会において，林修三内閣法制局長官より，「極東の平和と安全のために出動する米軍と一体をなすような行動をして補給業務をすることは，これは憲法上違法ではないかと思います」との答弁が行われている[18]。つまり，日本政府として行う行為が物資の提供や輸送等，「武力の行使」に該当しない場合であっても，その行為の態様から「武力行使と一体化する」ことがあり得，そのため集団的自衛権の行使を認めない憲法上認められないことになるとの議論である。このような主張に対して，外務省内の議論で最も強く反発したのが栗山尚一次官であった。貢献策取りまとめに当たって各省庁の反応を検討する部内の会議の場で，「一体化」への懸念から我が国の貢献の幅が憲法論から狭められようとする動きに対して，栗山次官は，「湾岸地域における平和回復活動に対する『便宜供与』は全て認められるべし」との主張を展開したのである。曰く，「日米安保条約第 6 条に基づく施設及び区域の提供は，日本国の安全に寄与することのみならず，極東における国際の平和と安全の維持に寄与することも目的としている。この後段，即ち，我が国の安全のためではなく，極東における国際の平和と安全の維持のために米軍が出動する場合であっても『施設・区域の提供』という絶大なる『便宜供与』を行うことが認められている以上，個別の物資の提供や輸送等が認められない筈が

---

(18)　第 31 回国会参議院予算委員会会議録（第 14 号）八木幸吉議員に対する林修三法制局長官答弁（昭和 34 年 3 月 19 日）。

国家と海洋の国際法（上巻）第1部 国際法／Ⅶ 安全保障

ない」との主張であった

　しかしながら，限られた時間の中で，この大胆な議論が関係部門の理解を得ることはなく，8月29日，政府は「中東における平和回復活動に係る我が国の貢献策」を発表した[19]。この中東貢献策は，湾岸における平和回復活動に対する協力として輸送協力，物資協力，医療協力及び資金協力を挙げ，中東関係国に対する支援として周辺国支援と難民援助を掲げている。また，輸送協力の実施に当たっては，日本政府がチャーターする民間機や船舶では，政府の政策的判断として兵員・武器・軍需物資の輸送は行わないとする一方で，資金協力の実施に当たってはそのような制約は課さないこととされた[20]。

　この中東貢献策の発表に当たっては，海部総理自身が記者会見を行い，我が国が国際社会の中でより大きな地位を占めるようになればなる程，平和を守るための責任は重くなり，我が国自身，その自覚に立って，より一層の貢献を求められるとの点を強調し，「憲法の枠組の中で出来る限りの責任を果たすという観点から，例えば，まだ私案ですけれども，国連平和協力法というような法律の制定も真剣に考えてみる必要があると思います」旨述べた[21]。これが国連平和協力法案の出発点である。そして，この記者会見の2日後，在サンフランシスコ総領事から帰国した柳井俊二氏が外務省条約局長に着任した。

Ⅴ　国連平和協力法案

　総理記者会見で明らかにされた「国連平和協力法案」の要は，中東貢献策の中では触れることが出来なかった「人的貢献」を現憲法下で実現するための法整備であった。戦後長期に亘る冷戦期間，安保理は国際の平和と安全の維持分野で十分に機能せず，我が国内でも国連決議を受けて行われる国連平和維持活動その他の活動に人的貢献を行おうとの視点は欠如していたため，法案の作成は混乱を極めた。派遣される平和協力隊に自衛隊は参加するのか，それは個人としての参加か，部隊としての参加か，自衛官の身分は維持されるのか，小型武器の携行は認められるのか，非武装に限られるのか等々，一つ一つの論点に

---

(19)　「中東における平和回復活動に係る我が国の貢献策」（1990年8月29日）（データベース「世界と日本」政策研究大学院大学・東京大学東洋文化研究所 worldjpn.net/documents/）。

(20)　第118回国会衆議院内閣委員会議録（第13号（閉会中審査））竹内勝彦議員に対する工藤敦夫法制局長官答弁（平成2年8月31日）。

(21)　記者会見における海部内閣総理大臣発言要旨（1990年8月29日）（データベース「世界と日本」政策研究大学院大学・東京大学東洋文化研究所 worldjpn.net/documents/）。

690

ついて，政府・与党の中で喧々諤々の議論が行われた。

　法案は 10 月 16 日，このような論点の一つ一つに結論を得た上で，前述の海部総理記者会見から 49 日目という驚異的なスピードで国会に提出された[22]。ここで，法案の全体構造を簡潔に見てみたい。

　まず第 1 章総則では，法の目的が第 1 条に記されている。目的規定の中で注目されるのは，法案の目的が湾岸危機に対応することに留まらず，時限立法でもないということである。法案が掲げる目的は，「国際の平和及び安全の維持のために国際連合が行う決議を受けて行われる国際連合平和維持活動その他の活動に対し適切かつ迅速な協力を行うため」であり，湾岸危機の下で形成されつつあった多国籍軍のみならず，将来行われるであろう国連 PKO（平和維持活動）を含め，平和と安全の維持のための国連決議を受けて行われる全ての活動に対して，我が国として適切かつ迅速な協力を行うことを可能とする恒久法案であった。比較することが適切か否かは措くとして，その後のテロ対策特別措置法（2001-2007）及びイラク復興支援特別措置法（2003-2009）がいずれも単独の事案について自衛隊の派遣を可能にするものであったことに鑑みれば，当時の政府の壮図を示すものと言って良いであろう。他方で，この幅広い対象規定は，ある意味で不必要な議論を惹起することとなった。それが「自衛隊の国連軍への参加は可能か」との論点である。国連憲章第 7 章が予定する「国連軍」が近い将来実現するとは誰も考えていないにも拘らず，法案の包括的な目的規定との関連で，只管理論上の問題として国会で大きく取り上げられることとなった[23]。尚，この論点については，「参加」と「協力」を区別したうえで，「参加」に至らない「協力」については，当該「国連軍」の目的・任務が武力行使を伴うものであっても，それがすべて許されないわけではなく，当該「国連軍」の武力行使と一体となるようなものは憲法上許されないが，当該「国連軍」の武力行使と一体とならないようなものは憲法上許されると解されるとの政府見解を示すことで決着した[24]。

　続いて第 2 条に「協力の基本原則」が掲げられ，第 2 項に「海外派遣に係る平和協力業務の実施等は，武力による威嚇又は武力の行使に当たるものであってはならない」旨が明記されている。この点については与野党を問わず意見の

---

(22)　法案の全文は，第 119 回国会衆議院会議録第 4 号（官報号外　平成 2 年 10 月 18 日）。
(23)　第 119 回国会衆議院予算委員会議録第 1 号（平成 2 年 10 月 19 日）。
(24)　第 119 回国会衆議院国際連合平和協力に関する特別委員会議録（第 4 号）中山太郎　外務大臣答弁（平成 2 年 10 月 26 日）。

国家と海洋の国際法（上巻）第1部 国際法／Ⅶ 安全保障

一致が見られたが，本項との関連では武力の行使ではないにも拘らず「武力行使と一体化する行為」という論点が大きく取り上げられることとなる。

第2章には国際連合平和協力会議の設置，第3章には国際連合平和協力本部の設置及び組織に関する規定が置かれ，国際連合平和協力隊の設置についても第3章第16条に規定されている。

本法案の核心が第4章「平和協力業務」の規定であり，平和協力隊の海外派遣（第18条），隊員の採用（第19条），関係行政機関の職員の平和協力隊への派遣（第20条），海保庁の参加（第21条），自衛隊の参加に係る規定（第22条）が含まれる。同規定（第22条）では，自衛隊の参加は個人としての自衛隊員の参加も，部隊としての参加も双方が認められる（平和協力本部長（内閣総理大臣）より防衛庁長官に対して派遣を要請することが出来る）こと，派遣された自衛隊員は，平和協力隊員の身分及び自衛隊員の身分を併せ有することとなること，派遣された自衛隊員は，平和協力隊が行う平和協力業務に従事し，平和協力本部長（内閣総理大臣）の指揮監督に服すること等が明記されている。さらに，第27条では派遣された自衛隊員に対して小型武器を貸与することが出来る旨が規定されている。いずれも法案作成の政府・与党プロセスの中で取り上げられた論点であり，政府としての結論を示したものである。

その他，第5章に物資協力に係る規定，第6章に雑則を置き，全32条，附則5条及び別表という構成になっている。

法案作成に当たっては外務省が主務官庁となった[25]。個々の憲法問題については外務省として独自の見解を有するものではなく，「集団的自衛権の行使は，我が国を防衛するため必要最小限度の範囲を超えるものであり，憲法上認められない」とする当時の政府見解を前提としていたことも前述のとおりである[26]。その一方で，外務省内で大きく問題視していたのが「武力行使との一体化」論の拡大である。

国際法上，個別的・集団的を問わず「自衛権」は武力の行使に係る概念であり，外務省の中では，戦後の国際法秩序の下，武力による威嚇又は武力の行使が違法とされた中で，その「違法性を阻却する事由」の一つが「自衛権」であるとの理解が一般的であった。したがって，武力の行使に該当しない行為は国

---

(25)　第119回国会衆議院会議録第4号（官房号外・平成2年10月18日）国際連合平和協力法案（内閣提出）の趣旨説明は中山太郎外務大臣が行っている。

(26)　第118回国会参議院外務委員会（閉会後）会議録（第1号）田英夫議員に対する柳井俊二条約局長答弁（平成2年9月19日）。

際法上そもそも禁じられていないにも拘らず，平和回復活動に対する便宜供与の多くが「武力行使と一体化する可能性が排除されない」との理由から「集団的自衛権の行使を禁ずる憲法上認められない」として排除されていくことに納得することは困難であった。なお，この法理については内閣法制局においても同様の理解であったと考えられ，工藤法制局長官からも「集団的自衛権を含めまして，およそ自衛権というものは国家の実力行使，これに係る概念と考えております」(27)，「やはり武力の行使となるかどうか，我が国の武力の行使と判断されるかどうかということが最終的なものだろうと思います」(28)，「協力の中でも武力の行使と一体になるようなもの，これは許されない，いわば武力の行使そのものと密着しているんだから許されない，こういうことは従来申し上げているところでございます」(29)等の答弁が繰り返されている。また，その一方で，外務省柳井条約局長からも「例えば地上で戦闘行為が行われている，それに対して空挺部隊が武器弾薬を空から直接補給するというようなものは，まさしく武力行使と一体となるような補給あるいは輸送というふうに考えて差し支えないだろう」との答弁が行われており(30)，極めて例外的なケースでは「武力行使との一体化」が認められるとの見解が示されている。したがって，「武力行使との一体化」論の問題点はその法理ではなく，実際の適用において明確な基準がなく，その対象が制限なく拡大してしまう点にあった。

　実際に，国連平和協力法案が審議された第119臨時国会では，「海外派遣か海外派兵か」，「前線と後方」，「サウジアラビアに展開している多国籍軍の性格」，「平和協力業務と戦闘行為との線引き」，「平和協力隊は軍隊か，自衛隊は軍隊か」，「部隊参加する自衛隊が携行する武器の範囲」，「武器，弾薬の輸送」，「兵員輸送は可能か」，「戦闘地域と非戦闘地域」，「多国籍軍への参加と協力」，「武力行使と一体にならない協力の基準」，「広範な政令委任事項」等の論点をめぐり質疑が紛糾し，多くの政府見解が作成される事態となった。この混迷を招いた原因の１つが厳格さを欠いた「武力行使との一体化」論の適用にあった

---

(27)　第118回国会衆議院内閣委員会議録（第13号（閉会中審査））竹内勝彦議員に対する工藤敦夫内閣法制局長官答弁（平成２年８月31日）。
(28)　第119回国会衆議院国際連合平和協力に関する特別委員会議録（第２号）市川雄一議員に対する工藤敦夫内閣法制局長官答弁（平成２年10月24日）。
(29)　第119回国会衆議院国際連合平和協力に関する特別委員会議録（第２号）市川雄一議員に対する工藤敦夫内閣法制局長官答弁（平成２年10月24日）。
(30)　第119回国会衆議院国際連合平和協力に関する特別委員会議録（第８号）池端清一議員に対する柳井俊二外務省条約局長答弁（平成２年11月５日）。

国家と海洋の国際法（上巻）第1部 国際法／Ⅶ 安全保障

こと（法案を否定する側から見れば「歯止めのかからない協力業務」と見られる一方で，協力業務を実施しようとする側からは「武力行使に該当しない便宜供与であるにも拘わらず，あいまいかつ理不尽な制約が加えられてしまう」との批判を惹起したこと）は否定できない事実である。

　法案に対する学界からの支持も力強いものとは言えなかった。憲法学界からは法案に対する問題点を指摘する意見が殆どであり[31]，国際政治学界からも我が国はむしろ PKO への参加を追求すべしとの意見が多く提起された[32]。衆議院特別委員会公聴会の場に公述人として参加された田中明彦先生，佐藤誠三郎先生より法案に対する明確な支持が表明されたことが極めて例外的と言える状況であった[33]。

　中東国会と呼ばれた第 119 回臨時国会の閉会に当たり，国連平和協力法案は継続審議とはならず，衆議院国際連合平和協力に関する特別委員会で採決に付されることもなく廃案となった[34]。

Ⅵ　蹉跌からの出発

　国際社会からの厳しい非難を無視し続けるイラクの姿勢に変化は見られず，11 月 29 日，国連安保理は決議 678 を採択，イラクが 1991 年 1 月 15 日までに累次安保理決議を履行しない場合には，多国籍軍を派遣している国連加盟国に対し，累次決議の履行を実現するために武力行使を含む「あらゆる必要な手段」をとる権限を与えた[35]。米国を始めとする多国籍軍は，1 月 17 日未明からイラクに対する攻撃を開始し，2 月 23 日に至り大規模な地上作戦の開始に踏み切った。右に対しフセイン大統領は，26 日中にクウェートからの撤退を完了する旨の声明を発出，28 日，イラク外相発国連安保理議長宛て書簡を以て12 本の国連安保理決議の受入れを表明し，多国籍軍の武力行使も停止。4 月 3

---

(31)　「概念あいまい平和協力法案・問題点を点検」樋口陽一（朝日新聞，1990 年 10 月 21 日朝刊），「今こそ独自の国際貢献策を・平和・軍縮の組織的取り組み提唱」小林直樹（朝日新聞，1990 年 11 月 9 日朝刊）。

(32)　「多国籍軍への派遣は排除せよ・国連協力隊は平和維持活動参加で」功刀達朗（朝日新聞，1990 年 10 月 4 日朝刊），「協力隊は平和維持活動専念で・国連と協議し戦わぬための訓練を」緒方貞子（朝日新聞，1990 年 10 月 17 日朝刊），「平和憲法の原則に立つ支援を・『国連協力隊』は民間募集に」坂本義和（朝日新聞，1990 年 9 月 21 日朝刊）。

(33)　第 119 回国会衆議院国際連合平和協力に関する特別委員会公聴会（第 1 号）（平成 2 年 11 月 1 日）。

(34)　官報号外（平成 2 年 11 月 9 日）第 119 回国会衆議院会議録第 8 号。

(35)　国連安保理決議 678（www.un.org/securitycouncil/content/resolutions-adopted-security-council-1990）。

日に安保理は恒久停戦に関する決議 687 を採択した[36]。

1990 年の湾岸危機に際しては，国連を中心に国際社会が一致して平和秩序回復の行動をとり，我が国もこの平和回復努力に対して巨額の資金協力を行うとともに，周辺国支援，避難民援助を行った。他方，我が国の協力に人的貢献が含まれなかったことに対して，内外から失望を示す動きが有った。尚，国連平和協力法案の審議の過程で，我が国の国連に対する協力が資金や物資のみならず，人的な協力も必要であることについて国内で広範な意見の一致を見たことも事実である[37]。

国連平和協力法案挫折の翌 1991 年 9 月，政府は「国際連合平和維持活動等への協力に関する法律」案を臨時国会に提出した。同法案は第 121 回，122 回，123 回国会という異例の 3 国会をまたいでの審議の後，1992 年 6 月に可決成立。条約局長として同法の成立に尽力した柳井氏は，直後の 8 月，総理府に新設された国際平和協力本部初代事務局長に就任し，カンボジア PKO への自衛隊派遣を成功に導いた。

さらに，2007 年には，内閣総理大臣直属の「安全保障の法的基盤の再構築に関する懇談会」の座長に就任，2008 年 6 月に報告書を取りまとめるとともに，2013 年に再度立ち上げられた同懇談会でも座長を務め，翌 2014 年 5 月に報告書を取りまとめ，平和安全法制への道を拓いた。国連平和協力法案審議の過程で混乱が見られた「武力行使との一体化」問題についても，2014 年 7 月の国家安全保障会議決定・閣議決定（「国の存立を全うし，国民を守るための切れ目のない安全保障法制の整備について」）に一項が設けられ，「他国が『現に戦闘行為を行っている現場』ではない場所で実施する補給，輸送などの我が国の支援活動については，当該他国の『武力行使と一体化』するものではないという認識を基本」として，法整備を進めることとなった次第である[38]。

---

(36) 国連安保理決議 687（www.un.org/securitycouncil/content/resolutions-adopted-security-council-1991）。

(37) 「国連協力法案の廃案確定・自衛隊と別個に新組織・自公民で合意文書」（朝日新聞，1990 年 11 月 9 日朝刊）。

(38) 内閣官房　平和安全法制等の整備について（www.cas.fo.jp/jp/gaiyou/jimu/housei_seibi.html）。

Ⅶ おわりに

(1) 1990年秋の臨時国会の終了後11月16日に外務省関係部局合同の反省会が行われ，省幹部，大臣官房を始め，中近東アフリカ局，国連局，北米局，条約局，領事局等の幹部・担当官が集まった。湾岸情勢は極めて不透明な状況が続いており，皆が休日を返上し，睡眠時間を削りに削って提出した法案が廃案となった直後だけに，雰囲気は全く盛り上がらなかったが，その席上，柳井条約局長が条約局関係者に対して述べた一言に，我々一同は驚愕した。曰く，「ポイントは分かった。次は大丈夫だ。皆，また頑張ろう」というのである。氏のこの楽天的な豪胆さが平成の安全保障法制を成功に導いたことは前述のとおりである。

(2) 1992年の仕事始めの朝，条約局内関係者全員が局長室に集まった際の柳井条約局長の挨拶も思い出深い。曰く，「外務省条約局の伝統は，局長だから偉い，審議官だから偉いということでは全くない。首席であれ，担当官であれ，最も深く考えた者が一番偉い。だから皆も，課内でどんどん議論をして，局長の考えていることがおかしいと思ったら，どんどん指摘して欲しい。今年も一年頑張ろう」であった。

(3) 湾岸危機当時，外務省には総合外交政策局が存在せず，その役割の多くを条約局が担っていた。筆者は同局の右翼課である条約課の首席事務官として，局幹部との連絡調整・局内とりまとめに当たるとともに，二国間条約の担当課首席として，資金協力の受け皿となった湾岸平和基金の設立を担当した。しかし，新たな国際機関を設立し，同機関への拠出という形で資金協力を実行するという考え方が，当時の外務省の中で大歓迎されたとは言い難い。中東経験のある当時の外務省幹部の中には「GCCは君達が考えるような国際機関とは違う。自分も決裁はするが，このアイデアがうまく行くとは思わないよ」とコメントされる方もいた。そのような中，GCCとの交渉に当たった無償資金協力課首席事務官（当時）の北野充氏の尽力も有り，1990年9月21日，何とか交換公文の締結に漕ぎ着け，結果として1兆2420億円の資金協力を実現させた[39]。

筆者は2023年5月，国際海洋法裁判所裁判官選挙キャンペーンのためク

---

(39) 衆議院議員江田憲司君提出湾岸戦争時の90億ドル拠出金の使途に関する質問に対する答弁書　衆議院・質問答弁情報・第168回国会（www.shugiin.go.jp/）。

ウェートを訪れた。その際，先方外務次官に対して43年前の経験について紹介するとともに，かつて文書の中で大いに議論したクウェートが平和を回復し発展している姿を目の当たりにして感慨深いと述べたところ，先方は目を丸くし，ちょうどクウェートでは湾岸危機がTVで取り上げられ，日本からの巨額の資金協力が詳しく紹介されたところだった由で，大いに感謝された。外交官人生の中で何かが何かに繋がっていると感じた一コマである。

　筆者は今般，国際海洋法裁判所裁判官として柳井氏の後任を務めることとなった。この長きにわたり氏から受けた温かいご指導に改めて心からの謝意を申し上げ，筆を擱くこととしたい。

33 集団的自衛権のジレンマ
——NATO とウクライナ戦争

三 上 正 裕

Ⅰ は じ め に	Ⅵ ロシアによるウクライナ侵略
Ⅱ 集団的自衛権の両面性	Ⅶ ウクライナ侵略に対する
Ⅲ NATO の集団防衛の構造	NATO の対応
Ⅳ NATO の誕生と批判・反論	Ⅷ お わ り に
Ⅴ 非5条・危機管理活動の拡大	

Ⅰ は じ め に

　冷戦終了後，国際社会の安全保障環境が激変するとともに，北朝鮮による核・ミサイル開発が進み，中国の国力が増大して南シナ海などにおける緊張が高まるなど，日本を取り巻く情勢も厳しさを増す中で，2007年5月に第一次安倍晋三内閣の下，「安全保障の法的基盤の再構築に関する懇談会」（安保法制懇）の第1回会合が開催された。この懇談会は2008年6月に福田康夫総理大臣に報告書を提出したが，第2次安倍政権になってから2013年2月に再開され，2014年5月に新たな報告書を提出した。この報告書を参考に，政府は2014年7月の閣議決定で憲法解釈の変更を行い，2015年5月，通常国会に10本の法律を改正する平和安全法制整備法案，及び新規立法としての国際平和支援法案を提出した。これらは我が国と国際社会の平和と安全の確保のために自衛隊の活動範囲を広げることを主な内容としていたが，特に，集団的自衛権に関するそれまでの政府の憲法解釈を一部変更し，限定的にではあるが集団的自衛権を行使可能としたことから，憲法違反，立憲主義違反との反対論が出て世論と国会は紛糾した。しかし，最終的には同年9月に成立，2016年3月に施行された。

　グロティウスに言及するまでもなく，戦争や武力の行使に関する法は，海洋法とともに歴史上一貫して国際法の中心的な分野であったが，柳井俊二氏は，

国家と海洋の国際法（上巻）第 1 部 国際法／Ⅶ 安全保障

日本政府及び国連海洋法裁判所（ITLOS）の要職において双方の分野で大きな業績を残した。特に，安全保障分野に関しては，外務省条約局長として PKO法（「国際連合平和維持活動等に対する協力に関する法律」）の成立に貢献するとともに，その後，国際平和協力本部の初代事務局長として日本初となる PKO 部隊のカンボジア派遣に深く関わり，また，座長を務めた安保法制懇は集団的自衛権の限定的な行使を可能とする憲法解釈の一部変更に道筋をつけた。そのような柳井氏の業績も念頭に置きつつ，本稿では集団的自衛権，NATO，ロシアによるウクライナ侵略などについて取り上げることとしたい。

　集団的自衛権は，国連憲章第 51 条において個別的自衛権とともに国家の「固有の権利（the inherent right）」として言及されているが，個別的自衛権と比べてその歴史は新しく，「固有性」についても様々な議論がある[1]。第二次世界大戦後，東西両陣営の対立が激化し西欧諸国に対するソ連・共産圏の脅威が深刻化する中で，1949 年 4 月 4 日にワシントンで署名された北大西洋条約に基づいて欧米 12 カ国により設立された同盟が北大西洋条約機構（NATO）であるが，加盟国の共同防衛を法的に可能にした国際法上の概念が集団的自衛権であった。NATO はその後 1955 年 5 月に設立されたソ連・東欧圏のワルシャワ条約機構と約 35 年間対峙したが，後者が消滅した冷戦後も存続した。そして，NATO の東方拡大[2]は国際政治を動かす最大の争点の一つとなっていった。NATO とその拡大がなぜこれほど大きな摩擦と軋轢を生み出していったのかについては膨大な数の先行研究が存在するが[3]，本稿においては特に法的な論

---

(1)　高野雄一は，個別的自衛権は国家の固有の権利と言って差し支えないが，集団的自衛権がいかなる権利であるかは明らかではなく議論があるとした上で，「従来の国際法にも『集団的自衛権』というものは見当たらない。憲章がこの権利についても『固有の』といっていることがさらに議論を繁くしている。ただ，あきらかなことは，この言葉と概念がサンフランシスコ会議に至って，きわめて特殊な事情の下に，はじめて生まれたこと，むしろ『発明』されたことである。」と述べている（高野雄一「地域的安全保障と集団的自衛」『国際法外交雑誌』55 巻 2・3・4 合併号（1956 年）189 頁／『集団安保と自衛権（高野雄一論文集 2）』（東信堂，1999 年）40 頁。集団的自衛権を含む自衛権概念の変遷を扱った我が国における最近の研究としては，森肇志『自衛権の基層　国連憲章に至る歴史的展開〔増補新装版〕』（東京大学出版会，2023 年），西嶋美智子『自衛権の系譜　戦間期の多様化と軌跡』（信山社，2022 年）などを参照。

(2)　1999 年ポーランド，チェコ，ハンガリー，2004 年スロバキア，ルーマニア，ブルガリア，エストニア，ラトビア，リトアニア，スロベニア，2009 年アルバニア，クロアチア，2017 年モンテネグロ，2020 年北マケドニア，2023 年フィンランド，2024 年スウェーデン。

(3)　例えば，NATO 東方拡大に関する研究や理論について，志田淳二郎「冷戦後のNATO 東方拡大研究序説──国際関係理論から米国外交史研究へ」『法学新報』128 巻 9

点を意識しながらささやかな考察を試みたい。

　本論に入る前に結論めいたことを先に述べれば，北大西洋条約及びNATOは制度的には純粋に防衛的な機構として構想・設立され，国連憲章との関係で存在するいくつかの論点も注意深く整理されたが，政治外交的にはソ連・ロシアとの間で相互不信の連鎖プロセスを断ち切って安定的な安全保障のシステムを作り出すことができずロシアによるウクライナ侵略に繋がっていった[4]。これはその責任に関してどっちもどっちといった相対主義を提唱する趣旨ではないが，国連の集団的安全保障システムと集団的自衛権の間には元々，緊張関係があり，国際社会の平和と安全を構築する上で集団的自衛権を活用することには本来的なジレンマがあることにも起因している。

　本稿では，まず集団的自衛権が持つ両面性について説明し（Ⅱ），NATOの集団防衛の基本構造を概観する（Ⅲ）。次に北大西洋条約成立時に遡ってNATOへの批判と反論を振り返り（Ⅳ），続いてNATOの活動領域を集団防衛以上に拡大した非5条（Non-Article 5）・危機管理活動について説明する（Ⅴ）。その上でロシアによるウクライナ侵略のロジックを見た上で（Ⅵ），同侵略へのNATOの対応を概観する（Ⅶ）。「おわりに」では，以上を踏まえて全般的な観点から若干のコメントを行いたい（Ⅷ）。

Ⅱ　集団的自衛権の両面性

　他国に対する武力攻撃を，自国が直接攻撃されていないにもかかわらず，実力をもって阻止する権利である集団的自衛権（the right of collective self-defence）は，国連憲章起草時に，安全保障理事会の常任理事国の拒否権によって国連の集団安全保障（collective security）が働かない場合に地域的機関の行動の自由が制約されることを懸念した米州諸国の提案によって導入された経緯がある。他方で，日本においては，国際法におけるのとはまた別の問題として，日本国憲法が何をどこまで許容しているのかという憲法との関係が中心に論じ

号（2022年）を参照。また，諸研究を整理しつつドイツ統一交渉と米国外交を分析した論文として，吉留公太「ドイツ統一交渉とアメリカ外交——NATO東方拡大に関する『密約』論争と政権中枢の路線対立（上）（下）」『国際経営論集』（神奈川大学）54・55号（2017-2018年）。
(4)　ロシアはウクライナへの侵攻を「特別軍事作戦」と称しているが，国連は，2022年3月2日に総会決議ES-11/1を賛成141，反対5（ロシア，ベラルーシ，北朝鮮，エリトリア，シリア），棄権35で採択し，ロシアの行為を「侵略」と認定した。

られてきたため，複雑で特殊な法律論が展開されることとなった[5]。しかし，国際法的に見ても国際関係における武力の行使を一般的に違法化した国連の集団安全保障体制の下では，「自衛権は国連の安全保障体制の例外であり，まして集団的自衛権は同盟の自由につながる『鬼子』である」[6]との見方もあり，集団的自衛権に対する否定的或いは消極的な態度が見られることは理由のないことではない。20世紀初頭以来の戦争違法化の流れの中で，「自衛」の名の下に多くの戦争や武力行使が行われてきたことは事実であり，各国による自衛権を如何に制御しながら平和を構築していくかは外交や国際法の世界でも一貫して重要な課題であった[7]。

　しかし，集団的自衛権に関してはより積極的なもう一つの側面がある。すなわち，国連の集団安全保障が機能するという前提が崩れた世界においては，集団的自衛権は，それが適切に運用される場合には，単に自国の安全，利益を守るという以上に国際社会の平和と安定という公的秩序を守るという機能を有している。力の弱い中小国が大国によって攻撃された場合，個別的自衛権だけで自らを守ることは難しい。そのような場合，理想的には，国連の集団安全保障制度が作動して国際社会全体がこの小国の救済のために動くのが筋であるが，国連，特にその中核たる安全保障理事会が十分機能しない場合に，個別の国家が自らの判断でこの被害国を防衛するため，攻撃国に対する武力行使を行うことを法的に可能とするのが集団的自衛権である。そして，現実の国際社会にあっては，むしろ例外と想定されていた後者の事態がむしろ常態であったし，安保理常任理事国であるロシアのウクライナ侵略により，その傾向は一層強まっているように思われる。Ⅰで触れた安保法制懇は，2014年5月の報告書の中で以下のように述べ，集団的自衛権の積極的な機能を評価している[8]。

　　「国家は他の信頼できる国家と連携し，助け合うことによって，よりよく安全を守り得るのである。集団的自衛権の行使を可能とすることは，他の信頼できる国家との関係を強固にし，抑止力を高めることによって紛争の可能性を未然

---

(5)　国際法における自衛権と憲法解釈上の自衛権の問題を整理した論文として，浅田正彦「憲法上の自衛権と国際法上の自衛権」村瀬信也編『自衛権の現代的展開』（東信堂，2007年）249-299頁を参照。

(6)　大沼保昭『国際法』（ちくま新書，2018年）353頁。

(7)　柳原正治『帝国日本と不戦条約　外交官が見た国際法の限界と希望』（NHK出版，2022年）は，駐ベルギー・駐仏大使そして常設国際司法裁判所（PCIJ）判事・所長としてこの問題に取り組んだ安達峰一郎の苦悩を描いている。

(8)　「安全保障の法的基盤の再構築に関する懇談会」報告書20-21頁（https://warp.da.ndl.go.jp/singi/anzenhosyou/dai7/houkoku.pdf）。

に減らすものである。また，仮に一国が個別的自衛権だけで安全を守ろうとすれば，巨大な軍事力を持たざるを得ず，大規模な軍拡競争を招来する可能性がある。したがって，集団的自衛権は全体として軍備のレベルを低く抑えることを可能とするものである。一国のみで自国を守ろうとすることは，国際社会の現実に鑑みればむしろ危険な孤立主義にほかならない。」

「今日の安全保障環境を考えるとき，集団的自衛権の方が当然に個別的自衛権より危険だという見方は，抑止という安全保障上の基本観念を無視し，また，国際連合憲章の起草過程を無視したものと言わざるを得ないのである。」

このように集団的自衛権を巡っては相対立する二つの側面が存在するが，集団的自衛権が国際社会の平和と安定を脅かす危険な存在であるのか，それとも，それを助ける積極的な存在なのかを二項対立的，抽象的に論じていても解はないように思われる。集団的自衛権はいわば「両刃の剣」であり，現実の国際政治において重要なのは実際の運用である。その点，NATO は加盟国に武力攻撃が発生した際の相互援助を加盟国同士が法的に約束するだけではなく，事務総長の下，常設で軍・民の組織と小規模ながら独自の軍事アセットを有し[9]，条約領域外の危機管理活動や域外国との協力も含めて日常的に活動しているという稀有な組織であり，その歴史や活動を理解することは集団的自衛権の制度化と実際の運用を考える上で重要と考えられる[10]。

Ⅲ　NATO の集団防衛の構造

後で見るように，北大西洋条約・NATO に対しては，ソ連・ロシアは一貫してその隠された攻撃的意図を問題にしてきた。しかし，法制度的に見た場合，NATO は攻撃性を持ちうるのであろうか。北大西洋条約の中核である条約第5 条は以下の通りである。

---

(9)　加盟国の文民代表からなる北大西洋理事会（NAC）が NATO の最高意思決定機関であるが，それを事務局長以下の国際事務局と軍事面では軍事代表からなる軍事委員会が支えている。軍事委員会の下には統合軍事機構があり，NATO 本部に軍事幕僚部，各地に複数の軍事司令部が置かれているが，基本的には NATO 独自の戦力は有さず加盟国の拠出戦力を統合運用する仕組みとなっている。NATO 独自の軍事アセットしては，E-3 早期警戒管制機（AWACS）や RQ-4D 無人航空機（グローバルホーク）などを有している。

(10)　佐瀬昌盛は，その著書『NATO　21 世紀からの世界戦略』（文春新書，1999 年）のあとがきにおいて，「我が国の国際政治研究の分野では無意識のうちに党派性——しかも左翼党派性——が悪影響を及ぼし，客観的成果があまりにも少なかった」と述べた上で，欧米における研究文献の多さに比べて日本においては NATO に関する研究文献がほとんどないことを嘆いたが，その後，四半世紀を経て，日本においても NATO を含む安全保障研究に関する研究者が育ってきている。

国家と海洋の国際法（上巻）第1部 国際法／Ⅶ 安全保障

　　締約国は，ヨーロッパ又は北アメリカにおける一又は二以上の締約国に対する武力攻撃を全締約国に対する攻撃とみなすことに同意する。したがつて，締約国は，そのような武力攻撃が行われたときは，各締約国が，国際連合憲章第五十一条の規定によって認められている個別的又は集団的自衛権を行使して，北大西洋地域の安全を回復し及び維持するためにその必要と認める行動（兵力の使用を含む。）を個別的に及び他の締約国と共同して直ちに執ることにより，その攻撃を受けた締約国を援助することに同意する[11]。（英語原文：The Parties agree that an armed attack against one or more of them in Europe or North America shall be considered an attack against them all and consequently they agree that, if such an armed attack occurs, each of them, in exercise of the right of individual or collective self-defence recognised by Article 51 of the Charter of the United Nations, will assist the Party or Parties so attacked by taking forthwith, individually and in concert with the other Parties, such action as it deems necessary, including the use of armed force, to restore and maintain the security of the North Atlantic area.）

　この「ヨーロッパ又は北アメリカにおける一又は二以上の締約国に対する武力攻撃」を「全締約国に対する攻撃」と同一視するという定式化は北大西洋条約の起草にあたって参照されたブラッセル条約[12]を参考にしたものであるが，自国の安全や利益に対する個別具体的な影響などは特に条件となっていない。集団的自衛権の法的性質について，学術的には，①個別的自衛権共同行使説，②他国防衛説，③自国の死活的利益防衛説があると分類されることが多いが，国際司法裁判所（ICJ）はニカラグア事件本案判決において，基本的に，②の他国防衛説をとりつつ，集団的自衛権の行使には，武力攻撃を受けた国によるその旨の宣言とその国からの要請（request）が必要であると整理した[13]。北大

---

(11)　外務省編『主要条約集（平成18年版）上巻』（国立印刷局，2006年）1065頁。

(12)　Treaty of Economic, Social and Cultural Collaboration and Collective Self-Defence. 英仏とベネルクス3国が1948年3月17日に署名し発効した。

(13)　日本政府は，国際法上の集団的自衛権について，「自国と密接な関係にある外国に対する武力攻撃を，自国が直接攻撃されていないにもかかわらず，実力をもって阻止する権利」と定義した上で，「我が国が，国際法上，このような集団的自衛権を有していることは，主権国家である以上，当然である」としているが（衆議院議員稲葉誠一君提出「憲法，国際法と集団的自衛権に関する質問に対する答弁書」［昭和56年5月29日，内閣衆質94第32号]），憲法上武力行使が許容される場合を，「我が国に対する武力攻撃が発生した場合のみならず，我が国と密接な関係にある他国に対する武力攻撃が発生し，これにより我が国の存立が脅かされ，国民の生命，自由及び幸福追求の権利が根底から覆される明白な危険がある場合（存立危機事態）において，これを排除し，我が国の存立を全うし，国民を守るために他に適当な手段がないときに，必要最小限度の実力を行使すること」（いわゆる「武力行使の新三要件」）に限定している。この定式は一見

704

西洋条約第5条は，これら3説のうち，②の他国防衛説が前提になっているように思われるが，北米及び欧州の安全保障上の利益の一体性ゆえに他の締約国に対する武力攻撃は必然的に自国に対して死活的な影響を及ぼすことが条約上ア・プリオリに組み込まれていると解釈すれば[14]，③の死活的利益防衛説とも整合するであろう。ただし，そこまで死活的利益の中身を抽象化すると，結局のところ，他国防衛説とあまり変わらないのかもしれない。なお，ICJニカラグア事件本案判決における「要請」の要件については，北大西洋条約のように武力攻撃を受けた国が事前に「同意」を与えることを排除するものではないと解されている[15]。いずれにせよ，同じ「自衛」と言っても，集団的自衛権における「自衛」の性質は個別的自衛権の場合と比べてより複雑である。他国防衛説のように，他国防衛を「自衛」と呼ぶのは用語法としても紛らわしく，NATOの場合は，単に，「集団防衛（collective defence）」とすることがほとんどである。ただ，その国際法的基礎となっている概念は集団的自衛権に他ならない[16]。

「ヨーロッパ又は北アメリカにおける一又は二以上の締約国に対する武力攻

---

③に近いように見えるが，これはあくまで我が国の憲法解釈上許容される武力行使の範囲の問題（憲法上の根拠）であり，国際法上の根拠とは別の議論であることに注意が必要である。

(14) 北大西洋条約の起草過程に関しては，John F. Hickman, *The North Atlantic Pact: The Drafting of the Treaty*, 29 March 1949（https://www.nato.int/nato_static_fl2014/assets/pdf/pdf_history/20161212_E1-12_drafts_Treaty.pdf）を参照。同記録には，「第5条は，そのすべての草案において，今日の世界においては，本条約の締約国の安全保障が相互に依存している結果，その一カ国への武力攻撃が効果としてすべての締約国に対する攻撃となることを認識していた」と記されている（p.14）。

(15) 平成27年8月21日政府提出「今般の法案による自衛権行使における同意，保護法益，均衡性，違法性阻却事由のそれぞれの問題に関して，ニカラグア判決，オイルプラットホーム事件との整合性がとれているのかどうかについての統一見解」（「衆議院及び参議院の『我が国及び国際社会の平和安全法制に関する特別委員会』に提出された政府統一見解等」）『立法と調査（参議院事務局企画調整室）』372号（2015年）87頁，第190回国会参議院予算委員会会議録第14号（平成28年3月15日）18頁（岸田文雄外務大臣答弁）等参照。

(16) 西嶋美智子は，「戦間期には，他国の防衛を自衛権として扱わない国家や学説が圧倒的多数であった」と指摘し，集団的自衛権に関する高野雄一，祖川武夫らの学説を紹介した上で，「このように，そもそも国連憲章上の集団的自衛権の実体は『共同防衛』であり，本来自衛権概念とは一致しないものを自衛権として新たに『鋳型づけ』をしたものであるとすれば，国連憲章制定前の『共同防衛』が，現在の集団的自衛権と類似していたとしても，それは概念上自衛権とは異なるものであり，戦間期当時は自衛権に分類されなかったのは当然であったと言える」と指摘している（西嶋・前掲注(1)91-92頁注36）。

国家と海洋の国際法（上巻）第1部 国際法／Ⅶ 安全保障

撃」が発生した際，NATO締約国はそれが「全締約国に対する攻撃とみなす
ことに同意」し，「個別的又は集団的自衛権を行使して，北大西洋地域の安全
を回復し及び維持するためにその必要と認める行動（兵力の使用を含む）を個
別的に及び他の締約国と共同して直ちに執ることにより，その攻撃を受けた締
約国を援助することに同意」しているが，特に注意すべきは，「その必要と認
める（as it deems necessary）」という部分であり，どのような行動が必要なの
かを判断するのはそれぞれの締約国に裁量がある。北大西洋条約の起草に際し
ては，欧州の安全に対する米国の関与の確保を図りたい欧州諸国と，孤立主義
の伝統があり欧州における武力紛争に巻き込まれることを警戒する米国との立
場には相違があった。また，米国憲法は第1条で，「戦争を宣言すること」を
含む連邦議会の権限を定めているが，議会権限との関係でも集団的自衛権の自
動的行使義務は避ける必要があり，米国にとっては裁量性の確保は必須であっ
た。「個別的又は集団的自衛権を行使して（in exercise of the right of individual
or collective self-defense）」とあるものの，武力の行使については，「その必要
と認める行動（兵力の使用を含む）（such actions as it deems necessary, including
the use of armed force）」とされており義務ではない。他方で，援助の内容には
裁量があるとしても，締約国が被攻撃締約国に援助を与えること自体には同意
しているということは重要である[17]。そして，各締約国がどのような援助を与
えるかについては，実際問題としてNATO全体での協議・調整が重要であり，
NATOが唯一集団的自衛権を発動した2001年9月11日の米国同時多発テロ
の際に見られたように，北大西洋条約9条に基づいて設置されている北大西洋
理事会（North Atlantic Council）を頂点とする意思決定のフォーラムが重要な

---

(17) 北大西洋条約第5条の起草にあたって参照されたリオ条約（米州相互援助条約）と
ブラッセル条約の関連条項はそれぞれ以下の通り（下線筆者）。1. リオ条約第3条1項・
2項，"The High Contracting Parties agree that an armed attack by any State against
an American State shall be considered as an attack against all the American States
and, consequently, <u>each one of the said Contracting Parties undertakes to assist in
meeting the attack</u> in the exercise of the inherent right of individual or collective self-
defence recognized by Article 51 of the Charter of the United Nations. ... <u>each one of
the Contracting Parties may determine the immediate measures which it may
individually take in the fulfilment of the obligation contained in the preceding
paragraph</u> ..." 2. ブラッセル条約 第4条，"If any of the High Contracting Parties
should be the object of an armed attack in Europe, <u>the other High Contracting Parties
will</u>, in accordance with the provisions of Article 51 of the Charter of the United
Nations, <u>afford the party so attacked all the military and other aid and assistance in
their power</u>". ブラッセル条約の方がリオ条約より援助義務が強い書き方となっているが，
北大西洋条約の構成は両者の中間的な強さとなっている。

役割を果たすこととなる[18]。

　以上の分析から，北大西洋条約第5条の集団防衛の法制度上は，NATOは純粋に防衛的な機構であると言って差し支えないと思われる。もちろん，その運用によって攻撃性を帯びることがないとは言えないのは国家の個別的自衛権の場合と同様である。例えば，NATOとして武力攻撃の認定を緩やかに行ったり，先制的自衛ドクトリンのような自衛権の幅広い援用に傾けば集団的自衛権発動と武力の行使は容易になり攻撃性は増すであろう。しかし，NATOの意思決定は加盟国のコンセンサス方式であり一カ国でも反対すればNATOとしての行動をとれないことを考えれば，むしろ，NATOとしての行動は個別の加盟国の行動より慎重にならざるを得ない。実際，ウクライナ侵略への対応を見てもNATO及びその加盟国は集団的自衛権の発動に極めて慎重である。仮にNATOが外部に対して何らかの攻撃性を持ちうるとすると，それは第5条の集団防衛に関してというよりは，Vで説明する域外の非5条・危機管理活動に関してであろうと考えられる。

Ⅳ　NATOの誕生と批判・反論

　集団的自衛権は，国際関係における武力行使の一般的禁止と集団安全保障体制を確立した国連憲章の中で各国が武力行使を行うことを可能とするための例外として認められた概念であることから，北大西洋条約に内在する法的な論点として最も重要なのは国連憲章との関係である。この点を中心に，同条約成立時に遡って，どのような批判と反論がなされたのかを見てみたい。

1　ソ連による批判

　NATOは東西冷戦状況下において，ソ連及び共産化された東欧諸国の脅威の高まりを警戒する西欧諸国と米国が，国連憲章第51条に依拠して1949年4月4日に署名した北大西洋条約によって設立された。ブラッセル条約の締約国

---

(18)　集団的自衛権の「発動（invoke）」は，北大西洋条約に規定のある概念ではないが，NATOとして第5条の「武力攻撃」の発生を決定し，第5条の適用を宣言するプロセスを示す用語として一般的に使われている。他方，各国が第5条の義務を実施するに際して，NATOとしての発動が必要であるとは解されておらず，法的には，各締約国が判断して，個別に行動することは可能である。しかし，何が締約国に対する「武力攻撃」かの判断は容易ではなく，実際には，NATOとしての「発動」が政治的には大きな意味を有する。鶴岡路人「欧州における同盟，集団防衛，集団的自衛権——新たな脅威へのNATO，EUによる対応」『国際安全保障』44巻1号（2016年）を参照。

国家と海洋の国際法（上巻）第1部 国際法／Ⅶ 安全保障

5カ国（英，仏，ベネルクス3国）に米国，カナダ，デンマーク，アイスランド，イタリア，ノルウェー，ポルトガルの7カ国が参加して起草された北大西洋条約は，国連憲章との整合性に細心の注意が払われたが[19]，それでも国連憲章違反，国際法違反との批判が行われた。ソ連は，北大西洋条約に反発し，1949年3月31日，ソビエト覚書（Soviet Memorandum on the Atlantic Pact）」を発出したが，その要旨は概ね以下の通りである[20]。（数字は筆者が便宜的に付した）

(1) 北大西洋条約締約国は実際に攻撃されておらずまたその危険もなく，自衛目的とは無関係である。逆に，同条約は，ドイツに勝利した主要国の中でソ連だけを排除しており，ソ連に向けた攻撃的な性格を有している。

(2) 北大西洋条約は国連の諸原則と目的に矛盾している。加盟国が分散しており，また，国連非加盟国であるイタリアとポルトガルが加盟しているNATO は憲章第52条の地域機関とは言えない。また，国連憲章第53条は地域機関によるいかなる強制行動にも安保理の承認を要求しており，安保理の承認なき武力の使用を想定している北大西洋条約第5条は国連憲章違反である。

(3) 北大西洋条約は，両締約国が平和と国際安全の維持のために協力し，他の締約国に向けられたいかなる同盟も締結せず，いかなる連合にも参加しないことを約した1942年の英ソ協力相互援助条約，1944年の仏ソ同盟相互援助条約に違反する。

(4) 北大西洋条約は，米英仏ソが，平和と国際安全を強化するために協力し，国連機関の強化に貢献することを約したヤルタ会談，ポツダム会談等の際の諸約束に違反する。

2 米国及びその他締約国による反論

これらの批判に対して北大西洋条約締約国側はどのような反論を行ったのであろうか。まず，北大西洋条約が国連憲章に違反しているという批判に対して

---

(19) 1948年6月に可決された米国上院の決議239号（いわゆる Vandenberg 決議，https://www.nato.int/cps/en/natohq/official_texts_17054.htm）は，行政府に対して，国連憲章の枠内で，また憲法上の手続きに従って，集団的取極めを発展させ参加することを促していた。北大西洋条約における国連憲章に対する言及は前文，第1条，第5条，第7条，第12条で行われている。

(20) "Memorandum of the Government of the USSR Concerning the North Atlantic Treaty", March 31, 1949 (https://history.state.gov/historicaldocuments/frus1949v04/d139).

は，ディーン・アチソン（Dean Acheson）米国国務長官は上記ソ連の覚書に先立って行われた1949年3月18日のラジオ演説で，下記のように述べ，国連憲章との整合性を強調していた[21]。（以下，下線は全て筆者による）

　　妨害的な戦術と拒否権の濫用によって，ソ連は国際の平和と安全を維持する安全保障理事会の任務に深刻に干渉しているが，国連は柔軟な機構である。ソ連の行動は国連の仕事を妨害しているが，国連は平和のための柔軟な機構であるための強さを持っている。国連は，それによって平和が実現されることを望む機構である。国連憲章は地域取極の重要性を認識している。国連憲章の目的と原則に従って，そのような取極が強化されるだろう。北大西洋条約は，北大西洋の諸国による集団的自衛の取極であり，国連憲章第51条で特定的に認識された自衛権の行使を調整することを目的としている。<u>それは国連の枠組みにきっちりと当て嵌まるように，また，国連憲章に調和する形で，平和と安全のための実際的な措置を確保するように作成されている。国連憲章に従って，また，その目的と原則を促進するような形で国連憲章の条項を実施することが加盟国の固い意図である。</u>

また，NATOがソ連に対する攻撃的意図を有しているという批判についてのアチソン国務長官の発言は以下の通りである。

　　民主政治のプロセスについて少しでも知っている者なら，民主主義は侵略戦争を計画しないし，できないということを知っている。（中略）米国は如何なる国に対しても戦争を計画していない。米国は戦争を欲していない。それどころか米国は戦争を嫌悪している。米国は戦争が不可避だとは考えない。米国の政策は，今日，国際社会を覆っている大きな相違を平和的な手段で橋渡しするという目的の下に作られている。<u>米国の北大西洋条約署名の背後に侵略的な意図が秘められているという主張は，米国社会の性格と目的に対する悪意ある間違った説明と空想的な誤解に基づいている。</u>

また，1949年4月2日に発出された北大西洋条約署名12カ国外相共同声明も，以下のようにその純粋防衛的な性格を強調した[22]。

　　北大西洋条約の署名のためにワシントンに集まった外相たちは，ソ連政府に

---

(21)　Nationwide Radio Address Delivered by Secretary of State Acheson, March 18, 1949（https://pastdaily.com/2021/03/18/march-18-1949-dean-acheson-and-the-north-atlantic-pact-nato/）, I.Shapiro & A.Tooze, *Charter of the North Atlantic Treaty Organization: together with scholarly commentaries and essential historical documents*,（Yale University Press, 2018）pp. 31-39.

(22)　Statement made by the Foreign Ministers of signatory Powers of the North Atlantic Treaty on April 2ⁿᵈ, 1949（https://www.nationalarchives.gov.uk/wp-content/uploads/2014/03/fo-371-799191.jpg）.

よって 1949 年 3 月 31 日に公表された見解に留意する。同外相たちはソ連政府によって 3 月 31 日に表明された見解は，この機構の性質と意図に関する誤解において，1 月 3 日にまだ条約文が存在する以前に，ソ連外務省が発表していた見解と同一のものであると認識する。したがって，この問題に関するソ連政府の見解は，北大西洋条約本文の性質の検討からではなく，他の考慮から生じているように思われる。北大西洋条約の条文自体が，そのような間違った説明と主張に対する最善の回答である。<u>同条約文は，この条約が完全に防衛的な性質であること，国連憲章の精神と文言に一致していること，そして，同条約が，いかなる国家あるいは国家群に対するものではなく，ただ武力攻撃（armed attack）だけに向けられたものであることを明らかにしている。</u>

3　恒常的組織化に関する論点

議論は学界でも行われたが，論点の 1 つは，集団的自衛権に基づく恒常的組織化の正当性であった。例えば，ユタ大学の F.B. シック（F. B. Schick）は，憲章第 53 条が定める地域機関の強制行動と異なり，憲章第 51 条が定める自衛権は，「緊急権（what may be termed an emergency right）」であり，「突然で違法な武力攻撃に対する任意で一時的な反応（a spontaneous, temporary reaction to a sudden, illegal armed attack）」として，武力攻撃が起きて初めて行使可能となるものなので，NATO のように平時から締約国が用意周到に軍事的な準備を行うことは排除されているとしたが，これに対して，オックスフォード大学のアーサー・グッドハート（Arthur. L. Goodhart）は憲章の起草者が，実際に攻撃されなければ防衛の準備をしてはならないなどという驚くべき結論を意図していたとはとても思えないと反論した[23]。

4　国連憲章第 8 章との関係

前述シックの議論は，NATO を国連憲章第 7 章第 51 条の集団的自衛権に基

---

(23)　F. B. Schick, "The North Atlantic Treaty and the Problem of Peace", *The Juridical Review*, Vol. 62（1950）pp.49-51; A. L. Goodhart, "The North Atlantic Treaty of 1949", *Recueil des Cours t.79, Academie des Droit International*（1951）p.229. なお，祖川武夫は，北大西洋条約のような集団的自衛条約に関して，「権利のレヴェルでは，平時からの組織，とりわけその高度の構成＝海外基地・駐留軍の設定まで許されるものかどうか，なお問題であるのに，条約のレヴェルでは，もはやそれらの存在も自衛法益の実体的要素となってしまっている」と述べた。「集団的自衛──いわゆる US Formula の論理的構造と現実的機能」祖川武夫編『国際政治思想と対外意識』（創文社，1977 年）471 頁。祖川武夫論文集『国際法と戦争違法化　その論理構造と歴史性』（信山社，2004 年）179 頁。

づいて正当化することを批判しているが，ソ連覚書の批判では，アチソン演説が地域的取極に言及していることもあってかNATOを地域的取極に関する国連憲章第8章で正当化することもできないとしている。集団的自衛権への言及を含む憲章第51条は，常任理事国の拒否権によって安保理が機能せず，地域的行動に対する許可が得られない場合のことを懸念した米州諸国の提案を契機として第8章ではなく第7章に置かれた経緯があるが[24]，NATOと地域機関との関係をどう考えるかは同条約の起草にあたっても引き続き難しい論点の一つであった[25]。

在米英国大使館の書記官として北大西洋条約作成交渉に参加したニコラス・ヘンダーソン（Nicholas Henderson）によれば，起草段階において北大西洋条約の前文が議論された際，フランス代表団は当初，国連憲章第8章に言及すべきであると主張したようである。フランスは，北大西洋条約は国連憲章第8章の意味での地域取極であると同時に憲章第51条に基づく防衛機構であるという意見を有していた。しかし，これには英国が強く反対した。理由としては，NATOを国連憲章第8章の機関とすると憲章第53条の規定によってNATOのすべての行動は安保理の拒否権の対象になってしまうということにあった。それ故，英国としては，特に地域内の紛争解決などの地域的な機能を有する地域機関と安保理が機能しない場合に外部からの攻撃から加盟国を守る第51条に基づく集団防衛機構を明確に区別することを主張したのである[26]。

最終的には，フランスを含めすべての代表団が北大西洋条約において国連憲章第8章への言及を行わないことに同意した。しかし，北大西洋条約と国連憲章第8章の関係についての見解の相違は残り，米国務省の法律顧問は，北大西洋条約は憲章第8章の地域的取極であると同時に憲章第51条に基づく防衛機構でもあると考えたのに対して，ブラッセル条約加盟国の5カ国（英，仏，ベ

---

(24)　中谷和弘「集団的自衛権と国際法」村瀬編・前掲注(5)30-35頁。

(25)　Nicholas Henderson, *The Birth of NATO*, (Weidenfeld and Nicolson, 1982), pp.101-105. 国連憲章第8章の地域的取極と北大西洋条約の関係に関するこの部分以下の本稿の記述の多くは同書の解説に基づいている。

(26)　このような英国の立場については，当時英国外務省法律顧問であったW. Eric Beckett が *The North Atlantic Treaty, the Brussels Treaty and the Charter of the United Nations*, (London, Stevens & Sons, 1950) で述べている。他方，ハンス・ケルゼンはこれについて，国連憲章の文言解釈からはNATOを第8章の地域機関と解釈することも解釈しないこともともに可能と論評している。Hans Kelsen, "Is the North Atlantic Treaty a Regional Arrangement?" *The American Journal of International Law*, (1951) Vol.45 No.1 (1951) pp.162-166.

国家と海洋の国際法（上巻）第1部 国際法／Ⅶ 安全保障

ネルクス3国）の法律顧問は，北大西洋条約が憲章第8章に関連付けられる必要はないと考えたという。結果として，会合の合意議事録の関連部分は以下のようになっている。

　　　各国は北大西洋地域に共通の利益を有しており，締約国間の平和の維持と紛争の解決のための既存の義務を再確認しつつ，<u>この条約の主要な目的は集団的自衛を提供すること</u>であるというのが共通の理解である。更に，締約国は，それぞれの公的な声明において，<u>国連憲章の第8章やその他条項との関連ではなく，むしろ憲章第51条によって認識され保全されているこの主要な目的を強調する</u>ことが理解される。

　今日でも，NATOは基本的には，憲章第51条に基づく集団防衛機構であると理解され，NATO自身もそのように考えているようであるが[27]，国連憲章第8章の意味での地域機関としての性格が完全に否定されているとも言いがたい。例えば，ボスニア・ヘルツェゴビナに関する安保理決議816, 836は，各国に「個別又は地域的取極・機関を通じて」必要な行動を取るように要請しこの決議に基づいてNATOが武力行使を行ったが，これはNATOが地域機関として安保理の許可（authorization）に基づいて武力行使を行った例として理解されている[28]。

5　ジョージ・ケナンによる批判

　以上，主として法的な観点からの議論を紹介したが，政治・外交的な観点からの批判として，対ソ外交に関する長文電報とX論文で有名な米国の外交官ジョージ・ケナン（George F. Kennan）による議論を紹介したい。ケナンは北大西洋条約交渉当時，米国国務省の初代政策企画部長であり交渉当事者でもあったが，同条約に関しては一貫して批判的であった[29]。下記引用はケナンの回想録の北大西洋条約に関する章の冒頭である。

　　　前の二章（注：「X－論文」，「日本とマッカーサー」）で私は，ワシントンにお

---

(27)　ウィリー・クラース（Willy Claes）NATO事務総長は，1995年3月にブトロス・ガーリ（Boutros Boutros-Ghali）国連事務総長に宛てた書簡において，「国連と地域的及びその他の国際機関との協力の問題については，NATOは自らを国連憲章第8章の下での地域機関とは見なしていない」と記している（SG/95/146, 10 March 1995）。

(28)　Christiane Gray, *International Law and the Use of Force 4th Edition*, (Oxford University Press 2018), pp.413-414, Yoram Dinstein, *War, Aggression, Self-Defence Sixth Edition*, (Cambridge University Press, 2017), p.362.

(29)　『ジョージ・F・ケナン回顧録Ⅱ』（清水俊雄・奥畑稔訳）（中公文庫，2017年）。本文の引用は245頁，265頁，270頁。

ける政策決定機構に関係した一員として，自分が行った努力について述べてきたが，それらは少なくともさし当たってはまず成功した方のものであった。そこで今度は，マーシャル国務長官時代のアメリカの政策のうちでも，第一の重要計画だったものについて述べてみたい。ただしこの計画に関しては，私はとくに役立つような力を貸すこともなかったし，また初めからこの計画は，わが国としてやらねばならないと私が考えていたものとは，肝心な点で逆行したものであった。

ケナンは北大西洋条約が欧州と米国との間で検討されていた初期に日本に出張していてワシントンに不在で，米国内の議論に十分関与できなかったようである。また，条約の検討は，ジョージ・マーシャル（George Marshall）国務長官やアーサー・ヴァンデンバーグ（Arthur Vandenberg）上院議員などのハイレベルで推進され既に流れはできており，ケナンとしては問題点を指摘するのが精一杯であった。ケナンの批判の要点は，ソ連の脅威は主に政治・経済・社会的な脅威なので対応もマーシャル・プランなど政治・経済的な対応が中心になるべきであって，北大西洋条約は過度に軍事的な反応としてソ連との間で無用な軍事対立を引き起こしかねないということにあった。

　　現実には危険など存在しないのに，軍事的均衡について必要以上に口ばしり，軍事的敵対関係をこれみよがしに刺激したりすればいやでも現実的なものとなりかねない危険を強調して，彼らがいまでは十分に現実性があり，先の見通しも生まれてきた経済復興計画から注意をそらそうとするようなことをなぜするのか？

また，ケナンは，米国が欧州と対等の相互主義的立場で条約に参加することや，将来，トルコやギリシャのような必ずしも北大西洋地域とは言えない国への拡大も想定していることにも不満であった。

　　だが反対に，合衆国とソビエトの間に戦争が起こった場合，合衆国を防衛する義務を負うよう両国に要求することは，両国自身のソビエトとの隣人関係を不必要に，また不運な形でそこなうだけでなく，この条約の純粋に防衛的性格を不明瞭にするものであり，その条約の呼称につけられた「北大西洋」という語を形だけのまがいものにしてしまうことであった。

以上，北大西洋条約，NATOに対して行われたいくつかの批判とそれへの反論，そして条約交渉のインサイダーでもあったケナンの批判を取り上げた。「純粋に防衛的と言いながらその背後には攻撃的な意図を秘めている」というソ連のNATOに対する不信感に対して，アチソン国務長官は，「米国社会の

国家と海洋の国際法（上巻）第 1 部 国際法／Ⅶ 安全保障

性格と目的に対する悪意ある間違った説明と空想的な誤解に基づいている」と述べた。これらの言説を分析することは本稿の範囲を超えるが，米国とロシアの相互不信感の核心に NATO の誕生時から今日まで続くこの決定的な認識の食い違いが横たわっていることは間違いないであろう。

なお，ソ連は，その後 NATO に対抗する形で 1955 年に東欧 7 カ国（アルバニア，ブルガリア，ハンガリー，ポーランド，ルーマニア，チェコスロヴァキア，東ドイツ）との間でワルシャワ条約（「友好協力相互援助条約」）を締結したが，その第 4 条は北大西洋条約第 5 条に類似の規定であった。現在では，集団的自衛権は武力攻撃に対するアドホックな反応としても，また，NATO のように事前に制度的な準備をする根拠としても援用できると考えられており[30]，長年の国家実行によって集団防衛機構の国際法整合性は国際社会に受け入れられていると見て差し支えないであろう。

Ⅴ　非 5 条・危機管理活動の拡大

既述の通り，NATO の中核は集団的自衛権に言及する北大西洋条約第 5 条であり，実際の運用によって NATO の活動が攻撃的な性質を帯びることはないとは断言できないまでも，その法的構造は防衛的である。そして，NATO が実際に第 5 条を発動したのは NATO の長い歴史の中でも 2001 年の米国同時多発テロに際しての一度しかなく[31]，後述するようにロシアのウクライナ侵略に際しても，NATO 及び加盟国は自らを戦争の直接当事者にしないように細心の注意を払って対応している。

しかし，このことは NATO が常に受け身の姿勢でただ身を固めて武力攻撃に備えてきたということを意味するわけではない。冷戦終了後，1991 年にソ連とワルシャワ条約機構が消滅し，東側からの脅威は大きく低下したが，その代わりに，特にバルカン半島などを中心に民族・地域紛争，テロ，大量破壊兵器の拡散といった新たな脅威に直面する中で，NATO は条約域外においても様々な脅威が北大西洋地域の安全に対する脅威に転化しないようにする危機管理活動を重視するようになった。それらの活動は，当時はしばしば「域外（out of area）」活動と呼ばれていたが，今では「非 5 条（Non- Article 5）・危機管

---

(30)　Dinstein, *supra* note 28, p.304.

(31)　しかも結果的には，NATO として行ったのは，NATO そのものが保有する早期空中警戒機（AWACS）や地中海の艦船による警戒・監視活動であり，集団的自衛権による法的正当化は必ずしも必要なかった。

714

理」任務と呼ばれることの多い活動である[32]。この活動は，北大西洋条約自体に明示的な規定を持つ活動ではないが締約国のコンセンサスに基づいて行われ，締約国の域外において数度，武力行使まで行うこととなった。これら武力行使は集団的自衛権を援用するものではなく，通常は国連安保理による授権が必要なものであるが，1994年にボスニア紛争に際して行われた武力行使については安保理決議（816, 836）による授権があったが，1999年のコソボ空爆においてはそのような安保理決議不在の中でセルビアに対してNATOの武力行使が行われたことから，その法的根拠については大きな疑義が呈されることになった[33]。

　一般的に国際社会では，国際法に違反しなければ国家はかなり広範な行動の自由を有している。したがって，北大西洋条約自体で禁止されず，またその他の国際法に反しない活動であれば，加盟国のコンセンサスによって行うことが可能である[34]。他方で，第5条の集団防衛自体は純粋に防衛的な構造を有するとしても，「域外」の危機管理として，特にコソボ問題に絡み，武力行使を授権する安保理決議が不在のままでセルビアに対して武力行使が行われ，ベオグラードの中国大使館への誤爆なども行われたことは，ロシアや中国などのNATOに対する警戒感を更に強化した。また，その後もNATOは，例えば安保理決議（1973）の授権に基づいて，2011年にリビアに対する武力行使を行ったが，安保理決議の目的である「住民及びその居住地の保護」を逸脱し，カダフィ体制の転覆を目的として叛徒に対する支援を行ったのではないかという批判を招き，その後，シリアに関する安保理決議の検討等に関してロシアや中国の姿勢を硬化させた[35]。アフガニスタンにおいては，米国主導のイラク戦争後

---

(32)　NATOは冷戦終了後の1991年以来，約10年おきに「同盟の戦略概念」を発表してきた。1999年に8年ぶりに作成された戦略概念では，基本的に冷戦後の新たな安全保障環境に関する1991年戦略概念の認識を引き継ぎつつも，旧ユーゴー紛争などの経験を経て，「抑圧，民族的紛争，経済的苦境，政治秩序の崩壊，大量破壊兵器の拡散」など多様なリスクが強調され，同盟の任務としての「非5条・危機対応活動」が明示的に採用された。なお，2022年の戦略概念では，NATOの中核任務として，「防衛と抑止」，「危機の防止と管理」，「協調的安全保障」が挙げられているが，ロシアのウクライナ侵略を受けて，「防衛と抑止」の比重が高まっている。

(33)　NATOによる空爆開始直後に提出された安全保障理事会会合にはNATOによる武力の行使を非難する決議案が提出されたが，賛成3票（中国，ロシア，ナミビア），反対12票で否決された。初期の論考としてBruno Simma, "NATO, the UN and the Use of Force: Legal Aspects", *European Journal of International Law* Vol.10（1999）pp.1-22.

(34)　加盟国が締結しているその他の国際約束との抵触は北大西洋条約第8条によって封じられている。なお，国連憲章に関しては第7条が規定している。

(35)　Ashley Deeks, "The NATO Intervention in Libya-2011", in Tom Ruys, Olivier

の 2003 年夏以降，NATO は治安維持部隊（ISAF）の指揮権を担いアフガニスタン全土に展開したが，2014 年 3 月にロシアによるクリミア併合が発生し NATO の欧州回帰も叫ばれる中，同年末に指揮権を現地部隊に移譲し，後方支援に退くこととなった。VIで見るように，ウラジーミル・プーチン（Vladimir Putin）ロシア大統領の NATO 批判はこれらの非 5 条活動にも向けられている。そして，同大統領の理屈では，「NATO は米国の外交政策の道具」であり，NATO としての行動が米国や英国独自の軍事行動，例えば，NATO としては直接関与しなかったイラク戦争などと区別されて論じられているわけではない。

VI　ロシアによるウクライナ侵略

　プーチンがロシア大統領代行に就任したのは，西ドイツと統一された東ドイツを別にすれば，初めて NATO が東方に拡大し，チェコ，ハンガリー，ポーランドの 3 カ国が加盟したのと同じ年，1999 年の 12 月 31 日であった。同大統領は 2001 年 9 月 11 日に米国で発生した同時多発テロの後に米国が主導した「テロとの戦い」においては米国に協力したが，その後は徐々に米国に対する反発を強めていき，その集大成が 2022 年 2 月 24 日に開始されたウクライナ全面侵略であった。その後のウクライナにおける戦争は，本稿執筆の時点で 3 年目に入っているが，いまだにその出口は見えない。ロシアによる「特別軍事作戦」開始後，3 月 2 日，国連総会は「ウクライナに対する侵略決議」を採択したが，ロシアは如何なる理由でこの行動を正当化したのであろうか。ロシアは先述の国連事務総長宛書簡の本文において，国連憲章第 51 条に従ってとった措置であるとした上で，同日に行われたプーチン大統領のロシア国民向け演説をそのまま添付した[36]。同演説の要旨は以下の通りである（数字は便宜的に筆者が付した）。

1. 過去 30 年間，NATO 諸国とは，対等で不可分の欧州安全保障の原則について合意しようと努力してきたが，我々は騙され，今や NATO が我々の国境に迫っている。他国の懸念や利益にまったく配慮しないこの傲慢さはどこから来るのか。原因はソ連の崩壊であり，米国が自国の利

Corten, Alexandra Hofer（eds.）*The Use of Force in International Law: A Case-Based Approach*（Oxford University Press, 2018），pp.749-759.

（36）　プーチン大統領の演説（英文）は，ロシア大統領府のサイトで確認可能（http://www.en.kremlin.ru/events/president/news）。ウクライナ侵略開始前後に行った演説としては 2022 年 2 月 21 日及び 2 月 24 日のものがある。

33 集団的自衛権のジレンマ 〔三上正裕〕

益だけを考えて好き勝手にできると考える勝者の驕りである。これはロシアだけでなく国際関係全般に当てはまる。国連安保理の授権なしにベオグラードに対して軍事行動が行われ、イラク、リビア、シリアと続いた。

2. 米国は、NATOは1インチたりとも東方に拡大しないと約束し我々を騙した[37]。このような詐欺的行動は、国際関係の原則だけではなく、道徳と倫理に反する。米国は「嘘の帝国」であり、ただ従順に米国に従うだけの西側諸国も同じである。

3. ロシアは、ソ連の崩壊後、米国や西側諸国と協力しようと誠実に努力したが彼らは我々を破壊しようとし、ロシアの南部において分離主義者やギャングを支援した。我々はこれを決して忘れない。

4. それにもかかわらず、2021年12月、我々は欧州の安全保障を確保するための原則とNATO不拡大について米国及びその同盟国と合意しようとしたが無駄だった[38]。米国は自らの利益だけを追求し、我々の利益は無視された。

5. 次に何が起きるかは明白である。1940-41年にソ連は戦争を防ごうと最後まで努力したが宥和努力は失敗し、ナチスドイツの侵略を受けたソ連は多大な犠牲を生んだ。その間違いを繰り返してはならない。

6. ロシアは今でも最も強力な核兵器国の一つであり、我が国に対する直接の攻撃はいかなる潜在的侵略者にとっても深刻な結果をもたらすことになる。

---

(37) 1990年2月10日付のヘルムート・コール（Helmut Kohl）独首相宛書簡の中でジェームズ・ベーカー（James Baker）米国国務長官は、その前日に自分がゴルバチョフ大統領に話した言葉を記している。「あなたは独立して米軍の駐留しない、NATO外側の統一ドイツと、NATOの管轄が現在の位置から1インチも東方に動かないという確約とともにNATOに結び付けられている統一ドイツとどちらの実現を望むのですか」（https://nsarchive.gwu.edu/document/16119-document-08-letter-james-baker-helmut-kohl）当時、米国やドイツとロシアの間では様々なやり取りがあり、NATOを東方拡大しないことと引き換えにドイツ統一と統一ドイツのNATO残留を容認するという取引、密約があったのかについてはその後大きな論争となっている。志田・前掲注(3)、吉留・前掲注(3)等を参照。

(38) ロシアは、ロシアと1997年5月27日（ロシアNATO基本文書署名日）時点におけるNATO加盟国が、同日時点で配備していた以外の軍事力を欧州の他国に対して配備しないことやウクライナを含め更なるNATO拡大を行わないことなどを内容とする国際約束を提案した。"Agreement on measures to ensure the security of The Russian Federation and member States of the North Atlantic Treaty Organization," 17 December 2021（https://mid.ru/en/foreign_policy/rso/1790803/）.

国家と海洋の国際法（上巻）第1部 国際法／Ⅶ 安全保障

7. ロシア国境に隣接した土地の軍事化をロシアは決して受け入れない。最近，NATO指導部は，軍事インフラの国境への展開の加速化について話しているが，これ以上のNATOインフラの拡大とウクライナ領土の軍事化は決して受け入れられない。

8. NATOといっても米国の外交政策の道具である。問題は，我が国に隣接する領土——我々自身の歴史的領土——で「反ロシア」が創出され，外部のコントロールを受け，NATO諸国によって人員と近代的な兵器を提供されていることである。米国とその同盟国にとってこれはロシア封じ込め政策だが，我が国にとっては生死の問題，民族の将来の問題であり，ロシアの生存と主権に対する真の脅威である。彼らはレッドラインを渡った。

9. ドンバス地方で，2014年にウクライナでクーデタを起こした勢力が権力を握り問題の平和的解決の道をふさいだ。我々は8年間，あらゆる努力をしたが無駄であった。ドネック人民共和国とルハンスク人民共和国でウクライナによる侵害とジェノサイドにさらされている人々を守るために，両共和国からの要請と友好協力相互援助条約に基づき，国連憲章第51条に従って，特別軍事作戦を開始することを決定した。

10. その目的は，8年間にわたってウクライナの政権による迫害とジェノサイドに苦しんできた人々を守るためであり，我々は，ウクライナの非軍事化と非ナチ化，そして市民に対する犯罪者の処罰を行う。我々の計画はウクライナ領土の占領を含まず，何人に対しても力で何かを押し付けることはしない。しかし，ウクライナに住む人々は自らの将来に対して選択の自由を持たなければならない。

　プーチン演説は国民向けで必ずしも法的な説明ではなく，その基調はソ連崩壊後のロシアの困難と彼からすればその弱みに付け込んだ西側諸国，特に米国の対ロシア政策への批判と怨恨であるが，国連事務総長への通知には国連憲章第51条に従った措置への言及があり，ロシアへの脅威に対する個別的自衛権，及び，「ドネック人民共和国」及び「ルハンスク人民共和国」を守るための集団的自衛権の行使であることが示唆されている。これらの主張内容を詳細に検討することは本稿の目的ではないが，国際法的に見れば，ウクライナからロシアへの武力攻撃が発生も急迫もしていない段階で個別的自衛権を発動するというのは如何にも無理があり，また，集団的自衛権に関しては，「ドネック人民

共和国」と「ルハンスク人民共和国」の国家性自体に大きな疑問があった上に，仮に国家性を認める場合でも，両共和国内の人民の保護を理由にウクライナを攻撃するというのでは集団的自衛権行使の要件を満たさない。また，プーチン大統領は，ウクライナにおけるロシア系住民に対する迫害をネオ・ナチとして非難し，それら住民の保護を言っているので人道的介入類似の理論による正当化の可能性も考えられなくはないが，武力行使の根拠としての人道的介入はいまだ国際法上確立した理論とはなっておらず，そもそもナチズムに関するロシアの主張自体も精査が必要である。ただ，いずれにしてもここで明らかなのは，NATO の東方拡大がロシアによって自らの生存そのものに対する脅威として受け止められ，ウクライナ攻撃の主要な理由とされているという事実である。

NATO 成立時，ソ連は自らに対する攻撃的な意図を批判したが，米国及びNATO 同盟国は NATO の純粋防衛的性格を強調してこれを否定した。Ⅲで見たとおり，NATO は加盟国が外部から武力攻撃を受けない限りは集団的自衛権を発動しない仕組みになっており，単に NATO 加盟国が拡大しロシアに迫ってきたからといって自衛権発動の根拠にはなりえない。しかし，プーチン演説から見てとれることは，プーチン大統領は，通常の意味でウクライナをロシアと対等で独立した主権国家とはみなしておらず[39]，NATO 諸国のウクライナへの浸透，そこからロシアに対する脅威，攻撃を切迫したものとみなしていたということである。NATO は純粋に防衛的な機構であるという主張に対しては，プーチン大統領は，2024 年 2 月 21 日に行った演説の中で，「彼ら（西側諸国）は，NATO は平和愛好的で純粋防衛的な同盟であってロシアに対して脅威を与えるものではないということを再三再四述べて我々を説得しようとしている。彼らは我々に彼らの言葉を信じて欲しがっているが，我々は彼らの言葉の真の価値に気付いている。1990 年にドイツの統一が議論された際，米国はソ連指導部に NATO の管轄や軍事的プレゼンスは 1 インチたりとも東方に拡大しないし，ドイツの統一は NATO の軍事組織の東方への拡大につながらないと述べたのだ」と不信感を露わにした。プーチン大統領の頭の中では，米国と西側諸国，NATO は一体であり，すべてが混然一体となってロシアへの脅威となり，自衛権の行使が正当化されているように見える。

---

(39) プーチン大統領は，2021 年 7 月 12 日に「ロシア人とウクライナ人の歴史的一体性について」という文章を発表してロシア人とウクライナ人の特別な歴史的関係，一体性を強調し，現在のウクライナ国家はソ連時代の生産物にすぎないとした（http://en.kremlin.ru/events/president/news/66181）。

このように NATO 東方拡大，特にウクライナへの拡大可能性を自国に対する安全保障上の脅威ととらえてウクライナ侵略を行ったロシアであったが，結果としては，逆にフィンランドとスウェーデンがそれぞれ 2023 年 4 月と 2024 年 3 月に NATO に加盟することとなり，NATO は発足当初の 12 カ国から 32 カ国まで拡大した。

Ⅶ　ウクライナ侵略に対する NATO の対応

　米国ドナルド・トランプ（Donald Trump）政権の時代には NATO の役割や政策をめぐって米欧間で意見の対立が顕在化し，2019 年 12 月のロンドン首脳会合の直前にはエマニュエル・マクロン（Emmanuel Macron）フランス大統領が「NATO は脳死状態にある」とまで述べて物議をかもしたが，米国におけるジョー・バイデン（Joe Biden）政権の登場，ロシアによるウクライナ侵略は NATO の存在意義を再認識させ，結束強化をもたらし，NATO 及び加盟国は，自らは戦争当事者ではないと位置付けてロシアによるウクライナへの侵略がロシアと NATO 諸国との戦争に拡大しないよう注意を払いながらもウクライナ支援に全力を挙げている。ウクライナに関する NATO の活動は非 5 条の活動であるが，まさに NATO にとっての「重要影響事態」とも言える事態であり，NATO 加盟国に対する武力攻撃と NATO による第 5 条発動もありえる緊迫した状況になっている。

　NATO 及び締約国としては，ロシアによる違法な侵略を受けて個別的自衛権で対抗しているウクライナを全面的に支援するという立場をとっているが，NATO 対ロシアの軍事対決という色彩を避けるため，NATO として直接のウクライナ軍事支援は行わず，行っているのは包括的支援プログラム（CAP）を通じた非殺傷性の装備・物資支援などであり，また，2023 年のヴィルニュス首脳会合で格上げが決まった NATO ウクライナ理事会（NUC）を通じた協議や将来のウクライナの NATO 加盟に向けたプログラムの作成，実施などに限られている。ウクライナ支援のための戦闘機，戦車，武器の支援や軍事訓練などは主要各国それぞれが行っており，NATO とは別途の枠組みで米国が主導するウクライナ支援防衛コンタクト・グループの枠組みで調整されている。このコンタクト・グループは NATO の空軍司令部があるドイツのラムシュタインで第一回会合が行われたことからラムシュタイン会合と呼ばれているが，参加国の多くは NATO 加盟国であり，実際には NATO と極めて密接な関係を

有している[40]。NATO各国が行っている軍事支援が支援国の地位を交戦国に変化させないのかという論点もあるが，国際法的には，一般にそのように考えられているわけではない[41]。

　ウクライナはNATOへの早期加盟を熱望しており，NATO側でも将来，ウクライナが加盟するとの方向性自体は決まっているが[42]，対立のエスカレーションを懸念する米独等はそのタイミングについては慎重であり，加盟招待には至っていない。したがって，NATO加盟国にはウクライナを援助する条約上の義務は生じていないが，他方で，ウクライナがNATOに加盟していないことはNATO加盟国が独自に集団的自衛権を行使してウクライナを援助することを法的に妨げるわけでもないことには留意する必要がある。北大西洋条約のような条約関係の存在は，集団的自衛権行使の法的な前提条件ではなく，被害国による被害の宣言と支援の要請，個別的自衛権と共通の必要性や均衡性，安保理への報告など集団的自衛権行使にかかる国際法上の要件が満たされれば，各国が独自の判断で集団的自衛権を行使することは可能である。それをしないのは，法的な制約ではなく，戦争のエスカレーションと拡大を避けるという政治・外交・軍事上の考慮からに他ならない。

---

(40)　ラムシュタイン会合は，2022年4月，第1回会合に43カ国が参加し，NATO加盟国を含む50カ国以上が参加している（日本を含む）。ストルテンベルグ事務総長は，ウクライナに対する軍事支援はNATOの外のラムシュタイン・プロセスにおいて実施されており，同プロセスを通じてウクライナの国防大臣がウクライナ軍の兵器需要を伝えている旨公表している。他方で，米国大統領選挙の動向が不透明な中，殺傷性のある武器供与の調整を含めNATOのウクライナ支援への関与をより強化，制度化していこうという動きも見られ（"NATO Plans $100bn 'Trump-proof fund for Ukraine", Henry Foy, *Financial Times, 2 April 2024*）。2024年7月にワシントンで開催されたNATO首脳会合において，対ウクライナ安全保障支援・訓練組織（NSATU）の新設が決定された。
(41)　浅田正彦「ウクライナ戦争と国際法──政治的・軍事的側面を中心に」浅田正彦・玉田大編著『ウクライナ戦争をめぐる国際法と国際政治経済』（東信堂，2022年）17頁。
(42)　2008年のブカレスト首脳宣言は，「我々は本日，両国（ウクライナとジョージア）がNATO加盟国になることに同意した（We agreed today that these countries will become members of NATO）」と宣言した。なお，2023年のNATO首脳会合で，ウクライナのヴォロドミル・ゼレンスキー（Volodymyr Zelensky）大統領はNATO加盟への具体的なコミットメントを行うよう強く要請しバルトや東欧諸国などが支持したが，米独などは慎重であり，コミュニケは，「我々は，加盟国が同意し，条件が整えば，ウクライナに加盟の招待を行う立場になるだろう（We will be in a position to extend an invitation to Ukraine to join the Alliance when Allies agree and conditions are met）」という慎重な表現に留まった。

Ⅷ おわりに

1987年7月，ミハイル・ゴルバチョフ（Mikhail Gorbachev）ソ連共産党書記長は，ストラスブールで開催された欧州評議会（Council of Europe）において，東西欧州の分断状況を克服し，「欧州共通の家（Common European Home）」を作るべきだと述べた[43]。国連の集団安全保障システムが想定通りに機能するとすれば，本来必要のないはずであったNATOであったが，欧米の主な指導者は，第2次世界大戦後もまた冷戦後も，西側の安全保障にとって不可欠な存在であると考え続けた。また，NATOは価値の同盟でもある。北大西洋条約は，その基本原則として，前文で「民主主義，個人の自由，及び法の支配の諸原則」を掲げ，第10条で「この条約の原則を促進し，かつ，北大西洋地域の安全に貢献する地位にある他のヨーロッパの国」に門戸を開いていた以上，NATOが存続する限り，如何にソ連やロシアが反発しようとも，安全と自由を希求するバルト諸国や中東欧の国々に対して門を閉ざすことはなかった。

本稿では，国連の集団安全保障体制とその例外として規定された集団的自衛権との緊張関係を抱え込んで成立したNATOの構造とそれに対する批判そして反論を紹介した。しかし，NATO及びNATO拡大を巡る欧米とロシアの対立は，法的な論点を内包しつつも，それを遥かに超えた地政学的，外交的な対立であることは言うまでもない。当初からNATOに批判的であったジョージ・ケナンは1997年2月，ニューヨーク・タイムズ紙に「致命的な間違い」という題の寄稿を行い，「NATOの東方拡大は，冷戦後最も致命的な米国の政策上の過ちになるだろう」との見解を表明した[44]。その後の展開は，ケナンが危惧した通りのものとなったように見えるが，それではNATOが拡大しなかったら，あるいは拡大するにしても違うやり方で拡大したとしたら欧州はど

---

(43) 「『欧州共通の家』概念の哲学は，武力衝突の蓋然性と，同盟対同盟や同盟内部のどこでも，武力の行使や威嚇の可能性自体を排除する。この哲学は，抑制の理論が抑止の理論にとってかわるべきことを示唆している。これは単なる概念の操作ではなく，生活そのものによって促された欧州発展の論理である。」（https://digitalarchive.wilsoncenter.org/document/speech-mikhail-gorbachev-council-europe-strasbourg-europe-common-home）

(44) George F. Kennan, "A Fateful Error", *New York Times, February 5. 1997.* 逆に，ヘンリー・キッシンジャー（Henry Kissinger）やズビグネフ・ブレジンスキー（Zbigniew Brzesinski）らは賛成の論陣を張った。Henry Kissinger, "Expand NATO Now", *Washington Post, December 18 1994,* 佐瀬・前掲注(10)178-187頁等参照。

うなっていたのかは「神のみぞ知る」であろう[45]。

　時に「史上最も成功した同盟」とも称される NATO であるが，国連の集団安全保障制度が機能するという前提の下では，本来，「同盟」の必要はないはずであった。しかし，第２次大戦後の国際政治の現実は集団的自衛権に基づく同盟を必要とさせ，しかし，逆にそのことが摩擦と対立を再生産し，更に同盟の必要性を強化するという経過を辿ってきた。本稿では，NATO の構造や歴史を見ながら，それを「集団的自衛権のジレンマ」という視角から考察した。

　本稿執筆現在（2024 年 7 月），ロシアによるウクライナ侵略の帰趨は予断を許さず，ロシアと NATO との直接戦争に拡大する可能性も排除はできない。戦争終了後に欧州で新たなる均衡と協調の体制が構築できるかもまったく未知数である。仮に，米国のドナルド・トランプ前大統領が折りに触れて示唆してきた米国の NATO からの脱退，或いはコミットメントの大幅な低下が現実に起きれば，欧州における均衡が大きく崩れる可能性もある中で，1990 年代以来，共通・外交安全保障政策を発展させてきた EU が自らの安全保障に関してどこまでの役割を担えるようになるのかや，紛争予防や信頼醸成に役割を持つ欧州安全保障協力機構（OSCE）が将来再び重要な役割を果たせるような場面が来るのかという問題もある。NATO と同じ年に成立した中華人民共和国が極めて大きな存在となって欧州や NATO にも様々な影響を与える中で[46]，欧州と東アジアの安全保障の関連性が強く意識され，NATO と日本との関係も急速

---

(45)　メアリー・サロッテは，「NATO 拡大はそれ自体が米ロ関係の悪化をもたらしたのではない。主要な出来事は複数の理由で発生する。歴史が単一の理由に基づくことはほとんどない。米国とロシアの選択は時間とともにそれぞれの内政も絡んで相互に作用し悪化をもたらした。また誤解も役割を果たした」としている。Mary Elise Sarotte, *Not One Inch – America, Russia, and the Making of Post-Cold War Stalemate*, （Yale University Press, 2021), pp.7-8. 歴史を振り返ってみると，当然のことながら，それぞれの時代状況に応じて NATO 側もロシア側も立場に相当のぶれがあり，いわゆるレッドラインも揺れ動いてきた（廣瀬陽子「ロシアの『レッドライン』と 2021 年の対ウクライナ関連の動き」『国際情勢紀要』92 巻［2022 年］109-122 頁）。本稿においては紙幅に限りがあり，西側とロシアの対立構造を図式化しすぎたかもしれないが，サロッテの言う通り，双方の立場を単純化して捉え NATO の構造や東方拡大が必然的，直線的に米ロ関係の悪化をもたらしたかのように理解するのは適当ではないと思われる。

(46)　NATO 関連文書に中国に対する記述が初めて現れたのは，2019 年 12 月のロンドン首脳宣言であった。2022 年 6 月に約 12 年ぶりに改定された戦略概念では，「中国が明らかにしている野心と強要的な政策は，我々の利益，安全，価値に挑戦している」とした上で，「我々は，中国との建設的な関与にオープンであり続ける」としつつ，「欧州大西洋の安全保障に対して中国が呈している体制上の挑戦（systemic challenges)」に対応することを謳い中国関連の諸課題に多くの字数をあてている（https://www.nato.int/nato_static_fl2014/assets/pdf/2022/6/pdf/290622-strategic-concept.pdf)。

国家と海洋の国際法（上巻）第 1 部 国際法／Ⅶ 安全保障

に深まっている[47]。今後，NATO がどのような形で 2049 年の設立 100 年に向かっていくのかは欧州だけでなく世界の未来にとって極めて重要な鍵を握っていると言って過言ではないであろう。

【付記】本稿は，筆者が個人の資格で執筆したものであり，表明されている見解は筆者の所属する組織の公式見解を示すものではない。なお，本稿における人名の肩書は特に断りのない限り当時のもの。ウェッブサイトの最終アクセス日は 2024年 5 月 1 日。

---

(47)　2022 年 6 月のマドリッドでの NATO 首脳会合には史上初めて，日本，韓国，豪州，NZ の 4 カ国（Asia Pacific 4 あるいは Indo-Pacific 4 と称される）の首脳がパートナー国として招かれたが，これは 2023 年 7 月のヴィルニュス首脳会合，2024 年 7 月のワシントン首脳会合でも継続された。また，日本と NATO は 2014 年以来作成されてきた「国別パートナーシップ協力計画（IPCP）」を大幅に強化し，日 NATO 協力の基本的考え方と行動計画を示す「国別適合パートナーシップ計画（ITPP）」を採択した。中露の連携や技術の進展などにより北大西洋地域とインド太平洋地域が安全保障上多くの共通の課題に直面する中で，ストルテンベルグ NATO 事務総長は，「今日のウクライナは明日の東アジアかもしれない」という岸田総理大臣の言葉をしばしば引用して，NATOと AP4／IP4 との協力の重要性を訴えたが，「北大西洋」条約機構である NATO がインド太平洋地域に如何に関与するかについては加盟国間でも意見が収斂していない。

34 日本の新安全保障法制の抑制性による
国際法抵触という逆説的局面
—— 集団的自衛権の行使形態論に触れつつ ——

真 山　　全

Ⅰ　は じ め に　　　　　　　　　Ⅳ　旧来の国内法に伏在していた
Ⅱ　自衛隊と外国軍の協同の評価　　　　問題の顕在化
　　問題　　　　　　　　　　　　　Ⅴ　お わ り に
Ⅲ　新安全保障法制から生じる問題

Ⅰ　は じ め に

1　2015年新安全保障法制における抑制性の維持

　日本政府は，日本国憲法の下では日本の自衛のための必要最小限度を超える
武力の行使は認められないとの見解を維持してきた[1]。日本の安全保障法制
は[2]，憲法から導かれるこの武力行使の抑制性を基本的な特徴とするといえ
る[3]。こうした安全保障法制の故に，自衛隊等の行動が武力行使の合法性を判
断する *jus ad bellum* のような国際法規則群の制約内に留まることは自明と思
われた。

　2014年の政府の憲法解釈変更及び2015年のいわゆる新安全保障法制（平和
安全法制）整備により，国際法のいうところの集団的自衛権の行使が可能とな
るという戦後安全保障法制における最大級の変化が生じた[4]。しかし，それで

---

(1)　必要最小限度の武力（実力）行使のみが憲法上許容されるとの見解を政府は1954年
　　に表明し（1954年政府見解），爾来それが維持される。21衆・予算委，第2号（1954年
　　12月22日），1頁；22参・内閣委，第37号（1955年7月29日）21-22頁。
(2)　本稿の目的からすれば安全保障法制の定義を厳密にする必要はなく，憲法，自衛隊
　　法その他の対外的安全にかかわる国内法をまとめてそう呼ぶ。
(3)　抑制の原理は憲法に由来し，従って，それによる統一的説明はできる。但し，勿論，
　　その発現の仕方は個別の法律ごとに見なければならない。
(4)　「国の存立を全うし，国民を守るための切れ目のない安全保障法制の整備について」
　　（閣議決定，2014年7月1日）。解釈変更を行ったこの閣議決定の翌年には，自衛隊法そ
　　の他の法律を一括して改正する平和安全法制整備法及び国際平和支援法が成立した。前
　　者の一括改正法による武力攻撃事態法改正で存立危機事態における集団的自衛権行使が

『国家と海洋の国際法　柳井俊二先生米寿記念（上巻）』〔信山社，2025年2月〕　*725*

もこの必要最小限度要件は原則的に維持され[5]，集団的自衛権を行使できるの
は日本の存立危機事態の場合のみとなるなど，引き続き自衛隊による武力行使
の範囲は国際法上許容されるそれより限定的である。

　また，新安全保障法制で自衛隊に他に新たに与えられた任務に関しては，武
力行使を構成しない範囲でなされるとされた。こうした新任務としては外国軍
の後方支援とその武器等防護が重要である。これらの新任務は，米軍その他の
外国軍への切れ目のない最大限の支援を行う安全保障政策上の要請が認識され
ながらも，必要最小限度要件からする集団的自衛権行使範囲限定のため，武力
行使該当性を否定された上で付与された。外国軍の後方支援及び武器等防護は，
集団的自衛権という国際法が用意した武力行使の正当化（justification）事由を
援用する必要のない行為であることを日本は宣言したということである。

2　抑制的国内法による否定と拒否

　外国軍の後方支援及び武器等防護は，武力行使に至らない範囲でなされると
いうのであるからここでも抑制性が発揮されたが，この国内法の抑制性が国際
法との抵触を招くという逆説的現象が生じるかもしれない[6]。つまり，外国軍
の後方支援や武器等防護は，当該の外国が国際的武力紛争当事国ならば，その
相手方当事国に対する *jus ad bellum* でいう武力行使と *jus in bello*（武力紛争
法）上の敵対行為（hostilities）に密接にかかわる行為で，それ自体が武力行使
や敵対行為の性質を帯びることもある[7]。しかし，それでも日本は，集団的自
衛権行使限定によって生じた間隙を外国軍の後方支援及び武器等防護で埋めな

　可能となる。
（5）　同：189 参・平安特委，第 20 号（2015 年 9 月 14 日）28 頁。1954 年政府見解からす
　　る自衛権行使の三要件（旧三要件）と 2014 年閣議決定のいう三要件（新三要件）の「最
　　小限度」概念の詳細な分析については以下を参照せよ。仲野武志『防衛法』（有斐閣，
　　2023 年）147-195 頁。
（6）　抵触といわずに端的に違法というべきかもしれないが，国際法が適法化の説明を用
　　意しているのに，それを敢えて用いない場合なのでそうしなかった。このような問題で
　　は，日本がどのように自己の見解の妥当性を積極的に示せるかが焦点になる。
（7）　武力行使（その最も重大なものが武力攻撃とされる。）や武力紛争が生じたとされる
　　状況は重なるが一致しない。本稿の関心はそれらの区別にはなく，武力行使や武力紛争
　　に関する国際法規則の拘束を日本も自らの行為の国内法上の評価と無関係に受けること
　　の再確認にある。このためには，自衛隊の行為が，*jus ad bellum* のいう武力行使に該
　　当する場合，及び *jus in bello* の概念で本来的には国際的武力紛争でないと存在せず，
　　それを組織的になせば武力紛争当事国となる敵対行為を構成する場合を問題にすればよ
　　い。武力行使と敵対行為という関連するが異質な 2 つを単純に並べて記したのはこのた
　　めである。

ければならない実際上の必要に迫られ，それらの行為が憲法上と国際法上の武力行使[8]に該当することをあくまで否定し，敵対行為該当性も当然否定しつつ，これらを実施し続けざるをえなくなるのではないかと懸念される。そうなれば日本は，武力行使や武力紛争の存在から生じる国際法上の効果が日本に及ぶことを否定し，それに伴う義務の履行も拒否しよう[9]。

日本の否定と拒否は，国内法との整合性の維持の目的からなされるだけに，それを国際法の次元でどこまで貫徹できるかが問わる。なお，国内法整合性確保のための議論から離れてみるならば，こうした否定と拒否は，外国へのどのような支援なら当該外国の相手方武力紛争当事国に対する武力行使に踏み込んだとされるかという集団的自衛権の文脈での武力行使の範囲，即ち，集団的自衛権の行使形態（modality）にかかわる問題や[10]，国際的武力紛争の当事国と非当事国の区別問題の提起になるかもしれない。もしそのような展開になるならば，日本の安全保障法制が戦後初めて国際法についての問題提起的な意味を持ち始めるということであって興味深い。

日本の安全保障環境は，脅威の多様化と増大のため変化しつつある。本稿では，近時の環境変化に対応しようとした2015年新安全保障法制が同時に抑制性を堅持したために招くであろう国際法との抵触を見ていく。さらに，抑制性を同様に基本原理とする旧来の国内法を新しい安全保障環境で運用していけば同種の抵触を生じると考えられ，この点についても言及する。

II　自衛隊と外国軍の協同の評価問題

1　国内法上の整合性の追求

抑制的国内法より導かれる結論には国際法からする認識と一致しないものがあるのではないかということは以前からいわれていた。集団的自衛権行使が憲法上禁止されていると解されていたため，米軍との必要な協同（coordination, cooperation）を米と戦う相手国に対する日本による武力行使を構成しないと捉

---

(8)　憲法と国際法がそれぞれ考える武力行使と自衛権に関しては，例えば以下を参照せよ。浅田正彦「憲法上の自衛権と国際法上の自衛権」村瀬信也編『自衛権の現代的展開』（東信堂，2007年）249-299頁，松山健二「国際法及び憲法第9条における武力行使」『レファレンス』平成22年1月号（2010年）37-51頁。

(9)　外国軍後方支援等の法的性格が特に問題となる状況，即ち，その外国が武力を行使するか又は国際的武力紛争を戦っている状況を本稿においては扱いたい。非国家主体や非国際的武力紛争の当事者（正統政府を含む）に対する支援等は主な検討対象としない。

(10)　集団的自衛権行使形態にはあまり関心が払われてこなかったが，後述の通り（注（43)参照），露ウクライナ戦争を契機に注目されることになった。

国家と海洋の国際法（上巻）第1部 国際法／Ⅶ 安全保障

えるか，又は武力行使になるとしても日本の個別的自衛権行使の一環として全て説明しようとしたことが国際法的観点から妥当といえたかという問題はそうした不一致として最も目立っていた[11]。

自衛隊と米軍の協同は，日本領域又はそこにある米軍基地に対する武力攻撃の場合にも必要である。しかし，そのような事態では日本は個別的自衛権を行使できるから，米軍が日本領域への武力攻撃を排除するに必要な行動をしている限りにおいては，米軍との協同を日本の個別的自衛権行使と区別して論じる意味は大きくはなかった。

このため，対米軍協同の限界の問題は，主に日米安全保障条約第5条（共同防衛）以外の場合における協同の限界問題として扱われていた。その際には，米軍の作戦行動が米による個別的自衛権又は他の国を支援しての集団的自衛権を根拠とするなどして国際法上適法としても，そしてそれが同時に同条約第6条（基地使用）の求める「日本国の安全」と「極東における国際の平和及び安全の維持」に寄与するものでも，自衛隊の行為が米軍の相手国に対する日本による武力行使となってはならなかった。その状況では日本による武力行使の国際法上の説明としては，国連の強制行動の一部としてなされるならともかく，集団的自衛権しかなかったからである。従って，米軍との協同がいかなる段階に達すれば集団的自衛権の領域に入ったとされ，憲法違反とされるかが争点であった。この問題は，自衛隊による協同が米軍の武力行使と地理的，時間的その他の側面でどのくらい近接しているかという米軍の行動とのいわゆる一体化の問題と重なっていた[12]。

しかし，米軍との協同が国際法上は集団的自衛権以外では説明できないものであったとしても，日本の集団的自衛権行使が国際法からは禁止されない以上[13]，国際法の問題には直ちにはならない。また，これらの協同が主に日本の

---

(11)　例えば，個別的自衛権を行使する日本を支援するため日本に向かう米艦を公海上で日本の個別的自衛権で防護できるかといった議論があった。166衆・安保委，第9号（2007年5月15日）7頁。米艦を防護しないわけにはいかないという「政策判断の上に，（国際法上の問題があったとしても，）憲法上行使が許されている個別的自衛権の拡張」で正当化するのは「少し内向きな考え」と適切に評される。森肇志「集団的自衛権とは？──平和安全法制と国際法上の自衛権」，森川幸一・森肇志・岩月直樹・藤澤巌・北村朋史編著『国際法で世界がわかる──ニュースで読み解く32講』（岩波書店，2016年）297頁。

(12)　憲法の議論では，行為が武力行使に該当することと，行為の他国の武力行使への関与の密接性から行為者も武力行使をなしたとされることが区別されてきた。阪田雅裕編著『政府の憲法解釈』（有斐閣，2013年）104-122頁。

(13)　憲法解釈からする集団的自衛権行使禁止を対外的宣言等で国際法上の義務として日

728

領域やせいぜいその近傍の米軍が完全に制海する水域といった米の相手国軍が手を出せない後方サンクチュアリーでなされていたから，米軍との協同の際に自衛隊が相手国軍と直接に接触することもあまり想定されなかった。

こうした事情から，自衛隊の行為が集団的自衛権に基づく武力行使ではなく，武力紛争法のいう敵対行為でもないという見解の国際法的妥当性について他国から追及されずにいた[14]。つまり，自衛隊の対米軍協同で影響を受けた国が反撃や抗議その他の措置を日本に指向してくるような具体的な相手のある話にまで至っていなかったのである[15]。米軍との協同を国際法上いかに評価すべきかの問題は存在していたとしても，国内法整合的な説明が可能かを国内で議論していれば済んだ。

2 問題の顕在化

新安全保障法制から生じる問題も同じくそれによる抑制性の維持に起因するが，日本が集団的自衛権の行使を国際法上認められているため，その範囲であれば米軍との協同に国際法上の問題がすぐには生じないことについても変わらない。これまでと異なるのは，米軍等の外国軍の後方支援や武器等防護が当該国領域や日本から遠い洋上でもなされるであろうことである[16]。抑制性を維持しつつも同時に協同の程度を上げ，その地理的と時間的の範囲を拡張することが新安全保障法制整備の目的であるから，協同先である米軍等の外国軍と戦う相手国軍と自衛隊が接触する可能性が高くなるのは当然といえる。

この相手のある話となった段階で，前述のように，行為が武力行使や敵対行為に該当することを認めず，武力行使や武力紛争の際に適用される国際法規則の適用を否定するなら，そうした規則適用に伴う義務の履行も日本は拒否し，その否定と拒否の国際法的妥当性を当該相手国に説得的に示さなければならな

本が一方的に設定していたのではない。

(14) 侵略の定義に関する決議（国連総会決議3314（XXIX）（1974年））第3条(f)では，他国による侵略行為のための自国領域使用の許容が侵略行為とされるにもかかわらずである。

(15) 国際的武力紛争を戦う米軍と自衛隊の協同は日本領域内でも実際には少なかった。ヴェトナム戦争がそうであったように，米軍にとっては日本領域内の基地と補給や造修の施設を使用できればよかったからである。周辺事態や重要影響事態を想定し，そこでの対米軍協同が求められるようになったのはやはり大きな変化といえる。

(16) 重要影響事態は中東やインド洋でも生じるとされる。中内康夫・横山絢子・小檜山智之「平和安全法制整備と国際平和支援法案──国会に提出された安全保障関連2法案の概要」『立法と調査』366号（2015年）12頁。

国家と海洋の国際法（上巻）第1部 国際法／Ⅶ 安全保障

くなる。つまり，国際法は集団的自衛権による適法化という選択肢を用意しているが，抑制的国内法によってそれを用いることが制限されているため，米軍の行動との一体化の否定のためにかつて国内的になされてきた議論を当該の相手国に対しすることを強いられる。

Ⅲ　新安全保障法制から生じる問題

1　集団的自衛権行使と存立危機事態

集団的自衛権行使には日本の国内法上，存立危機事態発生を要する。武力攻撃事態法（武力攻撃事態・存立危機事態対処法）第2条4号は，日本と「密接な関係にある他国」への武力攻撃で日本の「存立が脅かされ，国民の生命，自由及び幸福追求の権利が根底から覆される明白な危険がある」事態を存立危機事態と定義している。

集団的自衛権行使のために国際法上必要とされるその行使国と被援助国（被攻撃国）の繋がりの程度については様々な見解がある。存立危機事態発生を集団的自衛権行使要件とするというのは，他国への武力攻撃に日本の死活的に重要な個別的法益に対する侵害の同時発生を見るに同じであるから，両者間に大変密接な関係がなければならないことになる[17]。「密接な」関係や存立の危機といってもそれは実際にはいかようにでも判断でき，そこに何か武力行使制約的な要素を見出すのは難しいとはいえ，日本政府の立場は，集団的自衛権を他国防衛権に接近させて広く武力行使を許容する立場からは距離を置き，その意味では抑制的である[18]。しかし，行使要件におけるこの抑制性からして逆に国際法との抵触の可能性がありそうで，新安全保障法制の各論的問題に入る前にこの点に触れる。

存立危機事態発生が集団的自衛権行使の国内法上の要件であるから，日本に

---

(17)　密接な関係にある国を政府は，「一般に，外部からの武力攻撃に対し共通の危険として対処しようとする共通の関心を持ち，我が国と共同して対処しようとする意思を表明する他国」であるとする。186参・予算委，第1号（2014年7月15日），28頁。この政府見解からは，被援助国の広く諸国に向けられた援助要請ではなく，日本を名宛人（addressee）とする要請たるべきことを求めているとも解しうる。

(18)　政府は，新三要件で認められる武力の行使のうち，「国際法上は集団的自衛権として違法性が阻却されるものは，他国を防衛するための武力の行使ではなく，あくまで我が国を防衛するためのやむを得ない必要最小限度の自衛の措置にとどまる」と述べる。内閣官房・内閣法制局「新三要件の従前の憲法解釈との論理的整合性等について」（2015年6月9日）3頁。しかし，他国防衛説と死活的利益防衛説のいずれかをとっているわけではないともいう。189衆・平安特委，第18号（2015年7月8日）33頁。

よる集団的自衛権行使の目的は，日本にとっての存立危機の克服である。しかし，国際法上，武力攻撃の犠牲国の援助要請が集団的自衛権行使要件となったのであれば[19]，そもそも要請がなければ日本存立危機事態でも押し掛けていくことはできない。援助要請により日本が集団的自衛権行使を開始したもののなおその存立危機を脱していない状態で，被援助国が自国の危機を凌いだとしてか，あるいは抗戦を断念するなどして個別的自衛権行使を停止し，要請を撤回することもありうる[20]。そうなると日本の集団的自衛権行使は停止する。

　援助要請が継続しても，そこでの武力行使が必要性と均衡性という自衛権行使要件を満たすかについて日本は存立危機克服目的から判断してしまうかもしれない。集団的自衛も自己の防衛（defense of the self）である点を強調すれば，被援助国の法益侵害排除の他に行使国の法益侵害排除要求も強調される。しかし，集団的自衛権にあっても必要性と均衡性の要件の充足評価は，被援助国への侵害排除の観点からなされるというのが一般的な見方とされる[21]。このため，そうしてなされた評価が日本の存立危機克服目的からの評価とずれるなら，存立危機克服に必要な最小限度の武力行使にまだ至っていなくとも日本は集団的自衛権行使をやはり停止しなければならなくなる。存立危機事態要件の強調は，行使国と被援助国の要求の不一致問題の存在を改めて認識させる。

　確かに存立危機事態発生要件は抑制性の現れと評価すべきながら，その事態の克服は他国の要請や同意に依存し，必要性と均衡性の要件充足も被援助国の法益侵害排除目的から評価されるなら，存立危機克服目的を追求すればするほど矛盾は大きくなる。しかし，そうであっても，集団的自衛権行使としての日本の武力行使は *jus ad bellum* 設定の枠内に収められなければならない。特別の取極のない限り，集団的自衛権行使国軍は被援助国の指揮下に入らず，そのため行使国にはその作戦目的，日本であれば自国の存立危機克服のためのかなりの行動の自由が実際上あるだけに，こうした法的限界に注意しておく必要がある。

---

(19)　*Military and Paramilitary Activities in and against Nicaragua (Nicaragua v. United States of America), Merits, Judgment, I.C.J. Reports 1986* (*hereinafter Nicaragua Judgment*), para.199. 森肇志「集団的自衛権の法的構造——ニカラグア事件判決の再検討を中心に」『国際法外交雑誌』115 巻 4 号（2017 年）35-40 頁。

(20)　Tom Ruys, *'Armed Attack' and Article 51 of the UN Charter: Evolution in Customary Law and Practice*, Cambridge Univ. Pr. (2010), p.85.

(21)　*E.g., ibid.,* pp.88-89.

2 外国軍の後方支援

周辺事態法が第3条1項3号で日本の領域と周辺洋上に「後方地域支援」実施を限っていたのに対し、同法を新安全保障法制整備時に改めた重要影響事態法の第2条4項は、外国領域内での後方支援も当該領域国の同意があれば可能とした。さらに、周辺事態法第3条1項3号設定の日本領域外実施の場合における後方地域支援全期間中の戦闘不生起要件（非戦闘地域限定）は重要影響事態法第2条3項で緩められ、「現に戦闘行為（国際的な武力紛争の一環として行われる人を殺傷し又は物を破壊する行為をいう。……）が行われている現場」を除き後方支援ができるようになった（非戦闘現場限定）。つまり、後方支援先の外国が国際的武力紛争当事国である場合も当然想定されているのである[22]。支援内容については、重要影響事態法は物品提供について武器とそれ以外を区別し、前者の提供を否定する一方、燃料や糧食等の提供を認める。また、武器弾薬を含むと思われる物品の輸送、整備、通信及び訓練といった役務も提供でき（同法別表1及び捜索救助活動に関する別表2）、出撃準備中の外国の戦闘用航空機への給油も妨げられないと解される[23]。

自衛隊によるこうした後方支援には外国軍の戦闘行動のための直接的支援というべきものまで含まれ、しかもそれを単発的又は散発的に行うのではなく、部隊として組織的に且つ継続的に実施することが予想される。しかし、重要影響事態法第2条2項は、後方支援が「武力による威嚇又は武力の行使にあたるものであってはならない」と定めるから、相手国との関係において、武力行使の国際法上の正当化事由である集団的自衛権の援用を日本は回避し、武力行使該当性の否定を堅持しなければならない。

現に国際的武力紛争を戦う外国やその軍隊に物品を提供するのは、それだけを取り出すと、非強力的措置（non-forcible measures）で武力行使に該当しないようにも思われ、物品提供国も武力紛争当事国化したいはずはなく、武力行使という認識でなしたのではない旨を必要があれば表明しよう。結局はその方向で国家実行が蓄積することになるが、武力行使でなければ集団的自衛権を援用する必要もない[24]。しかし、直接の戦闘参加に至らない *minoris generis* 支

---

(22) 非戦闘現場限定要件からも「後方支援活動は、重要影響事態において戦闘行為が行われることも想定している」と理解できる。仲野・前掲注(5)250頁。

(23) 189参・平安特委、第7号（2015年8月7日）10頁。

(24) 武力行使であれば自衛権として説明されなければならないが、自衛権行使は全て武力行使であるかを問うものがある。つまり、武力行使ではないが対抗措置では説明しにくく、自衛権援用を要する行為があるかの問題である。Russel Buchan, "Non-Forcible

援(25)といわれるこれらの国家実行には，フォークランド（マルビナス）戦争中の米の対英軍協同のように遠隔での協同が含まれ，重要影響事態法が認める後方支援部隊を支援先の武力紛争当事国領域内に展開させての（boots on the ground），つまり「前進した」後方支援ではないものがある。また，国際司法裁判所（ICJ）ニカラグア事件判決は，非国際的武力紛争での反徒への米の武器提供や訓練支援をニカラグアに対する武力による威嚇又は武力行使を伴うものと判示した(26)。

後方支援部隊による *minoris generis* 支援が武力紛争法上の敵対行為に該当するかは，武力行使該当性判断とは異なった考慮を要する(27)。赤十字国際委員会（ICRC）提示の文民の敵対行為直接参加判断基準からすれば，文民が例えば国際的武力紛争の当事国領域内で中継などの通信支援や戦闘用航空機への給油をすれば敵対行為に該当しそうである(28)。文民による個別的な実施の場合ですらそうであることに留意したい。また，武力紛争法は，後方や非戦闘現場での支援かどうかを決定的な要素とせずに敵対行為の範囲を定めていることも再確認されるべきである。

Measures and the Law of Self-Defence", *International and Comparative Law Quarterly*, Vol.72, Pt.1（2023），pp.1-33. 個別的自衛権行使国は大抵，武力で抵抗するから，この論点はむしろ集団的自衛権行使にかかわるものと思われる。*See also*, James A. Green and Francis Grimal, "The Threat of Force as an Action in Self-Defense under International Law", *Vanderbilt Journal of Transnational Law*, Vol.44, Issue 2（2011），pp.285-329.

(25) James A. Green, *Collective Self-Defence in International Law*, Cambridge Univ. Pr. (2024), p.57.

(26) *Nicaragua Judgment, supra* note 19, paras.228-229. 米のこの種のニカラグア反徒支援を武力行使としたICJの判断が，国際的武力紛争におけるその一方当事者に対する支援の場合でも妥当するかには議論がある。これに否定的な論者は，友好関係宣言（国連総会決議2625（XXV）（1970年））の武力不行使原則9項が，反徒支援が武力の行使を伴う場合にはこれを慎むよう求める一方，国家間武力紛争については支援に言及していないことも理由とする。Claus Kreß, "The Ukraine War and the Prohibition of the Use of Force in International Law", *TOAEP Occasional Paper*, No.13（2022），pp.15-16; *contra*, Michael N. Schmitt, "Providing Arms and Materiel to Ukraine: Neutrality, Co-Belligerency, and the Use of Force", *Articles of War*（7 March 2022）.

(27) Green, *supra* note 25, p.63.

(28) Nils Melzer, *Interpretive Guidance on the Notion of Direct Participation in Hostilities under International Humanitarian Law*, ICRC（2009）. 個々の文民の行為以外についてもこの指針を参考にすることが許されるなら，それがいう belligerent nexus の有無が焦点になる。国の行為に関して同様の基準で判断する立場も勿論あり，害敵との十分に直接的な関連があれば当事国化するとされる。Alexander Wentker, "At War? Party Status and the War in Ukraine", *Leiden Journal of International Law*, Vol.36, Issue 3（2023），pp.644, 649-650.

国家と海洋の国際法（上巻）第1部 国際法／Ⅶ 安全保障

3　外国軍の武器等防護

外国軍の武器等防護は，新安全保障法制整備で追加された自衛隊法第95条の2で規定される。同条1項によれば，自衛官は，米軍その他の外国軍等であって「自衛隊と連携して我が国の防衛に資する活動（共同訓練を含み，現に戦闘行為が行われている現場で行われるものを除く。）に現に従事しているものの武器等」をそれらの要請で「職務上警護するに当たり」防護の必要がある場合には合理的に必要な範囲で武器を使用することができる。

自衛隊法は，元々第95条で自衛隊の武器等防護のための武器使用を認めていた。この武器使用は，国際法的観点からすれば，国家の自衛権又は議論はあるものの部隊の自衛（unit self-defense）で説明するかといったことになるのであろう。なお，日本領域内での自衛隊の武器等の防護は，日本を一方の当事者とする国際的武力紛争が存在せず，武器等への外国による侵害行為によってもそれが発生しないなら，領域主権に基づく行為という説明で国際法上は足りる。

日本政府は，自衛隊武器等防護と同じく，外国軍武器等防護における武器使用は，「武力攻撃に至らない侵害から防護」するための「極めて受動的かつ限定的な最小限度の行為」で，また「現に戦闘行為が行われている現場で行われるものを除」くから，外国軍の「武力の行使と一体化」せず，武器使用によって「戦闘行為に対処することは」ないので「武力の行使に及ぶことはない」とする[29]。

しかし，重要影響事態のような場合で米軍等の外国軍に対する真面目な攻撃も考えられるときに，外国軍へのキネティックと非キネティックの手段による侵害を武器使用で排除しようというのであるから，艦艇や航空機の防護であれば正にその直衛に任ずるというべきである。防護対象艦艇への侵害行為をその本国への武力攻撃に至らないと構成したり[30]，防護対象外国軍の行動と一体化しないよう確保するのは状況によっては困難なこともあると思われる。集団的自衛権の行使形態論からすれば武力行使と観念せざるをえない事態も生じようが[31]，そうなった瞬間に防護を中止して離脱するのも難しい。

---

(29)　政府答弁書（内閣参質189第258号）（2015年9月4日）。

(30)　ICJ油井事件判決は，軍艦への攻撃が国連憲章第51条のいう武力攻撃を構成しうることを排除しない。*Oil Platforms (Islamic Republic of Iran v. United States of America), Judgment, I.C.J. Reports 2003*, para.72.

(31)　政府も「既に武力紛争が発生している」重要影響事態では，それを戦う外国軍への侵害行為は武力攻撃の一環である「可能性が高い」ので武器等防護実施を想定しないと述べる。189衆・平安特委，第18号（2015年7月8日）40頁。しかし，この見解は実

734

武力紛争法上も，自衛隊が外国軍艦艇を当該外国軍と戦う相手国軍の襲撃から守るための防空戦や対潜戦を実質的に担っているのであれば，少なくともその間は日本は敵対行為に参加し，従って，武力紛争当事国として扱われ，そこに武力紛争法の適用が生じることを否定しにくいと考えられる。後方支援とは相違して，外国軍武器等防護では武器使用が予定されるだけに武力行使や敵対行為との区別問題が先鋭化する。

4 受動的武力紛争当事国化

自衛隊による外国軍の後方支援や武器等防護が武力行使や敵対行為に該当しないとしても，協同先の外国軍の相手国軍による自衛隊に対する攻撃その他の敵対行為によって日本は国際的武力紛争の当事国になりうることが指摘されなければならない。自衛隊の行為の *jus ad bellum* 上の性格にかかわらず，武力紛争法からして日本は他国の行為によって受動的に武力紛争当事国化しうる[32]。

いかなる行為が国家間に武力紛争をもたらすかについて従来から見解の対立がある。既に存在している国際的武力紛争の当事国内で当該当事国を支援する別の国の軍隊に対して相手方当事国軍がどのような行為に訴えればその支援国も当事国になるか，そしてそれが当該の既存武力紛争の当事国（co-belligerent）なのかあるいは新たな武力紛争の当事国になるかの問題に至ってはこれまで詳細な検討もなく，一層不明確である。しかし，そうであるとはいえ，他国による自衛隊に対する一定の行為の発生という事実のみで日本が国際的武力紛争当事国になることには間違いない。その行為が日本という国家に対する組織的で計画的な攻撃ではないとしても，日本は受動的に国際的武力紛争当事国になるのである。そうした行為の間及びそれに対する防御戦闘がなされるならその間

施の可能性がないとは断言していない。また，後方支援でも非戦闘現場限定要件設定から逆に武力紛争中でもできるとされるなら，同じ要件のある武器等防護も同様のことがいえる。加えて，武器等防護中に遭遇した最初の侵害行為で武力紛争が発生することもあり，その場合には即座に自衛隊は当該武力紛争における当事国軍部隊の直衛として行動していることになってしまう。なお，艦艇の防護では，対艦ミサイル等への対処のため広域哨戒によらなければならないことがあるから，防護対象が遠隔にあってもこのことは変わらないというべきであろう。

(32) 自衛隊が当事国の指揮下に入れば，それで日本も当事国化するであろうから，ここではそうではない場合を検討する。どの程度の指揮で当事国化するかを論じるものとして例えば以下がある。Marcela Prieto Rudolphy, "Who is at War? On the Question of Co-belligerency", *Yearbook of International Humanitarian Law*, Vol.25（2022）, p.143.

に武力紛争法を適用しなければならない[33]。

受動的武力紛争当事国化は，新安全保障法制整備の前から例えば周辺事態でも懸念されていた。重要影響事態法で非戦闘地域限定が外され，外国軍の後方支援やその武器等防護を当該外国領域内や日本から遠隔の洋上で行えるようになったということは，相手国軍の行動圏内に入ってしまうことになろうから反撃を受けやすくなる。しかし，日本政府は，そのような反撃を受けても日本の行為の *jus ad bellum* 上の武力行使該当性の否定から *jus in bello* における武力紛争当事者性の否定を導いてしまっていると考えられる[34]。

そうであれば，例えば，国際的武力紛争を戦う外国軍を後方支援中の自衛官を攻撃し殺傷した相手方当事国軍の戦闘員を自衛隊が捕らえても，日本が武力紛争当事国であることを否定するので，その者の捕虜資格を否定しまうような武力紛争法の要求とは異なる扱いをしてしまう。逆に後方支援中の自衛官が当該相手方当事国軍に拘束されれば，捕虜としての抑留を日本は許容できず，即時解放を求めることになろう。

---

(33)　国際的武力紛争当事国甲の軍隊への自衛隊の協同を考えると，甲の相手方当事国乙から見て，自衛隊の行為が乙への武力行使なら（甲の武力行使の一部となる場合を含む。），乙は日本に向け対抗措置をとれ（当然，乙は自己の対甲武力行使を適法と考える。甲の認識はこの逆である。），それが乙に対する武力攻撃に至れば，乙は自衛権で反撃できる。武力行使該当性と別基準で判断される敵対行為該当性に関しては，武力紛争の事態にある甲の領域内での自衛隊の行為が乙への敵対行為なら（それ自体では武力行使に至らない行為もある。），その継続中は日本と乙の間に国際的武力紛争についての武力紛争法の適用があろう。自衛隊の行為が乙に向けた武力行使や敵対行為のいずれでもないとしても，それが甲による乙に対する違法な武力行使への支援という違法行為といえれば，やはり乙は対抗措置をとれる。

　　日本からすると，自衛隊の対甲軍協同が乙への武力行使を構成すると集団的自衛権を援用しなければならない。それは存立危機事態以外ではできないので，武力行使に至らない協同を行う。それが敵対行為にもならなければ武力紛争当事国ではない状態を維持できる。しかし，行為が武力行使や敵対行為に該当するかと無関係に，甲領域内で行動する自衛隊（この際には後方支援部隊は合法的目標となっている。）への乙による攻撃で日本は国際的武力紛争当事国になる。

(34)　政府は，武力行使に当たらない後方支援等を「非紛争当事国として行っている場合」には，「そのこと自体によって我が国が紛争当事国となることはなく，そのような場合に自衛隊員がジュネーブ［ママ］諸条約上の捕虜になることは想定されない」とする。189衆・平安特委，第16号（2015年7月1日）37頁。但し，この見解は，後方支援のみでの当事国化を否定したが，自衛隊への攻撃で国際的武力紛争が生じることまでは否定していないともされる。仲野・前掲注(5)248頁。これに関してはさらに次も見よ。真山全「憲法的要請による集団的自衛権限定的行使の発現形態──外国領水掃海および外国軍後方支援」『国際問題』648号（2016年）23-24頁。

Ⅳ 旧来の国内法に伏在していた問題の顕在化

1 海上保安庁法第 25 条及び自衛隊法第 80 条 1 項

2015 年新安全保障法制は安全保障環境変化に対応しようとしたものであるが，抑制性堅持のため逆説的現象を見た。同種の現象は，抑制原理の下にある旧来の国内法を新しい安全保障環境で適用する際にも生じよう。その内でまず挙げるべきは，占領下の 1948 年に公布された海上保安庁法を巡るものである。

戦後安全保障法制最古参といえる海上保安庁法は，第 25 条（解釈規定，非軍隊条項）において同法の「いかなる規定」も海上保安庁に軍隊性を与えると解釈してはならないと定める。海上保安庁誕生が日本再軍備の第一歩にならないことを確認した規定といえるが，それは同庁の国際法上の軍隊性の否定も確認していると解される。同条のいう軍隊性の否定が国内法的意味しか持たないとすると，自衛隊ですら国内法では非軍隊であるので意味のある条文ではなくなる。

一方，自衛隊法第 80 条 1 項は，同法第 76 条 1 項の規定による防衛出動の命令があった場合には（同項 2 号のいう存立危機事態の場合を除く。），海上保安庁の全部又は一部を「防衛大臣の統制下に入れることができる」とする（第 78 条（命令による治安出動）1 項の場合も同じ。）[35]。さらに第 80 条 2 項では，1 項の規定により海上保安庁が防衛大臣の統制下に入るときには「政令で定めるところにより，防衛大臣がこれを指揮」すると規定され，これを受けて自衛隊法施行令第 103 条が防衛大臣による海上保安庁の「指揮は，海上保安庁長官に対して行う」と定めた。1954 年の自衛隊法制定以来，海上保安庁統制の方式の検討はなされてこなかったが，東シナ海で日中間の緊張が高まるなどして自衛隊法第 80 条 1 項の統制措置をとるべき事態の発生が心配され，ついに 2023 年に海上保安庁に対する統制要領が定められた[36]。

日本を当事国とする国際的武力紛争時にこれら国内法規定に基づき海上保安庁が同庁長官を通じて防衛大臣の統制と指揮の下に置かれると，それが国際法からして軍隊化してしまうかが問題になる。*jus ad bellum* ではなく主に武力

---

(35) 治安出動では自衛隊も海上保安庁と同じく国内の法秩序を維持するために行動する。従って，内戦その他の非国際的武力紛争で治安出動が命ぜられ，海上保安庁が防衛大臣の統制指揮下に入る場合を軍隊化の観点から論じる必要はない。

(36) 古谷健太郎，「『海上保安庁統制要領』策定の意義と課題」笹川平和財団『国際情報ネットワーク分析』（2023 年 7 月 10 日），鶴田順『海の安全保障と法――日本はグレーゾーン事態にいかに対処すべきか』（信山社，2024 年）94-97 頁。

紛争法（海戦法規）の問題である軍隊編入の有無に関する日本政府の立場は，防衛大臣の下にあっても同庁の文民性は維持されるというものである[37]。

2　武力紛争法上の軍隊としての地位の積極的否定

武力紛争法の人的目標区別原則は戦闘員と文民の別の上に構築され，戦闘員は軍隊構成員であるから，軍隊は明確に定義される必要がある。しかし，武力紛争法には軍隊に意味ある定義を与える条約規定がない。1977年ジュネーヴ諸条約第1追加議定書の第43条1項にしても指揮系統を備えた武装部隊という程度にしか軍隊を定義しないから，武装法執行部隊との区分の基準としてほとんど用をなさない。重装備の法執行部隊も少なくなく，装備も決め手にならない。結局，各国は自国部隊のいずれを軍隊とするかを国内法で定めるのであって，武力紛争法もそのような自己による規定を原則的に受容する。

国が自ら非軍隊と規定した部隊は，同じく自己の規定する軍隊に改めて編入されない限り，国際的武力紛争で任務として敵対行為に参加する権利を武力紛争法から否定される。日本がその軍隊性を積極的に否定している海上保安庁についても同じことがいえ，相手方当事国との間でこれと異なる主張を展開できない。

3　自衛隊法第80条1項の統制措置と軍隊編入

軍隊と非軍隊の別は国内法によるから，国はその区分を変更することもできる。しかし，国際的武力紛争中の区分の臨機の変更には条約上の制限がある。1907年のハーグ第7条約は，商船を個々に軍艦に転換する際の条件を定めていた。部隊単位の軍隊編入規定である第1追加議定書第43条3項は，法執行部隊や準軍隊の軍隊編入時の相手方当事国宛通報を要求している。この議定書のいう編入は，軍隊の指揮系統に入ることを中核とする概念であるとするのが合理的で，それは，商船が軍隊補助艦として扱われるかはその船舶に対する指揮を軍隊か担うか否かによることとも整合的である[38]。編入の効果は非軍隊の

---

(37)　19衆・内閣委，第19号（1954年4月5日）9頁，208衆・外務委，第9号（2022年4月13日）18頁。

(38)　*See,* International Institute of Humanitarian Law, *San Remo Manual on International Law Applicable to Armed Conflicts at Sea,* Cambridge Univ. Pr. (1995), pp.85, 90. 但し，議定書注釈書は編入の意味を明確には記していない。ICRC, *Commentary on the Additional Protocols of 8 June 1977 to the Geneva Conventions of 12 August 1949,* Martinus Nijhoff Pub. (1987), pp.516-517; Michael Bothe, Karl Josef Partsch and

軍隊化であるから，衛生要員と宗教要員を除くその構成員の戦闘員化を伴う。

　防衛大臣の統制と指揮の下に海上保安庁が入るということが実質的に議定書のいう軍隊編入と同じであるのなら，その第43条3項に従い軍隊編入通報が求められる。しかし，日本からすれば，自衛隊法第80条の措置をとっても海上保安庁の文民性が維持されるため，編入通報は不要どころかしてはならないことになる[39]。

　編入形態や指揮統合の程度はやはり国内法の定め次第であるが，そこで部隊運用（作戦）上の指揮が軍に委ねられるなら，編制上の正規部隊としての編入ではなくとも武力紛争法の観点からは軍隊化されるというべきであろう。編入後の海上保安庁の任務が編入前と変わらない場合でもこれはいえる。つまり，法執行任務しか持たない部隊はその指揮系統にかかわらず軍隊化しないということはできないのである。なお，編入により軍隊化した後の海上保安庁の巡視船艇は，それらを別段の国内的手続を踏んで軍艦（自衛艦）籍に入れるのでなければ軍隊補助艦として扱われる。軍隊化は装備船艇の軍艦化を自動的にはもたらさない。

　結局のところ，軍隊指揮下に入るという国内法規定を設け，法執行ではあるが同時に実質的には海軍と同じ哨戒といった任務を担当させるのは，日本が海上保安庁を非軍隊と自ら規定したことと矛盾するのではないかと思われる。武力紛争法からすれば，同庁の非軍隊性を何故それほど日本が強調しなければならないかを理解するのは難しい。

4　敵対行為の組織的実施

　海上保安庁法上の任務には巡視警戒のようにそれ自体で武力行使にならず，武力紛争も発生させないとしても，国際的武力紛争中に行えば敵対行為になるものがある。同庁軍隊化の有無にかかわらず，国際的武力紛争でそのような行為に従事する間は，巡視船艇等は合法的目標になる。そもそも文民部隊に属する船艇がそのことのみで攻撃から完全に免除されるとは限らない。さらに，そ

Waldemar A. Solf, *New Rules for Victims of Armed Conflict: Commentary on the Two 1977 Protocols Additional to the Geneva Conventions of 1949*, Martinus Nijhoff Pub., 2nd ed. (2013), pp.273-274.

(39)　一般的にいえば，軍隊編入通報がないからといって法執行部隊が非軍隊とは限らない。議定書は準軍事的な又は武装した法執行機関の編入時通報を求めているため，法執行任務のみを担っていても新編当初から軍隊なら，国際的武力紛争時の改めての通報を議定書は要求しないのではないかと解せるからである。

のような行為を組織として継続的になすのであるから，それに現に従事していなくとも目標とされるおそれが生じ，軍隊の指揮官である防衛大臣の下で任務を遂行すれば，仮に軍隊化しないとしてもそうした危険が一層高まるというべきであろう。

　個々の海上保安官についていえば，戦闘員資格を積極的に否定しつつ敵対行為をなすとされるから，それが相手国軍に捕らえられた際には捕虜として扱われず[40]，刑事処罰の対象となる。例えば，統制要領にも示される「港湾施設等のテロ等警戒」任務中[41]に海上保安官が相手国軍戦闘員を殺傷するか又は捕え，さらに後にその海上保安官が相手国軍権力下に陥ったならば，その者は刑事責任を追及されることが考えられるのである。逆に，合法的目標となっている海上保安庁船艇を攻撃して海上保安官を殺傷した相手国軍戦闘員に対し文民の故意の殺傷のかどで日本が処罰するなら武力紛争法違反となる。こうして軍隊性を否定する抑制性が国際法との抵触を招く[42]。

V　おわりに

　既に発生している国際的武力紛争に戦闘部隊の投入によって参加しているわけではない国の地位に関しては，それが武力紛争当事国の行動にどのようにかかわると国として中立性を失うかと，それがいかなる支援を一方当事国にすれば他方の当事国に対する武力行使や敵対行為をなしたことになるかという二つの問題がある。

　黙認，防止及び避止の三種の中立義務を遵守する中立国でもなく，武力行使国や国際的武力紛争当事国でもない中間的地位の国の存在が現代の国際法では認められているので，中立国とそうでない国を区分する線と，武力行使国ないし武力紛争当事国とそうではない国を分かつ線は一致しない。また，中立に留

---

(40)　ジュネーヴ捕虜条約は商船乗組員に捕虜資格を付与するが（第4条A(5)），非商業目的政府船舶乗組員への言及はない。日本の捕虜取扱法もそのような捕虜カテゴリーを設定しない。

(41)　内閣官房（事態）他「海上保安庁の統制要領」（2023年4月28日）。文民は敵対行為に直接に参加している間にだけ合法的目標になる。文民部隊が組織として敵対行為に及ぶと，それへの直接参加の間以外でもその構成員と施設は目標とされるというのであれば，目標選定の観点からは軍隊と変わらなくなる。

(42)　海上保安庁の地位に関する最近の論稿として以下がある。兼原敦子「領海警備に係る法整備の提言」『上智法学論集』65巻4号（2022年）11-57頁，真山全「海上保安庁と自衛隊の海上警備行動における連携──国際法的側面」奥脇直也・坂元茂樹編『海上保安法制の現状と課題──多様化する海上保安任務』（有斐閣，2023年）269-284頁。

まる権利の他に，集団的自衛権で他国を助けることもできるので，これらの区分線を跨ぐかどうかはその国の任意である。

特に冷戦期には，米のなす武力行使からの日本の隔離をいかに確保するかの議論が多くなされ，前者の中立国とそれ以外の区分に大きな関心が示されていた。後者の区分に関してもやはり同様の関心から議論されていたが，対米軍協同が主に日本領域とその周辺でなされ，米軍の相手国軍と自衛隊の接触もあまり考えられず，従って，米軍との協同がどこから米の相手国に対する武力行使や敵対行為を構成するかに関する日本の認識の国際法的妥当性を他国から追及され，問題化することはなかった。

2015年の新安全保障法制により限定的ながら集団的自衛権行使が可能となった。このため，外国軍との自衛隊の協同が後者の区分線を超越して武力行使に及んでも，それが日本の存立危機克服のための必要最小限度内なら許容されることになり，区分線の位置の議論は実質的な意味を持たなくなる。しかし，新安全保障法制が維持する抑制性から存立危機事態以外での集団的自衛権行使はなおできず，外国軍の後方支援と武器等防護は武力行使に至らない限度で実施することを求められる。従って，後者の区分線の引き方はそれとの関係で引き続き重要である。2022年勃発の露ウクライナ戦争で北大西洋条約機構（NATO）諸国による大規模な対ウクライナ軍事支援が対露武力行使になるかが関心を呼んでいるが，それは後者の区分線に関する問題である[43]。

---

(43) ウクライナ支援国はいずれも集団的自衛権行使を主張せず，支援の武力行使該当性を否定している。この国家実行は，日本が例えば戦闘機を武力紛争当事国に供与しても武力行使にならないという立場を補強する。しかし，NATO諸国は，目標情報の提供といった日本の憲法の議論からすれば武力行使と一体化したと判断される協同を行う一方で，ウクライナ領域に入り戦線後方の「非戦闘現場」で同軍後方支援に公然と部隊としてあたるわけではなく，同軍武器等防護を同国領域や黒海で担当してもいない（本稿執筆時（2024年4月）現在）。重要影響事態法のいう非戦闘現場限定条件下なら後方支援や武器等防護が武力行使に該当しないことをNATO諸国の実行が支持することになるかはさらに分析を要する。協同による当事国化に関する前掲以外の文献をいくらかここで挙げる。Kevin Jon Heller and Lena Trabucco, "The Legality of Weapons Transfer to Ukraine under International Law", *Journal of International Humanitarian Legal Studies*, Vol.13, Issue 2 (2022), pp.251-274; Oona Hathaway and Scott Shapiro, "Supplying Arms to Ukraine is not an Act of War", *Just Security* (12 March 2022); James A. Green, "The Provision of Weapons and Logistical Support to Ukraine and the *jus ad bellum*", *Journal on the Use of Force and International Law*, Vol.10, No.1 (2023), pp.3-16, 川岸伸「ウクライナ紛争における第三国による軍事援助——中立法をめぐって」『人道研究ジャーナル』12巻（2023年）167-179頁，浅田正彦「ウクライナ戦争と国際法——政治的・軍事的側面を中心に」浅田正彦・玉田大編著『ウクライナ戦争をめぐる国際法と国際政治経済』東信堂（2023年）16-18頁，和仁健太郎「ロシア・

この区分線設定では，集団的自衛権行使禁止の時代に対米軍協同について長らく行われてきた憲法上の議論と同様の議論を国際法の次元で展開しなければならないことになる。つまり，どのような行為が集団的自衛権を援用しないと説明できないかというその行使形態を扱うことになる。しかし，以前と相違し，新安全保障法制では，後方支援及び武器防護を国際的武力紛争を戦う外国軍により近接してできるようになったために，それらの対外国軍協同が武力行使や敵対行為に該当しないことをカテゴリカルに否定するのが困難な場合が生じよう。

抑制性の維持から生じる問題は旧来の国内法の実施でも生じ，自衛隊法第80条1項の統制措置がとられて後も海上保安庁が軍隊化しないとの主張に伴う問題はその代表例である。海上保安庁法の非軍隊条項，防衛大臣統制指揮下での海上保安庁の文民性維持，及び海上保安庁法上の任務の敵対行為非該当性の3つに依拠するこの主張を維持できるかは，武力紛争法からすれば疑わしい。

このように，新たな安全保障環境の出現により国際法との抵触が顕在化するであろう。そうなれば，安全保障政策上の必要から対外国軍協同を拡大させながらも，憲法以下の新旧の抑制的国内法と整合させるために協同の武力行使や敵対行為への該当性を形式的ないし名目的な説明で否定し続けるか[44]，又は協同を実際にも抑制して国際法的妥当性を回復させるかの2つしか方策はなくなる。集団的自衛権行使限定をこれ以上緩めるのが憲法上難しいのであるから，こうした選択肢しか残されないように考えられる。

ウクライナ戦争から考える中立法の現在──交戦国への軍事援助の国際法的評価」『有斐閣 Online ロージャーナル』（2023 年 7 月 28 日）。

(44)　日本も集団的自衛権に基づく武力行使が国際法上はできるから，それに至らない行為もできると一応いえる。自衛隊の協同が協同先外国の相手国に対する武力行使を構成しないなら，協同自体適法でそれ以上説明を要しないか又は第三国による対抗措置等で説明できれば国際法上問題なく，国内法の抑制原理にも反さない。しかし，繰り返していうなら，真に武力行使に該当してしまうと，対抗措置以外で説明が求められるであろう一方，集団的自衛権援用を国内的事情から積極的に否定するのでそれも難しくなる（同種協同を他の協同国が武力行使と認識しているならなおさらであろう。）。説明の仕方は違うが実質的に適法ならそれでよいというわけにもいかず，この状況では，安保理事会への自衛権行使報告義務不履行という手続的違反の他に，日本の主張が相手国に逆手にとられて，武力行使に及ぶしかも第三国による対抗措置として非難されるかもしれない。真に敵対行為に該当すると，武力紛争法の適用から逃れられないので，他の説明の仕方はなくなる。

35 パレスチナに関する ICJ 勧告的意見手続き における日本の陳述 （報告）

御 巫 智 洋[1]

I　はじめに	III　2024 年 2 月 22 日の口頭陳述
II　2023 年 7 月提出の陳述書	IV　おわりに

I　は じ め に

　2022 年 12 月 30 日にイスラエルによるパレスチナの占領，入植及び併合の法的帰結に関する勧告的意見の発出を要請する国連総会決議（A/RES/77/247）が採択された。この国連総会決議は，国連憲章，国際人道法，国際人権法，安保理，総会及び人権理の関連決議，及び 2004 年 7 月 9 日の ICJ の勧告的意見を含む国際法の諸規則と諸原則を考慮して以下の質問に関する勧告的意見を求めた。

(a)　イスラエルによるパレスチナ人の民族自決権の継続的侵害，1967 年以来占領されたパレスチナ領の長期化する占領，入植及び併合（聖都エルサレムの人口構成，性格及び地位を変更するための措置を含む），及び関連の差別的法律及び措置の採択がもたらす法的帰結は何か。

(b)　(a)に言及されたイスラエルの政策と実行は占領の法的地位にいかなる影響を与えるか，またこの（法的）地位が全ての国家及び国連にもたらす法的帰結は何か。

　我が国は，2004 年の「イスラエルによる壁建設の法的帰結」に関する勧告的意見（以下「壁の勧告的意見」）について提出した書面でも武力による領土取

---

(1)　国際連合日本政府代表部次席常駐代表（国際法協力担当大使）。なお，以下の関連決議，陳述書及び口頭陳述の和訳は，いずれも筆者が個人の資格で作成した仮訳であり，日本政府の公式の訳ではない。右以外の部分の意見にわたる内容は個人としての見解であり，日本政府の見解ではない。

『国家と海洋の国際法　柳井俊二先生米寿記念（上巻）』〔信山社，2025 年 2 月〕　*743*

国家と海洋の国際法（上巻）第1部 国際法／Ⅶ 安全保障

得に言及していたが，今回も武力による領土取得の論点に絞って我が国の立場を陳述することとした。2023年7月に陳述書を提出した上で，2024年2月22日には口頭手続に参加し陳述を行った。口頭手続は2月19日から26日まで行われ，パレスチナ，49の国連加盟国，3の国際機関が陳述を行った[2]。

2023年7月に我が国がICJに提出した陳述書（→Ⅱ）は，我が国が武力による領土取得の禁止を重視する背景と我が国の基本的立場を説明しつつ，ロシアによるウクライナ侵攻のような国際的に認められた国境を越えて軍隊が侵攻する場合でなくとも武力による領土取得の禁止が適用される可能性があるのかという領域的な適用範囲の問題と，実際の武器の使用による殺傷や破壊を伴わずに領域を支配する場合にも適用されるのかという行為類型としての適用範囲について議論している。2024年2月22日に行った口頭陳述（→3.）は，各国の陳述書の内容を参考にしながら論点を改めて整理し[3]，(A)武力による領土取得の禁止の領域的な適用範囲の問題について敷衍した上で，(B)併合の意図を明示しない場合にも違法な武力による領土取得に当たりうるのか，また，どのような行為がそのような意図を示しうるのかという点と，(C)武力による領土取得の禁止と自衛権の関係について論じている。

これらの陳述は英語版（乃至仏語版）がICJのウェブサイトに掲載されているが，日本政府の最近の国際裁判への参画の例として，長年国際裁判に多大なる貢献をされてきた柳井裁判官の退任記念論文集の場をお借りして，日本政府の陳述の武力による領土取得に関する部分を日本語仮訳として以下に報告させていただきたい。

Ⅱ　2023年7月提出の陳述書[4]

5. ICJに対する質問に関し，日本は，武力による領土取得の禁止は日本が深い思い入れを有する国家間の法の支配の不可欠の要素であり，地域及び国際社会の平和と安定に特別な重要性を有すると考える。日本は，壁の勧告的意見

---

(2)　陳述の記録についてはICJのウェブサイトを参照願いたい（https://www.icj-cij.org/case/186）。

(3)　各国の陳述書は口頭陳述の段階まで公表されないが，陳述書を提出した国にはその段階で各国の陳述書も共有される。これにより，それらの参加国がそれ以降の段階への対応を検討する際には，他の参加国がすでに提出した陳述書の内容を考慮することができるようになっている。

(4)　パラグラフの番号は原文のまま。脚注は陳述書の脚注を若干簡略化したもの。詳細についてはICJのウェブサイト（https://www.icj-cij.org/sites/default/files/case-related/186/186-20230725-wri-01-00-en.pdf）参照。

手続の陳述書で宣言したとおり，武力による土地の「取得」は認められず，そのような「取得」の下でとられた措置は国際法上領域権原取得の根拠にはならないと考える。

6. 日本が武力による領土取得の禁止に関する問題に付与する特別な重要性に鑑み，日本としてこの禁止の適用範囲につき以下の通り見解を提出したい。

7. ICJ は壁の勧告的意見において武力による領土取得の禁止の原則について検討した。意見のパラ 121 は，「裁判所は，壁の建設とそれに関連する体制は，恒久的になりうる現場における『既成事実（fait accompli）』を創出し，その場合，イスラエルによる公式な性格付けにかかわらず，事実上の併合に等しくなるだろうと考える。」と述べている[5]。

8. 領土の「併合」への言及により，裁判所によるこのステートメントはパレスチナ占領地におけるイスラエルによる壁の建設に武力による領土取得の禁止の原則を適用したものとも解釈しうる。そうであれば，ICJ は壁の建設は，それが「既成事実」を創出するために国連憲章 2 条 4 項の下で禁じられた武力による領土取得になりうると考えているように見えるかもしれない。一方，ICJ はこの意見においては 2 条 4 項の違反について明確な判断は行わなかった。

9. 日本は，国連憲章 2 条 4 項の下での武力の行使または威嚇の禁止は，国家間の法の支配に基づく戦後の平和体制の最も基本的なルールを構成すると考えている。ICJ が壁の勧告的意見で明らかにしたとおり，武力による領土取得の違法性は国連憲章に組み込まれた武力行使の禁止の当然の帰結であり，慣習国際法を反映している。国連総会決議 2625（XXV）「国際連合憲章に従った諸国間の友好関係及び協力についての国際法の原則に関する宣言」（友好関係原則宣言）は，「国の領域は，憲章に違反する武力の行使から生ずる軍事占領の対象としてはならない。国の領域は，武力による威嚇又は武力の行使から生ずる他国による取得の対象としてはならない。武力による威嚇又は武力の行使から生ずるいかなる領土取得も合法的なものとして承認してはならない。」と述べる。

10. 安保理及び総会の決議は繰り返し武力による領土取得の禁止を確認している。中東情勢の文脈では，安保理決議 242（1967），298（1971），478（1980）等がこの原則に言及している。最も最近では，ウクライナにおけるロシアの行

---

[5] *Legal Consequences of the Construction of a Wall in the Occupied Palestinian territory*（Advisory Opinion of 9 July 2004）（以下 Wall Advisory Opinion）ICJ Reports 2004, 166, para 121.

為の文脈で 2022 年 10 月 12 日に 143 の国連加盟国の圧倒的多数の支持により採択された「ウクライナの領土一体性：国連憲章の原則の擁護」と題した総会決議 ES-11/4 は，この禁止を再確認した。日本は，この禁止は力による支配の復活に対する国際社会の重要な防御を提供するものと考える。

11. 同様に，2023 年 5 月 20 日，広島で G 7 首脳が会い，国家間の法の支配に関する以下のパラを含むコミュニケを発出した[6]。

> 「我々は，次のとおり国際的な原則及び共通の価値を擁護する。
> ・大小を問わず全ての国の利益のため，国連憲章を尊重しつつ，法の支配に基づく自由で開かれた国際秩序を堅持し，強化する。
> ・世界のいかなる場所においても，力又は威圧により，平穏に確立された領域の状況を変更しようとするいかなる一方的な試みにも強く反対し，武力の行使による領土の取得は禁止されていることを再確認する。」

12. 日本は，国連憲章の下での武力による領土取得の禁止は，(i)他国の国際的に認められた国境内の領域または他国の平穏に確立された支配の下にある領域に正規または非正規の部隊を派遣し，そのような領域に対する支配を威圧を通じて獲得または強化することに適用され，(ii)そうした行為が殺傷や破壊を引き起こさない場合にも適用されるとの立場をとっている。

13. ウクライナにおけるロシアの行為を扱う総会決議 ES-11/4 は，正規軍による殺傷や破壊を引き起こす暴力的な武力行使を通じて国際的に認められた国境を越えた領域を取得しようとする試みに関するものであった。一方，国連総会決議 68/262 は，2014 年 3 月 27 日にクリミアの併合の試みの文脈で採択されたが，試みられた併合プロセスは違法な武力による領土取得を構成し，したがって承認されてはならないということを示唆しているように見える[7]。こ

---

(6)　G 7 広島首脳コミュニケ（p2）（https://www.mofa.go.jp/mofaj/files/100507033.pdf）

(7)　この決議は前文で国連憲章 2 条と友好関係原則宣言を想起しつつ主文において以下のように述べている。

　"1. Affirms its commitment to the sovereignty, political independence, unity and territorial integrity of Ukraine within its internationally recognized borders;

　2. Calls upon all States to desist and refrain from actions aimed at the partial or total disruption of the national unity and territorial integrity of Ukraine, including any attempts to modify Ukraine's borders through the threat or use of force or other unlawful means; ...

　6. Calls upon all States, international organizations and specialized agencies not to recognize any alteration of the status of the Autonomous Republic of Crimea and the city of Sevastopol on the basis of the above-mentioned referendum and to refrain from any action or dealing that might be interpreted as recognizing any such altered

のケースでは，試みられた併合プロセスは正規軍による暴力的な武力行使を伴わなかったように見えた。一方，武装した部隊が，威圧により，かならずしも殺傷や破壊を引き起こす暴力的な実力行使を行わずに現場の状況をコントロールする上で，重要な役割を果たしたと報じられた。ロシアがクリミアで標章なしに活動した部隊はロシアのものであったと認めたとも報じられた。これらの報道が確認されれば，このような，武器を携行した非正規の部隊を他国の国際的に認められた国境内の領域に派遣し，現場の状況を威圧によりコントロールし，一方的に併合を宣言することにより既成事実を創出し領土を獲得しようとする試みは国連憲章の下で禁じられる違法な武力による領土取得を構成するだろう。この関連で，侵略の定義に関する総会決議3314（XXIX）が必ずしも殺傷や破壊を引き起こす暴力的な武力行使を伴わない行動にも言及していることは注目に値する[8]。

14. ICJ が係争地への武装部隊の派遣への国連憲章2条4項の適用につき問われた事件においては，ICJ は係争地への2条4項の適用の可能性は排除しなかったがこの問題についてこれ以上検討する必要はないと判断した[9]。一方，他国の国際的に認められた国境内の領域のみならず，他国の平穏に確立された支配の下にある領域も武力による領土取得の試みの対象としてはならない[10]。

---

status." (emphasis added)

(8)　例えば侵略の定義3条(e)。

(9)　Certain Activities Carried out by Nicaragua in the Border Area (Costa Rica v Nicaragua) and Construction of a Road in Costa Rica along the San Juan River (Nicaragua v Costa Rica) (Merits, Judgment of 16 December 2015, ICJ Rep (2015) 740, para 97). 一方，小和田判事は個別意見において，裁判所としてはさらに踏み込んでニカラグア当局によるこれらの国際違法行為は国連憲章2条4項の下での違法な武力行使を構成するのがより適当であったとの意見を述べ (Separate opinion of Judge Owada, Costa Rica v Nicaragua and Nicaragua v Costa Rica (Merits, Judgment of 16 December 2015) paras 11, 12), ロビンソン判事もこの点について同意した (Separate opinion of Judge Robinson, Costa Rica v Nicaragua and the Nicaragua v Costa Rica (Merits, Judgment of 16 December 2015) para 51)。T Mikanagi, "Establishing a Military Presence in a Disputed Territory: Interpretation of Article 2(3) and (4) of the UN Charter", ICLQ Vol 67 (2018) 1021-1034 参照。

(10)　エリトリア・エチオピア請求権委員会は，1998年に，（エリトリアが主権を主張していたが当時はエチオピアによる「平穏な施政（peaceful administration）」の下にあったと委員会が判断した）バドメの町を攻撃し占拠したことによりエリトリアは国連憲章2条4項に違反したと判断した。同委員会はのちにバドメはエリトリアに帰属すると判断し，エリトリア施政下の領域とバドメの間に1998年の攻撃当時「国際的に認められた国境」はなかった。しかし，同委員会は，バドメはエチオピアの平穏な施政の下にあり，エリトリアがバドメを取得するために行った武力行使は2条4項違反と認めた (Eritrea-Ethiopia Claims Commission, Partial Award, Jus ad Bellum: Ethiopia's Claims

国家と海洋の国際法（上巻）第 1 部 国際法／Ⅶ 安全保障

15. 2023 年 4 月 23 日，G 7 外相は武力による領土取得の禁止を再確認した。コミュニケの関連パラは，以下の通り[11]。

> 「国連憲章の規定に従った，あらゆる国の領土一体性又は政治的独立に対する武力による威嚇又は武力の行使の禁止は，戦後の国際システムの礎を成している。しかし，領土的野心によって，一部の国が再び力による支配に回帰しつつあり，そのため，我々は，法の支配に導かれた平和を堅持するための取組を倍加してきた。1970 年の友好関係原則宣言で再確認された，武力による威嚇又は武力の行使による領土の取得の禁止は，誠実に遵守されるべきである。我々は，世界のいかなる場所においても，力又は威圧により，平穏に確立された領域の状況を変更しようとするいかなる一方的な試みにも強く反対する。この点，一方的に領土を併合するために正規又は非正規の軍隊を派遣することは禁止されている。」

16. 安保理決議 242（1967）は前文において「戦争による領土の取得」の不許容と加盟国が国連憲章 2 条にしたがって行動するとのコミットメントを強調している。

17. 武力による威嚇または武力の行使の禁止は国連憲章に基づいた戦後国際システムの礎石を構成するものであり，武力による領土取得の禁止は国連憲章の趣旨及び目的を考慮して誠実に遵守しなければならない。

Ⅲ 2024 年 2 月 22 日の口頭陳述[12]

A 武力による領土取得の禁止が適用される「領土」

（筆者が日本政府代理人として担当：約 10 分）

6. 裁判所長，日本が提起したい最初の点から始めたいと思います。武力による領土取得の禁止は確定したあるいは国際的に認められた国境内の国家の領域にのみ適用されるのではありません。国際的に認められた国境がない領域のケースであっても，この禁止は平穏な支配の下にある領域にも適用され，また，国際的な境界線をまたいだ武力行使にも適用され得ます。

1-8（19 Dec 2005）26 RIAA 465, paras 10-16.）。同委員会はこの判断において「平穏な施政」を定義しなかったが，他国の抗議を受けずに確立された領域に対する支配は含むべきである。

(11)　G 7 外相コミュニケ（p9）（https://www.mofa.go.jp/mofaj/files/100492726.pdf）

(12)　パラグラフの番号は原文のまま。英語版は，ICJ のウェブサイト掲載の Verbatim Record 2024/9（https://www.icj-cij.org/sites/default/files/case-related/186/186-20240222-ora-01-00-bi.pdf）参照。

（i）　国際的に認められた国境が存在しないケース

7.　武力による領土不取得の原則に関する友好関係原則宣言のパラは「国の領域は，武力による威嚇又は武力の行使から生ずる他国による取得の対象としてはならない。」と述べています。国家による他の国家の領域取得の試みに焦点を当てていることは驚くべきことではありません。一例として，2022 年 10 月に国連総会がウクライナの 4 地域の違法な併合の試みを非難しました[13]。この事態においては，これらの領域はウクライナの国際的に認められた国境内にあり，武力による領土取得の禁止はこれらの領域に明らかに適用されます。

8.　しかしながら，友好関係原則宣言は，国際的に認められた国境内の領域の武力による取得の禁止を認めているだけではないように見えます。同じパラにおいて同宣言は，「国の領域」に言及することなく，「武力による威嚇又は武力の行使から生ずるいかなる領土取得も合法的なものとして承認してはならない。」と宣言しています。

9.　日本は，領域に対する主権が国際的に認められてはいないが，その国自身は武力により占拠したのではない国の平穏な施政の下にある領域においても，武力による領土取得の禁止が適用されるという立場をとっています。この原則はエリトリア・エチオピア請求権委員会の決定において採用された論旨から導かれます[14]。当裁判所が壁の勧告的意見において認めたように，武力による領土取得の禁止は武力の禁止から導かれます。したがって，この禁止の適用範囲は国連憲章 2 条 4 項の解釈を参照して判断されるべきです。エリトリア・エチオピア請求権委員会は，同委員会がその時点でエチオピアの「平穏な施政」の下にあったと判断したバドメの町を 1998 年に攻撃し占拠したことにより，エリトリアは国連憲章 2 条 4 項に違反したと判断しました。この点については，2023 年 4 月の G 7 外相コミュニケも「我々は，世界のいかなる場所においても，力又は威圧により，平穏に確立された領域の状況を変更しようとするいかなる一方的な試みにも強く反対する。」と述べています。

10.　さらに，友好関係原則宣言は，「いずれの国も，同様に，自ら締約国であるかまたは他の理由によって尊重する義務を負う国際的な合意により，または当該合意にしたがって確定された休戦ライン等の国際的な境界線（international

---

(13)　2022 年 10 月 12 日採択の国連総会決議 ES-11/4「ウクライナの領土一体性：国連憲章の原則の擁護」主文 2。

(14)　Eritrea/Ethiopia, Partial Award, Jus Ad Bellum Ethiopia's Claims 1–8, 19 Dec. 2005, paras. 10–16（https://pcacases.com/web/sendAttach/763（2006）, International Legal Materials（ILM）, Vol. 45, p. 430.）

国家と海洋の国際法（上巻）第1部 国際法／Ⅶ 安全保障

lines of demarcation）を侵すような武力による威嚇または武力の行使を慎む義務を負う。」とも述べています。この宣言は，国際的に認められた国境線が存在しないが一定の国際的な境界線を当事者が尊重しなければならない領域にも，武力による領土取得の禁止が適用されうることを示唆しています。

(ii) 関連の安保理決議

11. 国連憲章2条4項自体が「国連憲章の目的」に言及しており，日本は国連憲章1条1項は2条4項の解釈において重要な文脈並びに趣旨及び目的を構成しなければならないとの立場をとっています。安保理は国際の平和と安全の維持に主要な責任を有しており，その見解はある領域に武力による領土取得の禁止が適用されるか否かの判断において重要な重みを与えられるべきです。

12. パレスチナ占領地について，安保理決議242の前文パラ2は「戦争による領土取得の不許容」を強調しています。それは憲章の原則の実現には「最近の紛争で占領された領土からのイスラエル軍の撤退」を含んだ諸原則の適用を含め中東における公正で恒久的な平和の確立が必要であるとも確認しています。日本は，武力による領土取得の禁止がある領域に適用されるか否かという問題を検討する際には関連の安保理決議に妥当な考慮が払われるべきと考えます。

B 何が「武力による取得」を構成するか

（アカンデ・オックスフォード大学教授・弁護士が顧問兼弁護人として担当：Cと合わせて約20分）[15]

(i) 「武力による取得」の禁止は法律上のみならず事実上の併合も含むか？

5. 裁判所長，武力による領土取得は二つの要素からなります。すなわち，(i)強制的な（forcible）措置による領域に対する支配の確立及び(ii)恒久的に領域を取得しようとする意図です[16]。我々は，武力による領土の「取得」や更には「併合」（という言葉）によって，国家が強制的な行為に基づいて領域権原を取得しようと試みており，その国家がその領土に対して他の有効な権原を有して

---

(15) アカンデ教授・弁護士については，2023年1月の安保理における「国家間の法の支配」に関する公開討論においてブリーファーを依頼し，同年8月の東京国際法セミナーにおける講義をお願いした他，ポール・ライクラー弁護士及びフィリッパ・ウェブ教授とともに同セミナーの講師選考に関する諮問委員会メンバーとなる等，日本政府として様々な形で国際法に関する協力を得てきた経緯がある。

(16) See Hofmann, "Annexation" in Max Planck Encyclopedia of Public International Law (January 2020) & Phillipson, Termination of War and Treaties of Peace (EP Dutton 1916) p. 9.

いない状況を意味しています。

6.　最も明確な併合のケースは占領した領土の法律上の併合の試みです。そのような状況においては，占領国は正式に併合された領土に対する主権を宣言します。

7.　しかしながら，壁の勧告的意見において当裁判所は，併合はある国家の行動が裁判所が「既成事実」と呼んだものに至る場合にも事実上生じることを示唆しました。それは，恒久的となり他者が受け入れざるを得ない現場の状況です[17]。国際社会の批判を避けることを追求する国には領土の併合を正式に宣言することを控える誘因が働くかもしれません。その国は，明確に領土を併合する意図を表明せず，軍事行動を行ったり，死や身体の負傷または財産への損害の危険を冒すことなく以前の状況を回復することが他のクレイマントにとり実質的に不可能となるような一連の措置をとったりすることにより，占領している領土への恒久的な支配を獲得しようとするかもしれません。言い換えれば，占領国は貴裁判所が「既成事実」と呼んだものをこれらの措置により創出するかもしれません。

8.　諸国家が，領土を併合する意図を単に曖昧にし，「既成事実」を創出する措置を通じて威圧により領土への恒久的な支配を他のクレイマントに受け入れさせることによりこの禁止を迂回することを許せば，武力による領土取得の禁止の効果は，深刻に損なわれるでしょう。したがって，どのような状況においてそのような措置が事実上の併合を構成し違法な武力による領土取得になるか明らかにすることが重要です。

(ii)　領土取得の隠れた意図を示しうる行為

9.　壁の勧告的意見において，裁判所は，イスラエルによるパレスチナ占領地における壁の建設とグリーンラインと壁の間の区域におけるイスラエル市民の入植地設立を促進する行政制度の創設は，事実上恒久的になる「既成事実」を創出すれば事実上の併合も同然であると考えました[18]。

10.　日本は，領域に対する支配を押しつける継続的な威圧的効果のある一定の行為は「既成事実」を創出し得，当該領域に対する恒久的な支配を維持する意図を示唆する可能性が高いと考えます。占領国による以下の行為はそのような継続的な威圧的効果をもつ可能性があります。

——第一に，軍その他の物理的な力を背景とした，土地の収用や住民の追放

---

(17)　Wall Advisory Opinion, p. 194, para. 121.

(18)　Wall Advisory Opinion, pp. 168-171, paras. 79-85.

国家と海洋の国際法（上巻）第 1 部 国際法／Ⅶ 安全保障

を通じたものを含む領域における大規模な人口構成の変更。

──第二に，占領当局による物理的インフラ網の建設と継続的な維持，特に長期間にわたり継続することを意図していると見なしうるような大きな資金投入を示す場合。これは例えば道路，通信システム，医療施設または大規模な軍事または法執行施設を含みうる。

──第三に，占領当局による，水を含む自然資源の継続的な強制的差し押さえ及び利用。

11. これらの行為は必ずしも殺傷や破壊を引き起こさないが，大規模に累積的に実施され長期間継続されれば，領域に対して継続的，さらには不可逆的な効果を持ち得ます。そのような場合，漸進的に行っていても占領国の意図が当該領域に対して恒久的に主権を確立することであることを示す証拠があるかもしれません。もしそのような行為が措置の不可逆性や占領地域に対する主権確立の意図を主張する政府職員の発言を伴う場合には，たった今言及した措置は，領土取得の意図を示唆し，したがって，禁じられた武力による領土取得の試みに当たる可能性が一層高くなります。

C　自衛権との関係
（アカンデ教授・弁護士が顧問兼弁護人として担当）

12. 裁判所長，裁判官の皆様，何が「武力による領土取得」を構成するかについての日本の見方を概説したところで，武力による領土の不取得の原則と国連憲章 51 条の下での国家の固有の自衛権との関係に移らせて頂きたいと思います。

13. ここで鍵となる問題は，領土に対して他の有効な権原を有しない国が，自衛のために行動していると主張することにより武力行使を通じて権原を取得できるかです。日本はこの議論を受け入れません。二つの代替的でありつつ相互に関連した議論がこの立場を支持します。第一は，武力が違法か自衛の行使により許容されるかにかかわらず，武力による領土取得の禁止はいかなる武力を通じた領域権原の取得も否定するというものです。あるいは，そしていずれにせよ，領土を併合する結果となる武力行使は，恒久的な併合は武力攻撃に対する均衡性のある対応ではあり得ないので，自衛の行使として合法とはなり得ません。

（i）　当初の武力行使の合法性は無関係である

14. 第一の議論の概略から始めます。日本は，武力による領土取得の禁止の

原則は，武力行使は，たとえ当初の国家による武力行使が合法であり得たとしても，権原取得の有効な根拠とはなり得ないことを定めるものと理解するのが適切であると考えます[19]。

15. この包括的な禁止は国連憲章の文脈における領域征服の権利の完全な廃止の必然的帰結です。壁の勧告的意見において裁判所は，武力行使の結果としての領土取得の違法性に関する原則は武力行使の禁止自体の「帰結」であると表現しました[20]。これは特に友好関係原則宣言に示され裁判所が認めた民族自決権等の他の国際法の基本的原則にも関連します[21]。したがって，それは20世紀，特に国連憲章発効後の国際関係において一方的に武力に訴えることを最小限にしようとする国際法の根本的な変化を反映しています。

16. 武力行使の禁止と武力による領土取得の禁止は自衛権とともに一貫した制度を形成しています。自衛権は，国家に国民を守りすでに有している領土を守るために武力に訴えることを認めています。自衛権は追加的な領域権原を得るために武力を行使する権利は認めていません[22]。

17. 裁判所が武力を自衛として行使した国に征服により権原が与えられるとの判断を示せば，実際には広範な濫用を生じさせかねないことも指摘したいと思います[23]。国際法における自衛の適切な範囲は議論を招きがちです。国家は頻繁に武力の行使が自衛として合法かについて異論を招きがちな主張を行います。武力による領土の取得をもくろむ国はこの曖昧さを利用することができるでしょう。これにより武力による領土取得の禁止の原則及びそれと共に武力行使の禁止が揺るがされるおそれがあります。

18. この原則の適切な範囲に関する日本の見解は総会の友好関係原則宣言に支持されており，この宣言は，何回も聞かれていると思いますが再び引用すると，「国の領域は，武力による威嚇又は武力の行使から生ずる他国による取得

---

(19)　Marcelo G. Kohen, Possession Contestée et Souveraineté Territoriale (Graduate Institute Publications 1997), pp. 395-396; D. W. Bowett, "International Law Relating to Occupied Territory: A Rejoinder" (1971), 87 LQR 473, p. 475.

(20)　Wall Advisory Opinion, p. 171, para. 87.

(21)　East Timor (Portugal v. Australia), Judgment, I.C.J. Reports 1995, p. 102, para. 29; Wall Advisory Opinion, pp. 171-172, para. 88; Chagos Advisory Opinion, pp. 131-135, paras. 144-161.

(22)　Sharon Korman, The Right of Conquest: The Acquisition of Territory by Force in International Law and Practice (Clarendon Press 1996), p. 205.

(23)　R.Y. Jennings, The Acquisition of Territory in International Law (Manchester University Press 1963), p. 56.

国家と海洋の国際法（上巻）第1部 国際法／Ⅶ 安全保障

の対象としてはならない。……武力による威嚇又は武力の行使から生ずるいかなる領土取得も合法的なものとして承認してはならない。」と述べています。

19. 宣言のこの部分は自衛のための武力行使のための例外を含んでおらず，武力による領土取得の禁止を違法な武力行使に限定していません。対照的に，今引用した文のすぐ前の文は「憲章に違反する武力の行使から生ずる軍事占領」を禁じており，憲章により禁じられていない武力行使の場合には軍事占領は合法であることを示唆しています。

20. この結論——この宣言は武力による領土取得の包括的な禁止を支持しているとの結論——は，憲章の規定に「影響を及ぼすものと解釈してはならない」旨この宣言が後から確認していることにも影響を受けません。自衛権は武力攻撃に対する武力行使の許容性を規制するものであり，国家がそのような武力行使により領域に対する権原を獲得できるかについて扱うものではなりません。したがって，友好関係原則宣言は，この後者の問題に対する答えは「ノー」であることを，武力行使の正当化としての自衛の範囲に影響を与えようとすることなく明らかにしています。

(ⅱ) 領土の併合は自衛のための均衡性をこえる

21. 裁判所長，裁判官の皆様，武力による領土取得の禁止と自衛権の関係に関するもう一つの事項に移らせていただきます。これが最後の事項になりますが，領土の併合は自衛権の狭い要件を決して満たすことはありません。

22. 裁判所が繰り返し指摘しているように，いかなる自衛権の行使とされるものも必要かつ均衡的でなければなりません[24]。自衛は定義上その目的を達成するための一時的な措置しか正当化できません。自衛の目的は攻撃を受けた国と国民を守ることに限定されています。したがって，たとえ国家が武力攻撃を受けた時であっても，人々からその領土を恒久的に奪うことは均衡的とはなりえません[25]。

23. この観点からは，自衛のために行動していると国家が主張した文脈において武力による領土取得が拒絶されてきたことは想起するに値します。1991

---

(24) E.g. Nuclear Weapons Advisory Opinion, p. 245 para. 41; Military and Paramilitary Activities in and against Nicaragua (Nicaragua v. United States of America), Merits, Judgment, I.C.J. Reports 1986, p. 94, para. 176; Oil Platforms (Islamic Republic of Iran v. United States of America), Judgment, I. C. J. Reports 2003, p. 183, para. 43.

(25) R. Y. Jennings, The Acquisition of Territory in International Law (Manchester University Press 1963), p. 55; O'Meara, Necessity and Proportionality and the Right of Self-Defence in International Law (OUP, 2021), p. 139.

35 パレスチナに関する ICJ 勧告的意見手続きにおける日本の陳述（報告）〔御巫智洋〕

年のイラクのクウェート侵攻と併合の試みに対する安保理の対応は注目に値します。安保理は、その決議 686 において、イラクに「その行動を撤回」するよう求めつつ、同時に「すべての加盟国のイラクとクウェートの独立、主権及び領土一体性へのコミットメント」を確認しました[26]。したがって、各国がクウェートの防衛のために行動したとしてもイラクの領土が併合されそうにはならなかったことは明らかです[27]。もう一つの関連する例は、もちろん、安保理決議 242 であり、それは合法と非合法の武力行使を何ら区別せずに「戦争による領土取得の不許容」を強調しました[28]。

24. 裁判所長、裁判官の皆様、私は、武力による領土の不取得の原則は侵略の禁止という強行規範を強化する重要な規範であり国家間の法の支配の維持にとって中心的なものであるとの日本の立場をもう一度表明して陳述を終えたいと思います。これにて日本の陳述を終わります。ご清聴に感謝します。

Ⅳ おわりに

過去の主要な ICJ の勧告的意見に関する口頭手続への参加者数は、「核兵器による威嚇・使用の合法性」（口頭陳述：1995 年 10 月 30 日から 11 月 15 日）が 22 カ国、「イスラエルによる壁建設の法的帰結」（口頭陳述：2004 年 2 月 23 日から 25 日）が 13 カ国及び 3 国際機関、「コソボによる一方的独立宣言の国際法適合性」（口頭陳述：2009 年 12 月 1 日から 11 日）が 28 カ国、「1965 年のチャゴス諸島分離の法的帰結」（口頭陳述：2018 年 9 月 3 日から 5 日）が 21 カ国及びアフリカ連合であり、今回はこれらを大幅に上回る参加者数となった。我が国としての ICJ の勧告的意見に関する口頭手続への参加は 1995 年の「核兵器による威嚇・使用の合法性」に関する勧告的意見以来 28 年 3 カ月振りとなった。ICJ における我が国の口頭手続参加としては他に 2014 年の「南極における捕鯨」訴訟における口頭手続があり、今回は通算 3 回目ということになるが、我々参加者にとっては ICJ の手続きを実際に現場で経験できる非常に貴重な機会となった。今回の口頭弁論については、裁判所側から各国 30 分という厳しい時間制限が課され、しかも一分間 100 語という比較的ゆっくりしたペースで弁論を行うことが強く推奨される中、少しでも意味のある弁論を行うべく弁論

---

(26) 1991 年 3 月 2 日の安保理決議 686。
(27) Sharon Korman, The Right of Conquest: The Acquisition of Territory by Force in International Law and Practice (Clarendon Press 1996), p. 215.
(28) 1967 年 11 月 22 日の安保理決議 242。

755

国家と海洋の国際法（上巻）第1部 国際法／Ⅶ 安全保障

直前まで検討を行った。今回弁論の3分の2を担当してもらったアカンデ教授には内容面でもプレゼンテーションの面でも多大なる貢献をしていただいた。

2004年の壁の勧告的意見は，武力による領土取得に言及しながら明確な結論を示さなかったが，今回の参加国・機関の陳述書や口頭陳述においてはこの問題に言及したものが多かったように見受けられた。一方，本件のような勧告的意見の手続きにおいて対象となっている事態の直接の当事国ではない国が確定的な事実認定を行うのは難しく，また，30分という限られた時間の中で多くの論点をカバーしようとすれば，自ずと一つ一つの論点に割ける時間が短くなってしまい，論拠を十分に示さずに結論のみを列挙しているように見えてしまう恐れもあった。そのため，今回の我が国の口頭陳述では，具体的な当てはめを行わずに我が国として重視する武力による領土取得の禁止という一つの論点に絞り，ICJがこの問題を取り扱う場合に考慮すべき事項を提示することを意図して弁論を行うこととした。口頭陳述において我が国のようなアプローチをとった国は他にはあまり見られなかったが，傍聴していた他の参加者等からは，このような我が国独自のアプローチを評価する声も聞かれた。また，日本の弁論中に我が国として重視していた部分で裁判官の方々にメモをとっていただけた場面が何回かあり，その時には我々の意図が伝わった部分もあったのではないかと感じることが出来た。

［付記］本稿執筆後の2024年7月19日に勧告的意見が発出され，日本が陳述において想定した通り，武力による領土取得の禁止が今回の意見の中核的な部分を構成していた。下記の通り，一部の個別意見では日本という国名にも言及しつつ陳述内容が引用されている他，勧告的意見の内容においても日本の口頭陳述との少なからぬ共通点が見受けられ，今回の日本の陳述が裁判所による検討に一定の貢献を行うことができた可能性はあるように思われる。

A. 武力による領土取得の禁止が適用される「領土」

裁判所は，勧告的意見パラ174以下の武力による領土取得の禁止の適用に関する検討の中で，武力による領土取得の禁止が武力行使の禁止の論理的帰結であり慣習国際法の原則であるとの壁の勧告的意見パラ87を引用した上で（パラ175），「この観点から，裁判所は武力による領土取得の禁止は安保理決議242（1967）において安保理によって強調されていたことに着目する（observes）」（パラ176）と述べており，この議論の流れは筆者の口頭陳述パラ11－12の内

容と軌を一にするように思われる。（ちなみにクリーブランド判事の個別意見では，日本という国名に直接的に言及して日本の口頭陳述を引用しており，筆者の口頭陳述パラ9で言及した「平穏に確立された領域の状況を変更するいかなる一方的な試み」とのG7外相コミュニケの一節も引用されている。）

B. 何が「武力による取得」を構成するか

裁判所は，勧告的意見パラ158において，アカンデ教授の口頭陳述パラ5で言及した武力による領土取得（併合）の2つの要素に簡略化した形ではあるが言及しているように見える（クリーブランド判事の個別意見パラ29-30は日本の口頭陳述の該当部分を直接的に引用し，裁判所の支配的な理由付けはこのアプローチと整合的であると述べている）。パラ160においては，いくつかの手続参加者が法律上と事実上の併合の違いに言及していたことに留意するとしており，パラ159-160においてアカンデ教授の口頭陳述パラ7-8と多くの共通点を有する考え方を示している。

勧告的意見パラ173においては，アカンデ教授の口頭陳述パラ11で使った「不可逆的」という言葉も用いながら併合に該当するとの判断を下している。

C. 自衛権との関係

日本の口頭陳述では，2つの議論を提示して自衛権で力による領土取得を正当化できないことを主張したが，裁判所は，勧告的意見パラ253において，占領には武力行使の合法性に関する国際法のルールもしくはユス・アド・ベルムが適用され，そのルールは武力による領土取得を禁じているとしつつ，国連憲章に含まれ慣習国際法に反映されている現代の国際法の下では占領はいかなる状況においても領域権原の源とはならず占領国による領域の取得を正当化しないと述べている。更にパラ254においては，イスラエルによる主権の主張は武力による領土取得の禁止の違反を構成し，イスラエルの安全保障上の懸念（security concerns）は武力による領土取得の禁止の原則に優位する（override）ことはできないと述べている（岩沢判事の個別意見パラ15は，武力による領土取得の禁止はその武力が国際法上違法であろうが許容されていようがいかなる武力による領土の取得も否定すると述べている）。

【編 集】

浅田正彦　植木俊哉　尾﨑久仁子

国家と海洋の国際法〈上巻〉
柳井俊二先生米寿記念

2025(令和7)年2月25日　第1版第1刷発行
28376:P780 ¥18000E 020-050-020-N20

編　者　浅田正彦 植木俊哉
　　　　尾﨑久仁子
発行者　今井　貴 稲葉文子
発行所　株式会社 信 山 社

〒113-0033　東京都文京区本郷6-2-9-102
Tel 03-3818-1019　Fax 03-3818-0344
info@shinzansha.co.jp
笠間才木支店 〒309-1611 茨城県笠間市笠間 515-3
Tel 0296-71-9081　Fax 0296-71-9082
笠間来栖支店 〒309-1625 茨城県笠間市来栖 2345-1
Tel 0296-71-0215　Fax 0296-72-5410
出版契約 2025-28376-01012　Printed in Japan

ⓒ著者, 2025　印刷・製本／ワイズ書籍(M)・牧製本
ISBN978-4-7972-8376-1 C3332 分類329.000

JCOPY 《(社)出版者著作権管理機構 委託出版物》
本書の無断複写は著作権法上での例外を除き禁じられています。複写される場合は,
そのつど事前に, (社)出版者著作権管理機構(電話03-5244-5088, FAX03-5244-5089,
e-mail: info@jcopy.or.jp)の許諾を得てください。また, 本書を代行業者等の第三者に
依頼してスキャニング等の行為によりデジタル化することは, 個人の家庭内利用であっ
ても, 一切認められておりません。

柳井俊二 編著

海と国際法

A5変判・312頁　定価：本体3,600円（税別）　ISBN 978-4797213256

◆海は誰のものか？ 海洋国家を守るための基礎
── 第一線の執筆陣による信頼のテキスト ◆

- ◆第1章　海　域
  - I　海洋法発展の歴史（柳井俊二）
  - II　国連海洋法条約の下での海域制度
  - III　日本における国連海洋法条約の実施（鶴田順）
- ◆第2章　航　行
  - I　はじめに　（西本健太郎）
  - II　各海域における航行の制度
  - III　船舶に対する旗国の管轄権と沿岸国の管轄権
  - IV　事故・緊急事態への対応
- ◆第3章　海洋の天然資源の利用と管理（児矢野マリ）
  - I　はじめに
  - II　国家管轄地域における海洋資源の利用と管理
  - III　国家管轄外地域における鉱物資源の利用と管理
  - IV　公海漁業に関する国際的規制
  - V　IUU漁業と旗国・沿岸国・寄港国の役割
  - VI　捕鯨と国際法
  - VII　自然環境・生態系の保全一般との関係
- ◆第4章　海洋における多様な経済活動（石井由梨佳）
  - I　はじめに
  - II　人工プラットフォーム
  - III　海底ケーブル
  - IV　海底パイプライン
  - V　燃料等の洋上補給（バンカリング）
  - VI　海洋再生可能エネルギー
  - VII　おわりに
- ◆第5章　海洋安全保障・海上犯罪の規制・人権
  - I　海洋安全保障の今日的意義　（石井由梨佳）
  - II　海上における警察行動と安全保障上の行動
  - III　海上犯罪の規制
  - IV　海上犯罪抑止のための国際協力
  - V　海と人権　（小島千枝）
- ◆第6章　海洋環境の保護
  - I　海洋環境の保護についての国際的な制度（小島千枝）
  - II　気候変動からの海洋環境の保護

【執筆者】
柳井俊二・鶴田順・西本健太郎
西村弓・児矢野マリ・石井由梨佳
小島千枝・都留康子　（掲載順）

- III　海洋プラスチックごみ（鶴田順）
- IV　海洋保護区は何のため？（都留康子）
- V　国家管轄権外区域の海洋生物多様性
- ◆第7章　海洋と科学技術
  - I　海洋の科学的調査に関する国際法の形成（小島千枝）
  - II　海洋科学技術の進歩と海洋ガバナンスの変容（都留康子）
- ◆第8章　海洋紛争と法の支配（柳井俊二）
  - I　国連海洋法条約上の紛争解決制度および勧告的意見の制度
  - II　国際海洋法裁判所（ITLOS）の創設と活動
  - III　海洋法の漸進的発達に対する国際裁判所の貢献
  - IV　おわりに
- ◆第9章　地域的な海洋紛争の解決と予防（西本健太郎）
  - I　南シナ海をめぐる紛争
  - II　東シナ海をめぐる紛争

【資　料】
(1)　条約・文書一覧
(2)　判例一覧
(3)　資料、参考文献
(4)　国際機関一覧

・条文索引
・事項・人名索引

信山社